올바른 교육을 으뜸으로 삼으셨던
부모님의 영전에 이 책을 바친다.

광막한 주역 연구의 긴 세월을
한결같이 인내하며 격려해주었던
사랑하는 아내 노영숙,

믿고 응원해준 딸·사위, 아들·며느리와도
이 책이 존재하는 영광을 함께 나눈다.

과학주역 ②

지혜의 내비게이션

과학주역 2

지혜의 내비게이션

정순길 지음

The Logic I-Ching

안티쿠스
ANTIQUUS

머리말

종래의 주역 학자와 전혀 다른 시각에서 과학적·논리적·연역적 방법으로 변화의 원리 속에서 변화하지 않는 『주역』의 해석논리를 발견하는 과정 전체를 상세히 기술한 것이 『과학주역(科學周易)』 1이었다. 이를 잇는 본서 『과학주역(科學周易)』 2는 64 개의 괘사(卦辭)와 384 개의 효사(爻辭)를 일관된 하나의 논리로 새롭게 해석하고 종래의 모호성을 확연하게 풀어헤쳐 이해할 수 있도록 함으로써 1 권에서 찾은 『주역』의 해석코드가 자연히 증명되도록 하였다. 『주역』 속에 내재하는 초월적 정보체계를 밝히려고 오늘도 수많은 국내외 현철(賢哲)들이 온갖 노력을 동원하는 와중이니만큼 『과학주역』1과 『과학주역』2는 『주역』의 현대적 활용에 있어서 놓칠 수 없는 호재가 아닐 수 없을 것이다.

체계를 잘 갖춘 동·서양 우주론이나 세계이론들은 만다라(mandala)를 연상케 하는 사면체의 기하학적 의미구도로써 파악될 수 있음을 1권을 통하여 살펴보았다. '도(道)'가 직관과 느낌을 통하여 자신을 드러내 보이는 효율적인 방식인 '도(圖, graphic)'로써 현현(顯現)하는 것은 인간의 언어로써는 거대담론을 제대로 표현하기는 어렵기 때문이었으리라. 주역의 64괘 하나하나는 우주자연과 인간환경 속에서 도(道)가 현상세계로 드러나는 하나의 상황패턴인 동시에 그 세부과정들이 정합성(整合性, coherence)을 이루면서 연접되어 변화하는 시스템의 기초모형(基礎模型) 내지는 '상황양자(狀況量子, quantum of situation)'라 말할 수 있다. 크고 작은 모든 상황을 연출할 수 있는 사면체 모델은 자기닮음의 프랙털 원리를 펼 수 있는 훌륭한 그릇임과 아울러 하나의 현상을 체계적으로 관찰하는 수단이기도 하다.

삼획괘(三劃卦)로 표현되는 하나의 상태가 태극의 음양변화에 따라 또 다른 삼획괘로 변화된다. 이때 삼획괘 둘을 대신하는 두 개의 삼각형을 하나의 변이 평행하게 마주보도록 연접시키면 여섯 변(6효)의 정합적인 얽힘이 형성되는 평면화된 사면체를 얻을 수 있다. 여기에 음효와 양효를 각각 동적인 파동 모양과 정적인 물질 질감으로 표현하고 사면체의 윤곽을 원형으로 그려내면 '표상(表象)'이라는 2차원의 상으로 나타난다. 이때 마주하는 삼각형의 두 변은 중효(中爻, 제2효·제5효)로 역할 하면서 서로 상대성과 상보성을 이루어 전체의 변화양태가 하나의 시스템을 이루도록 가운데에서 매개(媒介)하고 조정하는 막중한 임무를 수행한다. 여섯의 부재(여섯 효)가 나란히 적재되어 있는 것을 보고 완성될 집(괘의 의미)을 상상하는 것이 아니고 아예 모델하우스를 보는 것과 같이 직접 느낄 수 있기 때문에 각 효의 기능을 염두에 두고 표상을 읽으면 비록 성인현철이 아니더라도 괘와 효가 처한 개괄적인 상황을 능히 알아차릴 수 있게 되는 것이다. 이렇게 하여 괘(卦)라는 형식의 언외의 상징은 필자가 개발한 표상과 해석코드가 병합되어 다양하고 복잡한 상황을 확연히 판단할 수 있게 해주는 '상황과학(Situation Science)'

으로서의 면모를 갖추게 된 것이다.

현재 전하는『수역』의 원전(原典) 내용은 상고시대(上古時代)에 복희씨가 괘를 짓고 중국 은나라 말(기원전 1143년경)에 서백(西伯)이었던 문왕(文王)이 64괘의 순서를 정하고 붙인 괘사(卦辭)와 그의 아들 무왕(武王)이 세운 서주(西周)의 초기에 그의 아우 주공(周公)이 384효에 붙인 효사(爻辭)가 합해져 이루어진 것이다. 여기에 공자의 주역 해설인「십익(十翼)」이 덧붙여진 것이 오늘날의『주역』이다. 하지만 주역의 괘·효들이 마치 상품에 표기된 바코드처럼 확연하게 읽혀지지 못했던 것은 바로 64괘의 배면에서 작동하는 변화의 원리가 제대로 다 밝혀지지 못했기 때문이었다. 우리가 아는 태극의 용어가「십익」에서 처음 나온 것을 보면 공자의 해설은 지금까지『주역』의 세계적 전파와 이해에 지대한 공헌을 했음이 틀림없다. 하지만 공자 자신도 오십 년은 더 살며『주역』을 연구해야 큰 허물이 없을 것이라고 했던 것을 보면『주역』의 이해에 있어 큰 부족감을 느끼고 있었음이 분명하다.

변화의 원리가 스스로 증명될『과학주역(科學周易)』2를 읽기 전에 독자들의 올바른 이해를 위하여 우선 몇 가지 첨언하고자 한다. 첫째는, 기존의 사고와 해설의 방식에 고착되어서는 안 된다는 점이다. 서로 연이어져 변해가는 과정과 관계 속에서 의미 지워진 괘상은 존재론적 실체라기 보다는 변화의 과정에서 의미 있는 패턴으로 질서 지워진 하나의 시스템으로 보아야 한다는 것이다. 둘째는, 효(爻)가 변화되어 형성되는 지괘(之卦)가 바로 그 효의 상황을 대신하는 것처럼 보는 시각은 잘못된 것이다. 경우에 따라 그런 의미의 효사가 포함되는 경우가 있는데 그것은 지괘가 함의하는 상황이 바람직하지 않을 경우 그것을 주의시키기 위한 '경계사(警戒辭)'일 뿐이며 해당 효의 본래 상황자체로 보기는 어렵다는 점이다. 셋째는, 성인이 괘와 효에 매어 놓은 상징적인 문장과 어휘 자체에 매달려 때때로 곡해하기보다는 변화의 원리로 주어진 해석코드를 따라 동·서양의 고대우주론으로부터 현대과학적 우주론에 이르는 큰 틀의 시각에서 『주역』의 도(道)가 품고 있는 참뜻을 재조명해야 한다는 점이다.

이어서 넷째로 첨언하려는 것은, 3천 년 전에 매겨진 『주역』 원전의 괘·효사는 시대적 문화가 반영된 것이기 때문에 수정이 필요한 경우도 있을 수 있다는 해방적 차원의 시각이 있어야 한다는 점이다. 그렇지 않다면 『주역』의 새로운 해석은 굳이 소용될 필요가 없을 것이다. 그 한 예는 남성우월주의와 권위주위의 영향에 의한 음양의 편향된 해석이다. 원래 복희씨가 괘를 지을 때는 아무런 설명이 없었다. 괘는 그 자체로서 상징이요 원리다. 그래서 괘상 속의 음양은 우열(優劣)이 있을 수 없다. 활동을 주도하는 낮[陽]이 회복과 생성의 밤[陰]을 압도하는 것이 아니며 다만 자연의 변화이고 물리학적 우주론에서와 같이 빛[陽]과 물질[陰]로 분별되어 드러나는 그 나름대로의 상황일 뿐이다. 마지막으로 지적할 것은 여섯 효 중에서 중효에 비중을 너무 과하게 실어주는 해석이다. 사실은 공평한 입장에서 괘상은 평가되어야 한다는 것을 생각하고 기존의 시각에 사로잡히지 않는 새로운 해석의 방향에 마음을 열어야 할 것이다.

『주역』 자체가 변화의 원리임에도 오히려 성인이 매어 놓은 말씀의 진의를 올바로 파악하지 못한 채 시대적 해석에 영구히 고착된다면 진정한 변화의 원리를 대하는 자세라 할 수 없을 것이다. 왜냐하면 괘상은 무한한 의미를 품고 시대를 관통하는 불변의 원리를 그 속에 스스로 품고 있기 때문이다. 시대와 문화와 언어는 바뀔 수도 있지만 괘의 상징은 변하지 않는다. '변역(變易)'과 '불역(不易)'이 함께 공존하는 『주역』의 본성을 깊이 생각해보아야 할 것이다.

이제 감히 말하려 하는 것은 괘와 효의 단적인 정의는 해당 상황코드에 따라 64괘의 상징의미로써 표현되어야 한다는 점이다. 이는 무한한 상황을 반영하는 괘·효를 한정적인 언어로 재단해서는 안 되기 때문이다. 그 바탕 위에서 우리 모두의 이해를 돕기 위하여 필자의 언어적 해설이 이어지지만 전체가 잘 이해되었을 때에는 다시 괘·효마다 처음에 정의한 상황코드로 돌아가 이를 상징으로 이해하는데 익숙하도록 노력해야 할 것이다.

『과학주역』 1과 『과학주역』 2의 탄생을 위하여 십여 년간 혼신의 힘을 쏟은 결과로 우주만사의 변화원리인 『주역』을 해석하는 숨어있는 코드를 발견하고서 경외심으로 가슴 떨면서도 일천(日淺)한 식견 때문에 해박한 해설로써 채우지 못한 아쉬움을 남기게 되었으니 수많은 국내외 주역 전문가와 애호가 및 독자 제위의 뜻 깊은 첨삭과 제언을 바라는 바이다.

끝으로, 새로운 국면으로 발전해나가지 않으면 안 될 『주역』의 미래에 과학자의 입장에서 일조하려는 필자의 도전의식을 남달리 꿰뚫고 출판을 주선했던 홍신문화사의 지재진 부장, 그리고 『주역』에 대한 고답적 시각을 벗고 이의 대중화와 현대화에 뜻을 같이하고 과감히 출판에 나서준 안티쿠스 김종만 대표에게 깊은 감사를 표한다.

2011년 10월

수원동 마을에서

길산(吉山)

과학주역(科學周易) 2

차 례

책 머리에 일러두기

1. 『주역』의 원문은『주역 왕필주』(도서출판 길, 1998)를 근간으로 삼았으며 그 토(吐)와 한자의 음훈(音訓)을 정하는 것은 본서의 바탕 이론서인 『과학주역』1에서 도출된 해석코드의 의미에 맞게 붙였다.

2. 음훈과 의미는 주로『존 한자사전』(www.zonmal.com)을 참고하였다.

3. 한자음의 한글표기는 두음법칙을 따랐으나 괘명(卦名)이 포함될 경우는 괘명을 그대로 살렸다.

4. 괘와 효의 해설에 있어서는 64괘 각각의 간략한 의미를 써서 다시 구체적인 64괘와 384효 전체를 구체화하는 되돌림 되는 구조로 되어 있다. 전체의 괘와 효는 유기체적으로 연결되어 있어 각각이 서로의 의미를 증명해주도록 하였다.

5. 괘·효의 올바른 해설을 위하여 많은 국내외 자료를 섭렵하여 참고하였으나 다음의 서적과 자료에 유의하였음을 밝혀둔다.

- 『I Ching Plus』, C. J. Lofting, http://members.limetro.com.
- 『The I Ching』, (Translated by) Richard Wilhelm et al, Princeton University Press(3rd Ed.), 1967.
- 『Total I Ching』, Stephen Karcher, Time Warner Books, 2003.
- 『대산 주역강의』, 김석진, 한길사, 제4쇄, 2000.
- 『새로 풀어 다시 읽는 주역』, 서대원, 도서출판 이른아침, 2004.
- 『실증주역』, 황태연, 청계출판사, 2008.

문왕64괘 8중배열에 의한 괘의 순서

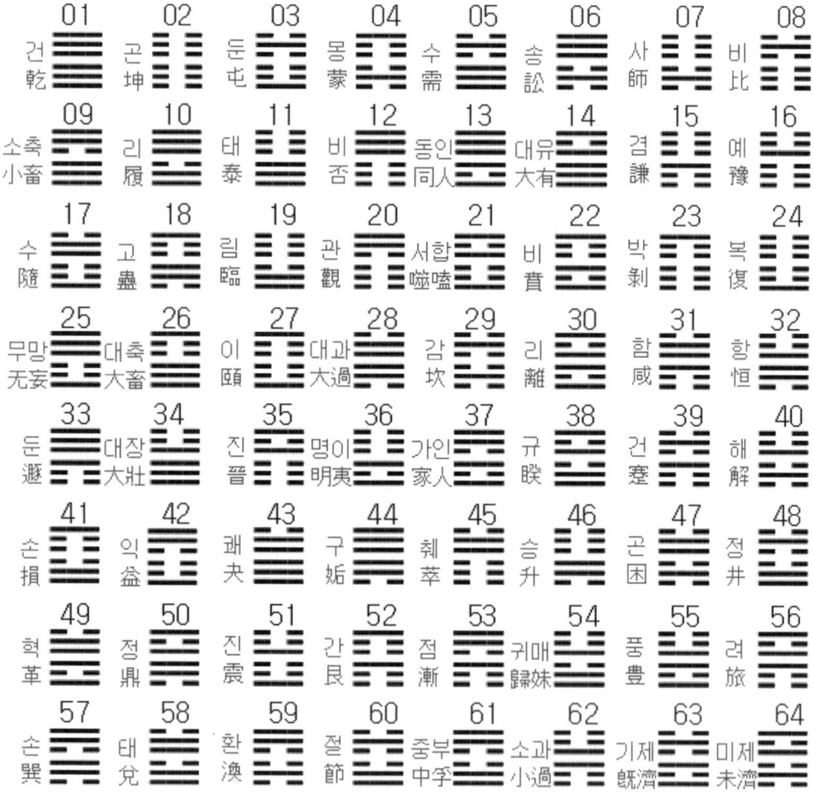

해석코드로 괘 · 효를 읽는 방법

『과학주역』1에서 밝힌 주역의 해석코드를 나타내는 그래프는 다음과 같다(1권 <그림 73>253쪽을 옮겨옴). 그래프에 나타나는 숫자는 문왕64괘 배열의 고유번호다. 큰 원 하나하나는 그 중심에 표시한 숫자로써 주제의 괘를 나타내며 그 속의 두 삼각형은 상하의 두 3획괘의 구성을 말하고 작은 원 4개는 그 괘의 4원(四元)을 뜻한다.

이제 괘상과 효상의 상징을 확인시켜주는 코드와 직관의 느낌을 전해주는 표상이 상보적으로 중합되면서 괘·효의 상징의미를 확인할 단계에 왔다. 그것을 파악하는 방법은 다음과 같이 정리된다.

첫째, 연구하려는 괘·효를 정의하고 있는 여덟 개의 코드(8원)의 간략한 의미를 필자가 미리 요약해 둔 바로 다음 쪽에 열거한 '64괘 의미 요약' 에서 찾아 읽어둔다.

둘째, 코드 그래프에서 작은 원으로 나타낸 본(本)·내(內)·외(外)·말(末)의 4원은 괘 전체의 개념을 간단히 정의해준다. 맨 아래는 그 괘의 기초자질(출발점)이고 제일 위는 목표형질(도착점)이다. 왼쪽과 오른쪽은 두 극점 사이의 과정이다. 4원의 흐름은 본-내-외-말의 순서로 읽으며 마치 하나의 상황설명에서 기승전결(起承轉結)의 네 단계를 따라가는 것과 다를 바 없다. 이 4원의 의미를 연결하면 괘가 처해 있는 형국이 드러나며 괘사(卦辭)를 이해할 수 있는 근거가 된다.

셋째, 4원을 연결하고 있는 여섯 효 각각의 모습은 괘 전체 모습의 한 부분이므로 전체개념에서 하나의 효가 어떠한 역할을 하는가를 파악하면 그 효가 상징하는 의미가 된다. 괘의 총체적 상징과 효의 과정적 상황을 연합하면 해당되는 효사(爻辭)의 근거가 된다.

넷째, 하나의 효마다 세 개의 코드가 관여된다. 예컨대, 제1효는 '본(本)'에 해당하는 코드와 '내(內)'에 해당하는 코드의 의미가 이어지도록 효에 할당된 코드의 의미를 새기면 그것이 효사의 상황배경이 된다. 같은 방법으로 제3효는 본(本)·외(外)의 사이, 제4효는 내(內)·말(末)의 사이, 제6효는 외(外)·말(末) 사이로 정의된다. 여기서 하괘의 중효인 제2효의 의미는 내·외를 연결하는 과정에서 '본'의 코드가, 상괘의 중효인 제5효는 내·외를 연결하는 과정에서 '말'의 코드가 그 의미를 표출하게 된다. 구체적인 원리파악은 『과학주역』 1의 <26. 64괘의 구성>(180~183쪽)을 참고하기 바란다.

64괘의 의미 요약

64괘의 제호 아래의 요약 내용을 한 자리에 모은 것임

1. 중천건(重天乾, ||| |||)*

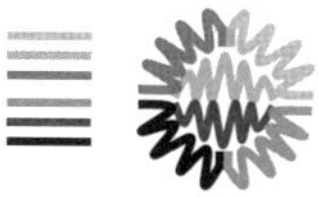

빛과 하늘, 창조적 능력, 능동성, 강한 결단력·실천력, 불굴의 전진, 무리 속의 리더십, 아버지의 성정

2. 중지곤(重地坤, ::: :::)

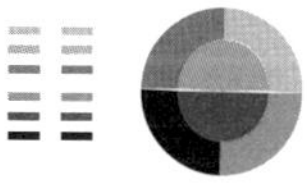

땅, 물질세계, 헌신봉사, 근신·반성·근본으로의 복귀, 신뢰의 바탕구축, 창조력의 전면수용·실천·실현, 온순·침착, 수동성, 어머니의 성정, 기준상태

3. 수뢰둔(水雷屯, |:: :|:)

초기에 난항하는 상, 시작의 난관을 극복하는 힘든 시기, 미비·미숙한 상황 속의 출발, 불확실성 시대, 욕망·정열·꿈을 마음에 품고 있는 내유외강의 성품

4. 산수몽(山水蒙, :|: ::|)

미성숙의 몽매함과 이의 탈출노력, 배움과 절제의 심덕 및 경험 쌓기, 젊은 날의 참된 교육함양, 불활성의 장막을 걷는 미래를 향한 깨우침의 노력

5. 수천수(水天需, ||| :|:)

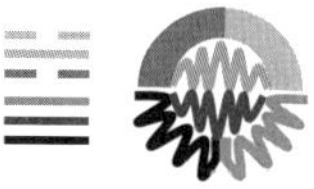

이룸의 때를 기다림, 장애극복을 위한 실력 함양, 약점을 보완하는 경쟁대비, 유비무환, 과거·현재(자체)의 문제 해결에 의한 미래(세계)로의 도약

---

* 괘상은 타이핑 편의상 시계방향으로 90도 돌려져 있어 맨 오른쪽이 상효다.

6. 천수송(天水訟, :|: |||)

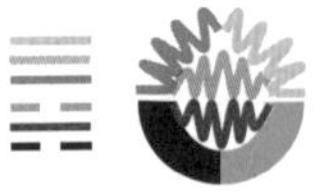

송사(訟事)의 상, 지혜로운 경륜 쌓기, 경쟁력 제고, 시비초월의 지혜, 사회규범 학습, 흔쾌한 자진 후퇴, 투쟁보다는 실력 연마, 주군(主君)에의 도전은 금물

7. 지수사(地水師, :|: :::)

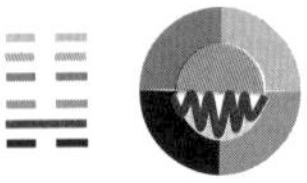

혼연일체로 단결된 조직·지도자의 상, 군대·특별목적수행 단체, 엄정한 심신 관리육성, 준법정신·공익도모의 겸손한 지휘자, 외적 차단을 통한 강제적 독려

8. 수지비(水地比, ::: :|:)

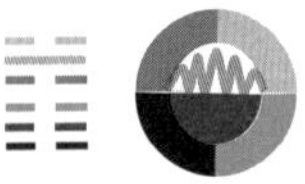

상생적 협력·단합의 상, 자체의 생존노력, 항상성유지를 위한 배려정신과 배려의존, 협력에 의한 미래개선, 내유외강의 지세로 자신의 보호유지

9. 풍천소축(風天小畜, ||| :||)

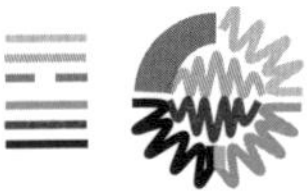

작은 성취의 상, 과소비·과잉투자 지양, 기본적 사회정의 실현, 기본정책의 개발노력, 점진발전, 사심 없는 중용의 도, 근본정신의 점진적 고양

10. 천택리(天澤履, ||: |||)

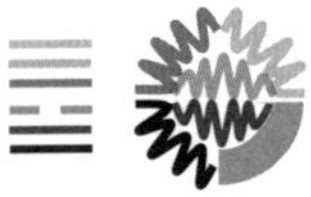

의무를 이행하는 상, 운명에 순응, 진언·충언, 보필 역할, 밟아 따르고 동화됨, 조화로운 절제, 부모의 덕업계승

11. 지천태(地天泰, ||| :::)

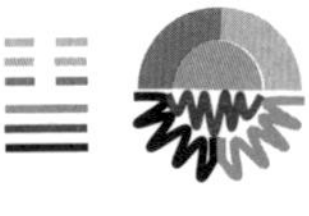

튼실하고 의기충천한 상, 내실의 공덕을 쌓음, 조화로운 에너지 교류, 용기와 자신감으로 난국타개, 이심전심, 태평성대·무절제·방심

12. 천지비(天地否, ::: |||)

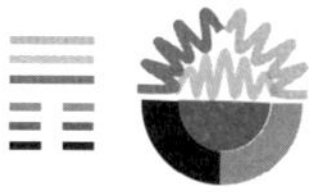

불활성, 부조화, 막힘, 위세에 눌린 의기소침, 긴장, 중립적 질서구축, 고진감래,처음의 막힌 운 끝에 가서 풀리는 상

13. 천화동인(天火同人, |:| |||)

의기투합의 상, 목표지향적 결집, 생산적 협력, 지도자에의 결속, 중지를 모음, 더 높은 뜻을 펼치는 자세

14. 화천대유(火天大有, ||| |:|)

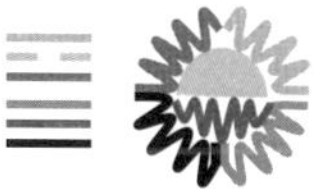

큰 능력을 나타내는 상, 성인·부자·배우 등의 능력자, 신념과 용기의 펼침, 세계를 활성화하는 리더십, 올곧은 투쟁

15. 지산겸(地山謙, ::| :::)

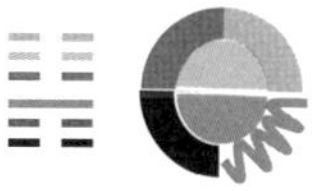

겸손·겸양·겸허의 상

16. 뇌지예(雷地豫, ::: |::)

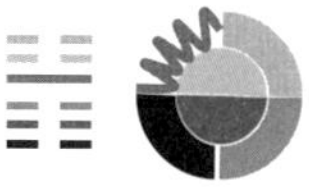

예지·기획의 상, 몽매한 무리를 이끄는 지성적 리더십, 마스터플랜, 면밀한 계획·신중한 묘책

17. 택뢰수(澤雷隨, |:: ||:)

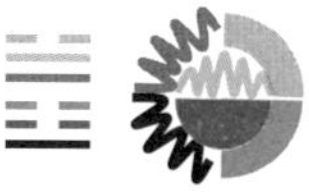

열정으로 형편에 따르는 상, 이심전심의 협력, 적응력·감화설득력, 내면에 쌓는 공덕, 호응·추종

18. 산풍고(山風蠱, :|| ::|)

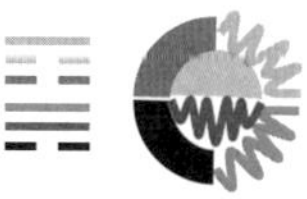

미혹·허영·부패·위세·유혹·문란의 상, 외적 탐욕, 외적 성공, 외적 영향력에 대한 내적 저항력, 내적 에너지 유출

19. 지택림(地澤臨, ||: :::)

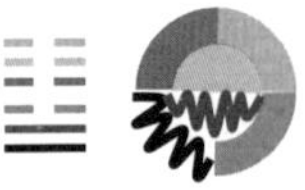

격려와 배려의 다스림으로 성장하는 상, 보호 육성, 기회를 성공으로 변화시키는 노력, 임박해오는 발전, 큰 일을 위한 준비

20. 풍지관(風地觀, ::: :||)

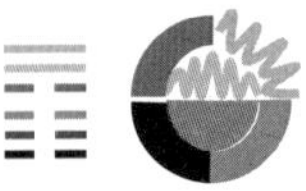

미래와 환경을 성찰·통찰·관찰·관망·숙고하는 상, 인생관·세계관의 정립에 의한 올바른 판단력 고취, 관찰에 의한 정보수집

21. 화뢰서합(火雷噬嗑, |:: |:|)

씹어 합하며 갈등을 해소하는 상, 사회정화에 의한 신뢰구축, 도덕성을 앞세운 공명정대한 지혜, 사법활동

22. 산화비(山火賁, |:| ::|)

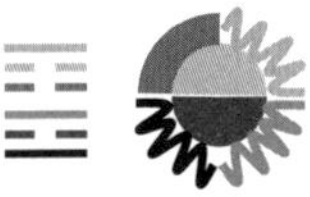

적절하게 가꾸고 조정하는 상, 절묘한 중도의 길, 중용의 묘책, 내면과 외면의 균형유지, 자연적 흐름에 맡기는 참다운 아름다움

23. 산지박(山地剝, ::: ::|)

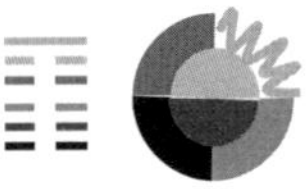

대세가 기울어 폐퇴하는 상, 차갑게 응고하는 상, 재물·권능 등이 박탈되는 상, 역경의 시절을 버텨냄, 끝까지 밀어붙여 성취함

24. 지뢰복(地雷復, |:: :::)

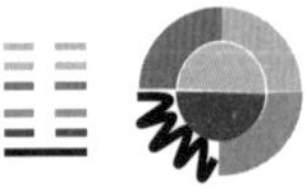

근본·정도로의 복귀, 시작점에서의 새 출발, 근본정신의 활성화, 본연의 자리로 돌아가 기본 책무에 충실함, 반복순환, 전환점

25. 천뢰무망(天雷无妄, |:: |||)

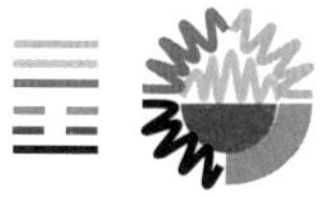

순리·절제·정도의 삶, 천운을 따라 함께 하는 삶, 상호 신뢰·공감대의 세계, 욕구가 분수를 넘지 않는 순박한 삶의 철학

26. 산천대축(山天大畜, ||| ::|)

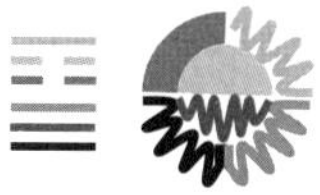

크게 축적하는 상, 저변의 힘의 표출, 축재의 욕심과 독선, 내부의 힘이 밖으로 뻗침, 공덕을 쌓은 후의 발전, 발산하려는 힘의 저지

27. 산뢰이(山雷頤, |:: ::|)

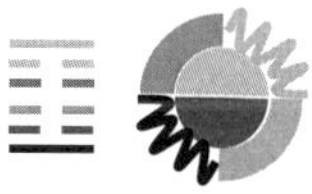

기본 역량을 채우고 기르는 상, 생산해내는 기본틀, 창조적 일의 바탕, 물질(우주)의 형성, 먹어서 허기를 채움, 지혜·지식의 흡입에 의한 가치관의 형성

28. 택풍대과(澤風大過, :|| ||:)

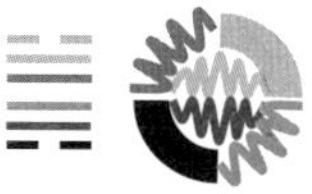

크게 지나쳐 힘겨운 상, 에너지의 지나친 방출 성향, 등등한 기세로 무리하게 날뜀, 큰 잘못, 큰 변화의 위험성, 폭발 직전의 상태, 빅뱅(Big Bang) 시점

29. 중수감(重水坎, :|: :|:)

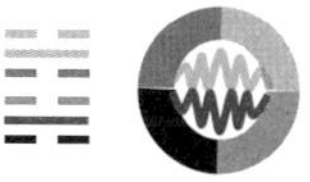

어둠·난관·혼란의 상, 혼란 속의 난제, 절제의 어려움 감내, 혼란의 극복과정

30. 중화리(重火離, |:| |:|)

불, 밝음, 지혜롭고 명석함, 표출·표현·진출, 에너지의 발산, 떠남, 흩어져 소모·분리됨, 정보와 지혜의 발굴

31. 택산함(澤山咸, ::|||:)

서로 공감·교감·감응함, 혼연일체의 결집, 부부의 교감, 주위와의 상통합일, 경쟁상대의 인정, 위계질서정립에 의한 일체화

32. 뇌풍항(雷風恒, :|||::)

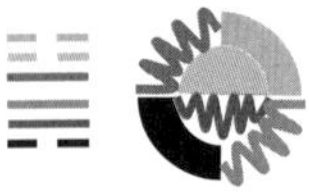

항상성의 유지·관리·보호·발전, 안정한 상태, 현상유지, 환경변화에 대한 대응력, 보수지향성, 항구성

33. 천산둔(天山遯, ::||||)

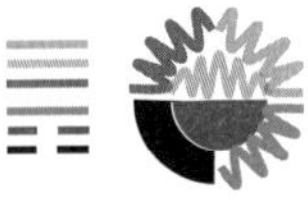

한발 물러서서 재충전하는 상, 전략적 후퇴, 경쟁에서 물러나 실력을 기름, 참된 깨우침의 노력, 음성적 행동, 여유롭고 은은한 은퇴

34. 뇌천대장(雷天大壯, ||||::)

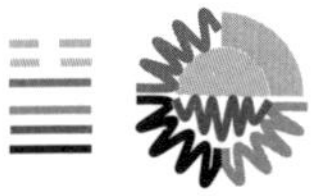

떳떳한 큰 힘, 강력한 추진력·개척정신, 당당히 헤쳐나감, 올바르고 의연하게 추진함, 초지일관의 정진, 센 허풍

35. 화지진(火地晉, :::|:|)

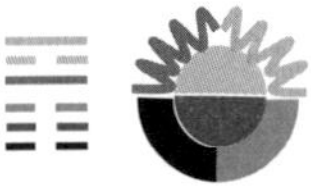

책임감으로 선도하는 진취적 기상, 의욕이 앞선 무리한 추진, 힘든 전진, 정체 상황을 선도함

36. 지화명이(地火明夷, |:|:::)

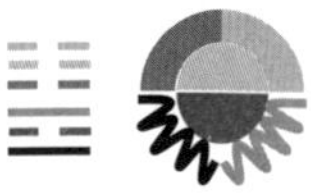

밝음이 가려짐, 일몰, 자기 절제·수양·다스림, 가식보다 내실화, 자기의 능력을 마음껏 발휘하지 못함, 값진 가치가 빛을 펴지 못함, 희망의 불씨

37. 풍화가인(風火家人, I:I :II)

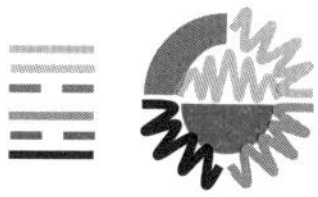

가정의 구성원들, 가정에서 부인·어머니의 역할, 체계 구성원의 역할 분담, 조직적 협력의 수립·정비·강화, 시스템의 기능 발휘, 조직적 본분의 수행

38. 화택규(火澤睽, II: I:I)

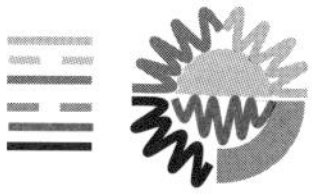

어긋나 달라지는 상, 탈바꿈·구태 탈피·국면 전환, 타성적 굴레의 과감한 청산, 새 시대의 개막, 반목·배반·이탈, 헤어짐

39. 수산건(水山蹇, ::I :I:)

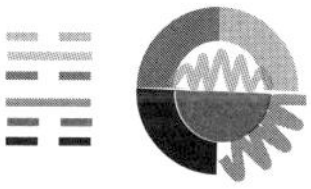

절름거리며 난항(難航)하는 상, 도움이 절실한 상태, 힘겨운 투쟁, 가시밭길을 헤쳐나감, 능력 부족

40. 뇌수해(雷水解, :I: I::)

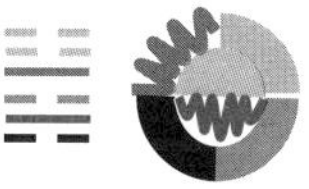

풀리는 기미, 해빙 무드·해빙기, 긴장 완화, 부분적 기능의 재활, 문제 해결의 시작, 집착 탈피, 주위의 호응 부족

41. 산택손(山澤損, II: ::I)

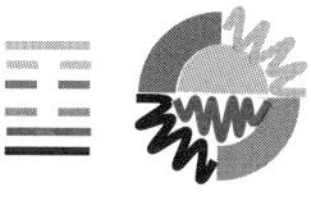

덜어내어 효율을 높임, 선택과 집중, 최적화에 의한 역량 집중, 취사선택한 목적사업 수행, 한계 속에서의 위험한 성공

42. 풍뢰익(風雷益, I:: :II)

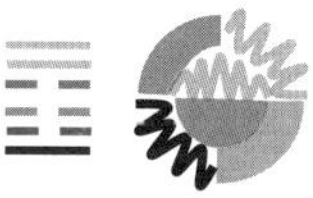

보태주고 이루는 상, 에너지·협력의 유입으로 문제해결, 더 큰 세계로의 공헌, '하늘은 스스로 돕는 자를 돕는다'

43. 택천쾌(澤天夬, ||| ||:)

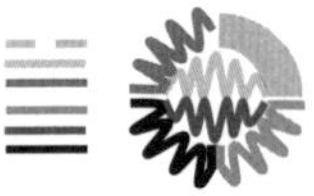

결단의 상, 목적지향적 결단력·추진력, 과욕이 앞선 조급함, 불순한 존재의 척결, 대세에 맞서며 고군분투함, 고집으로 다 잃고 원래로 돌아감

44. 천풍구(天風姤, :|| |||)

극적인 만남, 불순존재의 맞닥뜨림, 전화위복의 기회포착, 때맞춘 대책 강구, 유혹의 올가미에 씌움, 사소한 일이 큰 일을 붙들어 맴

45. 택지췌(擇地萃, ::: ||:)

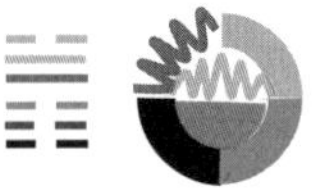

공감하여 모이는 상, 강력한 리더십, 역량의 결집, 통솔하의 뭉침, 지도자를 찾아 헤매는 무리

46. 지풍승(地風升, :|| :::)

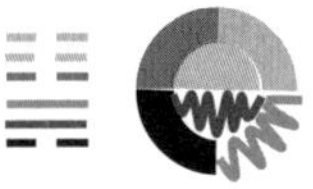

올라가는 상, 승진·등용, 바탕을 쌓아 올림, 상승의 발판마련, 진화에 의한 도약, 지나치지 않는 도전, 추진력을 키워나감

47. 택수곤(澤水困, :|: ||:)

곤경의 상, 난관 극복의 노력, 생각·활력을 못 펴는 난관, 외적 침해를 방어하는 노력, 타율적 행동

48. 수풍정(水風井, :|| :|:)

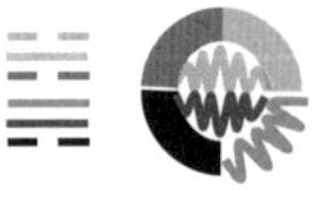

삶의 원천으로서의 끊임 없이 솟는 샘의 상, 삶을 이어주는 생명수와 지혜, 공동체를 위한 해결책의 수립·개발, 안정된 기초자질, 지속적인 보급·보충

49. 택화혁(澤火革, I:I II:)

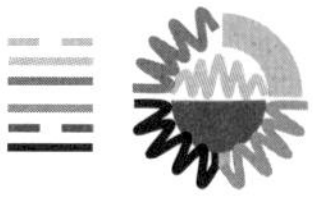

고쳐나가는 상, 개혁적·활성적 마인드, 문호개방, 변화의 시대, 순조로운 변화,가면과 구태를 벗김

50. 화풍정(火風鼎, :II I:I)

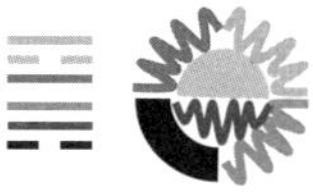

새롭게 만들어내는 솥의 상, 부가가치의 (재)창조, 응용개발, 정신문화의 창달, 새로움의 기획 추진, 재화의 재생산

51. 중뢰진(重雷震, I:: I::)

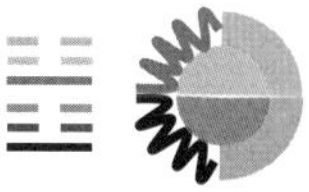

동요(動搖)하는 상, 고무·진작·부양, 충격요법으로 주위를 일깨움, 진출 중의 난관극복, 활달한 도전의식, 감동적인 영향력

52. 중산간(重山艮, ::I ::I)

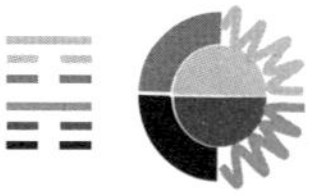

외적 변화에 멈추어 굳건하게 대응함, 사색 속의 지혜궁구, 안으로 흔들리지 않는 강인한 의지, 변화 속의 조용한 명상, 완고하여 타협하지 않음

53. 풍산점(風山漸, ::I :II)

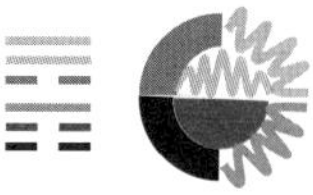

점진하는 상, 점진·안정적 발전, 외적 여건변화가 내적 상황변화를 유도함, 단계별 진출, 주위여건 변화에 신중하고 점진적인 대처

54. 뇌택귀매(雷澤歸妹, II: I::)

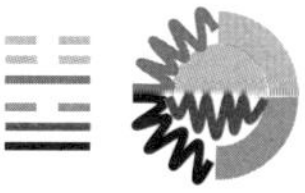

뜻대로 펼 수 없는 상황, 외적 불활성에 의한 내적 위축, 이성보다 활발한 감성, 비현실적 욕망, 옛 첩살이 같은 신참의 어려운 여건

55. 뇌화풍(雷火豊, I:II::)

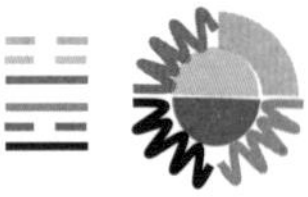

힘겹게 전진하는 상, 비효율적 추진, 전력투구하며 전진함, 실속 없는 에너지 과다소비, 겉으로의 풍요로움

56. 화산려(火山旅, ::II:I)

나그네의 여행, 개척자의 리더십, 새로운 방향으로 이끌어나감, 진행 저항의 최소화, 미래를 위한 자기계발, 에너지를 쓰며 떠남, 자율적 활동

57. 중풍손(重風巽, :II :II)

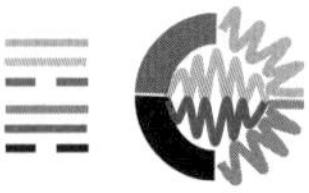

공손한 상, 외적 변화를 수용하며 적절하게 대응(대비)해나감, 자기동일성을 유지하면서 환경적 변화를 점진적으로 수용함, 신념 없이 우유부단함

58. 중택태(重澤兌, II: II:)

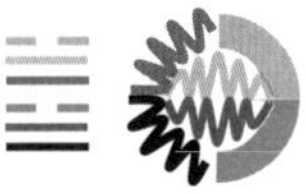

내적 기쁨의 상, 내적 인격 고양, 후덕한 포용력, 세파에 의연한 외유내강의 길, 가로막힌 내적 열정의 표출

59. 풍수환(風水渙, :I: :II)

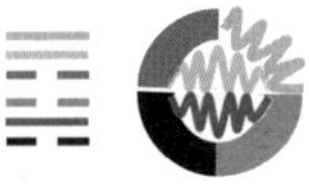

내면정화에 의한 구조조정, 흐트러짐을 추슬러 새롭게 헤쳐나감, 자기조정, 불신과 오해의 해소, 구조적 변화를 통한 새로움의 창조

60. 수택절(水澤節, II: :I:)

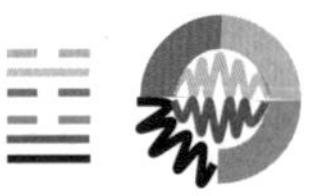

절제·절도의 상, 외적 한계(규제)에 봉착함, 내적 힘의 보호 육성, 한계극복 노력, 인내심의 발휘

61. 풍택중부(風澤中孚, ||: :||)

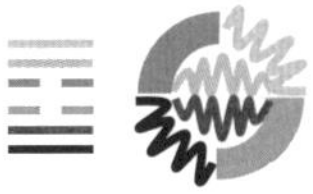

믿음과 열정, 내적 에너지의 비축, 내적 열정으로 외적 타락 억제, 열정적 추진, 막힌 세상을 뚫는 진실한 믿음

62. 뇌산소과(雷山小過, ::||::)

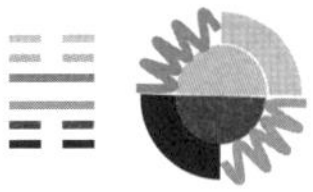

작은 일이 가능한 상, 조금 지나침, 작은 목표와 성취, 힘겨운 추진, 분수에 맞는 성실한 삶, 과욕금지

63. 수화기제(水火旣濟, |:|:|:)

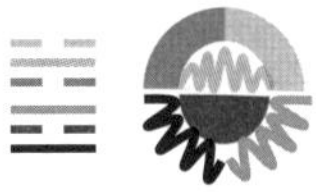

초길종란(初吉終亂)의 상, 순조로울 때 방만하면 막히는 미래, 기반 부실로 오는 나중의 낭패, 잘 나갈 때 자중해야 함, 무절제의 난국초래

64. 화수미제(火水未濟, :|:|:|)

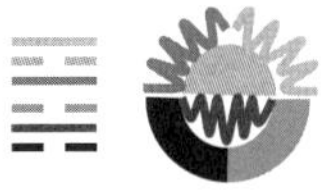

아직 건너지 못한 상, 초란종길(初亂終吉), 무초유종(无初有終), 기존의 장애 극복으로 미래를 열어감, 참고 견딘 뒤의 보람

01. 중천건(重天乾)

빛과 하늘, 창조적 능력, 능동성, 강한 결단력·실천력, 불굴의 전진, 무리 속의 리더십, 아버지의 성정

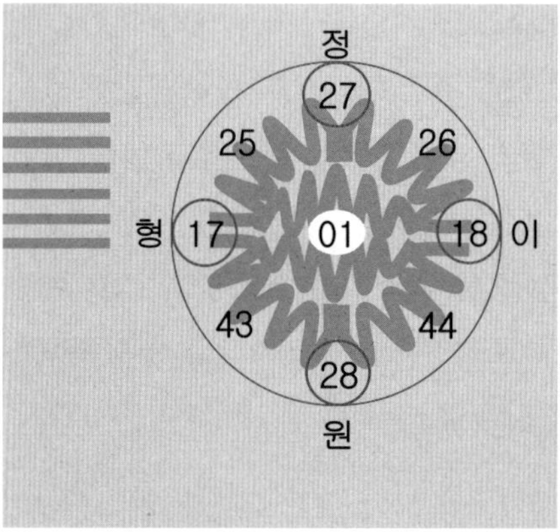

乾건. 元亨利貞원형이정.

하늘(빛)의 창조적 능력이로다[乾]. 모든 단계의 사물의 흐름[元亨利貞]을 이끄는 근원적 힘이니 창시하고[元] 형통하며[亨] 이롭고[利] 올곧도다[貞].

건[乾]은 대과(大過)·수(隨)·고(蠱)·이(頤)를 따라 흐르는 세계다: 내면에 지나칠 정도로 최대한 압축·저장된 에너지가[대과28, 元] 그 본성에 따라 펼칠 때 혼란한 변화에 수시 적응하면서[수17, 亨] 물질(또는 사물) 형성을 위하여 활성에너지를 쓰고[고18, 利] 물질(또는 사물)로 응집되어 다음의 창조적 발현을 준비하는[이27, 貞] 일련의 과정이 건의 세계다.

건은 여섯 효 전부가 양이므로 이들을 모두 파동모양으로 표시하면 중앙에 광원을 가지고 모든 방향으로 펼쳐나가는 빛을 상징하는 표상이 된다. 태초에 에너지의 뭉침(물질)이 펼쳐져 빛 에너지로 확산되는 과정에서 그 일부가 물질(음)을 형성하며 우주는 탄생된다. 우주의 물질은 시간의 경과에 따라 중력에 의하여 점점 더 응결되어 다시 음극양생(陰極陽生)의 순환원리에 의하여 일부 또는 전부가 자유의 빛으로 되돌아가는 것이

현대물리학적 우주론의 요약이다.

원형이정[元亨利貞]은 생명과정으로는 생장수장(生長收藏), 계절로는 춘하추동(春夏秋冬), 오행으로는 목화(토)금수[木火(土)金水]의 순환이며, 일의 전개로는 시작단계·내실단계·실적단계·판단단계, 사건의 발전단계로는 기승전결(起承轉結)인데, 이 모든 순환단계에서 활성적인 순수한 양 에너지로서 창조적 역할을 수행하는 근원적 힘이다. 건의 표상에는 다른 괘들과는 달리 본(本)·내(內)·외(外)·말(末)의 자리에 괘사에 나오는 원[元]·형[亨]·이[利]·정[貞]이 배속되었으며 코드로는 각각 대과(28)·수(17)·고(18)·이(27)가 자리하여 그 개념을 반영하고 있다.

괘를 인성(人性)으로 보면, 근본정신이 활발하고(1양) 신진대사 작용이 원활한데다(2양) 외적 물적 교류도 원활하므로(3양) 에너지를 끊임없이 발생시킬 수 있다. 여기에다 이성적 정신활동력이 강하고(4양) 판단력과 행동실행력이 월등하며(5양) 가치관이 분명하여 세계를 보는 눈은 틔어있다(6양). 강한 정신력을 강한 체력으로 뒷받침해 줄 수 있으므로 무엇이든 창조적 일을 추진하는 리더십이 강하여 가정·사회·국가·세계 등 모든 영역에서 책임자로서 바람직한 성정(性情)이다. 건이 '원형이정'의 모든 생명체의 순환적 흐름에 작용하는 주체적 능력을 의미하므로 계절의 춘하추동, 생멸의 생장수장, 오행의 목화금수, 상황전개의 기승전결 등의 모든 단계에서 건은 활기차고 줄기차게 뻗어나는 빛과 같은 성질이다.

주역의 괘가 만들어졌을 때에는 지금과 같은 물리학적 우주론은 없었지만 건(乾)괘의 표상이 『과학주역』 1(105쪽, <그림26>)에 도해한 우주론의 사면체모델에 상응한다는 것은 참으로 놀라운 일이 아닐 수 없다. 건곤우주론(1권 262쪽)에서 설명한 바와 같이 4상의 에너지 흐름 패턴에 대입하면 대과(大過28)는 태양, 수(隨17)는 소양, 고(蠱18)는 소음, 그리고 이(頤27)은 태음에 상응한다. 이것은 어디까지나 과정적 변화의 시각이므로 4원의 구체적인 상징의미는 어떤 것인가를 하나하나씩 추론해보기로 하자.

대과(大過)는 내적인 벽(1음)과 외적인 벽(6음)에 가로 막힌 상태에서 그 사이에 에너지가 뭉쳐 입력을 형성하여 곧 디질듯한 위험부담을 안고 있는 상이다. 인간영위의 면에서 우선 양의 영역을 살펴보면(『과학주역』1, 202쪽, <표 1> 참조), 몸의 외적 교류가 많고(3양) 신진대사가 원활하므로(2양) 육체적 힘이 강한데다 지략이 우수하고(4양) 이에 따른 추진력도 왕성하다(5양). 그런데 두 음이 문제다. 어떤 일을 해내겠다는 근본정신(의지)이 허약하고(1음) 밖과 앞을 내다보는 정보력과 환경 적응력이 약하므로(6음), 이런 상태에서 어떤 일을 감행하면 큰 과오를 저지르기 쉽다. 그래서 대과의 괘사에서 크게 지나쳐[大過] 용마루가[棟] 휘어진다[橈]고 하였던 것이다.

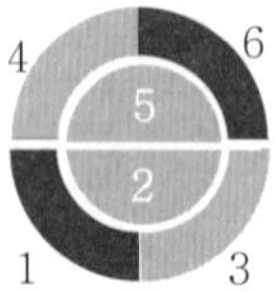

필자는 표상과 해석코드를 중첩하여 2권에서는 『주역』 원전 전체를 새로 읽어낸다. 그 결과로 얻어지는 64괘의 의미를 요약한 것을 이 책의 첫머리에 찾아보기 쉽게 모아 놓았다(19~29쪽). 대과는 '크게 지나침, 에너지의 지나친 방출성향, 등등한 기세로 무리하게 날뜀, 큰 잘못·큰 변화의 위험성, 폭발 직전의 상태·빅뱅(Big Bang) 시점'이라고 정리되어 있다. 그 폭발성은 위험하지만 건의 창조적 에너지를 발산해낼 수 있는 기초 자질임에는 틀림없다.

더 쌓고 다지는 숙성의 과정이 지나면 이제는 창조적 에너지가 발동되는 상황을 맞게 된다. 그 내적 이정표가 수(隨17)다. 창조성이 발휘되면 갖고 있는 모든 에너지를 외적 대상에 대하여 쏟아 부어야 한다. 그런데 아무런 저항 없이 진행되는 일이란 세상에 없는 법이다. 취약한 정보력과 환경적응의 부재는 여전하고(6음), 내적 에너지가 발산되기 때문에 그만큼 외적 물적 교류가 어려워지고(3음) 처음에 잘 되던 신진대사에도 문제가 발생한다(2음). 하지만 숙성

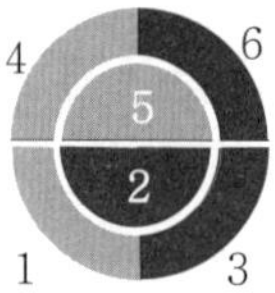

의 과정에서 다져진 의지는 불타고 있고(1양) 이에 걸맞게 사고력도 활발한 가운데(4양) 잘 판단하고 과감히 추진함으로써(5양) 이왕에 밀고 나가는 형국에서 맞닥뜨리는 혼란한 와중에서 그때그때의 상황에 맞게 대응하며 원래하고자 하는 방향에 임기응변으로 호응하며 온갖 노력을 다한다. 이것이 건의 내적 이정표로서의 '수'의 국면이다. 그래서 64괘 요약에는 '열정으로 형편에 따르는 상, 이심전심의 협력, 적응력·감화설득력, 내면에 쌓는 공덕, 호응·추종'으로 정리된다. 정신력이 강하여(1양·4양·5양) 세계가 에너지 방출로 혼란스러워도 흔들리지 않고 수시로 변통하는 적응력이 좋아 건의 창조적 펼침이 가능해진다.

이번에는 건의 외적 전환점을 이루는 고(蠱18)를 살펴보자. 건의 입장에서는 3양과 6양이 세계 외부에 교류의 문을 여는 상이므로 기존의 세계내의 에너지(2양)가 밖으로 빠져나가고 있는 과정이다. 이러한 상황에서 5음의 소극적인 결단력 때문에 세계는 혼란의 와중이 될 수 밖에 없다. 근본정신이 허약하고(1음) 사고력과 판단력이 어둡기 때문에(4음·5음) 뿌리치기 어려운 부정한 돈과 권력, 허세, 허영, 유혹 등의 외세가 판을 치면 이 세계는 외적 육체적 반응에 민감해지며(3양) 육체적으로는 활성화되지만 정신적으로는 약해지므로 가만두면 에너지는 계속 소모된다. 물리학적 우주론에서는 자유에너지가 방출되어 물질형성 욕구를 충족하면서 점점 응축되는 상황으로 전환된다. 64괘 요약에서는 건의 4원 외에도 전체적인 의미와 연동하여야 하므로 '미혹·허영·부패·위세·유혹·문란의 상, 외적 탐욕, 외적 성공, 외적 영향력에 대한 내적 저항력, 내적 에너지 유출'이라고 정리되고 있다.

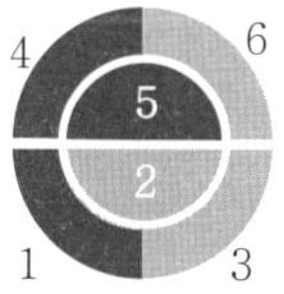

건의 마지막 4원인 이(頤27)는 어떤 이정표인지 알아보자. 표상을 보면, 근본 욕구가 다시 강렬해지고(1양) 세계와 미래의 환경정보나 그

영향력을 받아들이려는 자세가 적극적으로 변한다(6양). 왜냐하면, 고(蠱18)의 전환점 이후 내적 외적 활성에너지가 점점 떨어지기 때문에 미구에 다시 양 에너지를 받아들일 준비가 필요하기 때문이다. 이때는 물적 외적 입력이 어려우니(3음) 신진대사 작용도 자연히 소극적일 수 밖에 없고(2음) 특별한 아이디어를 낼 수도 없을 분만아니라(4음) 추진력도 적극적이지 못하다(5음). 그러니 조용히 허기를 채우며 조신하게 행동하고 모든 외적 능력을 받아들이고(6양) 이를 기르려는 근본정신 만큼은 살아있어야 한다(1양).

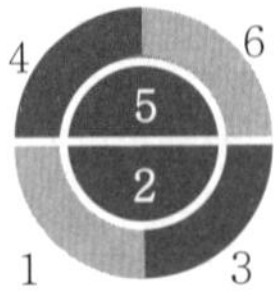

전체적인 음양의 분포로 보면 이(頤27)의 표상은 양 둘(1양·6양)이 음 넷(2음·3음·4음·5음)에 힘을 가하여 압축하고 있는 모습이다. 이는 마치 형틀에 압력을 가하여 어떤 형상을 만들어내는 형국이다. 64괘 요약에서는 모든 괘의 해석코드에 적용되어야 하므로 '기본 역량을 채우고 기르는 상, 생산해내는 기본틀, 창조적 일의 바탕, 물질(우주)의 형성, 먹어서 허기를 채움, 지혜·지식의 흡입에 의한 가치관의 형성'으로 정리하였다.

위에서 이해한 4원의 의미를 연결하면 대과(大過)·수(隨)·고(蠱)·이(頤)를 따라 흐르는 세계라고 정의된 건(乾)의 전체적 상황을 충분히 읽어낼 수 있을 것이다.

'건'은 곧 빛을 상징한다. 빛은 '원형이정'의 단계를 거치며 자신의 역할을 바꾸지만 이 과정이 없으면 우주도 생명도 없다. 빛의 성정은 곧게 펼쳐나가는 것이다. 그래서 강건하다고 말하는 것이며 이로써 우주만물의 창조적 에너지가 되는 것이다. 건의 순환원리에 합당하게 움직이는 모든 것은 곧 생명이다. 그래서 지구도 우주도 살아 움직이는 생명체로 보아야 하는 것이다.

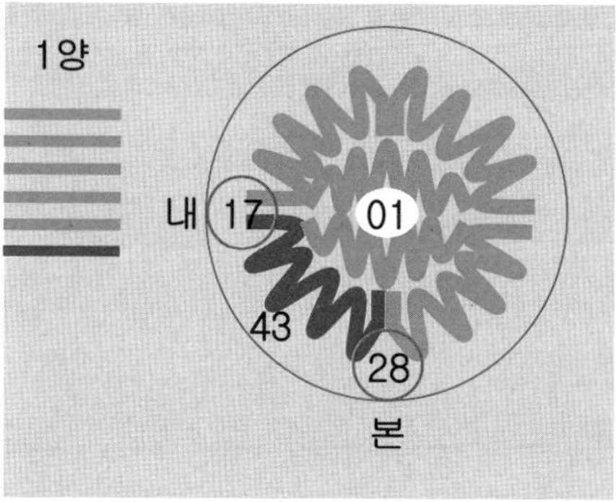

潛龍勿用잠룡물용.

물 속에 있는[潛] 용이니[龍] 활동하지[用] 말라[勿].

1양은 대과(大過)·쾌(夬)·수(隨)의 과정이다: 압축된 에너지가[대과28] 빛의 본성적 에너지 확산에 호응하며 따르려면[수17] 빛의 펼침 본성에 따른 결단을 단행하게 되기까지는 인내심을 가지고 힘을 최대한 안으로 쌓아야 한다[쾌43].

대과의 기초자질을 가지고 있다 하여 창조력의 발산이 시작되는 것이 아니다. 그대로 나아가기엔 결격사유가 있으므로 우선 근본적인 보완이 필요하다. 가장 우선적인 것은 근본정신을 확실하게 해야 한다. 큰 일이 이루어지려면 잠재의식을 활성화시켜야 한다. 즉, 대과(:||||:)에서 1음이 1양으로 바뀌는 과정이 필요하다. 그렇게 되는 과정이 제1효 자리에 매김된 '쾌(夬43)괘'의 과정을 밟는 것이다. 근본의식을 바꾸어 하느냐 마느냐의 불확실성을 제거하는 기초자질을 숙성하는 과정이라 할 수 있다.

용은 하늘을 날 수 있다고 보았기 때문에 하늘의 양 에너지인 빛을 상징한 것이었다. 그래서 잠룡[潛龍]은 보이지 않게 잠재하여 있는 작용양자(빛)의 양태에 해당하며 결단을 내릴 수 있는 기회를 기다리며 자신을 드러내지 않고 실력을 기르며 향후의 창조력을 한껏 펼칠 수 있는 여건을 준비하는 과정에 있는 상황을 말한다. 미완성 능력은 딱히 소용되는 곳도 없겠지만 사용한다 하여도 미흡하여 유용한 결과를 낼 수 없기 때문에 사용하지 아니함만 못한 것이다. 그래서 잠겨있는 용이니 활동하지 말라고 한 것이다.

건(乾)은 창조적 펼침의 본성을 가진 빛을 상징하지만 1양은 빛의 원초적 본질, 즉 창조력의 본질에 대한 설명이다. 괘가 발상(發祥)된 상고시대에는 빛은 밝음과 어두움의 근원이었지만 20세기에 와서는 양자론의 단초를 제공하게 된다. 빛은 연속적인 에너지의 흐름이 아니고 최소에너지 다발로서의 광자(光子, photon)라고 하는 일정 단위량의 흐름임을 알게 되었는데 이 일정 단위 량을 양자(量子, quantum)라 했다(1권, 14. 빛과 양자역학 참조, 82쪽). 빛이 가질 수 있는 에너지의 준위는 한정이 없지만 그 에너지(E)는 항상 빛의 진동수(f)에 하나의 특정 비례상수(h)를 곱한 것의 정수 배로만 나타난다는 것이 입증되었는데(E=n·h·f), 그 비례상수를 작용양자(作用量子, quantum of action)라 부른다. 결국은 에너지를 구별할 수 있다는 것은 에너지의 차이(ΔE)를 구분할 수 있다는 것인데 그것의 최소값은 진동수(f)와 작용양자(h)를 곱한 값이 된다(ΔE=h·f). 괄호 속의 식을 보면, 진동수의 단위가 시간의 역수이기 때문에 작용양자(h)는 에너지(E)를 시간(T)으로 곱한 단위가 된다. 한편, 빛의 에너지는 빛의 진동수에 비례하기 때문에 결국 작용양자는 하나의 고정된 상수(常數)가 됨을 확인할 수 있다. 그래서 빛의 작용양자는 쪼개진 부분으로는 작용할 수 없다. 전체성의 개념으로 몽땅 '올인(all-in) 하든지 말든지 둘 중에 하나가 되어야 한다. 빛의 양자적 존재는 빛의 결단적 행동을 요구하게 되는 것이며 그것이 빛의 본질이다.

빛이 되어 펼침의 세계를 이행해나가려면 우선 하나의 작용양자가 한 묶음의 다발(전체성)을 이룰 때에만 가능하다. 예컨대, 부분적인 계획은 진정한 하나의 계획으로 인정될 수 없고 날인이 안 된 미완성 계약은 계약이 아닌 것과 같다. 1양의 상황코드인 쾌(43, ⅡⅡ:)는 제6효만 음이고 나머지 모두는 다 양이다. 양 에너지가 밖으로 펼쳐나가려 해도 '6음'에 가로막혀 진행하기 어렵지만 미비한 부분이 채워질 때까지 모든 노력을 쏟아 부어 결정적인 요건이 만족되는 기회가 오기를 기다린다. 오랫동안의 긴장과 노력을 압축하여 큰 폭발력을 얻어야만 비로소 획기적 진전은 이루어지는 것이다. 사면체로 본 물리학적 우주론에서(1권, <그림 26>) 1양의 단계는 빛과 공간 사이의 과정인 '인플라톤장(inflaton field)'의 역할에 해당한다(1권, 107쪽 참조).

1양은 우주공간을 창조해가는 보이지 않는 힘의 성질이며 역할이다. 빛의 파동역할로 온 누리를 가득 채우기 위하여 노력하는 과정이다. 그것은 물질이 생기기 직전의 잠재의 공간 속에 펼쳐지는 에너지파동이다. 불확정성 원리에 의하여 아주 짧은 극미의 시간에서 에너지의 뭉침이 물질로 나타날 가능성으로 존재하는 양자진공 속에 잠재하는 에너지다. 내부 잠재력을 키우며 큰 포부를 품고 유용한 가시적 존재(의미 있는 사물)로 태어날 확률이 맞아 떨어지는 때를 기다려야 하는 단계다.

표상에서 1양은 원(元)과 형(亨) 사이의 과정을 나타내는데, 일의 단계로는 시작단계와 내실단계의 사이이고, 사건의 발전단계로는 기승전결(起承轉結) 중에서 '기·승'의 사이이고 사람의 성장단계로는 유년기에서 청년기에 걸친 시기다. 여러 범주에서 1양에 해당하는 단계에는 실력과 내용을 길러가는 과정이므로 그것을 완성된 것처럼 사용하려 한다면 낭패하기 십상이다.

여섯 효위(爻位)의 의미구성을 보면(1권, <표1>, 202쪽), 1양은 인간의 무의식세계의 자리다. 무의식의 바다에 있는 기초자료들이 활성화되면서 구슬이 꿰어져 목걸이가 되듯 어떤 의미가 가설적으로 형성되고 경우에 따라 의식의 수면에 떠올라와 분석·종합되어 하나의 사물로 태어날 수 있는 계기가 마련될 수 있게 된다. 하지만 대부분의 무의식 속의 것은 여간 해서는 당장에 쓰일 수는 없지만 집중력을 높여 축적해가면 언젠가는 '쾌(夬43)'의 성정대로 되어 창조적 활동에 크게 기여하게 된다는 것은 이제는 이미 상식이 되었다.

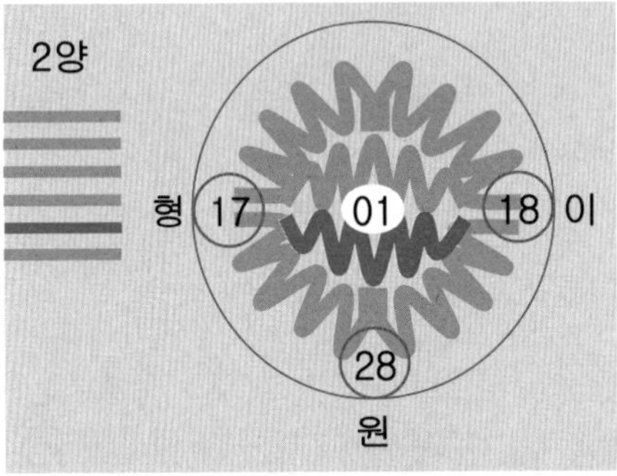

見龍在田현룡재전·
利見大人이견대인·

용이[龍] 나타나[見] 밭에 있도다[在田]. 대인을[大人] 만남이[見] 이롭도다[利].

> 2양은 수(隨)·대과(大過)·고(蠱)의 과정이다: 건의 펼침에 호응하여 혼란한 국면을 임기응변으로 대처하지만[수17], 양 에너지가 물질형성에 소실되려 하는 것은[고18], 내면에너지가 집적되어 압축되는 과정에서 공간이 고밀도화 되기 때문이다[대과28].

내면에 가득히 성숙시킨 에너지(실력)가 방출되며 우주공간이 펼쳐지는 엄청난 팽창속도를 미처 감당하지 못한 공간에너지가 물질로 석출되고 그 물질존재 간의 인연의 고리를 만드는 시간이 흐르게 된다. 특수상대성원리에 맞춰 펼쳐질 시간과 공간이 얽힌 우주적 사건의 무대가 형성된다(1권, <그림 26> 참조, 105쪽). 사면체로 본 물리학적 우주론에 대비하면 공간과 시간이 얽히는 과정에 해당한다(108쪽). 2양은 시공간 연속체의 4차원 무대를 있게 하는 특수상대성원리를 만족하는 빛의 본성적 펼침이다. 공간 펼침[수17]과 물질(시간)생성[고18] 사이에 빛의 폭발적 본성[대과28]이 배경으로 작용하기 때문이다.

효사 속의 대인[大人]은 물질형성을 돕는 5양의 중력(重力)에 해당한다. 우주의 변화를 조절하여 안정시키는 유일한 힘이다. 중력이 없으면 생겨나는 만물들은 흩어질 것이므로 의미 있는 오늘의 우주를 이루지 못할 것이다. 또한 모든 사물은 한번 운동하면 계속되려는 관성이 있는데 이것을 다스리는 힘이 중력이다. 편을 가르는 지도자는 가진 것이 많아도 대인은 못 된다. 그래서 중력은 우주의 모든 존재자들이 믿고 따를 수 있는 대들보다. 사회무대에 발을 내디딘 자들은 중심이 흔들리지 않는 지혜와 경륜을 쌓은 대인[大人]의 조언과 배움을 얻어야 한다. 우주론적 시공간 무대에서나 인간사회에서나 기본실력이 있다 하여 마음대로 뜻을 이룰 수 있는 것은 아니다. 공간과 시간이 한데 얽히며 빛이 유한불변의 속도(광속 c)로 한정되면서 특수상대성원리라는 통제 속에서 조정자인 중력의 협조를 받아야 한다. 인간사회에서는 스승(대인)의 가르침을 받아 기초를 닦고 지식과 지혜의 덕을 쌓아야 하는 것이다.

용이 나타나 밭에 있음은[見龍在田] 창조적 소양을 타고난 인물이 용으로 비유되어 밭이라 표현된 활동무대에 그 모습을 나타낸 것이고 대인을 만나는 것이 이롭다[利見大人] 함은 스승의 배움을 얻어 사회에 걸맞은 올바른 덕을 쌓아야 함을 말해주는 것이다. 우주와 인간사회 사이에 자기닮음의 원리가 반영되고 있는 것이다.

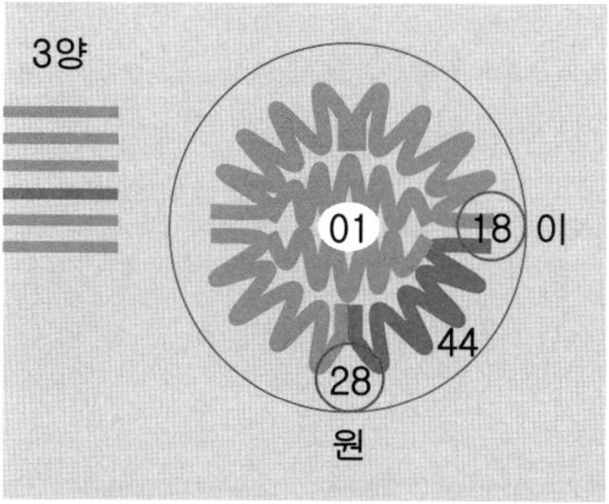

君子終日乾乾군자종일건건.
夕惕若석척약 厲无咎여무구.

군자가[君子] 종일토록[終日] 펼침의 뜻을[乾] 강건하게 하도다[乾]. 저녁에[夕] 두려워하는[惕] 듯하면[若] 위태롭기는 해도[厲] 탈은 없으리라[无咎].

3양은 대과(大過)·구(姤)·고(蠱)의 과정이다: 가득 찬 양의 힘이 [대과28] 외석 경계의 벽을 넘어 탈출하려는 성향을 띠고 활동하게 되는 것은[고18] 외적·환경적·물질적 유혹의 올가미에 씌어 욕망달성의 기회를 엿보고 있기 때문이다[구44].

3양은 마치 빛이 물질입자로 변화되려는 기회를 노리는 과정과 같다. 빛의 입자성은 1양이 품고 있던 내부의 잠재된 폭발력이 외부의 환경조건과 부합할 때 기초물질을 형성하려는 전초적인 율동이요 몸부림이다(44번 괘의 제1효 참조). 이 단계는 물리학적 우주론에서 말하는 약력의 작용과정으로서(1권, <그림 26> 참조, 105쪽) 빛과 시간 사이의 과정에 해당한다(1권, 109쪽 참조). 자기성장을 추구하면서 출세하려는 노력이다. 지위나 권력 등 자신의 물적·외적 팽창에 몰입하므로 전체에 기여해야 하는 자신의 책무에는 소홀하기 쉽다.

빛의 펼침 본성인 원(元, 대과28)이 물질의 열매를 맺는 이(利, 고18)의 단계간에는 양자요동의 과정이 존재한다(1권, 109쪽). 빛이 바로 물질이 될 수 없고 그를 위한 과정적인 노력(?)에 따른 성취의 기회를 얻어야 한다. 인간과 사회도 마찬가지다. 좋은 생각이나 포부가 있다고 바로 그것이 성취되지 않으며 끊임없는 자기반성적 노력이 뒷받침되어야 한다.

괘사에 군자가 종일토록 펼치려는 뜻을 강건하게 밀어 부친다는 것은[君子終日乾乾], 마치 양자요동에서처럼, 끊임없이 목표한 것을 이루려는 창조적 소양을 가진 인물의 부단한 노력상을 의미한다. 저녁에 (반성하면서) 두려워하는 듯하면 위태롭기는 해도 탈은 없으리라는 것은[夕惕若 厲无咎] 무작정 노력하는 것이 아니라 무엇이 잘못되어 성취하기 어려운 것인가를 되짚어 반영해야 하지만 지위나 권력 등 자신의 물적·외적 팽창에 몰입할 가능성이 높으므로 올바른 에너지 활용을 위한 적극적인 노력이 필요하다. 욕망의 추구에 빠진다는 것은 위태로운 국면이지만 이를 잘 추스른다면 아무런 문제가 없을 것이라는 뜻이다.

해당코드인 '구(44)'는 양으로만 구성된 건(乾)에서 맨 아래의 제1효가 음으로 변한 것이다. 이 괘는 처음으로 양 에너지[빛, 계획, 포부, 창조적 소양(素養)]가 음 에너지(물질입자, 실체)로 변하는 기회를 포착한 것을 의미한다. 양 기운이 음기운에 붙잡혀 건의 모습대로 자유롭지 못한 것은 한번 외적 물적 욕구에 연결되면 꼼짝없이 그것에 유혹되어 매이게 되기 때문이다. 하지만 건의 세계가 아닌 곤(坤)의 입장에서 보면 물질우주가 처음으로 이루어지기 시작하는 축복의 장이 된다.

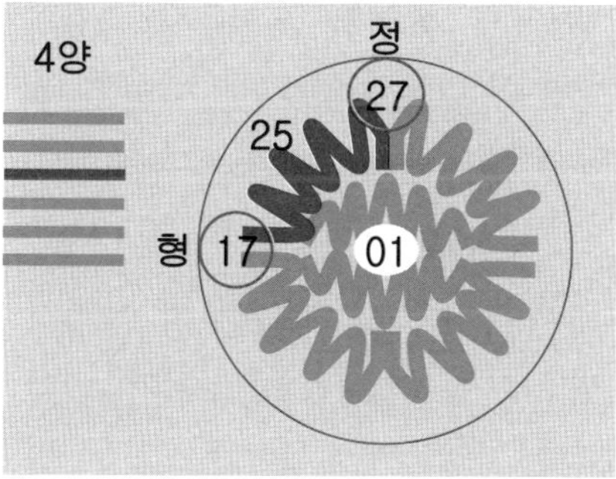

或躍在淵혹약재연. **无咎**무구.

혹[或] 뛰어도[躍] 연못에[淵] 있도다[在]. 탈은 없으리라[无咎].

> 4양은 수(隨)·무망(无妄)·이(頤)의 과정이다: 변화의 와중에 그때그때의 상황에 맞추어 호응하며 혼란을 수습하다가[수17] 결국에는 소모된 양 에너지를 그리워하며 자신을 기르고 갈무리해야 하기 때문에[이27] 그 과정에서는, 욕심으로 바둥거리며 억지 부리지 않고 절제의 덕으로써 순리의 길을 따라야 한다[무망25].

4양은 올바른 활성적 사고를 통하여 우주자연의 순리와 질서의식을 깨우쳐 욕심이 빚는 비효율적인 부자연한 복잡함을 걷어내고 우주자연을 경제적으로 운용하는 하늘의 뜻에 잠재의식까지 감응시켜(1양) 실천으로 연결하는 삶의 과정이다.

우주론으로 보면(1권, 105쪽과 112쪽 참조), 4양은 공간과 시공간 사이의 과정에 상응한다. 공간의 자유에너지가 시공간 속에 구속되어 개체화될수록 엔트로피는 증가하지만 이 과정의 역할방향에 따라 엔트로피를 크게 감소시킬 수 있는 기능성의 장이다. 복잡하게 갈라진 개체를 다시 엮어 구조체를 만들고 그기에 에너지를 쌓는 현상이 있으니 바로 역엔트로피(negative entropy)과정이 그것이다. 물질이 분자단계에서 중합체(重合體, polymer)를 형성하여 진화하거나 생명이 발현하거나 하여 무질서에서 질서가 회복될 수 있는 내적 자기조직화의 과정이 그것이다.

형[亨]에서 정[貞]을 바라보는 4양의 단계는 이(利)의 단계로 가는 현실적인 길과는 달리 내면에서 과거의 경험을 살려 가장 경제적인 방법을 생각하는 자기조정의 과정이다. 그런데 우주자연은 그 자체가 경제적인 최적의 원리를 따르므로 무엇이 진정한 순리인지를 생각해야 한다. 지금은 경우의 수가 복잡해지는 상태를[貞] 직접 겪지 않고 예상하고 있기 때문에 무작위적 욕망을 추구하기 보다는 이성적 사고를 통하여 순리를 찾고 천지의 자기조직화 능력을 믿고 따르는 과정이다.

'혹간 뛴다[或躍]'는 것은 자기발전을 위한 도약을 위하여 이런 저런 가능한 방법을 추구해보는 노력의 면면을 나타내는 것이고, 연못에 있으니 탈은 없다는 것은[在淵 无咎] 애초에 처해 있는 용의 환경이 연못이었으므로 발전을 추구함에 있어서 자신의 기존 환경을 일탈하지 않고 우주자연의 순환원리를 올바로 깨우쳐 순리를 따르는 것이다.

해당코드인 '무망(25)'은 천운과 순리에 따른 정도를 걸으면서도 당당하고 절제 있고 분수를 지키며 내공을 쌓아가는 삶을 말한다. 내면의 깊은 마음이 감동을 받아 하늘의 순리를 따르며 이성적 사고가 활성화 되어 자연을 거스르지 않는 창조적 노력으로 자신의 발전을 꾀함을 함의하고 있다.

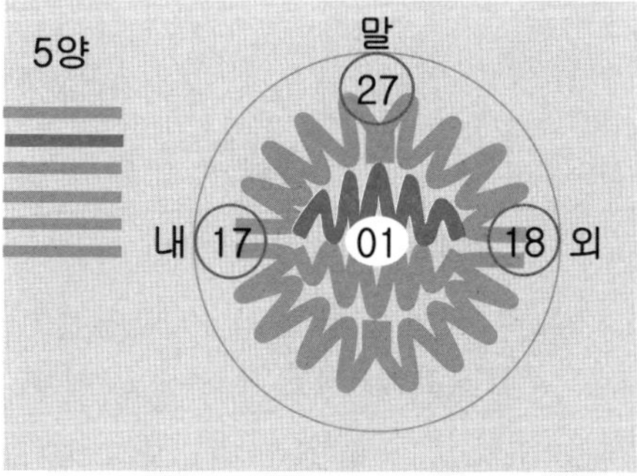

飛龍在天비룡재천.
利見大人이견대인.

날아 오른 용이[飛龍] 하늘에 있도다[在天]. 대인을[大人] 봄이[見] 이로우리라[利].

5양은 수(隨)·이(頤)·고(蠱)의 과정이다: 건의 펼침에 호응하여 혼란한 국면을 임기응변으로 대응하면서[수17] 외적 목적을 달성하기 위하여 내적 에너지를 유출하려는 것은[고18], 양 에너지를 소모하여 형체를 갖는 실체의 세계를 이루려는 것이다[이27]. 사욕을 넘어선 전체를 위한 판단과 행동으로 정신을 집중하여 세상에 창조적 활동을 펼치는 과정이다.

5양은 형[亨]의 단계에서 이[利]의 단계를 매개하는 것이지만 2양과 다른 점은 정[貞]의 목적을 달성할 수 있도록 하려는 데에 있다. 정[貞]은 에너지를 물질형태로 최대한 압축하여 갈무리를 가능하게 한다. 이 과정에서 목적배경이 되고 있는 이[頤: I::::I]는 그것의 1양과 6양의 힘으로 나머지 음 넷을 응축하는 상이므로 이[利]에서 열매를 맺게 촉진한다. 한편으로는 다음의 생명을 발아시키는 준비로서 제일 바깥에서 양에너지를 받아들여(6양) 안으로 끌어와서 잘 길러 활성화하는(1양) 모습이기도 하다(괘는 여러 각도에서 공평무사하게 해석해야 한다).

물리학적 우주론에서 보면(1권, 105쪽과 117쪽의 5항 참조), 빛의 모습인 자유에너지가 펼쳐나가 물질 속으로 스며들어 그 속에서 강력(强力,

strong force)으로 응축되어 물질을 이룬다. 중력의 작용으로 여러 물질이 뭉쳐 핵융합을 일으키면서 원래의 빛 에너지로 복귀되기도 하고 ($E=mc^2$), 중력의 영향이 더 심화되어 모든 것을 빨아들이는 블랙홀이 되기도 한다.

우주적 사건에서 열매를 맺는다는 것은 물질입자가 출현하는 것만으로는 부족하다. 질량을 가진 물질을 한 곳으로 모으는 중력의 도움이 절대적으로 필요하다. 중력은 천체가 지금의 상태로 역학적 평형을 이루게 하는 근원적인 힘이다. 자연의 네 힘 중에서 중력은 제일 작은 힘이지만 천체우주적으로는 엄청난 크기의 힘으로 작용하여 우주를 안정하게 하고 우주의 순환운동을 제어한다. 중력은 공간에서 시간을 형성시키는가 하면 시공간 내의 구속된 에너지를 자유에너지로 되돌리는 매개역할을 한다. 중력은 우주 전체가 에너지 순환을 하면서 생동하게 하는 중재자이면서 통치자의 역할을 하는 '우주의 CEO'인 셈이다.

괘사에서 '날아 오른 용이 하늘에 있다[飛龍在天]'라고 한 것은 건이 목적하는 정[貞]에 이르는 실적을 내기 위하여 창조적 소양을 충분히 갖춘 지휘자나 리더[飛龍]가 자신의 능력을 한껏 발휘하는 상황[在天]을 비유하여 표현한 것이다. 용은 승천해야 능력을 발휘한다. '대인을 봄이 이롭다[利見大人]' 함은 훌륭한 리더는 자신의 능력을 발휘하는 자체는 나름대로의 성공이지만 전체를 위한 목적을 반드시 성취하여야 하는 막중한 임무를 완수하는 데에는, 우주에서 중력의 뒷받침이 있어야 하는 것처럼, 경륜이 높아 전체가 신뢰하는 큰 인물이나 저변의 기존체계로부터의 협조가 필요하다. 2양과 5양의 괘사에 있는 대인[大人]은 우주론에서는 둘 다 중력의 역할에 상응한다.

이 과정의 배면정황을 이끄는 '이(頤27)'는 제1효와 제6효가 양이고 나머지는 음으로 구성된 괘다. 우주의 순환과정에서 물질이 형성되고 이것이 중력에 의하여 더욱 더 여물어지면 가장 심층에서(1양) 고압에 의

하여 핵융합반응이 일어나고 이어서 표면으로 스며 나와(6양) 우주공간에 빛과 열을 방사하는 것이 이(27)의 1양과 6양의 양동(陽動)하는 모습의 일면이다. 또한 '이(27)'는 미래환경과의 교류를 원활히 하여(6양) 내면의 무의식 세계를 활성화함으로써(1양) 깊이 내장된 지식이 불현듯 지혜로 드러날 수 있도록 경륜을 내면에 길러가는 과정을 상징하기도 한다. 경륜이란 큰 일을 경험하면서 지혜를 쌓는 것이며 열매가 여물어지는 것과 같다.

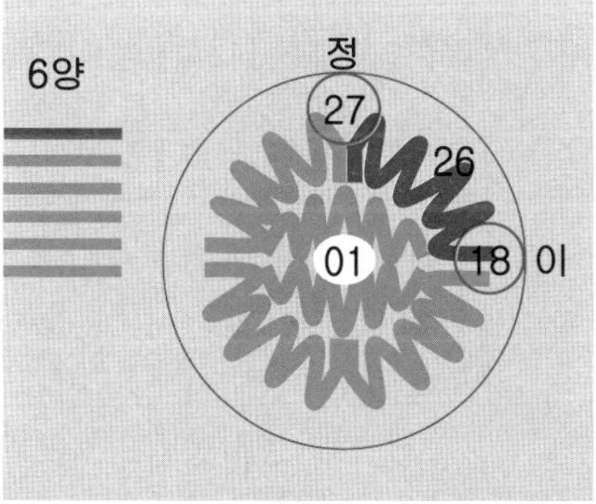

亢龍有悔항룡유회.
用九용구 見群龍견군룡
无首무수 吉길.

지나친[亢] 용은[龍] 후회가 있도다[有悔]. 양을 모두 쓸 때는[用九] 뭇[群] 용을[龍] 대하며[見] 우두머리에[首] 서지 않으면[无] 길하리라[吉].

6양은 고(蠱)·대축(大畜)·이(頤)의 과정이다: 양 에너지가 밖으로 빠져 나가고[고18] 끝내는 활성에너지를 잃고 빈궁하여 다시 모든 것을 받아들이고 기초소양을 닦으며 능력을 재충전해야 할 때가 임박했다[이27]. 그런데 어떤 상황이 연출되는가? 안에 가둬둔 축적된 에너지만큼 밖으로 소모할 수 있으나 건의 발산성향 때문에 낭비하기 쉽다[대축26].

6양은 외부환경과의 접경에서 에너지를 교류하는 활동이다. 약력의 작용에 의하여 탄생된 원시기초물질이 강력, 전자기력, 중력에 의하여 우주공간의 온갖 실체로 창조된다. 원자·분자·거대분자의 형성을 위하여 외부와의 활발한 결합활동에 나선다. 건(乾)의 입장에서는 펼침의 본성 때문에 에너지가 고갈되어 후회가 남지만, 곤(坤)의 입장에서는 덕을 입는 것이다. 능력을 십분 발휘하여 승천하였었지만 이제는 자만심을 버리고 전체를 위한 창조적 활동에 협조하고 헌신할 때다. 이와 같은 우주의 질서적 흐름에 순응한다면 길하다.

이 상황을 말해주는 대축은 외적 환경으로부터 양 에너지 유입하여(6양) 안으로 쌓거나(1양·2양·3양) 그 반대의 과정이 진행되는 괘다. 후자의 경우 독불장군처럼 자신의 역량을 과시하면 에너지를 소진하고 끝내는 후회한다. 이 상태를 거쳐 순환하는 활성에너지의 양이 극히 줄어든 상태로서 활성에너지를 다시 기다리며 능력을 기르는 것이 이(27)의 모습이다.

5양의 비룡(飛龍) 시절에는 자신의 능력을 최대한 발휘하며 리더십을 구현하여야 세계가 목적하던 바의 방향으로 향진할 수 있는 것이지만 그 황금기를 지나 목표달성을 눈 앞에 두면 그에 맞는 자신의 상황변화에 적응해야 한다. 달리던 물체가 관성을 가지고 있기 마련이지만 전체의 균형을 유지하는 중력이 이를 제압하기 때문에 마냥 달릴 수는 없다. 이제는 물질이 형성되거나 열매 맺은 후 씨앗으로 응결되며 땅의 수렴하는 환경인 곤(坤)의 기초자질이 숙성되어가니 이에 동참해야 할 때다.

앞서 5양의 설명에서 경륜을 내면에 길러가는 과정이 '이(27)[貞]'라고 하였다. 경륜은 큰 일을 경험하면서 지혜를 쌓는 것이며 열매가 여무는 것인데 지금 6양은 바로 그 과정 상에 놓여 있는 마지막 용의 입장이다. 자신을 불태우는 것은 유감스럽겠지만 타고 남는 재는 곤(坤)의 세계를 이루는 중요한 바탕이다. 이 과정은 '쌓아가는 것'이 덕을 이루는 것이다. 상괘와 하괘 두 묶음의 고전적인 상 해석으로 보면 대축은 하늘을 찌르듯 기세가 등등함이니 이는 항룡(亢龍)의 모습이지만 어디까지나 하늘아래 뫼이므로 그 자리에서 멈추어 절제해야 하는데 하늘 높은 줄 모르고 기세 등등한 지나친 용은[亢龍] 후회를 남기기[有悔] 마련이다.

어떻게 하면 하늘의 양 에너지를 '대축'할 것인가? 주어진 상황에서 효율을 극대화해야 하기 때문에 모든 수단을 동원하여 최적의 상태를 유도해야 된다. 첫째는 항룡의 모습은 때늦은 외고집이니 꺾어버리고 지금까지 출현한 잠룡, 현룡, 비룡 등의 모든 능력을 최대한 활용해야 한다. 우주론적으로는 전자기력, 중력, 약력, 강력의 네 가지의 힘의 존재와 그 역할이 가장 최적의 상황으로 유도될 수 있도록 활용되어야 한다. 네 가지의 힘은 그 종류와 크기에 관계없이 모두 다 없어서는 안 될 우주창조의 일꾼인 것처럼 모든 일을 창조적으로 완성하려면 저변의 능력을 모두 합리적으로 활용하여 최적화해야 한다. 이것이 바로 '뭇 용을 대하며 우두머리에 서지 않는다[見群龍无首]' 함의 참뜻이며 또한 현명한 길임에 틀림없다[吉].

02. 중지곤(重地坤)

땅, 물질세계, 헌신봉사, 근신·반성, 근본으로의 복귀, 신뢰의 바탕구축, 창조력의 수용·실천·실현, 온순·침착, 수동성, 어머니의 성정, 기준상태

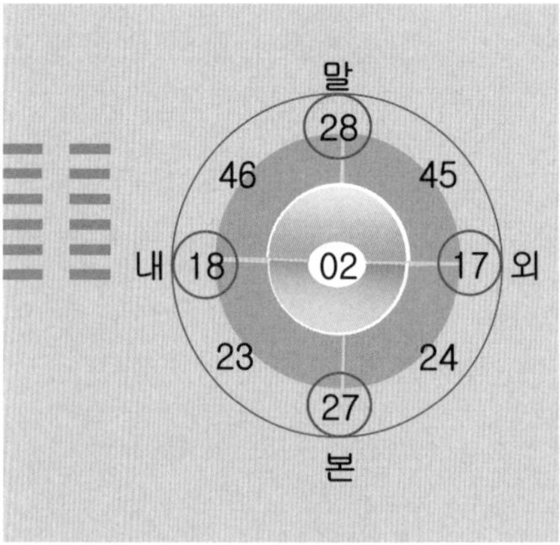

坤곤 元亨利원형리
牝馬之貞빈마지정.
君子군자 有攸往유유왕.
先迷後得선미후득 主利주리.
西南得朋서남득붕
東北喪朋동북상붕.
安貞吉안정길.

땅의 상이니[坤] 시작하고 펼쳐 열매 맺고[元亨利] 그 끝맺음에는 암말과 같은 절개 있는 지극정성을 다하도다[牝馬之貞]. 군자는[君子] 여유를 가지고 나아가야 하느니라[攸有往]. 앞장서면[先] 혼미하고[迷] 뒤따르면[後] 얻으니[得] 열매를 맺게 함이[利] 주 역할이로다[主]. 서남쪽에서는[西南] 친구를[朋] 얻게 되나[得] 동북쪽에서는[東北] 친구를[朋]잃으리라[喪]. 안정토록 끝까지 굳건하게 하면[安貞] 길하리라[吉].

곤[坤]은 이(頤)·고(蠱)·수(隨)·대과(大過)를 따라 흐르는 세계다: 시작의 단계에서는[元] 기초를 닦고 길러 양 에너지를 수용할 실체를 준비하며[이27], 펼침의 단계에서는[亨] 외부로부터 양의 영향력을 안으로 수렴하고[고18], 결실의 단계에서는[利] 흡입된 에너지를

갈무리하려고 외적 에너지 대사작용을 삼가며[수17], 마무리의 굳히기 단계에서는[貞] 내면에 양을 최대한 확보하여 저장하려는 [대과28] 일련의 과정이 '곤'의 세계다.

하나의 괘는 정태적 상황이 아니고 끊임없이 변화하는 과정 속에 있는 동태적 상황을 연출한다. 세계의 변화의 원리를 말해주는 주역의 괘는 자신의 효가 바뀌어 전혀 다른 괘로 변해가는 것만이 변화가 아니다. 괘 자체도 흐름의 과정 속에 놓여있는 하나의 형국이라는 것은 중요한 시각이다.

곤(坤)의 기승전결인 4원의 의미를 새겨보자. 고(蠱18)는 건의 입장에서는 내적 에너지가 밖으로 소모되려는 유혹과 부패를 상징하지만 곤의 입장에서는 양의 영향력을 받아 안으로 끌어들이는 입장이 된다. 같은 괘라도 괘를 바라보는 관점에 따라 의미가 달라지는 것은 괘를 해석하는데 있어서 매우 중요하다. 수(隨17)도 '건'의 입장에서는 내부의 양 에너지가 밖으로 나가려는데 동조하는 모습이지만 '곤'의 입장에서는 반대로 양 에너지를 내면에 저장하려는 의도를 실현하는 모습이 된다. '건'에서는 이(頤27)가 경륜과 지혜를 기르며 실체적으로는 물질을 응축시키고 있는 단계이지만, '곤'에서는 반대로 그만큼 양 에너지의 배고픔을 느끼는 성황이 된다. '건'에서 대과(大過28)는 양이 분출하려는 기상을 담고 있지만 '곤'에서는 양을 내면에 최대한 압축하여 저장시키는 상황이다.

손뼉도 마주쳐야 소리가 난다. '건'이 빛의 본성을 지닌 양 에너지를 발산하려 할 때(건의 원(元)인 대과28) '곤'은 음으로서 양을 수렴하여 흡입하려 한다[곤의 원(元)인 이27]. '건'이 발산하는 창조 에너지가 의미를 나타내려면 그것을 수렴하여 보존하면서 물질(사물)을 형성시킬 수 있는 능력이 있어야 원래의 목적했던 창조가 실현된다. 던지면 받아 주어야 하나의 사건이 완성되는 것이다.

우주의 전개는 '건'이 주관하고 '곤'이 수용하지만 사건의 성립조건에서는 '건'과 대등하다. 수렴하고 흡입하는 능력이 있음으로써 발산하고 주관하는 것을 마땅하게 하여 하나의 사건이 이루어진다. 갈무리할 수 있는 마지막 단계의 정[貞]에서는 합심·헌신·사랑·도움의 덕이 발휘됨으로써 뜻하던 바의 목적이 순리대로 진행되어 안전한 끝맺음을 이루어야[安貞] 길한 것이다[吉]. 참다운 어머니의 덕이며 땅의 덕이다. 창조 주관의 능력 그 자체도 원천적으로 중요하지만 이를 돕고 수용하여 이루어지게 하는 바탕의 조성과 심적 포용력은 창조적 가치를 형성해낸다. 앞서 일을 벌이고 결정하며 나서는 자가 있으면 뒤따라 거두어 마무리하는 자가 있어야 하는 것이니 건곤의 함수관계는 모든 사물의 창조를 이루어내는 상대성과 상보성의 표본이다.

'곤'이 이행하는 원형이정[元亨利貞]의 과정 중에서 이[利]가 주된 활동이다[主利]. 그래서 열두 달의 특성을 상징하는 괘(4월 건괘, 5월 구괘, 6월 둔괘, 7월 비괘, 8월 관괘, 9월 박괘, 10월 곤괘, 11월 복괘, 12월 림괘, 1월 태괘, 2월 대장괘, 3월 쾌괘) 중에서 곤괘는 10월을 나타낸다. 과정적으로는 열매를 맺게 하는 것이 주 활동이지만 10월에 이르러 씨로 여물게 할 때는 암말과 같은 절개 있는 지극정성을 들여야 한다[牝馬之貞]. 문왕8괘도*에서 희생봉사로 도움의 덕을 베푸는 곤(坤)괘가 위치하는 서남방향이 유리하고[西南得朋] 위세를 부리며 우뚝 솟아 있는 간(艮)괘가 자리하는 동북방향에서는 친구를 잃으니[東北喪朋] 이를 피하여 주위의 환경이 곤(坤)과 어울려

---

* 문왕8괘도(501쪽 참조): 64괘의 괘사(卦辭)를 붙인 문왕이 낙서(『과학주역』1, 49쪽)를 보고 배열했다는 8괘도를 말하며 복희8괘도(『과학주역』1, <그림 33>,144쪽)의 에너지 흐름에 따른 8괘의 순서적 배치인 '건(III)·태(II:)·리(I:I)·진(I::)·손(:II)·감(:I:)·간(::I)·곤(:::)'의 자리에 각각 '리·손·진·간·곤·태·건·감'이 배열된 형태의 8괘도다. 이때 '곤(坤)'의 방위가 서남방이다.
* 한규성(한필훈 엮음), 주역 46가지 질문과 대답, 안티쿠스, 2011, 160~169쪽.

도움을 받을 수 있는 상황을 맞이할 수 있도록 노력해야 열매를 영글게 하는데 안전하고 편안하기 때문이다.

'곤'을 인성(人性)의 면으로 파악해보자. 자체의 근본욕구를 잠재우고(1음) 외적 물적 교류를 삼가며 자체의 에너지를 잘 갈무리하려면(3음) 에너지로 변화시키는 신진대사 작용도 민활해서는 안 된다(2음). 그래서 자기만족을 위한 에너지의 사용에는 소극적이다(6음). 독창적인 이성적 사고보다는 타인의 창조성을 뒤따라가고(4음), 독단적인 판단과 행동을 하지 않으며(5음), 미래를 홀로 개척하고자 하는 의욕적인 정보활동에도 소극적이다(6음). 말하자면 고급정신활동보다는 타인의 의도를 수용하고 따르려는 정신자세다. 전체로는 자신의 영달은 제쳐두고 전체를 위한 봉사·헌신에 적합한 인성으로서 자식을 기르는 모성의 바탕이 된다. 하지만 나서서 이끌어가야 하는 상황에서는 능력을 발휘할 수 없는 단점이 있지만 여러 가지 성향의 인물들을 아울러 통합시킬 수 있는 소질은 으뜸이다.

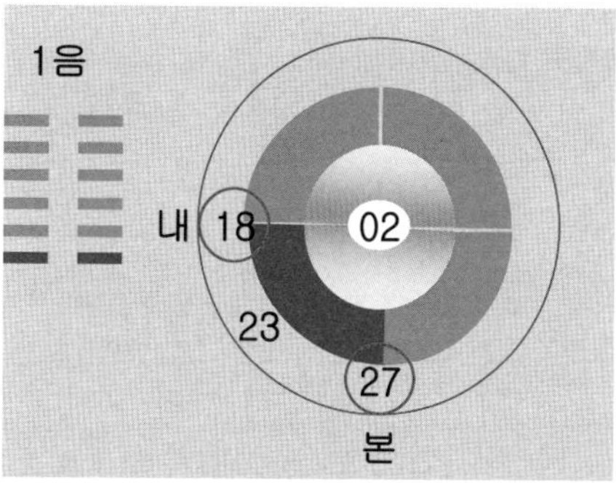

履霜이상 堅冰至견빙지.

서리를[霜] 밟으니[履] 견고한[堅] 응결에[冰] 이르리라[至].

1음은 이(頤)·박(剝)·고(蠱)의 과정이다: 우주 현현(顯現)의 시작이다. 한없이 양을 받아들이고 싶은 배고픔으로 출발하여[이27] 외곽에 있는 양을 안으로 받아들이는[고18] 과정인데 음의 기운이 음9월의 계절처럼 차갑게 응축하는 상태라야 한다[박23].

수렴성의 본성인 1음은 건(乾) 1양의 양자진공 에너지가 발산하여 물질화하려는 의도를 받아들여 양 에너지를 외부 표면으로부터 안으로 끌어들일 때에는[고18] 차갑게 수렴하는 응고성은[박23] 음의 필수 요건이다. 모든 물질은 표층을 거쳐 원천 에너지인 양(陽)과 반응을 시작한다. 시간과 공간의 만남 즉 실체의 우주(宇宙)가 시작되는 여건이다.

서리의 절기는 이슬이 맺는 한로에서 겨울에 들어서는 입동 사이의 상강(霜降: 양력 10월 24일경)이며 열두 달을 나타내는 괘로는 음9월을 말하는 박괘(23)에 해당한다. 이 상황을 대변하는 코드인 '박'은 괘사의 의미를 설명하려고 붙인 것이 아니고 필자가 밝혀낸 해석코드의 원리에서 나온 결과인데 이러한 일치를 보고 필자 자신도 경악을 금치 못한다.

수렴성의 차가운 음기운은 왜 우주현현의 시작인가? 아무리 단단하고 차가운 물질도 그 속에는 소위 끈적끈적한 빛(sticky light)이라는 별명으로 불리는 압축된 핵력(강력, 약력)이 존재한다. 이와 같이 하늘(우주공간)에서 자유에너지인 빛을 끌어들여 내면에 가두지 못하면 물질도 생명도 지구도 천체도 성립되지 않는다. 양 에너지를 끌어들여 감싸 포장하는 어떤 장치가 있어야 하는 것이다.

박(剝)괘(:::::|)는 제6효가 양이며 최 외곽에 있고 나머지 제1효에서 제5효까지가 모두 음(陰)이다. 박괘는 대개의 경우 여러 음이 하나 있는 양을 몰아내거나 표면의 양이 깎여나갈 형국으로 묘사된다. 외부에 하나 남은 양이 나무에서 잎이 떨어지듯 깎여나가고 속에 있는 나머지의 다섯 음들은 비활성인 씨앗으로 갈무리되어 봄이 되면 속에서 생명의 싹이 양의 기운으로 돋아나온다고 보는 것은 동양적 자연관에서 비롯된다. 다섯 음들이 양 하나를 밀어낸다는 관점에서 괘의 이름을 깎는다는 뜻의 박(剝)괘로 부르는 것은 그 반대의 경우를 생각지 않는 편중된 시각이다. 하나의 괘를 논의하는 상황과 배경에 걸맞도록 그 괘가 갖고 있는 모든 의미를 깎아내지 않고 읽을 수 있어야 한다.

그래서 지금의 박(剝)괘(::::::l)는 다섯 음들이 양 하나를 잡아당기고 있는 상황이다. 박괘의 6양은 우주공간으로부터 다가온 양 에너지에 대하여 제6효가 공진하고 있는 상황이며 다섯의 음들이 그것을 안으로 흡인하여 응축시키려는 모습으로 볼 수 있어야 한다. 그래서 박괘는 양 에너지를 외부로부터 유인하는 역할을 하지만 시간의 흐름과 더불어 점차 양 에너지를 안으로 끌어들이는 국면으로 가게 된다. 이것은 박괘의 6양이 안으로 포섭될 것으로 보는 시각이지만 동양적 자연관으로는 그 양이 깎여나가고 시간이 흘러 제1효의 자리에 양으로 되돌아와 복괘(復24)가 된다는 것이다. 어쨌든 중요한 포인트는 곤(坤)이 건(乾)의 에너지확산적 창조성을 상대적으로 뒷받침하는 수렴작용의 준비과정을 박괘가 나타내어 준다는 것이다. 음10월을 상징하는 주제의 곤괘가 출발하는 바탕이 차가운 수렴성질이 생기는 음9월의 박괘라는 것은 더욱 흥미를 자아낸다.

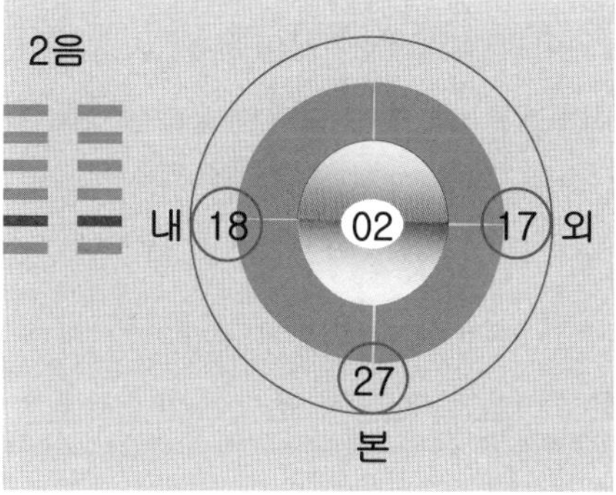

直方大직방대·
不習불습 无不利무불리·

바르게[直] 4방을[方] 광대하게 펼쳐나가도다[大]. 자연(땅)의 원리이니 배우지 않아도[不習] 영글게[利] 하지 않는 것이[不] 없으리라[无].

2음은 고(蠱)·이(頤)·수(隨)의 과정이다: 물질과 생명체가 존재를 지속하려면 건(乾)이 주관하는 양 에너지를 외적 환경으로부터 내면으로 끌어들이고[고18] 안으로 그 에너지를 받아들이어 물질을 응집시키는 결합력으로 작용시켜야 하는데[수17] 이때 땅의 도리는

> 상대되는 건(2양)의 강력한 양의 방사를 그대로 흡인하여 기르는 것이[이27] 땅의 도리요 순리다.

하늘에서 방사하는 에너지를 땅이 흡인함으로써 물질형성을 위한 결합이 끝없이 진행되어 지구와 태양계와 우주가 되고 삶의 바탕을 이루니 이는 그 자체로 하나의 자연이 생겨나는 원리다. 이제 빛이 물질 속으로 갇힌 셈이다. 생물과 무생물을 불문하고 그 속은 건의 빛이 갇혀 진동하는 기(氣)로 내재하니 건의 뜻을 따름이다[수17].

상황코드인 이(頤: |::::|)는 여러 가지 시각으로 해석할 수 있다. 그것의 1양과 6양의 힘으로 나머지 음 넷을 응축하는 상이므로 열매를 맺게 촉진한다[利]. 한편으로는 다음의 생명을 발아시키는 준비로서 제일 바깥에서 양 에너지를 받아들여(6양) 안으로 끌어와서 잘 길러 활성화하는(1양) 모습이기도 하다.

대체적으로 땅은 반반하고[直] 사방으로[方] 광활하게 펼쳐져[大] 있어서 하늘의 태양의 열과 빛을 그대로 받아들이어 물질과 생명체의 끝없는 생성소멸의 순환이 이루어지는 더 없는 바탕이 되어준다. 과학적으로 이치를 알아내지 않아도, 인위적인 방법을 배워 적용하지 않아도[不習] 자연의 땅은 있는 그대로 건(乾)의 창조성을 순리대로 받아들이니 물질은 형성되고 열매는 맺지[利] 않을 수[不] 없는 것이다[无]. 그래서 건 2양의 용이 나타나 그 활동무대(밭)에 있으니[見龍在田] 그 창조적 기초 능력을 상대역인 곤 2음이 받아들이고 있는 것이다(곤 2음의 상황코드인 이[頤: |::::|] 속의 두 양의 의미). 그러한 의미의 표출은 건곤(乾坤)을 물리학적 우주론의 두 축으로 확실시할 때 가능한 것이다.

괘는 복희에 의하여 처음 작괘(作卦)되어 해석을 달지 않았을 때 보다 인간이 이해를 돕자고 언어를 붙임에 따라 오히려 왜곡되거나 원래의 원리적인 의미를 잃게 되었을 것이다. 만약 그런 부분이 있다면 그것은 가능한 한 우주를 좀더 현대적 우주론에 입각하여 전체를 바라보아야 원래의 상징하는 의미로 회복시킬 수 있을 것이다. 왜냐하면 고래의 관점보다 현대의 관점이 더 진리에 접근했다고 보기 때문이다. 『주역』의 괘가 단지 수천 년 전 성인(聖人)들에 의하여 지어졌다 해서 그 시대의 특정 문화에 지배를 받은 상태로나 그 정도의 지식 수준에서 해석되는 것으로 멈추어서는 안 되는 것이다. 주역은 시대와 문화를 뛰어넘는 우주의 변화원리이니 만큼 그 해석은 온전한 진리가 다 밝혀지는 그날까지 인간이 이해되는 정도만큼씩 수정되어가야 마땅하다. 그 이유는 바로 괘에 함의된 진리는 그 시대의 언어와 지식으로써는 다할 수 없기 때문이다. 변화의 원리야말로 변하지 않는 불역(不易)이지만 그 내용에 대한 이해에는 변역(變易)이 이루어지지 않으면 안 되는 것이다.

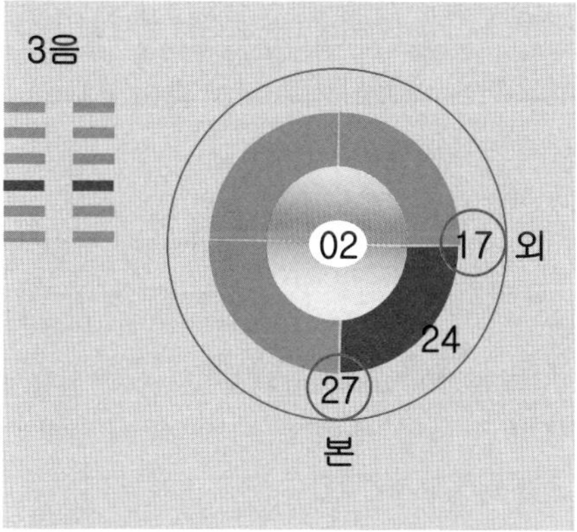

含章可貞함장가정·
或從王事혹종왕사
无成有終무성유종·

밝음(빛, 학문)을[章] 함축하여[含] 맺음(물질, 지혜)이[貞] 가하도다[可]. 혹[或] 왕명을 받드는 일에[王事] 종사하면[從] 이는 일을 성취하는 것이 아니고[无成] 마무리하는 것이리라[有終].

3음은 이(頤)·복(復)·수(隨)의 과정이다: 원(元) 단계에서 기초자질이 외부의 양 에너지를 강력히 흡인하여 갈무리 함이니[이27] 이(利) 단계에서는 이에 호응하여 물질(핵)의 안으로 기(氣)를 받아들여 소모하지 않고 모으려면[수17] 외곽에서 자유롭게 에너지를 주고받는 활동을 자제하고[음] 전체의 발전을 위하여 지켜야 할 법도·법칙 위로 돌아와 양 에너지를 깊이 내장하기 시작해야 한다[복24].

3음은 전반기 세계의 외곽에서 어떤 제약이 작용됨을 의미한다. 원자는 그들의 최 외각 진자들이 협력하여 전하보존법칙(charge conservation)을 만족시키면서 분자로 발전한다. 물질과 생명체가 발전해 나갈 수 있게 하는 덕이다. 자기 절제를 통하여 자신이 에너지를 낭비하는 욕심을 죽이고 전체를 위한 덕을 행한다. 쌓은 실력으로 자신의 몸집(재물)을 제멋대로 불리려면 실패하고 보다 큰 공동체를 위하여 법도를 지키며 봉사해야 한다. 건의 입장에서는 음이 생기기 시작해야 하지만 곤의 입장에서는 생기로서의 양을 내부에 축적·포장하여야 한다.

빛이 물질입자로 형성되기 위해 양자요동 속에서 기회를 잡으려고 온갖 노력을 다하는 것이 건(乾) 3양의 상징이었다. 그 상대성으로서의 곤(坤) 3음에서 그 뜻을 이루어내는 과정은 양(빛)[章]을 음으로 잘 포장하여[含] 굳건하게 물질의 형성을[貞] 실제로 가능하게 하는 것이고[可], 명석함(밝음, 빛)을 함축하여[含章] 여물어진 지혜(가치)를 이루어내는 것이다[可貞]. 혹간 국사의 큰 일에 종사하는 모습이 이에 해당한다. 왕명을 받아 이를 이루어내는 역할이니 뜻을 주체적으로 펴서 성취하는 것이 아니고[无成] 다만 주어진 일을 실제적으로 성립시키며 마무리하는 종[縱]적인 역할을 하는 '곤'의 헌신·봉사·수렴의 작용을 수행할 뿐이다[有終].

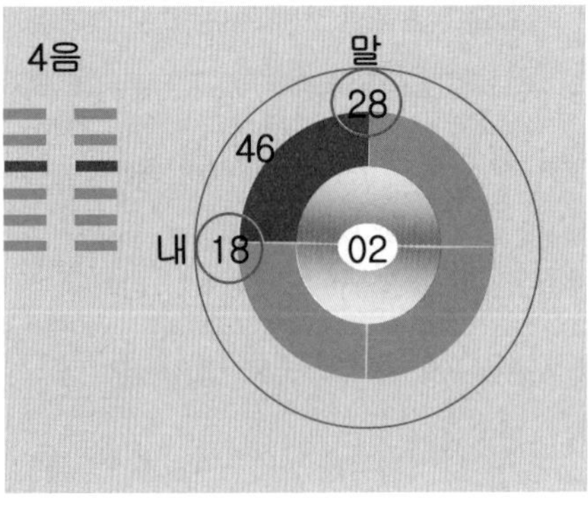

括囊괄낭, 无咎무구 无譽무예.

주머니를[囊] 묶으면[括] 탈도 없고[无咎] 명예도 없도다[无譽].

> 4음은 고(蠱)·승(升)·대과(大過)의 과정이다: 외곽에서 내부로 파고든 일부의 활성에너지가[고18] 그 계의 속에 가득 차도록 하자면[대과28] 안으로 숙성되고 진화되어 새로운 도약이 가능토록 해야 한다[승46].

기(氣)가 가득하게 되면 그 흐름이 얽히고 시스템의 내용이 복잡다단해져서 이해득실의 혼란이 가중된다. 건(乾) 4양이 발산하는 창조적 에너지를 바탕으로 곤(坤) 4음은 더 높은 새로운 질서를 구축한다. 기억증진, 사회계몽, 저술활동 등의 정보축적과 고도의 질서구축이 필요한데 그 바탕에는 4음의 과묵한 깊은 생각이 들어있어야 한다. '건'이 발휘하는 창조력을 소용되게 하기 위하여는 더 높은 질서를 구축해야 하는데(1권, 그림 26 참조, 105쪽, 역엔트로피 과정), 그런 발전을 이루어내려면[승46] 쓸데없이 새는 에너지의 낭비를 막아야 한다. 이럴 때 '탈도 없고 명예도 없다'는 괘사는 어떤 내용인지 좀더 깊이 살펴보기로 하자.

'건' 4양은 고 에너지 상태에서 저 에너지 상태로 진행되는 과정으로서 엔트로피가 증가될 때 그 흐름을 굳이 거스르지 않고 순응하며 내공을 쌓아가는 데에 비하여 그 상대성으로서의 '곤' 4음은 혼란스런 개체적 존재가 새로운 질서를 가지면서 구조화되게 하는 소위 엔트로피를 감소시킬 수 있는 여러 가지 노력을 하는 과정이다. 그런 과정에서 생명체를 발현하기도 하지만 그 정도가 아니더라도 개인의 경우에는 잉여분을 축적하거나 기억을 증진시킴으로써 소모되려는 에너지를 헛되이 하지 않게 함이 중요하며 사회적으로는 저술, 사회계몽 등을 통하여 사회전체의 기억력을 높일 필요가 있다. 이러한 우주론적 필연성을 『주역』을 지은 성인들이 간단한 상징어로서 주머니를 묶어야 하는 일[括囊]로 파악했던 것이다.

이때의 주머니라는 것은 더 이상 소실되어 버리지 못하도록 묶어 보관하면 그 속에서 보다 발전적인 것이 잉태·숙성되는 그러한 자산이 들어 있는 주머니다. 그 주머니에는 발전할 수 있는 기질적 바탕이 들어있는데 이 효의 상황코드인 승[升, :||:::]을 구성하는 2양과 3양의 두 양(陽)이 이에 해당한다. 승괘의 '6음'이 묶어진 주머니 입구에 해당된다. 만약 이것이 '양'으로

변하면 고(蠱18, :||::|)가 되는데 이때 6양은 주머니가 풀어진 꼴이 되어 주머니 속의 것이 밖으로 발신되는 모습이 된다(승괘와 고괘의 설명 참소).

역엔트로피 현상은 자기조직화를 이루어내는 우주자연의 내면의 창조활동으로서 겉으로 드러날 때는 큰 덕을 입은 것 같지만 기실은 생명유지와 삶을 위하여는 당연한 노력의 결실이다. 의식을 가진 인간이라면 가능한 한의 의도적인 숨은 노력을 모아 기본적인 삶의 여유를 만든다. 에너지를 쓰는 시스템이 에너지의 낭비를 막아 저변에 힘을 쌓는 것은 유지발전을 위한 최소한의 노력이므로 그래야 탈이 생기지 않을 것이다. 하지만 우주자연의 경제적 창조성을 따르는 것은 선택이 아닌 필수의 사항이므로 명예가 아닌 아닌 기본 역량이다.

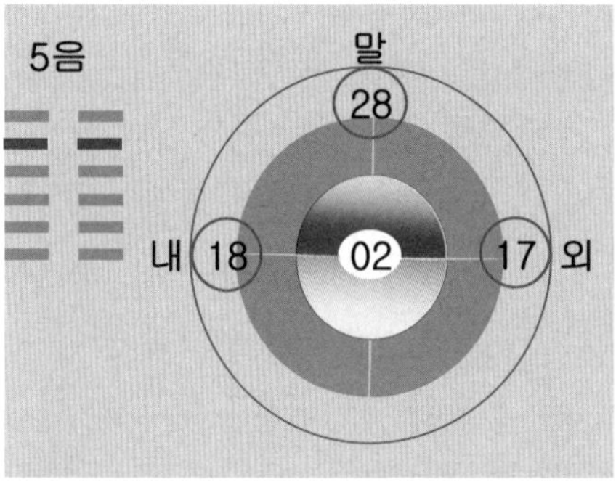

黃裳황상, **元吉**원길.

(중용의 덕을 나타내는) 황색의[黃] 어머니 치마로다[裳]. (온 누리에 생명의 축복이 베풀어지게 하는 것이니) 으뜸으로[元] 길하리라[吉].

> 5음은 고(蠱)·대과(大過)·수(隨)의 과정이다: 2음이 물질구성의 근본을 이루었다. ('5음'은 '2음'과 유사한 방법으로) 건(乾)이 주관하는 양 에너지를 외적 환경으로부터 내면으로 끌어들이고[고18] 안으로 그 에너지를 받아들이어 물질을 응집시키는 결합력으로 작용시켜야 하는데[수17] 이때 우주에너지를 흡인·내재케 하지만 배고픔에 안으로 쌓고 기르는 2음의 수준[이27]을 넘어 가득 채우려는 것이 그 목표다[대과28].

기초물질 간에 결합을 이루어 거시적인 물질세계를 구축하며 거대한 물질세계의 조직화를 추진한다. 탄소가 양성 음성의 어느 쪽은 물론 자기들끼리도 결합하게 하여 유기물의 거대 분자조직을 이루는 창조력은 대표적인 5음 역할의 예다. 다양하고 복잡한 세계에서 더 높은 수준의 삶을 엮는, 공동체가 발전·성장하게 하는, 사회적 조직화 능력이다. 건(乾) 5양이 거대한 우주적 펼침과 순환을 이끄는 것이라면 곤(坤) 5음은 그 원리의 상대성으로 존재세계를 구조화하고 조직화하는 데에 그 에너지를 가득히 수용함과 같다[대과28]. 만물이 만화방창(萬化方暢)하게 될 것이니 온 우주의 축복이 틀림없다.

오행의 중앙 토(土)는 황색이며 음양의 승부작용을 중재하는 중용(中庸)의 덕을 상징한다. 또한 세상사를 조정·중재·통치하는 일이 임금이므로 그 상징 색깔은 황색이다. 치마는 여성이 입는 아랫도리이므로 황색치마는 결국 임금의 부인인 왕비와 같은 존재를 의미한다. 임금의 뜻을 받들고 합하여 왕자를 잉태하니[黃裳] 으뜸으로 길한 일이 이에 더 없을 것이다[元吉]. 오행의 중앙 토는 하늘의 에너지를 듬뿍 받아 만물을 잉태시키는 고귀한 창조의 터다. 존귀한 모든 존재를 감싸고 포용하여 생산·성장시키는 어머니의 덕은 모든 길함의 으뜸임에 틀림없다.

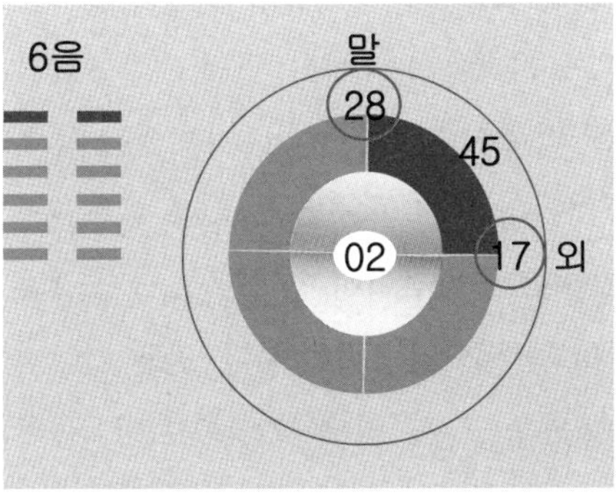

龍戰于野용전우야
其血玄黃기혈현황.
用六용육 安貞吉안정길.

양 에너지[龍]의 각축 전쟁이[戰] 들판(물질의 바깥 층)에서 벌어지니[于野] 그 피가[其血] 검기도 하고[玄] 노랗기도 하도다[黃]. 음의 모든 역량을 써서라도[用六] 안정하고[安] 확고해야[貞] 길하리라[吉].

6음은 수(隨)·췌(萃)·대과(大過)의 과정이다: 창조의 주체자 건(乾)과 상응하며 우주를 이루었으나 그것이 안정하지 않으면 다시 해체될 것이다. 체계를 안정하게 유지하기 위하여 외부의 침략을 방어하는 것이 6음의 역할이다. 결합에너지가 외곽의 경계 밖으로 흩어지지 않도록 막는 뭉침의 메커니즘이다[췌45]. 곤(坤)이 원래는 양을 가득 채우려 하였으나[대과28] 마지막 단계에서는 항룡유회의 지나침(건 6양 참조)을 조절하여 존재를 방어·유지한다.

주기율표 제8족의 원소처럼 '최외전자각(最外電子殼)'이 꽉 차서 촘촘히 된[췌45] 불활성 가스(noble gas)처럼 외각에서의 불안정성을 없애고 자신의 고귀함(nobleness)을 지킨다. 들어오려는 양(陽)을 안으로 수용하고 저장하며 열매를 맺는 이(利)의 단계[수17]에서 완전히 씨앗처럼 안으로 양을 압축하여 여물게 하는 정(貞)의 단계[대과28]로 이끄는 과정이다.

내측으로는 양을 압축하고 외측으로는 변화의 활성을 없애며 안정화시키는 일이 췌(萃45)의 역할이다. 췌는 그 일을 어떻게 성취하는 것인가? 췌(:::||:)의 괘상이나 표상을 살펴보면, 우수한 기획력과 예지력을 가지고(4양) 관련 세계 전체를 제어할 수 있는 실천적 통치력이 활발하다(5양). 나머지 음들이 이러한 정신적 지도력에 공감하여 이것을 구심점으로 몰려드는 형국이다. 몰려드니까 간격이 촘촘해지고 서로의 결합력이 강화되어 외세의 침투를 방어할 수 있는 능력이 생긴다. 열매가 형성되어(利) 여물어져 가는(貞) 과정이므로, 그 외부 환경과의 경계에서 열에너지가 어느 수준보다 높으면 표면 응결력이 약해진다. 달리 말하면, 곤 6음의 경계에서는 높은 온도의 열의 침투를 차단해야 한다. 원천 에너지가 침투하려는 힘과 그것을 막으려는 힘이 싸우는 형국인데 막는 쪽은 이 6음의 역할을 해내는 췌(45)의 세계가 가지고 있는 탁월한 기획력과 전체적인 단결력을 최대한 발휘해야 하는 것이다.

물리학적 우주론에서 췌는 어떤 형국인가를 알아보자. 빅뱅에 의해 공간의 형성과 함께 급속한 팽창이 일어나는 순간에는 미립자도 한 종류이었고 힘도 한 가지뿐이었다. 급속한 팽창에 의해 우주의 온도가 냉각되면서 오늘날 잘 알려진 수많은 미립자들과 네 개의 힘이 생성되었다. 빛의 에너지로 물질과 반물질의 쌍이 만들어진 후 다시 빛으로 소멸되지만 몇몇 물질입자(쿼크)가 살아남아 이로부터 우리의 실존적 근본이 될 수 있는 양성자와 중성자가 형성되어 우주 내에 저장되었다. 전자는 원자핵 주위로 몰리고 양성자와 중성자가 전자를 끌어서 수소핵과 헬륨핵으로 합성된다(그래서 우주는 4분의 3이 수소이고 나머지는 헬륨이 대부분이고 후에 극히 작은 부분이 원소주기율표에 있는 성분들로 된다). 물질과 광선이 분리되어 우주는 투명해진다. 수소핵과 헬륨핵이 뭉쳐지면서 중력에 의하여 그 밀도가 높아지면 핵융합반응이 일어나 결합에너지가 방출되면서 태양과 같은 항성이 된다. 물질의 축적이 이루어지고 별과 은하가 형성된다. 별의 내부에는 규소, 산소, 철, 석탄과 같은 무거운 원자핵이 생성된다. 중력이 더 가중되면 전자가 양성자와 합쳐져서 중성자를 형성하는 중력붕괴가 생겨나고 그 충격파가 별의 나머지 부분을 폭발케 하여 그 별이 몸담은 은하계 전체의 것보다 강렬한 빛을 발산하는 초신성(超新星, supernova)이라는 새로운 별로 태어난다. 별들이 붕괴되고 초신성의 폭발 속에서 다른 무거운 원자들이 생성된다. 우주가 더욱 심하게 냉각되면 분자가 생성된다. 이 분자는 생명체의 생성을 위한 토대가 된다.

1번 수소에서 26번의 철 원소까지는 원소의 원자번호(원자무게)가 높아질수록 결합력이 떨어지므로 가벼운 것이 핵융합으로 무거운 것이 될 때에는 결합력의 차이만큼 빛과 열이 외부로 방사된다. 수소와 철의 결합력 차이를 이용한 것이 수소폭탄이다. 철 원소에서 92번 우라늄 원소까지는 앞의 경우와는 반대로 무거운 원소일수록 결합력이 높으므로 무거운 원소가 더 가벼운 원소로 핵분열을 하면 그 결합력의 차이만큼 빛과 열을 내 놓는다. 이것을 이용한 것이 핵폭탄이다. 이와 같이 원자의 신분을 바꾸게 되면 자유에너지(빛과 열)를 불어내든가 빨아들이든가 둘 중의 하나를 택하게 된다.

물질형성의 토대가 마련되면, 우주는 안정한 분자 만들기를 시작한다.

예컨대, 중앙의 양성자 하나에 외각의 전자 하나로 되어 있는 수소원자 둘이 합쳐서 소위 공유결합(covalent bond)인 수소분자(H_2)를 이루면 제일 바깥 전자궤도에 전자가 둘이 되어 안정을 이룬다. 이와 달리 대부분의 원소들은 제일 바깥 전자궤도에 8개의 전자가 존재할 자리를 갖는데 여기에 몇 개의 전자를 가지고 있느냐에 따라 원소의 화학적 성질이 달라진다. 1개, 2개, 3개의 전자를 가진 원소는 각각 7개, 6개, 5개의 전자를 가진 원소에게 그 전자를 내어주고 화합물을 형성하여 여덟의 전자를 채움으로써 안정한 상태가 된다.탄소와 같이 4개의 바깥 전자를 가진 원소는 자신들 끼리 뭉쳐서 8개를 채우며 안정화한다. 아르곤(Ar)과 같이 바깥 전자가 8개인 경우는 그 자체가 안정하므로 다른 원소와 결합할 활성도가 없으니까 불활성원소라 하는 것이다.

얼음이 물이 되고 물이 수증기가 되는 것이나 물이 분해되어 수소와 산소가 될 때처럼 어떤 물리·화학적 변화과정에서 주위로부터 열이 흡수되는 흡열반응이 있는가 하면, 산과 염기의 중화반응(中和反應), 탄소나 수소 또는 유기물 등이 공기나 산소 속에서 연소하는 반응은 빛을 수반하는 발열반응이다. 자유에너지를 내놓든가 빨아들이든가 하는 변화가 일어난다.

핵반응이든, 화학반응이든, 물리적 반응이든 자연에 일어나는 갖가지의 변화에서 원자나 분자간에 일어나는 모든 자유에너지 교환은 온갖 형태의 전자기에너지(electromagnetic energy)의 교환으로 이루어진다. 전자기에너지를 교환하며 일어나는 원자나 분자간의 변화들은 주어진 환경에서 가장 안정한 물질로서 오래도록 존재하기 위함이 그 목적이다. 전자기에너지의 교환은 지금까지 자유에너지의 흐름이라고 말해왔고 통칭하여 빛이라 하였다.

『주역』에서는 빛은 건(乾)의 창조적 성정을 표현하며 용[龍]으로써 상징하였다. 과학적 우주론은 우주의 순환원리를 가장 큰 범주에서 파악한 것이고 동양의 자연관은 자연환경 속에서 직접 경험한 우주의 순환원리이다. 그러한 우주의 창조원리와 순환원리를 이해하게 되면 곤(坤) 6음의 괘사에 나오는 '용들의 전쟁'이 무엇을 의미하는가를 비로소 파악할 수 있게 된다. 곤(坤)은 건(乾)이 아님에도 불구하고 용[龍]이라는 상징이 왜 제6효에 이르러 갑자기 나오는가에 대한 의문도 풀릴 수 있는 것이다.

용[龍]의 성정에 비유되는 양 에너지는 모든 만물의 창조적 구성요소로서 없어서는 안 될 존재다. 이 용[龍]을 내놓기도 하고 빨아들이기도 하는 순환의 역사가 우주의 역사인 동시에 땅 위의 역사인 것이다. '건'의 목적은 창조에너지인 '용'을 다 불어내어 우주를 창조하려 하는 뜻이요 '곤'의 목적은 이에 순응하여 우주창조를 이루어 경험세계를 존재케 하려는 것이다. 안정한 물질의 토대 위에 환경과 생물체를 건설하려는 것이니 이에 필수가 되는 에너지의 뺏고 빼앗기는 혈전이 이루어질 수 밖에 없는 것이나. 용전(龍戰)은 용들 사이에서 일어나는 전쟁이 아니라 용을 대상으로 하는 전쟁이다. 왜 혈전인가? 생존을 위한 것이기 때문이다. 그 혈전에서 남는 것은 무엇인가? 전쟁이라 하면 그 결과는 피다. 피는 창조적 에너지인데 때로는 쏟아내고 때로는 흡인한다. 흡인된 것은 곤(坤)이 유지·관리하는 황색의 피요[黃血] 내놓는 것은 원래의 환경으로 되돌려지는 흑색(하늘색)의 피이다[玄血]. 혈전을 벌여서라도 안정한 토대의 세계구축 없이는 아무것도 행할 수도 이룰 수도 없는 것이다. '곤'의 모든 역량을 다 써서라도[用六] 안정한 바탕을 구축해야[安貞] 미래가 밝을[吉] 수 밖에 없는 것이 땅(地)의 도(道)다. 이 지도(地道)를 이루는 마지막 과정이 곤 6음이며 그 역할을 이루어가는 과정이 바로 췌(萃45)의 상황이며 모임, 뭉침, 단결, 집단 등을 상징하고 있다.

03. 수뢰둔(水雷屯)

초기에 난항하는 상, 시작의 난관을 극복하는 힘든 시기, 미비·미숙한 상황 속의 출발, 불확실성 시대, 욕망·정열·꿈을 마음에 품고 있는 내유외강의 성품

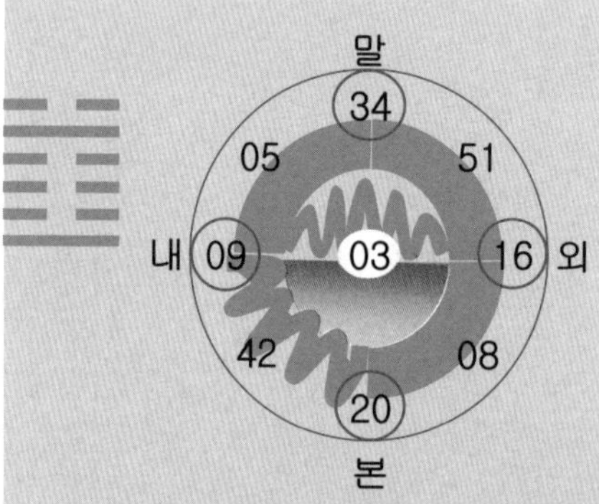

屯둔. 元亨利貞원형이정.
勿用물용 有攸往유유왕.
利建侯이건후.

초기에 난항하는 상이로다[屯]. '원형이정'의 4단계의 순서가 있도다[元亨利貞]. 낭비하지 말고[勿用] 여유를[攸] 가지고[有] 나아가며[往] 제후의[侯] 뜻을 세움이[建] 이롭도다[利].

둔[屯]은 관(觀)·소축(小畜)·예(豫)·대장(大壯)을 따라 흐르는 세계다: 사면초가(四面楚歌)의 어려움에 가로막혔을 때(3음·4음·6음), 닥칠 새로운 일과 삶에 대하여 숙고하면서[관20] 일의 효율이 작으므로 과소비나 과잉투자를 해서는 안 되고[소축09] 예지력을 길러 계획을 잘 세워서[예16] 어려움에 맞설 내적 힘을 크게 키워나가는[대장34] 일련의 과정이 '둔'의 세계다.

8괘의 단위로 보면, 위에서 물(坎水감수)이 아래로 떨어지는가 하면 아래에서는 진동이 생겨 올라가니(震雷진뢰) 비와 천둥이 뒤범벅이 된 상태로서 지구가 개벽하던 혼란한 초기의 불분명한 모습을 상상케 한다. 위험(坎감)은 아래로 내려오고 의욕적인 움직임(震진)은 위로 올라가는 방향이

라 시간이 흐르면 어려움이 해소될 수 있는 상이다.

시간과 공간의 진전과 펼침의 방향(1양에서 6음의 방향)을 향하여 보면 세계의 경계(4음-6음-3음)가 막혀 있으므로 앞으로 한치를 전진하지 못하나 내면의 잠재의식이나 본능은 꿈틀거리고(1양) 세계 바깥 환경과의 교감은 일어나지 않지만(6음) 중추신경은 살아 있어서(5양) 죽어있는 듯한 세계 밖의 상황(외측 음들로 갇힌 그 너머의 세계)을 느끼려고 발버둥치는 상황이니 이는 마치 갓난 어린이의 모습이다.

인성(人性)의 면에서 표상을 해석하여 보자. 본능적 정신은 무의식 속에 각인되어 꿈틀거리지만(1양) 자신의 기본을 유지할 몸의 신진대사 활동은 불활성이고(2음) 외부로부터의 자원공급도 자발적으로는 하지 못한다(3음). 게다가 아직 정신적으로는 미숙하여 이성적 사고가 활발하지는 못한네다(4음) 뇌의 활동과 신경계의 감각은 어려움 속에서도 바짝 곤두서 있지만(5양) 미래를 보는 시야는 뚫려있지 않으니(6음) 이는 본능적으로 살려고 애쓰는 갓난 애기의 생태와 다를 바 없는 것이다.

전혀 새로운 길을 개척하는 과정에는 기존의 길에서는 없던 엉뚱한 일을 맞닥뜨릴 때 강력하고 끈질긴 초심과 자신의 개혁적 마인드가 있어야만 혼돈을 질서로 이끄는 주도자가 될 수 있다. 당당히 맞서서 난관을 극복하려는 의지를 5양으로 강력히 나타내고 있으나 워낙 외부세계와의 소통이 6음으로 터지지 못하는 상태이니 때를 기다려야 한다. 어머니 뱃속의 아기가 태어날 때처럼, 조직이라면 목적사업을 출발할 때처럼, 그것이 초창기 생존투쟁의 단계를 거치는 것이므로 겨울 언 땅 속의 봄기운 같이 작용하는 내면의 보이지 않는 본능적 생명력과 작용력에 맡겨서(1양) 밖으로 우뚝 솟을[대장34] 그 날을 염원한다. 이 괘의 목표가 대장(大壯)의 기세를 얻으려는 것이므로 제후와 같은 큰 뜻을 세우고[建侯] 거쳐나가야 할 '원형이정[元亨利貞]'의 기본단계에 충실해야 한다. 이 시기에는 크게 얻으려 하거나 에너지 소비를 많이 해서는 안 되고[소축09] 머리를 써서 기획으로 승부해야 한다[예16]. 밖은 아직 어두운데 일찍 일어나 새벽

해돋이를 보려고 준비하는 것과 같다. 시작의 어려움은 인생이든 창업이든 건국이든 어렵기는 마찬가지다. 초창기의 난관극복의 길을 찾아나서 보자.

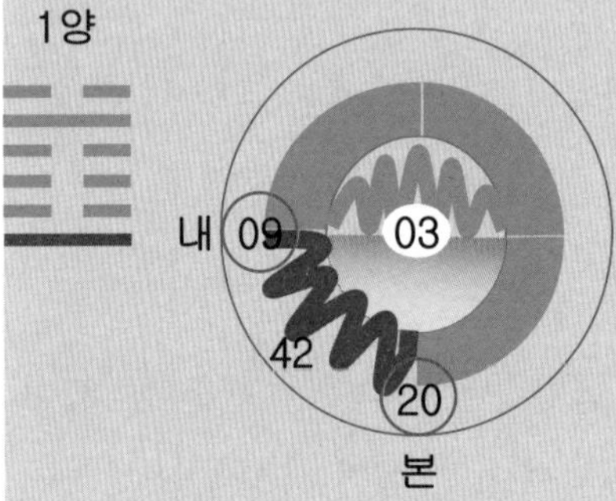

盤桓반환.

利居貞이거정 **利建侯**이건후.

견고한 바위 같은[盤] 굳센 마음가짐이로다[桓]. 올곧은[貞] 삶이[居] 이롭고[利] 제후의[侯] 꿈을 세움이[建] 이로우리라[利].

> 1양은 관(觀)·익(益)·소축(小畜)의 과정이다: 막막한 세계로의 출발선에서 처음 당면하는 여러 가지 장애요소에 억눌려 있을 때는 고착된 사고를 지양하고 새로운 생각과 가치관을 가져야 하는데[관20], 처음 운동을 시작할 때 관성과 마찰이 매우 커서 에너지를 많이 투입해야 겨우 출발하게 되는 것이므로[소축09], 보다 큰 활성적 도움을(5양) 이끌어 내어 나의 근본의식(무의식)을 개혁하고(1양) 적극적인 대의를 세워 큰 세계로 나아갈 수 있도록 굳세고 의기 있게(1양) 출발해야 한다[익42].

이처럼 보다 큰 바깥세상의 에너지와 협력을 끌어들여 내면의 활성화와 근본바탕의 형성에 보탬을 만들어 내는 것이 익(益42)이 상징하는 바로서 1양의 역할 과정을 말해주는 상황코드이므로 곧 효사의 '견고한 바위처럼[盤] 굳세어야 함[桓]'을 의미한다는 것을 알 수 있다. 어린 철부지 시절은 그런 마음자세를 유지하고 마음을 다그치는 올곧은[貞] 삶[居]이나 이리저리 돌아다니지 않고 한 곳에 정착하여 안정하게[貞] 생활하는 것[居]이 바람직하다[利]는 것이다. 가만히 있는 것이 아니라 1양의 모습처럼 내면의 깊은 마음을 활성화시키면서 이 괘의 지향목표인 '대장(大壯)'의 길을 가야 하므로 제후와 같은[侯] 큰 목표를 세우는 것이고[建] 배움의 덕을 쌓음이 이롭다[利] 라고 한 것이다. 왜냐하면 코드는 아무렇게나 붙인 것이 아니라 그 괘와 효가 운명적으로 맞이하는 상황이기 때문이다. 어떤 국지적 상황을 어떻게 보아야 할지 혼돈 속에 있을 때는 그 혼돈 내부에서 자신이 처한 방향성을 알아내기 어렵기 때문에 전체의 흐름을 보아야 한다. 그러한 가이드라인이 상황코드인 것이다.

만약 반환을 '제자리에서 머뭇거린다'라든지 바위자체로 해석한다면 제1효가 굳이 양이어야 하는 이유를 제시하지 못하게 된다. 1양은 둔의 어려움을 헤쳐나갈 원동력이기 때문에 가만히 있는 것이 아니고 굳센 마음으로 단련하면서 쌓아가는 삶이 도움이 된다는 뜻이 바로 '利居貞이거정'인 것이다. 이 시기는 실제로 제후를 봉하는 것이 아니라 그런 꿈을 제1효의 효위가 갖는 근본의식(무의식)에 장입해두어야 상자 어려움을 헤치고 이 괘의 마지막 단계에서 내적 실력을 갖추는 꿈[대장34]을 이룰 수 있다는 뜻이 된다.

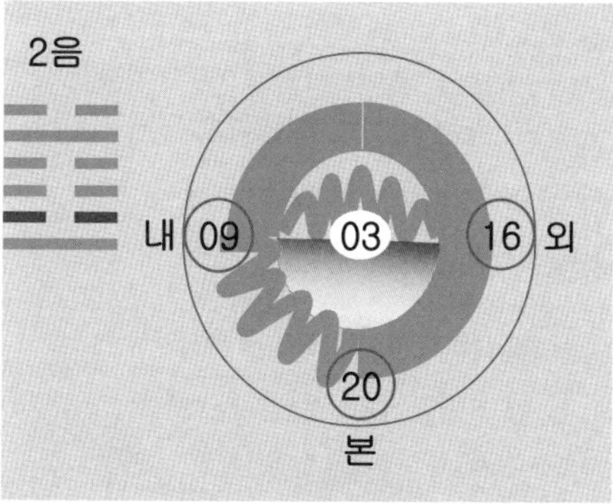

屯如邅如둔여전여.
乘馬班如승마반여,
匪寇婚媾비구혼구.
女子貞不字여자정불자
十年乃字십년내자.

나아가지 못하고[屯如] 머뭇거리도다[邅如]. 말을 타다가[乘馬] 내리니[班如] 도적이[寇] 아니면[匪] 혼인할 사람이로다[婚媾]. 여자가[女子] 올곧아[貞] 시집가지 않다가[不字] 십 년 세월이[十年] 지나서야[乃] 시집을 가리라[字].

2음은 소축(小畜)·관(觀)·예(豫)의 과정이다: 많은 노력을 하여도 얻는 것이 적은 에너지 비효율의 세상에서 과잉의 생활을 자제하고[소축09] 머리를 써서 미래를 기획하고 예비해야 하니[예16], 구체활동보다는 조용히[음] 어려운 세상을 살피면서 지식(정보)습득을 통한 배움에 몰두해야 하는 때다[관20].

제2효는 인간 영위의 입장에서 보면 신진대사 작용에 해당한다. 3음이 외부와의 물질적·환경외적 교류작용에서 비활성이므로 더더욱 신진대사 내용에 부실함이 가중되고 전체적으로 에너지 효율이 떨어질 수밖에 없다[소축09]. 특히 음의 상징은 수렴적 안정화 분위기라서 공격적이라기보다는 방어적 자세를 취하는 성향이니 어려운 가운데 전전긍긍하는 모습이 비친다[屯如邅如]. 말을 타고 전진하려다가도[乘馬] 여건이 여의치 않아 내리게 되는 상황이다[班如]. 도적이 아니라 굳이 피해야 할 이유가 없는[匪寇] 결혼할 수 있는 상대임에도[婚媾] 당장에 결혼하지 않고 유보하는 것은 세상사정이 좋지 않으니 두고 보면서[관20] 내실[貞]을 기해야 하기 때문이다. 내실을 기하는 것은 1양의 굳센 의기를 세우는 올곧은 삶의 연장선에 있기 때문이다. 특히 여자를 내세워 이 국면을 설명하는 것은 일반적으로 음이 여성의 성정을 나타낸다는 것과 아울러 제2효의 음 자리가 가정에서는 부인의 자리에 해당되기 때문이다[가인(家人37)괘 참조].

코드로 매김된 관(20)의 코드해석을 보면, 미숙한 환경 속의 자신을 깨치고(둔屯03) 미래가치의 개발과 진리를 발견하게 되는(정鼎50) 성찰의 도(道)를 행함이다. 이의 달성은 지혜를 샘솟게 하는 배움을 거쳐(정井48) 자신과 세상의 갈등을 해결할 수 있는 능력을 길러야(서합21) 가능하다. 이러한 국면의 내용 때문에 여자라면 혼인도 제때에 못하고 성실히 준비하는 올곧은 삶의 세월이 필요했던 것이다. 각자의 기본 직분에 충실하여 자리를 지키면서 어려움을 외부에 드러내어 표현하지 않고 장차 실력있는 시대[대장34]를 그리며 내면의 차분함을 유지하면서[음] 묵묵히 참고 견디는 인고의 세월을 상당기간[十年] 보내면[乃] 시집가는 것[字]과 같은 결실이 있게 된다.

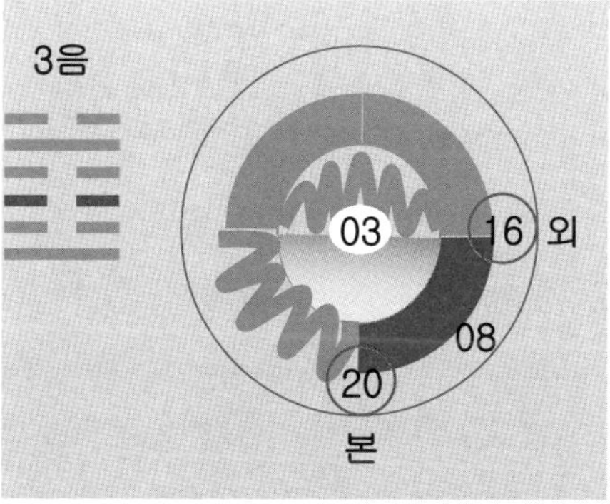

即鹿无虞즉록무우
惟入于林中유입우림중.
君子군자 幾기 不如舍불여사
往吝왕린.

사냥에[鹿] 나아가[即] 몰이꾼도[虞] 없이[无] 숲 속 한가운데로[于林中] 들어감을[入] 도모하도다[惟]. 군자가[君子] (익숙한) 집파[舍] 같지 않은[不如] 낌새를 느낄 때[幾] 나아가면[往] 난처하리라[吝].

3음은 관(觀)·비(比)·예(豫)의 과정이다: 외부세계와 교류가 없는 고립무원(孤立無援)의 상태다. 바깥세상에 대한 무지로 주위 환경에 적절한 대응이 어렵다. 이것을 타개하려면 정보를 모으고[관20] 이성적 예지력으로 세상을 영위해야 하는데[예16] 그 과정에서 필요한 것은 상생적 협력분위기에서 나오는 도움과 배움을 받아들이는 것이다[비08].

사냥에 나아가 몰이꾼도 없이 숲 속 한가운데로 무작정 들어감을 시도하는데[即鹿无虞] 낌새가 예사롭지 못함을 느끼는 데도[幾 不如舍] 숲속에 들어감을 고집하여[惟入于林中] 계속 사냥을 진행하는 것은[往] 별로 바람직하지 못하다[吝]라고 한 것은 불완전한 지식과 부족한 준비로써 맨몸으로 부딪치며 상황이 좋지 않는대도 모든 것을 걸려고 한다면 차라리 가만히 있는 것만 못하다는 말이다.

이 효에 주어진 그래픽과 코드는 현명한 자는 조용히 주위(6음)와 함께 연합하여 음의 불할성적 장벽을 쌓아 외적 에너지 낭비가 없도록 잘 관리하고 면밀하게 세상 돌아가는 흐름을 파악하면서[관20] 이웃의 협력을 받고 지도자로부터는 배움을 더해가며[비08] 머리를 잘 써서 문제를 풀 수 있는 아이디어를 준비하여[예16] 뚫기 어려운 세상을 극복해야 하는 국면임을 말해주고 있는 것이다. 『주역』의 저자는 이 상황을 사냥의 예를 들어 설명하고 있다.

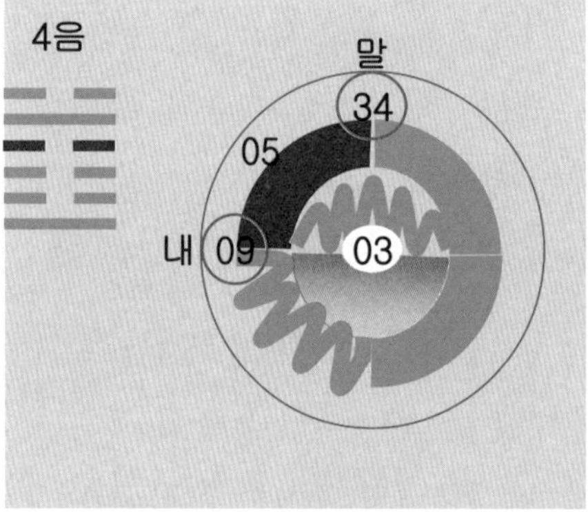

乘馬班如승마반여.

求婚媾구혼구 往왕 吉길,

无不利무불리.

말을 타다가[乘馬] 내리게 되도다[班如]. 혼인 대상을 구하러[求婚媾] 가면[往] 길하고[吉], 불리할 것이 없으리라[无不利].

4음은 소축(小畜)·수(需)·대장(大壯)의 과정이다: 초기투자는 했어도 성과는 아직 미미하여 세상은 힘들지만[소축09] 어차피 이 난관을 넘어가야 자신을 힘있게 주관할 수 있다[대장34]. 4음은 당장에 탁월한 아이디어가 없는 처지이니(음) 때를 기다려야 함을 말한다. 그렇다고 맥을 놓고 있으면 허사다. 외부의 영향력에 힘입고 자신을 변화시키며 세계의 상황을 차분하고 진지하게 전망하며 세부계획을 세워 실력을 키우면서 기다려야 한다[수05].

말을 타다가 내리게 되는 것은[乘馬班如] 여건이 좋지 못하여 전진해

나갈 수 없는 상황을 말해준다. 이럴 때는 배우자를 구하여 혼인하게 되면 어려움 속에 버틸 수 있는 좋은 힘이 된다. 정략결혼이 경우에 따라 소용되는 이유일 것이다. 그리하는 것이 가만히 있는 것보다는 불리할 것이 없다는 논리다. 궁핍하고 도움이 필요한 때에는 주위와 함께 뭉치고 협력하는 일은 모두 다 덕이 되는 것이지만 그 중에서 배우자의 도움은 예나 지금이나 다를 바 없음을 일깨운다.

상황코드인 수(需05, |||:|:)는 앞으로 힘차게 나아가는 길을 두 음이 앞을 가로막아 꽉 막힌 상태라서 큰 일을 향하여 쉽게 나아가지 못한다. 이를 극복해 나아가기 위하여는 외부로부터 자신보다 더 큰 능력자의 힘, 영향력, 정보 등을 내부에 맞아들여 채우고 그 힘으로 장애를 밀고 나갈 수 있을 때까지 꾸준한 인내심으로 기다려야 할 것을 말하고 있다. 안으로 채워야 하는 힘의 하나로서 좋은 배우자와의 혼인을 그 예로 들어 설명하고 있다.

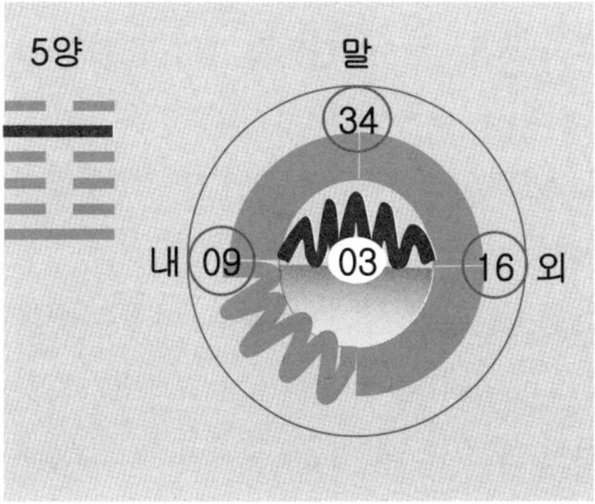

屯其膏둔기고.

小貞吉소정길 **大貞凶**대정흉.

기름진 혜택을[膏] 초기에 받기는 어렵도다[屯]. 조금[小] 이루려면[貞] 길하리라[吉]. 크게[大] 이루려면[貞] 흉하리라[凶].

5양은 소축(小畜)·대장(大壯)·예(豫)의 과정이다: 초기의 어려운 장벽을 뚫고 젊은 시절부터 세운 청운의 큰 뜻을 이루려고[대장34] 이 세계를 이끌면서 내면의 힘을 크게 키워나가는 책임 당사

자다. 세계는 내적·외적으로 불확실성과 불활성의 장막에 가려있어 자원·정력·에너지를 크게 투입해도 성과는 미미할 수 밖에 없으므로[소축09] 작은 문제부터 점진적으로 해결하여 성공으로 이끄는 것이 최선의 전략이다. 무릇, 내적 힘을 길러 제대로의 쓰임새를 갖추려면 갖가지의 조건이 맞아떨어져야 하기 때문에 미래를 보는 관점과 기획 없이 큰 일을 벌리면 낭패하기 일쑤다[예16].

'둔'의 괘사 해설에서 '2음'의 몸의 신진대사와 '3음'의 외적 자원유입, '4음'의 이성적 사고, '6음'의 미래시각은 모두 불활성이지만, 1양의 본능적 정신(무의식)과 5양의 뇌·중추신경계는 양으로 활동성이라 본능적으로 살려고 애쓰는 갓난 애기의 생태와 다를 바 없는 것임을 이해했으리라 본다. 5양이 이 난항하는 둔(屯)의 세계를 이끌고 가는 리더적 입장이지만 미성숙한 상태이기 때문에 그 역할의 효과(혜택)가 전체에 미치는 정도는 미미할 수 밖에 없다. 5양을 두고 둔기고[屯其膏]라 한 것은 이를 두고 한 말이다. 이에 따라 자연히 작은 일을 이루려는 것은 가능할 것이므로 길하다고 하였고[小貞吉], 큰 일은 능력에 부치고 세계에 주어진 조건에도 맞지 않아 불가능한 것이니 흉하다고 단언한 것이다[大貞凶].

특히, 제5효는 내(亨)에서 외(利)로 연결되는 과정으로서 그 시발점의 의미를 담는 코드가 소축(小畜09)으로 되어 있는데, 이것은 바로 [小貞吉]을 직접 시사해주고 있음을 확인할 수 있다. 또한 5양을 이끌어주는 상황코드는 대장(大壯34)인데 이것의 상징하는 바는 마치 포탄을 쏘기 전에 안으로 화약을 재어 넣는 것처럼 내적으로 힘을 올바르게 장전(裝塡)하는 형국이다. 그것은 장차 큰 일을 낼 수 있는 능력을 기르는 과정이지 지금 큰 일을 당장 벌인다면 이룰 수 없다는 것이다[大貞凶].

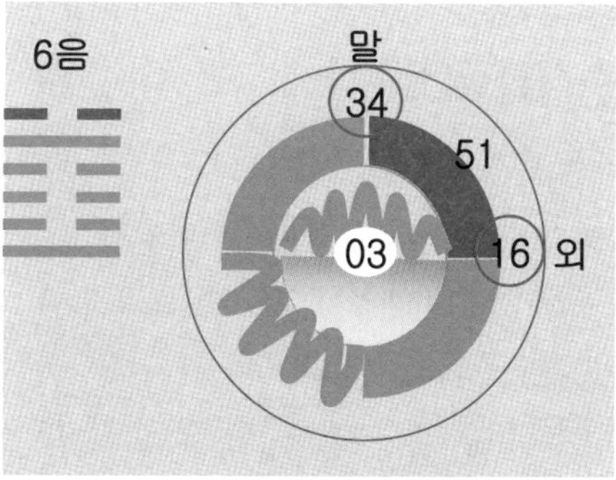

乘馬班如승마반여
泣血漣如읍혈연여.

말을 탔다가[乘馬] 내리니[班如] 피눈물을[泣血] 흘리는 것과 같구나[漣如]!

6음은 예(豫)·진(震)·대장(大壯)의 과정이다: 효율적으로 머리를 써서 준비한 계획에 맞추어[예16] 내면의 힘을 크게 키워 자신의 뜻을 당당하게 펼 수 있는 상태에 도달하려면[대장34] 준비가 채 안 된 환경에서도 근본정신부터 활성화시키며 힘겹게 움직여 나아가야 할 형국인데도[진51] 미래정보와의 소통이 되지 않거나 미래로의 길이 막혀 있기 때문에 실제적인 움직임은 한 발자국도 나아갈 수 없게 된다(6음).

아직도 세계로의 통로는 막혀있어 난관을 피할 수 없는 형국이다. 하지만 형세가 어렵다고 절망하고만 있지 말고 세계 내의 활성적 리더(5양)가 이끄는 방향에 맞추어 안으로부터 우러나는 자신의 변화를 이끌어내어야 한다[진51].

'말을 타다가 내리는 것[乘馬班如]'은 괘의 과정적 운명인 상황코드가 '진(震51)'이므로 전진해 나아가기 위하여 말을 탔지만 괘의 표상에서 미래 환경과 소통하는 경계인 제6효가 음으로서 불활성이라 시계(視界) 제로의 암울한 상황이니 한치도 나아갈 수가 없는 형편이라서 내릴 수밖에 없음을 말해준다. 피눈물이 흐르는 것은[泣血漣如] 행동의 당위성과 현실사정이 맞지 않음에 그 한탄스러움을 표현한 것이다.

진(震51)은 준비가 안 된 세계에서 힘든 책임감으로 앞장서서 끌며 노력하지만 아직 세계가 열린 형국이 못되고 자체의 생존에 급급한 상태이므로 안으로 준비에 만전을 기하여 힘든 파고를 헤쳐나가야 하는 일련의 과정이며 이것이 곧 '6음'의 역할이다.

04. 산수몽(山水蒙)

미성숙의 몽매함과 이의 탈출노력, 배움과 절제의 심덕 및 경험 쌓기,
젊은 날의 참된 교육함양, 불활성의 장막을 걷는 미래를 향한 깨우침의 노력

蒙몽. 亨형.
匪我求童蒙비아구동몽,
童蒙求我동몽구아.
初筮告초서고 再三瀆재삼독
瀆則不告독즉불고.
利貞이정.

몽매함을 깨우쳐야 하는 상이로다[蒙]. 내실을 기해야 하리로다[亨]. 순수한 깨우침은[童蒙] 내가 구해서[我求] 되는 것이 아니고[匪], 순수한 깨우침이[童蒙] 나를 찾게 해야 하리라[求我]. 첫 점을 치면[初筮] 알려주지만[告] 두세 번을 거듭하면[再三] 불손함이 되고[瀆] 일단 불손해지면[瀆則] 알려주지 않느니라[不告]. 끝까지 굳건하게 하면[貞] 이로우리라[利].

몽[蒙]은 림(臨)·겸(謙)·리(履)·둔(遯)을 따라 흐르는 세계다: 몽[蒙]의 세계는 세계 밖으로 노출시키기 어려운 지도보호가 필요한 상태에서 출발하여[림19] 종국에는 아직도 자신감이 부족하여서 위축되어 나서지 못하는 상태[둔33]로 끝나는 과정 상에 있다. 충분한 학습으로 내실을 기해야 하는 과정이므로, 내적 마음가짐은 겸손해야 하고[겸15] 외적 행동은 가르침에 이끌리고 동화되는 태도로 나아가야 한다[리10].

8괘의 단위로 보면, 산(艮山간산) 아래로 샘(坎水감수)이 흐른다. 위험(坎) 위에 멈추어 있으니(艮) 위험이 도사린 상황이다. 샘이 굽이치며 어렵게 흘러내려 결국은 대해의 큰 꿈을 이룰 것이니 미숙한 청소년의 상이다.

표상의 외형 모습은 1음·3음·4음으로 둘러싸여 항아리 모양이라 무엇을 담을 수 있는 그릇을 연상케 하지만 종합적인 미래환경과 접하는 6양이 마치 이 항아리의 열린 뚜껑의 상이라 안팎의 소통의 문은 열려있다. 하지만 5음이 중간에 가로놓여 있어서 그 아래에 있는 2양에 연결되기 어렵게 되어 있어서 항아리 안을 잘 채울 수 없는 모습이다. 접하는 정보가 내부에는 이롭지 않는데다가 전체시스템이 활성화되어 있지 않으니 이는 무지몽매한 어리석은 사람에 다름없다. 2양이 전체의 활력을 얻을 수 있는 불씨인데 먼리 외곽을 둘러 어렵사리 6양과 정보를 소통해야 한다. 이 불씨와 세계내부가 연결되려면 5음이 그것을 고스란히 수용하여 밖으로의 통로인 6양에 접속시켜주어야만 외부환경과 소통할 수 있고 시스템 전체를 일깨울 수 있다.

표상을 다른 각도에서 해석하면, 산(山)의 토양(5음)이 자양분인 생명수를(2양) 막힘 없이 끌어올려야 미래의 가치인 산 위의 생명나무를(6양) 길러낼 수 있다. 1음·3음의 울타리 속에서 감호를 받는 순수한 활력의 2양(청소년기)은 배움에 정진함으로써 위로 끌어올려져 덕성과 지성을 쌓아(5음 경유) 세계 밖과 미래와 소통하게 된다(6양). 그래서 산 위에 솟아 있는 생명나무가 될 수 있는 것이다.

인성(人性)의 면에서 살펴보자. 본성적 욕구가 아직 깨어나지 않았는데(1음) 신진대사능력은 가능해도(2양) 외부와 물적 교류가 원만하지 못하니(3음) 항상 신체가 원하는 만큼 에너지원의 조달이 잘 안 되는 부족한 상태로서 물적 육체적 난관에 부딪쳐 있다. 아울러 세계 밖의 형세와 정보를 교류할 수 있는 길이 열려있다 해도 맞닥뜨리는 정보와 형세가 몰아치는데(6양), 이성적 사고력이 약하고(4음), 판단력과 결단력이 부족하여 감당키 어렵기 때문에(5음) 창조력이 없고 남을 모방하기 일쑤다. 뚜렷한 가치관이 자리잡지 못한데다가 신체적 힘마저 제대로 발휘할 능력이 부족하므로 스승을 구하여 참다운 교육을 받아야 할 인물이다.

몽(蒙)은 몽매(蒙昧)함, 즉 어리석어서 사리에 어두움을 의미함과 아울러 그 몽매함을 깨우칠 필요가 있는 상태나 사람을 말한다. 나이가 어린 아이도 물론 배워야 하지만 나이에 불문하고 인간은 진리를 깨우치기 위하여 평생 배움이 필요하다. 특히 '원형이정(元亨利貞)'의 네 시기 중에 형[亨]의 시기(청소년기)가 가장 중요하다는 의미로 '몽형[蒙亨]'을 해석할 수도 있다. 어쨌던, 나이에 불문하고, 배움[蒙]이란 내면에 정신적 에너지를 채우는 과정[亨]이라는 뜻도 포함하고 있다.

어린 몽매함[童蒙]에는 진리를 깨우쳐 알고자 하는 순수하고 절실한 목마름이 있다. 그러면 순수하지 않는 배움은 어떤 배움인가? 학문을 출세의 방도로 삼는 배움이 그것이요, 남을 지배하기 위한 수단으로서의 배움이 그것이요, 축재하는 방도로서의 배움 등이 그것이다. 이런 배움은 진정한 진리를 터득하려는 것보다는 책술(策術)을 익히려는 것이다. 책술이라면 배우려고 하는 내가 원하고 구하면 얻을 수도 있지만 참다운 진리를 깨우친다는 것은 내가 구한다고 나에게 찾아오는 것이 아니고[匪我求童蒙], 그 진리를 깨우칠만한 그릇이 되어 있어야, 즉, 절실한 마음으로 깨우침을 기다리며 겸손하고 의심 없이 가르침을 따를 수 있는 마음가짐이 되어 있어야, 순수한 깨우침이 나를 찾아오는 것이다[童蒙求我].

『주역』 원문의 저자는 이러한 깨우침을 위한 참다운 자세를 점치는 것에 비유하여 그 중요성을 매우 강하게 강조하고 있는 것이다.

이러한 '몽'의 중요성은 괘를 정의해주는 4원의 개념코드가 정확하게 표현해주고 있다. 노력을 투입하여 미성숙한 어둠의 장막을 걷으려는

'림(19)'에서 출발하여, 내적으로는 곤궁함 속에서 겸손하고 겸허한 자세를 '겸(15)'의 원리를 통하여 세우고, 외적 행동은 가르침에 이끌리고 동화되는 태도로 나아가는 '리(10)'의 원리를 따라 진리를 깨우쳐 감에도, 남 앞에 나서지 않고 보다 높은 내면의 수양을 닦는 둔(33)의 성정을 밟아가는 것이 '몽'의 세계다.

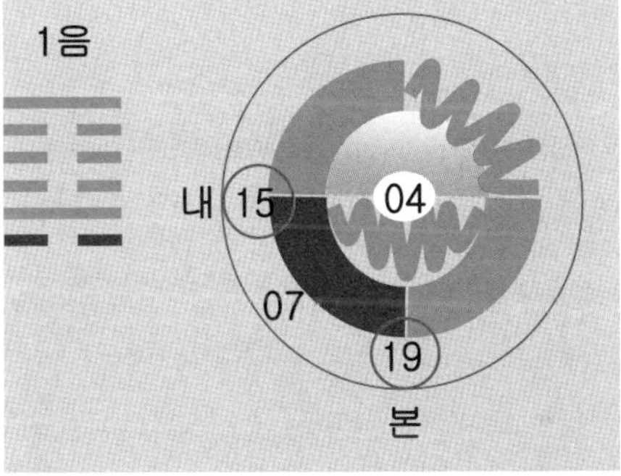

發蒙발몽 利用刑人이용형인.
用說桎梏용탈질곡
以往이왕 吝인.

몽매함을[蒙] 계발하는 데는[發] 형인을 다루는[刑人] 방법을 씀이[用] 이로우리라[利]. 족쇄를[桎梏] 벗기는[說] 방법을 써서[用] 해나가면[以往] 힘들어지리라[吝].

1음은 림(臨)·사(師)·겸(謙)의 과정이다: 어느 정도 성장은 했지만 아직은 세계 밖으로 노출시키기 어려운 지도보호가 필요한 상태에서[림19] 진정한 배움을 얻으려면 겸손의 도를 터득해야 한다[겸15]. 이때는 기초지식을 함양시키면서 무의식에 깊이 각인시키기 위하여는 강제적으로 집중시키는 군대식 주입훈련이 필요하다[사07].

어린 마음의 잠재의식마저 닫혀 있는 무지몽매한 상태에서(음) 자발적이고 자율적인 학습은 기대하기 어렵다. 어린 몽매함을 벗기려고 인위적인 강제교육을 하나 보니 진정한 참 깨우침을 주기는 어려우나 몽매함을 벗고 겸허란 자세를 익숙하게 하는 데에는 효과가 있다.

이 상황을 대변하는 사(師07)의 4원을 '몽'의 환경으로 읽어오면, 곁가지를 줄여 한가지에 집중할 수 있도록 하여(손41) 안으로는 마음의 의지를 산과 같이 굳고 강인하게 함은 물론(산52) 열정을 다하여 어려움에 도전케 하여(태58) 결국에는 질서를 확립하고 전체가 하나가 되게 하는(함31) 일련의 과정이다. 말하자면, 몽매함을 계발하는 방법으로서 '사'의 분위기를 활용하는 국면인데 효사에서는 이것을 형인을 다루는 방법을 쓰는 것에 비유하고 있다 하겠다.

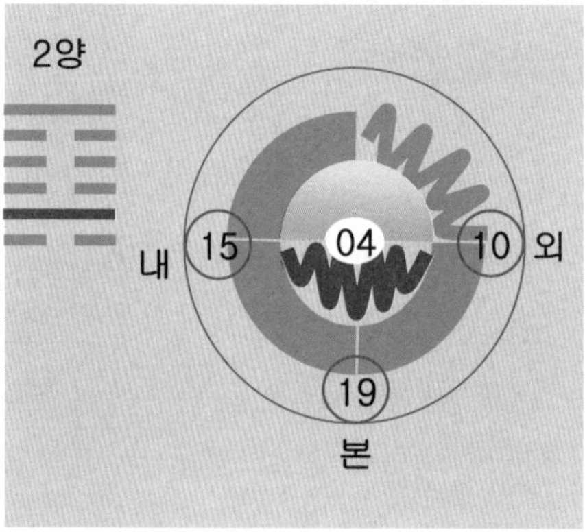

包蒙吉포몽길, 納婦吉납부길·子克家자극가.

몽매함을[蒙] 포용하면[包] 길하고[吉] 부인을[婦] 납득하면[納] 길하리라[吉]. 아들이[子] 집안을 잘 돌보리라[克家].

> 2양은 겸(謙)·림(臨)·리(履)의 과정이다: 청소년기에 겸손을 익히고 배움의 기초를 닦고 나면[겸15] 세상에 부딪치는 사회생활 속에서는 지도자와 선임자들을 따르는 것은 물론 주위를 포용해야 한다[리10]. 그렇게 되려면 참을성과 강인한 정신을 길러 임박해 오는 미래를 헤치고 나갈 준비를 해야 한다[림19].

진정한 겸손과 포용의 자세는 자신의 아랫사람이나 약자에게 행하는 것이다. 그럼으로써 동굴 속의 횃불처럼 밝은 양의 긍정적인 자세로 활동성 있게 행동하고 자기가 처한 세계에 도움을 주는 쓸모 있는 재목으로 단련된다. 자신이 몽매함을 깨우치는 과정에서 겸손한 마음자세와 주변과의 동화됨을 이정표로 삼고 타인의 몽매함을 포용하는 것을 실천에 옮기는 모습이 포몽[包蒙]이다. 부인을 인정하고 이해하는 일[納婦]과 자식을 앞세워[子] 가정의 중요한 일을 돌보도록 하는 것[克家]을 구체적인 예로 제시하였는데 그와 같이 행한다면 '몽'의 올바른 길을 따르는 것이니 길할 수 밖에 없다[吉].

상황코드인 림(19, ||::::)은 섣달(12월)괘로서 두 양이 땅 아래에 있어 뿌리에 생기가 감돌고 싹이 움틀 때, 겨우내 땅을 보호막(음)으로 삼아 잘 길러지지 않으면 땅 밖으로 드러날 수가 없는 형국을 묘사한다. 주위의 상황에 자신을 맡기고 포용하면서 자신을 기르는 장면이다. 또한 내면에 에너지가 가득차 사용할 때가 임박(臨迫)하는 형국으로서 엔진이라면 연료를 가득 채운 후 폭발이 잘 이루어지도록 타임사이클을 조절하고 있는 상황이다. 이와 같은 조설도 지나침이 없도록 하는 것이니 겸손과 따름(포용)이 적용되는 '림'의 상황이다. 이에 더하여 아랫사람의 삶의 현장에 윗사람이 몸소 왕림(枉臨)하여 어려움을 함께하는 겸허한 포용의 국면을 잘 나타내므로 '림'은 2양의 역할을 여실하게 해내고 있다 할 것이다.

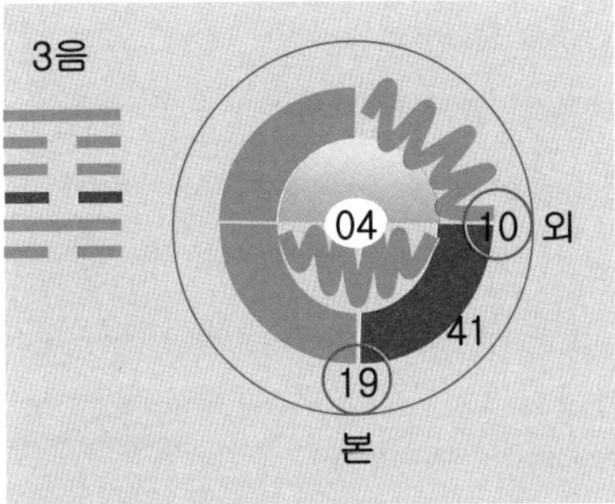

勿用取女물용취녀.
見金夫견금부 不有躬불유궁.
无攸利무유리.

여자를[女] 취하지[取] 말라[勿用]. 돈 많은[金] 남자를[夫] 보고[見] 몸을[躬] 두고 있지[有] 못하니라[不]. 이로울 바가 없으리라[无攸利].

> 3음은 림(臨)·손(損)·리(履)의 과정이다: 세계 밖에 노출시키기 어려워 지도보호가 필요한 상태[림19]에서 가르침에 감동되고 동화되어 따르는 흐름을 밟아가야 한다[리10]. 제3효가 외부환경과의 교류에 불활성(음)을 나타내는 것은 지도 보호가 필요한 몽매한 어린 자는 외적 영향권에 휘둘리지 않도록 외적 물적 육체적 환경에의 노출을 제한하여 취사선택을 통한 집중력을 높일 수 있게 해야 한다[손41].

배움에 감화되어 열심히 심취하여 배움에 이끌리고 동화되어야 하는 시절에[리10] 크게 미칠 수 있는 외적 영향의 대표적인 것이 이성문제이므로 이에 대한 경계로서 여자를 취하지 말라[勿用取女]라고 한 것이다. 만약에 상대가 금권 높은 사내를 보고[見金夫] 몸을 가만두지 못하는[不有躬] 여자라면 몽매한 자는 그 혼란을 감당키 어려울 것이므로 이로울 바가 없다고 한 것이다[无攸利].

상황코드로 배정되어 있는 손(損41)의 개념을 '몽'의 환경으로 읽어오면, 자신의 내적 자원을 엄정하게 관리·보호·육성하면서(사07) 내실을 기하는 자기관리를 행하고(명이36) 외적으로는 문제 발발에 철저히 대비하면서(송06) 내세운 목표에 역량을 모으는(동인13) 일련의 과정이다. 자원을 아끼고 목표사업을 향하여 모든 역량을 결집시키는 경영능력을 발휘하는 것으로서 복잡한 요소들을 취사선택하여 하나의 목적달성에 집중시키는 과정인 것이다. 따라서 '몽'을 잘 경영하려면 불리한 여건을 차단하고 유리한 방법을 선택해나가야 하는데 『주역』에서는 이 대목에서 행실이 바르지 못한 이성교제는 도움이 되지 않는다고 경고하고 있다.

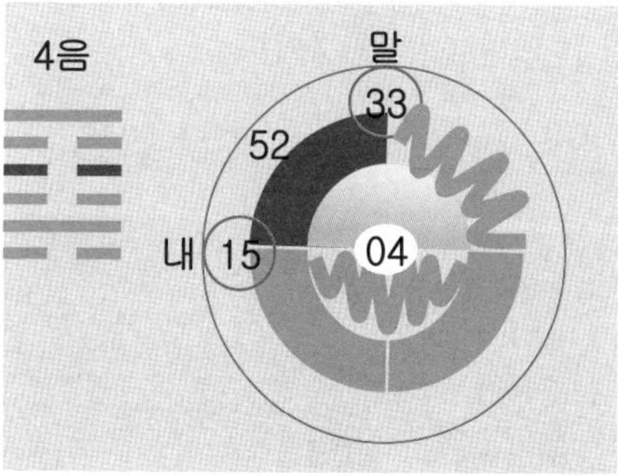

困蒙곤몽. 吝인.

곤궁한[困] 깨우침의[蒙] 길이로다.
쉽지 않으리라[吝].

> 4음은 겸(謙)·간(艮)·둔(遯)의 과정이다: 기본 학습과 겸손을 익혔지만[겸15] 출세하기에는 아직 미숙하여 위축되고 자신감이 없이 한발 뒤로 물러서 있어야 하는[둔33] 상황이다. 이럴 때 꼭 필요한 것은 조용한 명상이며 차분하게 멈춰서 생각을 모우며 정신을 수양하는 일이다[간52].

다 이루지 못한 깨우침의 길은 초기의(1음) 무의식에 갈무리하기 위한 강제주입 때와는 달리 적극적인 이성적 사고를 요구하고 있지만 그 기능이 활발하지 못하므로(음) 고뇌가 뒤따른다. 2양 시절의 활달한 기질도 기성세대인 5음의 위세에 가로막혀 활개를 펴지 못한다.

여기에서 4음은 후반기의 내적 작용으로서 의식작용, 이성적 사고, 분별력이 발동되는 자리이므로 배움의 과정에서 곤궁한[困] 것은 육체적인 것이 아니고 정신적인 것이다. 컴퓨터를 운용하는 자라면 이 시기에 알맞은 탁월한 소프트웨어가 없어 곤란을 겪는 것과 같다. 이 곤궁함에서 벗어나는 길은 정신적인 영양소를 주입하는 것이다.

상황코드인 '간(52)'의 4원 개념을 '몽'의 환경으로 읽어오면, 자기 절제를 통하여(명이36) 안으로 마음을 철저히 관리하는 덕을 쌓아(사07) 더 큰 뜻 아래에 마음을 통일시켜(동인13) 세상사의 시비를 초월하여 지혜를 궁구해나갈 수 있는(송06) 사색과 고뇌의 과정이다. 곤궁한 깨우침의 길[困蒙]을 잘 묘사해 주고 있다. 고뇌하는 과정에는 어떤 감정표현이나 결단적인 생각을 확연하게 드러내기 어렵기 때문에 쉽지 않으리라고 한 것이다.

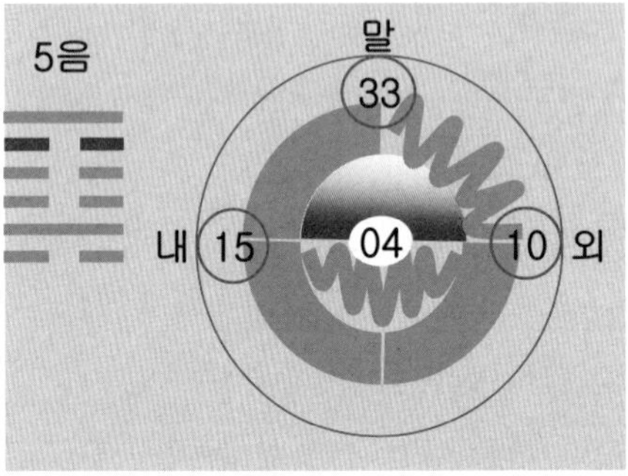

童蒙동몽. 吉길.

순수한[童] 깨우침의 길이로다[蒙]. 길하리라[吉].

> 5음은 겸(謙)·둔(遯)·리(履)의 과정이다: 겸양의 덕[겸15]과 명상 수련으로[간52] 어려움을 건너는 동안에, 집착의 아귀다툼에서 1보 물러서서 2보 전진을 위한 한 차원 더 높은 인격(배움)을 길러야 하니[둔33] 대인과 성인의 큰 가르침(6양)을 마음 깊이 새겨 따른다[리10].

5음은 세계의 중심 리더로서 비록 지위가 높더라도 한발 물러서서[둔33] 겸손히[겸15] 따르므로[리10] 수용의 덕이 훌륭하여(음) 참 스승(6양)을 맞이할 수 있는 진정한 자질을 갖추고 있다. 이러한 상태의 배움이 괘사에서부터 말하는 동몽[童蒙]이다.

여기에서 동몽은 단순히 아이처럼 어리석고 배움이 필요한 정도를 말하는 것이 아니다. 이미 괘사에서 동몽을 '匪我求童蒙비아구동몽 童蒙求我동몽구아'라고 정의하고 있다. '참다운 순수한 진리를 깨우친다는 것은 내가 구한다고 나에게 찾아오는 것이 아니고[匪我求童蒙], 절실한 마음으로 깨우침을 기다리며 겸손하고 의심 없이 가르침을 따를 수 있는 마음가짐이 되어 있어야, 순수한 깨우침이 나를 찾아오는 것이다[童蒙求我].' 이 동몽에 대한 괘사의 내용은 위에서 상황코드로 정의한 제5효의 내용과 잘 일치하고 있음을 음미할 수 있을 것이다.

이 상황의 이정표는 겸(謙15)과 리(履10)가 담당하고 있지만 과정적 활동은 둔(遯33)이 맡고 있다. '둔'의 4원 개념을 '몽의 환경으로 읽어오면, 활성적 마인드를 가득히 품은 채로(혁49) 난관극복의 의지를 불태우며(곤47) 절묘한 중도의 덕을 가꾸며(비賁22) 드러내지 않고 더 높은 인격과 실력을 키우는(몽04) 일련의 과정이다. 동몽을 말하는 5음의 세부내용을 잘 드러내고 있다 하겠다.

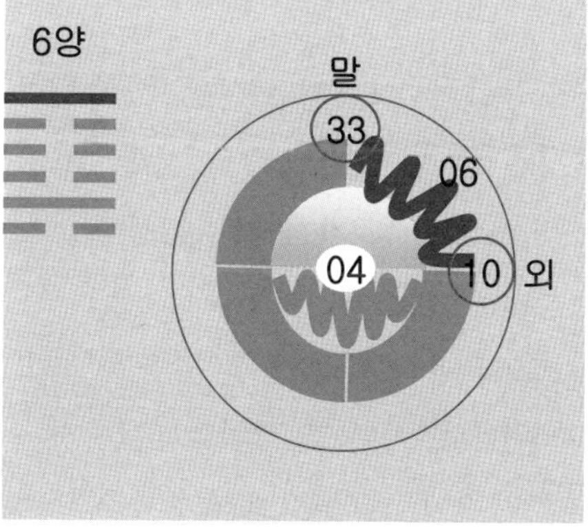

擊蒙격몽·
不利爲寇불리위구
利禦寇이어구·

몽매함을[蒙] 격퇴하도다[擊]. 도적질을 한다면[爲寇] 이롭지 않고[不利] 도적을[寇] 막는다면[禦] 이로우리라[利].

> 6음은 리(履)·송(訟)·둔(遯)의 과정이다: 가르침에 잘 동화될 수 있는 소양을 쌓은 터 위에[리10] 경쟁에서 한발 물러서서 참 실력을 더 쌓는 전략적 후퇴를 맞이하기 전에[둔33] 올바른 사회생활을 위한 사리분별력을 기르고 사회규범을 학습하는 과정이다[송06].

6양은 외부세계와의 교류가 활발한 모습이다. 어리석음을 깨우치는 '몽'의 입장에서 바라보면 긍정적으로는 사회를 경험하면서 부딪치는 가운데 깨우치는 모습이다. 부정적으로는 미성숙한 청소년들이 외부의 나쁜 환경에 노출되어 악영향을 입고 있는 상황이 6양의 상이다. 긍정적 환경과 부정적 환경이 교차하는 경계에서 생기는 가치관의 혼란을 막고 악몽(惡蒙)을 격퇴하려면 사회규범적으로 옳고 그름을 가릴 줄 아는 사리분별력을 키워야 한다[송06].

발몽(發蒙, 1음)·포몽(包蒙, 2양)·곤몽(困夢, 4음)·동몽(童夢, 5음)은 한 개인의 개성완성을 위하여 배움을 얻어가는 과정이었지만, 격몽[擊蒙]은 개인과 사회환경과의 상호작용에서 문제가 될 수 있는 사회규범적 무지를 퇴치하고 공동체의 준법정신을 길러야 함을 의미한다. 여기에서 격퇴한다는 뜻의 '격[擊]'은 공동의 이익에 반하는 행동을 물리치기 위함이다. 사회규범을 어긴다면 송사가 발생하고 법의 심판을 받게 되는 것이다[송06].

'송'의 4원 개념을 몽'의 환경으로 요약하면, 의식과 인격을 고양시키며(태58) 어려움을 딛고 자기수양의 길을 걸으면서 세상에 도전할 수 있는 능력을 기르고 사리를 분별할 수 있는 경륜을 쌓는 것이 '송(06)'의 진정한 깨달음이다(천수송天水訟 괘사 설명 참조).

이러한 사회규범 교육이 자칫하면 오도되거나 남용될 수 있음을 경고하고 있는 설명이 '不利爲寇불리위구 利禦寇이어구'이다. 도적이 된다는 것은[爲寇] 사회규범교육이 오히려 개인의 인격과 권리를 침해하는 쪽으로 남용되면 이롭지 못하다는 것이며[不利] 그러한 도적질을 방어하여야[禦寇] 공공의 이익을 보호하므로 이롭다는 것이다[利].

▷ 최소 수의 변으로 제일 안정한 구조를 갖는
기본 입체-사면체 (『과학주역』1, 33쪽)

네 꼭지 점과 여섯 변을 가진 사면체는 가장 기본이 되는 입체로서 정합적 논리의 기본틀을 구성해주며 시스템 사고의 틀을 제공함.

05. 수천수(水天需)

이룸의 때를 기다림, 장애극복을 위한 실력 함양, 약점을 보완하는 경쟁대비,
유비무환, 과거·현재(자체)의 문제 해결에 의한 미래(세계)로의 도약

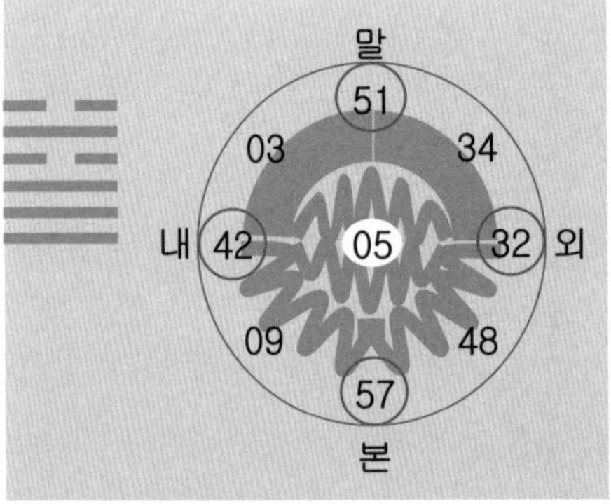

需수. 有孚光亨유부광형. 貞吉정길. 利涉大川이섭대천.

이룸을 기다리는 상이로다[需]. 믿음이 있으면[有孚] 영광스럽도록[光] 형통하리라[亨]. 끝까지 굳건하게 하면[貞] 길하리라[吉]. 큰 내를 건넘이 이로우리라[利涉大川].

수[需]는 손(巽)·익(益)·항(恒)·진(震)을 따라 흐르는 세계다: 외부로부터 자신보다 더 큰 능력자의 힘·영향력·정보 등을 맞아들여[손57] 적극적인 대안을 찾아 문제를 해결하고 허한 부분을 메워 나가면서[익42] 그런 노력의 결과가 항상 유지되도록 관리하여[항32] 전체 세계가 고무·진작되어 자연히 앞으로 향진할 수 있도록[진51] 꾸준히 인내심을 가지고 기다리는 것이 '수'의 세계다.

8괘 단위로 보면, 하늘(乾天건천) 위에 수증기(坎水감수)가 올라가 있으니 그것이 생명수로 쓰이려면 비올 때까지 기다려야 한다. 위험(坎)이 하강하지 않으려면 강한(乾) 내적 기반이 필요하다. 유비무환의 정신으로 장애에 대비하며 때를 기다리는 상이다.

전체 세계의 내부가 양 에너지로 가득하여 활활 타오르는 힘과 정열로

가득차서 실력을 갖추게 되는 것이므로 때가 오기를 기다릴 수 있는 자신감의 근거가 된다. 조급증이 나고 힘겨워도 때가 무르익도록 참아 내부압력이 커지게 되면(양 넷) 풍선은 터뜨려진다[진51]. 등용의 문이 열릴 때까지 자만심을 억제하고 내실을 기하면 세계의 내부밀도는 점점 높아져 추진력이 더욱 커진다. 카운트다운을 기다려 내용이 충분히 성숙되었을 때 과감히 밀어 부친다.

세계의 내부의 활성 에너지가 가득하지만(1양·2양·3양·5양) 위로의 장벽이 높아(4음·6음) 이를 넘어 나아가기가 쉽지 않다. 현재의 상태로는 밀고 나가기 어렵지만 양 에너지가 음의 누르는 힘을 이기는 것은 시간문제이기 때문에 지금 일을 단행하려 하면 내부의 에너지가 바닥이 나게 되지만 시간을 기다리며 에너지를 조직적으로 관리하면 내부의 힘이 우세해져서 결국은 전진할 수 있는 것이다.

인성(人性)의 면에서 살펴보자. 일을 성취하려는 근본 욕구가 강렬하고(1양) 외적으로 물적 에너지의 교류가 활발한 가운데(3양) 신진대사기능이 원활하므로(2양) 신체적으로는 강건한 상태다. 몸 에너지는 충분하여 생각한 바를 실천하려는 의지 또한 강하지만(2양) 예측적 사고능력이 뒤떨어지고(4음) 견문이 좁아 폭넓은 지식이 부족하므로(6음) 의기양양함은 있지만 마땅한 아이디어와 견문의 부족으로 실제로는 과감하게 일을 밀어 부칠 수 없는 인성이다. 특히 내면의 활달한 의지를(1양) 현실적으로 전환할 수 있는 기획력을 키워야 하고(4음) 뜻하는 바를 즉각 행동으로 옮기려는 기질을(5양) 제대로 발휘하려면 밖으로의 눈을 뜨고 세계관을 정립해야 한다. 그런 때를 위하여 강건한 체력을 바탕으로 미래에 대응할 채비를 갖출 때까지 부족한 이성적 능력을 키워나가야 한다.

이룸의 때를 잘 준비하며 기다리면[需] 믿음이 바탕이 되어 빛나는 발전이 있게 되는 것은[有孚光亨] 자신감 때문이다. 앞의 장벽에 가로막혀 있는 상황이지만 내부의 양 에너지가 시스템의 중·하부를 가득 메워 빛이[光] 가득한[亨] 모습을 하고 있기 때문이니 이것이 미진한 내용을 보완하고[익42] 전체의 항상성을 끝내 유지할 수 있는 상태가 되도록[항32] 굳건하게 해나가면[貞] 길하게 됨은[吉] 당연하다 할 것이다. 이렇게 정비된 양 에너지는 큰 힘으로 발동되어 앞에 가로놓인 큰 장벽을[大川] 헤지고 가로질러[涉] 소기의 목적을 달성할 수 있는 것이다[利].

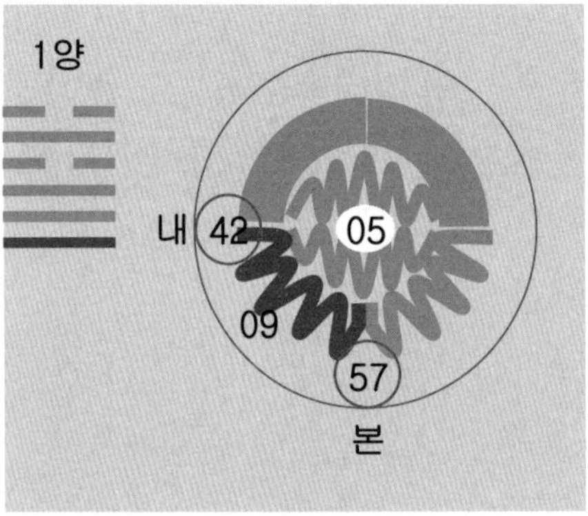

需于郊수우교.
利用恒이용항 无咎무구.

변두리에서의[于郊] 기다림이로다[需]. 꾸준히[恒] 해나가는 것이[用] 이롭고[利] 허물이 없으리라[无咎].

1양은 손(巽)·소축(小畜)·익(益)의 과정이다: 학문과 기술을 흡수하며[손57] 내면의 허한 부분을 채우려면[익42], 경쟁현장에서의 에너지 낭비를 지양하고 작더라도 근본정신을 고양하여(1양) 바탕을 튼튼히 해야 한다[소축09].

1양은 내면의 잠재의식이 활성화되는 것이고 일상적인 저변의 생활의식이 깨어 있음을 상징한다. 다가올 어려운 미래를 생각하며 근본 바탕을 조금씩 꾸준하게 해나가는 준비활동이다. 한계에 직면하여 쉽게 꺾이지 않으려면 내적 바탕이 성숙하는 시간이 필요하다. 기초를 닦는 일은 한꺼번에 한다고 되는 것이 아니고 하나하나 조금씩 꾸준히 쌓아야 한다. 적절한 때가 올 때까지 목적의식을 가지고 배우면서 덕을 쌓는 것이니 허물이 있을 리가 없다.

이 효의 상황을 주재하는 '소축(09)'의 4원 개념을 '수'의 환경으로 읽어오면, 지혜를 활용하여(정48) 처음의 어려움을 참고 견디며(둔03) 응용력을 발휘하여 부가가치를 창조해내고(정50) 갈등을 해소하여 가시적인 성과를 조금씩 쌓아 올리며 효율을 제고하는(서합21) 일련의 과정이다.

경쟁으로 하루하루 바쁜 생활 속에서는 자신의 부족한 점을 찬찬히 채울 수 있는 여유는 없다. 여기에서 변두리라 함은 직역으로는 도심을 벗어난 교외(郊外)를 말하는 것이지만 그것이 상징하는 바는 현실적으로 부대끼지 않는 환경을 통칭한다고 볼 수 있다. 조금 비껴있음으로써 근본적인 문제점을 가다듬을 수 있는 여유를 가질 수 있기 때문이리라. 이것이 바로 변두리에서의 기다림[需于郊]에 담겨 있는 의미다. 꾸준히 해나가는 것은[用恒] 조금씩 지속적으로 쌓아나간다는 것이며[소축09] '수우교' 생활의 방법을 제시하고 있고 그렇게 하는 것은 허물이 없다는 것이다.

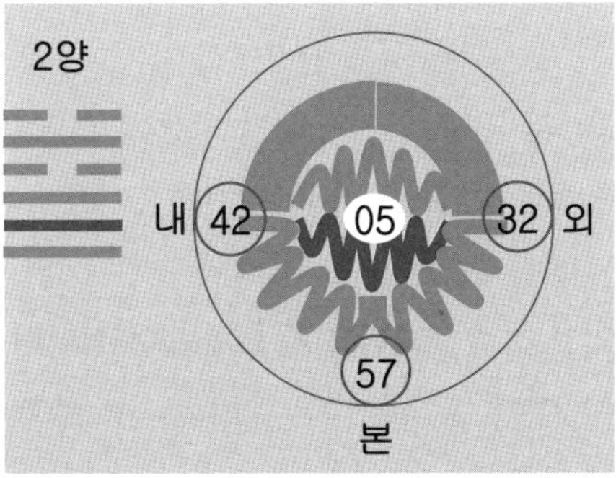

需于沙수우사.
小有言소유언 終吉종길.

모래밭에서의[于沙] 기다림이로다[需]. 말이 많이 나지 않도록 하면[小有言] 끝에는 길하리라[終吉].

2양은 익(益)·손(巽)·항(恒)의 과정이다: 세계가 필요로 하는 기초에너지를 보충하고[익42] 이를 일정하게 유지·관리하려면[항32] 어떻게 해야 하나? 허한 부분을 메우기 위하여 바깥 세상의 여러 가지의 영향력을 활발하게 받아들이려 하다 보니 얽히고 설키는 복잡함과 혼란이 생기지만 외적 영향을 긍정적으로 수용하려는 공손한 마음과 행동으로 잘 버티고 받아들여야 한다[손57]. 그리하면 자신에게 사람이 몰려들고 마침내는 행운이 찾아오게 되는 것이다

강가나 바닷가의 모래밭에서 준비하며 기다리는 격이다[需于沙]. 강이나 바다는 상괘의 물에 해당하여 위험이 도사리는 대상인데 그 기슭의 모래밭은 강이나 바다의 출렁임에 영향을 받게 되는 위치다. 1양이 중심권에서 조금 벗어난 큰 위험이 없는 곳이라면 2양은 영향의 사정권에 들어있어 다소간 험난한 물결이 미칠 수 있다. 이런 경우에 임하여 어떤 준비를 하며 기다려야 하는가? 그 방법이 바로 말이 많이 나지 않도록 하면 된다는 것이다[小有言]. 말이 많은 것은 곧 불평이 많거나 문제가 많이 발발되도록 한다는 뜻인데 어떻게 하면 그렇게 되지 않도록 하는 것인가? 그 답이 바로 이 효의 상황코드로 일하는 '손(巽57)'의 역할이다.

유사시를 대비하여 실력을 쌓고 때를 기다리며 외풍을 적극적으로 받아들이고 이에 견딜 수 있는 자기수련을 거쳐 자신의 발전과 세계의 활성화에 나서 결국은 그 세계를 선도하게 되는 '손'의 세계를 따르면 다소간 어렵기는 해도 끝에는 길하게 된다[終吉]. 작은 영향이라도 지속적이면 큰 변화가 생기겠지만 확고한 목표를 가지고 마음준비를 굳건히 하여 외세가 크게 작용하는 환경에서 자기동일성을 유지하면서 변화를 수용해야 한다. 그리 쉽지만은 않지만 외적 영향을 긍정적으로 수용하려는 공손함은[손57] 곧 환경변화에 견디는 최상책의 하나다[終吉].

많은 『주역』 해설에서 '小有言소유언'을 '말이 조금 있을 것이나'라고 양보절로 해석하는데 그렇게 되면 제2효가 왜 양(陽)으로 존재해야 하는지에 대한 설명이 되지 않게 된다. 타인들의 비난을 좀 감수하는 수동적인 자세(음)가 아니라 주체적인 입장에서 당면하는 세파를 공손하게 받아들여 이에 대응하여 불평을 많이 하지 않도록 애쓰는 능동적인 행위를 주문하는 것이고 그 능동성이 곧 양으로 나타나 있는 것이다. 괘의 운명을 모르고 단순히 자구해석으로 그친다면 위험천만한 일일 것이다.

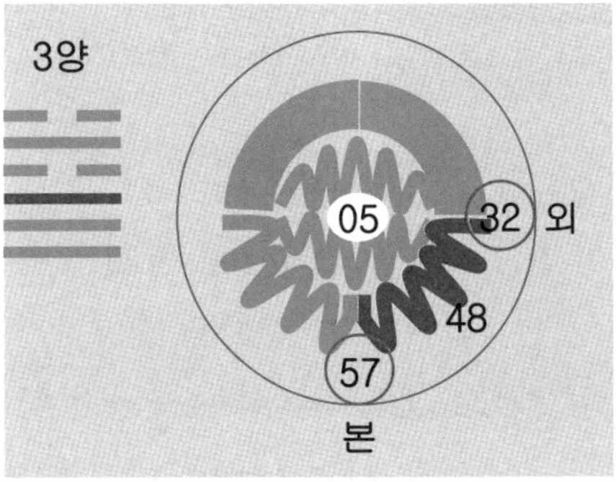

需于泥수우니. **致寇至**치구지.

진창 속에서의[于泥] 기다림이로다[需]. 도적을[寇] 이르게[至] 하리라[致].

> 3양은 손(巽)·정(井)·항(恒)의 과정이다: 외부의 자원을 끌어들여[손57] 시스템을 현상유지하도록 노력을 하는 과정인데[항32] 에너지의 유입은 우물에서 샘물을 긷는 것과 같이 현상유지 이상의 과욕을 부리면 흙탕물로 혼탁해진다[정48].

진흙탕은 물과 흙이 뒤범벅이 된 것으로 물과 흙의 경계구역에서 생긴다. 물은 혼돈의 세상이요 흙은 안전구역으로 간주된다. 미래를 준비하며 적절한 때를 기다릴 때라도 현실생활에 직접 부대끼는 상태에서는 미래준비가 채 되기도 전에 혼탁한 생활에 먼저 오염되기 쉽다. 그냥 기다리는 것이 아니라 다가올 혼란을 물리치기 위한 실력을 기르는 것인데 혼란한 세상에 경험 삼아 몸을 담그면 오히려 그것에 영향을 받아 때묻고 병들기 쉽다. 도적(혼란)을 물리치려고 하다가 도적(혼란)에게 당하는 꼴이 된다. 제2효에서는 모래밭에서 긍정적으로 세상의 변화를 받아들이는데 익숙하였으나 어느 한계를 넘어 외부 세계와 직접적인 접촉이 생기는 3양에 들어서서 이것저것 교류의 폭을 넓히다 보면 때로는 샘물 받는다고 하는 것이 흙탕물을 뒤집어쓰는 형국이 되는 수가 많다.

진창 속에서의 기다림이라 함은[需于泥] 올바르고 그릇된 것들이 혼합되어 있는 세상 속에서 헤쳐나가는 능력을 기르는 과정을 말함이고 이때 자칫 경험이 부족하고 판단력이 미숙하여 불러들이게 되는 세상사의 역효과를 『주역』의 저자는 '도적을 이르게 한다[致寇至]'라고 하였다. 세상을 배워야 하지만 옳고 그름을 잘 가려야 하는데 그 일이 여간 어렵지 않음을 말해준다.

상황코드인 정(井48)이 '수[需]'의 상황에서 상징하는 것은, 과욕 없는 작은 성취에 만족하면서(소축09) 내면을 깊고 넓게 성찰하고(관20) 세운 목표를 향하여 정진하면서(대장34) 지혜 깊은 예지력으로 세계를 선도하는(예16) 일련의 과정이다. 샘은 생명수와 지혜의 샘을 상징하며 인간의 삶을 엮어가는 변치 않는 원천이다. 세상이 혼탁하여도 깨끗한 먹는 물을 퍼 올리듯 지혜의 샘을 퍼 올려 혼탁한 세상을 극복해야 하는 것이다.

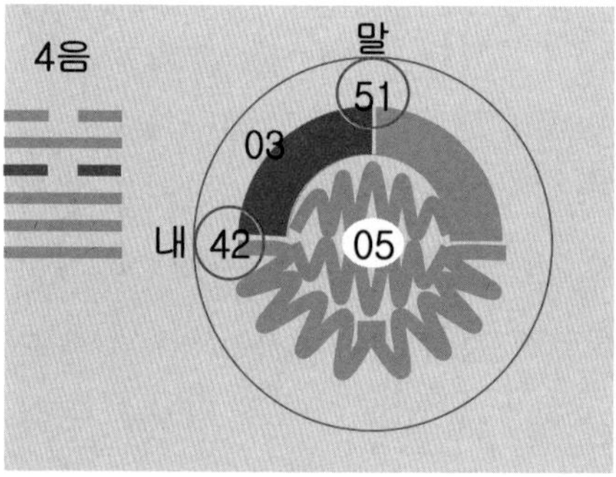

需于血수우혈. 出自穴출자혈.

피에서의[于血] 기다림이로다[需]. 함정을[穴] 자력으로[自] 탈출하리로다[出].

> 4음은 익(益)·둔(屯)·진(震)의 과정이다: 부족한 에너지를 보충한 후에[익42] 힘들게 험한 세상으로 진출해야 하는데[진51] 내적으로 막힌 장벽은 어떻게 헤쳐나갈 것인가? 내적인 장벽을 넘으려면 스스로 내적 힘을 길러서 난국을 벗어나야 한다[둔03].

여기에서 가로막고 있는 것은 타인이 아니고 자신이다. 정확하게 말하면 자신의 능력이다. 능력이란 사고력, 판단력 등 이성적 사고능력과 세계를 헤쳐나가는 데에 필요한 갖가지 지식들이다. 하루아침에 부족한 것을 보충할 수 없고 누군가가 대신해 줄 수도 없는 형편이니 총력을 다하여 스스로의 피나는 노력으로 부족한 자생력을 길러 자신의 함정을 극복해야 한다.

피는 생명력이요 정신력을 상징한다. 정신적 능력을 담당하는 4효가 음이므로 그 능력이 미약하다. 피에서의[于血] 기다림이란[需] 피가 될 수 있는 정신적 자양분을 흡입하여 자생력을 길러서 함정을 자력으로 탈출하는 것밖에는[出自穴] 달리 방도가 없음을 일러주고 있다.

상황코드인 둔(屯03)의 4원 개념을 '수[需]'의 상황으로 읽어오면, 사면초가(四面楚歌)의 어려움에 가로막혔을 때 지혜롭게 숙고하면서(관20) 에너지소비를 최소화하여(소축09) 머리를 써서 계획을 세우고(예16) 어려움에 맞설 내적 힘을 크게 키워나가는 일련의 과정을 의미한다. 이왕에 난국을 맞이했을 때도 늦었다 말고 '둔'의 길을 선택해야 하겠지만, 그런 난국은 예상하고 미리 그런 힘을 키워두라는 의미로 보는 것이 둔(03)으로써 읽어낼 수 있는 더 중요한 가치다.

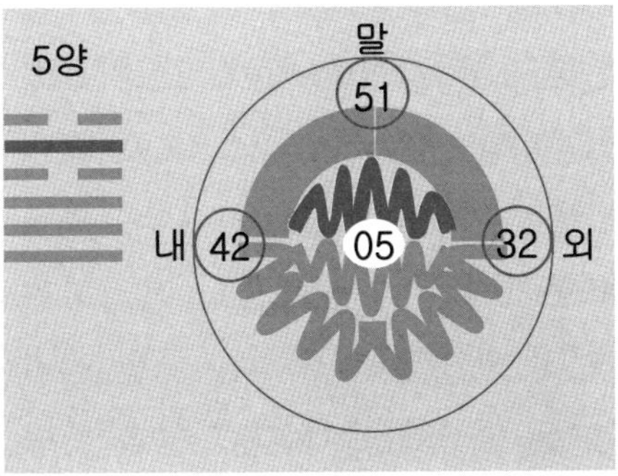

需于酒食수우주식. 貞吉정길.

술과 음식을 취하며[于酒食] 기다리도다[需]. 끝까지 굳건하게 하면[貞] 길하리라[吉].

5양은 익(益)·진(震)·항(恒)의 과정이다: 보충하여 쌓아온 실력과 에너지가[익42] 소실되지 않도록 전반기의 여세를 지속시키며 변함없이 몰아가는[항32] 과정인데 어떤 상황으로 전개되는가? 조직을 갖추고 전략을 점검하여 전진의 의지를 불태운다[진51].

앞에 가로막힌 장벽을 무너뜨리고 나아가려면 꾸준하게 정신무장을 풀지 않고 자원을 투입하면서 전체의 역량을 집중시켜야 한다. 그렇게 하면 진격의 분위기를 한층 더 강화시킬 수 있다[진51]. 무릇 전쟁을 시작하기 전에는 병사들을 충분히 먹고 마시게 해야 하는 것처럼 큰 일을 해내려면 자원을 투입하고 에너지를 비축하며 정신무장도 강하게 해야 하는 것이다. 표상에서 특히 5양의 바로 위에 4음과 6음의 장벽이 앞을 막고 있으니 더더욱 강력하게 행동으로 옮길 수 있도록 준비해야 하는 것이다.

태평성대처럼 먹고 마시면서[于酒食] 무엇을 준비하며 기다리겠는가[需]! 큰 일을 해내기 전에 준비해야 하는 것은 자원과 에너지, 그리고 정신무장인 것이다. 장벽을 넘기 위한 준비가 끈기 있고 확고하게[貞] 진행되면 끝내는[貞] 길할 것임은[吉] 분명하다. 술과 밥을 취하며 태평하게 세월을 보내며 기다리는 것이 아니다. 그렇게 되면 제5효는 양이 아니고 음이어야 할지 모른다.

상황코드인 '진(51)'의 4원 개념을 '수'의 환경으로 읽어오면, 준비가 채 덜된 세계에서 책임감으로 앞장서서 이끌어(진晉35) 비활성적 세계의 활성화에 진력하고(대유14) 상생을 위하여 서로 도우며(비比08) 유비무환의 정신으로 내부의 힘을 기르는(수需05) 일련의 과정으로 표현된다. 지진과 같이 내부의 폭발력이 외부로 점차 전진하려는 힘을 상징하거나, 활에 화살을 걸고 활시위를 당기며 힘을 장전시키고 있는 형국이다[진(震51)괘 설명 참조]. 여기에서는 큰 일을 행동에 옮기기 전에 힘을 비축하는 상황이다.

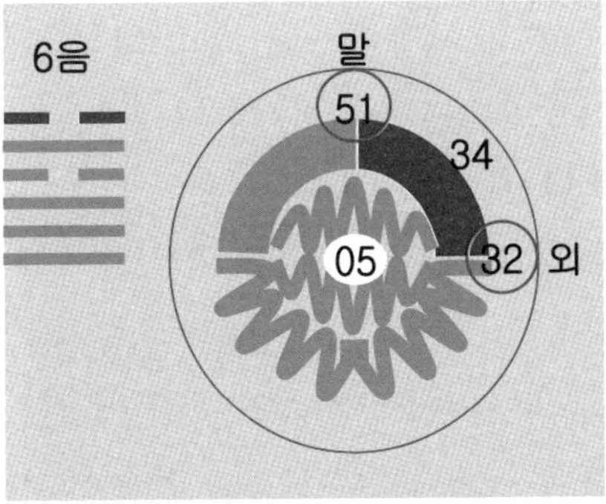

入于穴입우혈.
有不速之客三人來,
유불속지객삼인래
敬之경지 終吉종길.

굴에[于穴] 들어서도다[入]. 있어도[有] 청하지 아니한[不速之] 세 손님[客三人]이 오니[來] 이를 받들면[敬之] 끝내는 길하리라[終吉].

> 6음은 항(恒)·대장(大壯)·진(震)의 과정이다: 현상유지해 온 내부의 힘으로[항32] 진격하여 넘어서야 하는[진51] 마지막 버티고 선 장벽이 6음이다. 깊이 장전된(음) 온신의 힘을 디히어 민어 부쳐야[대장34] 세계와 미래의 문은 열리게 되는 것이다. 이럴수록 외부와의 쓸데없는 에너지교류는 거두고 마음을 다스려 정성을 다하면(음) 절호의 기회가 찾아오고 앞을 가로막는 장벽은 무너진다.

6음은 바로 수[需]의 세계가 안고 있는 함정이나 장벽 그 자체다. 앞서 또 다른 장벽인 제4효를 만났을 때의 함정[穴]은 자신에게 내재되어 있는 내적 장벽이었기 때문에 스스로 피나는 노력을 하여 그 함정을 탈출해야 한다고 하였다[出自穴](4음 효사 참조). 하지만 마지막 '외적 장벽'인 제6효에 이르러서는 넘지 않으면 안 될 마지막 난국을 맞닥뜨려 정면돌파를 시도하지 않을 수 없게 되었다. 어려움을 피해갈 수 없는 외나무다리에 섰다. 상대가 떨어지지 않으면 내가 떨어져야 하는 절박함을 맞았을 때는 상황을 있는 그대로 받아들이고 모든 것을 하늘에 맡기며 자신이 직접 나서서 할 수 있는 최선의 노력을 힘껏 다하는 길 밖에 없다. 호랑이를 잡으려면 호랑이 굴로 들어가지 않을 수 없는 것처럼! 이런 각오로 난국을 맞이하는 장면이 '入于穴입우혈'이다

하지만 모든 것을 각오하고 자신의 전부를 던질 때 하늘은 기회의 문을 열어준다. 인연의 고리를 엮으며 사람이 만들어가는 세상사에는 큰 힘을 보태주는 사람이 극적인 순간에 나타나며 그들을 공손히 맞이할 경우 종국에는 길하리라는 것이다. 뜻하지 않게 도움을 주는 세상의 인연을 맞이하게 되는 것을 '있어도 청하지 아니한 세 손님이 온다[有不速之客三人來]'라고 했다. 셋은 어떤 일의 기본적인 구성요소인 삼원(三元)이나 삼재(三才)를 의미하며 손님이란 곧 도움을 줄 수 있는 인연을 의미한다. 세상의 어려움을 극복하면서 큰 일을 해내려고 기다리는 자들에게는 비록 지위가 낮은 사람이라도 존중하며 귀하게 여기고 평소에 다양한 인간관계를 형성하면서 서로 협력할 수 있는 상태로 살아갈 것을 권고하고 있다.

이 효의 상황을 주재하는 대장(34)의 4원 개념을 '수'의 환경으로 읽어오면, 새 가치를 창조하는 열성과 개척정신으로 충만하여(정鼎50) 올바른 생각으로 마음의 갈등을 없애고(서합21) 개척의 지혜를 구하며(정井48) 아직 미성숙한 어려운 환경에 대응하는(둔屯03) 일련의 과정이다. 대장(||||::)은 내면에 쌓은 에너지와 공력으로 압축된 장대한 힘이(1양·2양·3양) 넘쳐 위로 밀고 올라온다. 이렇게 뻗치는 힘의 가치는 세계가 풀어가야 할 무거운 과제(5음·6음)를 떠받쳐 세계의 발전에 도움이 되도록 하는 데에 있었던 것이다. 결국 6음의 역할은 '대장(34)'이므로 오래 길러왔던 세 양(1양·2양·3양)이 이른바 있어도 청하지 아니한 세 손님이었으며 드디어 그 역할이 5양의 리더십으로 통일되어 6음에 당도하여 효력을 발생하게 된 것이다.

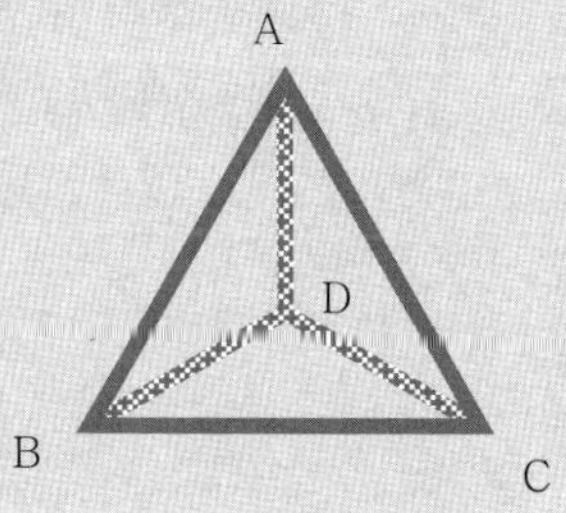

[가] 사면체 투사형

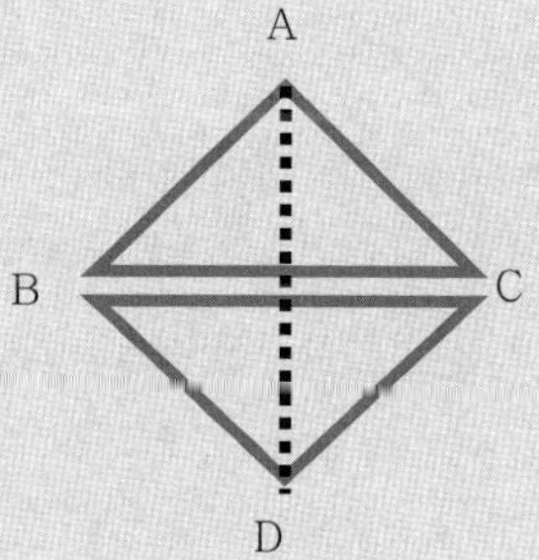

[나] 삼각형 조립형

▷ 사면체의 평면화 (『과학주역』 1, 37쪽)

주역의 괘와 효의 개념을 직관하게 해주는 2차원 이미지를 탄생시키는 아이디어의 출발점.

06. 천수송(天水訟)

송사(訟事)의 상, 지혜로운 경륜 쌓기, 경쟁력 제고, 시비초월의 지혜,
사회규범 학습, 흔쾌한 자진 후퇴, 투쟁보다는 실력 연마, 주군에의 도전 금물

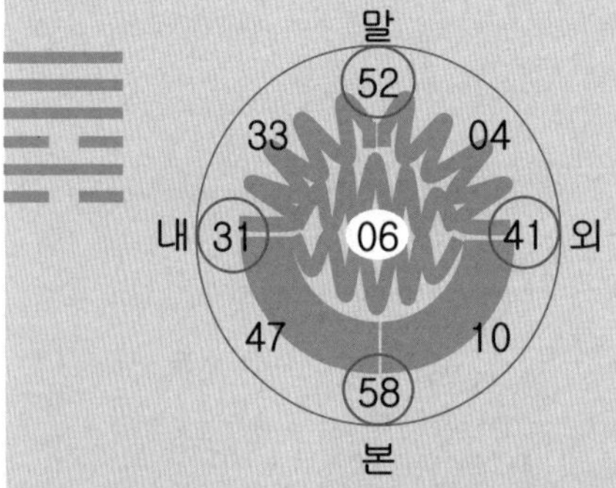

訟송.
有孚窒惕유부질척.
中吉終凶중길종흉.
利見大人이견대인
不利涉大川불리섭대천.

송사가 벌어지리로다[訟]. 믿음은 있지만[有孚] 가로막혀[窒] 근심하도다[惕]. 중단하면[中] 길하고[吉] 끝까지 가면[終] 흉하리라[凶]. 대인을[大人] 만나면[見] 이로우나[利] 큰 내를[大川] 건넘은[涉] 불리하리라[不利].

> 송[訟]은 태(兌)·함(咸)·손(巽)·간(艮)을 따라 흐르는 세계다: 순수한 열정을 품고 자기수양 속에 의식과 인격을 고양시키며[태58] 모든 일의 상대성을 인식하고 상대와 하나가 되거나[함31] 곁가지를 줄여서 자기계발에 집중하면서[손41] 덤비지 않고 멈추어 고뇌 속에 사리분별력을 키워가는[간52] 과정이 '송'의 세계다.

8괘 단위의 상으로 보면, 위는 하늘로 힘차게 오르고 아래의 물은 무거워 위험하게 떨어지니 서로 벌어지는 쟁의가 생기고 위의 강함이 아래의 위험을 이기는 상이다.

위에 있는 세 양들이 위세가 등등하게 양의 특성대로 하늘을 향하여 높은 데로 올라간다. 아래에 있는 양(2양) 하나도 위와 합세하여 올라가려 하니 그 양과 하나의 조직을 이루고 있는 아래의 두 음들은 음의 특성에 따라 무겁기 때문에 아래로 향하려 한다. 그래서 위와 아래가 하나가 되지 못하고 탈이 나는데 아래의 조직인 2양이 양의 특성대로 위의 세력을 따라잡으려 하니 오히려 위의 거센 양의 세력에 못 이겨 아래의 뭉침에서 2양이 뜯겨나가려 한다. 완전히 아래의 조직만 와해되어 손해를 보지 않으려면 2양이 위를 따라잡기를 중간에 포기하고 중도(中道)를 취하는 것이 상책이다. 상과 하가 의견이 일치되지 않아 끝까지 다투면 결국 큰 손해는 아래 쪽에서 생기기 마련이다.

1음과 3음은 아래로 떨어질 듯한 위태한 모습이라 아직은 미숙한 하룻강아지 신세다. 아래 체계의 중(中)인 2양과 그 위에 눌려 앉아있는 위 체계의 중(中)인 5양과 관계가 좋아야 전체가 하나의 시스템이 된다. 자유로운 양 에너지(4양·5양·6양)는 제각기 자신의 경륜을 앞세워 세상을 풍미하는 권력층을 상징한다. 그러니 그들을 대상으로 하는 섣부른 도전은 화를 자초하기 쉽다. 위세가 등등하게 큰 힘으로 뭉쳐진 위의 세 양들[8괘의 건(乾)괘]의 위세에 눌려 2양은 기를 펴지 못한다. 이 상황에서 위와 힘겨루기는 마땅치 않다. 약자는 쉽게 쟁의에 돌입해서는 안 되며 사회 경륜과 실력을 쌓기 전에는 선도자의 도움을 구함이 옳다. 끝장을 보려면 말 그대로 끝장난다. 과도한 도전은 불리하다.

괘를 인성(人性)의 면에서 살펴보자. 근본 욕구가 침잠해 있어서(1음) 외부와 물적 육체적 교류도 조용할 수 밖에 없지만(3음) 신진대사 활동은 원천적으로 문제가 없는 상태라(2양) 근원적인 신체적 문제가 없는데도 힘을 발동하기는 어렵다. 본래 생각하는 머리는 툭 틔어 있고(4양) 판단력이 뛰어나 행동으로 옮기는 신경도 예민하며(5양) 세계 밖과 미래를 보는 눈도 밝다(6양). 현실적 문제에 관심이 많고 성격도 활달하지만 신체를 활성화시킬 수 있는 무의식적 욕구가 약하고 영양을 제대로 섭취할 수 없는 형편이다. 생각은 앞서 가지만 실제로 몸이 에너지를 감당할 수 없다 보니 성격은 급하여 딤비시만 봄이 따라주지 못해 억지로 밀어붙이다가 탈이 잘 나는 성품이다. 힘들 때에는 생각대로 다 하려 해서는 안 된다.

송사에서[訟] 믿음은 있지만[有孚] 가로막혀 근심하는 것이라고[窒惕] 한 것은 자신의 노력과 열정이 세상에 통할 수 있을 것이라는 믿음이 있지만 다툼은 상대를 나처럼 인정할 수 없는 데에서 생기다 보니 생각대로 되지 않고 얽히고 막히는 답답한 문제가 발생하는 것을 말한다. 그것에 대한 두 가지 해결방책의 하나로서 '중용을 취하여 중단하면[中] 길하고[吉] 끝까지 가면 흉하다[終凶]'고 경고한다. 약자가 소송에서 이기는 것은 어려우므로 적절히 중도에 마무리하면 길한데, 끝까지 가면 결과는 뻔하게 흉하다는 뜻이다. 두 번째의 방책은 '대인을[大人] 만남이[見] 이롭고[利] 큰 내를[大川] 건넘은[涉] 불리하다[不利]'고 하였다. 즉, 문제가 생기면 조언자를 찾아 가르침을 받아야 이롭고, 분수에 넘치는 일에 도전을 삼가 하라는 것이다.

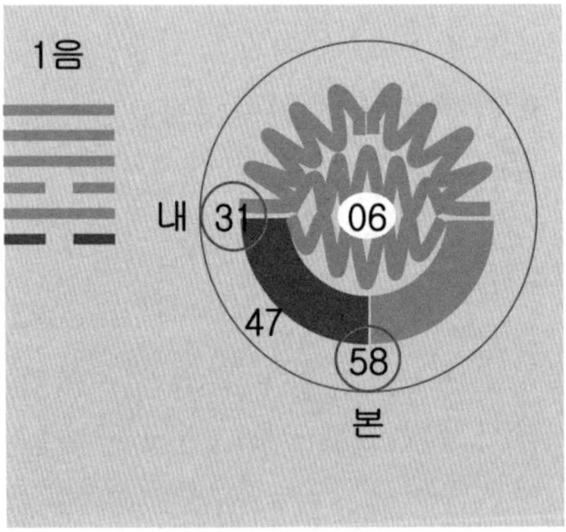

不永所事불영소사
小有言소유언.
終吉종길.

오래가지 않을[不永] 일[事] 따위에는[所] 논란을[有言] 줄여라[小]. 나중은 길하리라[終吉].

1음은 태(兌)·곤(困)·함(咸)의 과정이다: 새로운 일에 열정을 가지고 도전하면서도[태58] 상대를 인정하고 서로 하나가 되려면[함

31] 어떤 과정을 겪어야 하나? 속마음을 드러내지 않은 채로 어려움을 감내하는 지혜로운 노력이 필요하다[곤47].

자신의 욕심을 줄이고 상대를 인정하면 불평과 논란의 여지도 줄어 사소한 문제로 다툴 일이 없다. 주어진 의무수행에 충실하며 개인의 영달을 앞세우려는 지위·권력의 외적 팽창은 자제해야 한다.

이 상황을 주재하는 곤(困47)의 4원 개념을 '수'의 환경으로 읽어오면, 주위와 함께 배우고 순응하며(리10) 나서지 않고 내실을 다지는 한편(둔33) 미래의 보람을 향하여 기초능력을 닦으면서(림19) 겸손과 정성으로 어려움을 이기는(겸15) 일련의 과정이다. 상황에 순응하는 자세로 조용히 내실을 다지며 때가 올 때까지 겸손의 덕과 정성으로 어려움을 이겨내는 인내의 과정이라 하겠다.

'오래가지 않을 일 따위[不永所事]라는 것'은 사소한 일을 의미하며 '小有言소유언'은 말이 생김을 줄인다는 뜻이니 불평과 다툼을 줄이는 것이다. 인간 영위의 면에서 제1효의 직능이 무의식 내지는 근본의식의 상태를 나타내므로 이것이 음이라는 것은 속마음을 잠재우는 것이니 자신의 뜻을 완곡하게 나타내는 겸손한 성정으로 불편한 점이 있더라도 인내함을 의미한다.

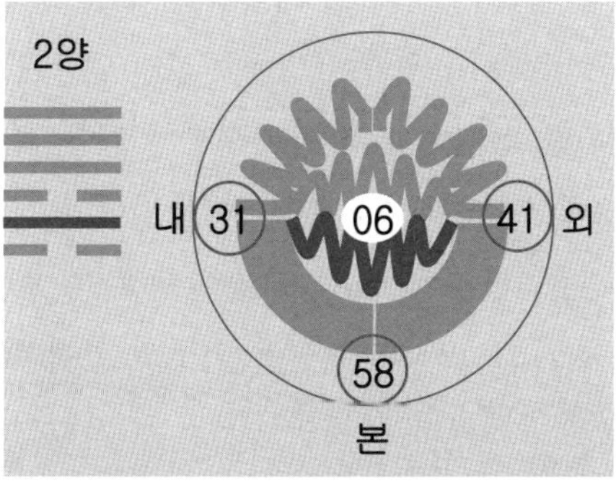

不克訟불극송 **歸而逋**귀이포.
其邑人三百戶기읍인삼백호
无眚무생.

극복하지 못할[不克] 송사는[訟] 뒤돌아서[歸而] 피해가라[逋]. 삼백호[三百戶] 정도의[其] 읍에 가서 살아가면[邑人] 재앙을 면하리라[无眚].

2양은 함(咸)·태(兌)·손(損)의 과정이다: 경쟁 상대를 인정하고 화합하면서[함31] 불필요한 소모전을 최소화하고 한 가지에 집중해야 한다[손41]. 실제로 어떻게 해나가야 하는가? 외유내강(外柔內剛)의 순수한 열정으로 자신을 다스리며 세운 목표에는 유연하게 대처해야 한다[태58].

사회적 경험이 일천한 상태에서 열정과 의욕은 앞서가기 쉬우니 모든 면에서 월등한 기득권층(4양·5양·6양)과 이해갈등이 생기므로 그 열정을 순화시켜 상대를 인정하고[함31] 문제발생에 의한 에너지소모를 줄여야[손41] 나쁜 운을 자초하지 않게 되고 생길 수 있는 화를 면하게 된다.

극복하지 못할 송사인 경우는[不克訟] 해봐야 이길 수 없는 다툼이므로 뒤돌아서 피해간다[歸而逋] 함은 상대를 인정하고 항복함으로써 쓸데없는 자존심을 부리지 않는 것이니 함(咸31)과 손(損41)의 '로드 맵'을 따라가는 과정이다. '삼백호 정도의 읍에 가서 살아가면[其邑人三百戶] 재앙을 면한다[无眚]'라고 하는 것은 경쟁이 심한 도심의 중앙무대를 벗어나 삼백 가호 정도의 작은 마을에 피신하여 살면 힘있는 저항세력을 키울 수 없음을 보이는 것이므로 더 이상의 집중공격은 면하게 되기 때문이다.

하지만 중요한 것은, 그렇다고 해서, 마음에 간직한 열정과 도전의식을(태58) 없애는 것이 아니고 잠시 잠재우는 것이라는 점이다. 왜냐하면 상황코드인 '태(58)'의 세계는, 경륜과 지혜의 내면을 쌓아 올리며(송06) 내적인 열정을 모으고(동인13) 엄정한 관리육성으로 세파를 견디어(사07) 자기수양의 길을 닦는(명이36) 일련의 과정이기 때문이다. 그래서 2양은 피하고 숨어 당장에 경쟁에서 이기려고 하지 않을 뿐 자신의 열정을 불태우고 있는 상황이므로 양(陽)의 성정이다. 신체의 신진대사 작용에 해당하는 2양의 기능을 인성의 면에서 보면, 속마음을 드러내지 않은 채로 외적 경쟁이나 다툼에서는 물러나 있지만 생존의 기초기능은 원활히 해나가고 있는 모습이다.

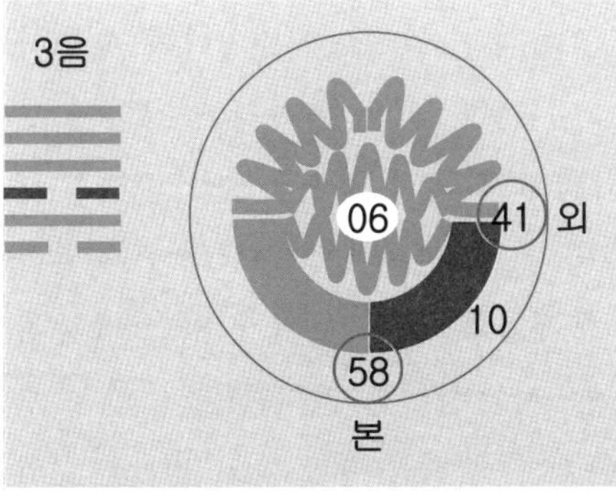

食舊德식구덕.
貞厲정려 **終吉**종길.
或從王事혹종왕사 **无成**무성.

내려오는 덕으로[舊德] 먹고 살도다[食]. 곧게 하면[貞] 위태하지만[厲] 끝내는 길하리라[終吉]. 혹[或] 국사에[王事] 종사하나[從] 자기성취는 없으리라[无成].

3음은 태(兌)·리(履)·손(損)의 과정이다: 출발의 열정과 의욕은 강렬하지만[태58] 쓸모 없는 일은 벌이지 말고 줄이거나 한 가지 일에 집중해야 한다[손41]. 어떻게 해나가야 하나? 주군이니 윗사람의 일을 보필해야 한다[리10].

3음은 세계 주위로의 길이 막혀있어 일을 밖으로 펼쳐 나가기 어렵고 환경과의 교류도 활성적으로 이루어낼 수 없다. 자기 것이 아니면 덕을 볼 생각을 말아야 하고[손41] 남을 위하여 도와주는 직업(서비스업 등)이라야 좋다. 이마저도 항상 위태하여 마음 놓기 어렵다. 창조적인 일은 안 되고 모방 정도로 그쳐야 한다[리10]. 국가의 고위직에 성실히 종사할 수도 있으나 통제를 받는 상태라서 특별히 자신의 이름을 걸고 이루는 것은 없다.

이 효의 상황코드인 '리(10)'의 4원 개념을 '송'의 환경으로 읽어오면, 굳건한 의지와 노력으로 어려움을 헤쳐나가(곤47) 혁신의 일념을 품기는 해도(혁49) 몽매함을 배움으로 깨우쳐가면서(몽04) 주위와 잘 어울리도록 가꾸고 조정해나가는(비22) 일련의 과정이다. 자신의 생각대로 활동하지 못하고 내면의 열정으로 바르게 따르는 보필 역할이다.

'내려오는 덕(가업)으로 먹고 사는' 것은 이 효의 이정표가 마음은 굴뚝 같지만[태58] 속절없는 새로운 일을 벌려서는 안 되는 운명이기 때문이나[손41]. '곧게 하면 위태하지만 끝내는 길한 것'은 내면의 열정이나 고집이 강하기 때문에 부러질까 염려되지만 외적인 자기절제를 하면서[태58] 조상이 일구어 놓은 가업이나 기존의 흐름을 따르므로[리10] 특별히 남과 새롭게 경쟁을 하면서 다투고 문제를 일으킬 소지가 없기 때문이다. '혹[或] 국사에[王事] 종사하나[從] 자기성취는 없다[无成]' 함은 주어진 업무를 주어진 방법으로 성실하게 수행하는 관료이고 리(履10)의 성품대로 제일 잘 되어야 1인자를 보필하는 2인자의 자리이기 때문에 자신의 이름을 걸고 성취하는 것은 없다는 말이다.

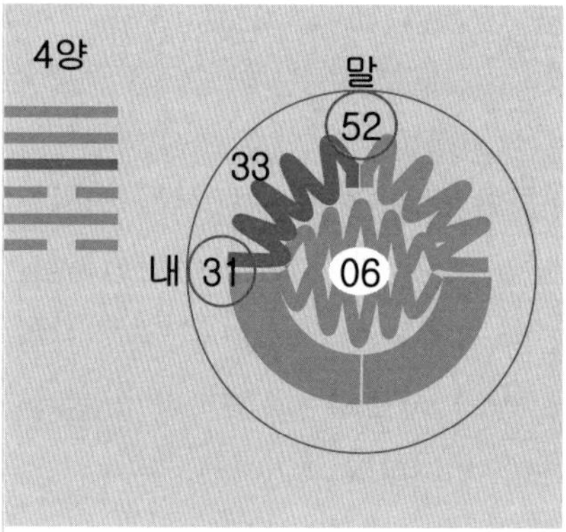

不克訟불극송.
復卽命복즉명 渝투 安貞안정,
吉길.

송사를[訟] 이기지 못하리라[不克]. 돌아와[復] 명을[命] 받들고[卽] 새롭게 달라져서[渝] 안정하게[安] 굳혀지면[貞], 길하리라[吉].

> 4양은 함(咸)·둔(遯)·간(艮)의 과정이다: 경쟁상대를 인정하고 화합하여[함31] 조용히 사려 깊게 행동하려면[간52] 어떻게 해야 하나? 집착의 아귀다툼에서 일단 물러나 정신적인 활력을 재충전하여야 한다[둔33].

자신이 직접 경쟁사회에 발을 디뎠다가 험악한 세상에서 권력투쟁이나 생존경쟁에서 밀리고 실패한 경우에는 한발 물러나 마음의 안정을 취할 수 있는 곳(고향이나 원래 자기의 자리)에 돌아와 심신을 재충전하는 것이 상책이다[둔33]. 처음 배우며 출발했던 원래의 상관 아래에서 일하는 기회를 다시 얻고 안정을 취한다면 평온을 되찾을 수 있을 것이다.

이 상황을 주재하는 둔(33)의 4원 개념을 '송'의 환경으로 읽어오면, 활성적 마인드를 가득히 품은 채로(혁49) 난관극복의 의지를 불태우며(곤47) 중도의 덕을 절묘하게 가꾸어(비賁22) 은둔하며 실력을 키우는(몽04) 일련의 과정이니 다음으로 기회를 미루는 전략적 후퇴의 과정이 된다.

'송사를 이기지 못하는 것은[不克訟]' 경험이 일천하여 사리분별이 깊은 지혜가[간52] 아직은 부족하여 자신보다 경륜이 많은 경쟁상대를 물리칠 수 없기 때문이다[함31]. '돌아와 명을 받들고 새롭게 달라져서 안정하게 굳혀지면 길하다'는 것은 아직 남 밑에서 사회경험을 더 닦아야 하고 사고력과 지식습득을 더욱 증진시키는 자기수련을 쌓음으로써 자신을 한 차원 높이는 변화를 달성하여 정신세계를 확고히 재정립하면 모든 것이 순조롭게 풀릴 수 있다는 말이다. 이것이 정신상태를 말해주는 제4효가 양(陽)인 이유이고 그것을 행하는 과정이 바로 '둔(遯33)'이다.

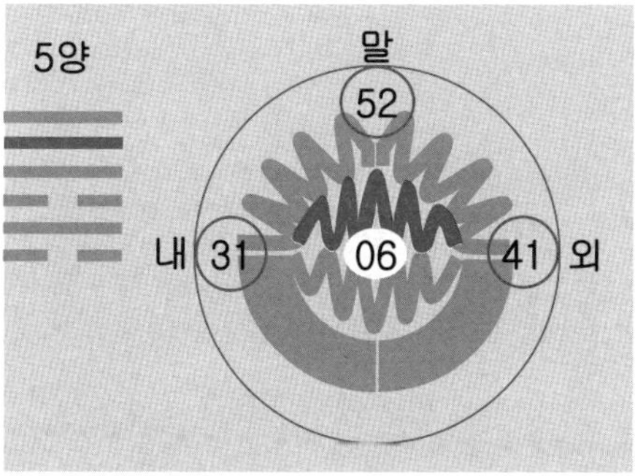

訟송 元吉원길.

송사에서[訟] 크게[元] 길하리라[吉].

5양은 함(咸)·간(艮)·손(損)의 과정이다: 영향력을 발휘하여 결집시키고[함31] 불필요한 것을 줄여야 집중력을 높일 수 있는 상황이다[손41]. 어떻게 행동함인가? 위용을 갖추면서도 조용히 침잠하여 조직적으로 사리를 냉철하게 분별하여 대응한다[간52].

5양은 조직적으로 막강한 힘과 연대하여 있다(4양·5양·6양). 과거부터 쌓아온 경륜과 바탕이 견고하니 주위에서 쉽게 무너뜨릴 수가 없다[간52]. 싸우지 않고도 위계질서가 형성되고 조직화되어 나갈 뿐만 아니라[함31] 나아가서 불필요한 일을 버리고 효율적으로 대처하므로[손41] 이러한 위세를 이겨낼 적수는 없다.

제5효의 자리는 인간의 뇌와 척수신경계에 해당하는데 이 역할이 활성화되어 있으므로 경륜이 쌓인 지혜와 사리분별력이 높을 것은 당연하다. 바탕과 경륜이 뒷받침되어 있으므로 송사에서[訟] 원천적으로[元] 크게[元] 우세할[吉] 수 밖에 없을 것이 틀림없다.

이 효의 상황코드인 간(52)의 4원 개념을 '송'의 환경에서 읽어오면, 자기 절제의 바탕 위에서(명이36) 안으로 마음을 철저히 관리하는 덕을 쌓고(사07) 뜻을 한데 모아 조직화하며(동인13) 송사를 이기는 지혜를 궁구해나갈 수 있는(송06) 상황을 나타낸다. 그래서 복잡한 세상사의 변화에 일희일비하지 않고 조용히 멈추어 관조하면 시비를 초월하는 지혜를 얻을 수 있는 것이다. 송사에서 이길 수 있는 모든 조건을 갖추고 있음을 알 수 있다.

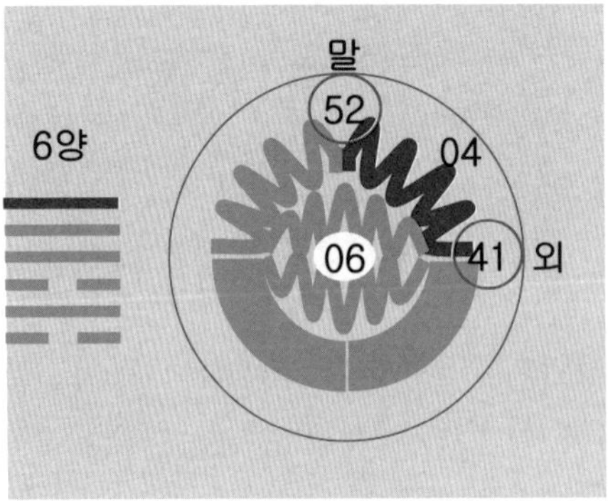

或錫之鞶帶혹석지반대
終朝三褫之종조삼치지.

혹[或] 가죽허리띠를[鞶帶] 하사받아도[錫之] 아침이 끝나도록[終朝] 세 번이나[三] 빼앗기리라[褫之].

6양은 손(損)·몽(蒙)·간(艮)의 과정이다: 불필요한 소모전을 최소화하고 한 가지에 집중하여[손41] 멈추어 사리분별력을 키우고 높은 경륜을 쌓으려면[간52] 어떤 역할과정이 있어야 하나? 세계로 미래로의 눈을 뜨고 환경정보와의 교류를 활발히 하여 (6양) 자신을 깨우치도록 해야 한다[몽04].

'혹 가죽허리띠를 하사 받는 것'은 경쟁사회에서 현재의 노력과 그 결과로 어떤 일에 성공하여 챔피언 벨트를 그 증표로 증증 받을 수 있음을 의미한다. 하지만 경쟁이란 멈추지 않는다. 패자는 승자의 자리를 다시 찾기 위하여 와신상담(臥薪嘗膽)하며 온갖 수단과 방법을 동원하게 되어 있다. 승자의 즐거움을 채 누리기도 전에 그 챔피언 벨트를 다시 빼앗기는 것은 다반사다. 이를 '아침이 끝나도록 세 번 빼앗긴다[終朝三褫之]'라고 경고한 것이다. 이 경구가 무엇을 말하는가를 생각해야 한다. 그냥 추측해서는 안 되고 괘의 운명이 어떤 상황에 처해 있는가의 형편에 맞추어 그 의미를 파악해야 한다.

얇은 견문과 능력으로 일시적인 승리를 했다 하더라도 그것이 승리의 전부가 아니다. 송(訟)의 가르침은 산처럼 높은 중후한 지혜와 경륜을 얻는 것이고[간52] 그렇게 하려면, 깨우침의 노력은 끝없이 미래로 밖으로 나아가야 한다. 그 과정이 '몽(蒙04)'의 역할이다. 건(乾)의 활개침이 그 6양에 이르러서는 '항룡유회[亢龍有悔]'의 지나침을 경고했다면, 송(訟)에서는 경쟁에서 한번 이겼다고 으스대지 말고 끊임없는 자기계발이 있어야 함을 말하고 있다. 다시 말하면 건(乾) 6양을 송(訟)의 안경을 쓰고 보면 몽(04)이 되는 것이다.

특히 몽(蒙04)의 6양은 개인과 사회환경과의 상호작용에서 문제가 될 수 있는 사회규범적 무지를 퇴치하고 공동체의 준법정신을 길러 공동의 이익에 반하는 행동을 물리치는 '격몽[擊蒙]'을 말하였다. 사회규범교육이 오히려 개인의 인격과 권리를 침해하는 쪽으로 남용되면 이롭지 못하고 그러한 남용을 방어하여야 공공의 이익을 보호하여 이롭다는 뜻으로 "不利爲寇불리위구 利禦寇이어구'의 경구가 사용되었었다. 이 부분에 우리의 관심을 집중하면 챔피언 벨트를 획득하는 과정에서 남의 권리와 이익을 억눌러 빼앗은 승리라면 그것은 결국 부당성이 드러나 곧 박탈당할 것이라는 의미로 해석할 수 있다. 이 경우에는 남의 권리와 이익을 억눌러 빼앗은 승리는 곧 건(乾) 6양의 '항룡유회'를 송(訟)의 안경으로 본 것이 된다.

이와 같이 송(訟)의 목표인 높은 경륜과 지혜의 쌓음에는 높은 사회도덕성이 그 바탕을 이루어야 한다는 사실도 이 효의 역할을 하고 있는 몽(04)의 상황코드를 통하여 더욱 확실하게 인식할 수 있게 된다.

이렇게 6양을 반영하는 몽(04)의 4원 개념을 '송'의 환경으로 읽어와 확인해보자. 세계 내외에 노출시키기 어려운 지도보호가 필요한 상태를 출발하여(림19) 충분한 학습으로 내실을 기하는 과정이므로 내적 마음가짐은 겸손해야 하고(겸15) 외적 행동은 가르침에 이끌리고 동화되는 태도로 나가지만(리10) 항상 자만하지 말고 물러서서 재충전의 노력을 이어가는(둔33) 일련의 과정인 것이다. 챔피언 벨트를 한번 획득했다고 교만해서는 안 된다는 경고임을 확인할 수 있다.

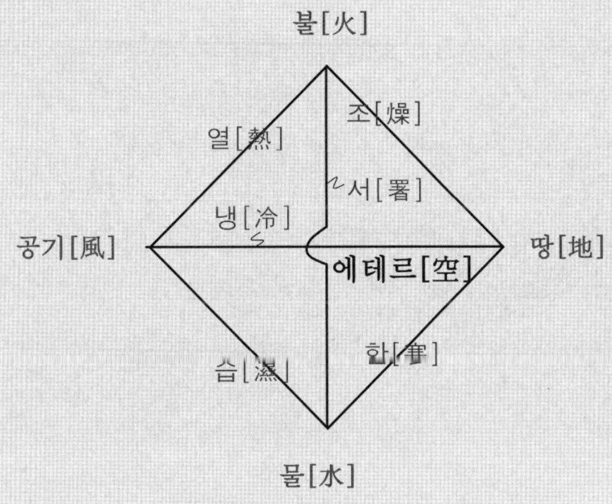

▷ 사면체 모델로 대응시킨 지·수·화·풍(地·水·火·風) 우주론 (『과학주역』1, 40쪽)

네 꼭지 점과 여섯 변을 가진 사면체는 정합적 논리를 구성하는 시스템적 사고의 틀을 제공한다. 이 그림은 지수화풍 우주론을 사면체에 대응시킨 예다.

07. 지수사(地水師)

혼연일체의 단결된 조직, 지도자의 상, 군대·특별 목적수행 단체, 엄정한 심신 관리육성, 준법정신, 공익도모의 겸손한 지휘자, 외적 차단을 통한 강제적 독려

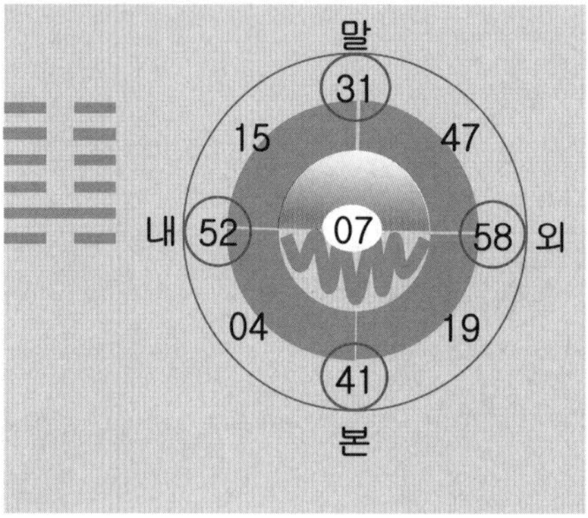

師사 貞정.
丈人장인 吉길 无咎무구.

조직은[師] 단결되어 견고해야 하리로다[貞]. 장정한 사람이라야[丈人] 길하고[吉] 무탈하리라[无咎].

사[師]는 손(損)·간(艮)·태(兌)·함(咸)을 따라 흐르는 세계다: 에너지가 한정된 체제이므로 곁가지를 줄여서 한가지에 집중한다는 원칙으로 출발하여[손41] 안으로는 마음의 의지를 굳게 함은 물론[간52] 내적 열정을 일깨워 외적 어려움에 도전하면서[태58] 위계질서를 확립하여 전체가 하나가 되는[함31] 일련의 과정이 '사'의 세계다.

8괘 단위로 보면, 안으로는(아래) 험난과 위험의 국면이 도사리고 있지만(坎감) 겉으로는(위) 헌신·복종·단결을 나타내어(坤곤) 군대나 특수조직 또는 그 구성원을 상징한다.

물질과 같은 음으로 세계가 둘러싸여 있는 모습은(1음·2음·3음·4음) 외부로부터의 영향이 안으로 미치지 못하도록 잘 방어되어 있는 시스템을 나타낸다. 마치 결사대, 군대, 특별대책반(task force) 등과 같이 외부의 침범을 허용해서는 그 존재의미를 상실할 수 있는 조직과 같다. 견고한 조직

은 구성원의 자유를 많이 포기할수록 더 견고해진다. 그래서 전체적으로 음이 많다. 잃는 것이 있어야 그만큼 얻는 것이 생기는 것이니 제로섬 게임(zero-sum game)의 본질을 타고난다[손41]. 개인의 자율성이 제한되는 만큼 전체를 위한 화합된 통일체는 더 견고해져서 그것이 일사불란해야 하는 목적[함31]을 이룰 수 있는 것이다.

상괘가 모두 음으로 불활성이므로 4음의 이성적 사고를 통한 기획활동, 5음의 전체통활 수단, 6음의 대외활동 등 고급정신활동은 모두 잠잠하다. 하괘에서도 1음의 무의식으로부터의 본능적 욕구를 억제하고, 3음의 외적 물적 교류도 모두 통제된 상태다. 오직 2양의 자체 신진대사 활동만 원활하다. 전체적으로 보면 신체기능은 튼튼하고 활기차지만 정신적인 활동과 대외적인 활동이 엄밀히 통제되어 있는 상황이다. 투철한 군인은 건강한 몸으로 주어신 임무에만 성실해야 한다 머리를 굴리며 잔꾀를 부려서는 안 되고 바깥과 소통하며 내부의 물질과 정보를 임의로 교류해서는 낭패다. 자신의 임의적인 행동이 제약을 받고 내부의 중요정보와 자원이 보호되어야만 튼튼한 투쟁조직이나 그 일원이 될 수 있는 것이다. 제5효의 통치적 활동이 불활성이므로(음) 이 상황이 전쟁을 의미하지는 않으며 오직 규율의 준수를 지상과제로 삼는 군대조직이나 특명조직과 같이 전체가 일사불란하게 혼연일체를 이루지 못하면 안 되는 집단이나 그 구성원의 행동방침을 말해주고 있다.

이 시스템을 인성(人性)의 면으로 살펴보자. 본성적인 자기욕구가 약하니(1음) 외적인 에너지유입이 별로 없으나(3음) 신체의 근본적인 신진대사 작용이 원활하여(2양) 에너지가 필요하면 몸에 저축된 기존의 것을 발산시키지만 비축할 형편은 못 된다. 또한 창조적 사고력은 미약하고(4음) 자기만의 생각을 행동에 옮기려 하지 않으며(5음) 지식정보활동에도 소극적이다(6음). 자연히 명령에 따라 주어진 일에 헌신·봉사하는 성품이 되어 신체 에너지는 보충도 원활하지 않는 상태에서 임무수행을 위하여는 다 소진한다. 한계조건이 주어진 어려운 상황에서도 일단 임무가 주어지면 기존의 체력을 소신하면서도 헌신적으로 일을 완수하는 우직(愚直)한 인성이다.

사(師)는 새로움을 창조해야 하는 조직과는 달리 주어진 명령체계를 존중하고 우직한 충성심으로 일정한 기율에 따르는 기계적 견고성을 유지하지 않으면[貞] 존재가치를 잃는다.

사(師)의 원칙이 적용되는 일사불란한 행동이 필요한 조직에서는 수행하기 어려운 명령을 그 어떤 환경에서도 묵묵히 자신을 억제하면서 이루어내려면 체력이 좋고 경험이 많은 장정한 사람이라야[丈人] 어려움을 헤쳐나갈 수 있기 때문에 길하고[吉] 탈이 생기지 않게 되는 것이다[无咎].

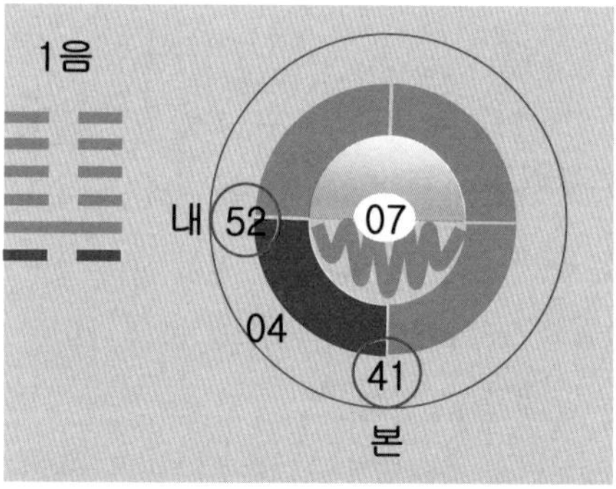

師出以律사출이율·
否臧凶부장흉.

조직에 나아가면[師出] 규율을 따라야 하느니라[以律]. 부정하고[否] 따르면[臧] 흉하리라[凶].

1음은 손(損)·몽(蒙)·간(艮)의 과정이다: 곁가지를 걷고 목적에 집중하여[손41] 내면의 굳건한 의지를 튼튼히 쌓게 하려면[간52] 강제적으로 집중시키는 군대식 주입훈련으로(몽 1음의 發蒙발몽) 준법정신의 교육함양이 필수다(몽 6양의 擊蒙격몽)[몽04].

군대라면 군율, 기업이라면 사규, 나라라면 국법의 준수가 그 조직을 성립시키는 기반이 된다. 굳건한 조직이 구축되려면 강력한 준법정신의 교육함양이 그 바탕이 되어야 함을 강조하고 있다[몽04].

견고해야 할 조직체에서 준법정신에 의한 규율을 지키는 것은 혼연일체의 조직으로 가는 기초가 되므로 군대 등의 '조직에 나아가면[師出] 규율을 따라야 하는데[以律] (경우에 따라 이를) 부정(否定)하고[否] 따르면[臧] 흉하다[凶]' 함은 조직에서는 기율을 인정하지 않으려는 시도는 그 후에 비록 하는 수 없이 따른다 하더라도 원칙적으로는 바람직하지 않음을 의미한다.

잠재의식의 상태가(제1효) 음이라는 것은 잠재의식 속의 어떤 욕구가 억제됨을 뜻한다. 자신의 가장 근본이 되는 개체적 본능을 죽이고 전체를 위한 타율을 배워야 엄정한 조직체나 그 일원이 될 수 있음을 말해준다. 무의식 속에서 선한 마음의 바탕이 있다 하더라도 전체의 목적에 상반되면 소용이 없기 때문이다.

몽매함을 계발하는 데는 형인을 다루는 방법을 쓰면 이롭고 족쇄를 벗기는 방법을 써서 해나가면 힘들어진다고 한 몽(蒙04) 1음의 효사가 사[師]를 직접 상징하기도 하지만 몽 6양의 사회규범을 익히는 격몽(擊蒙)의 과정은 공동체 생활 속의 준법정신을 무장시키는 올바른 교육과정인 것이다(산수몽山水蒙의 1음<77~78쪽> 및 6음 효사<83~84쪽> 참조).

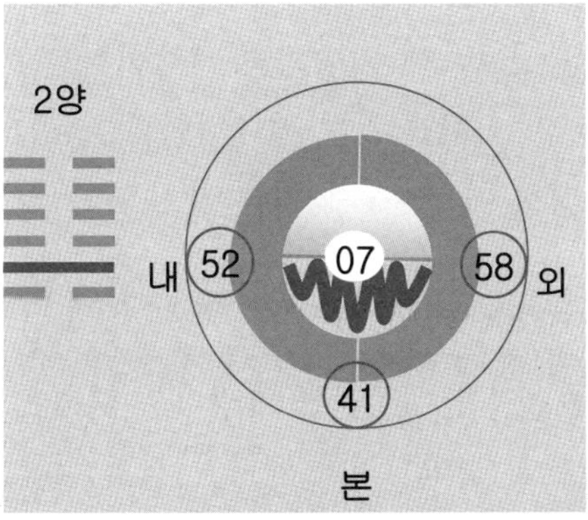

在師中재사중 **吉**길 **无咎**무구.
王三錫命왕삼석명.

조직의[師] 중심에[中] 있으니[在] 길하고[吉] 무탈하리로다[无咎]. 왕이[王] 세 번의[三] 책봉을[錫] 명하리라[命].

2양은 간(艮)·손(損)·태(兌)의 과정이다: 준법정신을 고양하는 교육을 거쳐 의시를 굳건히 쌓은 뒤[간52] 열정을 다하여 외적인 난관을 극복하려면[태58] 어떻게 해야 하나? 곁가지(자신의 영달)는 버리고 큰 일(전체를 위한 헌신·봉사)에 역량을 집중시켜 과업을 완수해야 한다[손41].

전체가 다 음(陰)인 곤(坤)괘에서 5음의 직능은 '물질세계의 조직화와 통합력'이었다. 여기서는 이를 이어받아 조직 전체를 통합시키는 일에 집중해야 하기 때문에 실질적인 세계활동은 육체적 에너지를 발휘하게 할 수 있는 2양이 담당하는 것이다. 그래서 2양은 견고한 조직체에서 유일하게 에너지를 발휘하는 실질적인 조직체의 해결사다.

이 상황을 뒷받침하는 '손(41)'의 4원 개념을 '사'의 환경으로 읽어오면, 자신의 내적 자원을 엄정하게 관리·보호·육성하면서(사07) 전체를 위하여 자신의 영달을 버리고(명이36) 외적으로 경쟁력 문제점에 철저히 대비하면서(송06) 선명한 목표를 세워 역량을 모으는(동인13) 일련의 과정역할이다. 실질적인 과업(사업)을 이끄는 CEO (Chief Executive Officer)의 역할이다.

2양의 동적인 힘과 5음의 통합력을 이끌어내는 카리스마가 음양의 상대성을 이루어 조직은 혼연일체를 이룬다. 2양은 아래와 의기투합을 이룬 힘을 5음의 지엄한 통치에 연결해주는 가교로서 그 책무가 유일무이하고 중대할 수 밖에 없다. 이러한 임무를 띤 사람은 국가원수의 통제하에 있는 군 지휘자나 특수조직체의 중간보스에 가늠되는 역할이다. 이 책무는 막중하므로 최고통치자로부터의 신뢰는 가히 절대적이다. '왕이 세 번의 책봉(賞상)을 명한다' 함은 주어진 기초임무에 여러 가지 다른 임무를 중첩하여 임명함으로써 지휘에 관련된 모든 책임을 위임하는 것이다. '조직의 중심에 있는 자는 길하고 무탈하다' 함은 2양은 야전 지휘자로서 그 역할이 막중하고 가히 최고통치자를 대신하는 자리이기 때문에 최고통치자로부터의 두터운 신임을 받을 수밖에 없는데다가 경험 많은 베테랑이 그 자리에 오르기 때문에 운이 틔어 있고 휘하의 엄호를 받기 때문에 탈이 없게 된다.

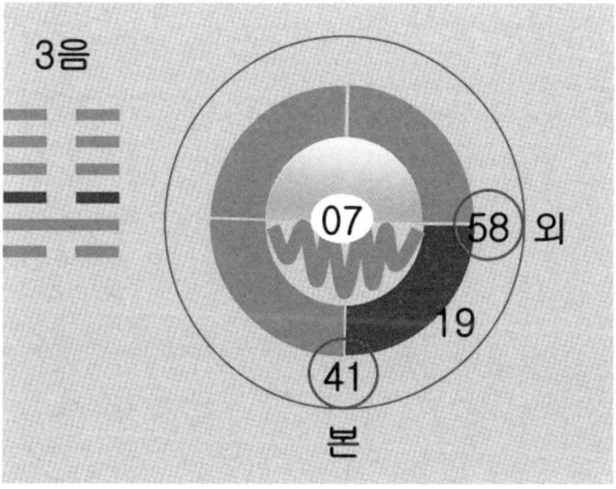

師或輿尸사혹여시 凶흉.

조직에서[師] 혹[或] 주장함이 [尸] 여럿이면[輿] 흉하리라[凶].

3음은 손(損)·림(臨)·태(兌)의 과정이다: 자율성이 억제된 상태에서 전체에 힘을 집중하여[손41] 열정적으로 조직의 일에 봉사·헌신하려면[태58] 상황을 어떻게 영위해야 하는가? 큰 성취가 임박해 오므로 기율과 보안유지를 엄수하며 전체의 에너지 소실(消失)을 막아야 한다[림19].

3음은 외측과의 물적 육체적 교류가 활성적이 되어서는 안 됨을 말한다. 개인의 자율성을 축소시키고 조직의 규율과 보안을 강조하여 주위로의 에너지소실을 차단함으로써 조직체가 큰일의 성취를 바라보고 열정적으로 매진하여 성취가 임박해오고 있지만 아직은 추진력이 미급하여 큰 성과가 있을 때까지 절제하며 힘을 모아야 하는 것이다. 그래서 주위와의 교류가 활발하거나 외부로부터의 영향력이 내부로 작용해서는 안 된다(음).

'조직에서 혹 주장함이 여럿이면 흉하다' 함은 구성원들의 개인적인 의견이 분분하도록 자율성을 풀어주면 주위와의 복잡함과 연결되고 에너지가 소실되어 집중력을 잃고 조직의 특성인 하나의 목표로 나아가는 혼연일체의 정신이 손상을 입어 흉함을 보게 된다는 의미를 함축하고 있다. 그리 되지 않으려면 주위환경과의 접경상태를 말해주는 제3효가 불활성으로 되어서(음) 자율성이 억제된 상태를 견지하고 전체에 힘을 모아[손41] 열정적으로 조직의 일에 봉사·헌신하는 쪽으로 방향을 잡도록 해야 한다[태58].

이 효의 상황코드인 '림(臨19)'의 4원 개념을 '사'의 환경으로 읽어오면, 미성숙을 굳건한 의지와 준법적 기율로 무장하여(몽04) 적절한 조정능력을 발휘하고(비賁22) 내실을 기하는 겸손한 노력으로 난관을 극복하여(곤47) 목적하는 변화와 개혁을 맞게 되는(혁49) 일련의 과정이다.

림(19, ||::::)은 한편 계절을 대변하는 열두 괘 중 12월이니, 땅 아래의 뿌리에 생기가 감돌고(1양) 싹이 움틀 때(2양), 겨우내 보호막을 형성하여(네 개의 음들) 잘 기르지 않으면 땅 밖으로 드러날 수가 없는 형국을 묘사한다(지택림地澤臨 괘사 설명 참조). 3음은 그러한 '림'의 보호막과 다름없다.

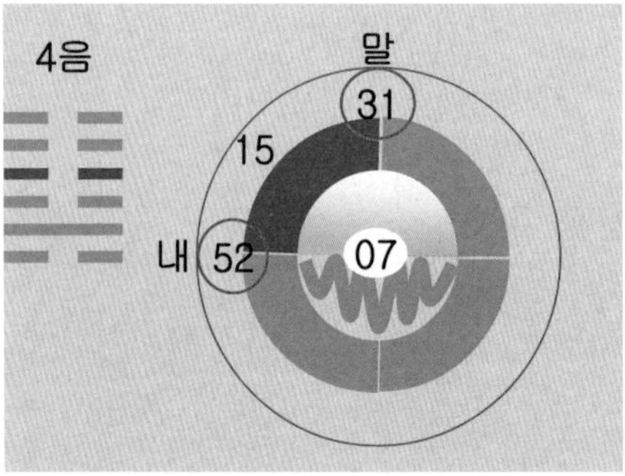

師左次사좌차 无咎무구.

조직이[師] 자기 진영으로[次] 후퇴하여도[左] 허물이 없으리라[无咎].

4음은 간(艮)·겸(謙)·함(咸)의 과정이다: 자기제어와 수련의 의지를 굳히고[간52] 혼연일체의 조직을 이루어내려면[함31] 불안정 속에서도 겸손하게 배우고 익히는 정신자세를 유지해야 한다[겸15].

4음은 생각을 억제해야 함을 의미한다. 조직의 임무를 수행하는 자는 개인적인 자존심과 명예욕을 앞세워서는 안 된다. 목표달성 욕구를 자제하면서 조용하고 겸허하게 심사숙고 해야 함이다. 불리한 여건 속에서 자존심과 명예욕으로 마구 밀어 부치는 것은 실패를 자초한다. 조직에 최적의 전략기획이 필요할 때다. '지피지기(知彼知己) 백전불태(百戰不殆)'의 의미를 새길 자리다.

조직에서 승패를 좌우하는 중요한 결정(결전)을 앞두고 여건이 충족하지 못할 경우에는 겸손하게 물러서서 한번 더 진중하게 생각을 모으고 전열을 재정비하는 것은 흠이 아니고 오히려 필요한 일이다. 군대가 맞닥뜨린 형국이 열세함을 느낄 때는 이를 인정하고 겸허히 물러섬으로써 당장의 피해를 줄임과 아울러 재 도전을 위한 준비를 갖출 수 있도록 하는 것은 허물이 될 수 없다.

이 효의 상황코드인 '겸(15)'의 4원 개념을 '사'의 환경으로 읽어오면, 적절히 조절하면서(비22) 절제 속에 배워나가며(몽04) 소용돌이 속에서도(혁49) 스스로 난국을 헤쳐나가는(곤47) 것이다. '조직이 자기 진영으로 후퇴할 수 있으려면[師左次]' 겸허한 자기비판 속에 조절력이 발휘되어야 함을 말해준다.

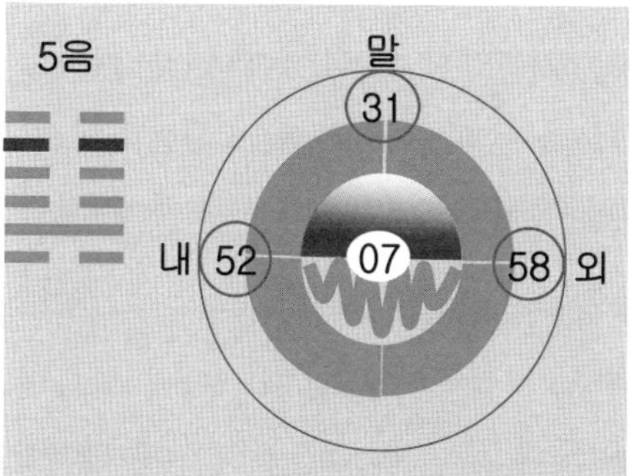

田有禽전유금 利執言이집언 无咎무구. 長子帥師장자솔사 弟子輿尸제자여시 貞凶정흉.

밭에[田] 짐승이 있으면[有禽] 말씀을[言] 집행함이[執] 이롭고[利] 무탈하리라[无咎]. 맏형이[長子] 조직을[師] 통솔하는데[帥] 그 동생들의[弟子] 주장이[尸] 여럿이니[輿] 끝까지 고집하면[貞] 흉하리라[凶].

5음은 간(艮)·함(咸)·태(兌)의 과정이다: 준법정신의 고취와 심사숙고로 정신을 가다듬은 터 위에[간52] 난관극복의 열정을 불태우는[태58] 역할의 세계리더는 어떻게 영위해야 하는가? 조직이

> 혼연일체가 되도록[함31] 전체를 통섭(統攝)하는 근엄한 통합력(음)을 발휘해야 한다.

5음은 중심인물의 중후한 역할로서 주위를 통합하는 지도력을 발휘하고 전체를 장악하여 조직이 일사불란한 혼연일체가 되도록 함을 뜻한다[함31].

'밭에 짐승이 있다'는 것은 밭 작물을 헤치는 짐승이 나타난 것을 말함이니 침략자가 출현했다는 뜻이다. 이때 '말씀을 집행한다[執言]'는 것은 침략자를 제거하라는 명령을 세워 집행토록 한다는 의미로 읽을 수도 있고 여러 구성원들의 의견을 토론에 부쳐서 결론을 얻는 등의 언로를 열어 종합한다는 의미로 읽을 수도 있다. 그런데 상황코드인 함(31)이 공동의 목표를 두고 불확실한 관계로부터 혼연일체의 긴밀한 교감관계를 이루는 형국이므로 후자 쪽의 토론에 부치는 민주적 절차를 수행하는 의미로 읽는 것이 더 적절하다. 후자의 의미로 말씀을 집행하는 것이 전체를 하나로 묶어가는 자연적인 방법이므로 이롭고 무탈하다고 하는 것이다.

'맏형이 조직을 통솔하는데 그 동생들의 주장이 여럿이니 끝까지 고집하면 흉하다'고 하는 것도 5효의 중심인물의 통치가 일사불란하게 먹혀 들어가지 못하면 그 역시 함(31)의 상황을 이루어내지 못하게 되므로 결국에는 흉하게 된다는 뜻이다.

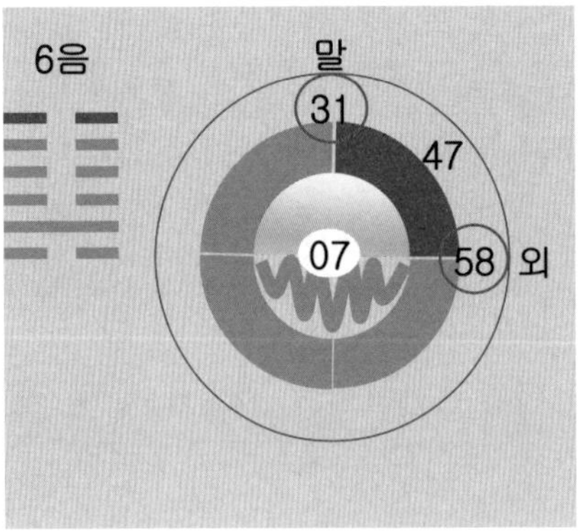

大君有命 대군유명
開國承家 개국승가.
小人勿用 소인물용.

대군의[大君] 명이 있어[有命] 개국공신으로[開國] 가문을 높여주리로다[承家]. 소인은[小人] 쓰지는 말라[勿用].

> 6음은 태(兌)·곤(困)·함(咸)의 과정이다: 의기투합의 기쁨으로 외유내강(外柔內剛)의 자세로써 인내하지만[태58] 조직의 목적인 혼연일체를 완성하려면[함31] 최 외곽에서는 어떤 노력을 해야 하는가? 사면초가의 어려움을 견디면서 방어선을 지키며 외세의 침공은 막아내야 한다[곤47].

6음은 공격이나 발전하려는 입장에서는 세계 밖과 미래로의 길이 막힌 진퇴양난을 의미하지만 사(師)에서는 외부영향의 침투를 방어하고 내부를 통제하는 의미를 갖는다. 따라서 6음은 군대가 외적의 침략을 방어하는 최전방이고 기업이 경쟁상대의 위협을 막아내는 현장이다. 6음은 조직의 제일 높은 자리로서 군(軍)이라면 사령관이다. 하지만 평소 2양의 자리에 있던 장인(丈人)이 6음의 임무를 수행하기 위해 명을 받고 최전방에 출정하여 조직의 명운이 걸린 대사를 도맡아 큰 활약을 하였기에 최고통치자[大君]가 그 업적을 기리는 포상은 하더라도 소인출신을 사령관과 같은 높은 자리에 등용하면 일사불란해야 하는 혼연일체의 조직에 누를 끼칠 가능성이 있으므로 그 자리에는 등용하지 말라는 것이다[小人勿用].

6음의 상황코드인 곤(困47)의 4원 개념을 '사'의 환경으로 읽어오면, 천명에 순응하는 자세로(리10) 숨은 공력(功力)을 다진 터 위에(둔33) 도약발전이 임박하여도(림19) 겸손의 덕과 정성으로 끝까지 어려움을 이겨내는(겸15) 역할이니 덕장(德將)이 아니면 감당하기 어려운 자리다. 소인배가 높이 등용되어 막중한 곤(47)의 소임을 참답게 수행하지 못할 경우 조직에 해악이 될 것을 경계하는 것이다.

08. 수지비(水地比)

상생적 협력·단합의 상, 자체의 생존노력, 항상성 유지를 위한 배려정신과 배려의존, 협력에 의한 미래개선, 내유외강의 지세로 자신의 보호유지

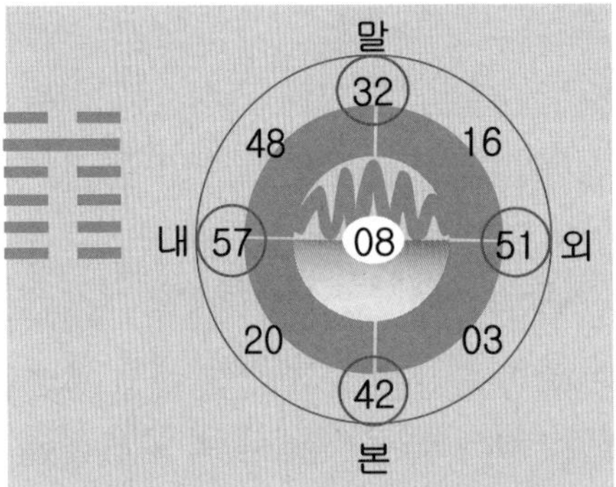

比비. 吉길.
原筮 元永貞 无咎.
원서 원영정 무구
不寧方來불녕방래,
後夫凶후부흉

상생적 단합의 상이로다[比]. 길하리라[吉]. 괘의 참뜻대로[原筮] 처음부터[元] 변함없이[永] 뭉치면[貞] 무탈하리라[无咎]. 편치 못한[不寧] 곳에서[方] 올 것인데[來] 뒤에 오는 자는[後夫] 흉하리라[凶].

> 비[比]는 익(益)·손(巽)·진(震)·항(恒)을 따라 흐르는 세계다: 발전에 에너지와 협력이 필요한 터에[익42] 중심리더의 지도력과 사상에 독려되어[손57] 구성원 모두가 활동무대로 과감히 나서서[진51] 그 세계의 항상성(恒常性, homeostasis)을 유지·발전시키는[항32] 일련의 과정이 '비'의 세계다.

8괘의 상으로 보면, 땅(坤地곤지) 위로 물(坎水감수)이 흐르다가 웅덩이가 있으면 물이 합세되고 푸석한 땅 속으로 파고 들면 땅과 물이 서로 더 힘있게 뭉쳐지는 상이다.

여섯 효로 이루어진 괘에서 최소화된 양 에너지로 유지될 수 있는 괘

는 사(師)와 비(比)다. 개인의 생명이 항상성을 유지하고 살아나가려면 무엇보다 중요한 것은 생각과 판단의 통일이다. 아무리 신체가 튼튼하여도 정신이 분열되면 어려움을 처했을 때 올바른 판단으로 행동할 수 없어 위험에 처한다. 이렇게 중요한 행위를 주도하는 역할은 뇌와 중추신경계다. 1음의 무의식 세계, 2음의 신진대사활동, 3음의 외적 물질적 교류, 4음의 이성적 사고, 6음의 미래와 세계관 등의 부분별 직능이 각개적으로 활성화 되어 있지 않고(음) 중앙 5양의 직능인 뇌와 중추신경계의 주도적 역할에 의하여 세계의 운영이 이루어지고 있다. 예컨대 국가 통치체제의 면에서 보면 내각책임제가 아닌 대통령중심제에 해당한다. 후자가 전자에 비하여 중앙집권적 성격이 강하여 모든 것이 그 통치에 의존되는 바가 크지만 전체가 하나로 뭉쳐서 어려움을 즉각 해쳐나가는 데에 순발력이 좋다는 점이 장점일 것이다. 기업이나 사회조직체에서 대표나 총괄책임자 중심의 리더십으로 뭉쳐져 운영되는 경우와도 다를 바 없다. 모든 시스템이 그것의 중심역할에 뭉쳐져 있다면 기본적인 존재 항상성을 유지해나갈 수 있기 때문에 이 괘에서 '5양'은 시스템적으로 특히 중요한 직위다. 그렇다고 해서 5양이 내놓고 주도적 활동성으로 나타나 있는 비(比)괘가 항상 능사는 아니다. 예컨대 사(師)괘가 의미하는 군대와 같은 특수조직에서는 5양의 직능이 제2효로 위임되는 것이 그런 특수상황을 헤쳐나가는 데에는 유리하다. 이처럼 어떤 특정의 상황마다 효의 직능별 중요성은 달라지게 된다.

비(比)의 경우는 개개를 그대로 두면 어려운 국면에 봉착할 수 있기 때문에 중심을 세우고 거기에 단합하여 뭉치면 그 뭉쳐진 조직체는 생존의 항상성이 높다는 것이다. 사회의 모든 공동체는 모두 비(比)가 존재해야 하는 이유를 가지고 생겨났다고 볼 수 있다. 인간이 혼자서는 생존하기 어렵기 때문에 사회적 존재로 영위하는 것 자체가 '비'의 원리다. 개인을 넘어 사회공동체들도 도움이 서로 필요하니까 주위로부터의 쉼 없는 영향력을 주고받고[손57] 상생의 노력으로 자진하여 나아가[진51] 그 존재의 항상성을 유지해 나가는[항32] 비의 원리가 적용되고 있는 것이다.

세계의 외곽은 음으로 둘러 싸여있어 물질이 결합하듯 뭉쳐져 있는 것은 하나의 독립성을 나타내는 가정, 단체, 기업 등 사회의 갖가지 공동체 조직을 멀리서 바라본 모습에 가늠된다. 이 부분은 사(師)괘와 같은 느낌이다. 세계 외적으로는 다른 존재들의 영향력을 배제하고 생존해야 하므로 이러한 단위끼리는 상생과 비교경쟁이라는 복합적인 논리 속에 있게 된다.

이 시스템을 인성(人性)의 면으로 살펴보자. 본성적인 자기욕구가 약하여(1음) 외적인 에너지유입이 별로 없으니(3음) 신체의 근본적인 신진대사 작용도 소극적일 수 밖에 없으니(2음). 몸이 허약한 체질이다. 여기에 창조적 사고력은 미약하고(4음) 대외 지식정보유입도 원활하지 못하다(6음). 하지만 명석한 판단력을 가지고 이를 행동에 빨리 옮겨야 하기 때문에(5양) 협력을 강화하고 단결의 힘을 만드는 상부상조의 길에 앞장서게 된다.

단위조직이라면 비(比)는 중심 리더의 적극적 활동(양)과 구성원의 자발적인 협조와 단합(음)의 관계로 맺어지는 독립적인 공동체다. 이때 5양과 2음은 음양상응의 대표적 기능을 구사한다. 개체적으로는 5양의 민활한 판단과 활동을 2음의 소극적 신진대사 작용이(음) 조절해주므로 과도한 행동으로 몸이 따라주지 못하는 불균형의 초래를 피할 수 있어 세계의 유지관리에 오히려 일조하게 된다.

공동체의 리더(5양)가 활동의 주축으로서 책임감을 가지고 적극적으로 그 구성원들(모든 음들)을 이끌므로 그들이 이를 수용하고 협조하면 전체의 공동체 이익과 생존을 위한 시너지(synergy) 작용이 일어난다.

비(比)는 '협조의 비'와 '경쟁의 비' 두 가지를 의미한다. 이 둘을 요약하면 '상생(相生)의 비'가 된다. 인간은 사회적 존재로서 상호협조와 선의의 경쟁으로 생존하고 발전하는 존재라 하겠다.

'편치 못한 곳에서 올 것인데[不寧方來] 뒤에 오는 자는 흉하리라[後夫凶]' 함은 어려워 상호협력이 필요할 때, 솔선하여 나서지 않는다면 능력 부족을 해결해나갈 길이 없음을 강력히 경고하고 있다.

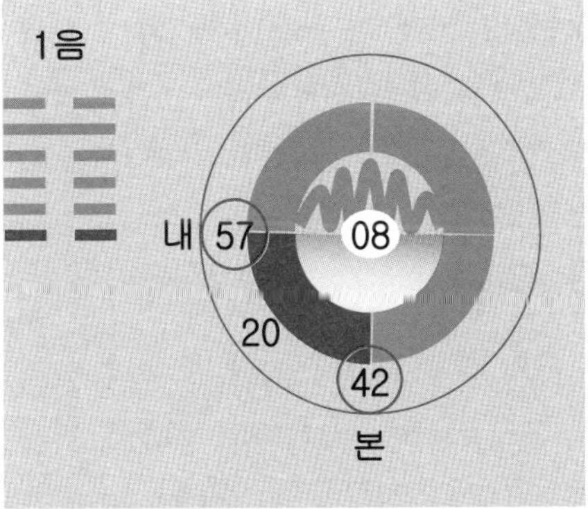

有孚比之유부비지 无咎무구.
有孚盈缶 終來 有它吉.
유 부 영 부 종 래 유 타 길

믿음을[孚] 두고[有] 서로 단합해야[比之] 허물이 없으리로다[无咎]. 믿음이[有孚] 질그릇에[缶] 가득하여[盈] 결국에는[終來] 타[它=他]에 마음을 두게 되니[有] 길하리라[吉].

1음은 익(益)·관(觀)·손(巽)의 과정이다: 발전에 에너지와 협력이 필요한 터에[익42] 중심 리더의 혜택을 잘 입으려면[손57] 먼저 해야 할 일은 무엇인가? 신뢰 깊은 성찰로 상생의 길에 단결해야 한다[관20].

제1효는 내면의 근본정신을 표현하는 마음자리가 음이므로 타의 영향력을 포용하는 자세다. 무의식적으로 포용하는 자세는 마음 깊숙이 상대를 믿지 않고는 억지로 되지는 않는다.

'믿음을 두고 서로 단합해야 허물이 없다' 함은 조직체의 방향과 자기의 임무에 깊은 신뢰가 있어야 전체를 위한 협조심이 자연히 우러나 개인과 전체를 위한 성실한 삶을 살게 된다는 뜻이다. 공동체의 성패는 중심리더와 구성원의 상호신뢰가 그 바탕이 되기 때문이다. 중심 리더에 단합해야 하는 상황에서 이루어지는 성찰의 도는 곧 어떻게 하면 중심 리더에게 믿음을 둘 수 있는가가 그 주제가 되는 것이다. 특히 열정적 믿음을 둔다는 의미의 중부(中孚61)가 아닌 관(觀20)이라는 상황코드가 나타나는 이유는, 비(比)의 상생적 단합에서의 믿음은 자율성을 바탕으로 하여 개개인이 자신의 성찰을 통하여 스스로 이끌려 나타나는 참여의 믿음이기 때문이다.

'믿음이 질그릇에 가득하여 결국에는 타(他)에 마음을 두게 되니 길하다' 하였는데 여기에서 '질그릇'을 말한 것은 겉칠을 하지 않은 항아리니 심중 깊이 마음을 순수하게 비우고 성찰한 믿음을 말하는 것으로 중심 리더의 혜택(사상, 지도력 등)을 완전히 믿고 따르다 보면 구성원 개개인 모두에게 그 정신이 퍼지고 혜택이 스며들어[손57] 나의 주위를 배려하는 소위 '이타심(利他心)'이 생기게 되니 이렇게 되면 비(比)의 상생의 목적이 참답게 이루어지는 바탕이 마련되는 것이므로 길운이 트이게 되는 것이다. 혹간 '유타[有它]'의 '타(它=他)'를 5양으로 보기 쉬우나 이는 옳지 않다. 왜냐하면 이미 '유부비지[有孚比之]'에서의 믿음의 대상이 이 괘의 유일한 에너지원인 중심 리더였기 때문에 그러한 믿음의 결과가[終來] 미치는 좋은 영향이 다시 중심 리더[有它]로 되돌아간다는 뜻이 되면 문맥이 전혀 맞지 않게 되기 때문이다.

이 효의 상황코드인 '관(觀20)'의 4원 개념을 펼쳐보고 그 구체적 의미를 음미해보자. 미숙한 환경 속의 자신을 깨치고(둔03) 지혜를 샘솟게 하는 배움을 거쳐(정井48) 자신과 세상의 갈등을 분별할 수 있는 능력을 길러서(서합21) 미래가치를 개발하기 위한(정鼎50) 성찰의 도이다(풍지관風地觀 괘사 설명 참조). 이것이 비(比) 1음의 상황에서의 성찰의 결과가 바로 '스스로 인식하여 우러나는 믿음'이라는 것을 말해준다.

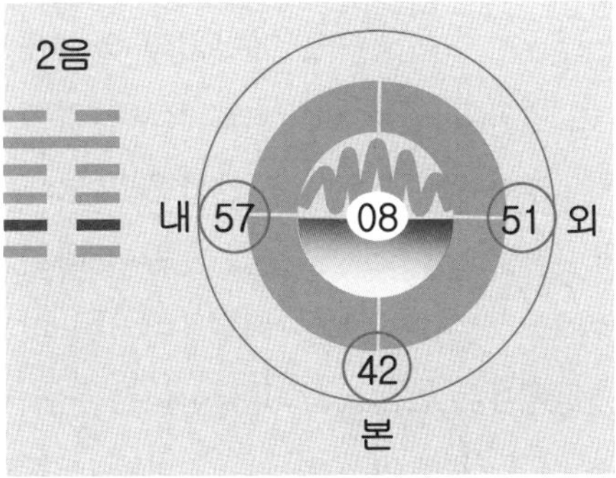

比之自內비지자내·

貞吉정길·

상생적 단합은[比之] 자신의 내면에서 우러나야 하리로다[自內]. 끝까지 굳건하게 하면[貞] 길하리라[吉].

> 2음은 손(巽)·익(益)·진(震)의 과정이다: 자신이 참여한 공동체의 목적과 리더의 지도력에 영향을 받아 [손57] 고무·진작되어 과감한 행동으로 옮겨가는 단계다[진51]. 어떤 실천이 필요한가? 세계 외부에서 입력되는 것이 없는데도 활동무대에 도움을 보태는 것이니 하늘은 스스로 돕는 자를 돕는다는 원리를 실천하는 것이다[익42].

스스로 감동되어 우러나는 마음의 열정[손57, 진51]이 세계를 헤쳐나갈 원동력이고 그 보이지 않는 내적인 힘은 오래 지속되는 것이다[괘의 목표인 항32]. 상생적 단합[比]은 군대나 특별임무수행을 위한 조직체를 제외하고는 대부분의 사회공동체의 바탕을 이룬다. 개개로서는 부족한 부분을 주위로부터 끌어들여야 하는 필요성[익42]이 바로 상생적 단합[比]의 기초형질이다. 그런데 외부로부터 자원을 유입해야 하는 창구로서의 제3효가 음으로서 불활성이므로 여의치 않다. 또한 외측 제6효 마저 불활성이므로 밖에서 끌어올 데가 없으므로 결국 자체 내에서 조달해야 한다. 2음에서 외적으로 눈에 보이는 에너지의 유입은 불가하므로 눈에 보이지 않는 에너지, 즉 1음의 성찰의 도를 통해 얻은 믿음을 바탕으로 강한 정신적 협력을 이끌어내지 않을 수 없다. 2음의 안정된 무게 감각은 곧 마음에서 진심으로 우러나는 충직함이며 5양의 활싱에 응답하는 상대가 되어주는 것이다.

예컨대, 국가에서 대통령의 열정적인 뜻을(5양) 받들어 주는 충직한 하급관리(2음)가 없으면 국가의 안정적 운영이라는 실질적인 결실을 맺을 수 없다. 가정에서 아버지의 건설적인 뜻을(5양) 수용해주는 어머니가 있기에(2음) 가정 운영이 순조롭고 각 구성원은 행복할 수 있다. 뇌와 척수신경계 교감신경의 명령(5양)에 순응하는 신체기능이 있으므로(2음) 인간은 생명의 항상성을 유지할 수 있다. 이렇게 자체 내에서 스스로 믿음을 만들어 내면의 활성적인 중추역할에 순응하는 것이 스스로 돕는 행위이다. 이것이 비(比)의 세계 내에서 이루어지는 2음이 발휘하는 익(42)의 역할이다.

상황코드인 익(益42)의 4원 개념에서 구체적인 상황을 음미해보면, 상생적 단합으로(비08) 걸림돌에 맞설 실력을 기르며(수05) 무거운 책임감으로 이끌고 나가(진35) 풍요한 세계를 지향하는(대유14) 일련의 과정임을 확인할 수 있다.

위의 정의에서 상생적 단합의 기치를 들고 자체의 추진력으로 밀고 나가는 것이 바로 자신의 내면에서 우러나는[自內] 협력정신을 의미하며 끝까지 밀어붙이면 결실이 있게 되어[貞] 길하게 되는 것이다[吉].

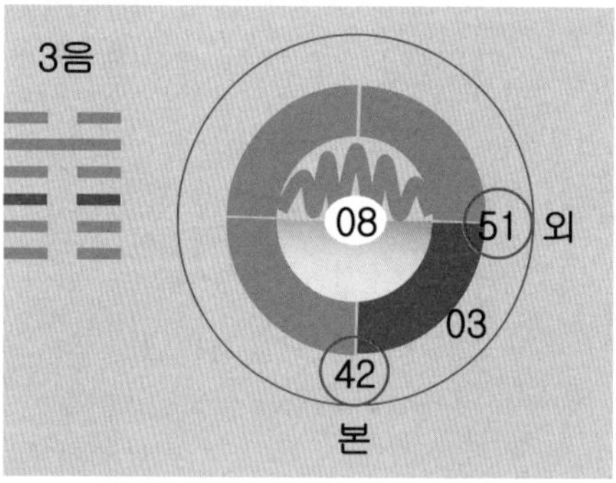

比之匪人비지비인.

상생적 단합의 길은[比之] 비인간적이로다[匪人].

3음은 익(益)·둔(屯)·진(震)의 과정이다: 상생적 협력을 끌어들여[익42] 나설 채비를 잘 해야 한다[진51]. 어떤 역할이 필요한가? 실행에 옮기는 데에는 처음에 부딪치는 난관을 어렵사리 극복해야 하므로 주위와의 교류를 삼가고 자신을 보호유지 해야 하는 때이다[둔03].

준비가 덜 되어 있어 아직은 밖으로 교류하기 어려운 형국이므로 내유외강(內柔外剛)의 자세가 필요하다. 외부와의 경쟁의 틈에 핵심적인 에너지가 유출되면 그 공동체는 존립이 위험해진다. 왜냐하면 상생적 단합은 자체 생존을 위한 최소한의 조직이므로 에너지를 쓸 여유가 없기 때문이다. 내적 상생을 지향할 때에 주위와의 유별함이 없으면 불화의 화근이 되고 에너지가 소실되어 조직이 와해된다. 내부시스템을 위하여 지킬 것을 분명히 하다 보니 교류가 유연하지 못하기 때문에 비색한 느낌이 든다. 국가적 단위에서도 가정 단위에서도 사실은 에너지 보존의 법칙을 지키며 수입지출의 균형을 최대한 맞추어서 낭비의 요소가 없도록 하는 것이 급선무다. 국제교류에서도 나라의 가치가 평가절하되지 않도록 엄밀히 조정하는 등 실수를 허용하는 유연성이 개재되지 않도록 그 상벽을 든든히 하며 보호·관리해야 하는 것이다.

상황코드인 둔(屯03)의 세계는 그 4원 개념을 살펴보면, 사면초가(四面楚歌)의 어려움에 가로막혔을 때 닥칠 새로운 일과 삶에 대하여 숙고하면서(관20) 성과가 작을 것이므로 과소비나 과잉투자를 해서는 안 되고(소축09) 예지력을 길러 계획을 잘 세우고(외16) 어려움에 맞설 힘을 장대하게 키워나가는(대장34) 일련의 과정으로 묘사되는데 이는 3음의 역할을 구체적으로 잘 나타내고 있다.

효사에서 '상생적 단합의 길은 비인간적이다'라고 한 것은 이 효의 상황을 말해주는 둔(03)의 묘사에서 과소비나 과잉투자가 없도록 단속하고 내면의 힘을 소리 없이 키워나가는 것이므로 타인은 그와 같은 사람을 매정하고 인간미 없는 깍쟁이로 볼 수밖에 없다. 개인을 두고 말하면 별로 호감이 안 가는 인간상이겠지만 그것이 공동체나 국가라 생각하면 당연한 것이다.

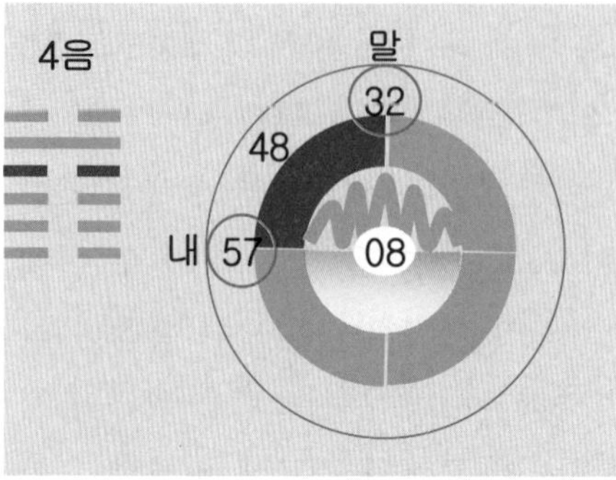

外比之외비지. **貞吉**정길

밖으로[外] 상생적 단합을 지향하도다[比之]. 생각이 확고해야[貞] 길하리라[吉].

> 4음은 손(巽)·정(井)·항(恒)의 과정이다: 몸담은 공동체의 정신에 젖어 들며[손57] 이제 전체의 지속적인 존립의 항상성을 이루어야 하기 때문에[항32] 전략을 가다듬어 생명수가 샘솟듯 해결책을 수립하는 단계다[정48].

모든 개체의 생존은 경쟁의 논리 속에 있다. 4음은 우물의 벽이 굳건해야 정갈한 물이 샘솟을 수 있는 것처럼 외부와의 경쟁에서는 확고부동한 전략이 우선되어야 한다. 4음은 전체 세계의 흐름을 냉정하게 살피고(음) 확고한 신념을 가지고(음) 경쟁 포인트를 설정한다. 4음은 이 세계가 안정한 체계로(음) 유지·발전하려면 심사숙고의 확고한 기획이(음) 필요함을 말하고 있다.

'밖으로 상생적 단합을 지향한다[外比之]'라 함은 대외적으로 경쟁력이 있는 공동체로 유지·발전 될 수 있다는 뜻이다. 정[貞]은 원형이정(元亨利貞)의 마지막 단계로서 열매가 씨로 여물어지는 것으로 지속이 가능한 사물의 결과를 나타냄과 동시에 그것이 확고해야 함을 뜻한다. 그리고 제4효는 이성적 사고(思考)의 장(場)이므로 기능적으로는 목적을 달성하기 위한 기획활동을 의미한다. 그것이 음이라는 것은 유동적이지 않고 확고해야 하고 안정해야 함을 함의하고 있다. 그래서 '정길[貞吉]'은 결과를 얻을 수 있는 전략이 확고해야[貞] 바람직하다[吉]라는 뜻이 되는 것이다.

상황코드인 정(井48)의 올바른 의미를 알지 못하면 이 효사의 해석은 오리무중이 될 수밖에 없다. 괘와 효의 운명(상황코드)을 모른 채로, 효의 직능까지 무시하고 다의의 한자 해석과 고사(古史) 등에 의존한다면 주어진 효사를 제대로 이해하기는 어렵다.

이 상황을 주재하는 정(48)의 4원 개념을 '비'의 환경으로 읽어오면, 작은 성취라도 기본정책을 꾸준히 개발해나가면서(소축09) 내면을 깊고 넓게 성찰하고(관20) 초지일관으로 세운 목표를 향하여 정진하여(대장34) 지혜 깊은 예지력으로 세계를 선도하는(예16) 일련의 과정이다. 정(48)의 세계가 기본정책 개발로부터 시작하여 지혜 깊은 예지력을 발동하는 지적 활동이므로 효사에서의 정[貞]은 결과를 중시하는 확고한 전략수립으로 해석할 수 있게 되는 것이다.

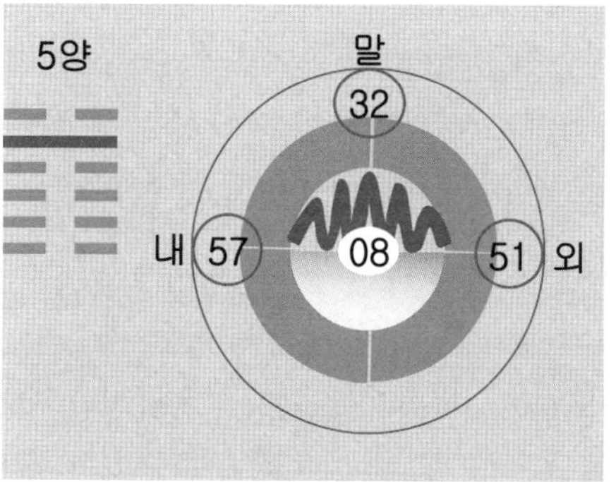

顯比현비.
王用三驅왕용삼구
失前禽실전금.
邑人不誡읍인불계 吉길.

훌륭한[顯] 단합이로다[比]. 왕이[王] 삼면몰이 사냥방법을[三驅] 써서[用] 앞쪽(열린쪽)으로 향하는[前] 짐승은[禽] 놓아주도다[失]. 읍 주민이[邑人] 경계하지 않게 되니[不誡] 길하리라[吉].

5양은 손(巽)·항(恒)·진(震)의 과정이다: 공동체의 목적과 사상을 구성원과 경쟁자에게도 주입시켜[손57] 마음에 감동을 주어 상생의 협조로 나서게 해야 한다[진51]. 그 과정에서 중심 리더는 그

> 공동체가 스스로 항상성을 유지할 수 있도록 적극적인 리더십을 발휘해야 한다[항32].

구성원들 하나하나의 마음에 감동을 줄 수 있는 최상의 원리는 곧 공존과 발전을 기하는 상생(相生)이다. 이로써 자신과 전체를 위하여 공동체 일원으로서의 책무를 스스로 감당하고 조절하는 자율적 협동심을 이끌어내는 것이다. 이것은 마음에서 우러나야 이루어지는 자기조직적 행동이다. 공동체의 진취적 기상을 독려하는 리더십을 발휘하면 구체적 행동은 구성원의 자발적이고 자생적인 행동으로 나타나게 되므로 자연히 공동체 전체의 항상성 유지에 이바지하게 된다.

'왕이 삼면몰이 사냥방법을 써서 앞쪽(열린쪽)으로 향하는 짐승은 놓아준다' 라고 한 것은 사냥을 예로 들어 리더십의 전형을 나타낸 것으로서 첫째는 비록 사냥몰이라 해도 숨구멍을 틔워주는 것이니 강제적으로 일을 집행하지 않고 부득이한 사정이 생기면 덮어줄 수 있는 도량이 있는 리더십을 말해주며, 둘째로는 사냥에서 사면몰이 방법으로 한꺼번에 다 잡으면 멸종될 것이므로 자연을 보호하여 그 자체로서 자연적인 항상성을 유지해 나가는 본보기를 제시하고 있다. 이 본보기 리더십을 통하여 마을 사람들은 지도자의 도량에 감동받게 되어 강제로 군림하지 않을까 하는 지도자에 대한 경계심을 버리고 진심으로 그의 의중을 따라 협력해야 할 바를 스스로 감내하기 때문에 공동체의 지상목표인 전체의 항상성 유지발전은 자발적으로 자생적으로 자기조직적인 방향으로 나아가게 된다. 이것을 두고 '읍 주민이 경계하지 않게 되니 길하다' 라고 한 것이다. 이러한 리더십이야말로 상생적 단합의 가장 두드러진 장점이므로 '훌륭한 단합[顯比]'이라고 효사의 첫머리에 한마디로 단언하고 있다.

이 상황을 이끌고 있는 '항(32)'의 4원 개념을 '비'의 환경으로 읽어오면, 기초능력을 갖춘 바탕 위에(대유14) 책임감을 가지고 진취적으로 이끌어 나아가며(진晉35) 내실을 기하면서 어려움에 대응하여(수需05) 상생적 단합을 이루는(비比08) 일련의 과정이다. 이는 곧 5양의 중심 리더는 최소한 능력이 출중한 대유자(大有者)이며 그를 중심으로 뭉치는 구성원들은 리더의 능력에 힘입지만 자율성을 가지고 진취적 기상으로 내실을 다지며 세계를 꾸려나감으로써 단합된 공동체의 존립을 지속할 수 있게 된다는 의미다.

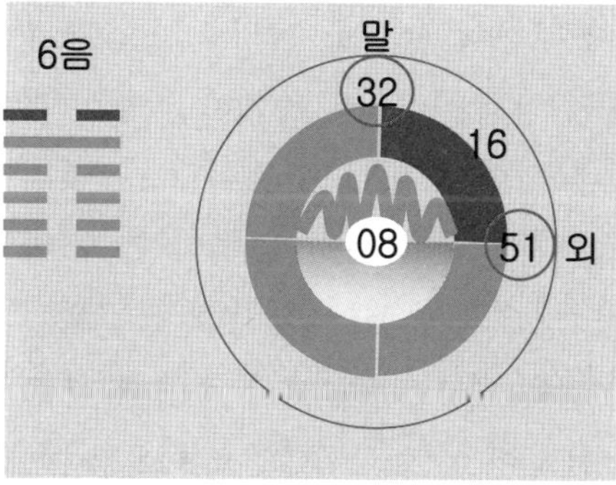

比之无首비지무수 凶흉.

상생적 단합으로 감에[比之] 우두머리가 없다면[无首] 흉하리라[凶].

> 6음은 진(震)·예(豫)·항(恒)의 과정이다: 감동을 받아 어려움을 헤치고 나아감으로써[진51] 전체가 유지발전 되도록 하려면[항32] 당면한 문제를 창조적으로 헤쳐나갈 지혜나 도움을 얻을 수 있는 중심 리더가 있어야 한다[예16].

6음에서 세상 밖과 미래로 나아가는 경계가 불활성임을 뜻한다. 전체의 항상성 유지발전에 도움을 입으려면[항32] 세계 밖의 영향력에 휘둘려 외측으로 빼앗기는 에너지는 최소화 되어야 한다. 중앙과의 연대와 결속력이 없으면 아무리 감동을 주어도 시간이 흐르면 외풍에 흔들리며 지리멸렬해지게 된다. 조직과의 확실한 관계 또는 분명한 리더의 설정은 성공을 기약한다. 6음의 불활성 장벽이 없다면 외부의 영향력이 지배하여 식구의 출가, 이민의 성행 등으로 해당 공동체는 힘을 잃는다. 한편 6음이 불활성이라는 것은 미래와 세계 밖에 대한 폭넓은 정보와 판단력이 부족함을 의미한다. 이럴수록 개인이든 나라든 그 세계 내의 판단력

주체인 뇌에 해당하는 중심 리더의 역량에 기댈 가치가 높은 것이다.

이 상황을 주재하는 '예(16)'의 4원 개념을 '비'의 환경으로 읽어오면, 갈등을 해소하고(서합21) 새로움을 창조하려는 내면적 노력을 꾸준히 지탱해가며(정鼎50) 불확실한 시대의 제반 문제에 대처하며(둔03) 침체된 세상에 지혜가 샘솟도록 하는(정井48) 일련의 과정이다.

'상생적 단합으로 감에 우두머리가 없다면 흉하다'라고 한 것은, '예(16)'에서의 정신적 리더는 마치 망망대해의 뱃길을 밝혀주는 등대와 같은데 그 덕을 입지 않으면 안 된다는 말이다. 달리 표현하면 중심 리더나 전체 마스터플랜의 영향권 속에 있어야 한다는 뜻이다. 상생적 단합의 완성은 곧 인간 개인으로서는 정신적 육체적 능력이 잘 구비된 개성완성이고 사회적으로는 중심 리더와 단합이 굳건한 공동체가 성립되는 것을 의미한다. 자신과 연관된 크고 작은 세계 속에서 본받아야 할 지도적 인물이 누구인가를 파악하고 그 유대를 강화해나가는 노력이 필요하다 하겠다.

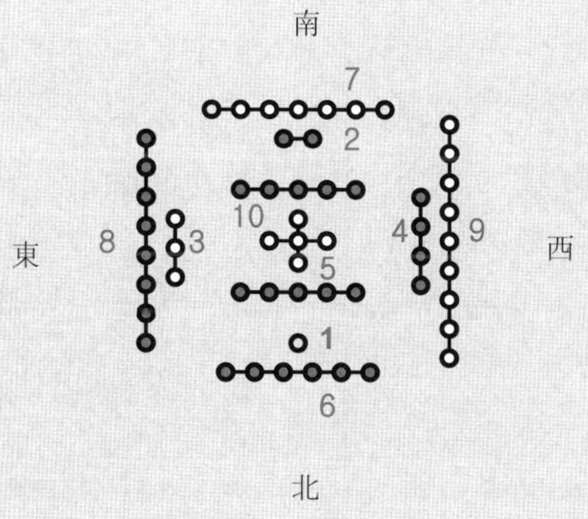

▷ 하도(河圖) (『과학주역』1, 44쪽)

하도(河圖)는 동양우주론의 시금석이다. 중국 선사시대 황하의 용마(龍馬)의 등에서 나온 1에서 10까지의 수를 나타내는 55개 점들이 특정한 배열을 하고 있는 그림. 생수(生數: 1·2·3·4·5) 성수(成數: 6·7·8·9·10)의 개념과 음양오행의 개념이 도출됨.

09. 풍천소축(風天小畜)

작은 성취의 상, 과소비·과잉투자 지양, 기본적 사회정의 실현, 기본정책의 개발 노력, 점진발전, 사심 없는 중용의 도, 근본정신의 점진적 고양

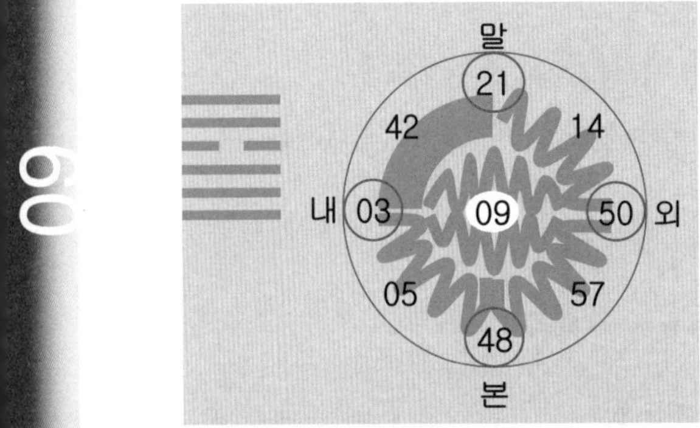

小畜소축. 亨형.
密雲不雨밀운불우
自我西郊자아서교.

작은 성취로다[小畜]. 펼쳐나가야 하리로다[亨]. 구름이 빽빽해도[密雲] 비가 오지 않는 것은[不雨] 내가[自我] 조용히 서쪽 교외에 있기 때문이다[西郊].

> 소축[小畜]은 정(井)·둔(屯)·정(鼎)·서합(噬嗑)을 따라 흐르는 세계다: 지혜의 샘을 잘 갈무리하면서[정48] 처음의 어려움을 참고 견디며[둔03] 응용력을 발휘하여 부가가치를 창조해내고[정50] 갈등을 해소하여 효율을 제고해야 하는[서합21] 일련의 과정이 '소축'의 세계다.

8괘의 단위로 보면, 맑은 하늘(乾天건천) 위로 바람(巽風손풍)이 부니 구름을 모으는 힘은 있으나 비가 올 정도는 못 되는 상이다.

4음 때문에 6획괘 건(乾)이 갖는 빛의 고유본성을 잃은 상태다. 만약 손상된 건의 본성을 회복시키려면 펼침의 본성을 가지고 있는 양들을 음속에 가두어 이것을 폭발시키면 될 것이다. 하지만 4음이 있기는 해도 양을 포장하여 압축을 이루어 낼 수준의 음 구성을 할 수 없으므로 세계

내의 에너지는 모이지 않고 흐른다. 1양의 진원지에서 나오는 양 에너지가 일부는 그 세계의 활동무대에서 부딪치는 갈등으로 일부는 불합리한 과소비로 소실되어 3양과 6양의 외적 경계를 통하여 밖으로 흩어지니 세계의 에너지 농도가 희박해져 유용성을 잃고 그 효율은 떨어진다. 기초적인 지혜의 힘은 샘 솟고 있는데도[정48] 밖으로 흘러버려 내부에는 조금 밖에 쌓이지 못하는 형국이다.

인성(人性)의 면에서 살펴보자. 4음을 제외한 나머지 효들의 직능이 모두 활성화되어 있어 건(乾)의 창조능력을 발휘할 수 있을 것 같은 모습이다. 하지만 가장 중요한 것이 제대로 작동하지 않는다. 제4효의 직능은 발전된 내적 작용인 의식, 기억, 이성적 사고와 같은 정신적 활동인데 이것이 불활성이다. 정신적 능력이 미숙하게 되면 어떤 일을 제대로 기획할 수 없기 때문에 아무리 나른 신체적 기능이 우수하여도 큰 일을 성취하기 어렵다. 말하자면 마스터플랜이 없기 때문에 복잡한 큰 일을 펼치면 아무리 노력을 투여하여도 제대로 이루어지는 것은 없다. 마치 몸은 어른 같지만 정신력은 어린이와 같은 모습이다. 그래서 그 수준에 맞는 작은 일 밖에는 성취할 수 없기 때문에 에너지효율이 낮다고 말할 수 있다. 과욕과 과소비는 형편을 더욱 나쁘게 할 뿐이다.

일의 성취를 이룰 수 있는 기본단위로 축적되지 못하고 일이 될 듯 말 듯 하므로 큰 성공은 어렵다. 이럴 때에 새로운 사업에 자원을 투입하면 유실되는 것이 많다. 효율을 높이기 위한 노력을 해야만 한다. 예컨대 가정의 화목과 내실을 기하기 위하여는 갈등으로 소실되는 에너지를 먼저 최소화하는 일이다. 욕심을 줄이고 에너지 과소비를 줄이며, 정신활동을 강화하고 지식을 축적하여 계획적으로 일을 수행하면 나름대로의 성공을 거둘 수 있다(4음, 익42).

'작은 성취이니[小畜] 펼쳐나가야 한다[亨]' 함은 일을 벌였으나 그 추진이 제대로 되지 않아 침체상태에 있으므로 부산하기 일쑤인 원(元)의 단계를 채 벗어나지 못하고 있으니 실질적인 추진이 필요한 상태다.

구름이 빽빽해도 비가 오지 않는다는 것은[密雲不雨] 중요한 구성요소가 결여되어 일도 비도 성립되지 않고 있어 이루려는 노력은 많지만 성취효율이 낮음을 말해준다. 자신이 서쪽 교외에 있기 때문이라 한 것은[自我西郊] 도심에서 중요한 대인관계를 가지며 일의 총체적인 추진운영을 민활하게 하지 않고 있음을 그 이유로 든 것인 만큼 효사는 표상이 나타내는 이치를 잘 표현하고 있다 하겠다.

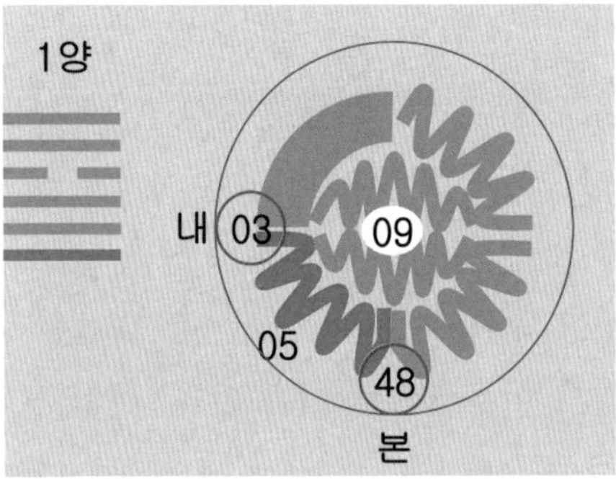

復自道복자도 何其咎하기구. 吉길.

자신의[自] 길로[道] 되돌아오니 [復] 무엇이[何] 허물이 되리오? [咎] 길하리라[吉].

> 1양은 정(井)·수(需)·둔(屯)의 과정이다: 하늘이 준 본질적인 지혜의 샘은 끊임없이 샘솟고 있지만[정48] 깊숙이 잠재의식 속에 숨어 일상생활에서 미처 깨닫지 못하는 경우가 많다. 아직 하루의 새벽처럼 삶이나 일의 복잡함 속에 들어가기 전에 어려움을 맞을 것이니[둔03] 그 과정에서는 닥칠 난관을 대비하여 그 본질의 샘을 활성화하여(양) 어려움을 극복할 기초실력을 쌓으며 때를 기다린다[수05].

1양은 활성화된 잠재능력의 표출이다. 욕심을 버리고 기초본성으로 돌아와 내면의 숨은 능력을 일깨워 자신 만의 방식으로 가능한 작은 일부터 추진하면 일어설 수 있으며 행운이 자연스럽게 따라온다. 사회의 복잡함 속에서 어려움을 딛고 일어서려면 가장 기본이 되는 것은 개성을 완성하면서 가정을 튼튼히 하면 가화만사성(家和萬事成)이 되는 것이다.

'자신의 길로 되돌아 온다' 한 것의 의미는 개성적으로는 자신의 본성의 길을 찾아오는 것이고 삶의 근거로서는 고향으로 돌아 오는 것인데 효의 출발 이정표가 생명수가 샘솟는 정(井48)이므로 본성대로 원래의 태생적 환경에서 하늘이 내린 지혜를 활용하여 자신을 영위하는 것이니 무리 없는 자연스러움이라 무엇이[何] 허물이 되리오? 길하다[吉]라고 단언한다.

과정적 상황코드인 '수(05)'의 4원 개념을 '소축'의 환경으로 읽어오면, 환경적 영향을 점진적으로 수용하면서(손57) 스스로 대안을 찾아 문제를 해결하고 허한 부분을 메워 나가면서(익42) 자신이 항상 일정하게 유지되도록 열심히 노력하는 가운데(항32) 주위 세계가 자연히 고무되어 앞으로 전진하기까지(진51) 꾸준히 인내심을 가지고 기다리는 일련의 과정이다. 이러한 삶은 바쁜 일상의 생활에서는 어렵지만 소박한 마음가짐으로 현재의 일에서 한발 물러서서 결행하지 않으면 안 된다.

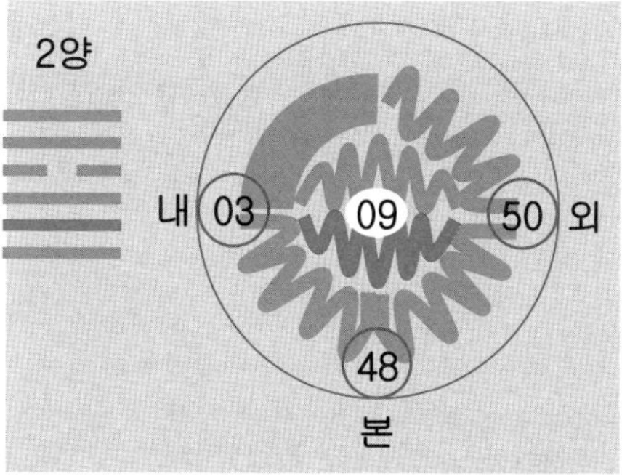

牽復견복. 吉길.

이끌려[牽] 되돌아오도다[復]. 길하리라[吉].

2양은 둔(屯)·정(井)·정(鼎)의 과정이다: 아직 하려는 바대로 나아가는 데에는 장애가 많지만[둔03] 변화를 통하여 새로운 가치를 끌어내야 하는 상황으로 가야 한다[정50]. 그렇게 하자면, 막히는 현실적 전략을 접고 기초적인 환경요인을 잘 활용하는 지혜로운 방법을 써야 한다[정48].

2양은 1양과 3양 및 5양 속에 동류의 양(陽)으로 섞여있으니 주위와 동조하며 한 노선으로 행동하지 않을 수 없다. 독단적으로 일을 처리하지 않고 선배나 후배의 조언을 받아들여 전체가 흘러가는 형편과 조건에 잘 맞추어 행동할 수밖에 없다. 주위의 덕으로 큰 어려움이 없고 크게 탈선할 가능성이 없어 좋다. 어차피 중효의 덕은 내적 외적 요소를 통합하는 능력을 발휘하여 중도를 취하는 것이기에 그렇다.

이 상황의 배경이 되고 있는 '정(48)'의 4원 개념을 '소축'의 환경으로 읽어오면, 작은 성취라도 기본방향을 꾸준히 지켜나가면서(소축09) 내면을 깊고 넓게 성찰하고(관20) 세운 목표를 향하여 올곧게 정진하여(대장34) 예지력으로 세계를 이끌어가야 하는(예16) 일련의 과정이다.

'이끌려 되돌아온다'는 것은 특별한 욕심이나 아이디어로 미래를 향해 나아가면 장애에 부딪치기 때문에[둔03] 할 수 없이 얽매여 있는 주위의 환경에 걸맞게 되돌아와 그것에 맞출 수밖에 없음을 의미한다. 이렇게 하면 크게 성취하지는 못하겠지만 주변에 무리를 가하여 일어나는 불상사가 없을 뿐 아니라 근본적인 지혜를 이끌어낸다는 관점에서[정48] 유익하니 길하다고 하는 것이다. 그 이유는 생명수와 지혜는 인간의 삶을 엮어가는 변치 않는 원천이어서 정치·경제·사회·문화의 모든 여건이 바뀌어도 이 두 가지의 샘은 마를 수 없는 것이다.

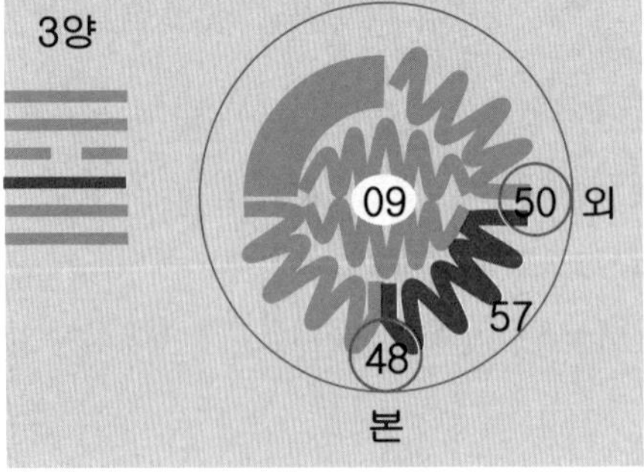

輿說輻여탈복.

夫妻反目부처반목.

수레의[輿] 바퀴살이[輻] 벗겨지도다[說]. 남편과 아내가[夫妻] 반목하리라[反目].

3양은 정(井)·손(巽)·정(鼎)의 과정이다: 환경적 기반을 잘 활용하여[정48] 새로운 부가가치를 이루어내야 한다[정50]. 어떤 역할을 해내야 하나? 외적 영향으로 세계 내부가 교란되지 않도록 변화를 공손히 수용하여 적절히 대처해야 한다[손57].

외적 영향은 내부를 교란하기 쉬운데 부부의 가정을 떠난 탈선 행위, 합의 없는 과도한 경제운용, 기업과 국가의 중요 정보 유출 등은 그 예다. 이것은 가정불화, 기업과 국가의 불안정 등 몸담은 기초조직 내의 반목질시와 불신으로 이어진다. 주위의 분위기에 부화뇌동(附和雷同)하여 내실을 깎고 잠재능력을 꺾어 그 효용가치를 저해하므로 세계가 발전해나가는데 큰 해악이 된다.

'수레의 바퀴살이 벗겨진다'는 것은 수레의 중요 기능이 무너지는 것이다. 수레의 바퀴강도가 지탱하기에 과도한 짐을 실기 때문에 생기는 사고다. 세계의 중요기능이 와해되도록 하는 과부하가 걸려 그 시스템은 멈출 수 밖에 없다. 가정이라면 부부가 반목하지 않을 수 없는 것이다.

상황코드인 손(57)은, 외측에서 바람이 일어 안쪽으로 스며드는 형국으로서 지속적으로 축적되면서 영향을 주는 것이다. 가랑비에 옷 젖듯, 처마 밑의 주춧돌이 빗방울에 닳듯이, 작은 영향이라도 지속적이면 큰 변화가 나타난다. 그래서 확고한 목표를 가지고 마음 준비를 굳건히 해두어야 외세가 크게 작용하는 환경에서도 견딜 수 있다. 그래야 점진적으로 파고드는 변화에 자신을 지탱할 수 있다. 하지만 세상이 요란할 때 자기동일성을 유지하면서 변화를 수용하기란 그리 쉽지 않다.

손(57)의 4원 개념을 보면, 유사시를 대비하여 실력을 쌓고 때를 기다리며(수05) 상호협조와 경쟁으로 자생력을 길러(비08) 자신을 키운 터 위에 주위의 활성화에 나서며(대유14) 그 세계를 책임지고 선도하게 되는(진35) 일련의 과정이다. 이 과정에서 복잡한 세상 밖의 악 영향에 지배되어 내부세계가 파탄이 날 수 있는 가능성이 항시 잠복해있음을 『주역』은 경고하고 있다.

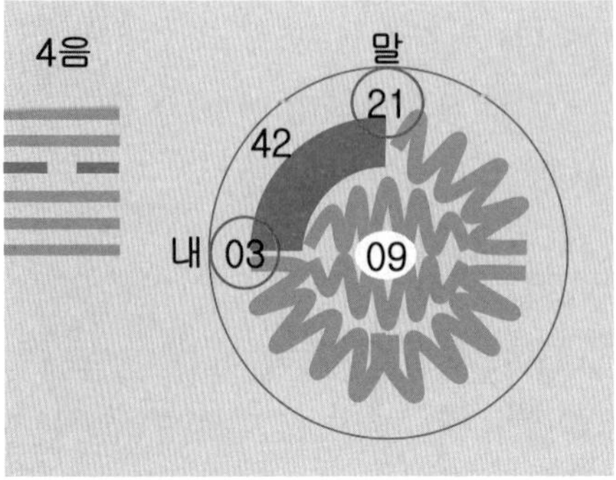

有孚유부 **血去惕出**혈거척출, **无咎**무구.

믿음을[孚] 세워[有] 갈등을[血] 거세하고[去] 두려움을[惕] 몰아내니[出] 탈이 없으리라[无咎].

> 4음은 둔(屯)·익(益)·서합(噬嗑)의 과정이다: 주변 여건이 채 성숙되지 못한 상태지만 이를 딛고[둔03] 갈등이 없는 작은 성공으로 가려면[서합21] 어떻게 할 것인가? 그 과정은 사욕과 허욕을 버리고(음) 서로 도와 어려움을 해소하면 덕을 얻는다[익42].

4음은 대외창구(6양)를 향하여 세계경영(5양)을 관리하고 기획하는 자다. 재화에 대한 사욕과 허욕을 물리치고 기본으로 돌아와 마음을 비우고 공익을 위하여 헌신한다면(음) 의견의 일치가 힘든 일이라 할지라도 공인을 받는 상태에서 추진할 수 있다. 이로써 함께하는 구성원들에게 확고한 믿음을 심어주고 여건 미성숙에 대한 두려움에서 벗어나[둔03] 갈등을 해소시킴으로써[서합21] 주위의 협력을 얻게 되며 작은 덕을(음) 쌓게 되는 것이다[익42].

이 효의 상황코드인 '익(益42)'은 나중에는 6양에서 대유(14)의 과정을 맞아 재화나 명성을 쌓지만 그 출발인 기초자질은 비(08)이므로 '상생적 협력강화'를 기본 모토로 하지 않으면 안 된다. '익'의 기초자질인 상생적 협력관계를 잘 형성함으로써(비08) 어두운 현실 위에서[둔03] 갈등을 해소하여[서합21] 작은 성취를 이루어 내는 것이다.

'믿음을 세워 갈등을 거세하고 두려움을 몰아내니 탈이 없다'는 효사는 이러한 상황 이정표를 충분히 이해했을 때 비로소 납득할 수 있는 것이다.

결국 4음은 원래 이성적 사고를 통한 기획의 자리인데 이것이 음이므로 유순하고 튀지 않는 방책을 구사함이 좋다는 것이며 동시에 음은 물질의 쌓임을 나타내기도 하기 때문에 소축(小畜)에서 축적(蓄積) 그 자체를 의미하며 이는 곧 '익(益)'의 대상이기도 하다.

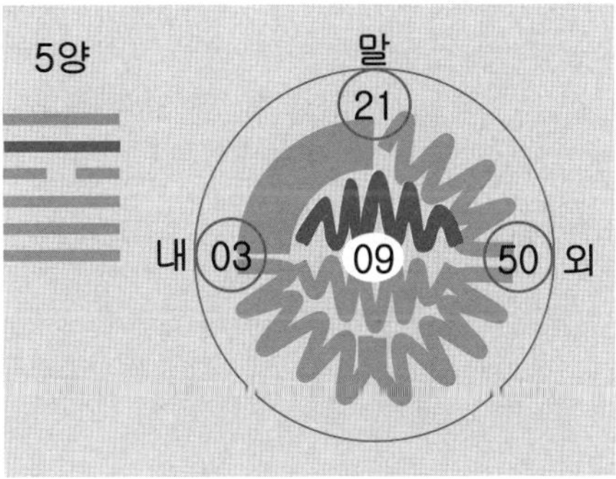

有孚攣如유부련여.
富以其隣부이기린.

믿음으로[有孚] 엮이도다[攣如]. 그 이웃과 함께[以其隣] 부유하게 되리라[富].

5양은 둔(屯)·서합(噬嗑)·정(鼎)의 과정이다: 초기의 어려움을 겪고 있는 와중에도[둔03] 살기 위한 부가가치 창조는 멈출 수 없으니[정50] 그리 되도록 하는 리더십은 무엇인가? 부를 쌓으려면 여러 힘들(여러 양 에너지들)의 연대를 강화해야 하므로 갈등과 불신의 잔재를 말끔히 씻어내는 일이 급선무다[서합21].

갈등해소에 따른 신뢰 형성으로[서합21] 기술, 정보, 자본, 인력을 한데 뭉칠 수 있다. 중심 리더의 활기찬 지도력이 상호협조와 결속을 잘 이끌어낼 때 가정, 조직, 사회, 국가, 세계는 돌아가고 그 틀 위에서 각자의 형편에 알맞은 부[富]가 창출된다[정50].

5양의 이정표인 정(鼎50)은 그 한자의 의미대로 솥과 같은 기능을 한다. 솥속의 음식을 익히듯, 불 가마 속에서 도지기를 굽듯, 용광로에서 철의 원료가 녹여져서 나중에는 아주 다른 성질의 새로운 철강으로 변화시키듯, 솥이란 재 창조를 위한 변화의 심벌이다. 소재를 적절히 열처리만하여도 그 성질이 크게 달라져서 쓰임새가 확연히 달라지게 되는 것과 같이 새로움을 창소하려면 솥이나 용광로를 어떻게 조절하느냐에 따라 그 변화되는 결과물은 크게 달라진다.

이 상황을 이끄는 '서합(21)'의 4원 개념을 '소축'의 환경으로 읽어오면, 난립된 사회를 예지력으로 지도하면서(예16) 올곧은 열성과 큰 투지로써 밀고 나가(대장34) 세계를 통찰하고 분별하여(관20) 작은 축적(기본적인 사회복지)을 실현하는(소축09) 일련의 과정이다. 준비가 덜 된 어려움의 상황을[둔03] 변화시켜 재창조의 길로[정50] 갈 수 있도록 하는 통합적이고 중도적인 조정활동으로서 상호 간에 내재하는 갈등과 불신을 적극적으로 해소하는 일이다. 효사의 '믿음으로 엮이어 그 이웃과 함께 부하게 되리라' 라는 효사는 이 국면을 그대로 묘사하고 있다.

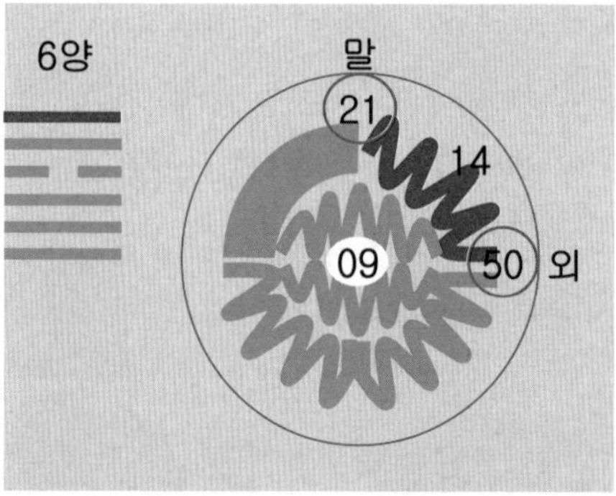

既雨既處 尙德載.
기우기처 상덕재
婦貞厲부정려.
月幾望월기망 君子군자 征정, 凶흉.

비가 오고[雨] 그치는[處] 우여곡절 끝에[既~既] 자랑할만한[尙] 재화가[德] 쌓이도다[載]. 부인이[婦] 끝까지 고집하면[貞] 위태하리라[厲]. 달이[月] 거의[幾] 찼는데[望] 군자가[君子] 정벌을 떠난다면[征] 흉하리라[凶].

6양은 정(鼎)·대유(大有)·서합(噬嗑)의 과정이다: 부가가치가 창출되기만 하면[정50] 갈등이 없는 정의롭고 행복한 세상이 되는가?[서합21] 그로 인한 부[富]가 물의 없이 전체에 공헌할 수 있는 것이라야[대유14] 그렇게 된다.

6양은 세계 밖과 교류가 활발한 에너지 입·출력의 장이다. 자신의 분수에 맞지 않는 무리한 교류는 '소축'의 꿈을 망가뜨리게 될 것이다. 큰 사업을 일으켜 때맞지 않는 무리수를 두면 자체의 존립위기로까지 몰릴 것이므로 흉한 문이 된다. '소축'의 작은 행복이 성립되려면 과용(過用)을 자제하고 최소화된 경영을 유지해야 하기 때문이다.

'비가 오고 그치는 우여곡절 끝에 자랑할만한 재화가 쌓이는 것'이 곧 상황코드인 대유(大有14)가 이루어짐을 말한다. 하지만 '대유'의 크게 가짐은 사리사욕을 끝없이 채우기 위함이 아니라 주제의 '소축'에 걸맞게 알뜰하게 득을 쌓고 주위에도 베풀어야 하는데 부인이 끝까지 (욕심을) 고집하면 분수를 넘는 일이 생기니 오히려 위태하게 된다는 것이다. 아니나다를까 부인의 지나친 소유욕 속에 '달이 거의 찼는데 (때아닌 밤에) 군자가 정벌을 떠난다면 (즉, 더 큰 일을 벌린다면)' 그런 염려는 현실이 되어 '흉함을 보게 된다'

건(乾01)의 6양에서 '지나침은 후회 낳는다[亢龍有悔항룡유회]'고 하였다. 건 6양의 의미를 소축의 관점에서 보면 바로 '대유'가 된다. 크게 가진 자가 문제가 되는 것이 아니고 그것을 공익적으로 활용하여 5양에서 추구하였던 바와 같이 그 이웃과 함께 부를 나누지[富以其隣부이기린] 않고 개인의 사리사욕만을 채우려 하면 흉하게 되는 것이다. 부[富]라는 것은 여간 해서는 나누기 어려운 속성을 가진 것이니 '소축'의 운명을 타고난 사람에게는 흉물이 될 수 있음을 경고하고 있다 하겠다.

10. 천택리(天澤履)

의무를 이행하는 상, 운명에 순응, 진언·충언·보필 역할, 밟아 따르고 동화됨, 조화로운 절제, 부모의 덕업 계승

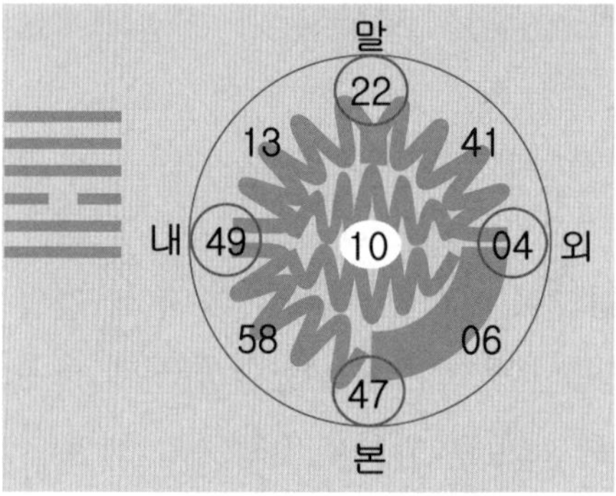

履虎尾리호미 不咥人부질인.
亨형.

호랑이 꼬리를[虎尾] 밟아도[履] 사람을[人] 물지[咥] 않도다[不]. 당당히 실행하리로다[亨].

리[履]는 곤(困)·혁(革)·몽(蒙)·비(賁)를 따라 흐르는 세계다: 자신의 생각대로 활동하지 못하는 곤궁함 속에서[곤47] 용의주도하게 변화를 이끌고[혁49] 배움 속에서 깨우치며[몽04] 주위와 잘 어울리도록 가꾸고 조정해나가는[비22] 일련의 과정이 '리'의 세계다.

8괘의 묶음으로 보면, 밖으로는 연못(兌澤태택) 위로는 하늘(乾天건천)이 높이 펼쳐있어 하늘의 사정에 연못의 형편이 결정될 수밖에 없지만 이면에는 연못의 물이 열에 의하여 다 증발하도록 하늘은 그것을 품어준다. 아버지(乾)가 비록 무섭다 한들 막내 딸이 아무리 심하게 응석을 부리더라도(兌) 안 받아줄 수 없음과 같다. 아래가 위에 복종하는 관계지만 위도 아래의 요구를 들어주는 상이다.

표상을 인성으로 읽어보자. 이성적 사고능력이 활발하고(4양), 뇌·중추신경계가 민활하게 움직이며(5양), 미래와 밖을 내다보는 세계관도 적극적이니(6양) 거칠 것이 없다. 근본정신이 깨어있고(1양), 신진대사 작용도

활발하여 신체적 기능에는 아무런 문제가 없는데(2양), 단 하나 세계 주위와의 물질적 육체적 자원의 교류가 억제되어 있어(3음) 외적 팽창 욕망을 자제하고 제어하는 모습이다. 정신적 활성상태와 체질적 건강상태는 훌륭하여 열정에 불타오르지만 정작 자신이 필요로 하는 자원을 제대로 챙기지 못하여 실효의 에너지를 발휘하지 못하고 뒤처지는 모습이다. 경제적 궁핍만 없다면 승승장구할 인물이면서도 역으로 물적 육체적 절제를 할 줄 아는 강직한 성품이니 제2인자 노릇이 제격이다.

3음의 불활성적 무게 때문에 활성적인 양의 무리 뒤로 처지니 마치 날샌 호랑이의 무거운 꼬리와 같은 모습이 된다. 그래서 리[履]의 표상은 주군(主君)을 뒤따르며 모시는 참모들의 모습으로 비유되고 꼬리가 뒤를 가리는 형상은 주군이 듣고 제어해야 할 그들의 진언(眞言)에 해당한다고 보았다. 한편으로 3음은 호랑이의 꼬리를 밟아 짓누르는 형상으로도 비춰진다. 중요한 부위의 비밀을 덮고 있는 꼬리를 밟는 것이니 그 꼬리의 주인을 농락하는 위험한 모습이 된다. 진언과 충언이 그만큼이나 위험하다는 뜻이다. 제2인자들의 진언은 때로는 세계의 발전에 기여하는 중요한 계기가 되는 값진 것인데도 그 입장의 난처함을 감수해야 하는데 『주역』은 이 상황을 어떻게 풀어가야 하는지가 바로 이 괘가 표방할 주제이다.

또 다르게 표상을 읽을 수도 있다. 외측 형체를 갖는 3음이 풍선기구의 몸체이고, 4양과 6양은 부풀어 커지는 풍선을 표현하고 2양과 5양은 풍선 속의 수소가스다. 내부 엔진 1양을 통하여 주입되는 가스가 모자라면 뜰 수가 없어 힘들지만, 가스가 무리하게 주입되면 풍선이 터져버리게 되니 조심스럽게 수위를 조절하여 균형을 잘 잡아야 기구는 별탈 없이 높이 뜰 수 있다. 엔진이 가스를 열심히 불어대면 자칫 위에 있는 풍선이 터질까 걱정은 되지만, 그렇다고 해서 바르고 힘차게 하는 일을 멈출 수는 없다-멈추면 추락할 것이니까! 동력은 뒷받침하되 높이 떠오르는 풍선 자체에는 사고가 나지 않도록 해야 하는 것이니, 기구 운전자는 세심한 주의를 기울여야 한다. 아랫사람(기구 운전자)이 정직하고 진솔한 마음가짐으로 상관(풍선)에게 당당히 진언하고 보필하면 못마땅하더라도 그 참신하고 진실된 생각은 가상히 여겨지고 수용될 수 밖에 없을 것이다.

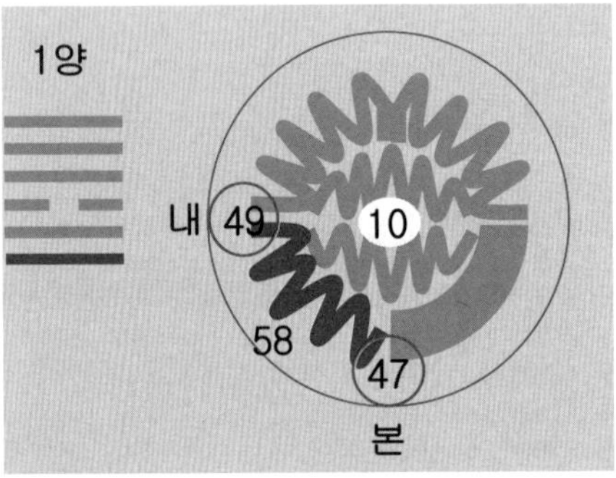

素履소리 往왕 无咎무구.

소박하게[素] 이행하며[履] 나아가면[往] 허물이 없으리라[无咎].

> 1양은 곤(困)·태(兌)·혁(革)의 과정이다: 꽉 막힌 문제를 풀려고 해도 남의 생각이 지배하여 마음대로 되지 않을 때[곤47] 용의주도하게 변화를 이끌어야 한다[혁49]. 이때 참모로서 진언을 하거나 진실을 밝혀야 하는 입장이라면 어떻게 해야 할까? 순수한 열정을 품고 고양된 의식과 인격을 바탕으로 표현해야 한다[태58].

1양은 의욕이라는 내면의 입력이며 전체 세계의 내부 에너지 충전입구다. 이 자리는 무의식이 자극 받은 열정이므로 의식으로 채 각색되지 않은 소박함 그대로다. 그런 자세로 세계 내로 열정이 입력될 때에는 거부반응이 없다.

이 상황을 주재하는 태(58)의 4원 개념을 '리'의 환경으로 읽어오면, 경륜과 지혜를 쌓아(송06) 의기투합하여(동인13) 엄정한 관리 속에서(사07) 자기수양의 길을 닦는(명이36) 일련의 과정이다. 따라서 배움을 바탕으로 열정을 가지고 세파의 어려움에 견디며 자기수양으로써 인격을 갈무리한 사람이 하는 진언은 소박하고 진실되기 때문에 허물이 될 근거가 없을 것이다. '소박하게 이행하며 나아가면 허물이 없다'라는 효사는 바로 이를 두고 말한다.

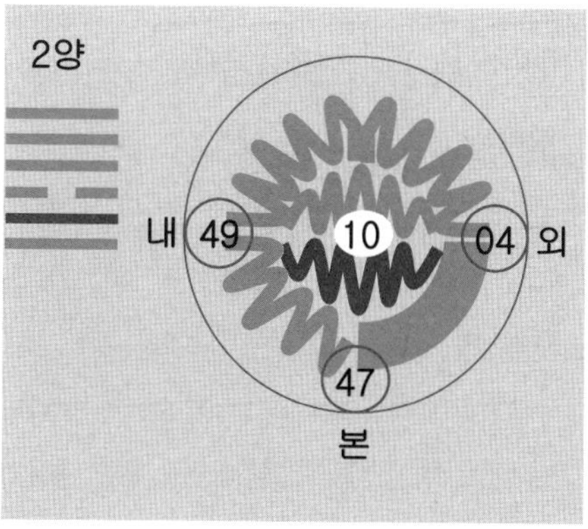

履道坦坦리도탄탄·
幽人유인 **貞吉**정길.

이행[履]의 길은[道] 너그럽고[坦] 거리낌이 없도다[坦]. 나서지 않는 사람이지만[幽人] 끝까지 굳건하게 하면[貞] 길하리라[吉].

> 2양은 혁(革)·곤(困)·몽(蒙)의 과정이다: 혁신적인 마음이 가득하지만[혁49] 겉으로 드러내지 않고 배움의 정신으로 깨우치려면[몽04] 어떤 과정을 겪어내야 하는가? 내적 실력을 키우면서 겸손과 정성으로 어려움을 견뎌내야 한다[곤47].

2양은 3음의 외측이 방벽으로 둘러져 있어 안으로 갇힌 상태에서의 연못의 출렁임과 같다. 근본적인 정신이 살아있고(1양), 신진대사 작용이 원활하여(2양) 자신은 정신과 신체가 원만하므로 3음으로 외적 욕망을 자제하고 극기하면서 남을 도울 수 있는 바탕이 되어 있다. 제2효가 음이면 자신의 신체기능이 부진하기 때문에 자신의 문제에 급급하게 된다. 그렇게 되면 주군(5양)을 잘 따라 가면서 보필하기는커녕 주군이 보살펴야 하니 오히려 짐이 될 것이다.

이 상황을 뒷받침하는 곤(困47)의 4원 개념을 '리'의 환경으로 읽어오면, 주위에 순응하고 동화되면서(리10) 남모르게 내실을 다지는 한편(둔33) 미래의 보람을 위해 능력을 보완하고 다스려(림19) 겸손과 정성으로 어려움을 이기는(겸15) 일련의 과정이다. 효사에서 '이행의 길은 너그럽고 기리낌 없기에 나서지 않지만 길한 것'은 곧 곤(47)의 형국을 잘 감내해 나가야 함을 말하는 것이다.

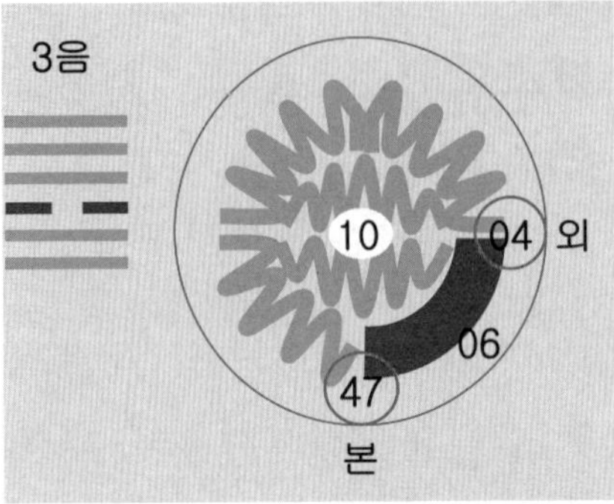

眇能視묘능시 **破能履**파능리. **履虎尾**리호미 **咥人**질인 **凶**흉. **武人爲于大君**무인위우대군.

애꾸라도[眇] 볼 수 있고[能視] 절름발이라도[破] 걸을 수 있도다[能履]. 호랑이 꼬리를[虎尾] 밟는다면[履] 사람을 물어[咥人] 흉하리라[凶]. 무인들은[武人] 대군을 위하여[于大君] 활동하리로다[爲].

> 3음은 곤(困)·송(訟)·몽(蒙)의 과정이다: 자신의 생각대로 활동하지 못하는 곤궁함 속에서[곤47] 배워가며 깨우쳐야 한다[04]. 어떤 태도를 견지해야 하는가? 기득권을 누리는 계층에게 섣불리 도전하면 낭패를 당하니 상대에 맞추어 조신하며 경륜을 쌓아가야 한다[송06].

3음은 세계가 외부로 확장되는 것을 막는 벽이다. 그것은 행동의 한계를 정의한다. 자기의 분수에 넘치게 외부와 교류를 민활하게 하며 자신의 욕망을 확대하면 둑(하괘 태兌의 상징)이 터지는 것과 같은 낭패를 당한다. 3음은 비활성적이고 수동적인 면모다. 나머지 양들이 마치 건(乾)의 기상으로 나아가는 용이나 호랑이라면 3음은 무거워 뒤쳐져 따라가는 꼬리와 같다. 지휘관 아래의 무인은 이 꼬리처럼 명령에 따라 절대복종이 우선이다. 꼬리가 머리를 앞서갈 수 없듯이 자기 분수를 지켜야 한다. 자신의 윗사람에게 도전하면 백전백패다[송06].

이 상황을 주재하는 송(06)의 4원 개념을 '리'의 환경으로 읽어오면, 내적 기쁨을 인격 고양과 자기 절제로 승화시키며(태58) 상대를 제대로 인식하고 하나가 되어(함31) 사욕을 줄이고 한 곳에 집중하여(손41) 사려 깊이 행동하며 경륜을 쌓는(간52) 일련의 과정이다.

'애꾸라도 볼 수 있고 절름발이라도 걸을 수 있지만 호랑이 꼬리를 밟는다면 사람을 물어 흉하리라' 라고 함은 어차피 능력의 한계가 있는 자가 용기를 가지고 능력이 출중한 윗사람에게 함부로 도전하면 하룻강아지 범 무서운 줄 모르고 저지르는 실수와 다를 바 없음을 일러준다. 『주역』은 이 상황과정에 대하여 무인들의 대군을 위한 헌신적인 무사정신을 그 대표적인 예로 제시하였는데 이는 상황코드인 송(06)의 4원 중 특히 함(31)과 손(41)을 강조한 것이라 하겠다.

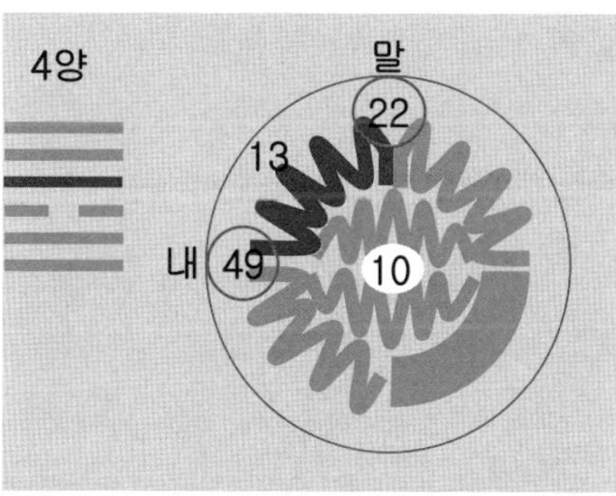

履虎尾리호미.
愬愬색색 **終吉**종길.

호랑이 꼬리를[虎尾] 밟으리로다[履]. 조심하고[愬] 두려워 하면[愬] 마침내 길하리라[終吉].

> 4양은 혁(革)·동인(同人)·비(賁)의 과정이다: 혁신적 마음이 생기더라도[혁49] 절묘한 중도를 찾아야 하는 과정이다[비22]. 이 국면을 어떻게 영위해야 하는가? 생각이 활발하나 덤벙대며 실수를 범하기 쉬우니 철저히 주군(主君)을 모시고 지도를 받으며 나아가야 한다[동인13].

4양은 활발한 정신활동을 의미한다. 기획자(참모)의 입장인데 마치 자신이 리더인 것 같은 착각과 오해에 빠지기 쉽다. 어차피 주어진 일이니 조심하고 두려워하면서 겸손한 마음으로 한쪽으로 치우치지 않는 올바른 방향을 제안하여야 한다. 참모의 보필이란 그래서 어렵고 조심스럽나.

이 상황을 주재하는 동인(13)의 4원 개념을 '리'의 환경으로 읽어오면, 특정 목적에 동조하는 개개인이 뭉쳐서(함31) 화기애애한 내적인 열정으로(태58) 사려 깊은 주장을 하면서(간52) 옳고 그름을 잘 가리는 지혜를 써서 소기의 목적을 수행하는(손41) 일련의 과정이다.

'호랑이 꼬리를 밟으리로다'라 한 것은 보필하는 입장에서 앞을 기획할 때는 치우치지도 넘치지도 않는 평심(平心)을 유지해야 하는데 책임리더가 용인하기 어려운 과격하거나 기울어진 말과 행동은 괘씸죄에 걸린다는 것을 경고하고 있다. 사리에 맞추어 '조심하고 두려워 해야 함'은 곧 리더를 잘 따라야 하는 동인의 모습이다. 특히 자신의 의견을 개진하더라도 나아가는 방향이 주군의 생각과 어느 정도 일치를 이루어야 하는 것이므로 주군의 지도를 받으면서 보필해야 하는 것이니 그렇게 하면 그 과정은 어렵지만 마침내는 잘 풀리게 된다고 하는 충고다.

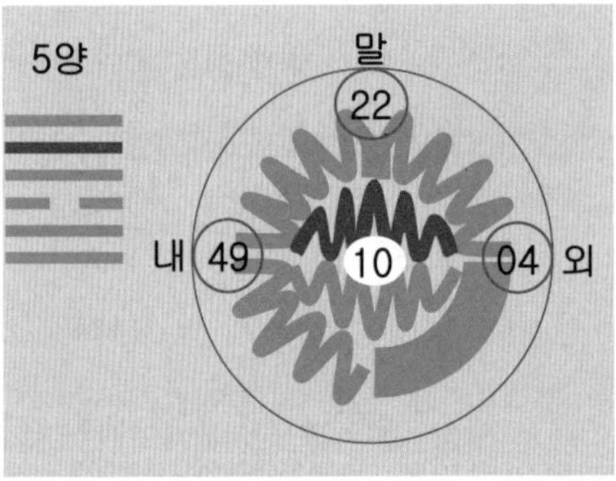

夬履쾌리. **貞厲**정려.

결단하여[夬] 이행하도다[履]. 굳게 고집하면[貞] 위태하리라[厲].

5양은 혁(革)·비(賁)·몽(蒙)의 과정이다: 혁신을 감행해야 하더라도[혁49] 깊이 깨달아 내실을 기하며 주어진 중책을 겸허히 수행하려면[몽04] 일의 집행에 있어서 중도(中道)를 절묘하게 발휘해야 한다[비22].

5양은 중심자리에서, 인체의 뇌가 하는 것처럼, 강직하게 판단하는 모습이니 보필이라지만 사실상 결정권자 이상의 결단력으로 혼신을 다해 진언해야 하는 최고 참모, 즉, 제2의 책임자다. 최고 책임자가 아닌데도 그 책임을 대신하는 각오를 해야 하는 위태한 자리다. 전문가 경영체제 속의 전문경영인의 역할이 하나의 예가 될 것이다. 그 조직의 오너(owner)는 아니지만 그 입장을 대신하여 중요문제를 결단해야 하는 중책이다. 중책은 결단의 결과에 책임을 지면서 편협하지 않는 중도를 발휘해야 한다. 대개 중도의 범위는 넓지 않기 때문에 여간 절묘하지 않고서는 달성하기 어렵다. 모든 것을 종합하여 최적화를 유도해내야 하는 것이므로 쉬운 일이 아니며 언제든지 나쁜 결과가 부메랑으로 되돌아와 책임을 모면하기 어려운 위태한 자리다(5양을 보필의 대상인 주군으로 오인해서는 안 된다).

이 상황을 이끄는 비(22)의 4원 개념을 '리'의 환경으로 읽어오면, 겸손한 마음을 바탕으로(겸15) 내적 열정이 밖으로 분출하려 해도(림19) 그 열정을 감추고 한발 물러서서(둔33) 주위에 동화되거나 주군을 보필하는(리10) 상이니 곧 내면과 외면이 적절한 조화를 이룰 수 있도록 가꾸고 준비하고 조정하는 중도의 덕을 수행하는 일련의 과정이다. 5양은 겸손과 열정이 교차하지만 드러내지 않고 주위에 동화될 수 있는 결단을 내려야 하니 참으로 어렵고 위태한 역할이 아닐 수 없다. 결단하는 보필[夬履]이라도 일방적인 결단을 하는 것이 아니고 어디까지나 보필이라는 조건부 결단이어서 자신의 모든 책임을 걸게 되므로 '굳게 고집하면 위태로울 것임'은 충분히 납득할 수 있다.

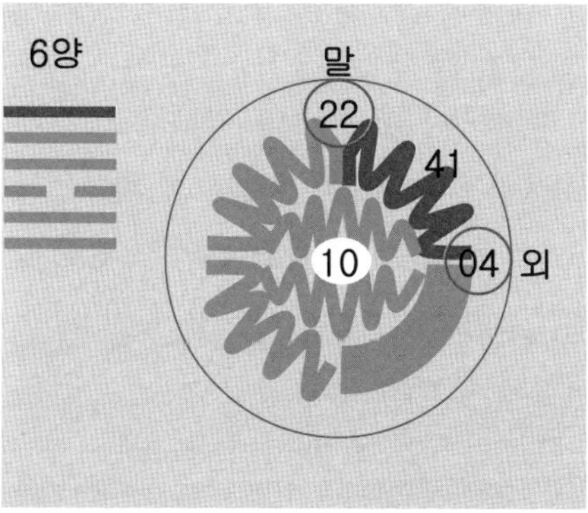

視履시리.

考祥其旋고상기선 元吉원길.

견주어[視] 이행하도다[履]. 좋은 것을[祥] 고찰히여[考] 그리로[其] 선회하니[旋] 근원적으로[元] 길하리라[吉].

> 6양은 몽(蒙)·손(損)·비(賁)의 과정이다: 나서지 않고 내실을 기하며 겸허히 배움을 얻어[몽04] 마지막에 절묘한 중도(中道)의 덕을 발휘해야 하는 목표를 지향하고 있다[비22]. 어떤 결과적인 조치가 필요한가? 좋지 않는 것은 버리고 득이 되는 것은 선택하여 집중하는 것이다[손41].

1양에서 입력된 힘들이 2양·3양·4양·5양을 거쳐 6양까지 합세하여 있으므로 6양의 자리에서는 세계 내부의 지난 이력을 마치 풍선에 입력된 가스의 압력을 느낄 수 있듯이 쉽게 느낄 수 있다. 6양은 또 한편 세계 밖과 미래정보를 점검할 수 있는 문턱인데 이것이 양이니 자유롭게 열려 있는 셈이다. 과거도 반추하고 미래정보도 비교 검토할 수 있는 정보자료가 모이는 자리로서 최적의 것을 비교·검토하여 선택할 수 있으므로 이점을 보필자가 이용하면 실수 없는 참모의 역할을 수행할 수 있는 것이다. 정보자료의 추출과 이의 비교검토를 잘 할 수 있다면 그보다 더 좋은 이행은 없을 것이다.

이 상황을 주재하는 손(41)의 4원 개념을 '리'의 환경으로 읽어오면, 엄정한 자원관리로(사07) 내실을 기하면서(명이36) 사리를 제대로 분별하여(송06) 바라는 목적에 맞도록 힘을 집중시키는(동인13) 일련의 과정이다. 자신의 의중대로 일을 처리하는 것이 아니고 객관적인 자료의 비교검토, 세계의 내부와 외부와의 차이에 대한 사리분별을 통하여 상황을 종합·평가한 후 최적의 내용을 선택하여 그에 따라 순서를 밟아 일을 이행하는 모습임을 알 수 있다.

상황코드의 의미구성으로 볼 때 '시리[視履]'는 견주어 이행함으로 해석하고, '고상기선[考祥其旋]'은 좋은 것을 고찰하여 그리로 선회함으로 해석함이 올바름을 알 수 있게 된다. 이것은 오늘날 모든 분야의 전문가가 행하는 과학적인 방법이기 때문에 근본적으로 타당한 길이니 원길[元吉]이라 할만하다. 자료를 근거로 하는 각 분야의 전문가들은 그 분야를 선도하며 함께 가고자 하는 사람들의 진정한 보필자가 아닐 수 없다.

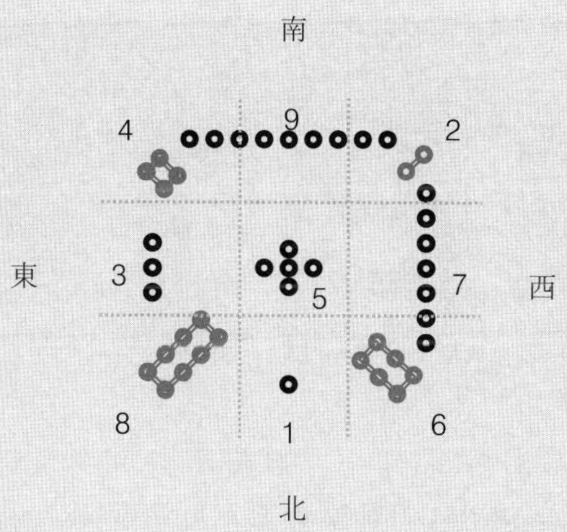

▷ 낙서(洛書) (『과학주역』1, 47쪽)

중국 하(夏)나라 우왕 때에 황하의 상류인 낙수에서 얻었다고 하는 1에서 9까지(총합 45)의 수의 정리. 하도와 반대로 낙서에서는 반(反)시계방향으로 나아갈 때에 수(水)의 반대 극성인 화(火)를 만나는 등의 대립구조로 구성됨. 하도와 낙서 두 배열의 상보적 대칭관계를 『과학주역』1이 규명함.

11. 지천태(地天泰)

틈실하고 의기충천한 상, 내실의 공덕을 쌓음, 조화로운 에너지 교류, 용기와 자신감으로 난국타개, 이심전심, 태평성대·무절제·방심.

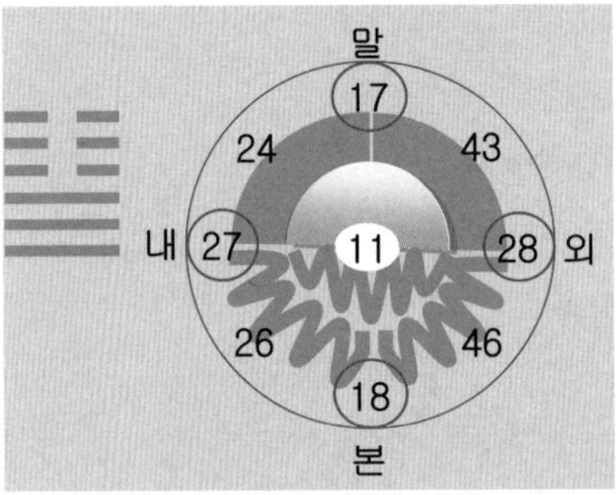

泰태.
小往大來소왕대래. 吉길. 亨형.

튼실하도다[泰]. 작은 것은[小] 가고[往] 큰 것이[大] 오도다[來]. 길하리라[吉]. 뻗어나리라[亨].

> 태[泰]는 고(蠱)·이(頤)·대과(大過)·수(隨)를 따라 흐르는 세계다: 미혹과 허영의 혼란과 시련을 딛고[고18] 부족한 심성을 함양하고[이27], 가용에너지를 충분히 확충함으로써[대과28] 어떤 일에도 적극적으로 호응할 수 있는[수17] 일련의 과정이 '태'의 세계다. 진기(眞氣)가 속에 가득하니 튼실하고 의기충천한 상태다.

8괘의 단위로 보면, 위의 땅(坤地곤지) 기운이 아래로 향하고 아래의 하늘(乾天건천) 기운이 위로 향하여 서로 음과 양이 섞여져서 조화를 이루니 온 누리에는 만물이 화생할 수 있는 조건을 갖춘다.

지구 대기권 내에 냉기(물기)가 위에 있고 열기가 아래에 있으면 필경 그 비중의 차이로 냉기는 아래로 열기는 다시 위로 올라가게 되며 대류순환이 형성되면서 지구생명체(Gaia)를 유지시키고, 인체의 신진대사를 도와 생을 보전한다. 도인이 우주의 양기를 단전에 가득 채우는 이유다. 세 음이 위에 있고 세 양이 아래에 갇혀 있으니 순환용 에너지가 장전된 것이다. 양기는 위로 뻗치며 음기는 아래로 내려오니 음양의 조화가 제대로 이루어질 수 있다. 자동차 엔진 실린더 속에 연료가 채워진 것이며 음식을 배불리 먹은 것이니 이제는 그 기운을 원하는 바에 펼칠 수 있으므로 행동개시를 위한 준비가 완료된 셈이다. 시간적으로는 과거에 의미 있는 노력(아래의 양 셋)을 많이 쌓은 것이니, 현재나 미래의 갖가지 난제(위의 음 셋)를 풀 수 있는 능력이 장전된 것이다. 바로 이렇게 흥할 때야말로 다음의 어려운 때를 위하여 무엇을 어떻게 준비해 둘 것인가 하는 것이 태[泰]가 밝힐 주제다.

인성(人性)의 면으로 살펴보자. 근본정신이 활성화되어 있고(1양), 신진대사 작용이 원활하며(2양), 외적 육체적 활성도도 좋아 감수성이 예민하다(3양). 하지만 이성적 사고가 미숙하고(4음), 올바른 판단력이 부족할 뿐만 아니라(5음) 미래와 혼탁한 세계에 대한 분별력은 없다(6음). 의기충천하고 튼실한 신체적 바탕 위에서 지식과 견문을 넓혀 올바른 사고와 판단력을 키워나갈 수 있는 전도유망한 청년의 성품이다.

괘의 개념을 정의하고 있는 4원—고(18)·이(27)·대과(28)·수(17)—의 의미를 살펴보자. 전도유망할 때나 태평성대에는 갖가지 부패의 위험이 도사린다. 에너지를 빼앗길 수 있는 가능성이 잠재한다. 그래서 태[泰]의 기초자질이 고(18)인 것이다. 긍정적인 면에서도 정신이 발달하고 신체가 자라나는 데에 에너지가 많이 쓰인다. 하지만 이 모든 것을 딛고 근본심성과 신체를 잘 길러야 하니 이것이 이(27)의 몫이다. 길러내는 세월이 축적되면 밖으로 표출할 수 있는 능력이 장전되니 이는 대과(28)의 상을 갖추는 것이다. 대과의 팽창능력 만으로는 큰 과오를 저지를 수도 있기 때문에 앞으로 지능과 지식을 더 개발하고 가치관이 정립되면 종국에는 세상의 부름에 호응하여 힘껏 전진할 수 있는 것이니 수(17)의 몫이 이루어지는 것이다.

'태'는 근본이 튼실한 것이다. 속이 에너지로 가득하면 겉으로 그 영향이 미치는 것은 시간문제다. 이와 같은 논리로서 내면의 양이 외면의 음을 밀어내어 절반을 차지하는 음1월을 상징하는 괘이기도 하다. 뿌리에 생기가 가득하니 밖으로 뻗어날 가지에 물을 올리는 일이 남아 있다.

'작은 것은 가고 큰 것이 온다' 함은 소극적이고 작은 것이라 보는 음(陰)이 물러가고, 반면에 활동적이고 큰 것이라 보는 양(陽)이 현재보다 더 많이 도래할 것이라는 뜻이다. 의기충천한 튼실한 기반(아래 양 셋)이 부족한 정신력(위의 음 셋)을 활성화시키는 밑거름이 되기에 만사형통을 기약하는 발전적 국면에 있는 것이다.

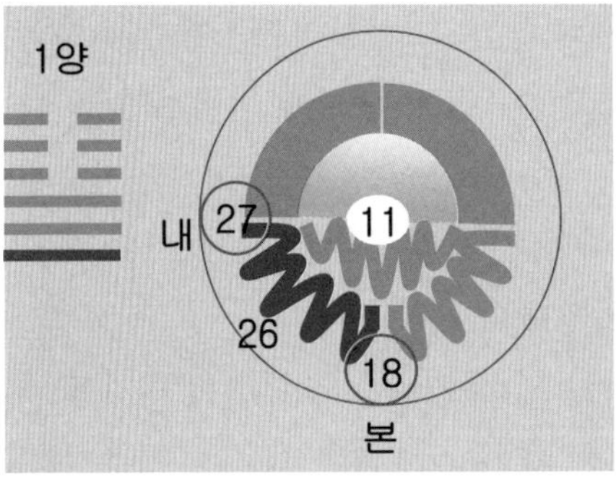

拔茅茹 以其彙발모여 이기휘·
征吉정길·

말을 먹이는[茹] 띠풀을[茅] 뽑아[拔] 그것을[以其] 모아두도다[彙=集]. 전시(戰時)에는[征] 길하리라[吉].

> 1양은 고(蠱)·대축(大畜)·이(頤)의 과정이다: 에너지 빼앗김과 유혹의 혼란을 딛고[고18] 부족한 정신력과 근본바탕을 한껏 보충해야 한다[이27] 그러자면 성심을 다하여 기초 에너지를 비축하는 길밖에 없다[대축26].

1양은 평소에 장전해 두어야 하는 제일 기초적인 에너지다. 인간영위의 면에서 근원적으로 중요한 것은 근본정신이 맑고 활성적이어야 함이다. 학생이면 평상시의 예습·복습이다. 전문가라면 기초 기술력을 향상시킴이다. 정치가라면 평소의 정책연구 활동이다. 군대라면 전쟁용 물자의 축적이다. 가정경제라면 저축이다. 작가라면 안목 넓히기 독서다. 식사라면 밑반찬 준비다. 어떤 종류의 삶이라도 거기에는 당장의 필수사항은 아니라도 장기적으로 쌓아나가야 하는 기초적이고 근본적인 준비가 필요한 법이다.

이 상황을 주재하는 '대축(26)'의 4원 개념을 '태'의 환경으로 읽어오면, 바탕을 튼튼히 구축하여 상승세의 운세 속에(승46) 근본적으로 정도에 귀착하여 모든 일을 다스리면서(복24) 험한 세상에서 귀한 기회를 포착하고(구44) 천운을 연결하여(무망25) 대성을 이루는 일련의 과정이다. 크게 쌓은 저변의 힘으로 기회를 포착하여 성공의 가도를 달리는 상임을 알 수 있다.

'말을 먹이는 띠풀을 뽑아 그것을 모아둠은' 평소에는 억세어 말을 먹이는 데에 잘 쓰지 않는 띠풀이지만 전시에 말의 비상먹이로 소용되기 때문에 이를 미리 비축하여 둔다는 것이다. '띠풀을 뽑아 그것을 모아둠'은 바로 '태[泰]'를 이루기 위한 준비로서의 바탕을 축적함을 말하고 있는 것이다.

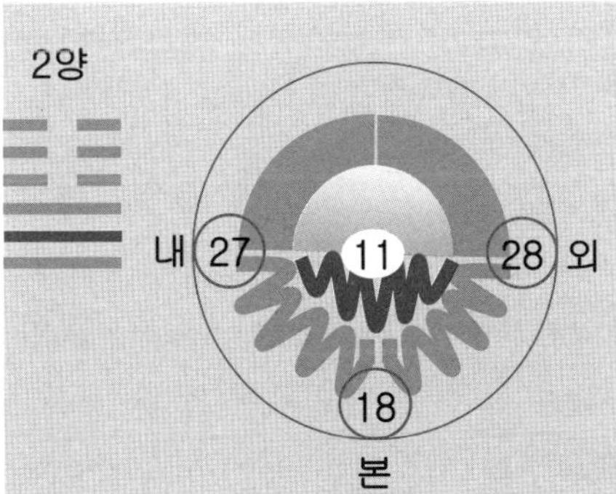

包荒포황.
用馮河용빙하, **不遐遺**불하유,
朋亡붕망.
得尙于中行득상우중행.

황무지를[荒] 품도다[包]. 큰 강을 걸어서 건는 용기를[馮河] 내고[用] 먼 것을[遐] 버리지[遺] 말고[不] 붕당을[朋] 없애라[亡]. 중도를 행하는 중에[于中行] 숭상을[尙] 받으리라[得].

2양은 이(頤)·고(蠱)·대과(大過)의 과정이다: 기초를 보충하며 자신을 함양하면서[이27] 가용에너지를 최대한 확충하는 힘든 과정이다[대과28]. 이 과정에는 온갖 유혹의 세파에 시달려 에너지를 소실하고 판단력이 허리기 쉬우니[고18] 공력(功力)을 길러 채우는 혼신의 노력을 다해야 할 것이다[이27~대과28].

2양은 하부세계의 리더다. 부족함으로 허기질 때(이27) 과단성과 용기가 부족하면 권력과 돈 능 외부의 영향에 쉽게 굴복하게 되니(고18) 이런 때일수록 용기백배로 정면돌파 함으로써 문제를 풀어나가야 한다(대과28). 가로놓인 황무지(4음·5음·6음)를 개간해야 하는 무거운 숙제를 풀어가기 위해 어떻게 해야 할 것인가? 그 답을 끌어낼 수 있는 근거는 아무데도 없고 오직 괘 자체의 운명적 기능에서 찾아야 하는데 그것이 이른바 상황코드다.

2양의 상황코드인 '고(18)'의 4원 개념을 '태'의 환경으로 읽어오면, 태평성대를 맞아 방만하고 무절제한 생활이 이어지면서(태11) 물욕과 정욕의 유혹을 수용하고(곤02) 개인 또는 조직의 가용에너지를 탕진하여(건01) 맞닥뜨리게 되는 비색(否塞)한 세상을 헤쳐나가는(비12) 일련의 과정이다.

상황코드의 의미를 음미하기 전에 먼저 짚고 넘어 갈 것은 표상에서 주제괘의 근본 자질은 본원(本元)의 자리에 있는 기초형질의 괘가 나타내며 그 역도 성립한다는 사실이다. 말하자면, 태[泰]의 기초형질은 고(蠱18)이고 '고'의 기초 형질은 다시 '태'가 된다는 뜻이다. 즉, 태평성대는 부패한 세상이 잘 마무리 되어 탄생되고, 부패는 태평성대 속에서 생긴다는 말이 된다. 필자가 이런 관계를 활용하여 괘의 4원을 세울 수 있었고 이로 인한 괘의 개념정의는 물론 효의 의미를 나타내는 상황코드까지 도출하였기로 새롭게 주역을 해석하는 토대를 마련한 것이니 참으로 중요한 시각이 아닐 수 없다.

방만하고 무절제한 생활, 물욕과 정욕의 유혹 속에 개인 또는 조직의 가용에너지를 탕진하는 일이 왜 생기는가? 첫째는 태평성대 속에 긴장이 풀어져서 근본정신이 해이해졌기 때문이고, 둘째는 도덕적 해이인데 개개적으로는 윤리적 해이라고 할 수 있다. 공적으로는 공동체 사회의 자원과 에너지의 낭비인데 이는 주로 권력자 주위의 부패에서 기인되는 것이 예나 지금이나 다를 바 없다. 나라가 부패하면 멀리 떨어져 있는 외교대상을 소홀히 대하기 쉬우므로 내적 부패는 결국 외적 낭패를 불러

오게 된다. 집안 일이 잘되어야 바깥 일이 잘된다는 흔한 이야기가 된다. 4원으로 정의된 태평성대의 마지막 모습은 위세와 부조리가 가득한 비색한 세상임이 드러나 있다. 위기관리는 곧 새로운 기회다. 부패하고 부정한 세상을 조금만 잘 관리하면 태평성대로 갈 수 있다. 따라서 제2효의 본말(本末)은 기초를 보충하며 자신을 함양하는 '이(27)'에서 출발하여 가용에너지를 최대한 확충하는 '대과(28)'에 이르는 과정임과 동시에 그 상황적인 원초적 배경으로서 '고(18)'가 작용하고 있는 것이다. 결국 '고'는 '이'에서 '대과'로 가는 데에 반성적 역할을 하게 되는 것이다.

'황무지를 품는다[包荒]'라 함은 가만히 두면 태평성대의 기초형질인 고(18)의 부정적인 면이 작용하고 말겠지만 멀리 있는 황무지를 내 땅으로 만들어 태평성대에 밑거름이 되는 큰 포부를 가진다면 '고'는 반면교사(反面教師) 작용을 하는 배경이 된다(이때의 '고'는 긍정적인 외적 성공을 의미하게 됨). '큰 강을 걸어서 건너는 용기를 내고, 먼 것을 버리지 말고 붕당(계파)을 없애라[亡]' 함은 이(27)에서 대과(28)로 방향을 잡을 때 과감한 도전이 필요함을 말한다. 말하자면 '고'의 형국에서 허해진 것을 '이'로써 보충하고 이를 넘어 '대과'로써 강력하게 확충시키는 것이다. 무엇이 허해진 것인가? 나태하여 용기가 없어지고 멀리 있는 것에는 무심해지며 패거리를 작당하여 공적인 부패를 감행하는 일들이 그것이다. 이것을 확충하는 것이란 효사에 예로서 제시한 것처럼 큰 강을 걸어서 건널 만큼의 용기를 키워야 하고 먼 데에까지 관심을 두어 교류하며 가까이에서 곪아 떠지는 부패의 온상을 털어내어 모든 일을 공평무사하게 처리하니 '중도를 행하는 중에 숭상을 받게' 되는 것이다. 결국 상황코드인 '고(18)'는 2양의 이정표인 이(27)에서 대과(28)로 이행하는 동안에 내내 작용하고 있는 배경이다.

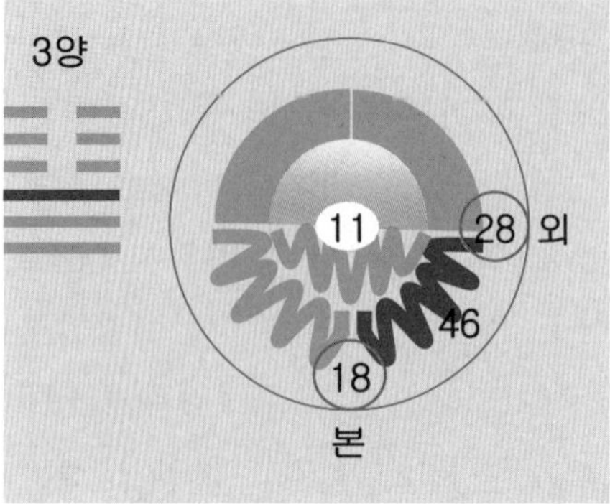

無平不陂무평불파

无往不復무왕불복.

艱貞无咎간정무구 勿恤물휼.

其孚기부 于食有福우식유복.

비탈지지 않고[不陂] 평탄하기만 한 것은 없고[无平] 돌아오지 않고[不復] 가기만 하는 것은 없도다[无往]. 어려워도[艱] 끝까지 굳건하게 하면[貞] 탈은 없으니[无咎] 걱정하지 말라[勿恤]. 그런 믿음이 있으면[其孚] 먹고 사는데[于食] 복이 있으리라[有福].

3양은 고(蠱)·승(升)·대과(大過)의 과정이다: 부패와 탐욕이 주위를 엄습하며 혼란할지라도[고18] 가용에너지를 확충하지 않을 수 없다[대과28]. 어떤 외적 노력이 필요한가? 질서를 회복하여 일어서야 한다[승46]. 의기충천한 때를 맞아야 하니 가야 할 길은 멀고 험하다.

3양은 외부와의 활발한 교류 속에서 쌓아가던 진기(眞氣)를 빼앗길 때도 있고 끌어 들일 때도 있다. 걱정이 많지만 믿음과 자신감을 가지고 세상 주위의 물살을 활달하게 헤쳐나가면(양) 하늘은 반드시 스스로 돕는 자의 손을 들어 주므로 질서를 회복하고 도약의 희망을 갖게 된다[승46]. 그래야 에너지(복福)가 가득해지는 국면에 도달하니까[대과28].

이 상황을 주재하는 '승(46)'의 4원 개념을 '태'의 환경으로 읽어오면, 저변에 쌓아둔 힘을 써서(대축26) 당면한 역경을 버텨내다가(박23) 과감하게 밀고 나아가(쾌43) 지혜롭게 모든 역량을 모아 도약을 준비하는(췌45) 일련의 과정인데, 이는 이 상황을 가감 없이 잘 표현하고 있다 하겠다.

'비탈지지 않고 평탄하기만 한 것은 없고 돌아오지 않고 가기만 하는 것은 없다'라고 한 것은 양(陽)으로서 주위 환경과 접하여 우여곡절을 겪지만 굳은 결심으로 하다 보면 원하는 상황을 맞을 수 있음을 말해준다. '어려워도 끝까지 굳건하게 하면 탈은 없으니 걱정하지 말라' 라고 한 것은 저변에 쌓은 강건한 정신력을 바탕으로(1양의 '대축') 어려움을 어지간히 끈기 있게 대처하면 극복할 수 있음을 뜻한다. 또한 '그런 믿음이 있다[其孚]' 함은 쌓은 근본적 저력(1양)과 혼란을 극복하는 노력(2양)을 말하는 것이고, '먹고 사는데 복이 있다' 함은 역경을 이기면 도약할 수 있는 힘도 길러짐을 말해준다. 종합하면 승(46)의 개념이 그대로 반영되고 있음을 알 수 있다.

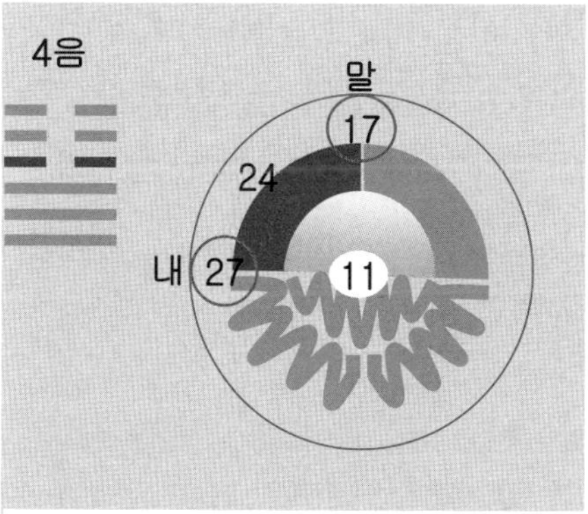

翩翩편편.

不富以其鄰 不戒以孚.
불부이기린 불계이부

새가 훨훨 나는 것 같도다[翩翩]. 그 이웃으로써[以其鄰] 부유치 아니하니[不富] 서로 믿어[以孚] 경계하지도 않으리라[不戒].

4음은 이(頤)·복(復)·수(隨)의 과정이다: 내면을 튼튼히 길러서[이27] 세상만사 별별 경우가 생기더라도 이에 흔쾌히 호응해 나갈 수 있어야 한다[수17]. 그렇게 하자면, 부의 집착을 떨치고 생각을 단순히 하여(음) 순수한 자연의 원리로 되돌아가는 것이 상책이다[복24].

4음은 진정한 태평성세가 되려면 어려움이 닥치는 상황 속에서 경쟁논리를 앞세워 획책하지 않음이다. 5음·6음과 함께하는 후반 세계는 모두 음이라 세상이 침울하고 활력을 잃었다. 이럴 때는 마음의 굴레를 벗고 과거에 좇던 부귀영화는 잊고 비슷한 신세의 이웃들과 서로 믿고 의

지하며 경계심을 갖지 않고 유유상종하며 순수함으로 되돌아와 사는 것이 또 다른 태평을 얻는 길이다.

이 상황을 주재하는 '복(24)'의 4원 개념을 '태'의 환경으로 읽어오면, 빈궁(貧窮)한 상태에서도(박23) 과감히 새로운 목적을 지향하며 밀어붙이고(쾌43) 저변의 힘을 축적하여(대축26) 신뢰로 뭉쳐 역량을 결집하는(췌45) 일련의 과정으로 묘사된다.

'새가 훨훨 나는 것 같다' 라는 것은 구구한 생각들을 가라앉히고(4음) 그로부터 해방감을 얻어 근본으로 되돌아와 심기일전(心機一轉)의 계기를 얻어내는 해탈의 마음을 그리고 있다. '그 이웃으로써 부유치 아니하다' 함은 형편이 나빠질 때 자칫 이웃을 이용하여 자신의 부를 지키려는 치졸한 생각이 생기기 쉬운데 마음을 비우고 소박한 마음으로 돌아가 그런 따위로 부를 지키려 하지 않는다는 뜻이 된다. 이 정도 수준이 되면 '이웃끼리 서로 믿어 경계하지도 않게' 되는 진솔함을 바탕으로 하는 또 다른 차원의 '태'가 실현되는 모습이라 하겠다.

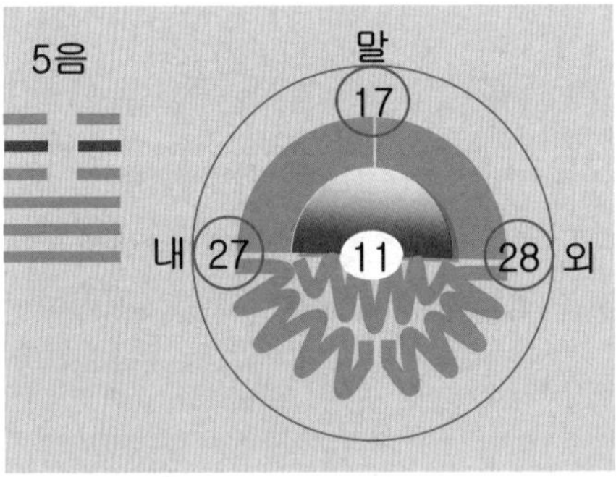

帝乙歸妹제을귀매·
以祉元吉이지원길·

제을(황제)[帝乙]이 그 딸을 시집 보내도다[歸妹]. 이로써[以] 하늘 복을 탔기에[祉] 크게 길하리라[元吉].

5음은 이(頤)·수(隨)·대과(大過)의 과정이다: 부족한 내면을 튼튼히 길러[이27] 가용에너지를 어떠한 방법으로 최대한 확립할 수 있을 것인가[대과28]가 관건인데 어떻게 하면 되는가? 세상만사의 흐름에 흔쾌히 호응하는 적극적인 자세를 견지해야 한다[수17].

5음은 후반 세계의 중심 리더로서 만사의 경영에서 음의 특성이 발휘되기 때문에 깊고 차분하며 포용적이다. 협력하는 끈끈한 인간관계, 외교·동맹관계를 중시하고 신분 고하를 막론하고 중지(衆志)를 모아 탄탄한 기반(음)을 만든다. 이로써 휘하의 사회는 보다 큰 업적을 이룰 수 있고 태평성대가 유지되는 바탕을 형성하게 된다.

이 상황을 이끄는 '수(17)'의 4원 개념을 '태'의 환경으로 읽어오면, 창조적 열정으로(건01) 주체자의 정신을 헌신적으로 수용하며 따라가(곤02) 세상을 의기충천함으로 가득 채워 튼실하게 하는(태11) 일련의 과정으로 묘사된다. 태(11)의 목표는 형편을 따를 수 있는 수(17)이고, 호응하여 따르면 태평을 이룰 수 있는데 이는 두 괘가는 서로간에 목표형질이 되기 때문이다.

제을[帝乙]은 『주역』의 괘사를 지은 문왕이 서쪽 지방 제후로 있을 당시의 은(殷)나라의 황제였다. 은의 황실이 지방 제후의 지지기반을 잃어갈 때 행한 혼인동맹으로서 제을 황제가 문왕에게 그 딸을 시집 보내고 문왕이 이를 받아들여[歸妹] 평화를 유지케 한 역사를 그 예로 제시하는 괘사라 할 수 있다(제을帝乙을 황제帝가 아닌 그 다음 권력층乙과의 관계로도 볼 수 있다). 상황코드인 수(17)의 과정을 자세히 비교해 보면, 비색한 난세를 맞은 것이 은의 황실인데, 황제가 혼인동맹으로 난세를 푸는 방법을 제시한 것은 창조적 열정을 뿜어낸 것이며(건01), 문왕이 이를 받아들인 것은 주체자의 정신을 헌신적으로 수용하며 실천·추종한 모습이 된다(곤02). 이런 흐름을 타는 것은 5음의 상황코드의 본말(本末)인 '이(27)'에서 '대과(28)'로 이행하는 과정에서 가용에너지를 최대한 확립함으로써 세상의 여러 국면에 긍정적으로 호응할 수 있어 태(泰)의 중요한 단계를 이루게 되는 것이니 그렇게 된다면 하늘 복을 탄 것[祉]이 틀림없다. 제5효가 음으로서 포용적이고 협력적인 성정을 유지하는 데에다 세계 하부가 효용 있는 에너지로 가득하여 그 근본이 튼실하므로 근원적으로 길한 상황이 되는 것이다[元吉].

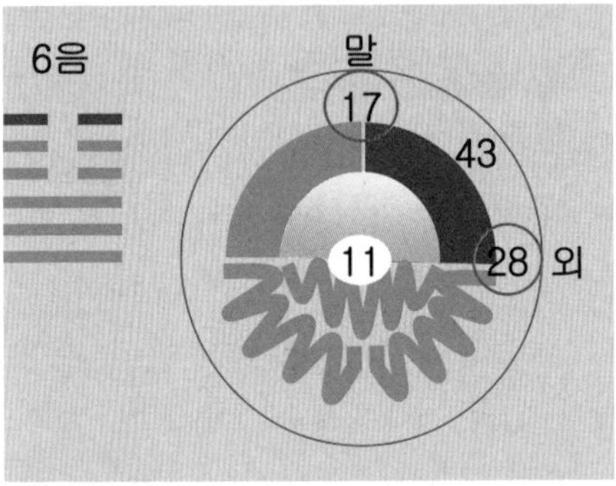

城復于隍성복우황.
勿用師물용사 自邑告命자읍고명.
貞吝정린.

성이[城] 성밖 외호(外濠) 쪽으로[于隍] 돌아서도다[復]. 군사는[師] 쓰지 말고[勿用] 고향의[自邑] 부름에 임하라[告命]. 끝까지 고집하면[貞] 난처하리라[吝].

> 6음은 대과(大過)·쾌(夬)·수(隨)의 과정이다: 일단 에너지를 가득 채웠더라도(부귀영화를 얻었더라도)[대과28] 그렇게 되기가 쉽지 않겠지만 만사의 흐름에 호응해야 한다[수17]. 어떻게 해야 할 것인가? 대세지향적으로 결단하지 않으면 안 된다[쾌43].

6음은 미래와 세계 밖의 사정에 어둡다(음). 한번 마음먹은 일을 일사천리로 달성하려는 조급함과 교만함으로 매사를 사정없이 밀어붙이니[쾌43], 제일 중요한 인간관계에 금이 간다. 목적과 수단이 뒤바뀌져 재화도 권력도 누수현상이 생긴다. 힘을 잃은 6음은 세계 밖과 미래를 향하는 문턱에서 손 하나 쓸 수 없어 멍하니 섰으니(음) 대세에 밀려 끝장이 나는 꼴이다[쾌43]. 권불십년(權不十年)이니 모든 것을 버리고 원래로 되돌아 가는 길 밖에 없어 끝이 궁색하기만 하다.

제2효의 해설에서 '태'의 기초형질은 '고(蠱)'이고 '고'의 기초 형질은 다시 '태'가 된다는 것에 대하여 설명한 바 있다. 6음의 경우는 이제 '태'

가 '고'의 기초형질로 바뀌려는 한계에 와 있다. 왜냐하면 1양·2양·3양으로 장전된 저변의 큰 세력이 이 세계의 최 외곽인 6음의 불활성 장벽을 넘어 세계 밖으로 펼치지 못하고 마는 상이기 때문이다. 또한 제6효의 인성적 직능이 세계관이요 미래를 보는 시각인데 불활성으로 막혀 있어 현명한 판단을 내릴 수 없기 때문이다.

'성이 성밖 외호 쪽으로 돌아선다[城復于隍]' 함은 아군이 성밖 외호에서 진치고 있는 상대에게 공격을 나가 항복한다는 뜻인데 지금까지 쌓아온 '태'의 운세가 무너짐을 지적하고 있다. '군사는 쓰지 말라[勿用師]' 하는 것은 운세가 이미 기운 것이니 거창하게 큰 군사를 일으켜 세계의 에너지를 더 피폐하게 하지 말라는 것이다. 태평성대의 운세가 다 하면 어떻게 해야 바른 길일 것인가? 이제는 허황된 꿈을 접고 재충전하는 결단의 시간이 필요하다. 『주역』은 여기에서 추천하기를 '끝까지 고집하면 궁색하니[貞吝] 고향의 부름에 임하여[自邑告命]' 재충전하는 것이 바람직하다는 충고다.

상황코드인 '쾌(43)[|||||:]'의 괄호 속의 괘상을 보면, 제1효에서 제5효까지가 양이고 마지막 제6효만이 음이다. 대세를 이루는 양의 세력이 남은 음의 세력을 꺾으려는 모습으로 인식되기 때문에 그 음을 해치운다는 뜻에서 결단의 쾌로 말한다. 이 괘의 4원 개념을 태의 환경으로 읽어오면, 문젯거리에 걸려 헤쳐나기 어려운 국면에서 기회를 잡아(구44) 순리와 정도의 떳떳한 길을 택하여 노력하는 가운데(무망25) 다시 상승기세를 되찾으며(승46) 창조적 순리를 막지 않는 원래의 바른 세계로 되돌아가야 하는(복24) 일련의 과정이다. 6음의 경우는 태평세월에 눈이 어두워 한치 앞을 내다보지 못하도록 시야가 막힌 것이니 이를 제거해야 바람직할 것이다. 하지만 그것이 제거되어 더 태평세월을 지속할 수 있게 되어야 한다는 뜻이 아니고 국면이 변화하고 있음을 알아차리고 그에 합당하게 처신을 결단하는 안목을 가져야 한다는 뜻이 된다.

12. 천지비(天地否)

불활성, 부조화, 막힘, 위세에 눌린 의기소침, 긴장, 중립적 질서구축,
고진감래, 처음의 막힌 운 끝에 가서 풀리는 상

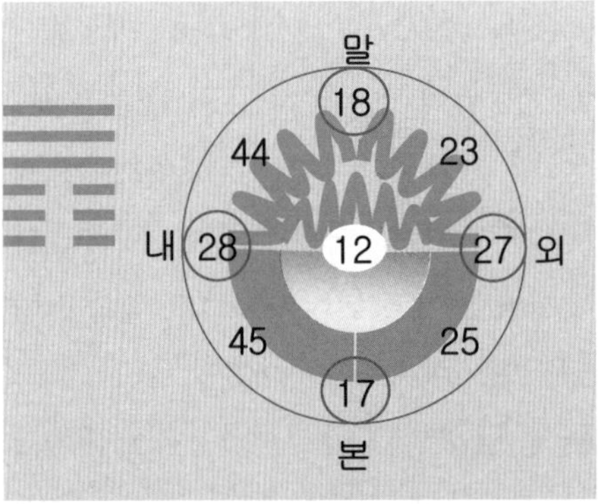

否之匪人비지비인.
不利君子貞불리군자정.
大往小來대왕소래.

막힘이란[否之] 비인간적이로다[匪人]. 군자가[君子] 끝내 고집하면[貞] 불리하리라[不利]. 큰 것은 가고[大往] 작은 것이 오도다[小來].

비[否]는 수(隨)·대과(大過)·이(頤)·고(蠱)를 따라 흐르는 세계다: 호응하는 자세로 출발하여[수17] 올인(all-in)하며 욕심껏 채우려고 도전하지만[대과28] 침체된 세상 분위기로는 오히려 빈궁함에 시달리니 안정과 보수적 자세로 바탕을 기르는 꾸준한 노력을 거친 후[이27] 마지막에 겨우 갱생부활의 기회를 맞을 수 있는[고18] 일련의 과정이 '비'의 세계다. 고(18)는 부패·쇠퇴·타락의 상이면서 동시에 쇄신되어 부활하는 갱생의 상이다. 부패를 도려내면 회복되면서 쇄신되기 때문이다.

8괘의 단위로 보면, 양의 세력은 위 하늘(乾天건천)로 확산되고 땅(坤地곤지)은 아래로 꺼지니 양(시간)과 음(공간)이 만나 사건을 진행시키는 시

공간 무대가 형성되지 못하므로 정체와 침체의 상을 나타낸다.

1음·2음·3음이 모여 땅의 공간이 형성되었고 4양·5양·6양이 합해진 하늘이 우주의 시간을 운행하지만 두 영역은 서로 섞여 조화를 이루지 못하고 서로 분리되어 만나지 못한다. 양은 위로 음은 아래로 움직이니 시공의 부조화로 의미 있는 사건이 형성되지 않는다. 땅이 아래로 무겁게 가라 앉으려 하고 하늘은 위로 올라가려 하여 그 중간이 사귀지 못하므로 이것이 곧 막힌 운을 상징한다. 이럴 때는 어떤 활동을 하여도 생산적이지 못하고 이득도 없다. 창의력을 발휘할 자와 능력자들이 디딜 무대 바닥이 형성되지 못하는 것이다.

그러나 그것으로 끝나지 않는다. 중력으로 가라앉는 무게를 끌어올리는 힘이 작용하여 전체 세계는 균형을 유지하게 된다. 날아가려는 의욕과 가라앉으려는 육체가 완전히 분리되지는 않는다. 그 힘은 무엇인가? 현재의 어려움에 주저앉지 않고 자신의 정신력으로 스스로를 혼신의 힘으로 붙들어 끌어올리는 힘이 그것이다. 시간의 흐름과 함께 기회가 오면 상황은 반전되는 것이다. 이것이 스스로 돕는 자의 힘이다. 변화와 발전으로 반전하여 부활의 성공을 맞는 핵심은 부정적인 국면을 완전히 긍정적으로 돌려 놓는 끈질김과 성실성이다. 중도하차의 노력은 의미가 없다. 아래 음들과 위의 양들 사이의 힘겨운 줄다리기이니까! 막힘[비12]의 끝은 쇄신부활[고18]이 되고 부패의 끝은 막힘이 되어 주제의 괘와 결과형질의 괘 사이에 상호성이 존재하게 된다. 이는 주제의 괘와 기초형질의 괘 사이에 상호성이 있음과 마찬가지 개념이다.

인성의 면에서 살펴보자. 근본정신(무의식)이 잠자고(1음), 신진대사 작용이 비활동성이며(2음), 세계주위와의 외적 육체적 교류활성도가 낮아서(3음) 전체적으로 신체조건이 침체상태에 있다. 이에 비하여 이성적 사고는 활발하고(4양), 뇌의 판단력과 실천력이 좋으며(5양), 세계 통찰력도 활발하여(6양) 정신활동은 매우 정상이다. 하지만 신체는 이에 부응할 수 없는 상태다. 아무리 계획을 세우고 일을 추진하여도 이를 실제로 수행해 나갈 몸이 말을 들어주지 못하는 불구의 몸과 다를 바 없다. 나아갈 정신력은 충만한데 그것을 바쳐줄 실체가 부실한 사람이다. 정신활동이 나라는 주관자라면 신체는 받쳐주어야 할 객관적 환경이다. 세상 주변이 따라와 주지 않으니 이것이 비색한 세상이다. 머리를 잘 써서 큰 일을 이루려는 뛰어난 자에게는 치명적이다. 자신의 몸을 쓰지 않고 편안하게 하는 데에 만족할 수 있는 자는 조용히 있으면 큰 문제 될 것은 없다.

'막힘이란 비인간적이로다[否之匪人]' 하였는데, 막힘의 운세란 전체적인 세상의 근저가 그런 것이라 개개인이 어찌할 수 없는 비색한 면을 말한 것이고, 인간영위의 면에서도 신체조건이 활동적이지 못한 것이니 사람의 의지대로 제어되는 것이 아니라는 뜻이다. '군자가 끝내 고집하면 불리하다[君子不利貞]' 함도 이럴 때는 큰 뜻을 펼칠 사람일수록 침체된 세상의 영향을 크게 받으므로 이루기 어려운 일을 끝까지 추진하면 할수록 매우 불리해진다. '큰 것은 가고 작은 것이 온다[大往小來]' 함은 시간이 흐르면 군자가 벌리는 큰일은 성사되지 못하고 소인이 관여하는 작은 일들이 득세하는 것을 말한다. 양의 세력보다 음의 세력이 점점 더 커지기 시작하는 음7월의 환경변화를 의미하기도 한다.

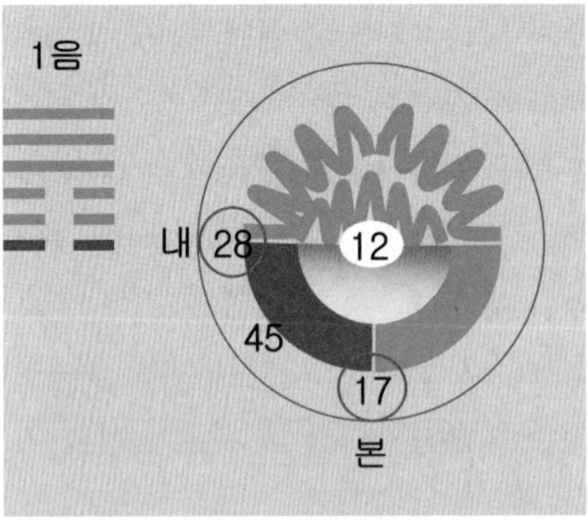

拔茅茹 以其彙발모여 이기휘·

貞吉亨정길형·

말을 먹이는[茹] 띠풀을[茅] 뽑아[拔] 그것을[以其] 모아두도다[彙]. 끝까지 굳건하게 하면[貞] 길하고[吉] 형통하리라[亨].

1음은 수(隨)·췌(萃)·대과(大過)의 과정이다: 어떤 문제라도 호응하는 자세인데[수17] 에너지를 크게 써야 할 일이 기다리고 있다[대과28]. 평소에 씀씀이가 헤프면 안 될 상황이다. 어떻게 해야 하는가? 재원이 되는 것은 무엇이라도 모아두고 뭉쳐서 힘을 길러야 한다[췌45].

운세가 막히는 세계에서는 근본적인 욕구를 줄이는 것이 좋다(음). 상황이 맞지 않는 때에는 해봐야 낭비요 실패라 복잡한 세상 일을 한풀 접고 다음을 기약하면서 개인적인 능력을 길러야 한다. 음의 수렴성에서 배우는 것은 지위가 낮은 사람들끼리는 똘똘 뭉쳐 합심해야 하고 작은 자원이라도 모아 나중에 활용해야 한다[췌45]. 그리고 끈질겨야 한다. 이랬다 저랬다 말고 끝까지 버티면서 미래의 준비를 행할 때 그 힘을 쓸 기회가 온다.

이 상황을 주재하는 '췌(45)'의 4원 개념을 '비'의 환경으로 읽어오면, 순리를 따라 절제하는 삶을 출발하여(무망25) 불순존재가 싹트면서 갈등을 겪는 중에 기회를 잡고(구44) 각고의 노력 끝에 원래의 바른길로 되돌아와(복24) 질서를 회복하고 도약의 희망을 쌓아가는(승46) 일련의 과정이다. 절제 속에 기회를 만나 올바르게 도약준비를 하고 있는 근면한 삶의 모습이다. 작은 자원이라면 모우고, 작은 힘이라도 무리를 이루어 지혜를 모으고 견실하게 상황에 대응하는 자세다.

'말을 먹이는 띠풀을 뽑아 그것을 모아둔다[拔茅茹 以其彙]' 함은 미래를 위하여 조금씩 절제하며 준비하는 모습이다. 태(泰)괘 1양에서 같은 효사의 내용이 있었는데 그때의 상황코드는 '대축(大畜26)'이었으므로 적극적인 축적 자체에 의미를 두고 있는 데에 비하여 여기서는 어려운 가운데 근면한 생활 속에서 최소한의 저축을 의미하고 있는 점이 차이라 하겠다. 비색한 세계를 맞았을 때에는 미래를 위하여 견실한 삶을 굳선하게 살아가면[貞] 길하고[吉] 형통하다[亨]는 것이 이 효의 가르침이다.

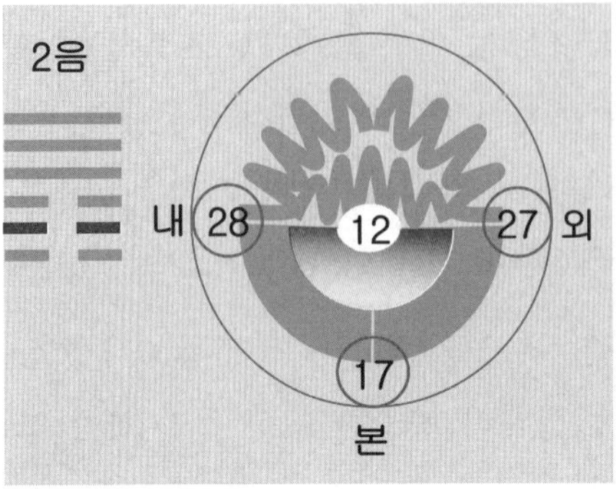

包承포승. **小人吉**소인길.
大人否亨대인비형.

감싸[包] 계승하도다[承]. 소인은 [小人] 길하리라[吉]. 대인은[大人] 막힘을[否] 밀어붙이리라[亨].

> 2음은 대과(大過)·수(隨)·이(頤)의 과정이다: 발산적·도전적 성향에서 [대과28] 수렴적·안정적 성향으로[이27] 삶의 지표를 바꾸어 가는 것이다. 그 과정은 어떻게 하는 것인가? 매사에 도전장을 내지 말고 비색한 현재의 형편에 마음을 맞추어 따라가는 삶을 지향해야 한다[수17].

2음은 전반세계의 중간리더로서 관리자형이며 안정과 보수를(음) 지향한다[이27]. 투자는 금물이요 저축이면 다행이지만 사회의 분위기는 침체한다. 하지만 기왕의 발산적 기질을 버리지 못하는[대과28] 사업가형은 새로운 도약의 기상을 높이려 하겠지만 이 세계가 가야 할 방향과는 달라 성공하기 어렵다.

이 상황을 뒷받침하는 '수(17)'의 4원 개념을 비'의 환경으로 읽어오면, 비색한 난세에 의기소침하여(비12) 내면적으로는 창조적 열정이 있다 해도(건01) 밖으로는 헌신적으로 세상의 흐름을 전면 수용하여(곤02) 주변이 서서히 튼실하도록 노력하지 않을 수 없는(태11) 일련의 과정이다.

'감싸 계승하도다. 소인은 길하다[包承 小人吉]' 함은 새로운 일에 도전하기 보다는 물려 받은 것을 지키는 데에 급급한 형국이니 곧 수(17)의 태도이며 발산·도전적 성향에서[대과28] 수렴·안정적 성향으로[이27] 이행해가는 전형적인 예가 된다. 소인이 이 형국을 수행하는 데에 제격이므로 소인은 길한 것이다. 하지만 '대인은 막힘을 밀어붙인다[大人否亨]' 라고 하였는데 그렇게 되면 내에서 외로 향하는 괘의 운세에 반대되기 때문에 괘사에서 이미 대인은 불리하다고 하였던 것이다.

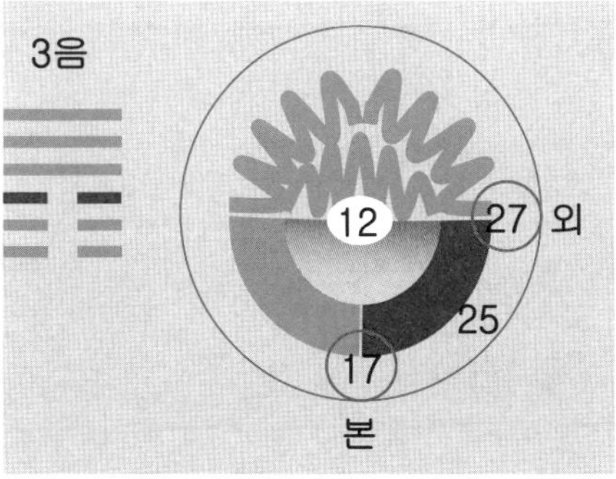

包羞포수.

부끄러움을[羞] 감싸도다[包].

3음은 수(隨)·무망(无妄)·이(頤)의 과정이다: 호응하는 자세를 가지고[수17] 부족한 내면을 채우고 기르며 성장할 수 있는 바탕을 구축하려면[이27] 어떤 삶을 살아야 하나? 순리와 정도를 걸으며 절제하는 삶이다[무망25].

3음은 세계 주위와의 교류에 불활성의 벽을 두는 것이다. 교류를 삼가는 것은 자신의 내면을 열어 보이지 않으려는 것이거나 물욕과 외적인 요구를 절제하는 상황이다. 막힌 세상에 필요한 것도 많겠지만 사정이 여의치 않으므로 자존심을 세우고 자기를 주장하거나 자신의 욕구를 충족하기는 불가능하다.

이 상황을 주재하는 '무망(25)'의 4원 개념을 '비'의 환경으로 읽어오면, 어리석은 무리 속에서 계도되어(췌45) 큰 결단력을 발휘하고(쾌43) 빈궁한 상태를 버텨내면서(박23) 공덕을 가득 쌓아 천운에 연결되는(대축26) 일련의 과정이다. 그러한 삶의 모습은 순리대로 천리를 거슬리지 않는 삶, 욕심을 버리고 근본을 채워나가는 삶일 것이다.

'부끄러움을 감싼다[包羞]' 함은 자신의 곤란한 처지를 드러내지 않고 이기심에서 발동되는 자기 정당화를 획책하지 않는 삶을 말한다. 여기에서 부끄러움은 양심의 가책을 받는 일로 부끄러운 것이 아니다. 허욕이 있다면 그것이 부끄러울 것이다. 그래서 '包羞포수'는 허욕이 밖으로 튀어나오지 못하도록 억제한다는 뜻이 된다. 이것이 곧 무망의 삶이다. 나서지 않고 한발 물러서서 자신의 내면을 알차게 함으로써 새로운 창조적 힘을 얻게 된다.

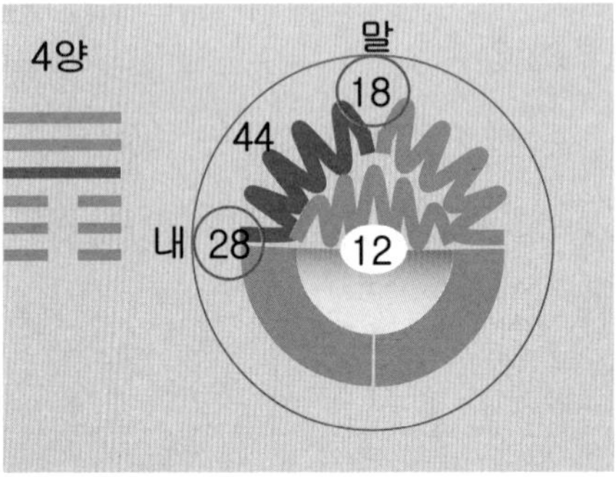

有命유명 无咎무구.
疇離祉주리지.

천운을[命] 잡으면[有] 무탈하리라[无咎]. 동료들에게도[疇] 그 천복이[祉] 나누어지리라[離].

> 4양은 대과(大過)·구(姤)·고(蠱)의 과정이다: 힘을 충분히 누진하여[대과28] 외적 성공을 갈망하게 되는 국면 전환점이다[고18]. 어떤 구상이 있어야 하는가? 천운의 기회를 십분 활용하여야 한다[구44].

4양은 침체의 국면을 벗어날 때에 생각이 활발해져 자신감이 생긴 것이다. 때가 무르익었으므로 이제는 적극적으로 운을 개척해야 한다(양). 자신의 리더십에 대한 확신이 있어야 운명은 개척되고 그로 인하여 주위 사람들도 함께 복을 나눈다. 때가 다가 왔지만 하늘은 스스로 돕는 자를 돕는 법이다. 적극적으로 아이디어를 개발하는 자발적인 노력이 하늘의 복을 이끌어 준다. 물론 그러한 노력에 동참하는 모든 사람에게도 그 기회와 복을 맞게 되는 것이다.

이 상황을 주재하는 '구(姤44)'의 4원 개념을 '비'의 환경으로 읽어오면, 결단력을 발휘하여(쾌43) 지혜로써 역량을 결집하고(췌45) 때맞은 기회에 공덕을 쌓아(대축26) 끝까지 밀어붙여 성취해내는(박23) 일련의 과정이다. 의도하지 못한 우연한 기회와 만남이 왔을 때 그것을 잘 활용하면 성취할 수 있지만 능력을 소진하면 빈궁한 상황을 맞기에 박(23)은 유리한 쪽을 어디로 보느냐에 따라 밀어붙여 성공할 것인가 밀려 소멸될 것인가 하는 양판의 운명으로 갈리게 된다. 비[否]의 세계이니만큼 막힘의 시절에 기를 펴지 못하고 억눌려 있었지만 내면의 잠재력을 잘 키워서 기회가 왔을 때 실기하지 않고 그 역량을 펼치는 상황이다.

'천운을 잡으면[有命] 무탈하고[无咎] 동료들에게 그 천복이 나누어진다[疇離祉]' 함은 세상이 바뀌어 기회가 왔으니 탈이 있을 소지가 없어진 것 뿐 아니라 어려운 시절에 함께 뭉쳐서 힘을 보태는 것이 이러한 기회를 맞게 되는 데에 큰 공이 되었음을 함의하고 있으며 그 진가가 이제 바로 눈앞에 왔음을 강조하는 말이다. 이제 힘을 충분히 누진하여[대과28] 외적인 성공으로 부활할[고18] 박자가 맞아떨어졌으니 이것이 바로 천운의 기회를 만난 것이다[구44]. 제4효가 양인 것은 이성적 사고를 활발히 하여 그럴듯한 기획을 적극적으로 준비한다는 상황을 의미하므로 표상과 상황코드를 합하면 막힘의 세상에도 꾸준히 준비하는 자에게 기회가 온다는 사실을 동시에 말해주고 있다 하겠다.

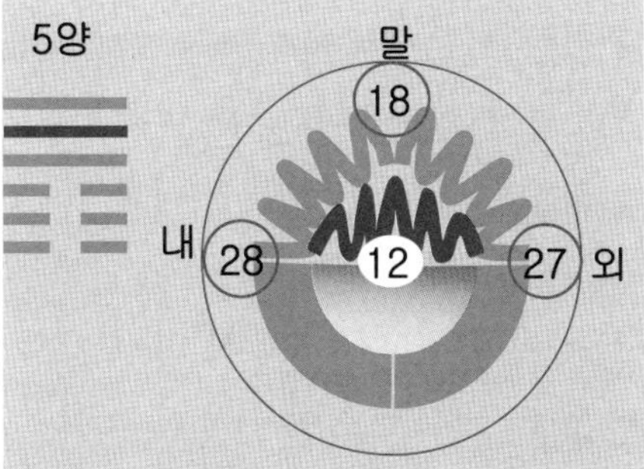

休否휴비. 大人吉대인길.
其亡其亡 繫于苞桑
기 망 기 망 계 우 포 상

막힘이[否] 숙지근하도다[休]. 대인은[大人] 길하리라[吉]. 이런저런 망조를 걱정하여[其亡其亡] 튼실한 뽕나무[桑] 밑동에[于苞] 매어놓도다[繫].

5양은 대과(大過)·고(蠱)·이(頤)의 과정이다: 세상이 활발해지면서 나름대로 힘을 잘 비축한 인물은 그 뜻을 펼치려 하지만[대과

28] 비색(否塞) 했던 전반세계의 영향으로 세상은 아직도 어렵고 성공은 보장되지 않기에 안정 기조를 지키는 방향으로 가야 한다[이27]. 하지만 이제는 외적 성장을 위하여[고18] 최대한 조절능력을 발휘해야 한다[중5효, 양陽].

5양은 4양에서 시작된 상황 반전이 무르익는 가운데 세상을 주도적으로 중도를 발휘하며 이끄는 핵심 역량이다. 그러나 전반세계가 모두 음으로 무거워 아래로 가라앉았기 때문에 자칫 낙마할까 걱정을 아니 할 수 없는 상황이다. 매사를 신중히 처리하며 실패가 없도록 온갖 노력과 정성을 다할 수 박에 없다.

2음의 경우에는 발산·도전적 성향에서[대과28] 수렴·안정적 성향으로[이27] 삶의 지표를 바꾸어 막힘의 시대에 맞게 따라가면 되었기에[수17] 소인의 특성에 잘 맞는 상황이었다. 하지만 5양에 이르러서는 내면에 비축한 힘을 활짝 펼치려는 강력한 욕망을 가지고 있지만[대과28] 외적으로 보면 세상은 전환점에 겨우 도달했을 뿐이고 괘의 지표도 아직도 체질을 관리하고 함양해야 되는 안정기조의 방편을 세우지 않으면 안 되게 되어 있다. 그러면서 5양의 목표와 과정은 외적 성공이 주제다. 개혁적으로 마음껏 펼치기도 어렵고 그렇다고 마냥 보수 안정만을 내세울 수도 없는 혼란스러운 상황이다. 하지만 중도를 다룰 수 있는 능력을 가진 최고책임자라면 당당하게(양) 최적화의 조치를 취하여야 한다. 특히 상황코드인 '고(18)'는 음 셋과 양 셋으로 구성되어 있고 표상에서 자신의 세계외부로 에너지를 빼앗길지 획득할지 양판 간의 관점이 가능한 것이므로 이를 과정의 주제로 삼는 5양은 여간 걱정하고 신중하지 않고서는 자칫 낙마하기 십상이다.

'막힘이 숙지근하도다[休否]' 함은 세상이 완전히 풀린 것은 아닌 과도기라 막힘의 형세가 줄어든 상황이니 소인이라면 상황판단이 어려워 난감할 것이나 대인은 이것을 기회로 본다는 것을 함의하고 있다 하겠다. '이런저런 망조를 걱정하여[其亡其亡] 튼실한 뽕나무 밑동에 매어놓는다[繫于苞桑]' 함은 과도기의 변화에 대응하기 위하여 안전기조를 흩트려서는 안 된다는 것을[이27] 강조하는 표현임을 알 수 있다.

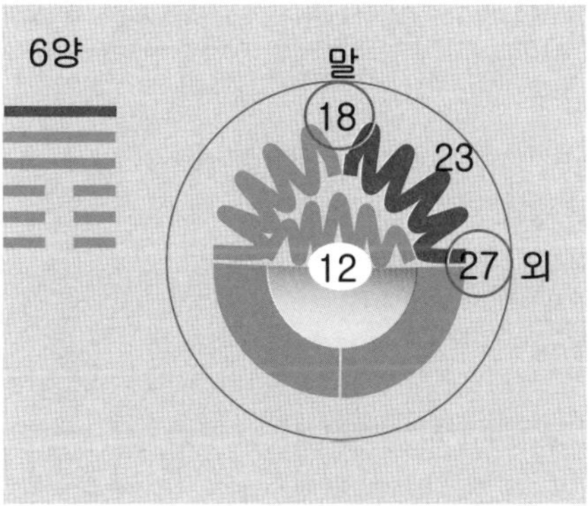

傾否경비.
先否後喜선비후희.

막힘이[否] 기울도다[傾]. 앞에는[先] 막히니[否] 뒤에는[後] 기쁘리라[喜].

> 6양은 이(頤)·박(剝)·고(蠱)의 과정이다: 안정과 보수성향으로 자신을 기르면서 움츠려 있다가[이27] 세상 밖으로 나서서 확연히 외적 성공을 지향하고 있다[고18]. 어떤 분위기의 상황이 진행되는가? 막혀 있던 세상이 뒤집히며 끝장이 난다[박23].

6양은 미래와 세상 밖으로의 활성도가 높아져 정체된 기운이 막을 내린다. 주인공은 일을 맡아 성취를 향한 적극적인 활동을 편다(양). 6양으로 인하여 상하의 음양이 이제서야 균형을 이루어 막힘은 걷어지고 성공 분위기로 반전된다. 처음에는 막힌 것처럼 부진해도 시간이 가면서 꾸준하고 끈질긴 승부근성으로 도전함에 따라 운이 풀리고 그 힘은 드디어 밖으로 미래로 확산된다.

이 상황을 주재하는 '박(23)'의 4원 개념을 '비'의 환경으로 읽어오면, 근본으로 되돌아와(복24) 다시 새롭게 바탕을 쌓아 올려(승46) 정도·순리·절제의 삶을 살면서 천운의 흐름에 따라(무망25) 절호의 기회를 맞게 되는(구44) 일련의 과정이다. 음기와 양기, 액운과 행운 등 대칭되는 두 개념의 한쪽이 다른 쪽보다 대세가 월등하여 상황이 반전되는 상황을 나타내고 있다.

'막힘이[否] 기운다[傾]'가 의미하는 바를 '앞에는 막히나 뒤에는 기쁨이 온다[先否後喜]'로 설명하고 있다. 이것은 효의 시작이 안정보수 지향으로 출발한 상황이지만[이27] 그 끝에는 외적 활성이 내면을 침투하는 상황으로[고18] 가고 있고 상황코드인 '박(23)'이 명시하는 것처럼 진행되던 상황이 반전되어 나중에는 대세가 뒤집히기 때문이다.

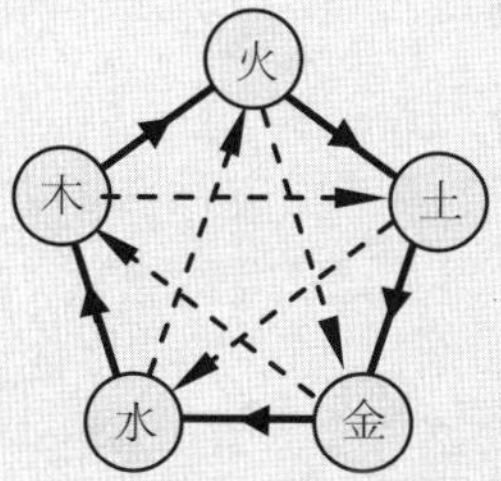

[가]오행 상생상극도

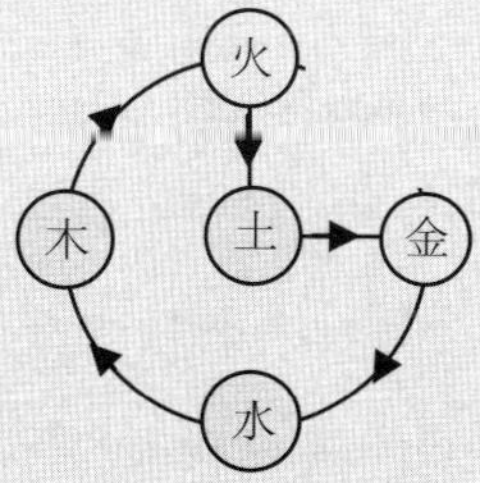

[나] 하도의 오행 상생도

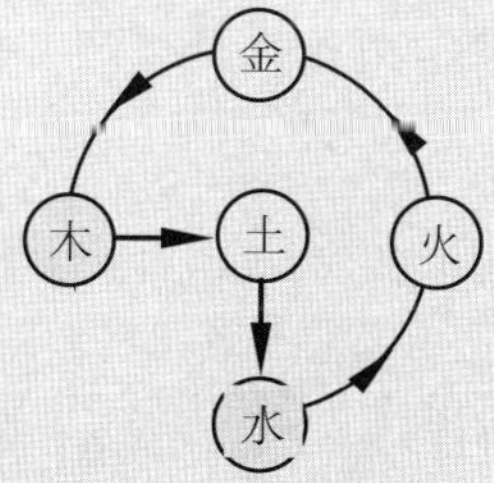

[다] 낙서의 오행 상극도

▷ 오행 상생흐름도와 상극흐름도 (『과학주역』1, 49쪽)

하도와 낙서는 위 두 그림에서는 대칭성이 없다. 특히 아래 그림에서는 화(火)와 금(金)의 자리가 바뀌어 있다.

13. 천화동인(天火同人)

의기투합의 상, 목표지향적 결집, 생산적 협력, 지도자에의 결속,
중지를 모음, 더 높은 뜻을 펼치는 자세

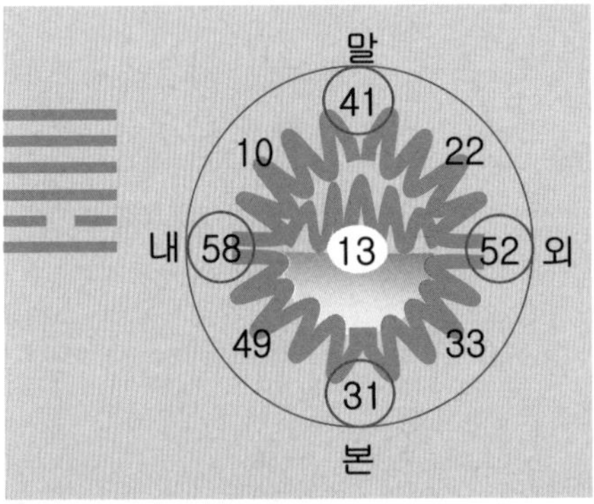

同人于野동인우야.
亨형. 利涉大川이섭대천
利君子貞이군자정.

밖에서[于野] 동지를 모으도다[同人]. 넓혀나가리로다[亨]. 큰 내를 건넘이 이로우리라[利]. 군자가[君子] 군건하게 하면[貞] 이로우리라[利].

동인[同人]은 함(咸)·태(兌)·간(艮)·손(損)을 따라 흐르는 세계다: 상호교감을 갖고 뭉쳐서[함31] 화기애애한 내부적인 열정을 함께 하고[태58] 외적으로 절제 속에서 경륜을 쌓으며 지혜를 궁구하여[간52] 최적의 조건을 찾아 소기의 목적을 이루는[손41] 일련의 과정이 '동인'의 세계다. 공통목적의 성취를 위한 동호회, 사회단체 등은 물론 만물이 무리를 지워 존재하는 모습의 전형이다.

8괘의 단위로 보면, 아래 불길(離火리화)이 위 하늘(乾天건천)로 솟으며 빛을 발하므로 불과 빛이 동류로서 같은 방향으로 질서를 가지고 나아가니 뜻을 같이하여 의기투합하는 상이다.

하괘에서 1양과 3양이 불꽃이라면 2음은 물질을 의미하여 불꽃을 유

지하게 해주는 심지나 연료를 나타내어 한정적인 에너지를 표출할 수 있는 불을 상징하지만, 상괘는 끊임없이 에너지를 방사하는 빛이 펼쳐나가는 하늘을 상징한다.

1양·2음·3양을 원형 표상으로 만들면 중앙의 2음을 심지로 하여 그것을 연료로 삼고 타면서 둘레가 열과 빛을 내고 있는 불을 나타낸다. 반원형 표상의 불 형상 위에 지금의 표상에서 5양이 중첩되어 만들어지는 1양·2음·5양·3양도 역시 불을 나타내는 것은 마찬가지다. 이 불이 전체가 위로 올라갈 것인데 4양·6양은 빛으로 밝히며 이 불의 진행을 돕고 있는 모습이다. 빛은 불의 양 에너지가 확산되는 파동이니 불과 빛은 서로 동반하며 상승작용(相乘作用)을 하는 관계다.

표상을 달리 보면, 큰 배(2음)에 승선한 기관사(1양), 항해사(3양), 선장(5양)이 힘을 합쳐 도선사(pilot: 4양·6양)의 안내로 목표하는 항구 안으로 들어오는 모습이다. 정당, 각종 단체, 학회, 동호회 등에서 공통의 목적을 이루기 위하여 이끌고 따르는 상이다. 같은 뜻 아래 여럿이 뭉치면 어려움을 헤치는 불꽃 같은 명석함(離火)과, 공적인 사명감에 불타는 공명정대함(乾天)이 그 속에서 생긴다. 우주의 섭리에, 또는 세계·국가 ·사회를 위한 공익적 목적에 뜻을 같이하여 작은 힘을 결집하는 것이다. 하늘의 뜻을 아는 성자, 도를 깨우친 도인의 지도를 받으며 그 길을 함께하는 것도 동인[同人]이다. 동인의 삶은 개개 생존의 확률을 높이기 위한 우주만물의 보편적 속성이기도 하다. 역사성과 문화수준에 따라 공동의 삶을 위한 무리를 지우는 것이니 크게는 민족단위요 문화권의 형성이다. 작은 힘을 큰 힘으로 승화시켜 힘차게 나아가는 것이니 비슷한 뜻을 가진 자들이 큰 일을 이룩하는 길이 된다.

인성(人性)의 면으로 살펴보면, 근본정신이 활발하고(1양), 외적 물적 교류도 원활한데(3양) 신진대사 작용이 제대로 되지 않아(2음) 에너지를 끊임없이 발생시키지 못하고 어떤 한계 내에 머문다. 이에 비하여 이성적 정신활동력이 강하고(4양), 판단실천력이 활발하며(5양), 가치관이 분명하며 세계를 보는 눈은 틔어있다(6양). 정신능력에 비하여 신체능력이 조금 떨어지므로 비슷한 사람들끼리 뭉쳐서 정신능력을 앞세워 공동목적을 함께 달성하는 것이 효과적이라 하겠다.

'밖에서 동지를 모으면[同人于野] 형통하다[亨]' 라는 것은 공적인 입장에서 대의를 같이하는 사람들이 모이면 조직적인 힘이 형성되기 때문에 공동목적을 성취할 가능성을 높여주는 것임을 말한 것이다. 따라서 어렵더라도 일을 감행할 것을 권장하는 뜻으로 '큰 내를 건넘이 이롭다[利涉大川]' 한 것이고, '군자가 굳건하게 하면 이롭다[利君子貞]' 함은 능력이 탁월한 자가 조직적으로 확고한 리더십을 발휘하면 소기의 목적을 달성할 수 있음을 뜻한다. 특히 '정[貞]'이 의미하는 바는 일을 벌리기만 하는 것이 아니라 확고하게 해나가면 완성할 수 있다는 의미를 함의하고 있다.

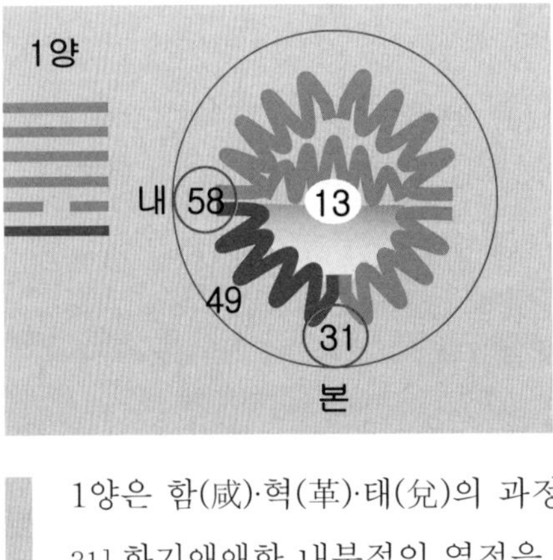

同人于門동인우문 无咎무구.

동지 모음이[同人] 열린 문에서 이루어져야[于門] 허물이 없으리라[无咎].

1양은 함(咸)·혁(革)·태(兌)의 과정이다: 상호교감을 갖고 뭉쳐서[함31] 화기애애한 내부적인 열정을 함께하는 국면이다[태58]. 어떤 과정을 겪어야 하나? 개방정신을 모토로 해야 한다[혁49]. 그 이유는 공명정대함 속에서 개인의 열정이 뿜어 나오기 때문이라 하겠다.

인간의 바탕에는 무의식이 자리하고 있어서 부지불식간에 삶의 흐름을 지배한다. '동인'이라는 조직에 있어도 마찬가지로 1양은 그 성패를 가늠할 수 있는 근본요소로서 이것이 활성화되어야 한다는 것은(양) 공개적인 인재기용, 조직의 의무와 책임의 명료성, 목표와 수단의 확실성 등을 그 바탕으로 삼아야 한다는 것을 의미한다. 선언, 정관, 규칙 등을 통하여 그 바탕을 공개적으로 확고히 하는 것은 바로 그런 목적이며 이를 통하여 개인과 조직이 어떻게 엮어져야 하는가가 확연해진다. 새로 출발하는 동인의 구성원에게는 믿음의 바탕이 된다.

이 상황을 주재하는 '혁(49)'의 4원 개념을 '동인'의 환경으로 읽어오면, 물러서서 내실을 다지고(둔33) 설득력 있게 동화될 수 있도록(리10) 겸양한 태도로(겸15) 새로운 도약을 위한 다스림 속에 있는(림19) 일련의 과정이다. 혁신이란 거리낄 것 없이 열린 정신을 바탕으로 합리적 대안을 창조해가는 과정이다. 동인을 이루는 데에 합리성의 요점은 공적인 목적에 사사로움이 개입되지 않는 것이다.

'동지 모음이 열린 문에서 이루어져야[同人于門] 허물이 없다[无咎]'라고 함은 동지 모음이 공개적이고 합리적이어야 목적을 이루는데 걸림돌이 없게 된다는 뜻이므로 문[門]은 곧 문호개방을 의미한다.

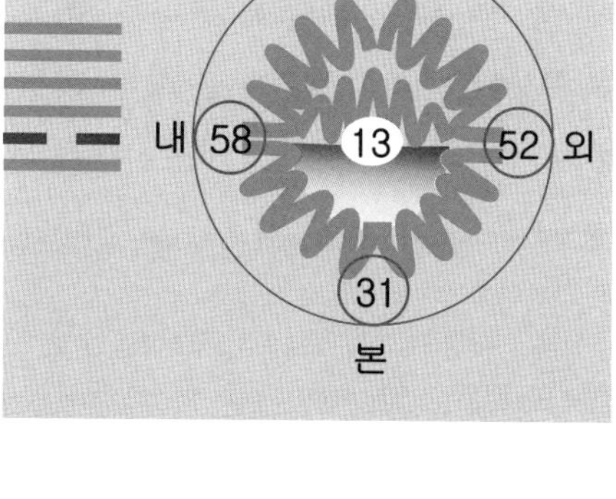

同人于宗동인우종, 吝린.

동지 모음이[同人] 문중에서 이루어지면[于宗] 옹색하리라[吝].

2음은 태(兌)·함(咸)·간(艮)의 과정이다: 화기애애한 내부적인 열정을 함께하며[태58] 외적으로 절제 속에서 경륜을 쌓으며 지혜를 궁구하려면[간52], 상호성을 제대로 인정하는 결집이 되어야 한다[함31].

수렴성은 음의 대표적 성질이다. 2음은 기회만 있으면 뭉치려는 성질인 것이다. 조직 내부에서 붕당(朋黨)을 형성하여 사적이고 국소적인 사특한 일에 몰두한다면 조직 전체의 큰 목적을 거스르게 된다. 혈연, 지연, 학연으로 분파가 형성되면 조직의 공명정대함은 길을 잃는다.

이 상황의 배경인 '함(31)'의 4원 개념을 '동인'의 환경으로 읽어오면, 공통목적에 동조하여(동인13) 경쟁과 시비를 초월하는 경륜을 닦으면서(송06) 외적으로 자기수양의 덕을 갖추어(명이36) 혼연일체를 이루는(사07) 과정이라 하였다. 가정의 부부, 기업의 노사관계, 리더와 추종자의 관계와 같이 서로가 서로의 상대성을 인정하면서 서로를 끌어당기는 태극(太極)의 상보원리가 직접 구현됨으로써 상호교감의 세계에 다가가는 것이다. 함(31)은 동인의 기초자질을 나타내는 괘인데 그 둘의 공통점은 이질성을 바탕으로 어떤 공적인 목적과 규칙을 가지고 동질성을 교감하는 것이다.

'동지 모음이 문중에서 이루어지면[同人于宗] 옹색하다[吝]' 함은 문중은 소위 혈연관계이므로 공적이기 보다는 사적으로 흐르기 쉽고 이질성을 바탕으로 우러나는 동질감이나 상호교감이라야 공명정대함이 보장될 것인데 동질감에서 얻는 동질감은 곧 사적인 것이므로 공명정대하지 못할 가능성이 많기 때문에 옹색한 동지모음이 된다는 내용이다. 붕당의 패권을 잡고 있는 자의 주장에 따라(간52) 그 단체가 결성되면(함31) 문호개방이 이루어지지 않은 것이니 1양이 함의하는 개혁의 대상이 될 뿐이다(혁49).

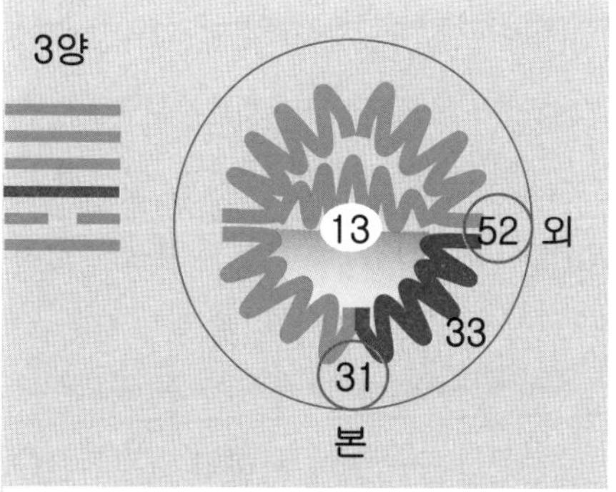

伏戎于莽복융우망.

升其高陵 三歲不興.
승기고릉 삼세불흥

숲에[于莽] 군사를[戎] 숨기도다[伏].
그[其] 높은 언덕을[高陵] 오르면서[升]
3년 동안[三歲] 일어나지 않도다[不興].

> 3양은 함(咸)·둔(遯)·간(艮)의 과정이다: 상호교감을 얻어 결집한 후에[함31] 절제 속에서 경륜을 쌓으며 지혜를 궁구하려면[간52] 한발 물러서서 허한 자질을 보충하는 전략적 후퇴의 시간이 필요하다[둔33].

3양은 이러한 자질보충을 위하여 공식적으로는 은둔하면서 물적 외적 교류를 주위와 활발히 하는 모습이다(양). 모자라는 실력을 키우는 데에는 일정기간 기본적인 자원과 환경 속에서 별도의 지속적인 훈련이 필요하다. 물질과 환경정보를 습득하고 적응하는 단계가 필요한 것이다. 진정한 의미의 동인은 이질적인 구성원이 상호의 공감대 하나를 축으로 하여[함31] 자신의 특성 중에 기여할 부분과 자제해야 할 부분을 정리하고 모자라는 부분은 보충하면서 스스로 동화되어나가는 과정 속에서 발전되는 체제다. 개체적 이질성이 고유의 특성을 잘 나타내면서도 전체의 동질성에 합류하려면 동화와 적응의 시간이 필요한 것은 절대적이다. 그 속에서 학습효과를 얻으면서 공동의 목적을 달성해나가는 것이다.

이 상황을 주재하는 '둔(33)'의 4원 개념을 '동인'의 환경으로 읽어오면, 개방정신을 모토로(혁49) 난관극복의 의지를 불태우며(곤47) 중도(中道)의 덕을 가꾸며(비22) 학습하면서 실력을 키워가는(몽04) 일련의 과정이다.

'숲에 군사를 숨긴다[伏戎于莽]' 라고 하였는데, 원래 군사는 정벌을 목적으로 출정하는 것이 정상인데 숲에 군사를 숨긴다는 것은 전쟁이 목적이 아니고 숲 속에서 훈련하며 힘을 기른다는 의미다(만약 전쟁을 위하여 군사를 매복시키는 것이라면 그 목적을 달성하여 흥하여야 할 것이다). '그 높은 언덕을 오르면서[升其高陵] 3년 동안 일어나지 않는다[三歲不興]'라고 말한 것은, 앞의 효사의 맥락과 연결하면, 숲과 높은 언덕을 오가며 군사훈련을 하면서 일정기간을 채우며 그 기간 동안에는 군사정벌을 일으키지 않는다는 말이다. 관사로 쓰이는 기[其]는 앞의 숲과 연계된 높은 언덕을 말한다. 공연한 허사로 쓰인 것이 아니다. 효사의 후반부는 동인 전체를 단련하는 국면도 되지만 그것의 진정한 구성원이 되려면 일정기간은 묵묵히 주위환경을 숙지하고 거기에 동화되는 데에 열심히 노력하지 않으면 안 되는 국면을 의미하여 효사에서는 군사훈련을 예로 들어 설명하고 있다. 이와 같이 괘의 운명을 모르고서는, 즉, 이 효의 상황코드가 '둔(33)'임을 알지 못하고 또한 그것의 본말이 함(31)에서 간(52)으로 이행하는 과정에 있다는 것을 모르고서는 온갖 내용으로 오역하기 쉬움에 유의하여야 한다.

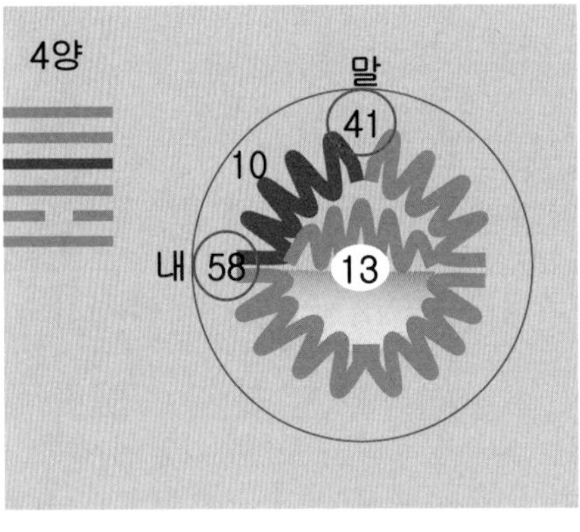

乘其墉승기용 **弗克攻**불극공, **吉**길.

담을[其墉] 올라가[乘] 가능한[克] 공격을[攻] (참아내고[克]) 하지 않으니[弗] 길하리라[吉].

4양은 태(兌)·리(履)·손(損)의 과정이다: 내면의 열정과 고양된 인격으로[태58] 불필요한 곁가지는 줄이고 역량을 한 곳에 집중시켜 목적사업을 수행해야 한다[손41]. 어떤 기획이 필요한가? 핵심 리더를 돕는 기획자 또는 심복(心腹)의 자리인 만큼 등대와 같은 보필로 중도(中道)의 올바른 책임을 다해야 한다[리10].

권력 바로 밑에서 권력(5양)을 찬탈하고 싶은 마음이 있어도 자기훈련에서(3양) 얻은 교훈과 경험을 바탕으로 유혹을 접고, 기획·보필하는 본연의 임무에 충실함으로써 분수와 의리를 잘 지켜가는 것이니 끝이 좋다.

상황코드인 '리(10)'의 4원 개념을 '동인'의 환경으로 읽어오면, 곤궁을 극복하면서(곤47) 개방정신으로 일신하여(혁49) 학습하면서 실력을 키우고(몽04) 경도되지 않게 가꾸며 처신하는(비22) 일련의 과정이다. 참모는 목적을 달성할 수 있도록 엉클어진 자료를 분석·종합하여 질서를 세우고 계획을 면밀히 검토하여 무리함이 없도록 중도(中道)를 궁구하여 올바로 제시하는 것은 목적 사업을 제대로 이끌 수 있는 핵심역량이다. 제4효의 직능이 동인뿐 아니라 모든 괘에서 이성적 정신적 사고활동이기 때문이다.

'담을 올라가[乘其墉] 가능한 공격도 하지 않으니[弗克攻] 길하다[吉]'에서 '담'이란 넘어서는 안 될 경계를 뜻한다. 머리가 명석한 4양이 넘볼 대상은 자신의 상위자(최종책임자)인데 자신의 직능에 충실하고 분수에 넘치지 않고 한계를 지키면 길하다는 것이니 함께하는 동인의 의리이자 성공비결이라 하겠다.

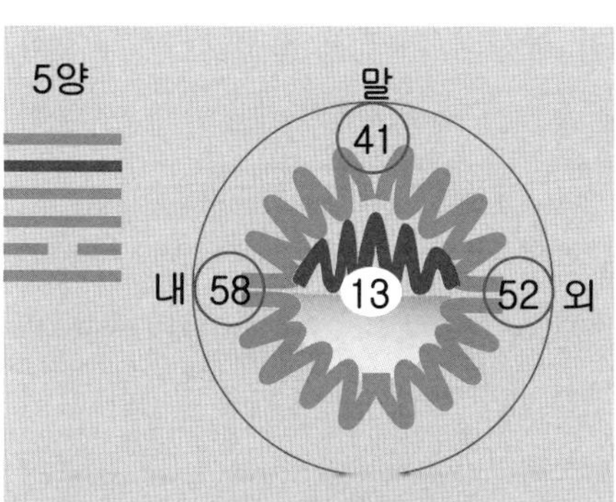

同人동인.
先號咷而後笑선호도이후소.
大師克대사극 相遇상우.

동지를 모으도다[同人]. 앞에는[先] 부르짖고[號] 울지만[咷] 뒤에는[後] 웃으리라[笑]. 큰 대결을[大師] 이겨내야[克] 서로 만나리라[相遇].

> 5양은 태(兌)·손(損)·간(艮)의 과정이다: 내면의 열정에 부응하여[태58] 절제 속에서 쌓은 경륜으로 지혜를 궁구한다[간52]. 그 과정은 어떻게 해나가야 하나? 취사선택(取捨選擇)하여 집중력을 높임으로써 목적을 달성해나가야 한다[손41].

5양은 중심 리더의 판단력이 강력함을 말해준다. 강력한 판단력은 옳고 그름을 구별하고 진출과 후퇴를 결정지음에 있어서 과단성을 있음을 말한다. 그렇지 않으면 중구난방(衆口難防)이 되기 때문에 때로는 손해가 있을 지라도 물러서며 때로는 전진하여 획득해야 한다. 이와 같이 버릴 것은 버리고 지켜낼 것은 과감히 지켜내는 결단력을 발휘하여 소기의 목적을 달성하는 것이 동인의 지도자가 할 일이다.

이 상황을 이끄는 '손(41)'의 4원 개념을 '동인'의 환경으로 읽어오면, 엄정하게 관리하여(사07) 자기를 희생하면서(명이36) 대외적인 경쟁력을 강화하여(송06) 목적달성을 위해 역량을 결집시키는(동인13) 일련의 과정이다. 자신 또는 개인의 손해와 희생을 감수하여 전체의 덕을 이루려는 노력이며 곧 5양의 결단적 통할 역할과 잘 일치됨을 확인할 수 있다.

'동지를 모으도다[同人]. 앞에는 부르짖고 울지만 뒤에는 웃으리라[先號咷而後笑]' 함은 구성원 개개의 희생정신과 고통을 딛고서야 소기의 목적을 이룰 수 있기에 그 과정에서 자신을 아끼지 않고 전체를 조화롭게 이끌고 나가는 리더십이 진정한 동지모음의 실천내용이라는 의미다. 희생이 없이는 이룸도 없다는 제로섬 게임(zero-sum game)과 같은 '손(損41)'의 참 의미를 달성하는 중요한 과정이다. 큰 의견대립이 생길 때 그 고비를 극복하고 합의를 도출하는 일이 곧 중심 리더의 능력이고 책무라는 뜻에서 '큰 대결을 이겨내야[大師克] 서로 만난다[相遇]'라고 말한 것이다.

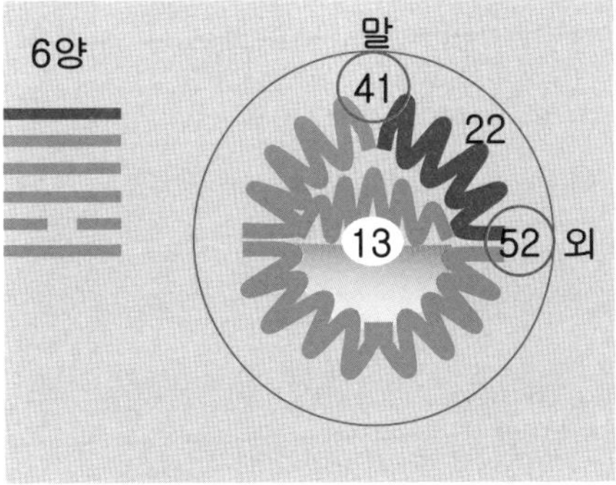

同人于郊동인우교, 无悔무회.

교외에서[于郊] 동인 활동을 하니 [同人] 후회가 없으리라[无悔].

6양은 간(艮)·비(賁)·손(損)의 과정이다: 절제 속에서 경륜을 쌓으며 지혜를 궁구하여[간52] 자제할 것과 추진할 것을 가려 효율적으로 일을 성취하려면[손41] 무리하지 않는 중도(中道)의 길을 선택하여 전체에 균형을 잘 맞출 수 있도록 협력해야 한다[비22].

제6효는 그 직능이 미래와 대외활동에 연관하는 것인데 양으로서 활성화되어 있다. 활성화된 상효와 동인[同人]이라는 주제를 결합하면, 세계의 한 가운데서의 치열한 경쟁의 물살을 피하여 한 발 물러나 외곽에서 미래를 예측하며 세계를 내다보며 정보를 모으고 동지들도 모으는 모습을 연상할 수 있다. 제6효의 양은 확 트인 시야로 멀리 넓게 내다봄을 표현하고 있어서 전체를 위한 정보활동 홍보활동 등의 보조적 역할을 적극적으로 수행함을 말한다.

이 상황을 주재하는 '비(22)'의 4원 개념을 '동인'의 환경으로 읽어오면, 겸손한 마음으로(겸15) 새로운 도약을 위해 내면을 다스리며(림19) 한발 물러서서 실력을 키우면서(둔33) 대외적 상황을 보필하는(리10) 상이니 곧 내면과 외면이 적절한 조화를 이룰 수 있도록 가꾸고 준비하고 조정하는 역할을 수행하는 것이다.

'교외에서[于郊] 동인활동을 하니[同人] 후회가 없다[无悔]' 함은 동인이 뭉쳐서 일하는 데에는 중심에서 헤게모니(hegemony)를 쥐기 위한 쟁탈전이 있기 쉬운데 4양에서와 같이 가까이에서 내적으로 보필하는 역할에 만족해야 하기도 하지만 6양처럼 멀리 떨어진 외곽에서 대외적으로 활동함으로써 책임통할과 주변 협조의 균형이 이루어지도록 할 뿐 아니라 전체가 무난하게 향진할 수 있게 하는 방향타가 되므로 보람된 일이기 때문에 후회할 일이 없다는 말이다.

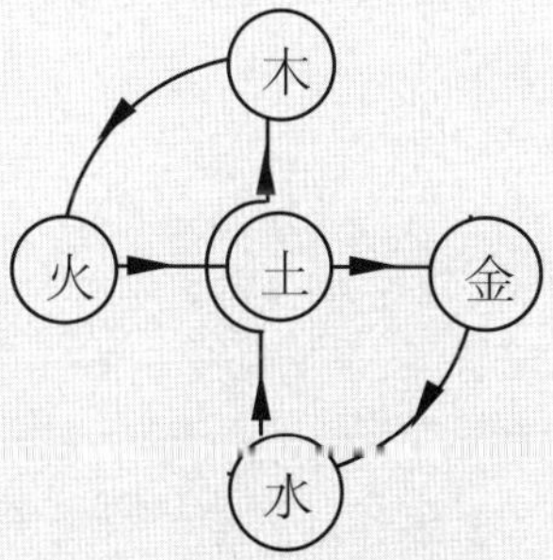

[가] 오행 상생 흐름도

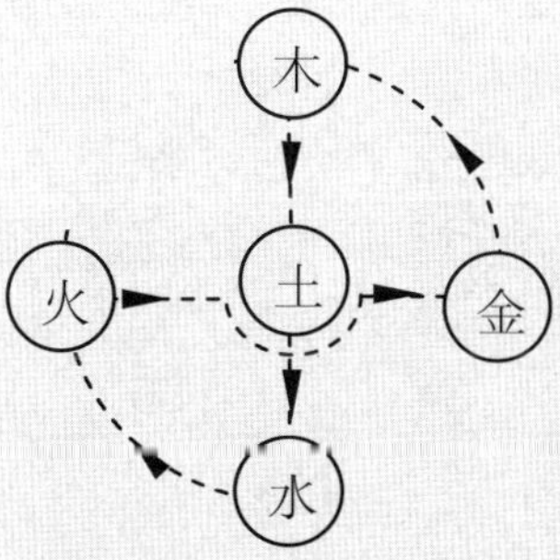

[나] 오행 상극 흐름도

▷ 대칭성을 구현한 오행의 상생상극 흐름도 (『과학주역』1, 50쪽)

오행의 일반적인 원환 배열에서 목(木)과 화(火)의 자리를 바꾸어 놓고 오행의 상생도와 상극도를 그리면 위의 두 그림과 같이 된다. 이 두 그림은 서로의 빈 자리를 채워주는 상대성을 보여주며 그림으로도 대칭의 모습을 나타내고 있다. 오행의 상생상극을 합치면 하나의 시스템이 됨을 보여준다.

14. 화천대유(火天大有)

큰 능력을 나타내는 상, 성인·부자·배우 등의 능력자, 신념과 용기의 펼침,
세계를 활성화하는 리더십, 올곧은 투쟁

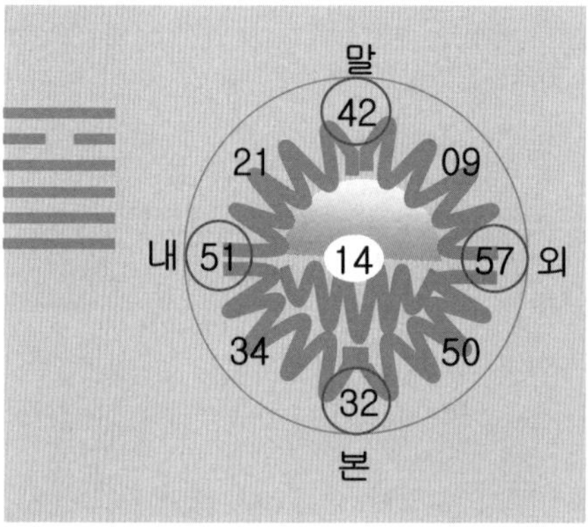

大有대유. 元亨원형.

큰 능력을 나타내는 상이로다[大有]. 크게[元] 펼쳐나가리로다[亨].

대유[大有]는 항(恒)·진(震)·손(巽)·익(益)을 따라 흐르는 세계다: 타고난 기초능력을 계속 유지하면서[항32] 수양된 인격과 세계를 향한 열정으로써 주위에 감동을 주고[진51] 영향력을 공손하게 교류하며[손57] 세상에 큰 덕을 베풀고 공헌하는[익42] 일련의 과정이 '대유'의 세계다.

8괘로 보면, 하늘(乾天건천) 위로 불(離火리화)이 밝혀진 것이니 하늘의 태양이 온 세상을 비추듯 풍족한 혜택이 고루고루 펼쳐지는 상이다. 축적된 강건한 힘(乾)이 세상에 펼쳐지는 형국이니(離) 큰 자원이나 능력을 가진 자가 세상을 이끌며 선을 베풀어 공헌하는 상이다.

실체를 나타내는 5음을 에너지를 나타내는 다른 다섯의 양이 감싸고 있는데, 위는 5음을 심지로 하여 일어나는 불꽃이며 아래는 무한정의 에너지 집단이 받쳐주고 있는 상이라 높은 데에서 끝없이 불타며 그 빛과 열을 온 누리에 방사하며 공헌하는 태양과 같은 존재인 것이다.

인성(人性)의 면으로 보면, 근본정신이 활발하고(1양), 신진대사 작용이 활발하며(2양), 외적 환경적 교류가 원만하여(3양) 기초정신과 신체가 튼실하여 무엇이든지 할 수 있는 기본이 갖추어져 있다. 이성적 사고력이 풍부하고(4양), 활발하고 전향적인 가치관과 세계관을 가지고 있는데(6양) 가장 큰 특징은 판단력을 유보함으로써 자신의 주장을 앞세우지 않고 주위의 모든 역량을 수렴하고 결집하는 포용적인 자세를 갖고 있는 점이다(5음). 이는 곧 위인의 상이다. 왜냐하면 크게 가짐[大有]의 특성은 큰 힘(乾)이 단지 가지고 있는 것이 아니라 실제로 펼치는 능력이다(離). 가진 것을 행사할 수 있는 가능성을 최대한 함유하고 있는 상태인 것이다. 배움이 있다면 배움을 나눠줄 능력으로, 자원이 있다면 그 자원으로 이바지 할 수 있는 자질로 존재하는 것이다. 그래서 타인의 존경을 받을 수 있는 풍요함과 고상함과 위대함을 나타내고 있는 모습이다.

세상에 공헌할 수 있는 부자, 위인, 성인, 스타들이 그렇다. 큰 자원이란 많은 재산, 높은 지성, 걸출한 재능, 훌륭한 덕성이다. 선조가 물려주거나 태어날 때부터 운을 타고나거나 당대에 자신의 두드러진 성공적 노력의 결정체이기 때문에 예삿일이 아닌 것이다. 그러니 관계를 가지려는 뭇 세인들이 주위에 많아 사람과의 많은 인연이 그런 위인을 존재하게 한다. 그의 리더십은 주위의 능력을 모으고 자신의 가진 것을 베푸는 것이다. 소인이 일시적인 우연으로 얻은 큰 자원은 대의에는 등을 돌리기 마련이다. 크게 가진 자는 천부의 능력으로써 세계를 활성화시킬 수 있는 자라 하겠다.

괘의 4원 중에 시작과 끝(본말)을 보면 대유의 특성이 드러난다. 변함없는 튼튼한 능력[항32]과 세계에의 공헌[익42]이 그것이다. 하지만 내면의 인격에서 풍기는 감동[진51]이 없거나 외적으로 공손한 교류[손57]가 없다면 그는 진정한 대유를 이룬 자라 할 수 없을 것이다. 또한 '항'과 '익'의 각각의 본말을 살펴보면, '상생적 협력강화(비08)'가 관련되어 있음을 확인할 수 있는데 이처럼 보다 큰 바깥세상의 에너지와 협력을 끌어들여 내면의 활성화와 실체형성에 보탬을 만들어 내는 것이 대유의 지향점인 '익(42)'이고 보면 내유자는 세계에 진정으로 공헌할 수 있는 큰 제목이라 하겠다. 그러한 갖춤은 참으로 쉽지 않다. '元亨'을 점사(占辭)로 보면 '크게[元] 형통하다[亨]'로 풀이할 수 있겠지만, 순수한 괘사로 보면 '대유는[大有] 원래 타고 났거나[元] 젊은 시절부터 열심히 쌓아 올린 것[亨]'으로 읽을 수 있어야 한다.

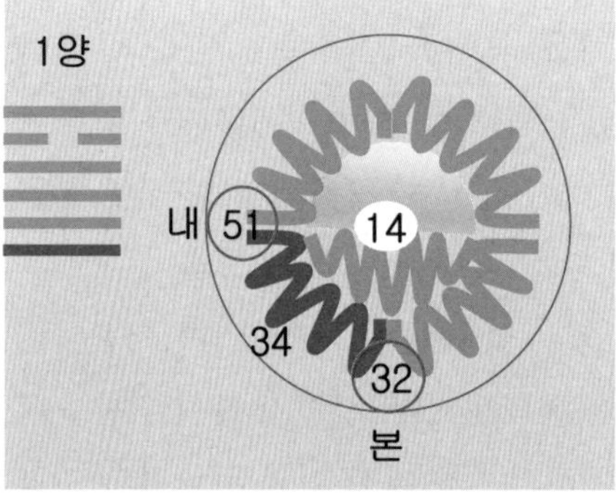

無交害무교해 匪咎비구.
艱則无咎간즉무구.

손해 되는 것을[害] 관계하지 않는 것은[无交] 허물이[咎] 아니로다[匪]. 어려움이 있더라도[艱] 부닥뜨리면[則] 무탈하리로다[无咎].

1양은 항(恒)·대장(大壯)·진(震)의 과정이다: 끊임없이 변화하는 환경에 항상 잘 적응하면서[항32] 수양된 인격과 세계를 향한 열정으로 주위에 감동을 주려면[진51], 어려움이 있더라도 부닥뜨리면서 능력을 길러 자신이 세운 목표를 향하여 정진해나가야 한다[대장34].

1양은 마음 깊숙이 무의식적으로 심어져 있는 세상에 대한 적극성이다. 난관을 극복하고 힘차게 나아가려는 의지의 샘이다. 세운 목표대로 정진해나가려면 많은 어려움을 이겨내야 하니 수련을 향한 고행과도 같지만 적극적으로 장대하게 나아가야 한다는 것이 이 효의 운명이다. 하기 쉬운 것에는 해악이 숨어있고 어려움을 부닥뜨리면 극복능력은 점점 더 커진다.

이 상황을 주재하는 '대장(34)'의 4원 개념을 '대유'의 환경으로 읽어오면, 미성숙한 어려운 환경을 헤쳐나가기 위하여(둔03) 새 가치를 창조하는 열성과 개척정신을 바탕으로(정鼎50) 온갖 난제 속의 갈등을 해소하고(서합21) 지혜를 궁구하며 주어진 환경에 대응하는(정井48) 일련의 과정이 대장(大壯)의 세계다. 대장과 같은 장한 정신으로 강렬하게 밀고 나가지 않으면 환경에 적응하는 능력이 있다고 해도[항32] 내면에서 우러나는 감동을 이끌어내지는[진51] 못한다.

'손해 되는 것을 관계하지 않는 것은[无交害] 허물은 아니다[匪咎]'라는 것은, 손해가 되는 것과 관계하지 않는 것은 나쁘지는 않지만 그렇다고 구더기 무서워 장 못 담을까?라고 반문하는 격이다. 난관을 뚫고 나가려면 나에게 일시적으로 해가 되는 일이라고 일일이 피하려 하면 아무것도 될 것이 없다. 그래서 제시하는 방법이 '어려움이 있더라도 부닥뜨리면 무탈하리로다[艱則无咎]' 라고 하였는데 이는 어려운 것이 쌓여 있는 어려움을 부딪치며 해결해나가는 가운데 문제점 해결능력이 커지는 것이니 과감하게 밀고 나가는 과단성이 있어야 함을 주문한 말이다. 이 과단성은 곧 무의식적 근본정신의 활기참을 나타내는 1양의 성정에서 나오는 것이다. 과단성이 없는 자는 크게 가질 수 없음을 지적하고 있는 것이다.

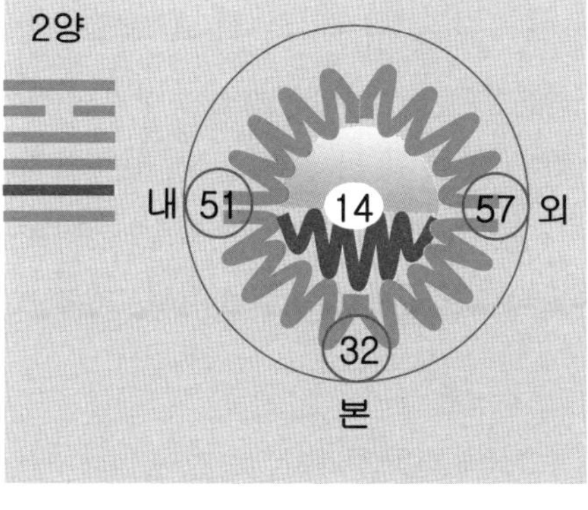

大車以載대거이재. 有攸往유유왕 无咎무구.

큰 수레에[大車] 짐을 가득 싣도다[以載]. 여유[攸] 있게[有] 나아가면[往] 무탈하리라[无咎].

> 2양은 진(震)·항(恒)·손(巽)의 과정이다: 수양된 인격과 세계를 향한 열정으로 주위에 감동을 주면서[진51] 영향력을 공손히 교류하며 세계를 신도하려면[손57], 어떤 노력의 과정이 필요한가? 환경변화에 민활히 대처하면서 기초능력을 유지할 수 있어야 한다[항32].

활동의 주체(2양)는 이미 형성된 사회의 교분과 주위의 많은 능력자들의 영향력이나 자원을 잘 활용할 수 있는 공손함과 자질이 있다. 세상을 위한 큰 책무를 수행하기 때문에 타고난 훌륭한 자질과 능력으로 큰 짐(5음)을 수레에 싣고 가는 모습이다.

인간영위의 면에서 보면 2양은 활발한 신진대사 작용을 하고 있는 상이다. 1양으로 큰 일을 감당할 수 있는 근본정신이 과감한 만큼 3양으로 많은 물적 외적 교류(일컬어 음식의 섭취 등)가 필요하고, 이렇게 유입된 것을 2양이 활성적으로 신진대사 작용을 수행하여 에너지로 만들어내기 때문에 매우 튼실한 신체활동이 가능한 상태다. 어떤 경우를 맞닥뜨려도 생존해 나가는데 충분한 자질을 타고났다. 이러한 능력과 자질이 있는 상태가 곧 기초자질의 자리(본원)을 점하고 있는 상황코드 항(32)의 의미이기도 하다.

항(32)의 4원 중에서 기초자질(본원)은 대유(14)이고 결과형질(말원)은 비(08)다. 즉, 항상성 유지 능력의 면에서는 원래 부유하거나 능력이 출중해야 하겠지만(대유14) 혼자 독불장군 같은 기질로 존재해서는 안 되고 주위와 상생협조의 노력이 필요함을 보이고 있다(비08). 그 상생협조의 직접적인 대상은 바로 5음이다. 즉, 포용성이 큰 5음의 성정에 2양이 잘 부합하도록 해야 하는 것이다. 포용성이 크고 주위를 이끌고 수용하는 중심 리더에게는 반드시 활동적으로 일을 직접 수행할 수 있는 에너지 넘치는 보필자가 필요하다. 그래서 5음과 2양은 상생협조의 상응관계인 것이다.

'큰 수레에 짐을 가득 싣고[大車以載] 여유 있게 나아가니[有攸往] 무탈하리라[无咎]'고 한 것은 2양 자신이 항상성 유지의 능력이 있을 뿐 아니라 큰 일을 도모하는 5음의 무거움을 실어 나르는 수레와 같이 돕는다 하더라도 여유가 있기 때문에 무탈하다는 것을 말하고 있다. 5음이 '대유'의 중심이기도 하겠지만 2양의 이러한 성정은 대유자가 크게 가지고만 있는 자가 아니고 주위에 얼마나 많은 상생을 위한 협조자 있어야 하는가를 것을 함의하고 있는 대목이라 하겠다.

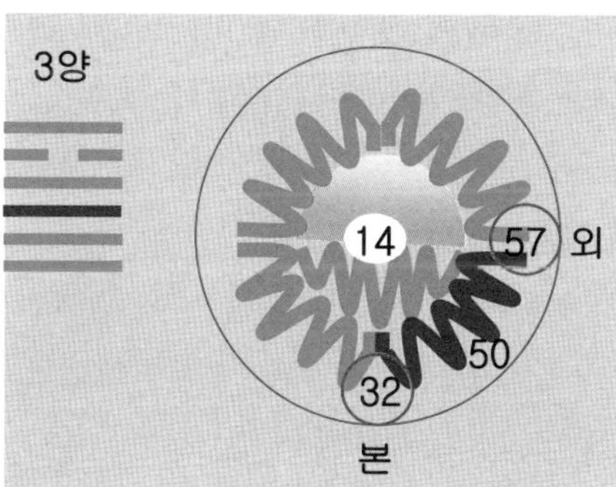

公用亨于天子공용형우천자.
小人弗克소인불극.

최고통치자와 더불어[于天子] 공적인 쓰임에(公用) 나서리라[亨]. 소인은[小人] 감당할 수 없도다[弗克].

3양은 항(恒)·정(鼎)·손(巽)의 과정이다: 끊임없이 변화하는 환경에 적응하는 항상성 유지능력을 바탕으로[항32] 주위의 영향력을 공손히 주고받으며 세계를 선도하려면[손57], 어떤 역할이 필요한가? 부가가치 창조에 힘을 기울여나가야 한다[정50].

대유자(大有者)가 만들어 낼 수 있는 큰 부가가치의 내용은 무엇인가? 3양의 효상(爻象)은 외적인 활동이 적극적이고 개방적임을 나타낸다. 효상의 상징과 부가가치의 창조[정鼎50]를 한데 묶으면, 자신의 이익만을 챙기지 않고 사회·국가·세계에 공헌하는 일에 적극 참여한다. 재산가는 대의(大義)를 위한 일에 나서고, 위인은 그 시대에 필요한 지혜를 발굴하며, 성인은 그 시대의 정신적인 지주로 역할을 한다. 크게 가진 자는 하나의 개인으로 머물지 않고 최고 책임자와 함께 대의를 위한 모든 일에 참여한다. 이러한 공석인 부가가치의 창조는 소인으로서는 불가능하다.

이 상황을 주재하는 '정(50)'의 4원 개념을 '대유'의 환경으로 읽어오면, 장한 추진력으로(대장34) 미래를 예측하여(예16) 단계적으로 성과를 조금씩 쌓으면서(소축09) 지혜와 통찰력으로 미래가치를 찾아내는(관20) 일련의 과정이다.

'최고통치자와 더불어 공적인 쓰임에 나선다[公用亨于天子]' 함은 곧 사회·국가·세계에 공헌하는 일에 적극 참여함을 말하는데 이는 개인의 영달을 누리는데 그치지 않고 끊임없이 더 크고 새로운 가치를 위하여 탈바꿈을 해나가는 대인의 모습이므로 '소인은 감당할 수 없다[小人弗克]'라고 덧붙여 지적하고 있다.

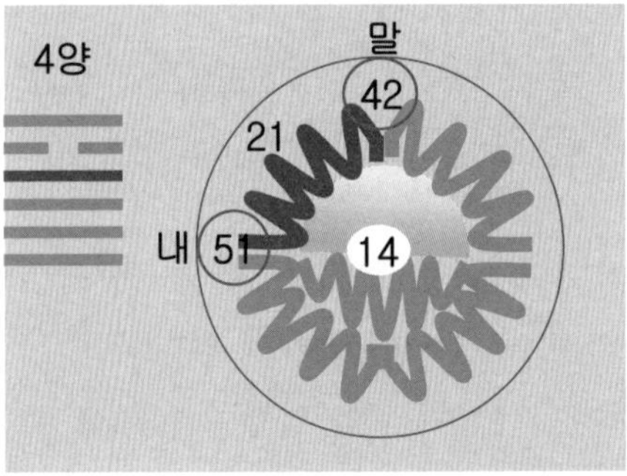

匪其彭분기방, **无咎**무구.

그 곁을[其彭] 분리하니[匪] 탈이 없으리라[无咎].

> 4양은 진(震)·서합(噬嗑)·익(益)의 과정이다: 수양된 인격과 세계를 향한 열정으로 주위에 감동을 주면서[진51] 세계에 덕을 베풀려면[익42] 어떤 과정을 겪어내야 하는가? 갈등·부패를 해소하면서 사회정화에 이바지해야 한다[서합21].

4양은 후반 세계의 성숙한 마음으로서 이성적 사고가 활발한 모습으로서(양) 명석하여 사리분별이 밝음을 뜻한다. 효의 직능대로 노력하면 이성적 사고력이 출중하므로 어김없는 분별력을 가동할 수 있기에 대유자의 주변에 끼어드는 사적인 일과 그가 하고자 하는 공적인 일을 구분할 수 있는 능력이 있다. 혹은 5음을 보필하는 2인자라면, 큰 재물을 다룸에 있어 양성적으로 공명정대하게 한다. 권력을 참답게 행사하여 모두에게 대유의 행복을 나누는 요점은 바로 갈등과 부패를 없이하는 것이다.

상황코드인 서합(21)의 4원 개념은, 예지력과 지도력을 펼쳐(예16) 불굴의 정신력을 가지고(대장34) 넓은 통찰력으로 미래가치를 분별하여(관20) 기본적인 사회복지를 실현하는(소축09) 일련의 과정이라 하였다. 이는 공익의 목적을 달성하는 중요한 과정의 하나로서 국가적 입장에서는 사도(司道)를 바로 세우는 이유다.

'그 곁을 분리하니[匪其彭] 탈이 없다[无咎]' 함은 대유자의 주위에 사적인 인연이 개재되지 않으면 공적 대의를 달성하는데 이바지할 수 있음을 알려주는 것이다. 여기에서 '匪'을 나누다 라는 뜻의 '분'으로 읽고, '彭'은 '곁, 가깝다' 라는 뜻의 '방'으로 보면 서합(21)의 상징하는 바를 잘 나타내어주는 효사임을 확인할 수 있다.

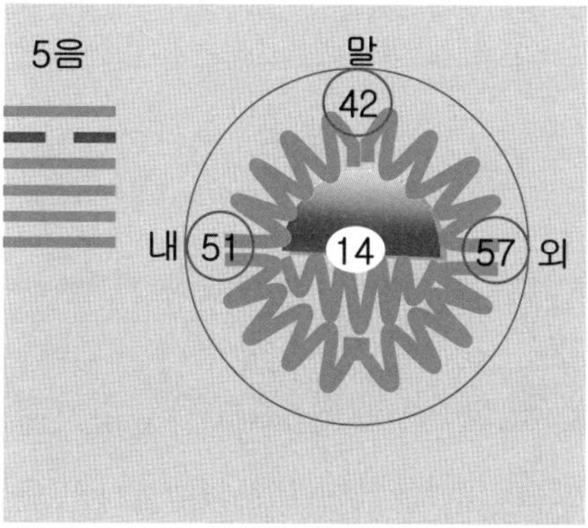

厥孚궐부 交如威如교여위여,
吉길.

그[厥=其] 믿음으로[孚] 사귀기도 하고[交如] 위엄도 갖추노라[威如]. 길하리라[吉].

5음은 진(震)·익(益)·손(巽)의 과정이다: 수양된 인격과 세계를 향한 열정으로써 주위에 감동을 주고[진51] 주위와 영향력을 공손히 주고

> 받으며 능력을 발휘하여 세계를 선도하게 되는[손57] 과정의 행동지표는 무엇인가? 세계에 덕을 베풀도록 하는 일이다[익42].

5음은 자신의 판단과 주장을 앞세우지 않고 주위의 모든 역량을 수렴하고 결집하는 수용적인 자세요 포용적인 자세다. 그러한 성정은 믿음을 주고 대유자라는 신분은 그 자체로서 위엄을 나타낸다. 한편 양이 활동에너지라면 음은 쌓이는 물질을 상징하므로 5음은 대유(자) 그 자체다. 그래서 무게를 느낄 수 있는 음으로서 듬직한 믿음과 위엄을 동시에 나타낸다. 대유자가 믿음을 갖추지 못하면 상생적 협력을 얻기 어렵고 위엄이 없으면 지휘통솔이 어렵다.

상황코드인 익(42)의 4원은, 상생적 협력강화(비08)·실력축적(수05)·리더십 발휘(진晉35)·대유의 세계 진입(대유14)이라는 과정으로 구성되는데, 그 중에서 특히 '상생적 협력강화'와 '리더십 발휘'가 5음의 효사(爻辭)을 여실히 반영해주고 있음을 알 수 있다. 결국 전자는 믿음을 필요로 하고 후자는 위엄을 갖추도록 요구하고 있는 것이다.

'그 믿음으로 사귀기도 하고 위엄도 갖춘다[厥孚交如威如]' 함은 친밀한 느낌으로 협력을 이끌어 내도록(비08) 주위에 신뢰와 정성을 쏟고, 아울러 강력한 리더십 발휘(진35)가 가능하도록 위엄을 갖추는 것이 대유의 목표인 익(42)을 달성하는 중요요소라 하겠다.

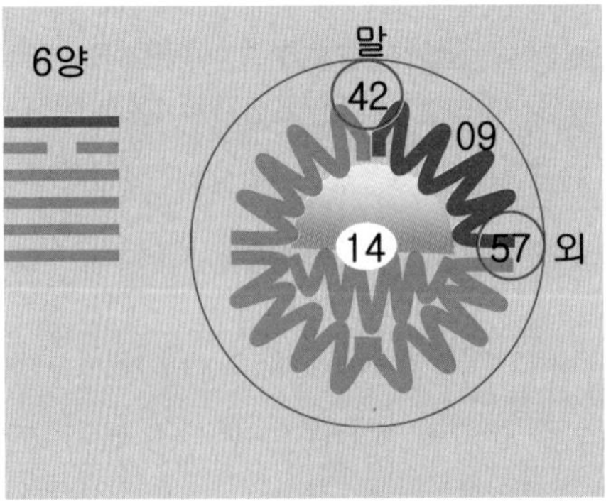

自天祐之자천우지·
吉길, 无不利무불리·

하늘이 스스로[自天] 돕도다[祐之].
길하고[吉] 불리할 것이 없으리라[无不利].

6양은 손(巽)·소축(小畜)·익(益)의 과정이다: 주위에서 여러 자원과 정보가 세계 내로 모여드니[손57] 세계에 공덕이 쌓여 '익'의 세계가 달성된다[익42]. 어떻게 해나가는 것인가? 부족하지만 조금씩 소담스럽게 쌓아가면서 미래로 나아가야 한다[소축09].

6양은 세계 밖과의 교류상태나 미래를 향한 정보교류가 활발하니 대유자의 영향력이 미래로 주위로 조금씩 그 폭을 넓혀 나간다. 그러함에 있어 아무런 막힘이 없다(양). 주위 여건이 긍정적으로 작용하고[손57], 세계내의 부패와 갈등이 해소되어가고 있는 분위기이니(4양) 대유는 일시적인 행운이 아니라 하늘이 내는 것이다. 그러므로 그가 이처럼 밖으로 미래로 나아감에 큰 의지로써 행하기만 하면 이루어지지 않을까?

상황코드인 소축(09)의 4원 개념은, 지혜의 용출(정井48)·초기 난관 극복(둔03)·부가가치 장조(정鼎50)·갈등해소에 의한 효율 제고(서합21)의 과정으로 구성되는데 대유자가 이러한 명제를 섭렵하여 풍족하지는 않지만 소담스러운 기초적인 사회복지를 확보한다면 하늘이 돕는 듯 자연히 대유의 목표인 익(42)의 세계가 달성되는 것이다.

'하늘이 스스로 도우니[自天祐之] 길하고[吉] 불리할 것이 없다[无不利]' 함은 곧 위에서 설명한 효상(爻象)과 세 가지의 상황 이정표[손57, 소축09, 익42]가 의미하는 바와 잘 일치함을 확인할 수 있다. 아울러 그로써 하늘이 도우려면 어떤 자세와 활동을 견지해야 하는지를 자세히 보여주고 있다.

15. 지산겸(地山謙)

겸손·겸양·겸허의 상

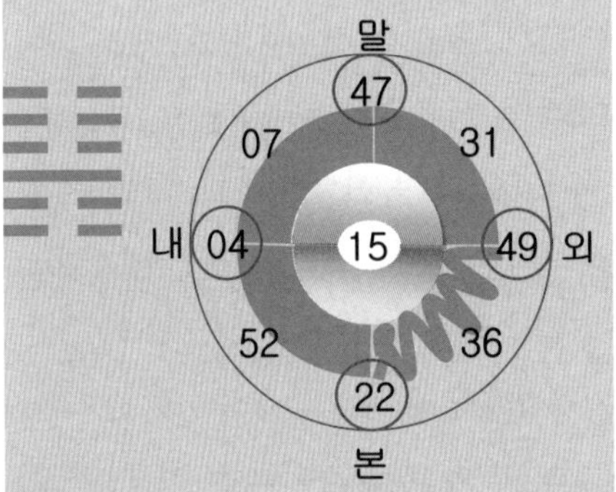

謙겸. **亨**형. **君子有終**군자유종.

겸양의 상이로다[謙]. 애써 키워나가리로다[亨]. 군자가 되어야[君子] 결말이 있으리로다[有終].

> 겸[謙]은 비(賁)·몽(蒙)·혁(革)·곤(困)을 따라 흐르는 세계다: 가꾸고 조정하는 중도(中道)의 기본정신 위에서[비22] 배움으로 깨우치며[몽04] 여건에 맞추어 내실을 기하면서[혁49] 곤궁할 때 자신을 단련하며 헤쳐나가는[곤47] 일련의 과정이 '겸'의 세계다.

15

8괘로 보면, 땅(坤地곤지) 아래에 산(艮山간산)이 웅크리고 있어 우뚝 솟을 산이 평지 속에 그 기운을 숨기고 있으니 겸손·겸양·겸허의 상이다.

자기성장을 추구하고 지위나 권력을 추구하는 외적 팽창에 몰입하여 산처럼 우뚝 솟으려는 건(乾) 3양의 기운이 곤(坤)의 유순한 성질(4음·5음·6음)에 의하여 제압된다. 외적 발산이 유순한 덕으로 덧씌워 잠재하게 되는 것이다. 학식·견문이 높거나 내적 잠재력을 높이 쌓았음에도 익은 벼가 고개 숙이듯 외적으로 겸양하게 행동함으로써 긍정적인 인간관계를 형성한다. 조직의 리더인 경우에는 개인적인 겸손과 달리 전체를 위한 희생 봉사를 앞세운다.

인성(人性)의 면으로 보면, 무의식적 욕구는 잠자고(1음) 신진대사작용도 민활하지 못한 가운데에(2음) 밖으로 드러내려는 외적 물적 활동이 있더라도(3양) 신체적인 에너지 효율을 높이기는 어렵다. 여기에다 이성적인 사고활동이 소극적이고(4음) 적극적인 판단이나 주장을 앞세우지 않으며(5음) 밖과 미래에 대한 정보활동도 둔한 상태이므로(6음) 정신활동을 억제하고 수동적으로 타인의 의견을 수용하고 따르는 형국이다. 몸 밖으로 표출되려는 기운을(3양) 정신적으로 억제하고 있으니 겸양한 사람이다.

'겸'의 본말을 보면 그 개념은 명료하게 드러난다. 기초자질은 비(22)이고 결과형질은 곤(47)이므로 그 바탕은 중도라는 균형 잡힌 아름다움을 구사할 수 있는 고도의 정신자세와 자질이 전제되어 있으며, 결과적인 것은 어려움 속에 자신을 억제할 수 있어야 한다는 것이다. 이러한 기초자질과 실천적 행동의 발로는 하루아침에 마음먹고 할 수 있는 일은 아니고 산이 평지가 되는 것처럼 세월이 걸린다.

괘사의 '謙겸 亨형'에서 '형'을 형통하다 라는 점사로 보지 않고 인생을 '원형이정(元亨利貞)'의 네 단계로 볼 때 '형'에 해당하는 청소년기부터 수련해야 하는 중요 인성교육임을 강조한다고 볼 수 있다. 왜냐하면 이어지는 '군자가 되어야[君子] 결말이 있다[有終]'에서 청소년부터 인성교육을 쌓아 성장하여 군자가 되면 그제서야 제대로 결실할 수 있음을 말해주고 있기 때문이다. 특히 겸의 내외(內外)가 배움으로 깨우치는 '몽(04)'을 지나서 맞닥뜨리는 변화의 물결인 '혁(49)'이 그 중간과정적인 이정표임을 생각하면 '謙겸 亨형'에 있는 형은 젊을 때에[亨] 크게 성장시켜나가야[亨] 한다는 이중의 의미를 함의 하고 있다고 보아야 한다. 그만큼 겸을 실천한다는 것은 소인이나 젊을 때의 실력으로는 어렵고 군자의 단계에 와서야 완성할 수 있다는 말이다.

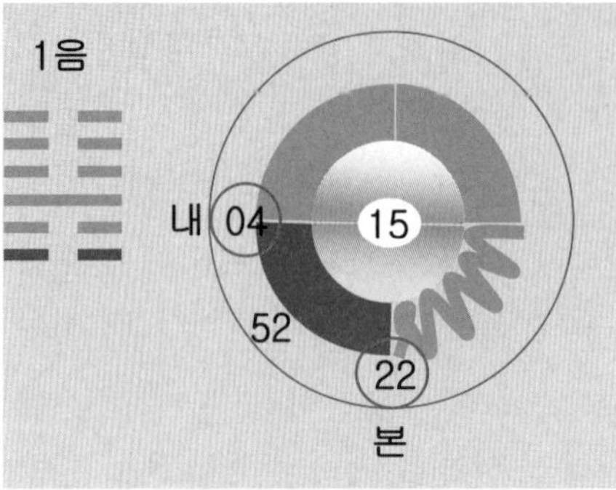

謙謙君子겸겸군자
用涉大川용섭대천 **吉**길.

겸양에 겸양을 쌓은[謙謙] 군자는[君子] 그로써[用=以] 큰 내를 건너더라도[涉大川] 길하니라[吉].

> 1음은 비(賁)·간(艮)·몽(蒙)의 과정이다: 가꾸고 조정하여 중도(中道)를 지키면서[비22] 배움으로 깨우침을 얻어가게 된다[몽04]. 어떠한 소양을 구축하는가? 철저한 자기관리 속에서 주위와 함께하며 지혜를 궁구한다[간52].

1음은 인생의 초엽부터 훈련되고 다져져서 마음 깊숙이 뿌리 내린 내면의 정적인 겸양이다. 무의식적인 자기욕구를 잠재움으로써 얻는 겸양이다. 그렇게 시작된 겸양은 몸에 깊이 베어 있는 것이므로 겉으로 보여주기 위한 겸양과는 본질적으로 다른 참다운 겸양이다. 또한 언행이 일치하는 겸양인 만큼 주위의 인간관계를 긍정적으로 바꾼다. 4음, 5음, 6음으로 평정된 겸양이 2음으로 결합되고 다시 그 밑으로 뿌리내린 1음의 겸양은 겸양 속에 벤 겸양이다.

상황코드인 '간(52)'의 4원 개념을 보면, 자기억제(명이36), 철저한 마음관리(사07), 공동목적에의 동조(동인13), 시비초월의 지혜궁구(송06)라는 네 이정표를 밟아가는 일련의 과정이다. '간'은 밖으로는 우뚝 솟았지만 그 속은 고요 속에 멈춘 모습이다. 마음을 고요하게 하고 모든 집착을 버리면 무아의 경지 속에서 우주자연의 조화롭고 신묘한 지혜의 힘이 생겨난다. 무의식 속에서 자라나는 그 힘은 위대하고 큰 일을 감내할 수 있는 바탕이 된다.

'겸양에 겸양을 쌓은 군자는[謙謙君子] 그것으로써 큰 내를 건너더라도[用涉大川] 길하다[吉]' 함은 첩첩이 산처럼 쌓아 올린 겸양의 내적 힘과 좋은 인간관계에서 오는 외적 힘이 뭉쳐지기 때문에 그 자체로서 큰 일을 감내할 수 있는 여건이 조성되니 길조를 만든다 하겠다.

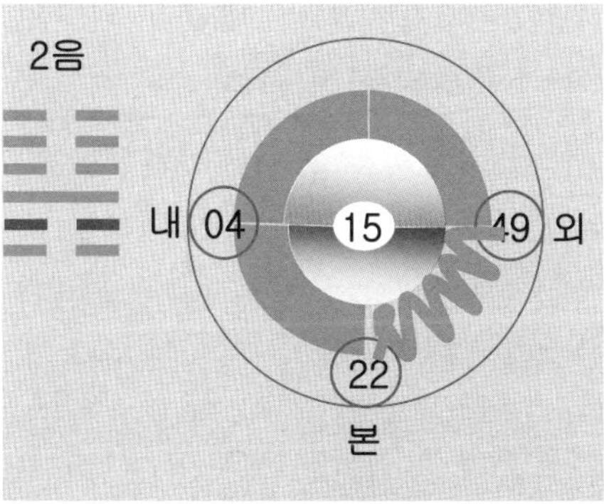

鳴謙명겸. **貞吉**정길.

공명을 주는[鳴] 겸양이로다[謙]. 끝까지 굳건하게 하면[貞] 길하리라[吉].

> 2음은 몽(蒙)·비(賁)·혁(革)의 과정이다: 배움으로 깨우침을 얻은 후[몽04] 내실을 기하며 변화의 여건에 맞추어야 한다[혁49]. 이때 일상생활 속으로 파고드는 겸[謙]은 어떤 것인가? 겸의 기초형질인 절묘한 중도(中道)를 발휘함으로써 표현되는 겸이다[비22].

2음은 1음처럼 겹겹이 몸에 벤 겸양이 아니라도 사회생활 그때마다 적절한 처세의 도를 발휘함으로써 상대가 흐뭇하게 대응할 수 있게 하는 사회적 겸양이다. 생활 속에서 공적으로 편향되지 않는 겸손한 태도로서 주위의 평판을 얻게 되기 때문에 사회적 인격으로 고착되어 원만하게 인간관계를 이어주는 큰 힘을 일으킨다.

곤(坤02)의 2음은 인간세계(물질세계)에서 결합력을 나타낸다. 인간사회에서는 무엇이 그 결합력으로 작용할 것인가? 결합의 반대인 갈등은 어느 한쪽으로 쏠림에 의하여 우군과 적군으로 갈라져 생기는 것이므로 그것을 없애는 길은 중도(中道)의 덕을[비22] 발휘하는 길 밖에 없다. 공명정대한 사회는 밝은 사회이고 그런 행동지침은 누구에게나 공감을 이끌어낼 수 있다. 하지만 그러한 중용을 취하는 길은 자신을 억제하고 전체를 생각하는 겸양지덕의 처세술이 아니고서는 어렵다.

상황코드인 '비(22)'의 4원을 보면, 겸양(겸15), 차오르는 열정의 다스림(림19), 전략적인 물러섬(둔33), 주위에 동화됨(리10)인데 이를 연결할 때 형성되는 의미와 그것이 나타내는 표상을 아우르면 곧 내면과 외면의 아름다운 조화를 의미하고 중도의 덕을 수행하는 것이 된다.

'공명을 주는 겸[鳴謙]'이라 함은 곧 그 상황코드인 비(22)의 핵심사상인 중도의 실현을 말하는 겸양으로서 사회적 공감대를 크게 얻을 수 있는 최선의 방법이므로 이를 변치 않고 '끝까지 굳건하게 하면 길하다[貞吉]' 한 것이다.

공자가 「상전(象傳)」에서 '鳴謙명겸 貞吉정길 中心得也중심득야'라 하여 명겸을 중도의 덕을 행함으로써 이루어진 것으로 주석함에 따라 상황코드인 비(22)와 그대로 일치함을 보이고 있는 것을 확인할 수 있다.

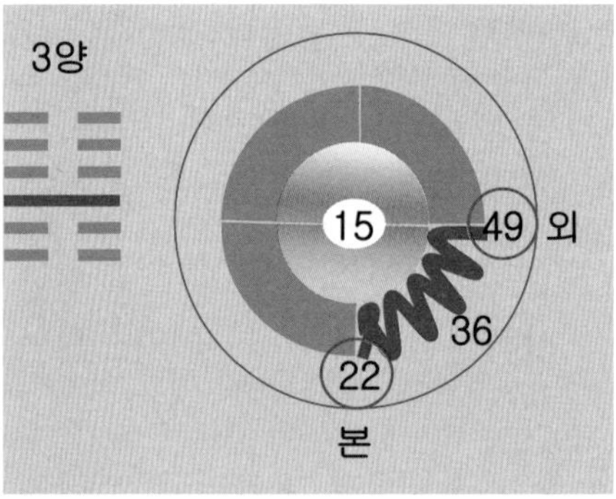

勞謙君子노겸군자
有終유종 吉길

노력하는[勞] 겸양한[謙] 군자라면[君子] 끝을 맺을 수 있으니[有終] 길하리라[吉].

3양은 비(賁)·명이(明夷)·혁(革)의 과정이다: 결코 쉽지 않는 중도(中道)의 덕을 행하면서[비22] 내실을 기하며 변화의 여건에 맞추어야 한다[혁49] 어떻게 해나가는 것인가? 시대의 소용돌이를 견디기 위해 자신의 현명함을 드러내지 않고 어려움을 감내하며 헤쳐가야 한다[명이36].

3양은 외적 물적 육체적 교류를 의미하는 효의 직능이 활발함을 뜻하며 외방(外方)에서 부지런히 노력하는 모습이다(양). 전체적으로는 다섯의 음의 집단 중 아래쪽 외측으로 에너지가 분사되고 있는 형국이다. 무거운 음의 집단을 3양을 통한 에너지의 교류로 들어올리기는 역부족이므로 3양의 에너지효율이 매우 낮은 셈이다. 그래서 3양은 혼자서 노력을 많이 하지만 그 효과를 금방 자신의 것으로 향유하기는 어려운 상이다. 하지만 그 노력의 대가가 전혀 없지는 않고 미약한 것이므로 효력이 발생하는 데에는 다소간의 시간이 걸릴 수도 있을 것이다.

상황코드인 '명이(36)'의 4원 개념은, 조용한 사리분별(간52), 취사선택과 집중(손41), 상대의 인정과 동조(함31), 기쁜 마음 속의 인격 고양(태58)이라는 흐름 속에 형성된다. 명성과 이기심을 자제하면서 현명함을 쌓아가는 가운데 나를 죽이고 남을 존중하는 겸양의 덕을 실행하는 힘든 노력의 과정이다. 결국에는 그것으로써 좋은 결실을 맺을 수 있다.

'노력하는 겸양한 군자[勞謙君子]'라고 함에는 곧 '명이(36)'를 실현할 수 있는 자질은 군자가 아니고서는 어렵다는 뜻이 함의 되어 있으며 그렇다면 열심히 노력하면서도 자신을 내세우지 않기 때문에 시간이 흐름에 따라 주위의 인정을 받게 되고 근면하기 때문에 일을 충분히 마무리할 수 있을 것이므로 그로써 길하다는 것이다.

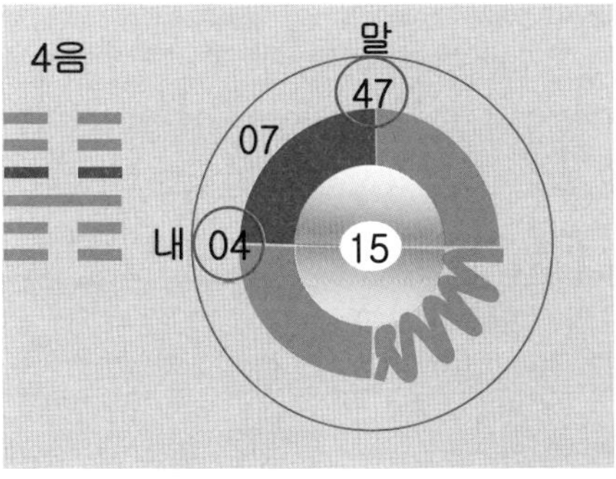

无不利무불리.

撝謙휘겸.

불리함이 없도다[无不利]. 겸양을[謙] 지휘하리로다[撝].

4음은 몽(蒙)·사(師)·곤(困)의 과정이다: 지도보호 속에 필요한 배움을 겨우 얻었다지만[몽04] 아직 개인이나 조직의 내부활력을 제대로 펼 수 없는 국면 속에 있다[곤47]. 어떻게 대처해 나갈 것인가? 리더라면 조용한 사리분별력으로 준법정신을 확립하고 전체가 혼연일체가 되도록 지도해야 하고 구성원이라면 주어진 기율을 엄정하게 준수해야 한다[사07].

제4효가 만약 양이라면 활발하게 사고하게 되므로 명석하게 되고 자칫 이기심을 앞세우기 쉽다. 하지만 음이라면 사고에 융통성이 별로 없음을 나타낸다. 최고 리더를 보필하는 중책으로서 4음의 경직성이란 곧 법과 규율을 지키면서 공익을 목적으로 조용히 그 소임을 다하는 리더의 모습이다. 자신의 영달을 덮어두고 전체를 위한 방향에서 참고 노력하는 것이므로 공적인 겸양의 덕이라 하겠다. 이는 곤궁한 시대를 극복하는데 도움을 주는 사회도덕적인 건강한 힘의 원천으로서 소중한 겸양이다.

상황코드인 사(07)의 4원 개념은, 집중을 위한 취사선택(손41), 강인한 의지와 지혜의 축적(간52), 내면의 기쁨을 기르는 인격 고양(태58), 위계질서확립과 통합(함31)으로 연결되는 과정인데 효사에서는 사회지도자급의 자신억제와 준법정신 그리고 공익을 위하는 정신자세를 말하고 있는 것이다.

'불리함이 없으니 겸양을 지휘해야 한다[无不利 撝謙]'고 한 것은 곧 자신을 죽이고 원칙을 지키며 공익적 목적에 헌신하는 지휘자의 공적인 겸양의 자세가 몸에 익었으므로 자신과 전체에게 모두 불리할 것이 없으니 그런 자세로 나서서 세상을 긍정적으로 이끌어나가야 함을 말한다.

공자가 「상전(象傳)」에서 '불리할 것이 없는 지휘자의 겸양[无不利 撝謙]은 법칙을 어기지 않음이다[不違則也불위칙야]'라고 주석하였는데, 이는 바로 상황코드인 사(07)의 내용과 놀라운 일치를 보이고 있음을 확인할 수 있다. 5양의 '휘겸'을 64괘 언어로 말하면 '사겸(師謙)'이 될 것이다.

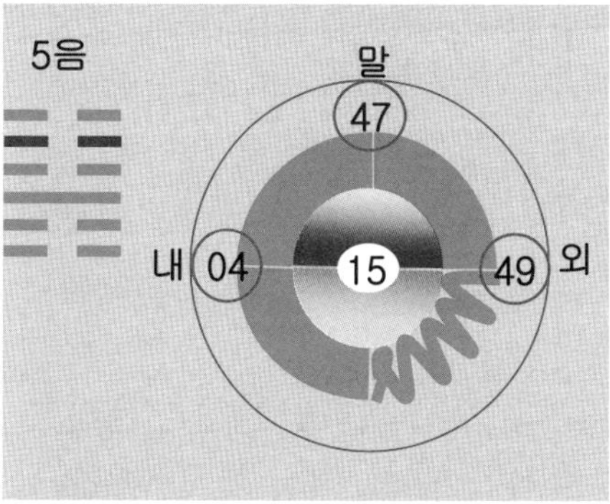

不富以其鄰불부이기린.
利用侵伐이용침벌.
无不利무불리

그 이웃으로 말미암아[以其鄰] 넉넉지 않도다[不富]. 침벌을 해도[用侵伐] 이롭고[利] 불리함은 없으리라[无不利].

> 5음은 몽(蒙)·곤(困)·혁(革)의 과정이다: 보호와 깨우침이 필요한 상태를 겨우 지나면서[몽04] 개인이나 세상은 변화가 필요한 과도기를 맞고 있다[혁49]. 이 과정을 어떻게 넘겨야 하는가? 곤궁함을 극복해나갈 수 있도록 통치해야 한다[곤47].

격변의 소용돌이가 없을 때는 지도자가 모범을 보이는 휘겸[撝謙]으로써 족하나 변화의 시대에 활력도 펼 수 없는 곤궁함에서 허덕일 때는 사회의 그늘진 곳까지 나눔의 덕을 실천하는 것은 더없이 소중하다. 그 속에서 질서와 평화를 구축하려면 중심 리더는 대를 위한 소의 희생을 감수하며 불합리와 불평등을 단호히 평정해야 하므로 이는 '통치의 겸'이라 이를만하다. 부(富)의 편에 서서 자신도 함께 그 부에 편승하여 편함을 강구한다면 이는 통치자의 교만일 뿐이다. 겸허한 통치란 무리를 감수하더라도 전체의 곤궁함을 극복하려는 실리주의의 정치다.

상황코드인 '곤(47)'의 본말을 보면, 천명에 순응하는 자세로 배우고 주위에 동화되어(리10) 겸손의 덕을 베풀어 어려움을 극복하는(겸15) 과정이므로 난국을 맞아 옳지 못한 상황을 접하였을 때 이를 과감히 받아들여 전체의 복지를 강구하기 위해 헌신하며 관련세계를 통할하는 것을 의미한다. 특히 4음에서는 사회지도자급이 자신을 억제하는 준법정신과 공익을 위하는 정신자세를 견지하는 사(07)의 분위기였지만, 5음에서는 지도자 자신의 수양을 넘어 전체의 복지를 염려하는 상황으로의 발전이다. 이는 원천적으로 곤(坤02)의 5음으로부터 이어받는 사회적 조직화 능력의 일환이기도 하다.

'그 이웃으로 말미암아 넉넉지 않도다[不富以其鄰]. 침벌을 해도 이롭고[利用侵伐] 불리함은 없으리라[无不利]' 함은 어려울 때에 전체의 평화와 복지를 위해서는 일부의 불평등을 과감히 해소하는 것이 최상책이며 이는 본질적으로 통치자의 겸양의 덕을 전체통합에 실천하는 것이므로 이로 인하여 예상되는 약간의 무리함은 전체적 입장에서는 아무런 문제가 될 수 없음을 강조하는 『주역』의 가르침이다.

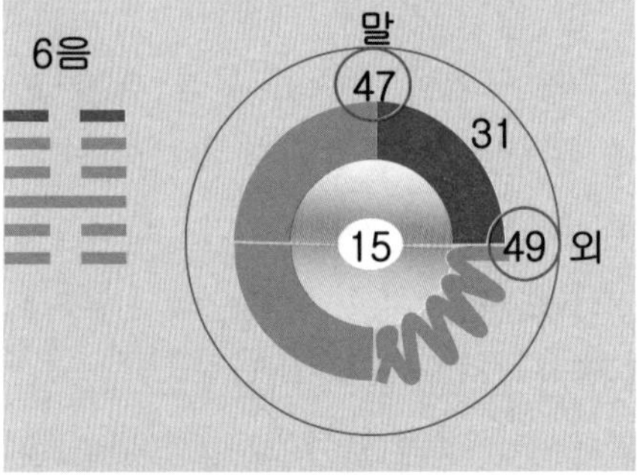

鳴謙명겸·

利用行師征邑國이용행사정읍국·

공명(共鳴)을 얻어내는[鳴] 겸양이로다[謙]. 군사를 일으켜[用行師] 정곡(正鵠)을[邑國] 찔러 바로잡음이[征] 이로우리라[利].

6음은 혁(革)·함(咸)·곤(困)의 과정이다: 변화의 시대를 맞아[혁49] 내부의 활력마저 제대로 펼 수 없는 곤궁함은 극복해야 한다[곤47]. 이 국면을 헤쳐나가는 방법은, 공감대를 형성시켜 전체를 혼연일체로 결집시키는(음) 것이다[함31].

6음은 세계 밖과의 경계에서 혼란을 고정시키는 과정이다. 세계 내부의 활력을 제대로 펼 수 없는 난국을 맞았는데도 대외관계가 혼란하면 자칫 개인적으로는 일정한 삶을 유지함에 혼란을 가중시킬 수 있고, 사회국가적으로는 나라의 정체성이 흔들릴 수 있는 형국이 되므로 기존의 난국을 극복하기 위해서는 6음의 차단하는 속성을 발휘하여 내부를 단속하고 단결시켜서 잔존의 에너지가 밖으로 새나가지 않도록 해야 한다. 힘의 논리를 동원해서라도 문제가 되는 핵심부위의 위계질서를 바로잡는 결단이 있어야 전체의 공감을 얻을 수 있다.

이 상황을 주재하는 '함(31)'의 4원 개념을 '겸'의 환경으로 읽어오면, 공통 목적에 동조하도록 사람을 이끌고(동인13) 시비투쟁이 생기지 않도록 준비하고(송06) 외적으로는 자기를 희생하면서(명이36) 조직적으로 혼연일체를 이루게 하는(사07) 일련의 과정이 상호교감을 만드는 함(咸31)의 형국이다. 곤궁할 때는(곤47) 다툼이 있기 마련인데(송06) 이를 군사 규율을 적용하듯 강력히 무마하고(사07) 설득하여(동인13) 해결하는 모범을 보임으로써 주위에 감동을 주고 공감대를 형성해야 하는 겸양한 노력이 필요하다. '함(31)'은 부부처럼 하나되는 것이니, 서로 하나되는 공감대가 형성되지 않으면 난국을 이겨내기는 어렵다(곤47). 격변하는 과도기에는(혁49) 지도자급이 어려움을 가중시키는 핵심적 혼란요인을 추슬러 하나로 결집시키기 위한 희생봉사적 노력을 하는 것이니 대국적(大局的) 차원의 겸양이 아닐 수 없다. 이 경우의 공감대를 형성하는 '명겸[鳴謙]'을 64괘 언어로 말한다면 전체를 하나되게 만드는 '함겸[咸謙]'이 될 것이다.

16. 뇌지예(雷地豫)

예지·기획의 상, 몽매한 무리를 이끄는 지성적 리더십, 마스터플랜,
면밀한 계획·신중한 묘책

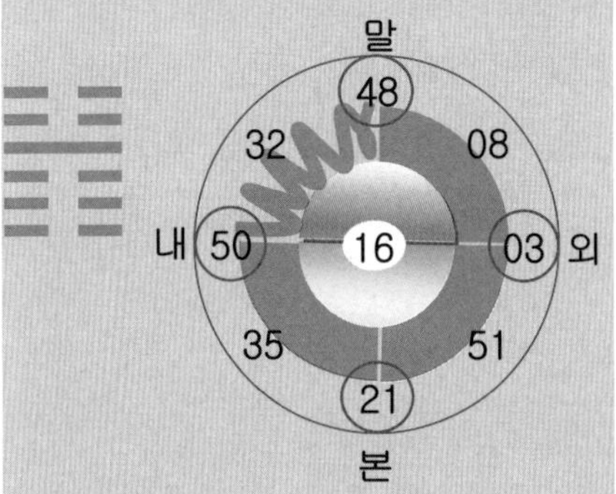

豫예. 利建侯行師이건후행사

예지하고 기획하는 상이로다[豫]. 제후를 세우거나[建侯] 군사를 일으키는 데에[行師] 이로우리라[利].

예[豫]는 서합(噬嗑)·정(鼎)·둔(屯)·정(井)을 따라 흐르는 세계다: 산재하는 갈등을 해결하면서[서합21] 부가가치 창조에 노력하고[정50] 초기의 불확실한 제반 문제에 부닥쳐[둔03] 기반을 유지해 나갈 방도를 강구하는[정井48] 리더십이 '예'의 세계다. 이는 곧 지도자의 혜안이 담긴 기획으로 세계를 선도함이며 이로써 그 지도력 밑에 무리들이 즐겁게 뭉칠 수 있는 계기를 낳는다.

8괘의 단위로 보면, 유순하게 머물러 있는 땅(坤地곤지) 위로 하늘과 땅의 전기에너지가 교환되는 천둥이 내리쳐 땅이 그에 순응하여 흔들리니(震雷진뢰) 생기가 일깨워지는 상이다.

4양은 컴컴한 바다 위에서 길 잃은 배들을 인도해 주는 등대처럼 뭇 몽매한 무리를 이끄는 지도자이고, 막막한 혼돈과 무지의 세상에 우뚝 솟아 빛나는 위인들의 지성과도 같다. 무릇 생각이 미급 몽매한 무리들

이란 누군가가 그들의 심금을 울려 감동시키고 해야 할 바를 세워 그것에 대한 공감을 끌어낼 때 비로소 그에게로 몰려들고 그를 따른다.

인성(人性)의 면에서 보면, 근본 욕구는 저조하고(1음), 신진대사작용도 민활하지 않으며(2음), 물적 외적 교류도 정체되어 있어(3음) 신체적으로는 저조한 분위기로 갈아 앉아 있는 상태이다. 이에 비하여 생각이 빨라 예지력은 높지만(4양) 아직 세계관도 뚜렷하지도 않고 대외활동도 정체 상태라서(6음) 결단력과 실천력은 미온적이다(5음). 생각이 모든 기능을 앞질러 가는 형국이므로 예상하고 기획하는 능력은 탁월하여 미래의 큰 일을 꿈꾸고 있는 형국이다. 마치 새벽에 일어나 곰곰이 생각에 잠겨있는 사람의 모습이라고나 할까?

아래의 1음·2음·3음은 모든 것을 순리적으로 수용할 수 있는 세계의 바탕이요 조직구조다. 하세가 불안정하면 운동을 하기 어려운 것처럼 기초가 안정해야 어떠한 창조적 움직임도 가능할 것이다. 잘 따를 수 있는 추진계획이라야 실천이 쉬워진다. 순리적으로 받아들여질 수 있는 창조적 지혜를 어떻게 이끌어내느냐가 예[豫]가 던지는 화두다.

주어진 세계 전체의 상황은 기능정체, 소극적 세상 분위기 등으로 어려움과 갈등, 혼란의 와중이라고 볼 수 밖에 없다. 이런 때야말로 진정한 리더십이 등장해서 갈등을 해소하여야 하므로 이 세계의 기초자질은 서합(21)으로 나타나고 결과형질은 지혜가 샘솟는 정(井48)으로 마감되는 것이다.

'제후를 세우거나[建侯] 군사를 일으키는[行師]' 것은 국가조직을 확고히 하고 영토를 확보·보위하는 것으로서 어렵고 혼란한 세상을 안정하게 하는 장치인데 이때에 가장 필요하고 중요한 것은 전체가 공감할 수 있는 현명한 정책과 사상을 사전에 수립하는 일이라 하겠다. 개인의 경우에는 미래의 아이디어가 명확할 때 막혔던 길도 열리게 된다.

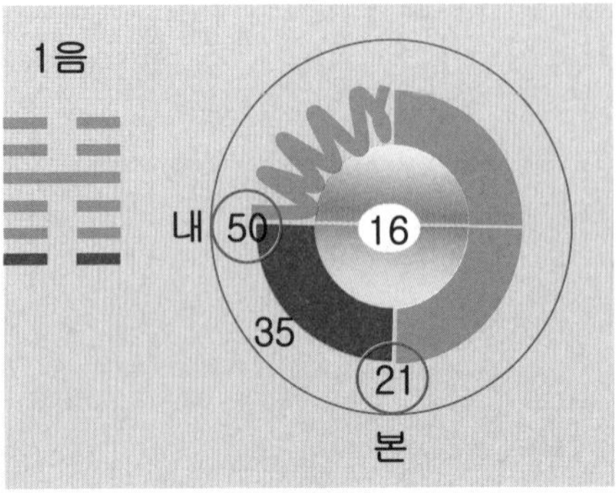

鳴豫명예 凶흉.

소리 나는[鳴] 기획이라면[豫] 흉하리라[凶].

> 1음은 서합(噬嗑)·진(晉)·정(鼎)의 과정이다: 산재하는 갈등에 맞서 투쟁하고 이를 해결하면서[서합21] 새로움과 부가가치를 창조해 나가려면[정鼎50] 그리로 가는 과정은 어떠한가? 갈등 속의 무리를 고무·진작시켜 책임을 가지고 이끌어나가야 한다[진35].

1음은 잠재의식이 소극적이니 근본적인 감동이 없으면 여간 해서는 마음이 움직이기 어렵다. 실속이 없고 감동이 없는 겉치레 계획은 공명(共鳴)을 일으키지 못한다. 리더십의 카리스마에 끌려 믿음과 열정이 생기게 하려면 맹목적인 기획으로써는 어렵고 참다운 정책과 사상이 내재되어 있어야 한다. 따라야 하는 무리들의 기본정신은 어떠해야 하는가? 처음부터 반대하는 경거망동은 금물이니 수용적인 자세를 취해야 한다. 세계가 미래로 전진의 자세를 취하려면 내면의 반성으로 자각하며 신중하게 처신해야 하는 자리다(음).

상황코드인 '진(35)'의 4원 개념을 '예'의 환경으로 읽어오면, 정체된 상태를 자극하여 감동을 주고 고무·진작시켜서(진51) 현재 상태를 잘 유지하고(항32) 더 큰 세계로 나아감에 공헌하면서(익42) 앞서가는 영향력 있는 정책과 사상에 접하게 하는(손57) 일련의 과정이다. 비활성적 상태를 강력한 추진력으로 이끌어 가는 진취적인 기상을 가진 리더십임을 알 수 있다.

'소리 나는 기획[鳴豫]'은 두 가지 단점이 있는데, 그 첫째는 실속 없는 홍보용이라는 것이고, 그 둘째는 기밀성이 없기 때문에 경쟁세계에서는 낭패를 초래하므로 이래저래 '흉[凶]'할 수 밖에 없다. 진(35)은 그 4원 개념에서 항(32)과 익(42)의 중간 이정표를 거쳐가야 하는데 홍보용으로 기밀성이 없는 '소리 나는 기획[鳴豫]은 오히려 항상성 유지를 해치고 진정한 세계발전을 기할 수 없게 되는 것이다. 결국 1음은 '명예[鳴豫]'가 아닌 '진예[晉豫]'가 되어야 함을 말하고 있는 것이다.

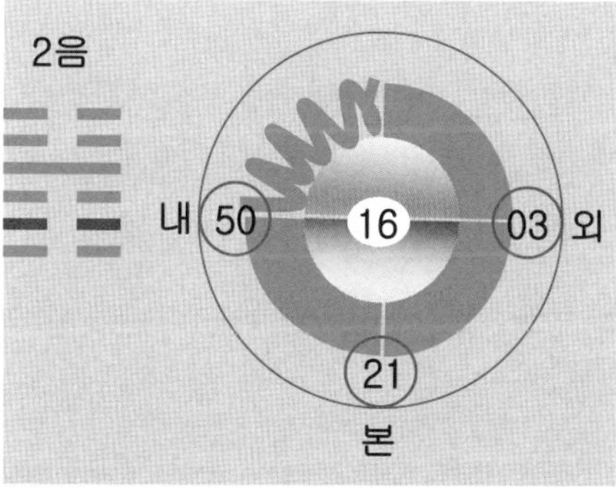

介于石개우석.

不終日貞부종일정 吉길.

굳은 의지가[介] 돌과 같도다[于石]. 하루에 그치지 않고[不終日] 끝까지 올곧게 하면[貞] 길하리라[吉].

> 2음은 정(鼎)·서합(噬嗑)·둔(屯)의 과정이다: 새로운 부가가치를 창조해 내려는 마음은 가득한데[정鼎50] 바라보이는 세상은 채 트이지 않은 불확실성의 안개로 자욱하니[둔03] 어쩌면 좋은가? 사리분별을 잘하여 갈등을 해소하는 데에 모든 노력을 집중해야 한다[서합21].

2음은 전반 세계 리더의 특성이 음으로 굳어져 있음을 나타낸다. 갈등은 생기기는 쉬워도 해결은 어려운 법이니 돌같이 굳은 결심으로 얽힌 갈등 속에서도 포기하지 않고 마음 먹은 바의 계획대로 자신의 신념을 다져나가는 효상이다. 특히 2음은 대성괘 곤괘(02) 2효의 음의 직능처럼 조직의 결합력을 추구하는 응집적인 성정을 가진다. 그 응집적인 신념이 돌처럼 단단한 의지로 나타남을 함의하고 있나.

이 상황의 배경인 서합(21)의 4원 개념을 '예'의 환경으로 읽어오면, 갈등을 계도하는 예지력과 지도력을 펼치면서(예16) 올곧은 정신력을 가지고(대장34) 넓은 통찰력으로 분별하여(관20) 기초적인 복지를 쌓아가는(소축09) 일련의 과정이다. '굳은 의지가 돌과 같고[介于石] 하루에 그치지 않고 끝까지 올곧게 한다[不終日貞]' 함은 바로 이 괘의 주제인 예[豫]의 기초자질인 서합(21)의 개념을 실천에 옮기는 과정임을 알 수 있다. 또한 서합의 기초자질은 예[豫]가 되므로 '갈등해소'와 '예지력·지도력'은 서로간의 기초자질이 되어주는 순환적 개념임을 새겨볼 대목이다.

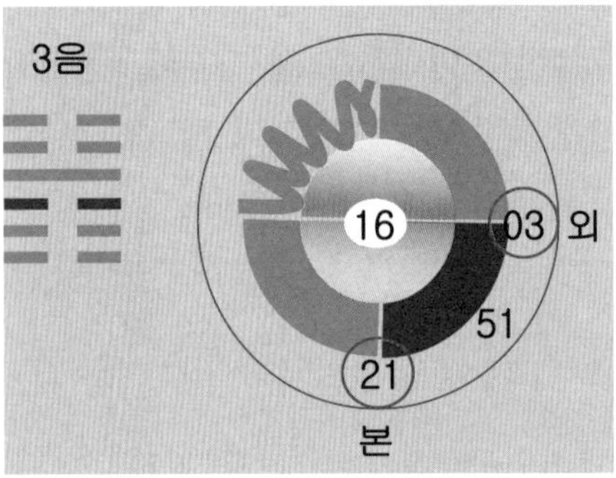

盱豫우예, **悔遲**회지 **有悔**유회.

눈을 부릅뜨고 치켜볼[盱] 계획이면[豫], 후회가[悔] 더디고[遲] 회한이 남으리라[有悔].

> 3음은 서합(噬嗑)·진(震)·둔(屯)의 과정이다: 세계가 갈등과의 투쟁과 이를 해소하려는 데에서 출발하였지만[서합21] 기껏해야 시계(視界)가 꽉 막힌 답답한 시대를 벗어나지 못하고 있다면[둔03] 어떤 과정이 필요한가? 감동을 줄 수 있는 추진력을 마련하여 진정한 유비무환의 자세로 충분히 준비해서 나서야 한다[진51].

3음은 외부와 물적 자원의 교류가 되지 않는 상태이니 어떤 프로젝트를 수행할 여건이 못 된다. 이때 뱁새가 황새 쫓듯이 분에 넘치는 계획을 수행하려 하다 보면 수급이 막혀 일이 잘 이루어지지 않아 시간을 낭비할 뿐이다. 왜냐하면 하괘 곤(坤地)의 세계는 조용히 여건을 수용하는 상황이기 때문이다.

상황코드인 진(51)은 무작정 진군하는 모습이 아니고 봄에 꽁꽁 언

땅의 어려움을 박차고 솟아 오르려는 근원적인 기운에 비유되는 끈기 있는 움직임이다. 이것을 4원의 개념으로 가져와 풀이하면, 어려운 세상에 강한 추진력을 발휘하여(진晉35) 큰 힘으로 세계 활성화에 진력하면서(대유14) 주위에 상생적인 협력을 강화하면서(비08) 유비무환의 정신으로 장벽에 대처해나가는(수05) 일련의 과정으로 정리된다. 이와 같이 이 효를 대변하는 진(51)은 정지한 상태에서 갑작스럽게 발동하는 것이 아니고 주변에 어려움을 감내하면서 큰 추진력을 발휘하여 착실한 준비를 통하여 난관을 극복해 나아가는 상이다.

효사에서 말하는 '눈을 부릅뜨고 치켜볼 계획[盱豫]'이라는 것은 준비가 쫓아가기 어려운 분수에 넘치는 계획이라는 뜻인데, 3음이 처한 국면에서는 실행되기 어렵기 때문에 '후회가 더디고[悔遲] 회한이 남는다[有悔]' 하였고, 그러한 과분한 계획은 나중에 후회하게 되니 삼갈 것을 권고하는 말이라 하겠다. 분에 넘치는 우예(盱豫)는 삼가고 수용이 가능하고 감동을 일으킬 수 있는 진예(震豫)가 되어야 하는 것이다.

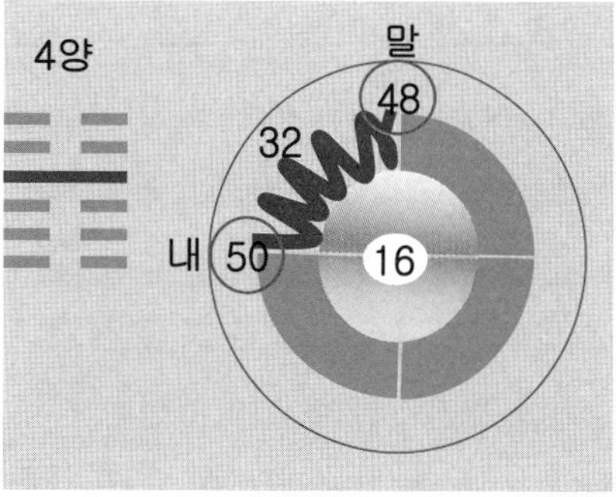

由豫유예. **大有得**대유득.
勿疑朋물의붕 **盍簪**합잠.

예지가[豫] 말미암도다[由]. 큰 얻음이로다[大有得]. 친구를[朋] 의심하지 않으면[勿疑] 뜻을[簪] 모으리라[盍].

4양은 정(鼎)·항(恒)·정(井)의 과정이다: 새로운 미래가치를 창조하여[정鼎50] 기반을 유지해나갈 방도를 강구하는[정井48] 중요한 단계다. 그 중책을 어떻게 수행해야 하나? 활발히 방책을 세우고

(4양) 세계의 항상성을 유지·발전시켜나가야 한다[항32]. 말하자면, 전체가 살 수 있도록 머리를 써는 리더십을 발휘하는 과정이다.

4양은 이 세계의 유일한 양으로서 보이지 않는 내면의 활력소이며 마스터 플랜을 짜는 사람이다. 따라서 일을 기획하는 능력과 권력이 있으므로 재화도 그를 뒤따른다. 한편 큰 기획으로 세계가 구체적인 일을 펼쳐 나아감에는 이를 수용하여 실천해나갈 많은 인재가 필요하다(다섯 음들). 인재들을 한데 모으려면 무엇보다 관련되는 사람들 상호간의 신뢰가 그 열쇠다.

이 효의 상황을 주재하는 '항(32)'의 기초자질이 바로 효사에 나타나는 '大有(대유14)'임은 참으로 놀라운 일치다. 항괘의 4원이 구성하는 개념을 보면, 기초능력을 크게 갖춘 바탕 위에(대유14) 무거운 책임감을 갖고 진취적으로 이끌어 나아가고(진35) 내실을 다져 장애에 대응하면서(수05) 상생을 위하여 단합하고 협력하는(비08) 일련의 과정이다. 능력이 출중한 자가 세계 전체가 살아갈 수 있도록 정책과 사상을 정립하여 이를 계도해가는 예지력이 높은 지성적 지도자의 활동이니 이것이야말로 예[豫] 전체의 의미를 발생시키는 중심이 되는 효다. 그래서 효사에 '예지가 (여기서) 말미암는다[豫由]'라 한 것이다. 이어서 '큰 얻음이다[大有得]'라 함은 두 가지 의미를 품고 있다. 하나는 '예지력'으로 말미암아 이 세계가 빛을 보는 것이니 이 어찌 크나큰 얻음이 아니겠느냐는 것이며, 둘째로는 재능과 재화 등 크게 얻은 자가 아니면 이 임무를 수행할 수 없음을 말한다. 또한 '친구를 의심하지 않으면[勿疑朋] 뜻을 모은다[盍簪]' 함은 높은 지성을 가진 자이기 때문에 권력과 재화를 운용할 것이므로 그리로 사람들이 몰려와 제사보다 젯밥에 더 관심을 둘까 의심이 되지만 무릇 계획을 실행에 옮길 수 있는 사람들의 조직적인 협력이 없이는 아무일도 이루어낼 수 없으므로 대(大)를 위하여 소(小)는 보지 말아야 함을 강조하는 대목이라 하겠다. 여기서 '盍簪합잠'이란 주위의 조직적 협력을 비녀로[簪] 머리를 묶는[盍] 모습에 비유한 것으로 상황코드 항(32)의 말원인 비(08)의 '상호협력'의 개념을 함의하고 있음을 알 수 있게 된다.

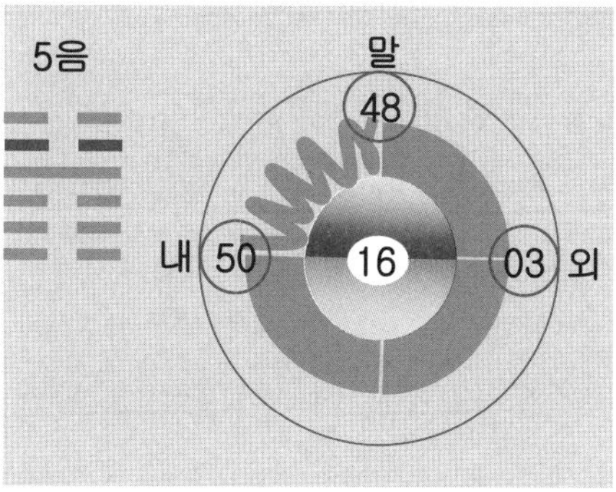

貞정 疾질 恒항. 不死불사

끝까지 굳건하면[貞] 탈이 있더라도[疾] 항상성을 유지하도다[恒]. 불사하리라[不死].

5음은 정(鼎)·정(井)·둔(屯)의 과정이다: 내적으로는 새로운 부가가치를 창조하기 위하여 애쓰는데[정鼎50] 외적으로는 불확실성의 시대의 늪으로 빠져들고 있다[둔03]. 이때 꼭 필요한 리더십은 무엇인가? 기반을 유지해나갈 방도를 강구하는 것이다[정井48].

후반 세계의 최고리더인 5음은 활성적으로 활약하지 못하고(음) 자신의 열정과 능력을 펴는데 장애에 부딪친다. 아이디어 뱅크인 4양의 기획참모 외에는 발로 뛰며 도울 활동가가 없기 때문이다(다섯의 음). 이러한 실현의 장애는 당장에는 문제이지만, 세태에 흔들리지 않고 이러한 모든 문제점을 해결할 수 있는 참 지혜가 분출될 때까지 시간이 걸리더라도 꾸준히 끝까지 밀어붙이면(음) 뛰어난 아이디어는 반드시 그 가치를 발휘할 날이 온다.

이 상황을 이끄는 '정(井48)'의 4원 개념을 '예'의 환경으로 읽어오면, 작은 성취 속에서도(소축09) 내면을 깊고 넓게 성찰하고(관20) 초지일관으로 세운 목표를 향하여 정진하여(대장34) 지혜 깊은 예지력으로 세계를 선도하는(예16) 일련의 과정이다. 여기에서 이 상황코드 '정'의 결과형질(말원)이 지금 주제로 다루고 있는 바로 그 예[豫]임을 유의하여 살펴보자. 그런데 이 예[豫]는 4양에서 말미암는다고 하였음을 기억할 것이다. 4양은 곧 대유자가 세계의 항상성 유지가 가능하게끔 세계를 계도하는 지도자의 상이다. 따라서 5음을 대변하는 '정'의 결과형질 속에는 항상성 유지의 능력이(항32) 발휘되고 있는 것이다. 결과적으로 5음은 4양의 큰 예지력을 실현하기 위하여 4양의 보필내용을 안정적으로 꾸준히(음) 추진하는 통치자라 하겠다. 공자는 「상전(象傳)」에서 5음이 '乘剛승강'하고 있다고 주석하였는데 바로 4양의 보필을 받고 있음을 말한 것이라 하겠다.

'끝까지 굳건하면[貞] 탈이 있더라도[疾]'라고 한 것 중에 '탈'이란 세계 전체에서 4양 외에는 모두 음이므로 실천활동을 이루어낼 합당한 인재가 없는 어려움을 지적한 것이고 '끝까지 굳건함[貞]'은 5음의 조직력과 응집적인 성정을 말하고 있다. 그 뒤에 이어지는 '항상성을 유지하며[恒] 불사한다[不死]' 함은, 위 단락에서 언급한 바와 같이, '정'의 결과 형질인 예[豫]가 유래하는 것은 4양의 항상성 유지[항32]의 속성을 가지기 때문이다. 그 예지력으로 성립되는 기획 아이디어는 당장 실현에는 다소 간의 어려움이 있다 하더라도, 기반을 유지해나갈 방도를 강구하는 참 지혜를 분출시키기 위하여[정48] 끝까지 노력한다면, 그 가치가 실현될 날이 반드시 오게 되어 항상성을 유지하며 불사한다고 한 것이다.

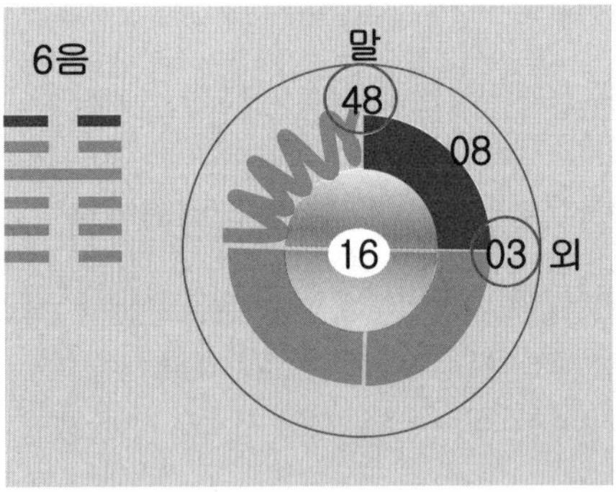

冥豫명예.
成有渝성유투 无咎무구.

어두운 기획이로다[冥豫]. 완성되었더라도[成] 바뀌나가면[有渝] 탈이 없으리라[无咎].

6음은 둔(屯)·비(比)·정(井)의 과정이다: 불확실성 시대를 맞더라도[둔03] 기반을 유지해나갈 방도를 강구하려면[정48], 지도자의 도움을 받아 상생적 협력과 선의의 경쟁으로 더 나은 아이디어를 개발해야 한다[비08].

6음은 세계 밖과 미래로의 환경과 정보에 단절되어 있음이다(음). 그러한 가운데에 추진되어 온 기획은 정보가 어두운 상황에서 나온 것이니 완전하지 못할 것이다. 기획이란 무릇 미래를 위하여 발전해나가기 위한 것인 만큼 세계 밖의 정보를 충분히 접하여 미래의 눈을 떠야 하는데 그렇지 못하므로(음) 온전하고 현명한 것이 될 수 없다. 이럴 때의 최선의 방법은 세계 내의 기존의 지식들을 최대한 활용하여 아이디어를 개발하면서 끊임없이 탈바꿈해 나가야 한다. 그러기 위하여는 관련 구성원 모두가 상생적 협력정신과 선의의 경쟁정신이 충만해야 한다[비08].

상황코드인 '비(08)'의 4원 개념을 '예'의 환경으로 읽어오면, 발전하려면 에너지와 협력자가 필요한 터에(익42) 중심 리더의 지도력과 사상에 독려되어(손57) 구성원 모두가 활동무대로 과감히 나서서(진51) 그 세계의 항상성을 유지·발전시키는(항32) 일련의 과정으로 표현된다. 지도자의 도움으로 세계 내의 활동무대에 나서서 자신을 포함한 전체의 항상성 유지를 위하여 모두다 합심하여 노력해야 함을 말해주는데, 유의할 대목은 역시 세계가 죽지 않고 그 명맥을 유지해나가는 항상성 유지[항32]가 이 효의 상황코드인 비(08)의 목표형질(말원)이라는 사실이다. 이 효의 주제인 예[豫]의 4양과 5음, 6음이 모두 항(32)의 개념과 연결되어 있음은 특기할 사항이라 하겠다. 그만큼 이 세계는 불활성의 늪에 빠져 있기는 하지만 지도자의 높은 지성을 중심으로 6음의 상황코드로서 대변되듯이 상생의 노력에 의하여 발전해 나갈 수 있음이 입증되고 있다. '완성되었더라도 바뀌나가면[成有渝] 탈이 없다[无咎]'라고 하였는데 '바뀌나간다'는 것은 세계는 끊임없이 그 삶을 지속하기 위하여[항32] 상부상조하면서 더 나은 방향으로 협력해나가는[비08] 노력이 필요함을 『주역』은 권고하고 있다. 이 과정에서 반드시 이 세계에서 최고의 혜안을 가진 지도자의 영향력은 절대적이라 할 것이다.

17. 택뢰수(澤雷隨)

열정으로 형편에 따르는 상, 이심전심의 협력, 적응력,
감화 설득력, 내면에 쌓는 공덕, 호응·추종

隨수.
元亨利貞원형이정 无咎무구.

열정으로 형편을 따르는 상이로다[隨]. 시작하여[元] 성장하고[亨] 열매 맺고[利] 씨가 되는 데에[貞] 탈은 없으리라[无咎].

수[隨]는 비(否)·건(乾)·곤(坤)·태(泰)를 따라 흐르는 세계다: 위세 높은 자들만이 큰소리치는 비색한 난세에 의기소침해서는 살아가기 어려우므로[비12] 내적으로 뿜어내는 창조적 열정을[건01] 외적으로는 소실되지 않도록 잘 갈무리하며 따라가[곤02] 의기충천하게 튼실하도록 노력하는[태11] 일련의 과정이 '수'의 세계다. 외유내강(外柔內剛)의 한 모습이다.

8괘의 단위로 보면, 아래(안)의 움직임에 의하여(震雷진뢰) 위로(밖으로) 기쁨을 나타내는(兌澤태택) 형국으로서 호응하여 따르는 의미를 만든다. 하지만 현실적 막힘을 풀기 위해 내면의 에너지를 튼실하게 해나가는 뜻은 8괘 단위로 보아서는 잘 드러나지 않는다.

기호 'ε' 모양의 양(陽)의 집단과 이와 마주보는 '3' 모양의 음(陰)의 집단이 서로 손가락 깍지를 낀 것처럼 교차하며 상응하고 있다. 내적인 활발한 정신

적 에너지와 열정(1양·4양·5양)을 외적으로 소실되지 않게 보호함으로써(2음·3음·6음) 세계내부의 활성에너지가 부당하게 외적으로 소실되는 것으로부터 보호되고 있는 상황이다. 말하자면 정신적인 활성이 소멸되지 않고 잘 보호·유지·강화되고 있는 상이다. 안쪽에서 열이 많이 발생된다면(양) 바깥쪽은 이것을 잘 감싸 열을 흡수하거나 보온의 피막을 형성하고 있는 형국이다(음). 외적 환경요소가 정체상태일 때(음), 이것을 활성화 시키기 위해서는 내적인 변화와 열정이 먼저 가득하여야 한다(양). 외적 정체상태의 것을 율동적인 삶의 흐름으로 유도하려면 내적으로 적극적인 열정이 있어야만 한다.

마음이 능동적으로 이끌고 몸은 수동적으로 따른다. 조직체로 보면, 추종자는 전체의 외적인 모습인 셈이고 그 조직을 이끄는 지도자는 그 조직의 심부(心府, 深部)다. 이끄는 자는 솔선하여 먼저 변화하고 적응하고(양), 추종자의 관심을 이끌어 내고(음) 대외환경적인 필요에 부합하도록 유도할 수 있는 적극성이 있으므로 전체로서는 어떠한 요구에 대해서도 이에 적응하거나 호응하여 나아갈 수 있는 기초자질은 있는 셈이다.

인성(人性)의 면으로 보면, 감성이 풍부하며(1양), 생각이 활발하고(4양) 정신상태가 활성화되어 있어 내면의 생각이나 감정의 흐름에 따라 적극적으로 행동에 옮기려 한다(5양). 하지만 신진대사 작용이 원활하지 못하고(2음) 물적 환경적 교류나 육체적 민감성이 소극적이어서(3음) 정신상태에 비하여 몸의 활성은 떨어지므로 생각한 바를 바로 실행에 옮기기에는 역부족이다. 게다가 미래와 세계를 보는 눈이 열려있지 않기 때문에(6음) 독자적인 가치관으로 자신감을 갖고 실천에 옮기지는 못하므로 타인의 도움이 필요한 상태다. 지식이 높고 힘이 월등한 위인(偉人)의 긍정적인 이끎이 있으면 이에 호응하여 잘 뒤따를 수 있는 인간상이라 하겠다.

수[隨]의 본말을 보면, 비색한 난세에 의기소침하기 쉬운 환경을 딛고[비12] 의기충천함으로 가득 찬, 튼실한 세상[태11]을 향하여 나아가는 과정에 있으므로 긍정적이고 열정적인 마음으로 미흡한 상태를 북돋우며 따라가야 할 상황이다. 그 과정에서 내적으로는 창조적 열정을 뿜어내는 것이며[건01], 외적으로는 그런 주체자의 정신(마음의 요동)을 수동적으로 따라가며 실천하는 삶이므로[곤02] 4원에 의한 개념에서는 마음의 열정을 쌓아가며 따르는 상황이 잘 드러나고 있음을 확인할 수 있다.

안팎과 가운데에서 내외가 대칭으로 맞보며 음양이 상응하고 있기 때문에 이 시스템은 그 자체로 항상성이 유지될 수 있는 모습이다. '열정으로 형편을 따르는 상이다[隨]. 시작하여 성장하고 열매 맺고 씨가 되는 데에 탈은 없다[元亨利貞 无咎]'라고 함은 시스템 전체의 음양상응의 적절한 균형이 큰 몫을 하고 있을 뿐 아니라 내적 에너지를 채우면서 형편에 호응하며 뒤따르는 긍정적인 자세는 비색한 세상을[비12] 튼실한 세상으로 바꿀 수 있는[태11] 최선의 방법이기 때문에 어떤 국면에서도 탈은 생기지 않는다는 말이다.

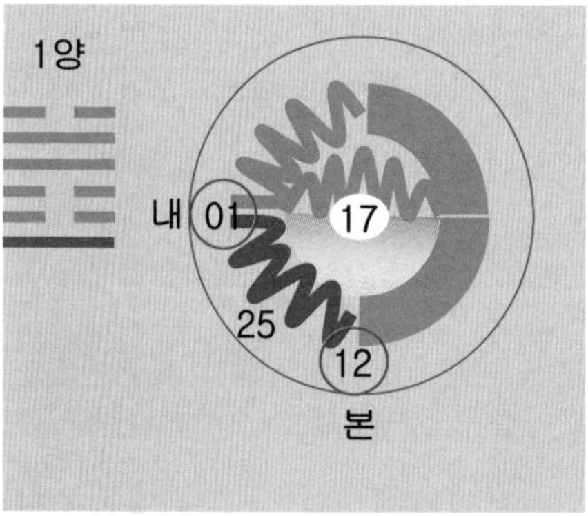

官有渝관유투 貞吉정길.
出門交출문교 有功유공.

관직에[官] 변화가[渝] 있어도[有] 끝까지 굳건하게 하면[貞] 길하리라[吉]. 출문하여[出門] 사귀면[交] 공이 있으리라[有功].

1양은 비(否)·무망(无妄)·건(乾)의 과정이다: 의기소침의 비색한 세상이 이니 만큼[비12] 어떻게 하면 주위의 가슴을 창조적으로 뜨겁게 달굴 것인가가[건01] 관건이다. 그것을 푸는 과정은 올바르고 사심 없는 정도(正道)를 행동강령으로 삼는 것이다[무망25].

삶이란 곧 변화하는 세상에 창조적으로 대응해 나가는 것이다. 1양은 근본정신이 적극성을 띠고 있음을 말해준다. 전반 세계에서 가장 중요한 것은 것은 나쁜 상황이 되더라도 이에 맞추어 적극적으로 반응하는 자세를 갖도록 해야 하는 것이니(양) 때로는 자기를 반대하거나 적으로 여기는 자들에까지 사심 없이 기꺼이 다가가서 상생할 수 있는 올바른 길을 설명하고 그들을 감동시키면 문제를 해결하는 실마리를 얻게 된다.

이 상황을 주재하는 '무망(25)'의 4원 개념을 '수'의 환경으로 읽어오면, 더 높은 신념에 의거하여[췌45] 내적 결단으로[쾌43] 외적 난제를 극복하며[박23] 내공을 쌓아가는[대축26] 삶의 과정으로 요약된다. 소위 순리대로 정도를 걷는 결벽한 삶이요, 온갖 사심을 버린 무위자연(無爲自然)의 삶이며, 정도를 거슬리지 않는 삶이다. 그러한 삶의 예를 『주역』에서는 '관직에 변화가 있어도[官有渝] 끝까지 굳건하게 헤나기는 것[貞]'으로 설명한다. '출문하여 사귐[出門交]'은 사심 없는 공적인 정도의 길을 걷는 것이니 시간이 가면 자연히 '공이 있게 되는[有功]' 삶이다. 이것은 곧 상황코드로 매김된 무망(25)의 삶임을 알 수 있다.

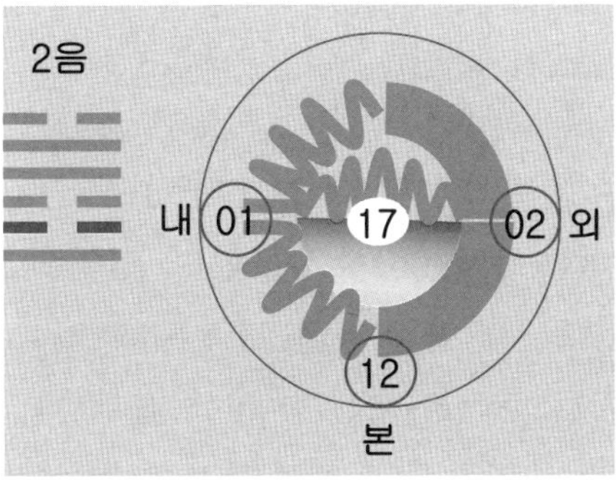

係小子계소자 失丈夫실장부.

소인들과[小子] 엮이면[係] 장부를[丈夫] 잃으리라[失].

2음은 건(乾)·비(否)·곤(坤)의 과정이다: 내면의 창조적 열정을 토로할 때[건01] 주위에서 이를 전적으로 수용할 수 있어야 한다[곤02].

> 막힘의 시대에는 어떻게 해야 하나? 세상은 비색하여 소인이 득세하니 청조적 열성을 원활하게 수용하여 실천히려면 각별한 주의가 필요하다[비12].

2음은 내외를 연결하는 중용의 도를 구사함에 있어서 소극적이라는 뜻이다. 내외연결에서 2음의 역할은 창조적 생각을[건01] 어떤 정도로 수용할 것인가[02]에 대한 조율이 필요한데 자신이 음이므로 소극적이며 이를 대변하는 상황코드가 '비(12)'이므로 창조적 열정을 적극적으로 수용하는 길은 막히기 쉽고 소극적으로 안주하게 됨을 말한다(음).

이 상황의 배경이 되는 비(12)의 4원 개념을 '수'의 환경으로 읽어오면, 열정으로 형편을 따르며(수17) 크게 도전하려 하지만(대과28) 침체된 세상 분위기로는 오히려 빈궁함에 시달리니 안정과 보수적 자세로 바탕을 기르는 꾸준한 노력을 거친 후(이27) 마지막에 겨우 갱생부활의 기회를 맞을 수 있는(고18) 일련의 과정이다.

'비(否12)'에 대하여 공자는 「상전(象傳)」에서 '천지가 사귀지 않음이 '비'이니 군자는 이로써 덕을 펴는데 검소하고 어려움을 피해 녹을 받아 영화를 누리지 않는다(天地不交천지불교 否비 君子군자 以이 儉德辟難검덕피난 不可榮以祿불가영이록)라고 주석하였는데 2음의 효사를 직설적으로 설명하는데 꼭 맞는 내용이다. 즉, '소인들과 엮이면[係小子] 큰 사람은 잃는다[失丈夫]'라고 함은 비색한 시대에는 장부[丈夫](군자)는 세상이 순리대로 되지 않으므로 '儉德辟難검덕피난' 하는 무망(25)의 삶(1양)을 살기 때문에 창조적 열정을 제대로 받아줄 대상이 귀할 때에, 소용됨이 없고 잘기만 한 소인배가 사사롭게 얽혀지니 큰일은 해낼 수 없는 상황임을 단적으로 표현하고 있는 것이다. 이럴 때일수록 진취적 생각으로 대인을 만나야 하는데 막힌 세상에서는 이도 쉬운 일은 아니다.

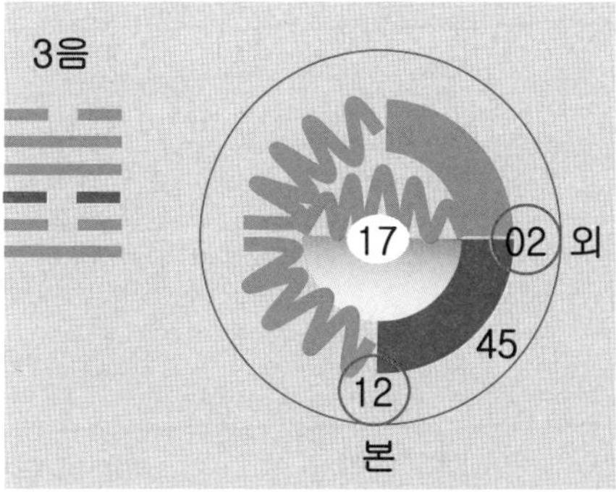

係丈夫계장부 **失小子**실소자·
隨수 **有求得**유구득,
利居貞이거정.

장부들과 관계하고[係丈夫] 소인을 버리도다[失丈夫]. 열정으로 형편을 따르는 삶은[隨] 갈구하여[求] 얻음이[得] 있으니[有] 굳건한[貞] 삶이[居] 이로우리라[利].

> 3음은 비(否)·췌(萃)·곤(坤)의 과정이다: 난세에 처하여 협조가 잘 안 되는 분위기에 휩싸여 있을 때에[비12] 창조적 열정과 의도가 제대로 수용되려면[곤02], 어떤 과정이 필요한가? 의기소침한 개개인들이 힘을 합하여 더 큰 문제 해결의 명분을 세우고 의미 있는 집단을 형성하는 것이다[췌45].

3음은 주위와의 교류에 의한 에너지 소실을 막기 위하여는 개방적 자세를 자제해야 한다(음). 모든 것이 잘 소통되지 않아 내적인 활력이 부족한데 외부로 정열을 낭비할 여유가 없다. 3음은 불필요한 에너지의 낭비를 막는 차단의 벽인 동시에 작은 역량이라도 최대한 모으는 응집력을 발휘하는 음의 기능을 다해야 함을 의미한다.

'의미 있는 집단'의 전형인 사회단체의 조직중추는 훌륭한 지도급 인사가 맡게 된다. 모두가 잘 호응하며 따를 수 있는 철학과 인격의 소지자는 불신과 의기소침으로 닫힌 개인들의 역량을 한데 모아줄 수 있는 능력자다. 암흑의 시대에 위인으로부터 지혜의 혜택을 주로 받기만 하는 예[豫]의 세계와 달리, 주어진 생각에 대한 판단력과 실천력이 중시되는 가운데(5양) 지도자의 휘하에 모이는 것이 이 효의 상황코드인 췌(45)의 세계다.

이 상황을 주재하는 '췌(45)'의 4원 개념을 '수'의 환경으로 읽어오면,

정도를 걸으며 절제하면서(무망25) 대인을 보는 천우의 기회를 만나(구44) 원래의 바른길로 돌아와(복24) 도약이 임박하는 희망을 갖는(승46) 일련의 과정이다. 혼자의 힘으로는 어려운 비색한 세상에서 창조적 열정을 협의하고 도움을 받을 수 있다면 그것은 하늘이 돕는 기회임에 틀림없다. 자신이 호응하며 따를 수 있는 단체의 힘을 빌려 역량을 뭉치면 새로운 도약의 길이 열릴 것이다.

'대인들과 관계하고 소인을 버린다[係丈夫 失小子]' 함은 지도자나 후원자와 관계를 맺어야 좋고[췌45] 소인은 도움이 되지 못하고 오히려 손실의 우려만 더하므로 관계를 끊는 것이 좋다는 것이다(음). 비색한 세상에 군자들이 '검덕피난(儉德辟難)' 하지만 사회적 명분이 뚜렷한 큰 일을 추구하는 데에는 관심을 가지므로, '열정으로 형편을 따르는 삶은 갈구하여 얻음이 있다[隨有求得]'라며 노력하면 좋은 관계를 맺을 수 있는 가능성이 높음을 말해준다. 끝에 있는 '굳건한 삶이 이롭다[利居貞]'라고 함은 호응하여 뒤따르는 자가 이랬다 저랬다 주관이 불분명하면 소인배와 다름없으므로 군자와 관계를 유지하기 어렵고 도움도 받지 못할 것을 충고하는 말이라 하겠다.

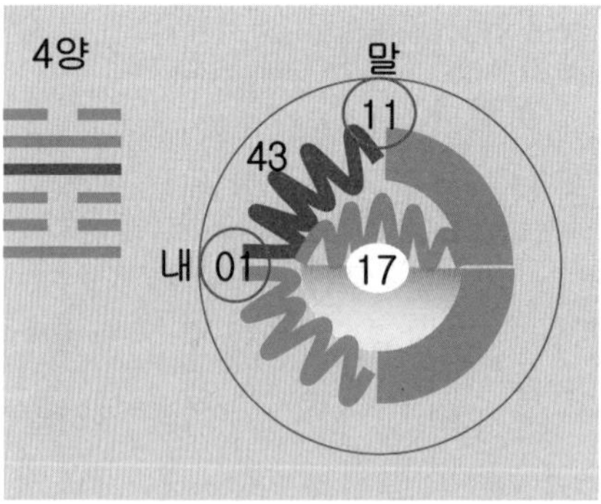

隨有獲수유획 **貞凶**정흉.

有孚在道以明 何咎.
유 부 재 도 이 명 하 구

열정으로 따르면[隨] 얻음이[獲] 있으나[有] 끝까지 집착하면[貞] 흉하리라[凶]. 믿음을 두고[有孚] 원칙을[道] 세워[在] 이로써 밝히 하면[以明] 어찌 탈이 있겠는가[何咎]!

> 4양은 건(乾)·쾌(夬)·태(泰)의 과정이다: 창조적 열정이 가득하여 표출하려는 즈음에[건01] 튼실하고 태평한 세상이 눈앞에 다가오고 있다면[태11] 그 과정을 어떻게 수행해야 목적을 이룰 수 있는 것인가? 강한 신념으로 공명정대하게 결단력을 발휘해야 한다[쾌43].

4양은 생각이 활발함을 나타낸다(양). 이 자리는 일반적으로 조직에서 기획관리의 역할에 해당하며 모든 일들이 이 문턱을 거쳐가야 일을 수행할 수 있다. 최고리더의 명령이나 요구를 따라 판단을 뒷바라지하는 자리지만 주위에서 뇌물로 아첨하고 이용하려 들므로 탈이 나기 쉽고 그렇게 되면 전체의 흐름에 큰 누를 끼치게 된다. 그래서 이때의 4양은 사고의 활발함을 넘어 조급해지거나 교활해지는 상황을 함의하고 있다. 맞으려는 태평한 세월은 긴장감이 없고 무절제하기 쉬워[태11] 재화를 관리하는 참모들은 새물욕의 사리사욕에 빠지기 쉽다.

이 상황을 주재하는 '쾌(43)'의 4원 개념을 '수'의 환경으로 읽어오면, 어려운 국면에서 기회를 잡아(구44) 순리와 정도의 떳떳한 길을 택하여 노력하는 가운데(무망25) 상승기세가 모여 힘을 받으면(승46) 창조적 순리를 거스르지 않는 원래의 올바른 길로 돌아가는(복24) 일련의 과정이다.

쾌(43)[|||||:]의 표상을 살펴보면, 다섯 양(陽)의 무리가 공적인 대의를 이루려고 노력하는 쪽이라면, 나머지 하나의 음(陰)은 이것을 저지하는 쪽이다. 양의 편이 대세라고 해도 개별적으로는 그 힘이 미약하므로 합심·단결하여 서로서로 호응하지 않으면 큰 뜻을 이루기 어렵다. 태평세월[태11]로 가는 마지막 저항요소(쾌의 6음)도 그 나름대로의 막강한 힘을 갖고 있으므로 이것을 확연히 처단하기 위해서는 결단자의 신념이 올바르고 강건함을 공개적으로 인정 받아야 큰 힘이 형성되어 대세를 이루면서 태(11)의 시대로 돌입하게 되는 것이 이 효의 상황코드인 쾌(43)의 내용이다.

'열정으로 따르면 얻음이 있으나[隨有獲] 끝까지 집착하면 흉하다

[貞凶]' 함은 최고 리더의 뜻에 호응하여 뒤따르면서 계획을 입안하고 관리하는 역할이다 보니 자칫 4양의 활발한 사고를 부정직인 면으로 쓰면 교활한 재주로 바뀌어 재물을 사사로이 축재하기 쉽다는 뜻이며, 이런 일을 길게 하면 흉하게 될 것은 뻔한 일이다. '믿음을 두고 원칙을 살펴 밝게 하면[有孚在道以明] 어찌 탈이 있겠는가[何咎]'라고 한 것은, 이 효의 상황코드인 쾌(43)의 내용을 수행하여 확실하게 튼실한 세월을 맞이하려면(태11) 결단자(이 때는 '수'의 임무를 이행하는 4양)의 신념이 올바르고 강건함을 공개적으로 인정 받을 수 있어야 함을 말하고 있다. 그래서 믿음을 두고 원칙을 세워 공명정대하게 일을 처리하면 아무런 탈이 생기지 않는다는 것이다. 4양의 중책에 있는 자가 사리사욕에 얽매이면 그의 신념과 계획은 공적으로 인정받을 수 없고 그만큼 주변의 단합된 힘을 이끌 수 없어 진정한 수[隨]의 길을 수행할 수 없게 되는 것이다.

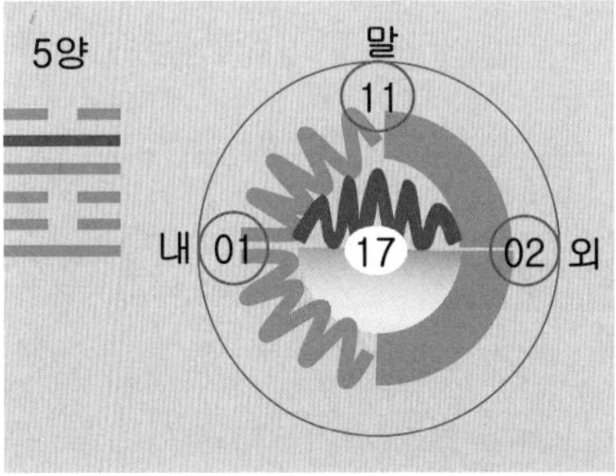

孚于嘉부우가 吉길.

경사스런 잔치에서[于嘉] 믿음이 오가면[孚] 길하리라[吉].

5양은 건(乾)·태(泰)·곤(坤)의 과정이다: 비색한 세상을 벗어나 내적으로 창조적 열정이 강렬하게 뿜어져 나오고[건01] 외적으로 이를 잘 수용한다면[곤02] 세상은 큰 발전이 있게 된다. 그 과정을 어떻게 이끌어가야 하나? 의사소통이 원만하게 이루어지는 상호 신뢰의 분위기를 주도해야 한다[태11].

5양은 책임리더의 적극적인 통할활동을 나타낸다. 아랫사람이 잘 따르니 잘 이끌어 주고(2음과의 음양상응), 창조적인 기획은[건01] 잘 수용하여 실천할 수 있도록[곤02] 독려·중재·조정하는 지도자의 활발한 역할수행이다. 조직사회에서 회식(會食)을 하는 본래의 의미이기도 하다. 대궐에서 왕이 신하에게 잔치를 베풀어 신임을 주고 복종을 확인하면서 태평성대를 구가(謳歌)하는 모습이다[태11].

이 상황을 이끄는 '태(11)'의 4원 개념을 '수'의 환경으로 읽어오면, 부정적 영향을 받는 시련의 상태에서(고18) 부족한 내적 에너지를(이27) 충분히 확충하여(대과28) 상호관계에 긍정적으로 호응할 수 있는 상태로 가는(수17) 일련의 과정이다. 결국 태(11)를 이루려면 모든 구성원 상호 간의 신뢰를 바탕으로 상하좌우가 끈끈하게 연결될 때에 가능한 것이다. 바로 이 중차대하고 긍정적인 통할이 5양의 역할이다.

'경사스런 잔치에서 믿음이 오가면 길하다[孚于嘉吉]'라고 함은 서로의 믿음을 나누는 잔치마당은 임박하는 태(11)를 기약하기 위함임과 동시에 그 과정자체도 태(11)의 속성을 펼치고 있음이니 길함은 약속된 것이나 다름없다 하겠다.

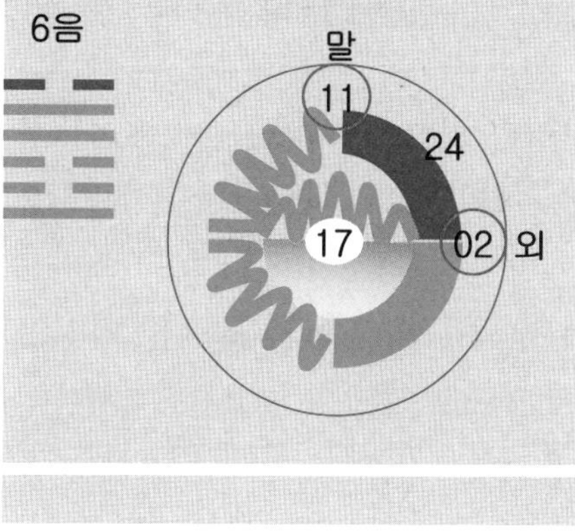

拘係之 乃從維之.
구계지 내종유지
王用享于西山왕용향우서산.

구속되어[拘] 매이고[係之] 이를 따라와[乃從] 얽히도다[維之]. 서산에서[于西山] 왕이 제향하도다[王用享].

> 6음은 곤(坤)·복(復)·태(泰)의 과정이다: 주어진 여건을 전적으로 수용하여[곤02] 세상이 의기충천한 모습으로 탈바꿈해가려면[태11] 어떻게 해나가야 하나? 아직 당해낼 처지가 못되니 밖으로 미래로 나가지 말고 원래의 상태로 되돌아와 정도를 따라 해야 할 기본적인 책무에 충실하며 때를 기다릴 수 밖에 없다[복24].

6음은 세계 밖으로 미래를 향하여 뻗어나가지 못하고 머물러있는 상이면서(음) 아울러 이로써 세계 내부의 에너지 손실을 막고 있는 상이기도 하다(음). 이 효의 상황코드인 복(24)의 본중말(곤02·복24·태11)을 보면, 음10월에 이르러 펼 수 있는 에너지가 절대적으로 부족할 때에는[곤02] 자체의 에너지 낭비를 최대한 막고 음극양생(陰極陽生)하며 다시 반전되는 음11월 동짓달을 잘 버텨내야[복24] 새로운 싹을 틔울 수 있는 음1월을 맞게 되는[태11] 섭리 속에 있음을 안다. 제일 높은 경륜을 가진 자는(6음) 어쩔 수 없는 상황에서는 하늘의 섭리에 순응하며 기다리는 수[隨]의 도(道)를 행할 줄 아는 자이다.

이 상황을 주재하는 복(復24)의 4원 개념을 '수'의 환경으로 읽어오면, 빈궁한 상태에서 출발하여(박23) 저변의 힘을 축적하고(대축26) 밝은 생각, 올바른 판단을 중심으로 뭉쳐 어둠을 헤쳐나가(췌45) 과감히 새로운 목적을 지향하며 결단하는(쾌43) 일련의 과정이다. 이 경우의 복(復24)의 도는 곧 섭리적인 수[隨]의 도(道) 중에서 마지막 어려움을 참고 헤쳐가는 과정을 구체적으로 말해주고 있다 하겠다.

효사에서 '구속되어 매이고 이를 따라와 얽힌다[拘係之 乃從維之]' 함은 그 누구도 어쩔 수 없는 상황에서는 제자리로 돌아와 기초를 다시 쌓아가는 '복(24)'의 삶이 불가피한 선택이며, 사면초가(四面楚歌)의 고비를 잘 넘기기 위하여는 하늘에 기원하며 정신을 모아야 하는 것이니 '서산에서 왕이 제향함[王用享于西山]'으로써 근본정신을 다잡아 그 세계의 결속을 다지며 각자가 자기 자리에서 주어진 책무를 정도를 따라 조용히 수행하는 길 밖에 없음을 함의하는 말이다. 뜻은 강렬하나 환경이 따라주지 못하니 때가 무르익을 때까지 근본을 재정비하며 참고 기다릴 수 밖에 없는 상황이다(복24). 주(周)의 무왕(武王)이 동쪽의 은(殷)을 치기 전에 고향인 '서산'을 중심으로 복(復24)의 상황에서 수[隨]의 길을 걷고 있음을 말하고 있다.

18

18. 산풍고(山風蠱)

미혹·허영·부패·위세·유혹·문란의 상, 외적 탐욕, 외적 성공,

외적 영향력에 대한 내적 저항력, 내적 에너지 유출

蠱고 元亨원형,
利涉大川이섭대천.
先甲三日선갑삼일,
後甲三日후갑삼일.

미혹과 허영은[蠱] 뿌리가 힘차니[元亨] 큰 내를 건넘이 이롭도다[利涉大川]. 시작하기 전 3일은 음의 세력이고[先甲三日] 시작 후 3일은 양의 세력이리라[後甲三日].

고[蠱]는 태(泰)·곤(坤)·건(乾)·비(否)를 따라 흐르는 세계다: 태평성대에서는 방만하고 무절제한 생활에 빠지기 쉬운 속성이 있어서[태11] 내면적으로는 자연히 그 영향을 수용하게 되고[곤02] 세계 외측으로 가용에너지가 빠져나가[건01] 세계가 혼란해져서 일이 잘 풀리지 않게 되는[비否12] 일련의 과정이 고[蠱]의 세계다.

상하의 8괘로 보면, 멈추어 선 산(艮山간산) 아래로 바람(巽風손풍)이 들어 멀쩡한 산을 황폐하게 하는 상이다.

전체적으로는 음 셋(1음·4음·5음)에 양 셋(2양·3양·6양)이 안팎에 위치하여 음양으로 대치하고 있다. 3양과 6양은 세계 외부의 에너지 소스에 연결

되어 그 영향력이 세계 내부와 팽팽히 맞서면서 2양을 통하여 세계 안의 가운데로 진격하였다. 만약 5음까지 양으로 변하면 대세는 양의 내부 진격이 우세한 손(巽57)이 될 것이다. 지금은 음의 집단이 양의 집단에 동화되지 않을 수도 있고 그 반대로 양이 음을 동조시키며 파먹어 들어갈 수도 있다. 불활성으로 저항하는 음을 외부의 영향력을 담은 양들이 마치 벌레가 좀먹듯 그 근저를 침범하여 들어가는 과정으로 볼 수 있다. 내면세계로 깊이 침투하는 것이므로 그 영향력은 외부로부터 실려온 내용이 무엇인가에 따라 그 세계가 피폐해질 수도 있고 북돋아질 수도 있다. 외부로부터의 활성에너지(양의 세력)가 유익한 것이라면 내부의 바람직하지 못한 불활성 요소들을 과감히 도려내는 과정이 되기 때문에 나중에는 갱생부활의 기회가 올 것이다. 하지만 유의해야 할 것은 처음에는 음이 양의 침범을 견제했겠지만 현재에는 음양이 안팎으로 짝을 이루고 중앙에서도 짝을 이루어 상응하고 있다는 점이다. 선악의 문제를 떠나 양은 환영을 받을 수도 있고 저항을 받을 수도 있음을 동시에 보이고 있다. 세계내의 에너지가 밖으로 탈출하고 있는 과정이기도 하고 환경적 영향력(에너지)이 안으로 몰려들어오는 형국이기도 하다. 이러한 상황에 대하여 5음의 소극적인 결단력 때문에 세계는 혼란의 와중이 될 수 밖에 없다. 정신력과 판단력이 허약하므로 뿌리치기 어려운 부정한 돈과 권력·허세·허영·유혹 등의 외세가 판을 치면 이 세계는 민감한 외적·육체적 반응으로(3양) 도덕적 해이를 초래하기 쉽다. 수(隨17)에서도 음양이 똑같이 3:3이지만 통치의 제5효가 양이므로 판단능력이 우수하여 세계의 혼란이 조장되지는 않는 것이 '고'와 다른 점이다.

인성(人性)으로 보면, 근본정신은 깨어있지 않으나(1음) 신진대사 작용이 활발한 데에다(2양) 외부와의 물적 육체적 교류가 활발하므로 많이 섭취하고(3양) 잘 소화해내기 때문에 스태미너(stamina)가 좋은 상태다. 아울러 세계 밖의 형세파악과 정보교류에는 민활하지만(6양) 이성적 사고력이 약하고(4음) 판단력과 결단력이 부족하여(5음) 정보가 많고 형세가 복잡할수록 우유부단하여 올바른 판단을 내리지 못할 뿐 아니라 창조력이 부족하므로 남을 모방하기 일쑤다. 뚜렷한 정신철학이 지배하지 않기 때문에 자연히 넘치는 에너지는 밖으로 쏠리고 육체적인 욕망해결과 겉보기 가꾸기에 정력을 낭비하게 된다. 이러한 특징적 상황은 강한 정신력으로 몸을 이끌어 가는 수(隨17)의 경우와는 정반대다.

괘사에서 '미혹과 허영은[蠱]은 뿌리가 힘찬 것[元亨]'이라 한 것은 '고'의 기초자질이 태(泰11)이기 때문에 근본적인 힘이 강건하기에 태평세월이 가능하였고 지나쳐서 방만하고 무절제하게 되는 것이므로 그 근원적 세력이 힘차고 형통함을 말한 것이다. '큰 내를 건넘이 이롭다[利涉大川]' 함은 5음의 우유부단함을 벗고 부족한 결단력을 보완하여 확실한 행동에 나선다면 이롭다는 뜻이다. 예컨대, 만약, '고'의 5음이 판단력이 강한 양으로 변하면 전체는 손(巽57)의 형국이 되어 외측 영향력을 크게 받고 감화될 수 있을 것이다. 혹간 2양이 음으로 변하면 간(艮52)으로 되어 명상으로 지혜를 구하는 모습으로 바뀌며 혼란은 정리될 것이다.

이어지는 '선갑삼일 후갑삼일[先甲三日 後甲三日]'은 주제의 괘인 '고'만큼이나 혼란한 해석을 낳고 있다. 필자의 해석은 이렇다. 선갑삼일은 십간(十干: 甲갑乙을丙병丁정戊무己기庚경辛신壬임癸계)에서 뿌리를 내리며 시작하는 갑 앞의 세 번째인 신(辛)부터 계(癸)까지 오행으로는 금(金)과 수(水)에 해당하는 음의 3단계인 '신임계'의 저항(에너지 저축)을 의미한다. 후갑삼일은 갑 이후 세 번째인 정(丁)까지의 '을병정'으로서 오행으로는 목(木)과 화(火)에 해당하는 양의 3단계로서 에너지 소비활동을 의미한다. 표상에서 한번은 3단계의 음(1음·4음·5음)이 양을 방어하고 그 다음은 3단계의 양(2양·3양·6양)이 음을 공격하는 것을 뜻하여 세계 내부에서 팽팽하게 줄다리기하고 있는 우유부단한 내부 혼란의 상을 묘사하는 표현이다. 이러한 각축전은 어쩌면 모든 인간의 육체와 정신 또는 감성과 이성이 대결하며 이원적인 인간본성을 드러내고 있는 모습이다.

고[蠱]에서의 양(陽)의 의미는 두 가지다. 하나는 자연환경으로부터 인간에게 끊임없이 스며드는 긍정적인 창조의 기운이고 다른 하나는 인간이 만든 환경이 인간에게 미치는 부정적 기운이다. 그것은 인간 스스로가 만든 외적 환경으로서 권세와 돈의 만능주의, 허세와 허영, 정신적 아름다움을 도외시하는 외관(外觀)주의, 강렬한 육욕 등이 그것이다. 긍정적 기운이 각축전에서 이기면 인간은 창조력으로 다시 태어나게 되고, 부정적 기운이 이기면 부패의 온상이 되는 것이다. 물리치고 받아들이고 하는 것은 모두 우리의 정신력에 달려 있으니 '고'는 곧 정신력의 시험대라 하겠다.

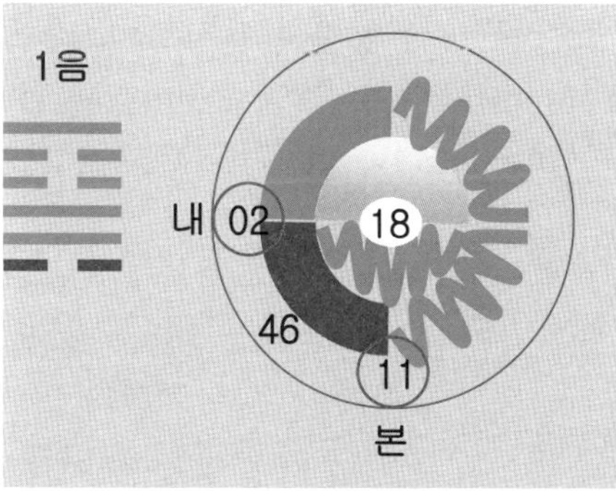

幹父之蠱간부지고.
有子考유자고 无咎무구.
厲여 終吉종길.

주된 것은[幹] 아비의 미혹이로다[父之蠱]. 아들의 반성이[子考] 있으면[有] 허물이 없으리라[无咎]. 위태롭게 여기면[厲] 끝은 길하리라[終吉].

1음은 태(泰)·승(升)·곤(坤)의 과정이다: 태평성대 속의 방만하고 무절제한 생활이 지속되면[태11] 자연히 그 영향을 전면적으로 수용하게 되는 상황이 된다[곤02]. 어떤 과정이 진행되는가? 무의식 속에 뿌리 깊이 잠재하는 미혹은 시간이 흐르면서 점점 변화·발전되기 마련이다[승46].

1음은 소극적이라 드러나지는 않지만 (집단) 무의식 속에는 아버지나

조상으로부터 이어받은 미혹의 속성이 내재하고 역사 속에 남아있다. 과거로부터 이어받은 뿌리 깊은 유전적 속성은 역사적으로 이어지며 발전될 가능성이 크다. 그것이 중간에서 단절될 수 있는 큰 계기가 마련되지 않거나 각고의 노력이 없으면 개성화된 인성은 고치기 힘들다. 가풍으로 굳어진 미혹은 쉽게 물리치기가 어렵다.

이 상황을 주재하는 '승(46)'의 4원 개념을 '고'의 환경으로 읽어오면, 저변의 힘을 크게 쌓아(대축26) 역경을 버티면서 낡은 사고방식을 벗고(박23) 힘찬 추진력으로 과감하게 결단하여 밀어붙이며(쾌43) 지혜로써 가능한 모든 역량을 모아가는(췌45) 일련의 과정이 승의 세계다.

괘사에서 '줄기가[幹] 아버지의 미혹이다[父之蠱]. 아들의 반성이[子考] 있으면[有] 허물이 없다[无咎]'라고 함은 뿌리깊게 조상으로부터 생긴 미혹이 대를 이어 유전하니 실상은 점점 더 발전하기 십상인데 자식(자손)들이 그것을 반성하고 벗어나기 위하여 온갖 노력을 다할 때 탈이 없게 된다는 뜻이다. 이어서 '위태롭게 여기면[厲] 끝은 길하다[終吉]' 하였는데, 조상으로부터 이어받아 잠재의식 속에 베어있는 것은 노력한다고 해서 잘 지워지지 않기 때문에 염려되지만 계속하여 그런 노력을 한다면 점점 변화·발전되어[승46] 끝에는 길하게 된다는 말이다.

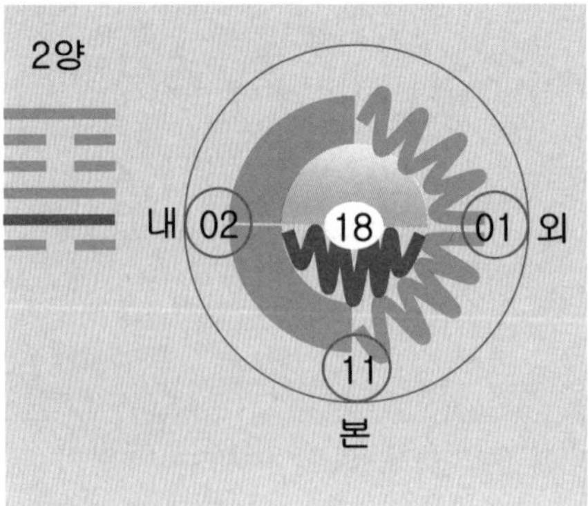

幹母之蠱간모지고.

不可貞불가정.

주된 것은[幹] 어미의 미혹이로다[母之蠱]. 끝까지 버티기는[貞] 어려우리라[不可].

2양은 곤(坤)·태(泰)·건(乾)의 과정이다: 내적으로는 바깥 영향력에 대한 감수성이 민감하여 무엇이든 수용하려는 상태인데[곤02] 세계 외측에서는 환경적 영향력이 물밀고 외적 교류가 극에 달하고 있다[건01]. 어떤 상황배경인가? 형통하고 튼실한 세계의 방만하고 무절제하기 쉬운 속성이 적극적인 행동으로 나타난다[태11].

2양은 세계 내부로 외부의 영향력이 이미 침범하여 그 자리에 있어야 하는 안정과 보수성향의 2음을 흔들어 잠식하는 상이다. 제2효는 가정이라면 원래 집안의 부인 자리이다(가인家人괘 2음 참조). 이 효는 고[蠱]의 기초자질인 태(11)의 속성이 삶의 배경으로 항상 작용하는 자리다. '태'는 튼실하여 형통한 상이므로 그 영향이 매우 강렬할 것인데 튼실함과 부유함이 긍정적으로 작용할 때는 아무 탈이 없겠지만 방만하고 무절제하게 될 때의 부정적인 국면에서는 혼란과 미혹의 늪에 빠지게 된다. 특히 내외의 과정에서 볼 때 내적 심상이 세태에 민감한 곤(02)의 성정인데다 외적 영향력은 가히 폭발적인 건(01)의 성정이니 미혹이 세계의 중앙으로 파고들어가 타격을 입히는 것은 여반장이다.

상황코드인 '태(11)'의 본말이 그 기초자질인 고(蠱18)에서 출발하여 모든 외적 상황에 잘 따르는 수(隨17)에 이르려는 과정임을 생각하면, 환경에 맞추어 너무 잘 따름으로써 오히려 출발상태인 미혹이 되어버리는 상황이므로 누구라도 어쩔 수 없는 형국일 것이다. 한 끝이 (-)전기이고[곤02] 다른 한 끝이 (+)전기이면[건01] 그 둘을 연결하여 중재하는 중간의 2양에서는 전기가 잘 통할 수 밖에 없다. 효사에서 '근간은[幹] 어머니의 미혹이니[母之蠱] 끝까지 버티기는 어려우리라[不可貞]'라고 한 것은 거세게 몰아치는 세상환경에 맞추어 적응하는 과정 속에서 생기는 환경적 미혹과 혼란을 끝까지 버티기는 어려운 것으로 지적하고 있다.

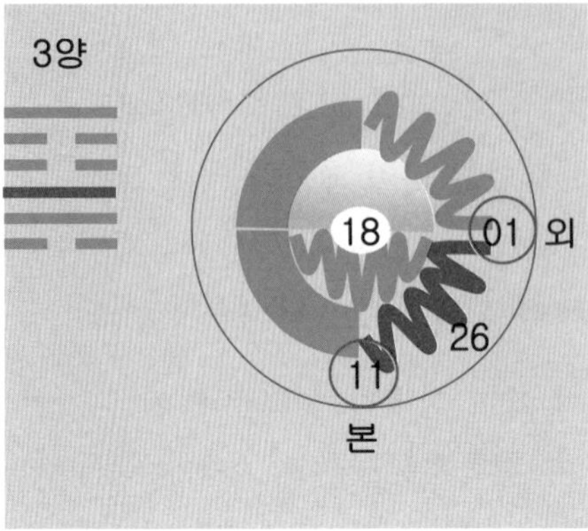

幹父之蠱간부지고·

小有悔소유회, **无大咎**무대구.

주된 것은[幹] 남자들의 미혹이로다[父之蠱]. 작은 후회는 있지만[小有悔], 큰 허물은[大咎] 없으리라[无大咎].

> 3양은 태(泰)·대축(大畜)·건(乾)의 과정이다: 태평성대 속에 방만하고 무절제한 생활이 싹터서[태11] 점점 세계 외측에서는 환경적 영향력이 물밀고 외적 교류가 극에 달하게 된다[건01]. 어떤 세태인가? 축재하고 권세를 얻기 위한 부패와 미혹의 분위기가 과열되고 있다[대축26].

3양은 외부 세계와 교류·접촉하면서 사업활동이나 대외활동을 하는 사람들이 사회생활을 통하여 접하게 되는(양) 직접적인 미혹이다. 남자들(아버지)은 바깥 세상 물정에 익숙하지만 흥청망청하는 세상의 분위기에는 별의별 경우가 많아 미혹에 빠질 가능성이 많다. 하지만 그에 못지 않게 면역성과 분별력도 상당하다.

상황코드인 '대축(26)'의 본원(本元)과 외원(外元)을 잇는 이정표를 보면, 상승세의 운세 속에[승46] 험한 세상에서 쉽지 않은 기회포착의 욕심을 가지고[구44] 크게 쌓는 과정이다. 그런데 대외적으로 권세·재화·허영을 붙잡아 크게 쌓으려고 온갖 노력을 하는 과정에서 경우에 따라 욕심을 부리는 미혹에 빠지기도 한다. 하지만 고(蠱)의 3양은 대축이 주 목표이므로 그에 상반되는 미혹적인 욕심에 대하여는 결심을 단단히 하면 막을 수도 있고 작은 실수는 돌이킬 수도 있다.

효사에서 '주된 것은 남자들의 미혹이니[幹父之蠱] 작은 후회는 있지만[小有悔] 큰 허물은 없다[无大咎]' 함은 곧 시대환경에 따라 대축을 이루려는 욕심에서 나온 사회활동가들의 미혹이므로 대수롭지는 않다고 『주역』은 너그럽게 평가하고 있다 하겠다.

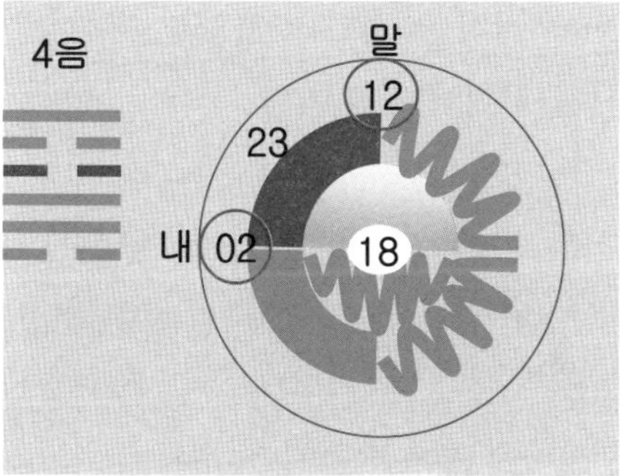

裕父之蠱유부지고.
往見吝왕견린.

우유부단한[裕] 남자의 미혹이로다[父之蠱]. 나아가면[往] 난처함을[吝] 보리라[見].

4음은 곤(坤)·박(剝)·비(否)의 고정이다: 방만하고 무절제한 정신적 영향을 수용하게 되다 보니[곤02] 권세와 지위가 위세를 부리는 비색한 세상을 맞게 된다[비12]. 어떤 과정 속에 있는 것인가? 미혹을 과감히 청산하며 국면 전환을 시도해야 하는 입장인데 아직은 그 미혹의 영향을 채 벗겨내지 못하고 있다[박23].

4음은 욕심과 간계 등 미혹과 관련된 계획에 소극적임을 나타낸다(음). 미혹에 소극적이라 하더라도 권세가 높은 지휘자가 참모 격에 있는 4음에게 위임하는 각종의 기획에는 겉으로 드러나지는 않지만(음) 미혹의 혼란을 초래할 내용이 있기 마련이다. 왜냐하면 비[12]의 세계로 진입하고 있는 상황이기 때문이다. 따라서 4음은 우유부단할 수 밖에 없는 처지다. 또 한편으로 조직사회에서 지휘자의 권세 뒤에 숨어서 그 권세에 편승하여 음성적으로 조장되는 미혹도 이 범주에 속한다. 음성적인 미혹은 큰 변이 생기면 드러나므로 끝에 가서야 난처함을 겪는다.

상황코드인 '박(23)'의 본말을 살펴보면, 새로운 국면으로 전환하여 정도의 길로 돌아가(복24) 근면한 삶을 살면서 절호의 기회를 맞게 되는(구44) 과정인데, 지금 4음이 우선 완수해야 할 일은 결국 갖가지 미혹을 청산하는 국면 전환에 노력할 수 밖에 없는 상황이다.

효사에서 '우유부단한 남자의 미혹이다[裕父之蠱]. 나아가면[往] 난처함을 본다[往見吝]' 함은 미혹을 청산을 하려 하면서도 미혹에서 벗어나지 못하는 우유부단하고 어정쩡한 행각을 그대로 진행하면 막힌 세상에 본격 진입하는 것이니[비12] 옹색하게 된다는 것이다.

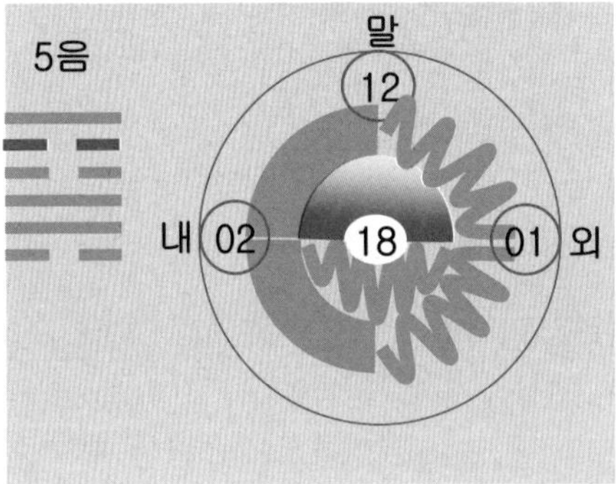

幹父之蠱간부지고.

用譽용예.

주된 것은[幹] 남자(최고리더)의 미혹이로다[父之蠱]. (그 일에) 명예를 이용하느니라[用譽].

5음은 곤(坤)·비(否)·건(乾)의 과정이다: 내적으로는 바깥 영향력에 대한 감수성이 민감하여 무엇에든 물들려는 상태인데[곤02] 외적으로는 몰려오는 환경적 영향력에 묻혀 대외교류가 극에 달하고 있다[건01]. 이런 상황에서 그 세계의 책임자에게는 어떤 내용의 미혹이 있게 되는가? 그것은 아무나 쉽게 접근할 수 없는 권력형 비리다[비12].

5음은 최고 리더가 자신의 높은 자리에 머물러 음성적으로 통치하는 모습이다(음). 자신이 쌓아온 과거의 사회적 명성과 지위를 앞세우고 위세만 부릴 뿐 당면한 현재에 유효한 통할활동은 소홀히 한다(음). 높은 자의 명예와 권력만이 횡행하는 세상에는 원만한 소통은 단절되고 주위에는 아첨꾼이 득세하여 힘없는 세인들에게는 한갓 비색한 세상이 되고 만다[비12]. 무릇 위인의 명예란 그 가치의 존엄과 품위가 지켜질 때 만인의 존경을 받게 되는 것인데 그 명예를 앞세워 권세를 부리고 권익을 챙기는 것은 곧 권력형 비리로 가는 지름길이다. 그러니 겉으로 보기에는 당연하고 의도가 없어 보이나(음) 기실은 사회저변으로 소리 없이 확산되는 부패의 전형이다.

상황코드인 '비(12)'의 본말을 살펴보면, 애초의 기초자질은 잘 호응을 받던 세상분위기였는데(수17) 나중의 결과형질은 권세와 허영의 미혹이 난무하는 부패의 세상분위기(고18)가 되는 형국이다.

효사에서 '주된 것은 남자(최고리더)의 미혹이니[幹父之蠱] 그 일에 명예를 이용한다[用譽]' 함은 미혹의 근본이 최고책임자나 높은 지위에 있는 사람으로부터 나오는 것으로 직분을 응당하게 수행하는 것이 아니고 직권과 권세를 활용하여 권익을 챙기는 미혹으로써 이는 명예를 지키는 것이 아니고 명예를 파는 권력의 전횡이라는 뜻이다. 명예는 이용되어서는 안 된다는 강력한 권고가 함의되어 있는 점을 발견하는 것이 이 효사의 핵심이다. 더 나아가 책임자의 권력형 비리를 바로잡는다면 명예로운 일이 될 수 있다는 뜻도 있겠지만 그것은 사실상 혁명적 방법이 아니고서는 결코 쉽지 않은 일이다.

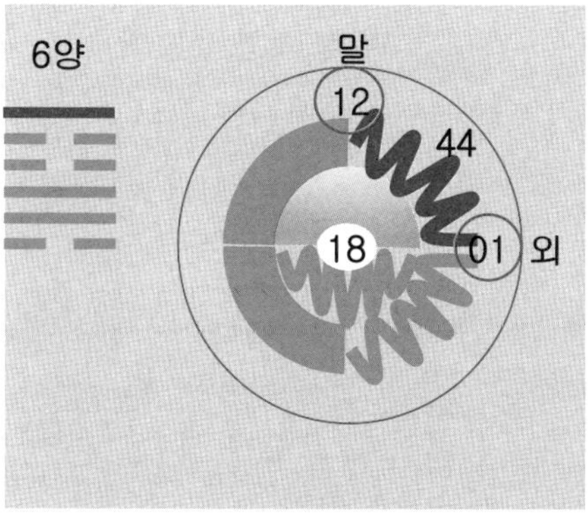

不事王侯불사왕후
高尙其事고상기사.

왕과 제후를[王侯] 섬기지[事] 아니하고[不] 자신의[其] 일을[事] 높이 받들도다[高尙].

> 6양은 건(乾)·구(姤)·비(否)의 과정이다: 환경적 영향이 물밀고 대외교류가 극에 달하여 내면의 원기가 마구 발산되어[건01] 어언 허세가 기승을 부리는 부조화의 시대를 맞닥뜨리게 된다[비12]. 어떤 미혹에 빠질 수 있는가? 경계하는 속마음과는 달리 위세와 허영의 욕심에 사로잡힌다[구44].

6양은 미래와 세계 밖에 대한 난무하는 정보를 바탕으로 전진하려는 의욕이 강렬함을 보인다(양). 3양과 합세한 겉보기 팽창이라 자신의 명예와 사욕을 달성하기 위하여 내심 깊숙이는 그것이 아니라 해도 겉으로는 기회를 노리며 성공을 갈망한다[구44]. 건(乾01) 6양의 성정인 '항룡유회(亢龍有悔)'의 지나침을 이어받아 책임자보다 연로한 자리에서 고급한 보좌를 해야 하는 책무를 버리고 세태를 따라 이기적인 욕구를 충족시키려 한다. 가정의 할아버지, 회사의 고문역, 전임 대통령과 같이 주류의 활동에서 각종의 고[蠱]를 경험하여 쌓인 지혜와 넓은 인간관계를 통하여 올바른 미래비전을 자문하며 열외의 개인적 자질을 발휘한다면 가치 있는 훌륭한 일이 될 것이다.

상황코드인 '구(44)'의 본말(本末)은, 결단력의 기초자질을 발휘하여도(쾌43) 결과적인 형세는 빈궁의 세월을 맞게 되는(박23) 과정이어서 중간은 길한 것 같으면서도 나중은 흉하게 된다. 그 중간과정에서는 내적으로는 지혜로써 역량을 결집하고 통제하려는데[췌45] 밖으로는 대축의 기회를 잡아 욕심과 위세를 부리게 된다[대축26]. 6양은 상황코드 본말의 운세를 알고서도 미혹이 앞을 가리게 되면 대축하는 욕망과 행동에 사로잡히게 된다.

'왕후를 섬기지 아니하고[不事王侯] 자신의 일을 높이 받든다[高尙其事]' 함은 고[蠱]의 경험을 많이 누적한 상위의 지도급 인사라도 세계의 운영을 지속적으로 돕는 위치에 있어야 하는데 그렇게 하지 아니하고[不事王侯], 자신의 일을 높이 받드는 사리사욕을 취함으로써[高尙其事] 세계가 고[蠱]의 결과인 위세가 가득한 비색한 세상이 되는 상황을 지적하고 있다 하겠다. 공적인 일은 제쳐두고 사적인 일에 열을 올리면 세상은 비리의 미혹에 빠지고 소통은 막히게 된다.

19. 지택림(地澤臨)

격려와 배려의 다스림으로 성장하는 상, 보호 육성, 기회를 성공으로 변화시키는 노력, 임박해오는 발전, 큰 일을 위한 준비

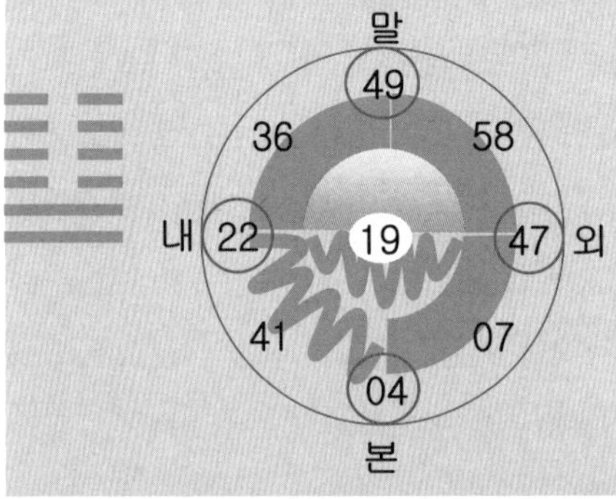

臨림. **元亨利貞**원형이정.
至于八月지우팔월, **有凶**유흉.

다스려 보호·육성하는 상이로다[臨]. 시작하여[元] 성장하고[亨] 열매 맺고[利] 씨가 되는[貞] 자연적 순환을 따르도다. 팔월에 이르면[至于八月] 흉함이 있으리라[有凶].

> 림[臨]은 몽(蒙)·비(賁)·곤(困)·혁(革)을 따라 흐르는 세계다: 미성숙과 불활성 장막 속의 도움(배움)이 필요한 상태에서[몽04] 가꾸고 조정하는 능력을 발휘하여[비22] 굳건한 의지와 노력으로 어려움을 헤쳐나가[곤47] 변화와 개혁을 이루어내는[혁49] 일련의 과정이 '림'의 세계다.

8괘의 상으로 보면, 아래 못물이(兌澤태택) 땅속위로(坤地곤지) 스며올라 생물을 번창하게 하거나, 내면의 열정을(兌澤태택) 보호해주고 키워나가는(坤地곤지) 상이다.

엔진의 실린더(3음·4음·6음)에 연료와 공기(1양·2양)가 혼합되어 채워지는 흡입 사이클을 막 지나며 연료가 폭발하여 힘을 쓸 때가 임박(臨迫)해온

다. 그러기 위하여는 엔진에서 정확한 폭발이 이루어지도록 타임사이클이 잘 조절되어야 한다[비賁22]. 3음이 3양으로 변하여 태(泰11)의 상태가 되면 피스톤(5음)을 밀어 올릴 것이다. '림'은 계절을 대변하는 열두 괘 중 12월의 괘이니, 겨우내 보호막(3음·4음·6음)을 형성하여 잘 기르면 땅 아래의 뿌리가 활동하여(1양) 생기가 감돌아(2양) 싹이 움터 땅 밖으로 내밀 수 있는 형국을 묘사한다. 개인 또는 사회에서 개혁(변화)의 조짐이 거세질 때, 위쪽 세 음(4음·5음·6음)으로 구성되는 땅(坤地)의 성정을 발휘하여 국민들의 삶의 의지와 노력을(1양·2양) 보호하고 포용하지만 때로는 강력하게 조절하기 위하여 군림(君臨)하기도 한다. 반면에 사원, 가족, 국민들의 삶의 현장에(1양·2양) 해당 지도자(4음·5음·6음)가 몸소 왕림(枉臨)하여(3음) 어려움을 보살피는 소탈한 격려를 나타내기도 한다.

인성(人性)의 면으로 보면, 본능적 욕구가 강렬하고(1양) 신진대사 작용이 활발하여 뭐든지 에너지로 바꿀 수 있으니(2양) 내면의 열정은 가득하지만, 자원의 교류가 소극적이고 불완전하여(3음) 실제로 힘을 제대로 발휘할 수 없는 상황이다. 특별히 머리를 쓰지 않고(4음) 판단을 유보하며(5음) 미래와 세계 밖에 대하여도 신경을 쓰지 못하는 상태다(6음). 신체적 힘을 실질적으로 발휘하기에는 미흡하고 고급정신 활동은 정체된 상태이므로 근본적인 힘이 솟아날 때까지 기다리며 타인의 배려와 지도편달이 있어야 겨우 제 몫을 해낼 수 있는 여건이다. 상위자라면 유·불리를 따지지 않고 격려와 배려를 해주는 리더십의 상이지만 하위자라면 그러한 지도편달을 받으며 자기 몸을 다스리며 은인자중(隱忍自重)해야 하는 인물이다.

림[臨]이 겪는 원형이정[元亨利貞]의 4단계는 내용적으로는 4원의 흐름인 '몽·비·곤·혁(蒙·賁·困·革)'의 과정이다. '림'이 12월에 해당하므로 8월은 '림'의 흐름인 '몽·비·곤·혁(蒙·賁·困·革)' 중에서 그 3/4에 해당하는 곤(困)의 시기를 맞게 된다. 효사에서 '시작하여 성장하고 열매 맺고 씨가 되는 자연적 순환을 따르도다[元亨利貞]. 팔월에 이르면[至于八月]

흉함이 있다[有凶]'라고 함은 어림의 교육과정[몽04], 불합리를 조절하는 성장과정[비22]을 거치며 생기를 펴겠지만 그 다음 난계에 이르면[困47] 지금까지의 상황이 반전되어 곤경에 처하여 흉하게 되는 것을 말하고 있다. 이는 4원과 8원으로 매김되는 괘의 운명 자체를 정확히 꼬집어 지적하는 것으로 필자는 그 일치에 놀라움을 금치 못한다. 음12월 괘인 '림'에서 양 둘이 음 넷을 밀며 차오르다가 반대로 8월 괘인 관(觀20, ::::||)에서는 음 넷이 양 둘을 밀어내며 음이 절반을 막 넘어선 전환의 때이다. 이때는 미래와 대외활동에 바쁘고(6양), 적극적 판단으로 행동하기 때문에(5양) 아래를 배려하는 데에만 머물 수 없기 때문에 자연히 어려움이 닥치게 된다. 이러한 상황에서 미숙한 능력을 다스려 성공으로 변화시키는 참다운 다스림은 어떤 것인가가 이 괘의 주제라 하겠다.

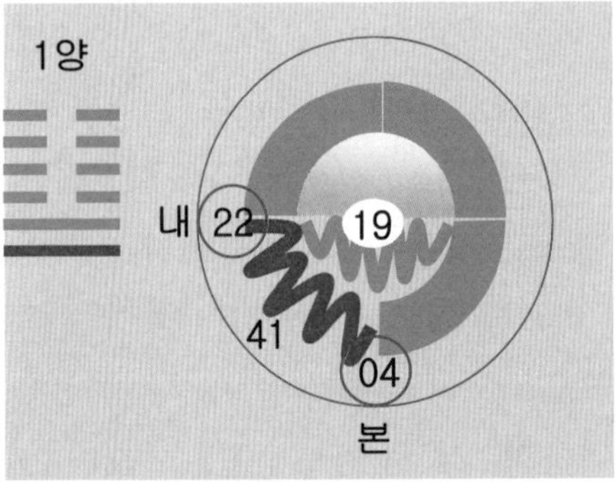

咸臨함림. 貞吉정길.

느낌이 와 닿는 다스림이로다[咸臨]. 끝까지 굳건하게 하면[貞] 길하리라[吉].

1양은 몽(蒙)·손(損)·비(賁)의 과정이다: 미성숙과 불활성에 갇힌 상태를 활성화시켜[몽04] 꾸미고 조절하는 기술을 발휘하여 균형이 잘 유지되도록 해주어야 한다[비22]. 어떤 방법으로 해나가야 하나? 덕이 되는 것은 보태어주고 해가 되는 것은 감해주면서 효율적으로 보살펴야 한다[손41]. 채소를 기를 때 잡초를 솎아주고 거름을 주는 보살핌과 같다.

1양은 무의식과 근본정신을 자극하는 것이며 조직사회에서는 아랫사람의 마음을 움직이는 효율적인 방법이다. 느낌이 와닿는 지도력은 지도자가 삶의 현장에 몸소 나타나 어려움을 의논하고 함께 나누는 스킨십을 통하여 속 마음이 먼저 감동되게 함으로써 몸이 따라가게 하는 근본적인 느낌을 심어주어야 한다. 조절이 잘 되게 하려면[비22] 버릴 것과 취할 것을 잘 가려서 다스려야 한다[손41].

상황코드인 '손(41)'의 본말을 보면, 자원을 엄정하게 관리·육성하는 바탕 위에[사07] 목표를 향하여 모든 역량을 결집시키는[동인13] 일련의 과정이다. 이를 표상에 일치시켜 설명하면, 3음의 역할로 외부와의 물적 교류가 소극적이므로 부족하기 쉬운 에너지의 낭비가 없도록 자원을 엄정하게 관리해야 하고, 이 세계의 희망인 개혁적 변화를 이루어내려면 능력 있는 쪽(상위자)이 부족한 쪽(하위자)을 힘껏 배려하고 독려하여 체계 전체의 미숙함을 개선·발전시키는 최적화 활동을 의미한다.

'느낌이 와닿는 다스림을[咸臨] 끝까지 굳건하게 하면 길하리라[貞吉]' 함은 지도편달을 위한 배려를 근본정신에 호소하면서 이랬다저랬다 하지 않고 한결같이 해나가면 부족한 쪽이 자연히 느끼고 감동받아 내적 힘을 발휘함에 따라 미성숙이 잘 다스려져 길하게 된다는 뜻이다.

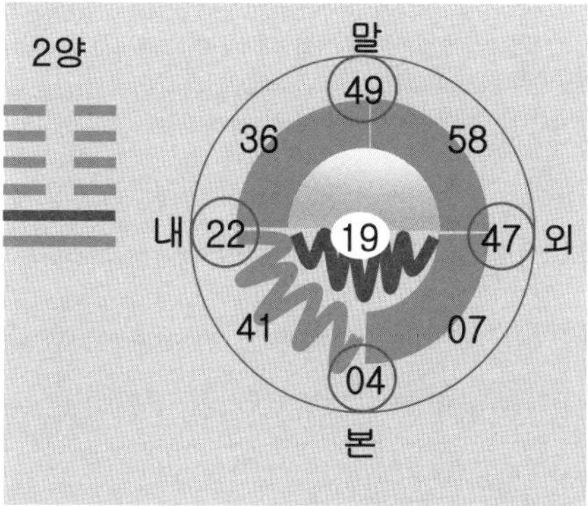

咸臨함림. 吉길, 无不利무불리.

서로 주고받는 감동적[咸] 배려로 다[臨]. 길하고[吉], 불리함이 없으리라[无不利].

2양은 비(賁)·몽(蒙)·곤(困)의 과정이다: 내적으로는 꾸미고 조절하는 기술을 발휘하여 균형이 잘 유지되도록 애쓰지만[비22] 실제의 외적 생활에서는 난관극복의 노력이 가중되고 있다[곤47]. 어떻게 영위해나가야 하는가? 미성숙과 불활성의 덫을 걷어내기 위하여 배우고 익히는 부단한 노력이 있어야 한다[몽04].

지금 바야흐로 개인이나 사회의 생기가 돌기 시작했을 때 조금 더 노력하면 그 세계는 삶의 에너지로 가득할 수 있는 것이니 비전을 제시하여 기쁨과 희망 속에서 일할 수 있도록 사기를 드높여야 한다(양). 그 자체가 개개의 구성원에게 느낌이 와닿는 하나의 사회적 감동으로 승화하여 크게 뭉쳐 힘을 발휘하는 계기를 낳는다.

상황코드인 '몽(04)'의 본말은, 다스림(지도편달)이 필요한 상태를 출발하여(림19) 참된 깨우침을 위하여 한발 물러서서 노력하는 상태로 향하는 것이다(둔33). 그 내외 과정은 학습의 내실을 위한 마음가짐을 겸손히 하고(겸15) 외적 행동은 가르침에 이끌리고 동화되는 것이다(리10). 이 개념은 곧 '림'의 기초자질은 '몽'이요 '몽'의 기초자질은 다시 '림'이 되는 관계를 잘 보여준다. 다시 말하면, 배우는 자가 겸손하고 가르침에 동화될 때에 가르침을 주는 자의 지도편달은 큰 공감대를 얻게 되므로 림과 몽은 곧 기초자질의 상호관계를 형성한다. 이로써 잘 주고 잘 받는 관계는 마치 함괘(咸31)가 함의하는 감동으로 결속된 혼연일체의 사회분위기를 만들기 때문에 효사에서 '서로 주고받는 감동적 배려이니[咸臨] 길하고[吉] 불리함이 없다[无不利]'라고 단언하였던 것이다.

1양 효사 중의 함림[咸臨]에서의 '함'이 내적 감동에 초점이 주어진 것에 비하여, 2양 효사 중의 함림[咸臨]에서의 '함'은 원만한 상대성의 성립에 초점이 주어진 것이라 하겠다.

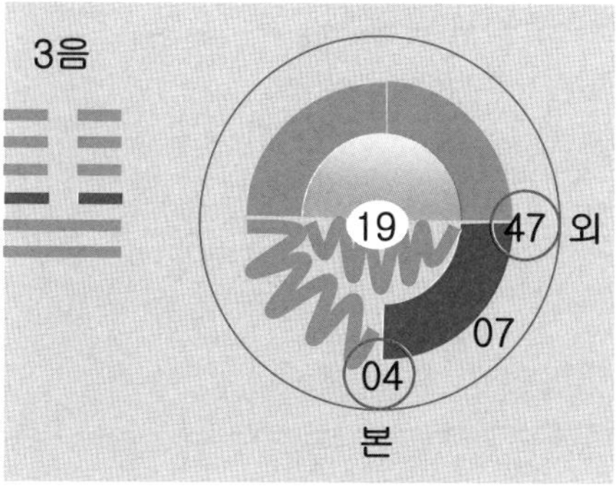

甘臨감림, 无攸利무유리.
旣憂之기우지, 无咎무구.

감언이설의 다스림이니[甘臨], 이로울 바가 없도다[无攸利]. 이미 그렇게 한 일은[旣] 걱정하여 반성하면[憂之] 허물이 없으리라[无咎].

3음은 몽(蒙)·사(師)·곤(困)의 과정이다: 미성숙과 불활성의 장막을 벗어나[몽04] 난관을 극복하려는 노력이 집중되게 하려면[곤47] 어떻게 해야 할까? 미개한 어려움의 극복에는 어쩔 수 없이 노력 할 수 밖에 없도록 하는 환경을 조성하는 것이다[사07].

3음은 외부와 소통이 어렵도록 되어 있다(음). 외부와의 교류를 차단하여 사리분별이 어렵도록 한 상황에서 행하는 감언이설의 독려, 밖으로의 에너지 소실을 차단한 군대식 적응훈련[사07] 등이 이에 속한다. 눈먼 유혹, 강제 훈련 등은 우선은 효과가 있어도 나중의 폐해가 더 많은 법이다. 늦기 전에 이를 개선한다면 그나마 다행일 것이다. 어쩔 수 없이 림[臨]을 사(07)의 방법으로 행할 수 밖에 없기에 그리하는 것이 이 효의 직책이지만 본래 다스림을 그런 방법으로 하는 것은 바람직하지 못하다. 왜냐하면 지도편달을 해주는 쪽이 배움이 필요한 몽매한 자를 속이고 우롱하였기 때문에 결국은 그 부작용이 생기게 된다. 이것은 곧 효사에서 '감언이설의 다스림이니[甘臨] 이로울 바가 없다[无攸利]'라고 한 내용을 설명해 준다.

그런데 상황코드인 '사(07)'의 본말을 보면, 에니지가 한정된 체제이므로 곁가지를 줄여서 최적화하고 한가지에 집중한다는 원칙으로 출발하여(손41) 위계질서를 확립하고 전체가 하나가 되는(함31) 일련의 과정인 것을 살펴보면, 강제주입이나 감언이설의 독려가 유리한 점은 없다 해도 그것의 최종목표인 위계질서를 확립하여 전체를 하나로 통일하는 함[咸31]의 세계를 이루는 형국이기 때문에 림[臨]의 본질을 크게 훼손하지는 않음을 알 수 있다. 이는 이어지는 효사에서 '이미 그렇게 한 일은[旣] 걱정하여 반성하면[憂之] 허물이 없다[无咎]'라는 설명을 추가하고 있는 이유다.

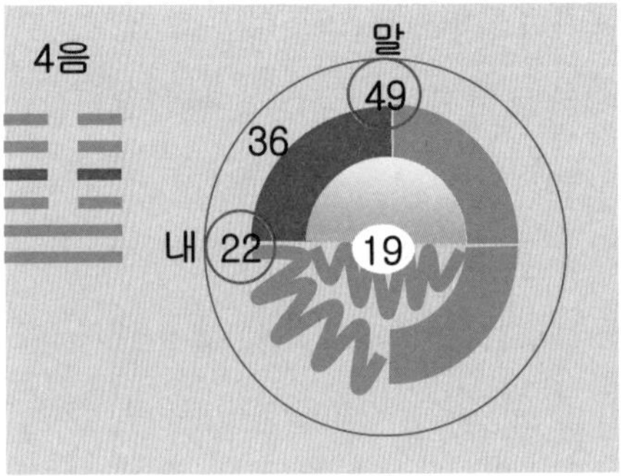

至臨지림. **无咎**무구.

지극(至極)하게 다스리도다[至臨].
탈이 없으리라[无咎].

> 4음은 비(賁)·명이(明夷)·혁(革)의 과정이다: 균형이 잘 유지되도록 꾸미고 조절하는 기술을 발휘하여[비22] 변화와 개혁의 시대에 대응하려면[혁49] 어떤 다스림이 필요한가? 자신을 내세우지 않는 자기수양을 통한 지극정성의 다스림이 필요하다[명이36].

4음은 획책하지 않고 있는 그대로의(음) 배려인 동시에 조변석개(朝變夕改)하지 않고 흩어지지 않는 꾸준한(음) 지도편달이다. 어떠한 어려운 상황 속에서도 자기수양의 정신으로 행하는 지극한 다스림이다. 이는 자신의 인격을 고양시키며 주변을 감동시키기에 충분하다. 이런 과정 속에 기운 달은 다시 차오르니 세계의 국면은 변하여 이러한 지극정성에 보답하듯 어려움은 넘어가고 새로운 활력의 시대를 맞을 수 있게 된다.

상황코드인 '명이(36)'의 본말을 정리하면, 험한 세상의 파고에도 조용하고 사려 깊은 자세를 가지고(간52) 내적 열정으로 인격을 고양시키는(태58) 노력의 과정이니 곧 자기수양의 세월이다. 시련 속에 인격을 고양하며 자신과 주위의 몽매함을 다스리면서도 기쁨으로 대하는 것이야말로 전환점에 선 세계를 받쳐줄 위대한 힘이다. '지극하게 다스리니[至臨] 허물이 없으리라[无咎]'고 하였는데, 탈이 없음을 넘어 오히려 존경의 대상이 될 수 있을 것이다.

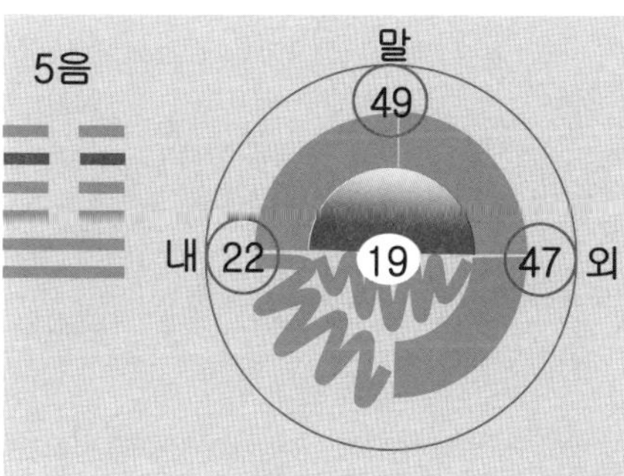

知臨지림. 大君之宜대군지의 吉길.

지성적인 다스림이로다[知臨]. 대군의 마땅함이니[大君之宜] 길하리라[吉].

5음은 비(賁)·혁(革)·곤(困)의 과정이다: 구체적인 중도(中道)의 길을 찾아[비22] 중심리더가 난관을 극복하는 단계다[곤47]. 어떻게 실현해나가야 하는가? 난관을 극복해나가되 변화와 개혁의 방향을 고수해야 하므로[혁49] 모든 원리를 적용하고 지식을 총동원하여 당면한 문제를 풀어가야 하는 것이다.

5음은, 2양의 감성과 열기에 대응되는, 차가운 이성의 필요성을 요구한다(음). 이성이 차가운 것은 차분히 갈아 앉은 안정된 바탕 위에서 생각을 집중하여야 편중되지 않는 보편적 지식 위에서 참다운 전문성이 나오기 때문이다. 권력으로 군림하거나 감성적 대중영합주의(populism) 만으로써는 복잡하게 얽힌 정교한 사회의 구조적 문제를 풀 수 없다. 고금을 통하여 현명하지 못한 지도자는 나라를 망친다.

상황코드인 '혁(49)'의 4원의 흐름인 둔(遯)·리(履)·겸(謙)·림(臨) 중에서 전반부는 나서기보다는 탄탄한 내실을 다진 후(둔33) 주위를 설득하는(리10) 과정으로서 5음의 지성적인 다스림[知臨]에 해당하며, 후반부는 겸양의 덕으로(겸15) 격려와 배려로 다스리는 것은(림19) 상대의 인격을 중시하는 감성적 리더십이라 할 것이다. '지성적인 다스림은[知臨] 대군의 마땅함이니[大君之宜] 길하다[吉]' 함은 둔(遯)·리(履)·겸(謙)·림(臨)을 배경으로 변화와 개혁을 실현해나가는 '혁(49)'을 이룸이니 그 결과는 길할 수 밖에 없을 것이다.

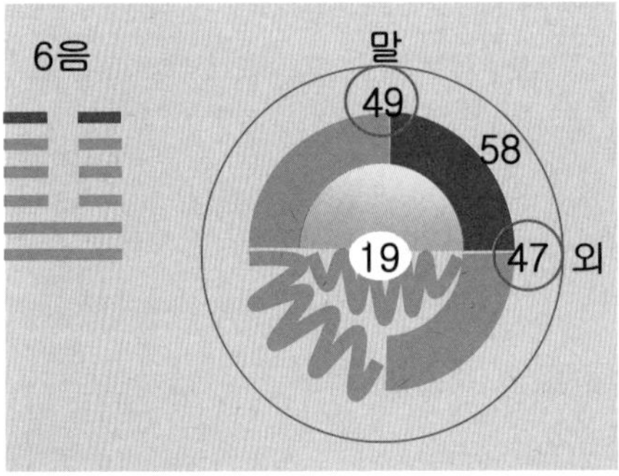

敦臨돈림.
吉길 无咎무구.

도타운 다스림이로다[敦臨].
길하고[吉] 탈도 없으리라[无咎].

6음은 곤(困)·태(兌)·혁(革)의 과정이다: 의지와 노력으로 난관을 극복하여[곤47] 변화와 개혁의 장으로 유도하려면[혁49] 어떻게 배려하고 독려할 것인가? 순수한 열정으로 고양된 인격을 발휘하여 은근히 행해야 한다[태58].

6음은 세계 밖과의 교류는 소극적이며 나쁜 영향으로부터 방어함을 표현한다. 미성숙한 사회가 발전하려면 마음을 흩트리는 외부의 악영향에 의한 혼란이 없도록 경계·보호를 튼튼히 해야 한다. 가정이나 사회조직에서 어려움이 있을수록 최고상위자의 도타운 사랑과 포용력으로 감싸주면 든든한 뒷받침이 되어 외부의 세력에 견딜 수 있는 안정감과 자신감을 주게 되므로 그 개인과 사회는 성장·발전한다.

상황코드인 '태(58)'는 송(訟)·동인(同人)·사(師)·명이(明夷)의 4원으로 그 개념이 형성된다. 즉, 상대를 인정하는 경륜을 쌓아(송06) 열정으로 의기투합하게 하고(동인13) 엄정한 자기관리로(사07) 현명함을 안으로 감추며 내면을 닦는(명이36) 과정이다. 상위자가 경륜과 덕업이 많음에도 불구하고 '명이'의 정신으로 자신을 죽이고 내면의 밝음과 열정으로 하위자를 다스리니 이에 하위자는 '동인' 정신으로 뒤따르게 되니 서로 간의 신뢰가 도타워지고 협력의 끈이 견고해지니 성공을 예감하게 된다. 모두의 열정이 자발적으로 우러나기에 공동의 목표인 새 시대의 달성은[혁49] 눈앞에 다가온다.

'도타운 다스림[敦臨]'이라고 한 것은, 상위자 자신의 영달에 집중함이 없이 세계 밖으로의 자신을 드러내지 않으면서 안으로 그 열정을 모아 자신의 도움을 필요로 하는 자들을 포용하는 지도편달은 신뢰감을 도탑게 하므로 그 결과를 '길하고[吉] 탈도 없다[无咎]'라고 선언하고 있는 것이다.

20. 풍지관(風地觀)

미래와 환경을 성찰·통찰·관찰·관망·숙고하는 상, 인생관·세계관의 정립에 의한 올바른 판단력 고취, 관찰에 의한 정보수집

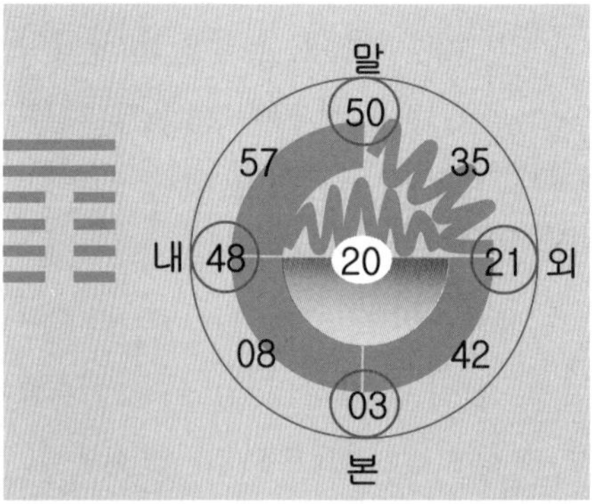

觀관.
盥而不薦관이불천.
有孚顒若유부옹약.

통찰하도다[觀]. 몸을 정결히 하며[盥而] 내세우지 않도다[不薦]. 믿음을 두면[有孚] 큰 것을 얻으리라[顒若].

관[觀]은 둔(屯)·정(井)·서합(噬嗑)·정(鼎)을 따라 흐르는 세계다: 미숙한 환경을 고뇌하며 어렵사리 헤쳐나가[둔03] 기반을 유지해 나갈 지혜로운 방도를 강구하고[정井48] 혼란한 세상에 대하여 사리를 분별하면서[서합21] 미래가치를 개발하는[정鼎50] 일련의 과정이 '관'의 세계다.

8괘의 상으로 보면, 바람이(巽風손풍) 땅(坤地곤지) 위로 스칠 때 그 환경적 영향력을(巽) 수용하는(坤) 상이다.

표상은 달팽이가 고동껍질 밖으로 눈을 내밀고 밖을 내다보는 모습이다. 1음·2음·3음이 고요한 몸체라면 4음은 별로 따지며 생각하지 않는 좌뇌이고 6양은 활발한 감각기관이며 5양은 감각내용을 적극적으로

판단하고 전달하는 뇌와 중추신경계다. 이성적으로 깊이 생각하지도 않는데(4음) 활발한 감지활동에(6양) 판단이나 느낌이 민감하게 반응하는(5양) 상황이므로 이는 대상을 직관(直觀)하여 깨닫고 있는 모습이다. 하지만 하부의 몸체가 고요하게 상부의 느낌과 깨우침을 수용하는 자세를 취하고는 있지만 즉시 행동에 옮기지는 않고 있다.

인성(人性)의 면으로 보면, 본능적 욕구를 잠재우고(1음) 주위와의 물적 교류도 원활치 못한데(3음) 신진대사 작용도 소극적이어서(2음) 마음과 신체상태는 가라앉아 있다. 이에 비하여 이성적 사고활동은 소극적이더라도(4음) 주위 환경을 감지하는 능력이 뛰어나고 활발함과(6양) 아울러, 감지한 내용을 판단하는 일도 민활하니(5양) 전체적으로는 몸과 마음을 고요하게 침잠시키고 세상을 살피며 관조(觀照)하는 성정을 나타내고 있다 하겠다

다양한 대상 사물로부터 직관을 얻으려면 정신 집중이 필요하다. 몸과 마음을 정결히 하고 흥분을 가라앉혀 자신의 본성적 느낌에 집중하면서 세상의 흐름을 감지하여 판단하는 다차원적 정보인식에 의한 직관적인 통찰을 『주역』은 관(觀)이라 한다. 인간은 자신이 영위할 수 있는 가치관·세계관·우주관을 올바르게 세움으로써 의미 있는 삶을 추구할 수 있다. 그렇게 하려면 우선 자신의 정체성을 잘 파악하여야 하는데 그러자면, 예컨대, 쓸데없는 욕구를 잠재우고(1음) 과식하지 않고(3음) 소화작용도 부담되지 않게 하여(2음) 정숙한 몸을 유지해야 한다. 이때 참다운 자신의 모습을 잘 판단할 수 있는(5양) 상태가 된다.

직관적 대상 파악은(5양) 외적으로는 활성적인 감각기관을 통하여야 하지만(6양) 내적으로는 파악하는 중추가(5양) 정숙하게 유지된 자신을(1음·2음·3음) 2음과 5양의 음양상응의 도움으로 직접 느껴서 이루어진다. 이는 괘의 표상을 인체로 보고 위에서 설명한 내용에 따라 효의 직능에 맞추어 해석하면 얻게 되는 결과다.

'관'은 기초자질인 둔(屯03)에서 출발하여 결과형질인 정(鼎50)으로 향하는 과정이다. 잘 보이지 않는 새벽에 길을 나선 사람이거나, 본성적인 감각과 느낌만으로 낯선 세상을 살아가는 갓난애기와 같은 모습이 둔(屯)이니, '관'은 애초에 사면초가(四面楚歌)의 어려움을 맞았을 때 발동되는 상황처리기능이라 할 수 있다. 순조롭지 못한 환경에 처한 것이 원인이 되어(둔03) 이를 헤쳐나가기 위한 하나의 방법으로서 몸을 움츠리고 촉각을 세우는 것이다. 통찰[觀20]의 목표인 미래가치개발(정50)은 다양한 상황정보를 접하여 내면에서 직관적인 대안을 통찰해내는(관20) 변환작용이므로 '정'과 '관'은 하나가 다른 하나의 결과형질임을 알 수 있다. 자신과 세계를 꿰뚫는 통찰의 도는 무엇인가가 '관'의 화두라 하겠다.

'통찰함에는[觀] 몸을 정결히 하며 내세우지 않아야 한다[盥而不薦]'함은, 몸을 정결히 하여 정신을 가다듬고 이미 체득한 자신의 능력은 내세워 자랑하지 말고 겸손한 자세로 고요하게 하는 것이 통찰을 위한 준비라는 뜻이다. 이어서 '믿음을 두면 큰 것을 얻을 수 있다[有孚顒若]'라고 함은 세상만사의 복잡한 상황에 대한 반응을 함에 있어 자신의 느낌과 판단을 확실하게 믿을 때 진정한 직관이라는 큰 깨우침을 얻을 수 있다는 것을 함의하고 있다 하겠다. 직관에 대한 믿음이 없으면 4음의 소극적인 이성적 활동이 4양으로 변경되어 가동되어야 그것에 의존한 반응이나 평가가 나올 수 있을 것이다. 그렇게 되면 복잡함을 분석하는 데에 시간이 걸리며 진실이 왜곡될 수 있는 여지가 생기므로 엄밀히 직관의 순수한 통찰을 얻기 힘들기 때문에 이를『주역』은 '유부옹약(有孚顒若)'의 대목에서 분명하게 말해주고 있다.

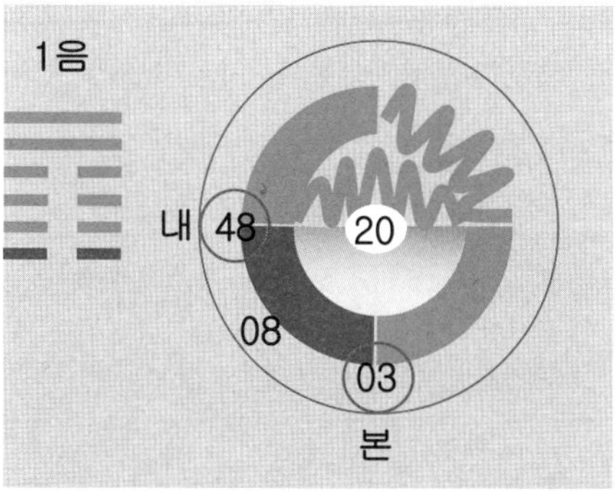

童觀동관.

小人无咎 君子吝.
소 인 무 구 군 자 린

어린 가치관이로다[童觀]. 소인은 [小人] 허물이 없으나[无咎] 군자는 [君子] 옹색하리라[吝].

> 1음은 둔(屯)·비(比)·정(井)의 과정이다: 처음의 성숙하지 못한 환경조건에서[둔03] 지혜를 발굴해야 하는데[정48] 이는 쉽지 않다. 어떻게 해나가야 하나? 지도자의 배려와 협조로 배우고 세계관을 키워 나가야 한다[비08]. 순수하지만 지도보호가 필요한 어린 시절의 가치관이다.

둔(03)의 시절에는 우주의 심오한 이치도 모르고 세상의 부귀영화가 뭔지도 잘 알지 못한다. 정신이 미성숙한 상태에서 복잡하게 얽힌 모든 관계를 알고 나면 생각이 흩어져 정상적인 생활과 성장에도 지장이 될 것이다. 사회적으로는 일반 서민들이 분에 넘치는 세계관을 세우기도 어렵거니와 그렇다 한들 거기에 걸맞게 살기도 어렵다. 단순하면서도 큰 욕심이 없는 순수한(음) 가치관은 그들 나름대로의 의미를 지닌다.

상황코드인 '비(08)'의 본말은, 협력자의 보탬을 얻어(익42) 자신의 항상성(恒常性, homeostasis)을 유지·발전시키는(항32) 과정으로서의 통찰이므로 이는 곧 어리고 순수한 가치관으로서 지도협력이 필요한 미완성의 것임을 알 수 있다. 효사에서 '어린 가치관이다[童觀]. 소인은 허물이 없으나[小人无咎] 군자는 옹색하다[君子吝]' 함은 말 그대로 미완성 단계의 것으로 주위의 도움이 필요한 순수한 통찰로서 그 환경범위를 벗어나지 않는 소인에게는 문제될 것이 없으나 크고 복잡한 문제를 다루려는 사람에게는 미흡하여 더 높은 차원의 세계관이 필요하다는 뜻이 된다.

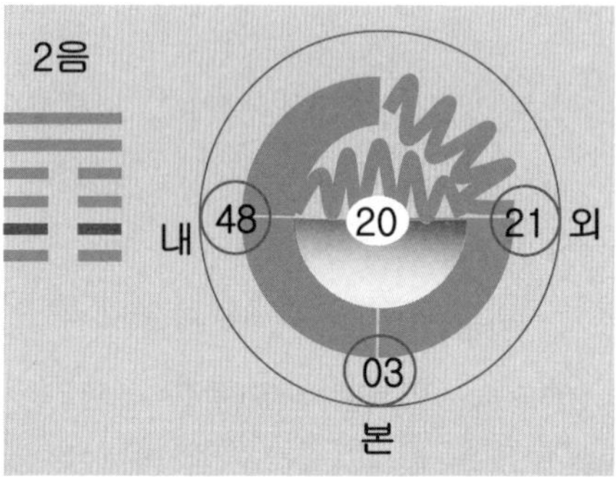

闚觀규관. **利女貞**이녀정.

엿보며 얻는 통찰이로다[闚觀]. 여인이[女] 줄곧 그렇게 하는 것은[貞] 이로우리라[利].

> 2음은 정(井)·둔(屯)·서합(噬嗑)의 과정이다: 지혜 발굴의 노력을 하지만[정48] 갈등을 잘 해소할 만큼 사리분별력을 키워주는[서합21] 활력이 넘치는 통찰과정이 되지 못하는데(음) 어떤 상황인가? 아직 제대로 성숙하지 못한 환경조건이라 당당히 해쳐나가기는 매우 어렵다[둔03]. 마치 눈은 떴지만 아직 새벽 동이 터지 않아 주위를 정확하게 판단할 수 없어 활동을 제대로 펼 수 없는 상황이라 하겠다.

시대가 발전해 나갈수록 정보의 속성은 오프라인(off-line)보다는 온라인(on-line)에 가까워진다. 정보는 흔적 없이 쾌속으로 흐르는 살아 있는 가치지만 고도의 흡수능력과 그럴 수 있는 환경여건이 갖추어져 있지 않으면 안 된다. 아직 미숙한 여건에서는 직접 접하며 경험해야만 산 지식이 되는가 하면, 역으로 세파 속에서 피부로 느끼는 정보로서는 오히려 편벽된 가치관을 만들기 쉽다. 따라서 여러 가지 제약 속에서 올바른 통찰을 얻으려면 열외의 노력을 더해나가야 한다.

효사에서 '엿보며 얻는 통찰이다[闚觀]'라고 함은 아직 세상물정에 미숙할 때에(둔03) 자신의 생각보다는 타인이 행하는 숙련된 방법을 모방하며 세상물정을 파악해 나가는 과정을 말하고 있다. 특히, '여인이 줄곧 그렇게 하는 것은 이롭다[利女貞]' 함은, 실천적으로 부딪치며 나가야 할 남자가 그렇게 하는 것은 다소 소극적인 태도지만 여인들과 같이 활동반경이 남자보다 상대적으로 작거나 사회경험이 부족한 경우에는 모방하며 배워가는 통찰의 도를 계속하여 실천해나가는 것이 도움이 되리라는 가르침이다.

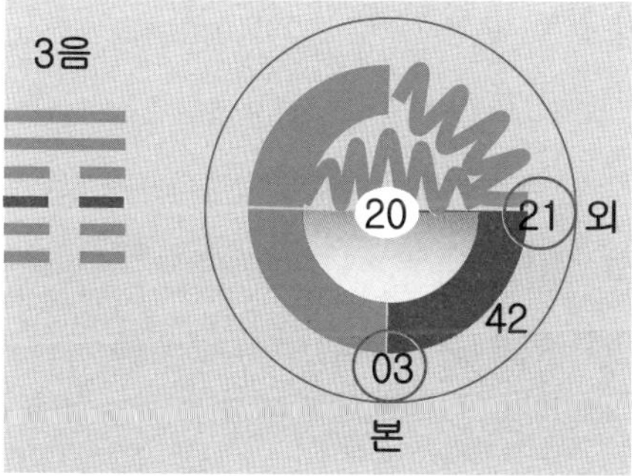

觀我生관아생 **進退**진퇴.

자신의 삶을 성찰하며[觀我生] 나아가고 물러서도다[進退].

> 3음은 둔(屯)·익(益)·서합(噬嗑)의 과정이다: 미숙한 여건의 삶 속에서도[둔03] 사리를 분별하여 세상의 갈등을 극복해나가려면[서합21] 어떤 자세와 방법으로 할 것인가? 아직은 적응하기 힘든 주위의 영향력으로부터 자신을 감싸고(음) 자신의 문제점을 파악하여 자생력을 보강하여야 한다[익42].

3음은 외부와의 교류를 억제하고 자신을 보호함을 나타낸다. 능력이 부칠 때는 외부로 소실되는 에너지를 차단하고 자신의 내면을 통찰하는 데에 힘을 보태야 한다. 자기 자신의 장단점을 충분히 보지 못하면 어렵고 복잡한 세상 일을 잘 보고 분별하여 대처하기 어렵다. 너 자신을 먼저 알라는 가르침이다. 세상과 연결되어 복잡한 관계를 형성하며 살아갈 때 사람은 얼마나 많은 이기심에 집착하여 허덕이는가! 그러한 어지러움을 벗어나 외연의 욕심을 차단하고 자신을 조용히 성찰한다면(음) 세상의 갈등에 보다 효율적으로 대응할 수 있을 것이다.

상황코드인 '익(42)'의 개념은, 내적 자생력으로(비08) 실력을 기르며 기회를 엿보다가(수05) 강력한 추진력으로 밀고 나가(진35) 자신의 장점을 강화하여 공헌하는(대유14) 일련의 과정이다. 먼저 내면의 부족한 기초에너지를 잘 확충하여 나중에 펴는 것이니 하늘은 스스로 돕는 자를 돕는 것이다. 효사에서 '자신의 삶을 성찰하여[觀我生] 나아가고 물러선다[進退]'라고 함은 자신의 참다운 내면을 알고 다스린 후에라야 그 능력으로 세상에 올바로 접근하여 공헌할 수 있음을 말해준다.

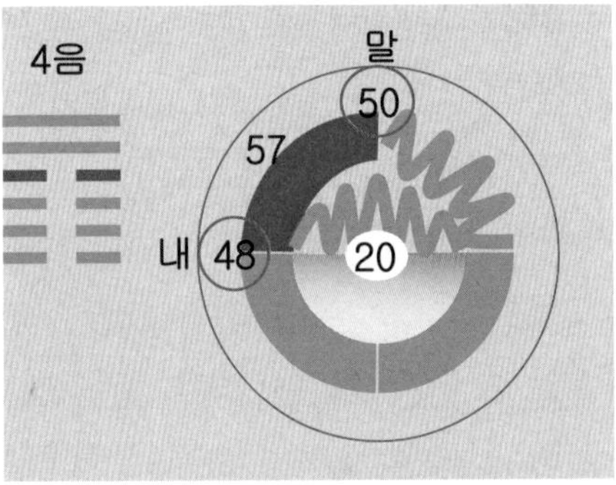

觀國之光관국지광

利用賓于王이용빈우왕

나라 정세를[國之光] 통찰하도다[觀]. 왕의 빈객으로[賓于王] 쓰임이[用] 이로우리라[利].

> 4음은 정(井)·손(巽)·정(鼎)의 과정이다: 지혜를 발굴하여[정48] 새로움을 창조하는 방법을 발견하게 된다[정50]. 어떻게 하면 그런 고차원에 돌입할 수 있겠는가? 자기동일성의 가치기준을 유지하면서(음) 환경의 변화를 신속히 감지하고 그 영향력을 수용하여 사고의 바탕을 형성한다[손57].

4음은 3음을 거치며 자신을 알게 된 성숙된 마음의 자리이고 장년이 된 기획자인 만큼 자신의 영역을 넘는 국가관과 세계관을 차분히 정관(靜觀)한다(음). 6양에서 세계 밖과 미래에 대한 정보를 활발히 교류하고 그 영향력을 5양이 신속하게 판단하여 반응하고 있지만 4음은 자신의 이성적 사고를 그기에 맞추어 그때마다 변화시키지 않고 차분히 대응하여 깊이 숙고하며[음] 중후한[음] 기획을 입안할 수 있게 된다.

상황코드인 '손(57)'은 그 본말이 '수(需05)·진(晉35)'이니, 역량을 충분히 갖추어 걸림돌에 대비한 후(수05) 책임감으로 앞장서 국면을 선도해 나가는(진35) 과정이다. 효사에서 '나라 정세를 통찰한다[觀國之光]' 함은 순수한 깨우침(1음), 세상물정의 간접경험(2음), 자기통찰(3음)을 거쳐 세상 밖과 미래에 대한 감지내용(6양)과 이에 대한 판단(5양)의 도움으로 이제는 중후한 국가관과 세계관을 가지고 있음을 말해주며, 이어지는 '왕의 빈객으로 쓰임이 이롭다[利用賓于王]' 함은 그러한 경륜과 자격이면 큰 국가대사를 자문할 수 있는 인물로 활동하는 것이 이롭다고 『주역』은 판단해주고 있다.

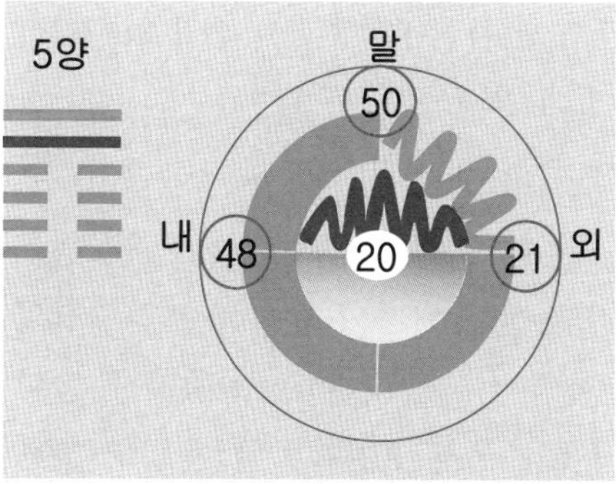

觀我生관아생.
君子无咎군자무구.

자신의 삶을 통찰하도다[觀我生]. 군자라면[君子] 아무런 탈이 없으리라[无咎].

5양은 정(井)·정(鼎)·서합(噬嗑)의 과정이다: 지혜를 활용하여 선도하는 중심리더라면[정48] 밖으로 드러나는 세계의 문제를 해소해 나갈 수 있는 능력과 책임이 주어져 있다[서합21]. 이를 위하여는, 새로운 부가가치를 개발하고 이를 적용하는 것을 자신의 삶의 자세로 삼아야 한다[정50]. 그것이 중심리더의 통찰이다.

5양은 외적 환경정보를 적극적으로 판단하여 전체가 행동할 것을 주문하는 주체다. 뇌의 명령을 수행하는 인체의 중추신경계와 같이 중심부에서 활성적이므로 그 영향이 미치지 않는 곳이 없다. 1음에서 4음까지 경험을 축적해온 성찰이 필요한 세상의 핵심리더다. 특히 5양은 많은 지식과 경험을 통하여 자신이 누구이며 무엇을 해야 하는지를 아는 3음을 통하여 개인적인 관아생[觀我生]을 거쳐온 지천명(知天明)하는 군자다. 마치 중추신경이 민활하게 신체조직을 연결하듯, 전체에 필요한 가치를 적시에 활용하는 참다운 지도자다. 군자로서 중심리더는 자신 뿐만 아니라 자신이 관련된 전체 세계를 이끌어 가는 책임감을 갖는 것이 일반 소인과 다른 점이다.

5양의 상황코드인 '정'의 말원(末元)은 다시 '관'이다. 통찰(관20)과 미래의 부가가치창출(정50)이 서로가 꼬리를 물고 도는 순환이다. 통찰의 목표는 부가적인 미래가치를 얻는 데에 있고, 부가가치 창조의 목표는 더 높은 통찰에 이르는 것이다. 결국 5양은 전체의 부가가치 창조를 위한 활발한 통찰과 판단의 과정인 것이다.

'자신의 삶을 통찰하도다[觀我生]. 군자라면[君子] 아무런 탈이 없으리라[无咎]' 하였는데 여기에서 군자의 입장에서 생각하는 자신의 삶(我生)이란 자신을 포함한 자기의 책임소관 전체를 두고 하는 말이다. 왜냐하면 5양의 직능이 개인을 넘어 전체를 통괄하는 자리이기 때문이다. 3음에서의 '觀我生관아생'은 자신의 진퇴를 결정하는 인격형성을 위하여 필요한 개인자격의 자기성찰을 의미하였기로 여기 5양에서의 것과는 구별된다. 효사에 굳이 '君子군자'가 포함되어 있는 이유는 그것을 구분하기 위함이다. 군자 신분으로서의 자기성찰이란 개인을 넘어 관련세계를 위하여 얼마나 값진 부가가치를 창출할 것인가에 대한 통찰이 그 주제가 되는 것이다. 공자가 「상전(象傳)」에서 '觀我生관아생 觀民也관민야', 즉, (군자로서) 자기성찰은 백성을 살핌이라 하였는데 정곡을 찌르는 주석이라 하지 않을 수 없다. 그냥 살피는 것이 아니라 어떻게 하면 지금의 현실을 보다 나은 삶으로 이끌어 갈 것인가에 대한 미래개발의 아이디어를 얻기 위한 살핌이기 때문이다.

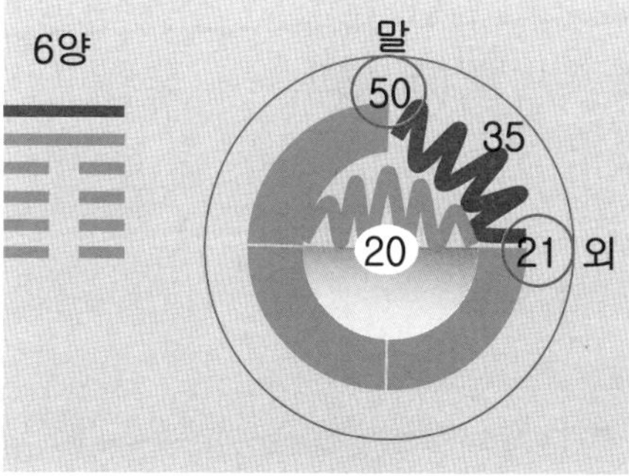

觀其生관기생.
君子无咎군자무구.

제반 삶을[其生] 통찰하도다[觀]. 군자라면[君子] 허물이 없으리라[无咎].

6양은 서합(噬嗑)·진(晉)·정(鼎)의 과정이다: 세계 내의 갈등을 해소한 후[서합21] 새로운 부가가치를 창조해야 할 때[정50], 밖으로 미래로 더 높은 전체의 가치실현을 위하여 개방된 시각으로 성찰해나가야 한다[晉35].

6양은 외부세계와 잘 소통하면서 미래와 바깥 세계를 내다보는 틔어 있는 통찰의 눈을 의미한다[양]. 제6효의 직능은 개인의 정보활동, 가정의 할아버지, 회사나 국가원수의 자문, 미래학자나 세상의 성인현철이다. 지구촌에서는 천문우주생태과학자다. 여러 분야의 융합적 통찰을 가진 자다. 어떤 범주에서나 최고 수준의 정보를 접하는 자리다. 주관의 눈과 객관의 눈을 함께 가지고 있어서 그 통찰은 넓고 깊다.

상황코드인 '진(晉35)'은 그 본말을 보면, 정체된 현재상태를 자극하여 감동을 주고 의욕적으로 움직일 수 있도록 고무시켜(진震51) 미래로 전진하기 위하여 앞서가는 핵심역량을 흡입하는(손57) 과정이다. 효사에서 '제반 삶을 함에[觀其生] 군자라면 허물이 없다[君子无咎]'라고 하였는데, 이때 '其기'는 3음이나 5양에 나오는 '我아'와 구별되며 '我아' 이외의 모든 것을 통칭한다. 중요한 것은 효사의 배경이 괘의 운명에 따른 효의 역할과정이라는 것이다. 6양은 주관과 객관이 통일된 넓고 깊은 통찰의 눈을 가진 군자의 직능이므로 자기자신의 주제를 넘어서서 제반 삶과 현상을 통찰하여 전체가 선신하는데 도움이 되는 가르침을 던져주는 그 세계의 가장 높은 세계관을 가진 자의 역할이라 하겠다.

21. 화뢰서합(火雷噬嗑)

씹어 합하며 갈등을 해소하는 상, 사회정화에 의한 신뢰구축,
도덕성을 앞세운 공명정대한 지혜, 사법활동

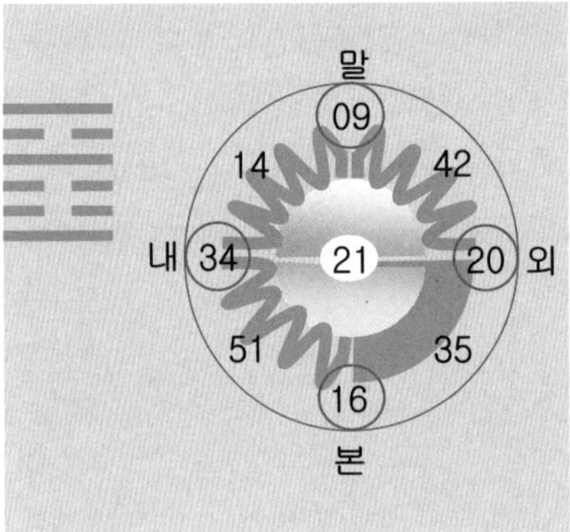

噬嗑서합. **亨**형. **利用獄**이용옥.

씹어 삭히는 상이다[嗑噬]. 올곧게 펼치리로다[亨]. 감옥을[獄] 씀이[用] 이로우리라[利].

서합[嗑噬]은 예(豫)·대장(大壯)·관(觀)·소축(小畜)을 따라 흐르는 세계다: 계도가 필요한 어두운 사회를 예지력으로 지도하면서[예16] 바른 가치를 올곧게 추구하며[대장34] 세계를 통찰·분별하여[관20] 기본적인 바탕(사회복지)을 쌓아가는[소축09] 일련의 과정이 '서합'의 세계다.

8괘의 상으로 보면, 내부(아래)에 잠재하는 문제를 흔들고 털어내어(震雷진뢰) 밖으로 명료하게 밝혀내는(離火리화) 상으로서 내부의 갈등을 밝혀 척결함으로써 어떤 혼란한 국면을 태워 정화하는 모습이니 각종의 사법활동을 함의하고 있다.

아래턱(1양)과 위턱(6양)이 움직이고 강력 소화액(4양)이 작용하는 가운데에 음식물(5음·2음·3음)이 씹히고 섞여 합해져서 단계적으로 소화되면서 내려와 마지막 장기(3음)를 통하여 외부로 연결된다. 소화기관 속의 음식물은 잘 삭혀져야 하는 문제점들(사회악, 갈등, 범죄 등)을 상징한다. 건강한

몸을 유지하려면 음식을 잘 소화해 내야 하듯 건강한 사회는 끊임없는 사회정화가 요구된다. 세상을 좀먹는 잡범들, 각종의 강력범, 미제의 대형사건, 권력이 비호하는 기획범죄, 권력층의 부정부패 등을 밝혀 척결해야 하는 하는 '사도(司道)'는 어떻게 실현되어야 하는가? 건강한 사회, 국가 및 세계의 유지는 꾸준한 정화의 노력 없이는 어렵다. 무소불위의 권력 앞에서도, 버티기 어려운 유혹 앞에서도, 생명의 위협 아래에서도 결코 굴하지 않는 사도는 가능한 것인가?

인성(人性)의 면으로 보면, 근본정신은 활성적이지만(1양) 신진대사 작용이 별로 활발하지 못한데다(2음) 외부와의 물적 교류소통이 소극적이니(3음) 이런 상태의 사람은 신체적인 힘이나 돈, 재력 등에 의존하는 것보다는 내면의 의지가 강함을 보인다. 여기에 이성적 사고활동이 적극적이고(4양) 세계 밖과 미래에 대한 감지능력이 우수하지만(6양) 이런 제반 상황을 판단하여 처리하는 데에는 신중한 상이므로(5음) 위엄을 가지고 명석하게 판단해야 하는 사법계 성향이나 평론가 기질의 소유자라 하겠다.

우선 '서합(21)'의 의미는 그 본말(本末)의 연결로 간명히 파악할 수 있다. 무지한 무리를 예지력으로 지도하며 이끌어(예16) 최소한의 기반형성을 보장하는 건강한 사회복지(소축09)를 실현하는 과정이다. 이 세계의 출발인 '예(16)'의 기초자질은 곧 주제인 서합(21)이므로 출발 바탕이 사회의 문제점을 해소하고 정화하려는 것임을 알 수 있다. 이 세계의 결과형질인 '소축' 자체의 결과형질도 다시 '서합'이므로 결국 갈등해소와 사회복지는 서로 꼬리를 물고 도는 상이 된다. 요약하면, 사회의 갈등을 해결하여 구성원의 기본권을 보장해주는 과정이 서합[噬嗑]이다. 그런 사회를 실천해나가는 방법은 그 내외과정인 대장(34)과 관(20)의 흐름이 잘 말해주고 있다. 즉, 큰 투지를 가지고(대장34) 세계를 통찰하고 분별해야 하는 것이다(관20). 큰 투지가 필요하다는 것은 그만큼 사회정화가 실제로 이루어지는 과정에는 많은 장애요소가 있어서 쉽지 않다는 것이고,

세밀한 성찰이 필요한 것은 자칫하면 그 과정에서 또 다른 문제를 야기시킬 수 있는 소지가 있음을 의미한다. 올곧은 두지와 깊은 통찰이 동시에 가동된다면 기울어짐 없는 사도의 집행이 가능할 것이다.

'씹어 삭힌다[噬嗑]'라 함은 갈등 내용을 타파하여 서로 화합시킨다는 의미이므로 사회정화나 사법행위를 의미한다. 그것을 실현하려는 의지가 강력하고(대장34) 깊이 성찰함으로써(관20) 같은 것의 반복을 방지하여 공정한 사회정의가 펼쳐지도록 하는 과정 속에 진행되니 '올곧게 펼치리로다[亨]'라 한 것이다. 이어서 '감옥을 씀이 이롭다[利用獄]' 라고 한 것은 사회악은 솜방망이로는 재발할 우려가 있으므로 엄하게 다스려야 함을 주문하고 있다.

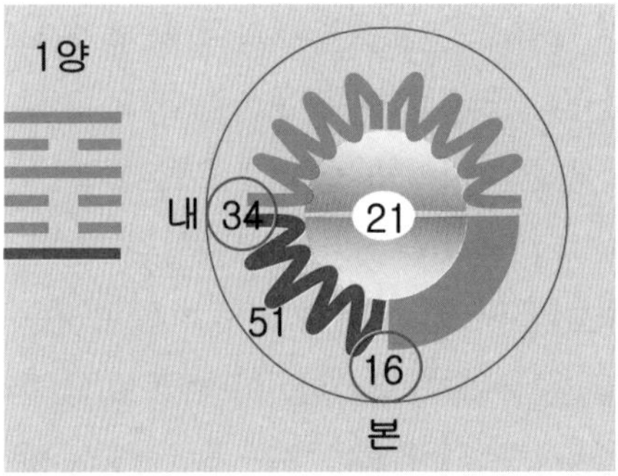

屨校滅趾구교멸지, **无咎**무구.

신발을[屨] 틀에 매고[校] 발꿈치를[趾] 못쓰게 해야[滅] 탈이 없으리라[无咎].

1양은 예(豫)·진(震)·대장(大壯)의 과정이다: 무지한 무리를 선도하는 지도방법을[예16] 소신대로 강력하게 밀어 부쳐야 한다[대장34]. 그 과정은, 근본정신에 큰 충격을 주어 올바르게 일깨우는 것이다[震51].

1양은, 숨어있는 소소한 죄상이 점점 확대되어 펼쳐나가는 성향을 나타냄과 동시에 초기에 그 뿌리를 흔들어 놓아야 함을 함의한다(양). 흔히 바늘 도둑이 소도둑 된다고 하듯이 민감한 청소년 시절에 나쁜 버릇이 생기기 쉬운데 이를 방치하면 사회적인 큰 병폐를 만든다. 한편, 경범죄가 용인되면 이것이 점점 확대되어 생활화하므로 엄밀한 경고와 차단은 사회악의 일소에 매우 중요하다. 또한 사회의 기본적인 법의 적용은 평상시에 항상 작동되어야 한다.

상황코드인 '진(震51)'은, 그 본말이 '진(晉35)·수(需35)'이니, 무지한 대중을 힘든 책임감으로 앞장서서 이끌어(진35) 유비무환의 정신으로 어려움에 대비하는(수05) 일련의 과정이다. 한편 1양의 시작과 종점을 연결한 내용이 '무지한 무리를 선도하는 지도방법을(예16) 소신대로 강력하게 밀어 부쳐야 한다(대장34)'는 것이므로 이 셋을 이으면 '족쇄를 채워 행동에 제재를 가해야 탈이 없다[屨校滅趾 无咎]'라는 내용이 나오는 배경이 된다. 흥미로운 것은 상황코드인 '진(51)'의 복합적인 의미다. 하나는 1양의 직능상으로 보아 근본정신을 일깨우는 일이고, 그 다음으로는 이 괘의 여섯 효가 범죄의 수준별 대처를 말한다고 할 때, 1양은 초범, 청소년 범죄 내지는 경범죄를 지칭하므로 '진(51)'의 또 다른 의미로서 읽으면 초동으로 무마해야 함을 말하고 있다는 사실이다. 초반에 강력한 제재를 가해야 탈이 없음을 가르치고 있다 하겠다.

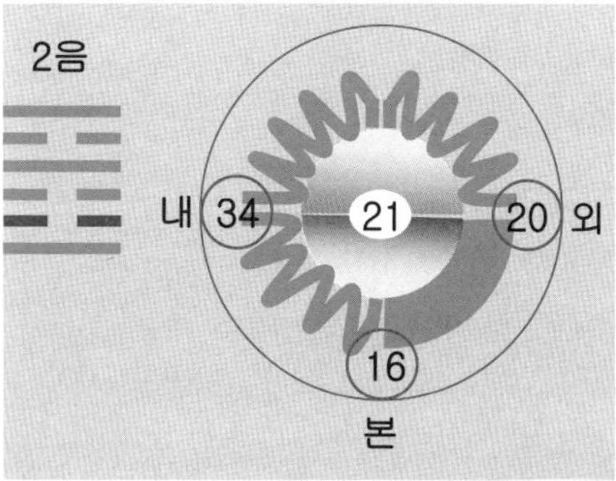

噬膚滅鼻서부멸비, **无咎**무구.

살을[膚] 씹는데[噬] 코가 보이지 않도록 하면[滅鼻] 무탈하리라[无咎].

2음은 대장(大壯)·예(豫)·관(觀)의 과정이다: 내적으로는 올곧게 소신껏 계도하고[대장34] 외적으로는 깊이 통찰하는 눈으로 세세히 관찰해야 하는데[관20] 그 과정은, 대중 속의 사회악은 바이러스처럼 음성적으로 퍼져나가기 때문에(음) 강력한 기획지도로써 일반사회 범죄를 다스려야 한다[예16].

2음은 불활성의 음침한 실제의 사회분위기를 말한다. 또한 불활성의 사회에서는 절도와 강도, 강간과 살인, 유괴·납치범 등의 잡범들이 음성적으로 큰다. 이러한 사회 밑바닥의 범죄는 강력하게 지도하여 일소해야 한다. 이런 경우 일벌백계로 다스림으로써 다시는 그런 범죄가 발붙이지 못하게 기획하고 지도해야 한다(예16). 사회악은 철저히 뿌리를 뽑아야 탈이 없다.

주제가 되고 있는 괘인 서합[噬嗑]의 기초자질이면서 2음의 상황코드인 '예(16)'는 그 자체의 기초자질이 다시 원래 주제인 '서합'이므로 결국 2음은 혜안이 담긴 기획으로 세계를 선도하는데(예16) 사법적으로 사리분별을 하는 것이니(서합21) 죄를 다스린다면 단호히 징벌해야 함을 함의하고 있다 하겠다.

효사에서 '살을 씹는데 코가 보이지 않도록 한다[噬膚滅鼻]' 함은 음성적 사회범죄를 파헤칠 때는 철저하고 단호하게 해야 함을 의미한다. 살을 씹는다는 것은 표상이 나타내는 바와 같이 두 턱(1양·6양) 사이에 놓여 있는 2음은 사회범죄에 비유되는 씹어 삭혀야 하는 살코기인데 이를 코가 보이지 않을 정도로 깊숙하게 물어 씹는다는 뜻이니 사회악이란 철저히 타파하지 않으면 탈이 생길 수 있음을 경고하고 있다.

噬腊肉서석육 遇毒우독.

小吝소린 无咎무구.

마른 고기를[腊肉] 씹다가[噬] 독을 만나도다[遇毒]. 조금 어렵지만[小吝] 탈은 없으리라[无咎].

3음은 예(豫)·진(晉)·관(觀)의 과정이다: 사회는 계도가 필요한 대상이 존재하는데[예16] 깊이 통찰하지 않으면 안 되는 내용이다[관20] 어떻게 해나가야 할까? 중간에 단절이 생기지 않도록 진득하게 강력한 추진력으로 끌어가야 한다[진35].

음식이 입과 식도를 거치고(5음) 배 속을 지나(2음) 이제는 분뇨로 되어 직장까지(3음) 내려오는 모습이다. 좀처럼 쉽게 해결되기 어려운 사건은 비밀리에 조사하고 차분하게 소화시켜가면서 지속적으로 추진해야 한다(음). 미제의 대형사건은 조직적이며 음흉하므로 역공의 위협도 있지만 책임감을 가지고 꾸준하게 끝까지 밀고 나가면(진35) 드디어 밖으로 표출되어(외효 3음) 배출(해결)되고야 만다.

상황코드인 '진(35)'의 본외(本外)는 '진(震51)·익(益42)'의 과정이니, 과거에 고착하여 정체된 현 상태를 자극하여 감동을 주고 고무·진작하여(진51) 외적으로 더 큰 세계를 지향하며 큰 공헌이 되도록 해나가는(익42) 과정이므로 그러한 추진력은 급작스럽지 않으면서도 소리소문 없이 저변을 깊게 파헤치며 오래도록 인내심을 가지고 꾸준하게 수행되는 것임을 의미한다.

'마른 고기를 씹어[噬腊肉] 독을 만난다[遇毒]. 조금 어렵지만[小吝] 탈은 없다[无咎]' 함은 오래되어 바싹 마른 고기는 딱딱하여 잘 씹히지도 않고 쉽게 삭혀지지 않으며 때로는 오래 말린 고기가 부분적으로 부패하여 독이 될 수도 있으나 큰 문제를 일으키지는 않으니 인내심을 가지고 느긋한 자세로 행하면(씹으면) 소기의 목적을 달성하게 되니 탈이 날 것은 없다는 말이다. 큰 덩어리의 음식물(5음·2음·3음)이 삭혀져야 하는 것이므로 미해결의 대형사건에 해당하니 조직적이며 음흉하지만 역공의 위협을 무릅쓰고 진득하게 밀고 나가면(진35) 3음의 막다른 골에서 결말을 짓게 됨을 말해준다.

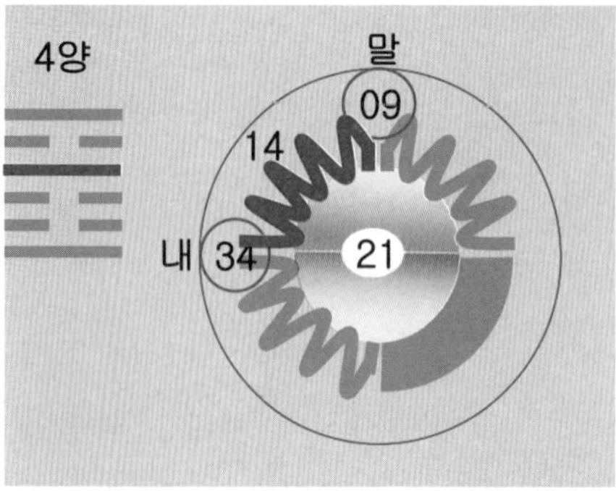

噬乾胏 得金矢서건자 득금시. **利艱貞**이간정. **吉**길.

마른[乾] 뼈 섞인 포를[胏] 씹다가[噬] 쇠 화살촉을[金矢] 얻도다[得]. 어려움을 만나[艱] 끝까지 굳건하게 하면[貞] 이로우리라[利]. 길하리라[吉].

> 4양은 대장(大壯)·대유(大有)·소축(小畜)의 과정이다: 불굴의 정신으로 올곧게 추진하여[대장34] 세상의 기본적 행복추구의 바탕을 조금씩 쌓으려면[소축09] 어떻게 해 나가야 하는가? 열정을 품고 주위를 감동시켜 큰 협조를 이끌어냄으로써 더 나은 세계로 인도하려는 대유자(大有者)의 정신을 요구한다[대유14].

4양은 이성적 사고가 활발함이니 두뇌가 명석하여 사리분별력이 탁월하고 정신력이 강한 면모를 보인다(양). 정신적으로 크게 가진 자(대유14)가 해결해야 하는 것은 그에 합당한 수준 높은 전략으로 기획된 내면에 깊이 숨어 있는 문젯거리(권력비호의 기획범죄 등)인데 사실 여간 해서는 밝혀내기 어려운 것이다. 대유자의 고귀한 정신에 따라 정의의 칼날은 매섭게 휘둘러져 세상은 더욱 밝아지고 이를 수행하는 자는 널리 칭송되니 고진감래(苦盡甘來)의 수확이다.

서합(21)의 내말(內末)과정이 4양의 상황코드인 대유(大有14)이고 대유 자체의 내말과정이 곧 서합(21)이다. 또한 대유의 내말(內末)은 '진(震51)·익(益42)'인데 이는 곧 서합의 제1효와 제6효에 해당함을 발견할 수 있을 것이다. 다시 풀어 말하면, 수양된 인격과 세계를 향한 열정으로 주위를 감동으로 움직이는(진51) 제1효의 과정과, 세계에 덕을 베푸는 공헌으로 매듭짓는(익42) 제6효의 과정이라는 괘의 시말(始末) 이벤트는 3음의 경우와 같아짐을 확인 할 수 있을 것이다. 3음에서는 진(晉)의 특성이 적용되지만, 여기 4양에서는 대유(大有)의 특성이 적용된다는 것이 다른 점이다. 바로 4양에서의 대유의 특성은 이 효의 직능상 명석한 두뇌와 강인한 정신력이다.

'마른 뼈 섞인 포를 씹다가[噬乾胏] 쇠 화살촉을 얻는다[得金矢]'라 하였는데, 우선 뼈 섞인 마른 포를 씹기란 3음의 효사에 나오는 말린 고기를 씹는 것보다 훨씬 까다로움을 지적할 수 있다. 까다롭지만 뼈를 잘 가려서 실수하지 않고 씹어내는 사리분별력이 필요하다. 오리무중인 문젯거리를 찾아 하나하나 분석해 들어가다 보면 겉으로는 드러나지 않았던 중대한 문제점을 찾아내어 해결할 수 있는 실마리를 찾게 되는데 이 국면을 사냥 시에 박힌 '쇠 화살촉을 얻는' 장면으로 묘사하고 있다. 쇠 화살 촉을 씹지 않고 얻는 것은 곤경을 모면하고 오히려 행운을 만난다는 것이다. 이어서 '어려움을 만나 끝까지 굳건하게 하면 이롭고[利艱貞] 길하다[吉]' 함은 까다로운 문젯거리를 만나더라도 강인한 정신력과 명석한 두뇌로(4양, 대유자) 끝까지 굳건하게 노력한다면 생각지 못했던 귀한 것을 얻어 행운을 맞게 되는 것이다.

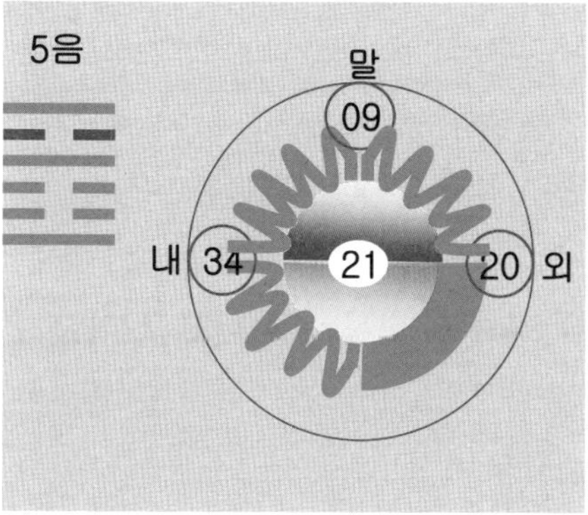

噬乾肉 得黃金서건육 득황금. **貞厲**정려 **无咎**무구.

마른 고기를[乾肉] 씹다가[噬] 황금을 얻는다[得黃金]. 끝까지 굳건하게 하면[貞] 위태하지만[厲] 탈은 없으리라[无咎].

> 5음은 대장(大壯)·소축(小畜)·관(觀)의 과정이다: 불굴의 정신력으로 밀어붙이면서[대장34] 세상을 사려 깊게 성찰해야 한다[관20]. 어떤 리더십이 필요한가? 이 세계의 목표인 기본적인 사회복지와 정의를 성취하려는 의무와 책임감을 가져야 한다[소축09].

5음은 상황판단과 처리에 있어서 신중한 모습이다. 명석한 두뇌로 많은 생각을 하면서(4양) 세계 밖과 미래에 대한 정보감지도 활발히 하지만(6양) 정작 제반 상황을 판단하여 처리하는 데에는 신중한 상이므로(5음) 중대한 사법적 판단이나 중도를 철저히 지켜야 하는 책무를 성실하게 수행하는 모습이다. 그 대상은 개인을 넘어 전체를 위한 것으로 최소한의 사회복지와 정의구현이 그 책무의 목표다.

이 상황을 이끌어 가는 '소축(09)'의 말(末)은 다시 이 괘의 주제인 서합(21)이니, 서합의 목적을 달성하려면 소축의 상황을 겪어내야 한다. 소축은 '작은 성취의 상이고 구름이 빽빽해도 비가 오지 않음'이니 최소한의 기초적인 성과는 있겠지만 애를 쓰는 만큼의 효율을 다 얻기 힘든 상황을 말해준다.

'마른 고기를 씹다가[噬乾肉] 황금을 얻는다[得黃金]' 함은 관련 세계를 책임지는 자는 그 세계 전체의 복잡다단한 갈등을 모두 해소하기는 어렵고 최적화를 통하여 작은 성취라 하더라도 전체가 공평한 복을 얻게 해야 하는(소축09) 소임을 다하는 것이므로 간단하지 않는 것이니, 마치 마른 고기를 씹는 것처럼 시간이 걸리더라도 끈기를 가지고 성찰하며 차분하게 일을 수행한다면, 마른 고기 속에 박힌 귀중한 황금(화살촉)을 발견하듯이, 값진 최적의 결론을 얻을 수 있음을 말하고 있다. 이어서 '끝까지 굳건하게 하면 위태하지만[貞厲] 탈은 없다[无咎]'라고 한 것은, 관련 세계 전체를 위한 것이니만큼 일부가 손해를 볼 수 있는 상황을 판단할 경우에는 이를 저지하려는 세력이 거센 반발을 시도할 수 있으므로 위태롭기까지 하지만 전체를 위한 중도(中道)를 거침없이 굳건하게 실현한다면 목표를 이루는 것이니 허물이 되지 않는다는 내용이다. 여기서 황금의 황색은 곧 중도의 실현을 함의하고 있다.

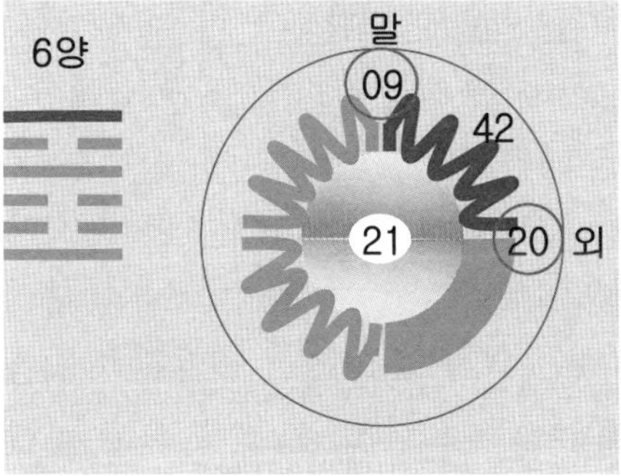

何校滅耳하교멸이 凶흉.

틀에[校] 매고[何] 귀를 멸하면[滅耳] 흉하리라[凶].

6양은 관(觀)·익(益)·소축(小畜)의 과정이다: 넓은 통찰력으로 세상을 두루 살피어[관20] 기본적인 사회정의를 성취하는 데에 이바지하려면[소축09] 어떤 과정을 겪어야 하는가? 열린 문으로 미래와 사회에 귀 기우려[관세음(觀世音)] 하나라도 더 보탬의 업적을 남기는 것이다[익42].

6양은 세계 밖으로 정보를 교류하는 열린 문이다(양). 세상 여론의 추이에 귀를 열어 시시각각 사회정의를 짓밟는 죄상과 문제점을 검토하고 이에 대처하면서 세상을 계도할 수 있어야 한다. 특히 이 경우는 기존 법에 따라 엄벌하는 자체보다도 법 적용의 형평성, 법의 시대적 해석, 나아가서는 새로운 세태에 적합한 입법의 문제 등 실제로 세상에 득이 되는 방향을 놓고 미래지향적으로 열린 자세를 가져야 한다. 그렇지 못하면 발전된 사회복지와 기본권이 보장될 수 없다는 것이다.

이 효는 '서합'의 외말(外末)과정으로서 '익(42)'이 그 사이의 과정을 대변하고 있다. 한편, 익(42)의 외말이 '진(35)·대유(14)'이니, 강력한 리더십으로 이끌어(진35) 에너지를 가득히 뒷받침 받아 힘차게 나아가는(대유14) 상황이라 하겠다. 이런 개방적이고 활성적인 분위기에 합류하여 세계의 발전에 보탬이 되도록 해야 할 것인데(익42), 효사에서 전제하는 바와 같이 '틀에 매고 귀를 멸하면[何校滅耳]' 어떻게 되겠는가? 틀에 매여 움직이지 못하고 틀에 박힌 생활을 하며 귀를 열어 더 큰 세계와 미래로의 관련 정보를 터득할 수 없다면 결과는 뻔하다. '흉[凶]'할 수 밖에 없지 않겠는가?

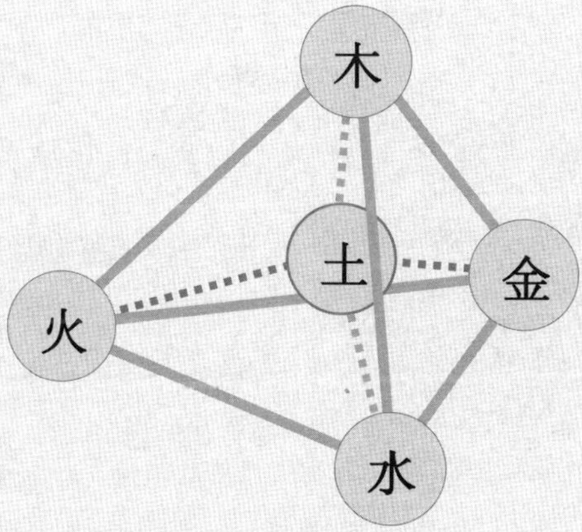

▷ 입체 사면체로 보는 오행의 배열 (『과학주역』1, 51쪽)

사면체에 하도와 낙서의 상보성·상대성·대칭성을 통합·중첩하여 나타낸 그림이다. 이 그림은 현대 물리학적 우주론을 사면체 시스템으로 표현하는 바탕이 된다.

22. 산화비(山火賁)

적절하게 가꾸고 조정하는 상, 절묘한 중도의 길, 중용의 묘책, 내면과 외면의 균형유지, 자연적 흐름에 맡기는 참다운 아름다움

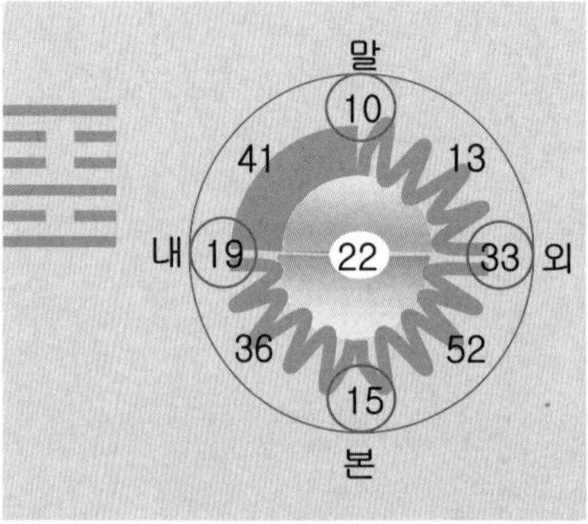

賁비. **亨**형.
小利소리 **有攸往**유유왕.

가꾸고 조정하는 상이다[賁]. 형통하리라[亨]. 실리는 작지만[小利] 여유를[攸] 가지고[有] 나아가야 하리라[往].

비[賁]는 겸(謙)·림(臨)·둔(遯)·리(履)의 세계다: 겸손한 마음을 바탕으로[겸15] 내적 열정이 밖으로 분출하려 하지만[림19] 이를 감추고 한발 물러서서[둔33] 주위에 동화되는(맞춰가는)[리10] 일련의 과정이니, 곧 내면과 외면이 적절한 조화를 이룰 수 있도록 가꾸고 준비하고 조정하는 중도(中道)의 덕을 수행하는 것이 '비'의 세계다.

8괘의 상으로 보면, 내면의 밝고 화려함을(離火리화) 밖으로 멈추게 하여(艮山간산) 적절히 조절하는 상이다. 초목이 별로 없는 산 아래에서 난 불은 산을 다 태워버리지는 못함이다.

후덕한 밭에라야 필 수 있는 꽃과 같다. 본질과 외형의 균형, 절묘한 중도(中道)의 발휘, 내용과 형식의 균형, 대칭성의 미, 내면의 물질에너지(2음)를 살라서 분출하는 자신의 정열(1양)을 밖으로(3양·6양) 아름답게 표출한다. 안정감을 갖고 단아한 사색(4음)을 통하여 마음의 꽃밭(5음)을 가

꾸어 가면 탐스러운 꽃들이 피어난다(3양·6양). 적극적인 근본정신이(1양) 밖으로 투영되는 빛나는 눈(6양)이 없다면 성형과 화장으로 반지레하게 차린 외모는 생기 없는 조화(造花)와 같을 것이다. 그래서 음 셋과 양 셋으로 인생을 조화롭게 배치하여 준비하고 꾸미면[賁] 신중하게 조절하는 마음을 바탕 삼아(4음) 피는 꽃이 되어 살아있는 멋을 만들고 밖으로 광채를 발하는(6양) 속 찬(2음·5음) 아름다움을 만들어 낸다. 미는 본질적인 질서요 내적 충만의 표현이니 모든 아름다움은 내적 안정감을 갖춘 터위에 외면이 미려해야 조화를 이루어 자연스럽다.

인성(人性)의 면으로 보면, 근본적 욕구가 강하고(1양) 주위와의 물적 교류도 원만하지만(3양) 신진대사 작용이 소극적이어서(2음) 에너지를 폭발적으로 발생시킬 수는 없지만 적절히 움직일 수 있는 힘은 있다. 또한 세계 밖과 미래에 대한 열린 눈과 정보습득의 정열은 적극적이지만(6양) 이를 즉시 판단하여 행동에 옮기지 않고 신중을 기하며(5음) 머리를 쓰는 전략에는 치중하지는 않는다(4음). 말하자면, 어떤 상황을 추구하는 욕구가 강하여 관련된 외적인 준비를 잘해나가면서도 즉각적인 행동에 옮기지 않고 적절한 중도를 모색하는 신중한 성정이다.

비[賁]의 4원을 본말과 내외로 나누어 살펴보자. 본말은 '겸(15)·리(10)'의 흐름이니, 겸손한 마음을 바탕으로 하여(겸15) 주위에 잘 동화되게 하는(리10) 과정이다. 내외는 '림(19)·둔(33)'의 흐름이니, 근원적 욕구가 분출할 것 같더라도(림19) 한발 물러나서 침착하게 갈무리하는(둔33) 자세를 견지하는 것이다. 종합하면 이는 곧 최적의 길[중도(中道)]을 택하여 주위 환경에 알맞게 준비하고 조정함을 의미한다.

'가꾸고 조정하는 상이고[賁] 형통하다[亨]'라고 함은 환경에 걸맞게 준비하고 꾸며나가면 그 세계가 갈등의 소지가 없고 점차 발전하게 되니 꽃이 피는 것처럼 형통하게 된다는 뜻이다. 이어서 '실리는 작지만[小利] 여유를 가지고 나아가야 하는 상이다[有攸往]'라고 함은 최적화를 위한 꾸밈에는 좋은 일과 좋지 못한 일의 경중을 생각하여 대를 위한 소의 희생도 뒤따르기 때문에 그 결과로 선체의 이익이 극대화되는 것이 아니라 주어진 상황에 적합도가 높아지는 것이므로 큰 실리를 위하여 허둥대지 말고 침착하게 여유를 가지고 사안을 조정하며 잘 가꾸어나가야 하는 상황임을 말해준다.

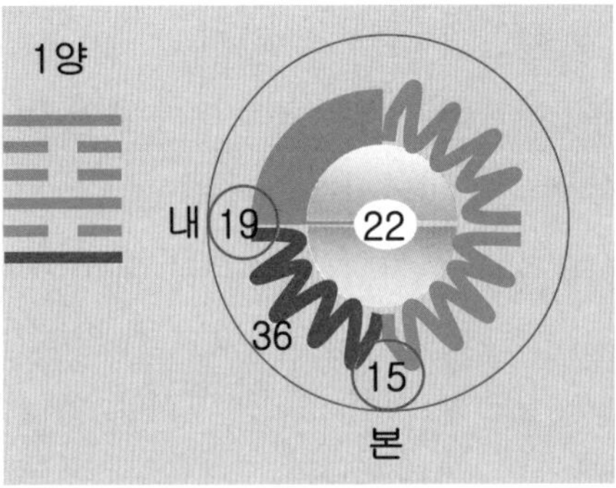

賁其趾비기지·

舍車而徒사거이도·

발을[其趾] 가꾸도다[賁]. 수레를 버리고[舍車] 걸어가도다[徒].

1양은 겸(謙)·명이(明夷)·림(臨)의 과정이다: 겸손의 바탕 위에서 [겸15] 열정을 분출하지 말고 힘을 길러 때를 기다릴 것을 독려 받는다면[림19] 어떤 삶을 살아야 하는가? 내면의 뛰어남을 감추고 세상에 묻혀서 자기수양의 삶을 사는 것이다[명이36].

1양은 강한 근본정신을 지켜나가는 외유내강(外柔內剛)의 모습이다. 본질을 중시하는 사람은 외면의 형식에는 관심을 많이 쓰지 않지만 사회적인 지위가 높은 자는 그에 걸맞은 위신과 체면을 유지하려 한다. 반대로 사회적 지위가 낮은 사람은 위신과 체면보다는 내적인 실속을 차리려 한다.

특히 1양의 상황코드가 자기수양의 길을 가는 '명이(36)'의 삶이므로 숨은 내면의 강렬한 욕구와 활동적 근성을 숨기고 참아내야 한다. 하는 수 없이 자기수양의 길을 가야 하는 경우는 크게 두 부류로 대별된다. 참다운 실력을 인정받지 못하여 아직 성공을 거두지 못한 경우와 이미 성공한 자리에서 낙마한 경우다. 원인은 다르지만 같은 것은 현재의 외적 상황이 내면적 성숙도에 비해 훨씬 못하다는 것이다.

'발을 가꾸고[賁其趾] 수레를 버리고 걸어간다[舍車徒]' 하였는데, 우선 발을 꾸민다는 것은 두 가지를 상징한다. 하나는, 위신과 체면을 세우는 것과는 크게 상관이 없는 발을 꾸미니 현재의 외적 신분이 높지 않다는 것이고 다른 하나는, 부와 권위를 나타내는 수레를 타지 않는다면 걸어 다녀야 하는 상황이니 이에 맞추어 신발을 잘 챙겨 신어야 함을 말한다. 요즘 같으면 직장에서 물러난 사람이 고급승용차를 없애고 지하철을 잘 맞춰 다니는 것과 다를 바 없다. 결국, 이 효사는 명이(36)의 삶에 걸맞은 외유내강의 모습을 그리고 있다. 노력한 일이 실패하거나 면직·사직의 운세이지만 그 상황에 맞게 자신을 겸손하게 낮추고 힘을 비축하면서 도약의 날을 기다리며 자신을 가꾸어나가야 함을 일러준다.

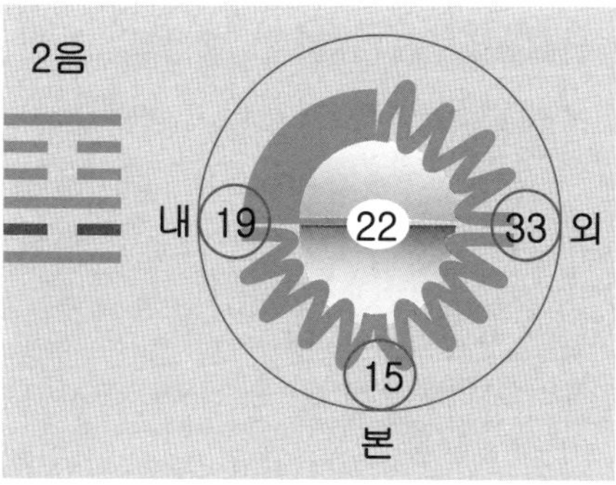

賁其須비기수·

수염을[其須] 가꾸도다[賁].

2음은 림(臨)·겸(謙)·둔(遯)의 과정이다: 내적 열정을 안은 채 힘을 기르며 때를 기다리고[림19] 한발 물러서서 자신을 갈무리하려는 삶이다[둔33]. 그런 과정에서는, 겸손한 조절이 바탕에 베어 있어야 한다[겸15].

2음은 발산적이지 않고 응축하는 상이므로 그 외형적 의미는 침착한 상태를 유지하면서 형식보나 내용에, 외형보다 본질에 가치를 두는 삶이다. 또한 2음은 '림(19)·둔(33)'의 내외를 중재하는 과정이니, 내적인 마음이 활성적 자극을 받더라도(림19) 외적으로는 전략적 후퇴의 개념으로 밝게 드러나지 않는 은은함을 유지해야 한다(둔33). 남성의 수염을 그대로 두면 자연에 순응하는 소탈한 모습을 나타내 보일 수도 있고, 수염을 자라는 데로 두지 않고 가꾸면 상류층의 점잖고 의젓한 인격을 표현할 수 있었다. 어쨌든 남자가 수염을 가꾼다는 것은 단순히 허영적인 것이 아니고 내면의 소탈하고 젊잖은 성숙도를 함께 나타내고 있다는 점이 특이하다.

비[賁]의 기초자질이 이 효의 상황코드인 '겸(15)'이지만, 겸의 4원을 보면, 겸의 기초자질이 다시 '비'로 되돌림 되는 것을 볼 수 있는데, 이는 조정하며 가꾸려면 그 저변에는 겸손의 바탕이 있어야 하고 동시에 겸손하게 하려면 주위에 잘 어울리게 자신을 조절하여 가꾸는 정신이 있어야 함을 말해준다.

공자는 상전(象傳)에서 '수염을 가꾼다는 것은 윗사람과 더불어 흥한다(賁其須비기수 與上興也여상흥야)'라 주석하였는데, 이 괘의 본말을 보면 겸손하고 소탈한 삶에서 출발하여 결국에는 주변과 어울리고 맞춰가는(리履10) 상으로 발전되어가기 때문에 처음에는 소탈하여 가꾸지 않던 수염을 가꿈으로써 좀 더 격상된 분위기에도 어울릴 수 있는 상황이 되고 있음을 말해준다. 하지만 겸손을 바탕으로 하여야 하기 때문에(겸15) 윗사람과 어울리고 흥하더라도 어디까지나 맞춰서 보필하는 상을 넘어서면 상황에 맞지 않게 된다. 효사에서 '수염을[其須] 가꾼다[賁]' 함은 겸손하게 행동하는 가운데에서도 발전하는 환경에 자신을 맞추어 조절해나가고 윗사람을 따라 그 분위기에 응할 수 있는 준비를 하고 있어야 함을 일러주고 있음이다.

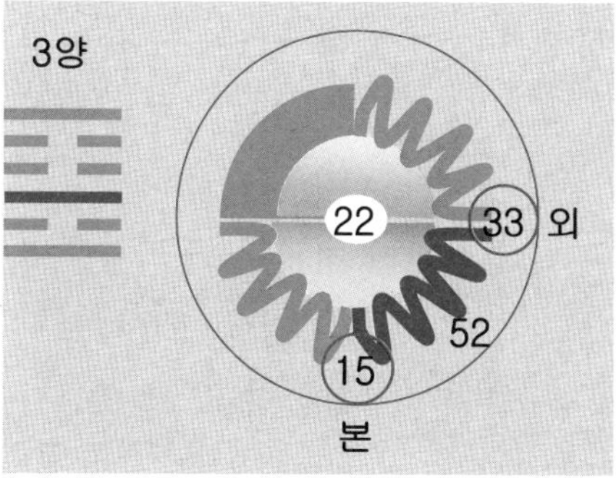

賁如濡如비여유여.
永貞吉영정길.

가꾸지만[賁如] 젖기도 하네[濡如], 오래도록 굳건하면[永貞] 길하리라[吉].

3양은 겸(謙)·간(艮)·둔(遯)의 과정이다: 겸손의 자세를 바탕으로 하여[겸15] 겉으로 요란 떨지 않고 은근하게 한발 물러서서 자신을 갈무리하려면[둔33] 어떻게 해나가야 하나? 외적 영향과 교류함에 있어서 자신이 평정을 잃어 조절력을 잃을 만큼 과도한 것은 멈추어 조절해야 한다. 그런 가꿈이라야 더욱 깊고 그윽하여 오래 간다[간52].

3양은 밖으로 빛을 발하며 외적 교류가 활발한 모습이다. 어쩔 수 없는 적극적인 교류는 강제로 막지 않고 자연스럽게 두더라도 과도하여 분수를 넘으면 이정표로 제시된 '겸손한 자기 갈무리'의 차원을 넘어서기 때문에 이를 멈추게 해야 바른 길을 유지할 수 있다(간52).

상황코드인 '간(52)'의 4원 개념을 보면, 자기 절제의 바탕 위에서(명이36) 안으로 마음을 철저히 관리하는 덕을 쌓아(사07) 세상 밖과 뜻을 같이 함에 있어(동인13) 시비를 초월하는 지혜를 궁구하는(송06) 일련의 과정이다. 산이 외적으로는 계절에 따라 다르게 옷을 갈아 입으며 계절의 변화를 표출하지만 그 속은 언제나 우뚝한 채로 정지하여 고요 속에 멈춘 모습이다. 외부에서 어떤 자극을 주어도 마음이 굳건하면 그것을 감당할 수 있음을 상징한다. 외적인 변화의 세상사에 젖어 그때마다 일희일비할 수 있겠지만 조용히 멈추어 관조하면 자신을 조절하고 가꾸는 지혜를 얻을 수 있게 된다.

'가꾸지만[賁如] 젖기도 하네[濡如]. 오래도록 굳건하면 길하다[永貞

吉]' 함은, 위에서 살펴본 간(52)의 성정과 같이 겉으로는 상황에 따라 그에 맞추어 즐겁게 빠져드는 자기맞춤의 가꿈이 있어 일시적으로 화려할 수도 있겠으나 그런 외적인 것은 항상 변하기 마련이므로 내적으로 변하지 않는 굳건함을 오래 지속할 수 있어야 가장 진정한 가꿈이요 최적화된 조절이 되기 때문에 길하게 되는 것이다. 그 과정이 운명적으로 길한 것이 아니고 간(52)의 진정한 성정을 따르는 '멈춤의 도'가 있으면 길하리라는 조건이 달려있음에 유의해야 한다.

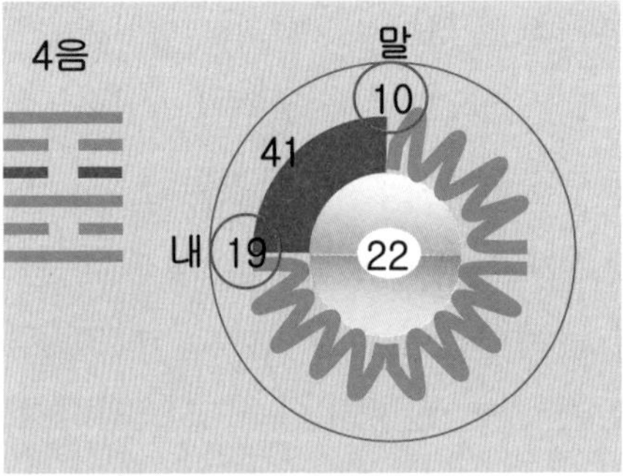

賁如皤如비여파여.
白馬翰如백마한여.
匪寇婚媾비구혼구.

가꾼듯하기도 하고[賁如] 하얗게 보이기도 하네[皤如]. 백마가[白馬] 나는듯하네[翰如]. 도적이 아니고[匪寇] 혼인할 상대로다[婚媾].

> 4음은 림(臨)·손(損)·리(履)의 과정이다: 내면의 열정이 차올라 밖으로 발산하려 하지만[림19] 주위에 무리 없이 잘 동화될 수 있어야 한다[리10]. 거기에 맞추려면 어떤 가꿈이 필요한 것인가? 마음을 어지럽히는 불필요한 것은 제거하고 도움이 되는 적합한 것을 가려내는 최적화의 조정(調停)이 필요하다[손41].

4음은 심적·지적 안정감을 추구한다. 마치 아름다운 꽃잎(1양·3양·6양)을 잡아주는 꽃봉오리이거나 심지(2음·5음)에 켜진 촛불을(1양·3양·6양) 지지하는 촛대와 같은 든든함을 요구한다. 만약, 4음이 4양이라면 리(離)괘가 되어 빠르게 변화하며 떠나가는 정처 없는 나그네 신세가 되는 것이니 주위에 동화되는 목적(리10)을 달성할 수 없게 된다. 정신적 안정을 줄 수 있는 단순하고 검소하면서 실속 있고 믿음직한 협력자가 필요한 상태다.

4음은 비[賁]의 내말(內末)을 잇는 과정이므로 그 상황코드인 '손(41)'의 내말인 '명이(36)·동인(13)'이 관계 짓는 의미를 살펴보면 효의 분위기를 파악하는데 도움이 된다. 즉, 잡다한 외적인 욕심을 버리고 내면의 본질을 추구하면서(명이36) 목표를 향하여 주위의 가능한 역량을 모으는(동인13) 과정이 그것이다.

'가꾼듯하기도 하고 하얗게 보이기도 하네[賁如皤如]. 백마가 나는듯하니[白馬翰如] 도적이 아니고 혼인할 상대다[匪寇婚媾]'라 하였는데, 앞 문장에서의 흰색차림의 백마는 가꾸었다기 보다는 차라리 검소하고 순수하게 있는 그대로의 모습을 보이므로 그러한 차분하고 안정감 있는 자세가 필요함을 나타내고, 뒤 문장에서는 순수하고 검소한 모습의 백마이니 도적들이 무기를 장착하고 침입할 때처럼 복잡하지 않은 단순한 가꿈이라서 더 가볍고 높이 멋있게 달릴 수 있는 모습이기에 실속 있고 믿을 만한 혼인상대로 지목하는 것이다. 지금은 모든 것을 실속 있고 안정감 있게 조정하는 것이 가장 필요한 단계임을 말해준다.

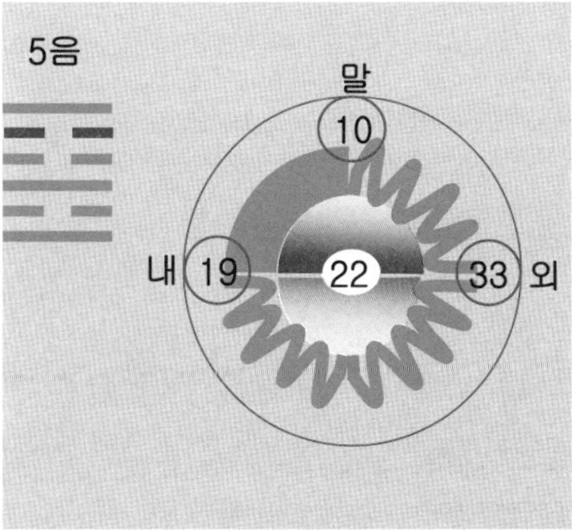

賁于丘園비우구원.
束帛戔戔속백전전 吝인,
終吉종길.

언덕바지 정원을[于丘園] 가꾸도다[賁].
비단 예물이[束帛] 적고 적어[戔戔]
옹색하지만[吝], 끝은 길하리라[終吉].

> 5음은 림(臨)·리(履)·둔(遯)의 과정이다: 알찬 꽃봉오리가 꽃잎을 만발하려 하나[림19] 외적으로 화려하게 드러내서는 안 된다[둔33]. 어떤 이끎이 필요한가? 돌출되지 않고 주위에 잘 부합되게 하는 역할을 창출해야 한다[리10].

5음은 진정한 중심리더로서 세계 밖의 활성적인 영향력(6양)에 요란하게 대응하지 않고 정신적인 안정감(4음)을 바탕으로 판단과 행동을 유연하게 함을 나타낸다[음]. 소박한 생활은 그만큼 상호간에 깊은 신뢰와 감동을 나눌 수 있는 여백을 준다. 지나침 없이 적절히 조정된(가꾸어진) 중도의 절묘한 멋을 지닌 중심리더라면 대중적으로 거슬림이 없을 것이다. 판단을 유보하는 모습이므로 자신의 현재 상황이 활성적이 못하니 만족할 수는 없겠지만 주위와의 관계에 흠이 없으므로 시간이 갈수록 높이 평가될 것이다.

상황코드인 '리(10)'의 본말인 '곤(47)·비(22)'를 연결하여 보면, 처음에는 자신의 생각대로 다하지 못하는 곤궁함 속에서(곤47) 나중에는 주위와 절묘한 조화를 이루는(비22) 과정이다. '언덕바지 정원을 가꾸고[賁于丘園], 비단예물이 적고 적어 옹색하나[束帛戔戔 吝] 끝은 길하다[終吉]' 라고 하였는데, 전반부는 '리(10)'의 기초자질인 '곤(47)'의 넉넉지 못한 생활수준을 표현한 것이고 후반부는 본 주제의 괘인 비(22)를 설명하는 괘사 '실리는 작지만[小利] 형통한[亨]' 국면을 일컫고 있다.

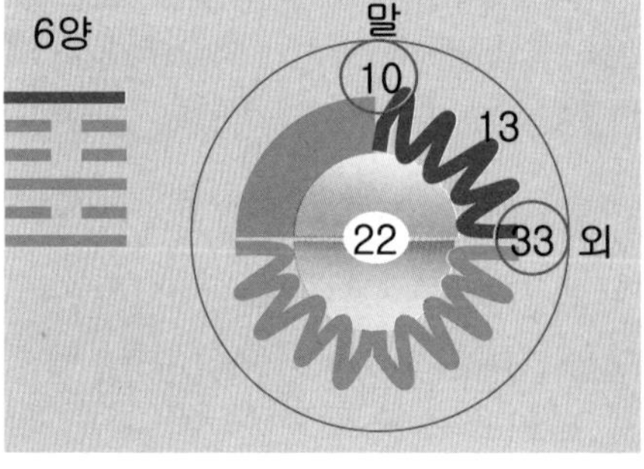

白賁백비 **无咎**무구.

하얗게[白] 가꾸면[賁] 허물이 없으리라[无咎].

> 6양은 둔(遯)·동인(同人)·리(履)의 과정이다: 전략적 후퇴의 입장이니 외적으로 화려하게 드러내서는 안 되고[둔33] 종국에는 주위에 잘 동화되어 조화롭게 되도록 해야 한다[리10]. 어떻게 해야 하나? 경험 있는 전문가나 지도자의 가르침을 따라 공명정대한 길을 가야 한다[동인13].

6양은 세계 밖의 서광(曙光)이 비치는 상이다. 과시의 욕망을 주저 앉히고 은은하게(둔33) 주위와 어울려 동화되도록(리10) 적절히 가꾸는 중도의 발휘는 간단한 문제가 아니다. 성숙할수록 균형을 취할 수 있는 자질을 길러야 한다. 그런 후의 6양이라야 밖으로 자연히 풍겨나는 아름다움이 된다(양). 검소한 생활이지만 은둔하여 자신을 재충전하므로 눈에는 광채가 나고 표정은 밝다(양). 내면의 절제된 에너지가 뭉쳐서 우러나는 오라(aura)처럼 서광이 비친다(양). 그것이 심화되면 성인의 모습을 닮아가는 것이다.

상황코드로 나타난 '동인(13)' 자체의 외말(外末)이 '간(52)·손(41)'이니, 명상 속에서 지혜를 궁구하여(간52) 잡다한 것을 추려내어 최적의 상태를 이끌어냄으로써 목적을 성취하는(손41) 과정이다.

'하얗게 가꾸니[白賁] 허물이 없다[无咎]'라고 함은 불필요한 것을 없애고 본질을 중시하며 순수하게 가꾸는 것으로서 그 내용은 마음을 비우고 안으로 쌓은 공덕을 자연스럽게 밖으로 풍기며 주위에 무리 없이 만사를 조정함이니 밝은 미래의 서광이 비치고 탈이 생기지 않는다는 뜻이다.

23. 산지박(山地剝)

대세가 기울어 폐퇴하는 상, 차갑게 응고하는 상, 재물·권능 등이 박탈되는 상, 역경의 시절을 버텨냄, 끝까지 밀어붙여 성취함

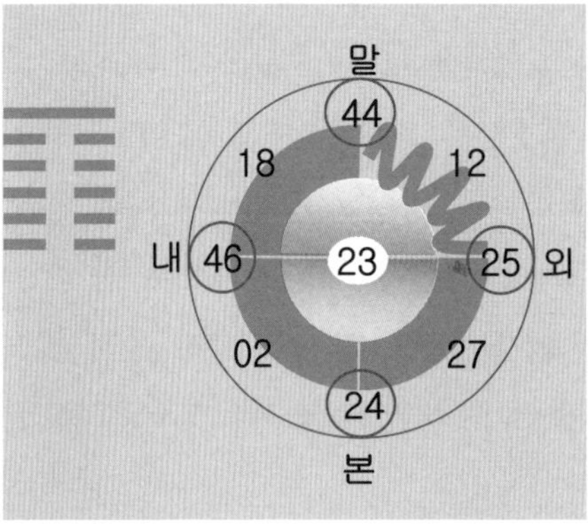

剝박.

不利불리, 有攸往유유왕.

폐퇴하는 상이다[剝]. 불리하니[不利], 여유를[攸] 가지고[有] 나아가야 하리라[往].

> 박[剝]은 복(復)·승(升)·무망(无妄)·구(姤)를 따라 흐르는 세계다: 사바세계의 모든 것을 이미 박탈당했거나, 새로운 기회를 맞으려면, 근본으로 되돌아 와서[복24] 다시 새롭게 바탕을 쌓아 올려[승46] 정도를 따라 순리와 절제의 삶으로써 천운을 얻어[무망25] 절호의 기회를 맞게 되는[구44] 일련의 과정이 '박'의 세계다.

8괘의 상으로 보면, 땅 위에 우뚝 솟은 산이니 세월이 가면 풍파에 깎여날 수 있는 상이다. 산이 높을수록 그것을 받쳐주는 저변의 지지가 넓을수록 그 수명이 길어질 것이다.

6양을 제외한 나머지가 음으로서 견고한 블록을 이루고 있다. 호응을 얻지 못하는 권력층, 실천을 이끌 수 없는 허구. 홀로 권위를 내세우는 말만의 지도자, 나뭇가지에 붙어 있는 마지막 잎새가 연출하는 찬 겨울의 문턱 등에서처럼 전체에서 끝 부분이 박리되려는 모습이다. 남은

잎사귀(6양)는 바람에 흔들리거나 나무 몸체에서 영양보급이 잘 되지 않으면 떨어지고 만다. 정부와 국민, 지휘관과 병사, 간신과 충신, 음기와 양기, 액운과 행운 등의 대칭되는 양측의 한쪽이 다른 쪽보다 대세가 월등하여 승부가 곧 결판날 것 같은 모든 상태를 '박'이 대변하고 있다.

인성(人性)의 면으로 보면, 근본정신(1음)과 신진대사 작용(2음), 외적 물적 교류활동(3음)이 활성을 잃어 적극적인 행동을 할 수 없는 상황이다. 이에 더하여 이성적 사고력(4음)과 판단력(5음)도 저하되어 전체는 제 구실을 할 수 없는데 다만 밖을 보는 눈(감지능력)은 살아있으니(6양) 힘을 잃고 병들어 누워서 최후를 버티고 있는 사람의 모습이다.

괘는 한쪽으로만 치우치지 말고 양면으로 읽어야 한다. 폐퇴하는 '박'의 경우는 대세에 따르며 때를 기다려야 한다. 자존심, 권위의식에 빠져 유대감도 없이 다양한 특성의 대중 위에 일방직으로 군림하려 하면 실익은 없고 낭패를 보게 될 것이다. 단합된 다섯 음의 세력은 마치 물먹은 나무에 남은 양의 불씨 하나를 꺼버릴 것같이 밀어붙일 것이다. 반대로, 마지막 살 기회를 살려(6양) 최후의 결전에 임하는 경우, 음양을 대결구도로 보지 않고 상응할 수 있는 구도로 보면, 다섯 음들은 굳건하게 바탕을 형성하는 대세를 형성하는 것이므로 차분하게 정도(正道)를 걸을 필요가 있다. 여유를 가지고 근본(다섯 음)을 잘 조성해나가면 마치 그것이 마른 장작과 같은 물질적 에너지원이 되어 남은 불씨(6양)가 다시 살아날 수 있다. 말하자면, 다섯 음들의 비활성적인 기능 저하로 제 능력을 발휘할 수 없다는 시각에 머물지 않고 차분하게 곤괘의 수렴정신을 갖고서 바닥을 다져나가 재 도약의 발판을 마련하는 상황으로 괘를 읽을 수도 있어야 한다.

'박[剝]'이 단순히 박탈(剝脫; 剝奪)되는 형국으로 끝나지 않음은 그 6양의 효사에서 '碩果不食석과불식 君子得輿군자득여 小人剝廬소인박려' 즉, '씨를 얻을 큰 과일은 먹지 않으니 군자는 수레를 얻지만 소인은 오두막집도 들어먹는다'라 한 것을 보면 바탕을 잘 구축하면 성공의 기회가 있음을 보이고 있다. 특히 '박'의 4원 개념이 '복(復)·승(升)· 무망(无妄)·구(姤)'의 세계이므로 준비의 단계를 거쳐 굳건한 바탕을 형성하면 마지막은 절호의 기회를 만나게 되는 배경이기 때문에 6양의 효사와 잘 일치됨을 엿볼 수 있다. 따라서 '박'을 '깎음', '잘라냄', '무너짐', '부서짐(파괴)', '해짐(문드러짐)', '벗김', '빈궁함' 등등 수많은 단어적 개념이 회자되고 있지만 중요한 것은 괘는 출발상황(기초자질)에서 도착상황(결과형질)으로 전개되는 과정이기 때문에 하나의 개념으로 고착되어서는 안 된다는 것이다. '박'은 근본으로 돌아와서(복24) 숨은 노력의 단계를 거쳐(승46, 무망25) 결국에는 절호의 기회를 잡게 되는(구44) 과정의 전개이므로 단순히 '파괴되는' 상황이 아님을 알 수 있다. '박'의 본말이 말해주듯이 회생불능의 파괴가 아니고 새롭게 정도(正道)로 돌아가서(복24) 다시 기회를 만나는(구44) 과정에 놓여있기 때문이다. 인간영위의 면에서는 '눈은 뜨고 있지만 힘을 잃고 병들어 누어있는 모습'이라 하였는데 병상에서 잘 조리하면 다시 일어설 수 있는 가능성이 있는 환자의 모습이라 하겠다.

'박'의 여섯 효 중에서 3음·5음·6양이 흉사로 끝나지 않는 것은 바로 그런 과정적 내용이 숨어 있다는 반증이다. 이러한 과정적 개념 없이 괘를 단편적인 국면으로 보고 괘사와 효사의 다의적인 한자어구에 매달려 64괘와 384효를 해설하는 것은 참으로 위험한 처사가 아닐 수 없다. 괘사의 해설에서 '박'을 '폐퇴(廢頹)'의 상이라 한 것은 그 속에는 단순한 파괴가 아니고 일말의 기회가(6양) 기다리고 있기 때문이다.

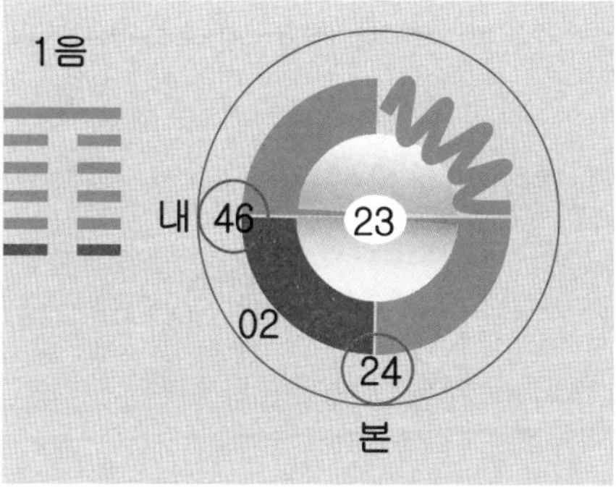

剝牀以足박상이족.

蔑貞멸정 **凶**흉.

상의[牀] 다리가[以足] 무너지도다[剝]. 굳건한 바탕이[貞] 없어지니[蔑] 흉하리라[凶].

1음은 복(復)·곤(坤)·승(升)의 과정이다: 근본으로 되돌아와 새롭게 시작하여[복24] 그 위에 상승하는 추력을 얻으려면[승46], 모든 것을 일굴 수 있는 믿을 만한 근거지가 있어야 한다. 낡은 것을 일소하여 마음을 완전히 비우고 모든 것을 받아들일 수 있는 기본정신으로 귀의해야 한다[곤02].

제1효의 직능인 근본정신이 음이니 그것이 무력해짐을 의미한다. 외적 에너지의 유입이 없고(3음) 조직가동능력(신진대사기능)이 힘을 잃었기 때문에(2음) 나서서 행동할 수 없다. 상황은 절박하지만 아직 구원의 징후는 없다. 남은 것은 하늘이 무너져도 솟아날 구멍이 있다는 희망 하나밖에 없다(승46). 이제는 세상 환경이 스스로 자기조직화 되어 제대로 돌아가려면 때는 기다릴 수밖에 없지만 든든한 기반만은 있어야 한다(곤02). 새롭게 일구어나가려면 마음을 완전히 비우고 모든 것을 수용하는 자세를 견지해야 한다는 점이다(곤02).

상황코드인 '곤(02)'은 믿음과 헌신, 감싸는 사랑의 덕으로서 하늘을 받아들이는 땅의 덕이니 근본적인 심적 포용력을 넓게 펼쳐가야 한다.

효사에서 '상의 다리가 무너진다[剝牀以足]. 굳건한 바탕이 없어지면 흉하다[蔑貞 凶]' 하였는데, 여기에서 상[牀]이란 한 개인의 내적 상황으로 보면 '근본정신바탕'을 뜻하고 사회적으로 보면 '활동배경'을 의미한다. 그것을 받쳐주는 다리가 무너진다 함은 근본정신이나 활동배경이 와해되는 것이다. 특히 굳건히 받쳐주던 지지기반마저 없어지면 흉할 수밖에 없다. 하늘이 무너져도 솟아날 날을 기다리는 것만이 능사는 아니고 그 근본 마음자세를 바꾸어야 하는데 그 방법을 상황코드인 곤(02)이 제시하고 있다. 즉, 부패, 낡은 사고, 과욕 등과 같이 폐퇴하는 모든 잘못들을 완전히 버리고 믿음·헌신·사랑·포용의 순수한 정신으로 탈바꿈한 상태로 되돌아가 기다려야 한다.

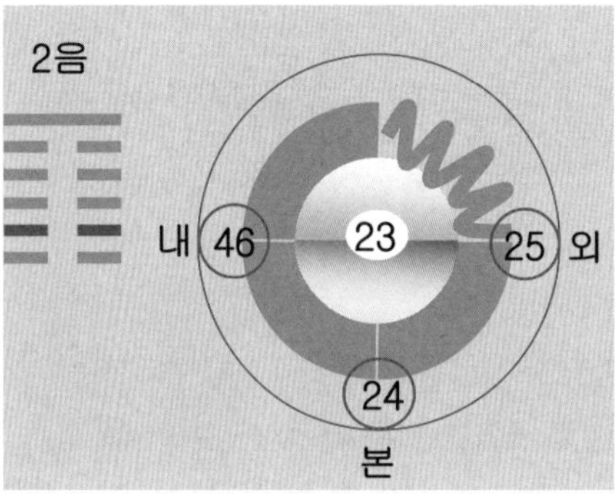

剝牀以辨박상이변.

蔑貞멸정 凶흉.

상의[牀] 둘레가[以辨] 손상되도다[剝]. 굳건한 바탕이[貞] 없어지니[蔑] 흉하리라[凶].

> 2음은 승(升)·복(復)·무망(无妄)의 과정이다: 솟아 오를 희망의 바탕을 쌓아 올리면서[승46] 정도를 따라 절제하며 순리대로 하지 않을 수 없다[무망25]. 왜냐하면, 무너진 바탕에서 근본부터 다시 출발하는 것이므로 무리하게 행동할 수 없는 배경이기 때문이다[복24].

2음은 세계 내부에서의 활동이 소극적임을 표현한다. 2음은 내외의 중간 매개역할인데 그것이 활동적이지 못한 것은 1음에서 굳건히 받쳐주던 지지기반이 없어지니 아랫사람들까지도 자신을 불신하고 아울러 윗사람도(3음·4음·5음) 관심을 보이지 않는다. 친구들도 믿어주지 않으니 사회적인 모든 관계에서 사면초가이다. 이럴 때는 어떤 조치도 적극적으로 취하지 말고 문젯거리에 접근하지 않으며 조용히 지켜보는 것이 상책이다[음]. 주변관계의 끈이 손상된 상태이니[剝牀以辨] 혈기와 자존심을 앞세워 무리하게 나아가지 말고 상태를 복원하는 신중한 노력과 기다림이 필요하다(복24).

괘의 코드목록을 보면, 상황코드인 '복(24)'의 기초배경이 다시 박[剝]이므로 '폐퇴함'과 '새 출발'은 서로 꼬리에 꼬리를 무는 순환의 고리가 됨을 알 수 있다. 손상되어 근본에서 새로운 출발을 할 때는 무리한 행동을 삼가며 하나하나를 다시 다져나가야 한다.

'상의 둘레가 손상되어[剝牀以辨] 굳건한 바탕이 없어지니[蔑貞] 흉하리라[蔑貞凶]' 함은, 상[牀]이 활동배경을 뜻하므로 그 둘레가 손상되는 것은 자신의 주변관계가 손상된 것이고 그로 인하여 1음의 직접적인 지지기반의 손상에 이어 탄탄하던 또 다른 관계기반이 없어지니[蔑貞] 흉하기 짝이 없으나 그대로 머물러 있는 것은 아니고 신중하게 상태복원의 노력을 기하며 때를 기다려야 한다는(복24) 뜻이다.

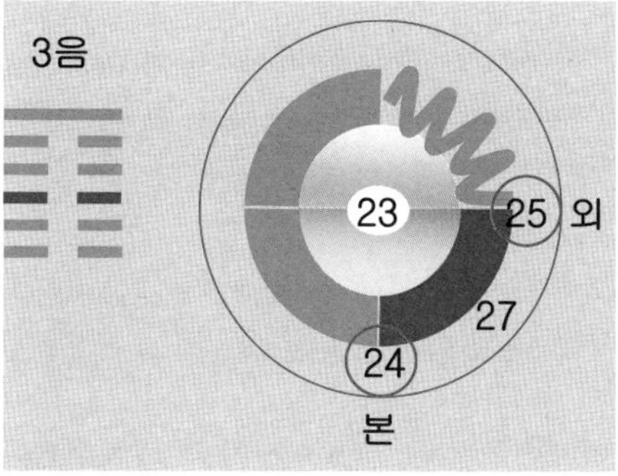

剝之无咎박지무구.

벗어나면[剝之] 탈이 없으리라[无咎].

3음은 복(復)·이(頤)·무망(无妄)의 과정이다: 순수한 본연의 자세로 돌아와 새로이 출발하여[복24] 정도·순리·절제의 삶에 이른다[무망25]. 어떤 과정을 거쳐야 하는가? 자신의 마음을 수양하고 몸을 기르며 미래의 기회를 붙잡을 수 있는 기틀을 만든다[이27].

3음은 외적 환경과의 교류의 단절을 의미한다(음). 퇴락의 원인을 제공하는 주위의 연결고리를 끊고 이에서 해방되어 새로운 바탕을 쌓아가는 것이다. 복(24)과 무망(25)의 연결과정은 소위 '창조적 파괴'의 과정이다. 새 술은 새 부대에 담아야 하고 썩은 것은 도려내야 새살이 돋는다.

상황코드인 '이(27)'는 음식을 위턱과 아래턱의 움직임으로 씹고 소화하여 영양소를 만드는 과정이니 유(有)에서 더 값진 유를 창조함이다. 새로운 창조적 가치를 끌어내는 기초능력을 쌓는 과정이지만 배고픔의 무한한 흡수능력이 있어야 가득 채워 질 수 있다. 이(27) 자체의 본외(本外)가 '곤(02)·비(12)'이니, 낡은 것을 일소하여 마음을 완전히 비우고 모든 것을 순수하게 받아들일 수 있는 바탕으로 귀의하여(곤02) 막힌 세상에서 절호의 기회를 맞는(비12) 과정이기도 하다.

효사에서 '벗어나니 허물이 없다[剝之无咎]'라 함에 있어서, '剝之박지'는 깎임을 당하여 있는 주체가 자신의 주위를 깎아내는 입장으로서 여러 관계의 집착으로부터 벗어나는 상황을 의미한다. 이는 3음의 직능이 '외적 물적 교류에 있어서의 비활성'을 나타내고 있기 때문이다. 3음의 복(24)·이(27)·무망(25)의 과정을 실현하면서 외적 교류단절의 노선을 타는 상황이므로 복잡한 관계의 집착에서 '벗어나면' 새로운 바탕을 형성할 수 있는 기회가 오는 것이니 탈이 생기지 않는 것이다.

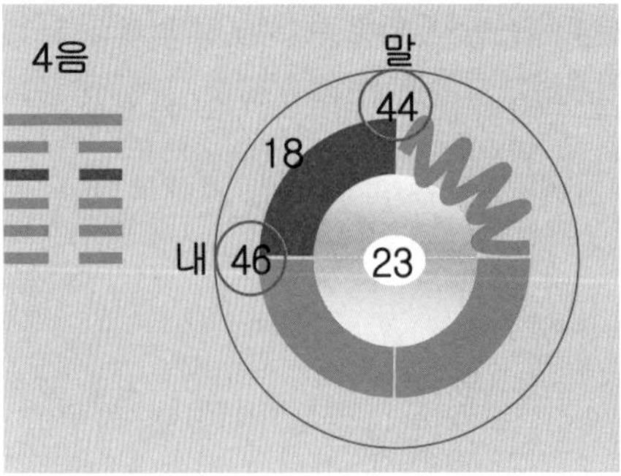

剝牀以膚박상이부 凶흉.

상의[牀] 표면이[以膚] 침해되니 [剝] 흉하리라[凶].

4음은 승(升)·고(蠱)·구(姤)의 과정이다: 저변의 힘으로 점차 상승하는 분위기이긴 하여도[승46] 아직 형편이 좋지 못한 상황에서 기회를 맞게 될 것이니[구44] 온갖 미혹이 난무하여 정신이 혼란해지고 마음고생을 겪는다[고18].

4음은 활성 없는 아래쪽의 음기(1음·2음·3음)가 쌓여 위로 밀고 올라오니 그 싸늘함을 한껏 피부로 느끼며 생각도 명쾌하지 못하므로 마음고생을 하는 처지다(음). 전체 세계의 활성적 분위기가 없다 보니 손을 써 볼 틈도 없이 수동적 자세로 고스란히 감내할 수 밖에는 방법이 없다. 그러나 이러한 사면초가의 어려운 상황에서도 자신의 원칙을 확고하게 지켜내면, 난관을 극복하고 변화의 원리에 따라 다시 반전되어 기회가 찾아오는 것이다(구44).

상황코드인 '고(蠱18)'의 본말이 '태(11)·비(12)'이니, 상승하는 분위기에서의 태평스런 무절제와 방심으로(태11) 위세 부림과 부조화가 생기며 세계가 혼란해져서 일이 잘 풀리지 않게 되는(비12) 혼란상이다. 이러한 조짐은, 상승의 힘을 조금 받고 있는 상황에서(승46) 기회를 갈구하는(구44) 4음의 단계에 적용되어 가뜩이나 어려운 처지에서 갖은 미혹의 소용돌이에 휘말려 어쩔 줄을 모르니 마음고생이 말이 아닌 상황이다.

효사에서 '상의 표면이 손상되니 흉하다[剝牀以 凶]' 하였는데, 앞서 세 효에서는 자신의 활동배경의 와해에 의하여 생기는 형국이지만 여기에서는 활동바탕 자체가 피부적으로[以膚] 느낄 수 있는 만큼 침해되어 자신이 직접 고통을 느끼는 상황이니 이는 흉하다는 단언이다.

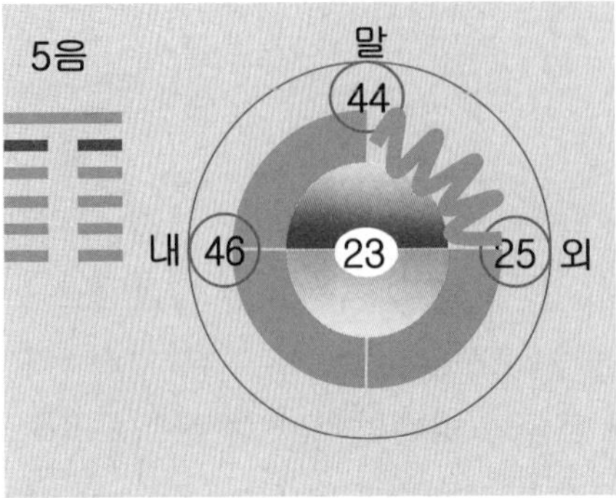

貫魚관어·
以宮人寵이궁인총
无不利무불리·

물고기를 줄에 꿰도다[貫魚]. 이런 식으로[以] 궁인을 총애하니[宮人寵] 불리할 것이 없으리라[无不利].

5음은 승(升)·구(姤)·무망(无妄)의 과정이다: 단단한 기초 위의 희망적인 분위기 속에서[승46] 통합적 관용을 베푸는 중심 리더가(5음) 마음을 비우고 절제·순리·정도(正道)의 리더십을 행한다[무망25]. 그 과정은 어떤 상황인가? 저변의 장애요소가 누그러지면서 불현듯 천운의 기회를 만날 수 있는 세상분위기를 맞고 있다[구44].

5음은 1음부터 4음까지 이어지는 조직적이거나 지속적인 반대 기운에 밀려왔으나 눈이 트이고 미래가 열리는 6양 단계의 분위기가 임박하며 기대로 모아진다. 성공의 기회는 문란한 기강과 난장판 속에서 순간적인 이득을 획책하기보다는 절제·순리·정도의 길을 밟는 질서 있는 꾸준한 실천으로부터 나온다는 세상분위기가 된다. 지도자급의 세력들 간에도 더 큰 이룸을 위하여 신뢰를 쌓으며 새로운 단결의 무드로 결집되니(음) 좋은 징조다.

이 상황을 대변하는 '구(44)'의 4원 개념을 '박'의 환경으로 읽어오면, 걸림돌을 밀어붙이며(쾌43) 지혜로써 역량을 결집하여(췌45) 내면의 힘을 크게 쌓아(대축26) 결국에는 똬리를 틀고 버티던 세력이 물러가게 하는(박23) 전환의 기회를 맞는 일련의 과정이 된다.

'물고기를 줄에 꿰도다. 이런 식으로 궁인을 총애한다[貫魚 以宮人寵]' 하였는데, 물고기를 꽤에 꿰어놓은 것처럼 질서정연하게 위계질서를 세워 (임금이) 궁녀들을 대하는 모습을 그리고 있다. 중심 인물이 혼란을 수습하고 다시 떠오르는 희망 속에서(승46) 망령됨이 없는 선한 분위기로(무망25) 이끄는 상황임을 말해주니 '불리할 것이 없는[无不利]' 세상이 되었음을 함의하고 있다 하겠다. 떠오르는 분위기에서(승46) 순리·절제·정도의 세상(무망25)을 향하여 가고 있는 과정에서는 없던 기회도 만나는 행운이 찾아든다(구44).

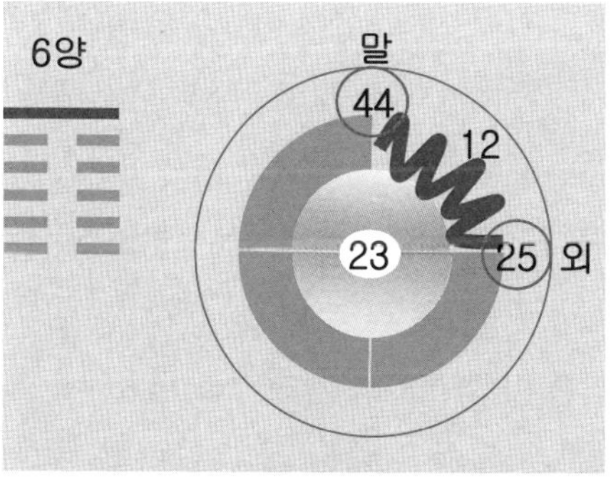

碩果不食석과불식.
君子得輿군자득여,
小人剝廬소인박려.

큰 과실은[碩果] 먹지 않도다[不食]. 군자는[君子] 수레를[輿] 얻고[得], 소인은[小人] 오두막집도[廬] 들어먹으리라[剝].

> 6양은 무망(无妄)·비(否)·구(姤)의 과정이다: 정도를 따라 순리와 절제의 삶을 바탕으로[무망25] 저변의 장애요소가 누그러지면서 불현듯 행운을 만나 위기가 기회로 바뀐다[구44]. 어떤 중간과정을 겪는 것인가? 처음의 꽉 막혔던 운이 안정적·보수적 성장을 향한 꾸준한 노력으로 외적 성공을 지향하며 갱생·부활하는 과정을 겪는다[비12].

6양의 외적 통로가 활짝 열려있고 교류활동도 활발하여 세계 밖과 미래를 향한 발전적인 활동을 편다. 간계(奸計)로 쌓은 장애는 정도(正道)의 힘 앞에 무너지는 법이다. 군자는 역경 속에서도 무망(无妄25)의 철학으로 정도·

순리·절제의 삶을 살기 때문에 소중한 불씨를 살려서 때가 오면 불꽃을 피워내는 진정한 큰 인물이다. 소인은 절제의 삶(무망25)을 제대로 견디지 못하고 비색한 세상(비12)의 어두운 면 만을 보기 때문에 다가올 기회(구44)를 알지 못하고 시대의 부정적 입장에 가담하여 전체의 발전을 저해하는 방해꾼일 뿐 미래를 위하여 가꾸는 것이 없다.

상황코드인 '비(12)'는 처음은 말 그대로 비색하여 꽉 막혀 있지만 나중에 부활하는 상으로서 양면성을 품고 있다. 한편, 비(12)의 6양의 상황코드가 곧 박[剝]이니 그 효사를 찾아가보면 '막힘이 기운다. 처음에는 막혀있지만 후에는 기쁨이 온다(傾否경비 先否선비 後喜후희)'라 한 것임을 확인할 수 있다. '박'의 6양이 곧 '비'의 6양과 흡사한 국면임을 알 수 있을 것이다.

효사에서 '큰 과실은 먹지 않으니[碩果不食] 군자는 수레를 얻고[君子得輿] 소인은 오두막집도 들어먹는다[小人剝廬]'라고 하였는데, 큰 과실은 씨 얻을 과실이므로 군자는 이것을 잘 아껴둠으로써 때가 오면 큰 과수원을 이루고 군자의 시대를 다시 회복하게 되어 수레를 타고 다니며 백성의 존경을 받지만, 소인은 비색한 세상인 줄로만 알아 제 하나 먹고 살기에만 급급하니 어려운 살림에는 오두막집도 팔아 없어진다는 형국을 말해준다. 또한 비(12)의 1음의 효사를 참고해 보면 '말을 먹이는 띠풀을 뽑아 그것을 모아두면 끝내는 길하고 형통하다(拔茅茹 以其彙발모여 이기휘 貞吉亨정길형)' 하였는데 이는 지금의 6양의 효사 중의 '碩果不食석과불식'이 상징하는 바와 같음을 음미할 수 있을 것이다.

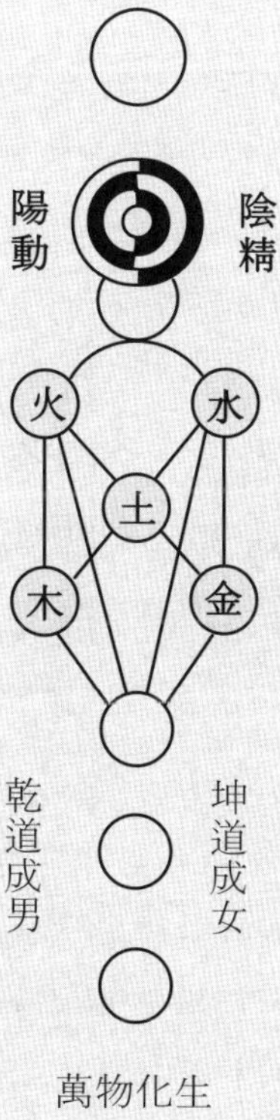

▷ 염계 태극도설 (『과학주역』 1, 55쪽)

중국 송(宋) 대의 성리학자 염계 주돈이(濂溪 周敦頤)가 세운 태극도설(太極圖說)은 동양우주론의 핵심요약이다. 목·화·토·금·수(木·火·土·金·水)의 진행을 원환 상에 표현하지 않고 S형으로 나타낸 것은 『과학주역』1에서 하도·낙서의 상대성과 대칭성 표현을 이끌어 내는 데에 그 실마리를 제공했다.

24. 지리복(地雷復)

근본·정도로의 복귀, 시작점에서의 새 출발, 근본정신의 활성화,
본연의 자리로 돌아가 기본 책무에 충실함, 반복 순환, 전환점

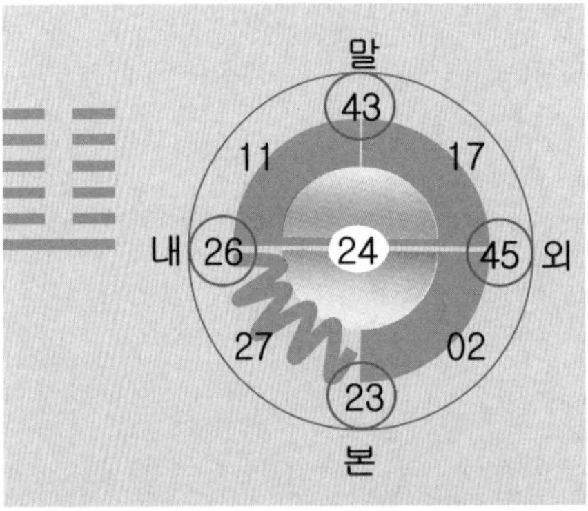

復복. 亨형.
出入无疾출입무질,
朋來无咎붕래무구.
反復其道반복기도,
七日來復칠일래복.
利有攸往이유유왕.

돌아와 새 출발을 하도다[復]. 힘차게 되살아나리라[亨]. 나가고 들어옴에 근심이 없고[出入无疾] 동지들이 찾아와도[朋來] 무탈하리라[无咎]. 간 길을 되돌아[反復其道] 7일만에 다시 오리라[七日來復]. 여유를[攸] 가지고[有] 나아감이[往] 이로우리라[利].

복[復]은 박(剝)·대축(大畜)·췌(萃)·쾌(夬)를 따라 흐르는 세계다: 폐퇴한 터 위에서 자숙(自肅)하며[박23] 저변의 힘을 크게 축적하여[대축26] 밝은 생각과 올바른 판단을 중심으로 뭉쳐서[췌45] 새로운 목표달성을 향하여 힘차게 밀고 나가는[쾌43] 일련의 과정이 '복'의 세계다.

8괘의 상으로 보면, 땅 아래에서(坤地곤지) 꿈틀거림이니(震雷진뢰) '박(剝23)'에서 떨어진 열매가 땅 속에서 뿌리를 내려 올라오는 모습이다. 이는 시작점으로 되돌아와 새 출발을 하는 상을 함의한다.

근본적 본성으로 되돌아와 다시 시작하는 상이다. 우주만사는 순환한다. 밤과 낮, 계절, 천체의 주기적 운동, 몸 속의 혈류, 세대의 교대, 온·냉기의 대류, 수화(水火)의 교류, 정권의 교체 등, 한쪽이 다하면 그 반대 쪽으로 이어간다. 박[剝]의 씨('박'의 6양)가 땅에 떨어지면 복[復]의 새싹(1양)이 되어 돌아온다. 여섯 효의 음양이 뒤바뀌며 64괘가 순환하는 것처럼 만사는 돌고 돈다. 하지만 살아난 새싹과 불씨라 하여 일시에 커지고 번지는 것이 아니다. 그 불씨가 위로 타 올라갈 것이지만 위에는 음들이 가득 쌓여 있으니 쉽지 않다. 개인(마음, 1양)의 열정이 사회내부(몸, 2음)로 전파되려면 시간이 걸리는 것과 같이, 그 불이 쉽게 옮겨 붙지 않는다. 마음은 있으되(1양) 몸이 아직 제대로 따라주지 못하는 형국이라 안달이다. 변화를 갈망하는 불길은 내적으로 이웃하는 4음으로 옮겨 갈 확률이 높지만 4음은 개혁을 저울질한다. 리더인 5음은 지혜롭게 후덕한 마음으로 결단의 때가 오기까지는 나서지 않고 기다린다. 6음은 밖으로 미래로 차고 나갈 활기가 없으니 일의 성취는 짙은 안개 속이다.

인성(人性)의 면으로 보면, 근본정신과 욕구가 활발하지만(1양) 밖의 에너지원과의 교류가 활발하지 못하고(3음) 신진대사 작용도 원만하지 못하여(2음) 실천하는 힘이 부족한데에다, 새로운 구상에도 소극적이고(4음) 예리하게 미래를 살피지도 않으며(6음) 실천적 행동에도 소극적이다(5음). 이 경우는 오직 양심과 본성의 이끌림을 따르는 것 외에는 의도적이거나 외세의 영향으로 행동하려 하지 않는 성품이다.

'복(復)'과 그 기초자질(本)인 박(剝23)을 살펴보면 참으로 흥미롭다. 음력 구월 '박(23)'의 계절에 달려있던 꼭지와 함께 떨어진 열매의 씨가 음력 11월 '복(24)'의 계절인 동짓달에 땅 속에서 뿌리를 내리니 괘의 순서가 '박' 다음에 '복'이다. 새 출발은[복24] 퇴락(박23)을 근거로 하고 있고, 퇴락(박23)은 재출발 상태[복24]를 다시 그 근거로 삼는다는 괘상의 과정논리가 우주자연의 순환논리까지 괘의 4원의 흐름으로써 설명할 수 있음은 사뭇 놀라운 일이라 하겠다.

'복'의 본원과 말원인 '박(23)'과 '쾌(43)'의 관계를 살펴보면 더욱 흥미롭다. 음력으로 9월이 박(剝)월, 10월이 곤(坤)월, 11월이 복(復)월, 12월이 임(臨)월, 1월이 태(泰)월, 2월이 대장(大壯)월, 3월이 쾌(夬)월, 4월이 건(乾)월, 5월이 구(姤)월, 6월이 둔(遯)월, 7월이 비(否)월, 8월이 관(觀)월이다. 복(復)의 한 사이클은 박(剝, 9월)에서 출발하여 쾌(夬, 3월)에서 끝나고 다시 '박(剝)'으로 되돌아 오는 것이니 월을 하나의 변화단계로 보면 7단계 만에 제자리로 돌아옴을 알 수 있다. 이를 두고 괘사에서 '7일만에 다시 올지니[七日來復]'라 한 이유를 복(復)의 4원적 개념으로부터 추출할 수 있는 것이다. '복'을 설명하면서 이와 직접으로 관계가 없는 괘를 기점으로 7단계[七日]를 설명한다면 그것은 설명을 위한 설명일 따름일 것이다.

괘사를 정리해 보자. 우선 '돌아와 새 출발을 함이니[復] 힘차게 되살아나리라[亨]. 나가고 들어옴에 근심이 없고[出入无疾] 동지들이 찾아와도 무탈하다[朋來无咎]'라고 하였는데, 새 출발은 애초 '박(23)'의 시절에 양이 빠져나가고[出] 그 양기운이 힘차게 되살아나서[亨] 다시 들어오는[入] 것이니 이는 우주자연의 순환이치이며 자연스러운 것이다. 그래서 걱정한다고 잘 오고 그렇지 않다고 못 오는 것이 아니므로 근심할 일이 아니라는 뜻이 된다. 이렇게 돌아오는 생기(生氣)는 오다가 마는 것이 아니고 '복(24)'의 말원인 쾌(夬, ||||:)가 될 때까지 양의 무리(양의 동지)가 형통하게 들어와 합세해도 아무 탈이 되지 않는다는 말이니 결국 복(復)이란 것은 새 출발하면서 이 세계에 필요한 에너지를 충분히 확충해가며 그 형통함을 이어갈 수 있는 가능성이 많음을 시사하고 있다 하겠다. 이어지는 괘사에서 '간 길을 되돌아[反復其道] 7일만에 다시 올지니[七日來復] 여유를 가지고 나아감이 이롭다[利有攸往]'라고 함은 복(復)이라는 새 출발의 전 과정은 일정한 단계(7단계)를 가지고 순환하는 것이니 그 순리에 맞추어 여유를 가지고 나아가야지 급하게 새 출발의 의미를 완성하려고

허둥거려서는 실패할 수 있음을 충고하는 뜻이 담겨 있다 하겠다.

괘사의 마지막에 나오는 '利有攸往이유유왕'의 해석에서 여러 해설가들이 '攸유'를 '곳'이나 '바'로 해석하여 '갈 바가 있으니 이롭다'로 해석하나 그 의미는 불분명하다. 필자는 괘의 코드적 개념에 따라 '攸유'를 '여유'로 해석한다. 2음에서 '쉬어가는 새 출발은 길하다[休復吉]'와 6음에서, '미혹한 새 출발은 흉하다[迷復凶]' 등에서 보는 바와 같이 '여유 있는 새 출발'을 강조하고 있다고 보아야 할 것이다.

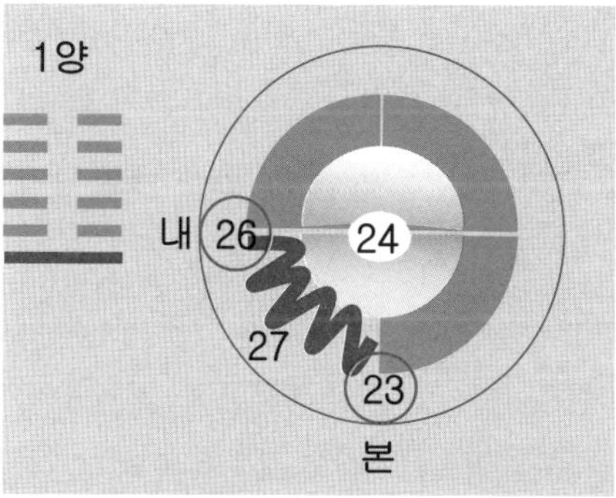

不遠復불원복.
无祇悔무기회, 元吉원길.

불원간에[不遠] 되돌아와 새 출발을 하도다[復]. 몹시[祇] 후회할 일이[悔] 없다면[无] 시작부터 크게 길하리라[元吉]. (祇기=크다, 祇지=공경하다)

> 1양은 박(剝)·이(頤)·대축(大畜)의 과정이다: 폐퇴하여 다 잃고 빈궁한 때의[박23] 제일의 목표는 내면의 에너지를 다시 축적하는 것이다[대축26]. 어떻게 하면 되는가? 허기를 채우고 영양을 관리하며 내면의 근본 에너지를 쌓고 기르는 것이 급선무다[이27].

1양은 근본적이고 본성적인 내면에 적극적인 변화가 발생함을 나타낸다. 퇴락하여 낙망하고 활성적이지 못한 타성을 과감히 버리고 새롭게 태동한다. 전환 국면에서 변화에 적응하는 노력과 에너지가 가장 많이 필요한 상황이니 잘 갈무리해야 한다[이27] . 또 한편으로는 자신을 개혁하는 것은 근본정신이나 본성에 대한 반성적 자각이므로 멀리 있는 것이 아니고 스스로가 뉘우치고 솔선하는 자발적인 노력을 강화해야 한다(양). 하나의 양이 다섯 음으로 구성된 불활성의 무리에게 고루 영향을 미치기가 여간 어렵지 않기 때문이다.

상황코드인 '이(27)'의 본내(本內)가 '곤(坤02)·태(泰11)'이니, 마음을 비우고 모든 것을 받아들이며 헌신·봉사·포용의 정신으로(곤02) 내면의 공력을 가득 채우며 길러나가는(태11) 그러한 새 출발을 위한 근본적인 갈무리다.

'불원간에 되돌아와 새 출발을 하도다[不遠復]. 몹시 후회할 일이 없다면[无祇悔] 시작부터 크게 길하다[元吉]'라고 하였는데, 공간적으로는 가까운 주위의 퇴락한 모습을 추스르는 것이고 시간적으로는 너무 많이 허비하여 사태를 되돌릴 여유를 잃지 않도록 잘못된 상황을 빨리 되돌려 새 출발을 하는 국면이 이에 해당되며, 그 과정에는 기왕의 손실에 대한 마음고생이 있겠지만 그러한 연민에서 해방된다면 시간과 에너지가 절약되고 더욱 강한 마음으로 돌아와 새 출발을 할 수 있으니 시작부터 크게 길하리라는 뜻이 된다. 정지 상태에서의 처음 출발에는 많은 노력과 에너지가 일시에 필요하기 때문에 환경적으로나 시간적으로 처음부터 너무 넓은 범위의 내용을 회복하는 것은 어려우니 『주역』은 한마디로 '不遠復불원복'이라 요약하고 있다.

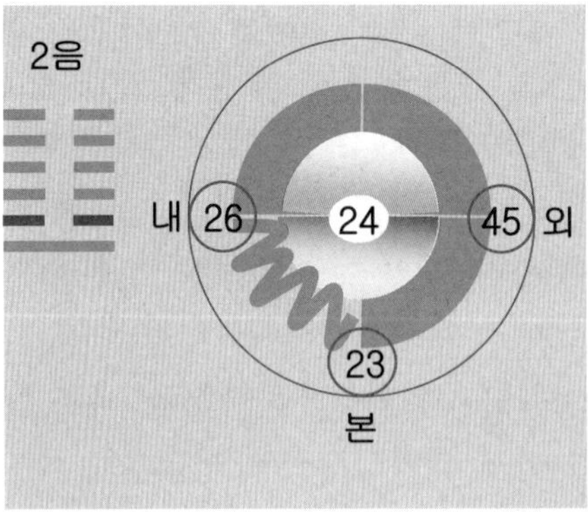

休復휴복. 吉길.

쉬어가는[休] 새 출발이로다[復].
길하리라[吉].

> 2음은 대축(大畜)·박(剝)·췌(萃)의 과정이다: 허기를 채우고 힘을 비축한다 해도[대축26] 아직 대중은 선도자의 지도에 따르고 뭉쳐야 하는 형국이다[췌45]. 어떤 과정을 겪어나가야 하나? 퇴락하여 근본이 무너지니 세상 가운데에서 배우고 경험하여 하나씩 새로이 차곡차곡 쌓으며 절제하는 삶 속에서 힘을 길러 절호의 기회를 만나야 한다[박23].

2음은 세계 내의 대중들이 갑작스러운 새로운 흐름을 경계하며 세계의 보편적 생각으로 자리하기까지 직접 나서지 못하고 관망하는 형국이다(음). 새로운 것이 젊은이들에게는 빠른 속도로 다가가겠지만(1양) 이제 회복하려고 수세국면에서 갓 돌아와 자신을 지키려는 대중은 보수적으로 움직일 수 밖에 없다. 나무 뿌리에 생기가 돌아도 줄기를 타고 올라오는 데에는 최소한의 시간이 길린다. 그래서 보수적인 대중을 개혁으로 몰아붙이면 무리가 온다. 정착하는 데에는 학습시간이 필요하다.

복[復]의 본(本, 기초자질)이 이 효의 상황코드인 박(23)이고 이것의 본이 다시 '복'이 되는 것이니, 깎이고 무너진 터 위에서(박23) 새로운 출발을 하는 것인가 하면(복24) 모든 것을 근본에서 새로이 구축하여야(복24) 그 힘으로 다시 잘못된 것을 깎아낼 수 있다(박23). 결국은 복(復)과 박(剝)이 서로가 서로에게 갈마들며 작게는 쌓이다가 무너짐을 반복하면서 크게는 점차 근본에서부터 하나하나씩 쌓여가고 시간이 흐르면서 크게 변해가는 법이다. 하지만 지금은 퇴락의 세상분위기이니 자연히 쉬엄쉬엄 지도를 받아가며 재충전 할 수 밖에 없는 상황이다.

'쉬어가는 새 출발이니 길하리라[休復吉]' 함은 퇴락한 상황에서 갑작스러운 새 출발은 이루기 어려운 것이니 시간을 가지고 관망하면서 점진적으로 쉬엄쉬엄 근본이 바뀌는 내용(1양)에 따라 순응해나가는 것은 안정적이기 때문에(음) 길하리라는 내용이다.

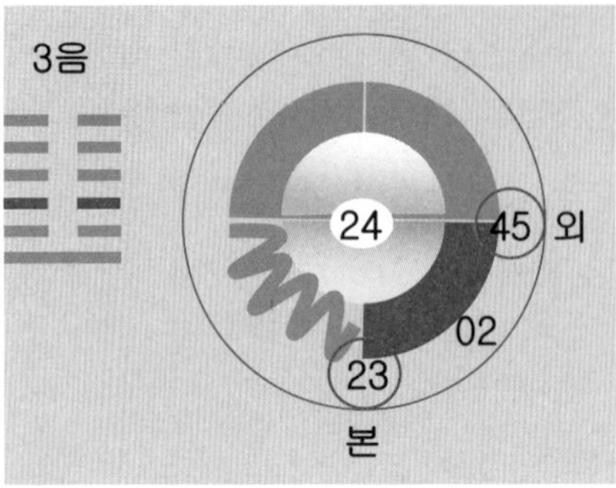

頻復빈복.
厲려 无咎무구.

빈번하게[頻] 돌아와 새로이 출발하도다[復]. 위태하지만[厲] 무탈하리라[无咎].

3음은 박(剝)·곤(坤)·췌(萃)의 과정이다: 퇴락하여 알맹이를 잃은 빈궁한 상태라서[박23] 아직 대중은 선도자의 지도가 필요하고 뭉쳐야 하는 형국이라 구원의 등불이라면 이끌리어 우르르 몰린다[췌45]. 어떤 삶을 살아야 하나? 자신의 주관을 내세울 수 없이 상황에 따라 이리 밀리고 저리 밀리지만 그 영향을 고스란히 받아들이고 포용하는 수동적인 삶이다[곤02].

3음은 불이 곧 붙을 것 같은 상태지만 6음의 불활성의 냉기와 접해있고 밖과 별도의 물질적 교류도 없는 것이니 불이 쉽게 옮겨오지 못하는 축축한 나무와 같다(음). 당장 실질적인 변화가 오지 않으니 안달이 나지만 뚜렷한 주관을 내세울 것이 없다 보니 이런저런 상황에 수동적으로 끌려 다닌다(곤02). 그러나 시간이 지나면 1양에서 뻗쳐오는 열기의 영향을 받을 것이니 희망은 있다.

제3효의 상황코드인 '곤(02)' 자체의 본(本, 기초형질)은 '이(27)'인데 이것이 또한 제1효의 상황코드임을 확인하면 흥미로울 것이다. 왜냐하면 1양에서는 효율적으로 허기를 채우고 영양을 관리하며 내면의 근본 에너지를 쌓고 기르는(이27) 새 출발이 한마디로 '不遠復불원복'이었는데 3음에서는 이런저런 상황의 영향을 고스란히 수동적으로 받아들이는(곤02) 새 출발이 '頻復빈복'이니, 이 두 가지의 새 출발은 서로가 서로의 바탕이 되고 있음을 알 수 있다. 두 가지의 공통점은 공히 '박(23)'이라는 폐퇴한 세계로부터 출발하였기에 모든 것이 원점에서 새롭게 쌓아가야 하는 어려운 국면으로서 에너지·지혜·

능력 등의 부족이 그 공통점이므로 잘 관리해나가야 한다는 점이다.

'빈번하게 돌아와 새로이 출발하니[頻復] 위태하지만 무탈하리라[厲无咎]' 함은 와해된 세상에서 못갖춘 조직력, 부족한 에너지와 지혜 때문에 상황에 따라 그 영향에 지배되어 이리저리 몰려다니며 실패와 재출발을 반복하면서 세파를 넘어가는 형국이니 한편으로 위태한 것은 사실이지만 새로운 시도와 지도자를 따르는 배움 속에서 경험을 쌓는 과정이니 탈이 나지는 않는다는 뜻이다.

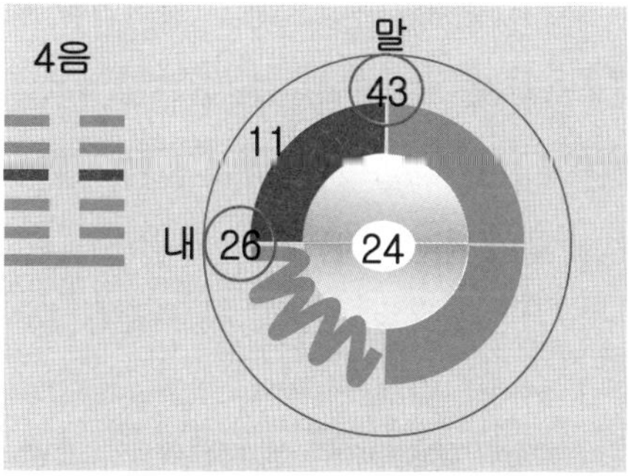

中行중행 獨復독복.

한 가운데를 다니며[中行] 홀로[獨] 새 출발을 추진하도다[復].

4음은 대축(大畜)·태(泰)·쾌(夬)의 과정이다: 길러 축적된 내면의 힘을 믿고[대축26] 목적을 향하여 더 큰 힘을 가득히 채우며 결단의 때를 기다린다[쾌43]. 어떤 자세와 과정을 견지하는 것인가? 튼실하게 의기충천한 자세로 주위의 막힘을 헤치고 이끌어나갈 수 있는 계획을 앞장서서 추진한다[태11].

4음은 불활성의 늪에 빠져있는 주위를 차고 나갈 추진계획을 입안하는 단계다. 아래에서 밀치는 1양의 개혁적 젊은 패기와 주위(2음·3음·5음)의 보수적인 상황과 잘 견주어 차분하게 기획한 후 고군분투의 정신으로 주위를 이끌고 나가야 한다. 새 출발에서 반드시 필요한 것은 새로운 관계구성과 상호협조인데 주위가 모두 음의 집단으로 침체되어 있을 때에는 먼저 마음의 불을 옮길 자가(1양에 상응하는 4음) 많은 대중의 한 가운데에 나서서 앞장서 새로운 방향을 제안하고 독려하여야 한다.

상황코드인 '태(11)'의 내말(內末)이 '이(27)·수(17)'이니, 부족한 내면의 공력(功力)을 함양하여(이27) 주위와 호응하여 따를 수 있는 상태로(수17) 만드는 과정이다. 이는 곧 복[復]의 1양(이27)과 6음(수17)을 직접 이어주는 가교가 되어주는 중요한 역할이다.

'한 가운데를 다니며[中行] 홀로 새 출발을 추진한다[獨復]' 함에 있어서, '中行중행'은 새로운 관계구성과 상호협조를 이끌어내기 위하여 대중의 한 가운데에 나섬을 의미하는 것이며(흔히 '중용中庸의 도' 내지는 '중도中道'와는 다름) 침체한 주위를 앞장서서 이끌어 가는 리더십을 발휘해야 하는 상황이므로 처음에는 홀로 추진하지 않을 수 없는 책임감이 주어졌음을 말해준다. 어려운 국면이 있겠지만 그 선택은 꼭 필요한 것으로서 희망을 만들어가는 일이므로 지금은 수고롭지만 나중에는 보람을 줄 것이 틀림없다 할 것이다.

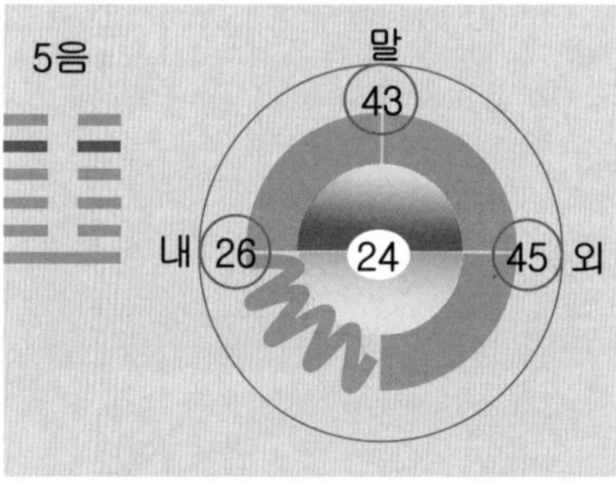

敦復돈복. **无悔**무회.

돈목(敦睦)한 새 출발이로다[敦復].
후회는 없으리라[无悔].

5음은 대축(大畜)·쾌(夬)·췌(萃)의 과정이다: 내면의 힘은 크게 함양되었지만[대축26] 대중들은 아직도 갈팡질팡 헤매어 지도자 밑에 모여든다[췌45]. 어떤 방향으로 인도할 것인가? 정도(正道)를 걸으며 새 출발의 기운이 초지일관하여 뻗어나가도록 도타운 결심과 단합을 이끌어내야 한다[쾌43].

5음은 곤(坤02) 5음의 덕을 따라 존재자 스스로가 생존하기 위하여 조직화하고 구조화하는 능력이다(음). 본성적 욕구는 강렬해도(1양) 현실의 여타 여건(다섯 음들)이 따라주지 못하여 일이 잘 풀릴 것 같지 않은데도, 후덕한 포용력으로 힘을 모으고 주위의 네 음들을 끌어 안아 단합시켜 강력한 추진력을 발휘할 수 있는 무리의 힘을 크게 발휘하게 하는 상이다.

상황코드인 '쾌(43)' 자체의 말(末, 결과형질)이 다시 '복(24)'이니, 5음은 정도(正道)로 돌아감(복24)과 결단적인 일의 펼침(쾌43)의 두 구간 사이의 중간 역할인 셈이다. 그것은 리더십의 방향타와 같다. 이에 더하여 5음의 응집특성이 작용하면 결국은 '화합하여 뭉친 결단의 힘이 새 출발을 이끄는 리더십'으로 나타나게 된다. 이 역할의 의미는 곧 효사에 나타나는 '돈목한 새 출발[敦復]'로 함축되고 있으며 그런 리더십은 이 세계를 목표하는 방향으로 향하게 하는 올바른 길을 지도한 것이니 회한을 남길 일이 없다는 말이다. 사이가 두텁고 서로 화목하면 뜻이 뭉쳐진 결단의 힘이 솟아나게 되어 새 출발의 목표인 강력한 추진(쾌43)을 행할 수 있기 때문이다.

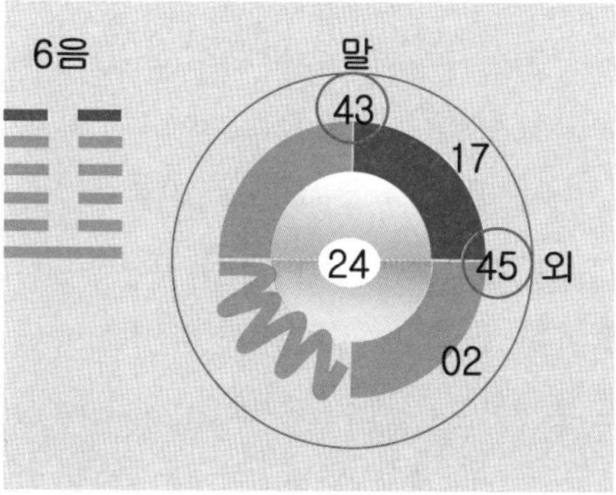

迷復미복. 凶흉 有災眚유재생.
用行師용행사, 終有大敗종유대패.
以其國이기국, 君凶군흉.
至于十年지우십년 不克征불극정.

미혹한[迷] 새 출발이로다[復]. 흉하고[凶] 재앙이[災眚] 있으리라[有]. 전쟁을 일으키면[用行師] 끝에는[終] 큰 패함이 있도다[有大敗]. 그 나라와 함께[以其國] 임금도 흉하리라[君凶]. 10년이 되도록[至于十年] 쳐서[征] 이기지 못하리라[不克].

> 6음은 췌(萃)·수(隨)·쾌(夬)의 과정이다: 외적인 면에서 대중들은 아직도 갈팡질팡 헤매어 지도자 밑에 모여드는 상황이라 생각과 판단은 있다 해도 실천하지 못하는 처지인데[췌45] 무턱대고 주어진 목표를 좇아 마구 밀어붙이는 형국을 맞는다[쾌43]. 어떤 과정을 겪게 되는가? 마음은 강렬하지만 몸이 따라주지 않는 형국이라 허둥대는 모습이니 실현은 요원하다[수17].

6음은 세계 밖과 미래를 보는 눈이 활발하지 못하다. 더욱이 1양의 열기가 중간의 음들에 가리어 다다르지 못하므로 그 외향적 활성은 더욱 떨어지고 발전을 향한 과감한 변신을 하지 못한다(음). 에너지가 미치지 못하니 세계 밖과 미래를 보는 눈빛은 흐리고 어둡다. 혈액순환이 원활치 못하면 병균에 대한 저항력이 떨어지는 것이니 밖에서 오는 재앙을 막을 힘이 없고 변방의 방어도 어렵다.

상황코드인 '수(隨17)'의 인간상에 대한 설명내용을 여기에 요약하여 주변 상황과 비교해보자. '수'는 내면의 활발한 정신활동으로 얻는 생각이나 감정에 따른 판단능력은 있지만 육체적 민감성이 소극적이어서 정신상태에 비하여 몸의 활성은 떨어지므로 생각한 바를 바로 실행에 옮기기에는 역부족이어서 지식이 높고 힘이 월등한 타인의 긍정적인 이끎이 있으면 이에 호응하여 잘 뒤따를 수 있지만 독자적으로 행동에 나설 능력은 채 갖추지 못한 인간상이라 하겠다. 이 효의 출발 이정표인 '췌(45)'와 '수'를 비교하면 전자(췌45)의 제1효가 음인데 비하여 후자(수)의 그것은 양이므로 효의 직능상 근본정신이 전자보다 후자가 활성화되어 있다는 점이 다르다. 이는 앞서의 제5음의 '돈목한 새 출발[敦復]'의 리더십에 감동되었을 뿐 아니라 이 효의 목표인 '쾌(43)'의 1양을 닮아가야 하기 때문이리라. 결국 6음의 출발점인 '췌'와 6음의 과정을 이끄는 '수'는 생각대로 실현할 수 있는 독자적인 실천력이 없는 상황이니 마음은 있으되 몸이 따라주지 못한다. 상황이 그런 것은 어쩔 수 없지만 문제는 능력이 닿지 못하는데 이 괘의 목표인 쾌(43), 즉, 총력을 다하여 진군을 결단하는 상황으로 나아가야 한다는 데에 있다. 그 결과가 어찌될 것은 불을 보듯 뻔하다. 어떤 애국심에 불타는 젊은이가 아무런 훈련도 없이 호국전쟁에 투입된 형국 내지는 신입사원이 바로 영업현장에 파견된 것과 다를 바 없는 것이다.

'미혹한 새 출발이니 흉하고 재앙이 있으리라' 함은 생각과 능력이 일치되지 못한 가운데 직접 행동하려는 것으로 앞뒤가 맞지 않는 혼란스러운 시도이기 때문에 흉할 뿐 아니라 재앙을 맞게 된다는 뜻이다. 이어지는 효사에서 '전쟁을 일으키면 끝에는 큰 패함이 있고 그 나라와 함께 임금도 흉하니 10년이 되도록 쳐서 이기지 못하리라' 함은 앞서 판단한 재앙의 구체적 내용을 예로 든 것인데, 이러한 미혹한 새 출발의 시기에 무리하여 진쟁(큰일)을 일으키면 이길(극복할) 길이 없고 이를 명한 임금도 국운과 함께 쇠잔해지니 능력을 초과하는 시도를 강행하면 오랫동안(10년) 회복하기 어렵다고 『주역』은 경고하고 있다.

25. 천뢰무망(天雷无妄)

순리·절제·정도의 삶, 천운을 따라 함께 하는 삶, 상호 신뢰·공감대의 세계,
욕구가 분수를 넘지 않는 순박한 삶의 철학

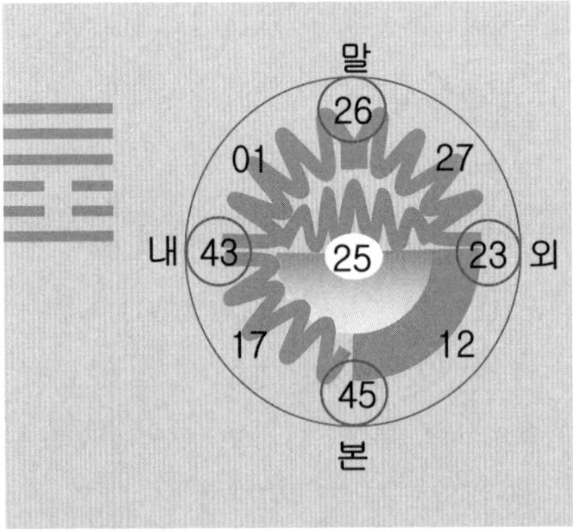

无妄무망 **元亨利貞**원형이정. **其匪正有眚不利**기비정유생불리. **有攸往**유유왕.

무망이란[无妄] 원형이정(우주의 순환 이치)의 순리를 따르는 삶이다[元亨利貞]. 그러한[其] 정도(正道)[正]를 벗어나면[匪] 탈이[眚] 생기고[有] 불리하리라[不利]. 여유를[攸] 가지고[有] 나아가야 하리라[往].

무망[无妄]은 췌(萃)·쾌(夬)·박(剝)·대축(大畜)을 따라 흐르는 세계다: 지혜 높은 생각에 공감하여[췌45] 내적으로 결단의 마음을 굳히며[쾌43] 빈궁한 절제의 세월을 극복하면서[박23] 공덕을 크게 쌓고 천운과 함께하며 그 덕을 펼치는[대축26] 일련의 과정이 '무망'의 세계다.

8괘의 상으로 보면, 위 하늘의 빛(생기)을 받고 뒤따르며(乾天건천) 아래에서 위로 태동하는(震雷진뢰) 상이니 하늘의 에너지로 생명의 기운이 솟아나게 되는 것이다. 이는 자연의 순리를 따르는 정도의 길을 걷는 삶의 모습이다.

하늘(4양·5양·6양) 밑에 구름(2음·3음)이 있고, 그 구름 안으로 번개(1양)가 친다. 내면의 마음이 감동 받아(1양) 하늘의 섭리를 따른다. 결가부좌(結跏

趺坐) 틀고 앉은 몸의 세계(2음·3음)를 활성적인 마음과 뇌(1양·4양·5양)가 장악하고 있으니 깊이 쌓은 내공이 얼굴에 환하게(6양) 비친다. 무망 세계의 주체인 5양은 그 뜻을 잘 교감하는 2음의 순수한 수양정신을 높이사서, 맑은 공기가 수증기를 흡입하듯, 고귀한 '우주심'에 접붙여 이끌어 준다. 선한 본성은 마음속을 뜨겁게 감동시키지만(1양) 눌러 앉은 몸의 세계(2음·3음) 때문에 그 마음이 욕심으로 변하여 망령되게 행동할 위험이 도사린다. 자신의 욕망을 누르는 힘든 수련을 통하여 이를 극복하면, 순수한 내면의 심정에서 절로 우러나 정도와 순리의 길을 가게 된다. 야망이 무망으로 위장되면 더 큰 무질서를 조장하게 되어 주위세계에 혼란을 가중시킨다. 그래서 무망의 삶은 그 삶 자체가 뚜렷이 구별돼야 참 가치를 가지게 된다.

인성(人性)의 면으로 보면, 활발한 이성적 사고(4양), 세계 밖과 미래에 대한 열린 통찰의 눈(6양), 확고한 판단능력(5양)을 보면 정신활동의 면에서는 세상의 지혜를 잘 깨우칠 수 있는 조건을 갖고 있다. 여기에 근본정신이 긍정적으로 활성화되어 있으므로(1양) 앎과 지혜는 곧 마음 깊숙이 각인되어 정신수준은 최고조에 달해 있다. 하지만 외적 물적 교류가 원만하지 못하고(3음) 신진대사기능도 활발하지 못하여(2음) 신체적 활동력은 매우 떨어져 있으므로 앉아서 정신수양을 하는 도인과 같은 모습이다. 깨우침을 통하여 하늘의 이치를 아는 것이니 천리(순리)에 근본정신을 맞추어 사는 정도를 걷는 결벽한 삶, 육체적 욕심을 버린(2음·3음) 무위자연(無爲自然)의 삶, 순수자아(1양)를 강렬한 정신력으로(4양·5양·6양) 표출하는 삶, 이기심으로 자기 정당화를 획책하지 않는 삶, 내면의 열정과 그 순수함에 귀 기울이는 삶이 무망의 인간상이다.

괘사 첫 부분인 '无妄무망 元亨利貞원형이정'을 '무망은 크게 형통하고 바르면 이롭다'라고 번역하면 무망의 참뜻을 충분히 반영하지 못한다. 왜냐하면, 굳건하게 나아감[貞]은 정도를 걷는 무망의 삶이지만, '크게 형통함[元亨]'을 강조할 내용은 아니다. 따라서 '무망이란[无妄] 우주의 순환이치를 말하는 '원형이정(元亨利貞)의 순리를 따르는 삶'이라고 함이 옳을 것이다. 이것은 이어지는 괘사에서 '그러한 정도를 벗이니면[其匪正] 탈이 생기고 불리하리라[有眚不利]' 하였는데, 여기서 '其기'라는 수식어가 바로 '元亨利貞원형이정'이고 그것이 곧 '正정(正道)' 임을 증거하면서, 그렇지 못하면 [匪], (즉, '원형이정'의 순리를 거스름으로써 무망의 삶을 어기면) 좋을 일이 없다는 뜻이다. 또한 순리의 삶은 재촉한다고 좋을 것이 아니므로 마지막에 '여유를 가지고 나아가야 하리라[有攸往]' 하였다. 여기에서 '攸유'가 '여유'라는 의미를 가짐은 전체의 의미와 논리에서 잘 파악될 수 있을 것이다.

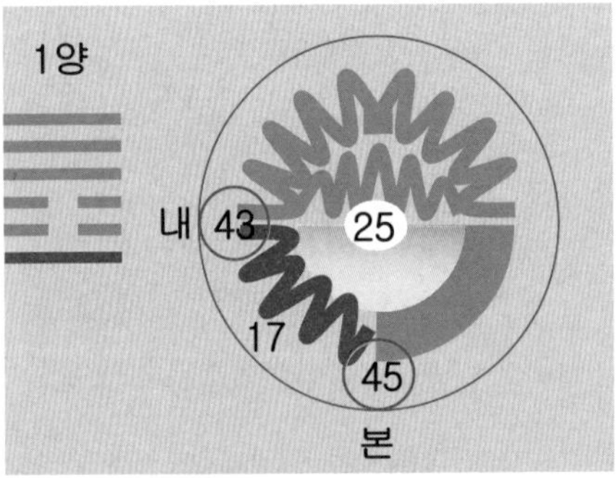

无妄무망 往왕.

吉길.

망념 없이 순리에 따라[无妄] 나아가도다[往]. 길하리라[吉].

> 1양은 췌(萃)·수(隨)·쾌(夬)의 과정이다: 참 지혜를 찾아 헤매는 무리 속에서[췌45] 내적으로 결단의 마음을 굳히려 한다면[夬43] 어떤 심성을 영위해야 하나? 깨우침을 갈망하는 순수한 열정으로 흔쾌히 마음을 열고 우주자연의 흐름을 따라야 한다[수17].

1양의 직능은 본성이 활성화되어 있음이다. 이는 원초적으로 순수하고 선한 바탕의 본성이 진리를 접하면 마음이 크게 움직이는 상이다(양). 부정직, 기만, 냉소주의, 불신의 심성과는 거리를 두고 정도와 순리에 감응하여 적극적으로 그에 적응하는 것이니 곧 천도의 흐름대로 따르는 삶이요 도인과 같은 수도하는 정신으로서 망념을 없앤 심성이다.

이 강렬한 심성은 몸으로는 드러나지 않으며(2음·3음) 오직 활발한 정신생활(4양·5양·6양)과 영향을 교류하는 상황이다.

이 효의 기초자질인 췌(萃45, :::||:)는 활발한 이성적 사고(4양)와 원활한 판단력(5양)이 그 핵심역량이지만, 그 상황과정을 대변하는 수(17, |::||:)는 췌(45)에서의 근본정신 상태를 나타내는 제1효가 양으로 바뀐 것으로서 본성적으로 파악되는 자연의 순리에 크게 감응하는 능력을 발휘하고 있음을 확인할 수 있다. 한편, 이 효의 상황코드인 '수(17)' 자체의 본내(本內)가 '비(12)·건(01)'이니 이는 현재의 무망괘 3음의 상황코드(비12)와 4양의 상황코드(건01)를 연결하는 역할이다. 즉, 활성적 정신에 비하여 몸의 외적 욕구가 억제되어 마치 비색한 세상에 놓여진 처지와 다를 바 없는데(3음) 이것을 활발한 창조적 사고(4양)에 접붙이는 역할이 바로 지금의 주제인 1양의 기능이라는 말이 된다.

효사에서 '망념 없이 순리에 따라 나아가니 길하리라[无妄往吉]' 함은 우주자연의 순리를 거스르지 않는 삶을[无妄] 추구하며 살아가면[往] 길하다[吉]는 뜻으로서 여기서의 '往'의 의미하는 바는 어떤 독자적인 행보가 아니고 자연의 순리에 호응하고 순응하는 '수(17)'의 삶을 말하고 있다.

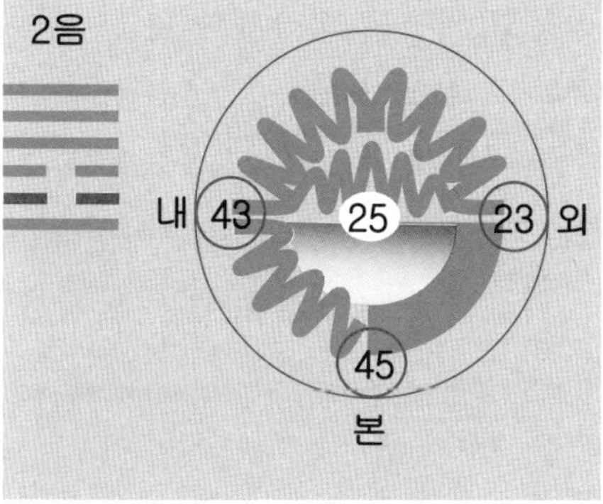

不耕穫 不菑畬불경확 불치여.
則즉 利有攸往이유유왕.

갈지 않고도[不耕] 거두며[穫] 일구지[不菑] 않아도 옥토가 되도다[畬]. 곧[則] 여유를[攸] 가지고[有] 나아감이[往] 이롭다는[利] 뜻이로다.

> 2음은 쾌(夬)·췌(萃)·박(剝)의 과정이다: 내적으로는 마음의 추진력과 그 결단이 확실하나[쾌43] 외직으로는 퇴락하여 빈궁한 상태이다[박23]. 빈궁하지만 결단력이 있는 자는 어떤 삶이 적합한가? 참 지혜를 말해주는 우주자연의 순리를 좇아가는 것이 상책이다[췌45].

2음은 중용과 수용의 덕을 표현한다. 치밀한 계획에 억지로 맞추지 않고 순리적인 흐름에 모든 것을 맡기는 자세다. 온갖 경쟁과 투쟁 속에서 생기는 망념을 버리지 않고서는, 무위자연적인 철학에 호응하는 결단력과 빈궁함마저 인내하는 도인적인 정신수련 없이는, 감내하기 어려운 하나의 모험적 삶이지만 자연의 순리에 대한 믿음이 그 바탕에 자리한다.

무망[无妄]의 기초형질인 '췌(萃45, :::||:)' 자체의 기초형질이 다시 '무망'이므로 결국 2음의 상황코드의 의미는 무망과 췌의 사이에서 파생된다. 췌(45)는 활발한 이성적 사고(4양)와 원활한 판단력(5양)이 나머지의 여러 가지 소극적 능력을 이끌어가는 상이다. 이것에 본성이 열정적으로 호응하는 모습이 무망의 상이니 종합하면 신체적 욕구와 대외적인 활동을 억제하고 순수 정신활동에 의존하는 삶이 된다.

효사의 앞 부분에서 '갈지 않고도 거두며 일구지 않고도 옥토가 된다[不耕穫 不菑畬]' 함은, 수확량을 늘리려고 억지로 경작하지 않고 개간하지 않은 밭에서 자연적인 수확을 얻는 것으로 자연적인 삶의 모습을 그리고 있다. 이런 상황을 그 다음의 효사에서 요약하기를 '곧 여유를 가지고 나아감이 이롭다는 뜻이다[則利有攸往]' 하였는데, 원형이정(元亨利貞)의 순리적 흐름을 믿고 여유 있는 마음자세로 망령 없이 사는 삶을 이르고 있다.

3음

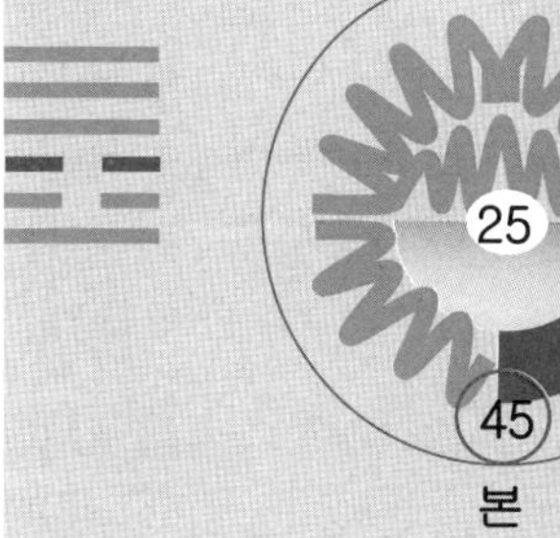

无妄之災무망지재.
或繫之牛 行人之得,
혹계지우 행인지득
邑人之災읍인지재.

무망의[无妄] 재앙이로다[之災]. 어쩌다[或] 매어둔 소를[繫之牛] 행인이[行人] 가져갔는데[得] 마을사람들이[邑人] 화를 당하도다[之災].

> 3음은 췌(萃)·비(否)·박(剝)의 과정이다: 참 지혜를 중심 삼고 살지만[췌45] 바깥세상은 폐퇴하여 궁색하기만 하다[박23]. 어떤 분위기의 세상 삶인가? 생존투쟁으로 순리와 정도(正道)가 무색해지는 막힌 세상에서의 무망의 삶은 역작용을 낳는다[否12].

3음은 주위와의 소통이 원활하지 못함을 보인다. 인간은 조화로운 사회를 바탕으로 무에서 유를 창조하면서 자신의 삶을 영위하는 것인데, 이권의 사슬로 얽힌 각박한 세상에는 한쪽이 잃어야 다른 쪽이 얻는 제로섬(zero-sum) 게임의 요지경 속이다. 이 판국에 무위자연의 철학은 차라리 사치스럽다. 무망의 삶이 도리어 허점으로 내비치어 이를 악용하는 무리 때문에 생기는 가치관의 혼돈은 비색한 세상에 또 다른 문젯거리를 낳는다. 비색한 세상 분위기에서(비12) 망령됨이 없이 살아야 하기 때문에 생기는 역작용이다.

3음의 상황코드인 '비(12)' 자체의 본외(本外)를 찾아보면 '수(17)·이(27)'가 되는데, 만사를 흔쾌히 수용하는 자세로 따르고(수17) 내면을 기르며 안정적 성향의 삶을 살아야 한다(이27). 그 과정이 곧 '무망'의 1양과 6양을 연결하는 삶의 흐름이기도 한 것이다. '유망(有妄)'의 세상에서(비12) 무망의 삶이 문제가 되고 그로 인한 피해나 역작용이 있겠지만 이 상황에서는 어쩔 수 없는 삶의 철학일 수 밖에 없다.

'무망의 새앙이로다[无妄之災]' 함은 삶의 주체가 아무리 망념 없이 순수하더라도 세상이 망념 속에 있으므로(비12) 그것이 화를 부르는 수가 있다는 말이다. 필자가 8년 전쯤에 어느 한적한 교차로에서 정지신호에 차를 멈추고 한참 신호를 기다리고 있는데 뒤에서 신호를 무시하고 마구 달려오던 트럭에 추돌되어 사고를 당한 적이 있다. 그 트럭 운전기사가 교통신호를 철저히 지켰거나, 아니면 한적한 길이라 실제 교통에는 지장이 없었기에 필자가 신호를 위반하고 그냥 지나갔더라면, 그 사고는 없었을 것이다. 망념 없음이 오히려 재앙이 되었을까? 이와 같은 예를 이어지는 효사에서 간명하게 설명한다. '어쩌다 매어둔 소를[或繫之牛] 행인이 가져갔는데[行人之得] 마을사람들이 화를 당하도다[邑人之災]'라고 하였는데, 소를 길가에 메어둠은 세상사람들을 의심하는 망념을 버린 행동인데 그 믿음은 깨지고 행인은 소를 훔쳐가고 말았고 마을사람 중에 소도둑이 있지 않을까 하는 의심을 받으니 무망으로 인한 엉뚱한 역작용이 본인과 주변사람에게 화를 입히는 결과를 초래한다는 예다. 무망의 삶은 자연의 순리를 따라 세상과는 차별적으로 사는 생활철학이겠지만 그것도 세상 속의 삶이므로 적절한 조화가 필요함을 『주역』은 지적하고 있다.

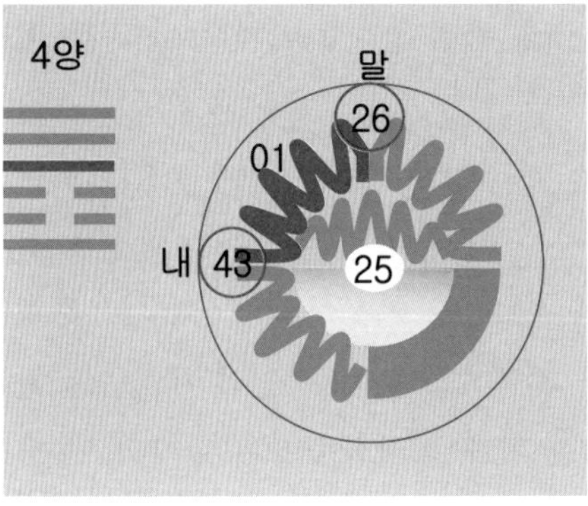

可貞가정 **无咎**무구.

올바름을[可] 끝까지 굳건하게 해나가면[貞] 탈이 없으리라[无咎].

4양은 쾌(夬)·건(乾)·대축(大畜)의 과정이다: 망념 없이 순리대로 사는 무망의 철학은 마음에 굳혔으니[쾌43] 내공(內功)을 가득 쌓으면 뜻은 이루어질 것이다[대축26]. 어떻게 해나갈 것인가? 목표를 향하여 결단의 마음이 정해져도 가장 중요한 것은 실천이다. 꾸준히 인내하며 어떠한 경우에도 굽히지 않는 창조적 실천력을 행사해야 한다[건01].

전기 세계는 후기 세계를 지향한다. 이 세계의 내면의 마음자리 4양은, 4양·5양·6양이 이루는 건(乾)괘의 본질이다. 그래서 전기세계는 바르고 굳건한 마음을 그 삶의 지표로 삼고 있다. 아무리 춥고 배고프고 재물이 부족하더라도 천도의 빛이 우려비치는 내면의 소리에 생각을 기울이며 원래의 모습을 굳건히 당당한 모습으로 지켜나가야 한다(양).

4양의 상황코드인 '건(01)' 자체의 내말(內末)이 '수(17)·이(27)'이며 건의 원형이정(元亨利貞)의 흐름 중에 형(亨)에서 정(貞)으로 향하는 과정이니, 만사의 흐름에 흔쾌히 호응하는 자세를 가지고(수17) 수렴적 성향으로 내면을 길러 뭉쳐진 결과를 낳아야 한다(이27). 건(乾)은 우주론적 창조성의 핵심으로서 자신의 내면 에너지를 본성적으로 무한히 펼침으로써(대과28) 결국에는 서로 끌어당기고 수렴하는 뭉침의 세계인 물질우주의 탄생(이27)을 이루게 한다. 수(17)는 이미 무망의 근본정신인 1양의 과정을 이끌어온 배경이었었다. 이것이 곧 쾌(43)의 결단하는 내면을 만들어주었고 내공을 쌓는 대축(26)으로 가는 성향으로 작용하는 것이다.

'올바름을 끝까지 굳건하게 해나가면 탈이 없으리라[可貞无咎]' 함에는 순리의 길을 따라 본성마저 호응하며 나서는 옳은 길을, 건(01)의 속성대로, 흐트러짐 없이 굳건하게[貞] 끝까지[貞] 씨를 얻는 것과 같이 손에 잡히는 결과[貞]를 얻을 때끼지 해나가면 무탈하고 그 뜻을 이룰 수 있음을 함의하고 있다.

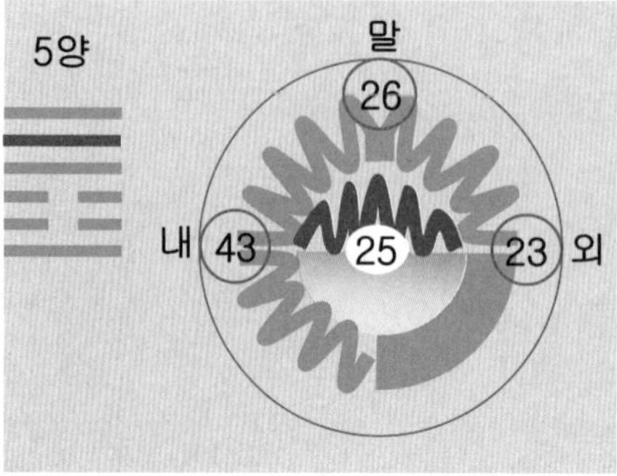

无妄之疾무망지질·
勿藥有喜물약유희·

망령됨이 없어도[无妄] 괴로움이 생기도다[疾]. 약을 쓰지 않아도 [勿藥] 기쁨이 오리라[有喜].

5양은 쾌(夬)·대축(大畜)·박(剝)의 과정이다: 망념을 없이하는 마음의 결심은 단단히 세웠지만[쾌43] 세상이 퇴락하여 빈궁하기 때문에 온갖 어려움이 닥친다[박23]. 이런 상황에서는 어떻게 해야 하나? 내면의 에너지를 가득 쌓으면 그 여력으로 어려움을 자연히 극복할 수 있다[대축26].

5양은 올바르고 강력한 판단 주체로써 적극적으로 전체를 이끌어가는 핵심이다. 사특한 상황이 생기는 것은 외연의 빈궁한 세상 때문이니(박23) 그것에 연연하지 않고 초지일관하여 위대한 우주자연의 순리적인 힘을 믿으며 내공의 덕을 더욱 더 깊이 쌓으면 태양열에 구름 걷히듯 맑아진 더 큰 깨달음으로 기쁨을 누리는 무망의 참 주인이 될 수 있음이다.

무망[无妄]의 결과형질이면서 5양의 상황코드인 '대축(26)' 자체의 말(末)이 다시 무망이 되니, 이는 순리의 천운을 따르는 가운데 상승의 기운을 쌓아 올라가면 형통한 천운과도 연결된다는 뜻을 함의한다. 5양이 향하는 이정표는 뼈를 깎는 듯한 어려운 상황이지만(박23) 지향하는 운세가 '대축'의 기운이니 어려움은 자연스럽게 극복되고 만다.

'망령됨이 없어도 괴로움이 생기지만 약을 쓰지 않아도 기쁨이 온다' 하였는데, 괴로움이 생기는 것은 이 세상이 퇴락의 장으로 향하고 있기 때문이며(박23) 특별한 조치 없이도 저절로 해결되는 것은 내면의 힘을 강하게 비축해 가고 있기 때문이다(대축26).

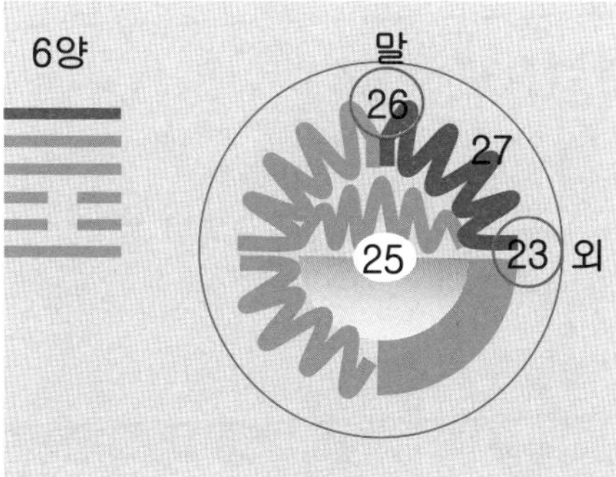

无妄무망 行有眚행유생.
无攸利무유리.

망령됨이 없어도[无妄] 행사하고 다니면[行] 탈이[眚] 생기리라[有]. 이로울 바가 없으리라[无攸利].

6양은 박(剝)·이(頤)·대축(大畜)의 과정이다: 세상은 퇴락하여 빈궁하니[박23] 내적 에너지를 가득 쌓는다[대축26]. 어떤 과정이 필요한가? 외측으로부터 정보와 에너지를 받아들여 내면을 길러내야 한다[이27].

무망의 6양은 단순한 에너지의 교류나 발산이 아니다. 바른 눈으로 세계 밖과 미래에 대한 정보를 세계 내로 유입하려는 노력이다. 순수하게 쌓아야 하는 내적 공력이 채 여물기도 전에 어려운 세상에 나서 행사하면 여력이 부족한 상태에서 불필요한 에너지를 소실하면 허해지니 '혹세무민'의 세상에서는 화를 초래할 뿐이다. 6양은 건(01) 6양을 본 받아 그 양의 세력이 극에 달한 것이니 무망의 과함을 자제해야 한다. 이제 외적인 양 에너지를 내부로 끌어드려 자신의 빈 곳을 채움에 여념이 없어야 한다.

6양의 상황코드인 '이(27)'의 본말이 '곤(02)·건(01)'이니, 먼저 창조적 에너지를 완전히 수용한 후에(곤02) 에너지를 펼쳐나가는(건01) 과정이므로 미래창조의 기틀을 먼저 다진 후에 그 역량을 행사함이 마땅하다. 그럼에도 불구하고, 효사에서 지적하는 바와 같이 '망령됨이 없어도[无妄] 행사(行使)하고 다니면[行]' 어떻게 되겠는가? 여력이 부족한 상황에서 불필요한 에너지를 소실하는 것이기 때문에 '탈이 생기고[有眚] 이로울 바가 없음[无攸利]'은 당연하다.

26. 산천대축(山天大畜)

크게 축적하는 상, 저변의 힘의 표출, 축재의 욕심과 독선, 내부의 힘이 밖으로 뻗침, 공덕을 쌓은 후의 발전, 발산하려는 힘의 저지

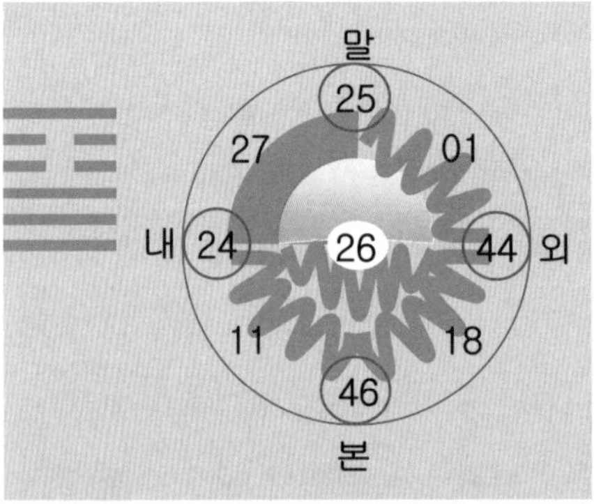

大畜대축 利貞이정.
不家食불가식 吉길.
利涉大川이섭대천.

크게 축적하는 상이다[大畜]. 끝까지 굳건하게 하면[貞] 이로우리라[利]. 집에서 먹지 않으면[不家食] 길하리라[吉]. 큰 내를 건넘이[涉大川] 이로우리라[利].

> 대축[大畜]은 승(升)·복(復)·구(姤)·무망(无妄)을 따라 흐르는 세계다: 바탕을 튼튼히 구축하여 상승세의 운세 속에[승46] 근본적으로 정도에 귀착하여 모든 일을 다스리면서[복24] 어려움 속에서 귀한 기회를 포착하고[구44] 망령됨 없이 천도를 따르는[무망25] 일련의 과정이 '대축'의 세계다.

8괘의 상으로 보면, 창조적 힘이 발산되려 하니(乾天건천) 그 위세가 산처럼 높아지거나, 산처럼 외적인 가로막음 때문에(艮山간산) 내적으로 쌓인 힘의 뻗침이 갈수록 거세지는(乾天건천) 상이다.

큰 꿈(힘)을 갈무리하며 나아가는 길이다. 엔진의 원리를 그대로 담아 내는 기계적 조합과 같다. 1양은 3양의 흡기(배기) 역할을 통하여 실린더 내로 들어온 공기와 연료가 가장 잘 활성화 될 수 있는 혼합물이 형성되는 단계이

고, 2양은 그렇게 형성된 연료가 폭발할 수 있는 압력이 될 때까지 5음의 피스톤 부분이 6양의 외력을 받아 압축될 때의 내부의 동적 상황을 나타낸다. 3양의 공기조절장치를 통하여 시간을 잘 맞추어 점화하면 1양의 활성적 연료는 2양의 폭발 충격파로 인하여 발화한다. 이때 발생하는 동력을 5음이 받아 6양의 외부로 전달한다. 3양에 연결된 배기관으로는 남은 폐열이 배출된다. 5음이 아래의 폭발력을 받아낼 수 있도록 잡아주는 실린더가 4음이다. 1양·2양·3양이 자동차에서 구동장치라면 4음은 운전자이고 5음은 동력전달장치이며 6양은 그 차량의 주행에 해당한다. 이 시스템이 구동하면 6양의 주행으로 어디에라도 갈 수 있다. 엔진의 열효율을 극대화 할 수 있는 올바른 방법에 맞추어가는 노력을 꾸준히 하는 것이야말로 큰 꿈을 가진 자가 나아가야 할 길이다. 이렇게 엔진에 비유한 바와 같이 4음과 5음처럼 자유에너지를 감싸시 아무렇게나 확산되려는 기운을 새시 않게 억누르고 보호함으로써 폭발의 큰 힘이 용출된다. 재물, 덕성, 체력, 학술, 실력, 에너지 등은 일정 수준이상으로 쌓아야 분출하는 힘이 생긴다. 그런데 제6효가 양이 아닌 음인 태(泰)괘와 다른 점은 기운을 비축한 상태에 그치지 않고 6양을 통하여 외부로 드러내어 공헌하고(뻗치고) 있다는 것이다. 사업, 정치, 경제, 종교 등은 한 방향으로 쌓는 것이 아니라 엔진처럼 외부와의 입출력 교환이 적절하게 이루어지는 순환작용이 있어야 한다. 갇혀있는 에너지는 미래용 저축이고 축적을 적절히 순환시키는 것은 현재형 저축인 셈이다. 다만 적절한 기회를 만났을 때 효율적으로 쓰여야(6양) 한다는 것이다.

인성(人性)의 면으로 보면, 근본정신과 본성이 활달하고(1양) 신진대사 작용이 원활한데다(2양) 밖으로는 물적 에너지 교류도 많아(3양) 매우 강한 근본체질의 소유자다. 강력한 근본적인 힘을 바탕으로 세계 밖과 미래를 향한 열린 눈으로 활발히 접촉하며 뻗어나갈 뿐 아니라 신체적으로 강건하거나 재력이 튼튼한 큰 인물로서 그 영향력이 상당하다(6양). 하지만 이성적 사고력은 뛰어나지 못하고 수동적이며(4음) 생각하고 보고 들은 것을 즉시에 판단하지 않고 종합하고 통합하는 성격이므로(5음) 여러 사람의 협조를 이끌어 운영하는 사업가·정치가·종교가를 연상케 한다.

'크게 축적하는 상이고[大畜] 끝까지 굳건하게 하면 이로우리라[利貞]' 하였는데, 내면에 에너지를 크게 쌓아 열매가 열리게 하려면 충분하게 축적하여 열매 맺고[利] 씨를 얻는 끝맺음을 할 때까지 강한 결심으로 하지 않으면[貞] 대축은 그 의미를 잃는다. 이어서, '집에서 먹지 않으면 길하다[不家食吉]. 큰 내를 건넘이 이롭다[利涉大川]'라고 함은, 쌓은 덕망, 실력, 재력, 에너지 등을 의미 있는 세상 일로 이루어나감(열매의 의미[利])과 아울러 더 큰 미래가치로의 축적(씨 맺음의 의미[貞])으로 이어지려면 개인적인 탐욕이나 가정사에 얽매여 삿(私)되지 말고 정도(正道)의 길을 걸으며 큰 일을 향하여 과감히 도전하라는 권고라 하겠다. 이는 곧 대축(26)의 목표인 무망(25)을 향하여 걷는 길이다*.

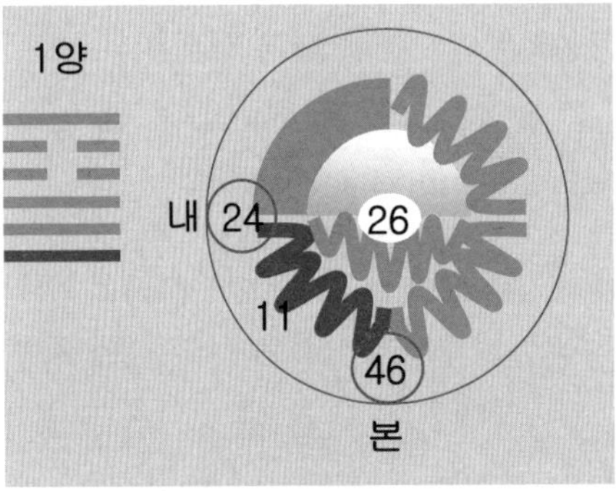

有厲유려, 利已리이.

위태함이[厲] 있으면[有] (그것을) 걷어치움이[已] 이로우리라[利].

(已: 이미, 말다, 그치다, 버리다)

1양은 승(升)·태(泰)·복(復)의 과정이다: 큰 축적의 상승세를 타려면 우선 바탕을 견고히 쌓아 올리고[승46] 정도의 자세로 돌아가

---

* 무망(无妄)괘에서 보면, '무망'의 목표가 '대축'이고 '대축' 자체의 목표가 또한 '무망'이다. 문왕 64괘의 순서로는 무망 다음에 대축이지만 과정에서는 서로 순환함을 알 수 있다.

야 한다[복24]. 어떻게 해야 하나? 본성을 튼실하게 한껏 보충해야 미래에 희망이 있으므로 전력을 다하여 내적 공력을 쌓아야 한다[태11].

1양은 큰 꿈을 간직한 뜨거운 내면의 정열이다. 이것 없이는 아무것도 될 것이 없다. 마음부터 호방(豪放)하지 않고서는 큰 일을 위한 준비와 실천적 행동이 나올 수 없다. 내면의 깊은 생각은 어릴 때부터 용광로가 끓는 것 같아야 한다. 유혹의 장애가 곳곳에 버티고 있으니 조그마한 일들과 잡생각은 이 용광로에 녹여버려야 한다. 큰 일군은 떡잎부터 알아 보듯이 미래 세상의 큰 인물이 되려면 사사로운 일은 과감히 버리고 큰 뜻을 품어야 한다. 이 과정은, 앞서 대축을 '자동차 엔진'으로 볼 때, 공기와 연료를 흡입한 후의 혼합·압축 사이클에 비유되었음을 상기하자.

이 효의 상황코드인 '태(11)'는 그 본말(本末)이 '고(18)·수(17)'이니, 외적 성공욕구를 바탕으로(고18) 적극적인 내적 호응(수17)을 일으키는 것으로서 하고자 하는 큰 일이 있으면 어떤 장애를 무릅쓰고 모든 노력을 다하는 모습이다. 또한 그 내외(內外)가 '이(27)·대과(28)'이니, 내면의 허기를 보충하고 자질을 함양하여(이27) 에너지를 충분히 확충하는(대과28) 과정이다.

'위태함이 있으면 (그것을) 걷어치움이 이롭다[有厲 利已]' 함은 적극적인 마음자세로 추진하여 나아가려는데 소극적이고 방해가 되는 요소가 있다면 이를 안은 채 걱정하지 말고 과감히 제거하여 근본정신을 활성화시켜야 한다는 뜻이 된다. 이는 곧 대축을 이룰 자의 근본 심성을 태평하게(태11) 갖추는 하나의 방법이다. 혹간 이를 '위험이 있으니 그만두는 것이 이롭다' 라고 해설하면 그것은 한자어구로서는 가능한 해석이겠지만 큰 일을 향한 소극적인 자세를 갖는 것이 되어 상황코드인 '태(11)'의 참뜻과는 달라진다. 이와 같이 다의적 한자해석에만 치우치면 숲을 보지 못하고 나무만 바라보는 격이 된다. 각 효의 상황을 알려주는 '8원 코드'는 괘의 모든 것을 올바로 파악하는 데에 없어서는 안 될 것임을 알 수 있다.

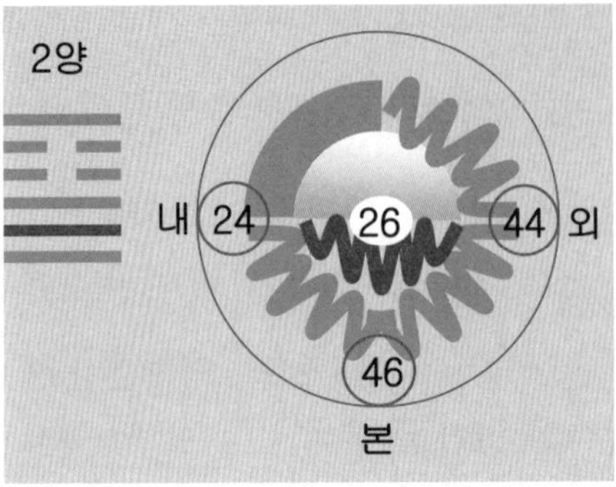

輿說輹여탈복

수레에서[輿] 차축과의 바퀴연결 뭉치를[輹] 빼놓도다[說].

> 2양은 복(復)·승(升)·구(姤)의 과정이다: 근본적으로 정도에 귀착하여[복24] 험난한 바깥 세상에서 절호의 기회를 맞으려 한다[구44]. 어떤 과정을 겪어내야 하나? 첫째도 둘째도 일을 추진하기 전에 기초실력을 부지런히 쌓아 올려 자신의 수준을 높여야 한다[승46].

2양은 청소년 시절 활기찬 배움의 현장이다. 넓은 세상에서 큰 일을 하려면 갖가지의 경험을 쌓아야 한다. 말만 듣고 글만 읽어서는 세상 물정을 다 알 수 없다. 몸으로 익히며 하나의 세상을 배우더라도 구체적으로 그리고 해부적으로 자세히 보고 느끼며 생각해야 한다. 그러한 경험이 누적되면 자신만의 새로운 아이디어가 생겨 타인을 이끌 수 있는 동기를 얻는다. 사상누각이 아닌 철탑을 기초부터 세워나가야 하기 때문이다.

2양의 상황코드인 '승(46)'의 의미는, 그 본말(本末)이 '대축(26)·췌(46)'이니 저변의 힘을 축적하여(대축26) 가능한 모든 역량을 모으는(췌45) 것이다. 또한 그 내외(內外)가 '박(23)·쾌(43)'이니 퇴락한 바닥에서 일어나(박23) 힘찬 추진력을 얻는(쾌43) 과정인 것을 생각하면, 지금은 실력을 발휘해서는 안 되고 에너지를 모아 자력으로 추진할 수 있는 능력을 길러야 하는 국면임을 말해준다.

'수레에서 차축과의 연결뭉치를 빼놓는다[輿說輹]' 함은 바퀴가 달려 있는 차축과 연결뭉치로 결합되어 있는 수레에서 그 연결뭉치를 빼놓으면 수레로서 끌려고 해도 수레가 아니니, 이 상황에서 그렇게 해놓는 이유는 덜 성숙한 처지에서 어떤 일을 추진해서는 안 되고 기회가 올 때까지 기초능력을 키워나갈 것을 주문하고 있다. 4음·5음이 아래의 양 셋의 발현을 저지할 때에는 불필요한 자원소모를 없애는 것이 최선책이라는 뜻이다. 소축(09) 3양의 효사에서 '수레의 바퀴살이 벗겨진(輿說輻여탈복)' 것은 수레의 바퀴강도가 지탱하기 곤란한 과부하로 수레의 중요 기능이 무너지는 것이지만, 여기서는 수레를 운영하지 못하게 의도적으로 분리시킨 것이니 혼돈하지 말고 잘 구분해야 할 것이다.

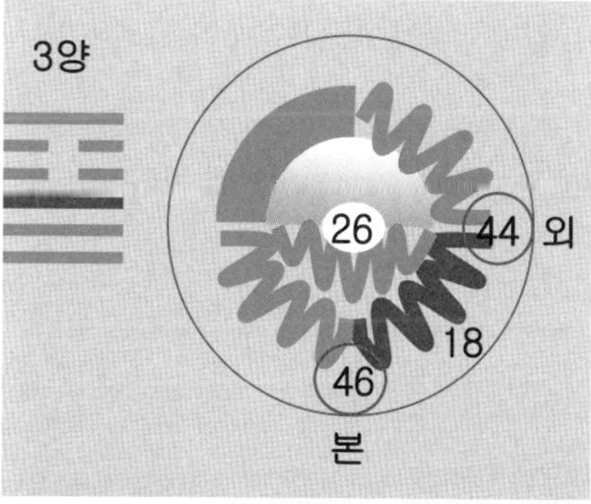

良馬逐양마축 **利艱貞**이간정. **曰**왈, **閑輿衛**한여위 **利有攸往**이유유왕.

좋은 말로[良馬] 쫓아가니[逐] 어려울수록[艱] 끝까지 굳건하게 버텨나감이[貞] 이로우리라[利]. 이를테면[曰], 수레를[輿] 익히고[閑] 지키면서[衛] 여유를[攸] 가지고[有] 나아감이[往] 이로우리라[利].

> 3양은 승(升)·고(蠱)·구(姤)의 과정이다: 근본적으로 추진 실력을 키워서[승46] 험한 세상 속에서 귀한 기회를 얻으려고 하면[구44] 어떤 과정 속에 있게 되는가? 큰 기회를 잡으려고 세상 밖과 소통하다 보니 높은 파고에 시달려 침해세력에 대응하기엔 아직은 역부족이라 위태롭고 어렵다[고18].

3양은 외부와의 활발한 교류가 이루어지는 경계로서 외부의 에너지가 유입되는 열린 문이다. 경쟁이 치열하므로 항상 어렵지만 극복해 나가면서 배운다. 3양은 마치 내부의 고압 에너지가 밖으로 손실되는 것을 막거나 안전을 위하여 달아놓은 고압 시스템의 안전밸브(체크밸브)에 비유된다. 다른 한편으로는 내면의 에너지 장전단계를 준비하며 세계 내부에 깨끗하게 여과된 연료를 채워야 하는 엔진의 흡입 사이클과도 같다. 시스템 영위를 위해서는 혼탁한 외적 환경 속에서도 필요한 것을 선택적으로 흡입하는 어쩔 수 없는 수고로운 과정적 역할을 수행해야 한다.

3양의 상황코드인 '고(18)'의 본외(本外)가 곧 이 괘의 1양과 6양을 대변하는 '태(11)·건(01)'이니, 내면의 에너지가 확충될 때에는 방만하고 무절제한 생활이 싹트고(태11) 세계 외측에서는 환경적 영향력이 물밀어 대외교류가 극에 달하게 되므로(건01) 이러한 와중에서는 축재·권세·허영을 앞세우는 유혹의 분위기가 고조되어 실속은 없고 실수가능성과 어려움만 가중되지만 버티고 해내야 한다.

'좋은 말로 좇아가니[良馬逐]'라 한 것은, 이 효의 출발배경이 '승(46)'이니 추진해나가는 기초자질이 양호한 상황이므로 양마가 뒤쫓는 국면에 비유한 것이다. '어려울수록 끝까지 굳건하게 버텨나감이 이로우리라[利艱貞]'라 한 것은 처한 상황이 '고(18)'이므로 혼탁한 세상분위기에 휩쓸리지 않고 버티며 일정 부분 자신의 역할을 견지하는 것이 중요하기 때문이다. 이렇게 상승하는 저변의 운세 속에 그러한 생활기조를 유지하려면, 자신의 능력을 녹 쓸지 않게 연마해두어야 하니, '수레를 익히고 지키면서[閑輿衛] 여유를 가지고 나아감이 이롭다[利有攸往]'라고 예시하고 있는 것이다[曰]. 1양과 2양 때에 기초를 어느 정도는 다졌기에 '대축'을 향하여 나서기는 했어도 아직은 세파를 헤쳐나갈 경험이 일천하여 요건을 만족시키기는 어렵고, 현 상황이 '고(18)'의 분위기니만큼 각종의 낙마유혹이 입을 벌리고 있으니 위험천만이므로 온갖 기술과 방법을 충분히 익히면서 너무 조급한 마음을 버리고 느긋한 자세로 준비를 철저히 해야 한다는 뜻이다.

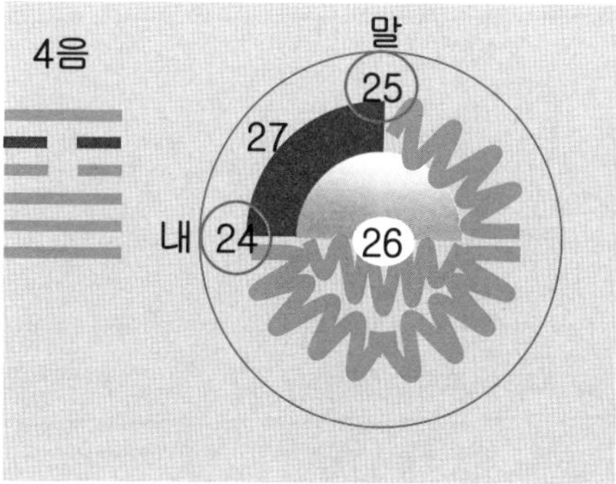

童牛之牿동우지곡. **元吉**원길.

송아지의(童牛之) 뿔을 보호하도다[牿]. 근원적으로 길하리라[元吉].

4음은 복(復)·이(頤)·무망(无妄)의 과정이다: 구축된 바탕 위에서 정도를 걸으며[복24] 망령됨 없이 천운과 연결되려면[무망25] 어떤 과정이 필요한가? 지혜를 흡입하고 우주의 생소(生素)를 받아들이면서 자신의 내면을 충분히 길러놓아야 한다[이27].

대축[大畜]을 자동차의 '엔진'으로 비유하면, 4음은 마치 피스톤(5음)이 접하여 움직일 수 있게 하는 실린더 벽의 역할로서 내적 가이드라인이다(이 괘의 총괄해석 참조). 4음은 이성적 사고가 차분함을 나타내므로 안정되고 성숙된 가치관의 토대가 준비되어야 사회생활의 방향을 잘 잡아나아갈 수 있음이다. 담을 그릇이(이27) 준비되어 있지 않으면 세상 밖의 무한한 에너지도 그림의 떡일 뿐이다. 큰 성공은 주어진 에너지를 어떻게 관리하고 조절하느냐에 달려 있다. 천혜의 지혜를 잘 길러서(이27) 에너지효율을 극대화할 수 있어야 한다.

4음의 상황코드인 '이(27)'의 의미는, 그 본(本)이 '곤(02)'이니 전면적으로 수용하는 순수한 자세가(곤02) 바탕이 되어야 하고, 그 내말(內末)이 '태(11)·건(01)'이니, 내적 공덕을 가득 쌓아야(태11) 창조성을 발현할 수 있다(건01). 4음은 이 괘의 1양(태11)과 6양(건01)을 내적으로 이어주는 교량이기도 하다. 결국 4음으로서의 '이(27)'는 자분한 이성으로 지혜를 얻고 길러서 올바르고 안정된 가치관을 형성하는 단계라 하겠다.

'송아지의 뿔을 보호함이다[童牛之牿]. 근원적으로 길하다[元吉]'

함은, 송아지가 자신을 지키며 살아가는데 필수의 것인 그 소중한 뿔을 우리 속의 벽에 마구 비벼대고 치받고 하여 자신도 모르는 사이에 그것을 다치게 하므로 뿔 보호대[牿]를 해놓으면 확실한 사고 방지가 된다는 말이다. 대축을 꿈꾸는 자는 자신의 미숙한 내면의 근본 지혜를 충분히 기르고 관리하여 다가오는 천운과 자연스럽게 연결될 수 있는 바탕을 준비하는 상황이므로 이는 1양과 함께 그 내적 근본을 튼튼히 기르고 다지며 관리한다면[이27] 근원적으로 길한 상황이 된다는 뜻이다.

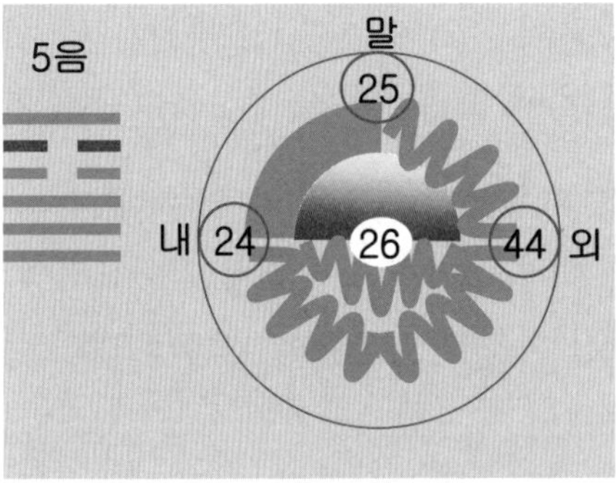

豶豕之牙분시지아. 吉길.

거세한 수퇘지의[豶豕之] 엄니로다[牙]. 길하리라[吉].

5음은 복(復)·무망(无妄)·구(姤)의 과정이다: 근본으로 돌아와 정도(正道)를 걷는 자세를 견지하며[복24] 절호의 기회를 맞게 되는[구44] 대축을 향한 본격적인 과정이다. 어떻게 수행해야 하는가? 천도를 따라 사심을 버리고 의연한 자세로써 시기상응적으로 순리에 맞게 꿈을 이루어나가야 한다[무망25].

5음은 엔진으로 말하면 피스톤과 같은 역할로서 압축공정 시에는 실린더 내부의 연료공기를 압축하여 폭발준비에 이용되고 폭발공정에서는 그 폭발에너지에 순응하며 이를 외부로 전달하는 중간매체가 된다. 이때 중요한 것은 쓸데없는 에너지 소실이 생기지 않도록 틈이 없어야 하고 상황에 맞추어 그 쓰임이 적기에 조절되어야 강한 힘을 얻을 수 있게 된다. 그런 삶은 억지로 되는 것이 아니고 하늘의 순환이치의 본래의 길로 돌아와[복24] 순리·절제의 삶을 살아가는 동안에[무망25] 절호의 기회[구44]를 얻을 수 있는 것이다.

이 효의 상황코드인 '무망(25)'의 말(末)이 '대축'이고 '대축' 자체의 말이 다시 '무망'이므로, 대축은 내면의 공력을 가득 채워나가는 동안에 기회를 얻어 천운과 연결되는 무망이 그 목적인가 하면, 역으로 무망은 순리의 삶을 살면서 대축의 꿈을 이루게 되는 것이다.

'거세한 수퇘지의 엄니이니[豶豕之牙] 길하다[吉]'라고 한 것은, 날카롭게 발달되어 공격무기로 쓸 수 있는 위협적인 수퇘지의 엄니가 거세로 말미암아 그 공격성이 없어져서 음식을 씹는 데에만 순하게 적용되어 현재의 입장인 가축으로서의 가치를 더 높이 발휘할 수 있으니 길하다는 말이다. 인간이 생존경쟁에서 쓰던 외적인 완력(腕力)을 포기하고 단순한 전략이 아닌 저변의 힘을 키우면서 무망의 순리적 삶 속에서 기회를 붙잡아 그 힘과 뜻을 펼칠 수 있다면 대축의 꿈은 이루어지는 것이다. 이러한 상황설명을 '豶豕之牙분시지아'라는 하나의 짧은 구절로 대신하고 있는 것은 놀랍다. 이것이 '복(復)·무망(无妄)·구(姤)'의 과정으로 정의되고 그 중에서 '무망(25)'이 이 상황을 대변한다는 사실에 놀라워 한다면 독자는 괘와 효를 동시에 정복해나가고 있다 하겠다.

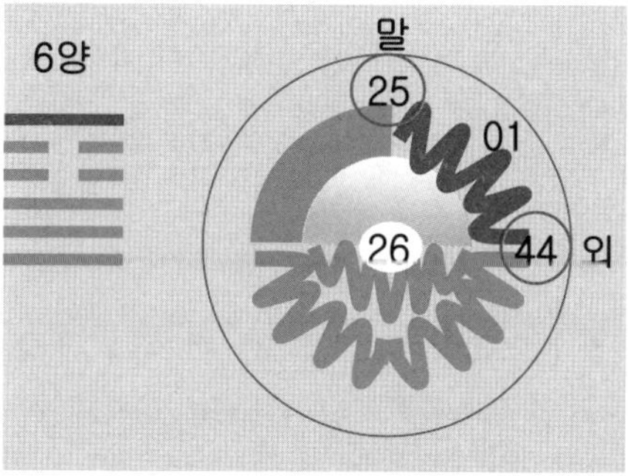

何天之衢하천지구 亨형.

어떠한 하늘의[何天之] 길에서도[衢] 형통하도다[亨].

> 6양은 구(姤)·건(乾)·무망(无妄)의 과정이다: 험한 세상에서 잡은 기회가[구44] 천운의 순리를 따라 자연스럽게 이루어지는[무망25] 마지막 성취의 과정은 어떤 상황인가? 이것이야 말로 밀고 나아가면 쭉쭉 뻗어나가는 성공적인 창조적 진군이다[건01].

6양은 미래와 세계 밖을 향한 열린 눈으로 형세를 잘 파악하여 시류에 발맞춰 경영하는 이성의 창이다. 또한 내부에 압축·저장되어 있는 에너지(1양·2양·3양)의 크기에 맞추어 그 영향력을 펼쳐 나아가므로 출력조정의 창이다. 내부의 에너지가 꽉 차서 5음의 피스톤을 밀어 올리고 그 힘이 6양을 움직여 미래로 세계로 나아가므로(괘의 표상 해설 참조) 마치 운전자가 엔진 가속기를 자유자재로 밟으며 마음 먹은 바대로 힘차게 달려 나갈 수 있음과 같다.

6양의 상황코드인 '건(01)'의 본말(本末)이 '대과(28)·이(27)'이니 내면에 쌓은 에너지를 마음껏 방출하여(대과28) 결국에는 그 내면이 허해져서 다시 재충전을 필요로 하는 상황으로 가게 되는(이27) 과정이다. 이는 곧 3양의 상황코드(고18)와 4음의 상황코드(이27)를 6양이 연결하는 형국인 것을 위의 표상에서 확인하면 흥미로울 것이다. 이는 다음과 같은 내용을 시사하고 있다.

건(01)의 방출성향이 이 괘의 말(末)인 무망(25)에서 멈추어야 대축[大畜]의 긍정적 의미로 남을 것인데 반 시계방향 쪽으로 4음의 상황코드인 이(27)까지 진출해 버리면 '건'의 6양인 '향룡유회'의 상황이 되는 것이다. '건' 6양의 상황코드가 곧 '대축'인데, 이때의 의미는 대축의 부정적 의미, 즉, '무망'의 경계선을 제대로 지키지 못하여 자신의 쌓은 힘을 믿고 교만하고 독선적 경향으로 흐르는 허물을 만들게 되는 것이다. 이는 '건' 6양의 상황코드가 '대축'인 이유를 뒷받침해준다.

어쨌든 '건'과 '대축'은 6양에서 공통분모를 가지게 되는 것이니 진정한 대축의 꿈이 6양에서 '건'의 창조성으로 이루어지는가 하면, '건'이 지나쳐 6양이 되면 이를 대변하는 대축도 지나친 대축이 되어 자기과시나 독불장군의 의미로 바뀌게 된다. 하지만 여기 대축 6양의 자리는 '무망'을 지향할 뿐 그 정도를 넘어서서 4음으로 역회전을 하는 정도의 상황이 아니므로 긍정적인 대축인 동시에 긍정적인 건의 창조적 진군이 이루어지는 상황이라 하겠다.

효사에서 '어떠한 하늘의 길에서도[何天之衢] 형통하다[亨]' 하였는데, 6양의 상황을 대변하는 건의 긍정적인 창조적 진군이 진행됨을 의미하므로 그 과정에 있는 어떠한 형국에서도 형통할 것임은 당연하다 하겠다.

27. 산뢰이(山雷頤)

기본 역량을 채우고 기르는 상, 생산해내는 기본틀, 창조적 일의 바탕, 물질(우주)의 형성, 허기를 채움, 지혜·지식의 흡입에 의한 가치관의 형성

頤이. **貞吉**정길.
觀頤관이, **自求口實**자구구실.

기본 역량을 기르는 상이로다[頤]. 끝까지 굳건히 하면[貞] 길하리라[吉]. 앞을 내다보고[觀] 기본 역량을 기르면[頤], 저절로[自] 말이[口] 실천을[實] 얻으리라[求].

이[頤]는 곤(坤)·태(泰)·비(否)·건(乾)을 따라 흐르는 세계다: 순수한 근본바탕 위에 모든 것을 수용하는 긍정적인 세계관을 갖고[곤02] 내면에 에너지를 가득 채워[태11] 고루하고 막힌 세상을 견뎌낸 후[비12] 창조적 역량을 펼쳐나갈 수 있게 하는[건01] 일련의 과정이 '이'의 세계다.

8괘의 상으로 보면, 산 아래에서(艮山간산) 새싹이 움터 올라(震雷진뢰) 나중에 숲을 이룰 수 있도록, 겉으로는 조용하지만(艮) 내적으로 길러지고 있는(震) 상이다.

표상을 해석하면, 금형(3음·4음)에 원료물질(2음·5음)을 채우고 프레스의 상·하단(1양·6양)이 압력을 가하여 원하는 형태의 물건을 만들어내는 모

습인가 하면, 음식을 위턱과 아래턱의 움직임으로 씹고 소화하여 영양소를 섭취하는 과정이다. 유(有)에서 더 값진 유를 창조함이다. 무형의 내적 공덕(1양)과 외적 자원유입(6양)도 있어야 하지만 이것을 담는 그릇(3음·4음)과 담기는 실체(2음·5음) 없이는 실질적인 결과를 만들 수 없다. 형이상(形而上)과 형이하(形而下)의 조화로운 만남을 찾고 가치 있는 조합을 이끌어내는 능력을 기르지 않으면 창조성을 제대로 발휘할 수 없다. 그러한 능력과 경륜을 쌓는 과정이 이(頤)의 모습이다. 이(頤)는 배고프지 않으면 작동하지 않는다. 무한한 흡수능력이 있어야 가득 채워 질 수 있다. 향학심 없는 배움은 알차지 못한 것과 같이 갈구하지 않으면 얻는 것이 없다. 진리를 목말라 할 때 하늘은 응답하고 무한한 에너지를 불어 넣어 주며 마음은 생동하며 호응한다. 그렇게 해서 쌓은 경륜은 내적 공덕으로(1양) 다시 피드백(feed back)되어 갈무리되고 점점 고양되어 외적인 영향력(6양)을 더 키우는 선 순환 구조다.

인성(人性)의 면으로 표상을 살펴보자. 본성이 깨어 있어서 근본 열정은 활발한데(1양), 신진대사 작용이 원만치 못한데다(2음) 외부와의 물적 에너지 교류가 원활하지 않으니(3음) 에너지 부족으로 활력이 없다. 아울러 강렬한 근본욕구를(1양) 채울 수 없어 허기를 느끼므로 원활치 못한 물질 영입(3음)과 원활치 못한 소화(2음)를 개선하는 것은 추구(1양)의 대상이 된다. 한편, 이성적 사고활동이 소극적이고(4음) 판단과 행동은 어눌한데(5음) 세상 밖과 미래를 향한 관찰력과 정보교류활동에는 매우 민감하므로, 이는 곧 관찰하는 만큼이나 활발한 세상에 대응하여(6양) 제대로 된 정신활동을 하려면 사고력(4음)과 판단력(5음)을 키우지 않으면 안 된다. 체력과 정신력을 모두 함께 기르지 않고 의욕과 보는 것 만으로는 창조적 활동을 제대로 할 수 없는 것이다. 하지만 근본 심성이 깨어 있고(1양) 눈에는 총기가 빛나니(6양) 기르면 잘 성장할 수 있는 기본틀이 있는 상이다. 육체적인 함양과정에서는 활발한 욕구대로(1양) 음식섭취를 마구 해서는 안 되는 것이니(2음·3음) 이는 아래의 진(震)의 한계이고, 정신적으로는 보고 들은 내로(6양) 아무렇게나 생각하고 판단하거나 행동을 해서도 안 되는 것이니(4음·5음) 이는 또한 위의 간(艮)의 한계다. 이와 같이 괘의 표상 자체가 보여주는 교훈은 절제된 음식섭취와 활발한 사고를 통하여 신중한 말과 행동으로써 경륜을 닦아야 함을 말해준다. 이와 같이 효의 직능으로 해석하면, 이(頤)는 생동하는 열정으로 마음을 닦고(1양) 탁 트인 통찰력으로써 세계와 미래를 바라보며(6양) 현실의 한계를 안고(3음·4음) 경륜을 쌓아가는(2음·5음) 과정으로 묘사된다.

'기본 역량을 기르는 상이로다[頤]. 끝까지 굳건히 하면 길하리라[貞吉]' 하였는데, 이 괘는 깨어 있는 본성과(1양) 트인 관찰력을 갖고서(6양) 침체한 정신활동(4음·5음)과 신체작용(2음·3음)의 양면을 조화롭게 길러나가는 상이므로 간단히 '기본 역량을 기르는' 과정임을 말해준다. 근본욕구가(1양) 성취되려면(6양) 마지막까지 꾸준히 역량을 닦아야 하며 중도에 멈춘다면 창조성을 제대로 실현하지 못한다는 뜻이다. 이런 꾸준한 지속의 필요성은 괘의 본말(本末)이 '곤(02)·건(01)'이니 땅에서 하늘까지 그 사이를 이어가는 여정으로서 쉽게 끝나는 것이 아니므로 끝까지 굳건히 해야 길하다는 말이다. 이어서 '앞을 내다보고 기본 역량을 기르면[觀頤], 저절로 말이 실천을 얻으리라[自求口實]' 하였는데, 세계와 미래를 바라보는 트인 눈이 있어야(6양은 [觀]의 활동자리) 역량을 닦는 목표를 분명히 설정할 수 있고 근본적인 것에서부터 경륜을 닦아나갈 수 있다(1양에서 [頤]가 시작함). 그렇게 되면 자연히 말로써 표현한 의도하던 바가(1양의 불타는 욕구) 나중에는 실질적인 성과로 나타난다는(6양의 세계 밖으로의 진출) 뜻이니 이는 1양과 6양의 특징을 중심으로 하는 괘의를 그대로 밝혀놓은 것이라 하겠다.

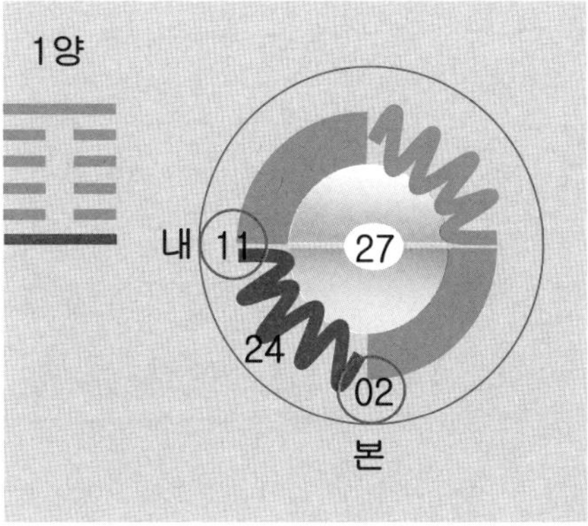

舍爾靈龜사이영귀.
觀我관아. 朶頤타이 凶흉.

그[爾] 영묘한 거북을[靈龜] 버리도다[舍]. 자기자신을 성찰하라[觀我]. 역량 쌓기에[頤] 나태하면[朶] 흉하리라[凶].

> 1양은 곤(坤)·복(復)·태(泰)의 과정이다: 수용태세가 완벽한 순수한 근본바탕 위에서[곤02] 내면의 공덕을 채우는[태11] 과정이다. 어떻게 하면 되나? 흐트러진 상태에서 원래로 되돌아와 본성(영성)을 일깨우고 그 열정으로 새롭게 창조적 능력을 계발해야 한다[복24].

일깨워진 본성(1양)과 세계 밖과 미래를 꿰뚫는 명석한 통찰력(6양)과의 사이에 물질적인 장벽(2음·3음·4음·5음)이 가득하여 서로 소통이 어렵다. 눈앞에 보이는 현실적 물질적 육체적 욕망에 사로잡혀 마음이 흐트러지고 무한한 천혜의 에너지를 접하지 못하고 멍하니 얼빠져 있다. 근본 정신력을 강건히 하여(1양) 사리를 통찰하는(6양) 힘을 길러야 한다.

상황코드인 '복(24)'의 본내(本內)가 '박(23)·대축(26)'이니 퇴락하여 빈궁한 상태의 내면을(박23) 활성적 에너지로 채우고 크게 쌓아 그 영향을 펼쳐나갈 수 있게 하는(대축26) 과정이다. 과거야 어찌됐건 지금은 모든 창조적 소양을 전면적으로 받아들이는 속성을 갖추고(곤02) 근본정신을 일깨워야 한다(1양). 그것이 역량을 기르고 닦아가는 기본바탕이다.

'그 영묘한 거북을 버린다[舍爾靈龜]' 하였는데, 땅 위의 영양분을 취하지 않고 공기나 이슬만 먹고 산다는 영묘(靈妙)한 거북을 버려둔다 것은 곧 내면의 영적 능력(1양)을 활용하지 않음을 의미한다. 이어서 '자기자신을 성찰하라[觀我]. 역량 쌓기에 나태하면 흉하리라[朶頤凶]' 한 것은,

세계 밖과 미래를 향한 깊은 통찰(6양)의 덕으로 무한한 에너지와 정보에 접하면서 자기세발의 방향을 잡아나가야 하는데 1양 위의 네 음들(2음·3음·4음·5음)의 비활성적 영향에 짓눌려 오로지 자신의 부족한 욕망을 채우려는 데에 사로잡혀 얼빠진 상태로 머물며 역량 쌓기에 나태하다면 흉하다는 뜻이다. 한마디로 영성을 흐리고 나태함에 빠지면 흉하다는 뜻이다. 이는 1양의 활성화를 강조한 것이며 그렇지 못할 경우를 경고하고 있다.

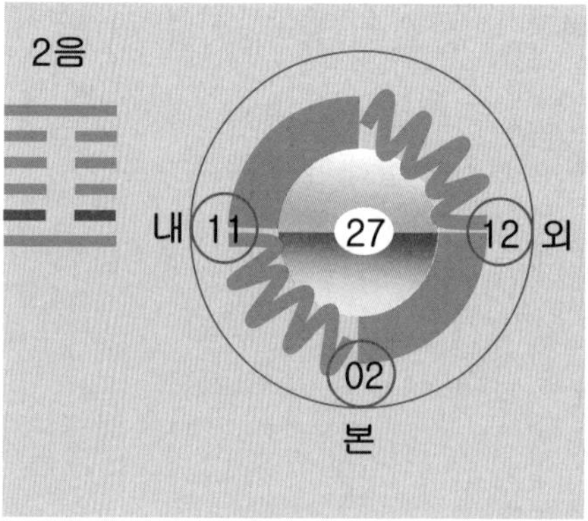

顚頤拂經전이불경.
于丘頤征우구이정 **凶**흉.

넘어진 채로[顚] 허기를 채우면[頤] 도리를[經] 거스르도다[拂]. 높은 데를[于丘] 정복하여 허기를 채우면[頤征] 흉하리라[凶].

> 2음은 태(泰)·곤(坤)·비(否)의 과정이다: 내면에서는 에너지를 튼실하게 채우려 하나[태11] 바깥 세상은 고루하고 막혀 있으니[비12] 쉽게 뜻이 이루어질 환경이 아니다. 이럴 때는, 강퍅하고 무리하게 억지를 부리지 말고 근본심성을 순수하게 하여 우주자연의 순환이치에 순응하고 있는 그대로를 스스로 감수하는 자세로 세상살이의 경륜을 닦아나가야 한다[곤02].

2음은 세상에서 중간 수준의 지도적인 역할을 하는 위치에 있지만 1양처럼 동적인 능력은 없다(음). 사실 1양과 6양이 창조성을 형성할 수 있는 에너지원이라면 2음과 5음은 3음과 4음의 내외 형틀 속에서 만들어질 작품이다. 형편도 여의치 않는 세상에서(비12) 아직 수동적인 신분일 때는 이를 수용하고 스스로 감내해야 한다. 배움이 설익고 경험도 일천한 '경륜의 도'가 덜 틘 자가 걸맞지 않게 욕심을 부릴 형편은 아니다.

이(27)의 기초자질이 2음의 상황코드인 '곤(02)'이고 곤의 기초자질이 다시 '이'이니, 기본 역량을 채우고 기르는 '이'의 기초자질은 모든 창조적 능력을 순수한 마음으로 전면 수용하는 자세를 갖추는 것이고, 반면에, 그러한 '곤'의 기초자질 또한 기본 역량을 채우고 기르려는 자세에서 나옴을 의미한다. 한마디로 2음은 '坤頤곤이'를 실현해야 하는 주체인 것이다.

그런데 효사에서 언급하는 바와 같이 '顚頤전이'와 '于丘頤征우구이정'이라는 상황이 벌어지고 있다. 전자는 힘이 없어 넘어졌을 때 스스로 일어나지 않고 누워서 먹는 것이니 어려울 때(비12) 남에게 의존하여 세상을 살아가는 모습으로서 스스로 어려움을 있는 그대로 감수하는 곤(02)의 징도를 벗어나고 '이'의 기초자질을 결여한 것이므로 '도리를 거스른다[拂經]'라 했던 것이다. 후자[于丘頤征]는 자신의 자질이 감당할 수 없는 높은 지위나 분에 넘치는 재물을 탐하여 부정한 방법으로 이득을 취하는 경우로서 이 역시 순응하고 어려움을 감수하는 곤(02)의 정신을 저버리는 것이니 '흉[凶]'할 수 밖에 없다.

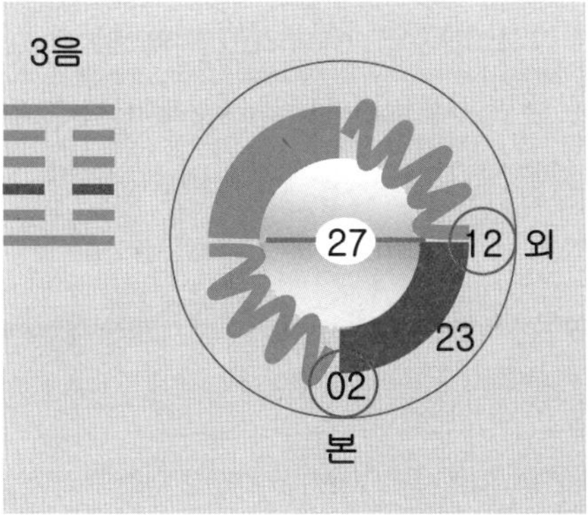

拂頤불이 **貞凶**정흉.
十年勿用십년물용 **无攸利**무유리.

역량 닦기를[頤] 거스르고[拂] 끝까지 고집하면[貞] 흉하리라[凶]. 십 년을 쓰지 못하면[十年勿用] 이로울 바가 없으리라[无攸利].

3음은 곤(坤)·박(剝)·비(否)의 과정이다: 바탕은 선하고 모든 것을 받아들일 수 있는 자세인데[곤02] 세상은 궁색하게 막혀 있다. 마지막에 외적인 성공기회라도 얻으려면[비12] 어떤 과정을 겪어야 하나? 정도를 밟아 꾸준히 쌓아 올려서 끝내는 기회를 만나는 고진감래의 길을 걸어야 한다[박23].

3음은 외부와의 물적 교류나 에너지교류가 원활하지 못한 상태이다. 이것은 두 가지 상황을 함의하고 있다. 하나는 자신을 수련하고 발전시키는데 필요한 영양소의 흡입이 단절되고 있는 것이고 다른 하나는 내면 에너지의 낭비를 조금이라도 막는 절제의 삶을 살아야 하는 상황이다. 정신을 좀먹고 기존의 열정마저 낭비하는 삶이란 향락에의 도취다. 성실성을 바탕으로(곤02) 막힌 어려움을 이겨내는 끈질김을 요구하는 단계인데(비12) 이를 해내지 못하고 중도에 퇴락하는 것이니(박23) 이는 곧 타락과 통한다.

상황코드인 '박(23)'은, 그것의 4원 개념으로 조명해보면, 근본으로 되돌아와 새 출발을 하면서(복24) 바탕에서부터 힘을 쌓아 올려(승46) 정도를 따라 순리대로 절제의 삶을 살면서(무망25) 절호의 기회를 맞게 되는(구44) 일련의 과정이다. 3음은 이러한 '박(剝)'의 노선을 지켜야 하는 운세다. 이 과정 중에 특히 '박' 자체의 본외(本外)가 이 괘의 1양(복24)과 6양(무망25)이라는 것이니 3음의 역할이란 곧 1양과 6양을 연결하는 외적 통로이며 표상이 이를 직접 나타내고 있다.

'역량 닦기를 거스르고[拂頤] 끝까지 고집하면 흉하다[貞凶]' 한 것은 곧 1양의 열정을 잘 갈무리하며 6양의 성공 국면으로 이어나가도록 해야 하는데 이를 지키지 못하니 흉하다는 말이고, 이어서 '십 년을 쓰지 못하면[十年勿用] 이로울 바가 없다[无攸利]' 함은 십 년이라는 의미 있는 세월을 끈질기게 버티는 각오가 없다면 무슨 역량을 닦는다 하겠느냐! 라는 말이다.

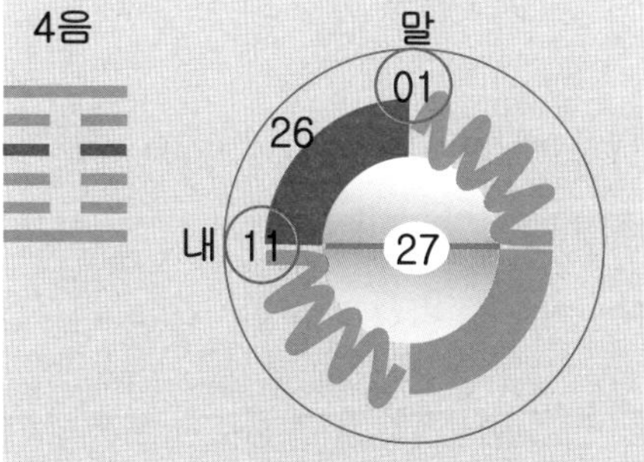

顚頤전이. 吉길.

虎視眈眈 其欲逐逐,
호시탐탐 기욕축축

无咎무구.

엎드려[顚] 역량을 기르도다[頤]. 길하리라[吉]. 호랑이가 기회를 노리고 노려보듯[虎視眈眈] 그런 소망은[其欲] 좇고 좇아도[逐逐] 탈이 없으리라[无咎].

> 4음은 태(泰)·대축(大畜)·건(乾)의 과정이다: 실력을 튼실하게 연마하면서[태11] 창조력을 한껏 발휘할 국면을 맞게 된다[건01]. 어떤 과정을 겪어나가나? 이제야 말로 기회를 포착하여 크게 쌓으며 천운을 연결하는[대축26] 길한 상이다.

4음은 1양과 6양처럼 먹을 때 씹으며 일할 수 있는 턱이 아니라서 자신이 직접 씹을 수는 없다. 4음의 직능은 마음을 가다듬고 크게 쌓은 정신력으로(대축26) 뒤에서 지혜롭게 기획하고 계획하는 것이다. 기초가 튼실하고(태11) 마음껏 펼칠 수 있는 하늘의 운세가 다가오지만(건01) 자신의 능력 만으로는 직접 행동에 나서기는 역부족이므로 도움을 줄 수 있는 유능한 자를 찾는데 온 신경을 쏟아야 한다. 뻔히 바라보이는 큰 일을 어떻게 빨리 잘 해낼 수 있는가 하고 기회를 좇으며 기획하고 계획을 면밀히 세우는 것은 역량을 쌓으며 닦아가는 하나의 유형이다.

상황코드인 '대축(26)'의 4원이 '승(46)·복(24)·구(44)·무망(25)'이니, 바탕을 튼튼히 구축하여 상승세의 운세 속에(승46) 근본적인 정도로 돌아와 모든 일을 임하며(복24) 험한 세상에서 귀한 기회를 포착하고(구44) 천운의 대세에 자연스럽게 편승하는(무망25) 삶이다. 역량을 닦고 길러감에 있어서[頤] '대축'하려면 주어진 자신의 역량을 크게 키워야 하는데 기획자로서 할 수 있는 것은 전문적인 능력을 가진 자들을 영입한 후에 그에 합당한 일을 펼쳐나가는 것이다.

'엎드려 역량을 기르니[顚頤] 길하다[吉]' 하였는데, 큰 일을 직접 해내는 것이라면 홀로 동분서주하며 정신 없을 것이나 전문적인 능력자들을 찬찬히 선택하여 모아 그들을 크게 운영하는 기획적 지혜를 펴면서 엎드려 그들을 진지하게 청하고 깊이 궁구하는 모습으로서 전체의 역량을 크게 모으는(대축26) 상황이므로 길하다는 뜻이다. 2음에서의 전[顚]은 능력 부족의 허한 상태로 위에 엎드려 구걸하는 듯한 모습이지만 4음에서는 아래의 형편에 맞추어 겸손하게 엎드린 모습이 다른 점이다. 이어서 '호랑이가 기회를 노리고 노려보듯[虎視眈眈] 그런 소망을 좇고 좇아도[其欲逐逐] 탈이 없다[无咎]' 라 함은, 기초가 튼실하고(태11) 하늘의 운세가 다가오니(건01) 반드시 이 기회를 성사시키기 위하여 호랑이가 먹이사냥감을 노려보듯 정신력을 크게 집중하여(대축26) 기획한 데로의 성과를 추구하며 자신의 의무를 다하고 있으니 아무리 열중한다 해도 탈이 없다는 말이다.

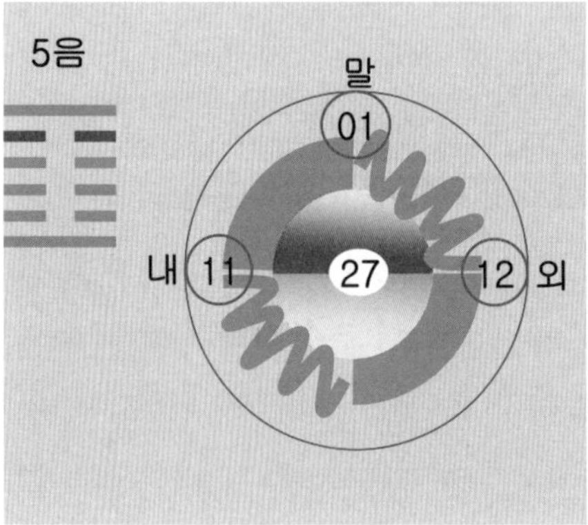

拂經불경. **居貞吉**거정길.
不可涉大川불가섭대천.

정도(正道)대로는[經] 하지 못하도다[拂]. 끝까지 굳건하게[貞] 머물면[居] 길하리라[吉]. 큰 내를 건넘은[涉大川] 불가하도다[不可].

5음은 태(泰)·건(乾)·비(否)의 과정이다: 내면을 튼실하게 길렀지만[태11] 세상은 파고가 높아져 소통이 제대로 되지 못한다[비12].

> 어떻게 해야 되는가? 열정적으로 창조성을 최대한 발휘해야 하는데[건01] 오히려 침착하게 음으로 거하며 역량을 기른다[이27].

5음은 1양이나 6양처럼 직접 활동할 수 없는 수동적인 상태다. 이 자리는 세상의 중심리더가 활달하게 경륜을 펼치는 무대임에도 꽉 막힌 세상이라 곤궁한 처지다. 이를 깊이 인식하지 못한 채 자신 앞의 큰 사업을 기회로 알고 적극적으로 손을 댄다면 낭패를 볼 것이다. 음의 속성에 따라 차분하게 사회분위기가 바뀔 때까지 은인자중하며 역량을 더 비축하는 것이 좋다. 지금은 자신이 쌓은 역량과 경륜을 펼칠 때를 침착하게 기다려야 한다.

이 괘의 도달 목표인 동시에 상황코드인 '건(01)' 자체의 말(末)이 다시 이(27)로 되돌림 되는 것이 5음의 특수한 상황이다. 창조적 기운이 한껏 뻗치고 나면 다시 길러지지 않으면 안 되는 순환이치를 따를 것이므로 5음은 가장 적절한 시기에 그 능력을 최대한 발휘해야 한다. 아직 세상은 점점 비색한 국면을 다 벗지 못하였기에(비12) 비록 내실을 기한 바 있다 하더라도(태11) 목표를 향하여 돌진하는 상황이 아니라는 것을 음의 소극적 입장이 표현하고 있다. 표상이 보이는 것처럼 5음은 역량을 기르는 것과(이27) 창조성을 펼치는 것과의(건01) 사이에 있는 것이니 섣부른 나섬은 어려울 것임을 함의하고 있다.

'정도대로는 하지 못한다[拂經]. 끝까지 굳건하게 머물면 길하고[居貞吉] 큰 내를 건넘은 불가하다[不可涉大川]' 하였는데, 상황코드인 창조적 능력발휘(건01)의 상황을 맞닥뜨리고서도 덜 트인 자신과 세상환경에 맞추어(비12) '건'의 활달한 펼침 특성을 다하지 못하여 정도(正道)를 어기는 것 같지만 상황이 좋아질 때까지 차분하게 수용하는 음효의 직능을 살려 참고 견디며 자신의 역량을 키워나가면(이27) 오히려 길한 상이니 곧 '이(27)'를 바탕으로 '건(01)'의 상황을 수행하는 것이다. 창조적 역량을 펼치더라도(건01) 오히려 배워나간다는 원칙으로 하는 것이다(이27).

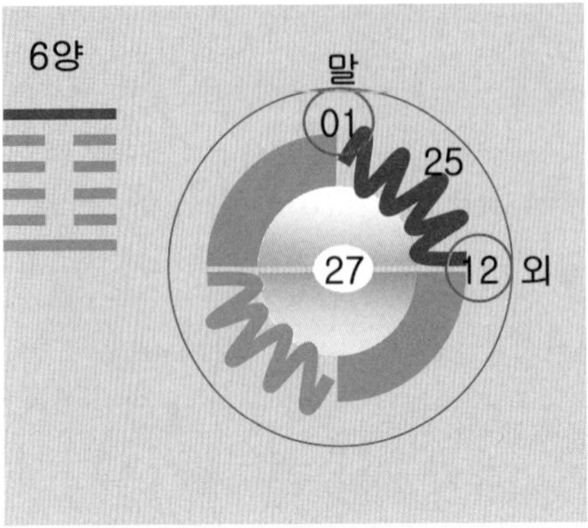

由頤유이. 厲려 吉길.

利涉大川이섭대천.

역량을 길러야 하는[頤] 까닭이 여기에 있도다[由]. 조신(操身)하게 행동하면[厲] 길하리라[吉]. 큰 내를 건넘이 이로우리라[利涉大川].

6양은 비(否)·무망(无妄)·건(乾)의 과정이다: 답답하게 막힌 세상에서 일말의 희망을 안고[비12] 창조적 역량을 한껏 펼치는 형통한 국면으로 연결된다[건01]. 어떤 과정을 겪어나가야 하나? 막힌 세상이니 주위를 책임감 있게 성찰하고 조신하며 정도와 순리를 따르고 절제의 모범을 보이게 되면[무망25] 세상의 닫힌 빗장이 풀리며 뜻을 적극적으로 펼칠 수 있는 천운과 연결된다(양).

6양은 툭 터진 통찰력으로 세계 밖과 미래로 향하는 전진의 열린 문이며, 세계 전체가 필요로 하는 정보와 에너지의 입·출력창구다. 창조적 역량을 기르면서 동시에 그 능력을 펼쳐나가는 핵심적 역할이니 성찰하고 조신하면서도 필요에 맞추어 전진적 공세를 펴야 한다.

상황코드인 '무망(25)'은 단순히 무위자연적인 삶을 의미하는 것이 아니고, 그 괘사에서 '무망이란 원형이정(우주의 순환 이치)을 따르는 순리의 삶이다[无妄 元亨利貞]'라고 정의한 것처럼, 맞닥뜨린 시의(時宜)에 적합한 흐름을 따라야 하는 삶이다. 그렇다면 6양의 순리는 무엇인가? 우선 표상이 나타내는 바대로 6양이 갖는 직능인 창조적 역량의 입·출력창구로서 적극성을 띠어야 한다. 이와 함께 이 괘의 본말인 '비(12)·건(01)'이라는 양단의 조건에도 맞추려면 무망의 기초자세인 정도·절제의 겸소함을 견지하면서 창조적 시도를 해야 한다. 이것이 지금 이 효의 형편에 맞는 무망의 삶이다.

'역량을 길러야 하는 까닭이 여기에 있다[頤由]'라 한 것은, 효가 향하는 이정표가 건(01)이니 결국에는 역량을 길러서 뜻을 펼치려는 것이므로 이 효가 '이(27)'의 목적을 달성하는 과정임을 말해주고 있다. 또한 '조신하게 행동하면 길하리라[厲吉]' 한 것은 건(01)을 향한다 하여도 의사소통이 원활하지 못한 비(12)의 상황에서 정도와 순리를 따르고 절제의 모범을 보여야 하는 무망(25)의 과정을 겪어내야 함이다. 개인, 국가, 세계의 역량을 기르고 확장해나가면서 생존하려면 미래를 향하여 해당 범주의 세계 밖으로 새로운 창조적 시도를 해나가지 않을 수 없으므로 미지의 경쟁적 요인 때문에 항상 위험요소가 따르지만 사전에 문제의식을 가지고 고민하며 잘 헤쳐나가면 전체의 발전을 도모하게 될 것이니 궁극적으로는 길한 행로라는 말이다. 마지막에, '큰 내를 건넘이 이롭다[利涉大川]'라 한 것은 막힌 세상의 어려운 상황을 면밀히 챙기면서 순리와 절제의 삶이지만 필요에 따라 앞을 향한 과감한 전진을 감행하지 않으면 건(01)의 펼침을 이룰 수 없기 때문이다.

28. 택풍대과(澤風大過)

크게 지나쳐 힘겨운 상, 에너지의 지나친 방출 성향, 등등한 기세로 무리하게 날뜀, 큰 잘못, 큰 변화의 위험성, 폭발 직전의 상태, 빅뱅 시점

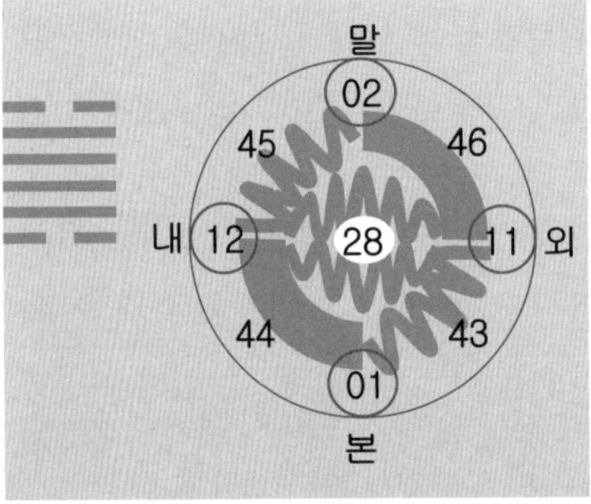

大過대과.
棟橈동요.
利有攸往이유유왕. 亨형.

크게 지나쳐 힘겹도다[大過]. 용마루가[棟] 휘어지도다[橈]. 여유를[攸] 가지고[有] 나아가면[往] 이로우리라[利]. 형통하리라[亨].

대과[大過]는 건(乾)·비(否)·태(泰)·곤(坤)을 따라 흐르는 세계다: 큰 강을 넘으려고 세찬 에너지 발산을 시작하면서[건01] 가로막고 선 벽이 있는데도[비12] 튼실한 힘으로 의기양양하게 밀어붙이니[태11] 결국은 에너지를 다 소진하고 아쉬워하게 되는[곤02] 일련의 과정이 '대과'의 세계다.

8괘의 상으로 보면, 안으로 바람이 채워져(巽風손풍) 내부압력이 열정에 찬 것처럼 팽팽하게 된(兌澤태택), 또는 아래의 나무 위로(風) 연못 물이 넘쳐 오른(澤), 또는 아래의 나무가 뻗쳐올라(風) 홀로 기세 등등한(兌) 상으로서 크게 지나친 특별한 국면을 그리고 있다.

격변의 시대를 건너가거나 대망의 큰일을 이루어내기는 쉽지 않다.

1음은 마라톤의 제일의 요건인 처음의 워밍업과 제어력에 해당한다. 심장에 무리를 주지 않도록 차분한 단거리 훈련이 필요하다. 2양은 세계의 생명유지의 바탕인 인체의 장부다. 소화를 원활케 하여 큰 변화를 오래 감내할 에너지를 비축하여 두어야 한다. 3양은 물리적인 일을 할 수 있는 팔다리 격으로서 튼튼할수록 큰 일을 감당하기 쉽지만 너무 벅찬 일을 한꺼번에 하면 중도에 기진하고 만다. 4양은 이 세계의 기획자인 활성적인 뇌다. 현명하고 적극적인 지도력이 있어야 어려운 시대를 뚫고 나갈 수 있다. 5양은 인체 전체를 통할하는 부위인 척수 신경계로서 복잡 미묘한 기능이기 때문에 충격을 주지 않는 주도 면밀한 운영이 필요하다. 너무 과하면 신경에 병이 오는데 일시적인 약으로는 낳기 어렵다. 6음은 세계의 바깥과 미래를 바라보는 눈이며 '관(觀20)'의 통로인데, 이 역할이 소극적이면 큰일과 격변의 시대를 예견하기 어렵다. 따라서 선수와 같은 심장과 미래학자와 같이 내다보는 열린 눈이 없으면 큰 강을 건너기는 어렵다. 멀리 날 수 있으려면 기초체력을 일상의 훈련으로 다지며 예리한 판단력과 예지의 능력을 길러야만 대변혁의 시대를 극복하며 큰일을 과오 없이 해낼 수 있을 것이다.

1양은 날아가는 새의 꼬리고 6양은 그 머리이며 3양과 4양은 활동하는 날개이며 2음과 5음은 동력발생원이다. 힘차게 날개 짓하며 6양이 바라본 바에 맞추어 꼬리가 방향을 제어하며 날아가야 하는데, 6음으로 멀리 잘 보지 못하고 1음으로 제어능력이 부족하면 이 새는 필경 큰 강을 제대로 넘기는 힘들다. 시간이 좀 걸리더라도 1음에서 기초를 튼튼히 다지고 6음의 입장에서는 미지의 분야에 대한 많은 정보를 잘 습득하여 도전에 나서야 함을 말해준다.

필자는 이 글을 쓰기 십여 년 전에 괘·효에 대한 새로운 개념을 정립하고 이 내용을 책으로 집필한 것에 대하여 점서(占筮)하여 바로 이 대과(大過)괘를 얻고서 필자의 능력에 비하여 지나친 일을 감행하려 함을 크게 각성하였다. 그 후 십 년을 더 깊이 연구하는 동안에 『주역』의 괘상에 숨겨져 있는 비밀코드를 찾아내었고 이로써 지금의 『과학주역』을 세우는 토대를 마련하게 되었다.

'대과'를 인성(人性)의 면에서 살펴보면, 근본적 본성은 소극적이지만(1음) 외적으로 물적 육체적 교류가 활발하고(3양) 신진대사 작용이 원활하기 때문에(2양) 신체적으로는 에너지가 넘친다. 여기에 이성적 사고력이 출중하고(4양) 판단력과 행동이행의 능력이 민활하므로 무엇이든 해낼 수 있을 것으로 보이나(5양) 정작 헤쳐나갈 미지의 세계에 대한 혜안이 없어서(6음) 자신의 부족함을 깨닫지 못하고 큰 일을 무리하게 감행하려는 성품이다.

'크게 지나쳐 힘겹고[大過] 용마루가 휘어진다[棟橈]'라고 하였는데, 여기에서 '크게 지나치고 힘겨움'은 '무리하게 시도한다'는 반성적 태도와 '크게 이루려 한다'는 도전적 의미를 동시에 갖고 있으므로 큰 일을 욕심 내어 이루려 하면 지붕을 받쳐주는 가장 중요한 하중지지대가 휘어질 만큼 기초능력에 비하여 무리하게 해나감으로써 큰 과오를 범할 수 있다는 뜻이다. 이어서 '여유를 가지고 나아가면 이롭고[利有攸往] 형통하다[亨]'라 하였는데, 한꺼번에 위험을 무릅쓰고 활발히 나서기보다는 바탕부터 철저히 다지고(1음) 외연적 상황을 조용하게 면밀히 살필 수 있는 여유를 가지고 방향을 잘 잡아(6음) 처리해나간다면 이로움이 생기고 하는 일도 잘 펼쳐나갈 수 있다는 뜻이 된다.

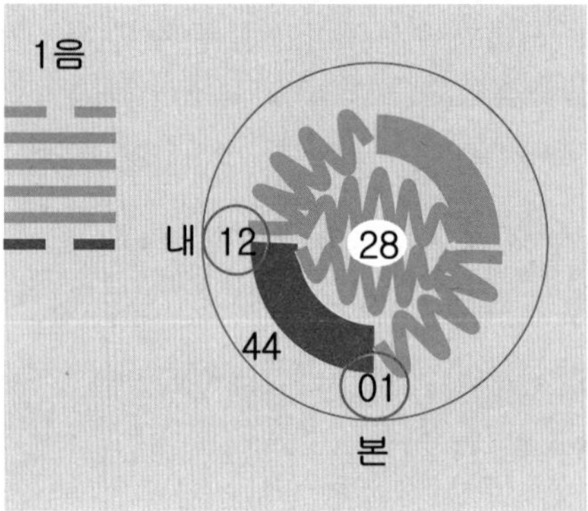

藉用白茅자용백모 无咎무구.

자리를 깔 때[藉] 하얀[白] 띠풀을[茅] 쓰면[用] 탈이 없으리라[无咎].

> 1음은 건(乾)·구(姤)·비(否)의 과정이다: 큰 강을 넘으려고 세찬 에너지 발산을 시작하려는데[건01] 심적 장애의 늪이 가로막고 서 있으면[비12] 어떻게 해나가야 하나? 사소한 걸림돌에 막혀 방해받지 않도록 매사에 신중하게 가능한 모든 정성을 다한다[구44].

1음은 섣부르게 덤비지 않고 마음을 차분하게 해야 하는 음의 특징과 근본의식의 소극성으로 말미암아 주변의 활달한 양들의 발목을 잡는 걸림돌로서의 단점을 동시에 함의한다(음). 큰 일을 처음 시도할 때는 바로 그 전체의 면모를 파악하여 대처하기는 어렵다. 분간이 어려운 상황에서 일희일비하며 처음의 바탕을 다지지 못하고 가볍게 취급하면 화를 당하기 쉽다. 잔물결에 휘말려 에너지를 소진하지 말고 조용하면서도 탄탄한 기반을 다져나가야 넘고자 하는 큰 강을 건널 수 있다. 큰 일의 첫 실마리는 참으로 중요하므로 조심스럽게 정성을 다해야 한다.

상황코드인 구(44, :|||||)는 1음에 나머지 양 다섯이 대응하고 있는 상황으로서, 의식의 세계보다도 잠재의식에 고착된 사고방식은 여간 해서는 변경시키기 어렵기 때문에 원천적으로 처음 고착하려 할 때 잘 관리해야 함을 말해준다. 영향력이 사소한 것처럼 보이지만 깊이 내재해 있는 무의식 세계를 잘 관리하지 못하면 전체가 그것의 부정적 지배를 받게 된다.

'자리를 깔 때 하얀 띠풀을 쓰면[藉用白茅] 탈이 없다[无咎]' 하였는데, 하얗게 정결한 띠풀로 자리를 깔고 그 위에서 고사(告祀)를 치르며 큰 일의 무사한 성공을 비는 제사를 지내는 그런 정성을 다한다면 정신적으로 첫 실마리를 안정하게 풀어가는 것이므로 탈이 없으리라는 뜻이다. 이는 곧 저변에 웅크리고 있는 부정적 영향력을 정성스럽게 집중하여 관리해야 함을 말해주는 '구(44)'가 대변하고 있는 상황이라 하겠다.

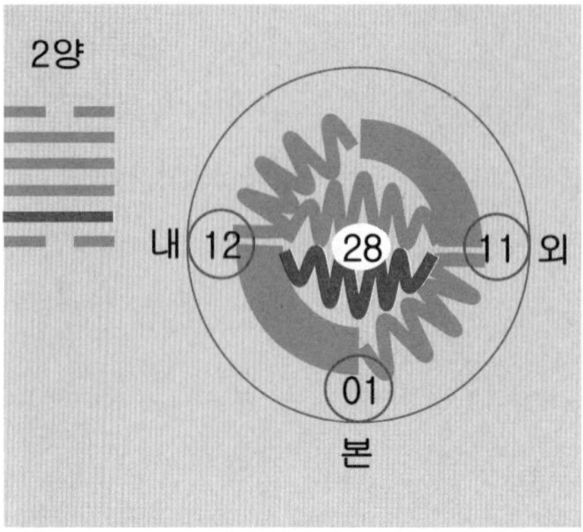

枯楊生稊고양생제·
老夫得其女妻노부득기녀처,
无不利무불리.

버들[楊]고목에[枯] 새싹이[稊] 움트도다[生]. 늙은 홀아비가[老夫] 젊은 아내를 얻으니[得其女妻], 불리할 것이 없으리라[无不利].

> 2양은 비(否)·건(乾)·태(泰)의 과정이다: 내면의 근본정신이 공황의 늪을 헤쳐나지 못하고 있는데[비12] 세상은 소통이 원만하여 튼실하고 의기충천해지고 있다[태11]. 어찌 하면 내외의 균형을 이룰 수 있을까? 내면의 소극적 의식을 걷고 대망을 세워 불굴의 의지로 과감히 헤쳐나가야 한다[건01].

2양은 정신적 내면을 적극적으로 자극하여 세상이 활력을 얻게 되도록 하는 역할이다. 마치 소비심리를 활성화 하면 경기가 되살아 나듯이. 큰 변혁이 생기는 '대과'의 시기에는 마음이 미처 따라가지 못하기 쉬우나 그 상황에서 근본정신마저 바꿀 수 있는 특별한 조치가 있다면 과감한 시도가 필요하다. 될 것 같지 않아도 외적 교류가 활성적이고(3양) 2양의 적응력과 조절능력이 민활하므로 가능성이 높다(양).

마음이 채 내키지 않는데(비12) 태평세월에 적응하려면(태11) 뭐든지 해내겠다는 창조적 적극성이 뒷받침되어야 하는(건01) 상황인데 2양의 적극성이 그 균형을 받쳐주는 셈이다.

상황코드인 '건(01)'의 창조적인 기운의 확산은 큰 강을 넘어가기 위해[대과28] 꼭 필요한 기초자질이다. 마찬가지로 창조적 기운을 펼쳐나가려면(건01) 크게 뛰어넘을 수 있는 능력이 그 기초자질이 되어야 한다(대과28). 따라서 2양은 창조적 기운을 펼치는 능력을 바탕으로 큰 변화의 물꼬를 터고 넘어가는 역할이다.

'버들고목에 새싹이 움트고[枯楊生稊] 늙은 홀아비가 젊은 아내를 얻으니[老夫得其女妻] 불리할 것이 없다[无不利]'라고 하였는데, 예를 든 두 경우는 모두 크게 건너뛰어야 할 변화의 형국을 예시한다. 그것을 뒷받침하는 것이 바로 창조적 기운의 확산이니(건01) 이것이 없다면 어찌 고목버들에 새싹이 움틀 수 있고 늙은 이가 젊은 여인을 품어 아이를 얻을 수 있겠는가!

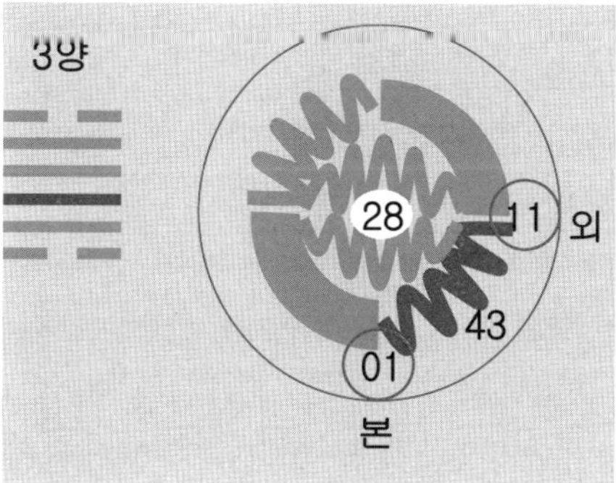

棟橈동요 凶흉.

용마루가[棟] 휘어지니[橈] 흉하리라[凶].

3양은 건(乾)·쾌(夬)·태(泰)의 과정이다: 대망을 세우고 불굴의 정신으로 박차고 나가려는데[건01] 세상의 모습도 튼실하고 활발하게 기가 살아있다[태11]. 진격의 분위기가 틀림없다. 하지만 그런 분위기에는 능력에 비해 과욕이 앞서고 조급하여 실수할 확률이 높다[쾌43].

3양은 외부와의 활발한 상호작용이긴 하나 지나침과 부주의함 때문에 내부의 큰 잠재력이 유실되어 현실적 성취로 나타나가 어렵다. 잘못된 투자로 재산을 제대로 이루어볼 겨를도 없이 가세를 기울게 하는 모습이다. 옆으로 새어 나가는 에너지(곁가지 사업) 때문에 큰 꿈을 키우던 기업이 하루아침에 망하는 형국이다. 쓸데없는 말로 인하여 쌓는 공을 허무는 것도 이런 식의 흉한 모습 중의 하나다.

상황코드인 '쾌(43, ||||:)'는 그 자체의 걸림돌(6음)을 거세하기 위하여 대세지향적으로 결단하는 모습이다. 한번 마음먹은 일을 일사천리로 달성하려는 조급함과 교만함으로 말미암아 매사를 사정없이 밀어붙이니, 제일 중요한 인간관계에 금이 간다. 목적과 수단이 뒤바뀌져 재화도 권력도 누수현상이 생긴다. 왜냐하면 자신만만함(건01)이 주위의 협조를 무시하는 소질을 갖기 때문이다.

효사에서 '용마루가 휘어지니 흉하다[棟橈凶]' 함은 아무리 중요하고 급한 일리라 하더라도 중심을 잃을 정도로 조급하고 안하무인 격으로 치달으면 관계의 소산인 인간과 또 그 인간이 하는 일은 어그러질 수 밖에 없으므로 흉하다고 단언하고 있다.

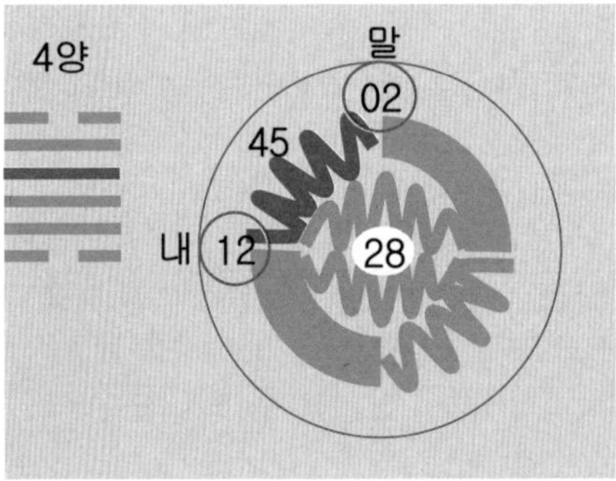

棟隆동륭 吉길. 有它吝유사린.

용마루를[棟] 북돋우니[隆] 길하리라[吉]. 사심(蛇心, 私心, 邪心)을 두면[有它] 옹색하리라[吝]. (它=蛇)

4양은 비(否)·췌(萃)·곤(坤)의 과정이다: 세상의 인심이 꽁꽁 얼어붙었지만[비12] 상대를 받아들이고 헌신적으로 협조·봉사하는 상태로 가려면[곤02] 어떻게 해야 하는가? 지도자가 덕망과 지혜로써 세상을 강력히 계도(啓導)하고 단합시킬 때 정체되었던 인심이 풀려서 몰려오고 협조·봉사하게 된다[췌45].

4양은 크게 넘어야 할 대변혁의 시대에도 주위의 도움을 끌어낼 수 있는 밝은 지혜와 지도력이다. 그 밝음을 중심으로 하루살이가 날아들듯 무리를 지어 모여든다. 자원도 따라 모인다. 하지만 기획자는 머리를 써서 임의성을 발휘할 수 있기 때문에 자칫 자신의 분수를 넘칠 수 있다. 이럴 때일수록 책임자를 도와 큰일을 도모하며 세상을 향한 사심 없는 적극적인 마음의 자세를 가진다면 그는 그 시대의 보배다. 행동과 내면이 일치하지 않는 사람이 큰 일을 도모하는 자리에 있으면 도움이 안 된다.

상황코드인 '췌(45)'는 비(12)와 곤(02) 사이의 과정이기도 하지만, 그 자체의 내밀(內末)이 각각 이 괘의 1양과 6양의 상황코드인 구(44)와 승(46)이니, 불순존재와의 만남, 즉, 사심에의 구속으로부터(구44) 질서를 회복하고 도약하는 국면으로(승46) 연결시키는 상황변수이므로 사심을 극복하고 참다운 지혜로써 주위의 협조와 단합을 이끌어내는 리더십을 의미한다.

'용마루를 북돋우니 길하다[棟隆吉]' 하였는데, 용마루가 집에서 가장 중요한 지붕의 하중을 버텨내는 것이니 그 받치는 힘을 보강하는 조치를 취하는 것은 겉으로는 드러나지 않지만 집 전체의 안전을 보장하는 핵심적인 일이니 길하다는 뜻이다. '사심을 두면 옹색하다[有它吝]' 하였는데, 만약에 용마루의 역할과 같이 전체를 위한 근본적인 조치가 아니고, 예컨대, 용마루는 휘어져도 우선 보기 좋은 실내단장 등의 사소한 일이나 개인적인 관심사에 초점을 두는 등의 사심을 품는다면 그 집은 미래를 보장할 수 없기에 옹색한 조치에 불과하다는 뜻이다.

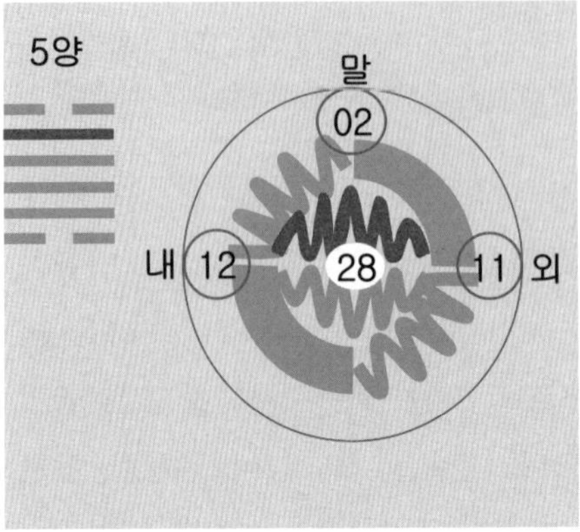

枯楊生華고양생화·
老婦得其士夫노부득기사부,
无咎无譽무구무예·

버들고목에[枯楊] 꽃이[華] 피도다[生]. 늙은 부인이[老婦] 힘센 남편을 얻으니[得其士夫], 허물도 명예도 없으리라[无咎无譽].

> 5양은 비(否)·곤(坤)·태(泰)의 과정이다: 내적으로는 서로 소통할 수 없이 꽁꽁 얼어붙어 있는데[비12] 바깥의 세상물정은 좋다[태11]. 이런 상황에서 크게 지나치면 어떻게 되겠는가? 외적인 튼실함에 맞추어 마지막 남은 쓸모 있는 힘을 과도하게 탕진하면 이후에는 오히려 외부로부터 에너지를 받아들여야 할 처지다[곤02].

5양은 힘을 펼치고 있지만 자신의 현재 역량보다 지나치게 탕진하는 상황이다. 큰 성취를 이루기 위하여 가진 자산을 올인(all-in)하여 투자하는 모습이다. 하지만 그런 투자는 성공을 보장할 수 없다. 왜냐하면 5양은 그 내적인 상황이 막혀있기 때문에 능력을 펴기 어려운데도(비12) 외적인 호황(태11)을 따라잡기 위하여 무리하게 소비하는 국면인데다 아울러 이 효의 배경코드가 오히려 에너지 유입을 필요로 하는 곤(02)이기 때문이다. 표상에서 수직적으로는 대과(28)와 곤(02) 사이의 과정이 5양이므로 대과의 시절에 지나치게 에너지를 탕진하여(대과28) 점차 빈털터리가 되어가는(곤02) 국면이다.

'버들고목에 꽃이 피고[枯楊生華] 늙은 부인이 힘센 남편을 얻는다[老婦 得其士夫]'라고 하였는데, 두 경우 모두 에너지가 소진되고 있는 상황에서 꽃이 피고 남편을 얻어 기쁘겠지만 꽃은 잠깐일 뿐 쉽게 지고 말며 늙은 부인은 잉태하지 못하니 결국은 에너지소비를 가속하는 길로 들어섬을 의미한다. 이어지는 효사에서 '허물도 없고 명예도 없다[无咎无譽]'라고 하였는데, 이는 2양의 시절에는 버들고목에 새싹이 움터 생명연장의 삶을 누렸고 늙은 홀아비가 젊은 아내를 얻어 후손을 보았으니 보람이 있었지만 이에 비하여 5양과 같이 고목버들이 꽃을 피우고 노부인이 가정을 이루는 것이란 자연의 한 모습으로서 탈이 날 것은 없지만 결코 보람이 있는 일은 아니라는 뜻이다.

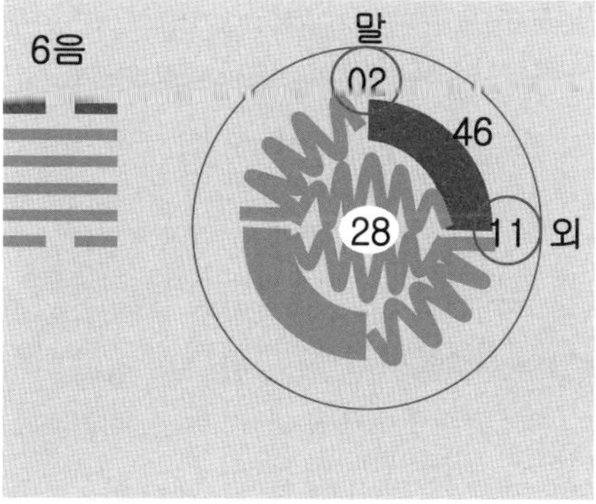

過涉滅頂과섭멸정.
凶흉 无咎무구.

무리하게 건너다가[過涉] 이마를[頂] 다치도다[滅]. 흉하지만[凶], 허물이 될 것은 없으리라[无咎].

> 6음은 태(泰)·승(升)·곤(坤)의 과정이다: 세상에 쉬운 일은 없고 큰 내를 건넘은 더욱 어렵다. 그러니, 의기충천한 세상의 흐름을 타고[태11] 힘이 소진될 때까지 밀어붙일 수밖에 없다[곤02]. 어떻게 해나가야 하나? 과욕과 조급함을 이기고 힘을 모아 최선을 다하여 고비를 잘 넘겨야 한다[승46].

6음은 세계 밖과 미래로 향진함에 있어 생기는 장애요소를 의미한다. 큰 추진력으로(2양·3양·4양·5양) 머리를 앞세워(6음) 목표를 향하여 나아가고 있으나 빨리 멀리 날려면 선두가 유선형으로 저항이 최소화 되게 해야 하고 장애물도 피해가야 한다. 다가오는 미래에 대한 밝은 정보도 없이 지나치게 밀어붙이기만 하면 선두(이마)가 다친다. 지금의 부족함을 보충하고 의욕과 현실과의 괴리를 최적화 해나간다면 크게 날지 못할 것도 없지만 결국은 모든 힘이 소진되고 만다(곤02). 태(11)의 상태로 의기양양하게 출발했지만 그 과정에서는 승(46)의 상태를 견지하는데 이는 큰 내를 건넘에 있어 힘이 점점 떨어지면서 출발 시의 의욕도 잃어가고 있음을 시사하고 있다. 이때의 승(46)은 노력의 과정일 뿐 성공을 보장하기는 어렵다.

상황코드인 '승(46)'은 태(11)와 곤(02)의 이정표를 따르는 과정이지만 그 자체의 외말(外末)이 각각 이 괘의 3양과 4양인 쾌(43)와 췌(45)를 연결하는 가교이기도 한 것이니, 과욕과 조급함을 가지고(쾌43) 의기양양하게 나서지만(태11) 결국에는 힘이 소진될 것이 뻔하니(곤02) 그 전에 지혜로운 도움과 협조를 모아(췌45) 남은 힘을 잘 관리하며 그 힘으로 건너야 함을(승46) 말해준다.

'무리하게 건너다가 이마를 다치니[過涉滅頂] 흉하지만[凶] 허물은 없다[无咎]' 함은, 미래가 불투명한데 앞을 향하여 돌진하다가 이마를 다친다면 이는 뜻한 바를 제대로 이루지 못하는 것이니 사적으로는 흉할 수 밖에 없지만, 결과야 어떻든 뜻을 이루기 위하여 최선을 다하는 모습은 공적으로는 비난의 대상이 될 수 없다는 뜻이다.

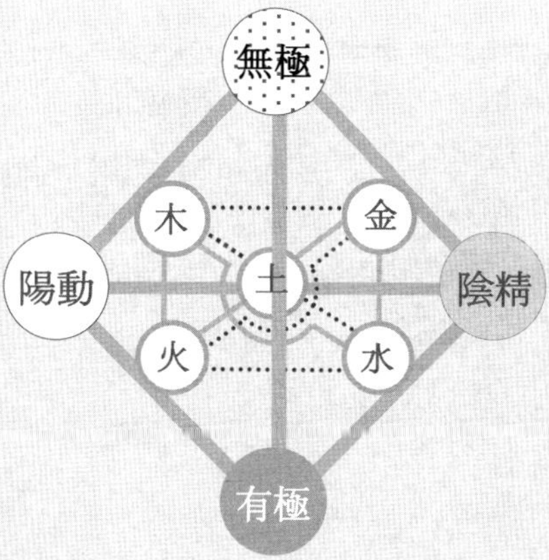

▷ 사면체 구조의 태극도 프랙털(Fractal)
(『과학주역』1, 57쪽)

염계 태극도에 분리되어 나타나 있는 무극을 한 자리로 고정하고 오행의 흐름도를 사면체 기법으로 새롭게 정리한 그림이다. 목(木)으로 발동한 것이 수(水)로 응축했다가 다시 목(木)으로 순환하듯 무극과 유극 사이의 생멸운동도 오행순환을 닮아 순환한다. 이와 같이 전체와 부분이 자기닮음의 관계로 전개되는 현상을 프랙털(fractal)이라 한다.

29. 중수감(重水坎)

어둠·난관·혼란의 상, 혼란 속의 난제, 절제의 어려움 감내,
혼란의 극복과정

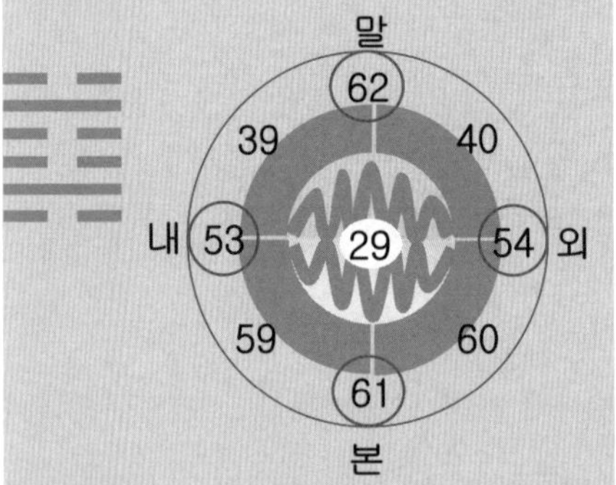

習坎습감.
有孚維心亨行유부유심형행,
有尙유상.

난관이[坎] 겹치도다[習]. 믿음을 가지고[有孚] 오직[維] 마음을[心] 북돋워[亨] 일을 행하면[行] 받듦이 있으리라[有尙].

29

감[坎]은 중부(中孚)·점(漸)·귀매(歸妹)·소과(小過)를 따라 흐르는 세계다: 믿음과 열정을 추진력으로 삼아[중부61] 점진적 발전을 꾀하면서[점53] 내적 의욕은 가득하지만 갖가지 제약이 많은 환경에서[귀매54] 최소한의 성취를 이루어내는[소과62] 일련의 과정이 '감'의 세계다.

8괘로 보면, 아래에서 위로 어둠·난관·혼란이 겹쳐있는 상이다. 물(坎水감수) 위로 물(坎水감수)이 범람하니 홍수 속의 난리다.

세계는 불활성의 막으로 둘러싸여(1음·3음·4음·6음) 세계의 활동무대는 심적 물적 양면에 있어서 맥이 잘 통하지 않는 모습이다. 세상은 어둡고 관계는 막혀있으니 생활은 어렵다. 하지만 세계의 중앙은 밝음과 활력으로 고군분투하고 있다(2양·5양). 마치 표피는 식은 것 같지만 미온의 태양

열을 받고 있고 그 한가운데에 뜨거운 용암이 끓는 살아있는 지구와 같다. 그래서 기회를 맞으면 언제고 활화산으로 강렬한 힘을 과시한다. 생명을 이루는 세포들이 세포막과 세포질로 구성되어 있듯이, 물의 흐름 속성과 그것을 감싸는 표면장력이 서로 맞서듯이, 음은 양을 에워싸서 생명을 잉태시킨다. 배아상태에서 인간으로 태어나기 위하여 열 달의 부자유한 갇힘 속에서의 기다림이 필요한 것과도 같다. 모든 위협의 요소를 극복하는 기다림의 과정은 어렵고 힘들겠지만 그 후에 고귀하고 강한 생명체가 탄생하는 것이다. 아무런 장애 없이 쉽게 이룬 일은 저항력이 없으므로 이후에 더 큰 실패를 부를 수 있는 불완전한 성공이다. 귀한 것일수록 호사다마(好事多魔)의 고역을 거치곤 한다. 이제 성패는 그러한 마(魔)의 장애물들을 걷어내고 그 뒤에 숨어 있는 존귀한 가치를 어떻게 발굴할 것인가에 달려있다. 숙성의 기간을 보내고 껍질을 터뜨리고 나온 새가 하늘을 나는 성공비결은 감[坎]의 표상 속에 함의되어 있음이 틀림없다.

인성(人性)의 면으로 보면, 본성이 활달하지 않고(1음) 외부와 물적 교류도 소극적인데(3음) 신진대사능력은 원만하니(2양) 항상 신체가 원하는 만큼의 물적 육체적 조달이 잘 안 되는 난관이다. 주어진 범위 내에서 자신의 판단에 의한 제어는 가능하지만(5양), 이성적 사고력이 떨어지고(4음) 대외정보활동도 둔화되어 세계 밖과 미래에 대해 어두우니(6음) 정신적 난관에 부딪쳐 있어 결국은 물심양면의 이중적인 어려움을 겪고 있는 혼란한 상황이다. 표상이 보이는 것처럼 주어진 한계 속(원의 테두리)에 갇혀 있어서 좁은 영역의 운신(중앙의 양 둘)은 가능하지만 그 벽을 쉽게 넘을 수 없어 마치 우물 안의 개구리와 같은 신세다.

'난관이 겹친다[習坎]' 함은 예컨대 인성의 면에서 살펴본 바와 같이 아래 소성괘 감(坎)이 보이는 물적 육체적 난관과, 위의 감(坎)이 보이는 정신 행동적 난관이 함께함을 의미한다. 아래 감(坎)이 걸쳐 있는 삼원(三元)이

‘중부(61)·점(53)·귀매(54)’이니 열정은 있지만(중부61) 진행이 더디고(점53) 제약이 많아 운신이 어렵다(귀매54). 여기에 위 감(坎)의 심원이 ‘점(53)·귀매(54)·소과(62)’이니 도약할 바탕이 성숙되지 않았고(점53) 세상마저 불경기이니(귀매54) 실천노력의 결실은 작을 수 밖에 없어(소과62) 물적 정신적 이중고에 시달림을 말한다.

이어서 '믿음을 가지고 오직 마음을 북돋워 일을 행하면[有孚維心亨行] 받듦이 있으리라[有尙]’라고 하였는데, 이것은 곧 이 괘의 기초자질인 ‘중부(中孚61)’를 의미하므로 달리 표현하면 ‘中孚·行중부행’ 과 같은 의미가 되어 믿음과 마음의 열정을 바탕으로 밀고 나가니 난관은 극복되어지고 타인의 존경을 받을 수 있다는 것이므로 이는 길조다. 난관이 겹치는데 어째서 길조냐 하면 ‘중부(中孚61)’는 이 괘의 기초자질이기 때문이다. 더욱이 감(坎29)의 결과형질이 ‘소과(小過62)’이니 작지만 성취할 수 있음을 의미하므로 이 난관은 노력하면 극복할 수 있음을 알 수 있다.

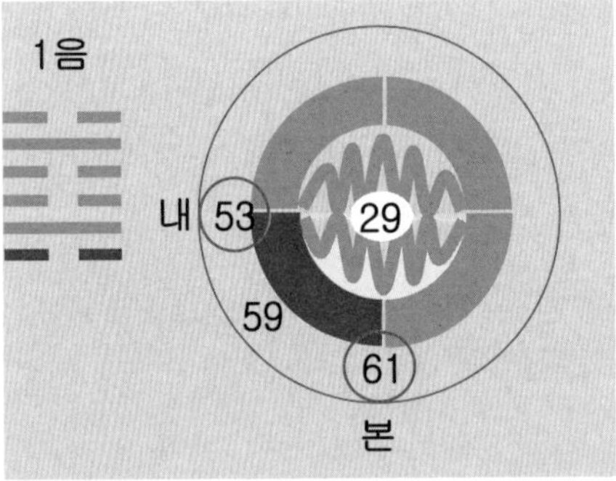

習坎습감.
入于坎窞입우감담, 凶흉.

난관이[坎] 겹치도다[習]. 깊은 수렁에[于坎窞] 빠지면[入] 흉하리라[凶].

1음은 중부(中孚)·환(渙)·점(漸)의 과정이다: 오직 믿음과 열정으로 시작하여[중부61] 절망을 넘어 점진적인 발전을 이룩해내지 않으면 안 된다[점53]. 어떻게 해나가야 하나? (사면초가의 한계에서 빠져나올 수 있도록 도움을 받으며) 내면을 정화시키고 서서히 구조적 변화를 도모해야 한다[환59].

1음은 혼란과 곤경에 빠져 마음이 꽁꽁 얼어 붙어 있어 불활성의 험한 늪에 빠진 모습인 동시에 그 속에서는 무엇보다 마음을 안정시키고 신중해야 함을 나타낸다(음). 마음의 등불인 희망이 없다면 그 자체가 절망이다. 음은 정(靜)적이면서 안정감을 나타내므로 1음은 우선 자신의 속성으로써 난관 극복의 계기로 삼아 어두움 속에서 방향감각도 없이 허우적거리기보다는 침착하게 생각하며 주위의 생기에 접하며 침체한 음의 분위기를 바꾸면서 점진적인 발전을 기해야 한다.

상황코드인 '환(59)'의 4원 개념을 풀어보면, 세계가 갈등과 불신의 한계에 봉착함에(절60) 절실한 도움이 얻어내고(건蹇39) 구태를 벗는 개혁에 나서(혁49) 세계를 이끌어 나아가는(려56) 일련의 과정이니 곧 1음이 겪으며 해내야 하는 절체절명의 위기를 벗어나는 방법을 말해주고 있다. 특히 그 4원 중에서 본내(本內)가 '절(60)·건(39)'이니 이는 3음과 4음을 연결하는 내적 가교이기도 하다. 사면초가의 한계 속에서(절60) 가장 절실한 것은 도움을 얻어내는 것이다(건蹇39).

'난관이 겹치도다[習坎]. 깊은 수렁에 빠지면[入于坎窞] 흉하리라[凶]' 하였는데, 괘의 전체상황으로 보면 감(坎) 아래에 감(坎)이니 물 속의 물이라 심연에 빠져있어 헤어나기 어려운 모습으로서 난관이 겹치는 상황이다. 거듭되는 난관으로 어려운 것은 사실이지만 그 중에서도 물이 찬 구덩이, 즉, 깊은 수렁[坎窞감담]은 함정 중에서도 최악의 경우로서 그렇게 되면 도움조차 받기 어렵기 때문에 흉하게 되리니 그것만은 피하라는 뜻이 함의되어 있다. 왜냐하면 난관이 겹치는 상황만으로 흉하다면 효사는 '習坎습감 凶흉'이라 해도 되는데 굳이 '入于坎窞입우감담'을 조건으로 하는 것은, 어려움을 거듭하더라도 믿음과 열정의 바탕(중부61) 위에서 '환(59)'이라는 과정적 임무인 '도움을 받아서라도 내면을 정화하여 서서히 구조적 변화를 시도하는 노력'을 게을리 하지 말 것을 경고하기 위함이다. 그렇다면 '入于坎窞입우감담'을 하게 되는 경우는 어떤 것일까?

난관 중에서도[坎] 더 깊은 수렁[窞]으로 빠진다는 것은 어려움을 피하기 위하여 신의를 깨트린다든지 죄를 짓는 등 위기탈출의 믿음과 용기 그리고 점진적 발전(점53)을 향한 모든 의지를 저버리는 욕구와 행동에 빠지는 것을 의미한다고 봐야 한다. 왜냐하면 '入于坎窞입우감담'은 이 효가 걸어야 하는 '중부(61)·환(59)·점(53)'의 과정에서 탈선하는 사건을 저지르는 것이기 때문이다. 괘와 효는 이처럼 자신이 걸어야 하는 숙명의 길이 있는 것이니 그것을 알지 못하고서는 감히 길흉을 함부로 말해서는 안 될 것이다.

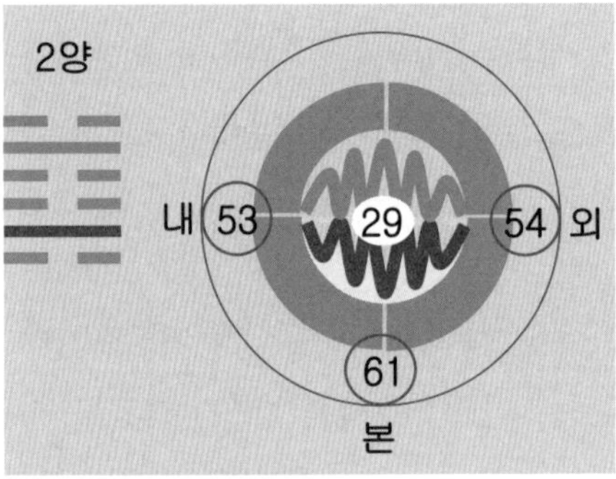

坎감, **有險**유험.

求小得구소득.

난관이니[坎] 위험이 있도다[有險].
작은 것을[小] 구하면[求] 얻으리라[得].

> 2양은 점(漸)·중부(中孚)·귀매(歸妹)의 과정이다: 내적으로는 난관 속에 점진적 발전을 기하려 하는데[점53] 세상 밖의 현실은 위축되어 가는 길을 가로막는다[귀매54]. 어찌하면 좋은가? 믿음과 열정으로 지혜를 발굴하며 꾸준히 '점진적 발전노력'을 밀고 나가는 것 밖에는 달리 방법이 없다[중부61].

2양은 막히고 어려운 세상가운데서의 적극적 활동상을 나타낸다. 양(陽)의 첫째 의미는 믿음과 열정이고, 둘째 의미는 힘든 상황에서 할 수 있는 일이란 작은 성과라 할지라도 최선의 노력을 다하는 것이다. 작은 일은 경쟁과 견제가 적기 때문이다. 셋째는 공덕을 조금씩 쌓아가는 일로서, 세상의 밑바닥에 있는 불행한 사람들에게 이 험한 세상의 다리가 되어주면 그들로부터 마음의 활력소를 얻게 되어 선 순환이 이루어진다.

상황코드인 '중부(중부61)'의 4원 개념을 '감'의 환경으로 가져오면, 난국에서도(감29) 나중의 어려움을 대비하여(기제63) 그것을 헤쳐나가는 길을 찾아(미제64) 열정과 밝은 지혜로써 세계를 이끌어나가는(리30) 일련의 과정이다. 점진적 발전(점53)이 현실적 위축분위기를 접할 때는(귀매54) 믿음과 열정으로 조금씩 이루어 갈 수 밖에는 없다(중부61).

'난관이니 위험이 있지만[坎有險] 작은 것을 구하면 얻으리라[求小得]' 하였는데, 세계의 외곽이 음 넷으로 둘러싸여 각각의 효의 직능이 원활치 못하고 불활성으로 고립되어 난관에 봉착한 것인데, 제때에 최소한의 수요공급을 맞춰낼 수 없으면 위기가 올 수 있는 분위기지만, '점(53)·중부(61)·귀매(54)'기 엮이내는 2앙의 과성은 한계를 맞으며(귀매54) 믿음과 열정으로써(중부61) 점진적 발전(점53)을 취해나가는 것이므로 무리가 없는 작은 것은 구한다면 결과를 얻을 수 있다는 뜻이다.

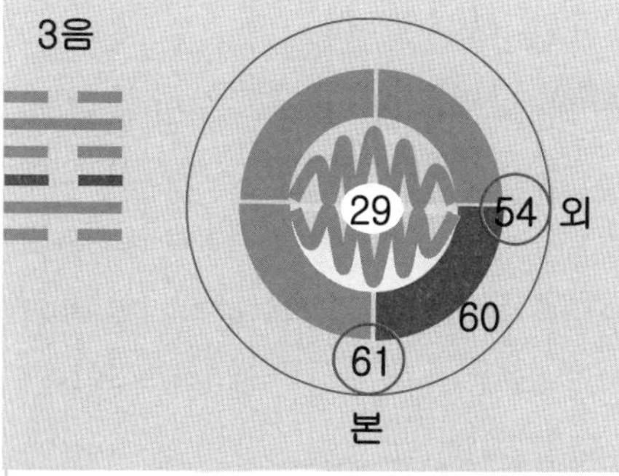

來之坎坎내지감감.
險且枕험차침.
入于坎窞입우감담, 勿用물용.

오나가나[來之] 난관에서 난관이로다[坎坎]. 험난해도[險] 구차하지만[且] 누워있어라[枕]. 깊은 수렁에[于坎窞] 빠지리니[入] 행동하지 말라[勿用].

> 3음은 중부(中孚)·절(節)·귀매(歸妹)의 과정이다: 믿음과 열정으로 단단히 무장하지만[중부61] 세상이 워낙 위축되어 언뜻 나서기는 어렵다[귀매54]. 어떤 과정 속에 있는 것인가? 나아가려 해도 갖가지 한계에 부딪친다[절60].

3음은 외부와의 물적 육체적 교류가 소극적임을 의미한다. 물자가 귀하고 몸의 운신이 쉽지 않다. 이 불활성의 늪에서 헤어나려면 무엇보다도 주위의 형세를 면밀히 파악하고 앞을 전망하여 대비해야 하지만 3음은 그런 것과 깜깜하게 담을 쌓고 있는 형국이라 앞이 더욱 험난하기만 하다. 자신의 내부의 힘을 유지·관리하면서 길이 열릴 때까지 참고 기다리는 수밖에 없다. 탈출을 감행하려 해도 할 수 없이 제약 속에 갇힌 모습이다.

상황코드인 '절(60)'은 중부(61)와 귀매(54) 사이의 과정이지만 그 자체의 본외(本外)가 '환(59)·해(40)'이니 이는 각각 본 괘의 1음과 6음의 상황코드와 같으므로, 결국 3음은 1음과 6음을 연결하는 외적 과정이기도 하다. 그러고 보면 3음은 아래 감(坎)과 위의 감(坎)을 연결하는 것이기도 하니 '감'에서 '감'으로 오가는 길목이 된다. 효사의 첫 머리에 '來之坎坎내지감감'이라 한 것은 이를 두고 하는 말이라 하겠다. 이어서 '험난해도 구차하지만 누워있어라[險且枕]. 깊은 수렁에 빠지리니[入于坎窞] 행동하지 말라[勿用]' 라고 하였는데, 누워 있지 않고 행동에 나서면 이 효의 상황코드인 '절(60)'로써 지켜내야 하는 구속력을 탈선하는 것이므로 그렇게 되면 나중에 탈출하기 힘든 깊은 수렁에 빠지는 흉한 모습이 되는 것이니 구차하게 보이겠지만 참고 적극적인 행동을 삼가라는 강력한 권고라 하겠다.

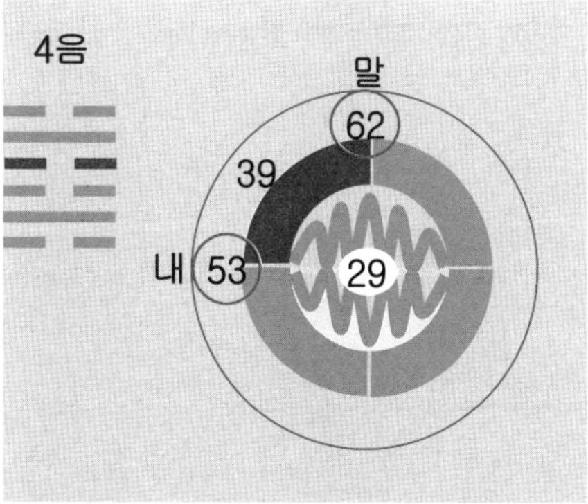

樽酒簋貳用缶준주궤이용부, **納約自牖**납약자유, **終无咎**종무구.

동이 술과[樽酒] 대그릇 밥[簋] 둘을[貳] 질그릇에[缶] 담아[用] 직접[自] 들창으로 들여[牖] 간략하게[約] 대접하라[納]. 끝내는[終] 탈이 없으리라[无咎].

> 4음은 점(漸)·건(蹇)·소과(小過)의 과정이다: 점진적 발전을 해나가다지만[점53] 위나 난관 속이라 작게 벌리고 작게 이룰 수 밖에 없다[소과62]. 어떤 과정을 겪어야 하나? 아직 앞은 첩첩산중의 가시밭길이니 지혜로운 도움을 얻어 헤쳐나가야 한다[건39].

4음은 기획자이지만 수용적 자세를 나타낸다(음). 어려움에 빠진 자가 헤어날 길을 모색하는 것은 당연하지만 순수하고 겸허하며 솔직하고 지혜로운 자세로 임해야 한다(음). 난관에 봉착한 상황인 만큼 형식보다는 내용 중심의 도움을 단도직입적으로 구하여야 한다. 언제 어디에서라도 그런 도움을 직접 청할 수 있는 마음자세는 직접적인 도움을 얻는 중요한 포인트다.

상황코드인 '건(39)'은 점(53)과 소과(62)를 잇는 과정인데, 전체적으로 보면 1음과 6음을 연결하는 가교역할이기도 하다. 건(39) 자체의 내말(內末)이 '환(59)·해(40)'이니 곧 4음은 1음과 6음의 상황코드를 내적으로 연결하는 것이라 하겠다. 그 의미를 연결하여 보면, 근본바탕의 질직 내용을 서서히 바꾸어나가고(환59) 소탈한 자세로 진정하게 꼭 필요한 도움을 얻으면(건39) 긴장된 이 세계에 해빙무드가 도래하는 것이다(해40). 1음의 환질노력이 완성되어(환59) 양이 되고, 6음의 해빙무드가 확실하여(해40) 양으로 바뀐다면 감(坎)괘는 믿음과 열성으로 가득 찬 중부(61)괘로 변하는 것이니 이 괘의 기초자질이 완성된 것이나 다름없는 것이다.

'동이 술과 대그릇에 담긴 밥 두 그릇[樽酒簋貳]'은 이보다 더 소탈할 수 없는 최소한의 대접을 상징하며 특히 밥이 두 그릇이므로 직접 마주하여 도움을 청하는 것이니 격식을 떠나 진정한 도움의 손길을 호소하는 자세가 깃들어 있음을 느낄 수 있다. 그렇게 정성으로 청하여 도움을 받게 되면(건蹇39) 그 결과는 작게 지나치거나 작은 성취라도 이끌어낼 수 있는 괘의 말원(소과62)에 이르기 때문에 '끝내는 탈이 없다[終 无咎]'라고 한 것이다.

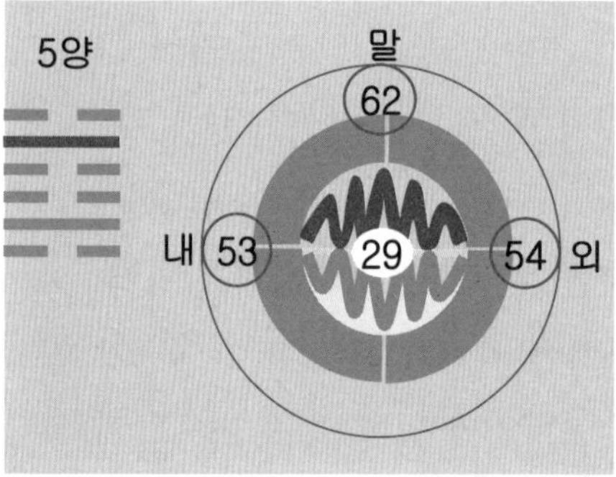

坎不盈감불영.
祗既平지기평, **无咎**무구.

어려움이[坎] 채워지지 못하도다[不盈]. 기존의 공평함을[既平] 받들면[祗] 탈이 없으리라[无咎].

> 5양은 점(漸)·소과(小過)·귀매(歸妹)의 과정이다: 점진적으로 성장·발전하면서[점53] 이루려 하는 열정은 가득하나 세상 밖은 워낙 위축되어 불경기다[귀매54]. 이때를 넘기는 활동은 무엇인가? 작은 규모의 일이라 하더라도 조금씩 성취해나가야 한다[소과62].

5양은 사면초가의 난관 속에서 중심리더가 사람들에게 열린 지도력을 펴는 모습이다(양). 어렵고 못살 때는 힘든 것 자체 보다는 가진 자와 못 가진 자의 차별적인 불행에 더 민감하므로 공평무사한 열린 지도력은 곤경 속에서 작은 창조를 이끌어 낼 수 있는 동력을 준다. 리더 자신의 부(富)마저 주위와 함께 나눈다면 금상첨화일 것이다. 작더라도 나누어 이루는 것이 난관을 벗어나는 키워드다.

상황코드인 '소과(62)'의 본말(本末)이 '리(30)·감(29)'이니, 밝은 지혜를 바탕으로(리30) 난관을 극복하는(감29) 과정이다. 지혜의 힘은 물리적으로 먼데까지 미치고 큰 것을 이루기 보다는 정신적인 에너지로써 작은 것부터 이루어가는 최소화의 길을 모색하는 것이다. 이것이 어려움을 깨트리는 힘이다.

'어려움이[坎] 채워지지 못하도다[不盈]. 기존의 공평함을[旣平] 받들면[祇] 탈이 없으리라[无咎]'라고 하였는데, 모름지기 어려움 속의 부족함이란 여간 해서는 채워지기 어려우니 조그만 결과라도 기준을 세워 공평하게 많이 나눌수록 다수가 행복해지므로 다 채워지지 않는 불만도 위로를 받게 되어 지도자도 지도를 받는 자도 모두 다 무탈하게 된다는 뜻이다.

공자가 「상전(象傳)」에서 '어려움이 채워지지 못하니, 중이 크게 하지 않도다[坎不盈감불영 中未大也중미대야]'라고 효사를 부연하여 설명한 것은 마치 이 효의 상황코드인 소과(62)를 염두에 두고 주석한 것 같아 필자는 신비롭게 생각한다.

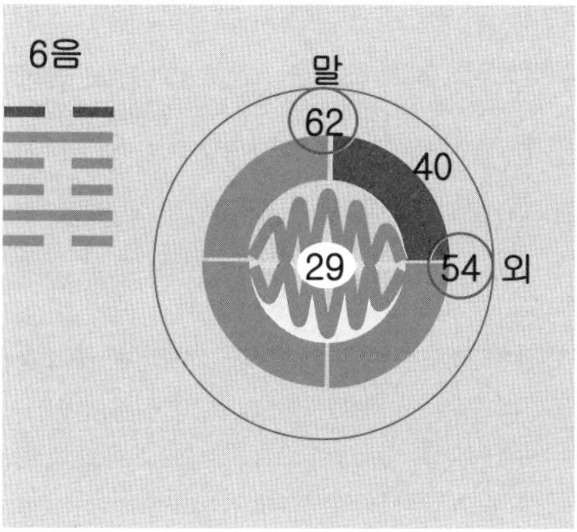

係用徽纆계용휘묵,
寘于叢棘치우총극.
三歲不得삼세부득, 凶흉.

밧줄로[用徽纆] 묶어[係] 가시나무덤불 속에[于叢棘] 가두도다[寘]. 3년을[三歲] 얻지 못하니[不得] 흉하리라[凶].

> 6음은 귀매(歸妹)·해(解)·소과(小過)의 과정이다: 열정을 펼 수 없는 위축된 상태에서는[귀매54] 작은 성취만이라도 이루어야 한다[소과62]. 어찌하면 좋은가? 꽁꽁 얼어붙은 세상의 긴장감을 내부의 끓어오르는 열정으로 달구면서 해빙무드가 조성될 때까지 참고 기다려야 한다[해40].

6음은 바깥세상과 미래 정보에 격리되어 어두움 속에 꽉 막혀 있는 모습이다. 특히 음 넷으로 에워싸인 가운데 6음은 마지막까지 버티고 있는 세계 밖을 향한 미래로의 문이다. 궁지에 몰려 위험한 상황을 맞이할 수도 있으니 목표를 분명하게 세울 수 없는 상태다. 보통의 노력으로는 큰 장애요소를 직접 제거하기는 불가능하고 2양과 5양의 열기가 고조되어 벽을 허물 때까지 고군분투하며 기다리는 수밖에 없다.

상황코드인 '해(40)' 그 자체의 외말(外末)이 '절(60)·건(39)'임을 괘의 코드목록에서 확인할 수 있는데, 이는 각각 이 감(坎)괘의 3음과 4음의 상황코드와 같음을 안다. 표상(表象)에서 6음은 3음과 4음을 세계의 외곽에서 연결하고 있는 사실과 일치되기 때문에 코드논리의 정연함을 말해준다. 이렇게 살펴보았을 때의 6음이란 곧 외적으로 봉착한 한계상황(3음, 절60)과 첩첩산중의 가시밭길 속의 힘든 상황(4음: 건39)을 연결하는 과정이니 언제 풀릴지 모르는 어렵고 험한 길이 아닐 수 없다.

'밧줄로 묶어[係用徽纆] 가시나무덤불 속에 가두도다[寘于叢棘]. 3년을 얻지 못하니[三歲不得] 흉하리라[凶]'라 함은 이 효가 전체의 정황에 의거하여 그렇게 어려운 지경에 있으니 가시나무덤불이 두르고 있는 감옥에 갇힌 형국이며 그것이 오랫동안(3년) 풀릴 가망이 없어 그때까지 하릴없이 기다려야 하므로 흉하디 흉한 상황이 아닐 수 없다 하겠다.

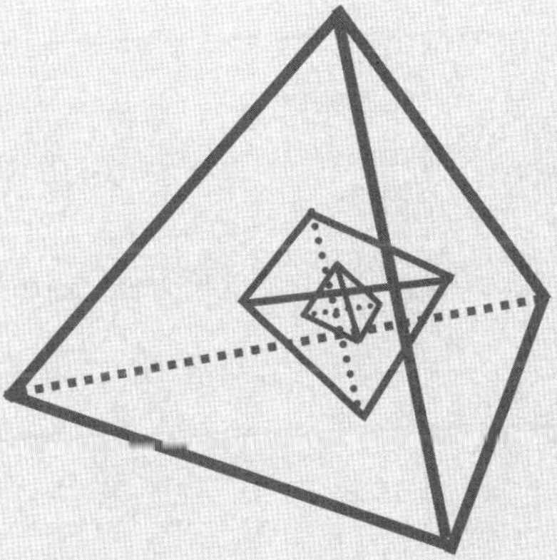

▷ 사면체의 이원입체가 만드는 프랙털 구조
(『과학주역』1, 59쪽)

외곽의 사면체 안에 또 사면체가 들어 있는 이원입체(dual solid)의 구조다. 태극도 프랙털(Fractal)(297쪽 그림 참조)은 사면체의 이원입체 관계구조인 동시에 프랙털 구조다. 이는 거시적 관점에서 미시적 관점으로 또는 그 역으로 진행하여도 프랙털의 자기닮음에 변함이 없음을 기하학적으로 표현하고 있다.

30. 중화리(重火離)

불, 밝음, 지혜롭고 명석함, 표출·표현·진출, 에너지의 발산, 떠남, 흩어져 소모·분리됨, 정보와 지혜의 발굴

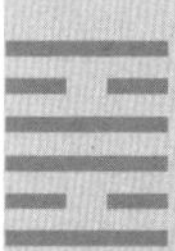

離리. 利貞이정 亨형.
畜牝牛축빈우 吉길.

에너지를 표출하도다[離]. 끝까지 굳건하게 하면[貞] 이롭고[利] 뻗어나리라[亨]. 암소를[牝牛] 기르면[畜] 길하리라[吉].

30

리[離]는 소과(小過)·귀매(歸妹)·점(漸)·중부(中孚)를 따라 흐르는 세계다: 난관 속에 추진력이 약한 상태에서 출발하여[소과62] 내적으로는 열정을 제대로 펼 수 없는 위축된 상황이지만[귀매54] 세상 밖의 혼란을 지혜롭게 이기며 점진적으로 나아가며[점53] 신념과 열정으로 활동을 펼쳐나가는[중부61] 일련의 과정이 '리'의 세계다.

8괘의 상으로 보면, 아래의 불이 위로 펼쳐나가는 상이니 가운데 불타는 물질(심지)이 있어 불타오르는 유한한 에너지의 펼침이다.

중앙의 심지에(2음·5음) 불이 붙고 타며 빛난다(1양·3양·4양·6양). 불은 에너지의 발산이다. 지속적으로 에너지를 발산하려면 중앙에 연료가 공급되어야 한다. 그 연료(2음·5음)는 물질적 존재다. 태양의 빛남도 중앙의 물

질이 핵융합반응으로 불타는 것이다. 에너지와 물질은 보존법칙에 따르는 것이므로 무한정으로 생기는 것이 아니다. 밝음과 뜨거움의 혜택도 한계가 있다. 에너지 이용에는 낭비의 속성이 따른다. 왜냐하면 발산하며 떠나버리기[離] 때문이다. 건(乾)은 우주의 섭리의 한 축이므로 지구적인 삶에 흡수되려면 곤(坤)의 덕이 작용해야 한다. '건'의 무한 펼침을 '곤'의 응축으로 붙잡아 둔 상태가 '리'이다. 응축된 물질을 태워서 열과 빛이 되므로 우주의 질량·에너지 등가원리가 여기에서 드러난다. 미시적으로는 건 1양의 덕으로 빛이 그 불확정성 혼란(요동) 속에서 물질의 씨가 되고 곤 2음의 덕인 강력의 작용에 의하여 존재할 수 있는 물질로 응결되니 이것이 건(乾)보다는 천천히 펼쳐지는 불(火) 에너지의 원천연료가 되는 것이다. 우주론적 바탕에서 살아가는 지구 위의 삶의 무대는 한정된 자원을 어떻게 효율화 하느냐의 대결장이다. 하늘의 무한창조력이 땅 위에서 지속 가능한 유한에너지로 작용할 수 있으려면 물질적 에너지원인 중앙의 음 둘(2음·5음)이 곤의 덕인 유순한 보존지구력을 이어받아야 한다.

인성(人性)의 면으로 보면, 본성적 욕구가 강렬하므로(1양) 육체적 물적 교류는 활발한데(3양) 신진대사 작용은 생각보다 미온적이니(2음) 저변의 욕구만큼이나 무한정으로 에너지를 발생시키지 못하는 신체조건에 있다. 정신적으로는 이성적 사고능력은 높고(4양) 세계 밖과 미래를 보는 예리한 정보능력은 강하지만(6양) 이를 판단하여 행동에 옮기는 순발력은 떨어지니(5음) 신체적으로나 정신적으로 실천능력에 한계를 안고 있는 것 외에는 모든 능력이 출중한 인물이거나 또는 상당한 능력이 있더라도 순리에 맞추어 차분하고 안정하게 능력을 발휘함으로써 항상 타인의 모범이 되는 인물이라 하겠다.

'에너지를 표출하도다[離]. 끝까지 굳건하게 하면 이로우리라[利貞]. 뻗어나리라[亨]' 하였는데, 여러 가지 유용성을 가진 에너지를 표출하는 것은 생명을 유지하고 새로운 창조활동을 해나가는 과정이다. 만약 하나의 창조적 사건을 매듭지을 수 있게끔 하지 않으면 에너지는 소실되고 마는 것이니 끝까지 해내야 의미가 있다. 물론 일이 한참 뻗어나가는 과정이니 형통한 상이다. 그런데, 이어서, '암소를 기르면[畜牝牛] 길하리라[吉]' 한 것은, 모든 존재는 그 항상성이 유지되어야 하기 때문에 음의 보존지구력이 유순하게 작용하도록 해야 오래도록 에너지발산이 잘 제어되며 펼쳐나갈 수 있을 것이다. 암소를 기른다는 것은 곧 유순한 지구력을 기른다는 뜻이다. 제어력을 가진 생명력이라면 긴 창조적 에너지의 표출을 가능케 할 것이니 길할 것임에 틀림없다.

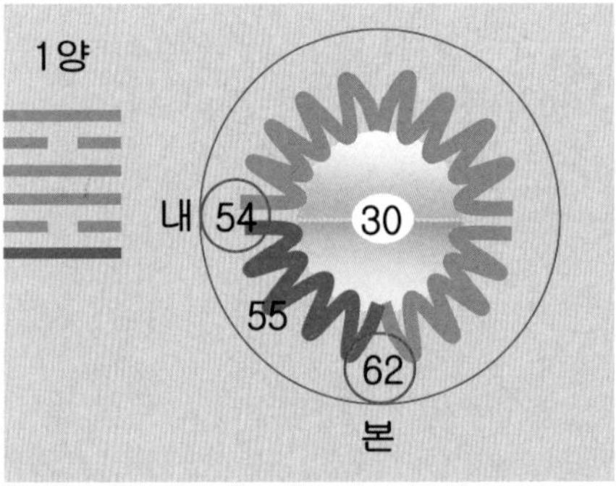

履錯然리착연.

敬之경지 **无咎**무구.

밟아나감이[履] 엇갈리는[錯] 듯하도다[然]. 공손한 마음으로 정성을 들이면[敬之] 탈이 없으리라[无咎].

> 1양은 소과(小過)·풍(豊)·귀매(歸妹)의 과정이다: 짐에 비해 추진력이 부족한데다가[소과62] 내적 의욕만큼 주변의 현실이 따라주지 못하여 실현하기 쉽지 않다[귀매54]. 어떤 와중에 있는 것인가? 입력(겉)은 요란하나 출력(실속)은 미약하니 효율을 올리는 노력이 필요하다[풍55].

1양은 심적 에너지를 방출하는 리[離]의 내적 활동상이다. 하늘의 건을 닮으려는 땅 위의 에너지 발산이다. 무(無)의 공간에는 보이지는 않지만 쉼 없는 양자진공 속에서 에너지가 요동을 치고 있으며 에너지 밀도가 높아지는 어느 순간에 물질의 바탕인 미립자가 생성되기도 하고 다시 에너지 상태로 되돌아가기도 한다(건乾 1양 참조). 무의식 세계에서는 부지불식간에 실현되지 않는 수많은 시도가 끊이지 않는다. 이러한 혼돈의 와중을 양자역학에서는 '불확정성원리(Principle of Uncertainty)*'라 했다. 공손하고 줄기찬 마음으로 정성을 모아야 이룸의 확률과 에너지 표출의 효율이 올라간다.

상황코드인 '풍(55)'을 구성하는 4원이 '여(56)·규(38)·건(38)·절(60)'이니, 그 본말(本末)에서는 새 국면으로 이끌어 나아가도(려56) 한계에 봉착하게 되고(절60), 그 내외(內外)에서는, 반드시 해내려는 파격적 결심을 굳히지만(규38) 세상 밖이 험난하여 도움이 절실히 요구된다(건39). 결국 풍(55)은 애쓰고 의도하는 만큼의 성과를 이루어내지 못하거나 노력과 정성을 더하여야 겨우 약간의 성과를 낼 수 있는 정도다.

'밟아나감이 엇갈리는 듯하도다[履錯然]. 공손한 마음으로 정성을 들이면[敬之] 탈이 없으리라[无咎]' 하였는데, 나아가고 멈춤이 질서정연해야 일의 효율이 올라갈 것인데 나아가려는 의욕은 강하지만 환경이 뒤따라주지 못하는 상황에 놓여있다(소과62, 귀매54). 공손하게 하나하나를 정리하고 정성을 들여 애쓰고 노력하여[풍(55)의 비효율이 되지 않도록 하여] 일의 효율을 높인다면 에너지 낭비는 그만큼 줄어들게 되어 지속적인 에너지 표출에 도움을 주고 탈도 생기지 않을 것이라는 말이다. 이처럼 마음이 몸보다 앞서거나, 기획대로 실천이 어렵거나, 욕망은 크지만 현실이 따라주지 못하여 실현이 어려울 때는 에너지 낭비를 최소화하고 정성을 들여 집중력을 높임으로써 일의 효율을 올릴 수 있는 것이다.

---

* 『과학주역』 1, 90쪽 및 100쪽 참조.

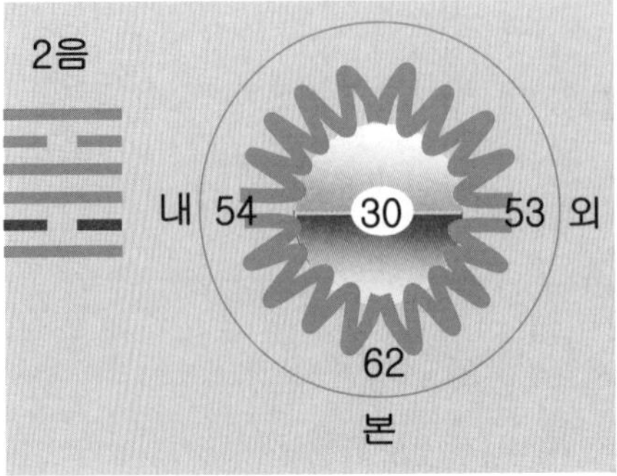

黃離황리 **元吉**원길.

중도(中道)로 조절하며[黃] 에너지를 펼치니[離] 근원적으로[元] 길하도다[吉].

2음은 귀매(歸妹)·소과(小過)·점(漸)의 과정이다: 내적 의욕만큼 현실이 따라주지 못하여 실현하기 어려운 상황에서는[귀매54] 점진적으로 발전을 도모해야 한다[점53]. 어떻게 해나가야 하나? 욕심을 줄여서 성취목표를 낮춰야 한다[소과62].

건(乾)과 리(離)는 둘 다 빛나는 모습을 하고 있지만 그 근본적인 차이점은 물질의 개입이 있느냐는 점이다. 건(乾)은 소실되지 않는 빛과 같은 에너지에 비유되지만 리(離)는 곤(坤)의 덕인 물질적 존재(2음)의 끊임없는 뒷받침이 있어야 한다. 촛불은 초를 태워야 한다. 2음이라는 중후한 중심이 없으면 밖으로 내뿜는 열기와 열정은 뒷감당이 되지 않는다. 이러한 상황에서 에너지를 표출할 때는 한번에 무리하지 말고 주위 여건에 잘 맞게 조절해야 한다.

상황코드인 '소과(小過62)'의 기초자질이 '리'로 재귀(再歸)하기 때문에 2음은 이 두 상황의 연계반응의 과정 속에 있다. 작은 성취를 목표하는 것과(소과62) 밝은 지혜를 펴나가는 것(리30) 사이의 긍정적 반응결과는 한마디로 '최적제어'라 할 것이다.

'중도(中道)로 조절하며 에너지를 펼치니[黃離] 근원적으로 길하다[元吉]' 하였는데, 무리하지 않고 점진해야 하는 주위 여건에 조화시켜나가는 것이 마치 오행(五行)의 중앙(中央) 토(土)의 역할인 중도를 실현하는 모습이며 최적조건으로 에너지 방출을 제어하는 것이므로 시스템 전체를 오래 지속할 수 있어서 유익하니 근원적으로 길다는 말이다.

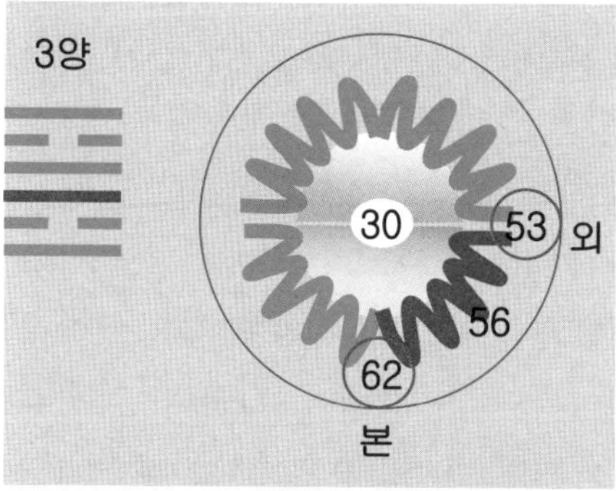

日昃之離일측지리·
不鼓缶而歌불고부이가·
則大耋之嗟즉대질지차 **凶**흉.

태양이[日] 기울면서[昃] 빛을 발하도다[離]. 북과 장구를 치며[鼓缶] 노래해서는[歌] 안 된다[不]. 그리하면[則] 큰 원로가[大耋] 탄식하니[嗟] 흉하리라[凶].

> 3양은 소과(小過)·려(旅)·점(漸)의 과정이다: 조금밖에 건너지 못하는 추진력이 약한 상태지만[소과62] 외적으로는 점진적 발전을 도모해야 한다[점53]. 어떻게 한단 말인가? 주위의 저항을 최소화하면서 조직적 협력을 이끌어내며 꾸준히 나아가야 한다[려56].

3양은 외적인 팽창이나 에너지의 발산이다. 2음의 중도 발휘에 의한 뒷받침만 바라고 자신의 지위나 권력의 팽창에 정열을 쏟으며 자기과시에 몰두한다면 결국에는 힘을 소진하게 된다. 예컨대, 환경보전과 같은 전체를 위한 책무에는 아랑곳없이 자신의 이익만을 위하여 에너지를 낭비하며 돌진한다면 기초역량과 삶의 기반은 무너지고 만다. 에너지를 분출하며 외적으로 일을 펼칠 때는 힘이 지나치게 소실되어 추진력을 잃지 않도록 해야 하는데 3양에서 과도한 낭비가 우려된다.

3양의 상황코드인 '려(56)'는 소과(62)와 점(53) 사이의 과정이지만 자체의 본외(本外)가 '풍(55)·가인(37)'이니 곧 1양과 6양의 상황코드의 외적 연결로이다. 그 의미를 이어보면, 효율이 낮아 힘들게 추진하면서(풍55) 조직적 협력이 필요하게 되는 것은(가인37), 여정을 이어나감에 있어서 한정된 에너지를 바깥으로 과도하게 낭비하고 있기 때문이다(려56). 3양은 아래의 불(離火)이 위의 불로 타올라 가는 한창 때의 과정이니 그 열기와 활기를 적절히 조절하기 어려워 과도한 발산이 우려된다. 3양이 외측과 활발하게 에너지를 교류하는 직능이니만큼 그럴 가능성은 매우 높다.

첫머리에 '태양이 기울면서 빛을 발하도다[日昃之離]'라고 한 것은, 3양이 '아래 불(離)'에서 '위의 불(離)'로 넘어가는 과도기의 한창 때를 지나며 에너지 방출이 절반을 넘어가고 있음을 강조하기 위함이다. 이어서 '북과 장구를 치며 노래해서는 안 된다[不鼓缶而歌]. 그리하면 큰 원로가 탄식하니[則大耋之嗟] 흉하리라[凶]'라고 한 것은, 한창 에너지를 방출하며 일할 때에 북과 장구를 치며 일이 모두 완성된 것처럼 고삐를 풀고 힘을 소실하면 중도에 에너지를 다 잃고 후사를 제대로 처리하기 힘들다는 것이며, 이를 알만한 원로 대인들이라면 탄식할 것이니 이 단계는 매우 조심해서 넘어가야 한다는 뜻이다. 또한 외적으로 발산되는 양(陽)은 제어되기 어렵고 낭비될 수 있는 확률이 크기 때문에 흉하리라고 하였던 것이다.

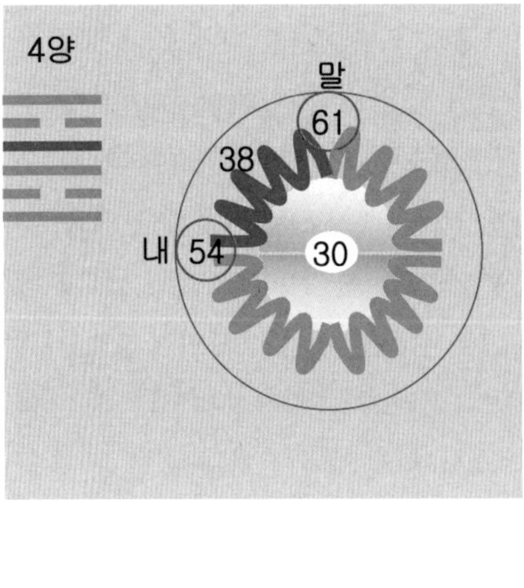

突如其來如돌여기래여.
焚如死如棄如분여사여기여.

돌연히[突如] 닥치네[其來如].
불태우고[焚如] 없애고[死如] 버리네[棄如].

4양은 '귀매(歸妹)·규(睽)·중부(中孚)'의 과정이다: 환경조건이 따라주지 않는데 마음이 앞서고 감정이 달아오른 상태에서[귀매54] 믿음과 열정을 앞세워 나선다면[중부61] 어떤 과정을 겪게 되는가? 목표를 향하여 불같이 돌진하며 타성의 굴레를 벗는 과감한 결단을 감행하는 것이지만 마음과 다른 실행 부진의 아픔도 감수해야 한다[규38].

4양은 생각이 앞서고 열정이 가득하여 과거로부터의 소극적 장애를 과감히 청산하고 불 칼 같은 결단으로 일을 해내려 한다. 하지만 이를 위하여 에너지를 과소비하기 때문에 그 반대급부의 손실을 각오해야 한다. 허둥대며 서두른 일은 바탕도 튼튼하지 못하고 잘 변할 뿐 아니라 사람들의 기억에서도 빨리 사라지기 일쑤다. 한정된 자원을 다급히 써버리면 나중에 시간과 정성을 들여 막상 차분히 해내어야 할 일은 제대로 이루어내지도 못한 채 중단되기 쉽다.

4양의 상황코드인 '규(38)'는 귀매(54)와 중부(61) 사이의 과정이지만, 그 자체의 내말(內末)이 '풍(55)·가인(37)'이니, 곧 1양과 6양의 상황코드의 내적 연결로라 하겠다. 그 의미를 이어보면, 효율이 낮아 힘들게 추진하면서(풍55) 조직적 협력이 필요하게 되는 것은(가인37), 아래의 불(離火)이 위의 불로 이미 옮겨 붙어 타올라 가는 내적 과정으로서 한창 때의 막바지이기 때문이다. 그래서 4양은 깊이 생각할 겨를도 없이 내적 사고가 너무 급하게 돌아가서 조급하고 거침 없는 추진을 감행하고 있는 상황인 것이다. 이렇게 하여 3양의 외적 통로와 4양의 내적 통로가 모두 연결됨으로써 '리(離)'라는 시스템의 외곽을 둘러싼다.

'돌연히 닥치네[突如其來如]. 불태우고[焚如] 없애고[死如] 버리네[棄如]'라 함은, '불 같은' 추신력으로 한꺼번에 해치우는 조급함 때문에 느긋하게 오랫동안 지속하며 다지지 못하고 불필요한 과거의 것은 과감히 불태우고 없애고 버리며 속도를 내다 보니 앞뒤가 뒤틀려 실수도 생기고 가용자원도 빨리 소진되는 상황이므로 『주역』은 이의 자제를 권고하고 있다.

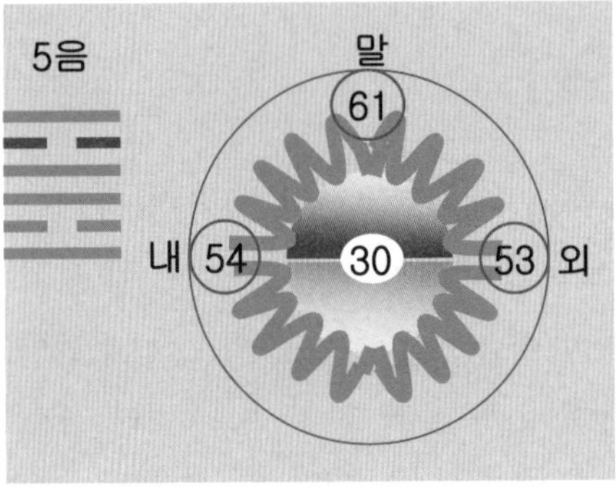

出涕沱若출체타약. 戚嗟若척차약 吉길.

눈물이[涕] 나오는데[出] 물 흐르듯 하네[沱若]. 근심하고[戚] 탄식하지만[嗟若] 길하리라[吉].

5음은 귀매(歸妹)·중부(中孚)·점(漸)의 과정이다: 마음과 감성이 앞서도 행동이 소극적인데[귀매54] 점진적 발전을 견지하려면[점53] 어떤 배경이 필요한가? 추진과정에 신념과 열정의 지혜가 깔려 있어야 한다[중부61].

5음은 흩어진 세계의 역량과 자원을 다시 응결·응축하는 노력의 단계다. 수증기가 다시 응축되어 비로 떨어지는 수화(水火)의 순환원리처럼, 소진되어가는 세계의 역량을 다시 추스르려면 발산의 반대인 수렴의 중추가 있어야 한다. 5음은 마치 블랙홀처럼 주위를 수렴하는 주체다. 곤(坤) 5음의 덕인 조직화·구조화·물질화의 기능을 수행하려면 발산에 초점을 두었던 과거의 모순과 혼란을 정리하고 수렴하는 주체로서의 새 출발의 근저를 굳건히 해야 한다.

상황코드인 '중부(61)'는 진실하고 열린 마음을 가지면 처음과 끝, 아래와 위에 가로놓인 어려움을 다 관통할 수 있는 위력을 발생할 수 있는 상황변수다. 하지만 5음의 수렴적 능력 때문에 급작스러운 관통위력은 제어된다. 이 제어력이야말로 '리'가 단순한 에너지발산을 넘어 지혜가 빛나는 모습으로 나타나는 핵심내용이다. 그래서 5음은 표상에 나타낸 코드의 배치와 같이 열정의 중부(61)와 밝음(지혜)의 리(30) 사이를 메우는 역할을 한다. 물론 귀매(54)와 점(53)이라는 내외를 연결하는 것이기도 하기에 5음의 역할은 귀매(54)의 소극성을 중부(61)가 치유해주는가 하면 단숨에 해치우지 않고 음의 수렴 성질을 발휘하여 점(53)의 이정표를 만족시키는 것이다.

'눈물이 나오는데 물 흐르듯 하네[出涕沱若]. 근심하고 탄식하지만 [戚嗟若] 길하리라[吉]' 함은, 슬퍼서 눈물을 흘리는 것이 아니라 지난날 깜짝할 사이에 한정된 자원을 지혜롭지 못하게 흘려 보내고 불태워버린 아쉬움과 회한을 말한 것이니 과거의 잘못된 일을 깊이 뉘우치면서 그 방향을 다시 추스르게 되니(5음의 수렴 성질) 길하다는 말이다.

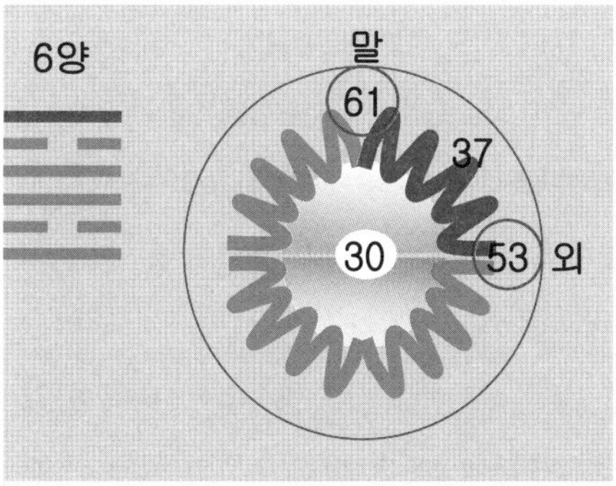

王用出征왕용출정 有嘉유가.
折首獲匪其醜절수획비기추
无咎무구.

왕이[王] 출정[出征]하면[用] 기쁨이 있도다[有嘉]. 수장을[首] 없애되[折] 그 주변 무리를[其醜] 잡지[獲] 않으면[匪] 탈이 없으리라[无咎].

6양은 점(漸)·가인(家人)·중부(中孚)의 과정이다: 점진적으로 발전하는 단계에서[점53] 세계가 열정과 신념으로 가득 차서 단결케 하려면[중부61] 어떤 역할이 필요한가? 조직적인 협력활동을 강화하여 에너지 발산효율을 극대화해야 한다[가인37].

6양은 가용에너지로 세상을 박차고 미래로 나아가야 하는데 그렇다고 막무가내 식으로는 안 된다. 유한한 에너지 자원으로 더 넓게 더 건전하게 오래 세상을 밝히려면 조직적인 체계를 갖추어 창조적으로 에너지 발산의 효율을 극대화해야 하는 것이 핵심정책일 수 밖에 없다. 세계적 국가적 개인적 에너지·물질·정보에 대한 활용전략은 마스터플랜을 세워 조직적으로 집행해야 한다. 조직을 바로 세우는 것은 곧 시스템을 효율화하는 초석이 된다.

상황코드인 '가인(37)'의 4원 개념을 보면, 가정·사회·국가 등의 시스템이 성립되는 기초조건은 협력의 필요성인데(건蹇39) 내적으로는 보호육성이 필요한 반면에(절60) 외적으로는 책임 있는 자율 활동을 신장하여(려56) 전체의 항상성 유지를 위해 과감히 탈바꿈해 나가는(규38) 과정이다. 우주 전체로부터 가장 작은 활동단위에 이르기까지의 모든 단위조직체가 살아 움직여야 하고 발전해나갈 수 있으려면 구심점을 가지고 서로 협력을 이루는 시스템을 구성해야 한다.

첫머리에 '왕이 출정을 하니 기쁨이 있도다[王用出征有嘉]'라 하였는데, 왕이 몸소 출정하는 목적은 정벌하여 복속시키는 것 뿐 아니라 난맥상을 현장에서 직접 해소하여 백성을 안심케 하고 새 국가의 일원임을 선포하여 조직을 강화하려는 뜻이 있다(가인37). 이어서 '수장을 없애되 그 주변무리는 잡지 않는다[首折獲匪其醜]' 한 것은, 이 또한 적장을 베어 정벌의 목적은 이루더라도 그를 추종하던 무리를 거두어 관용을 베풂으로써 조직을 더욱 더 강화하여 전체의 효율을 극대화하려는 조치라 하겠다(가인37). 믿음과 열정으로 단결하게 함으로써(중부61) 개인이든 국가든 에너지 분출을 효율화하여 뜻하는 큰 일을 도모할 수 있게 된다. 개인은 하나의 개체로서 살 수 있고 국가는 그 존재의 기초를 형성할 수 있는 것이다.

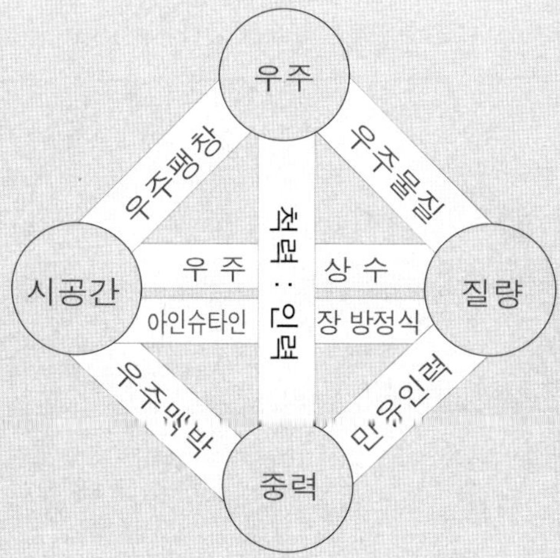

▷ 일반상대성이론의 세계상 (『과학주역』1, 77쪽)

아인슈타인이 장(場)방정식(Field Equation)으로 시공간은 질량에 의하여 변형됨을보였다. 후에 첨가된'우주상수(cosmological constant)'는 끌어당기는 중력과 서로 밀어내는 힘(척력)을 상쇄하여 정적 우주에 맞추었지만 나중에는 우주공간을 팽창시키는 모종의 암흑에너지를 의미하게 되었다. 이 방정식른 프리드만(Alexander Friedman)과 르메트르(Georges Lemaître)가 각각 독립적으로 푼 우주모델은 빅뱅 우주론의 발단이 되었다.

31. 택산함(澤山咸)

서로 공감·교감·감응함, 혼연일체의 결집, 부부의 교감, 주위와의
상통합일, 경쟁상대의 인정, 위계질서정립에 의한 일체화

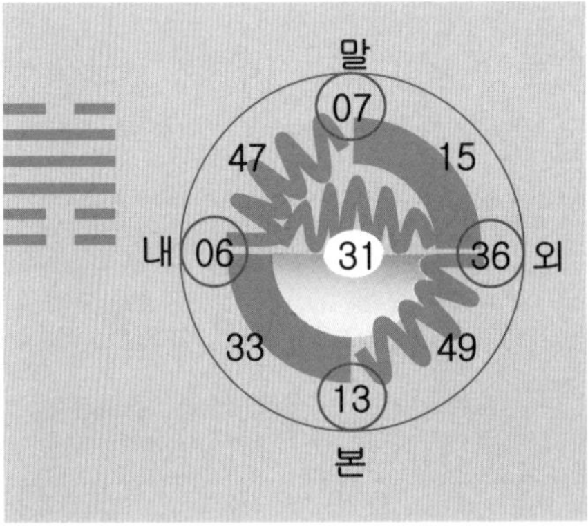

咸. 亨형. 利貞이정.
取女취녀 吉길.

서로 교감하도다[咸]. 형통하도다[亨]. 끝까지 굳건하게 하면[貞] 이로우리라[利]. 부인을 얻으니[取女] 길하리라[吉].

함[咸]은 동인(同人)·송(訟)·명이(明夷)·사(師)를 따라 흐르는 세계다: 공통 목적에 동조하는 심정을 바탕으로[동인13] 경쟁과 시비를 초월하는 경륜을 닦아[송06] 외적으로 자기수양의 덕을 갖추어[명이36] 혼연일체를 이루는[사07] 일련의 과정이 상호교감을 나타내는 '함'의 세계다.

8괘의 상으로 보면, 위의 태(澤兌택태)가 소녀(小女)이고 아래의 간(艮山간산)이 소남(小男)이니 젊은 남녀가 성적인 매력에 끌리어 감응하는 상이다. 아래의 조용한 명상(山)과 위의 들뜬 기쁨(兌)도 서로 교감하며 조화를 이룬다.

'함'은 서로 사귀지 못하는 비(否12)의 6양과 3음의 음양을 서로 주고 받은 것이다. 양과 음의 무리가 각각 위 아래로 갈라져 있다가 위쪽의 외측 양이 아래쪽의 음 외측으로 뻗치고 그 자리에 있던 음이 위쪽의

외측 양 자리를 차지함으로써 '비'의 막힘이 외측의 음양교환으로 풀려 서로 교감하는 '함'이 된 것이다. 서로의 음양을 교환하니 음양교합의 모습이다. 유별한 음양이 우선은 바깥에서 서로의 느낌을 교감하여야 공동의 가치인 사랑을 이룬다. 양 셋의 무리와 음 셋의 무리가 S자로 서로 꼬여 감겨서 남녀가 포옹하고 있는 모습이면서 '태극도'의 음양 문양을 연상하게 한다. 1차원으로 나열된 괘상에서는 음양의 엮인 모습을 가늠하기 어렵지만 2차원으로 나타낸 표상에서는 이를 직관적으로 느낄 수 있다. 자연 경관을 보고 산과 연못이 마주하여 기를 통한다는 것(山澤通氣산택통기)을 실감하기는 어렵지만 표상에서는 내외와 상하의 양면에서 음양상응의 의미를 쉽게 느낄 수 있다. 4양과 1음, 5양과 2음, 6음과 3양에서와 같이 위와 아래는 음양의 짝을 이룬다. 음양의 상응·상합이 필요한 것은 도처의 자연과 세상사 그 어떤 상황에서도 예외가 없다. 가정의 부부, 기업의 노사관계, 리더와 추종자의 상하관계 등, 서로가 서로를 끌어당기는 상합의 구성요건(매력)이 만족되어야 하나의 시스템이 성립하고 가동된다. 태극의 상보원리가 여섯 효 사이에서 구현되는 모습이다. 내면의 세계와 외면의 세계, 드러난 것과 숨겨진 것이 동시에 균형 있게 이해되어야 참다운 교감의 세계에 다가간다. 그래서 공동의 목적을 가지고 불확실한 관계로부터 혼연일체의 긴밀한 교감관계로 나아가려면 어떻게 할 것인가가 이 괘가 함의하고 있는 주제다.

인성(人性)의 면으로 보면, 근본의식은 잠잠하여 안정되어 있고(1음) 신진대사 작용이 강렬하지 않는 것을 보면(2음) 자생적인 힘이 강한 것은 아닌데, 외적으로 물적 육체적 교류는 매우 적극적이다. 어디에서 힘이 나오는가 했더니 바로 이 교류를 통하여 자신의 것은 밖으로 내보내고 외부로부터 에너지를 받는다(3양). 여기에 이성적 사고력이 민활하여 상상력이 높고(4양) 그런 생각을 판단하여 행동에 옮기는 실천력이 뛰어나다(5양). 하지만 세계 밖과 미래에 대한 눈은 어눌하여 따지고 분석하지 않는다(6음). 이러한 상태야말로 자신의 자존적 독립적 가치의 추구보다는 상대방과의 교감 속에서 에너지를 얻고 정신적인 만족감을 찾는 모습이다.

괘사에서 '서로 교감하니 형통하다[咸亨]' 하였는데, 이는 괘가 독립적으로 형통한 상이라기 보다는 교감이 이루어질 때, 즉, 4양이 1음을 자극하고 5양이 2음을 독려하며 3양이 6음을 따름으로써 전체가 마치 건(乾)에서 양 여섯이 최고의 창조성을 갖는 것과 같은 효과로 승화되고 승격되는 모습이니 형통하다 한 것이다. 이어서, '끝까지 굳건하게 하면 이로우리라[利貞]' 하였는데, 서로의 교감이 이랬다 저랬다 하면 형통한 상이 안정된 상태로 지속할 수 없는 것이므로 이 괘 다음의 항(恒)괘의 항상성을 이룰 바탕이 될 수 없기에 끝까지 변치 않는 속성을 요구한다 하겠다. 끝에서, '부인을 얻으니[取女] 길하리라[吉]' 한 것은, 남자와 여자가 서로 변치 않는 마음을 주고 받을 때 비로소 부부를 이루게 됨을 말하는 것이니 이 대목은 사랑이 굳건해야 부부가 될 수 있고 행운이 따른다는 말이다. 인간은 우주자연이 개벽하여 환경을 조성하던 건(乾)·곤(坤)과 같이 더없이 강력한 하늘의 창조성과 더없이 넓은 땅의 포용력을 순수하게 다 가질 수 없는 한계를 가지고 태어났으나, 함(咸31)과 바로 다음 괘인 항(恒32)의 모습처럼 불완전한 가운데 서로 포용하며 사랑하는 교감이 강하게 이루어지고 항상성을 유지하는 노력이 가해지면 건곤의 천도(天道)를 이어받은 함(咸)·항(恒)의 인도(人道)가 펼쳐지는 세상이 시작되는 것이다. 이것이 여기서부터 하경(下經)으로 나누는 이유가 된다.

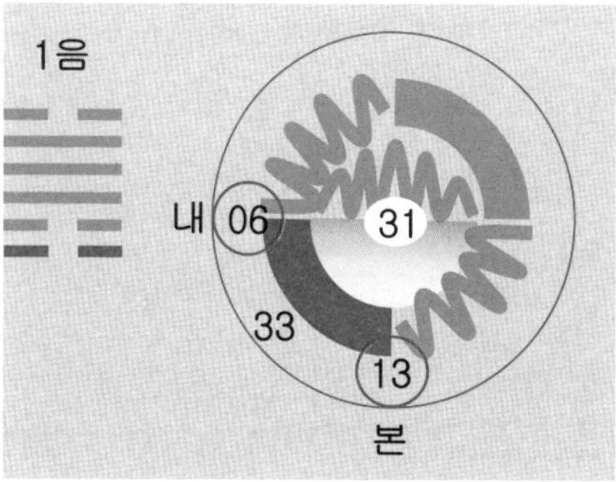

咸其拇함기무:

엄지발가락으로[其拇] 교감하도다[咸].

1음은 동인(同人)·둔(遯)·송(訟)의 과정이다: 같은 목표에 동조하려는 의도는 있지만[동인13] 상호신뢰의 경륜을 쌓지 않고는 어렵다[송06]. 어떤 과정이 필요한가? 한발 물러서서 경계심을 없이 하고 기초를 다지며 기회를 기다려야 한다[둔33].

교감을 주고 받는 조기에는 서로의 영향력이 내면의 세계, 즉 잠재의식까지는 움직이게 하지 못하니(음) 서로의 관계가 깊어질지는 두고 봐야 한다. 이러한 불확실성에 대한 노크는 4양과 같은 더 높은 차원의 적극적인 사고와의 연결을 시도해봄으로써 잠재의식과 의식 사이의 갭을 줄여가야 한다. 사귀기 전에 처음에는 전략적 후퇴 상태에서 속내를 드러내지 않고 상대의 관심여부를 체크해보는 것은 서로에게 득도 해도 되지 않는 좋은 방법이다.

상황코드인 '둔(33)'은 지금 당장에 도전하기 보다는 한발 물러서서 오해를 유발할 수 있는 복잡한 경계심을 거둬드리게 한 후 합당한 액션을 취하려는 것이다. 1보 후퇴로 2보 전진을 꿈꾸는 음성적 전략일 수는 있지만 자연적인 숙성 정도에 맡기는 순수함이 있기에 음해성을 감춘 시도와는 무관하며 기초를 튼튼히 하며 때가 무르익는 순리적 기회를 기다리는 모습이다.

'엄지발가락으로 교감한다[咸其拇]' 함은, 엄지발가락이 감각중추에서 가장 멀리 있는 부위로서 의식적인 생각과 감정에 정확히 직결된다고 볼 수 없어서 혼돈을 묵인해 줄 수 있는 여지가 있는 것이므로 이를 통한 교감은 속내를 드러내지 않는 순진부구한 장난기서린 시도이다. 이성(異性)과의 스킨십에서 처음의 쑥스러움 때문에 감촉이 제일 둔감한 발가락 부분에서 부담 없이 접촉을 시도해보는 상황을 예로 들고 있다. 흔히 환자가 의식을 회복하는 순간에 손발가락의 움직임을 통하여 잠재의식을 무의식적으로 드러내는 것에서 힌트를 얻을 수도 있다.

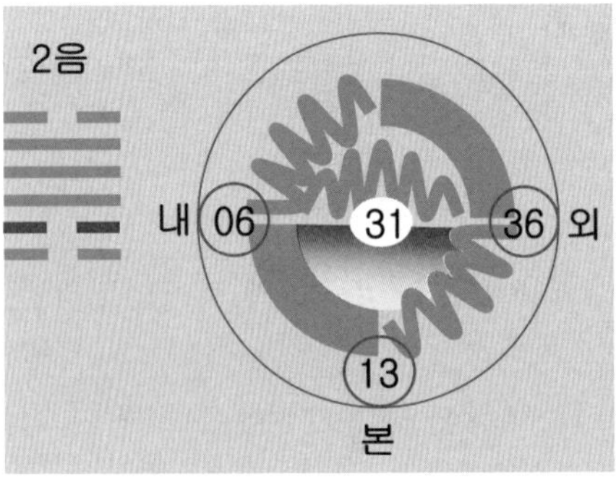

咸其腓함기비 凶흉.
居吉거길.

장딴지로[其腓] 교감하니[咸] 흉하도다[凶]. 묻혀 살면[居] 길하리라[吉].

2음은 송(訟)·동인(同人)·명이(明夷)의 과정이다: 갖가지 관계형성의 경륜을 쌓으며 경쟁의 사회무대를 걷지만[송06] 자기수양과 계발이 없이는 교만의 수렁에 빠져 외면 당하기 일쑤다[명이36]. 그렇다면 어떻게 처세해야 하나? 욕심과 교만에서 곁가지의 유혹을 물리치고 환경적 큰 흐름을 따라 지도자를 따르며 안정하게 성장함이 중요하다[동인13].

불확실한 교감상태를 갓 지난 설익은 관계니 이를 믿고 2음의 수동적 직능을 버리고 섣불리 나서면 예기치 못한 함정에 빠진다. 아직은 상대를 제어할 만한 능동적 수준이 못되므로 자신이 그 관계를 주도할 수 있기까지 전체의 흐름을 따라 공통된 목표에 충실하면서 자신의 실력을 기르며 주위에는 신뢰를 더욱 더 쌓아가는 것이 상책이다.

상황코드인 '동인(13)'은 표상의 중앙에 놓인 함(31)의 기초자질인 동시에 '함'은 '동인'의 바탕이 되어 서로가 서로의 근거가 됨은 흥미롭다. 2음은 관계정립의 숙제를 풀어가며(송06) 밖으로는 자신을 앞세우지 않고 참아내는(명이36) 과정이기도 하지만 아울러 같은 뜻 아래 누군가의 지도로 이끌림을 받는 배경에서(동인13) 상호 교감을 이루는 상황(함31)이라 하겠다.

'장딴지로 교감하니 흉하다[咸其腓 凶]' 하였는데, 장딴지는 발과 허벅지 사이의 신체 부위로서 하체와 구조를 함께 이루며 주도적 움직임에 따르는 수동적 기능이고 아직 자기계발이 필요한 상황이라 앞서서 같은 길을 걷는 자들의 도움을 얻어야 할 것인데 자신이 주도적으로 교감의 전면에 나서서 상대를 느끼려 하니 위험한 거래가 될 수 밖에 없어 흉하다 하였다. 이어서, '묻혀 살면 길하리라[居吉]' 함은, 나서지 말고 대세의 흐름에 적응하며 따르는 삶을 살면 길할 것이라는 권고이다.

상황코드인 '동인(13)'은 환경적 대세에 순응하여 편승하는 교감의 단계임을 잘 설명해주고 있다. 공자가 「상전(象傳)」에서 '비록 흉하나 묻혀 살면 길한 것은(雖凶居吉수흉거길) 순응하면 해롭지 않음이라(順不害순불해)'라고 주석한 것과 잘 합치된다 하겠다.

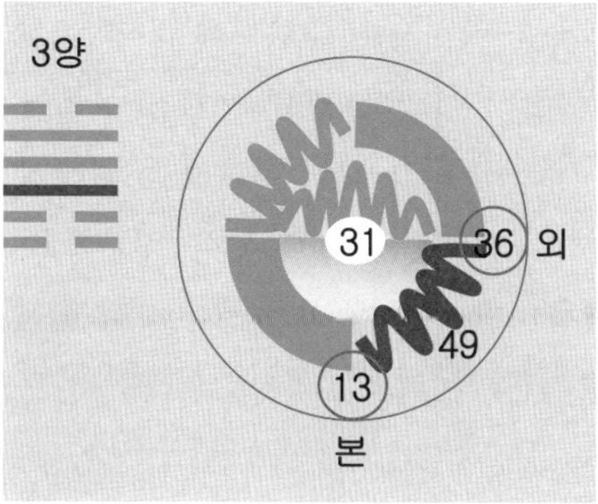

咸其股함기고.

執其隨집기수 **往吝**왕린.

허벅지로[其股] 교감하도다[咸].

그 이끌림에[其隨] 집착하여[執]

나아가면[往] 난처하리라[吝].

> 3양은 동인(同人)·혁(革)·명이(明夷)의 과정이다: 같은 뜻에 동조하려는 의도는 확실하지만[동인13] 겉으로 마음껏 펼치지 못하니 외유내강(外柔內强)의 모습으로 자기수양과 계발을 게을리하지 않아야 한다[명이36]. 어떻게 해 나갈인가? 외부로부터 강한 영향을 받더라도 휩쓸리지 않고 착실하고 지혜롭게 바탕을 다지며 변화에 대응해야 한다[혁49].

3양은 외적으로 물적 육체적 교류가 활발한 모습이다. 이 자리는 외적 환경요인(타인들)이 영향을 미치는 상황으로서 서로의 교감과 그 영향이 강력하므로 1음과 2음이 지향하는 수동적 교감에 큰 영향을 줄 수 있으므로 절제 있는 행동이 요구된다. 3양의 직능으로 본 신체부위는 허벅지, 엉덩이, 아래쪽 허리부분 등 육체적 중심부에 해당하여 상당한 수준의 느낌을 줄 수 있는 스킨십 부위다. 남녀간의 육체적 접촉은 이로부터 깊어질 수 있기에 시기상조의 분위기에서는 깊이 빠지면 혼란해진다.

상황코드인 '혁(49)'의 4원 개념을 보면, 은둔하여 내실을 다진 후(둔33) 환경에 잘 동화되면서도(리10) 외적으로는 겸양의 덕을 나타내며(겸15) 차오르는 힘을 서서히 다스리며 펼쳐나가는(림19) 일련의 과정으로서 한마디로 '착실하고 지혜롭게 다스려나가는 변화의 물결'이라 하겠다.

'허벅지로 교감하도다[咸其股]. 그 이끌림에 집착하여 나아가면 인색하리라[執其隨往吝]' 하였는데, 허벅지는 대퇴골이 중심이 되어 그것을 둘러싼 여러 개의 잘 발달된 근육 사이로 대퇴동맥·대퇴정맥의 주요 혈관과 좌골신경·대퇴신경 등이 상하로 뻗어 있는 하체와 상체를 연결하는 곳이라 이를 통한 교감은 그 외적 자극이 바로 심적 자극으로 이어질 수 있는 미묘한 상황이므로 미처 올바른 판단을 하지도 못한 가운데 그 영향력에 이끌리어 어떤 행동을 결행한다면 실수가 되기 쉬우므로 중심을 잃지 않는 행동이 필요하다는 경고가 담겨있다.

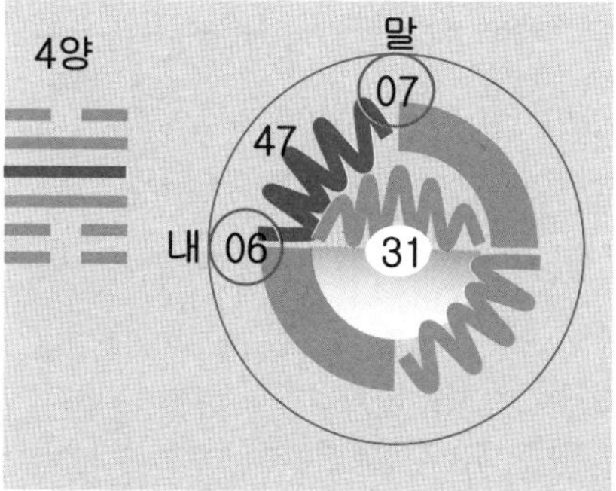

貞吉悔亡정길회망.
憧憧往來동동왕래,
朋從爾思붕종이사.

끝까지 굳건하게 하면[貞] 길하고[吉] 후회가[悔] 없으리라[亡]. 몹시 그리워하며[憧憧] 왕래하면[往來] 친구는[朋] 너의 생각을[爾思] 따르리라[從].

4양은 송(訟)·곤(困)·사(師)의 과정이다: 설익은 관계로부터 상대를 제대로 읽는 경륜을 쌓으면서[송06] 혼연일체가 되는 단합의 경지에 이르러야 한다[사07]. 어떤 과정을 겪어야 하나? 외부의 분위기는 아직 경직되어 있더라도 강건하고 뜨거운 심정으로 일체감을 만들어 나가는 열정적 노력이 필요하다[곤47].

4양은 사려 깊은 기획정신과 도전의식의 진원지로서 깊은 생각의 교감을 일으키는 과정이다. 마음을 활성화시켜 그 영향이 내면을 달굴 수 있게 한다. 남녀관계라면 3양의 적극적인 스킨십을 뛰어넘어 심정일체의 합일상태로 발전하는 단계다. 심정적으로 강한 교감이 생겨야 큰 힘을 발휘하고 다른 부정적 사고를 바꾸게 해준다. 상호신뢰의 마음을 굳히고 어긋날 수 있는 서로의 생각을 노력으로써 동조시키는 과정이다.

상황코드인 '곤(47)' 자체의 내말(內末)이 각각 이 괘의 1음과 6음에 해당하는 둔(33)과 겸(15)이니, 드러내지 않고 내실을 쌓아(둔33) 겉으로 요란하지 않더라도 진실하고 깊은(겸15) 교감상태를 이루게 하는 정신적 가교역할이다. 4양은 의식활동이 활발하여 이 세계의 정신적 지주 노릇을 한다. 원천적인 소극성(1음)과 외적인 막힘(6음) 때문에 완전한 교감이 어렵지만 창조적 정신이 무의식 속에 깊이 웅크린 불활성의 늪(1음)을 일깨우고 교감세계에 신선한 생각의 활력을 제공한다. 그러한 노력은 보이지 않는 정신활동이므로 그 효력이 드러나게 하려면 꾸준한 끈질김을 유지해야 하는 것이 관건이다. 열 번 찍어 안 넘어가는 나무가 없다는 일편단심의 정신이 이에 해당한다.

'끝까지 굳건하게 하면 길하고[貞吉] 후회가 없다[悔亡]'라 함은 다소 어려움이 있더라도 열정적인 마음씀씀이를 끝까지 변하지 않고 굳건하게 할 때에 어떤 대인관계라도 상호신뢰를 높여주므로 후회를 남기지 않는다는 뜻이다. 이어지는 효사에서 '몹시 그리워하며 왕래하면[憧憧往來] 친구는 너의 생각을 따르리라[朋從爾思]' 하였는데, 이는 앞의 효사를 부연하여 설명하는 것으로서 서로를 긍정하며 동경하는 마음으로 교류를 지속하면 그 영향이 쌓이면서 상대와 서로의 생각을 일치시킬 수 있다는 뜻이다.

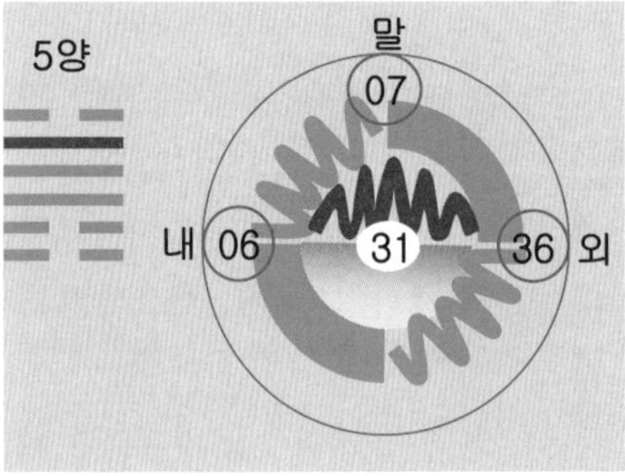

咸其脢함기매, 无悔무회.

등으로[其脢] 교감하면[咸] 여한이 없으리라[无悔].

5양은 송(訟)·사(師)·명이(明夷)의 과정이다: 상호교감의 상대로 인정하고 시비초월의 경륜을 쌓으면서[송06] 외유내강의 정신으로 자기수양과 계발에 매진하려면[명이36] 어떤 과정을 수행해야 하나? 심신이 혼연일체가 되는 진정한 교감자세를 견지해야 한다[사07].

5양의 직능은 인간영위로 보면 종합적으로 판단하는 뇌와 이를 행동에 연결하는 척수에 해당하므로 2음에서 혼돈과 이해부족 등으로 지도가 필요했던 만큼의 불확실성에 대하여 엄격한 지적 영향력을 활성적으로 행사하여 감성과 지성의 균형 잡힌 행동을 펼치는 국면이다. 이때 깨어있는 이성이 아닌 직관이나 무의식에 호소하게 되면 그 결과는 의심스럽다. 육체적 감성의 지배로부터 벗어나야 불확실성을 제거할 수 있지만 감성자극과 어느 정도는 균형을 유지하여야 그 영향력이 극대화 된다.

상황코드인 '사(07)'의 4원 개념을 보면, 곁가지를 줄이고 에너지를 한곳에 집중한다는 원칙으로 출발하여(손41) 안으로는 마음의 의지를 굳세고 지혜롭게 함은 물론(간52) 외적 활동무대에서는 열정을 다하여 어려움을 이기고(태58) 진정한 상호교감을 이루는(함31) 일련의 과정이다. 교감하여 하나되는 견고한 조직은 구성원의 각각이 전체의 흐름을 믿고 따르며 개인의 자유를 많이 포기하고 공통분모에 일치되고 견고해지기 마련이다.

'등으로 교감하면[咸其脢] 여한이 없으리라[无悔]' 하였는데, 믿음이 없으면 등을 뒤로 내밀어 맞대고 자신의 느낌을 통할 수 없다. 등은 뇌의 명령을 수행하는 척수신경의 통로인데 이를 교감주체로 한다는 것은 진솔한 교감임을 말한다. 서로 믿는 의존상태에서 자신을 있는 그대로 드러내고 일단의 보호 의무감마저 가지면서 주고받는 교감은 깊은 신뢰를 나타내므로 여한이 없다는 말이다. 서로 믿는 사이가 아니면 자신의 등을 긁어달라고 내밀지 않음과 같은 이치다.

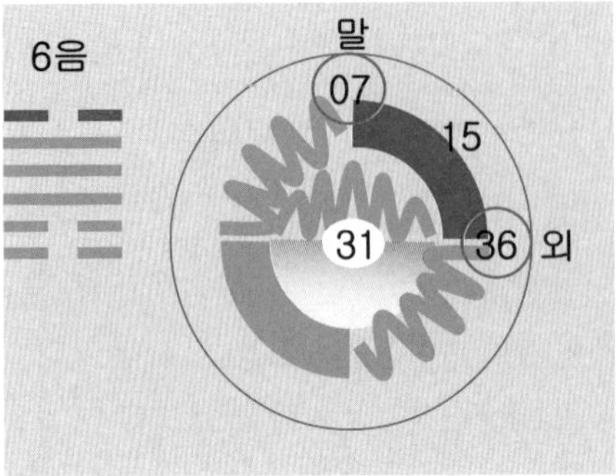

咸其輔頰舌함기보협설·

광대뼈[輔]·뺨[頰]·혀로[舌] 교감하도다[咸].

6음은 명이(明夷)·겸(謙)·사(師)의 과정이다: 겉으로 드러내지 않는 자기수양을 바탕으로[명이36] 혼연일체가 되는 경지로 나아감이다[사07]. 어떤 과정의 교감인가? 겸양의 덕이 무르익는 고차원의 교감이다[겸15].

6음은 시간으로서는 제일 나중이고 공간으로서는 제일 위인데 그것이 음이므로 몸으로 표현하는 행동(양)이 아니고 얼굴의 표정으로 정적인 느낌(음)을 주고 받는 관계다. 6음은 외부와의 정보교환의 핵심 창구인 눈, 귀, 입 등을 나타내는데, 이것이 정적인 것은 허풍을 떨지 않고 차분하고 밀도 있는 교감을 주고받음을 말한다. 그래서 노년기에는 행동보다는 말로써, 허풍보다는 진리의 말로써, 깊이 교감을 나눈다. 개념적·사상적 교감이므로 외적으로는 조용하지만 기실은 깊은 감정이 소통되는 고차원의 정적 교감관계다.

상황코드인 '겸(15)'의 4원 개념을 보면, 가꾸고 조정하여(비22) 배움과 절제의 경륜을 쌓고(몽04) 강한 영향에는 휩쓸리지 않고 착실하게 변화에 대응하면서(혁49) 외적인 분위기는 다소 경직되어 있더라도 강건한 심정과 열정으로 스스로를 단련하는(곤47) 일련의 과정이다. 특히 후반의 외말(外末) 부분은 이 괘의 3양(혁49)과 4양(곤47)을 연결해주는 상황이므로 더욱 겸의 당위성을 확인할 수 있다.

'광대뼈·뺨·혀로 교감한다[咸其輔頰舌]' 함은, 광대뼈와 뺨은 표정을 만드는 부분으로서 내면의 감정을 즉각적인 행동으로 나타내지 않고 얼굴의 이미지로 자연스럽게 표현함이며, 혀를 통하여도 역시 행동으로 연출하지 않고 내면의 깊은 뜻을 말로써 전달하는 정적인 교감이니 은근하고 깊은 사상(思想)적 교감이라 하겠다.

32. 뇌풍항(雷風恒)

항상성의 유지·관리·보호·발전, 안정한 상태, 현상유지,
환경변화에 대한 대응력, 보수지향성, 항구성

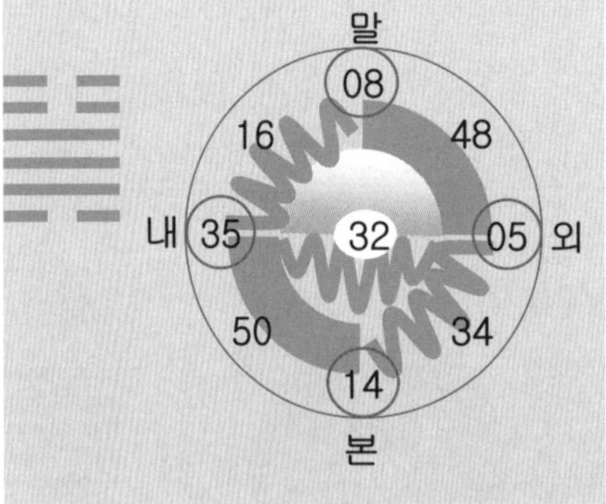

恒항.
亨형, **无咎**무구.
利貞이정, **利有攸往**이유유왕.

항구(恒久)한 상이로다[恒]. 힘써 펼쳐나가면[亨] 탈이 없으리라[无咎]. 끝까지 굳건하게 하면[貞] 이롭고[利] 여유를[攸] 가지고[有] 나섬이[往] 이로우리라[利].

> 항[恒]은 대유(大有)·진(晉)·수(需)·비(比)를 따라 흐르는 세계다: 기초능력을 크게 갖춘 바탕 위에[대유14] 책임감을 갖고 진취적 기상을 높이 세워 나아가며[진35] 내실을 기하면서 가로막힌 장벽에 대응하며[수05] 상생을 위한 단합으로 노력하는[비08] 일련의 과정이 '항'의 세계다.

8괘의 상으로 보면, 안으로는 외부의 에너지를 끌어들이는 들숨인데(巽風손풍) 이것을 즉시 날숨으로 뱉지 않고 내적 기운으로 장전한 후 그 힘을 바탕으로 밖으로 전진하는(震雷진뢰) 상이다. 장시간 등산을 할 때 내면의 진기를 유지하는 방법과 같다. 들이 쉰 후 한참 동안 그 기운을 온몸에 유지하는 방법이 복식호흡과 '뇌 호흡'이다. 유용한 에너지, 정보

등 시스템유지에 필요한 요소를 흡입하여 밖으로 흘리지 않고(6음) 지금 당장의 행동에 소진하지 않음으로써(5음) 뇌에 그 활성에너지를 축적하니 창조적 생각을 할 수 있는 힘이 생긴다(4양). 앞에 든 예에서와 같이, 항(恒32)은 인체와 같이 자생적으로 자신의 항상성을 유지하는 능력을 가진 시스템을 상징한다.

음 셋(6음·5음·1음)과 양 셋(3양·2양·4양)이 각각 S자와 역S자형으로 내측에서 교차하는 꼬임을 이룬다. 양과 음이 서로 휘감겨서 음양이 포옹하는 장면을 보이는 것은 함(咸31)괘와 비슷하다. '함'에서는 비(否)괘의 외측의 양이 음을 주도적으로 이끌어 바깥무대에서 사랑의 교감을 이끌어내었다. 함의 목표인 가정(시스템)이 성립된 후에는 그것이 튼실하고 안정해야 지속이 가능하다. 그래서 항상성을 의미하는 항(恒)은 태(泰11)괘를 바탕으로 그것의 내측(1양·4음)의 음양이 교환된 것이다. 남녀가 가정을 이룬 후의 사랑의 무대는 튼실한 가정을 바탕으로(태11) 하는 것이리라. 한편 '함(31)'의 5양과 2음의 음양이 바뀌면 '항(32)'이 된다는 것이 또 하나 함과 항을 견주는 묘미다. 즉, 가정 내에서는 남편 자리인 5음이 리더 위치에 있으면서도 수용적 자세가 되고 부인 자리인 2양은 안에서 활동적이므로 태(11)를 닮아 내적으로 활발하니 지속 가능한 안정된 가정(시스템)을 이루는 것이다. 시스템의 에너지절약적인 유지관리(5음) 하에 생활 에너지(2양)가 발생되는 것이니 서로 상보적 상생적 역할을 함으로써(비08) 항구성이 유지될 수 있게 되는 것이다.

괘를 인성(人性)의 면으로 살펴보자. 근본의식은 침착하여 안정되어 있는 가운데(1음) 신진대사 작용이 강렬하고(2양) 외부와의 물적 육체적 교류가 매우 적극적이므로(3양) 외부의 자원과 교류하며 가용에너지로 바꾸는 능력이 있다. 그런 에너지의 뒷받침으로 이성적 사고력이 민활하여 상상력과 기획력이 활발하지만(4양) 생각한 바를 펼치기 전에 침착한 통찰력으로 시간을 갖고 올바른 방향을 설정하면서(5음) 세계 밖과 미래의 변화나 충격으로부터 자신을 방어하는(6음) 안정적인 삶 속에서 사려 깊게 미래를 개척하고 있는 장래가 촉망되는 인간상이다. 따라서 이런 사람은 언제라도 세계의 변화에 적절히 대응하면서 자신을 지속적으로 영위할 수 있는 능력이 있는 사람이다.

어쨌던 '항'은 입력에 비하여 낭비를 줄이고 그 여분을 창조적 에너지로 활용하는 능력을 발휘함으로써 관련 시스템이 항상성을 유지하게 됨을 의미한다. 특히 건강한 신체에 상상력과 기획력을 침착하게 응용할 수 있는 정신력을 가동하므로 전도가 유망하다 하겠다.

'항구한 상이다[恒]. 힘써 펼쳐나가면 탈이 없다[亨 无咎]'라고 하였는데, 안으로 창조적 에너지를 비축하는 안정지향적 기상은 전체를 어떤 환경에서도 지속시킬 수 있는 능력을 내장하고 있으니 이를 활용해나가면 형통하고 탈이 없다는 것이다. 이어서 '끝까지 굳건하게 하면 이롭고 여유를 가지고 나섬이 이롭다[利貞 利有攸往]' 함은, 이랬다저랬다 하지 않고 지속적인 힘을 발휘하려면 내면에 에너지를 비축하여 창조적 생각이 폭발할 때까지 숙성시켜야 하므로 그럴 수 있는 여유를 가지고 행동에 나서야 올바른 '항'의 길로 나아갈 수 있음을 일러준다.

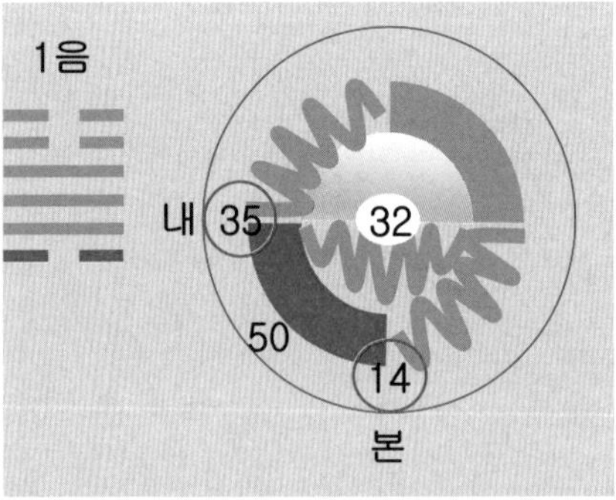

浚恒貞준항정,

凶흉 **无攸利**무유리.

깊이 빠져있는[浚] 보수(保守)성을 [恒] 끝까지 고집하면[貞], 흉하고 [凶] 유리함이 없으리라[无攸利].

1음은 대유(大有)·정(鼎)·진(晉)의 과정이다: 능력이 많다고 항상성이 유지되는 것이 아니라[대유14] 어렵고 변화무쌍한 세상에 어떻게 진취적 기상을 펼쳐나갈 것인가가[진35] 문제이다. 어떻게 해나가야 함인가? 지속적으로 새로움을 지향하며 안정된 내재적 가치를 마련해야 한다[정50].

1음은 조급한 마음을 버리고 장기간의 튼튼한 기초구조를 쌓는 모습이다(음). 바깥 세상이 숨막힐 듯 바삐 돌아가고 변하여도 하나하나 차곡차곡 쌓아 나갈 때 견고한 바탕이 구축되는 것이므로 충격이 와도 버틸 수 있다. 하루처럼 변하는 세계에 대처하려면 꾸준히 새로움을 더하며 창조하는 근본정신이 있어야 한다. 보이는 큰 성과가 아니더라도 비전을 세워 변화에 견디면서 조금씩 축적하고 미래 건설의 초석을 다져야 한다.

상황코드인 '정(50)'의 4원 개념을 보면, 튼실한 힘으로 일을 꾸준하게 추진하면서(내상34) 미래를 예측하여 마스터플랜을 세우고(예16) 작더라도 성과를 하나씩 쌓아가며(소축09) 지혜롭게 통찰하며 미래가치를 발견하는(관20) 일련의 과정이다. 항상성 추구란 가만히 변치 않고 있는 것이 아니라 조금씩 변화에 대응하며 소리소문 없이 새로움을 첨가해나가는 생명연장적 과정으로 보아야 한다.

'깊이 빠져있는 보수(保守)성을 끝까지 고집하면[浚恒貞], 흉하고 유리함이 없다[凶 无攸利]' 라고 한 것은, 새롭게 변신하면서(정50) 항상성을 추구해야 하는 과정에 처해 있는데도(항32) 단순히 보수적 안정만을 취하여 변하지 않고 존재한다면 도태되고 말 것임을 강력히 경고하고 있다. 조건부 선언이므로 처한 상황에 따라서는 흉하다고 단언해서는 안 된다. 만약 하는 일 없이 일상을 빈둥거리며 어제와 오늘이 별로 다를 바 없다면 그것은 흉한 일이 될 것이지만, 열심히 미래를 대비한 기초과정을 마련하고 있다면 그것은 길조일 것이다. 『주역』의 괘·효사에 나타나는 길[吉]과 흉[凶]이 상황변수에 의존되는 경우가 많으므로 곧이곧대로 길흉을 규정하면 안 된다. 필자가 논리적인 『과학주역』을 집필하는 이유도 일면은 여기에 있다.

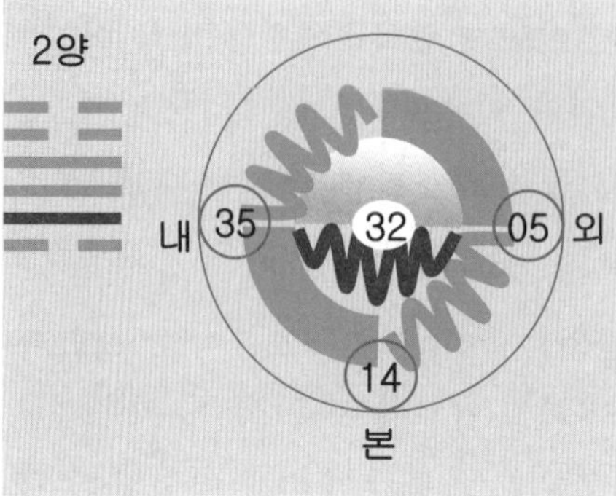

悔亡 회망.

걱정이[悔] 없어지도다[亡].

2양은 진(晉)·대유(大有)·수(需)의 과정이다: 책임이 무겁더라도 진취적 기상으로 나아가려 하는데[진35] 바깥세상으로 펼쳐나감에 장애를 극복하기가 녹록하지 않다[수05]. 어떻게 진전해 나가야 하나? 성장 시에 잘 갖춘 기초능력으로써 자기조절 기능을 발휘하여 현상을 유지·관리해나가야 한다[대유14].

2양은 무의식적 신경과 외적 물적 자원과의 사이에서의 작용(대사작용)인데 이 기능이 활발한 것은 자기조절 기능이 뛰어난 것으로서 가정을 꾸리기 전에 한 성인(成人)으로서 인격완성을 위하여 몸과 마음을 제대로 성장시키는 노력 속에서 갖추게 되는 기초능력이다. 에너지와 자원을 아끼며 적절한 제어력을 발휘하며 내부경영을 해나가면 장애요소도 해소된다. 가정에서의 부인의 활발한 살림살이는 잘 갖춰진 모성적 인격에서 나온다(대유14). 모든 시스템에서 내부의 적절한 자체조절 기능은 전체를 항구적으로 유지하게 해주는 초석이다.

상황코드인 '대유(14)' 자체의 본말(本末)이 '항(32)·익(42)'이니, 항상성 유지 능력을 기초로(항32) 더 크게 일구어 내는(익42) 과정이니 2양은 준비된 자신의 기초능력을 발휘함으로써 전체를 유지·발전시키는 역할이라 하겠다.

'걱정이 없어진다[悔亡]'라고 함은, 이 괘의 기초자질이 대유이고 또 그런 대유의 개성 완성이 없다면 가정을 꾸릴 수도 없었던 것이므로 그 기초능력을 (가정이라면) 부인의 자리에서 활발하게(2양) 발휘함으로써 항상성 유지의 가장 중요한 역할을 해내기 때문에 닥칠 장애를(수05) 밀고 나갈 책임감으로(진35) 생기는 여러 걱정들은 사라지게 됨을 뜻한다.

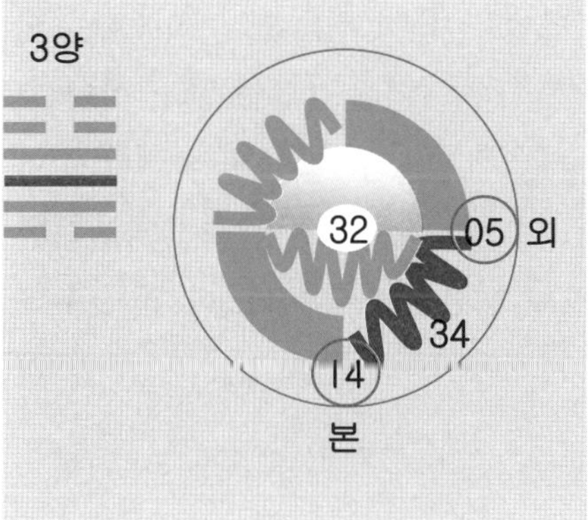

不恒其德불항기덕,
或承之羞혹승지수 **貞吝**정린.

기존의 덕으로[其德] 유지해나가지 못하면[不恒] 혹[或] 수치스러움이[羞] 따르고[承] 끝까지 그러하면[貞] 난처하리라[吝].

> 3양은 대유(大有)·대장(大壯)·수(需)의 과정이다: 아무리 훌륭한 능력이 있고 내면에 어지간히 실력을 갖추었음에도[대유14] 미구에 닥칠 외적 장벽은 뚫기가 쉽지 않다[수05]. 어떻게 해나가야 하나? 삶을 주관하며 자신의 역량을 최대한 발휘하여 세운 목표를 향하여 굳건하게 정진해야 한다[대장34].

3양은 주위 환경과 자원 또는 에너지를 활발하게 교환한다. 안으로 끌어들여 보탬을 주기도 하지만 밖으로 나가는 것도 생긴다. 급변하는 바깥세상의 큰 영향력은 그보다 작은 세계를 밀친다. 그러다 보면 행동이 일관성을 잃게 되고 외부의 영향력에 지배되어 원래의 지향점을 잃기 쉽다. 혼돈 중에도 자신의 정체성을 지키지 못하면 불행하다. 특히 크게 가진 자신의 고유의 능력을 제대로 펴지 못한다면 억울할 것이다.

상황코드인 '대장(34)'의 4원 개념은, 미성숙한 어려운 환경을 맞을지라도(둔03) 저변의 새 가치를 창조하는 열성으로(정鼎50) 해결사의 정신을 가지고 온갖 난제를 풀어가며(서합21) 끊임없는 지혜의 샘을 끌어올리며 주어진 환경에 대응하는(정井48) 적극적이고 긍정적인 노력의 과정이다. 전체의 표상과 코드를 자세히 살펴보면, 이 상황코드는 결국 1음(정鼎50)과 6음(정井48)의 상황코드를 외적으로 연결하는 가교 역할임을 확인할 수 있다.

'기존의 덕으로 유지해나가지 못하면[不恒其德] 혹 수치스러움이 따르고 끝까지 그러하면[或承貞羞] 난처하리라[吝]' 하였는데, 이미 갖춘 기초역량을 잘 활용하여(대유14) 세운 목표를 향하여 올곧게 밀고 나가 어려움에 대처해야 하는데(대장34), 그렇지 못하고 중도에 좌절하면 수치스러움이 따를 수 있고 옹색한 상황이 온다는 뜻이다. 이 효사에 해당하면 반드시 수치와 옹색함을 당하는 것이 아니라 '不恒其德불항기덕' 하게 되는 것을 경고하고 상황코드인 대장(34)이 함의하는 '恒其德항기덕' 해야 함을 가르치고 있다.

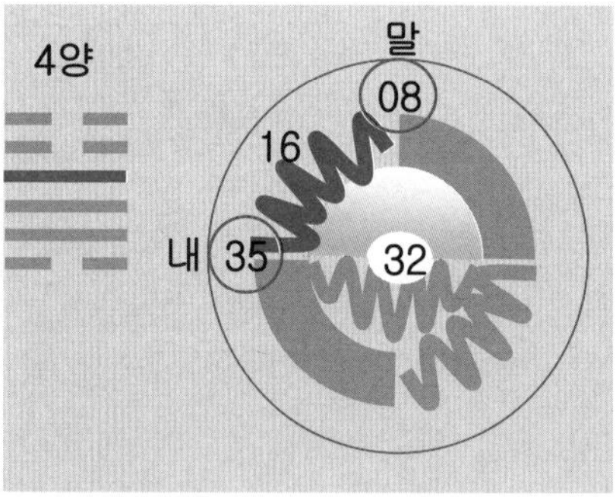

田无禽전무금.

사냥할[田] 날짐승이 없도다[无禽].

4양은 진(晉)·예(豫)·비(比)의 과정이다: 책임이 무겁더라도 진취적 기상으로 이끌어나가[진35] 항상성이 유지되도록 상생적 단합을 만들어내려면[비08] 어떻게 해야 하나? 강력한 예지력으로 리더십을 잡고 변화와 어려움을 헤쳐나가기 위해 궁리해야 한다[예16].

4양은 시스템의 항상성이 유지되려면 이성적 사고가 활성적이어야 함을 말한다. 효율적인 전략구상과 적절한 적용수단을 꼼꼼히 따져 준비하지 않고는 시시각각 바뀌는 세상의 제반 상황에 대응할 수 없다. 가정 국가 세계를 막론하고 체계유지의 근본인 경제문제를 무난하게 해결해 나가기 위하여는 완고하고 변함없는 단순한 노력만으로는 어렵다. 진리탐구와 실리추구는 또 다른 차원이니 실용적인 묘안들을 행동하기에 앞서 준비해나가야 한다.

상황코드인 '예(16)'의 4원 개념은, 갈등을 추스르고(서합21) 새로운 가치를 창조하면서(정50) 불확실한 미래에 대처해나감으로써(둔03) 침체된 세상에 지혜로써 방법을 창출하는(정48) 리더십이다. 전체적으로 자세히 살펴보면, 이 상황코드는 결국 1음(정50)과 6음(정48)을 내적으로 연결하는 가교역할임을 확인할 수 있다. 말하자면 그 둘을 연결함에 있어서, 밖으로는 외세에 휩쓸리지 않고 역량에 맞추어 꾸준하게 추진하고(대장34), 안으로는 미래계획을 면밀히 주도해야만(예16) 시스템의 항상성 유지가 가능하게 됨을 일깨워주고 있다.

'사냥할 날짐승이 없다[田无禽]'라고 간명하게 표현하였는데, 사냥감이 없다는 것은 무엇을 언제 어디서 어떻게 해야 할지를 정확히 모를 때 맞이할 수 있는 불행을 예시하고 있으며, 항상 미래계획을 철저하게 해야 간단없는 체계유지가 가능한 것임을 일깨워준다.

효사가 너무 간명한 탓에 수많은 해설가들이 저마다 다른 해석을 하고 있는데 이는 괘와 효의 운명을 모르기 때문이다. 그럼에도 이로써 인간의 중대사를 함부로 재단한다면 이것이야말로 혹세무민이요 재앙일 것이다. 이런 사태를 막는 올바른 지혜를 얻는 것은 주역 연구의 핵심과제가 아닐 수 없다. 일례로, 양이 1효·3효·5효의 자리를, 음이 2효·4효·6

효의 자리를 차지하는가 않는가를 모든 길흉판단의 근거로 삼는 것은 위험하다. 이에 관련하여, 음양의 효가 당위에 있다는 기제(旣濟63, ⁞⁞⁞)괘는 모든 것이 해결되어 길한 것인가? 답은 그렇지 못하다. 기제는 처음은 뚫려 길하나 나중은 험난함(初吉終亂)을 알아야 한다. 괘나 효가 처한 구체적인 상황을 알아야 하는데 그것을 말해주는 유일한 것이 바로 상황코드다.

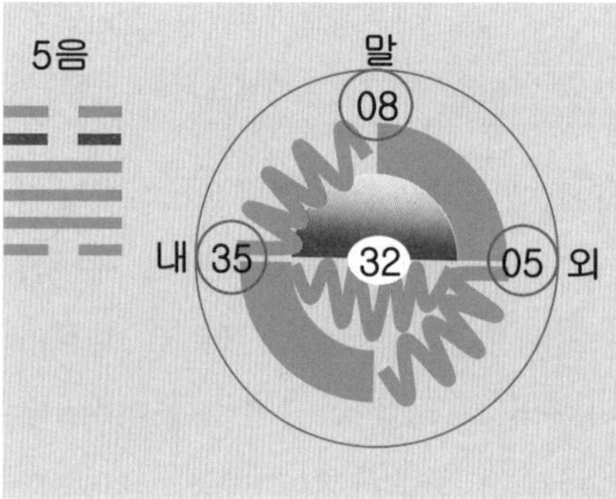

恒其德貞항기덕정, **婦人吉**부인길, **夫子凶**부자흉.

기존의 덕을[其德] 변함없이[恒] 끝까지 고집하면[貞] 부인은[婦人] 길하나[吉] 남편은[夫子] 흉하리라[凶].

> 5음은 진(晉)·비(比)·수(需)의 과정이다: 내적으로는 책임이 무거워도 진취적 기상으로 이끌지만[진35] 외적으로는 이 세계가 목전의 장애극복을 위한 실력행사를 요구하고 있다[수05]. 어떻게 해나가야 하나? 상생적 단합과 협조가 이루어지도록 종합적 판단으로 결속을 다져야 한다[비08].

5음은 침착하게 생각하며 원리원칙을 근간으로 통합적 판단을 내려야 함을 말한다. 감정에 사로잡혀서는 안 되며 자유분방한 행동으로 일관하거나 우유부단함을 일삼아도 안 된다. 결속을 위한 최적 상황을 유도해내도록 침착한 판단력을 요구한다. 자신의 기존 능력만 믿고 고답적 삶을 살면 안 되며(진35), 그렇다고 방어망을 풀고 모험을 감행하면 일시적으로는 진취적인 것 같지만 철저한 준비 없이는 기존질서와 안정을 잃기 쉽고 자칫 원래의 기능마저 상실하기 십상이다(수05).

상황코드인 '비(08)'의 4원 개념은, 발전에 도움이 필요한 터에(익42) 중심리더의 지도력에 영향을 받아(손57) 감동된 구성원들이 스스로 나서서(진51) 그 세계의 항상성 유지에 노력하는(항32) 일련의 과정이다. 따라서 5음이 그 시스템의 항상성 유지를 위해 상생적 단합과 협조를 이끌어내야 하므로 자기 자신의 과거 능력에 매이지 않고 전체의 유지발전을 위한 모든 방법과 수단을 모으고 종합하는 임무를 띠고 있다.

'기존의 덕을 변함없이 끝까지 고집하면[恒其德貞] 부인은 길하나[婦人吉] 남편은 흉하리라[夫子凶]' 하였는데, 가정을 형성하면서 부인이 갖추었던 활발한 살림살이는 잘 갖춰진 모성적 인격에서 나온 것으로서(대유14) 이를 유지해나가면 전체를 튼실하게 해주고 항상성 유지에 큰 역할을 하는 것이므로 길하지만(2양 참조), 변화무상한 세계의 흐름에 살아남도록 상생협력을 이끌며 주위의 능력을 모아 최적의 대처방안을 강구해야 하는(비08) 남편은 기존의 능력에만 집착하여 머물면 전체는 도태의 길로 접어들어 흉한 것이다. 부인은 내적 보수성으로 가진 것을 최대한 활용하고 남편은 생존을 위한 대책을 강구함으로써 이 두 역할이 상호보완적으로 합해질 때 가정의 참다운 항상성이 유지될 수 있음을 말해준다. 현실을 대처해나가는 역할과 방식에 따라 길흉이 갈라지는 것이므로 이 효에 해당하는 자가 어떤 생활유형의 인물인지를 면밀히 파악하는 것이 단순히 길흉을 선언하기보다 우선되어야 함을 알 수 있다.

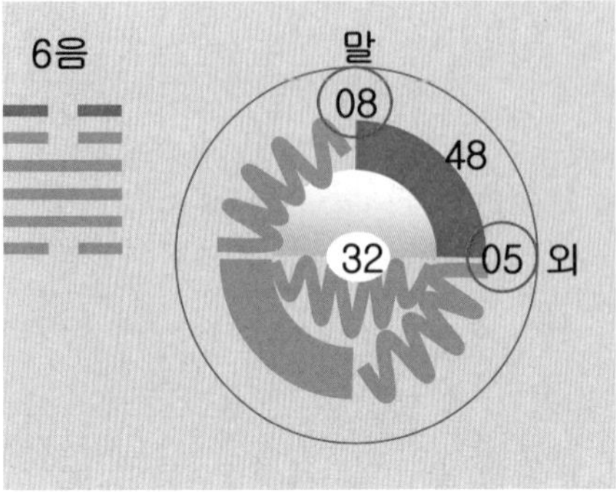

振恒진항, 凶흉.

흔들리는[振] 항상성 추구라면[恒] 흉하리라[凶].

6음은 수(需)·정(井)·비(比)의 과정이다: 가로 막힌 장애에 대응하여 쌓아온 실력으로 밀어붙여[수05] 결국은 상생적 단합을 이루어내야 한다[비08]. 어떤 과정을 거쳐야 하는가? 마르지도 않고 더럽혀지지도 않는 지혜를 샘솟게 해야 한다[정48].

6음은 변치 않는 원칙과 원리에 대하여 소신을 가지고 확고해야 함을 말한다. 외적 변화에 따라 민감하게 조변석개(朝變夕改)하는 행동으로는 변덕의 소용돌이를 헤어나지 못하며 이루는 일도 없게 된다. 변증논리가 운동과 변화를 설명하지만 순환논리처럼 전체의 통합과 안정성을 말하지는 못한다. 큰 틀에서 변화를 통합적으로 보는 시각은 지엽적인 변화 때문에 흐트러진 정신을 바로잡아 주고 변화를 수용하더라도 변화에 견디게 해주며 자기 정체성을 유지시켜 준다. 지혜란 변화에 대처해나가는 경험적 방법론이다. 세상이 변하고 유효한 지식과 정보가 달라져 그것들에 이리 밀리고 저리 쫓기다 보면 안정적인 방법론을 찾아내기 어렵게 되므로 진정한 항상성 유지는 위협을 맞기 일쑤이다.

상황코드인 정(井48)의 4원 개념은, 작은 성취라도 꾸준히 쌓으면서(소축09) 세상을 성찰하고(관20) 초지일관으로 올곧게 정진하여(대장34) 예지력으로 밝혀 세계를 선도하는(예16) 일련의 과정이다. 생명수와 지혜는 인간의 삶을 엮어가는 변치 않는 원천이다. 정치·경제·사회의 모든 여건이 바뀌어도 이 두 가지의 샘은 마르지 않고 솟아나야 한다. 상황코드의 전체의 구성항목을 잘 살펴보면, 3양(대장34)과 4양(예16)의 직능을 잘 이행하면 자연히 흔들리지 않는 가운데 참 진리를 얻는 정(井48)을 이루는 데에 직접적인 역할을 할 수 있음을 알 수 있다. 시스템은 이와 같이 하나하나가 별개의 것으로 나타나지 않고 한데 어울려 자기조직화를 이루어야 한다.

효사에서 '흔들리는 항상성 추구라면 흉하리라[振恒凶]' 하였는데, 여기서 흔들린다는 것은 변화하는 제반 현상에 맞추려다 안정감을 잃고 정체성을 잃어 항상성 유지를 위한 참다운 지혜를 궁구하지 못함으로써 안정을 목표하여 노력하는 과정이 오히려 불안정을 초래하는 것이니 흉하지 않을 수 없다는 뜻이다.

하지만 이 효의 상황에 있는 사람이 변화에 휘둘리지 않고 진정한 지혜를 궁구하는 자세로 노력한다면 오히려 길할 것이다. 그런데 길흉의 결정은 효사에서 말하는 고정된 길흉이 아니고, 효가 걸어가야 할 운명(상황)을 거스르는가 아닌가에 따라 길과 흉이 달라지는 것이다. 괘사나 효사가 어떤 상황을 예로 들어 길흉을 말해주고 있고 상황코드가 바른 길을 안내해주고 있기 때문에 이에 따라 행동을 올바르게 선택할 수 있는 것이다. 그래서 괘·효의 운명은 상황코드의 배치로 정해져 있지만, 인간의 운명은 반드시 정해져 있지 않다고 할 수 있다. 상황에 대응할 수 있는 참 지혜가 있다면 가히 길흉의 길을 선별하고 선택할 수 있기 때문이다. 바로 이 부분은 『과학주역』 2의 부제(副題)를 '지혜의 내비게이션'이라고 한 이유들 중의 하나라 할 수 있다.

33. 천산둔(天山遯)

한발 물러서서 재충전하는 상, 전략적 후퇴, 경쟁에서 물러나 실력을 기름, 참된 깨우침의 노력, 음성적 행동, 여유롭고 은은한 은퇴

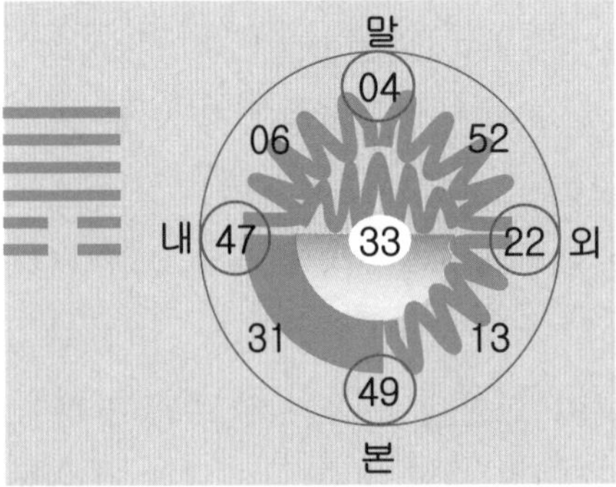

遯둔. 亨형. 小利貞소리정.

한발 물러서서 재충전하는 상이다[遯]. 과감히 실행하리로다[亨]. 끝까지 그대로 고수하면[貞] 얻음이 작으리라[小利].

둔[遯]은 혁(革)·곤(困)·비(賁)·몽(蒙)을 따라 흐르는 세계다: 활성적 마인드를 가득히 품고 변화를 갈망하지만[혁49] 난관에도 순리에 따라 지혜롭고 겸손한 정성으로 견디고[곤47] 중도의 덕을 좇아 가꾸며[비22] 드러내지 않고 실력을 키우는 [몽04] 일련의 과정이 '둔'의 세계다. 한발 물러서서 다음의 새로운 기회를 기다리는 전략적 후퇴의 상이다.

8괘의 상으로 보면, 산(艮山간산)이 높이 오르려다 다다를 수 없는 하늘(乾天건천) 아래 멈추어 있는가 하면, 하늘(乾)은 산(艮)을 내다보며 사정을 알고서도 멀찌감치 물러서 떠 있으니 어느 쪽으로 보든 의도적으로 한발 물러서 있는 상이다.

위쪽의 양 셋은 연결의 줄(3양)을 드리우고 멀리 공중에 떠있는 풍선처럼 홀연히 떠나있는 은둔자이고, 아래의 음 둘은 안쪽자리에서 육중한 재물을 차지하고 땅 위의 세상을 누리는 자다. 아귀다툼을 뒤로하고 떠

나는 풍선은 자유의 하늘광장으로 초연이 물러서 있다. 은둔(隱遁)과 주둔(駐屯) 사이는 서로 부딪히지 않고 자연스럽게 분리되어 있으므로 쓸데없는 투쟁으로 인한 에너지 낭비는 없다. 지금 당장에 도전하기 보다는 한발 물러서서 경쟁상황이 해소될 때가 오면 기왕에 연결된 교두보를 통해 영향력을(3양) 펴려는 것이다.

또한, 위의 양 셋은 잘 나가는 세상의 무리들이 하늘 높은 줄 모르고 승승장구하는 모습이고 아래는 욕망을 깊이 묻고(1음) 조용히 땅을 밟으며 전원생활로 은둔하는 모습이지만(2음) 드러내지는 않아도 외적 교류의 끈을 놓지 않으니 이는 활성적 세계와 언제든지 경우가 맞으면 타고 올라가는 사닥다리와 같은 사회적 관계의 끈이다(3양). 이 경우는 아래쪽(하괘)을 은둔하는 상황으로 보는 시각으로서 바로 앞서의 해석과는 은둔의 작용이 반대되는 관점이다.

인성(人性)의 면으로 보면, 근본욕구가 소극적이고(1음) 신진대사 작용도 소극적이지만(2음) 주위와 물적 에너지 교류만 지속되니(3양) 근본이 위축되어 기본적으로 정적인 생활만 하는 상태다. 그럼에도 적극적으로 생각하고(4양) 판단력이 뛰어나 행동으로 옮기는 신경도 예민하며(5양) 세계 밖으로 미래를 보는 눈도 밝다(6양). 정신활동은 매우 양호한 상태로서 외부상황에 관심을 두고 판단하고 있으면서도 적극적인 행동을 삼가며 때를 기다리는 모습이다.

둔[遯]의 본말(本末)이 '혁(49)·몽(04)'이니, 활성적 마인드를 가득히 품고 변화를 갈망하는 상태가(혁49) 괘의 기초자질이며, 보호받는 상태에서 배우고 실력을 키우는 상태가(몽04) 결과형질이다. 여기에서 눈여겨볼 것은 아래에서 시작하는 혁(49)은 상괘의 의미를 닮아 있고 위에서 끝나는 몽(04)은 하괘의 의미를 닮아 있으니 괘의 배면에 깔린 의미와 괘의 표면적 상징이 반대방향에서 작용하고 있는 것을 알 수 있다. 이는 곧 괘를 표면적으로 읽는 것과 배면에 깔린 의미로 읽는 것과의 차이일 것이다.

아귀다툼을 피하여 전략적으로 후퇴하는 둔[遯]은, 능력을 잃지 않은 상태에서 상황이 여의치 않음을 깨닫고 1보 후퇴로 2보 전진을 준비하면서 자신을 단련하는 자발적이고 의도적인 행위다. 전체를 이끌고 나가는 원동력은 위의 양 셋에 의한 활발한 이성적 능력이며 때가 오면 발휘될 '2보 전진'의 기상이다. 이에 대하여 의욕적인 마음을 일단 접고(1음) 어려움을 감수하며 초연한 자세로 활성적 행동을 삼가면서도(2음) 외방과의 연대를 끊지 않고 준비하는(3양) 아래의 두 음과 하나의 양이 나타내는 모습은 그쳐있는 '1보 후퇴'의 상황이다. 이것이 괘가 표면적으로 나타내는 의미다. 하지만 1보 후퇴의 내면에는 원래 갖고 있는 능력인 위의 양 셋(건乾괘)에서 이어받은 '변화를 만드는 활성에너지'인 혁(49)을 내장하고 출발하고 있다. 둔의 결과국면에서는 표면적으로 '1보 후퇴'하여 자신을 갈무리하는 상황(간艮괘)이 둔의 목표상태인 '보호받는 상태에서 배우고 실력을 키우는 상태'를 연출하는 몽(04)으로 전이되어 나타나고 있음을 확인할 수 있다. 배면의 의미와 표면의 의미가 바뀌어 있는 것은 한겨울에 양기운을 내장하고 한여름에 음기운을 내장하는 음양의 순환이치가 괘의 과정적 변화에도 반영되고 있음을 알 수 있다.

'한발 물러서서 재충전하는 상이니[遯] 과감히 실행하리로다[亨]'한 것은, 둔[遯]의 출발은 한참 기세가 등등함을 채 잃지 않고 활성적 마인드가 가득할 때라도(혁49) 후퇴의 필요성을 느낄 때라면 그 때를 놓치지 말고 과감히 시행하여 경쟁상대에게 완패 당하지 않은 상태에서 큰 힘을 비축해둘 수 있고 기회가 오면 2보 전진할 수 있기 때문이다. 이어서, '끝까지 그대로 고수하면 얻음이 작다[小利貞]'라고 한 것은, 만약 용단을 내리지 못하여 미적미적 끝까지 끌고 간다면 상당한 상처를 입은 후에 겨우 물러서게 되기 때문에 다시 회생할 여력이 없어져서 '둔'의 진정한 의미를 잃게 됨을 지적하고 있다.

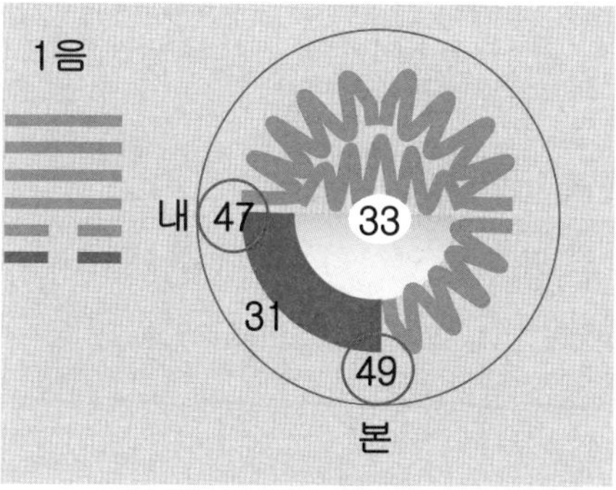

遯尾둔미 **厲**여.
勿用有攸往물용유유왕.

꼬리를 보이며[尾] 물러서면[遯] 위태로우리라[厲]. 여유[攸] 있게 [有] 행하지[往] 말라[勿用].

> 1음은 혁(革)·함(咸)·곤(困)의 과정이다: 활성적 마인드를 속으로 품고 미래혁신을 기대하면서[혁49] 난관을 맞아 지혜로운 열정으로 견뎌내려면[곤47] 어떤 마음가짐을 가져야 하나? 상황을 깊이 느끼고 혼연일체의 정신으로 초연하게 물러서야 한다[함31]. 64괘 언어로 말하면 '함둔[咸遯]'이다.

1음은 미련을 버리고 마음을 정숙하게 가지는 모습이다(음). 마음의 갈등과 미련을 가지고 물러서는 것은 의도적 행보에 도움이 되지 못한다. 아직 현존하는 형통함(4양·5양·6양)에 매료되어 적기에 단절하지 못하고 미적거리다가는 기회를 놓치고 막차를 타게 되는 법이다. 능력이 있는데도 일단 물러서야 할 상황임을 느꼈을 경우에는 완전히 밀려 끝장나기 전에 어려움이 예상되더라도 차가운 음의 속성으로 침착하게 마음을 다잡고 전략적인 후퇴를 단행해야 한다.

상황코드인 '함(31)'의 4원 개념은, 공통목적에 동조하는 심정을 바탕으로(13) 경쟁과 시비를 초월하는 경륜을 닦아(06) 외적으로 자기수양의 덕을 갖추어(36) 그 목적에 혼연일체를 이루는(07) 일련의 과정이니, 함둔(咸遯)(함31·둔33)이란 보고 느낀 감동대로 마음을 다잡고 물러서야 함을 말한다.

'꼬리를 보이며 물러서면 위태로우리라[遯尾厲]' 한 것은, 물러서야 할 때를 진정하게 느끼고(함31) 어려움이 닥칠 줄 알면(곤47) 모든 욕구를 잠재우고(음) 물러서야 하는데, 마음의 갈등으로 미련의 꼬리를 보이면 상대가 몰아붙이게 되어 회생 불가능한 피해를 입을 수 있으니 위태해진다는 뜻이다. 이어서, '여유 있게 행하지 말라[勿用有攸往]' 한 것은, 현실적 활동에서 과감히 손을 떼어야 하는데 미련을 갖고 참여하고 있으면 진정한 물러섬이 아니니 그 적기를 놓치지 말라는 권고다. '상황을 진심으로 느끼고(함31) 현재를 단념하는 자세로 물러섬(둔33)'을 강조하고 있다.

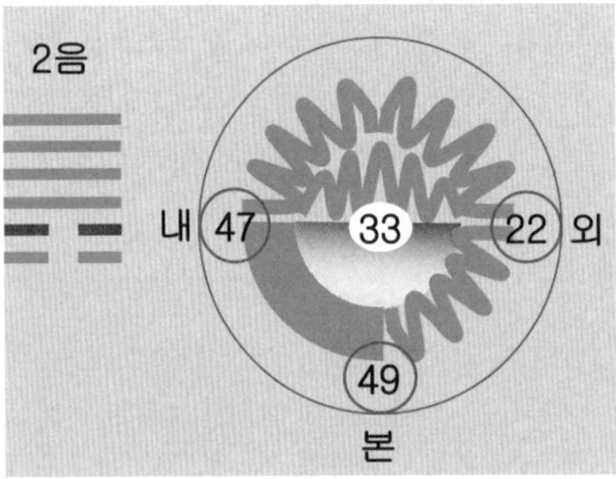

執之用黃牛之革집지용황우지혁, **莫之勝說**막지승탈.

황소가죽으로[用黃牛之革] 잡아매고[執之], 이를 이겨[勝] 벗어나지[說] 않도다[莫之].

> 2음은 곤(困)·혁(革)·비(賁)의 과정이다: 마음은 난관극복의 의지를 불태우며[곤47] 겉으로는 적절한 중용의 덕을 행사해야 한다[비22]. 어떤 배경인가? 활성적 마인드를 속으로 품고 미래혁신을 기대하면서 한발 물러서서 자기자신부터 수양해야 한다[革49]. '혁둔(革遯)'해야 한다.

2음은 세상활동에서 완전히 물러나 조용히 자신의 내면을 수양하며 세월을 기다리는 모습이다. 난관의 벽은 생각보다 두텁다. 오직 열정은 자신의 수양에만 집중해야지 밖의 벽을 당장 넘으려 해서는 이룰 수 없다(곤47). 겸손한 마음으로 내적 열정을 감추고 한발 물러서서 주위에 동화되어 내면과 외면이 적절한 조화를 이룰 수 있도록 가꾸고 조정하는 중도(中道)의 덕을 기르는 삶이다(비22). 스스로 자신을 얽어 매는 의지를 굳세게 하지 않으면 자신을 변화시킬 수 없다.

상황코드인 '혁(49)'의 4원 개념은, 은둔하여 탄탄한 내실을 다지면서

(둔33) 주위와 동화하는 마음을 가지고(리10) 외적으로는 겸양하며(겸15) 임박하는 미래를 위해 잠재능력을 키워나가는(림19) 노력의 과정이다. '갑작스런 변혁'으로 오해하기 쉬운 괘의 이름을 가지고 있지만 실제의 내용은 내실을 다짐으로써 그 진가가 차올라 진정한 변화를 맞을 수 있는 상황이 되도록 노력하는 은근과 끈기의 과정을 묘사하고 있음을 유의해야 한다. 괘를 하나의 단적인 상황으로 재단해서는 안 된다. '혁'에 대한 오해에서 벗어나 진정한 의미를 파악해야만 둔[遯]의 기초자질이 '혁'이고 '혁'의 기초자질이 '둔'임을 이해할 수 있다. 그래서 2음은 '혁'의 기초자질을 품고 은둔하는 상황이니 혁둔[革遯]하는 삶이다.

'황소가죽으로 잡아매고[執用黃牛之革] 이를 이겨 벗어나지 않도다[莫之勝說]'라고 함은, 스스로 난관 속에 묶이도록 결심을 굳히고 전략적으로 우퇴하여 자신을 극기하며 미래의 능력을 비축해나가야 하기 때문에 자신의 현실을 박차고 나가려 해서는 안 되는 상황을 강한 어조로 묘사하고 있다. 특히, 가죽은 짐승의 표피를 가공하여 변화시킨 것이기 때문에 황소가죽의 '혁[革]'은 '둔'의 기초자질인 혁(49)과 깊은 의미를 공유하고 있다. 상황코드의 절묘함을 직접 느낄 수 있는 대목 중의 하나다.

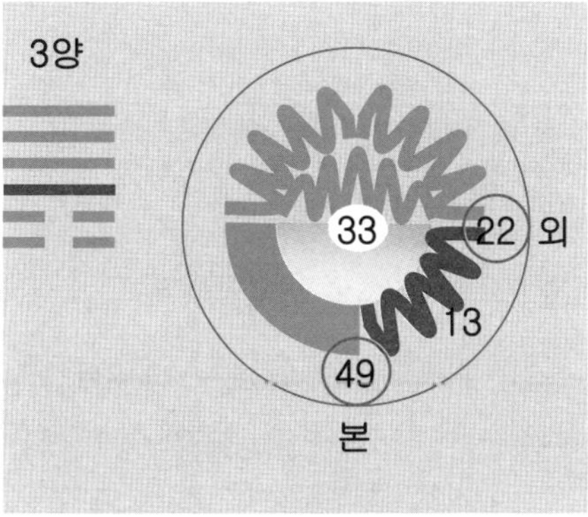

係遯계둔. 有疾厲유질려.
畜臣妾축신첩 吉길.

얽힌 채로[係] 물러서도다[遯]. 탈이[疾] 생길까[有] 위태하도다[厲]. 가까운 인연을[臣妾] 길러두면[畜] 길하리라[吉].

3양은 혁(革)·동인(同人)·비(賁)의 과정이다: 활성적 마인드를 속으로 품고 미래혁신을 기대하지만[혁49] 활개를 펴기 어려운 세상에 적절한 중용의 묘책으로 보완이 필요한 단계다[비22]. 어떤 방비가 필요한가? 주위의 동지관계가 튼튼히 존재하는 가운데 물러서는 전략적 후퇴다[동인13].

3양은 주위와의 활성적 교류를 의미한다. 풍선(4양·5양·6양)을 하늘 높이 날릴 때 땅(1음·2음)에 메어놓은 줄과 같이 원래대로 되돌아갈 수 있는 사닥다리와 같은 역할이다. 사회적 동지관계나 추종세력들이 복잡하게 얽혀진 현직을 물러나면 여러 가지 무리가 생기지만 그 후에도 가까운 인연은 도탑게 이어지니 1보 후퇴 2보 전진을 위한 교두보 역할이 된다. 평소에 길러두면 유사 시에 참다운 도움을 얻는다. 특히 기업인과 정치인에게는 이러한 동지관계의 끈은 중요하다.

'얽힌 채로 물러서도다[係遯]. 탈이 생길까 위태하나 가까운 인연을 길러두면 길하리라[有疾厲 畜臣妾吉]' 하였는데, 복잡한 사회적 관계가 얽힌 채로 물러서면 고립되어 물러나는 경우보다 아픔이 많다. 이때 가신(家臣)과 같은 추종세력을 길러 도탑게 해두면 후에 회복의 기회가 올 때 사회적 동지관계를 복원하는 교두보가 된다.

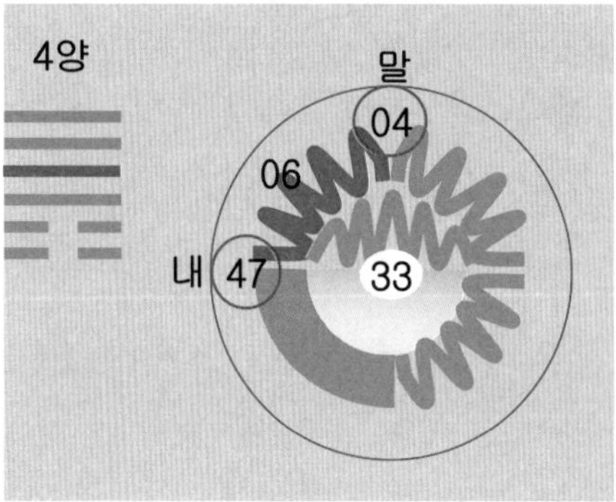

好遯호둔.

君子吉군자길 小人否소인비.

호감을 가지고[好] 물러서도다[遯].
군자는[君子] 길하나[吉] 소인은[小人] 막히리라[否].

4양은 곤(困)·송(訟)·몽(蒙)의 과정이다: 난관에도 환경에 동화되어 겸손하게 웅크려 노력하면서[곤47] 드러내지 않고 실력을 키우려면[몽04] 어떻게 해나가야 하나? 시비는 거두어들이고 내면의 경륜과 실력을 쌓으며 지혜로운 해결책을 모색한다[송06].

4양은 이성적 사고가 활성화 되어 있음이다. 마음을 활짝 열어 자신의 과거·현재·미래의 처지를 평가하고 면밀한 처신을 설정한다. 물러날 때를 알아 거기에 계획을 맞춘다. 때맞춘 의도적인 물러섬 그 자체로서 주위에 감동을 불러일으키고 의미 깊은 새로운 인연을 만들기도 한다. 하찮은 경쟁심을 버린 큰 마음을 견지하고 지혜로운 생각을 품지 않으면 때를 알고 실행하는 것이 쉽지 않기에 상급 수준의 경륜을 닦은 자는 쉽게 적응하지만 그렇지 못한 자에게는 난제다.

상황코드인 '송(06)'의 4원 개념은, 순수한 열정으로 의식과 인격을 고양시키며(태58) 상대를 인정하고 상대와 하나가 되거나(함31) 곁가지를 줄여 목표에 집중함으로써(손41) 절제와 수련으로 시비초월의 지혜를 쌓는(간52) 일련의 과정이다. 흔히 송을 단순히 '다투고 송사하는' 괘로 단정하는 경우가 있는데 이는 괘의 별명 때문이지 전체적인 면모가 아님을 유의해야 한다.

'호감을 가지고 물러서도다[好遯]. 군자는 길하나 소인은 막히리라[君子吉 小人否]' 하였는데, 물러섬이 순리임을 알고 긍정적인 마음으로 의도적으로 자진하여 수행하는 자는 사물의 흐름을 성찰할 줄 아는 사람이므로 지혜롭게 채비하여 전도가 밝으나, 아직 때를 모르고 주도권을 함부로 휘두르는 소인배는 점점 앞이 막히게 된다는 뜻이다. 처한 환경이나 상대를 인정하고 경쟁심을 버리고 시비를 초월하는 생각으로 물러나는 것이 '송둔(訟遯)'인데 달리 표현하면 이것이 곧 '호둔[好遯]'이다. 주의힐 점은 '송(訟)'은 시비를 가리려고 송사(訟事)하는 것이라기보다는 그것의 4원 개념이 의미하는 바와 같이 대립의 각을 세울 수 있는 경지를 초월하여 해결을 모색하는 긍정적 반응임을 알아야 한다. 그래서 사실 소인이 행하기는 어렵다.

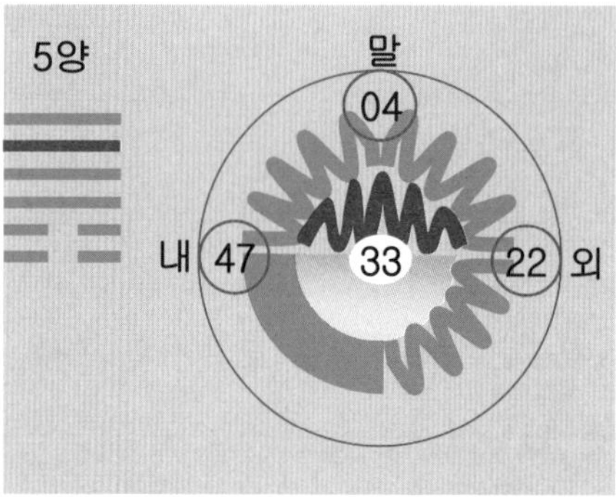

嘉遯가둔. 貞吉정길.

아름답게[嘉] 물러서도다[遯]. 끝까지 굳건하게 하면[貞] 길하리라[吉].

> 5양은 곤(困)·몽(蒙)·비(賁)의 과정이다: 어려운 환경에 동화되며 겸손하게 웅크려 노력하는데[곤47] 활개 펴기 힘든 세상에서 적절한 중용의 덕을 가꾸며 난국을 견뎌내야 한다[비22]. 어떻게 해나가야 하나? 물러서서 미래를 기약하며 절제 속에 내면의 경륜을 쌓아야 한다[몽04].

5양은 다른 양들과 함께 아래의 음들과 분리해서 위로 떠나는 원동력이다. 리더의 자리에서 떠밀리는 것이 아니고 양의 특성대로 자발적으로 물러나는 것이다. 기득권에의 집착을 과감히 떨치고 때를 알고 때를 맞춰 스스로 물러나는 것처럼 아름답고 멋진 일은 없다. 시대와 사람의 흥망성쇠가 맡음과 물러남이 반복되는 역사이니 그 파고의 위기를 배움과 성숙의 기회로 바꾸는 자는 인생의 승리자임에 틀림없다.

상황코드인 몽(04)의 4원 개념은, 때가 임박할 때까지 드러내지 않고 충분히 힘을 기르며(림19) 겸손한 마음가짐으로(겸15) 주위에 동화되고 이끄는 태도를 견지하며(리10) 순리의 기회가 올 때까지 의도적으로 은둔하는(둔33) 과정이다. '전략적 후퇴(둔33)'와 '절제 속에 내면의 경륜을 쌓음(04)'은 서로가 서로의 지향점이 된다. 난관 속에 노력하며(곤47) 중용(中庸)의 덕을 가꾸며(비22) 은둔 속에(둔33) 더 성숙해지는(몽04) 과정인 것이다.

'아름답게 물러서도다[嘉遯]. 끝까지 굳건하게 하면 길하리라[貞吉]'라고 하였는데, 아름답게 물러서는 경우란 적기에 당당하게 대의에 맞게 물러서는 것으로서 많은 사람들 앞에 공식적인 이임사(離任辭)를 하고 박수를 받으며 떠나는 상황이다. 현직에서 물러나 새로운 뜻을 지향하며 유학을 떠나는 모습과 다를 바 없다. 그런 은둔 속의 성숙과정을 끝까지 완수하면 다른 성공의 길이 열린다는 뜻이다.

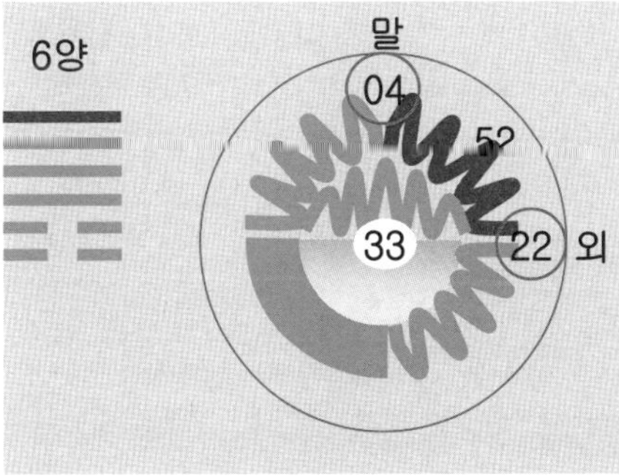

肥遯비둔. 无不利무불리.

살찌우는[肥] 물러남이로다[遯]. 불리할 것이 없으리라[无不利].

> 6양은 비(賁)·간(艮)·몽(蒙)의 과정이다: 세상에 활개를 펴기 어려우니 적절한 중용의 덕을 가꾸면서[비22] 형통한 미래를 위하여 더 배우고 더 성숙해지려면[몽04] 어떤 과정이 필요한가? 현직을 물러나 세계 밖과 미래를 통찰하며 자유롭게 지혜를 궁구하며 양식(良識)을 기르는 삶이다[간52].

6양은 미래의 눈이 열려 세계의 밖을 내다 볼 수 있는 능력을 키워 다가올 상황을 잘 파악하고 적극적으로 대처하는 모습이다. 걱정거리는 미리 소화하여 갑작스럽게 생기는 일에 충격 받고 고민하지 않는다. 준비가 철저하므로 처리하는 행동은 유난스럽지 않다. 살찌운 지식과 쌓은 덕으로써 미래를 위한 재물을 준비하거나 새로운 갈 길을 굳히는 국면이므로 물러나도 아무런 걱정이 없으니 든든한 물러남이다.

상황코드인 간(52)의 4원 개념은, 자기 절제 속에서(명이36) 마음을 다잡고(사07) 뜻을 한곳에 모아(동인13) 시비를 초월하는 지혜와 경륜을 쌓아나가는(송06) 과정으로 정리되며, 전체적으로는 3양과 4양의 외적 가교 역할이다.

'살찌우는 물러남이로다[肥遯]. 불리할 것이 없으리라[无不利]' 함은, 앞길을 성찰하고 채비를 잘 하기에 걱정 없는 전략적 후퇴의 삶을 살면서 오히려 역량과 희망을 키우고 있으니 지식을 살찌우는 은퇴임을 말한다. 여기에다 자유로운 창조적 활동으로(양) 경륜을 쌓아가며 미래의 기회에 대비하는 모습이니 불리하다기 보다는 재충전하는(살찌우는) 유리한 고지를 오르는 상황이다.

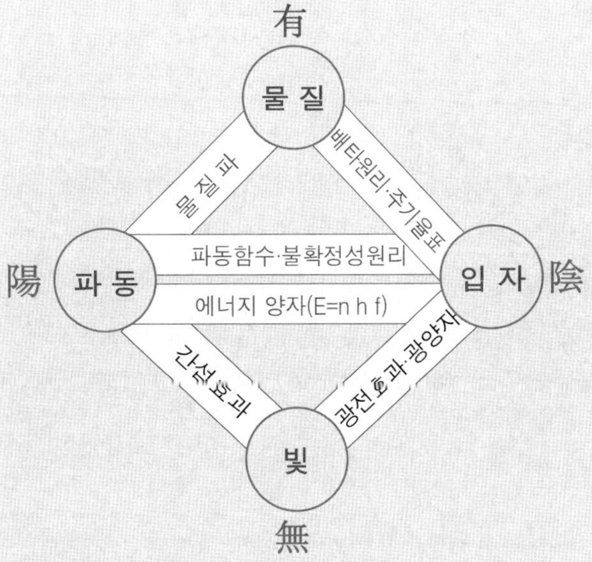

▷ 양자역학의 성립 (『과학주역』1, 91쪽)

파동에서 입자의 개념을 파악한 양자가설과 입자의 거동을 파동함수로 대신하는 양자역학은 미시세계의 모든 현상을 잘 설명해주고 있다.'파동:입자'와 '빛:물질'의 두 가지의 상대성이 서로 직교하고 있음은 태극도 프랙털(355쪽, 427쪽 참조)에서의 무와 유, 양과 음이 그러한 것과 같다. 빛의 이중성에 대한 확실한 이해는 세계해석의 근원이 된다.

34. 뇌천대장(雷天大壯)

떳떳한 큰 힘, 강력한 추진력·개척정신, 당당히 헤쳐나감, 올바르고 의연하게 추진함, 초지일관의 정진, 센 허풍

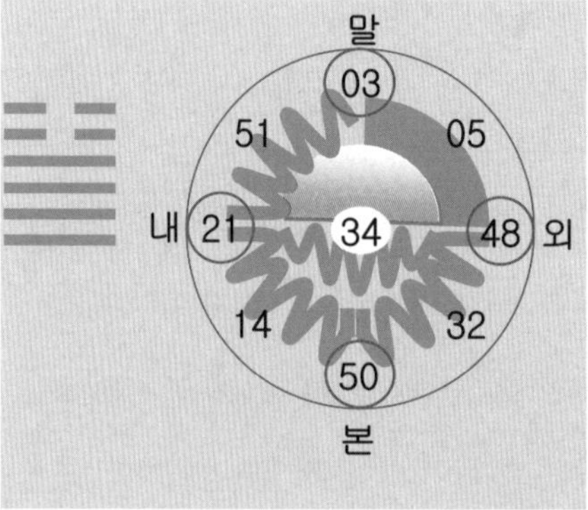

大壯대장. **利貞**이정.

크게 굳세도다 [大壯]. 올곧게 하면 [貞] 이로우리라[利].

대장[大壯]은 정(鼎)·서합(噬嗑)·정(井)·둔(屯)을 따라 흐르는 세계다: 새 가치를 창조하는 열성과 개척정신으로 충만하여[정50] 올바르게 갈등을 해소하려는 마음으로[서합21] 계발의 지혜를 구하며[정48] 아직 미성숙한 새로운 환경에 대처해나가는[둔03] 일련의 과정이 '대장'의 세계다.

8괘의 상으로 보면, 아래의 강력한 창조적 힘을 바탕으로(乾天건천) 밖으로(위로) 어려움을 헤치며 움직여 나아가니(震雷진뢰) 전체가 나타내는 힘은 애써 당당하게 펼쳐나가려고 노력하는 상이다.

내면에 쌓은 에너지와 공력(功力)으로 압축된 장대한 힘이(1양·2양·3양) 넘쳐 위로(4양) 밀고 올라온다. 음 2월에 땅 속에 양기가 차올라 옴과 같다. 이렇게 뻗치는 힘의 가치는 세계가 풀어가야 할 무거운 과제(5음·6음)를 떠받쳐 세계의 발전에 도움이 되도록 하는 데에 있다. 음양비율이 2

대4이니 창조적 양 에너지가 책임질 일의 무게보다 더 크기 때문에 세계 전체는 긍정적 방향으로 전진할 수 있다. 아래에서 결집된 힘이 두 음들의 눌림에 대항하여 강한 도전정신으로 솟아오르게 되는(4양) 의연한 모습이기 때문에 억압, 무력 침략, 침탈, 세상의 혼란 등 부정적인 환경 등을(둔03) 떳떳하고 장대한 힘으로 대응하여 본연의 긍정적인 환경으로 바꾸어 나가려는 모습이다. 용기와 신념을 가지고(1양) 창조적으로 자원을 운영하고(2양) 필요 없는 에너지의 유출(3양)을 잘 관리하면 시스템 효율은 극대화 될 수 있다. 정의로운 도전정신(4양)과 앞이 가로 막혔을 때의(6음) 주재자의 넓은 도량과 인내력은(5음) 또 다른 정신적 잠재력이다. 신체적으로 장대한 힘과 올곧은 정신력이 합해지면 어떤 것도 극복할 수 있는 위대한 힘이 될 수 있음을 말해준다. 난관에 부딪힐 때 작동하는 의연한 힘의 참 모습이다.

인성(人性)의 면으로 보면, 용기와 신념이 강하고(1양) 물적 육체적인 교류가 활발한 가운데(3양) 신진대사활동까지 원활하므로(2양) 체력이 강건하다. 건강한 신체에 건전한 정신이 깃드니, 사고가 깊고 활발한 반면에(4양) 세계 밖과 미래를 보는 능력은 미숙하고 변화의 낌새에 잘 흔들리지 않으며(6음) 본 대로 느낀 대로 일희일비하며 변덕스럽게 행동하지 않는 침착한 성품이다(5음). 힘이 장대하지만 함부로 휘두르지 않고 건전한 생각 속에 올곧게 행동하는 당찬 인간상이라 하겠다.

'크게 굳세도다[大壯]. 올곧게 하니 이로우리라[利貞]' 하였는데, 배면에서 받쳐주는 굳굳한 창조적 힘이 추진력이 되니 그 힘은 장대하며, 넘쳐나는 에너지는 순수한 마음을 자극하여 감동을 일으킴에 따라 세상의 갖가지 부정적 요소를 극복하여 올바른 방향으로 올곧게 밀어붙여 긍징직인 모습으로 바꾸려고 노력한다. 그래서 이 괘는 무엇인가를 새롭게 개발하여 세상을 유익하게 함(정鼎50)을 기초자질로 삼아, 사리를 분별하는 올곧은 기상을 가지고(서합21), 지혜를 궁구하는 힘찬 노력으로(정井

48) 미성숙한 새 앞길에 대처해나가는(둔03) 과정을 그리고 있다.

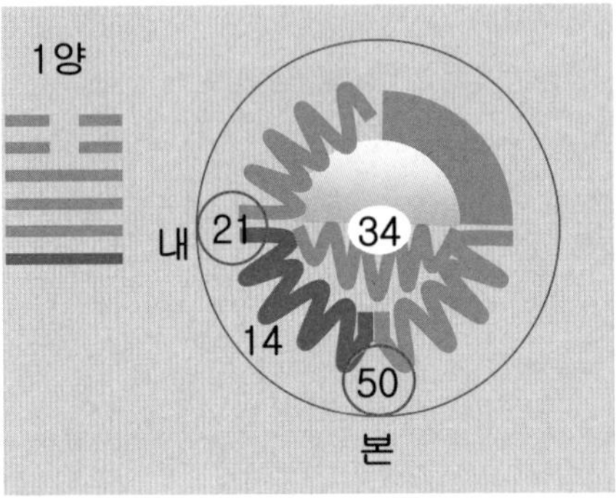

壯于趾征장우지정 凶흉.
有孚유부.

발가락에[于趾] 힘을 불끈 주고[壯] 공격하면[征] 흉하도다[凶]. 믿음과 열정이[孚] 있어야 하느니라[有].

1양은 정(鼎)·대유(大有)·서합(噬嗑)의 과정이다: 힘든 세상에서 부가가치 창조의 열성과 개척정신이 투철하더라도[정50] 세상에 맺혀 있는 갈등을 해소하지 않으면 한걸음도 못 나간다[서합21]. 어떤 역할이 있어야 하나? 세계에 활력과 신념, 그리고 참다운 용기가 가득하도록 해야 한다[대유14].

1양은 잠재의식 차원에서의 활달함이다. 그것은 본성적인 용기와 신념이므로 힘이 있다고 해서 불쑥 나서는 경망스러움이 아니다. 단지 자신의 힘과 권위만을 앞세워 밀어붙이면 결국에는 독선과 위선의 낙인이 찍히고 경멸의 대상이 되니 그런 힘은 진정한 힘이 아니다. 무엇보다도 잠재의식 속의 기본정신부터 살아 움직여야 근본적인 갈등이 해소되고 성과를 제대로 낼 수 있다.

상황코드인 '대유(14)'의 4원 개념이, 기초능력으로 항상성을 유지하며(항32) 수양된 인격과 열정으로써 주위에 감동을 주고(진51) 영향력을 교류하며(손57) 덕을 베풀며 공헌하는(익42) 일련의 과정이니, 1양은 곧 대유의 넓은 도량과 올바른 큰 뜻이 필요한 과정이라 하겠다.

'발가락에 힘을 불끈 주고 공격하면[壯于趾征] 흉하도다[凶]. 믿음과 열정이 있어야 하느니라[有孚]' 하였는데, 발가락이 신체 중 가장 아래에 있는 부분이라 여기에 힘을 불끈 주고 겉으로 우쭐대며 자신을 과시하며 공세를 취하면 진실성이 결여되어 신뢰를 잃고 속과 겉이 달라 호응을 얻지 못하므로 어려움에 처한다. 그러니 진정으로 마음에서 우러난 심신합일의 참다운 힘이라야 갈등을 없애고 창조적 일을 도모할 수 있다. 세상에 신뢰가 무너져 어려울 때는 갈등을 추스르고 창조적 정신을 함양시키는 큰 인물의 큰 역할이 필요하다.

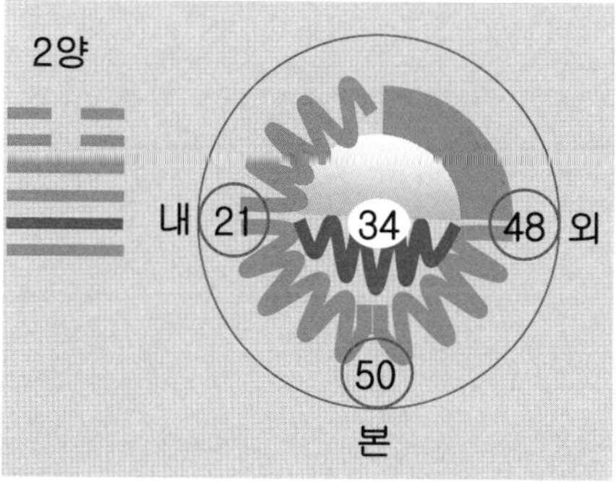

貞吉정길.

굳건하게 이루어내면[貞] 길하리라[吉].

2양은 서합(噬嗑)·정(鼎)·정(井)의 과정이다: 세계의 갈등을 없애려는 해결사의 심정으로[서합21] 개발을 위한 지혜를 얻어내야 한다[정井48]. 어떤 과정을 겪어내야 하나? 열악한 조건에서도 그 세계의 발전을 위한 부가가치의 창출에 모든 열정을 다해야 한다[정鼎50].

2양은 마치 세계 내부의 무거운 짐(5음)을 굳건하게 짊어지는 모습이다. 어떤 조건에서도 다른 사람보다 책임의식을 더 가지고 있는 힘을 다해 일하는 모습이다. 그는 칭찬받기 위해서가 아니고 어려움을 스스로 감당하고 해결하려는(서합21, 정井48, 정鼎50) 천부적으로 기특하게 행동하는 실천자이다. 윗사람의 요청이 없이도 어떤 어려움도 자발적으로 맡는다. 그 세계의 안주인 노릇을 하며 주위의 든든한 디딤돌이 되어주니 스스로 복을 받는 일이 아닐 수 없다.

상황코드인 '정(鼎50)'의 4원 개념을 살펴보면, 올바른 힘을 크게 기르고(대장34) 예지력을 앞세워(예16) 가시적인 성과를 조금씩 쌓아 올리며(소축09) 지혜와 통찰력으로 미래가치를 찾는(관20) 일련의 과정이다. 이 중에서 특히 '대장(34)'과 '정(50)'은 상호의 기초자질로 되먹임 되기 때문에 2양이 나타내는 굳건한 힘의 배경은 부가가치의 창조이고 또한 부가가치의 창조는 올바른 정신과 힘으로 굳건하게 달성해나감을 그 근거로 삼아야 한다.

'굳건하게 이루어내면 길하리라[貞吉]'라고 간단하게 단언하였는데, 효사 자체에서는 어떤 배경과 과정인가는 더 깊이 파악하기 어렵다. 하지만 표상과 상황변수를 보면, 2양은 서합(21)·정(48)의 경로 상에서 '정(50)·대장(34)'의 내용으로 활동하는 모습이다. 즉, 부가가치 창조의 의지를(정50) 올곧게 큰 힘으로 추진해야 하는 상황이니(대장34) 정길[貞吉]의 참 의미는 여기에서 드러난다.

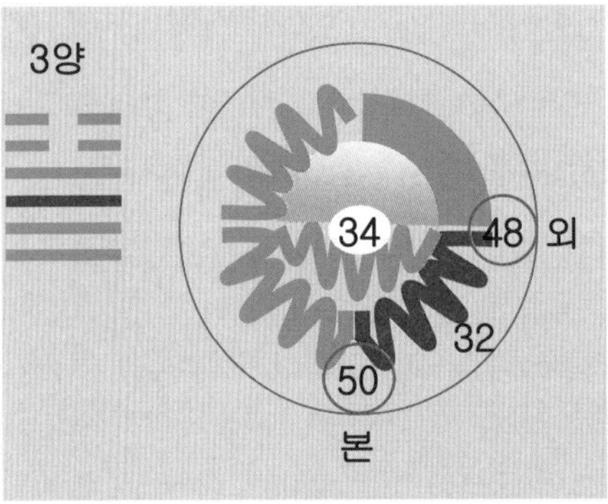

小人用壯소인용장
君子用罔군자용망 貞厲정려.
羝羊觸藩저양촉번 羸其角이기각.

소인은[小人] 힘을 쓰고[用壯] 군자는[君子] 그물을 쓰니[用罔] 이를 끝까지 고집하면[貞] 위태롭도다[厲]. 숫양이[羝羊] 울타리를[藩] 치받아[觸] 제 뿔을[其角] 괴롭히도다[羸]. (羸리: 괴롭히다)

3양은 정(鼎)·항(恒)·정(井)의 과정이다: 부가가치를 창조하려는 노력을 바탕으로[정鼎50] 밖으로는 유용한 지혜를 이끌어내야 한다[정井48]. 어떻게 해야 하는가? 어려움 속에서도 항상성을 유지할 수 있도록 올바른 힘을 써야 한다[항32].

3양은 주위와 더불어 에너지를 활발하게 교류하는 모습이다. 그 교류가 세계의 유지발전에 보탬이 되려면 실효성이 있어야 하는데 자기과시와 허영심이 판치는 교류는 지속할수록 힘을 잃고 만다. 올바른 지혜를 발굴하여 에너지 효율을 극대화하지 못하면 힘든 세계를 떠받칠 수 없다. 실효성 있는 참다운 힘은 물리적인 에너지와 지성적 힘이 합쳐진 것으로 하드웨어와 소프트웨어가 한데 어우러진 것이라야 진정한 실체를 이루는 능력이 되어 세계의 지속에 보탬이 된다.

상황코드인 '항(32)'의 4원 개념을 살펴보면, 기초능력을 갖춘 터 위에(대유14) 책임감을 갖고 진취적 기상으로 주위를 이끌어(진35) 미래의 장애에 대비하여 내실을 다지면서(수05) 상생을 위하여 협력하는(비08) 일련의 과정인데, 만약 패를 나누어 서로 다르게 치우친 극한을 주장한다면 그것은 크게 가진 것도 아니며, 진취적 정신도 아니며, 상생적 단합도 아니니, 그런 세계는 제 힘만 자랑하는 아귀다툼의 장일 뿐이다. 따라서 3양은 세계의 항상성 유지를 위한(항32) 낭비 없는 올바른 힘의 작용을 나타내어야 할 것이다.

효사의 전반에서 '소인은 힘을 쓰고[小人用壯] 군자는 그물을 쓰니[君子用罔] 이를 끝까지 고집하면 위태롭다[貞厲]'라고 한 것은, 진정한 대장(大壯)의 힘은 그 세계를 유지·발전시킬 수 있는 잘 조화된 올바른 힘이어야 하는데, 소인들처럼 물리적 힘만 쓴다든지 군자처럼 지략(그물)을 쓰는 등 한쪽으로 치우쳐 그릇되게 쓰면 에너지가 유실되고 실효를 거두지 못하여 세계는 퇴보하게 되므로 어느 쪽이든 위태롭게 된다는 뜻이나. 물리적 힘을 상징하는 하괘와 선락을 상징하는 상괘가 분리되면 진정한 대장괘를 이루지 못함과 같다. 여기에서 군자가 쓴다는 '망[罔]'은 '실체가 없는[罔] 지식'이거나 '폭넓은 인간관계의 조직망으로써(組織

罔) 상대를 제압하는 것'으로 해석된다. 아울러 제4효가 기획의 직능을 가진 효이므로 이는 한마디로 '지략(智略)'이라 할 수 있다.

이어서, '숫양이 울타리를 치받아[羝羊觸藩] 제 뿔을 괴롭힌다[羸其角]' 하였는데, 자신만의 능력을 제멋대로 교만하게 부리면 그 능력으로 인한 손상이 생길 뿐 자신이 관련된 세계 전체를 유지·발전시키는 데에는(항32) 아무런 기여를 할 수 없음을 숫양의 경우를 단적인 예를 들어 앞 구절[小人用壯]을 부연하여 설명하고 있다.

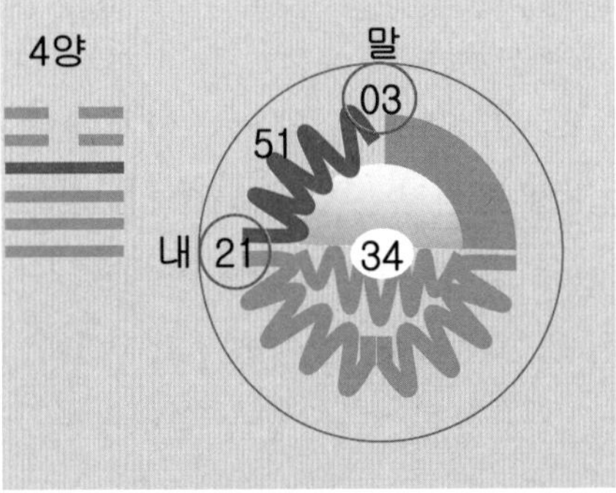

貞吉정길 悔亡회망.
藩決不羸번결불리
壯于大輿之輹장우대여지복.

끝까지 굳건하게 하면[貞] 길하고[吉] 여한이 없으리라[悔亡]. 울타리가[藩] 터지니[決] 고달픔이[羸] 풀리고[不] 큰 수레 바퀴의 연결장치에[于大輿之輹] 힘이 실리리라[壯].

> 4양은 서합(噬嗑)·진(震)·둔(屯)의 과정이다: 마음속의 맺힌 한과 갈등을 해소시키면서[서합21] 미숙한 환경을 헤쳐나가려면[둔03] 어떻게 해나가야 하나? 주위에 도전의식을 고취시키고 어려움을 뚫고 나갈 각오를 단단히 해야 한다[진51].

4양은 전반의 신체적 물리적 기운이(1양·2양·3양) 발전하여 후반의 정신력을 활성화시키는 모습이다. 전반기에 내공을 쌓은 양 셋의 참다운 힘이 모여서 후반기로 향하는 경계를 허물었다. 이제는 장애와 중압감도 사라져 활발한 도전의식으로 무장한다. 혼신을 다하여 용의주도하게 계획을 세워서 당면하는 문제에 대한 과감한 결단력을 행사하니 어려움이 잘 풀려나갈 것이다. 진정한 힘은 튼튼한 신체에 깃든 살아있는 의식으로부터 나오기 때문이다.

상황코드인 '진(51)'의 4원 개념을 정리하면, 무거운 책임감으로 앞장서서 이끌어[진晉35] 저변에 쌓은 큰 힘으로 세계활성화에 진력하며(대유14) 생존을 위한 상생적 협력을 유도하고(비08) 유비무환의 정신으로 어려움을 극복해나가는(수05) 일련의 과정이다. 정신적인 무장을 단단히 하여 어려움을 헤쳐나갈 준비에 박차를 가하며 각오를 단단히 하는 과정이라 하겠다.

효사의 전반부에서 '끝까지 굳건하게 하면 길하고 여한이 없으리라[貞吉 悔亡]'라 한 것은, 차오르는 건장한 힘이 생각을 강건하게 하는 힘으로 변하려면 마음의 한과 갈등을 해소하여 보이지 않는 내면적 감동을 원동력으로 삼아 어떤 어려움에도 흔들리지 않는 투지로써 밀고 나가면 미성숙한 세계의 안개가 걷히게 되니 길하다는 의미다. 이어지는 후반부의 효사에서 '울타리가 터지니 고달픔이 풀리고[藩決不羸] 큰 수레 바퀴의 연결장치에 힘이 실린다[壯于大輿之輹]'라고 하였는데, 마음의 한과 갈등은 확연한 행동을 제약하는데 대장의 강력한 에너지가 작용하여 이 빗장을 푸니(서합21) 우리에 갇혀있을 때의 고달픔이 풀려짐으로써 이제는 어려움을 헤칠(둔03) 마음의 동력에 시동이 켜진 상태임(진51)을 말해준다. 정지해 있는 수레를(5음·6음) 끌어 움직이려면 물리적 에너지도 필요하지만(1양·2양·3양) 그것과 연결된 마음의 동력(4양: 수레바퀴축의 연결장치에 비유됨)이 활성화되어 힘을 받지 않으면 안 되는 상황임을 부연하여 설명해주고 있다.

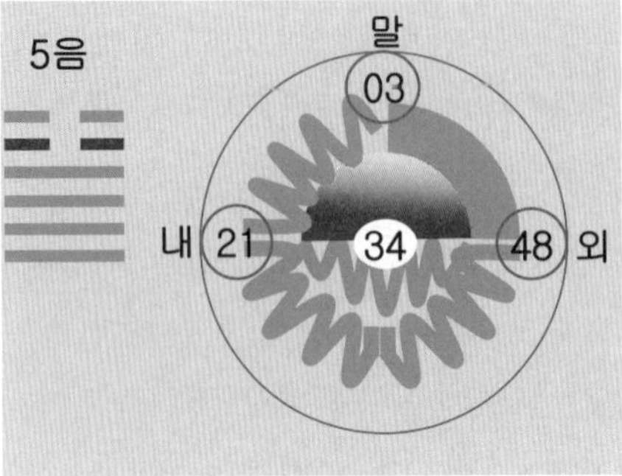

喪羊于易상양우이 无悔무회

길 잃은[喪] 양을[羊] 쉽게 이끄니[于易] 후회가 없으리라[无悔].

5음은 서합(噬嗑)·둔(屯)·정(井)의 과정이다: 안으로는 마음의 갈등을 해소시키고[서합21] 밖으로는 생명수와 같은 지혜의 샘을 발굴해야 하는[정48] 책임의식을 가진 자의 리더십은 무엇인가? 세상이 불확실하고 미숙한 때이니 세상을 돌보아주는 모성애와 같은 관용과 친화력이 최상의 힘이요 길이다[둔03].

5음은 정의와 사랑이 세계를 감싸고 이끌어 줄 때 느끼는 리더의 든든한 포용의 모습이다. 어려움에 처한 약한 자들은 배면에서 든든하게 받쳐주는 지도자의 넓은 도량에 이끌린다. 혼탁한 세상을 조화롭게 융화해 나가는 것 만큼 더 큰 힘은 없으며 군림하는 권력보다 훨씬 더 큰 지혜다. 미숙한 어린이를 돌보아야 할 때에는 아버지라도 포근한 어머니의 손길처럼 하면 더 큰 힘을 발휘한다.

5음의 상황코드인 '둔(03)'을 4원 개념으로 살펴보면, 어려운 환경에서는 새로운 일과 삶에 대하여 성찰하면서(관20) 노력에 비해 성과는 작더라도(소축09) 계획을 잘 세워(예16) 올바른 힘으로 어려움을 헤쳐가는(대장34) 과정으로 정리된다. 둔(03)의 환경에서 넓은 도량과 정성으로 세상을 이끌어가는 역할과정이다.

효사에서 '길 잃은 양을 쉽게 이끄니[喪羊于易] 후회가 없다[无悔]'라고 함은, 둔(03)의 미숙한 세상에 어쩔 줄 모르는 사람들을 차분한 포용력으로 감싸 이끌면 강한 모습으로 지도력을 펼치는 것보다 더 큰 영향을 끼쳐서 쉽게 어려움에서 벗어나도록 진정한 힘을 발휘하는 것이니 후회가 없다는 뜻이다.

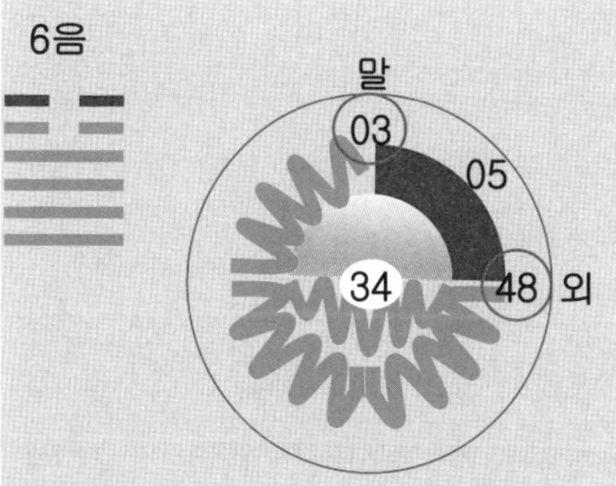

羝羊觸藩저양촉번,
不能退불능퇴**不能遂**불능수,
无有利무유리.
難則吉난즉길.

숫양이[羝羊] 울타리를[藩] 치받아[觸] 물러설 수도 없고[不能退] 나아갈 수도 없으니[不能遂] 유리할 것이 없도다[无有利]. 어렵기는 해도[難] 도리어[則] 길하리라[吉].

> 6음은 정(井)·수(需)·둔(屯)의 과정이다: 밖으로 생명수와 같은 지혜를 구하면서도[정48] 활짝 열리지 않는 안개 속의 세상을 맞닥뜨리는 운명이라면[둔03] 어떻게 해나가야 하는가? 향후의 어려움에 대비하여 필요한 기초실력을 기르면서 때를 기다려야 한다[수05].

6음은 장애에 가로막혀 미래와 세계 밖으로 나아가지 못하고 진퇴양난의 함정에 빠져 있음이다. 힘만 믿고 앞으로만 치달아 왔기에 나아가는 관성을 쉽게 없앨 수도 없고 지금까지 무리하게 쓴 힘 때문에 주변의 엉킴을 박차고 전진할 여력도 충분치 않다. 무리를 하여 엉클어진 상황들은 급작스런 행동으로는 해결되기 어렵고 시간이라는 인내의 벽을 넘으며 재충전해야만 그 실마리가 풀리는 것이다.

6음의 상황코드인 '수(05)'를 4원 개념으로 살펴보면, 외부로부터의 영향력에 힘입고(손57) 적극적인 대안을 찾아 허한 부분을 메워나가는 한편(익42) 세계가 잘 유지되도록 올바른 힘을 쏟고(항32) 주위를 고무·진작시켜 자연스럽게 앞으로 전진할 수 있도록(진51) 인내심을 가지고 기다리는 역할 과정이다. 수(05)의 후반의 내용은 이 괘의 3양(항32)과 4양(진51)을 외적으로 연결해주는 가교 역할이기도 한다. 이처럼 괘라는 하나의 시스템은 효의 역할 과정들이 서로 얽어지며 조금 더 큰 상황변수를 이루어내게 된다.

효사에서 '숫양이 울타리를 치받아[羝羊觸藩] 물러설 수도 없고 나아갈 수도 없으니[不能退 不能遂] 유리할 것이 없도다[无有利]. 어렵기는 해도 도리어 길하리라[難則吉]'라고 하였는데, 장대한 힘으로 밀어붙여 왔기에 그 속성을 버리지 못하나(대장34) 세상의 미성숙에 막혀 전진이 어려우니(둔03) 이로운 상황이 아님을 말해주며, 자신의 능력을 재충전하며 때를 기다리게 되니(需05) 결국에는 지금의 난관이 오히려 약이 되어 미구(未久)에 좋은 결과를 얻게 될 것임을 말해주고 있다.

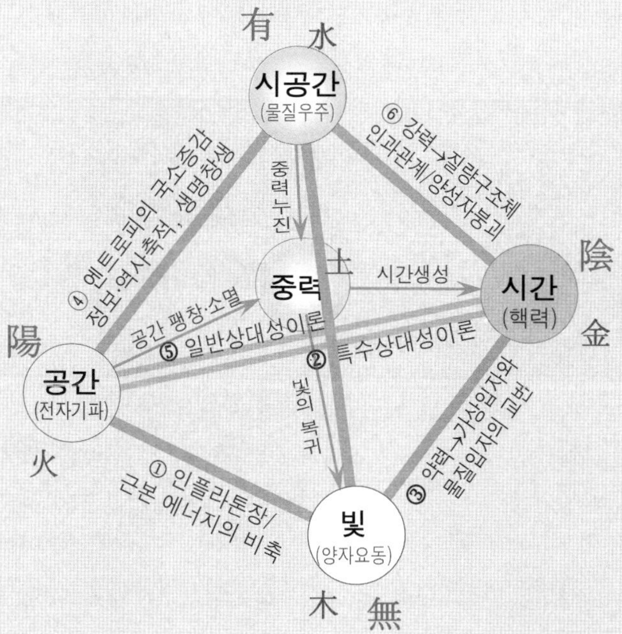

▷ 물리학적 우주론과 태극도 프랙털 (『과학주역』1, 105쪽)

현대 물리학적 우주론과 태극도 프랙털(355쪽 참조)을 병합한 것이다. 우주를 중재하는 중력의 역할을 파악하고 사면체 여섯 변에 붙인 번호가 건(乾)괘와 곤(坤)괘의 육효(六爻)에 상응함을 이해할 때, 건곤은 곧 현대우주론 그 자체가 된다.

35. 화지진(火地晉)

책임감으로 선도하는 진취적 기상, 의욕이 앞선 무리한 추진,
힘든 전진, 정체 상황을 선도함

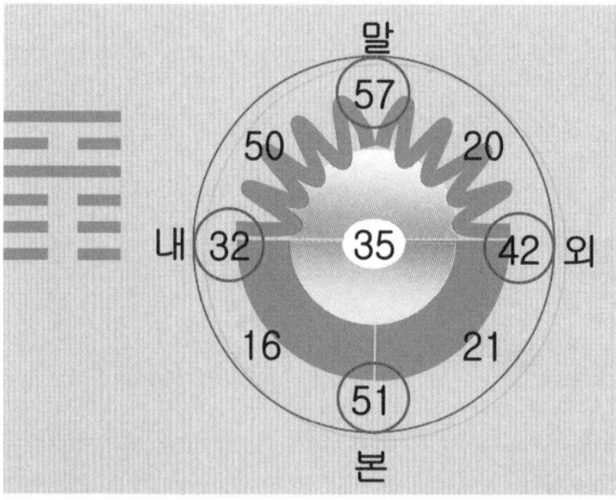

晉진. 康侯강후.
用錫馬蕃庶용석마번서
晝日三接주일삼접.

이끌어 나아가는 상이로다[晉]. 나라를 평안하게 하는[康] 제후와 같도다[侯]. 말을[馬] 하사하여[錫] 번식시키는[蕃庶] 정책을 쓰고[用] 하루 낮에[晝日] 세 번이나 접견하도다[三接].

진[晉]은 진(震)·항(恒)·익(益)·손(巽)을 따라 흐르는 세계다: 정체된 현 상태를 자극하여 감동을 주고 의욕적으로 움직일 수 있도록 고무·진작시켜서[진51] 내적으로는 세계의 항상성을 유지하면서[항32] 외적으로는 더 큰 세계를 지향하며 가진 능력을 최대한 발휘함으로써[익42] 미래로 전진하기 위하여 앞서가는 핵심역량을 충분히 반영하는[巽57] 일련의 과정으로서의 참다운 리더십이 '진'의 세계다.

8괘의 상으로 보면, 땅 위로(坤地곤지) 떠오르는 태양의 모습이라(離火리화) 빛이(火) 온 누리를 비추니(地) 그 혜택으로 전체가 함께 전진해나가는 상으로서 책임감 있는 리더십의 진취적 기상을 상징한다.

진[晉]의 견인력(4양·6양)은 내적인 면과 외적인 면에서 모두다 미래와

더 높은 목표를 향하여 이끌어가는 진취적 기상이다. 견고한 하부조직체(1음·2음·3음)를 힘차게 이끌고 가는(4양·6양) 도량 넓은 지도자의 포용력(5음)이 없으면 음은 음대로 가라앉고 양은 양대로 떠올라 분리되고 말 것이다. 만약 5음이 양이라면 위와 아래가 각각 양 셋과 음 셋으로 무리를 지어 갈라져 상하가 막히는 비(否)괘가 되고 만다. 지도자는 사익이 아닌 전체의 이익을 위하여 혼신의 노력을 한다. 국가지도자, 최고경영자, 연구·기획자들은 주된 추종자들의 진정한 도움 없이는 성취를 맛볼 수 없다. 불활성의 무거운 세계가 단지 앞에서 끄는 희망의 날개 만으로는 날 수가 없기 때문이다. 그래서 훌륭한 지도자 (5음)는 후덕한 리더십으로 하부세계의 리더(2음)를 음이라는 동질감으로 당겨 품고 구조체 전체가 한 몸이 되어 전진하게 한다. 이로써 진[晉]은 비활성적 조직체를 강력한 견인력으로 앞에서 이끌어 가는 리더십의 도를 말해준다.

인성(人性)의 면으로 살펴보자. 근본욕구가 가라앉아 있고(1음) 물질적 육체적 활동이 소극적이니(3음) 에너지를 만들어내기 위한 신진대사 작용도 약하므로(2음) 신체적으로는 활달하지 못하거나 육중한 몸체를 누이고 있는 모습이다. 하지만 정신적 사고활동이 활발하고(4양) 세계 밖과 미래를 보는 시각은 민활하므로(6양) 정신이 신체를 리드할 수 있는 자질이 탁월하다. 그럼에도 지적 적극성이 앞서가는 대로만 행동하지 않고 소극적인 신체적 상황을 배려하며 전체에 무리가 없도록 진정한 발전을 위하여 침착하게 자신을 영위하는(5음) 인간상이다.

표상을 보면 미래와 세계 밖에 대한 해박한 지식(6양)과 훌륭한 기획정신으로 앞장서서(4양) 상대적으로 소극적인 조직체(하괘)를 후덕한 리더십으로 선도하는(5음) 모습이다. 이는 권력을 휘두르는데 팔리지 않고 진정으로 나라를 이롭게 하려는 제후의 후덕한 리더십과 같은 것이나. 괘사에서 '이끌어 나아가는 상이다. 나라를 평안하게 하는 제후와 같다[晉康侯]. 말을 하사하여 번식시키는 정책을 쓰고[用錫馬蕃庶] 하루 낮에 세 번이나 접견한다[晝日三接]'라 한 것은, 나라의 안위를 지키기 위한 전쟁준비에 없어서는 안 될 말을 많이 번식하게 하는 정책을 쓰고 백성들의 문제점과 애로사항을 진정으로 해결하기 위해 사람들을 최대한 접견하는 소상하고 포용적인 리더십의 구체적인 본보기로 제시하고 있는 것이다.

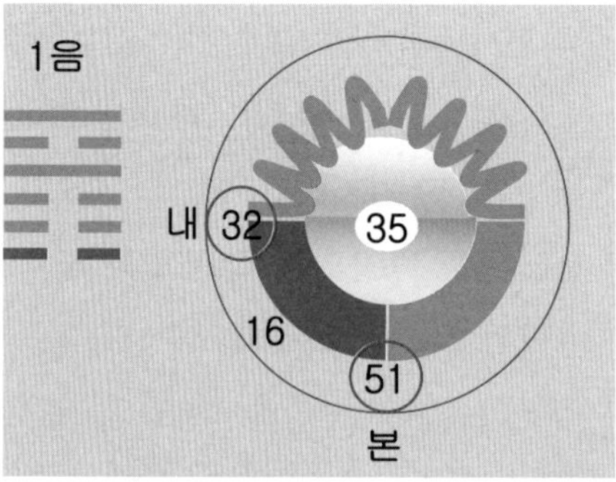

晉如摧如진여최여 **貞吉**정길. **罔孚**망부 **裕无咎**유무구.

이끌기도 하고[晉如] 막기도 하지만[摧如] 끝까지 굳건하게 하면[貞] 길하리라[吉]. 믿음이[孚] 없더라도[罔] 너그럽게 하면[裕] 허물이 없으리라[无咎].

1음은 진(震)·예(豫)·항(恒)의 과정이다: 활성적 의욕을 잃은 대중들을 고무·진작시켜[진51] 세계의 항상성을 유지토록 마음을 써야 한다[항32]. 어떤 근본자세가 필요한가? 어둠 속을 이끌어 가는 자의 유연한 사고와 지혜를 따를 수 있게 해야 한다[예16]. 한마디로 '예진[豫晉]'이니 신뢰감 있는 지혜로써[예16] 이끌어 나아가는 상이다.

1음은 견고한 본성의 바탕 위에 예지력으로 안정되어 있음을 말한다. 세상이 쉽지 않고 보면 서로의 신뢰감이 떨어지고 의심도 많겠지만 그렇다고 경거망동하면 기본적인 관계조차 멀어질 것이니 상대를 수용하고 포용하는 마음으로 신뢰감을 주도록 해야 한다. 세계가 미래로 전진의 자세를 취할 때라도[晉] 내면의 반성으로 자각하며 신중하게 지혜를 동원하여 처신해야 하는 자리다.

이 상황을 말해주는 예(16)를 4원 개념으로 살펴보면, 산재하는 갈등을 해결하면서(서합21) 새로운 부가가치를 만들려고 애쓰고(정50) 미숙하고 불확실한 시대의 어려움을 헤쳐나가며(둔03) 침체된 세상에 지혜를 샘솟게 하는(정48) 리더십이다. 이는 곧 지도자의 혜안이 담긴 기획으로 세계를 선도함이며 이로써 그 지도력 밑에 따르는 무리들이 즐겁게 뭉칠 수 있는 계기를 마련해주는 역할과정이라 하겠다.

'이끌기도 하고 막기도 하지만[晉如摧如] 끝까지 굳건하게 하면 길하리라[貞吉]'고 한 것은, 어두운 세상에서 밝은 곳으로 인도하려면 권장하는 일도 있겠지만 잘못을 저지하기도 하면서 그들을 믿고 끊임없이 더 나은 새로운 비전을 제시하고 선도하면 전체가 차분한 한마음을 이루어 희망이 생긴다는 뜻이다. 이어서, '믿음이 없더라도[罔孚] 너그러우면[裕] 허물이 없으리라[无咎]' 하였는데, 깊은 신뢰를 두기가 쉽지 않을 경우에는 너그럽게 포용하는 분위기를 만들면 탈은 없다는 것이니 세상의 형편이 안 좋은 만큼 차선책을 언급하였다 하겠다.

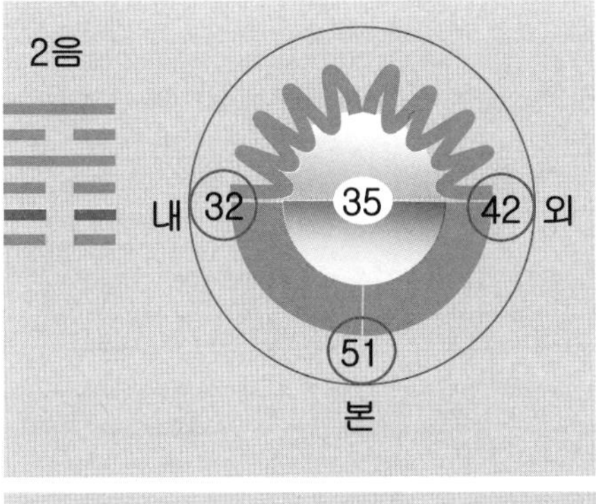

晉如愁如진여수여 **貞吉**정길.

受玆介福于其王母.
수 자 개 복 우 기 왕 모

이끌려 가면서[晉如] 수심에 차네[愁如]. 끝까지 굳건하게 하면[貞] 길하리라[吉]. 그의 왕모로부터(于其王母) 이[玆] 큰[介] 복을[福] 받으리라[受].

> 2음은 항(恒)·진(震)·익(益)의 과정이다: 어려울수록 현상이 유지·관리되어야[항32] 더 큰 외형적 발전으로 이어질 수 있다[익42]. 어떤 상황을 겪는가? 힘이 부칠 때에는 배면의 보살핌에 고무·진작되어 움직인다[진51].

2음은 급격한 진전을 하기 어려운 큰 관성을 가지고 있다. 진(晉)의 세계에서 전진하는 동력은 위로부터 나오지만(4양·6양) 2음은 그들과 직접적인 연결이 어렵다. 그 동력의 영향에 호위를 받고 있는 5음과 접붙여져야 전진할 수 있다. 따라서 2음이 독자적으로 움직이는 것은 어렵지만 포용력이 큰 5음으로부터 배면에서 격려를 받으면 쉽게 이끌려 나아갈 수 있다. 이것이 2음의 배경이니 곧 '진(51)'에 의한 고무진작(鼓舞振作)이다.

상황코드인 '진(51)'을 4원 개념으로 살펴보면, 소극적 무리를 책임감으로 이끌며(진35) 천혜의 능력으로 세계활성화에 나서서(대유14) 상생적 단합을 유도하면서(비08) 내실을 기하여 어려움에 대처하는(수05) 역할과정이니 2음을 이끌어주는 배경인 동시에 2음 자신이 일정부분을 호응하는 상황이다.

'이끌려 가면서 수심에 차기도 하지만[晉如愁如] 끝까지 굳건하게 하면 길하리라[貞吉]'라고 하였는데, 2음은 자신이 이끄는 쪽이 아니고 이끌림을 받는 쪽이기 때문에 5음과의 유대가 견고하지 않으면 이끌림을 받지 못하므로 그 점이 항상 걱정되는 변수이지만 2음이 꾸준하게 매달리며 노력하면 해결된다는 뜻이다. 이어서, '그의 왕모로부터[于其王母] 이 큰 복을 받으리라[受玆介福]'라고 하였는데, 왕모는 후덕하고 포용력이 큰(대유14: 진의 4원 참조) 임금자리의 어른인 5음을 지칭하고 있으며 그로부터 큰 복을 받는다 함은 곧 5음의 음덕으로 간접적인 전진 동력에 접붙여짐을 의미한다. 그래서 이 효사의 진[晉]은 능동적이 아니고 수동적으로 이끌림을 받아 나아가는 것이다. 5음에 의한 고무진작으로(震51) 이끌려 나아가는 것이니[晉] 한마디로 '진진(震晉)'이다.

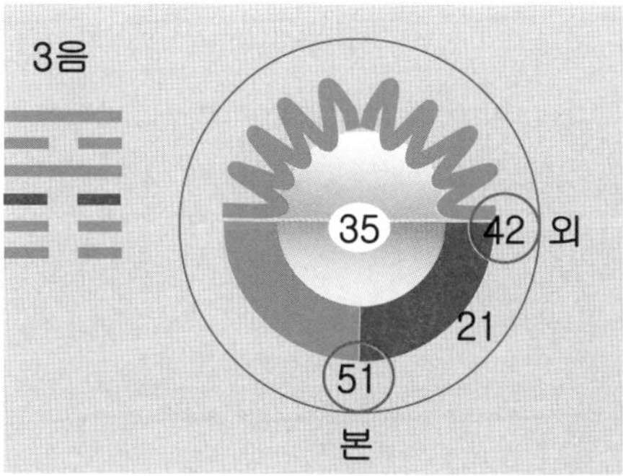

衆允중윤 悔亡회망.

대중이[衆] 믿으니[允] 여한이 없도다[悔亡].

3음은 진(震)·서합(噬嗑)·익(益)의 과정이다: 사회 근저의 민심이 고무·진작되면[진51] 더 크게 성장할 수 있는 계기가 온다[익42]. 어떤 과정이 필요한가? 주위를 차분하게 성찰하여 갈등해소에 앞장서서 공명정대함을 보이고 도타운 신뢰를 쌓아 함께 전진하는 초석을 마련한다[서합21].

3음은 음으로서 주변과 에너지를 직접 교류하지는 못하기에 자기 자신만의 능력으로는 전진할 수 없고 주위의 이끌림을 받아야 한다. 1음은 2음에 붙거나 4양에 이끌리고 2음은 (4양과 6양의 호위를 받고 있는) 5음의 은덕으로 이끌림을 받는 상황이기 때문에 3음은 1음과 2음이 손잡아주거나 외측 동류의 방향에 있는 6양의 이끌림을 받아야 한다. 전체가 제각각 흩어지지 않고 시스템을 이루려면 1음·2음·3음이 연대하면 조직력(아래의 곤坤괘)이 생긴다. 하부가 결속된 후 상부(위의 리離괘)의 밝은 구동능력에 연결되면 전진은 가능하다. 따라서 1음과 2음이 3음을 지지하게끔 3음은 신뢰받을 수 있는 모범을 보이는 것이 급선무다.

상황코드인 '서합(21)'의 4원 개념은, 도움이 필요한 자들을 예지력으로 이끌고(예16) 정당한 힘을 발휘하여(대장34) 세계를 분별·통찰하고(관20) 기초적인 사회복지를 실현케 하는(소축09) 역할이니, 3음은 64괘 언어로는 간단히 '서합·진[噬嗑·晉]'이라 하겠다.

'대중이 믿으니 여한이 없도다[衆允 悔亡]'라고 함은 곧 3음의 진자(晉

者)가 '서합의 임무'를 다하면 주위의 신뢰를 얻어 아래에서는 따름을 받고 위로는 이끌림을 받으니 사뭇 홀로 고립될까 근심했던 것이 말끔히 해소될 것임을 단언하고 있다.

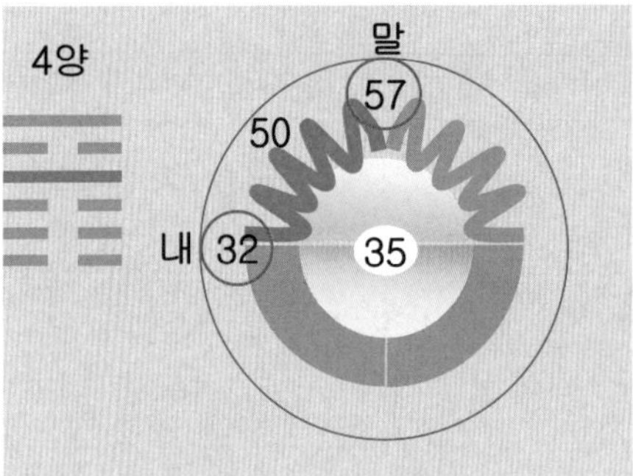

晉如鼫鼠진여석서 **貞厲**정려.

이끌어 나아감이[晉] 석서다람쥐[鼫鼠]와 같을 경우[如] 끝까지 고집하면[貞] 위태로우리라[厲].

> 4양은 항(恒)·정(鼎)·손(巽)의 과정이다: 어려울수록 현상을 잘 유지·관리해나가면서[항32] 핵심역량을 영입하고 키워 선도해나가야 한다[손57]. 어떤 역할을 해내야 하나? 새로운 부가가치를 찾기 위한 적극적이고 창조적인 기획 활동을 해야 한다[정50].

4양은 이성적 사고가 활발함을 나타내며 이로써 전체가 전진할 수 있는 동력을 만들어낸다. 아래는 세계 전체의 미래향진에 필요한 에너지의 면에서는 무임승차이니(양효가 없는 하괘) 4양의 기획적 정신능력에 의존하게 되므로 4양의 책임은 막중하다. 세계로 미래로 향진하기 위해서는 끊임없는 대외정보를 습득하고 마스터플랜을 세워 새로운 성과를 목표해야 한다. 만약 창조적 사고를 펼치지 않고 남이 해놓은 것이나 과거의 것을 고답적으로 따르기만 한다면 그것이 개인이든 기업이든 국가든 간에 새로운 비전이 없으므로 성장동력을 잃어 전진하지 못한다.

상황코드인 '정(50)'을 4원 개념으로 전개하면, 올바른 힘으로 미숙함을 극복하면서(대장34) 예지력을 앞세워(예16) 가시적인 성과를 조금씩 쌓아 올리며(소축09) 지혜와 통찰력으로 미래가치를 찾는(관20) 일련의 과정이다. 특히, 정(50) 자체 4원의 내말(內末)이 '예(16)·관(20)'이니, 예지력을 앞세워(예16) 지혜와 통찰력으로 미래가치를 찾는(관20) 역할로서 본괘의 1음과 6양을 연결하는 내적 가교 역할을 한다.

'이끌어 나아감이 석서다람쥐와 같을 경우[晉如鼫鼠] 끝까지 고집하면 위태로우리라[貞厲]'라고 하였는데, '석서'는 다람쥐와 비슷하며 낮에는 굴에서 자고 밤에 나다니며 밭의 곡식을 먹어 치우며 남이 해놓은 것을 간교하게 취하기만 하는데 이와 같은 행태를 지속하면 결국에는 전체를 위하여 책임감을 가지고 창조적으로 해야 할 임무를(정50) 저버리고 자신만의 필요를 구하는 것이니 전체는 물론 자신마저도 위태로워진다는 경고다. 효의 나아갈 바인 '정신[鼎$_{50}$晉$_{35}$]'해야 하는 일에 정진(精進)하지 않으면 위태로워질 수 밖에 없다.

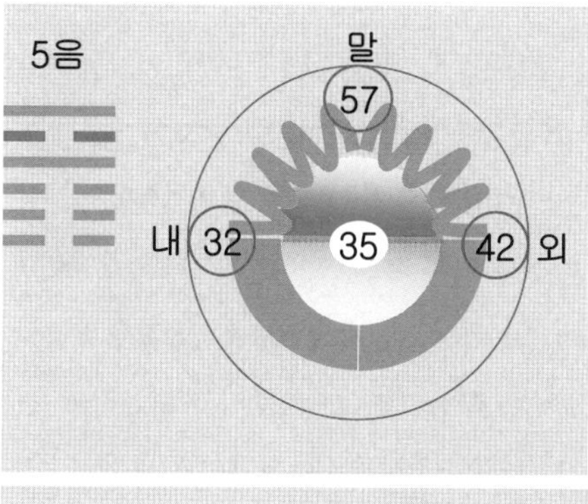

悔亡회망. 失得勿恤실득물휼. 往왕 吉길 无不利무불리.

여한이 풀리도다[悔亡]. 득실을[失得] 걱정하지[恤] 말라[勿]. 나아가면[往] 길하고(吉) 불리함이 없으리라[无不利].

5음은 항(恒)·손(巽)·익(益)의 과정이다: 내면의 현상유지노력에 힘을 쏟고[항32] 밖으로는 더 밝고 큰 세계를 지향하여 대중을 덕으로 이끈다[익42]. 어떤 배경의 상황인가? 중심인물이 미래의 지표를 읽고 기존의 핵심역량을 잘 활용하니 금상첨화로다[손57].

5음은 중후한 음덕으로 세계 내부의 모두에게 덕을 베풀어 신뢰감을 주고 새로운 방향에 대한 확신을 심는 중요한 일을 한다. 육중한 조직체(1음·2음·3음)를 견인주체(4양·6양)에 연결하는 모습은, 마치 기업에서 세상을 성찰하는 회장의 의욕적인 성장목표(6양)에 맞추어 기획팀의 전향적인 계획을(4양) 받아들여 사장이 전 사원의 단합과 협조를 이끌어내는 경우와 같다. 혼연일체가 되어 새 미래를 이루게 하는 도타운 신뢰를 보이는 중후한 지도력이다.

5음의 배경을 이끄는 상황코드인 '손(57)'을 4원 개념으로 정리하면, 유사시를 대비하여 힘을 기르고(수05) 상생적 단합을 이끌어내며(비08) 큰 핵심역량을 잘 활용하여(대유14) 책임감을 가지고 세계 발전을 도모하는(진35) 과정이니, 이런 배경으로 이끌고 나아가는 진자(晉者)의 역할을 '손진(巽晉)'이라 요약할 수 있겠다.

'회한이 풀리도다[悔亡]. 득실을 걱정하지 말라[失得勿恤]. 나아가면 길하고 불리함이 없으리라[往吉无不利]'라고 하였는데, 미숙한 조직체를 중심인물이 직접 자신의 힘으로 강력하게 이끌지 못하니 아쉬움이 있었으나 그 부족함을 내외의 두 핵심 역량(4양·6양)이 앞장서서 힘차게 적극적으로 채워주며 활동하고 있으니 중심인물은 이 역량에 호위를 받고 있는 상황이라 이제는 지협적인 잘됨과 못됨을 심려하지 않게 되었음을 말해준다. 전향적인 핵심 역량과 미숙한 역량을 한데 통합하는 원래의 책임감을 견지하면서 전진해나가면 좋은 일만이 생기게 된다는 길한 효임을 의미한다. '손진(巽晉)'의 개념은 전진적 발전을 추구하는 리더라면 꼭 새겨두어야 할 대목이다.

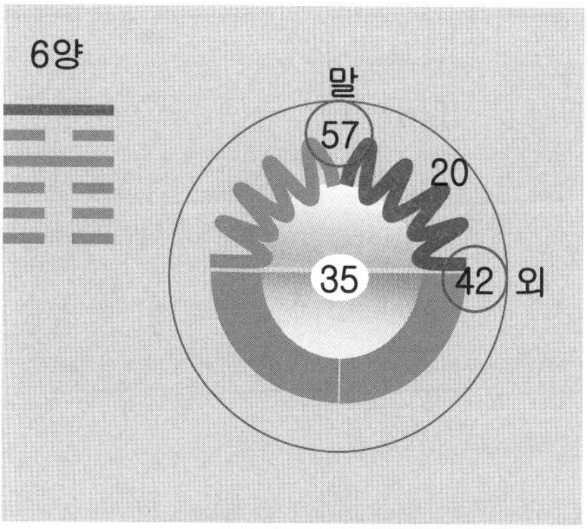

晉其角진기각
維用伐邑유용벌읍.
厲여 吉길 无咎무구.
貞吝정린.

자신의 뿔을 앞세워 밀어붙이는 것은[晉其角] 오직[維] 역내 마을을[邑] 정벌하는 데에만[伐] 써야 하리로다[用]. 위태롭게 여기면[厲] 길하고[吉] 탈이 없으리라[无咎]. 끝까지 고집하면[貞] 곤란하리라[吝].

6양은 익(益)·관(觀)·손(巽)의 과정이다. 더 밝고 큰 세계를 지향하여 대중을 덕으로 이끄니[익42] 영향력 있는 외적 정보와 자원을 유입하지 않을 수 없다[손57]. 그렇게 하려면, 세계판도를 제대로 헤아리는 참다운 성찰과 지혜의 눈으로 살펴나가야 한다[관20].

6양은 세계 밖과 미래를 밝은 눈으로 어떻게 전진할 것인가를 면밀히 살피면서 관련정보를 입수하는 모습이다. 이러한 6양의 직능에 충실하지 않고 성취욕에만 매달려 혼자 고집하여 밀어붙이면 우선은 앞서가는 것 같아도 나중에는 위험해진다. 반대 세력을 힘으로 꺾고 세계 주위에 무리한 영향권을 행사하면 저항세력의 역습을 받게 마련이다. 정치인이라면 정적(政敵)이 많아짐과 같다. 바깥 세상의 정세를 세밀하게 파악하여 대처하는 능력은 선도자의 중요한 덕목이다.

6양의 상황코드인 '관(20)'의 4원 개념은, 미성숙한 환경에 대처하고(둔03) 지혜를 구하면서(정48) 세상에 대한 올바른 사리분별로써(서합21) 미래가치를 개발하는(정50) 성찰의 과정으로 정리된다. 후반부를 자세히 살펴보면 관(20) 자체의 외말(外末)에 해당하며 본 괘의 3음(서합21)과 4양

(정50)을 외적으로 우회하며 연결하는 교량역할임을 확인 할 수 있다.

‘자신의 뿔을 앞세워 밀어붙이는 것은[晉其角] 오직 역내 마을을 정벌하는 데에만 써야 하리로다[維用伐邑]’라고 하였는데, 성취욕이 앞서지만 세상의 장애 또한 만만치 않다 보니 뿔 달린 짐승처럼 자신의 강한 부분을 앞세워 무리하게 공격한다면 이는 상황에 맞지않고 그런 방법은 내부의 문제점을 해결하거나 자국 역내의 내란을 추스를 때나 사용해야 한다는 권고이다. 왜냐하면 6양이 세계 밖과 미래로 전진하려 할 때는 주변 상황을 잘 성찰하며(관20) 나아가야지 완력으로 공격하면 화를 자초할 수 있기 때문이다.

이어서, ‘위태롭게 여기면 길하고[厲吉] 탈이 없으리라[无咎]. 끝까지 고집하면 곤란하리라[貞吝]’ 하였는데, 세상이 호락호락하지 않기에 앞으로 전진해나갈 때 부딪칠 제반 상황에 위기감을 가지고 면밀히 성찰하여(관20) 사리분별을 가려서 정당하게 행하면(서합21) 일이 잘 풀려 길하고 무탈하겠지만, 사사건건 공격적인 모습을 끝까지 고집한다면 최선의 방책이 될 수 없고 곤란한 꼴을 당한다는 뜻이다. 한마디로 ‘관진(觀晉)’의 도를 따라야 함을 말해준다.

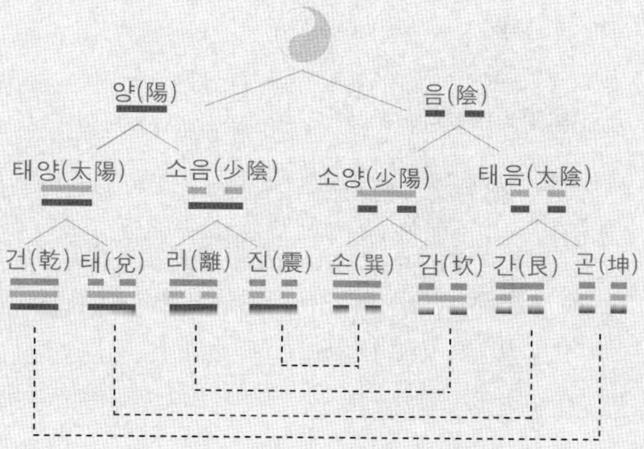

▷ 태극에서 음양·4상·8괘로의 이진법적 분화
–복희8괘 배열 (『과학주역』1, 143쪽)

복희8괘 배열은 위 그림과 같이 태극이 음양으로, 사상으로, 다시 8괘로 펼쳐지는 분화과정을 겪은 8괘의 배열이다. 그림의 왼쪽에서 오른쪽으로 놓여진 순서대로 양(陽) 에너지가 흘러감을 보이며, 점선은 반대괘가 대칭으로 위치함을 보인다.

36. 지화명이(地火明夷)

밝음이 가려짐, 일몰, 자기 절제·수양·다스림, 가식보다 내실화, 자기의 능력을 마음껏 발휘하지 못함, 값진 가치가 빛을 펴지 못함, 희망의 불씨

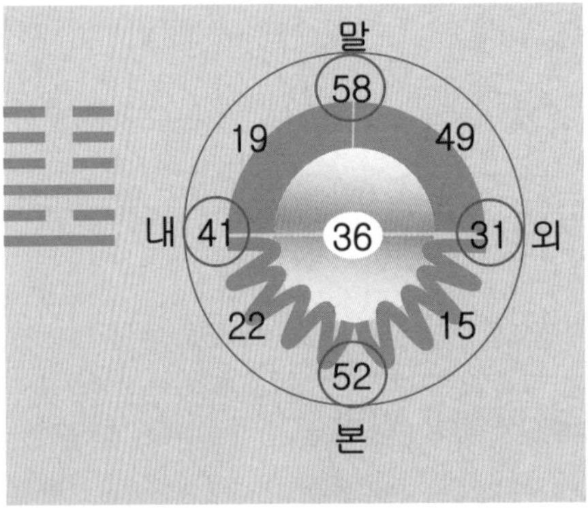

明夷명이. 利艱貞이간정.

밝음이[明] 상한[夷] 상이로다. 어려움을[艱] 끝까지 버텨내면[貞] 이로우리라[利].

> 명이[明夷]는 간(艮)·손(損)·함(咸)·태(兌)를 따라 흐르는 세계다: 올바른 사리분별로 명상하는 자세를 가지면서[간52] 버릴 것은 버리고 본질에 집중하여[손41] 이기심을 버리고 상대를 인정하면서[함31] 내면의 열정으로 승화시키는[태58] 일련의 과정이 '명이'의 세계다.

8괘의 상으로 보면, 땅 아래로(坤地곤지) 해가 들어가 있는(離火리화) 한밤중의 모습이다. 밝은 해가 그 창연한 빛을 발하지 못하니 세상도 암울하지만 비추려고 기다리는 해의 입장에서는 막혀 있어 답답하지만 가려진 뜨거운 열기가 식지 않도록 잘 갈무리하면 언제고 세상에 다시 나설 수 있는 희망을 품고 있는 상이다.

보이는 것만이 진실은 아니다. 겉으로는 식은 것 같은 지구도 뜨거운 용암을 숨기고 살아가는 지구생명체(Gaia)인 것이다. 속에 품은 에너지를 억지로 토해내면 생명을 잃을 수도 있다. 암흑 속에서(2음·4음·5음·6음), 어

쩔 수 없이, 혹은 전략적으로, 열기와 밝은 지혜를 숨긴 채(1양·3양), 효과적인 분출의 때를 기다린다. 세상에는 걸출한 재주를 가진 인물도 많지만 그의 출세를 방해하고 경계하는 무리 때문에 빛을 발하지 못하는 이른바 언더그라운드(underground)의 세계가 있다. 별의별 기득권으로 인하여 그 분야의 참신한 가능성이 짓밟히는 경우가 많다. 때와 환경조건과 인간능력의 셋이 맞아떨어져야 하나의 세계는 열린다. 자기수양을 통하여 무의식세계 속에 활성에너지를 비축해 놓으면 때가 오면 큰 힘을 발휘한다. 억눌려 있으니 겉은 삭막해 보이나 속은 강렬한 외유내강(外柔內强)의 속성을 나타낸다. 내면에 감추고 있는 값진 에너지나 지혜를 어떻게 유지·관리할 것인가가 명이(明夷)가 보여주는 주제다.

인성(人性)의 면으로 살펴보면, 무의식적 본성이 활성화되어 있고(1양) 물질적 육체적 활동도 원활한데(3양) 에너지를 만들어내기 위한 신진대사 작용이 억제된 상태이니(2음) 기본적인 신체조건은 훌륭한데도 외부의 억압적 상황 때문에 에너지를 발휘하지 못하는 형편이다. 그 이유는 세계 밖과 미래의 정황이 암울하게 머물러 있어서 대외활동이 막히고(6음) 그 여파로 정신적 사고활동도 위축되고 있으며(4음) 자연히 판단하여 실천에 옮기는 노력을 삼가게 되니(5음) 그 영향이 신진대사 작용까지 억제하고 있는(2음) 형국에 이르고 있는 모습이다. 그럼에도 원래 갖고 있는 적극적인 욕구(1양)와 육체적으로 활달한 능력(3양)을 위의 곤(坤)괘 아래로 감추고 밖으로 드러내지 않고 있다. 기약 없는 긴 세월을 참고 견디는 가운데 자신의 내면적 활력을 갈무리하며 자기수양의 길을 가는 인간상이다.

'밝음이 상한 상이로다[明夷]. 어려움을 끝까지 버텨내면 이로우리라[利艱貞]' 하였는데, 밝음이란 펼치면 가치를 발생시킬 수 있는 지혜, 능력, 에너지 등을 의미하며 제대로 활용될 수 있는 길이 가로막혀 뜻을 펼 수 없는 상황이다. 하지만 태양이 땅 아래에 있는 밤중은 때가 되면 아침을 맞아 솟아오르는 것이니 자신을 내적으로 단련하면서 참고 견디면 그 진가를 발휘할 수 있는 때가 오게 된다. 어려움을 끝까지 버텨내는 구체적인 방법은 다음의 여섯 효들을 통하여 밝혀지게 된다.

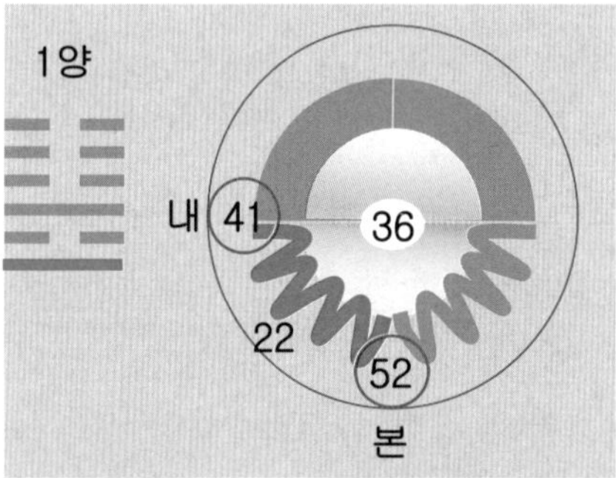

明夷명이,
于飛垂其翼우비수기익.
君子于行군자우행
三日不食삼일불식.
有攸往유유왕 主人有言주인유언.

밝음이 상하니[明夷] 날아오르다가[于飛] 그[其] 날개를[翼] 내리도다[垂]. 군자가[君子] 떠돌다가[于行] 3일이나 먹지 아니하도다[三日不食]. 여유[攸] 있게[有] 나아가면[往] 주인으로부터[主人] 기별이 있으리라[有言].

1양은 간(艮)·비(賁)·손(損)의 과정이다: 멈추어 올바르게 생각하면서[간52] 버릴 것은 버리고 본질관리에 집중하는[손41] 과정인데 어떻게 진행되는가? 내적 열정과 외적 행동을 적절히 가꾸며 조절해야 한다[비22].

잠재의식 속의 욕구는 불타고 있지만(1양) 겉으로의 의식세계에는 드러나지 않는 상황이다. 꿈은 강렬하지만 행동으로 바로 실행하지 않는다. 안간힘을 쓰며 미래를 준비하는 젊은이가 금방 출세가도를 달릴 수는 없다. 쌓아온 저력을 발휘하여 보이고 싶어도 세상은 잘 알아주지 않는다. 참신한 실력을 질투하는 무리들은 오히려 경계심으로 대한다. 때아닌 때에 섣불리 나서면 다치기 쉽고 에너지 손실만 클 뿐이다.

이 상황을 주재하는 비(22)의 4원 개념은, 겸손한 마음을 바탕으로(겸15) 때가 오기까지 내적 열정의 차오름을 다스리고(림19) 전략적으로 한발 물러서서(둔33) 주위의 상황을 잘 밟아나가는(리10) 형국이니 곧 내면과 외면이 적절한 조화를 이루어 무리함이 없도록 가꾸고 조정하는 중도(中道)의 덕을 닦는 과정이다.

'밝음이 상하니 날아오르다가 그 날개를 내린다[明夷 于飛垂其翼]'라고 함은, 새가 어두우면 날 수 없으니 날개를 접을 수 밖에 없는 것처럼 자신의 의욕과 실력을 펼치려 하다가도 주위의 어려운 상황을 면밀히 살펴 할 일과 해서는 안 될 일을 잘 구분하여 적절하게 처신해야 함을 말해준다. 이어서, '군자가 떠돌다가 3일이나 먹지 아니하도다[君子于行三日不食]'라고 하였는데, 군자라면 한계에 닿을 정도로(3일이나) 먹지 않는 것은 의지로써 자신을 억제하며 어렵게 버텨내는 상황을 설명한다. 끝에, '여유 있게 나아가면[有攸往] 주인으로부터 기별이 있으리라[主人有言]'라고 함은, 앞서서 인고의 세월을 버티며 마음을 조급히 가지지 않고 때를 기다리면서 자신을 가꾸어 나가면 불원간에 자신을 기용할 사람(주인)으로부터 좋은 소식이 올 것이라는 상황인식이다.

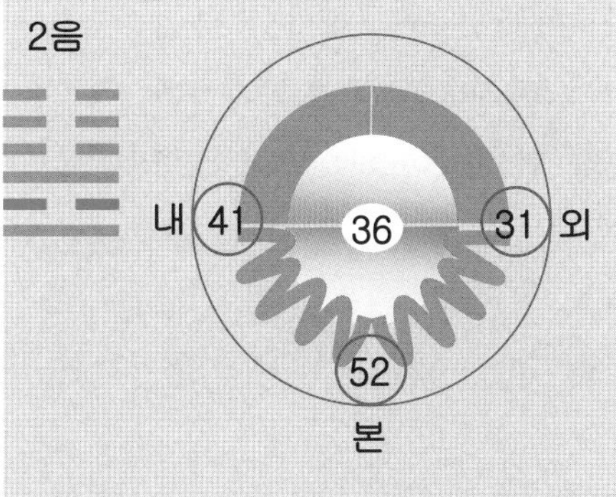

明夷명이 夷于左股이우좌고.
用拯馬壯용증마장 吉길.

밝음이 상하여[明夷] 왼쪽 허벅지를[于左股] 다치도다[夷]. 구원의[拯] 말을[馬] 힘차게[壯] 부리면[用] 길하리라[吉].

2음은 손(損)·간(艮)·함(咸)의 과정이다: 어려울 때는 추릴 것을 추려내야 효율적으로 집중할 수 있고[손41] 엇박자 세상을 살려면

> 생활상대를 인정하고 화합하여 하나가 되어야 한다[함31]. 어떻게 영위해야 하는가? 자기 절제와 수양을 통하여 멈추어 생각하고 차분하게 힘을 기른다[간52].

2음은 차분한 수용적 특성으로, 첩첩이 가로막힌(4음·5음·6음) 억누르는 무게를 잘 감수해내며 버틴다. 동질의 음으로써 그들에게 비위를 맞추며 때로는 한통속이 되어주고 1양과 3양에 대하여는 완충 역할을 한다. 그러나 침투해오는 음의 입장에서는 2음을 통하여 더 깊숙이 안으로 들어온 입장이니 중심부 깊이 영향권을 넓힌 것이나 다름없다. 2음의 무던하게 견디는 수용적인 완충 역할로 때를 기다리고 있는 1양과 3양이 2음과 합세하여 전진할 힘을 길러 암울하게 길을 막고 있는 무거운 억누름에 대응한다.

2음을 뒷받침해주는 상황코드 '간(52)'을 4원 개념으로 살펴보면, 자기 절제를 통하여 자신을 감추며(명이36) 마음을 엄정하게 관리하고(사07) 동류의 뜻에 동참하며(동인13) 시비를 초월하는 지혜와 경륜을 쌓는(송06) 일련의 과정이니, 위에서 피력한 2음의 효상과 잘 일치되고 있음을 알 수 있다. 이러한 '간(52)'의 분위기는 2음의 배경이면서 동시에 명이[明夷]의 기초자질로서의 적합한 삶의 모습임을 알 수 있다.

'밝음이 상하여 왼쪽 허벅지를 다친다[明夷夷于左股]' 하였는데, 우선 밝음을 억누르는 입장에서 보면, 위의 곤(坤)괘(4음·5음·6음)가 2음과 한 몸을 이루며 더욱 깊숙하게 밝음 자체(1양·3양)에 가까이 침투하여 그 영향을 크게 끼치고 있음을 표상에서 확인할 수 있고, 아래 리(離)괘(1양·2음·3양)의 밝음이 억눌리고 있는 입장에서 보면, 2음은 '리(離)' 활동의 중심체(중효)이므로 신체에서는 움직이는 하체부분의 중심이 되는 허벅지가 되며 음이므로 공격을 받아 다친 왼쪽 허벅지로 표현되었다. 결국은 2음이 밝음을 상하여 꼼짝없이 수세에 몰려 있는 국면을 말해주고 있다. 이어서, '구원의 말을 힘차게 부리면[用拯馬壯] 길하리라[吉]' 한 것은, 2음이 이렇게 수세에 몰려 있지만 괘의 표상이 보여주고 있는 것처럼 강력하게 받쳐주고 있는 두 양(1양·3양)은 힘찬 말을 타고 있는 모습이다. 더욱이 2음이 간(52)의 생활을 통하여 내면의 힘을 기르니 곤(坤)의 무리를 밀어붙이고 앞으로 달려나갈 수 있을 것이므로 장차는 길하리라고 선언한 것이다.

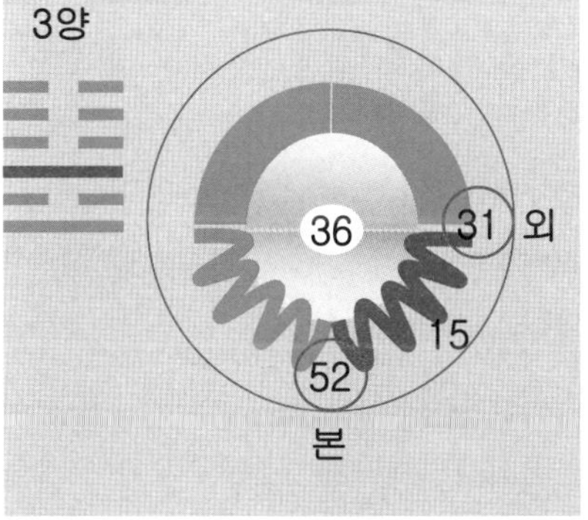

明夷于南명이우남·
狩得其大首수득기대수
不可疾貞불가질정·

남쪽에서[于南] 상하고 있도다[明夷]. 그[其] 원흉을[大首] 쫓아[狩] 붙잡더라도[得] 단숨에[疾] 바로잡는 것은[貞] 불가하도다[不可].

> 3양은 간(艮)·겸(謙)·함(咸)의 과정이다: 자기 절제와 수양을 통하여 멈추어 생각하고 차분하게 힘을 길러[간52] 경쟁상대를 인정하고 교감하여 하나가 되려면[함31] 어떻게 하면 되는가? 중도(中道)·절제·경륜의 덕을 쌓으며 겸허하게 대처해나가야 한다[겸15].

3양은 외부와 적극적으로 교류하는데 그 외적 대상은 6음이다. 위의 6음은 '명이'의 피해를 입고 있는 3양이 밖으로 크게 뻗어나갈 수 없도록 적극적인 활약을 가로막고 있는 쪽의 최고 수장이다. 2음이 행하는 자기 수양의 덕으로 외부를 공격할 수 있는 힘을 얻어 그 남방의 원흉(6음)을 붙잡아 거세하고 어둠을 거두려 한다. 하지만 그를 둘러싸고 있는 기존 세력들(4음·5음)의 저항이 반반치 않나. 비록 공격의 조건이 어느 정도 갖추어졌더라도 서두르지 말고 힘을 기르며 겸허히 행동해야 한다.

3양을 주재하는 상황코드 '겸(15)'을 4원 개념으로 살펴보면, 중도의 덕을 가꾸며(비22) 배움과 절제의 경륜을 쌓아(몽04) 주위를 설득하여 변화를 이끌어내고(혁49) 겸손과 정성으로 어려움을 이겨내는(곤47) 일련의 과정이다. 이처럼 3양은 주위에 영향력을 주고받지만 결코 공격적인 형태를 취해서는 안 되는 상황임을 알 수 있다.

'남쪽에서 상하고 있지만[明夷于南] 그 원흉을 좇아 붙잡더라도[狩得其大首] 단숨에 바로잡는 것은 불가하다[不可疾貞]'라고 하였는데, 남쪽(괘의 아래쪽을 북으로 위쪽을 남으로 봄)에서 명이의 상황을 조장한 원흉인 6음을 제거하는 것이 3양의 바람이기에 그 원흉을 추적하는 노력 끝에 붙잡을 수도 있지만 겸(謙15)을 행동원리로 삼아야 하는 3양이 명이의 세상을 단숨에 올바른 세상으로 반전시키기에는 역부족일 뿐 아니라 원흉의 조직력(상괘 곤괘)이 아직 살아있으므로 불가능하다는 뜻이다.

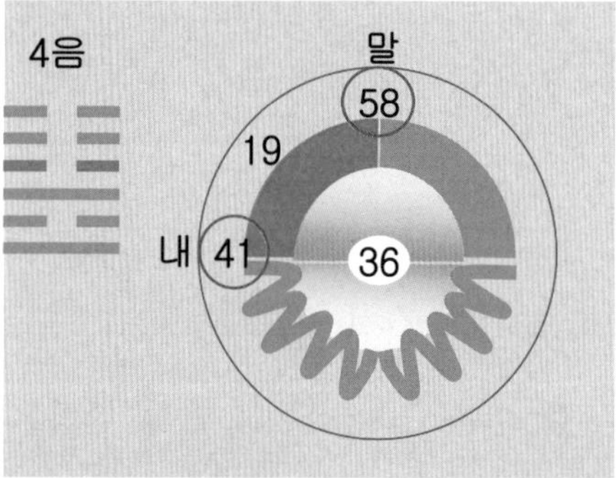

入于左腹입우좌복,
獲明夷之心획명이지심
于出門庭우출문정.

깊숙이 숨어있는 야심을[于左腹] 들여다보고[入] 명이의 길을 가야겠다는 결심을[明夷之心] 얻고[獲] 무리와 함께하는 마당을[門庭] 벗어나도다[于出].

4음은 손(損)·림(臨)·태(兌)의 과정이다: 과도한 것은 버리고 필요한 것만 유지하면서[손41] 내면의 열정을 다스리며 인격의 고양을 목표하는 것은[태58] 어떤 삶인가? 미래의 기회에 임할 수 있는 참 능력을 키우며 자신을 다스리는[림19] '명이'의 삶이다.

4음은 조용히 명상하며 마음속에 지혜를 모아 미래를 기획하는 자리다. 그간의 삶을 통하여 세상이 많이 달라지기 전에는 자신의 뜻을 쉽게 이룰 수 없음을 깨닫는다. 암울한 명이(明夷)의 세계에서 선불리 나서다가는 곤경에 빠질 뿐이니 조용히 은둔하며 세상의 동정을 잘 살피고 참 지혜와 실력을 키울 수 밖에 없다. 위의 음 셋(4음·5음·6음)이 암울한 세계의 주모자 조직이라면 그 중에 4음은 내적으로 기획을 다루며 지휘부를 보필하는 자리이다. 지금 이 자리에 명이를 수행할 자가 들어와 있으니 그는 향후의 암울한 세계가 어떻게 펼쳐짐을 잘 예측할 수 있다.

이 상황을 주재하는 '림(19)'을 4원 개념으로 살펴보면, 보호 속에서 배움과 도움을 얻어(몽04) 유연한 조정능력을 발휘하고(비22) 굳건한 의지로 어려움을 견디며(곤47) 순리적으로 변화와 개혁을 맞게 되는(혁49) 과정이다. 이는 '명이'의 세월을 의지로 버티며 변화의 낌새가 임박할 때까지 능력을 키우며 은둔하는 삶이다. 둔(遯33)은 출중한 능력으로 출세하여 있다가 상황에 맞추어 행하는 전략적 은둔임에 비하여 '명이'는 시대적 배경이 암울하여 출세할 여건이 맞지 않아 자칫 무리하게 나서다가는 가진 기초능력마저 제대로 꽃피우기 전에 말살될 우려가 있어 때가 올 때까지 은둔하여 자신을 성숙시켜 나가는 과정이다.

'깊숙이 숨어있는 야심 속에 들어갔다가[入于左腹] 명이의 길을 가야겠다는 결심을 얻고[獲明夷之心] 무리와 함께하는 마당을 벗어난다[于出門庭]' 한 것은, 흔히 야심을 부리는 속마음이 뱃속에 있는 것처럼 표현하는데 세상의 밝음을 해치는 무리들의 은밀한 속마음(왼쪽 뱃속)에 들어가 그들이 획책하는 의도와 계획에 접하여 암울한 시대가 계속될 것을 알아채고 개혁되는 때가 임박할 때까지 현재의 입지를 벗어나 명이의 삶을 위해 떠나는 것을 설명하고 있다.

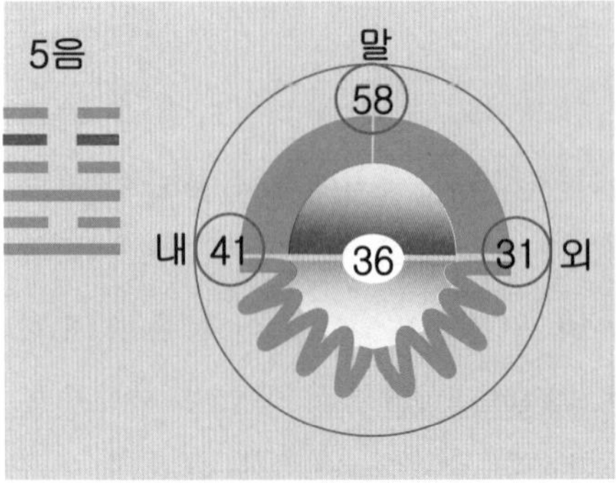

箕子之明夷기자지명이·
利貞이정·

기자가 실현한[箕子之] 명이의 길이로다[明夷]. 끝까지 고수하면[貞] 이로우리라[利].

> 5음은 손(損)·태(兌)·함(咸)의 과정이다: 안으로는 마음을 비워 줄일 것은 줄여서 효율화하고[손41] 밖으로는 상대를 인정하는 화합하는 자세로 세상을 대한다[함31]. 어떤 과정의 삶인가? 내면의 열정을 잘 유지하여 숭고한 인격으로 고양시키는[태58] '명이'의 삶이다.

5음은 암울한 세상을 조장하는 조직의 한 가운데에 현명한 리더의 속성을 타고난 자가 '명이'의 길을 갈 때는 철저한 외유내강(外柔內强)의 삶을 살아야 한다는 것이다. 음의 유연성·수용력·포용력을 앞세워 마음 깊숙이는 찬란한 지혜를 간직하고 있지만(1양·3양) 겉으로는 내색하지 않고 외적으로 공격적인 영향을 주는 행동은 삼가며 내면의 열정을 인격 고양으로 승화시키는 음성적인 삶으로서 명이(明夷)의 핵심을 대변하는 귀감이 되는 삶이다.

이 상황을 이끄는 상황코드 '태(58)'를 4원 개념으로 살펴보면, 대인관계에 조신하면서 경륜을 쌓고(송06) 같은 뜻에는 의기투합하고(동인13) 엄정하게 자신을 관리하며(사07) 밖으로 감추고 자기수양의 길을 가는(명이36) 일련의 과정이다. '태(58)'의 4원의 말(末)이 다시 '명이(36)'이므로 표상의 가운데에 표시되어 있는 명이가 끝까지 명이의 길을 깊이 고수하는 모습이라 하겠다.

효사에서 '기자가 실현한 명이의 길이로다[箕子之明夷]. 끝까지 굳건하게 하면 이로우리라[利貞]' 하였는데, 여기에서 기자(箕子)는 중국 은나라의 마지막 폭군이었던 주왕(紂王)의 삼촌으로서, 그는 조카인 주왕의 학정에 대하여 간언하다 실패한 후에는 아무런 영향을 주는 행동 없이 오직 자신과 싸우는 명이의 길을 택했었는데 이를 5음이 가야 할 '명이'의 삶의 표본으로 제시하고 있으며 이왕의 이 길을 끝까지 고수하면 6음의 변혁이 오는 날에 영광을 볼 수 있으리라는 뜻이다.

공자는 5음을 「상전(象傳)」에서 '기자가 끝까지 고수한 것은 밝음을 그치게 하지 않음이다[箕子之貞 明不可息也]'라고 주석하였는데, 여기에서 밝음이란 '고양된 인격과 지혜'를 의미하는 것이니, 이 효의 상황코드인 '태(58)'의 의미를 읽는 것과 다름없다 하겠다.

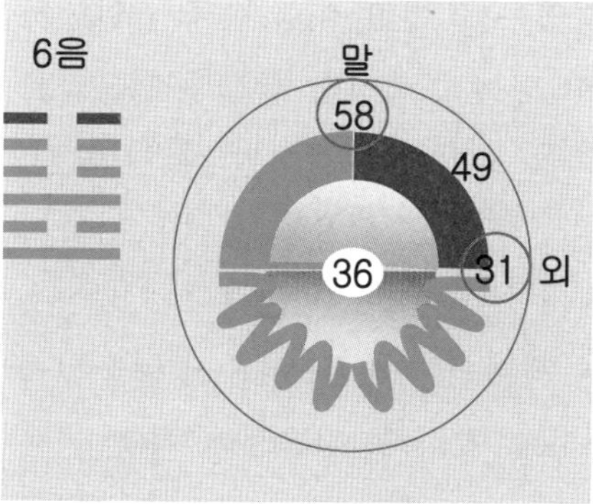

不明晦불명회.

初登于天 後入于地.
초등우천 후입우지

밝아지기는커녕[不明] 캄캄해지도다[晦]. 처음부터[初] 하늘로 오르면[登于天] 뒤에는[後] 땅에 박히리라[入于地].

6음은 함(咸)·혁(革)·태(兌)의 과정이다: 상대를 인정하고 교감하면서[함31] 열정이 가득한 가운데에서 우러나는 기쁨으로 그 암울한 시대를 마감하려면[태58] 어떻게 해야 하나? 급변을 기대하겠지만 겸허하게 힘을 길러 때가 왔을 때에 무리 없는 개혁을 이루어야 한다[혁49].

6음은 높은 지위에서도 시야가 좁아 미래도 바깥세계도 제대로 감지할 수 없는 현명치 못한 자의 모습이다. 6음은 지위와 권세는 높아도 예지력이 없기 때문에 아집의 골짝에 떨어져 인간관계가 끊어지고 만다. 주위를 전력으로 눌러 이기는 순간, 그 힘은 소진되고 밝음 없는 속 빈 강정은 더 이상의 동기부여가 없으므로 저절로 무너진다.

6음을 주재하는 상황코드 '혁(49)'을 4원 개념으로 살펴보면, 은둔하여 내실을 다지며(둔33) 설득력으로 주위를 동화시키고(리10) 외적으로는 겸양한 태도로써(겸15) 변화가 임박할 때까지 힘을 길러 순리적으로 개혁하는(림19) 과정이다. 혁을 이루는 쪽에서는 가죽(革)처럼 질기게 쌓아 올린 긴 인내와 노력의 결과가 절정에 이르자 생기는 확실한 변화이고 당하는 쪽에서는 갑작스러운 변화임을 유의해야 한다.

'밝아지기는커녕 캄캄해지니[不明晦] 처음부터 하늘로 오르면 뒤에는 땅에 박히리라[初登于天 後入于地]' 하였는데, 먼저, 어둠 속에서 인내하면서 점점 상황이 나아지기를 기대하고 있는데 오히려 캄캄해지는 것은 두 가지를 함의하고 있다. 하나는 변화를 갈망하는 입장의 시각으로서, 암울한 세상을 조장하는 자들이 최후의 악랄한 수단으로 전력을 다하기 때문에 그 여파로 더욱 세상이 암울해지는 것이고, 다른 하나는 세상을 짓누르는 무리들은 갈수록 조급해져서 세계의 미래를 보는 시야가 더욱 좁아져 앞이 캄캄해지는 국면을 묘사하는 것이다. 처음부터 하늘 높은 줄 모르고 치솟으면 승세에 있는 듯하다가 순리를 어긴 그릇된 시도가 한계에 다다르는 순간에 갑자기 무너져 망하고 마는 상황을 그리고 있다. 그렇지 않고, 상대를 인정하고 교감하면서(함31) 주위를 설득하면서 힘을 길러 때가 왔을 때에 순리적인 개혁을 이루면(혁49) 기쁨으로 가득 차서 암울한 시대를 벗어나게 되는 것이다(태58). 상대를 안심시키면서(함31) 명이를 마감시키는 마지막 변화를 이끌어내어(혁49) 끝내는 인내의 열정이 기쁨으로 결론짓게 되는(태58) 이 효의 이정표를 잘 따라야 진정한 '명이'를 마감하는 것이다. 내실을 다지고 겸허한 태도를 견지하며 주위에 잘 동화될 수 있는 참다운 변화(혁49)가 아니면 자칫 모든 것을 잃을 수 있음을 『주역』은 강한 어조로 경고하고 있다.

37. 풍화가인(風火家人)

가정의 구성원들, 가정에서 부인·어머니의 역할, 체계 구성원의 역할 분담, 조직적 협력의 수립·정비·강화, 시스템의 기능 발휘, 조직적 본분의 수행

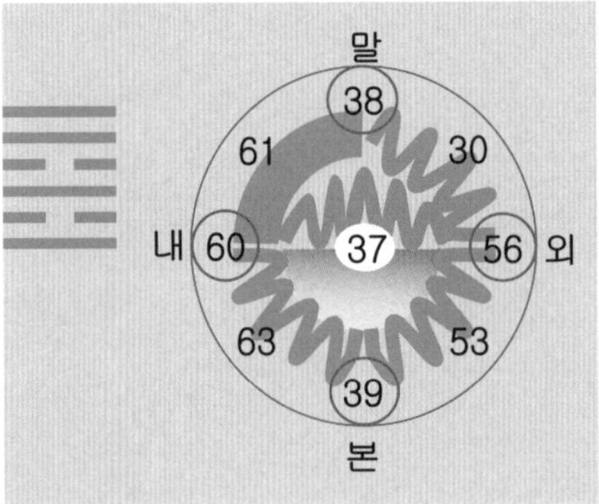

家人가인. 利女貞이녀정.

가정을 이루는 사람들의 상이로다[家人]. 여인들이[女] 견고하게 지키면[貞] 이로우리라[利].

가인[家人]은 건(蹇)·절(節)·려(旅)·규(睽)를 따라 흐르는 세계다: 가정 등의 단위시스템은 협력으로 힘든 일을 인내하며 극복하는 것을 전제로 성립되어[건39] 내적 결속으로 한계상황에 절도 있게 대응하며[절60] 웅크림을 접고 주위와 협력하여 새로운 환경을 헤쳐나가면서[려56] 전체의 유지발전을 위하여 과감한 탈바꿈을 시도하는[규38] 일련의 과정이 '가인'의 세계다.

8괘의 상으로 보면, 아래의 불(離火리화)의 작용에 의한 열기에 의하여 데워진 공기가 위로 팽창되면서 바람을 일으켜 그 영향이 퍼지는가 하면(巽風손풍), 위로 유입되는 공기가 아래의 불을 더욱 활활 타오르게 해주므로, 상하가 서로 도우면서 그 영향력을 확대·지속시킬 수 있는 상이다. 구성원의 협력으로 지속되고 발전할 수 있는 최소의 시스템은 가정이다. 좋은 가정은 보다 더 큰 시스템인 사회에 긍

정적으로 공헌한다. 시스템 구성원의 역할이 조화롭게 엮어질수록 강한 힘을 발휘하는 것이니 튼실한 가정은 튼실한 사회와 국가를 건설하는 초석이 된다.

우주의 모든 것은 시스템으로 존재한다고 말할 수 있다. 보다 큰 시스템을 위하여 하나의 시스템은 다른 시스템과 상호관계를 갖겠지만, 개별 시스템 자체로서도 존립이 가능하여야 하고 발전해나갈 수 있어야 한다. 그러한 시스템의 존립과 발전을 위한 구성요소 하나하나를 '가인'으로 볼 수 있지만, 특히 시스템으로서의 의미를 갖도록 개별요소를 엮어주는 내부 구심점(2음)을 가인이라 한다. 우주에서는 4차원의 무대, 가정에서는 어머니, 국가에서는 내치 책임자다. 구심점의 역할을 위시한 여섯 가지의 시스템 구성요건이 있다. 국가라면 입법에 의한 원칙의 정립(1양), 사법에 의한 질서확립(3양), 행성에 의한 내치(2음)가 기본적 세 요소이고, 그 위에 외무·정보·통상·국방 등의 외측 조타(操舵)기능(6양), 재무기획을 통한 내부에너지 할당유지(4음), 그리고 종합적인 경제·사회의 통치활동(5양)이 합해져 여섯으로 대별된다. 현재의 생활에너지는 2음에서 비롯되고 지속성을 보장하기 위한 미래에너지는 4음에 비축된다.

전체를 끌어가는 5양과 호흡을 면밀히 맞추어야 하는 2음은 음양의 안정한 묶음을 이뤄내는 가정의 부부 역할과 같다. 5양을 본받으며 온순하게 미래를 준비하는 4음은 아들 격이다. 1양은 다음 세대의 어머니가 될 발랄한 모습의 딸로서 요조숙녀가 되려면 법도와 분수를 잘 지켜야 한다. 어머니 외측에 있는 시어머니나 할머니(3양)는 안정과 질서를 검정(檢定)한다. 6양은 경륜과 지혜로써 방향을 지도하는 할아버지이다. 아래는 여성의 역할이고 위는 남성의 역할인 셈이다. 상하가 상응하는 협조관계를 이룸으로써 가정은 자체적으로 생동하는 모든 시스템의 모델이 된다. 결국 가인괘는 가정이라는 단위시스템에서 핵심구성원의 원리적인 기능역할을 보여주고 있다.

괘를 인성(人性)의 면으로 파악해보자. 본성적 의욕이 강렬하고(1양) 물질적 육체적 교류활동도 원활하지만(3양) 신진대사 작용을 최소화하면서(2음) 에너지 효율을 높인다. 이성적인 생각은 침착하게 하면서(4음) 세계 밖과 미래의 정보에 민감하고(6양) 빠른 판단력으로 과감히 실천에 옮긴다(5양). 한마디로 건강하고(1양·3양) 성실하지만(2음) 아집이 없으면서도(4음) 자기유지발전능력이 원활하여(5양·6양) 전체를 위한 구성원으로서 적합한 인물이다.

'가정을 이루는 사람들의 상이로다[家人]. 여인들이 견고하게 지키면 이로우리라[利女貞]' 하였는데, 앞 구절의 가인은 가정의 구성원들이 어떻게 협력하여 가정이라는 단위시스템의 가치를 구현하는가를 함의하고 있다. 뒤의 구절은 가정의 여섯 구성원들 중에서 아래의 '리(離)괘'를 이루는 1양(딸), 2음(부인, 어머니), 3양(시어머니, 할머니)의 여성들이 가정의 근본을 견고하게 지킴으로써[貞] 가용의 생활에너지를 지속적으로 발생시켜(리괘) 남성들의 사회참여를 통하여 위로 '손(巽)괘'로 나타나는 바람처럼 주위와 영향을 주고받으며 사회에 공헌할 수 있음을 상징하고 있다. 괘사 중의 '貞정'은 이 괘의 뼈대인 4원(四元) 중에 내원(內元)으로 매겨진 절(60)을 실현하는 것으로서, 부인자리인 2음이 에너지의 원천이 되는 물질(음)을 함의하므로 그로부터 형성되는 생활에너지를 절도 있게 지속적으로 만들어냄으로써 가정을 넘어 바깥으로 영향을 주게 되므로 가정과 사회에 이로울 것이라는 뜻이다. 더욱이 이 괘는 가정을 위시한 자생력을 가진 모든 단위시스템(개인·가정·사회단체·국가·세계)의 구성원들이 전체의 공동가치를 유지하고 발전시키기 위한 조직적인 역할 분담으로 응용할 수 있는 원리적 토대를 일깨워주고 있다.

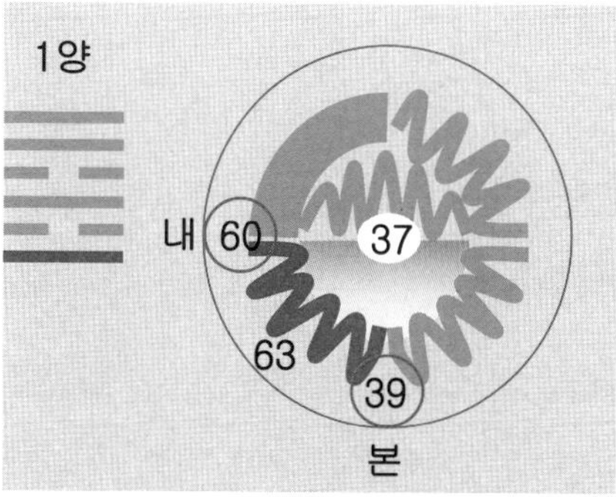

閑有家한유가. 悔亡회망.

법도가[閑] 살아있는[有] 집안이로다[家]. 후회가 없으리라[悔亡].

1양은 건(蹇)·기제(旣濟)·절(節)의 과정이다: 시스템적 협력이 필요한 상태에서 출발하는 것이니[건39] 절도 있는 보호육성은 당연하다[절60]. 어떻게 함인가? 순조로울 때 준칙에 맞추어 균형과 질서를 유지하며 미래의 어려움에 대처하며 사는 법을 근본적으로 세워야 한다[기제63].

1양은 자기조직화를 위해서는 시스템의 근본정신이 활성화 되어 있지 않으면 안 됨을 말해준다. 어떠한 시스템이든 그것이 균형을 유지하고 조화를 잃지 않으려면 그 세계는 나름대로의 원칙이 작동하는 시스템을 이루어야 한다. 그렇지 않은 상태가 바로 질서가 무너져 제멋대로 되는 열사(熱死)의 죽음(엔트로피 증대)을 향해가는 것이다. 따라서 자체적으로 생동하는 시스템을 이루기 위한 전제조건은 질서를 이루게 해주는 준칙과 법도가 적극적으로 정립되어 작동되고 또한 교육되어야 한다.

이 상황을 주재하는 상황코드 '기제(63)'를 4원 개념으로 살펴보면, 점진적인 발전의 토대 위에서(점53) 안으로는 믿음과 열정을 기르고(중부61) 밖으로는 큰 일보다는 작은 일을 잘 넘기어(소과62) 닥칠 수 있는 세계의 위축분위기에 대처하는(귀매54) 일련의 과정이다. 1양은 무질서의 제거로 점진 발전을 추구하는 3양(점53)과 믿음을 쌓고 정신력을 함양하는 4음(중부61)과의 사이를 잇는 가교다. 왜냐하면 '기제(63)' 자체의 본내(本內)가 '점(53)·중부(61)'이기 때문이다.

효사에서 '법도가 살아있는 집안이로다[閑有家]. 후회가 없으리라[悔亡]' 함은, 가정 시스템이라는 협조체제에서 준칙과 법도는 이 세계가 자생하며 나아갈 수 있는 최소한의 자기유지 보호책이며 이러한 근본정신이 활성화되어 있으면 걱정거리가 없고 발전할 수 있는 토대가 마련된 셈이다.

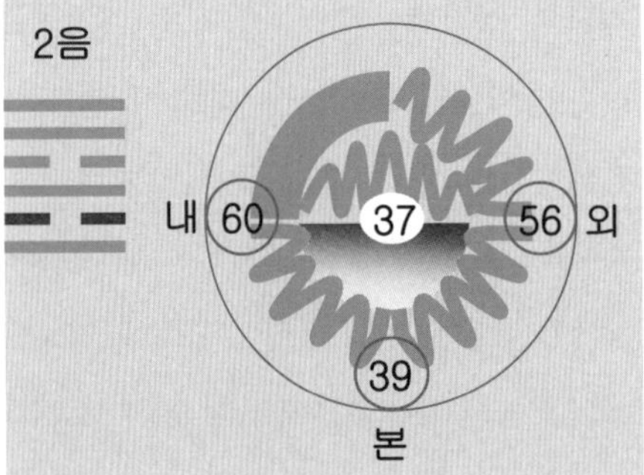

无攸遂무유수 **在中饋**재중궤·**貞吉**정길.

바깥일을 이룰[遂] 여유가[攸] 없으니[无] 한 가운데에[中] 자리하여[在] 살림을 꾸리도다[饋]. 견고하게 하면[貞] 길하리라[吉].

2음은 절(節)·건(蹇)·려(旅)의 과정이다: 내적으로 구성원들이 절도 있게 보호·육성되고[절60] 외적으로는 주위와 협력하여 새로운 환경을 헤쳐나가야 한다[려56]. 어떻게 해나가야 하나? 안주인은 구성원들이 꼭 필요로 하는 도움이 되어주며 힘든 일들을 인내하며 굳건하게 온갖 노력을 다한다[건39].

2음은 음 고유의 포용력·응집력으로 구성원들에게 헌신·봉사하며 시스템 전체의 존재 안정성을 만들어내는 역할이다. 구성원들의 생활에너지로 변화될 수 있는 자원공급(영양 보급)이 음의 물질적 특성의 발효이며 자신의 일면을 때어주는 것 같은 깊은 사랑의 표현이며 진정한 도움의 손길이다. 2음은 5양의 상대로서의 음인 동시에 세계 내의 다른 구성원에 대한 포용 특성으로서의 음이다. 세계 내부의 구심점이기에 바깥세상까지 돌볼 여유는 없다. 인체에서 5양이 판단하고 행동하는 정신적 주체라면 2음은 삶의 에너지를 서서히 분출하게 해주는 신진대사 작용과 같은 신체기능의 중심이다. 정신과 신체가 하나되어 인격체가 되듯이 둘의 상응관계는 가정을 위시한 어떤 단위시스템에도 적용된다.

2음의 배경으로 주재하는 '건(39)'의 4원 개념은, 구성원들의 조직적 협력을 이끌어내며(가인37) 분산되는 에너지를 추스르고(환59) 있는 힘을 다하여 추진하면서(풍55) 고정관념을 벗고 지혜로 문제를 풀어가는(해40) 과정이다. '가인'에서 구현되는 구성원의 조직적 역할 분담은 각 구성원이 협력으로 힘든 일을 인내하며 극복하는 것(건39)을 전제조건으로 삼는데 그와 같은 가인의 기초자질적인 역할을 주로 2음이 그 한가운데서 감내하고 있다.

'바깥일을 이룰 여유가 없으니 한 가운데에 자리하여 살림을 꾸리며[无攸遂 在中饋] 견고하게 하면 길하리라[貞吉]' 하였는데, 세상에는 거센 장애요소가 많기 마련인데 안에서 내부를 다스릴 책임이 있는 자가 홀로 밖의 일을 성취할 여력이 없으니 오히려 시스템적 협력의 틀 속에서 그 구성원을 돕고 기르는 매일매일의 살림살이를 통하여 전체에게 에너지를 공급하고 이에 힘입은 적합한 구성원이 세상 일을 극복하게 하는 책무이니 이를 변함없이 굳건하게 해나가면 그 성과가 얻어지고 전체가 발전하는 토대가 되니 길하다는 것이다.

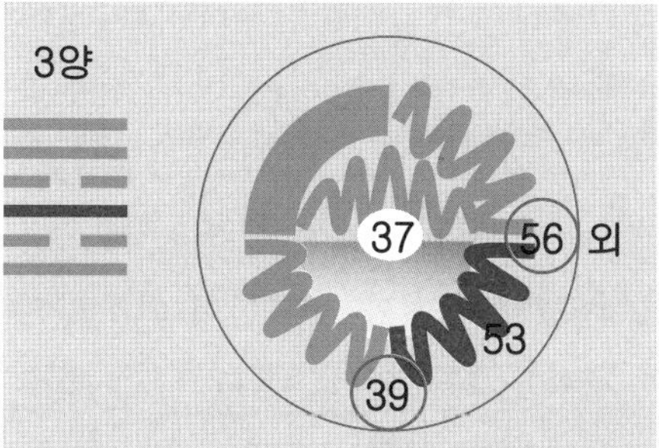

家人嗃嗃가인학학 **悔厲吉**회려길.
婦子嘻嘻부자희희 **終吝**종린.

집안사람에게[家人] 너무 엄하기만 하면[嗃嗃] 한이 되고[悔] 위태하지만[厲] 길하리라[吉]. 처자식이 계속 희희낙락하면[嘻嘻] 끝은[終] 인색하리라[吝].

> 3양은 건(蹇)·점(漸)·려(旅)의 과정이다: 구성원 각각의 책임분담으로 협력하여[건39] 미지의 새로운 환경을 자율적으로 헤쳐나가야 한다[려56]. 어떤 과정이 필요한가? 혼란과 무질서를 없애고 점진적인 발전이 가능하도록 해야 한다[점53].

3양은 바깥과 교류가 활발한 모습이다. 외적 교류 속에 발전도 있겠지만 자칫 혼란과 무질서를 낳게 된다. 이런 상황과 연관하여, 가족의 잘잘못을 측면에서 끊임없이 엄하게 지적하는 시어머니의 역할과 같이, 구성원의 자율성이 밖으로 표출할 때는 가정의 법도나 사회적 준칙에 어긋나지 않도록 적극적인 제어가 필요하다. 국가라면 사법적 역할이다. 법으로써 강력하게 혼란과 부조리를 엄정하게 관리할 때 사회는 건전하게 발전한다. 시스템의 안정적인 점진발전을 위한 외적 측면의 노력이다.

3양의 상황을 주재하는 '점(53)'을 4원 개념으로 펼치면, 처음은 순조로워도 나중에 장애가 생기며(기제63) 갈수록 점점 혼란해지지만(감29) 소박한 삶과 지혜로써 힘차게 나아가면(리30) 초반의 난관을 극복하고 나중에는 일이 풀리게 되는(미제64) 일련의 과정이니, 침착하고 지혜롭게 단계적으로 발전을 기해야지 덤벙대고 무리를 범해서는 안 되기에 그런 잘못이 일어나지 않도록 시스템의 외적 관리에 역점을 두는 역할이다.

'집안사람에게 너무 엄하기만 하면[家人嗃嗃] 한이 되고 위태하지만 길하리라[悔厲吉]. 처자식이 계속 희희낙락하면 끝은 인색하리라[嘻嘻終吝]'라고 하였는데, 가정의 분위기가 엄하면 다소간 사랑의 표현부족으로 문제가 생겨서 마음이 아프고 위기감이 올 때도 있지만, 긴장된 정신으로 안정감 있게 차근차근 닥쳐오는 세상의 파고에 맞서는 태도를 기르니 결국은 길하리라는 뜻이다. 그 반대로 아내와 자식들이 외부와의 활발한 교류 속에(3양) 즐겁고 해이한 생활을 계속한다면 나중에는 별로 좋을 것이 없다는 뜻이다. 그 이유는 '점(53)'의 상황이행에 충실하지 못하면 시스템의 주어진 과정적 책무를 거스르게 되기 때문이다.

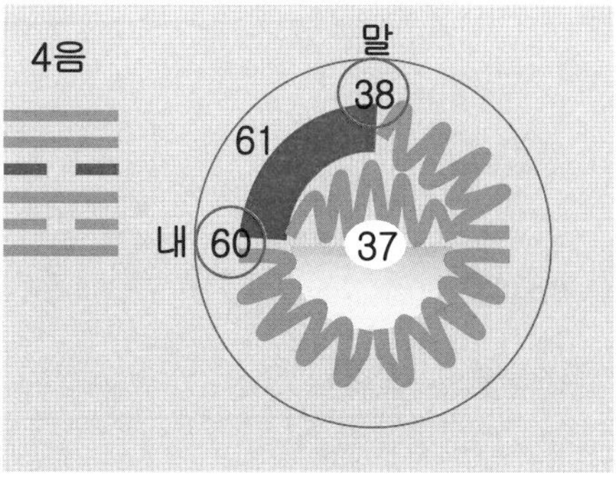

富家부가. **大吉**대길.

집안을 부유하게 하도다[富家].
크게 길하리라[大吉].

> 4음은 절(節)·중부(中孚)·규(睽)의 과정이다: 규제와 절제 속에서 보호·육성된 후[절60] 때가 오면 굴레를 벗고 과감하게 박차고 나가야 한다[규38]. 어떤 준비과정이 필요한가? 믿음과 열정을 갖고 내적 에너지[富]를 비축해야 한다[중부61].

4음의 비활성 상태는 차분한 현재활동 속에 미래를 준비하는 모습이다. 마치 미래의 전쟁에 대비하여 정신력과 에너지를 비축하는 것과 같다. 부계사회에서 가정의 미래는 아들이 이어간다. '자식농사'는 곧 집안의 미래를 위한 준비다. 지금은 음의 비활성 상태로 조용히 아버지(5양)의 본보기를 거울삼아 다음 세대를 준비한다. 하지만 때가 오면 자신의 비활성의 굴레를 벗고 사회에 나선다. 기능적인 면에서는 시스템의 재화를 기획하고 때에 맞춰 집행하는 국가의 경제기획부나 재무부 격이다.

상황코드인 '중부(61)' 자체의 내말(內末)이 '기제(63)·리(30)'이니, 나중에 도래할 난관에 대비하여 균형과 질서를 유지하며 사는 법을 배우고(기제63) 적극적인 열정으로 지혜를 발굴해 세계를 선도하려는(리30) 가인[家人]의 역할 분담이다. 이는 곧 1양(기제63)과 6양(리30)의 상황을 연결하는 내적 경로임을 알 수 있다.

'집인을 부유하게 하니[富家] 크게 길하리라[人吉]' 함은, 4음이 미래를 대비하여 역량을 비축하고 사회에 진출하여 새로운 미지의 국면을 헤쳐나가는 역할과 책무를 잘 수행함으로써 재물도 얻고 비축하리니 크게 길하리라는 것이다.

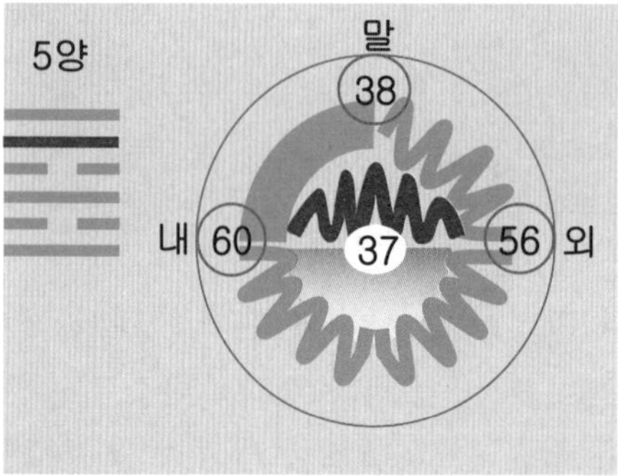

王假有家왕격유가·

勿恤물휼. 吉길.

왕이[王] 집에[家] 이르러[假] 계시도다[有], 근심치 말라[勿恤]. 길하리라[吉].

5양은 절(節)·규(睽)·여(旅)의 과정이다: 가인들이 법도를 지키며 절제 속에 보호·육성된 후[절60] 미지의 새로운 환경을 자율적으로 헤쳐나가야 한다[려56] 가장(家長)의 입장에서 어떤 역할을 해야 하나? 이제는 굴레를 과감히 벗고 발전을 위해 거듭나도록 노력한다[규38].

5양은 적극적으로 가인의 세계를 책임지며 통치하는 모습이다. 국가나 가정의 제일의 책임자다. 5양의 제1역할은 미래와 세계 밖의 환경적 정보(6양)와 내부에서 보필하여 만든 기획(4음)의 적합여부를 판단하여 취해야 할 적절한 조치를 과감하게 집행하는 것이고 제2역할은 2음과 짝하여 시스템 전체의 발전을 도모하는 것이다. 바깥에서 공적으로 일을 수행하는 당당하고 엄한 태도와는 달리, 내부적으로는 보호·관용·사랑·선도의 분위기로 그 세계를 적극적으로 보살피며 가인들에게 발전적 용기를 주는 경영을 해야 시스템 전체가 조직적 능력을 제대로 발휘할 수 있게 된다.

5양을 이끄는 '규(38)'는 어떤 의미를 가지는가? 흔히 괘의 별명을 '어긋날 규(睽)'라 하지만 그 참 뜻은 '진보(進步)'를 위한 조직의 재정비를 의미한다. 괘의 별명은 어떤 특징적인 요소를 강조하여 표현한 것인 만큼 잘못 해석하면 전체의 상황을 염두에 두지 않고 부분적인 특징만 기억하는 누를 범할 수 있다. 전체적 의미를 파악하기 위하여 '규(38)'의 4원 개념을 살펴보면, 고정관념을 벗고 지혜로써 재활의 생기를 찾아(해40) 안간힘을 쓰며 나아가는 와중에(풍55) 에너지가 집중력을 잃고 흩어지려 하므로 이를 추슬러(환59) 조직을 정비하여 새로운 모습으로 힘을 발휘하는(가인37) 일련의 과정이다. 한마디로 진보를 위한 노력이라 하겠다.

공자는 「상전(象傳)」에서 규(38)를 '군자는 이로써 같지만 다르게 한다[君子以同而異]'라고 주석한 바 있는데, 같지만 다르게 한다는 것은 발전을 위하여 변화를 시도한다는 뜻으로 기존의 바탕을 파괴하는 것이 아니고 같음과 다름이 아울러진다는 '동이화(同異和)'의 변증법적 발전을 시도함을 의미한다. 괘의 4원 중의 말(末)인 '규(38)' 자체의 말이 다시 가인(37)인 것을 생각하면, 결국 5양의 상황변수는 기존의 조직바탕(가인37)과 발전을 위한 변화의 시도(규38) 사이에서 맹활약을 하고 있음을 알 수 있다.

'왕이 집에 이르러 계시도다[王假有家], 근심치 말라[勿恤]. 길하리라[吉]' 라고 한 것은, 왕이 국정을 위한 공무에 바쁜 몸이지만 위험을 무릅쓰고 사가(私家)에 와계신다는 것은 한 가장으로서 집안을 극진하게 보살피고 집안의 발전을 위해 최선을 다하는 것이므로 가장으로서 5양의 책무를 다하는 일이니 특별하긴 해도 염려할 일이 아닌 길조다.

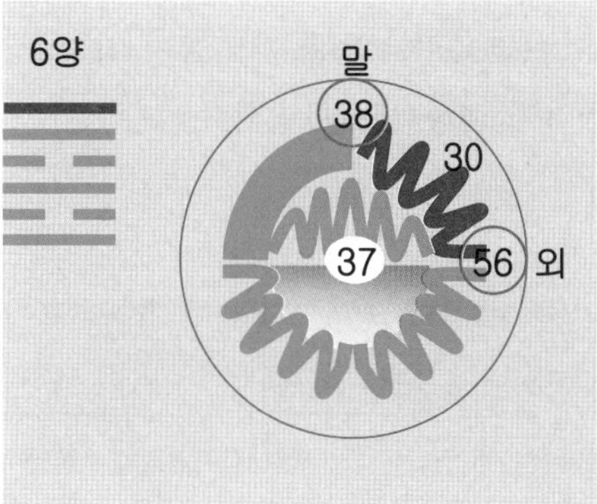

有孚威如유부위여. 終吉종길.

열정과 신념으로[有孚] 위엄을 보이네[威如]. 끝내는[終] 길하리라[吉].

> 6양은 려(旅)·리(離)·규(睽)의 과정이다: 미지의 새로운 환경을 자율적으로 헤치며[려56] 굴레를 과감히 벗고 발전을 위해 거듭나려면[규38] 어떻게 해야 하나? 경험적 지혜를 잘 활용하여 점차 사회로 힘차게 뻗어나가야 한다[리30].

6양은 세상과 미래로 향하는 문이 활짝 열려있는 상이다. 가정의 작은 굴레를 벗어나 이 발전의 문을 통하여 사회로 뻗어나가려면 경험과 지혜를 쌓아 열린 통찰의 눈을 가져야 한다. 발전을 위한 트인 통찰의 눈은 그 세계의 자존을 위한 필수요건이다. 미래와 바깥 세계를 통찰하고 위엄을 보이는 가정의 할아버지, 미래학자나 세상의 성인현철들은 발전적인 세대교체의 올바른 길잡이 역할을 한다(규38).

상황코드인 '리(30)'의 4원 개념을 살펴보면, 분수를 잘 지키며(소과62) 섣부른 욕심을 자제하고 있다가(귀매54) 밖으로 점진적 발전을 지향하며(점53) 신념과 열정이 가득한 활동을 펼쳐나가는(중부61) 일련의 과정이다. 리(30) 자체의 외말(外末)이 '점(53)·중부(61)'이니 곧 3양과 4음의 상황을 연결하는 외적 가교이기도 하다.

'열정과 신념을 가지고 위엄을 보이네[有孚威如] 끝내는 길하리라[終吉]' 하였는데, 6양은 이 세계의 지혜의 창이고 역할 분담으로서는 이 세계의 최고 상위자이니 앎이 축적되어 있어도 열의가 없으면 가인들을 지도할 수 없고 위엄이 없으면 하위자들이 믿고 따르지 않는다. 열정과 신념으로 위엄을 갖추어 지혜롭게 이끌면 이를 따라 가인들이 세대를 교체하면서 새롭게 발전하게 되니 끝내는 길하다는 뜻이다.

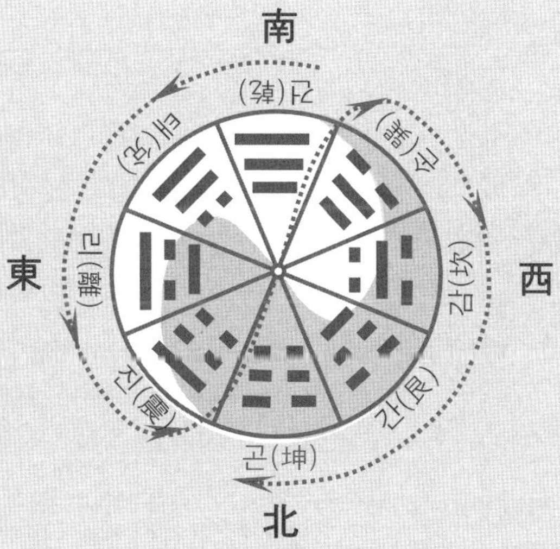

▷ 고(古)태극도에 중첩한 복희8괘도 (『과학주역』1, 144쪽)

복희8괘를 에너지 흐름선(점선)을 따라 그림과 같이 배치한 것을 복희8괘도라 한다. 이때 원의 중심방향을 향하여 괘가 놓여지며 마주보는 괘는 서로 반대괘가 된다. 8괘 각각의 음양 비율이 8분원의 음양 점유비율과 같도록 그린 태극도를 고(古)태극도라 한다(한동석, 우주변화의 원리, 대원출판, 2001).

38. 화택규(火澤睽)

어긋나 달라지는 상, 탈바꿈·구태 탈피·국면 전환, 타성적 굴레의 과감한 청산, 새 시대의 개막, 반목·배반·이탈, 헤어짐

睽규.

小事吉소사길.

탈바꿈하도다[睽]. 작은 일에서는 [小事] 길하리라[吉].

> 규[睽]는 해(解)·풍(豊)·환(渙)·가인(家人)을 따라 흐르는 세계다: 고정관념을 벗고 지혜로써 문제를 풀어가며[해40] 있는 힘을 다하여 추진하나[풍55] 에너지가 집중력을 잃고 흩어질 때[환59] 조직적 협력을 수립·정비·강화하여 힘을 창출하는[가인37] 일련의 과정이 '규'의 세계다.

8괘의 상으로 보면, 위는 불타며 위로 향하고(離火리화) 아래는 연못의 물이 아래로 가라앉으니(兌澤태택) 물과 불이 대조되어 있어 서로 어긋나는 상황을 묘사하고 있다. 태극 속의 음양처럼 국소적으로 대립하더라도 큰 틀에서는 새로운 차원의 창조를 이루는 것이니 같음 속의 다름은 곧 또 다른 새로움으로 이어지는 변증법적 발전을 의미한다.

세계 밖과 구분을 짓고 세계를 보호하던 외피(外皮)는 시간의 흐름에 따라 그 역할을 다하고 쓸모가 없어지면 애벌레가 나방으로 변하듯 탈

바꿈의 때를 맞는다. 시대가 바뀌면 세계 전체의 기능과 모습이 달라질 수밖에 없다. 구습, 관례, 제도, 조직이 본래의 의미를 잃고 타성에 젖어 발전하지 못할 때는 그 세계의 항상성을 유지하기 위해 스스로 자기조직화의 변화를 시도해야 한다. 전반기 세계의 외피(3음) 속에서 보호를 받던 세계내부(1양·2양)는 그를 통한 더 이상의 에너지 교류는 기대할 수 없다. 내면에서 꿈틀거리는 잠재된 바탕에서는(1양) 이미 자기조직화의 시동을 켰다. 이어서 세계의 중심무대로 생명력의 불이 옮겨간다(2양). 이제는 자신과 관련 깊은 얽힌 인연들을 설득하여야 한다. 그러한 노력의 대상이 바로 후반세계의 주체(5음)인데, 이와 함께 탈바꿈을 실현하려면 활발한 의식수준(4양)과 탁 트인 세계관(6양)이 필수다. 과거의 굴레로부터 탈피하는 것은 결국 내면 세계의 의식화를 통하여 미래로 나아가는 것이다(6양). 이제 세 의식과 생명력으로(2양·4양·6양) 둘러싸인 현재를 주관하는 자(5음)는 과거의 굴레(3음)를 벗는 대가를 치르고 후반세계로 탈출한다(리離괘). 떨구어 낼 부분이 감수하지 못할 정도로 너무 크면 탈바꿈을 결행하기 전에 자신이 먼저 죽는다. 자신을 얽매고 있는 쓸모 없는 굴레를 벗고 탈바꿈하는 전략은 변화를 감당할 수 있을 정도로 조금씩 전진하는 것이다.

인성(人性)의 면으로 살펴보자. 본성적 의욕이 강렬하고(1양) 물질대사 작용이 강력하여(2양) 원초적인 신체건강도의 면에서는 우수한데 외적으로 물질적 육체적 교류에 장애가 있어서(3음) 가용에너지를 만들어낼 수가 없다. 하지만 이성적 사고활동은 활발하고(4양) 세계 밖과 미래를 보는 시각도 민활하지만(6양) 지적인 생각이 앞서가는 대로 적극적으로 행동하지 못하는 것은(5음) 물질적 육체적 교류가 이루어지는 환경과 잘 맞지 않기 때문이니 그것의 타결이 급선무다. 이를 위해서는 자신의 주어진 환경에 얽매여 있지 말고 이를 박차고 나가야 하므로 결단적 행동이 요구되는 인물이라 하겠다. 몸이 얽매여 있는 환경을 박차고 나서려면 기존의 삶과 다른 배경으로 탈바꿈해나가야 한다. 이는 분명 발전적 변화임에는 틀림없다. 하지만 일단은 주변과의 차별화를 시도하는 것이니 기존의 관계구성이 달라지게 되므로 그 정도에 따라 문제가 발생할 수 있다. 이 문제를 기존입장에서 보면 현재상태에서의 이탈과 배신으로 볼 수 있기 때문에 불화 속에서의 적절한 타협점을 찾아내려는 세계경영(5음)이 얼마나 침착하게 이루어져야 하는가가 인품과 성공여부를 결정하게 된다.

표상에서는 각 효의 기능이 조합되어 시스템이 어떻게 형성되고 있는가를 보여주고 있으니 상관관계를 한 눈으로 살펴볼 수 있다. 원래 4양·5음·6양이 두 가지의 불꽃을 갖는 리(離)괘이지만 여기에 아래에서 2양이 합세하면 세 가지의 불꽃을 갖는 '리'가 형성되므로 이 순간에 위와 아래는 분리되는 것이 아니라 새로운 하나로 뭉치게 되어 더 강력하게 불타오를 수 있다. 이제 5음은 세 불꽃 모두에게 원천에너지를 보급하게 된다. 불길은 다른 불길과 합세하는 경향이 있으므로 1양과 함께 더 큰 불이 된다. 합세하기 전에 아래 태(兌)괘에서 연못의 물이 갇혀있게 해주던 외피의 3음은 상하가 합쳐짐에 따른 더 커진 화력 때문에 나중에는 그 둑이 터지게 된다. 그렇지 않으면, 오히려 외부와의 단절을 표현했던 3음이 바깥의 물적 에너지소스로 작용하여 5음을 도와 더 커진 불이 계속해서 활활 타오르도록 에너지원이 되어 줄 수도 있다. 이렇게 표상으로 여섯 효를 시스템의 관점으로 살펴보면 위아래의 두 소성괘가 어떻게 전체를 위한 변증법적 발전으로 이어질 수 있는가를 알 수 있다.

5음은 세계 전체가 구태로부터 탈피하는 주체인 동시에 그런 노력을 수행하는 원천에너지 보급자다. 마음을 비우고 음의 부드럽고 침착한 포용력을 앞세워 전체를 수습한다. 2양이 실천적 노력을 행하는 참다운 협력자라면 5음의 이러한 특성에 매료되어 음양상응을 이루고 세계 운영에 힘을 모으니 뚫기 어려운 장애를 걷고 탁 트인 미래의 세계로(6양) 합류하여 나아갈 수 있다.

공자는 이 국면을 「상전(象傳)」에서 '군자는 이로써 같지만 다르게 한다[君子以同而異]'라고 주석하였는데, 같지만 다르게 한다는 것은 발전을 위하여 변화를 시도한다는 뜻으로 기존의 바탕을 파괴하는 것이 아니고 같음과 다름이 어울러진다는 '동이화(同異和)'의 변증법적 발전을 시도함을 의미한다 하겠으며, 여기에서 '화(和)'를 이끌어내는 주체는 5음이다.

'탈바꿈하면 작은 일에서는 길하리라[睽小事吉]'라고 한 것은, 같음에서 다름을 시도하여 어긋나는 것은 감당할만한 작은 범위 내에서는 '동이화'의 변증법적 발전으로 이행할 수 있으므로 길하게 된다는 뜻으로 위의 긴 설명을 간단히 압축해주고 있다.

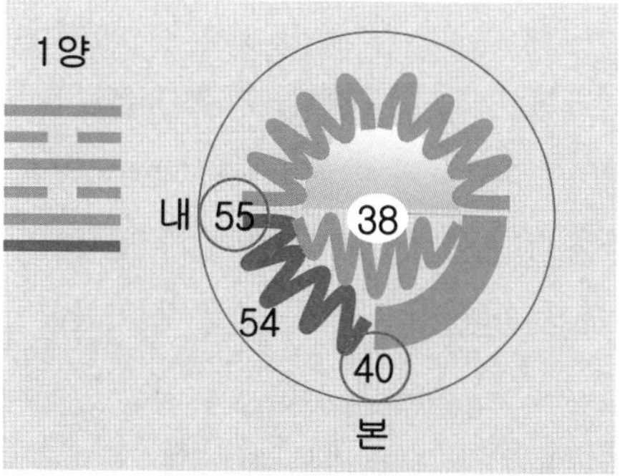

悔亡회망. 喪馬勿逐상마물축. 自復자복. 見惡人견악인 无咎무구.

여한이[悔] 없어지리라[亡]. 잃어버린 말은[喪馬] 쫓지 말라[勿逐]. 스스로[自] 되돌아오리라[復]. 악인을[惡人] 보아도[見] 탈은 없으리라[无咎].

1양은 해(解)·귀매(歸妹)·풍(豊)의 과정이다: 고정관념을 벗고 지혜로써 문제를 풀면서[해40] 효율이 좀 떨어지더라도 모든 힘을 다하여 나아갈 수 밖에 없다[풍55]. 이렇게 해야 하나? 욕망은 크지만 현실이 따라주지 않으므로 근본으로 돌아와 내면을 밝히며 닥칠 장애에 대비해야 한다[귀매54].

1양은 내면의 본성이 활성화됨을 보인다. 변화하는 환경에 적응하기 위해 탈바꿈해야 할 때가 오면 무의식적으로 우주생명이 깊숙한 내면에서 강렬하게 작동하기 시작한다. 표면과 의식으로부터 떨어진 내면의 깊숙한 곳으로부터 출발되는 것은 적응력을 키우고 재조정의 충격이 표출되지 않도록 하기 위함이다. '자기조직화(self-organization)'는 애써 하려고 하지 않아도 자연적으로 돌아오는 생명력의 보이지 않는 전략이며 세계지속의 원리이다.

이 상황을 주재하는 '귀매(귀매54)'를 4원 개념으로 살펴보면, 처음의 어려움을 애써서 극복하여(미제64) 주위를 밝히며 지혜롭게 진출하려 하지만(리30) 세상 밖은 내 마음 같지 않게 혼란이 엄습하니(감29) 나중에 닥칠 장애에 대비해야 하는(기제63) 일련의 과정이다. 귀매(54) 자체의 본내(本內)가 '미제(64)·리(30)'이니 이는 곧 3음과 4양을 연결해주는 가교이기도 하다.

효사에서 '여한이 없어지리라[悔亡]. 잃어버린 말은 쫓지 말라[喪馬勿逐]. 스스로 되돌아오리라[自復]. 악인을 보아도 탈은 없으리라[見惡人无咎]' 하였는데, 첫 부분에서, 맺혀있는 회한이란 결국 본심을 어떻게 가지느냐의 문제인데, 이제 자신의 고집대로가 아니고 환경의 흐름에 맞추기 위한 횃불을 밝히게 되었으니 그것은 자연히 사리지게 될 것임을 압축하여 표현하고 있다. 중간 부분은, 싫어서 도망가는 상대를[馬] 억지로 잡으려 하면 오히려 역효과가 나니 상대의 느낌을 인정해주면 새로운 일치감이 생겨서 저절로 되돌아와 원래의 관계를 회복할 수 있다는 뜻이다. 마지막은, 평소에 반대하며 악연을 가진 자도 자연스럽게 상대하여 서로의 의중을 주고받으며 이해의 폭을 넓힌다면 어느 정도의 일치감을 느낄 수 있어서 더 이상 문제를 발발시키지 않게 됨이다. 이 세 가지의 내용들은 모두 본성으로 되돌아와 고정관념을 떨치고 엇갈리는 현재의 상황을 인정하면서 앞으로 닥칠 장애요소에 대비하여 자신을 반대편의 입장에서 탈바꿈시키는 시도이니 이는 곧 어긋남[睽]을 '귀매(54)의 삶'으로 해결해나가는 상황이다. 이때의 귀매(54)는 조신하면서도 껄끄러움을 무릅쓰고 최선을 다하여 정면돌파 하는 삶이다.

遇主于巷우주우항 无咎무구.

좁은 길에서[于巷] 주군을 만나니 [遇主] 탈이 없으리라[无咎].

2양은 풍(豊)·해(解)·환(渙)의 과정이다: (어긋나는 때이니) 최선을 다해 추진하지만 효율이 떨어지고[풍55] 가용에너지가 점차 밖으로 흩어지니 집중력을 다잡으려면[환59] 어떤 자세로 임해야 하는가? 고정관념을 벗고 지혜롭게 문제를 풀어 어긋난 긴장이 자연스럽게 해소되도록 노력한다[해40].

2양은, 밖은 어긋남이 만연해도, 1양의 무의식적 생명력의 자기조직화 활동이 세계 내부로 침투하여 활발하게 전파되는 때이다. 마치 새 시대의 적응을 위한 캠페인이 펼쳐지고 있는 모습이다. 진취적 입장에서 보면 이는 구태로부터의 탈피하는 노력이니 당연한 시대적 사명으로 받아들여진다. 그러나 의견이 상반된 상대와의 뜨거운 흑백논쟁은 쉽게 해결의 기미가 없으니 공식적인 화해는 어렵다. 서로를 보다 폭 넓게 이해할 수 있는 계기를 모색하는 것이 이 국면을 푸는 열쇠다. 2양은 어차피 5음의 에너지원에 의하여 이 세계의 불길의 일부로 편입되어야 하기 때문에 어긋남 속에서 약간의 일치감이라도 찾아내야 한다.

이런 상황에서의 어긋난 국면을 해결하는 상황코드 '해(40)'의 4원 개념은, 주위와 어긋나더라도 구태를 벗고 탈바꿈하여(규38) 미지의 새로운 환경을 자율적으로 헤쳐나가면서(려56) 외적 한계에 부딪쳐서도(절60) 가시밭길을 인내하며 굳건하게 노력하는(건39) 일련의 과정이다. 특히, 규(38)의 기초자질이 '해'이고 '해'의 기초자질이 다시 '규'로 나타나고 있음을 확인할 수 있는데, 탈바꿈함이란 문제를 풀어 발전해나가려는 의도를 가지고 출발하는 상황이고, 문제를 풀려면 또한 탈바꿈을 해야 하는 서로가 서로의 근거를 제공하는 관계에 있음을 알 수 있다. 2양은 바로 그 임무를 수행하는 과정이라 하겠다.

'좁은 길에서 주군을 만나니[遇主于巷] 탈이 없으리라[无咎]'라고 하였는데, 어긋날 수 밖에 없는 환경에서 책임자와 어긋나 있을 경우에는 명분과 체면 등으로 공석에서는 그 어긋남을 바로잡을 수 있는 대타협이 쉽지 않을 것이므로 사적인 자리인 좁은 길에서 조우하여 고정관념을 벗고 가까이 얼굴을 맞대고 깊이 교감하는 것이 서로의 의견차이를 줄이며 문제를 풀어가는 최상의 방법이 틀림없다. 문제를 풀려는 건설적인 만남이니 탈이 생길 것은 없지만 문제가 쉽게 해결되는 것은 아니다. 왜냐하면 세계의 분위기는 뭉치지 못하고 흩어지는 쪽이니 분위기를 쇄신하는 전기를 마련해야 하기(환59) 때문이다.

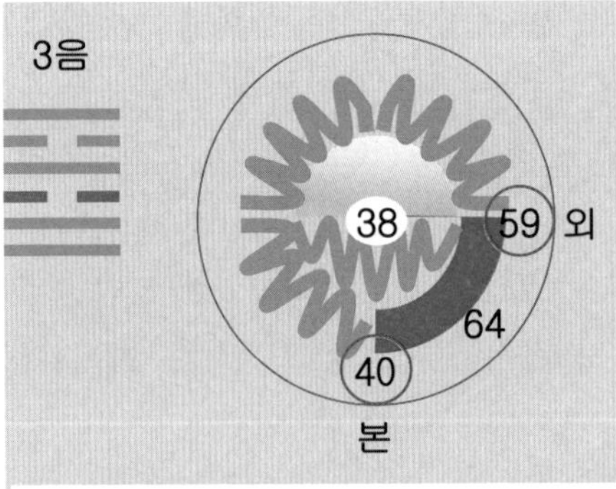

見輿曳其牛掣견여예기우체,
其人天且劓기인천차의!
无初有終무초유종.

소가[其牛] 끌어야 할[掣] 수레를[輿] 끄는 것을[曳] 보니[見], 그 사람은[其人] 머리가 깎이고[天] 또한[且] 코까지 베였구나[劓]! 처음은 없지만[无初] 끝은 있으리라[有終].

> 3음은 해(解)·미제(未濟)·환(渙)의 과정이다: 지혜로운 긴장해소로 세상의 생기를 되찾아야 하는데[해40] 내부 에너지가 밖으로 흩어지니 관련 체계를 다잡고 추슬러야 한다[환59]. 그 과정은 어떤 모습인가? 처음의 어려움이 나중에 풀리므로, 굴레를 벗고 탈바꿈하려면 뒤를 붙잡아도 과감히 앞으로 나아가야 하고 어떤 수모를 겪더라도 인내하며 혼신을 다하여 개척해 나가야 한다[미제64].

3음은 내외의 교류가 잘 되지 못하고 막혀있어 쓸모가 없는 모습이다. 음의 외피는 딱딱하게 굳어서 무생물화 되어 그 보호기능이 정지된 것과 같아 먹고 버리는 껍질처럼 토사구팽(兎死拘烹)을 당하는 인재의 신세이다. 완전히 제거되지만 않는다면 상대로부터 온갖 면박을 당하더라도 무던히 참고 견디면 이 세계의 문제가 해결되어 새 국면을 맞을 수 있다. 이 어려운 상황을 벗어나는 것이 곧 '규[睽]'가 해내야 하는 탈바꿈의 핵심이다.

이런 상황에서의 어긋난 국면을 해결하는 상황코드 '미제(64)'의 4원 개념은, 불활성으로 위축된 세계에서 은인자중(隱忍自重)하며(귀매54) 분수에 알맞은 목표를 세우고(소과62) 믿음과 열정으로 도전하여(중부61) 점진적으로 발전해나가는(점53) 일련의 과정이다. 처음은 위축된 세계에서 일이 잘 풀리지 않지만 나중은 신념을 가진 인내 끝에 길이 열리는 기대가 내재되어 있는 형국이다.

'소가 끌어야 할 수레를 끄는 것을 보니[見輿曳其牛掣] 그 사람은 머리가 깎이고 또한 코까지 베였구나[其人天且劓]! 처음은 없지만 끝은 있으리라[无初有終]' 하였는데, 세상과 어긋남으로 말미암아 머리 깎이고 코 베이는 엄청난 형벌을 견뎠고 소처럼 수레를 끄는 사람의 처참한 인내심과 굳센 의지를 보이는 것은, 처음은 아무런 보람이 없지만 참고 견디면 결국에는 성공하리라는 신념 때문이니(미제의 4원 개념 중의 중부61) 어긋나는 때(규38)의 '미제(64)'의 상황은 보통 때보다는 훨씬 가혹한 시련 속에 놓일 수 있음을 구체적인 예를 들어 설명하고 있다.

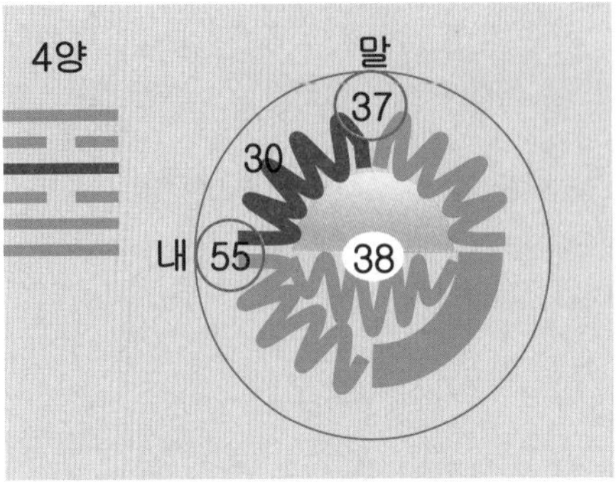

睽孤규고.
遇元夫交孚우원부교부,
厲여 无咎무구.

탈바꿈함은[睽] 외로운 길이로다[孤]. 걸출한 사람을[元夫] 만나[遇] 심중을 나누니[交孚] 위태해도[厲] 무탈하리라[无咎].

4양은 풍(豊)·리(離)·가인(家人)의 과정이다: (어긋남이 만연할 때는) 일의 효율이 저조하여 추진해나가기 힘드니[풍55] 조직적 협력이 필요하다[가인37]. 어떻게 해야 하는가? 정보와 지혜를 발굴하여 계획을 면밀하게 세운다[리30].

4양은 의식이 충만해 있고 이성적 사고가 활발하여 신속한 대응책을 강구한다. 불화와 반목이 있는 세계 속의 향진에는 온갖 역풍이 다가오므로 명석한 머리를 써서 적절한 대안을 마련해야 한다. 상황이 어긋나며 홀로 고민에 빠졌을 때 가장 바람직한 조치는 주변의 능력자들로부터 도움을 구하는 것이다. 1양과 같이 유사한 생각을 갖는 협조자의 도움을 받아 자신의 아이디어를 잘 다듬어 지금의 고정관념을 박차고 나가면 뒤틀린 국면을 전환시키고 새로운 조직적 협력의 장을 열 수 있다.

이 상황을 주재하는 '리(30)'의 4원 개념은, 분수에 넘치지 않는 목표를 세우고(소과62) 섣부른 욕심을 자제하고 있다가(귀매54) 점진적인 발전을 기하며(점53) 신념과 열정으로 활동을 펼쳐나가는(중부61) 일련의 과정이다. 한마디로 어긋남 속에서 협력을 구하며 명석하게 헤쳐나가는 과정이다. '리(30)' 자체의 내말(內末)이 '귀매(54)·중부(61)'이니 '리'의 의미를 구성하는 내용의 절반은 1양과 6양의 상황을 연결하는 내적 가교역할이 차지하고 있음을 알 수 있다.

'탈바꿈은 외롭도다[睽孤]. 걸출한 사람을 만나 심중을 나누니[遇元夫 交孚] 위태해도 무탈하리라[厲 无咎]' 한 것은, 어긋나는 환경에서 벗어나 발전을 모색하는 길은 짐짓 주변과의 결별을 선언하는 것이므로 고독한 결단임에 틀림없지만 유사한 생각을 가진 주변의 뛰어난 능력자들과 조직적 협력을 이끌어내는 지혜로운 대안을 면밀하고 신속하게 마련한다면 홀로 탈바꿈을 시도하는 위험한 국면은 기회의 장으로 바뀌어 기대를 갖게 해준다는 뜻이다.

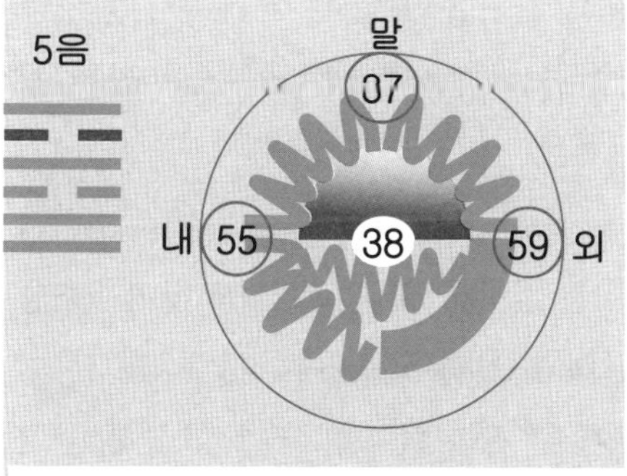

悔亡회망.
厥宗噬膚궐종서부,
往왕 何咎하구.

회한이[悔] 사라지도다[亡]. 그[厥] 종씨들이[宗] 살코기를[膚] 씹으니[噬] 나아가는데[往] 어찌 탈이 있으리오[何咎]!

5음은 풍(豊)·가인(家人)·환(渙)의 과정이다: (어긋나는 때인 만큼) 효율이 낮으므로 전력을 다하여 추진해야 하는데[풍55] 가용에너지가 점차 밖으로 흩어지니 집중력을 다잡으려면[환59] 어떤 경영이 필요한가? 종씨들(가인)의 조직적 협력을 이끌어내는 구심점 역할을 해내어야 한다[가인37].

5음은 4양·6양과 함께 리(離)괘를 이루어 위의 리더 집단은 어긋나는 환경을 명석하게 헤치고 나아가는 주체이며 양(陽)에너지의 물질적 원천이다. 아래의 2양이 여기에 가세하여 활동에너지를 펼친다면 위의 리(離)괘는 더 큰 범위의 리(離)로 집중력을 높이게 되니 5음은 여한이 없게 된다. 음의 부드럽고 침착한 포용력을 앞세워 전체를 포괄하니 2양과 같은 실천적 노력을 행하는 참다운 협력자는 5음의 이러한 특성에 매료되어 음양상응을 이루고 세계운영의 상대가 되니 상하가 이로써 어긋남을 줄이고 하나로 엮어져 3음의 장애를 뚫고 툭 터진 미래로 세계 밖으로 활기차게 나아갈 수 있게 된다(6양).

5음의 상황코드 '가인(37)'의 4원 개념은, 도움을 받으며 가시밭길을 굳건하게 인내하고(건39) 외적 한계에 맞춰 절제하며(절60) 미지의 새로운 환경을 자율적으로 헤쳐나가면서(려56) 전체의 유지와 발전을 위해 과감히 탈바꿈해나가는(규38) 일련의 과정이다. 5음의 삶이 이러하다면 조직적 협력 속에 타성적 굴레를 벗고 발전하는 계기를 맞을 수 있을지니 걱정할 것이 없다.

'회한이 사라지도다[悔亡]. 그 종씨들이 살코기를 씹으니[厥宗噬膚] 나아가는데 어찌 탈이 있으리오[往何咎]!'라고 한 것은, 가인들이 5음을 중심으로 살코기를 먹는 잔치를 벌리며 단결하여 양 에너지를 집중시키는 형국이므로 3음을 제외하면 전체가 큰 구도의 '리(離)'를 형성하여 앞으로 전진할 수 있게 된다. 변화를 추구하는 어긋나는 시대의 걱정이 사라지니 특별한 탈이 날 것이 없다는 뜻이다. '리'의 형세가 강력해지니 외벽의 3음은 그 화력에 무력화되어 더 이상의 큰 장애가 되지 못하니 무사히 구태의 탈을 벗게 된다. 다만, 5음 주위에서 함께 '리'를 이루는 여러 양들은 이를테면 '리(離)의 성(姓)을 가진' 종씨 집안사람들로서 크게 보아 가인(家人)이다. 특히 2양의 합세는 위의 불과 아래의 물이 어긋나는 상황에서 위쪽 불의 세력을 강화해주게 되어 팽팽히 맞서던 어긋남이 앞으로(위로) 나아갈 수 있는 쪽으로 힘을 실어주는 핵심 역할인 동시에 5음과 상응하는 자리에 있기에 또한 가인(37)이기도 하다. 이렇게

팔이 안으로 굽듯 잔치하며 단결하는 모습을 '살코기를 씹는다[噬膚]'라고 한 것이다.

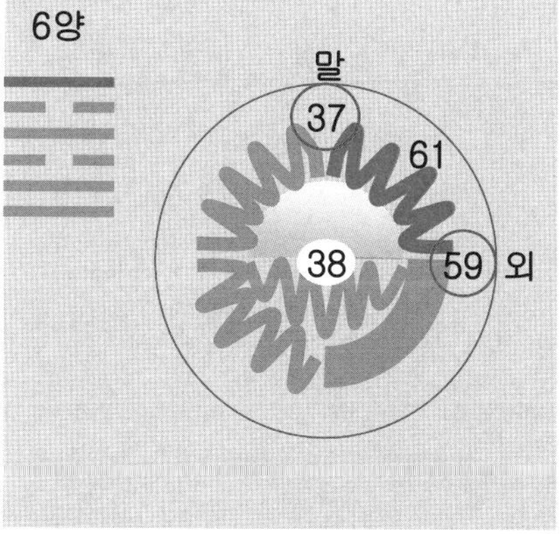

睽孤규고.

見豕負塗 載鬼一車.
견시부도 재귀일거

先張之弧 後說之弧,
선장지호 후탈지호

匪寇婚媾비구혼구.

往遇雨則吉왕우우즉길.

탈바꿈은[睽] 외롭도다[孤]. 돼지가[豕] 진흙을[塗] 둘러쓰고[負] 귀신이[鬼] 한 수레[一車] 실려 있음을[載] 보도다[見]. 앞에는[先] 활을 당겼다가[張之弧] 뒤에는[後] 활을 거두니[說之弧] 도적이 아니고[匪寇] 구혼하는 자로다[婚媾]. 갈 때[往] 비를 만나면[遇雨] 오히려 길하리라[則吉].

6양은 환(渙)·중부(中孚)·가인(家人)의 과정이다: 가용에너지가 점차 밖으로 흩어지니 집중력을 다잡으려면[환59] 조직적 협력을 수립·정비·강화해야 한다[가인37] 어떻게 해야 하나? 오직 믿음과 열정으로 결속하여 도전해야 한다[중부61].

6양은 미래와 세계 밖으로 나아가는 경계구역으로서 시류에 맞추어 탈바꿈하려면 대외교류가 활발해야 한다. 문제는 대립과 불화로 어긋나는 세상의 분위기에서는 우군과 적군이 섞여 있으니 잠재적인 후원자들의 호의까지 오판하고 의심할 수 있다. 하지만 미래와 세계를 바라보는 지혜의 눈은 점점 밝아지고(6양) 선명한 판단력이 서게 된다. 트인 눈으로 사리분별하며 믿음과 열정으로 결속하면서 힘차게 나아갈 때다.

6양의 상황을 좀더 파악하려면 배경코드인 '중부(61)'의 4원 개념을 '규(38)'의 환경으로 정리하면 된다. 즉, 혼돈을 맞았으니(감29) 일이 풀릴 때는 나중에 도래할 난관에 대비하고(기제63) 당장에 앞이 막힐 때는 분수에 맞춰 점진전략을 쓰면서(미제64) 밝은 눈으로써 신념과 열정을 품고 지혜롭게 세계를 이끌어가는(리30) 일련의 과정이다. '규'의 상황에서 바라보는 효의 직능으로 해석하는 것과 상황코드를 4원 개념으로 본 내용은 잘 합치되고 있음을 알 수 있다. 특히 '중부(61)'의 기초바탕이 '감(29)'이라는 사실은 중요한 내용으로서 믿음을 두어야 하는 근본원인은 혼란한 세상이라는 점이다. 그럼에도 불구하고 6양의 직능대로 펼쳐나가려면 혼란 속에서 변화를 적극 수용하면서도 믿음을 두어 조직력을 강화해나가야 함을 함의하고 있다.

'탈바꿈은 외롭도다[睽孤]'라고 한 것은, 6양이야말로 어긋남을 무릅쓰고 실제로 박차고 밖으로 미래로 나아가야 할 판인데, 세상이 혼란하여 믿고 함께 힘을 합할 사람이 많지 않으니 외롭다는 뜻이다. 그렇다 보니 효사의 두 번째 구절에서 '돼지가 진흙을 둘러쓰고 귀신이 한 수레 실려 있음을 보도다[見豕負塗 載鬼一車]'라고 한 것은, 이 효의 상황배경인 중부(61)를 구성하는 4원 중의 본원(本元)이 '감(29)'이기 때문에 험상궂은 돼지의 모습이나 어지러운 귀신들이 득실거림을 볼 정도로 세상이 혼란스러움을 강조하고 있다. 효사의 세 번째 구절에서 '앞에는 활을 당겼다가 뒤에는 활을 거두니[先張之弧 後說之弧] 도적이 아니고 구혼하는 자로다[匪寇婚媾]'라고 한 것은, 다가오는 자를 공격해야 할지 말지 헷갈릴 정도로 혼란스럽지만(감29) 정신을 차리고 사리분별을 밝히 해보면(리30) 실제로는 나와 함께할 수 있는 믿음과 협조자를 얻을 수 있음을 환기시키고 있다. 효사의 끝 부분에서 '갈 때 비를 만나면 오히려 길하리라[往遇雨 則吉]'라고 하였는데, 이때의 비는 혼탁한 분위기를 씻어주면서 동시에 찬비를 맞고 정신을 차리면 믿을 만한 사람은 알아볼 수 있으니 자신의 편으로 규합해 어긋남 속에서도 일치점을 찾아 앞으로 나아가야 함을 함의하고 있다 하겠다. 혼란하더라도 눈을 부릅뜨고 세상사람들을 믿음과 열정으로 받아들이고 힘을 합해 쇄신하며 전진해야 한다는 뜻이다. 한마디로 줄인다면 '中孚·睽중부규'라 하겠다.

39. 수산건(水山蹇)

절름거리며 난항(難航)하는 상, 도움이 절실한 상태, 힘겨운 투쟁,
가시밭길을 헤쳐나감, 능력 부족

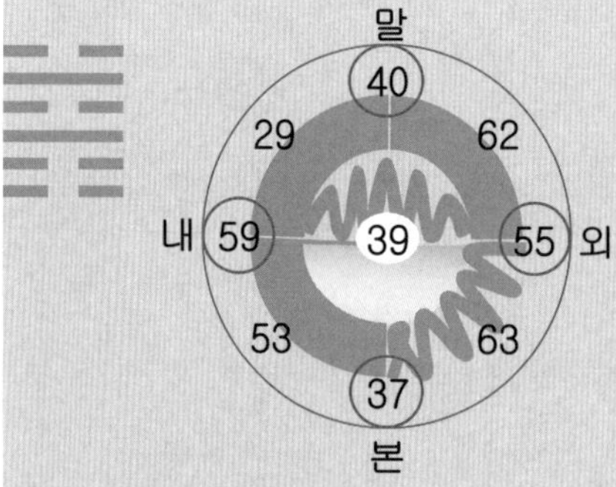

蹇건.
利西南이서남 **不利東北**불리동북.
利見大人이견대인 **貞吉**정길.

난항(難航)하는 상이로다[蹇]. 서남쪽이[西南] 이롭고[利] 동북쪽은[東北] 불리하도다[不利]. 대인을[大人] 봄이[見] 이롭고[利] 끝까지 굳건하게 하면[貞] 길하리라[吉].

> 건[蹇]은 가인(家人)·환(渙)·풍(豊)·해(解)를 따라 흐르는 세계다: 구성원들의 조직적 협력을 이끌어내며[가인37] 분산되는 에너지를 추스르고[환59] 있는 힘을 다하여 추진하면서[풍55] 구태를 벗고 지혜를 써서 어려움을 풀어가는[해40] 일련의 과정이 '건'의 세계다.

8괘의 상으로 보면, 산 위로(艮山간산) 물이 넘치니(坎水감수) 험난한 곤경의 상이지만, 물 밑에서의 어려운 형국을(坎) 지혜롭게 빠져나갈 방법을 조용히 생각하며 도움을 기다리는(艮) 상이다.

이 세계에 유입될 수 있는 3양의 에너지로 뒤에 있는 육중한 무게(1음 2음)를 매달고 간다면 이는 짐을 지고 산을 오르는 격이다. 이 세계의 책

임자(5양)는 앞이 캄캄하게 가로막힌 상태에서(4음·6음) 큰 물결을 헤쳐가며 고군분투하고 있으니 앞뒤를 합해보면 말 그대로 산전수전(山戰水戰)의 어려움을 겪는 모습이다. 안간힘을 다하여 거대한 산과 같은 하부세계(1음·2음·3양)를 중심인물(5양)이 이끌어 가지만 장애(4음·6음)가 우뚝 다가서니 미래로 순항하기는 어렵다. 이제 어쩔 수 없이 물러서서 상황을 재인식하고 새롭게 기획하고, 에너지 여력이 있는 상대에게(3양) 도움을 구하여야 한다. 오만과 감정적 대응으로 무리를 범하는 자는 어리석다. 지혜로운 자는 이성의 눈으로 도움의 조건을 만든다. 잘 풀리지 않는 가시밭길을 헤쳐나가기 위한 (주역이 밝히려는) 지혜는 무엇인가?

괘를 인성(人性)의 면에서 살펴보자. 외적으로 물질적 육체적 감각교류는 원활하지만(3양) 본성적 의욕이 억눌려 있고(1음) 신진대사 작용도 소극적이어서(2음) 신체활성의 면에서 보면 에너지 유입이 불가능하지 않는데도 가용에너지를 만들어내지 않고 조용히 멈추어 있는 상태다. 더욱이 의식활동도 활성적이지 못하고(4음) 세계 밖과 미래를 보는 관찰력도 떨어져(6음) 혼자의 능력으로 헤쳐나가기 어렵지만, 비교적 월등한 육체적 감각능력은 살아있으니(3양) 앞이 가로막혀 어려움은 겪고 있지만(6음) 나아가려는 실천적 의지가 강렬하므로(5양) 꼭 필요한 도움을 얻으면 능력을 펼 수 있는 인물이다.

괘사의 첫머리에 있는 '난항의 상'에 대하여는 앞에서 충분히 설명하였다. 이제는 '서남쪽이 이롭고[利西南] 동북쪽은 불리한[不利東北]' 이유를 알아보자. 이 괘에서 어려울 때 에너지를 발휘할 수 있는 효는 5양과 3양 둘 뿐이다. 그 중에 5양은 '감(坎)'의 험난함을 겪어내는 주인공이지만 문왕8괘도*에서 서남방(소성괘 곤坤괘)의 환경에 처하면 시간의 흐름과 함께 5양이 음의 분위기로 바뀌어 전체가 '겸(謙15)'괘로 되므로 겸손한 마음

* 문왕8괘도는 『과학주역』 1, 145쪽 <그림 33>에 나타낸 복희8괘도에서 건(乾)·태(兌)·리(離)·진(震)·손(巽)·감(坎)·간(艮)·곤(坤) 대신에 리·손·진·간·곤·태·건·감을 위치시킨 8괘의 또 다른 배치도를 말한다(501쪽 참조). 이때 서남방은 곤괘, 동북방은 간괘가 자리한다.

자세로 곤(坤)의 포용의 덕을 입게 되니 험난함을 이기는데 이로울 것이다. 한편, 동북방(문왕8괘도에서 간艮방)*으로 가면, 본 주제의 대싱괘 건(蹇)의 아래쪽 소성괘 간(艮)이 또 하나의 험준한 소성괘 간(艮)을 만나는 형국이 되니 3양의 덕을 입겠다고 그리로 가면 설상가상으로 불리할 것이다. 괘사의 마지막 구절에서 '대인을 봄이 이롭고[利見大人] 끝까지 굳건하게 하면 길하리라[貞吉]'라고 한 것은, 사고력(4음)과 통찰력(6음)이 부족하여 앞을 내다볼 수 있는 지혜가 부족하므로 이를 끝내 해결하려면(해40, 말원末元) 해박한 대인을 만나 자문을 구함으로써 지혜의 눈을 뜨게 되고 장애를 극복할 수 있으니 이롭고 길하리라는 뜻이다.

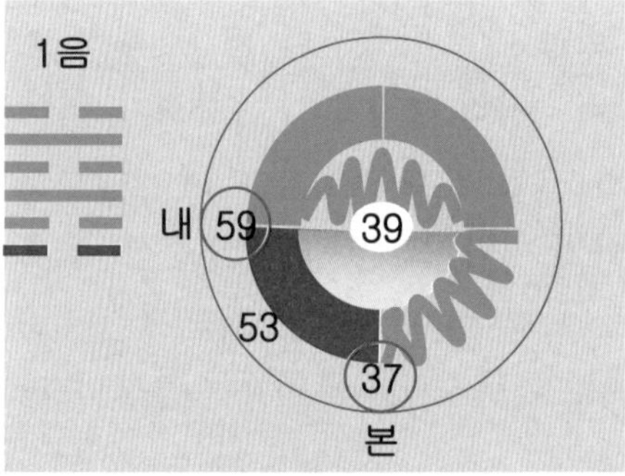

往蹇왕건 來譽내예.

어렵사리 조심조심[蹇] 나아가면[往] 명예가[譽] 오리라[來].

> 1음은 가인(家人)·점(漸)·환(渙)의 과정이다: 처음에는 시스템적 기능에 문제가 없었지만[가인37] 시간과 함께 연관된 기운들이 분산되어 잃게 되는 집중력을 추슬러야 한다[환59]. 이렇게 어려움이 닥칠 때의 변화를 어떻게 넘겨야 하나? 차근차근 문제점을 지혜롭게 챙기며 점진적으로 변화에 대처해야 한다[점53].

1음은 난관이 생기기 시작할 때 그것을 타개하려고 무의식적으로 덤비거나 서둘지 말고 침착해야 함이다. 어려움이 처음 생겨 일의 향방이

* 문왕8괘도에서 소성괘 간(艮)괘의 방위

확연하지 않을 때 신중하게 생각하지 않고 바로 행동으로 옮기면 사태를 악화시킨다. 문제를 직시하고, 기초사항을 점검하여 한걸음 뒤로 물러서서 지켜본다. 세심한 계획 없이 자신감 만을 앞세워 밀어붙이는 행동은 오만일 뿐이다.

이 효의 상황코드인 '점(53)'의 4원 개념은, 처음에는 잘 나가는듯하다가(기제63) 갈수록 점점 혼란에 봉착하니(감29) 명석한 사고와 밝은 지혜로써(리30) 초반의 난관을 극복하고 나중의 형통함을 이루어내는(미제64) 일련의 과정이다.

'어렵사리 조심조심 나아가면[往蹇] 명예가 오리라[來譽]'하고 하였는데, 이는 곧 위에서 보인 점(53)의 4원 개념적 내용이 잘 설명해주고 있다. 자구(字句)만으로는 '가면 어렵고 오면 명예롭다'라든지 '갈 때는 어렵지만 올 때는 명예롭다'라고 풀이할 수도 있겠지만, 전자는 자칫 위축감을 주게 되고 후자는 일부터 벌리는 것을 조장한다. 하지만 상황코드인 '가인(37)·점(53)·환(59)'의 숙명적 흐름은, 문제를 근본적으로 신중하게 조직적 분위기를 조절하며 차분하게 점진적으로 다루어나갈 것을 주문하고 있다.

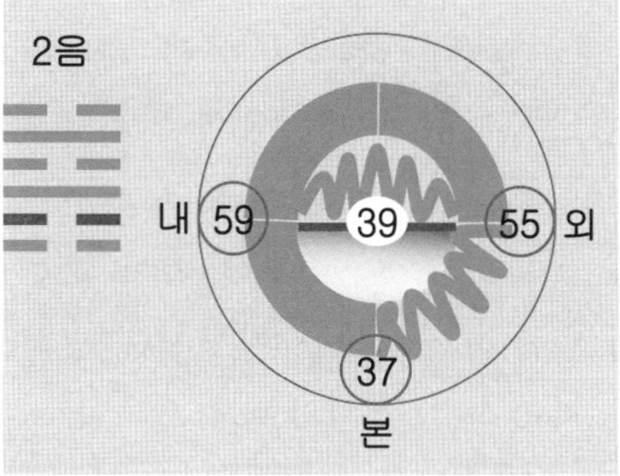

王臣蹇蹇왕신건건·

匪躬之故비궁지고·

왕의 신하가[王臣] 어렵고 어렵도다[蹇蹇]. 이는 자기 몸[躬之] 때문이[故] 아니니라[匪].

2음은 환(渙)·가인(家人)·풍(豊)의 과정이다: 흩어지는 세상인심과 조직을 추스르고 있으나[환59] 겉으로만 요란하고 효율적으로 되는 일이 별로 없다[풍55]. 어떻게 영위해야 하나? 가인괘 2음의 안주인 같은 심정으로 단합을 위한 구심점 역할을 잘 밀고 나가야 한다[가인37].

2음은 주군의 강한 의지(5양)를 받들고 외곽 협력자(3양)등 주위의 조력을 최대한 활용하여 곤(坤) 2음의 덕을 따라 땅의 넓은 수용력과 헌신·봉사의 정신으로 세계의 힘든 일을 떠맡으며 아래 간(艮)괘의 부자연한 그침 속에서 안간힘을 쓴다. 음의 응집력으로써 주위세계를 단결시켜 전체의 최고책임자가 성취해가려는 의지를 어려움 속에서도 충성스럽게 보필하는 힘든 충복의 자리다.

2음은 가인(37)을 배경으로 함이니 그 4원 개념을 보면, 힘든 일을 만나면 협력하여 극복할 것을 전제하여(건39) 내적으로는 주어진 법도에 응하며(절60) 외적으로는 미지의 세계를 자체적으로 개척하면서(려56) 전체의 유지발전을 위하여 과감한 탈바꿈을 시도하는(규38) 일련의 과정이다. 전체를 위하는 것인 만큼 공통분모를 이끌어내는 과정은 결코 순탄할 수는 없다. 조직원 개개가 살을 애는 아픔을 견뎌야 하는 형국에서 최고책임자의 뜻을 받들어야 하니 더더욱 힘들다.

'왕의 신하가 어렵고 어렵도다[王臣蹇蹇]. 이는 자기 몸 때문이 아니니라[匪躬之故]'라고 하였는데, 왕신(王臣)이란 2음의 격위로서 왕의 바로 측근에서 그 뜻을 받드는 신하다. 그의 어깨 위로 겹겹이 쌓이는 어려움은 자신의 신변문제보다도[躬之故] 이끌어 가야 하는 대중이 더 큰 어려움에 속에 있기에[蹇蹇] 전체의 유지발전을 위하여 해결의 탈출구를 마련해야 하는(해40, 말원) 책임감에서 오는 규모가 더 큰 고통을 말하고 있다.

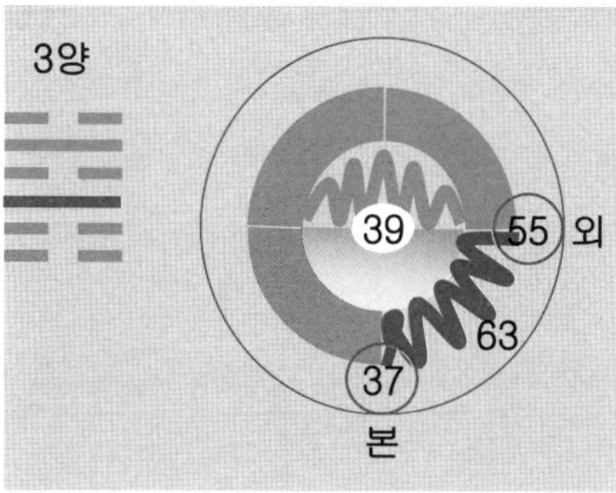

往蹇왕건. 來反내반.

어렵사리 조심조심[蹇] 나아가라[往]. 반격이[反] 돌아오리라[來].

3양은 가인(家人)·기제(旣濟)·풍(豊)의 과정이다: 처음에는 세상이 조직적으로 웬만큼 돌아가는 것 같지만[가인37] 세계 밖으로 나서면 소비하는 에너지는 많은데 좀처럼 성과를 올리기는 힘들다[풍55]. 어떤 과정을 겪어야 하는가? 지금 잘 나간다고 마구 덤비면 곧이어 장벽을 만나니 절제와 절도 있는 삶을 실현해야 한다[기제63].

3양은 외부로 에너지를 소비하는 모습이다. 건(乾)에서의 3양은 빛의 물질화 성향으로서 에너지를 소비하는 외적 환경적 유혹의 올가미다. 지위나 권력 등 자신의 물적 외적 팽창에 몰입하므로 2음의 입장과는 달리 전체에 기여해야 하는 자신의 책무에는 소홀하기 쉽다. 외부세계를 개척하려다 도리어 귀중한 에너지를 소비하게 되므로 조금 남아 있는 힘을 낭비하지 말고 어렵사리 조심조심 가로막힌 험난한 벽을 넘어가야 한다.

이 상황은 기제(63)의 4원 개념이 구체적으로 말해준다. 점진적인 발전의 토대 위에서 출발하여(점53) 내면의 믿음과 열정을 가득히 품고(중부61) 분수에 맞게 목표를 세워 작은 일에 더 세심한 주의를 기울여서(62) 마음과 다른 세계 위축의 기운에 대처하는(귀매54) 일련의 과정이다.

'어렵사리 조심조심 나아가라[往蹇]'고 한 것은, 그렇지 않으면 세계가 불활성으로 위축되어 여러 가지 부작용으로 '반격이 돌아오기[來反]' 때문이다. 이 상황이 기제(63)의 참뜻을 구현해야 하는 것인 줄 모르게 되면 단순한 문장해석으로 '가는 길은 어려우나 오는 길은 반전된다'는 등으로 풀이하기 쉽다.

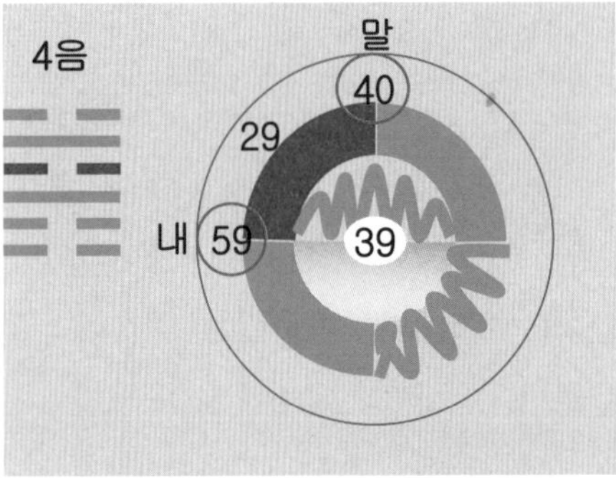

往蹇왕건. 來連내련.

어렵사리 조심조심[蹇] 나아가라 [往]. 연합할 자가[連] 오리라[來].

> 4음은 환(渙)·감(坎)·해(解)의 과정이다: 기운이 교체되며 세상 인심이 흩어지니[환59] 구태를 벗고 생각을 바꾸어 난관을 유연하게 대처하여 문제를 풀어가야 하는데[해40] 어쩌면 좋은가? 혼란이 중첩되니 [위의 감(坎)괘 속의 감(坎)코드] 스스로 돕는 도움의 길, 즉, 차분한 열정으로 지혜롭게 작은 성취를 구하는 길 밖에는 방법이 없다[감29].

4음은 내적으로 조용히 침잠하여 지혜를 궁구하라는 의미다. 발전되는 세계를 위하여 내면의 마음이 해야 할 일은 지혜롭게 전략을 세우는 길 밖에 없다. 또한 음 자체는 물질을 의미하므로, 이 두 가지 요소를 결합하여, 충분한 자원이 비축되기까지는 어려움 속에서 안전을 유지하면서 주군(5양)을 뒷받침하도록 만반의 준비를 해야 한다. 그러나 세계 전체에 필요한 힘이 주군만의 통치력으로는 부족하므로 외부 전문가(3양)의 도움을 구하는 구체적인 계획도 세워야 한다. 꽉 막힌 장애에는 스스로를 돕는 정신을 가지는 수 밖에는 없다.

상황배경인 '감(29)'의 4원 개념은, 겹치는 난관 속에서, 믿음과 열정을 추진력으로 삼아(중부61) 점진적 발전을 꾀하면서(점53) 내적 의욕은 가득하지만 갖가지 제약이 많은 환경에서(귀매54) 최소한의 성취를 이루어내려는(소과62) 과정이다.

그래서 '어렵사리 조심조심 나아가라[往蹇]'고 당부한 것이다. 이 어려운 난국에서 감당할만한 작은 목표를 세우고 차근차근 나아가면 주변에서 힘을 모으려는 동지가 나타나 구원의 손길이 닿게 된다[來連].

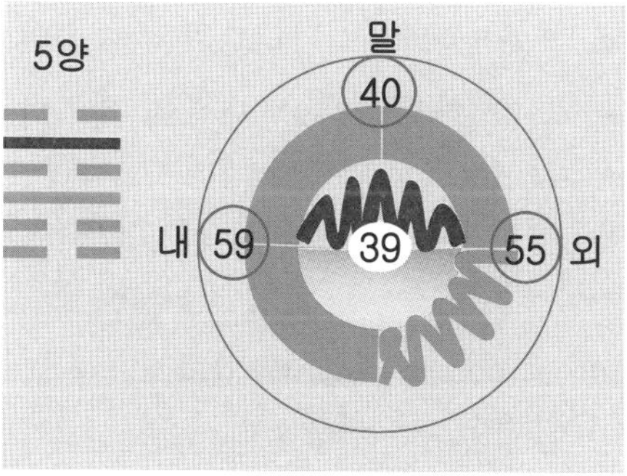

大蹇朋來대건붕래.

큰[大] 어려움을 견디며 헤쳐나갈 때[蹇] 친구가[朋] 나타나리라[來].

5양은 환(渙)·해(解)·풍(豊)의 과정이다: 세상인심은 구심점을 잃고 흐트러지는데[환59] 하는 일들은 효율이 낮아 추진하기 벅차기만 하다[풍55]. 어떻게 해나가야 하는가? 구태를 벗은 지혜롭고 헌신적 활동으로 난국을 타개(打開)해야 한다[해40].

5양은 스스로 활성을 찾는 노력이다. 우주창조에서 말하는 건(乾) 5양의 덕이란 물질세계를 박차고 나서는 자유 에너지다. 원래 빛 에너지가 입자화 되면서 그 속에 내재했던 에너지가 다시 원상으로 복귀하는 것이다. 물질은 탐욕이다. 그 욕심의 굴레를 벗으면 $E=mc^2$ 만큼의 엄청난 에너지가 나온다. 세계를 위한 헌신·봉사에 이런 사심 없는 (자신을 불사르는) 에너지가 발휘되어야 암울한 세계가 뚫린다. 2음이 받쳐주는 도움은 물론 외부의 가용자원(3양)마저 최대한 활용하여야 하므로, 몸소 솔선하는 리더십은 주위의 도움을 끌어당기는 카리스마로 작용한다.

이 상황을 주재하는 '해(40)'의 4원 개념은, 구태를 벗고 전환하여(규

38) 스스로 미지세계의 개척을 추구하면서(려56) 외적 한계에 직면해도(절60) 가시밭길을 인내하며 어렵게 헤쳐나가는(건39) 일련의 과정이니, 이 세계를 책임진 자신이 스스로 어려움을 감내하며 자신의 자존심을 버리고 생각한 바를 밀고 나가니 하늘은 스스로 돕는 자를 돕게 된다.

'큰 어려움을 견디며 헤쳐나갈 때 친구가 나타나리라[大蹇朋來]'는 것은, 어려움이 가만히 있다고 해서 저절로 풀리는 것이 아니고 상황변수인 '해(解40)'의 과정을 잘 밟을 때 동지들이 나타난다는 뜻이다. 건[蹇]은 어려워 절름거리면서도 가만있지 않고 적극적인 자세로 헤쳐나가는 동적인 모습을 의미하고 있음에 유의해야 한다.

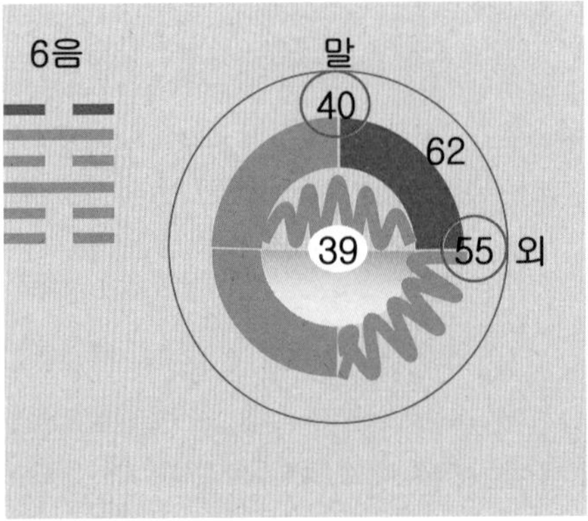

往蹇왕건. 來碩내석 吉길.
利見大人이견대인.

어렵사리 조심조심[蹇] 나아가라[往]. 위인이[碩] 찾아오니[來] 길하리라[吉]. 대인을[大人] 만나봄이[見] 이로우리라[利].

6음은 풍(豊)·소과(小過)·해(解)의 과정이다: 일을 추진해 나가기가 벅찬데다[풍55] 세상이 풀린다고는 하나 맞이하는 상황은 아직 불황을 제대로 벗지 못한 분위기이다[해40]. 어떻게 해야 하나? 자신의 분수에 넘치는 일은 접고 도움을 받아 해결할 수 있는 정도로 국한해야 한다[소과62].

6음은 외적 비활성이므로 미래로 세계 밖으로는 쉽게 나아가지 못한다. 시간적으로는 제일 나중이고 공간적인 입장은 제일 윗자리인지라 쌓은 경험과 기술로 바깥세계로 영향력을 넓혀갈 존귀한 신분이지만, 현재의 원만치 못한 세상에서는[蹇] 큰 도움을 얻기 전에는 외적인 목적을 이룰 수 없다. 지금은 조그만 성취를 이끌어 내는 것으로 만족해야 한다.

6음의 상황코드인 '소과(62)'의 4원 개념을 따져보면 행동의 방향을 알 수 있다. 에너지를 발산하며 밖으로 전진하려는데(리30) 처음은 어렵다가 점차 풀려서(미제64) 잘 나가는가 싶더니 나중에 다시 어려움이 오니(기제63) 혼란과 운신의 한계 속에서 점진적으로 작은 성취밖에 이룰 수 없는(감29) 일련의 과정이다. 이를 안다면 앞이 막혀 잘 내다볼 수 없는 상황에서 큰 목표를 세우고 달려나가는 것은(리30) 혼란을 자초하는 일이다(감29).

'어렵사리 조심조심 나아가라[往蹇]'고 거듭 경고하는 것은 효의 배경이 어려운 가운데 작게 건너가는 것이니(소과62) 큰 목표를 달성하려고 해서는 무리가 된다 뜻이다. 이어서, '위인이 찾아오니[來碩] 길하리라[吉]. 대인을 만나봄이 이로우리라[利見大人]'라고 한 것은, 소과의 분수를 잘 지키어 실족하지 않으면 미구에는 큰 경험과 지식을 가진 위인이 나타나 도울 것이니 그 대인을 만나 상의하고 배움을 얻는 것이 이로울 것이라는 뜻이다. 여기에서 '碩석'은 '큰 것'이라는 뜻이지만 이 효의 상황배경이 소과(小過62)이므로 '큰 성과'는 아니고 말미에 '대인'으로 부연되는 도움을 줄 수 있는 '큰 인물'을 말하고 있다. 만약 이것을 '큰 성과'로 해석하면 뒤에 대인을 만나볼 이유가 없어지게 된다.

40. 뇌수해(雷水解)

풀리는 기미, 해빙 무드·해빙기, 긴장 완화, 부분적 기능의 재활,
문제 해결의 시작, 집착 탈피,주위의 호응 부족

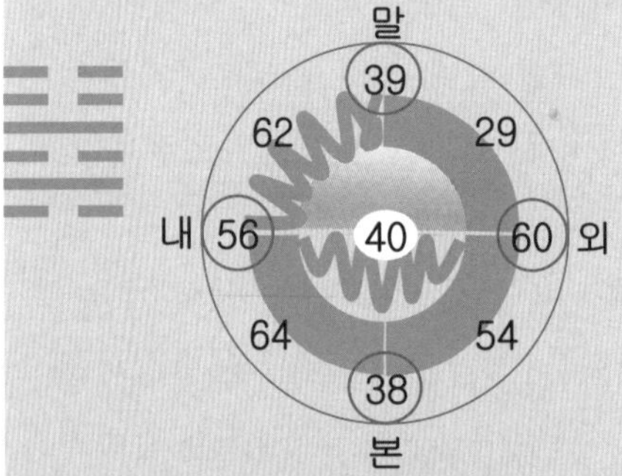

解해. 利西南이서남.
无所往무소왕 其來復기래복 吉길.
有攸往유유왕 夙숙 吉길.

풀리는 기미로다[解]. 서남쪽이[西南] 이롭지만[利] 더는 갈 곳이 없으니[无所往] 제자리로[其] 되돌아오면[來復] 길하리라[吉]. 여유[攸] 있게[有] 나아가고[往] 조신해야[夙] 길하리라[吉].

해[解]는 규(睽)·려(旅)·절(節)·건(蹇)을 따라 흐르는 세계다: 안간힘으로 내면을 다지고 일신하여[규38] 웅크림을 접고 주위를 일깨워 새 환경을 헤쳐나가[려56] 절제된 내적 결속으로 외적 한계에 대처하면서[절60] 협력으로 어려움을 추스르고 지혜로써 풀어가는[건39] 일련의 과정이 '해'의 세계다.

8괘의 상으로 보면, 아래의 감(坎)괘에서 위의 진(震)괘로 나아감이니, 심연의 구렁과 혼란으로부터 과감히 벗어나는 상이면서, 한곳에 정체되었던 물이 밖으로 흐르려 하는 상이다. 비가 지나간 뒤에는 찌푸린 하늘의 암울함은 사라지게 되고 공기는 맑아지며, 마른 대지는 해갈이 된다.

언 땅이 녹는 해빙의 계절을 맞음이다.

아래의 중심인 2양은 심연의 암흑세계를 이끄는 주 에너지 원천이지만 외적 입력이 없는 쓰임이다. 4양은 2양의 생명력과 자구적 에너지의 불길이 후반세계 첫 단계로 옮겨 붙은 것이다. 위의 심장부에 생동하는 불씨가 점화되었으니 얼어붙은 마음에 생기를 솟게 하고 잃었던 정신을 추스른다. 가슴이 움직여야 머리도 몸도 움직인다. 그래서 4양은 이 세계의 정신적인 엔진이요 동력이다. 내외의 양 날개 중에서 안의 심장부가 살아났지만 밖으로는 아직 눈을 제대로 뜨고 활발하게 움직이지는 못한다. 인간의 몸이나 자연환경이 죽음의 문턱까지 갔다가 생기를 되찾아 온전한 상태가 되기까지는 회복기가 반드시 필요하다. 억눌림에서 갑자기 해방되면 역기능과 순기능이 섞여 있어 세계는 일시적인 혼란에 빠지기 쉽다. 교차하는 가치관이 충돌하면서 나타나는 혼란상이 한편은 걸러지고 한편은 발전하면서 정리된다. 이럴 때 문제를 일시에 해결하려 하면 부작용이 생긴다. 변화에 흔들리지 말고 관조하고(1음), 내면의 에너지를 염출하나(2양), 체감온도는 아직 차갑지만(3음), 활기찬 추진계획으로(4양) 세상은 희망에 부푼다. 얼음이 녹고 백과초목에 생기가 도는 해빙의 시기이며 문제 해결의 실마리가 보이거나 막힌 운이 풀릴 때의 과도기의 형국이다.

괘를 인성(人性)의 면으로 살펴보자. 에너지 유입이 환경적 요인으로 어려우니(3음) 본성적 욕구는 적극성이 떨어져 나설 엄두를 내지 못하는데(1음) 신진대사 기능만큼은 꿈틀거리며 살아있어 꼭 필요한 일에는 저축된 에너지를 쓸 수 밖에 없다(2양). 이렇게 기초적인 내적 에너지가 겨우 발동되니까 의식이 활성적으로 돌아와 생각과 계획은 많아지지만(4양) 세계 밖과 미래와의 교감이 불확실한 만큼(6음) 여건성숙을 기다리며 실행을 유보할 수 밖에 없다(5음). 외적 한계에 가려져 있을 때 행동을 유보하고 해결책의 구상에 골몰하는 스타일의 인물을 묘사하고 있다.

이를 두고 괘사의 첫머리에서 '풀리는 기미다[解]'라 하였다. 완전히 풀어진 것이 아니고 그런 기운이 감돈다는 의미다. 상하 두 소성괘의 대비에서는 내면의 물속에 잠겨있던(하괘 감坎괘) 기동성이 밖으로 향하는(상괘 진震괘) 형국이니 완전히 풀리기는 어렵다. 하지만 4원의 본말이 '규(38)·건(39)'인 것을 보면 안간힘으로 구태를 떨치고 나아가기는 하지만(규38) 헤쳐나가야 할 어려움 속에 갇혀있음을(건39) 분명히 보여주고 있기 때문에 괘의 상황은 어디까지나 '풀리는 기미'를 보이고 있음이고 이럴 때의 조치사항이 무엇인가를 생각하게 하고 있다는 것이 중요한 포인트라 하겠다.

어떤 현상을 소성괘(8괘)의 뭉치 개념으로 보면 간단한 뜻의 전달은 있어도 섬세한 의미를 놓치게 되고 경우에 따라서는 큰 오해를 부를 수 있다. 효사를 참고하여 전체를 이해할 수는 있겠지만 상징적으로 매김된 압축된 한자의 의미를 자칫 잘못 해석하면 엉뚱한 결과를 낳게 되는 위험을 안고 있다. 필자는 이러한 혼란을 해소하기 위하여 괘 자체의 운세를 '4원'이라는 기승전결(起承轉結)의 이정표를 두어 괘의 의미해석이 오류를 범하지 않도록 하였다. 아울러 여섯 효의 정합적 조립을 통하여 나타나는 시스템을 괘의 표상으로 나타내어 굳이 두 개의 뭉치 개념에 휘말리지 않고 필요한 만큼의 세부사항을 살피면서 괘와 효를 해석할 수 있도록 하였다.

이렇게 해[解]는 괘의 이름만큼 시원한 해결은 아니지만 그런 방향으로 향하여 정렬하고 있다는 것만으로도 어려움에 처한 입장에서는 생명력이 되살아나는 귀중한 국면이 아닐 수 없다. 괘사의 두 번째 구절에서 '서남쪽이 이롭지만[利西南] 더는 갈 곳이 없으니[无所往] 제자리로 되돌아오면 길하리라[其來復吉]'라고 하였는데, 이 중에서 먼저 앞부분을 살펴보자. 위의 4양이 음이면 소성괘 곤(坤)이 되고, 아래의 2양이 음인 경우도 역시 그러하니, 시간의 흐름과 함께, 이 세계의 동적 요소(양)가 변화하여 둘 다 곤(坤)을 향한다면 전체는 대성괘 곤(坤)을 이루게 되어 수용적이고 포용적이고 순하게 기다리는 평온한 곤(坤)의 덕에 이르게 되는 것이니 이롭다는 뜻이며 방위상으로 곤(坤)은 문왕8괘도*에서 서남쪽이다. 이 국면은 괘의 4원 중에서 본내(本內)를 이루는 '규(38)·려(56)'의 과정으로서 기존의 억압된 틀을 벗고(규38) 자율적인 분위기 속에서 미지의 세계로 나아가는(려56) 국면에 해당한다. 하지만 그럴 여유는 많지 않다. 왜냐하면, 이 괘의 외말(外末)이 '절(60)·건(39)'으로 이루어져 있어서 외적 행동에는 한계를 지키면서(절60) 어려움을 지혜로운 협력으로 헤쳐나가야 하기(건39) 때문이다. 최악의 경우 서남쪽이 그 중에는 유리하겠지만 그렇게 되면 모든 것을 포기하고 수동적 자세 밖에 취할 길이 없기 때문에 갈 곳이 사실상 마땅찮고 일단 나섰다 하더라도 제자리로 다시 돌아오는 것이 좋다고 말한다. 이러한 괘의 운명 때문에 괘사의 마지막에서 '여유 있게 나아가고[有攸往] 조신해야 길하다[夙吉]' 라고 하였다. 해빙의 기운이 돈다 해서 아직 채 어려움이 가시지 않았는데 서둘러 나서서 설치면 무리를 범하기 때문에 마음의 여유를 가지고 일을 봐 나가야 하고 특히 마지막 남아 있는 건(39)의 기운을 벗어나려면 조신하게 행동해야 함은 당연할 것이다. 그런데 일부의 학자들이 '有攸往유유왕'에서 '攸유'를 '여유'로 해석하지 못하고, '夙숙'을 '삼가다, 조신하다'의 뜻으로 풀지 못하는 것은 한자 실력이 모자라기 때문이 아니고 괘의 후반에 겪어야 하는 과정이 '절(60)·건(39)'임을 모르기 때문이다. 이는 필경 뇌(雷)와 수(水)의 8괘 개념으로 해결의 해[解]로만 읽을 수 밖에 없는 사정이 바로 그 이유라 할 것이다. '해'의 기초자질인 '발상의 전환(규38)'이 있어야 진정한 '해'의 해석이 가능하다 하겠다.

---

* 501쪽 문왕8괘도 참조.

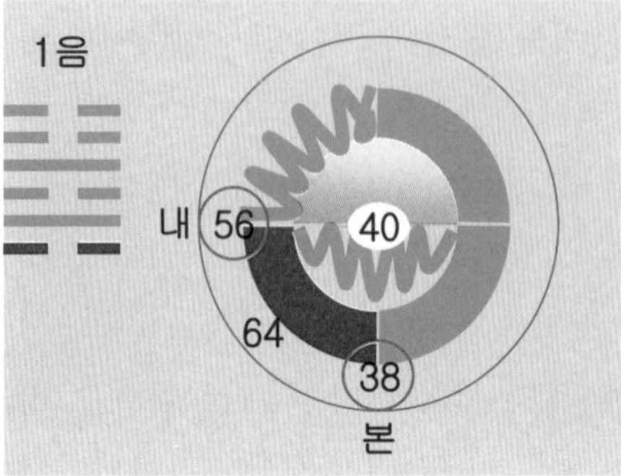

无咎무구.

탈이 없도다[无咎].

1음은 규(睽)·미제(未濟)·려(旅)의 과정이다: 구태를 벗고 전환하여[규38] 미지의 새로운 환경을 자율적으로 헤쳐나가야 한다[여56]. 어떤 상황인가? 처음은 무거운 행보지만 분수에 맞게 열정을 가지고 애쓰면 점진 발전한다[미제64].

1음은 근본적인 욕구를 잠재우는 모습이다. 어려울 때 4양으로써 해결의 묘책을 찾는 데에 불을 붙이려면 깊숙한 무의식의 저변에서는 긴장을 풀고 에너지를 아끼고 쉬면서 마음의 평정을 되찾고 미래를 조용히 꿈꾸어야 한다. 세태의 변화를 관조하면서 명상에 젖으면 어렵던 과거의 헝클어진 정신이 수습되면서 새로운 생각과 생기가 솟아난다. 이러한 바탕 위에서는 미래의 활성화를 위한 어떠한 것이라도 꿈꾸어볼 여유를 가질 수 있다.

상황코드인 '미제(64)'의 4원 개념은, 불활성으로 위축된 세계에서(귀매54) 분수에 맞게 목표를 세우고(소과62) 믿음과 열정으로 나아가면(중부61) 점진적으로 발전하게 되는(점53) 일련의 과정이다. 특히 분수에 맞게 오버액션을 취하지 않기 때문에 무리하여 탈이 날 원인이 생기지 않으므로 효사에서는 간단히 무탈하리라고 했다. 왜냐하면 '미제(64)'에서 풀리기 시작하는[解]' 상황이므로 노력이 쌓여야 길이 열리기 때문에 분명한 길흉을 가름할 단계는 아니기 때문이다.

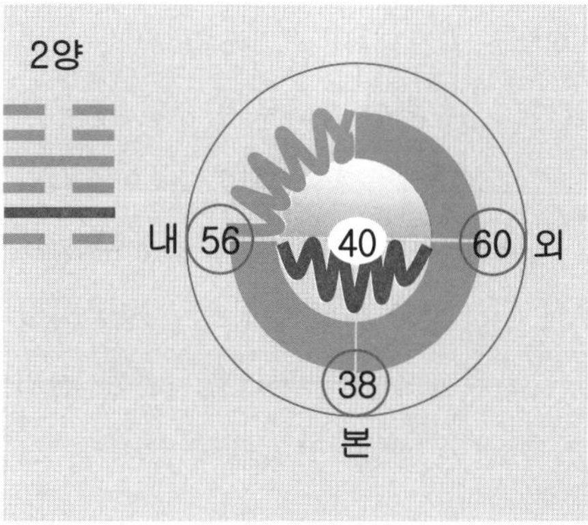

田獲三狐전획삼호 **得黃矢**득황시·
貞吉정길·

사냥하여[田] 여우 세 마리를[三狐] 잡고[獲] 황금화살을[黃矢] 받도다[得]. 끝까지 굳건하게 하면[貞] 길하리라[吉].

2양은 려(旅)·규(睽)·절(節)의 과정이다: 해빙의 시대에, 자율적인 분위기로 미지의 세계를 헤쳐나가려 하지만[려56] 세계 밖은 아직 갖가지 제약의 틀 속에 있다[절60]. 어떤 과정을 밟게 되는가? 새 시대로 탈바꿈한 신선한 정신과 활력으로 적극적인 삶을 지향한다[규38].

2양은 사회인의 밝은 표정과 적극적인 생활상을 나타낸다. 건(蹇39) 2음처럼 어렵던 시절 단합하여 억지 노력을 일구던 때와는 정반대로, 내면(1음)의 차분하고 점진적인 미래대응으로는 현실을 부추기기 어렵고 3음의 위축된 불활성의 환경적 요인으로는 더더욱 현실을 감당하기 어려우므로 내외의 요인들을 매개하는 책임을 갖고 있는 가운데의 2양은 모처럼 풀리려고 하는 왕성한 생기로써 자신이 앞장서서 모든 힘을 쏟아 이 난국을 헤쳐나가려는 모습을 보이니 시대의 요구를 영웅적으로 실천하는 자다.

이 상황을 주재하는 '규(38)'의 4원 개념은, 고정관념을 벗고 지혜로써 문제를 풀어가며(해40) 안간힘을 쓰며 나아가는 와중에도(풍55) 에너지가 집중력을 잃고 흩어질 때 이를 추스르고(환59) 조직을 정비하여 새로운 모습으로 힘을 발휘하는(가인37) 일련의 과정이니 2양은 어떠한 대가를 치르더라도 규(38)의 개념을 실행에 옮기는 책임을 다한다. '해'의 기초자질인 '규'의 임무를 담당하는 2양이 없으면 풀리는 기미를 볼 수 없게 되니 2양은 '해'라는 나라의 개국공신과 다름없다.

‘여우 세 마리를 사냥하여 잡고 황금화살을 받도다[田獲三狐得黃矢]. 끝까지 군건하게 하면 길하리라[貞吉]’ 하였는데, 여우 세 마리로 비유된 세계 내의 간교한 무리를 제거함으로써 흩어지려는 기운을 재정비하고(환59) 조직력이 가동되도록 질서를 세울(가인37) 영웅이라면 능히 해(解)의 시대를 여는 초석으로서 5음의 주군으로부터 영웅의 대접을 받고 최고의 상으로 황금화살을 받는다는 상황이다. ‘해빙’의 시절에 마지막까지 남을 어려움(건39)을 넘기위해서는 이러한 활동이 계속되어야[貞] 진정한 ‘해’를 맞이할 수 있다[吉]는 뜻이다.

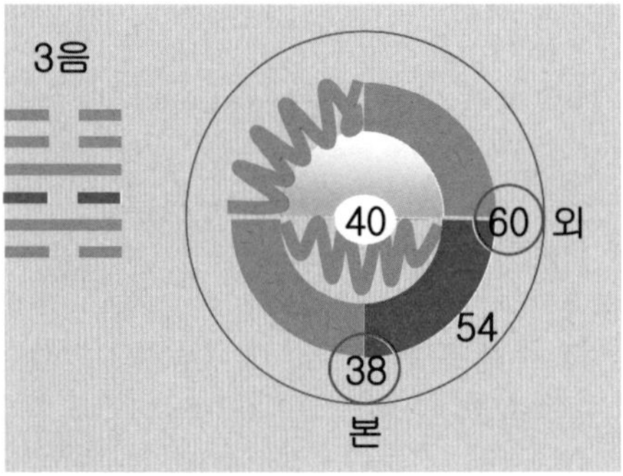

負且乘부차승 致寇至치구지·
貞吝정린·

짐 진[負] 채로[且] 수레를 타니[乘] 도둑을[寇] 불러들이도다[致,至]. 끝내 고집하면[貞] 난처하리라[吝].

3음은 규(睽)·귀매(歸妹)·절(節)의 과정이다: 구태를 벗고 새 시대로의 전환은 시작되었으나[규38] 외적 세계의 면모는 아직 한계에 둘러싸여 있다[절60]. 어떤 과정을 겪게 되는가? 주위 여건의 위축으로 욕망이 실효를 거두기 어려우니 주위와는 벽을 쌓고 이기심만 커진다[귀매54].

3음은 주위와의 교류가 비활성적으로 닫혀있는 모습이다. 음 자체가 물질을 뜻하므로 물질적 허욕의 벽을 쌓고 주위와의 나눔을 실현하지 못한다. 부유층의 주택들은 우람한 담벼락과 복잡한 방범장치로 주위와 격리의 담을 높인다. 자신의 부를 지키려는 것이지만 큰 도둑들에게는 오히려 그것이 표적이 되어 불행을 부른다. 막혔던 사회가 바뀌어도 기존의 위세는 꺾이지 않고 그 인색함은 오히려 더해진다. 물질이 고르게 소통되지 못하는(3음) 위축의 시대(귀매54)에는 도둑이 성해진다.

이 상황을 설명해주는 '귀매(54)'를 4원으로 전개하면, 다가올 미래를 기대하며 어려움을 견디면서(미제64) 지혜와 열정으로 뻗어나가려 하지만(리30) 세상 밖은 오히려 혼란이 엄습하니(감29) 잘 나가는 것 같지만 새로운 장애를 맞는(기제63) 일련의 과정이다. 이럴 때는 현실이 따라주지 못하여 욕망이 실현되지 못하므로 이로 인한 무리가 생기고 기존의 사회질서가 문란하게 되므로(감29) 한계를 지키는 절제가 반드시 필요하다(절60).

'짐 진 채로 수레를 타니 도둑을 불러들여오도다[負且乘 致寇至]. 끝내 고집하면 인색하리라[貞吝]' 하였는데, 수레를 탔는데도 짐을 내려놓지 못하는 것은 재화에 집착하고 남을 의심하는 이기심이 만연한 세태를 말해주며 그만큼 그런 재화를 노리는 도적이 성하는 위축된 세상[귀매54]임을 표현하고 있다. 하지만 서로 경계하는 세상 분위기에서 개인의 존립에 필요한 에너지를 주고받지 못하면 그 개인과 그 사회는 올바르게 유지될 수 없으므로 그것을 고집하면[貞] 난처하게 될[吝] 것임을 말하고 있다.

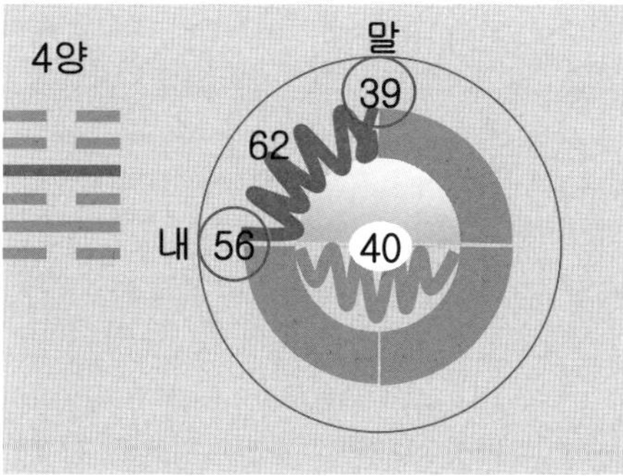

解而拇해이무.

朋至斯孚붕지사부.

풀림이[解] 엄지발가락에 이어지도다[而拇]. 친구가[朋] 당도하면[至] 이를[斯] 믿어라[孚].

4양은 려(旅)·소과(小過)·건(蹇)의 과정이다: 해빙의 시대에, 자율적인 분위기로 미지의 세계를 헤쳐나가려 하나[려56] 아직도 넘어야 할 마지막 가시밭길이 앞을 기다리고 있다면[건39] 어떻게 계획을 세워야 할까? 욕심을 줄이고 현재의 역량과 상황에 맞도록 목표를 설정하여 추진해야 한다[소과62].

4양은 기획적인 머리를 활발히 쓰는 모습이다. 조직이라면, 내외적 어려움 속에서도(1음·3음) 하부의 실천가가 전력투구하여 열심히 뛰니(2양) 상부의 기획자가 이에 동조한다(4양). 그 역의 상황도 가능한데, 이를 인체의 경우로 대입하여 표현하면, 의식이 활성화되니(4양) 무의식이 잠자고(1음) 물질적 에너지 유입이 없어도(3음) 내부의 저축된 영양소를 분해시키는 작용을 하게 된다(2양). 몸이 풀리면 그만큼 마음도 풀리고, 그 반대로 마음이 풀리면 그 정도만큼의 몸도 따라 풀린다. 닥치는 힘든 길을 맞으며 그에 알맞은 공명한 계획을 세우면 그 밑에 참다운 실천가(2양)는 주위의 여건이 어렵더라도 함께 살아나기 위해 협력한다. 해빙이 시작할 때는 조절의 균형이 깨지지 않도록 조신해야 한다.

이 상황을 주재하는 '소과(62)'의 개념을 4원으로 전개하면, 에너지를 발산하며 전진하려는데(리30) 처음은 운신이 어렵다가 조금 풀어져(미제64) 잘 나가는가 싶지만 새로운 장애가 오면서(기제63) 끝내는 혼란을 겪게 되는(감29) 일련의 과정이다. 따라서 무난히 헤쳐나가려면 역량과 상황에 맞게 재정리하는 최적화의 방향설정이 필요하다.

4양은 해(解)를 향하여 후반을 시작하는 소성괘 진(震)괘의 일원으로서 그 핵심 동력의 시동을 걸고 있는 상황을 나타내며 신체적으로는 앞으로 나아갈 때 그 움직임을 받쳐주는 '엄지발가락[拇무]'의 역할에 해당한다. 사람이 다쳐서 누워있다가 몸이 겨우 돌아오면 그 다음은 정신을 차리며 어떻게 행동해야 할지 생각하게 된다. 효사 앞부분에서 '풀림이 엄지발가락에 이어지도다'라고 한 것은 이러한 상황을 간명하게 나타내고 있다. 몸과 정신의 양면에서 보면 몸이 서서히 풀릴 때 앞을 기획하는 정신적 사고가 작동해야 하는 것이다. 한가지 짚어 둘 것은 '함(咸31)괘의 1음'을 엄지발가락에 비유했는데 이것은 신체적 작용면이 아니고 교감의 차원에서 보아 가장 멀리 있는 신체부위로써 비유한 것이니 의미의 혼동이 없기를 바란다.

해빙무드가 엄지발가락에 이르렀기에 이제는 움직여 나아갈 계획을 세워야 하는데 아직은 남은 어려움에 대처해야 하기 때문에(건39) 미지의 세계에 덤벼들어서는 안 되고 우선은 가시적 범위에서 분수에 맞게 목표를 설정해야 한다(소과62). 이어서, '친구가 당도하면 이를 믿어라'라고 한 것은, 회복하고 있는 병상에 친구가 찾아와 향후의 일을 논의하고 도와준다면 이는 믿고 참고할 만한 것임을 뜻한다. 특히 여기에서 친구라고 한 것은 2양과 같이 사력을 다하여 적극적으로 전체를 위하여 공헌하는 동류의 양(陽)의 입장을 말하며 4양과 2양은 서로가 서로의 동력원이 되어주는 깊은 관계다. 어려운 때를 겨우 벗어나려는 시스템적 난국에서는 4양이 1음과 짝을 이루어야 한다는 식의 정응(正應)이 따로 있을 수 없으며 전체를 위하여 애쓰는 자들이 서로 동지가 되는 것이다.

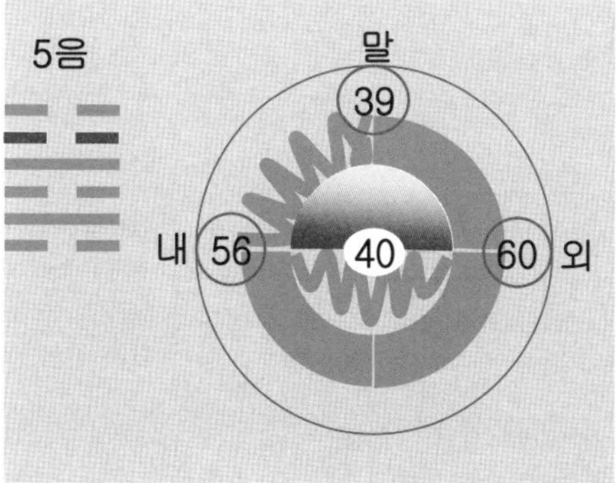

君子維有解군자유유해 吉길.
有孚于小人유부우소인.

군자가[君子] 얽힌 것을[維] 풀게 되니[有解] 길하리라[吉]. 소인들로부터[于小人] 믿음을[孚] 얻으리라[有].

5음은 려(旅)·건(蹇)·절(節)의 과정이다: 자율적 분위기에서 미지의 세계를 헤쳐나가려 하는데[려56] 온갖 한계조건에 얽매인 외석 규제조치[절60] 사이를 메울 수 있는 현실적 방법은 무엇인가? 어려운 길을 헤쳐나갈 수 있게 하는 종합적 대책을 세우는 것이다[건39].

5음은 음의 포용력과 응집력을 발휘하여 상호 대립적인 사안들에 대하여 최대공약수 또는 최소공배수와 같은 해결책을 강구한다. 어려운 환경조건에서 최적대책을 얻는다는 것은 전체에게는 유리하지만 부분적으로는 어려움이 가중되기도 한다. 종합적으로 통합하여 처리하는 과정에서는 상처 입는 대상도 생기지만 전체적인 입장에서는 절름발이 걸음을 감수하더라도 해결의 실마리가 풀리는 상황이다. 통합적인 방책수립과 관리감독의 순기능은 저변의 대중에게는 신임을 얻는다.

상황코드인 '건(39)'의 개념을 4원으로 전개하면, 구성원들의 조직적 협력을 이끌어내며(가인37) 분산되는 에너지를 추스르고(환59) 효율이 떨어지지만 있는 힘을 다하여 추진하면서(풍55) 구태를 벗고 지혜를 써서 어려움을 풀어가는(해40) 일련의 과정이다. 이는 곧 전체가 얽혀져 있는 것을 종합적으로 푸는 효사의 '維有解유유해'를 실현하는 구체적 내용이라 하겠다. 이와 같이 얽히고 설킨 전체의 어려움을 군자나 온유한 인군이(5음) 풀 수 있다면 이는 다행한 일이 아닐 수 없다. 소인은 곧 대중들을 일컫는 것이며 대중을 위한 유익한 일을 해냈으니 그들의 신망을 얻는 것은 마땅한 일이다.

6음

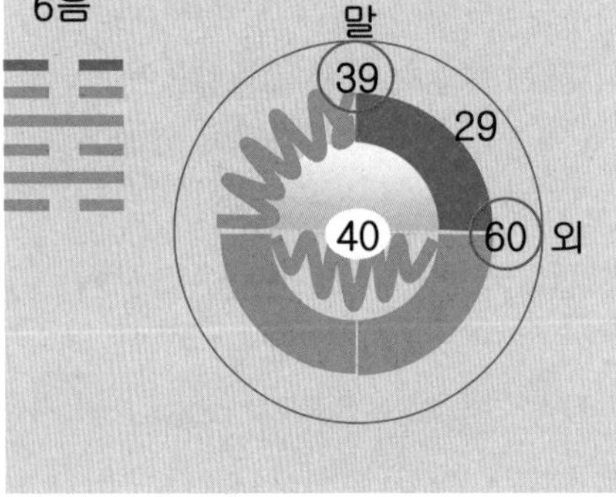

公用射隼于高墉之上 獲之.
공 용 사 준 우 고 용 지 상 획 지
无不利무불리.

훌륭한 분이 힘써[公用] 높은 담 위에 있는[于高墉之上] 새매를[隼] 쏘아[射] 잡느니라[獲之]. 불리함이 없으리라[无不利].

> 6음은 절(節)·감(坎)·건(蹇)의 과정이다: 외적인 한계에 가로막혀[절60] 마지막 어려움에 허덕이며 제대로 나아가지 못한다면[건39] 어떤 상황 속에 있는 것인가? 풀려가는 마지막 길목을 막는 혼란을 해결해야 앞으로 나아갈 수 있다[감29].

6음은 미래로 세계로 뻗어가지 못하게 앞을 가로막는 혼란과 장애이다. 해빙무드의 새 시대가 왔어도 도처에서 구태의 잔재가 현재에서 미래로 가는 발목을 잡는다. 과거(현재)는 반드시 현재(미래) 속에 그 그림자를 드리우니 새 미래로 나아가는 길에는 치우기 힘든 마지막 걸림돌이 버티고 선다. 발전해 나가기 위해서는 반드시 이 장애를 제거해야 한다. 겉으로는 드러나지 않지만 고급정보를 이용하여 패륜(悖倫)과 난륜(亂倫)을 획책하여 세계를 혼란케 하는 자를 제압하려면 높은 덕성과 능력을 키워온 훌륭한 인물이 있어야 이 문제를 해결할 수 있다.

6음의 상황코드인 '감(29)'의 개념을 4원으로 풀이하면, 믿음과 열정으로(중부61) 점진적 발전을 꾀하지만(점53) 마음은 간절하나 외적 발전을 가로막는 장애요소에 가로막히니(귀매54) 작은 성취라도 이루기 위하여 혼란 속에 바동거리는(소과62) 일련의 과정이다. 그런 혼란과 장애는 미래로 나가는 마지막 길목을 가로막는 결정적인 것으로서 대외정보를 왜곡하거나 차단하여 생기는 고차원의 장애다(6음).

'훌륭한 분이 힘써 높은 담 위에 있는 새매를 쏘아 잡느니라[公用射隼于高墉之上 獲之]. 불리함이 없으리라[无不利]'라고 하였는데, 매처럼 높이 나르는 능력이 출중한 자가 아무나 잘 범접하지 못하는 자리에 앉아서 안팎을 훤히 꿰고 내다보면서 그 세계를 암암리에 가로막거나 뒤집으려는 획책을 부릴 때에는 상당한 혼란이 생기는데(감29) 이를 제압하려면 그 이상의 능력을 갖춘 훌륭한 분이 공적인 입장에서 자신의 능력을 십분 구사함으로써 해결할 수 있다는 뜻이며 그렇게 된다면 불리함이 없어진다는 말이다. 이를 두고 공자가 상전(象傳)에서 '훌륭한 자가 힘써 매를 쏘는 것은[公用射隼] 이로써 혼란(混亂, 悖倫)을 해결함이다 [以解悖也이해패야]'라고 한 주석과 잘 합치된다 하겠다. 최고의 위치에서 삿된 생각으로 세계를 전복하려 한다면 그런 혼란(감29)은 고단수의 능력자가 아니면 해결하기 어렵다. 난(亂)의 해결사가 해(解)의 시대에는 영웅일 것이다.

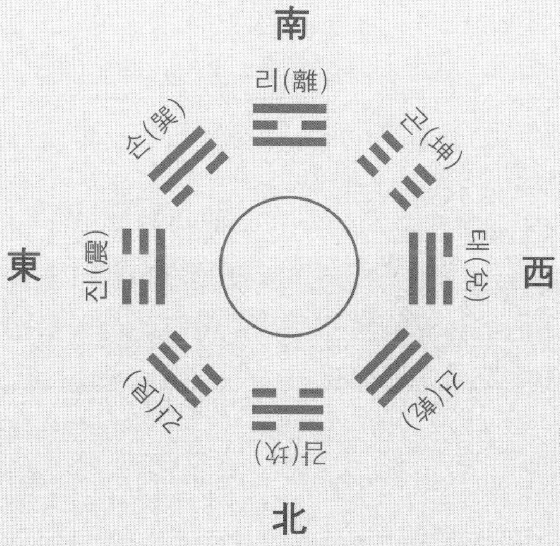

▷ 문왕 8괘도

괘는 원 안에서 밖으로 향하여 읽는다. 복희8괘도와는 달리 성질과 작용성을 중심으로 8괘를 배열하였기에, 리괘와 감괘를 남북에 놓고, 만물의 생기가 발동하는 진괘는 동쪽에, 생기를 흡수·결집·결실하는 태괘는 서쪽에, 그 사이를 연결하는 기운을 네 간방에 두고 있는 8괘의 원주상 배열이다(한규성 지음 한필훈 엮음, 주역 46가지 질문과 대답, 안티쿠스, 2011, 161~168쪽).

41. 산택손(山澤損)

덜어내어 효율을 높임, 선택과 집중, 최적화에 의한 역량 집중,
취사선택한 목적사업 수행, 한계 속에서의 위험한 성공

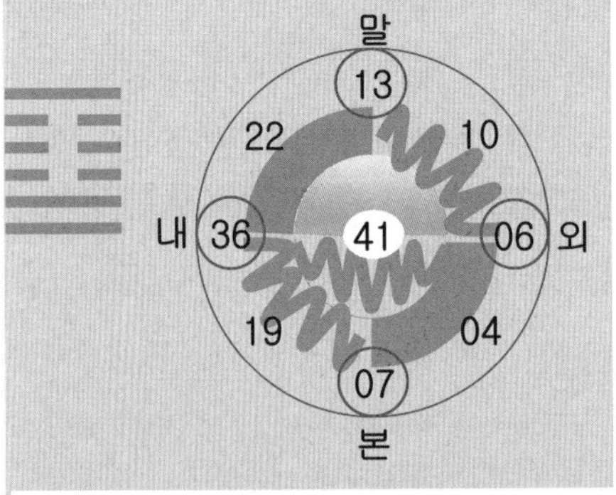

損손. 有孚元吉유부원길.
无咎可貞무구가정.
利有攸往리유유왕.
曷之用갈지용,
二簋可用享이궤가용향.

덜어내는 상이로다[損]. 믿음을 두면[有孚] 크게 길하리라[元吉]. 탈이 없어야[无咎] 끝맺음이[貞] 가능하도다[可]. 여유를 가지고[有攸] 나아가야[往] 이로우리라[利]. 어떻게[曷之] 쓰인가?[用] 제기그릇 둘이면[二簋] 제사를[享] 드릴 수 있으리로다[可用].

손[損]은 사(師)·명이(明夷)·송(訟)·동인(同人)을 따라 흐르는 세계다: 자신의 자원을 엄정하게 관리하면서[사07] 내면의 실력을 증진하고 단련하여[명이36] 외적으로 경쟁력을 갖추면서[송06] 하나의 목적에 역량을 모으는[동인13] 일련의 과정이 '손'의 세계다.

8괘의 상으로 보면, 위의 산(艮山간산)이 울창한 것은 그 아래의 호수로부터 공급되는 물과 증발하는 습기의 덕이다(兌澤태택). 아래의 것을 덜어내어 위쪽에 보탬으로써 더 큰 성과를 일군다는 의미로 공자는 「단전(彖傳)」에서

'損下益上손하익상'이라 하였다. '지천태(地天兌11)'의 아래 3양을 덜어내어 자신은 음이 되고 위 6음이 6양이 되도록 도우면 손(損)이 되니, 내면(아래)이 튼실할 때 그 일부를 밖으로(위로) 투입하여 더 큰 보람을 만들어가는 것이다. 하지만 아래가 튼실하지 못할 때 그리하면, 나무라면 뿌리가 약해져 가지 위에서 열매를 제대로 맺을 수 없는 형국이 된다.

땅(4음·5음)의 밑에 고여있는(3음) 수원(水源)(1양·2양)은 위로 증발하여 산을 습하게 하므로 숲(6양)을 무성하게 한다. 보호막(3음)의 내면에 비축된 두 에너지(1양·2양)를 기획자(4음)와 경영자(5음)가 각각 음양상응으로 잘 활용하여 보람을 만든다(6양). 자원(1양·2양)이 기획과 경영의 의복을 입고(4음·5음) 자신의 몸을 유지하면서 미래로 세계로 그 기운을 뻗어가는 것이다(6양). 이는 곧 자원과 경영이 만나 사업을 이루어 내는 것이다. 또 한편으로는 흥분하기 쉬운 감정을(1양·2양) 차가운 이성으로(4음·5음) 잘 눌러 조절하여 인격의 균형을 잡고 세계 밖과 미래를 향하여 나아감이다(6양). 표상에서 보면, 1양과 2양이 6양으로 이어지면서 양의 기운이 3음과 5음 사이를 비집고 나가는데 이는 마치 노즐(nozzle)과 같아서 그 간격이 좁을수록 아래의 수압이 높을수록 더 강한 물줄기가 되어 위로 분사된다. 다양한 성향의 요소들을 잘 조화시켜 하나의 목적에 집중시킴으로써 분산될 수 있는 에너지를 절제하여(3음) 더 큰 일에 보태어 성과를 일구어 내는(6양) 최적화의 과정이다. 이것은 곧 전체를 위한 사업에 투자하고 경영하여 나중에 이익을 얻는 것과 같다. 농사와 사업경영, 국민의 세금에 의한 국가재정형성 등은 작은 절제로써 효율적으로 집중화 하고 나중에 그 이득을 기대하는 과정이다.

이 괘를 여섯 효의 직능으로 형성되는 인성(人性)의 면에서 살펴보자. 본싱직 의욕이 강렬하면서(1양) 신신대사 삭용노 활발하여 부엇이든 소화해낼 것 같지만(2양) 외적으로 물질적 육체적 교류가 제한되고 있는 것을 보면(3음) 내적 능력을 절제하고 있음이다. 생각하며 연구하는 일은 소극적이지만(4음) 보이는 세계의 정보를 따라 잡으며 밖으로 뛰면서 실제의 성과를 거두는 데에는 활발하다(6양). 이를 위한 행동지침(리더십 발휘)에 있어서는 아래를 다독거리고 주위를 끌어안고 단합시키는 포용성을 갖추고 있어서(5음) 사업가형 기질의 인간상을 표상한다 하겠다.

사업이든 국민세금이든 농사든 일단은 가지고 있는 것을 덜어내어 투입해야 하므로 괘사에서 손[損]을 '덜어내는 상'이라고 하였다. 이어서, 처음에 덜어내면 이 상태에서는 손해가 되는 것이고 이익이 나는 것은 나중의 일이니 이를 기꺼이 행하여 소기의 성과를 얻으려면 그렇게 될 것이라는 신념을 가지는 것이 제일 중요함을 강조한다. 괘사의 세 번째 구절에서 '탈이 없어야 끝맺음이 가능하니[无咎可貞] 여유를 가지고 나아가야 이롭다[利有攸往]'라고 한 것은, 더 덜어낼 것이 없는 것을 덜어낸다든가 경영의 과정에 쓸데 없는 손실이 생겨서 바탕이 허약해지거나 집중력이 떨어지게 되면 성과를 거둘 수[貞] 없음을 강조하면서 그리 되지 않으려면 무리를 가하지 말고 여유를 가지고 행해야 이롭다고 한 것이다. 무리한 경영은 손해일 뿐임을 말하고 있으므로 '최적화'가 중요함을 함의하고 있다 하겠다. 덜어내는 상인데 여유를 가지고 나아가라 했으니 『주역』의 독자가 괘의에 혼선이 생길까 염려하여 어떻게[曷之] 씀인가?[用] 하고 자문(自問)하고 그 답으로서 마지막 구절에 '제기그릇 둘이면 제사를 드릴 수 있다[二簋可用享]'라고 예시하였다. 제사의 규모에 따라 많은 그릇이 소용될 수 있지만 경우에 따라서는 두 개의 그릇을 써서 검소하게 지낼 수 있을 때는 그와 같이 최소화 내지는 최적화 할 수 있어야 한다는 뜻이다.

1양

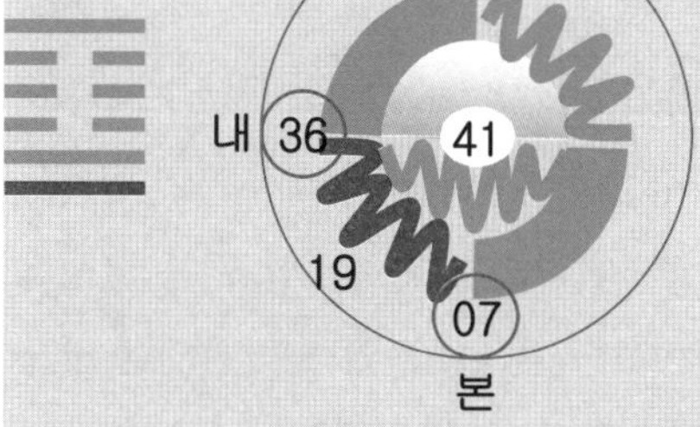

已事遄往이사천왕, **无咎**무구.
酌損之작손지.

이미 시작된 일은(已往之事)[已事] 빨리[遄] 해나가야[往] 탈이 없으리라[无咎]. 자원을 덜어서 투입할 것을[損] 미리 짐작하여[酌] 가리로다[之].

> 1양은 사(師)·림(臨)·명이(明夷)의 과정이다: 자신의 내적 자원을 엄정하게 관리·보호·육성하면서[사07] 내면의 실력을 나타냄에 있어서는 철저한 자기억제가 요구된다[명이36]. 어떻게 영위해야 하나? 미리 준비하여 두었다가 때가 임박하면 적기에 잘 대응토록 다스려나가야 한다[림19].

1양은 자원을 덜어서 투입할 때는 본성적인 적극성이 있어야 함을 말하고 있다. 그로써 이미 시작한 일은 빨리 완수하고, 곧 이루어질 일에 대하여는 자원투입을 미리 요량(料量)하고 이에 대한 내면의 긍정적 결심이 필요하다. 해야 할 일이 생기면 적극적인 마음의 준비가 있어야 그것이 굳건한 바탕이 되어 일의 진행과정에서 다소 어려움에 봉착하여도 무너지지 않고 성취할 수 있다. 무릇 자원투입에 성공하는 자는 순발력 있는 사전대응을 전략의 하나로 삼는다. 더욱이 정보사회에서는 주변의 미래를 예측하여 어떤 수준의 대응이 필요한지를 미리 요량해 두는 것은 일의 시작을 위한 필수단계다.

이 상황을 주재하는 '림(19)'의 개념을 4원으로 펼쳐보면, 미성숙으로 배움이 필요한 상태에서(몽04) 가꾸고 조정하는 능력을 발휘하여(비22) 굳건한 의지와 노력으로 어려움을 헤치며(곤47) 주변여건에 맞추어 변화의 성취를 이루어내는(혁49) 일련의 과정이다. 예상되는 어려움을 헤치며 나아가야 하기에 그만큼 초기의 마음의 준비와 결심이 확실해야 하며 드러내지 않고 주위 여건을 잘 파악해두어야 할 때다.

효사에서 '이미 시작된 일은 빨리 해나가야[已事遄往] 탈이 없으리라[无咎]'라고 첫 서두를 꺼낸 이유는, 이왕지사 시작된 일을 소극적으로 대하는 음성적 심성이라면 더는 미래의 일을 할 수가 없으니 적극적인 근본 심성은 향후 보다 큰 미래의 성취를 위하여 자신의 자원을 덜 수 있는 근본임을 강조하는 말이다. 이런 심성으로 임박하는 새로운 일을 대할 때는 미래에 대한 상황인식을 충분하고 정확히 가늠하여 가능하다고 판단될 경우에는 열정적으로 할 수 있어야 한다는 뜻을 함축하고 있다. 이어서, '자원을 덜어서 투입하려면 미리 짐작하여 가리로다[酌損之]'라고 하였는데, 투입하는 쪽에서는 내면의 열정을 가진 가운데에 자신의 사정을 잘 감안하여 앞을 요량하며 준비해야 하는 상황이고, 투입을 받는 쪽에서는 상대가 미리 짐작하고 결심하여 흔쾌히 참여할 수 있도록 격려와 배려 속에서 지속적으로 능력을 키워나갈 수 있게 해주는 '림(19)'의 상황이라 하겠다. 괘의 상황이 아래를 긴축하고 덜어서(사07) 위에 보태어 더 큰 일에 동참하려면(동인13) 아래위가 서로의 뜻이 합치되지 않고서는 안 되기 때문에 공자는 이 상황을 두고 '尙合志也상합지야(뜻을 합함을 가치 높게 여긴다)'라고 주석하였다. 결심과 배려를 주고받으며 양자가 노력하는 상황을 잘 함축하고 있다 하겠다.

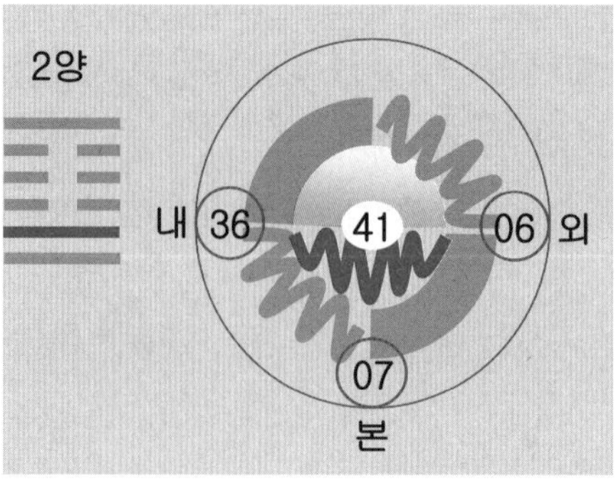

利貞이정 征凶정흉.
弗損益之불손익지.

올곧으면[貞] 이로우나[利] 치려고 나서면[征] 흉하리라[凶]. 손실이 없어야[弗損] 보태리로다[益之].

> 2양은 명이(明夷)·사(師)·송(訟)의 과정이다: 자원투입에 있어서, 대내적으로는 조용히 내실을 기하는 자기관리를 하면서[명이36] 대외적으로는 경쟁력(객관적 평가)에 철저히 대비해야 하는데[송06] 어떻게 해야 할까? 엄정한 자원관리육성방법을 터득하여 실천에 옮겨야 한다[사07].

2양은 자신을 적극적으로 단련하며 실천적인 활동에 임하는 모습이다. 본능적인 직감과 적극적인 열정으로 예측해둔 것을(1양) 몸소 실천하고 채득해 나가는 과정이다. 그러기 위해서는 많은 훈련경험을 쌓는 경륜이 필요하다. 내적으로는 과잉투입으로 자신의 기초자원이 바닥나지 않도록 절제하면서(명이36) 외적으로는 경쟁력을 상실하지 않도록 경륜을 쌓는(송06) 두 가지를 동시에 해내는 엄정한 생활이 없으면(사07) 하나의 큰 목적에 힘을 모을(동인13: 말원末元) 여력을 잃기 마련이다.

이 상황의 배경이 되는 '사(07)'의 개념을 4원으로 전개하면, 자원을 최적화하여 목표달성에 투입하며(손41) 강한 의지와 통찰력으로써(간52) 자기 절제 속에 내적 열정을 불태우며(태58) 목표를 향하여 혼연일체가 되는(함31) 일련의 과정이다. 이런 분위기에서 자기 절제와 원칙 없이 공명심이나 욕심을 앞세워 나선다면 그런 보탬은 허식이고 일회용으로 그치기 쉽다.

'올곧으면 이로우나[利貞] 치려고 나서면[征] 흉하리라[征凶]. 손실이 없어야[弗損] 보태리로다[益之]'라고 한 것은, 곧 위에서 살펴본 2양의 상황인 '사(07)'의 개념을 옮겨 놓은 것으로서 더 큰 목적에 자원을 투입하려면 엄정한 최적화의 원칙 속에 절제하면서 허식적인 일을 벌려 에너지를 손실하지 않도록 해야 함을 강조하고 있다. 이를 두고 공자가 '중도(中道)로써 뜻을 삼는다[中以爲志也중이위지야]'라고 주석하였는데, 여기에서 중도란 곧 열정을 펴더라도 자기분수를 지키라는 것이니 목적을 위하여 엄정한 자기관리를 해야 하는 '사(07)'의 분위기를 압축하여 설명해주고 있다. 이는 간단히 '師損사손'의 과정이라 할 것이다.

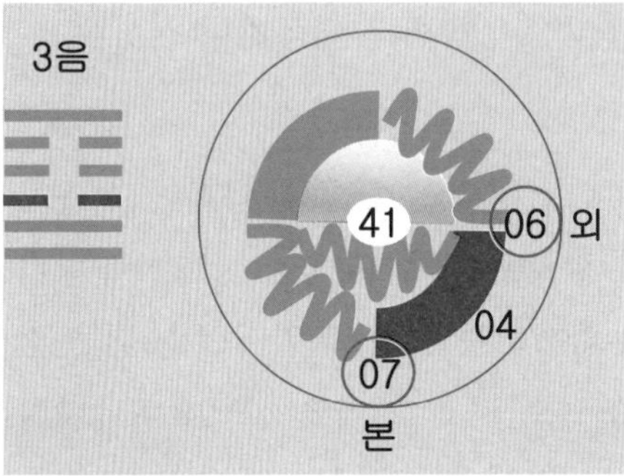

三人行 則損一人삼인행 즉손일인
一人行 則得其友일인행 즉득기우.

세 사람이 함께하면[三人行] 한 사람을 잃고[則損一人] 한 사람이 행하면[一人行] 친구를 얻으리라[則得其友].

> 3음은 사(師)·몽(蒙)·송(訟)의 과정이다: 귀중하고 한정된 자원을 엄정하게 관리·육성하여[사07] 대외적인 경쟁에 대비한다[송06]. 그러려면, 철저한 자기 절제와 실천적인 배움을 닦아야 한다[몽04].

3음은 외부와의 연결이 단순화되어야 함을 나타낸다. 주위와 이해관계가 복잡하면, 혼란스러워 일을 제대로 해 나갈 수 없고, 자원투입과 같은 중요한 일에 외부가 복잡하게 연계된다면 서로 불신하고 잡음이 생기기 때문에 독립적인 경영을 통해 경험하면서 점진적인 성장을 시도해야 한다. 일에 알맞은 진정한 도움이라면 일의 단위가 커질수록 도움도 많아진다. 특히 최적화(손41), 열정 속의 자기 절제(태58), 질서 있는 일체감(함31)을 이루어야 하는 '사(07)'의 분위기를 바탕으로 하는 3음이 외적인 문을 열게 되면 엄정한 자기경륜을 쌓지 못하고 흐트러져 자원은 낭비되고 덜어서 보탤 여유도 없어진다.

3음의 상황인 '몽(04)'을 4원 개념으로 펼쳐보면, 내적 열정을 잘 다스려(림19) 내실을 키우면서 겸손해야 하고(겸15) 조화로운 절제로 의무를 이행하면서(리10) 의도적으로 외부와 격간을 두어야 하는(둔33) 과정이다. 이 격간 유지는 곧 자원낭비와 혼선을 방지하려는 것이다.

'세 사람의 동행'은 3음의 절제의 벽이 무너질 경우에 여러 사람이 복잡하게 얽힘으로써 자원투입 시 의견불일치로 혼선이 생기게 됨을 간명하게 '삼각관계'의 예로써 설명하였고, 뒷부분의 '한 사람의 행진'은 곧 엄정한 세상원리를 헤쳐나가는 '사(07)'를 구성하는 효들 중에서 양(陽) 하나(사師괘의 2양)가 그 위의 인군(사師괘의 5음)의 배면지원을 받으며 성심을 다하는 역할에 해당하는데 여기에서는 3음의 절제와 배움의 노력이 6양의 도움과 성취로 연결되는 상황을 의미하고 있다.

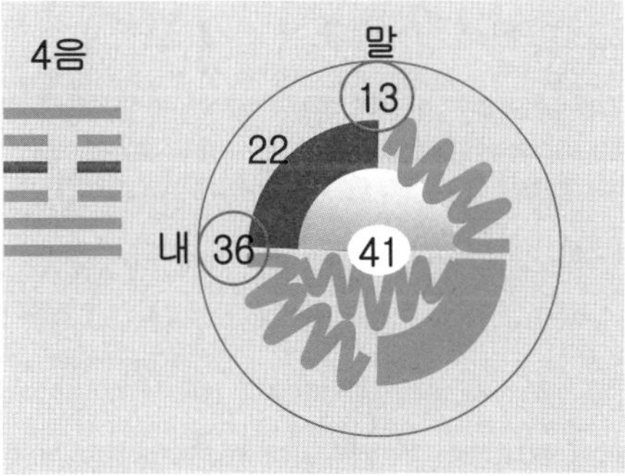

損其疾 使遄손기질 사천
有喜 无咎유희 무구.

자신의[其] 병을[疾] 덜어내면[損] 일을 촉진시키게 되니[使遄] 기쁨이 있고[有喜] 탈이 없으리라[无咎].

> 4음은 명이(明夷)·비(賁)·동인(同人)의 과정이다: 부실한 내면을 확립하고 밖으로는 아직 삼가야 하는데도[명이36] 외향적인 선명한 목표에 역량을 모으려면[동인13] 쉬운 일이 아니다. 어떻게 해결할 것인가? 먼저 부실한 내면을 개선하여 역량을 확충하고 전체사업에 나설 수 있도록 중용의 도로써 가꾸어 내외를 적절히 최적화해야 한다[비22].

4음은 기획을 통하여 쌓는 재물을 상징하지만 음으로서 욕심을 가라앉히는 모습이다. 원래 재물은 욕심을 유발시켜 쌓더라도 덜어내기는 더 어려운 속성이 있다. 탐욕은 마치 재물이 갖는 관성과 같아 큰 일을 해야 하는 자에게는 내면의 부실함이고 일의 걸림돌이며 병이다. 통합적 결단(5음)을 차분하게 주선해야 하는 입장에서는(4음) 이런 문제들을 제거하고 더 큰 목적달성을 위한 최적화된 기획이 필요하다. 자원투입에 대한 공명하고 정리된 종합계획을 세우면 대중적 참여를 이끌어내고 일을 촉진시킬 수 있다.

이 상황을 주재하는 '비(22)'의 개념을 4원으로 펼쳐보면, 겸손한 마음을 바탕으로(겸15) 내적 열정이 밖으로 분출하려 하지만 잘 다스려(림19) 그 열정을 감추고 한발 물러서서(둔33) 주위에 동화되도록 발맞추는(리10) 역할이다. 이것은 내면과 외면이 적절한 조화를 이룰 수 있도록 가꾸고 준비하고 조정하는 중도(中道)의 길을 수행하는 과정이니 공명한 기획자의 심덕이라 하겠다.

'자신의 병을 덜어냄'은 탐욕의 병을 덜어내어 전체 목적에 합당한 공명한 최적의 계획을 세우는 바탕을 마련하는 것이니 이는 아래를 덜어서 위로 보태어 같은 방향의 뜻(동인13, 손損괘의 말원)을 촉진시키는 핵심사안이다. 바탕이 서니 기쁨이 있고 탈 될 것이 없게 될 것은 당연하다.

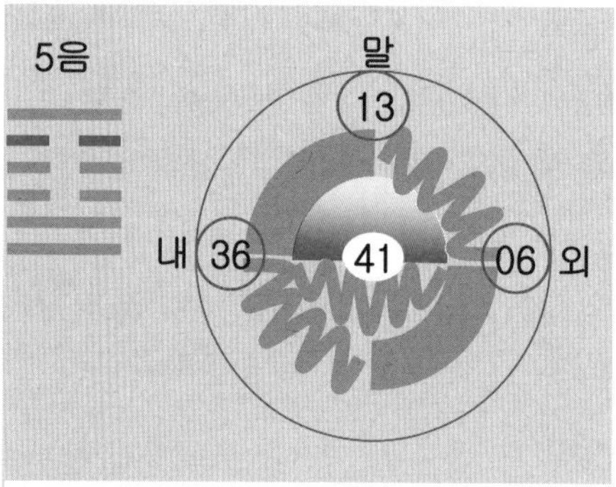

或益之혹익지 十朋之십붕지.
龜弗克違귀불극위 元吉원길.

혹[或] 도움이[益] 이르면[之] 열벗이[十朋] 오도다[之]. 거북점도[龜] 가히[克] 어기지[違] 아니하니[弗] 크게[元] 길하리라.[吉]. (之=至)

5음은 명이(明夷)·동인(同人)·송(訟)의 과정이다: 허식을 버리고 근면하게 내실을 기해왔기에[명이36] 밖으로 사리분별의 경륜을 쌓아 진정한 경쟁력을 강화하려면[송06] 어떤 역할이 있어야 하는가? 세계내의 조언과 협력을 이끌어내어 하나의 지향목표로 능력을 결집시켜야 한다[동인13].

5음은 독선적인 성향을 죽이고 주위의 의견을 포용하여 가능한 한의 모든 도움을 수렴한다. 재화를 투입하기 전에 각 분야 전문가와의 면밀한 상담을 거쳐 그 검토 결과를 충분히 반영하고 자신의 셈으로는 유익이 확실시된다 하더라도 귀를 넓게 열어 차분히 검증해야 한다. 이것은 세계를 이끄는 핵심 위치에 있더라도 음의 유연성과 포용성의 특성을 발휘해야 하기 때문이다.

이 상황을 이끄는 '동인(13)'의 개념을 4원으로 펼쳐보면, 상대와 하나되어(함31) 내적 열정을 함께하며(태58) 지혜로운 주관을 세워(간52) 덜고 보태는 최적화 경영으로 소기의 목표를 달성해나가는(손41) 일련의 과정이다. 이는 단체나 국가 등을 영위하기 위하여 책임자가 그 구성원들의 협조를 이끌어내고 단합시켜 전체를 경영하는 상황에 비유되니 이는 마치 '손(41)의 경영'이 필요한 나라의 국정운영지표를 보는 것 같다. 손(41)과 동인(13)은 서로가 서로의 목표형질로서 '손'은 '동인'의 원리를 지향해야 하고 '동인'은 '손'의 원리를 지향해야 한다.

'혹 도움이 이르면 열 벗이 오도다'라고 한 것은, 같은 뜻을 가진 많은 힘(열 벗의 도움)을 결집하는 동인(13)의 상황이 이루어지는 모습을 그리고 있다. 이어지는 효사에서 '거북점도 가히 어기지 아니하니 크게 길하리라'라고 한 것은, 이 세계의 책임자인 5음이 위에 나타낸 동인(13)의 원리를 펴고 있으니 덜어서 보태는 협조가 잘 이루어지므로 이러한 국면에 있는 개인·단체·국가·세계는 발전을 기약할 수 밖에 없는 형국이니 거북점을 쳐도 빗나갈 이유가 없는 아주 좋은 상황이라는 뜻이다. 효사에서 '十朋십붕'을 '열 벗'으로 해석하는 근거는 이 효가 동인(31)의 배경상황으로서 같은 뜻을 가진 여러 사람들을 결집하는 것이기 때문이다. '朋'을 조개 껍질로 된 화폐로 보고 '十朋之龜십붕지귀'로 끊어 읽어 '큰돈을 주고 보는 거북점'으로 해석하는 경우가 있으나(서대원, 『주역강의』, 을유문화사, 2008, 440쪽) 간결하기 그지없는 효사에서 이 국면을 두고 좋은 운을 거북점에 비유한 것은 문제 삼을 수 없으나 굳이 '비싸게 주고 하는' 거북점을 강조해야 할 형국은 아니다. 이는 괘의 운명(괘의 4원)을 모르면 오는 혼돈일 것이다. 다의적인 한문의 자구해석에 매달리면 위험한 이유가 이런 것이다.

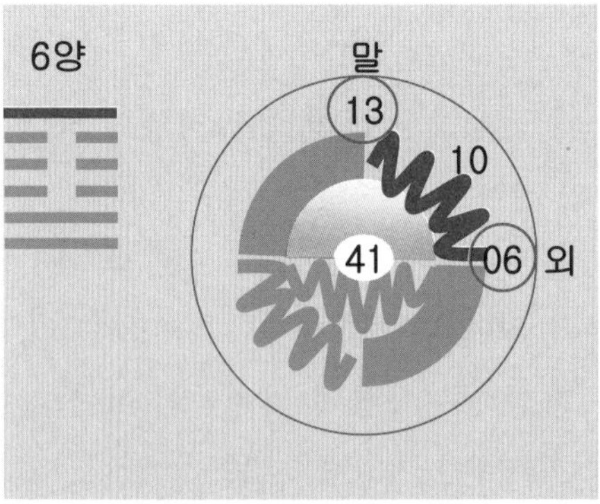

弗損益之불손익지 无咎무구. 貞吉정길. 利有攸往이유유왕. 得臣无家득신무가.

덜어내지 않고[弗損] 보태어주니[益之] 허물이 없도다[无咎]. 끝까지 굳건하게 하면 길하리라[貞吉]. 여유를 가지고[有攸] 나아가면[往] 이로우리라[利]. 가문에 관계없이[无家] 신하를 얻으리라[得臣].

> 6양은 송(訟)·리(履)·동인(同人)의 과정이다: 외적인 사리분별의 경륜을 쌓아 상대를 인정하면서 진정한 경쟁력을 갖추고[송06] 공동목표를 가진 자들의 역량을 결집하려면[동인13] 어떻게 해야 하나? 어려운 주위환경의 흐름에 발맞추며 보살펴주어야 한다[리10].

6양은 산의 나뭇가지 밖으로 잎이 무성하게 뻗어나듯 지금까지의 투자의 결실이 밖으로 드러나는 상황이다. 마지막 단계에서의 활성적 상태는 6양이 미래로 뻗어나려는 기운임과 동시에 밖의 기운을 세계 내부로 소통시키는 쌍방향의 동적 영향력을 나타낸다. 자원투입의 결과가 외부로 나타나는 것은 그 과정이 효율적으로 이루어져 왔음을 말해주는 것이므로 이를 피드백(feedback)시켜서 재투입하면 더 큰일이 성취될 수 있음을 암시하고 있다. 베푸는 덕이 커질수록 더 많은 협력자들이 생겨서 선순환이 이루어진다.

이 상황을 주재하는 '리(10)'의 상황을 4원으로 펼쳐보면, 곤궁 속에서 애쓰면서(곤47) 서서히 주변을 설득하여 변화를 이끌어내고(혁49) 배움의 경륜을 쌓아(몽04) 안팎이 조화를 이루도록 가꾸며 조정하는(비22) 보필의 역할과정이다. 원래 '뒤를 밟으며 행하는 보필'이란 측근이나 하위자가 상관에 대하여 수행하는 것이지만, 최고의 위치에 있는 자의 리(10)는 오히려 그 아래 사람들을 인도하고 도와주는 역할이 된다.

'덜어내지 않고 보태어주니 허물이 없다' 라고 한 것은, 원래 '손'은 아래를 덜어 위로 보태어 더 큰 보람을 만드는 것인데, 그 보람을 성취한 6양이 세계의 확대를 위하여 세계 내부를 향하여 그 아래로부터 얻은 에너지를 재 투입한다면 이는 세계를 지속시키는 순리이므로 무탈하다는 뜻이며 상황코드인 '리(10)'가 이 상황을 밝혀주고 있다. 이어지는 중간 구절에서 '끝까지 굳건하게 하면 길하고, 여유를 가지고 나아가면 이로우리라'고 한 것은, 6양이 보람을 한번 얻은 것으로 만족하지 않고 그와 같은 기법을 지속적으로 꾸준히 해나가는 것이 손(41)의 진정한 이룸이니 길하다는 말이며, 이익을 내야 한답시고 고삐를 바투 잡아 몰아 부치지 않고 아래의 어려움을 고려하며 보살피는 여유를 가지면 더욱더 효율적인 결과를 얻게 된다는 의미이다. 끝에서 '가문에 관계없이 신하를 얻으리라'라고 한 것은, 6양의 재투입에 의한 선순환적 흐름은 세계 전체에 긍정적 신호로 작용하게 되므로 너도나도 함께 결집되어 이 세계의 지향점인 동인(13)을 이루게 되는 것이니 유능한 지도자 밑에 많은 협조자가 모여드는 것은 당연하다 할 것이다.

42. 풍뢰익(風雷益)

보태주고 이루는 상, 에너지·협력의 유입으로 문제 해결,
더 큰 세계로의 공헌, '하늘은 스스로 돕는 자를 돕는다'

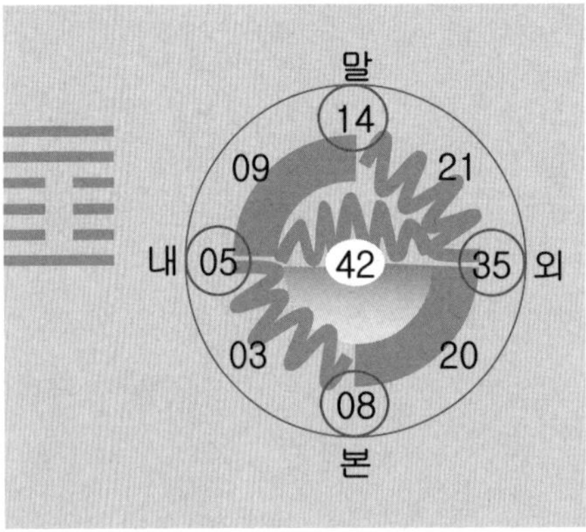

益익. **利有攸往**이유유왕
利涉大川리섭대천.

보태주고 이루는 상이다[益]. 여유를[攸] 가지고[有] 나아가면[往] 이롭고[利] 큰 내를[大川] 건넘이[涉] 이로우리라[利].

> 익[益]은 비(比)·수(需)·진(晉)·대유(大有)를 따라 흐르는 세계다: 상생적 협력의 바탕 위에서[비08] 다가올 걸림돌을 헤쳐나갈 수 있는 실력을 기르면서[수05] 무거운 책임감으로 앞장서 나아가[진35] 가진 능력을 베풀어 공익을 실현하는[대유14] 일련의 과정이 '익'의 세계다.

8괘의 상으로 보면, 천둥번개는 공기 중에 많아진 전하(電荷)가 방전을 일으키며 폭발음과 번개를 동반하니(震雷진뢰) 주변의 공기는 급격히 고온(1만℃ 이상)으로 가열됨에 따라 공기의 밀도차이가 생겨 바람을 일으킨다(巽風손풍). 또한, 바람이 불면 전하를 품은 비구름을 이동시켜 전하의 변동을 초래하여 천둥번개를 일으키는 계기를 만들게 되므로 뇌(雷)와 풍(風)은 항상 함께 서로가 서로를 위하여 필요한 관계다.

음 셋(4음·2음·3음)과 양 셋(6양·5양·1양)이 각각 S자와 역S자로 내측에서 교차하는 꼬임을 이룬다. 함(咸31)괘에서는 비(否12)괘의 외측의 양이 내

측의 음을 주도적으로 이끌어 바깥무대에서 사랑을 이끌어낸다. 여기 익(益)괘에서는 비(否12)괘의 위쪽의 양들이 아래쪽 음들을 주도적으로 이끌며 위세만 부리지 않고 자신의 정신력을(비否괘의 4양) 아래의 내면에(제1효) 불어넣어주어서 힘없이 하늘만 쳐다보는 모습에 원기를 불어넣는다. 그 원기로 생기를 띤 아래쪽이(震雷진뢰) 점점 위쪽으로 뻗어나가 결국은 전체목적을 위하여 바람을 일으키는 상이다(巽風손풍). 따라서 아래는 원기를 받은 후 그 원기로 진군하는 입장이고 위는 외적 영향력을 받아들여 아래에 베풀고 다시 그 되갚음으로 세계에 펼치는 쌍방향의 에너지 흐름이 있음을 알 수 있다. 아래로는 사익(私益)적 도움이 흐르고 위로는 공익적 차원의 덕이 이루어진다.

인성(人性)의 면에서 살펴보면, 근본 욕구와 감성이 활성화 되어 있는데 비하여(1양) 외부와의 물적 육체적 교류는 소극적이므로(3음) 신진대사 작용 또한 소극적이어서(2음) 표면적인 힘은 약한 상태다. 자체의 에너지가 부족하니 자연히 이성적 사고력은 떨어지고 상상력과 기획력은 활동적이지 못한 반면에(4음) 세계 밖과 미래의 변화에 대하여는 민감하고(6양) 그러한 외적 영향력을 흡수하는 데에는 활발한 반응을 보이는(5양) 인간상이다. 따라서 자신의 욕구나 느낌을 창조적 이성으로는 발전시키지는 못하지만 세계의 활성적 변화에 자신의 속성을 잘 부합시키는 데에 탁월하다. 긍정적인 면에서는 자신보다 능력이 월등한 대상으로부터 도움을 받거나 이에 감동되면 헌신적으로 봉사할 수 있는 사회친화적 인물이다. 부정적인 면에서는 주관적 비판 없이 덩달아 좇아가는 모습이니 부화뇌동(附和雷同)하기 쉬운 인간상이라 하겠다.

특징적 인간상으로 보면 '부화뇌동'의 상이 있지만, 그 본받을 대상이 창조적 에너지를 가진 자연환경일 경우는 생존수단이 된다. 우주적 환경에서 에너지를 흡입하지 못한다면 모든 존재는 생동할 수 없다. 일단 내면에 근본적 에너지를 얻게 되면 나중에 이것이 숙성하여 발전해나감으로써 자신을 추스르고 나면 다시 밖으로 에너지를 뿜어내어 세계와 우주에 일조한다.

그래서 익[益]은 '보태주고 이루는 상'인 것이다. 가진 자가 어려운 아래를 돕는다는 것은 자신의 영달만을 생각하지 않고 공익을 위하는 숭고한 정신이 있어야 하기에 '여유를 가지고 나아가면 이롭다[利有攸往]' 한 것이며, 이런 일은 큰 용기와 결단이 없으면 안 되는 일이기 때문에 '큰 내를 건넘이 이로우리라[利涉大川]' 한 것이다.

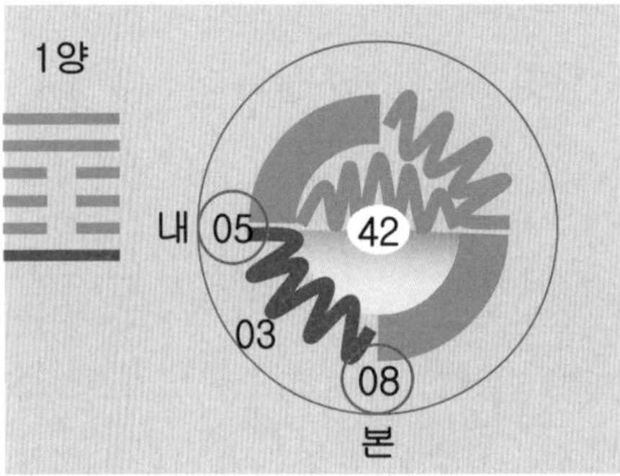

利用爲大作이용위대작,
元吉원길 无咎무구.

큰일을 위하여[爲大作] 준비하면[用] 이롭고[利] 크게 길하니[元吉] 탈은 없으리라[无咎].

1양은 비(比)·둔(屯)·수(需)의 과정이다: (이 괘의 지향점인 대유(14)를 향한 공익적인 큰일을 달성하기 위하여) 상생적 협력증진의 기치를 들었으나[비08] 아직 걸림돌이 버티고 서니 전진이 어려운 형국인데[수05] 어쩌면 좋은가? 처음의 어려움에는 미숙하여 도움을 입기 전에는 큰일을 감당하기는 어려우니 주위를 잘 파악하고 조금씩 단계별로 힘을 길러 커나갈 준비를 미리 해나가야 한다[둔03].

1양은 위로부터의 도움으로(6양·5양) 내면이 활성화되는 때이다. 보탬을 받는 이 기회를 최대한 활용하여 미래를 대비해야 장차 큰 일을 이룰 수 있다. 기회란 흔하지 않는 법이니 잡았을 때 적기에 책임감 있게 활용해야 한다. 그러기 위하여는 항상 도움에 즉각 응할 수 있도록 본심이 깨어 있어야 한다(1양). 무의식까지도 활성적으로 움직일 수 있는 집중력을 높이고 정성을 기울여야 한다. 수동적인 기다림을 버리고 적극적인 대의를 세워 장차 큰 공익사업참여에 대비해야 한다.

이 상황을 대변하는 '둔(03)'의 개념을 4원으로 전개하면, 어려운 주변 여건에 대하여 숙고하면서(관20) 성과가 작을 것이니 과하게 해서는 안되고(소축09) 미리 계획을 잘 세워(예16) 어려움에 맞설 힘을 지혜롭게 키워 나가는(대장34) 일련의 과정을 말함이니 향후에 대유(14)를 달성하여 큰 일을 이룰 수 있도록 준비를 시작하는 단계다.

효사의 '利用爲大作이용위대작'에서 대작은 공익적인 큰일을 말하지만 지금 당장 큰일을 직접 떠맡는 것이 아니라 장차 그것을 이루기 위한[爲大作] 적극적인 준비활동과 처음의 난관을 뚫는 상생협조에 전력투구함을 말한다[用]. 효사는 결국 이 효의 상황코드인 둔(屯03)의 초기의 어려운 준비과정을 잘 수행하면 근본적으로 길하고, 열심히 내적 공력을 쌓는 과정에서는 탈이 생길 수 업음을 '元吉원길 无咎무구'라고 한 것이다.

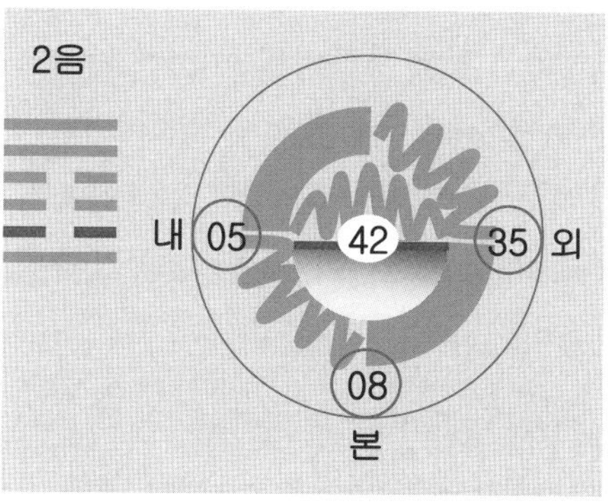

或益之혹익지 **十朋之**십붕지. **龜弗克違**귀불극위, **永貞吉**영정길. **王用享于帝**왕용향우제, **吉**길.

혹[或] 도움이[益] 이르면[之] 열 벗이[十朋] 오도다[之]. 거북점도[龜] 가히[克] 어기지[違] 아니하니[弗], 항상[永] 굳건하게 하면[貞] 길하리라[吉]. 왕이[王] 황제를 향하여[于帝] 정성을 바치는 것처럼[享] 하면[用], 길하리라[吉]. (之=至)

2음은 수(需)·비(比)·진(晉)의 과정이다: 실력은 웬만한데 걸림돌이 버티고 섰으니[수05] 큰일을 추진하려면 주위를 고무진작 시켜서 핵심역량을 충분히 흡입하면서 선도해나가야 한다[진35]. 이때의 합당한 추진 방안은? 상생적 협력을 최대한 이끌어 단합시키는 것이다[비08].

2음은 음으로서 그 성품이 차분하고 주위에 대한 응집력을 발휘하므로 주위의 도움을 줄 수 있는 자들을 만나 자문을 구하여 큰 일을 도모하는데 필요한 협력을 얻어내는 포용적 자세이므로 주위가 긍정적으로 반응한다. 책임자의 공세적 경영(5양)을 감싸고 뒷받침하니 상하의 조화가 잘 이루어지도록 해주는 핵심적 역할이다. 또한 꿈을 펼치려는 1양을 이끌고 차분한 세계관으로 혼란을 막아주는 3음의 측면지원 등 상생의 단합을 이끄는 중심이 음유(陰裕)한 것은 큰 복으로 작용한다.

이 상황을 연출하고 있는 비(08)의 개념을 4원으로 전개하면 그 내용을 더 심도 있게 파악할 수 있다. 즉, 발전에 에너지와 협력자가 필요한 터에(익42) 중심리더의 지도력에 독려되어(손57) 구성원 모두가 활동무대로 과감히 나서서(진51) 그 세계의 항상성(恒常性)을 유지·발전시키는(32) 일련의 과정이다. 이 상황에서 1양·3음·5양의 중앙에서 수렴성의 음(陰) 상태를 유지하므로 최고리더를 대신하는 역할이다(손損괘에서는 5음의 인군이 이 역할을 해내고 있다(손괘 효사의 '或益之혹익지 十朋之십붕지' 참조).

효사에서 '혹 도움이 이르면 열 벗이 오도다[或益之 十朋之]' 거북점도 가히 어기지 아니하니[龜弗克違]'라고 한 것은, 이 효의 배경 상황이 비(比08)인데다가 2음이 음유한 성품이기 때문이다. 이 부분은 손(損41) 5음의 인군의 역할과 다를 바가 없었다. 다만 '손(5음)'에서는 도움이 아래에서 올라오는 것으로서 인군을 지지하는 자들이 스스로 찾아와 도우니 '크게 길하다'라고 하는 동인(13)의 배경을 가졌었다. 여기 익괘 2음에서의 큰 도움은 위로부터 오고 그 바탕은 비(08)로서 상생협조의 분위기지만 2음이 가교역할을 잘 수행함으로써 이루어내기 때문에 이어지는 효사에서 '항상 굳건하게 하면 길하리라'하며 그 막중한 임무를 지우고 있다. 또한 2음의 이러한 역할을 두고 '왕이 황제를 향하여 정성을 바치는 것처럼 하면 길하리라'라고 부연한 것도 인군을 받들어 모시며 주위의 협력을 이끌어내는 정성을 다할 때 길운이 온다는 뜻이다.

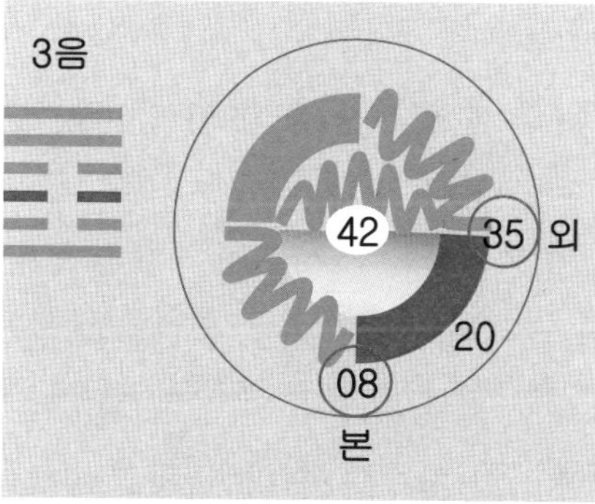

益之用凶事익지용흉사, **无咎**무구.
有孚中行유부중행,
告公用圭고공용규.

흉한 일에[凶事] 적용하면[用] 보탬이 되어[益之] 탈이 없으리라[无咎]. 믿음직하게[有孚] 중용의 도를 행하니[中行] 제후에게[公] 고할 때[告] 증표를[圭] 쓰는 것 같도다[用].

> 3음은 비(比)·관(觀)·진(晉)의 과정이다: 큰일을 도와나가려면, 조직적 협력강화의 기치아래[비08] 주위를 고무·진작하여 선도해나가야 하는데[진35] 어떤 과정을 넘어야 하나? 인생관·세계관을 정립하고 사물에 대하여 올바르게 판단토록 자신을 성찰해야 한다[관20].

3음은 외세로부터의 혼란한 영향을 차분하게 가라앉히거나 내부 에너지의 유실을 막는 장벽이다. 세계 밖은 항상 복잡하고 흉흉한 문제가 생기기 마련이니 세계관을 정립하여 올바른 눈으로 시대의 흐름을 성찰하며 어려움을 피해가는 자리다. 혼란에 휩쓸리지 않고 기존의 에너지 낭비를 막는 일은 새로운 역량을 창조하는 것만큼이나 중요하다. 혼란스러울 때 현명하고 진실된 길을 선택하는 것은 전화위복(轉禍爲福)의 계기를 마련해준다. 세상을 올바로 성찰한다면 겪을 수 있는 실패를 줄이게 되고 이로써 자신에 대한 신뢰도도 한층 더 높이게 되어 큰일을 강력히 추진할 수 있는 바탕이 마련된다.

이 상황을 주재하는 '관(20)'의 개념을 4원으로 전개하면, 미숙한 환경적 바탕 속에서(둔03) 지혜를 샘솟게 하면서(정48) 올바른 사리분별로써(서합21) 새로운 가치를 개발하는(정50) 일련의 과정이니 한마디로 '성찰의 도'로써 '익'을 구현하는 큰일에 참여하는 상황이다. 만약 측면에서 이렇게 계도하는 사람이라면 그 면모는 침답고 신뢰할 수 있는 인물이어야 한다.

이러한 성찰의 도는 잘되는 일보다는 흉한 일에 적용할 때 상대적으로 얻는 덕이 많아지므로 효사에서 '흉한 일에 적용하면 보탬이 되어 탈이 없으리라[益之用凶事 无咎]'라고 한 것이다. 이어서, '믿음직하게 중용의 도를 행하니 제후에게 고할 때 증표를 쓰는 것 같다[有孚中行 告公用圭]'라고 하였는데, 세계에 대한 성찰의 도를 이루게 되면(관20) 혼란 속에서도 신념을 가지고 한쪽으로 치우치지 않는 중도의 길을 선택할 수 있는 혜안이 생기는데 이는 마치 제후에게 중요한 뜻을 전할 때 임금이 준 마패를 보여주는 것과 같이 '신뢰'가 바탕이 되어야 함을 의미한다.

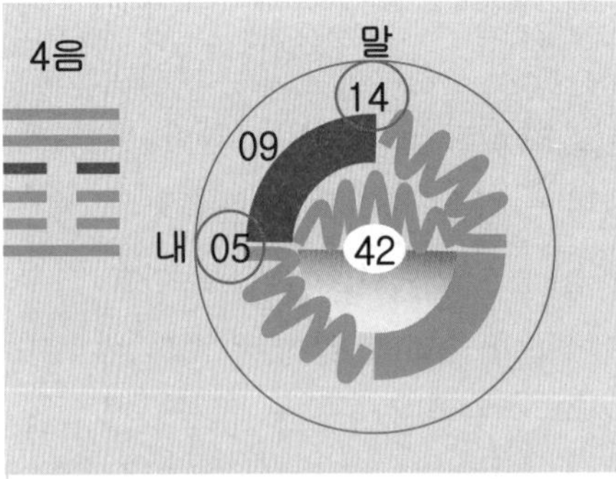

中行告公從중행고공종

利用爲依 遷國이용위의 천국

중도를 행하여[中行] 공에게[公] 고하면[告] 따라주리라[從]. 의지하는 바를[依] 받들어[爲] 행하면[用] 이롭고[利] 나라를 천도할 수 있으리로다[遷國].

> 4음은 수(需)·소축(小畜)·대유(大有)의 과정이다: 미숙함을 벗고 내용과 실력을 쌓았는데도 어떤 장애에 부딪혀 나아가기 힘들 때 [수05] 어떻게 하면 가진 능력을 아래에 베풀고 공익을 실현하는 더 큰 대유(大有)의 세계로 전진할 수 있는가?[대유14] 큰일이 제대로 이루어지도록 축재의 욕심을 버리고 소박한 마음가짐으로 올바르게 생각을 가다듬어야 한다[소축09].

4음의 음적 내면이란 밝은 정신이 움츠러드는 모습이다. 비(否12)괘에서 위쪽의 풍부한 양 에너지로 하늘처럼 권세가 등등하고 아래는 음 에너지만의 소극적인 복지부동(伏地不動)의 자세로 상하가 막혀있던 중에 4양의 정신 에너지를 아래로 보태주어 자신은 4음이 되고 아래는 1음이 1양으로 바뀌어 소통이 되는 상태가 익(益)괘다. 그래서 아래는 근본정신이 활발해진 반면에(1양) 밝게 펴야 하는 사고력이 안으로 움츠러들고 있다(4음). 바로 이것이 큰일을 계획하며 주선하는 자리의 근원적 문제점이다. 아래에서 추스른 힘으로 큰일의 추진에 다시 공헌하게 되는 것은 좋지만 큰일을 추진하는 자가 중간에서 축재(蓄財)하려 한다면 그 목표는 올바로 실천되기 어렵다. 중도를 행한다면 주군이 그가 세운 계획을 따라주게 되고 의견의 통일이 어려운 큰일이라 할지라도 그런 마스터플랜에 대한 공인을 얻어낼 수 있다. 청렴결백의 정신은 큰일을 보필하는 자의 필수적 자세이다.

상황코드인 '소축(09)'의 개념을 4원으로 펼치면, 지혜롭게 방도를 강구하면서(정48) 감당하기 어려운 새로운 일은 조신(操身)하며 조금씩 단계별로 나아가(둔03) 응용기획으로 부가가치를 강구하고(정50) 문제점을 해소하여 효율을 제고하는(서합21) 일련의 과정이다. 이 과정 속에 있는 '둔(03)'과 '서합(21)'은 각각 1양과 6양이 해내야 할 전문적인 역할이므로 4음은 표상에서 보듯 그 둘을 연결하는 내석 가교역할이다. 지혜를 강구하며(정48) 새 가치 창조를(정50) 기획으로 뒷받침하는 역할임을 확인할 수 있다. 그리하면, 주군의 결재를 득해야 하는 자리에서 축재(蓄財)라는 걸림돌에 대비하게 되고(수05) 그런 시시비비에서도 해방되어(서합21) 참다운 대유(14)의 종착역에 다다를 수 있게 되는 것이다.

첫머리에 '중도를 행하여 공에게 고하면 따라준다[中行告公從]' 하였는데, 여기에서 중도를 행한다는 것은[中行] 큰일을 주선하는 책임이 막중한 자가 옆에서 축재할 생각을 말고 청렴한 자세로(소축09), 중립적인 공적 입장을 견지한다는 말이고, 올바른 마스터플랜을 세워 보고하면(告公) 그 최고책임자[公]의 인정을 받을 수 있다는[從] 뜻이다. 이어서 '의지하는 바를 받들어 행하면 이롭다[利用爲依]'라고 하였는데, 전체를 지도하는 자(최고책임자)가 생각이 깊은 기획자를 믿고 의지하는 바대로 받들면(올바르게 입안하여 천거하면) 이롭다는 뜻이다. 마지막에 '나라를 천도할 수 있으리로다[遷都]' 함은, 고대에는 나라를 세우는 것은 곧 천도(遷都)하는 것과 다름없었는데 그런 정도의 중대사를 계획하고 추진하려면 청렴한 자세로 의지하는 바를 존중하는[用爲依] 조신하고 소박한 자세(소축09)가 필수임을 다시 강조하는 말이다.

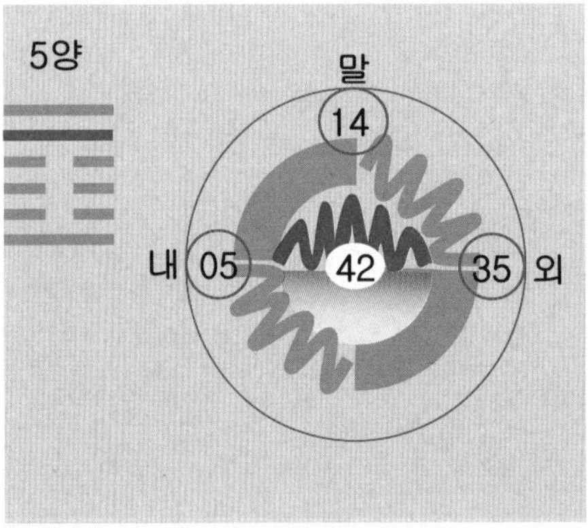

有孚惠心유부혜심
勿問물문 元吉원길.
有孚惠我得유부혜아득.

믿음과[孚] 자혜심을[惠心] 두니[有] 물을 것 없이[勿問] 크게 길하리라[元吉]. 믿음과 은혜로움을[有孚惠] 내가[我] 입도다[得].

5양은 수(需)·대유(大有)·진(晉)의 과정이다: 실력을 쌓아가고 있지만 아직은 장애를 극복하지 못하고 있는 만큼[수05] 세계는 책임감 있는 리더십이 요구되고 있다[진35]. 어떻게 해나가야 하나? 큰 덕을 베풂으로써 세계가 고무·활성화되어 발전할 수 있도록 공헌해야 한다[대유14].

5양은 자신이 갖고 있는 활성에너지를 십분 발휘하며 세계를 이끄는 모습이다. 세계관문을 통하여 유입되는 환경적 영향(6양)을 받아드리며 세계를 적극적으로 운영하는 책임리더다. 세계의 인프라 구축(1양), 일반 공익을 위한 협력활동(2음), 차분하고 신뢰감을 주는 성찰을 통하여 이끌어내는 혼란방지(3음), 청렴한 정신으로 피어나는 지혜로운 계획수립(4음)등 융성한 '익'의 세계구축에 필요한 모든 분야의 종사자들에게 믿음을 두어 베풀고 뒷바라지하여 세계를 총체적으로 활성화하는 리더십이니 그 자혜로움이 가득하다.

이 상황의 배경이 되는 대유(14)의 개념을 4원의 과정으로 펼치면, 기초능력을 타고나 그 항상성이 유지될 수 있는 바탕 위에서(항32) 수양된 인격과 세계를 향한 열정으로써 주위에 감동을 주고(진51) 그 영향력을 주고받으며(손57) 세상에 큰 덕을 베풀고 공헌하는(익42) 일련의 과정이다. 5양은 결국 대유(14)와 익(42)이 선 순환되며 유익함이 증식될 수 있도록 세상을 이끄는 지도자의 역할이다.

효사의 앞부분에서 '믿음과 자혜심을 두니 물론 크게 길하리라' 함은, 위에서 언급한 5양의 상황을 대변하는 '대유·익(大有·益)'의 베풂이고 뒷부분의 '믿음과 은혜로움을 내가 입도다'라고 함은, 주위에 베풀어진 도움이 더 큰 힘으로 결집되어 책임자인 나에게 되돌아오는 상황을 말해주는 것으로 익의 보탬이 아래위 사이에 쌍방향으로 이루어지는 보탬의 내용을 여기에서 강조하고 있다 하겠다.

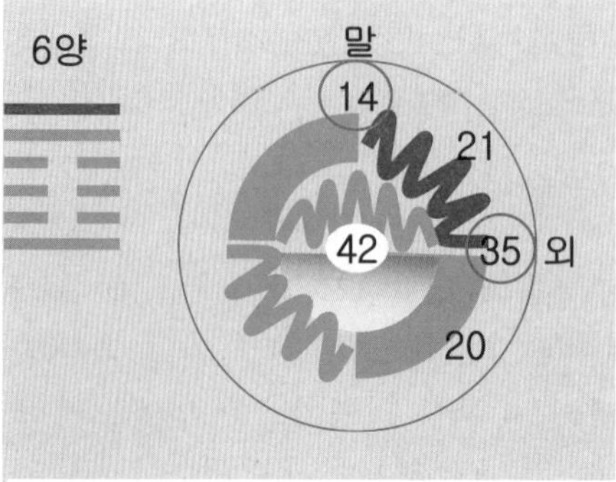

莫益之막익지 **或擊之**혹격지.
立心勿恒입심물항 **凶**흉.

큰[莫] 이익을[益] 꾀하면[莫] 혹[或] 치리라[擊之]. 세운 마음이[立心] 항구하지 못하면[勿恒] 흉하리라[凶]. (莫=大, 謨)

> 6양은 진(晉)·서합(噬嗑)·대유(大有)의 과정이다: 책임감을 가지고 세계를 이끌어 나아가[진35] 많은 공헌이 이루어져 세계가 크게 발전되어나가야 한다[대유14]. '익'의 절정기인 지금 어떻게 해야 하나? 얽히는 이해관계와 표출되는 갈등을 명확한 사리분별로 해소시켜나가야 한다[서합21].

6양은 '익'을 펼치는 관문이니 교류가 활기차며 복잡한 양상이다. 큰 사업을 성취하려면 과거의 집착과 사소한 이해관계를 벗어나 정도를 걷고 세계 밖으로 눈을 돌리고 미래의 상황에 초점을 맞춰야 한다. 무릇 큰 사업일수록 넓은 세계가 서로 얽히는 것이므로 사리사욕에 눈이 어두우면 오히려 역습을 당하여 빼앗기기 쉽다. 공적인 원칙을 잘 세워 튼튼한 기준을 세우지 않으면 이 열린 관문은 갈등의 전장으로 혼탁하고 흉하기 쉽다.

이 상황을 주재하는 '서합(21)'의 개념을 4원으로 풀면, 혼탁한 사회를 예지력으로 지도하면서(예16) 올곧은 힘을 크게 펼치며(대장34) 세계를 통찰하고 분별하여(관20) 기본적인 사회복지를 실현하는(소축09) 일련의 과정이다. 이익을 실현하는 경계에서 벌어질 수 있는 각축전에 사회의 최고 지도자급들이 스스로 사리를 분별하여 자제하고 모범을 보여야 하는 상황이다.

'큰 이익을 꾀하면 혹 치리라[莫益之 或擊之]' 한 것은, 위의 상황설명을 통하여 이해한 바와 같이 '익'의 최종 실현 과정에서는 지나친 욕심이 생기기 쉽고 득을 취하려다가 오히려 잃게 되는 사익(私益)을 위한 각축전이 벌어짐을 환기시키는 말이다. 여기에서 필자는 6양의 상황에 가장 알맞게 하기 위해 '莫막'을 크다(大대)와 꾀하다(謨모)의 이중적 의미로 해석하였다. 이어서, '세운 마음이 항구하지 못하면 흉하리라[立心勿恒凶]' 함은 공익을 거스른 사익 앞에서는 인간의 마음이 나약해져서 효사의 앞부분에서 지적한 사태가 항상 일어날 수 있음을 부연하여 설명하면서 경고하고 있다.

43. 택천쾌(澤天夬)

결단의 상, 목적지향적 결단력·추진력, 과욕이 앞선 조급함, 불순한 존재의 척결, 대세에 맞서며 고군분투함, 고집으로 다 잃고 원래로 돌아감

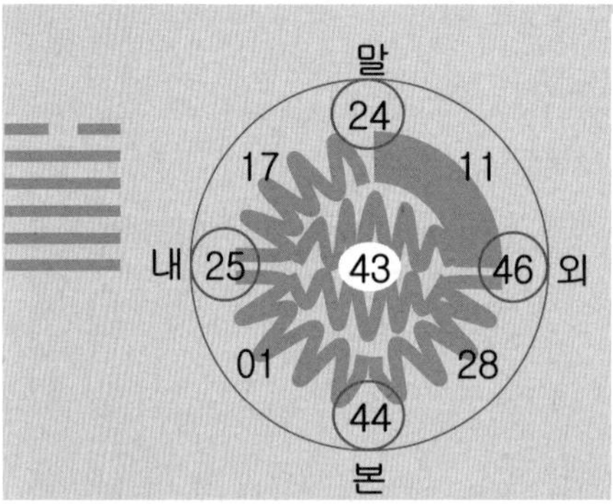

夬쾌.
揚于王廷 孚號 양우왕정 부호.
有厲 告自邑 유려 고자읍.
不利卽戎불리즉융
利有攸往리유유왕.

결단의 상이로다[夬]. 조정에[于王廷] 올려[揚] 진정으로[孚] 호소하도다[號]. 위태함이 있음을[有厲] 자기 고을부터[自邑] 알리도다[告]. 적과[戎] 가까이하면[卽] 불리하고[不利] 여유를 가지고[有攸] 나아가면[往] 이로우리라[利].

쾌[夬]는 구(姤)·무망(无妄)·승(升)·복(復)을 따라 흐르는 세계다: 문젯거리에 걸려 헤쳐나기 어려운 국면에서 기회를 잡아[구44] 순리와 정도의 떳떳한 길을 택하여 노력하는 가운데[무망25] 상승기운을 타고 역량을 모아 끝까지 밀어붙여[승46] 끝내 본래의 자리로 되돌리려는[복24] 일련의 과정이 '쾌'의 세계다.

8괘의 상으로 보면, 연못(兌澤태택)에서 물이 증발하여 하늘(乾天건천) 위에 축적되어있다가 어느 한계를 넘으면 갑자기 비가 되어 원래의 땅으로 떨어져 되돌아오게 되는 상이다. 이 상황은 몇 가지의 의미를 복합적으로 내포하고 있다. 그 하나는, 위에서 어느 정도의 재화를 쌓으면 반드

시 아래로 베풀어야 하고, 아래는 위로부터 그 '혜택(惠澤)'을 입게 됨이다. 둘째로는 갑자기 위에서 아래로 물벼락이 떨어져 난리를 겪을 수 있는 상황이니 위태로움 속에서 자기관리가 필요함이다. 이때 하늘 위의 물이 갖는 의미는 혜택과 두려움의 두 가지 상반된 의미를 나타내게 된다. 어떤 의미로든 간에 위에 모인 것이 어떤 한계의 결단적 계기를 맞아 해체되어 분산되는 공통점이 있다.

표상을 살펴보면, 하늘 위의 공중에 있는 물질(6음)에 수증기가 뭉쳐서(다섯 양) 큰 물방울이 되려는 상이다. 낱알의 수증기가 여럿이 뭉쳐야만 큰 물방울이 되어 원래의 땅으로 떨어질 것이다. 아래쪽 양 셋의 강력한 힘이 위로 밀고 올라가면 위에 있는 양 둘과 합세하여 크게 하나로 뭉쳐진 양 에너지가 된다. 이때 6음과 직·간접으로 접변하는 다섯 양들이 음양의 이성적 이끌림을 억제하고 강한 긴장을 유지하게 되면 마치 6음의 뚜껑이 씌워진 용기의 안쪽으로 압력이 형성되어 그 뚜껑을 밀어붙여 6음의 장벽이 터지면(6양으로 되면) 갇혔던 양 에너지는 건(乾)으로 바뀌어 자유롭게 에너지를 방사할 수 있다. 공자는 「단전(彖傳)」에서 '쾌는 결단함이니 양(剛)이 음(柔)을 결단함이고, 굳세게 하여 기쁨을 얻고 결단하여 화동(和同)함이니라[夬쾌 決也결야 剛決柔也강결유야 健而說건이열 決而和결이화]'라고 하였는데, 여기에서 '굳세게 하여 기쁨을 얻는다' 함은 양 다섯이 단합을 이룸을 의미하고 '결단하여 화동한다' 함은 건(乾)으로의 변신을 의미한다. 하지만 마지막 평정의 직전까지는 5양과 6음 사이에 최대의 대항전선이 형성되어 있어야 하는 것은 결단의 중요한 요소다. 만약 6음이 기득권 세력이라면 양들은 이를 타도하여 대세를 잡을 세력이다. 양의 무리가 공적인 대의를 이루려는 쪽이라면, 6음은 사적인 소의를 앞세워 큰일을 가로 막는 쪽이다. 다섯 양을 제압하며 군림하는 6음은 예사롭지 않는 상대이므로 양들이 합심·단결하여 공동목표에 호응하지 않으면 뜻을 이루기 어렵다. 이때 양 다섯과 6음이 개별적으로 타협하거나 다투게 되면 양 다섯은 구멍 난 뚜껑으로 압축공기가 빠져나가 6음을 폭발시킬 힘이 없어지는 형국이 된다. 이는 마치 적과 내통하여 공격의 힘을 잃는 것과 같다. 6음을 공동의 적으로 확실하게 설정하고 공표해야 양 다섯이 위협을 느끼고 단합하여 단번에 물리칠 수 있다. 6음을 확연히 처단하기 위해서는 결단자의 강건하고 신념에 찬 행동이 필요하다. 위험스러운 긴장을 견뎌내어 큰 폭발력을 얻어야만 비로소 획기적 진전이 이루어진다.

이 시스템을 인성(人性)의 면에서 살펴보자. 일을 성취하려는 근본욕구가 강렬하고(1양) 외적으로 물적 에너지의 교류가 활발한 가운데(2양) 신진대사기능이 원활하므로 신체적 힘이 강한 상태이다. 에너지가 넘치니 정신적 사고력도 적극적인데다(4양) 생각한 바를 실천하려는 의지 또한 강하지만(5양) 문제가 되는 것은 견문이 좁아 폭넓은 지식이 부족하므로(6음) 의기양양함은 있지만 실제로 창조적인 일을 감행하는 데에는 두려움을 안고 있는 상이므로 미지의 세계에 대한 두려움을 없애는 결단력이 요구된다. 특히 근본욕구를(1양) 현실적인 생각으로 적극 전환하고(4양) 신체적으로 원활한 힘을 바탕 삼아(2양·3양) 어려움을 견딜 수 있고, 뜻하는 바를 즉각 행동으로 옮기려는 기질이므로(5양) 정신과 육체가 잘 조화되어 있는 미래가 촉망되는 인물이니 남은 것은 지혜와 함수관계를 갖는 용단을 어떻게 내리느냐에 달렸다.

'조정에 올려 진정으로 호소하도다[揚于王廷 孚號]'라고 한 것은, 결단해야 하는 대상을 공동의 적으로 선포하여 흩어진 세력의 단합을 이끌어 내기 위한 노력을 의미한다. 이어서 '위태함이 있음을 자기 고을부터 알리도다[有厲 告自邑]. 적과 가까이하면 불리하고 여유를 가지고 나아가면 이로우리라[不利卽戎 利有攸往]' 하였는데, 앞부분에서는 공동의 적은 뭉친 힘으로 일시에 결단해야 하지만 자신과 자신의 주변에 도사리고 있는 작은 위험으로부터 분리시키는 결단력이 그 출발점이 되어야 함을 말하며, 분명한 거리를 두어야 하는 대상과의 긴장관계를 견뎌내지 못하고 미리 타협하거나 국지적인 다툼에 그치면 한꺼번에 완전히 일소하는데 불리하다는 뜻이다. 그래서 겉으로는 의연하게 여유를 보이며 일정한 거리를 두다가 때맞추어 일격에 물리치는 것이 이로움을 말해주고 있다.

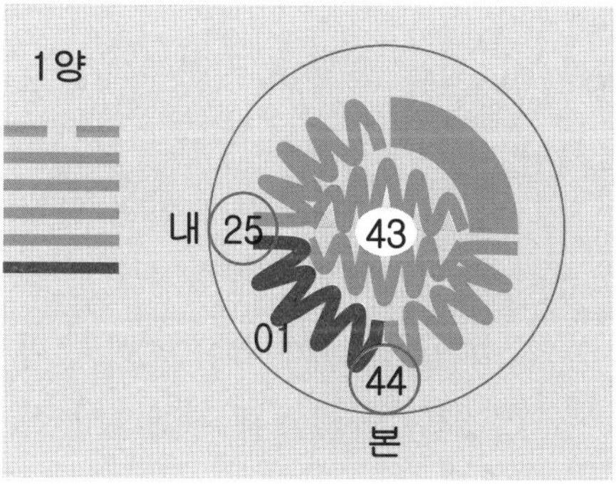

壯于前趾往장우전지왕

不勝爲咎불승위구.

앞[前] 발꿈치에[趾] 힘을 넣고[壯] 나아가면[往] 이기지도 못하고[不勝] 허물이 되리라[爲咎].

> 1양은 구(姤)·건(乾)·무망(无妄)의 과정이다: 문젯거리에 걸려 헤쳐나기 어려운 국면에서 기회를 잡아[구44] 순리와 정도로 의연하게 나아가 천운과 연결되려면[무망25] 어찌하면 좋을까? 앞으로의 어떠한 어려움도 감내할 굽히지 않는 불굴의 정신이 필요하다[건01].

1양은 불의에 대응하여(6음) 정의와 대의가 마음에서 발단하는 면모다. 초기에는 마음의 충동이 강하지만 실천력은 부족하다. 진로를 가로막는 세력은 경험이 많이 쌓인 권력의 요체일수도 있기 때문에 이에 대응하려면 굳은 의지와 철저한 정신으로 무장하고 주위와 협력하는 방법을 마음으로부터 모색하고 결심해야 한다. 섣부른 힘을 쓰며 대책 없이 나서면 실수만 남는다(요즘 말로는 목에 힘주고 나섬이다).

이 상황을 주재하는 '건(01)'은 마치 강렬한 태양 빛과 같은 모습으로서 모든 방향에 편중됨이 없는 무한한 에너지의 방사상태와 같아서 밝고 강렬한 창조적 힘을 상징한다. 무릇 일을 성취하려면 반드시 필요한 기운이다. 이 기운을 근본의식에 태우고 '쾌'의 결단을 향하여 의연하게 출발한다면 문제가 없을 것이다. 하지만 누구나 장애를 만나면 빨리 그 것을 해결하려는 조급함이 생기기 쉽다. 전자의 창조적인 강렬한 열정은 매우 바람직하지만 그것이 변형되어 조급함으로 나타난다면 일을 망칠 수도 있다. 건(01)은 이 두 양면의 특성을 다 갖고 있음에 유의해야 한다.

효사에서 말하고 있듯이, '앞 발꿈치에 힘을 넣고 나아가면 이기지 못하고 허물이 되리라[壯于前趾往不勝爲咎]' 함은, 결심을 굳건하게 하였지만 실천대책이 뚜렷하게 없는 마음만 앞선 상태에서는 자칫 조급함으로 인하여 주위와 잘 조화를 이루지 못하니 대적하려다가 오히려 당할 수 있음을 경계하는 말이다. 건(01)의 신속성(조급성)과 창조성 중에서 후자의 참뜻을 따른다면 길할 수 있음을 알 수 있다. 이와 같이 효의 상황을 온전하게 파악하면 효사에 나타나는 길흉의 참 의미를 이해하고 어떻게 하면 길운을 타고 갈 수 있는가를 판단할 수 있다. 이는 필자가 『주역』을 해석하는 중요한 논지의 하나이다.

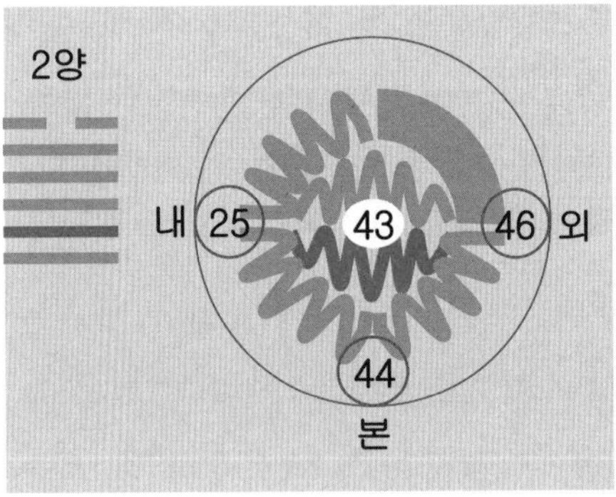

惕號척호.
莫夜有戎모야유융 **勿恤**물휼.

두려운 마음으로[惕] 호소하도다[號]. 저문[莫] 밤에[夜] 적(오랑캐)을[戎] 만나더라도[有] 근심치 말라[勿恤].

2양은 무망(无妄)·구(姤)·승(升)의 과정이다: 천운을 따라 순리와 정도의 떳떳한 심정으로 노력하면서[무망25] 상승기세를 타고 나

> 갈 힘을 얻으려면[승46] 어떤 과정이 필요한가? 걸림돌에 붙들려 쉽게 헤어나지 못하나 장애를 처단할 만반의 준비와 결심을 단단히 하고 있으면 뜻밖의 도움을 얻는다[구44].

2양은 악을 결단하려는 대의명분을 분명하게 밝히고 적극 행동에 옮기는 모습이다. 장차 닥칠 위세 등등한 6음의 장애를 왜 어떻게 척결하고 개혁해야 하는가를 주위에 밝히며 동의를 구하고 도움을 청한다. 상대가 힘이 강하게 남아 있는 상황에서 공개적으로 반격한다는 것은 역으로 자신이 불시에 역습을 당할 수도 있는 위험이 도사리고 있는 것이니 두렵기도 하다. 갖가지 경우를 상정하고 갑작스러운 사건에 만반의 세심한 조치를 고려하여야 이 위험을 이길 수 있다. 철저한 준비는 문제해결을 위한 결단의 또 다른 요체이다.

쾌[夬]는 음3월 괘로서 양기운이 마지막 하나 남은 음기운을 밀어붙이는 것이지만, 2양의 상황배경인 '구(44)'는 음5월 괘로서 음이 일단 물러갔다가 나아가는 양의 내면 깊이로 다시 돌아와 시간의 흐름과 함께 음의 영향력을 크게 발휘하는 괘이다. '쾌'에서는 양이 음을 결단코 밀어붙이고 '구'에서는 물러난 음이 안으로 되돌아와 창궐하며 양을 잠식하려는 것이니 이 둘은 극한 상황 속에서의 변화국면을 나타내고 있다. '쾌'의 기초자질이 '구'라는 것은 초기에는 음이 성성하지만 곧 전반 세계의 중심인 2양에 의하여 쾌의 속성이 출발하게 되므로 음의 창궐은 저지될 수 밖에 없기 때문이다. 그래서 2양은 한마디로 '구쾌(姤夬)'의 상이다. 즉, 음이 양을 잠식하려는 위험한 상황에서 오히려 양이 음을 밀어붙이는 반전이 이루어지게 되는 것이다.

이러한 반전의 상은 '구쾌'의 의미 자체에서 충분히 함의되고 있지만, 2양의 상황배경으로 작용하는 구(44)의 개념을 양의 입장에서 4원으로 전개해 보면 더욱 분명해진다. 밀어제친 걸림돌을 딛고 나아가(쾌43) 지혜롭게 힘을 모아(췌45) 상승기운 속에 쌓은 힘을 발휘하지만(대축26) 나중에는 다시 그 힘이 박탈되는(박23) 일련의 과정이다. 이 중에서 마지막 박(23)의 국면을 빼고 보면 양이 음을 밀어재친 후 나아가는 국면이다. 하지만 막상 '박'의 국면을 겪자마자 음이 다시 양의 안으로 파고들어 양의 바짓가랑이를 붙잡는 형국이 된다(구44). 물론 '구'는 점차 음이 득세하여 양을 다시 몰아내게 되는데(박23) 이런 순환은 자연의 순리다. 이러한 국면 전환의 상황을 알고 나면 효사를 이해할 단계에 이른다.

'두려운 마음으로 호소하도다. 저문 밤에 적을 만나더라도 근심치 말라' 하였는데, 두려운 마음이 생기는 것은 악의 잔존세력이 호시탐탐 잠식하려 하는 '구(44)'의 사회적 환경적 기초분위기 때문이다. 그러니만큼 2양은 중심활동가로서 당당하게 주위에 호소하며 힘을 모으는 노력을 게을리하지 않으며 상황이 호전되면서 뜻밖에 만나는 적이 있어도 오히려 극적인 설득과 타협을 이루어낼 동적 자질이 있다(양).

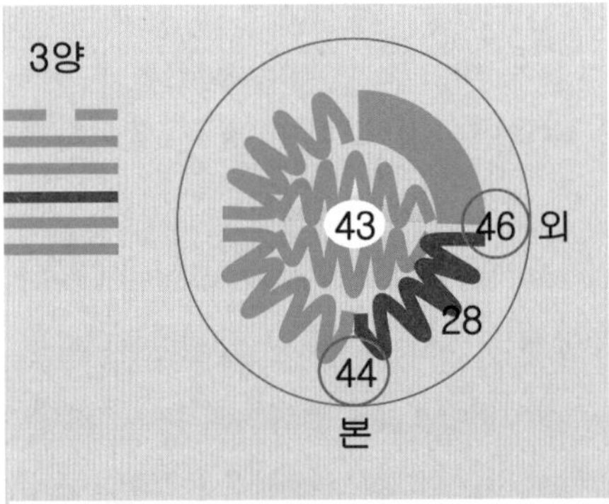

壯于頄장우구(규) **有凶**유흉
君子夬夬군자쾌쾌,
獨行遇雨독행우우.
若濡有慍약유유온 **无咎**무구.

광대뼈가[于頄] 세차서[壯] 흉이 들리라[有凶]. 군자는[君子] 단호히[夬] 결단하니[夬] 홀로 가다가[獨行] 비를 맞으리라[遇雨]. 흠뻑 젖는[濡] 듯하여[若] 성이 나지만[有慍] 탈은 없으리라[无咎].

3양은 구(姤)·대과(大過)·승(升)의 과정이다. 문젯거리에 붙잡혀 쉽게 헤어나지 못하지만[구44] 외적으로는 상승무드로 기세가 등등하다[승

46]. 어떻게 해나가야 하는가? 총력을 다하여 과감히 박차고 나아가면 지나친 점은 있지만 끈질긴 걸림돌도 한발 물러선다[대과28].

3양은 바깥으로 힘차게 뻗치는 힘이다. 외세가 양의 상승무드로 당당한데 가로막는 장애가 있다면 과감하게 박차고 나갈 수밖에 없다. 내효의 두 양은(1양·4양) 심적인 결단이거나 그 준비단계이고, 중효의 두 양은(2양·5양) 중심에서 균형을 고려해야 하는 결단이지만 외효의 3양은 제거대상인 6음과 바깥에서 홀로 직접 부딪게 되는 상황이다. 겉으로 음유하며 경험 많은 6음은 3양을 음양상응의 효과를 노려 회유할 수 있으므로 이에 실족하지 않고 본연의 책무를 다하려면 총력을 다하여 결단을 감행하여야 한다. 과감하게 독주하므로 무리와 실수가 생기기도 하지만 감내할 수밖에 없다.

이 상황과정을 주재하는 '대과(28)'의 개념을 4원으로 펼쳐보면, 대망을 향한 불굴의 정신으로(건01) 어려운 정체의 늪을 잘 헤쳐나가면서(비12) 의기충천한 모습으로(태11) 품은 대망을 실현시키는데 진력하며 헌신하는(곤02) 과정이다. 시련이 있더라도 모든 것을 감내하고 수용하면서도 지나치리만큼 과감히 결단하는 모습이다.

'광대뼈가 세차서 흉이 들리라[壯于頄 有凶]' 하였는데, 3양이 바깥에서 양의 상승기운 속에서(승46) 당당한 모습으로 결단하러 나오니 광대뼈에 그 기운이 서려 위협적인 얼굴의 모습으로 표현되니 이를 알아차린 경륜 높은 6음이 음유한 속성으로 독불장군 같이 홀로 있는 활기찬 3양을 회유하니 이에 넘어가 흉함을 당하는 모습이다. 이어서, '군자는 단호히 결단하니[君子夬夬] 홀로 가다가 비를 맞으리라[獨行遇雨]' 한 것은, 군자라면 3양의 실족이 예상되는 분위기를 무릅쓰고 처한 상황(대과28, 승46)을 판단하여 과감한 결단으로 전력투구하게 되는데(양) 이 길은 외로운 고군분투의 어려움을 맞기도 한다는 뜻이다. 끝으로, '흠뻑 젖는 듯하여 성이 나지만 탈은 없으리라[若濡有慍 无咎]' 한 것은, 지나친 과단성으로 현실적인 역경이 있는 듯하지만 이 효의 운세가 상승무드이기 때문에(승46) 할 바를 한 것이고 뜻밖의 반전이 바탕이 되어(구44) 탈은 생기지 않는다는 말이다.

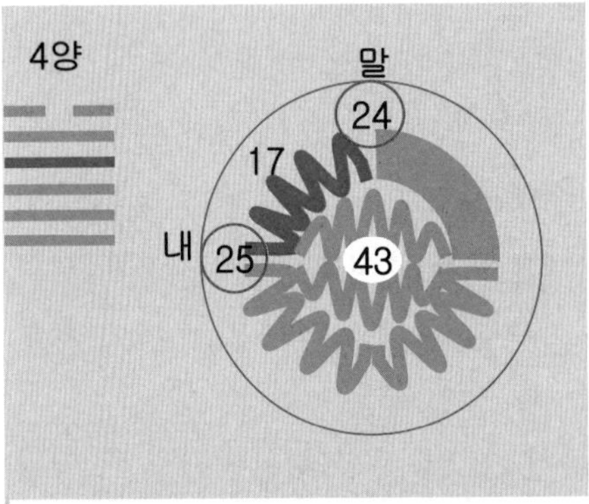

臀无膚둔무부 其行次且기행차저·
牽羊悔亡견양회망·
聞言不信문언불신! (有悔유회)

둔부에[臀] 살이[膚] 없으니[无] 그[其] 행차가[行次] 머뭇거리도다[且]. 끌려가는[牽] 양이라면[羊] 후회가 없으리라[悔亡]. 충고를 듣고[聞言] 불신이라니[不信] (한이 되리라).

> 4양은 무망(无妄)·수(隨)·복(復)의 과정이다: 마음을 비우고 순리를 따르는 삶을 지향하면서[무망25] 걸림돌을 제거하여 뜻을 제대로 펼칠 수 있는 원래의 바른 세계로 돌아가려면[복24] 어떤 마음자세가 필요한가? 그 길로 인도하면 적극 호응하는 마음자세로 따라나서야 한다[수17].

4양은 마음이 주위에 호응하여 적극적으로 움직여야 함을 말한다. 세계의 걸림돌(6음)을 척결하자는 뭉쳐진 요구가 아래(1양·2양·3양)와 위에서(5양)동시에 제기되고 있으니 이 물결에 합세하여 호응하는 것이 자연스럽다. 하지만 생각이 활발한 자는 자신의 고집을 내세우는 법이니 주위의 뜻을 수용하여 하나의 통일된 행동으로 공동의 적을 결단하는데 장애가 된다. 공동의 바른길로 나아가자면 자신의 고집을 꺾고 주위의 분위기에 적극 호응하면 성공할 수 있으나 생각부터 우유부단하면 어렵다.

이 상황을 주재하는 '수(17)'의 4원 개념을 '쾌'의 환경으로 읽어오면, 단합하여 결단하기 위해, 위세와 허세로는 소통이 잘 되지 않는 분위기에서(비12) 내면에는 창조성을 펼치려는 열정을 불태우고(건01) 밖으로는 세계의 대세를 수용함으로써(곤02) 내면을 튼실하게 다지는(태11) 일련의 과정이다. 이 상황을 요약하여 '따르는 결단'의 의미로 '隨夬수쾌'라 할 수 있을 것이다.

'둔부에 살이 없으니 그 행차가 머뭇거리도다[臀无膚 其行次且]'라고 한 것은, 4양의 직능인 머리만 쓰는 데는 활발하지만 세상일의 외적 실천적 활동에는 소극적임을 말해준다. 이어서, '끌려가는 양이라면 후회가 없으리라[牽羊悔亡]' 한 것은, 늘 무리를 지어 지내는 온순한 양이 양치기를 따라 이끌려 가듯 결단하려는 세상의 대세에 호응하는 '수(隨17)'의 길을 가면 아쉬움이 없다는 뜻이다. 끝에 '충고를 듣고서도 불신이라니!'라는 것은, 그렇게 되면 한이 될 수밖에 없음을 반어적으로 강조하여 표현하는 경구(警句)라 하겠다. 따르라는 충고에도 아랑곳하지 않을 가능성이 높기에 이런 경구가 나온 것이다. 이 효를 받고서 아집을 벗고 대세를 잘 따르면 후회할 일이 없겠지만 그렇지 않으면 한이 될 수밖에 없음을 알 수 있다. 길흉은 절대적이 아니며 대응하기 나름이다.

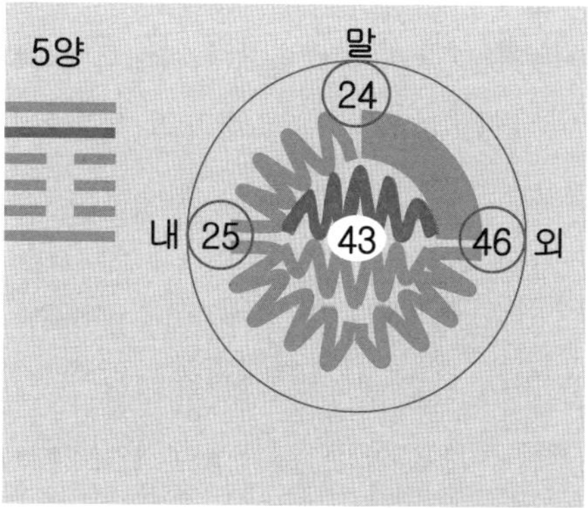

莧陸夬夬현륙쾌쾌.
中行중행 无咎무구.

강한 잡초를[莧陸] 단호히[夬] 베어버리도다[夬]. 중도를 행하니[中行] 탈이 없으리라[无咎].

5양은 무망(无妄)·복(復)·승(升)의 과정이다: 마음을 비우고 순리와 정도의 떳떳한 심정을 가지고[무망25] 외적인 상승기세를 타려면[승46] 어떠한 지도력을 발휘하면 되는가? 본래의 돌아가야 할 길을 향하여 나아가며 초지일관으로 걸림돌은 척결해버린다[복24].

5양은 적극적인 행동으로 상황을 헤쳐나가는 중심인물이다. 6음은 그 진행을 막는 걸림돌이다. 그런데 문제는 5양은 6음에 가장 가까이 있으므로 코너에 몰린 경험 많은 6음이 최후의 발악을 하면 그 영향을 받기 쉽다는 점에 유의해야 한다. 온갖 유인 책략에 약간의 때라도 묻히게 되면 리더로서는 도덕성을 잃고 힘을 쓸 수 없다. 6음이 사악한 특성임에도 공식적으로는 대외자문역이니 그 힘은 아직도 위력적이다. 하지만 미래와 세계 밖의 정보교류를 가로막고 있는 6음은 바라던 참다운 세계로 나가는데 큰 방해꾼이다. 대의를 위한 중도정신으로 척결해야 할 것은 확실하게 척결해야 힘찬 건(乾)의 창조적 미래를 열 수 있다.

이 상황을 이끄는 '복(24)'의 4원 개념을 가져오면, 군림하는 자세를 버리고 자숙(自肅)하며(박23) 저변의 힘을 축적하여(대축26) 밝은 생각과 올바른 판단을 중심으로 단합하여(췌45) 새로운 목표달성을 향하여 걸림돌을 치우는(쾌43) 일련의 과정이다. '쾌'의 목적을 결부시키지 않아도 4원의 마지막이 쾌(43)이기 때문에 쾌 본연의 중심역할인 결단과 그 목적이 일치된다. 그래서 효사에서 '夬夬쾌쾌'라는 말이 나오는 것이다.

'강한 잡초를 단호히 베어버리도다[莧陸夬夬]'라고 하였는데, 현륙[莧陸]은 자리공과의 여러해살이풀로 1미터의 높이나 되고 독이 있으며 뿌리는 '상륙(商陸)'이라 하여 이뇨제로 쓰는 생명력이 강한 잡초이니 한번에 제거하기가 어렵다고 포기하지 말고 단호하게 베어내어 시야가 방해되지 않고 원래대로 덕되는 작물을 심을 수 있게 해야 한다는 뜻이다. 이어서 '중도를 행하니 탈이 없으리라'라고 한 것은 6음의 유혹에 이끌려 사사로운 이해관계에 빠져서 결단을 하지 못해서는 안 되므로 5양의 직능 중 하나인 대의를 향한 중도의 리더십을 강조하는 말이다.

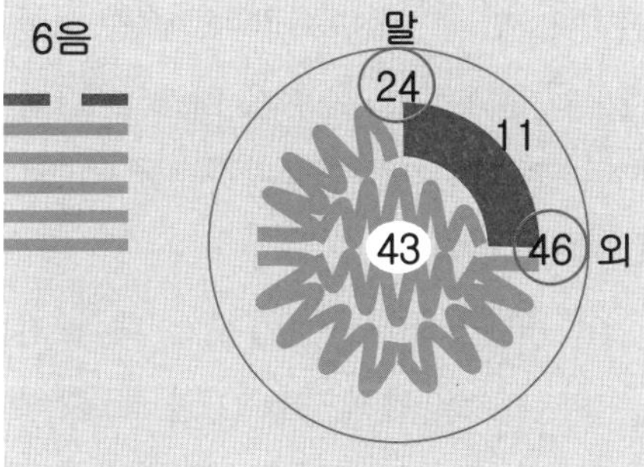

无號무호 終有凶종유흉.

부르짖음이 없으면[无號] 끝내는 [終] 흉함이 있으리라[有凶].

> 6음은 승(升)·태(泰)·복(復)의 과정이다: 상승기운을 타고 역량을 모아 끝까지 밀어붙여야[승46] 끝내는 본래의 자리로 되돌아 간다[복24]. 어떻게 되어가는 상황인가? 세상이 태평한 분위기에 있다 보니 결단의 마지막 단계에서 경계심을 잃고 문란해진다[태11].

6음이 결단을 해야 하는 쪽이라면, 세계 밖과 미래와의 교류가 정체되어 있는 상황이고, 일소되어야 하는 쪽이면 마지막 단계에서 완전하게 제거되지 않은 방해꾼이 높은 자리에서 앞을 가로막고 있는 모습이다. 물러가야 할 자가 대세에 밀릴 때는 음흉한 속셈으로 아무런 저항 없이 숨죽이고 있으므로 평화롭게 보이나 이로써 밀어붙여야 할 쪽에서는 주의심이 흐려지고 무사안일의 태도가 조장되어 문제의 불씨가 남겨진 채 세상이 이를 경계하지도 않게 되므로 나중에 후한으로 돌아온다.

이 상황을 연출하는 '태(11)'의 4원 개념을 '쾌'의 환경으로 가져오면, 에너지가 분산되는 혼란을 딛고(고18) 부족한 내면을 기르지만(이27), 채운 에너지를 지나치게 낭비하므로(대과28) 주위의 형편에 따르지 않으면 안 되는(수17) 일련의 과정이다.

'부르짖음이 없으면 끝내는 흉함이 있다[无號終有凶]' 함은, 6음이 결단하여 척결할 자이건 척결의 대상이건 경계하는 호소도 없이 상승무드 속에서(승46)의 태평한 세월을 즐기고 있음인데(태11), 멀리서 바라보면 일소의 대상이 잘 바라다보이지만 막상 그 속에서 부딪치며 함께하다 보면 분위기에 젖어 경계심마저 없어지고 만다. 태평세월 속에는 태만 때문에 문란해지기 마련이니(태11) 끝까지 경계심을 늦추지 않고 척결하지 못하면 이것이 빌미가 되어 화를 자초하게 된다는 말이다. 한마디로 태평스런 결단이니 '태쾌(泰夬)'라고 할 수 있겠다.

괘의 종착인 '복(24)'은 본래의 자리로 되돌아가는 것이지만 괘의 전체적인 의미에서의 쓰임과 6음의 부분적인 쓰임에서 '복(復)'의 두 가지 의미를 읽을 수 있다. 괘 전체를 볼 때는 6음의 문제점이 척결되어 건(乾)의 창조적 역량을 회복하는 것이고, 6음 자체를 볼 때는 경계심을 늦추지 않고 과감히 결단해야 하지만 '건'으로의 회복 중에 척결의 대상이 다시 되살아날 수 있음을 복합적으로 함의하고 있다. 괘와 효의 의미를 깊이 음미할 수 있게 해주는 것이 바로 괘의 배면에 깔려 있는 상황코드임을 알 수 있다.

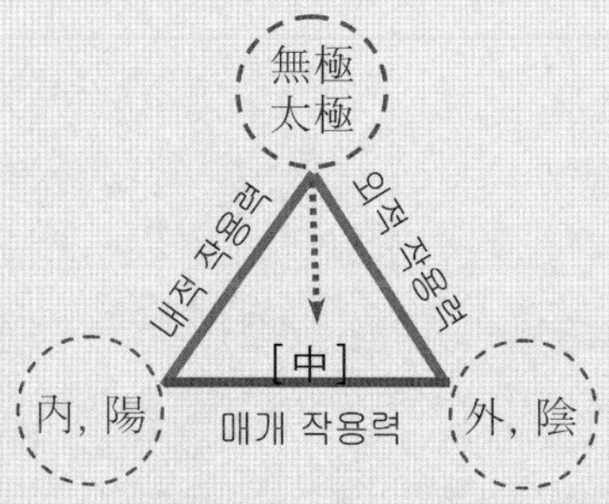

▷ 삼원(三元)과 삼기(三氣) (『과학주역』1, 152쪽)

무극(태극)은 어떤 상태를 유지하는 능력을 가진 본 바탕이다. 하늘의 도(道)는 태극의 조화 속에 음양운동을 나타내 보이는 3원(三元)운동이지만 땅 위에서는 음양의 두 가지 현상적 양태로 드러난다[天三地二, 三天兩地]. 무극의 소양이나 태극의 조화작용을 인간의 이해 범위에서 정의한 것이 중(中)의 역할이다. 따라서 현실적인 모든 사물의 상태는 내(內)·중(中)·외(外)의 세 작용에 의하여 원만히 유지되므로 이 실제적 기운을 삼기(三氣)라 한다. 그래서 내·중·외의 3획으로 이루어지는 삼각형은 사물의 상태를 보여주는 기본틀이 된다.

44. 천풍구(天風姤)

극적인 만남, 불순존재의 맞닥뜨림, 전화위복의 기회포착, 때맞춘 대책 강구,
유혹의 올가미에 씌움, 사소한 일이 큰일을 붙들어 맴

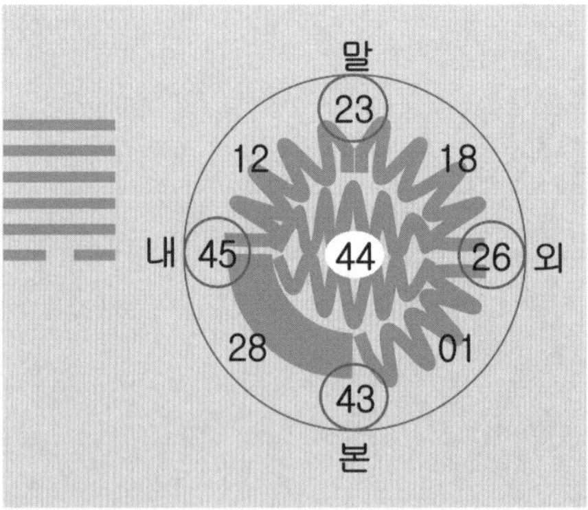

姤구.
女壯여장 勿用取女물용취녀.

극적인 만남이로다[姤] 여자라면 드세니[女壯] 그런 여자는 함께하지 말라[勿用取女].

> 구[姤]는 쾌(夬)·췌(萃)·대축(大畜)·박(剝)을 따라 흐르는 세계다: 음성세력을 결단하고[쾌43] 공감대 형성으로 역량을 모아[췌45] 크게 쌓은 힘으로 영향력을 발휘하나[대축26] 다시 똬리를 튼 음성세력의 장악에 휘둘리는[박23] 일련의 과정이 '구'의 세계다.

8괘의 상으로 보면, 높은 하늘의 권능이(乾天건천) 그 아래로 부는 바람을 통하여 땅에 그 영향력을 행사하지만(巽風손풍) 아래에서 일고 있는 바람이(風) 하늘 높이 뻗치는(天) 상이니 드센 한 여자가 뭇 남자를 휘두르거나 백성의 원성이 조정을 뒤흔드는 모습에 비유된다.

쾌(43)가 구(姤)의 기초자질이 되고 있는 이유는, 걸림돌이 거의 제거되어 간다고 긴장을 풀고 조금 문란해지면(쾌괘의 6음 참조) 그 순간에 보이지 않는 내면 깊숙이 간교하게 숨어들어와 잠재하며 부지불식간에 그 영향을 크게 미치기 때문이다. 또 박(23)이 결과형질로 된 것은 내면으

로 되돌아온 이 음성세력이 점점 커져서 전체를 장악해버리는 방향으로 가기 때문이다. '구'가 음5월 괘이니 하지(夏至)를 지나면 점점 음의 기운이 커져가는 형세와 같다. 양에 의하여 밀린 음이 다시 양을 밀어내는 자리로 돌아오는 어쩔 수 없는 우주적 음양성쇠의 흐름이고 시간의 화살처럼 엔트로피가 증대하는 변화이다. 사실상 1음을 부정적인 소인배나 걸림돌로 보는 것은 이런 극단적인 상황을 만날 때 긍정적인 양의 입장에서 득실을 따지는 인간의 생각 때문이다. 높은 곳에 있는 돌이 아래로 구르는 것은 중력이 작용하는 것이지 간교한 유혹 때문이라고 말하지는 않지만 시적인 느낌으로는 와닿는 말이다.

전체의 시스템이 유동적인데 한 부분만이 고착되어 있다. 현재나 과거사의 어떤 부분이 강한 영향력을 발휘하여 전체의 활동을 제어하고 있는 모습이다. 내적인 하나의 요인이 그 밖의 모든 다른 흐름을 붙잡고 있는 형국이며, 대세를 거스르거나 전체를 좌지우지하려는 존재가 잠재하고 있는 모습이다. 그로부터 벗어나려는 나머지의 다섯 양들의 노력도 대단하지만 그것(1음)이 내부 깊숙이 닻을 내리고 정착하고 있는 힘은 1:5의 비율로 여간 드세지가 않다. 사소한 것 같아도 집착이 강하고 현혹적인 존재는 그 창궐능력이 탁월하기 때문에 방치하면 부지불식간에 커가고 어설픈 공격으로는 역습을 맞는다.

인성(人性)의 면에서 살펴보면, 근본적인 욕구는 소극적인데(1음) 외적으로 활발하게 에너지를 교류하고(3양) 신진대사는 원활하여(2양) 물리적인 힘은 강한 상태다. 체력이 좋으니 정신적 사고력도 적극적인데다(4양) 실천력이 강하고(5양) 대외적 활동력도 뛰어나서(6양) 외적 능력이 출중하다. 하지만 과거의 어떤 문제로 잠재의식이 소극적이기 때문에(1음) 겉으로는 별 문제가 없는데도 뜻밖의 이상행동이 돌출하여 창조적인 능력을 제대로 펼 수 없게 되니 각별한 주의가 요망되는 인성이다.

의식의 세계보다도 잠재의식에 고착된 사고방식은 여간 해서는 변경시키기 어렵기 때문에 원천적으로 처음 정착될 때 잘 관리해야 한다. 무의식적인 것은 인식되기 어려우니 자신도 모르게 용인하다 보면 그 영향력은 개인의 잠재의식과 사회의 저변에 자리잡는다. 쇠잔했던 패잔병이 힘을 되찾고 뜻밖의 기습을 해와 봉변을 당하는 상황을 맞을 수도 있다. 양의 입장에서, 저변에 웅크린 위험의 불씨 때문에 발목이 잡혔을 때 지혜롭게 해결하는 방책은 무엇인가? 역으로, 음의 입장에서, 환경적 영향력에 눌려있지만 험난한 역경을 딛고 성공을 거두는 기회포착의 방법은 존재하는가?

괘를 이루는 음양을 두고 어느 한쪽을 아군으로 다른 한쪽을 적군으로 표현하면 전쟁 상황에서는 아군의 입장에 관심이 집중되지만 적군의 입장에 서서 생각하기는 쉽지 않다. 하지만 전쟁은 양대 진영의 싸움이다. 여자가 남자 다섯을 붙잡고 있다면 그 여자는 도덕적으로 지탄의 대상이 되겠지만, 하나 있는 여자를 서로 취하겠다고 다섯 남자가 치근댄다면 그 여자는 보호본능이 생겨 드세어질 수밖에 없다. 남자의 무리한 발산 본능은 여자의 유혹적인 포섭을 이기지 못하니 대세는 음의 쪽으로 기운다. 종착역이 박(23)이기 때문이다.

괘사에서 '극적인 만남이로다[姤]. 여자라면 드세니 그런 여자는 함께하지 말라[女壯 勿用取女]'라고 함은, 1:5라는 극단적인 음양불균형 상태의 쾌(夬)에서 구(姤)로 전환하면서 밖으로 쫓긴 부정적 요소가 안으로 치고 들어온 극적인 만남인데다 결국에는 양이 음에 의하여 잠식되는 박(23)의 형세로 가게 되니 양의 입장에서는 뜻밖의 불리한 여건과의 만남이므로 그런 음과는 유대를 갖지 말라는 경고이다.

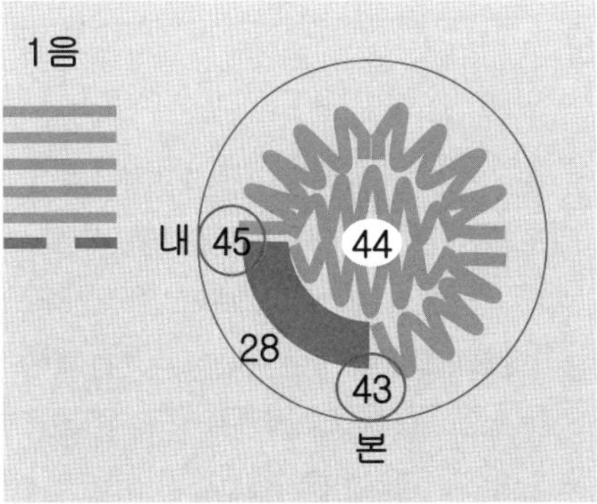

繫于金柅계우금니. **貞吉**정길 **有攸往**유유왕, **見凶**견흉. **羸豕**이시 **孚蹢躅**부척촉. (羸리)

쇠말뚝에[于金柅] 매어두도다[繫]. 끝까지 지탱하면[貞] 길하리라[吉]. 여유를[攸] 두어[有] 행하면[往] 흉한 꼴을 보리라[見凶]. 마른[羸] 돼지가[豕] 이를 믿고[孚] 뛰고[蹢] 또 뛰느니라[躅].

> 1음은 쾌(夬)·대과(大過)·췌(萃)의 과정이다: 부정적인 요소를 과감히 결단하고[쾌43] 공감대를 형성하여 역량을 한데 결집해야 한다[췌45] 어떻게 해야 하나? 부정적 요소를 품고 묵인하면 나중에 걷잡을 수 없으니 다소 무리가 되더라도 처음에 과감하게 밀어붙여야 한다[대과28].

1음은 내면에 약하고 무해하고 순수한 것처럼 위장하여 웅크리고 있는 소극적 요소다. 처음에는 사소한 것이라 주의를 기울이지 않는 틈을 타고 무의식적 상황에서 스며들어온 것이라 가만 내버려두면 부지불식간에 뿌리를 내리고 자란다. 애초에 작은 문젯거리라 하더라도 한번 허용해주면 오히려 이를 든든한 발판으로 삼아 더 크게 성장하여 전체를 좀먹게 되고 나중에는 감당하기조차 어렵게 된다.

이 상황을 연출하는 '대과(28)'의 4원 개념을 '구'의 환경으로 가져오면, 목적을 향한 강한 투지로써(건01) 막힌 상황을 잘 헤아려(비12) 튼실한 힘으로 밀어붙이며(태11) 끝내 힘을 다 소진하며 헌신하는(곤02) 과정이다. 극적으로 불순요소를 갑자기 맞닥뜨리면 초기에 무리를 해서라도 전력을 다하여 불순 요소의 창궐을 제압해야 하므로 '大過·姤대과구'로 요약할 수 있으며 '과감한 불순 요소의 제압'을 의미한다.

효사의 첫머리에, '쇠말뚝에 매어서 끝까지 지탱하면 길하리라[繫于金柅 貞吉]' 함은, 불순 존재가 뿌리를 내리지 못하도록 초반에 총력으로 제압하는 방법은 꼼짝 못하게 구속하여 제압하는 것이니 강한 쇠말뚝에 매는 것이 상책인데 길이 들 때까지 꾸준하게 하면 뜻을 이루게 되니 길하다는 말이다. 이어서, '여유를 두어 행하면 흉한 꼴을 보리라[有攸往見凶]. 마른 돼지가 이를 믿고 뛰고 또 뛰느니라[羸豕孚蹢躅]' 함은, 초반에 완전히 제압하지 못하고 사정을 봐주게 되면 마른 돼지와 같이 강팍한 성질의 음물은 느슨해진 사정을 믿고 그 틈을 노려 마구 날뛰게 되기 때문에 흉한 꼴을 보게 된다는 경구로서 앞부분의 내용인 '大過·姤'의 용단을 재강조하고 있다.

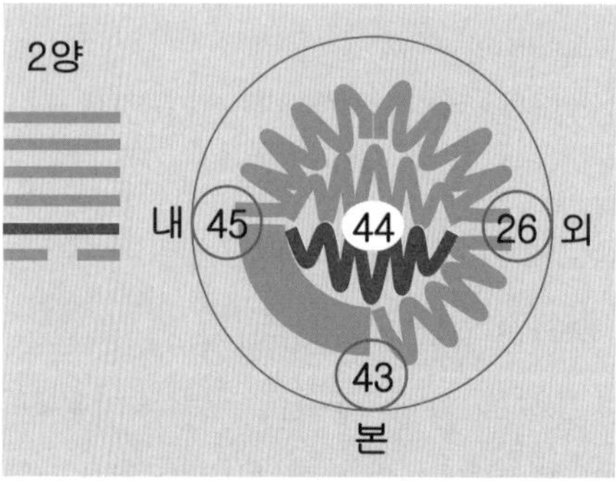

包有魚포유어, 无咎무구.

不利賓불리빈.

물고기가[魚] 망태에[包] 있으면[有] 탈이 없으리라[无咎]. 빈객이면[賓] 불리하리라[不利].

> 2양은 췌(萃)·쾌(夬)·대축(大畜)의 과정이다: 안으로는 공감대를 형성하여 역량을 한데 결집하는데[췌45] 밖으로는 크게 쌓은 힘을 펼치려 한다[대축26]. 어떤 역할을 해야 하나? 결단력과 추진력을 앞세워 강력하게 제압해야 한다[쾌43].

불순 존재가 테두리 속의 지도 감시 하에서는 별 문제가 없다가도(췌45) 통제가 뜸해지면 뱃심을 내밀고 호령하려 하므로(대축26) 2양은 이를 견제하는 역할을 한다. 2양은 완전히 뿌리 뽑기 어려운 음성적인 문젯거리를 강력히 제압하여 그 악영향이 전체에 더 이상 파급되지 않도록 적극적으로 통제하는 역할이다. 무의식 속의 부정적인 잠재의식(1음)이 불현듯 의식의 표면(4양)에 나타나면 전체가 적극적으로 행동하는데 장애를 받기 때문에 2양이 그 통로의 초입에서 의도적으로 차단하는 과정이다.

이 상황을 뒷받침하는 '쾌(43)'의 4원 개념을 '구'의 환경으로 가져오면, 근원적인 문젯거리를 털어내려고(구44) 순리와 정도의 떳떳한 길을 가면서(무망25) 상승기세가 힘을 받을 때(승46) 창조적 흐름에 장애가 되는 요소를 원래대로 복원하는(복24) 일련의 과정이다. 여기에서 쾌(43)와 구(44)의 관계는 하나가 다른 하나의 출발원인으로 되돌림 되는 관계임을 알 수 있다. 불순 존재가 내면 깊숙이 파고들어 똬리를 틀고 숨어서 큰일의 걸림돌이 되는 것은(44구) 그 불순존재가 드러나면 척결하려 하기 때문이다(쾌43). 그리고 그 역의 관계도 성립한다.

효사에서 '물고기가 망태에 있으면 탈이 없으리라. 빈객이면 불리하리라'라고 함은, 2양이 '쾌'의 정신으로 물고기를 망태 속에 두듯 근원적으로 문제될 것을 풀어놓지 말고 잘 관리·통제한다면 탈이 없게 되고 손님처럼 대접하면 그 틈에 역이용 당하게 되어 문제가 확산되니 불리하게 됨을 이른다.

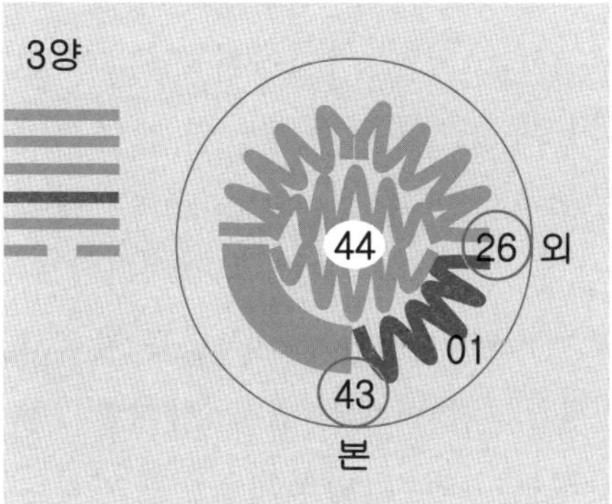

臀无膚둔무부 **其行次且**기행차저.
厲여 **无大咎**무대구.

둔부에[臀] 살이[膚] 없으니[无] 그[其] 행차가[行次] 머뭇거리도다[且]. 위태하지만[厲] 큰 탈은 없으리라[无大咎].

> 3양은 쾌(夬)·건(乾)·대축(大畜)의 과정이다: 애초에 단호한 결단력으로 불순 요소를 제거하여[쾌43] 크게 쌓은 힘으로 그 능력을 밖으로 펼쳐나가려 한다[대축26]. 어떻게 해나가면 되는가? 걸림돌이 있더라도 인내하며 불굴의 창조적 정신으로 전진해 나가야 한다[건01].

3양은 밖으로 강력하게 에너지를 발산하며 전진하는 모습이다. 하지만 그 원천(쾌43)이 발산적 전진을 방해하는 응집력이 강한 존재(1음)와 맞닿아 있어 그 영향이 작용하는 가운데 펼쳐나가야 하는 부담이 있다. 3양은 그 행동원리로 제시되는 강력한 불굴의 추진력이 요구되지만, 기초자질에 내재되어 있는 1음의 유혹에서 완전히 벗어나지 못하므로 자칫 결단력은 떨어지고 우유부단한 행동이 끼어들기 쉬운 점이 염려된다. 행동원리를 따르면 일을 잘 풀어가겠지만, 1음의 상황에 휘둘리면 일은 꼬이게 된다.

이 상황을 설명하는 '건(01)'의 4원 개념을 '구'의 환경으로 가져오면, 내면의 모든 힘을 쏟아내어(대과28) 주위에 열정을 가지고 호응하면서(수17) 내적으로는 허해지면서 외적 성취에 급급하다가(고18) 결국에는 힘을 다 잃고 다시 자신을 길러내야 하는(이27) 일련의 과정이다. 한번 허용된 음의 내적 창궐을 완전히 제압하기 위하여 전력투구하지만 에너지는 유한한 것이니 시간의 경과와 함께 그 고집은 결국 힘을 잃게 된다.

'둔부에 살이 없으니 그 행차가 머뭇거리도다[臀无膚 其行次且]'라고 하였는데, 같은 효사가 쾌(夬43) 4양에서도 쓰였다. 거기에서는 4양이 내적으로 머리만 쓰는 데 집중한 나머지 세상일의 외적 활동이 소극적이어서 둔부의 근육이 발달되어 있지 못했음이 함의되어 있었다. 여기에서 둔부에 살이 없는 이유는 안에서 음성적 응집력(불순요소)에 지배되어 밖으로의 동적 활동이 저해되고 있기에 나타나는 신체적 허약함을 말하고 있다. 드센 여자에 휘둘리는 남자를 생각하면 이해가 쉽다. 하지만 3양은 이를 극복하고 건(01)의 특성을 발휘해야 한다. 이렇게 1음에 이끌리는 내적 사정과 밖으로 '건'의 속성을 발휘해야 할 일이 엇갈려 3양의 책무가 만만하지는 않으니 '위태하지만 큰 탈은 없으리라[厲 无大咎]'고 한 것이다.

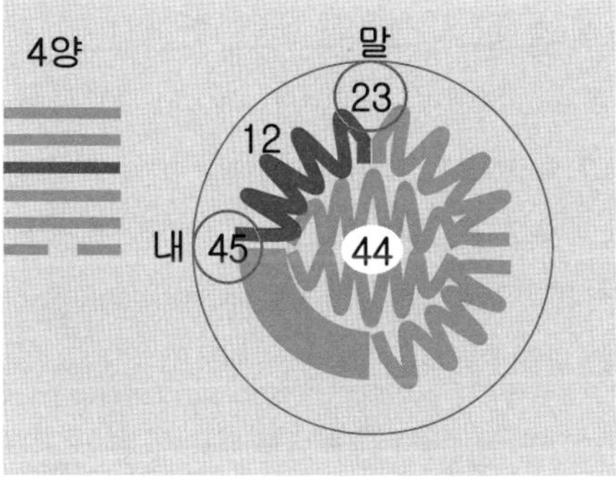

包无魚포무어. 起凶기흉.

물고기가[魚] 망태에[包] 없도다[无]. 흉함이 생기리라[起凶].

4양은 췌(萃)·비(否)·박(剝)의 과정이다: 공감대를 형성하여 역량을 한데 결집하였지만[췌45] 결국에는 불순 요소의 창궐에 밀려 퇴락의 위험에 직면한다[박23]. 어찌하여 그리 되는 것인가? 권위와 위세를 앞세우는 분위기에서는 불순 요소를 제어할 수 있는 힘을 발휘하지 못하고 서로 소통이 막힌다[비12].

4양의 기획적 제어 의식은 활발하나, 저변(무의식)에서 크는 부정적 요소를 변화시킬 실질적인 효력을 발생시키지 못한다. 생각은 부정적인 요소를 활성화시켜 순화하는데 쏠려 있으나 실제로 감동을 주지 못하는 안타까운 위치이다. 기획자의 의도가 저변(1음)의 신망을 못 얻어 노심초사하는 형상이다. 마음만 안달이지 실천에 옮기지 못하는 처지니 4양으로서는 흉하다. 나라라면, 위정자들의 허세로 민심이반이 생겨 국민의 지지를 잃고 서로 소통될 수 없는 상황과 같다. 이는 곧 아래로부터 밀려 권좌에서 물러나는 신세이니 곧 박(23)의 시대로 가는 것이다.

이 상황을 주재하는 '비(12)'의 4원 개념을 '구'의 환경으로 가져오면,

주위에 호응하는 자세로 출발하여(수17) 올인(all-in)하여 불순 존재를 밀어붙이다 보니(대과28) 힘이 고갈되어 다시 그 힘을 보충하고 길러야 하니(이27) 결국은 허세를 부리지만 내면이 허하여 곪아버리는(고18) 일련의 과정이다.

'물고기가 망태에 없도다[包无魚]. 흉함이 생기리라[起凶]'라고 한 것은, 제어해야 할 대상인 물고기가 망태 속에 없으니 통치할 국민과 소통되지 않아 통제력이 상실된 것과 같다. 의식으로 무의식 세계의 문제점을 제어할 수 없는 상태와 같으니 인성적으로는 '정신불안'이 생기는 형국이고 정치적으로는 민심이반의 상황이 되니 흉한 모습이다.

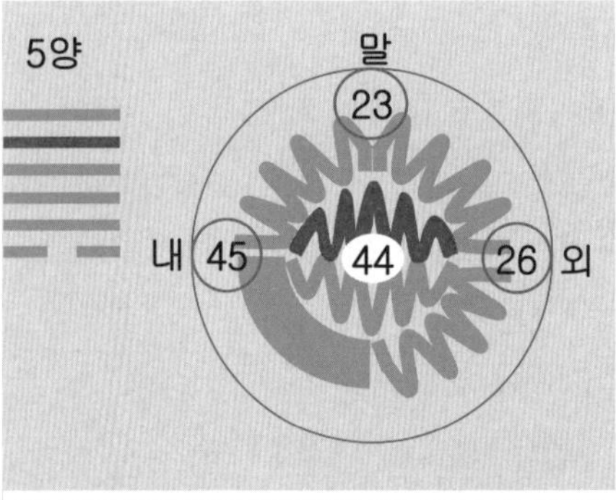

以杞包瓜이기포과,

含章함장 **有隕自天**유운자천.

자작나무로[以杞] 오이를[瓜] 덮어도[包], 값진 것을[章] 품고서[含] 하늘로부터[自天] 떨어지는 것이 있으리라[有隕].

5양은 췌(萃)·박(剝)·대축(大畜)의 과정이다: 불순 요소를 견제하려면, 공감대를 형성하여 역량을 한데 결집하여[췌45] 힘을 크게 쌓아 그 능력을 펴야 한다[대축26]. 어떤 형세의 과정이 진행되는가? 불순 요소는 은밀하게 창궐하고 통제하려던 쪽은 퇴락의 위협을 받는다[박23].

5양은 저변에 깔려 있는 문젯거리를 힘들여 견제하는 모습이다. 이 세계의 지휘자는 차올라 오는 문젯거리를 감당치 못해 권위로써 눌러 덮고 힘으로써 은폐하려 한다. 하지만 무리한 힘의 통제 하에서는 불순요소는 엎드려 숨어서 기세를 더욱 키울 뿐이다. 전략을 갑자기 바꾸어 의도적으로 감싸 안고 열정을 쏟아봐야 이미 때는 늦다. 부정적 요소는 이러한 분위기를 역이용하여 오히려 그들의 저력을 키우고 국면 전환의 계기로 이용한다. 이럴 때는 순리와 정도를 걷는 것이 최선책이다.

이 상황을 이끄는 박(23)의 4원 개념을 '구'의 환경으로 가져오면, 근본으로 되돌아와(복24) 새롭게 바탕을 쌓아 올려(승46) 정도를 따라 순리와 절제의 노선으로 이끌면(무망25) 문젯거리가 뜻밖에 전화위복의 계기가 되는(구44) 일련의 과정이다.

'자작나무로 오이넝쿨을 덮어도[以杞包瓜], 값진 것을 품고서 하늘로부터 떨어지는 것이 있으리라[含章有隕自天]'고 하였는데, 자작나무는 활엽의 키 큰 나무로 햇볕을 잘 받을 수 있지만 오이는 낮게 넝쿨을 감으며 나무를 타고 올라가므로 큰 나무의 잎사귀에 가려져 그늘 속에 있지만 의외로 음지의 이 오이넝쿨은 더욱 무성해진다. 양(陽)적인 자작나무가 큰 키와 큰 잎으로 음(陰)적인 오이를 가리는 압제적 위치에 있지만 오이는 넝쿨을 감고 올라가 햇볕을 더 많이 받으며 값진 열매를 맺으니 복이 하늘에서 떨어짐과 같다는 뜻이다. 억지로 제압하려 하면 오히려 역이용하여 성장한다는 뜻이다. 불리하더라도 억지를 버리고 순리를 따르는 것이 상책임을 권고하고 있는 효사이다.

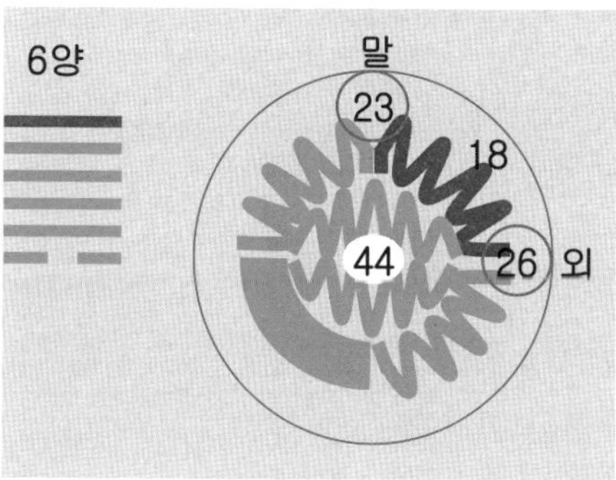

姤其角구기각,

吝인 无咎무구.

뿔로써[其角] 맞닥뜨리니[姤] 난처하지만[吝] 무탈하리라[无咎].

> 6양은 대축(大畜)·고(蠱)·박(剝)의 과정이다: 크게 쌓은 힘으로 밀고 나가지만[대축26] 세계는 활력을 잃고 빈궁한 퇴락의 국면을 맞는다[박23]. 어떤 국면인가? 본질적인 문제는 가만둔 채 자존심을 앞세운 위세와 허영이 날뛴다[고18].

6양은 세계 밖과 미래를 향한 활달한 교류의 상이다(양). 하지만 그것은 이 세계가 본질적인 어떤 문젯거리(1음)를 맞닥뜨려 어떻게 해결하여 나갈 것인가를 6양의 입장에서 적극적으로 살피는 것인데 1음과 시공간의 면에서 격리되어있는 6양은 그 내부의 본질적인 문젯거리를 직접 해결하여 제압하지 못한다. 6양의 활발한 외적 활동은 그 본질적 문제를 품은 채로 외적 성취에만 관심을 두는 것이니 허세에 불과하다.

이 상황을 주재하는 '고(18)'의 4원 개념을 '구'의 환경으로 가져오면, 태평성대에서는 방만하고 무절제한 생활에 빠지기 쉬운 속성이 있어서(태11) 안으로는 그 영향을 전면적으로 수용하게 되고(곤02) 밖으로는 에너지를 너무 많이 낭비함에 따라(건01) 혼란이 가중되어 비색한 국면을 맞게 되는(비12) 과정으로서, 속은 병들고 겉으로만 무리하게 허세를 부리는 상황이다.

'뿔로써 맞닥뜨리니 난처하지만[姤其角吝] 무탈하리라[无咎]' 한 것은, 음의 대세에 잠식되어감에 따라 힘이 떨어지니(박23) 뿔의 위세로써 무력적으로 상대해야 하는 형편이 되어 옹색하게도 허세를 부리는 것이다. 이것도 어쩔 수 없는 최후의 방어수단이니 탈이 생길 정도는 아니라는 뜻이다.

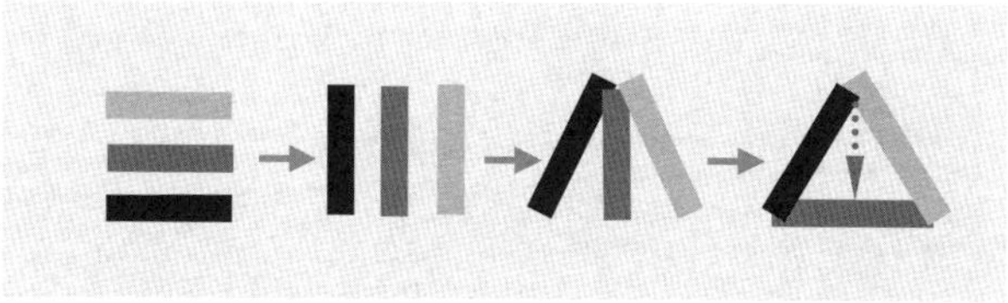

▷ 3획괘를 삼각형으로 묘사하는 과정 (『과학주역』1, 160쪽)

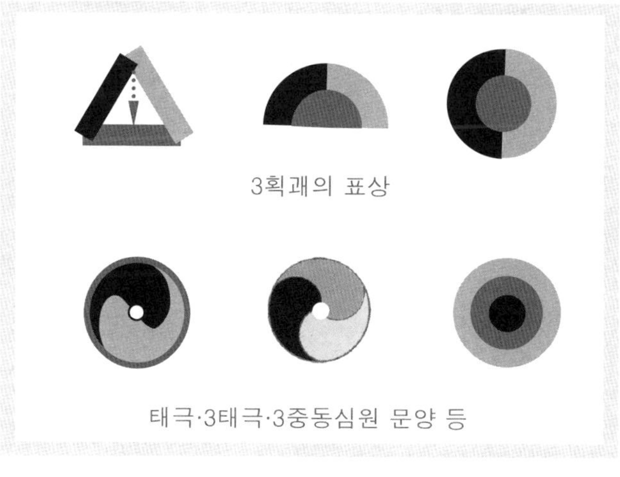

▷ 삼획괘(三劃卦)의 표상방법과 태극 문양 등과의
비교 (『과학주역』1, 161쪽)

45. 택지췌(澤地萃)

공감하여 모이는 상, 강력한 리더십, 역량의 결집, 통솔 하의 뭉침,
지도자를 찾아 헤매는 무리

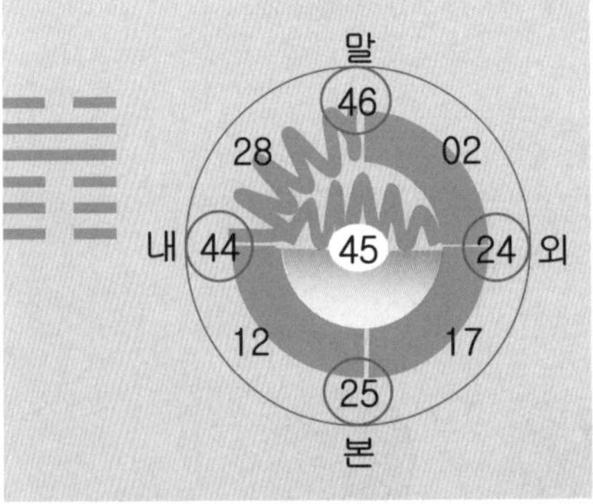

萃췌. 亨형.
王假有廟왕격유묘.
利見大人이견대인.
亨利貞형리정 用大牲용대생,
吉길. 利有攸往이유유왕.

공감하여 모여들도다[萃]. 적극적으로 나서야 하리로다[亨]. 왕이[王] 몸소 이르러[假] 종묘제사를 지내야 하리로다[有廟]. 대인을 만나봄이 이로우리라[利見大人]. 성장하고[亨] 무르익어[利] 결실을 맺으면[貞] 큰[大] 제물을[牲] 써야[用] 길하리라[吉]. 여유를 가지고[有攸] 나아감이[往] 이로우리라[利].

> 췌[萃]는 무망(无妄)·구(姤)·복(復)·승(升)을 따라 흐르는 세계다: 천운을 따라 순리·정도·절제의 삶을 살면서[무망25] 뜻밖에 전화위복의 계기를 맞고[구44] 원래의 바른길로 돌아가[복24] 질서를 회복하고 도약의 희망을 쌓아가는[승46] 일련의 과정이 '췌'의 세계다.

8괘의 상으로 보면, 땅(坤地곤지) 위의 연못(兌澤태택)을 형상하니 물이 웅덩이로 쏠리는 상이다. 물방울은 음이 양을 감싸고 있는 형상이지만 물의 집합을 이루기 위하여는 물의 작은 경계(음)를 허물고 그 속의 유동성

(양)이 연결되어야 하고 모인 물은 아래 쪽 땅으로 일부 스며든다. 인간 사회에서는, 무리를 한 곳으로 모으는 힘은 개별의 정신 에너지(양)가 연합된 '공감대(共感帶)'에서 나온다. 이로써 가정, 사회, 국가 등 모든 공동체는 나름대로 존재하며 발전할 수 있는 것이다.

명석한 사고를(4양) 적극적으로 실천하기 위하여(5양) 뭇사람들(여러 음들)의 협력을 끌어 모은다. 활발하게 생각해낸 대로(4양) 판단하고 행동에 옮기기 위하여는 척수신경계가(5양) 몸을 이끌어야 한다. 지도자(5양)는 우수한 예지력(4양)을 가지고 관련 세계 전체(음 넷)를 제어해야 한다. 정신적 지도력(4양·5양)에 공감하면 이를 구심점으로 군중(음 넷)이 몰려든다. 리더는 대중의 끌개(attractor)*가 되어 현상 전개의 중심이 된다. 정신적 동력(4양·5양)이 없는 군중은 오합지졸과 같다. 공동체에서 생성된 에너지를 소실하지 않으려면 그 보호막(3음·6음)을 튼튼히 하여 분산되는 에너지를 최소화해야 한다.

제4효가 음인 '비(08)'에서는 개인의 정신적 역량에 불문하고 리더(5양)가 전체 행동의 중심이 되는 상생적 단합을 의미하는데 비하여, '췌'에서는 머리를 잘 쓰는 기능(4양)이 첨가되기 때문에 지적 동력을 근거로 한다는 점이 다르다. 반면에 이기적 발상이 가능해지기 때문에 무리가 형성되면 이로 인한 문제로 부정적인 면이 생기게 된다. 단합이 잘되는 무리를 이루려면 강한 정신적 공감대를 바탕으로 위계질서가 유지되어야 한다는 것이 비(08)와 다른 점이다.

인성(人性)의 면으로 보면, 소극적 본성을 가진 터에(1음) 외적으로 에너지 교류가 별로 없고(3음) 신진대사 작용도 원활하지 않으니(2음) 체질적인 힘은 근본적으로 약한 상태다. 그 반면에 정신적 사고력이 활발한데다(4양) 생각한 바를 민활하게 행동에 옮기려 한다(5양). 하지만 기초체질이 약한 탓으로 대외활동은 소극적이다(6음). 한마디로 외적 활동이 별로

* 끌개(attractor)란 카오스 이론에서 붙여진 것으로, 동적 변화과정에서 어떤 경향성에 의한 특성적인 패턴이 나타나는 것을 말함.

없는 내적 사고활동 중심의 삶을 산다. 힘들 때라도 몸을 통제하는 정신력이 강하므로 정신력으로 자신의 역경을 잘 버틴다.

이 괘는 한마디로 '공감하여 모여드는' 상이다. 모여들게 하는 원동력은 정신적 공감대의 형성이기 때문에 '왕이 몸소 이르러 종묘제사를 지내야 한다'라고 하였다. 일단 형성된 무리가 우왕좌왕하지 않으려면 이를 이끌 수 있는 걸맞은 준칙과 목표설정이 있어야 한다. 그렇게 하려면 이 분야의 전문가의 자문이 필요하므로 '利見大人이견대인'이라 했다. 집단의 끊임없는 발전은 전체의 성취를 공동으로 확인하는 데에서 확대재생산이 가능하므로 '성장하고 무르익어 결실을 맺으면 큰 제물을 써야 길하리라[亨利貞 用大牲吉]' 하였다. 큰 제물을 쓴다는 것은 큰 성취와 함께 더 큰 집단을 위한 제사의 필요성을 말한 것으로 이로써 더 큰 정신적 공감대를 일으킬 수 있기 때문이다. '여유를 가지고 나아감이 이로우리라[利有攸往]' 함은, 여러 의견이 공존하는 무리를 이끎에 있어서 전체의 공통분모를 이끌어내기 위한 근본자세를 한마디로 요약한 것이다.

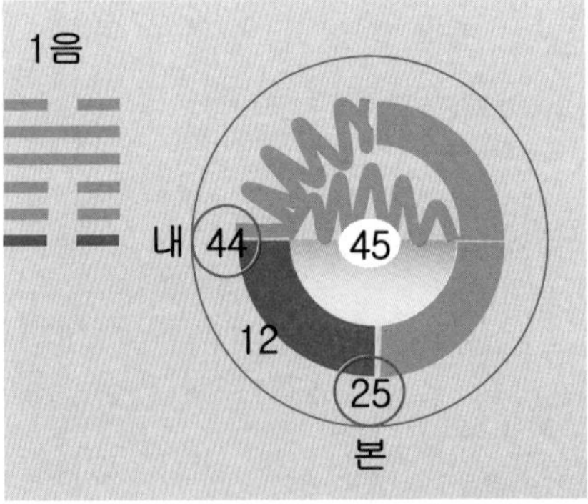

有孚不終유부부종
乃亂乃萃내란내췌.
若號一握약호일악 爲笑위소.
勿恤물휼. 往无咎왕무구.

믿음이 있어도[有孚] 끝을 맺지 못하니[不終] 갈라서기도 하고[乃亂] 모이기도 하느니라[乃萃]. 만약[若] 한번 악수하며[一握] 호소하면[號] 웃음을[笑] 지으리라[爲]. 근심치[恤] 말라[勿]. 가면[往] 탈이 없으리라[无咎].

1음은 무망(无妄)·비(否)·구(姤)의 과정이다: 천운을 따르는 순리·정도·절제의 삶 속에서[무망25] 뜻밖에 전화위복의 계기를 맞으려면[구44]. 어떤 노력이 있어야 하나? 위는 위세가 너무 높고 아래는 용기와 믿음이 없으니 상하의 소통을 터는 계기가 필요하다[비12].

1음은 내적 심성이 비활성적이어서 속마음을 내보이지 않는다. 무리를 이루는 핵심적 바탕은 리더와 추종자 사이의 강렬한 믿음이다. 그것이 모이고 흩어지는 원동력이므로 망설임과 의심을 버리고 서로의 신뢰를 확인할 수 있어야 한다. 초기에 질서가 채 잡히지 않은 무리 속에서는 경쟁관계로 불협화음이 생기기 쉬우므로 머리가 트인 지도자가 나서서 따를 자들이 안심하고 마음을 정할 수 있도록 독려해야 한다.

이 상황을 설명하는 '비(12)'의 4원 개념을 '췌'의 환경으로 가져오면, 호응하여 나서서(수17) 올인(all-in)하려는 마음이 있으나(대과28) 우왕좌왕의 혼란한 세상 분위기로는 위험하니 안정과 보수적 자세를 한동안 견지한 후에(이27) 겨우 갱생부활의 기회를 맞게 되는(고18) 일련의 과정이다. 여기에서 고(18)는 부패, 쇠퇴, 타락의 상이면서 동시에 기회를 얻어 쇄신되는 '갱생부활'의 상이라는 점을 간과하지 말아야 한다. 이런 세상 분위기에서는 상호불신의 벽이 높을 수 밖에 없다(비12). 이것을 해결할 수 있는 열쇠는 무리를 지도할 능력자가 쥐고 있다.

'믿음이 있어도 끝을 맺지 못하니[有孚不終] 갈라서기도 하고 모이기도 하느니라[乃亂乃萃]'라고 함은 곧 이 세계의 현 상황이 위에서 설명한 바와 같이 소통이 필요한 비(12)의 과정임을 단적으로 표현해주고 있다. 하지만 지도자가 먼저 나서서 따라줄 것을 간곡히 호소하면 서로 의사소통이 무난해지고 이를 믿고 따르면 문제가 없을 것이니 '만약 한번 악수하며 호소하면 웃음을 지으리라[若號一握 爲笑]. 근심치 말라[勿恤]. 가면 탈이 없으리라[往无咎]'라며 그 해결책을 제시하고 있는 것이다.

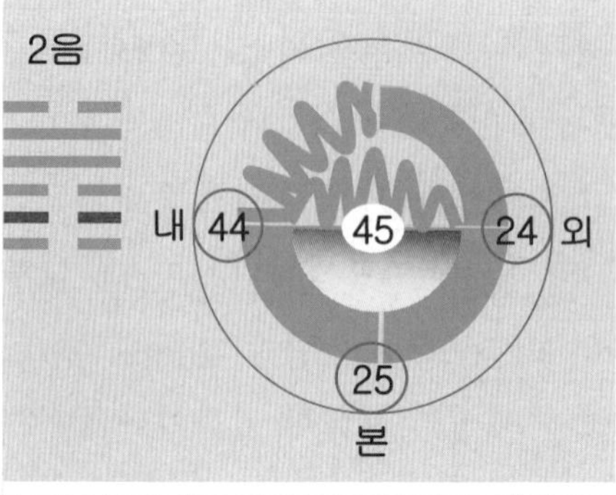

引인 吉길 无咎무구.
孚乃利用禴부내리용약.

서로 끌면[引] 길하고[吉] 탈이 없으리라[无咎]. 진솔한 마음이니[孚] 이에[乃] 간략한 제사를[禴] 치러도[用] 이로우리라[利].

2음은 구(姤)·무망(无妄)·복(復)의 과정이다: 뜻밖에 전화위복의 계기를 맞아[구44] 올바른 길로 되돌아가려면[복24] 어떤 조치가 필요한가? 천운을 따르는 순리·절제·정도의 삶으로써 진솔한 마음으로 서로를 배려한다[무망25].

2음은 곤(02) 2음의 '강력의 원리'를 본받아 주위를 끌어당겨 결속하는 특성을 가지니 무리를 이루려는 세계상에 잘 부합한다. 진정한 공감대는 '집단무의식'의 힘에서 비롯된다. 그것은 서로 간에 본능적 친화력으로서의 직관적인 느낌이다. 정성스럽고, 진솔한 마음이 서로를 끌어당기는 힘이므로 거창한 격식과 준비가 따로 필요치 않다. 이러한 특성은 또한 상위리더(5양)에게 안정감과 신뢰감을 주는 요소가 된다.

이 상황을 뒷받침하는 '무망(25)'의 4원 개념을 '췌'의 환경으로 읽어오면, 공감대를 가지고(췌45) 과감히 결단하여(쾌43) 퇴락의 위기가 오더라도[외23] 내공을 크게 쌓아가는(대축26) 과정이다. 이 상황에서는 순리, 절제, 정도의 삶을 통하여 순박한 마음으로 서로의 마음의 벽을 허물고 소통하는 국면이다.

'서로 끌면 길하고 탈이 없으리라[引吉无咎]. 진솔한 마음이니 이에 간략한 제사를 치러도 이로우리라[孚乃利用禴]' 한 것은 무망(25)의 진솔한 마음으로 서로의 벽을 허물면 서로간에 자연스럽게 끌고 끌리는 보이지 않는 힘의 끈이 생겨 단합이 유도된다. 무망(25)의 삶은 검소하고 격식이 필요 없으므로 간략한 제사라도 그 진솔한 마음만 있으면 받아들여지는 좋은 분위기가 된다는 뜻이다.

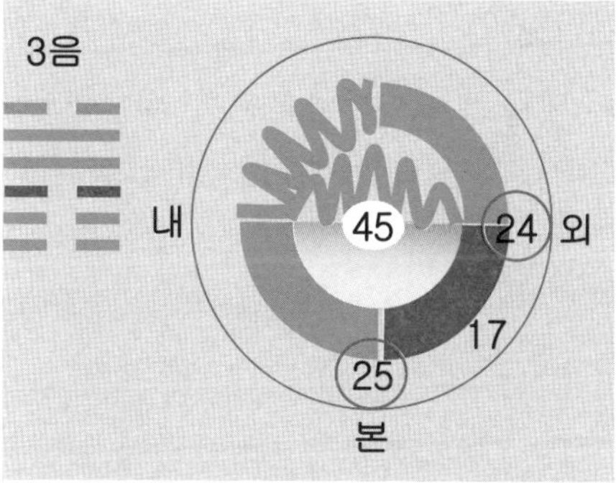

萃如嗟如췌여차여, 无攸利무유리. 往왕 无咎무구 小吝소린.

모이면[萃如] 탄식이니[嗟如] 이로울[利] 바가[攸] 없도다[无]. 가면[往] 탈은 없고[无咎] 조금 난처할 뿐이다[小吝].

3음은 무망(无妄)·수(隨)·복(復)의 과정이다: 정신적 공감대를 가지고 순리대로 나아가[무망25] 바른길로 접어들려면[복24] 어떻게 해야 하나? 상위자(6음)에 호응하여 소집단을 이루면서 합심하면 전체에 보탬이 된다[수17].

3음은 외적 물적 에너지 교환이 소극적임을 보인다. 무리의 외방에서 중앙과 긴밀한 교류가 없는데다가 외방끼리의 상하(3음·6음)도 음과 음의 관계로서 소통이 원활하지 못하다. 이때 소통이 막힘을 탄식하기 보다는 스스로 솔선하여 나섬이 중요하다. 이왕의 소집단(1음·4양, 2음·5양)과는 달리 또 다른 집단(3음·6음)을 형성하면 전체의 보호막이 되어주는 새로운 의미의 기능적 구조를 이루게 된다.

이 상황을 설명하는 '수(17)'의 4원 개념을 '췌'의 환경으로 가져오면, 지도자급과 잘 소통되지 않는다고 의기소침하지만은 않고(비12) 안으로 창조적 열정을 뿜어내며(건01) 밖으로 그러한 정신을 헌신적으로 수용함으로써(곤02) 세상이 점차 의기충천하도록(태11) 리더를 따르며 호응하는 역할이다.

'모이면 탄식이니 이로울 바가 없도다[萃如嗟如 无攸利]'라고 함은, 이 효의 상황코드인 '수(隨17)'의 기초자질이 '비(否12)'이니 상하가 서로 뜻이 소통되지 않는 상황에서 출발되므로 답답하여 탄식하지만 그렇다고 되는 것은 없다. 이제 솔선하여 나서는 길 밖에 없다. 접촉하기 쉬운 2음에 동조하거나 유사분야인 같은 외방의 6음을 따르든지 하면(수17) 무리 속의 한 역할을 해내는 것이니 탈은 없지만 궁여지책이라 옹색한 것은 어쩔 수 없다는 말이다.

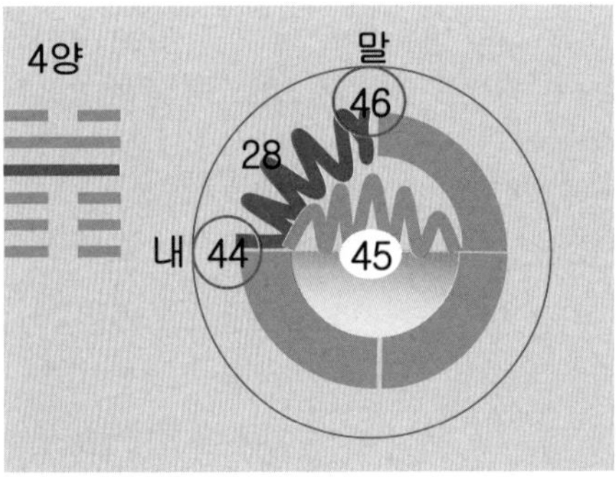

大吉대길, 无咎무구.

크게 길해야[大吉] 허물이 없으리라[无咎].

> 4양은 구(姤)·대과(大過)·승(升)의 과정이다: 불순존재와의 갈등을 극복하면서[구44] 질서를 회복하고 도약하려면[승46] 어떤 과정을 겪게 되는가? 무리를 이끌 모든 아이디어 창출의 의무가 여기에 집중되므로 정신적 과부하를 잘 견뎌내야 한다[대과28]. 한마디로 '大過·萃대과췌'의 과정이라 할 수 있다.

4양은 아이디어와 창조의 핵심으로서 이 세계의 헌신적인 끌개(attractor)다.* 553쪽 그 밝음을 중심으로 하루살이가 날아들듯 무리가 모여든다. 자원도 따라 모인다. 문제는 4양이 주요 기획자로서 동적인 임의성을 발휘할 수 있기 때문에 자칫 자신의 분수를 넘을 수 있는 가능성이 많다는 점이다(대과28). 사회가 암울할수록 국가, 기관, 기업 등에서 관료나 참모들의 무리한 계획이 난무하고 균형감각을 잃을 가능성이 높음과 같다.

이 상황을 말해주는 '대과(28)'의 4원 개념을 '췌'의 환경으로 읽어오면, 대망을 향한 불굴의 정신으로(건01) 어려운 소통의 벽을 넘어(비12) 의기충천한 모습으로(태11) 품은 꿈을 헌신적으로 실현해내는(곤02) 과정이다. 소위 큰 내를 건너가야 하는 부담을 지고 있는 역할이므로 성공하기 위하여는 능력이 탁월하거나 운이 대통해야 하므로 실수의 허용범위가 좁음을 알 수 있다.

'크게 길해야 허물이 없으리라'고 한 이유는, 이 효의 막중한 역할을 제대로 성취하려면 그 상황코드인 '대과(28)'를 구성하는 4원 개념인 '건(乾)·곤(坤)·비(否)·태(泰)' 라는 극단적인 국면들을 다 잘 넘겨야 하기 때문에 대길의 운을 타지 않고서는 허물없이 이루어내기는 쉬운 일이 아닐 것이기 때문이다.

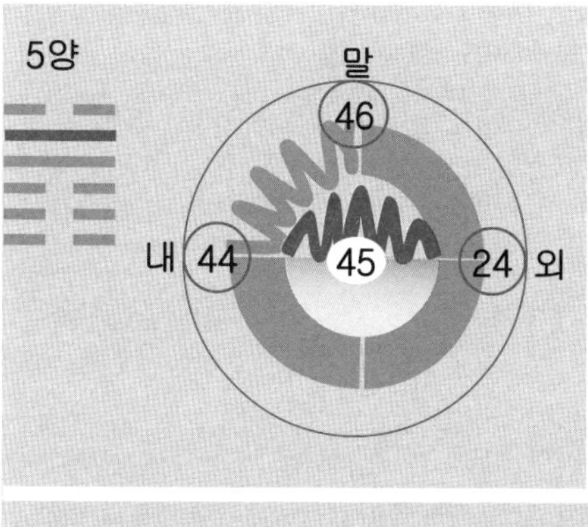

萃有位췌유위 无咎무구.
匪孚비부 元永貞원영정,
悔亡회망.

집단에서[萃] 지위를 얻으니[有位] 탈이 없으리라[无咎]. 믿고 따르지[孚] 않더라도[匪] 처음부터[元] 변함없이[永] 굳건하게 하면[貞], 한이 풀리리라[悔亡].

5양은 구(姤)·승(升)·복(復)의 과정이다: 곳곳에 불순존재와의 불협화음이 도사리고 있지만[구44] 이를 극복하고 질서를 회복하여 바른길로 들어설 수 있게 하려면[복24] 어떤 과정이 필요한가? 지도력을 강화하여 비전을 세우고 도약을 이끌어야 한다[승46].

5양은 세계를 활성적으로 통치하는 중심이다. 규모가 커지는 집단에서는 획기적인 기획과 새 아이디어의 뒷받침을 받아 비전을 제시하여 세계가 상승무드를 타도록 선도(先導)해야 한다. 지도이념을 앞세워 위계질서를 확립해야 한다. 집단을 이끌려면 애매모호한 신뢰에 매달리기보다는 현실적 능력을 믿고 따를 수 있도록 책임과 권한이 주어지는 합당하고 변함없는 준칙(대의명분)이 바로서야 한다.

이 상황을 말해주는 '승(26)'의 4원 개념을 '췌'의 환경으로 읽어오면, 저변에 크게 쌓아(대축26) 낡은 사고방식을 벗고(박23) 과감하게 결단하여 밀어붙이며(쾌43) 지혜롭게 집단의 역량을 모아 선도하는(췌45) 과정이다. 이렇게 해나가려면 분명한 책임과 권한을 가지고 지휘할 수 있는 대의명분이 주어지지 않으면 리더십을 발휘할 수 없다.

위에서 설명한 5양의 효상에 따라 '집단에서 지위를 얻으니 탈이 없으리라[萃有位 无咎]'라고 한 것이다. 이어서, '믿고 따르지 않더라도[匪孚] 으뜸으로 변함없이 굳건하게 하면 한이 풀리리라[元永貞 悔亡]'라고 한 것은, 지위로 인한 대의명분을 가지고 이 효의 상황배경인 승(46)의 지혜롭고 과감한 지도내용을 최우선적으로 끊임없이 밀어붙인다면 자연히 피동적 자세를 버리고 진정한 마음을 열어 따라줄 것이기 때문이다.

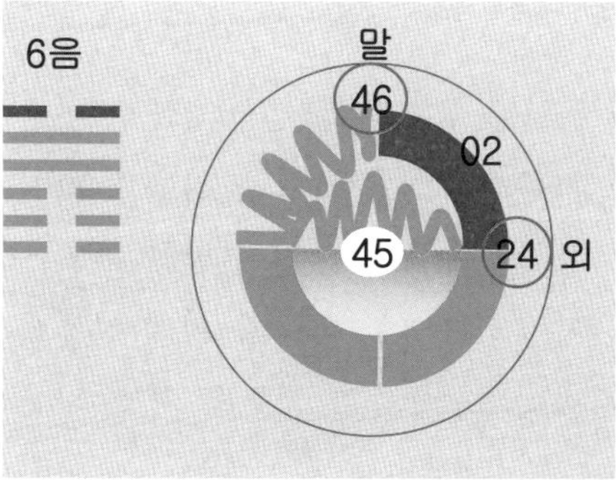

齎咨涕洟재자체이, **无咎**무구.

한숨과 탄식으로[齎咨] 눈물과 콧물을 흘리지만[涕洟], 허물이 없도다[无咎].

6음은 복(復)·곤(坤)·승(升)의 과정이다: 바른길로 들어선 상황에서는[복24] 질서가 확립된 희망찬 상승무드의 세계는[승46] 저절로 오는가? 아니다. 바른길로 인도되었지만 최고 지도급이 지위를 누리려 해서는 안 되고 알아주지 않더라도 모든 상황을 수용하고 헌신과 봉사에 매진해야 한다[곤02].

6음은 미래와 세계에 연결되어야 하는 관문인데 이것이 막혀있는 상이다. 민활한 왕래와 정보교류가 없어서 답답하지만 그 대신에 밖으로의 에너지 유출은 없다. 고고한 위치에서 활동이 정체된 모습을 무리들이 알아주지 못하므로 홀로 외롭다. 그의 의도가 조직 전체에는 잘 먹히지 않으니 체면이 말이 아니다. 하지만 내부의 3음과 비슷한 분야에서 이 세계의 외측 보호막이 되어주는 헌신봉사의 역할을 할 수 있다. 그 자체로써 아무런 탓할 것이 없는 훌륭한 역할 분담이다.

이 상황을 말해주는 '곤(02)'의 본말은 '이(27)·대과(28)'이다. 즉, 발산하는 양(陽)을 충분히 수렴하여 내면을 알차게 기른 후에야(이27) 그 창조적 양 에너지를 뿜어낼 수 있는 능력을 갖출 수 있다(대과28). 4양이 뿜어내는 지혜(대과28)가 밖으로 소실되지 않게 정보가 유통되는 핵심관문을 지킴으로써 창조적 에너지가 세계 속에서 실천될 수 있도록 수용하여 기르는 일이(이27) 곧 곤(02)의 기초자질이다. 결국 내적인 폭발에너지를 외적으로 막아 감당하여 세계를 유익하게 해주는 최후의 보루가 되어주는 것이다.

효사에서 '한숨과 탄식으로 눈물과 콧물을 흘린다[齎咨涕洟]' 한 것은 6음이 최고의 자리에서 자신의 입지가 무리를 호령하며 권위를 누리지 못하고 오히려 마음을 비우고 4양과 5양의 뜻을 받들어 헌신봉사에 매진해야 하는 신세타령인 것이다. 하지만 그 특별한 임무가 세계 전체에 미치는 영향은 대단한 것이므로 마지막에 그 슬픔과 회한은 결코 허물이 되지 않음을 말하고 있다.

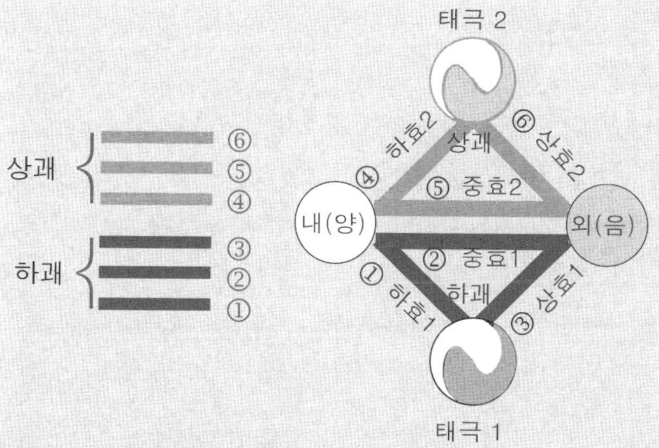

▷ 6획괘의 표상 설명도 (『과학주역』1, 182쪽)

어떤 상태 '태극1'이라는 시작점을 아래에 두고, 상태 '태극2'라는 목표점을 위에 둔다. 태극1이 제일 아래에 있다면 그것이 곧 무극(無極)이다. 태극2는 변화하는 우주의 만상만물을 대변한다. 우주에는 어떠한 사물도 고정불변한 것은 없으므로 그 과정국면을 표상하기 위하여는 어떤 상황의 본말(本末)을 설정하고 그 사이의 사상(事象)의 변화나 과정을 담아내는 것이 괘상이나 표상이다.

46. 지풍승(地風升)

올라가는 상, 승진·등용, 바탕을 쌓아 올림, 상승의 발판 마련,
진화에 의한 도약, 지나치지 않는 도전, 추진력을 키워나감

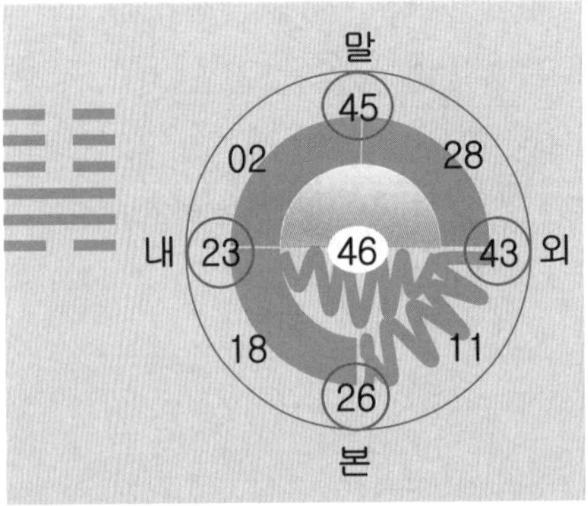

升승. 元亨원형.
用見大人용견대인 勿恤물휼.
南征吉남정길.

올라가도다[升]. 크게[元] 펼쳐나 가리라[亨]. 대인을[大人] 만나려[見] 함에[用] 걱정하지 말라[勿恤]. 남쪽으로 나아가야[南征] 길하리라[吉].

승[升]은 대축(大畜)·박(剝)·쾌(夬)·췌(萃)를 따라 흐르는 세계다: 저변에 힘을 크게 쌓아[대축26] 역경을 버티면서 낡은 사고방식을 벗고[박23] 힘찬 추진력으로 과감하게 결단하여 밀어붙이며[쾌43] 공감대를 형성하여 힘을 한데 모으는[췌45] 일련의 과정이 '승'의 세계다.

8괘의 상으로 보면, 땅(坤地곤지) 아래에 나무(風木)(巽風손풍)가 자라 위로 뻗어 올라가는 기상을 갖고 있는 상이다. 나무의 성장은 단번에 되지 않고 아래 '손(巽)'의 겸손한 성장세를 위의 '곤(坤)'의 순한 덕이 수용하니 차곡차곡 쌓여서 커나간다. 척박한 땅이라면 나무가 잘 자라지 못할 것이다. 공자는 「상전(象傳)」에서 '地中生木지중생목 升승 君子군자 以順德이순덕 積小以高大적소이고대'라고 주석하며 위에서 설명한 8괘의 상을 생생하게

표현하고 있다.

표상은 외적 에너지원을 유입하여(3양) 생성되는 활성에너지(2양)를 사용하여 기초를 깊숙이 박아놓은(1음) 육중한 집단(4음·5음·6음)을 위로 들어올리는 모습이다. 표상은 나무의 성장국면을 좀더 구체적으로 보여준다. 나무는 땅으로부터 물과 기초성분을 얻고(坤), 밖의 공기와 태양 빛을 흡입하고(3양) 뿌리에서 전달된 기초성분(1음)의 보급으로 나뭇잎이 탄소동화작용을 함으로써(2양) 영양소를 만들어 위로 커올라 간다. 우주의 원료(물·빛·공기)를 사용하여 에너지를 만들 수만 있다면 생명체는 지속하여 발전할 수 있는 것이다(사실 그렇게 하는 것은 식물 밖에 없다). 4음은 내면에 얽혀 있는 세포조직이고 5음은 전체의 형상을 잡는 나무줄기이며 6음은 그 위에 무성하게 뻗어나는 가지다(너무 많으면 전체에 오히려 비만의 짐이 된다). 이처럼 현재의 상태에서 한 차원 발전되어나가는 과정이 '승'이다.

인성(人性)의 면으로 보면, 본성적인 욕구는 수동적이며 순한데(1음) 외적으로는 에너지교류가 많으며(3양) 이에 따른 신진대사 작용이 원활하므로(2양) 신체적 가용에너지의 생성에 노력 중이다. 반면에 정신적 사고력이 미약하고(4음) 생각한 바를 굳이 행동에 옮기려는 의지가 없으며(5음) 대외활동도 소극적이다(6음). 심성을 가라 앉히고 동적인 행동을 삼가며 체력증진에 외적 도움을 받으며 애쓰고 있는 모습이다. 성장기의 청소년, 회복기의 환자 또는 큰 일을 시작하기 전에 에너지를 비축하며 자숙하는 자의 모습이며, 미래의 출세에 대비하여 복잡한 생각은 삼가고 근본체력과 실력을 남모르게 쌓으면 등용되어 잔꾀를 부리지 않고 최선을 다해 일 할 수 있는 착실한 인성이다.

'올라가는 상이로다[升]. 크게 형통하리라[元亨]' 한 것은, 안으로 힘을 비축하고 있으므로 밀고 올라가는 상승작용이 생길 뿐 아니라 그 힘이 잘 커갈 수 있도록 위에서 곤(坤)의 덕으로 감싸주므로 더더욱 강력해진다. 그래서, 높은 위치의 사람이 만나려는 것은[用見大人] 자신을 등용하려는 의도이니 걱정하지 말고[勿恤] 당당히 나서야 한다는 뜻이다. 끝에 '남쪽으로 나아가야 길하리라[南征吉]'라고 한 것은 괘의 표상에서 '본(本)'이 북쪽이니 이에 근본을 두는 2양은 북녘에 있는 몸인데 '말(末)'의 남녘에 가까이 있는 5음의 큰 일을 지휘하는 자가 있는 쪽으로 가야 성공이 기약되기 때문이다. 이런 식의 방향을 말하는 방식이 마음에 들지 않을 때는, 남향은 햇볕이 드는 방향으로 일하는 대낮을 상징하므로 큰 일이 많이 진행되는 지역으로 가면 성공할 기회가 많다는 뜻으로 해석해도 무방할 것이다.

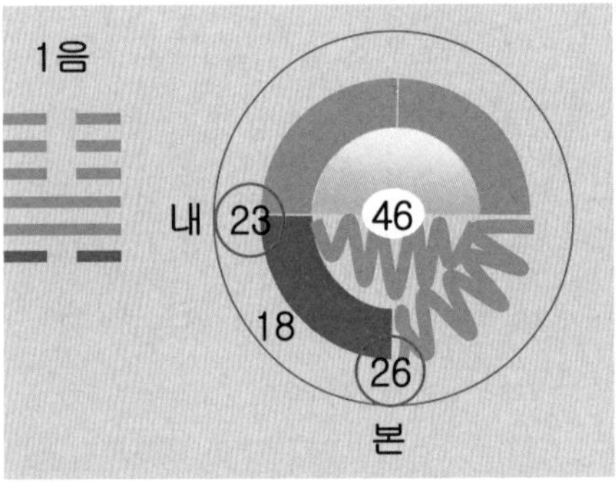

允升윤승 大吉대길.

성실한 바탕 위에서[允] 올라가니 [升] 크게 길하리라[大吉].

1음은 대축(大畜)·고(蠱)·박(剝)의 과정이다: 저변의 힘을 크게 쌓아[대축26] 역경을 버티면서 낡은 사고방식은 벗어야 한다[박23]. 어떤 과정을 겪어야 하는가? 온갖 유혹과 시련 속에서도 버티며 뿌리깊은 신뢰를 저버리지 않는다[고18].

1음은 내면의 견고한 정신적 바탕을 나타낸다. 같은 음으로서 상괘 '곤(坤)'덕에 동조하는 침착함이 서로의 동질성으로 하나되어 인정받는다. 시련 속에서 유혹의 손길이 뻗칠 때 이를 물리칠 수 있는 믿음직한 안정된 정신력은 이 세계의 주춧돌과 같은 견고한 받침이며 세상인심은 이를 높이 평가한다. 마음바탕의 견고성, 즉, 신뢰도에 따라 솟아오를 수 있는 높이도 달라진다. 보다 나은 상태로 발전하기 위한 첫 단추는 안정한 기초 위에 진실된 속마음을 만드는 것이다.

이 상황을 설명하는 고(18)의 4원 개념을 '승'의 환경으로 가져오면, 튼실한 내적·신체적 바탕 위에서(태11) 헌신적인 순한 마음으로(곤02) 모든 에너지를 투입하면서(건01) 비색한 세상을 견뎌내는(비12) 과정이다. '고'의 4원 개념을 고정할 때 유의할 점은 '승'이 상승하는 분위기이므로 '태'의 부정적 국면인 방만한 생활은 제어되고 '비'의 막힌 세월도 어느 정도 극복해내는 긍정적인 '고'의 내용이 적용된다. 그 이유는 '고'에는 음 셋과 양 셋이 내외상하로 팽팽한 균형 속에 놓여져 있으므로 관련되는 상황에 따라 부패의 상인지 부활의 상인지가 결정되기 때문이다.

'성실한 바탕 위에서 올라가니[允升] 크게 길하리라[大吉]' 한 것은 건실한 신체와 마음을 가지고 최선을 다하여 난세의 유혹을 견딜 수 있는 자라면 어느 사회에서도 환영 받는 인물이 틀림없으니 크게 길할 수 밖에 없다.

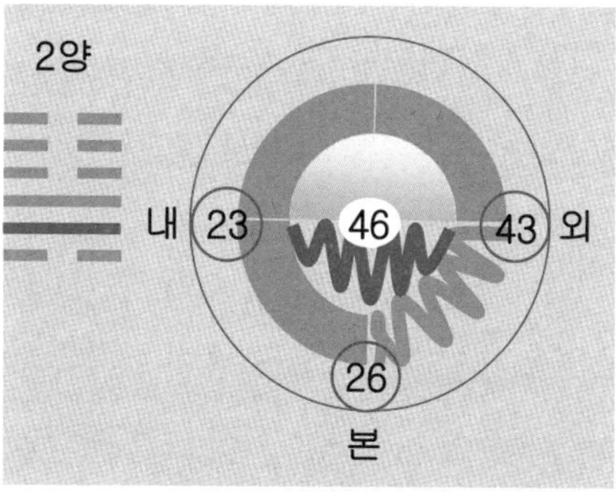

孚乃利用禴부내리용약,
无咎무구.

진솔한 마음[孚] 이기에[乃] 간략한 제사를[禴] 이용해도[利用], 허물이 없으리라[无咎].

2양은 박(剝)·대축(大畜)·쾌(夬)의 과정이다: 안으로는 역경을 끝까지 버티어 나가면서[박23] 밖으로는 힘찬 추진력으로 과삼하게 결단하여 밀어붙인다[쾌43] 그 과정을 어떻게 수행해야 하나? 저변에 힘을 크게 쌓으며 성실히 올라가는 노력을 다한다[대축26].

2양은 이 세계를 뒷바라지하는 활성적인 에너지다. 개인의 생존능력향상, 국가사회의 발전은 저변에서 생동하는 에너지를 요구한다. 이 세계에 공헌할 수 있는 활성에너지를 발동시키려면 개인은 자신의 건강상태가 양호해야 하고 사회에서는 전체를 위한 헌신적인 자세를 가져야 한다. 이기심을 버리고 아낌없이 활성적인 능력을 발휘하니 떳떳해지고 인정도 받는다.

이 상황을 뒷받침하는 '대축(26)'의 4원 개념을 '승'의 환경으로 읽어오면, 바탕을 튼튼히 구축하여 상승세의 운세 속에(승46) 근본적으로 정도에 귀착하여 모든 일을 새롭게 해나가면서(복24) 어려움 속에서도 전화위복의 계기 마련에 애쓰면서(구44) 순리와 정도에 의거하여 천운의 대세를 따르는(무망25) 과정이다. '대축'과 '승'은 각각이 서로의 기초환경이 되어주기 때문에 저변에 힘을 크게 쌓아야 도약할 수 있고 상승세를 타야 크게 모을 수 있다.

2양은 그 어떤 형식적인 면보다도 순박하고 진솔하며 활달한 행동자체가 승(升)의 세계에서는 더 없는 가치를 발휘하기 때문에 '진솔한 마음이니 이에 간략한 제사를 지내도 이롭다. 진솔한 마음 이기에 간략한 제사를 이용해도[利用孚乃禴], 허물이 없으리라[无咎]'라고 제사의 경우에 비유하여 2양의 실질적인 성실성을 강조하였다. 그런만큼 어지간한 형식적인 불비한 점은 충분히 용인될 수 있기에 '无咎무구'라 하였다.

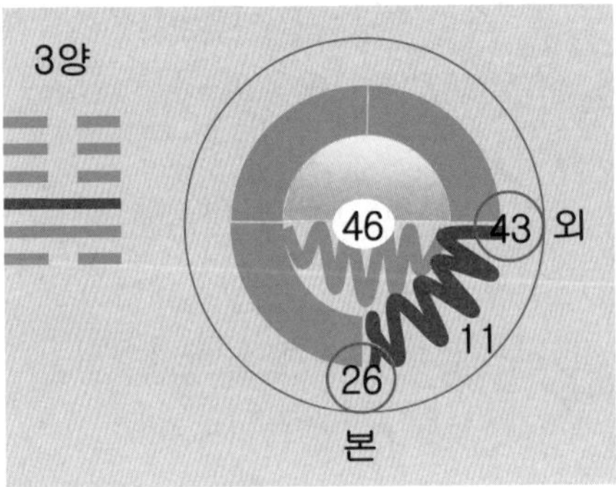

升虛邑승허읍.

빈 읍에[虛邑] 올라가도다[升].

3양은 대축(大畜)·태(泰)·쾌(夬)의 과정이다: 뿌리에서 빨아올린 영양소와 저변에 쌓인 힘을 동원하여[대축26] 힘찬 추진력으로 과감하게 결단하여 밀어붙이려면[쾌43] 어떤 과정을 수행해야 하는가? 튼실하게 쌓은 내면의 에너지를 써서 당당하고 조화롭게 외부와 교류·협력하며 올라간다[태11].

3양은 이 세계에 필요한 자원을 교류하는 창구다. 외부로 열려 있는 물적 자원교류의 문이다. 이를 통하여 공기와 태양에너지 같은 우주에너지나 외적 영향력은 빨아들이고 불필요한 것은 내보낸다. 우주에너지라면 경쟁도 방해도 의심할 것도 없이 원하는 대로 조달이 가능하다. 탄소동화작용을 하는 엽록소(2양)의 역할이 있는 한 그런 혜택을 누리며 생명의 숨통을 튼다. 그것으로 2양은 이 세계가 필요로 하는 성장에너지를 만드니 3양의 외적 자원교류 활동을 아무도 막을 자가 없다.

이 상황을 주재하는 '태(11)'의 4원 개념을 '승'의 환경으로 읽어오면, 부패의 유혹을 견뎌내고(고18) 부족한 실력을 기르며(이27) 가용에너지를 최대한 확충하고(대과28) 모든 부름에 적극적으로 호응하여 나서는(수17) 과정이다. 튼실한 만큼이나(태11) 가진 에너지를 낭비하려는 속성이 바탕에 깔려 있으므로(고18) 밖으로 당당하게 진출하지만 언제고 무절제한 속성에 잠식되어 방만한 삶으로 바뀔 가능성이 있으니 조심해야 한다. 태(11)의 기운이 작용할 때의 운세는 겉잡을 수 없을 정도로 세차고(대과28) 또한 주위에 잘 동화되므로(수17) 승승장구의 기세다. 아무도 대적할 자가 없는 상황이니 '빈 읍에 올라가도다[升虛邑]'라고 함축하여 표현하고 있는데, 여기서 '빈 읍'이란 경쟁자가 없는 상황을 이른다. 한마디로 '泰升태승'이라 할 것이나!

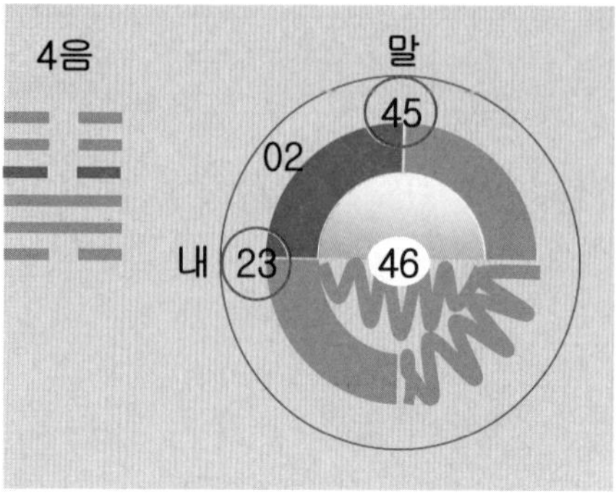

王用享于岐山왕용향우기산·

吉길 无咎무구.

왕이[王] 기산에서[于岐山] 제사를 지내도다[用享]. 길하고[吉] 탈이 없으리라[无咎].

4음은 박(剝)·곤(坤)·췌(萃)의 과정이다: 역경에 밀리지 않고 버티어 가면서[박23] 정신적 공감대를 쌓아 무리를 지도하는 위치에 서려면[췌45] 어떤 태도와 방침이 필요한가? 헌신, 봉사의 정신으로 천명에 순응해야 한다[곤02].

곤(坤)괘 4음은 후반세계의 진화를 위한 진중한 마음자리다. 더 높은 새로운 질서를 구축하기 위한 노력과 헌신정신이 바탕이 되어야 세계는 새로이 발전한다. 지식층은 사회기여를 통하여 정신적 공감대를 높이고 전체의 창조적 에너지가 상승토록 한다. 그러한 목표에 집중하여 세상을 이끄는 기획자로서의 배후노력이야말로 자연의 '자기조직화' 기능처럼 자구메커니즘을 자연스럽게 따르는 길복으로 가는 길이 된다.

이 상황을 주재하는 '곤(02)'의 본말(本末)이 '이(27)·대과(28)'이니, 하늘의 창조적 힘을 수용하며 대세에 순응하고 내면에서 순한 덕을 기르면(이27) 끝내는 용솟음하는 도전적 힘으로 전환된다(대과28).

'왕이 기산에서 제사를 지낸다'고 하였는데, 기산은 주(周) 건국의 본거지인 서산(西山)을 이르며 부패한 은나라를 치기 전에 이 산에 올라 하늘에 제사를 지내고 천명에 순응하여 때를 기다릴 것을 결심하는 것이니 곧 이 효의 상황코드인 '곤(02)'의 덕을 따르는 것이다. 공자가 「상전(象傳)」 '王用享于岐山왕용향우기산 順事也순사야'라고 주석한 것은 '하늘에 순응하는 덕'을 이름이다. 그렇게 순하게 참아서 천시를 맞아 대과(28)의 힘겨운 큰일에 도전하면 '길하고 탈이 없으리라'는 것이다.

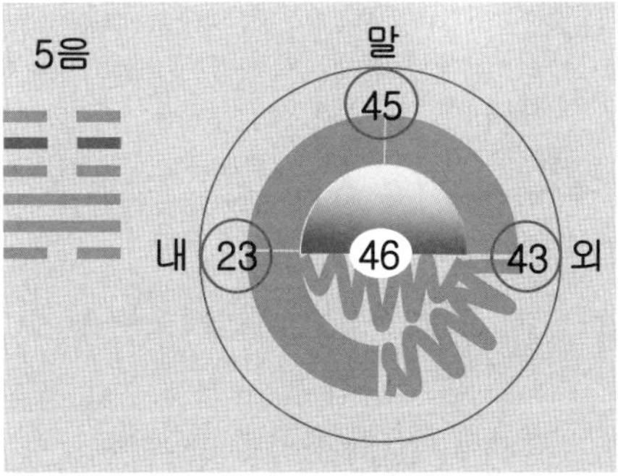

貞吉정길. 升階승계.

끝까지 굳건하게 하면[貞] 길하리라[吉]. 단계적으로[階] 올라가리로다[升].

5음은 박(剝)·췌(萃)·쾌(夬)의 과정이다: 안으로는 끊임없는 타의 도전을 견디면서[박23] 밖으로는 힘찬 추진력으로 과감하게 결단하여 밀어붙이려면[쾌43] 어떤 배경이 있어야 하는가? 리더의 응집력에 이끌리고 공감되어 주위가 그를 중심으로 모여들 수 있게 해야 한다[췌45].

5음은 곤(坤) 5음의 덕인 결합을 이끌어내는 조직화 능력이다. 음의 신중하고 근면한 특성을 살려 단계적으로 실속 있게 추진해야 한다. 세계의 성장운세에서도 기초단계와 과정적인 단계를 면밀히 파악하여 합리적인 바탕을 구축하지 않으면 전체를 위한 시너지(synergy)효과를 거두기 어렵다. 우주의 물질구성도 분자와 분자의 결합이 쌓이면서 필연적인 단계를 거쳐 거대 우주로 발전하여 우리 앞에 현현하고 있다.

이 상황을 설명하는 췌(45)의 4원 개념을 '승'의 환경으로 가져오면, 천운과 대세의 순리를 따르는 바탕 위에(무망25) 뜻밖의 만남이 전화위복의 계기가 되어(구44) 새 출발의 바른 길을 되찾고(복24) 도약의 꿈을 이루게 되는(승46) 과정이다. 올라가려면(승46) 주위에 공감대를 형성하여 역량을 결집할 수 있어야 하고(췌45), 무리를 이끌려면(췌45) 단계적인 신분의 상승이 있어야 한다(승46). 췌(45)괘의 말원(末元)이 승(升)이니 결국 이 둘은 서로가 서로의 목표형질이 되어주는 관계에 있음을 알 수 있다.

'끝까지 굳건하게 하면 길하리라[貞吉]'라고 한 것은, 세계의 중심에서 큰 뜻을 펴려고 한참 올라가는 상황에서는 주위로부터의 경쟁적 도전과 시기질투의 험난한 길이 있기 마련이므로(박23) 중도에서 주저 앉을 수도 있기에 끝까지 굳건하게 밀어부쳐야만(쾌43) 뜻을 이룰 수 있다는 뜻이다. 이에 더하여 무리를 계도하며 나의 편이 되게 하는 것은 단숨에는 어려우니 '단계적으로 올라가야 한다'는 것이다. 큰 뜻을 이룬다는 것은 복잡한 과정의 축적이기 때문이다. 그 목표는 단합된 무리(췌45)를 이루고 지휘자에 오르는 것이지만 원천적으로 '곤(坤) 5음의 덕'인 응집력을 실천해야 하는 것이니 작은 무리에서 큰 무리로 단계를 밟아 순리적인 바탕을 쌓아 올라가는 것이 순리다.

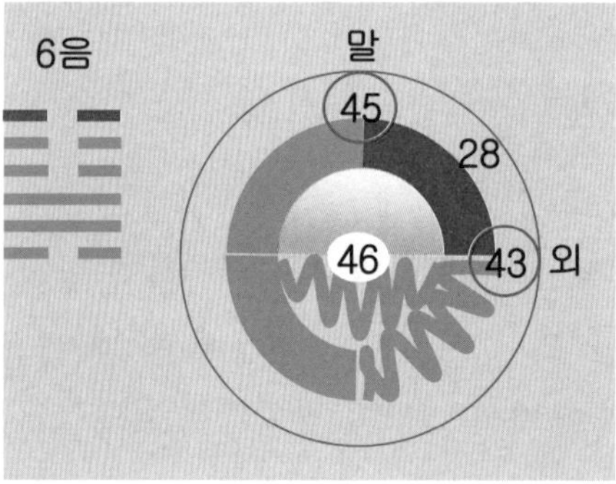

冥升명승.

利于不息之貞이우불식지정.

어둠 속에서[冥] 올라가도다[升]. 끊임없이[(于)不息(之)] 끝까지 곧게 해야[貞] 이로우리라[利].

> 6음은 쾌(夬)·대과(大過)·췌(萃)의 과정이다: 과감하게 결단하여 끝까지 밀어붙여서[쾌43] 공감하는 힘을 한데 모으려면[췌45] 어떤 과정을 겪어내어야 하는가? 막힘에 굽히지 않고 지나칠 정도로 끝까지 도전하여 성취해야 한다[대과28].

6음은 미래와 더 큰 세계에 대한 시야가 가로막힌 상태를 보인다. 마침 위의 단괘 '곤(坤)'의 끝이고 대성괘로서도 곤(坤)괘 6음의 자리에 해당하니 그 덕(龍戰于野용전우야)을 본받는 효다(상황코드인 대과28의 4원 중 말원末元도 '곤'이다). 외연을 최대한 결집시켜 존재를 보호하는데 총력을 기울이는 역할이다. 그래서 제일 높은 6음이라도 건(乾)의 6양(亢龍有悔항룡유회)과는 반대로 중도에 그친다면 '승'의 뜻은 멈춘다. '승'은 5음에서 완성되는 것이 아니고 진행형이다. 단지 5음은 가장 책임이 막중한 단계일 뿐이다. '승'을 굳히는 것은 6음이니 앞이 막혀 있는 어려움이 있더라도 오히려 굴하지 않고 결단적으로 밀어붙여야 한다(쾌43).

이 상황을 주재하는 '대과(28)'의 4원 개념을 '승'의 환경으로 가져오면, 대망을 향한 불굴의 정신으로(건01) 앞이 꽉 막힌 정체의 늪을 잘 헤쳐나가(비12) 튼실한 능력을 갖춘 후(태11) 있는 힘이 소진되도록 성실하게 실현하는(곤02) 과정이다. 6음은 미래와 세계 밖에 대한 앎이 부족한 상황이므로 대망을 이루려 한다면 이 장벽을 넘어가야 한다. '건(乾)의 덕인 불굴의 정신을 출발 바탕으로 하고 곤(坤)의 덕인 헌신적인 노력을 마지막 쟁취노력의 속성으로 삼아야 하지만, 그 중간에 앞이 깜깜한 비색한 시절(비否12)을 반드시 경유해야 하므로 위태한 시련을 극복해야 하는 과정이다.

그래서 '冥升명승'이라 하였지만 이는 '大過·升대과승'의 한 부분이다. 비(否12) 이외의 나머지 세 국면이 '끊임없이 끝까지 곧게 해야 하는[不息之貞]' 상황인데 대과(28)의 4원 중에 불굴의 정신(건01), 의기충천한 태도(태11), 그리고 총력을 쏟는 헌신적인 실천(곤02)이 그것들이니 이를 행하면 '이로우리라[利]' 한 것이다.

47. 택수곤(澤水困)

곤경의 상, 난관극복의 노력, 생각·활력을 못 펴는 난관,
외적 침해를 방어하는 노력, 타율적 행동

困곤.
亨형 貞정,
大人吉대인길, 无咎무구.
有言不信유언불신.

곤경에 처한 상이로다[困]. 적극 힘쓰고[亨], 끝까지 굳건하게 하면[貞], 대인은[大人] 길하고[吉], 탈이 없으리라[无咎]. 말로 해서는[有言] 믿지 않으리라[不信].

곤[困]은 리(履)·둔(遯)·림(臨)·겸(謙)을 따라 흐르는 세계다: 곤경을 벗기 위해 배우고 순응하며[리10] 은둔 속에 내실을 다지는 한편[둔33] 기본적인 내력(耐力)을 쌓고 다스려[림19] 겸손의 덕과 정성으로 어려움을 이기는[겸15] 일련의 과정이 '곤'의 세계다.

8괘의 상으로 보면, 연못(兌澤태택) 아래에 물(坎水감수)이 있음이니 물이 마른 연못을 상징하므로 곤궁한 상이다. 하지만 아래의 험난함 (坎)을 기쁜 마음(兌)으로 올라타고 있으니 곤란한 와중에도 마음의 열정과 투지를 잃지 않음을 상징하고 있다.

괘의 여섯 효를 조립한 표상은 한자 '困곤'의 모습 그대로다. 내면의 생

기(木목: 양 셋)가 외면의 불활성 경계(口구: 음 셋)로 막혀있어 시각적으로 입증하고 있다. 시작(1음)과 끝(6음)이 함정이다. 주위환경과 고립되어 있으나(3음·6음) 의식은 깨어있다(4양). 둥그런 함정 속에서 칠흑의 어둠을 밝혀주는 창문이 있으니 바로 의식의 창문에서 비쳐오는 등불이다. 활기찬 창조적 에너지(2양·4양·5양)가 주위 여건들이 성숙하지 못해(1음·3음·6음) 그 뜻을 펼치지 못함이다. 세계를 이끄는 핵심세력(2양·5양)이 가로막고 있는 내외의 어려운 여건 속에서도(1음·3음·6음) 정신을 잃지 않는다면(4양) 때가 오면 장막을 밀치고 나갈 상이다. 강한 바람(4양: 정신력)을 풍선의 내부로 불어넣어 생기(生氣)의 압력을 높이게 되면 풍선을 터뜨리는 것은 시간문제다. 하지만 이 세계가 전체적으로는 양 셋과 음 셋이 힘을 팽팽히 겨루고 있기에 여간 아니고는 반전시키기 어렵다. 그렇기 때문에 곤경 속에서 아무리 긍정적 징조가 희미하더라도 그것을 끝까지 소중한 계기로 삼는 투철한 정신이 없으면 음양의 3:3 접전은 오래 지속될 것이다. 표상은 현재의 상태를 보임과 동시에 해결책도 암시해준다. 활달한 생각과 실천의지는(2양·5양·4양) 곤경에 처하여 있더라도 어둠을 걷어내는 광명이다.

인성(人性)의 면으로 보면, 본능적 욕구가 소극적이고(1음) 외적 물적 교류(유입)도 별로 없는데(3음) 신진대사 작용이 매우 활발하여 내부에 이미 저축되어 있던 영양소를 분해하여 활성에너지로 바꾸는 상태라서(2양) 몸은 깡마르기 쉽다. 잘 먹지도 못하면서 미래를 위한 생각에 몰입하고(4양) 계획한 바를 실천에 옮기려는 투지를 불태우지만(5양) 아직은 역부족이라 미래를 향한 대외활동을 마음껏 펼쳐나가지 못하는(6음) 상태다. 진력을 다하지만 외적 성취를 이루어내기에는 현재로서는 역부족인 내향성 인물로서 투철한 의지를 꺾지 않고 노력을 지속해나가면 어느덧 본성이 양성으로 바뀌어(1음이 1양으로) 전체는 밖을 향하여 공격적인 사세로 전환되어(진震51) 장애를 뚫고 나갈 수 있다. 청순한 야윈 얼굴에 강렬한 눈빛을 가지고 있고 출세를 위해 갖은 노력을 다하는 청년의 모습이다.

‘곤경에 처한 상이지만, 적극 힘쓰고 끝까지 굳건하게 하면, 대인은 길하고[困 亨貞大人吉] 탈이 없으리라[困 亨 貞, 大人吉 无咎]’라고 한 이유는, 주위의 환경적 입지는 어려우나 강한 정신력과 실천력으로 능히 그 곤경을 뚫고 나간다면 희망이 엿보이지만, 음(陰)의 곤경과 양(陽)의 희망이 반반이니 어려울수록 대인과 같이 끈질긴 투지를 강하게 유지해야만 승산이 있다는 뜻이다. 한편, 곤경의 세월에는 실천과 실적이 없으면 아무런 의미가 없으니 ‘말로 해서는 믿지 않는다[有言不信]’라고 덧붙이고 있다.

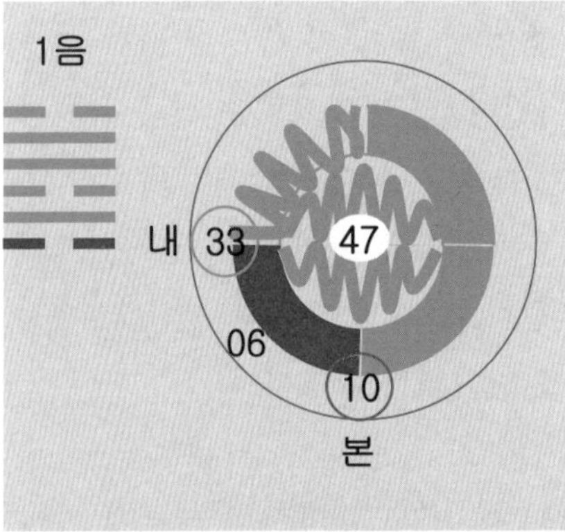

臀困于株木둔곤우주목.

入于幽谷 三歲不覿.
입 우 유 곡 삼 세 부 적

그루터기 나무 위에서[于株木] 엉덩이가[臀] 힘들도다[困]. 깊은 계곡에[幽谷] 들어가니[入] 3년을[三歲] 보지 못하리라[不覿].

> 1음은 리(履)·송(訟)·둔(遯)의 과정이다: 주위 환경에 맞추어 묵묵히 따르고[리10] 은둔 속에 내실을 기해야 할 상황이다[둔33]. 어떤 과정을 겪어야 하는가? 차후에 부닥칠 경쟁사회에 맞설 수 있는 실력과 경륜을 쌓아야 한다[송06].

1음은 본성이 덜 깨어 있는 모습이다. 상황에 대적할 힘이 부족하니 은거하고 있다. 고립무원(孤立無援)이니 암울하고 희망이 보이지 않는 어려운 시절이지만 와신상담(臥薪嘗膽)하며 내면의 심성을 음유하게 유지하고 차분하게 연마하여 한 차원 더 높은 경쟁력을 키우는 과정이다. 은둔처에서 침착하게 새로운 깨달음을 얻고 실력을 기르며 때를 기다려야 한다.

이 상황을 주재하는 '송(06)'의 4원 개념을 '곤(困)'의 환경으로 가져오면, 순수한 열정으로 어려움을 이기며(태58) 주위와의 상대성을 인정하고(함31) 곁가지를 줄여 효율적으로 집중하면서(손41) 멈추어 생각하며 내면의 분별력을 기르는(간52) 과정이다. 말하자면, 사회 속의 난관을 극복할 수 있는 기본적인 실력을 다지는 과정이다.

어려운 상황을 인식하고 힘들더라도 꾹 참고 묵묵히 뒤따르는 모습을 효사에서 '그루터기 나무 위에서 엉덩이가 힘들다[臀困于株木]'라고 하였는데 캐고 남은 뾰쪽한 나무그루 위에 불편하게 앉아 있는 것은 곤궁한 생활을 피하지 못하고 참고 있음을 나타낸다. 그저 참고만 있는 것이 아니라 은둔하며 와신상담의 세월 속에 묵묵히 참 실력을 제대로 쌓으려면 상당한 기간이 필요하므로 '깊은 계곡에 들어가니[入于幽谷] 3년을 보지 못하리라[三歲不覿]' 하였던 것이다.

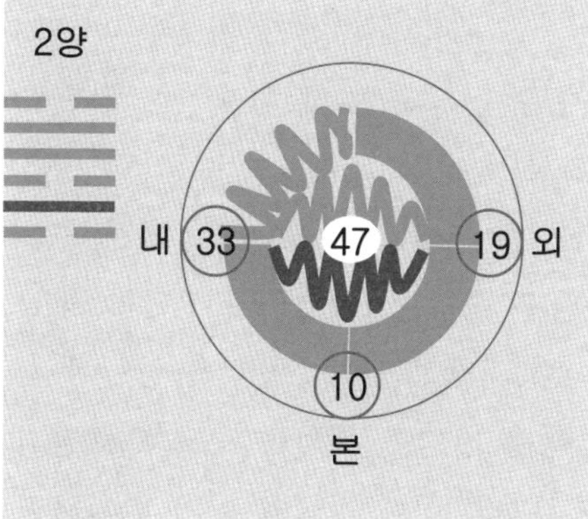

困于酒食곤우주식.
朱紱方來주불방래.
利用享祀이용향사.
征凶정흉, 无咎무구.

먹고 삶에[于酒食] 곤궁하도다[困]. 주불이[朱紱] 바야흐로[方] 찾아오리라[來]. 제사를[祀] 올리면[用享] 이로우리라[利]. 구하러 나서면[征] 흉하지만[凶], 허물은 없으리라[无咎].

2양은 둔(遯)·리(履)·림(臨)의 과정이다: 조용히 은거하면서 내실을 기하고[둔33] 내적 공덕을 쌓아 어려움을 다스리면서 변화를 맞으려면[림19] 어떤 과정이 필요한가? 대세에 발맞추면서 이끌어줄 자를 잘 모셔야 한다[리10].

2양은 막힘(1음·3음·6음)의 어려움 속에서도 활동적 노력을 하는 모습이다. 살기 위하여 발버둥쳐야 하는 곤란한 때에는 대세를 이끄는 자(5양)의 뜻을 받들어 모시고 보필하는 길이 최상책이다. '곤(困)'의 시절에는 능력을 인정받아 기용될 수 있도록 모든 정성을 다하여 노력해야 한다. 이때 독단으로 나서서 새로운 일을 벌리는 것은 낭패를 맞기 쉽다.

이 상황을 설명하는 '리(10)'의 4원 개념을 '곤'의 환경으로 가져오면, 뜻을 제대로 펴지 못하는 곤궁함 속에서(곤47) 용의주도하게 변화를 이끌고(혁49) 배움 속에서 깨우치며(몽04) 주위와 잘 어우러지도록 가꾸고 조정해나가는(비22) 역할이다. '곤(困)'과 '리(履)'는 서로가 서로의 바탕이 되는 관계다. 곤경을 벗어 나려면(곤47) 앞선 지도자를 묵묵히 보필하며 배우고 따라야 하고(리10), 보필하고 뒤따르려면(리10) 자신이 처한 곤궁을 헤쳐나가는 의지가 강해야 한다(곤47).

'먹고 삶에 곤궁하다[困于酒食]' 함은 곤경을 벗기 위해 적극적으로 뛰지만 사면초가의 환경(1음·3음·6음)에서 물질적 교류의 길이 막혀 있음을 이른다. 이어지는 '주불이 바야흐로 찾아오리니[朱紱方來] 제사를 올리면 이로우리라[利用享祀]'에서 주불은 주홍색 '폐슬(蔽膝)'(관복착용 시에 하는 무릎보호대 또는 인장 꼭지에 매달린 끈)을 말하는데 주홍색은 임금이 취하는 색이니 곧 자신을 등용할 귀한 분을 만남을 뜻하는 것으로 보필의 상인 '리(履)'의 배경 상황을 나타내고 있다. 이때 정성을 바쳐 염원하면서 성심으로 모시면 등용이 성사될 것임을 말해준다. 이는 곧 2양이 그 주불(5양)을 '뒤따라야 하는 '리의 운명'임을 뜻한다. 끝에서 '구하러 나서면 흉하지만[征凶] 허물은 없으리라[无咎]' 한 바와 같이, 자신이 일을 직접 일을 벌리고 주인이 되려 하면 '리'의 분위기를 바탕으로 뒤따라야 하는 상황에 맞지 않으므로 흉할 수 밖에 없다. 하지만 어려움을 벗으려는 적극적인 노력의 일환이니(2양) 이로써 허물이 될 것은 없다고 한 것이다.

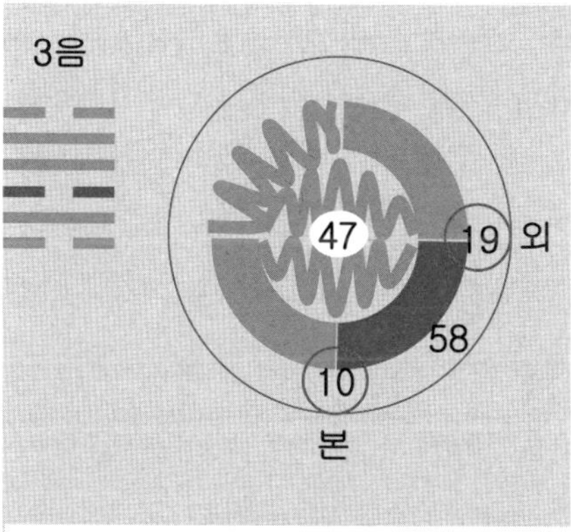

困于石 據于蒺藜.
곤 우 석 거 우 질 려

入于其宮 不見其妻.
입 우 기 궁 불 견 기 처

凶흉.

돌에 부딪쳐[于石] 곤경에 처하니[困] 남가새 풀에[于蒺藜] 기대도다[據]. 자기 집에[于其宮] 들어와서도[入] 자기 아내를[其妻] 못 보리니[不見] 흉하리라[凶].

> 3음은 리(履)·태(兌)·림(臨)의 과정이다: 곤경을 벗기 위해 배우고 묵묵히 뒤따르고 주위에 동화되어[리10] 내적 공덕을 쌓아 어려움을 다스리고 변화를 맞으려면[림19] 어떤 과정이 필요한가? 열의에 찬 마음으로 외유내강(外柔內剛)의 자세를 견지해야 한다[태58].

3음은 주위와의 외적 물적 교류가 잘 이루어지지 않는 소극적인 상태다. 주위의 여건이 잘 풀리지 않아서 밖으로 나아가려 해도 장애에 부딪치고 마니 내·외적 압박이 가중된다. 곤경에 처하여 고립되면 마음이 불안정해져서 지푸라기라도 붙잡으려 하는 것이 상례다. 하지만 이 효의 역할은 외적 경계에서 곤궁하다 하여 우유부단하지 말고 강한 마음으로 이 압박감을 견디고 열정적인 태도를 취하며 부딪칠만한 외적 상황에서는 음유한 자세로써 험난함에 대처해야 함을 말해준다. 만약 3음이 버텨내지 못하고 3양으로 변하면 대과(28)의 형국이 되어 능력이 부족한데 더 큰 모험을 하지 않으면 안 되는 악순환이 온다.

이 상황을 설명하는 태(58)의 4원 개념을 '곤'의 환경으로 읽어오면, 사회적 경륜을 쌓아가며 사리분별하고(송06) 주위와는 의기투합의 열정을 가지고(동인13) 딱딱한 세파 속에 어려움을 직접 감수하면서도(사07) 외적으로는 숨죽이며 겸양하게 행동하는(명이36) 일련의 과정으로서 소위 '외유내강(外柔內剛)'의 자세를 통하여 역경을 극복하는 상황이다. 여기서 유의할 점은 '태(58)'라 하여 명랑하게 소리 내어 웃을 수 있는 기쁨이 아니고 오히려 역설적으로 역경 속에서 열정을 잃지 않음으로써 얻게 되는 고양된 인격으로 느낄 수 있는 내적 희열을 말함이다.

효사의 앞부분에서 '돌에 부딪쳐 곤하니[困于石] 남가새 풀에 기대도다[據于蒺藜]' 함은, 이루려 하는 일마다 벽에 부딪쳐 몸과 마음이 지치게 되면 질려(蒺藜: 남가새라 하는 바닷가 모래땅에 사는 한해살이 풀)와 같은 불안정한 것에라도 의지하려는 속성이 생기는데 이는 역경을 당하여 줏대없이 흔들리는 모습으로서 이 효가 해내어야 하는 과정적 책무를 수행하지 못하게 될 것을 경고하고 있다. 이렇게 줏대가 없으면 바깥세상은 고사하고 자기 아내마저도 이끌 수 없는 처지가 된다는 뜻으로 '자기 집에 들어와서도[入于其宮] 자기 아내를 못 보리니[不見其妻] 흉하리라[凶]'하였던 것이다. 아내를 못 본다는 것은 아내가 그런 남편을 의지하고 살 수 없어 집을 나가고 말았거나 가정에서 부부생활도 제대로 할 수 없다는 의미다.

마지막의 점사(占辭)가 '흉하리라[凶]'는 것이 절대적이 아니고 조건부라는 점이 매우 중요하다. 왜냐하면, 위에서 상황코드인 '태(58)'의 4원 개념에서 살펴본 바와 같이 마음의 열정을 잃지 않고 외유내강의 삶을 산다면 역경을 견디어 벗어날 수 있게 될 것이지만 보통은 곤경 속에서 그런 책무를 완수하기 쉽지 않으므로 '점사'는 조건부가 되고 만다. 즉,

역경을 만나 외유내강의 자세를 견지하지 못하고 '남가새 풀에 기대는' 우유부단한 모습을 보이면 그 결과는 흉할 수 밖에 없는 것이다. 이와 같이 괘나 효에 나타나는 점사가 조건부인지 절대적인지를 알려면 그것들의 운명을 올바로 알지 못하면 안 된다. 이를 모르고 점단(占斷)하는 것은 위험천만이다. 이것이 괘·효에 상황코드를 붙여서 그 의미를 명확히 해야 하는 이유 중의 하나이다.

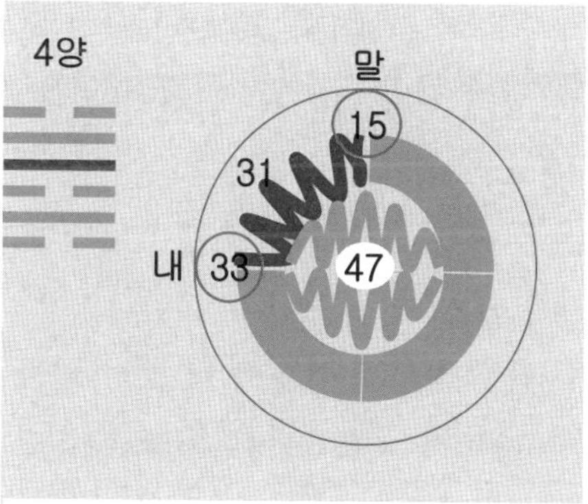

來徐徐 困于金車.
내서서 곤우금거

吝인 有終유종.

서서히[徐徐] 다가오는 것은[來] 쇠 수레를 타는 사람들의[于金車] 곤경이로다[困]. 옹색하나[吝] 끝을 맺으리라[有終].

4양은 둔(遯)·함(咸)·겸(謙)의 과정이다: 나서지 않고 내실을 튼튼히 하면서[둔33] 겸손의 덕과 정성으로 어려움을 이겨내야 한다[겸15] 어떤 정신자세를 가져야 하는가? '곤'을 해소해야 하는 사려 깊은 정신과 창조의식의 진원지로서 이를 실천할 세계의 내부와 깊은 교감을 형성해야 한다[함31].

4양은 의식활동이 활발하니 이 세계의 정신적 지주다. 원천적인 곤궁함(1음)과 외직인 막힘(3음·6음) 때문에 한치 앞을 보지 못하니 적절한 구상을 해내기는 쉽지 않다. 하지만 의식적인 창조적 정신이 활발하므로(4양) 무의식 속에 깊이 웅크린 불활성의 늪(1음)을 점차적으로 일깨울 뿐 아니라 세계의 활동에 신선한 아이디어를 제공하니 '곤'의 세계에는 없어서는 안 되는 역할이다. 내면에 깊이 박힌 무의식적 '곤'을 의식적 노력으로(4양) 회복시키려면 금방 되는 일은 아니지만 지속해나가면 이룰 수 있게 된다.

이 상황을 주재하는 '함(31)'의 4원 개념을 '곤'의 환경으로 읽어오면, '곤'을 벗어나려는 뜻에 맞춰(동인13) 사리분별의 경륜을 닦고(송06) 자기 수양의 덕을 갖추어(명이36) 전체가 혼연일체를 이루는(사07) 일련의 과정이다. 4양의 '함'의 정신이 이루어지면 '곤'의 세계는 우선 같은 내적분야인 1음을 1양이 되도록 하여 태(58)의 상황으로 몰고 가는 것인데 이 목표는 3음의 배경상황과 일치하므로 '함'의 동조세력(13)은 4양이 받치는 5양, 곤경을 몸으로 때우고 있는 2양 등으로 점차 확대된다.

'쇠 수레[金車]'는 고관대작이 타는 수레를 말하므로 '來徐徐 困于金車'에는 고관대작이 가려는 방향이 실현되는 데는 시간이 걸린다는 뜻이 포함되어 있다. 곤경에서 헤쳐날 수 있는 창조적 기획이 이 효의 직능이지만 '둔(遯)·함(咸)·겸(謙)'의 이정표를 따르며 좋은 아이디어를 내놓더라도 나서지 않고 은근하게 내비치며(둔33) 깊은 교감을 주고받으면서(함31) 겸양의 덕을 베풀어(겸15) 공감을 얻어내려면 시간이 걸리기 마련이다. 높은 신분이라도 차를 타고 방방곡곡을 몸소 어렵사리 방문하며 함(咸)의 교감을 이루어내야 조금씩 그 뜻을 펼 수 있음을 뜻한다. 그래서 '옹색하나[吝] 끝을 맺으리라[有終]' 한 것은 이 상황을 요약한 점사(占辭)이다. 이러한 처사가 지휘부의 입장에서는 다소 옹색해 보이지만 곤경 속에서 그나마 성과를 낼 수 있는 최선의 길임을 말하고 있다.

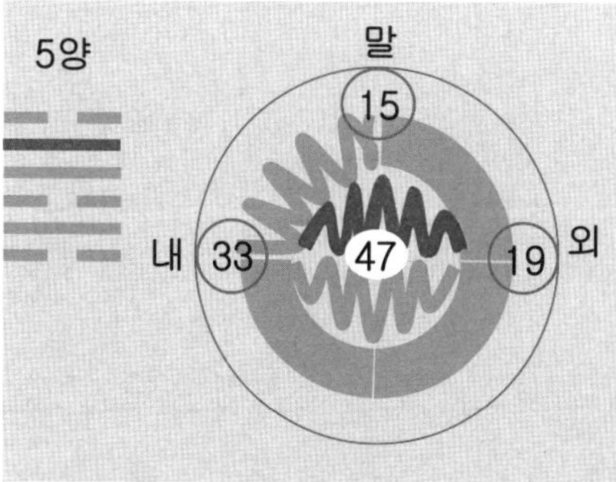

劓刖의월 **困于赤紱**곤우적불·
乃徐有說내서유열
利用祭祀이용제사·

코 베이고[劓] 발을 베이며[刖] 적불 때문에 곤경에 처하도다[困于赤紱]. 그러다[乃] 서서히[徐] 기쁨이 있으리니[有說] 제사를 지냄이[用祭祀] 이로우리라[利].

> 5양은 둔(遯)·겸(謙)·림(臨)의 과정이다: 책임자가 나서지 않고 내실을 기하고[둔33] 내공(內功)을 쌓아 세계의 발전을 도모하려면[림19] 어떻게 해나가야 하나? 책임자라면 체면 깎임을 무릅쓰고 겸손의 덕으로써 정성을 다하여 헌신적으로 그 세계를 이끌어야 한다[겸15].

5양은 세계를 주도하는 책임자의 역할로서 온갖 어려움을 뚫고 나아가는 긍정적 기상이다. 지도자가 직접 기용하는 협조자(2양)도 있지만 주위 여건 때문에 활성에너지의 소통이 막히니(3음·6음) 그 뜻을 펴나갈 수 없다. 하지만 책임리더가 온갖 모욕을 견디며 겸손의 덕으로 정성을 다하는 노력이 서서히 먹히면서 세계를 곤궁하게 만드는 장벽은 시간의 흐름과 함께 무너지고 만다.

이 상황을 설명하는 '겸(15)'의 4원 개념을 '곤'의 환경으로 읽어오면, 중도(中道)의 덕으로 가꾸고 조정하며(비22) 배움의 정신으로 어리석음을 깨우치고(몽04) 저변에서부터 작은 변화를 이끌어 변화를 유도하면서(혁49) 곤궁함을 극복해가는(곤47) 일련의 과정이 '겸'이다. 통치자(책임리더)의 겸허한 자세는 권위와 체면이 깎이는 것 같아도 시간이 갈수록 지지를 얻는 초석이 된다.

'코 베임[劓]'은 6음의 정보부족으로 미래와 세계 전체를 보는 눈이 어둡기 때문이라 지도자로서 체면이 깎이는 것이고 '발 베임[刖]'은 근본요소(나라라면 국민, 개인이라면 근본정신)가 정체되어 있고(1음) 자원수급의 정체 등 외적 여건이 부진함으로써(3음) 통치자의 운신의 폭이 좁아진 것을 뜻한다. 이런 사정이다 보니 통치자를 보필해야 할 자들이 각자 바르게 해야 할 바를 다하지 않아 어려움을 겪는 모습을 '적불 때문에 곤경에 처한다[困于赤紱]'라 하였다. 여기서 적불[赤紱]이란 붉은색 '폐슬(蔽膝)'(관복착용 시에 하는 무릎보호대 또는 인장 꼭지에 매달린 끈)을 말하는데 붉은색은 대신이나 관리들이 착용하는 색으로서 통치자(책임리더)를 보필하는 자들(관리들, 중간리더들)을 통칭하는 말이다. 하지만 온갖 수모를 무릅쓴 책임자의 솔선수범적인 겸허한 자세는 시간이 흐를수록 지지와 지도력을 회복하게 되므로 '그러다 서서히 기쁨이 있으리니[乃徐有說]'라고 한 것이다. 끝에서, '제사를 지냄이 이롭다[利用祭祀]'라고 덧붙이는 것은 어려울수록 정성을 다하여 전체의 단결을 이끌어야 하기 때문이다.

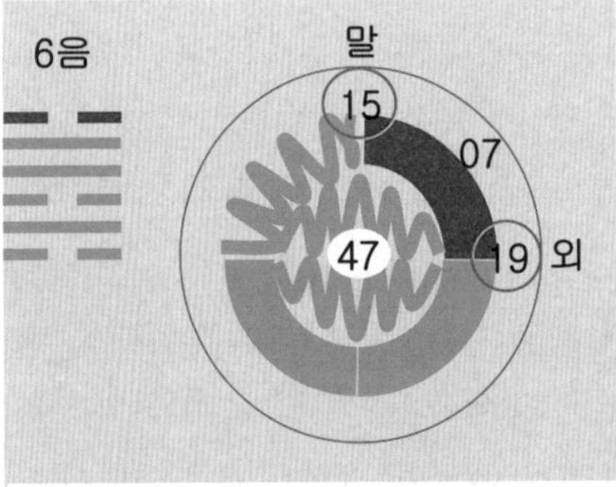

困于葛藟于臲卼.
곤 우 갈 류 우 얼 올

曰왈, 動悔동회 有悔征유회정 吉길.

칡덩굴 속에서[于葛藟] 위태위태하며[于臲卼] 곤경에 처하도다[困]. 일컬어[曰], 움직이면[動] 후회할진대[悔] 한을 품고[有悔] 정복하면[征] 길하리라[吉].

> 6음은 림(臨)·사(師)·겸(謙)의 과정이다: 쌓은 내공(內功)의 덕으로 곤경을 막 벗어나며 세계의 발전이 임박해 오고 있지만[림19] 끝까

지 겸허하게 매사에 조신해야 한다[겸15]. 어떻게 실현해야 하는가? 조직적 규범 속에서 엄정하게 관리·육성해나가야 한다[사07].

6음은 세계로 미래로 향한 제대로 된 대외정보가 없어서 한치 앞을 못 보는 상황이다. 뒤에서는 밀어붙이고(양 셋) 앞은 캄캄하니(6음) 진퇴양난이다. 아는 것은 부족한데 오랫동안 갈망한 곤경의 탈출을 맞은 신분 높은 사람들은(6음) 허욕, 위세, 성급함이 겹쳐 능력 밖의 한계를 갑자기 넘으려니 순조로울 수가 없다. 섣부른 행동이 사면초가를 자초한다. 이럴수록 개별적인 행동을 자제하면서 규범을 따라 전체를 위하여 겸허한 자세로 헌신해야만 마지막 곤경을 벗어날 수 있다.

이 상황을 주재하는 '사(07)'의 4원 개념을 '곤'의 환경으로 읽어오면, 힘의 낭비를 줄여 집중력을 기르고(손41) 안으로는 절제 속에 지혜를 궁구하며(간52) 외적으로는 열정을 다하여 어려움에 도전하면서(태58) 공동목표에 전체가 교감하며 하나가 되는(함31) 과정이다. 더 줄이면, 자기 절제와 열정 속에서 조직에 순응하며 어려움을 극복하는 과정이다.

구성원 개개의 자율보다 전체의 목적달성을 더 중시하는 것이 조직활동이니(사07) 난국을 극복해야 할 6음은 마치 전쟁 중에 고립무원(孤立無援)의 곤경을 헤쳐나가야 하는 군인에 비유된다. '칡덩굴 속에서 위태위태하며 곤경에 처함[困于葛藟于臲卼]'은 한치 앞을 내다볼 수 없는 사면초가의 6음의 막힌 상황을 말한다. 이때 개인적으로는 '움직이면 후회할진대[動悔]' 전체를 위하여는 '한을 품고 정복하면 길하리라[有悔征吉]' 한 것이다. 자신의 위험을 무릅쓰고라도 전체를 위하여는 임무를 완수해야 하니 자신의 희생이 다소 있더라도 모든 노력을 투입해야 하므로 '사(07)'의 분위기에서 '곤(困)'을 격어내야 하는 효이니 '사곤(師困)'의 괴정이라 하겠다.

48. 수풍정(水風井)

삶의 원천으로서의 끊임 없이 솟는 샘의 상, 삶을 이어주는 생명수와 지혜, 공동체를 위한 해결책의 수립·개발, 안정된 기초자질, 지속적인 보급·보충

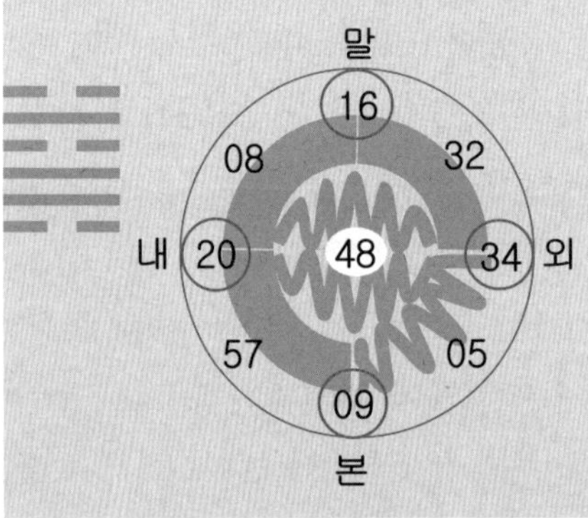

井정.
改邑개읍, 不改井불개정,
无喪无得무상무득.
往來井井왕래정정 汔至흘지.
亦역, 未繘井미율정 羸其甁이기병
凶흉.

샘솟게 하도다[井]. 읍을 개선하되[改邑] 샘을 고치지 않으면[不改井] 잃을 것은 없더라도[无喪] 얻는 것이 없으리라[无得]. 가며오며[往來] 샘을 긷고[井] 길으니[井] 물이 마르기에[汔] 이르도다[至]. 게다가[亦] 두레박줄로[繘] 물을 긷지[井] 못하고[未] 그 두레박을[其甁] 깨면[羸] 흉하리라[凶].

정[井]은 소축(小畜)·관(觀)·대장(大壯)·예(豫)를 따라 흐르는 세계다: 당장에 많은 것을 얻는 것은 아니라도 꾸준히 노력하며[소축09] 내면을 깊고 넓게 성찰하고[관20] 올곧은 열성으로 미래의 가치를 추구하며[대장34] 예지력으로 세계를 선도하는[예16] 일련의 과정이 '정'의 세계다.

8괘의 상으로 보면, 아래의 나무(巽風손풍)가 위로 물(坎水감수)을 빨아올리는 상이니 땅 속에서 물이 솟는 샘[井]을 뜻한다. 하지만 위로 솟는 물

을 잘 관리하지 못하고 그냥 내버려두면 험난한 물(坎)이 되고 잘 관리하여 활용하면 세상을 두루 살리는 생명수(水)가 된다.

생명수와 지혜는 인간의 삶을 엮어가는 변치 않는 원천이다. 정치·경제·사회의 모든 여건이 바뀌어도 이 두 가지의 샘은 마르지 않고 솟아나야 한다. 나무나 돌로 만든 경계(1음·4음·6음) 속에 조금씩 분출하여 흐르는 물(3양·2양·5양)이 고일 수 있도록 해 놓은 인위적인 것이 우물이다. 유입원천을 통하여(3양) 샘물이 솟아올라 그 물이 모이면(2양·5양) 우물이 된다. 깨끗한 우물이 되려면 내벽(1음·4음)이 뭉그러지지 않고 깨끗하게 유지되어야 하며 외부 오물로부터의 격리보호(6음)도 큰 역할을 한다. 표상을 멀리서 보면, 물(3양·2양·5양)을 푸려고 두레박(1음·4음·6음)을 기울인 모습이다. 단순히 샘물이 흐르는 것만으로는 여러 사람이 먹는 우물이 될 수 없는 것처럼 관련 요소가 알맞게 구성되어야 지혜도 우물도 그 생명력을 갖는다. 한 사회공동체를 구성하려면 먹고 살 수 있는 우물부터 개발하고 잘 관리해야 하는 것이니 말하자면 그 사회를 이끌 수 있는 적절한 기반시설과 주변 문화를 개발하지 않으면 안 된다. 인간의 삶을 영위할 수 있게 하는 것은 바로 생명수이며 문화적 지혜이기 때문이다. 만인을 이끄는 지도자의 지혜는 우물이 깨끗해야 하는 것처럼 끊임없이 관리·유지·발전되어야 널리 만인에게 유익한 것이 된다. 인류공동체는 꾸준한 문화개발로 문명사회를 이루어가는 것이다. 그 지도적 책무는 지혜를 이끌어내는 리더그룹이다. 이는 곧 정치가 '홍익인간(弘益人間)'을 지향해야 하는 이유다.

문화란 인간사회가 자연상태에서 벗어나 생활의 이상을 실현하려는 과정 속에서 이룩해 낸 물질적 정신적 소득을 말하며 특히 학문·예술·종교·도덕 등의 정신적 가치를 가리키는데 이는 하루 아침에 만들고 부수고 할 수는 없다. 그래서 작은 성취라도 끊임없이 노력하여(소축09) 예지력을 발휘하는(예16) 과정이 바로 '정[井]'이다. 그 방법에 있어서는 깊이 성찰하며(관20) 미래를 위한 초지일관의 장한 추진력(대장34)이 필요하다.

그 결과로 사람이 지혜를 깨쳐서 자연을 활용하여 사회가 정신적으로 물질적으로 진보된 상태를 이루는 것이 문명사회다. 우물은 인간사회의 모든 문명의 이기를 대표하는 것이다. 오늘의 필요한 문화를 개발하는 노력이 없다면 내일의 문명은 쇠퇴하게 된다.

이 시스템을 인성(人性)의 면으로 대입하여 파악해보자. 외적 물적 교류(유입)가 잘 이루어지고(3양) 이에 따른 신진대사 작용이 활발하여(2양) 신체적인 에너지의 공급이 원만하므로, 덜 깨어난 본성(1음)을 일깨우고 부진한 사고활동(4음)에 보태며 미래를 개척해 나아가는 데(6음)에 생성된 힘을 십분 활용하여 혼신의 노력을 다하는(5양) 인물을 묘사하고 있다. 지금 창조적 인물로 완성된 것은 아니지만 그렇게 되려고 노력을 쏟고 있는 상황이다. 이러한 노력의 결과가 당장에 나타나는 것은 아니겠지만 꾸준히 지속하는 과정에서 뜻 깊은 바탕을 이루어 저력을 가진 인물로 부상할 모습이다.

'샘솟게 하도다[井]' 함에는 힘써 필요를 개발하면 그 성과가 드러난다는 뜻이 함의되어 있다. 샘을 솟게 하려면 그 원천을 잘 찾아서 샘을 만들어주어야 한다. 그런데 이 샘은 시간의 흐름과 함께 잘 관리하고 개선하지 않으면 먹을 수 없게 되니 설혹 나라가 새로 건국되더라도 만인에게 꼭 필요한 샘을 관리·개선하지 못하면 백성에게 아무 소용이 없는 것이니 '읍을 개선하되 샘을 고치지 않으면[改邑不改井] 잃을 것은 없더라도 얻는 것이 없으리라[无喪无得]'고 한 것이다. 이어서, '가며오며 샘을 긷고 길으니[往來井井] 물이 마르기에 이르도다[汔至]. 게다가 두레박줄로 물을 긷지 못하고[亦未繘井] 그 두레박을 깨면[羸其甁] 흉하리라[凶]' 하였는데, 샘은 살아가는데 꼭 필요한 문명의 이기이며 공적인 기간시설이다. 이러한 공공의 소요를 헤아리고 지혜를 동원하여 끊임없이 유지·발전시킬 수 없는 군왕과 나라는 폐망의 길로 갈 수 밖에 없음을 경고하고 있다 하겠다. 좀더 큰 개념으로는 전반적인 문화창달에 소홀한 나라는 백성에게 샘물도 제대로 먹이지 못하는 형국이니 흉할 수 밖에 없다는 말이다. 개인의 입장에서도 발휘할 수 있는 모든 힘을 다하여 못다 깬 정신을 일깨우고 지혜를 얻어 미래를 끊임없이 개척하는 자만이 살아남을 수 있음을 시사하고 있다.

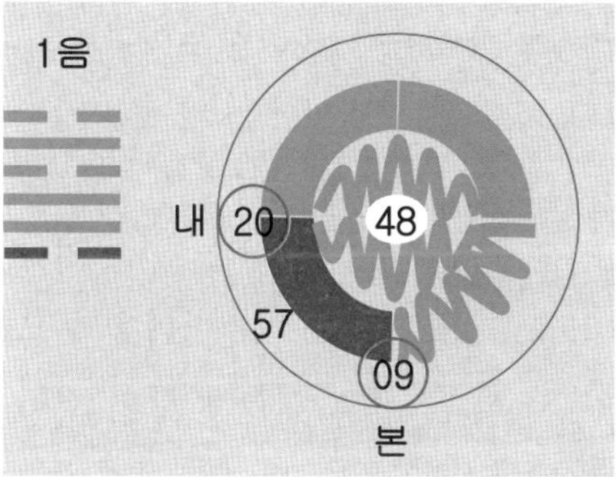

井泥不食정니불식·

舊井无禽구정무금·

샘이[井] 진흙탕이면[泥] 먹지 못하리라[不食]. 오래된 샘에는[舊井] 새가 오지 않느니라[无禽].

> 1음은 소축(小畜)·손(巽)·관(觀)의 과정이다: 작더라도 기본을 성취하려는 노력을 꾸준히 하면서[소축09] 넓은 통찰력으로 세계를 돌보려면[관20] 어떤 과정이 필요한 것인가? 변해가는 세계의 상황에 발맞추어 새롭게 미래를 대비해야 한다[손57].

1음은 우물의 맨 아래이므로 퇴적물이 생기는 곳이다[음]. 우물이 고인 자리니 썩기 쉽고 또 바닥과 접하는 곳이라 잘 관리하지 않으면 진흙탕이 되어 그 우물은 먹을 수 없다. 물은 생명소로서의 근본바탕(1음)이니 경제사회의 기반인 셈이다. 변화하는 세계를 따라잡을 수 있도록 끊임없이 근본을 개선해 나가지 않으면 도태한다. 1음은 우물의 바탕이지만 관리의 손이 미치기 어려운 곳이니 더더욱 소홀히 취급하기 쉽다.

이 상황을 설명하는 손(57)의 4원 개념을 '정'의 환경으로 읽어오면, 미래를 대비하여 내실을 기하며(수05) 상생을 위한 협조정신으로(비08) 크게 가진 능력을 활용하여 세계의 활성화에 나서서(대유14) 책임감으로 그 세계를 선도하는(진35) 일련의 과정이다. 세계의 흐름에서 도태되지 않고 항상성을 유지해나가면서 발전을 도모하려면 '정'을 주재(主宰)하는 자의 근본의식이 정체되어 있어서는 안 됨을 말한다.

흙탕물이 되어 사람도 새도 먹지 못한다면 이 공동의 샘은 못쓰게 된 것이니 신선하게 유지되도록 노력하는 그 지역 책임자의 근본정신이 결여되어 있기 때문에 나타나는 결과다. 변화에 대응하는 '손'(57)의 정신이 결여되어 있으니 그 세계의 근본문제를 성찰하지(관20) 못함이다.

그런데 이 효사에는 점사(占辭)가 없다. 길흉의 판단이 없으면 흉하지도 길하지도 않다는 뜻인가? 기반시설이나 기반정신이 원인이 되어 피부에 와닿는 길흉으로 느끼려면 우물에 퇴적물이 쌓이듯 시간이 걸린다. 지금 당장에는 큰 변화를 느낄 수 없으니 길흉을 바로 말하기는 어려울지 모르지만, 궁극적으로는 이 효의 역할이 '손(巽)'이어야 하는데 샘이 진흙탕이 되도록 방치하면서 효의 책무를 따르지 않으면 시간이 흐를수록 흉할 수 밖에 없다. 하지만 미래를 대비하여 새로움을 일으키려는 노력을 꾸준히 하고, 쓸모 있는 기반정책 개발에 애쓴다면 길할 것이다. 바꾸어 말하면, 이 효사는 '우물의 밑바닥을 늘 깨끗이 유지하면 길하리라'라고 해도 무방할 것이다. 이 효의 상황코드가 '손'이라는 것을 모르고서는 감히 효사를 응용할 수는 없을 것이다. 한마디로 '손정(巽井)'이다.

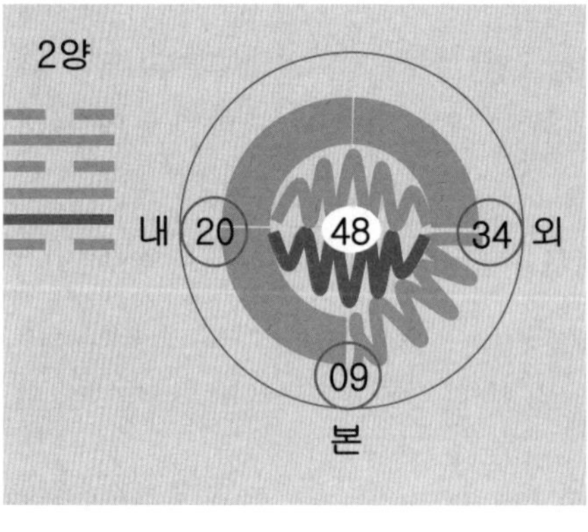

井谷射鮒정곡사부.

甕敝漏옹폐루.

우물의[井] 파진 골에 있는[谷] 붕어에게[鮒] 뿜도다[射]. 우물 벽(또는 두레박)이[甕] 깨져[敝] 물이 새도다[漏].

2양은 관(觀)·소축(小畜)·대장(大壯)의 과정이다: 안으로는 넓고 깊은 성찰의 눈을 가지고[관20] 밖으로는 올곧은 열성으로 미래를 위한 새 가치를 추구해 나가려면[대장34] 어떤 과정을 밟아야 하는가? 지금의 성취는 작지만 미래가치를 얻기 위하여 조금씩 쌓아가는 노력을 꾸준하게 해나가야 한다[소축09].

2양은 우물의 아래쪽 외벽(3양)에 연결된 수원(水原)을 통하여 아래로 뿜어 들어오는 물이다. 우물의 아랫물은 밖으로 새지 말고 고여서 위에까지 차올라야(5양) 두레박으로 떠서 먹을 수 있다. 하지만 주위로 조금씩 새버려서 필요한 기초수위를 맞추기 어려운 형국이다(3양은 출입구다). 효율적으로 쓰일 수 있는 잠재능력이 있는데도 주위의 여건에 묻혀버리면 그 가치가 드러나지 못한다. 2양의 아랫물이 제 역할을 잘하면 바닥에 파여진 골을 메우고 5양의 가치발휘를 돕는 숨은 공로자가 된다.

이 상황을 설명하는 소축(09)의 4원 개념을 '정'의 환경으로 읽어오면, 기초자질을 가지고(정井48) 시작의 어려움을 참고 견디며(둔03) 새로운 부가가치를 만들어내며(정鼎50) 헝클어진 문젯거리를 풀어나가는(서합21) 과정이다. 더 줄여 말하면, 일의 효율이 당장에 나타나지는 않지만 반드시 해내어야 하는 근본적인 일을 꾸준히 해나가는 역할이다. 소축(09)의 괘사에서 '구름은 빽빽해도 비가 오지 않는다[密雲不雨밀운불우]'고 함과 같이 우물이 차오르려면 새나가지 않아야 하는데 주위의 여건이 완벽하지 못하므로 비록 효율은 높지 않지만 꾸준하게 노력하며 쌓을 수 밖에 없는 형국이다.

'우물의 파진 골에 있는[井谷] 붕어에게 뿜도다[射鮒]. 우물 벽(또는 두레박)이 깨져 물이 새도다[甕敝漏]'라고 한 것은, 수원에서 우물 안으로 뿜어져 들어오는 물이 제대로 고여 차오르지 못하고 주위로 새나가니 우물 밑에 파진 골을 메우는 정도로 물이 차오르지 못하니 그 속에 있는 붕어의 몸에 직접 뿜어지고 있는 형국을 말해준다. 여기에서 '甕敝漏옹폐루'는 두 가지 해석이 가능하다. 하나는 '정곡사부[井谷射鮒]'의 원인을 '옹폐루'로 보아 우물 벽이 손상되어 그리로 물이 조금씩 새기 때문에 물이 쉽게 차오르지 못한다(소축09)는 뜻이고, 다른 하나는 물이 바닥의 움푹 파진 골을 겨우 매울 정도이니 충분히 차오르지 못한 상황에서 두레박이 부딪쳐 깨져서 물을 제대로 퍼 올릴 수 없는 모습이 되는 경우로서 '정곡사부'의 상황이 '옹폐루'의 결과로 이어지는 관점이다. 이때 '甕옹'은 전자에는 '우물 벽'으로, 후자에는 '두레박'으로 해석된다. 어느 쪽이든 2양이 노력을 하여도 쉽게 그 목적을 달성하지 못하는 근본적인 상황은 크게 변하지 않는다. 중요한 것은 다음 두 가지다. 하나는 우물의 기초적인 관리개선이 제대로 되지 않으면 아무리 우물이 있어도 소용이 없는 것을 지적하는 것이고, 다른 하나는 큰 성과를 거두지 못하더라도 꾸준하게 우물을 채워나가는 노력이 반드시 필요함을 말하고 있다. 1음과 마찬가지로 길흉의 점사(占辭)는 없다. 하지만 이 효의 상황을 요약하고 있는 '小畜·井소축,정'의 의미를 생각하면, 꾸준하게 미래의 목표를 향하여 정진하는 자에게는 길하나 당장 승부수를 던져야 하는 자에게는 흉한 상임을 알 수 있다.

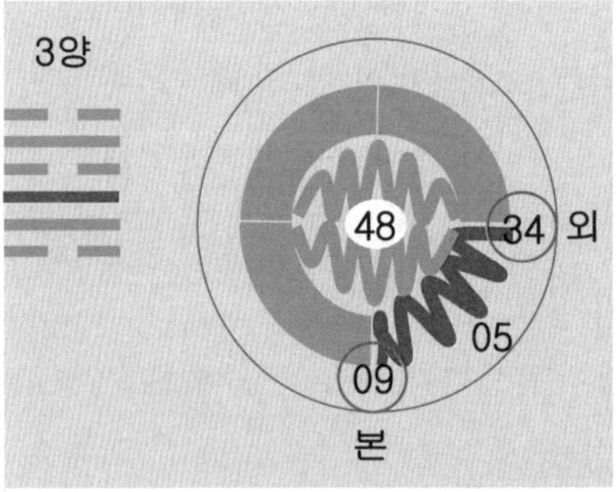

井渫不食정설불식,
爲我心惻위아심측.
可用汲王明가용급왕명,
竝受其福병수기복.

우물을[井] 쳐서도[渫] 먹지 못하면[不食], 나의 마음을[我心] 안타깝게[惻] 하리라[爲]. 물을 길을[汲] 수 있다면[可用] 왕이[王] 현명함이니[明], 그 복을[其福] 더불어[竝] 받으리라[受].

3음은 소축(小畜)·수(需)·대장(大壯)의 과정이다: 성취가 작더라도 꾸준한 노력을 쌓으면서[소축09] 올곧은 열성으로 힘찬 미래를 추구해나가려면[대장34] 어떤 역할과정이 있어야 하나? 장애극복 능력을 잘 보완해두었다가 필요한 때가 오면 십분 발휘해야 한다[수05].

3양은 주위환경과 활발히 교류하는 모습이다. 이 세계에서 유일하게 물이 유입되는 곳이다. 우물 주위에 있는 깨끗한 원천수가 3양을 통하여 흘러 들어오니까 우물 속의 물은 점점 깨끗해진다. 하지만 이 물을 떠서 먹으려면 아랫물(2양과 3양)과 윗물(5양)이 합쳐져서 수위가 어느 정도까지 차오르면 먹는 우물이 된다. 3양은 이 상황이 되도록 물의 입력에 가담하여 직접적인 일을 해낸다. 이 국면은 미래를 대비하여 근면하게 자기개발에 열중해온 창조적인 인물을 최고리더가 등용하는 상황에 비유할 수 있다.

이 상황을 이끌고 있는 수(05)의 4원 개념을 '정'의 개념으로 읽어오면, 외부로부터의 능력과 영향력을 받아들여(손57) 공익을 위하여 투입하며(익42) 그 세계의 항상성이 유지되도록 노력하면서(항32) 주위를 고무하고 진작시켜 발동하게 하는(진51) 일련의 과정이다. 원천수가 우물 안으로 들어올 때 가지고 있는 압력으로 우물의 수위가 높아진다. 3양의 이러한 창조적 에너지를 비축하고 발휘하는 것은 '정'의 세계에서 결코 없어서는 안 될 핵심역할이다.

'우물을 쳐서도 먹지 못하면[井渫不食] 나의 마음을 안타깝게 하리라[爲我心惻]' 하였는데, 1음과 2양에서는 관리가 부족하고 물이 부족한 우물은 시간이 흐르면 무용지물이 되는 것을 말하였으나, 여기 3양에서는 수량이 풍부한 원천수 수맥과 잘 연결되도록 설치해놓지 못하면 우물을 아무리 깨끗이 친다 해도 우물의 구실을 다하지 못하니 그 우물은 안타깝게도 무용지물이 될 수 밖에 없음을 말하고 있다. 중요한 것은 양질의 원천수가 있는 지역을 도읍(삶의 터전)으로 정하는 왕의 현명함이 있어야 하고 그런 우물자리를 찾아내는 개발자의 노력과 기술이 준비되어야(수05) 물을 길을 수 있는 제대로 된 우물을 갖게 되는 복을 누릴 것이다. 그래서 마지막에 '물을 길을 수 있음은[可用汲] 왕이 현명함이니[王明], 그 복을 더불어 받으리라[竝受其福]'고 덧붙이고 있다. 제5효의 양으로 상징되는 왕의 현명함과 제3효의 양으로써 나타나는 좋은 우물을 개발하는 훌륭한 외방의 관리의 능력이 잘 결합되어 이루어진 결과라 하겠다.

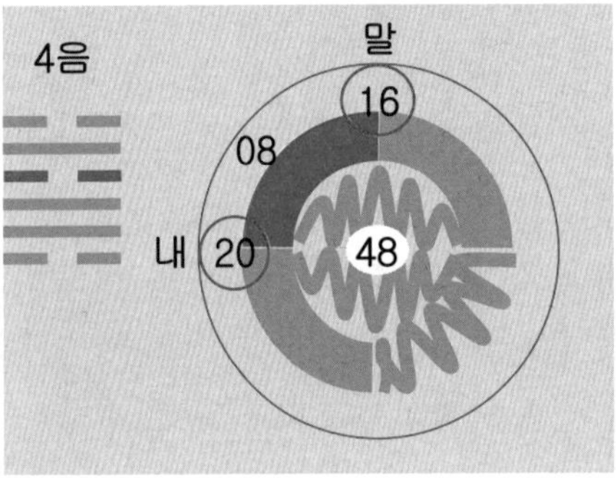

井甃정추, 无咎무구.

우물의[井] 내벽을 치니[甃] 허물이 없으리라[无咎].

4음은 관(觀)·비(比)·예(豫)의 과정이다: 내면을 깊고 넓게 성찰하면서[관20] 예지력으로 세계를 이끌어가려면[예16] 어떤 정신으로 임해야 하나? 상생적 단합을 위한 협력과 배려정신이 필요하다[비08].

4음은 정신을 차분하게 가라앉히는 모습이다. 4음이 만약 양이라면 이것은 우물의 모습이 아니다. 1음이 우물의 바닥이라면 4음은 우물의 벽이다. 우물의 기초구조이므로 이것이 온전치 못하면 우물이 뭉그러진다. 우물에서 이 문제가 있으면 반드시 고쳐야 한다. 4음은 내면의 마음의 모습이니 전체 세계의 상황을 조용히 관조하고 잘못된 방향을 바로잡을 수 있도록 종합적인 처방을 해야 한다. 세상의 분주한 상황을 초연하게 명상하여 상생을 위한 단합과 배려정신으로 일을 꾸리니 이는 곧 예지력으로 세계를 개선해나가며 이끌어 감이다.

이 상황을 주재하는 '비(08)'의 4원 개념을 '정'의 개념으로 읽어오면, 공익을 위하여 능력을 베풀며(익42) 변하는 상황에 발맞추어 새롭게 미래를 대비하고(손57) 내면을 활성화시켜(진51) 그 세계의 항상성을 유지하고 발전시키는(항32) 일련의 과정이다(마지막의 '항(32)'이 곧 6음의 상황코드인 것을 보면 주역의 '비밀코드'는 빈틈없이 짜여 있는 것을 알 수 있다). 내벽 때문에 깨끗하지 못하면 우물의 본래의 기능을 잃으니 이를 개선함은 곧 시대의 변화를 따라잡기 위해 연관이 있는 개별요소를 상생적 협력정신으로 전체의 목적에 일치시키는 '비(08)'의 정신을 실현하는 것이다.

4음은 표상에서 우물의 내벽을 상징하고 이것을 수선하면 우물이 깨끗해져 전체 우물의 기능이 개선되니 '우물의 내벽을 치니[井甃] 허물이 없으리라[无咎]'고 한 것이다. 우물의 내벽은 빈틈 없이 잘 짜서 쌓지 않으면 허물어지기 쉽다. 상생적 단합(비08)이 필요한 이유다.

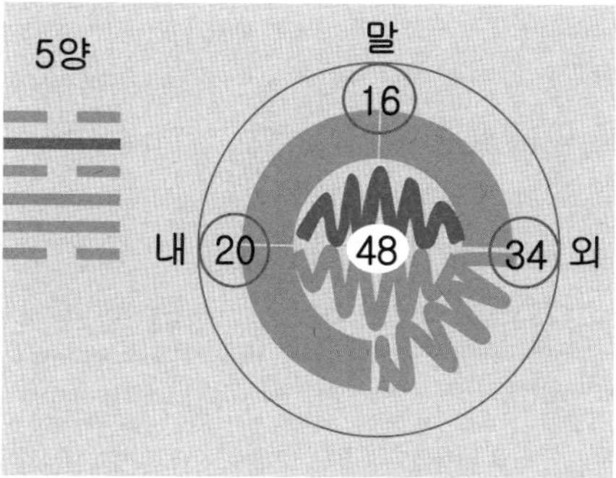

井정 冽寒泉열한천, 食식.

우물은[井] 차디[冽] 찬[寒] 샘이라야[泉] 먹을 수 있도다[食].

5양은 관(觀)·예(豫)·대장(大壯)의 과정이다: 안으로는 자신을 성찰하면서[관20] 밖으로는 올곧은 열성과 강력한 추진력으로 선제를 이끌려면[대장34] 어떤 리더십이 필요한가? 차가운 이성적 예지력을 앞세우는 리더십이다[예16].

5양은 위로 차오르는 움직임이다. 우물이 위로 차올라 직접 먹을 수 있는 상층의 물이다. 2양과 3양은 상층의 물을 있게 해준 물이지만 직접 먹어볼 수 없는 깊은 물이고 5양은 그 속의 불순물이 시간과 함께 아래로 갈아 앉혀진 맑고 차게 된 음용수다. 만약 5양이 음이라면 승(46)이 되어 물이 더 차오르도록 기다려야 하는데 그럴 경우 우물의 물이 오래 고여 있게 되니 신선하지 못하다. 물이건 지혜건 널리 이롭고 생명력을 가지려면 항상 맑고 신선해야 한다. 참다운 지도자란 신선한 예지의 힘으로 주위를 이끄는 리더십을 보여야 한다.

이 상황을 주재하는 '예(16)'의 4원 개념을 '정'의 개념으로 풀어오면, 갈등을 해소하면서(서합21) 새로운 가치를 창조하고(정鼎50) 숨은 어려움을 조금씩 극복하며(둔屯03) 지혜의 샘으로서 널리 이롭게 하는(정井48) 리더십이다. 이는 곧 지도자의 혜안을 실천하며 세계를 선도함이며 이로써 그 지도력 밑에 무리들이 즐겁게 뭉칠 수 있는 계기를 준다. 한편 '정(井)'은 '예(16)'를 이끌어주고 '예'는 '정'을 이끌어주는 관계다. 각각이 서로의 말원(末元)이 되어주기 때문이다(각각의 4원 참조). 지혜의 샘을 푸려는 것은 예지력을 얻기 위함이고, 또한 예지력이 있어야 만인이 지혜를 얻도록 배려해줄 수 있기 때문이다.

'우물이 차디찬 샘[冽寒泉]'이라는 것은 맑고 깨끗한 물이 고여 있지 않고 뿜어 나와 유용성 있게 우물 속을 차고 올라야 함을 말함인데, 자연적으로는 되지 않고 그렇게 되도록 자연법칙을 활용하는 머리를 써서 미리 알고 연구하여 여건을 마련해야 하고 그 상태가 발전되도록 노력해야 함을 의미한다. 그런 샘을 '먹을 수 있도다'라고 함은 그렇게 되어야 샘과 지혜는 널리 유익함이 있게 되니 이는 지도자의 덕목을 깨우치게 해주는 효사라 하겠다.

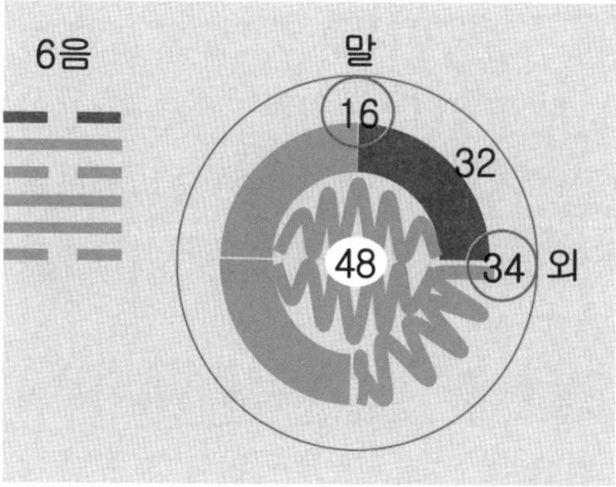

井收勿冪정수물멱·

有孚元吉유부원길·

우물을[井] 길으니[收] 덮지[冪] 말라[勿]. 믿음이[孚] 생겨[有] 크게[元] 길하리라[吉].

6음은 대장(大壯)·항(恒)·예(豫)의 과정이다: 올곧은 열성으로 꾸준히 밀고 나가[대장34] 예지력으로 세계를 이끌려면[예16] 어떤 과정이 필요하나? 환경이 변해도 그 세계가 항상성을 유지해나갈 수 있도록 (기초자질과 지혜를) 계승·발전시킨다[항32].

6음은 외부환경으로부터 물을 보호하면서 물을 긷는 자리다. 이중의 역할을 수행하는 자리니 늘 우물을 길을 수 있게 하려면 그 대가를 치러야 하는 곳이다. 그것은 우물의 항상성 유지 의무를 다함이니 곧 상생을 위한 공중도덕의 준수다. 우물은 바깥환경의 변화에도 불구하고 항상 오염으로부터 보호되어야 한다. 잘 관리·유지되지 않는 자질과 지혜는 시대가 가면 낡아짐과 같다. 6음이 6양이라면 우물은 손(巽)괘로 되어 바람의 영향으로 오물을 둘러쓴다(환경의 영향을 받기 쉽다). 잘 관리하면서 개방시키는 샘물은 많이 이용될수록 고이지 않으니 썩지 않고 신선해진다. 하지만 공중도덕을 지키며 오염을 방지해야 하니 마치 훌륭한 지혜를 올바르게 공유할수록 더 훌륭한 지혜의 샘이 솟는 이치와 같다.

이 상황을 대변하는 '항(32)'의 4원 개념을 '정'의 입장으로 풀면, 가진 능력을 세상에 펴면서(대유14) 책임감을 갖고 진취적 기상으로 나아가(진35) 장애에 대응하여 내실을 기하면서(수05) 상생을 위하여 협력하는(비08) 일련의 과정이다. 먼저 원천수에 접한 우물을 개발하고, 우물을 치고, 우물을 수선하고, 우물이 적절히 솟아올라야 하지만, 샘솟는 우물이 지속적으로 이용되면서 철저히 위생적이고 건전성이 유지되도록 책임 있게 우물을 관리·유지하지 않으면 안 되는 역할이 '항'이다. 위에 풀어 읽는 '항'의 4원 중에 '수(05)'와 '비(08)'는 각각 3양과 4음이 주도적으로 해주는 역할이다. 이렇듯 하나의 역할이 시스템으로 엮어지려면 이웃과 서로 공유하는 기능이 있기 마련이다.

'우물을 길으니[井收] 덮지 말라[勿冪]'라고 함은 우물은 공공시설이고 여러 사람들이 가며오며 모여서 먹으니 이를 개방적으로 자유롭게 사용할 수 있게 하라는 말이다. 여기에서 '收수'는 한 곳으로 모여드는 '收斂수렴'의 의미로서 공중시설임을 강조하고 있다. 그런데, '덮지 말라[勿冪]'는 말은 이중의 의미를 갖고 있다. 즉, 제 6효의 음은 양을 포장하는 것이니 위생적 보호막의 역할로서는 덮어야 하지만 그 직능이 '항(32)'의 역할이니 널리 사용될 수 있도록 고여 썩지 않게 개방되어 있어야 한다. 보호되면서도 개방되어야 하니 이는 사용자의 높은 공중도덕을 요구하고 있다. 마치 진정한 지혜는 이용되어 널리 이로워야 하지만 지혜를 잘못 해석하여 악용하면 그것은 한때의 지략에 그치고 마는 것과 같다. 그래서 상생을 목표한 공중도덕에 맡기지 않으면 안 되므로 '믿음을 두면[有孚] 크게 길하리라[元吉]'라고 한 것이다. 공중도덕이 필요함은 곧 사람끼리의 믿음이 필요한 것과 같은 의미다.

▷ 중앙의 글로벌8괘로부터 외곽 로컬8괘로의
프랙털적 전개 (『과학주역』1, 185쪽)

큰 태극8괘도는 글로벌(global) 상황이고 작은 태극8괘도는 글로벌 8괘 각각의 상황을 프랙털원리로 계승한 로컬(local) 상황이다. 글로벌 8괘와 로컬 8괘 각각이 중첩되어 64괘가 된다. 이때 어떤 쪽이 출발·바탕 상황이 되고 어떤 쪽이 변화·결과 상황이 되는 것인가? 이 구분에 따라 6획괘의 구성과 흐름이 달라지므로 그 의미 파악은 중요하다.

49. 택화혁(澤火革)

고쳐나가는 상, 개혁적·활성적 마인드, 문호개방, 변화의 시대,
순조로운 변화, 가면과 구태를 벗김

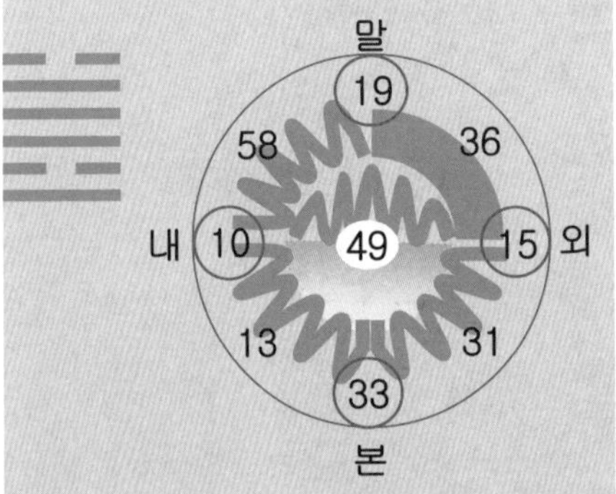

革혁.
已日乃孚이일내부
元亨利貞원형이정.
悔亡회망

고치도다[革]. 지난 날에[已日] 따라[乃] 믿음을 얻고[孚] 바탕을 세워[元] 키워나가고[亨] 실질적인 변화로[利] 결과를 얻도다[貞]. 아쉬움이 없어지리라[悔亡].

혁[革]은 둔(遯)·리(履)·겸(謙)·림(臨)을 따라 흐르는 세계다: 드러내지 않고 내실을 다지며[둔33] 주어진 여건에 발맞추면서[리10] 겸손하게 변화를 이끌고[겸15] 미숙한 능력을 다스려서 값진 보람을 얻는[림19] 일련의 과정이 '혁'의 세계다.

8괘의 상으로 보면, 위의 갇힌 물(兌澤태택)과 아래의 불(離火리화)이 서로 마주하는 상황이다. 갇힌 물이란 강물처럼 한없이 흐르는 물이 아닌 연못이니 주전자의 물이나 젖은 나무처럼 한정된 양의 물이다. 불이란 물질적 에너지의 공급에 따라 열을 발산할 수 있다. 처음에 젖은 나무에는 불이 잘 붙지 않는다. 하지만 계속 가열하면 위의 물은 끓어 증발되고 물

을 담고 있던 나무나 용기는 타거나 녹아 그 성질이 바뀌어 버린다. 아래의 지속적인 노력으로 위가 탈바꿈하여 변하는 상황을 연출해낸다. 불은 물을 품고 있는 모든 것을 단숨에 변화시킬 수는 없지만 에너지의 투입량과 시간에 흐름에 따라 큰 변화를 일으킨다.

세계 중앙에 있는 음(2음)이 불의 심지이니 물질 에너지의 입력이 되어 용광로의 불길(1양·3양)을 지피니 뜨거운 열기(5양)와 광채(4양)가 위로 치솟고 제일 위에 놓인 물질(6음)은 가열된다. 외부에서 불어주는 공기나 활성에너지의 투입 정도에 따라(3양) 용광로의 가열능력이 좌우된다. 가열하려는 물질(6음)의 내용을 변화시키려는 목적에 따라 용광로의 가동상태가 달라지는 것인데, 가열물질(6음)을 완전히 증발시키려는 지나친 목표를 세우면 용광로에 무리가 생기므로 적절한 제어는 중요한 변수다. 원천적인 열용량(혁신을 위한 준비)이 크면 변화의 속도가 높아짐은 당연하다. '혁'의 표상은 혁의 구조이며 동시에 혁신방법이다. 만약 6음이 6양이라면 동인(同人13)이 되어 원래 한통속이니 개혁의 대상을 잡아낼 수 없을 것이다. 그래서 6음으로써 다른 세계와의 단절을 나타내어야만 혁신이 가능하다. 또한 2음은 타(他)를 변혁시킬 에너지원이면서 동시에 태워 없애야 할 자기혁신의 대상이라는 이중성을 갖는다. 2음이 2양으로 되어 쾌(夬43)가 되면 내부에서 발목을 잡는 자기혁신의 대상이 없는 것이므로 단지 6음을 대항하여 거세게 밀어 부칠 수 있는 것이다. 내적 걸림돌을 사름으로써 생기는 활력으로 외적 상황의 변화를 유도하는 것이 혁(革49)의 구조다. 내면의 문제를 둔 채로 외적인 모습만으로는 본질적인 변화를 얻을 수는 없기 때문이다.

'혁'을 인성(人性)의 면에서 파악해보자. 근본욕구가 왕성하므로(1양) 주변과의 에너지 교류도 활발하지만(3양) 신진대사 작용이 이에 따라주지 못하고 활력이 없으니(2음) 욕망을 마음껏 펼칠 에너지를 즉시에 생성시키지 못한다. 하지만 사고활동은 적극적이고(4양) 판단력이 뛰어나 행동으로 옮기는 신경도 예민한데(5양) 경험이 일천하여 세계 밖과 미래 여건과의 연결을 위한 정보는 막혀 있고 낡아 있다(6음). 새로운 변화를 모색하려면 우선 자신의 체질을 고쳐나가고 미지의 세계로 박차고 나갈 경험과 지식을 쌓아야 한다. 부족한 정보 속에 마음먹은 바를 조급하게 해내려는 인성이니 값진 변화를 이루려면 단련과 연구 그리고 인내가 선행되어야 한다.

혁[革]의 한자가 의미하는 '고침'와 '가죽'은 깊은 연결성이 있다. 왜냐하면 동물의 외피가 가죽으로 되려면 털과 기름을 제거하는 여러 단계의 표면처리 공정이 필요한 것처럼 혁신이나 개혁은 갑자기 이루어지는 것이 아니고 소용없는 문제점을 하나하나 없애나가는 노력이 단계적으로 투입되어야 얻어지는 변화의 소산이기 때문이다.

자연의 점진적 흐름을 주역에서는 '원형이정(元亨利貞)'의 네 단계로 말하는데, '혁'의 4원인 '둔(遯)·리(履)·겸(謙)·림(臨)'이 곧 그것이다. '둔'으로써 열외의 실력을 길러야 하는 것이 근본바탕(元)이고, '리'로써 절제와 중도로써 무리함이 없이 주위와 함께하며 돕는 분위기로써 거부감 없는 발전을 도모하고(亨), '겸'으로써 겸손한 태도로 주위의 동의와 믿음을 얻어 실질적인 변화를 주도하며(利), '림'으로써 부족함을 다스리고 보충하여 보람된 결과를 얻는(貞) 과정이다. '혁'의 결과만 보면 큰 변화라 할 수 있겠지만 단계적이고 필연적인 과정을 밟아 경우가 허용하는 작은 변화를 모으지 않으면 참다운 '혁'을 이룰 수 없음을 말해주고 있다.

괘사의 처음과 끝을 연결하면, 고치면[革] 아쉬움이 없어진다[悔亡]는 것이니 고칠 것을 고치고 나면 결국에는 후회하지 않게 된다는 말이다. 괘사의 중간부분은 어떻게 고쳐야 할 것인지 그 방법을 말해주고 있다. 그 중 첫째는 '지난 날의 됨됨이를 보여주어 신뢰를 쌓는 일이다[已日乃孚]', 둘째로는 그러한 실증적인 신뢰의 바탕을 쌓은 후에는 '자연의 순환이치[元亨利貞]를 본받아' 변화를 완성해나가는 일이라 하겠다.

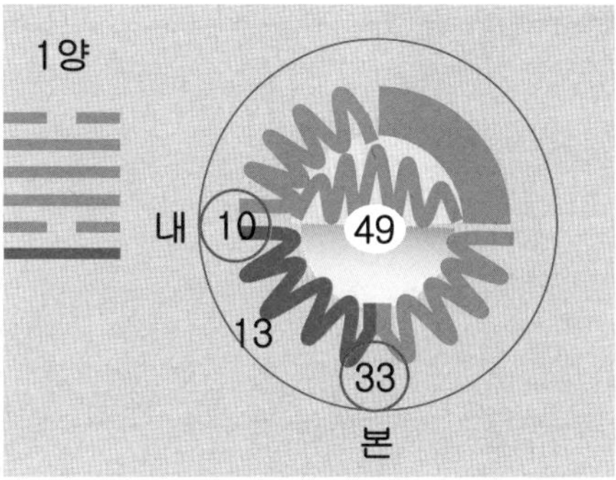

鞏用黃牛之革공용황우지혁.

황소가죽으로써[用黃牛之革] 묶도다[鞏].

1양은 둔(遯)·동인(同人)·리(履)의 과정이다: 드러내지 않고 내실을 다지며[둔33] 주어진 여건에 발맞추고 동화되려면[리10] 어떤 과정이 필요한가? 공동의 목표 아래 주위의 동지와 뜻을 같이 해야 한다[동인13].

1양은 근본 내면의 강렬한 열정이 있어야 함을 나타낸다. 내면 깊숙이 눈에 보이지 않게 개혁의 뜻을 품어야 함이다. 여건이 성숙되기 전에 어설프게 고치려는 의도가 때 이르게 밖으로 드러나면 일이 출발되기도 전에 개혁의 대상으로부터 큰 저항을 받는다. 믿음과 열정을 속마음에 품고 주위와의 진정한 의기투합이 없으면 개혁은 달성되기 힘들다. 믿음과 열정이 그 연결의 끈이다.

이 상황을 이끄는 '동인(13)'의 4원 개념을 '혁'의 환경으로 읽어오면, 공동목적에 상호 교감하여(함31) 화기애애한 열정을 함께하며(태58) 깊은 생각으로 지혜를 얻어(간52) 효율적으로 소기의 목적을 이루는(손41) 일련의 과정이다. 무리를 지워 안전하게 존재하려는 사회성에 발맞추어 유연한 관계를 구성하고 서로의 교감을 확인할 때 변화의 불편을 감수할 수 있는 큰 힘이 나옴을 말해준다.

'황소가죽으로써[用黃牛之革] 묶는다[鞏]'는 것은 두 가지의 내용을 함축한다. 하나는 마음의 열정을 주위와 상호 교감하는 소통의 끈이 질긴 황소가죽으로 묶은 듯 강해야 함이고(동인10), 다른 하나는 그 의도를 밖으로 공공연히 드러내지 않고 여건이 성숙할 때까지는 꽁꽁 묶어 두고 내실을 기해야 함이다(둔33).

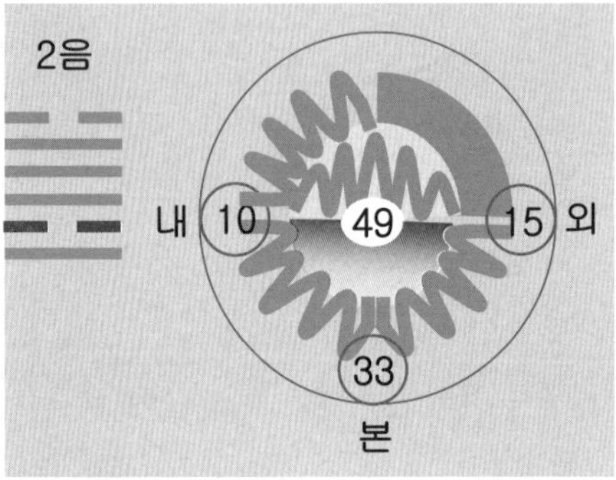

已日乃革之이일내혁지·
征吉정길 无咎무구·

지난 날에[已日] 따라[乃] 고쳐가도다[革之]. 단행하면[征] 길하고[吉] 탈이 없으리라[无咎].

2음은 리(履)·둔(遯)·겸(謙)의 과정이다: 주어진 여건에 발맞추고 동화되어 돕고 진언하지만[리10] 겸손한 태도로 나아가야 '혁'의 기초를 쌓을 수 있다[겸15]. 그러려면, 철저히 내면의 실력을 가다듬어야 하며 서둘러 나서는 것은 삼가야 한다[둔33].

2음은 전반세계의 유순하고 신중한 중심역할이다. 직접적인 활동(1양·3양·5양)을 도울 뿐 한발 뒤로 물러서서 겸허하게 자신의 부족함을 채워야 한다. 혁신은 신뢰받는 유능한 자가 선도할 때 주위가 따른다. 열정적인 마음으로 뜻한 바를(1양) 조급하게 해치우려 해서는 안 된다. 먼저 개혁의 가능한 범위를 설정하고 주위의 의견을 수렴하면서 자연스러운 변화를 유도해야 한다. 모두가 구악과 폐습의 문제점을 충분히 인식하고 동조해야 개혁이 가능한 것이니 그럴만한 여유가 필요한 것이다. 필요한 능력과 공적 신뢰, 착실한 준비를 갖춘 개혁은 혼란 없는 변화를 낳는다.

이 상황을 주재하는 '둔(33)'의 4원 개념을 '혁'의 환경으로 읽어오면, 변화를 원하는 열정적인 마음으로(혁49) 난관을 극복하려는 의지를 세워(곤困47) 중도의 덕을 좇아 가꾸며(비賁22) 설익은 실력을 키워나가는(몽04)

과정이다. 진정한 혁신을 위한(혁49) 기초자질은 물러서서 실력을 기르는 것이다(둔33). 또한 한발 물러서서 자신의 부족함을 채우려면(둔33) 그 바탕에는 개혁정신이 있어야 한다(혁49). 둔(33)과 혁(49) 각각의 4원을 확인하면 서로가 서로의 바탕(본원本元)이 되는 관계이기 때문이다.

'지난 날에 따라 고쳐가도다[已日乃革之]'라고 함은 지금까지 보여준 지도자의 능력과 실천력에 따라 대중의 신뢰가 생길 때 비로소 혁신이 가능해짐을 말해준다. 이어서 '단행하면 길하고[征吉] 탈이 없으리라[无咎]'고 한 것은, 자신의 부족함을 깨닫고 한발 뒤로 물러서서 근본실력을 갖추는 일은 그 자체로서 쉽지 않는 개혁의 하나이지만 극복하려는 의지로써 실행에 옮기면 길하고 탈이 없으리라는 뜻이 된다. 여기서 '征'은 바로 앞의 '已日乃革之'를 실천에 옮기는 것을 말한다.

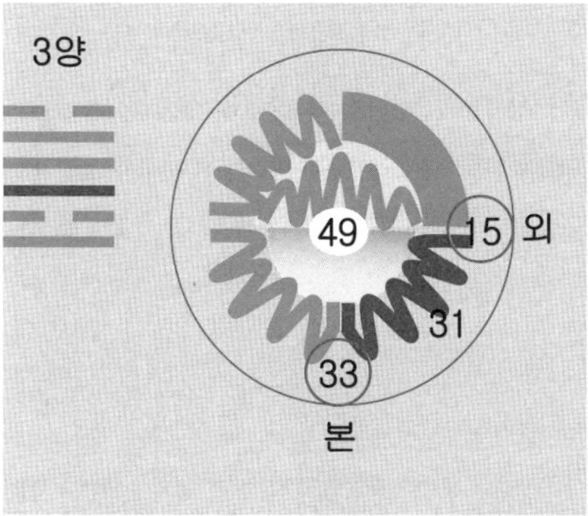

征凶정흉 **貞厲**정려.
革言三就혁언삼취 **有孚**유부.

단행하면[征] 흉하고[凶] 곧으면[貞] 위태하도다[厲]. 고쳐야 한다는 말을[革言] 세 번 접하면[三就] 믿음을 두느니라[有孚].

3양은 둔(遯)·함(咸)·겸(謙)의 과정이다: 내실을 기하며 선불리 나서지 말고[둔33] 철저히 겸손의 덕을 실행하려면[겸15] 어떻게 해야 할 것인가? 주위와 깊이 교감하여 믿음을 얻고 생각을 통일해야 한다[함31].

3양은 외부와 상호 교류활동을 민활히 수행함이다. 전체를 객관적으로 바라볼 수 있는 외부의 의견과 조언은 받아들이면서 원래 마음먹은 개혁의 뜻이 쇠락하지 않도록 외적으로 개혁의 의지를 분명히 공표하고 깊은 교감을 얻도록 널리 홍보하여 동의를 얻고 일체감을 형성하여야 한다. 개혁은 적절한 때를 놓치거나 너무 기간이 길어지면 그 가치와 관심이 사라진다. 관련 세계의 합의가 이루어지는 순간이 바로 직접적인 행동이 개시되어야 하는 시점이다.

이 상황을 주재하는 ‘함(31)’의 4원 개념을 ‘혁’의 환경으로 읽어오면, 공동목적에 동조하고(동인13) 사리분별을 할 수 있는 경륜을 닦아(송06) 헌신적으로 자신의 주장을 굽히며(명이36) 혼연일체를 이루는(사07) 과정이다. ’함’의 정신으로 ‘혁’을 이행함이란 설득과 상호교감으로 강력한 동의를 얻어 혁신해나감을 의미한다.

‘단행하면 흉하고[征凶] 곧으면 위태하도다[貞厲]’라고 하였는데, 독단적으로 조급하게 개혁을 감행하면 뒤따라 동조해오지 않아 실패하게 되고, 그렇다고 자기 고집에 빠져 요지부동이면 혁신과 거리가 멀어 ‘혁’의 세계에서 낙오되고 만다는 뜻이다. 이어서, ‘고쳐야 한다는 말을 세 번 접하면[革言三就] 믿음을 두느니라[有孚]’ 함은 개혁의 선도자는 그 취지를 세 번이나 중복하여 설득·홍보하고, 세계의 구성원은 개혁의 진정한 뜻에 관심을 가지고 교감하는 ‘함(31)’의 자세로써 ‘혁’을 함께 이루어가야 하는 과정을 나타낸다.

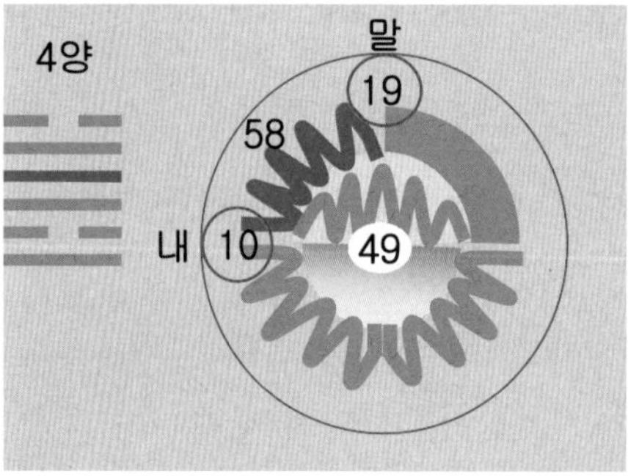

悔亡有孚改命회망유부개명. **吉**길.

아쉬움을 남기지 않고[悔亡] 열정이 가득한[有孚] 혁명이로다[改命]. 길하리라[吉].

> 4양은 리(履)·태(兌)·림(臨)의 과정이다: 주어진 여건에 발맞추고 동화되어 주위를 올바르게 설득하면서[리10] 미숙한 능력을 다스려 값진 보람을 얻는 계기를 맞으려면[림19] 어떤 개혁정신이 필요한가? 진정한 열정과 내면의 기쁨을 솟게 하는 개혁이 추진되어야 한다[태58].

4양은 개혁의 정신자세가 밝고 적극적임을 보인다. 전반에서 시행착오를 겪으면서 개혁의 당위성이 확보되었다면 그것은 당당한 세계의 리더(5양)와 뜻을 같이 하기 때문이리라. 개혁이 한참 무르익어 갈 때면 주최자들의 한풀이식 사리사욕이 고개를 내밀어 개혁의 참 뜻이 훼손되기 쉬우나 4양의 활성적 개혁정신이 대의를 위하여 참으로 진실하고 열의에 가득 차 있으며(태58) 리더를 제대로 보필하는(리10) 상태이므로 개혁은 성공을 향하여 성큼 다가간다(림19).

이 상황을 주재하는 '태(58)'의 4원 개념을 '혁'의 환경으로 읽어오면, 시시비비를 넘어(송06) 열정을 같이하는 의기투합으로(동인13) 개혁의 준칙을 철저히 지키며(사07) 사소한 욕심을 죽이고 극복하는(명이36) 일련의 과정이다. 이러한 '태(58)'의 정신으로 추진하는 '혁'은 충분히 성공을 예감케 한다. '아쉬움을 남기지 않고[悔亡] 열정이 가득한[有孚] 혁명[改命]'은 곧 위에서 살펴본 '태(兌)·혁(革)'의 정신과 방법을 이행하는 것이니 '길하리라[吉]'고 한 것이다.

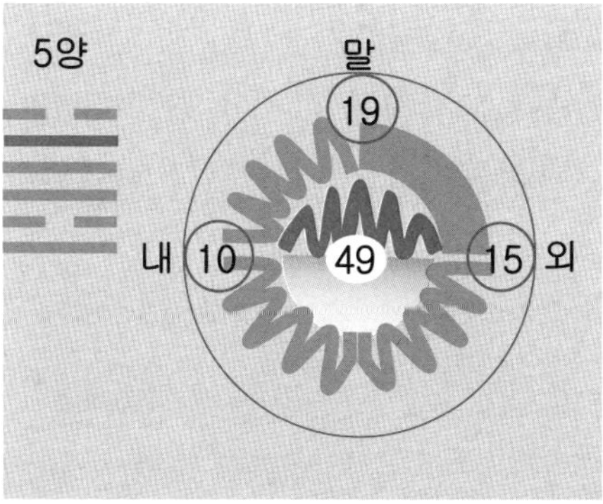

大人虎變대인호변.
未占有孚미점유부.

대인이[大人] 호랑이처럼 변하도다[虎變]. 점치지 않고도[未占] 믿음을 얻으리라[有孚].

5양은 리(履)·림(臨)·겸(謙)의 과정이다: 여건에 맞추고 동화되어 주위를 올바르게 설득하면서[리10] 중후하고 겸손한 자세로써 혁신의 세계로 이끌어가려면[겸15]. 어떤 리더십이 필요한가? 미숙한 능력을 독려하고 다스려 값진 보람을 향하여 적극적인 변화를 시도하는 때다[림19].

5양은 활달하게 변혁을 이끄는 핵심리더다[양]. 1양의 뜻 깊은 결심, 2음의 유순한 노력, 3양의 정보교류 홍보활동에 따른 교감형성, 4양의 열정적 정신자세 등을 거친 5양은 모든 개혁조건을 두루 갖춘 당당하고 믿음직한 지도자다. 개혁의 목표와 이유가 분명하여 이 시대의 거스를 수 없는 흐름임을 그 세계에 확실히 인식시켜 동참케 한다. 개혁을 이끈 후 5양이 안정된 5음으로 바뀌면 세상의 외형은 한결 더 풍성해질 것이다(풍55).

이 상황의 배경인 림(19)의 4원 개념을 '혁'의 환경으로 읽어오면, 미성숙에서 깨쳐나(몽04) 가꾸고 조정하는 능력을 발휘하여(비22) 강한 의지로 어려움을 헤치며(곤47) 개혁을 이끌어내는(혁49) 일련의 과정이다.

'대인이 호랑이처럼 변하도다[大人虎變]'라고 함은 모든 준비를 완료한 지도자가 당당하게 나서서 주위를 설득하고(리10) 겸허하게 주위에 믿음을 쌓으니(겸15) 대인은 어느덧 누구에게나 확실하게 인지된 지도자로 탈바꿈하게 된 것임을 의미한다. 이는 마치 호랑이가 동물세계의 왕자 대접을 받는 것과 같음을 표현하고 있다. 이 정도로 잘 인식된 '혁'의 리더는 그 세계의 구성원으로부터의 나오는 절대적인 신뢰를 바탕으로 종전보다 더 확실하게 개혁을 실천에 옮길 수 있다. 전체의 혁신이 임박하게 되니 '점치지 않고도 믿음을 얻으리라[未占有孚]' 한 것은 공적으로 믿을 만한 지도자로서 마땅히 인정된다는 뜻이다.

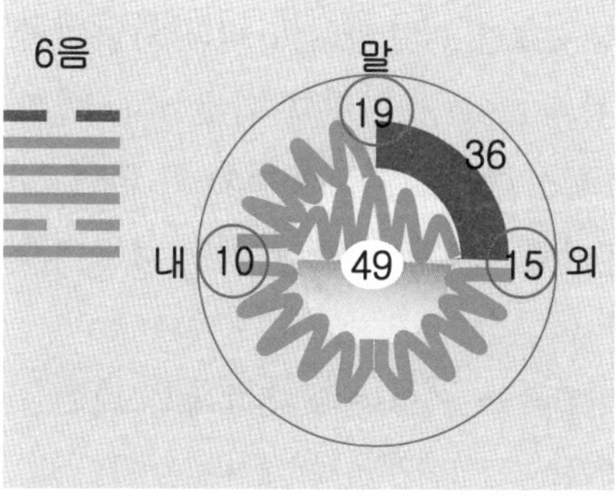

君子豹變군자표변
小人革面소인혁면.
征凶정흉 **居貞吉**거정길.

군자는[君子] 표범처럼 변하고[豹變] 소인은[小人] 얼굴만 고치도다[革面]. 단행하면[征] 흉하고[凶] 굳건하게 머물면[居貞] 길하리라[吉].

> 6음은 겸(謙)·명이(明夷)·림(臨)의 과정이다: 겸양의 덕을 모토로 내세워[겸15] 미숙한 능력을 독려하고 다스려 값진 보람을 얻는 혁신시대를 맞게 하려면[림19] 어떤 과정을 겪어야 하나? 한꺼번에 다 척결하려 들지 말고 안으로 겸손하게 묻어두면서 세월을 넘어야 한다[명이36].

6음은 개혁의 마지막 문턱에서 조신해야 하는 상황이다. 개혁의 막판에 장애가 버티고 있는 상황이다. 이로써 개혁은 완전히 성취될 수 없는 태생적 한계가 있음을 나타낸다. 개혁은 세상을 이롭게 변화시키는 것이지만 개개인의 모든 편견과 세상의 전통과 관례를 한 시점에서 완전히 바꿀 수는 없으므로 100퍼센트 개혁을 기대해서는 안 된다. 세월의 흐름 속에서 시작된 변화가 관련 세계를 풍미(風靡)하며 자연스럽게 마무리되어야 한다. 이것을 강제하면 반발이 생기고 역효과가 난다. 6음은 아무리 좋은 개혁이라도 그어야 하는 선이 있음이다. 험한 세상의 파고가 워낙 높고 거세면 귀한 지혜와 값진 실력마저 휩쓸고 가기 마련이다.

이 상황을 주재하는 '명이(36)'의 4원 개념을 '혁'의 환경으로 읽어오면, 올바른 사리분별과 절제·수련하는 자세를 가지면서(간52) 실력과 지혜로 무엇이든지 할 수 있는 것이 아니니 마음을 비우고 선택과 집중의 원칙을 세우는 한편(손41) 밖으로는 상호교감을 통하여 상대와 하나되면서(함31) 내면의 열정으로 세파에 대응하는(태58) 일련의 과정이다. 그러니 개혁이라고 뿌리뽑듯이 한꺼번에 완성하기를 기대해서는 안 되며 그때그때에 적절한 선택과 집중이 필요하며 세월과 함께 지혜와 열정으로 꾸준히 밀고 나가야 한다.

'군자는 표범처럼 변한다[君子豹變]'라고 하였는데, 5양에서 대인을 비유한 호랑이와 6음에서 군자를 비유한 표범은 어떻게 다른 것인가? 둘다 고양이과이지만 표범은 호랑이보다 훨씬 작고(1/4 정도) 줄무늬는 더 섬세하다. 표범은 높이 잘 뛰고 나무를 잘 타서 먹이를 나무 위에 올려놓고 숙성시켜 조금씩 먹지만, 호랑이는 멀리 뛰고 힘이 세어 한꺼번에 잡아 먹는 점이 특이하다. 따라서 만인의 최고 지도자는 그 역량을 돋보여 대중을 크게 이끌어야 하므로 호랑이의 모습으로 말하였으나, 6음의 군자는 이와 달리 표범의 섬세한 줄무늬와 먹이처리의 기술적인 특성을 본받아 자신과 주위에 대한 개혁을 섬세하고 유연하면서 깊이 있게 진행하여 주위에 무리를 가하지 않아야 함을 '豹變표변'으로 압축하여 표현하고 있다.

이에 비하여 '소인은 얼굴만 고치도다[小人革面]'라고 하였는데, 소인은 개혁에 임하여 겉으로는 하는척하지만 진심으로는 수행하지 않음을 말하고 있다. 그래서 더더욱 군자는 대인관계에서 너무 차별된 행동을 하지 말고 '명이(36)'의 정신을 발휘해야 함을 알 수 있다. 끝에서, '단행하면 흉하고[征凶] 굳건하게 머물면 길하리라[居貞吉]' 하였는데, 표피적인 개혁을 완수하기 위하여 치러가면 명이(36)의 정신[居貞]에 맞지 않고 무리가 되니 상황변화를 지켜보며 기다리는 인내심을 발휘하면 길하다는 뜻이다.

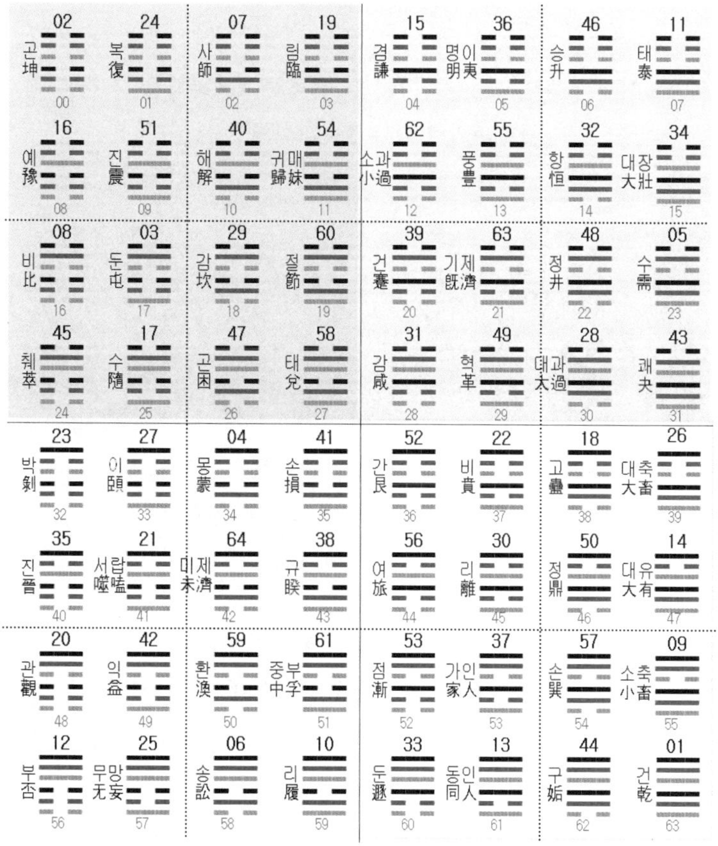

▷ 라이프니츠64괘 8중 배열 (『과학주역』1, 188쪽)

양 에너지의 크기 순으로 8중 배열을 이룬 것이다. 효의 가중치가 위에 있으면서 글로벌8괘 중 하나가 상괘(외괘)로 되고 그 아래에 로컬8괘들이 차례로 하괘(내괘)로 들어와 괘를 형성하는 형식으로 구성되어 있다

50. 화풍정(火風鼎)

새롭게 만들어내는 솥의 상, 부가가치의 (재)창조, 응용개발, 정신문화의 창달, 새로움의 기획 추진, 재화의 재생산

鼎정. 元吉원길 亨형.

솥의 상이로다[鼎]. 바탕이[元] 길하면[吉] 형통하리라[亨].

정[鼎]은 대장(大壯)·예(豫)·소축(小畜)·관(觀)을 따라 흐르는 세계다: 올바른 힘으로 새로운 일을 헤쳐나가며[대장34] 예지력을 발휘하고[예16] 현재의 성과는 작더라도 조금씩 꾸준히 쌓아가며[소축09] 지혜와 통찰로써 미래가치를 찾는[관20] 일련의 과정이 '정'의 세계다.

8괘의 상으로 보면, 아래의 바람(또는 나무)(巽風손풍)을 써서 위의 불(離火리화)을 타오르게 하니 올바른 방법을 찾아 써서 지혜로운 새 가치를 성취하는 상이다. 이를 공자는 상전(象傳)에서 '나무 위의 불이 '정'이니 군자는 이로써 명(命)을 이루니라[木上有火목상유화, 鼎정, 君子以正位凝命군자이정위응명]' 하였다. 여기에서 정위(正位)는 올바른 자세와 행동을 말하고 응명(凝命)은 분부를 이룸이니 뜻 있는 자가 올바른 방법을 강구하여 중요한 가치를 이루어내는 것을 말한다.

표상이 이루는 시스템을 살펴보면, 산소를 듬뿍 안은 바깥 바람과 연료(원료)를 외측 출입구(3양)를 통하여 안으로 들이어 불을 활활 지피면(2양) 그 위에 놓여있는 솥 속에 담아둔 원료가 익혀지면서 그 내용은 쓸모 있는 다른 것으로 변환된다. 5음은 솥 속에 익혀질 음식이요, 불가마 속에서 구워질 도자기요 녹여질 철강의 원료로서 나중에는 아주 다른 성질의 새로운 것으로 변한다. 강철소재를 열처리하면 그 성질이 크게 변하여 활용범위가 넓어진다. 솥이나 용광로를 어떻게 조절하느냐에 따라 그 변화되는 결과물의 내용이 달라진다. 꽃봉오리도 '정'의 상이다. 나뭇가지와 꽃받침(1음) 위에 암술(5음)과 수술(2양)의 상호작용으로 꽃송이(3양 4양 6양)가 피어난다. 주위의 공기(3양)를 흡입하고 자연의 무한한 빛(6양)을 활용해 나가면 세상은 더 값지고 더 새롭게 우리에게 다가온다. 큰 일을 도모하려면 인재도 키워내야 하고 사회가 발전하려면 물질문명도 필요하겠지만 새로운 가치를 발견하는 정신문화를 꽃피워나가야 한다. 솥의 원리를 통하여 철강이 되고 음식이 되고 도자기가 되는 것처럼 새 가치가 창조된다. 이 모든 창조적 활동은 자연의 힘과 원리 그리고 순리의 힘을 제대로 활용할 때 성공을 거둘 수 있다. 큰 의미의 솥이란 현재의 것으로써 미래의 부가가치를 발굴하는 인위적인 장치요 노력이다.

'인성(人性)의 면으로 살펴보면, 신진대사 작용이 활발하고(2양) 주변과의 물질적 교류가 원활하여(3양) 육체적인 힘의 생성이 가능하지만 본성적 욕구가 비활성에 머물고 있으므로(1음) 짧은 판단력을 앞세워 무작정 실천에 옮기지 않는다(5음). 하지만 연구개발 활동에 열중하고(4양) 세계 밖과 미래발전에 관한 정보교류에 적극적이므로(6양) 이성적 정신활동을 앞세우는 품성의 소유자다. 생각하고 보고 느낀 것(4양·6양)을 지금 당장에 실천에 옮기기는 어렵지만(5음) 자양분의 힘을 활용하여(2양·3양) 깊은 생각에 몰두하고(4양) 미래세계의 발전을 위하여 노력하고(6양) 그 결과를 바탕에 조금씩 쌓아가고 있는(1음) 창조지향적 인물이다.

64괘 중에 두 가지의 인위적인 상황이 개재되고 있는데 하나는 '수풍정(水風井 48)'이고 다른 하나는 '화풍정(火風鼎 50)'이다. 전자는 나무(바람)를 물리적으로 이용하여 가용의 물을 얻음이니 실천노력과 지혜를 써서 널리 유익한 생명수를 얻어내는 것이고, 후자는 나무(바람)를 태워 불을 얻음이니 기왕의 현재적 물질가치를 더 값진 미래가치로 변환시키는 과정이다. 둘 다 인간의 노력에 의하여 이루어지는 것으로서 전자는 꾸준히 노력하고 성찰한 결과를 쌓아 큰 힘을 펼치는 물질문명을 이루어냄이요, 후자는 현재의 가진 물질에너지를 활용하여 새롭게 변환된 가치를 찾고 이를 꾸준히 쌓아 정신문화를 창달함이다. 전자가 하드웨어라면 후자는 소프트웨어다. 둘은 서로가 서로의 방편이 되고 목적이 된다.

'정(井48)'은 소축(小畜)·관(觀)·대장(大壯)·예(豫)의 순서로 4원을 펼치는 세계이니 정신적 노력이 모여서(소축·관) 유익한 물질문명(대장·예)을 개발하는 과정이고, '정(鼎)'은 대장(大壯)·예(豫)·소축(小畜)·관(觀)의 순서로 4원을 펼치는 세계이니 가용에너지를 잘 활용하여(대장·예) 점증하는 정신문화(소축·관)를 창달하는 과정이다. 정신능력을 써서 물질을 이용하게 하는 것과 물질에너지로써 정신능력을 키워가는 것은 인간이 자신의 한계를 넓혀가는 두 가지의 형태의 개발이라 할 것이다.

'솥의 상이로다[鼎]. 바탕이 길하면[元吉] 형통하리라[亨]'고 하였는데, 솥의 상이니 생산해내는 기능이지만 그 솥을 받쳐주는 바탕(1음)이 변함없이 튼튼하여야 그 위에 발전적인 새로운 가치가 지속적으로 피어나 쌓임을 뜻한다(1음의 상황코드인 '항32'의 의미 참조). 가지와 꽃받침이 약하면 큰 꽃을 피울 수 없고 1음의 상황코드, 강한 체력의 뒷받침이 없으면 값진 정신세계를 펴기 어려우며, 근본이 흔들리지 않아야 다양한 응용이 탄생함을 말해준다.

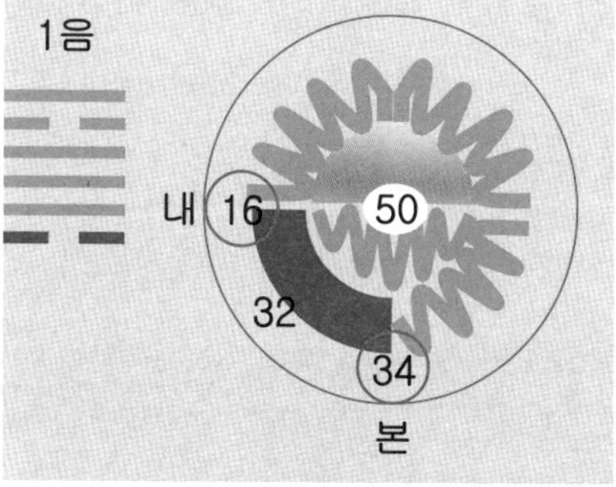

鼎顚趾정전지 **利出否**리출비.
得妾 以其子득첩 이기자, **无咎**무구.

솥의[鼎] 발을 뒤집어[顚趾] 몹쓸 것을[否] 내버리면[出] 이로우리라[利]. 첩을 얻더라도[得妾] 그 자식을 보기 위함이라면[以其子] 허물이 없으리라[无咎].

1음은 대장(大壯)·항(恒)·예(豫)의 과정이다: 올바른 힘을 써서 새로운 일을 추진하여[대장34] 미래에 지혜롭게 대처하려면[예16] 어떤 배경이 필요한가? 항상성을 유지할 수 있는 바탕을 마련해야 한다[항32].

1음은 안정한 기초바탕이 새로움을 추구할 수 있는 선결조건임을 말한다. 솥으로 밥을 한다면 먼저 솥을 깨끗하게 씻은 후 위치를 바로 잡아야 한다. 우주의 원리와 순리에 잘 부합할 수 있는 올바른 바탕, 올바른 마음가짐, 올바른 방법이라야 그 어떤 일을 하더라도 항구한 우주를 닮아 항상성을 유지할 수 있다. 가정과 나라가 항구적으로 번창하는 데에 무엇보다 본질적인 기틀은 미래를 이어갈 사람이다. 변함없는 올바른 바탕이 있어야 그 위에 값진 미래를 건설할 수 있다.

이 상황의 배경 바탕인 항(32)의 4원 개념을 '정'의 환경으로 읽어오면, 기초능력을 잘 갖추고(대유14) 진취적 기상을 높이 세워(진35) 내실을 기하면서 장애에 대처하며(수05) 상생적 단합을 이끌어내는(비08) 일련의 과정이다. 진취적 미래를 위하여 근본을 안정하게 다지는 상황이라 하겠다.

'솥의 발을 뒤집어[鼎顚趾] 몹쓸 것을 내버리면 이롭고[利出否] 첩을 얻더라도[得妾] 그 자식을 보기 위함이라면[以其子] 허물이 없다[无咎]'라고 하였는데, 밥을 하기 전에 반드시 필요한 기초준비는 솥을 깨끗하게 청소해두는 것이고, 가정이 발전하는 계기는 자손이 융성하게 뻗어나감에서 오는 것임을 의미한다. 득첩(得妾)은 자손융성을 이루는 목적을 달성하는 한에서 용인되었던 옛 풍습이다. 항상성을 기약하는 바탕을 마련함이 중요함을 강조하고 있다.

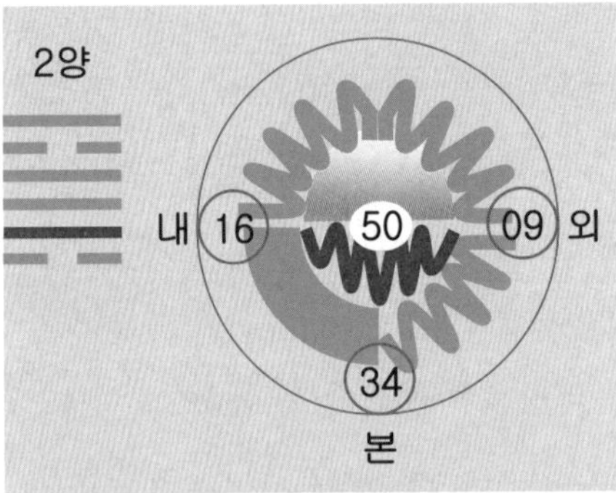

鼎有實정유실 **我仇有疾**아구유질. **不我能**불아능 **卽**즉 **吉**길.

솥이[鼎] 가득 차 있는데[有實] 나와 적수 사이에[我仇] 시샘이 있도다[有疾]. 내가[我] 할 수 있어도[能] 아니하면[不] 그로써[卽] 길하리라[吉]. (疾=嫉)

> 2양은 예(豫)·대장(大壯)·소축(小畜)의 과정이다: 미래가치를 발굴하며[예16] 작더라도 꾸준히 쌓아나가려면[소축09] 어떤 과정을 밟아야 하는가? 개척정신으로 올곧게 어려움을 극복해야 한다[대장34].

2양은 음식을 익히는 주된 에너지원이다. 원래 화력(2양)은 위로 향하는 성질이 있고 음식물(5음)이 그 위에 있으니 음식은 잘 익혀질 것이다. 부가가치가 생기는 새로운 일에는 항상 경쟁과 갈등이 생기게 되는데 이는 마치 바람이 너무 세차게 불면 불이 흩날려 화력이 집중되지 못하는 결과와 같다. 오직 해야 할 본연의 창조적 일에만 정열을 쏟아야 하나의 일이 성취되고 의미 없는 경쟁은 자연히 물러선다. 성취의 열매에 대한 욕심보다도 우선은 그 열매를 맺게 하는 실천이 더 중요하니 공명정대하게 일 자체를 이루는 데에 힘을 집중해야 한다.

이 형국의 상황배경인 '대장(34)'의 4원 개념을 '정'의 환경으로 읽어오면, 새 가치를 창조하는 개척정신으로(정鼎50) 갈등을 해결하면서(합21) 개발의 지혜를 구하며(정井48) 미성숙한 어려운 환경에 대응하는[둔03] 일련의 과정이다. 경쟁보다는 개척의 일념으로 미지세계의 난제를 힘차게 풀어가는 상황이다. '정(50)'의 4원은 '대장(34)'으로 시작하고 '대장'의 4원은 '정'으로 시작하므로 새 가치의 창조(정50)와 올곧은 개척정신(대장34)은 서로가 서로의 바탕이 되어주는 관계다.

하나의 새로운 가치를 성취함에 있어서는 물리적 힘이 있다고 다 이루어지는 것은 아니며 어떻게 올바른 방법으로 효율화하는가가 중요하다(대장34). '솥이 가득 차 있는데[鼎有實] 나와 적수 사이에 시샘이 있도다[我仇有疾]'라 함은, 솥 속의 음식을 제대로 익혀내야 보람을 얻을 것이므로 익히는데 모든 힘을 집중시켜야 할 터인데 완성되지도 않은 결과부터 욕심을 내어 시샘과 경쟁에 빠진다면 올바르게 힘을 쓸 수 없어 목적을 달성할 수 없음을 뜻한다. 이에 '내가 할 수 있어도 아니하면[不我能] 그로써[卽] 길하리라[吉]' 한 것은, 내가 시샘에 빠지지 않고 내가 해야 하는 본연의 일에 집중한다면 대장(34)의 임무를 완수하는 것이니 길하다는 뜻이다. 그때그때의 작은 성과라 하더라도 성실하게 부단히 쌓아 올리는 노력(소축09)과 명석한 지혜(예16)의 바탕이 있어야 소기의 목적에 합당한 상황인데 전쟁도 치르기 전에 전리품부터 챙기는 격이라면 올바른 방법이 아닐 것이다. 이러한 갈등의 소지를 없애고(서합21) 목적하는 일에 힘을 집중하는 것이 2양의 상황배경인 대장(34)의 길이니라.

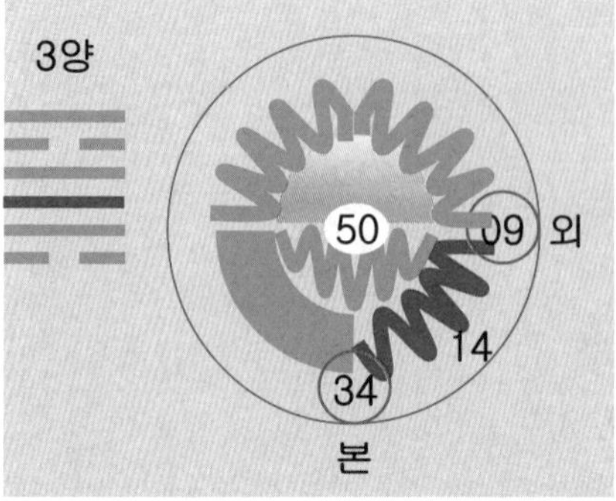

鼎耳革정이혁 其行塞기행색,
雉膏不食치고불식.
方雨虧悔방우휴회 終吉종길.

솥귀가[鼎耳] 갑자기 변하여[革] 그[其] 역할을[行] 다하지 못하면[塞] 꿩의 기름을[雉膏] 먹지 못하리라[不食]. 비를 만나[方雨] 아쉬움이 줄어들고[虧悔] 끝내는 길하리라[終吉]. (虧휴: 이지러지다, 감소하다)

3양은 대장(大壯)·대유(大有)·소축(小畜)의 과정이다: 개척정신으로 힘차게 어려움을 극복하며[대장34] 당장의 성과는 작더라도 꾸준히 쌓아나가야 한다[소축09]. 어떤 과정이 있어야 하나? 크게 가진 능력을 근본적인 일에 다 쏟으며 공헌해야 한다[대유14].

3양은 자연환경이나 큰 힘의 원천으로부터 필요한 에너지와 원료를 세계 내부와 활발히 교류하는 창구다. 솥에서는 아궁이 주위로 바람이 들어오는 문이다. 이 바람의 역할은 연소에 필수의 것이니 최대한 잘 활용해야 한다. 빨리 익히려고 공기의 유입을 세게 하면 솥의 내용물에 열은 덜 가고 밖으로 불길이 퍼져서 솥의 바깥둘레에 달린 솥귀를 스치며 달구게 된다. 그것은 솥을 들어올리는 원래의 기능에 장애를 준다. 익혀내야 할 음식의 양이 많고 고급일수록 서서히 익혀야 한다. 큰 성과를 단숨에 내려고 크게 가진 것을 욕심을 부려서 사용해서는 안 된다. 큰 능력을 가진 자라도 그의 공헌을 단숨에 기대하며 결과를 보채서는 안 된다. 시스템의 성과를 참답게 달성하기 위하여는 주어진 좋은 여건을 유효하게 잘 쓰는 것이 중요하다.

이 상황을 나타내는 '대유(14)'의 4원 개념을 '정'의 환경으로 읽어오면, 변함없이 능력을 발휘할 수 있는 바탕 위에서(항32) 새 가치의 세계를 향한 열정으로 주위에 감동을 주고(진51) 그 영향력을 공손하게 교류하며(손57) 세상에 큰 덕을 베풀어 공헌하는(익42) 일련의 과정이다. 가진 능력을 전체에 무리가 없도록 유효적절하게 활용하여 새 가치 창조에 공헌함이다.

솥에 불을 지피면 무조건 솥귀가 뜨겁게 되는 것이 아니고 바람이 필요 이상으로 세차게 유입되어 불길이 솥귀를 스치기 때문에 생기는 과열이 그 원인이므로 '솥귀가 갑자기 변하도다[鼎耳革]'라는 짧은 구절 속에는 크게 가진 유익한 것을 잘 조절하여 운용하지 못하고 있음을 함의하고 있다. 이어서 '그 역할을 다하지 못하니[其行塞] 꿩의 기름을 먹지 못한다[雉膏不食]' 함은, 뜨겁게 변한 솥귀를 움직이기 힘들기 때문에 솥 속의 따끈한 꿩기름을 떠먹을 수는 없게 되는 경우를 경고하고 있다. 하지만 올곧은 개척정신으로(대장34) 가진 능력을 발휘하여(대유14) 조금씩 꾸준히 유효성을 쌓아가기 때문에(소축09) 마치 과열의 기미가 있을 때 해갈의 비가 내려 솥귀를 즉시 식히게 되는 경우와 같아 길하리라는 것이다[方雨虧悔終吉].

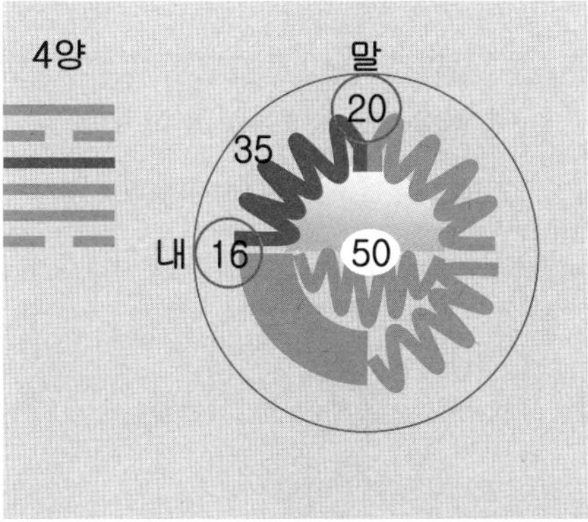

鼎折足정절족 覆公餗복공속. 其形渥기형악 凶흉.

솥의[鼎] 다리가 부러져[折足] 공후의 음식이[公餗] 뒤엎어졌도다[覆]. 그 형색이[其形] 젖어[渥] 흉하도다[凶].

4양은 예(豫)·진(晉)·관(觀)의 과정이다: 실천력보다 정신력으로 미래가치를 발굴하려고[예16] 미래를 성찰하면서 앞일을 꾸민다면[관20] 어떤 상황인가? 실천은 소극적인데 의욕은 앞서가니 추진에 어려움을 겪는다[진35].

4양은 새 일을 꾸미는 활기찬 정책가다. 부가가치의 결실을 위해(5음) 의욕적인 계획을 입안한다. 하지만 세계가 모두 목표수행에 여념이 없는데(네 양들) 가장 근본이 되는 기초능력(1음)은 미동도 하지 않는다. 생각이 앞서가니 적극적으로 계획을 세웠으나(4양) 근본적인 채비가 덜 되었으니(1음) 마치 솥의 한쪽 다리가 부러진 형국이다. 마치 관료기획자는 과욕을 부리는데 백성이 뒤따라주지 못하니 이루기 힘든 형국과 같다.

이 상황을 대변하는 '진(晉35)'의 4원 개념을 '정'의 환경으로 읽어오면, 정체된 현재를 움직여서(진震51) 항상성을 유지하게 하고(항32) 상생의 책임감으로 공익을 실현하려고(익42) 미래의 앞서가는 핵심역량의 흡수에 애쓰는(손57) 일련의 과정이다. 책임은 무겁고 능력은 한계가 있는데 계획은 크지만 실천의 뒷받침은 소극적인 상황이 진(晉35)이다.

'솥의 다리가 부러져[鼎折足] 공후의 음식이 뒤엎어졌도다[覆公餗]. 그 형색이 젖어 흉하도다[其形渥凶]'라고 하였는데, 솥의 다리가 부러진 것은 솥 속에서 새롭게 만들어 내려는 목표가 능력보다 과하여 일어나는 불상사다. '공후의 음식'이란 곧 공후에게 내놓을 성과물인데 이것이 뒤엎어진 것은 능력이 목표를 감당하지 못하여 이루지 못한 것이니 흉할 수 밖에 없다. 새로운 가치를 생성시키는 위대한 일은 미래를 예지하고(예16) 세계의 형국을 성찰하는 과정에서(관20) 무거운 책임을 감내할 수 있는 뒷받침이 형성되어야 제대로 나아갈 수 있음(진晉35)을 말해준다.

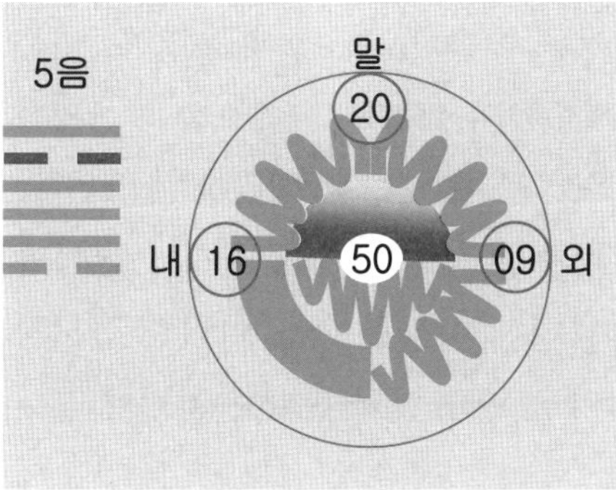

鼎黃耳金鉉정황이금현.

利貞이정.

황색 솥귀요[鼎黃耳] 쇠귀고리로다[金鉉]. 끝까지 굳건하게 하면[貞] 이로우리라[利].

> 5음은 예(豫)·관(觀)·소축(小畜)의 과정이다: 미래가치를 발굴하며[예16] 작더라도 꾸준히 쌓아나가[소축09] 새로운 가치를 성취하려면 어떤 과정을 밟아야 하는가? 확고한 세계관으로 모든 것을 성찰하여 은근하게 추진하는 리더십을 펼쳐야 한다[관20].

5음은 주위 양들의 적극적인 능력을 수렴·수용하는 주체다. 솥이나 용광로와 같은 거대한 생산시설임과 동시에 거기에서 나오는 생산물을 의미하므로 '정' 세계의 중요한 핵심(지도자)이다. 그간의 경험을 성찰하고 새로움의 가치창조는 혼자의 힘으로는 어렵다는 것을 밝히 알고 주위의 도움(2양·4양·6양)을 겸허히 수용하여 유연하게 통합한다. 자신을 내세우지 않고 겸손하게 주위의 능력을 포용하는 자세로 새로운 세계건설에 사람들을 대동단결케 함으로써 대업을 이룬다.

이 상황을 대변하는 '관(20)'의 4원 개념을 '정'의 환경으로 읽어오면, 시작의 미숙함을 헤치고(둔03) 지혜롭게 유익함을 얻고(정48) 자신과 세상에 대한 사리를 분별하며(서합21) 개척정신으로 새 가치를 창조하는 (정50) 일련의 과정이 '성찰의 도'를 말하는 '관'의 세계다. 자신의 현실적인 세부능력은 부족하더라도 공헌할 수 있는 제반 요소에 대하여 통찰하고 종합적인 이해를 얻어 관련 능력을 통합해냄으로써 새 가치를 성취하는 책임자의 도다.

이와 같이 중용의 도로써 뭇사람의 충고를 듣고 능력자를 두루 기용하는 새 가치 창조의 지도자이니 뜨거운 솥을 들 때 잡아 올릴 수 있는 솥귀와 솥귀고리(솥귀에 꿴 연결고리)로써 5음의 위상과 지혜로움을 상징하였다. 솥귀를 황색으로 말한 것은 5음이 중용의 도를 행함을 강조한 것이고 쇠로 된 솥귀고리로 부연하여 비유한 것은 개개의 활성적 능력을 조직적으로 결합하는 5음의 능력을 나타내기 위함이다. 이러한 중도적 자세와 결집력을 굳건하게 할 때 '정'의 성과를 얻게 된다는 것이다.

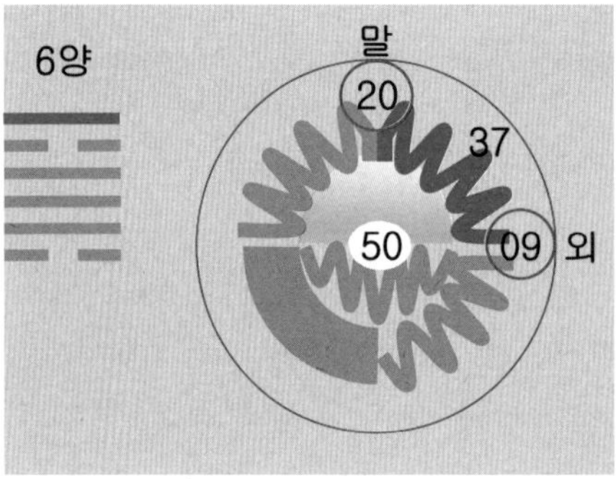

鼎玉鉉정옥현.
大吉대길 无不利무불리.

솥의 옥귀고리로다[玉鉉]. 크게 길하고[大吉] 불리할 것이 없으리라[无不利].

6양은 소축(小畜)·가인(家人)·관(觀)의 과정이다: 작더라도 실질적인 성취를 꾸준히 쌓아나가[09] 더 큰 세계공헌을 위한 깊은 통찰력을 얻어가는 상황이다[20]. 어떤 과정이 진행됨인가? 시스템적 조직력이 가동되고 있다[37].

6양은 제일 위의 솥뚜껑을 열고 새롭게 얻은 수확(5음)을 들여다보며 그것을 꺼내어 즐길 수 있지만 이에 머물지 않고 새 먹거리를 충전하면서 다음의 수확을 위하여 지속적으로 활발하게 유통시킨다. 새로운 것이 영원히 새롭지는 않으니 새 가치 창조가 이 세계의 주제인 이상 비록 성과를 얻어내고 있는 위치에서도 이 세계를 구성하는 모든 요소에 신선함을 불어넣어야 한다. 6양은 일차적으로 얻은 새로운 가치를 유지하고 더욱 더 발전시키는 역할이니 '정'이 더욱 더 의미 깊은 '정'이 되도록 하는 고도의 전략적인 책무를 띤 자리이므로 그 비중은 오히려 5음에 못지 않다.

이 상황을 대변하는 '가인(37)'의 4원 개념을 '정'의 환경으로 읽어오면, 힘든 일을 협력으로 극복하면서(건蹇39) 내적으로는 주어진 법도에 응하며(절60) 외적으로는 새로움을 찾는 활동을 벌리면서(려56) 전체의 유지 발전을 위해서는 과감한 탈바꿈을 시도하는(규38) 일련의 과정이다. 이러한 활동은 지속적으로 새로운 가치를 얻어내기 위하여 세계를 시스템적 협력체로 운영하고 있음을 말한다. 따라서 '정'은 소위 정보중심 체제이므로 6양의 책무는 5음의 인군지위에 못지 않다 할 것이다.

솥은 열로 익히는 장치이지만 뜨거울 때도 쉽게 잘 들어올릴 수 있도록 솥귀고리를 달아두어 옮긴 후 여닫는 것인데 이것의 끝자락을 옥으로 만든 것은 솥의 빈번한 유통기능을 강화시킨 매우 고귀한 품격의 솥임을 확인해주고 있다. 옥(玉, jade)은 치밀한 조직으로 단단하고 아름다운 광택을 가지고 있지만 품격 높은 장식이 되려면 영롱하게 빛날 수 있도록 갈고 닦아야 하는 것처럼, 비록 과정적인 어려움을 꾸준히 극복하며 어렵사리 새로운 가치를 얻었다 하더라도 이에 그치지 않고 쉼 없는 연마를 통하여 더욱 더 새로운 '정'으로 유지·발전시켜야 함을 '솥의 옥귀고리'로써 압축하여 표현하고 있다. '정'이 더 참다운 '정'으로 되게 하는 것이니 길함 중에 길함이리라. 최상급의 새로운 가치를 몸소 앞장서서 조직적으로 추구하니 '无不利무불리'라 한 것이다.

51. 중뢰진(重雷震)

동요(動搖)하는 상, 고무·진작·부양, 충격요법으로 주위를 일깨움,
진출 중의 난관극복, 활달한 도전의식, 감동적인 영향력

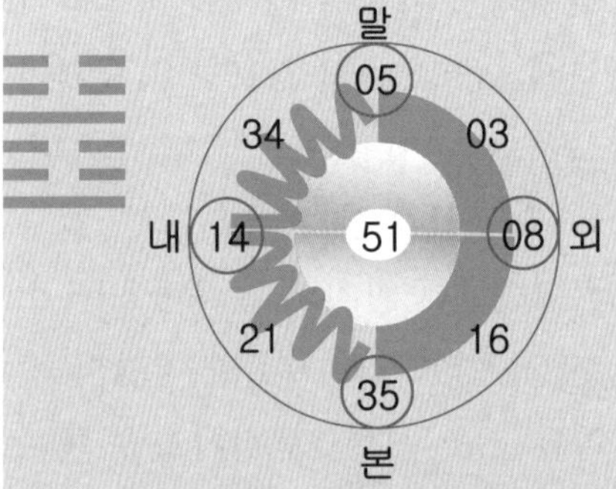

震진. 亨형.
震來虩虩진래혁혁
笑言啞啞소언액액.
震驚百里진경백리
不喪匕鬯불상비창.

동요하는 상이로다[震]. 형통하리라[亨]. 동요가 올 때[震來] 두렵고 두려우면[虩虩] 껄껄하며[啞啞] 웃고 얘기하게 되리라[笑言]. 백리까지[百里] 놀라게 하는[驚] 동요라도[震] 잃어버려서는 안 되는 것은[不喪] 제기[匕:숟가락]와 제사용 술[鬯: 향기로운 제사용 술]이로다.

진[震]은 진(晉)·대유(大有)·비(比)·수(需)를 따라 흐르는 세계다: 준비가 덜 된 세계에서 책임감으로 앞장서서 이끌고[진晉35] 가진 능력으로 세계활성화에 노력하면서[대유大有14] 주위와의 상생을 위하여 서로 도우며[비比08] 유비무환의 정신으로 격변에 대처하는[수需05] 일련의 과정이 '진'의 세계다.

8괘의 상으로 보면, 아래의 동요(動搖)(震雷진뢰)가 위의 동요(震雷진뢰)와 맞부딪치니 동요가 연속되거나 중첩되는 형국으로서 보이는 자연현상

중에는 천둥번개, 지진, 화산폭발 등의 큰 충격의 여파가 전해지는 현상이 해당된다. 언 땅 속에서의 새싹, 큰 감동을 받은 마음 등도 보이지 않지만 어떤 큰 힘이 내면에서 꿈틀거리며 충격적인 영향력을 발휘한다. 인간은 자연현상 외에도 전쟁과 같은 인위적인 격변의 기운 속에 휘말리는 경우도 있다. 문제는 어떻게 그 충격적 동요를 흡수하느냐다. 자연의 충격은 자연의 자기조직화 과정을 통하여 원상태를 회복하며 인간은 격변 속에서 살아남는 제어능력을 터득하며 더 성숙해진다.

'진'의 표상은 지진과 같이 내부에 잠재한 폭발적 원동력이 외부에 전파되는 모습이다. 또한 활(3음·6음)에 화살(2음·5음)을 걸고 활시위(1양·4양)를 당기고 있는 형국이다. 활이 휠 때 활에는 큰 응력(긴장)이 작용하여 부러질 듯 위험하지만 쏘고 나면 원래로 돌아간다. 동요되기 시작한 팽팽한 활시위는 긴장되어 끊어질 것 같은 불안한 상황이다. 충격은 내면에 어떤 에너지원이 주위와의 관계조정이 불충분한 가운데 갑자기 작용하는 것이니 놀랍고 두려운 일이다. 놀라움이란 준비가 없는 상황에서 맞이하는 변화의 느낌이다. 정(靜: 음 넷)이 동(動: 양 둘)의 자극을 받음으로써 동요되어 자신의 멈춤을 거두고 움직임을 시작할 수 있는 계기를 얻는다. 동적 자극의 순간은 놀라움을 만들어내지만 결국은 활발한 삶을 새롭게 출발하게 하는 동기를 제공한다. '진(震)'은 양의 단순한 폭발로 그치지 않고 음의 저항 때문에 울림(반향)을 동반한다. 전체의 불균형이 한계를 넘어서면 균형을 회복하기 위하여 자기조직화라는 우주의 자생적 순환원리가 작동하여 새로운 균형을 되찾게 된다. 충격적 변화의 순간은 속수무책이지만 그 놀라움이 몰고 오는 각성(반향)과 자신의 중심(정신)을 잃지 않으려는 본성적 노력이 지속되기 때문에 우주(지구)의 모든 존재와 인류는 끊임없이 발전해왔던 것이다.

'진'을 인성(人性)의 면으로 살펴보자: 본성적 욕구가 강인하지만(1양) 몸의 신진대사 작용은 소극적이고(2음) 이에 대응하는 외적 물적 에너지 교류도 억제되어 있으니(3음) 강한 본성적 욕구를 실현할 만큼의 에너지를 생산 해내지 못하는 실정이다. 활달한 본성적 욕구를 만족시켜 주는 것은 강한 정신력과 상상력이지만(4양) 아직 생각한 바를 행동에 옮길 실천력이 부족하고(5음) 세계 밖과 미래를 내다보는 눈도 어두워(6음) 강렬한 마음과 생각의 움직임을 어찌할 줄 모른다. 미숙한 여건에서도 큰 꿈을 펼치려는(1양·4양) 품성이다. 그러려면 자신의 부족한 점(네 음의 소극적 성질)을 반성하여 이를 개선하고 타인의 도움을 구하면서 실력을 연마해야 할 것이다.

조용한 침묵을 깨고 동요가 일어난다는 것은 자연이든 인간이든 살아 움직이기 시작한 것이므로 형통한 상이다. 감당할 수 없는 충격적인 동요가 일으키는 두려움은 그에 대비한 준비가 없는 자신에 대한 반성과 회개의 성찰로 이어진다. 그리고 격렬한 두려움의 감정을 표출한 후의 정신적 정화작용인 '카타르시스(catharsis)'를 경험하게 된다. 이것을 괘사에서 '震來虩虩진래혁혁 笑言啞啞소언액액'라고 하였다. 비록 큰 동요의 충격으로 놀라고 두려워하더라도 몸과 마음의 중심을 지킬 수 있다면 그는 대중의 리더가 될 자격이 있음이니 괘사에서는 상징적 요건을 혼란 속에서도 제기[匕:숟가락]와 제사용 술[鬯: 제사에 쓰는 향기로운 술]을 챙기는 강한 생활력과 경건한 마음자세를 가진 자로 규정하고 있다.

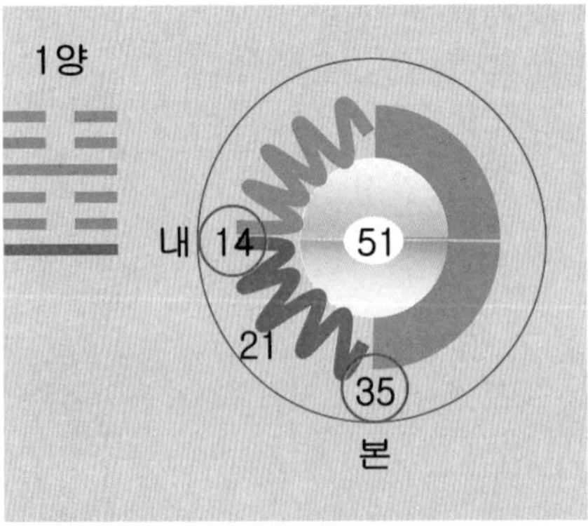

震來虩虩진래혁혁.
後후 笑言啞啞소언액액 吉길.

동요가 오니[震來] 두렵고 두려워하도다[虩虩]. 그 후에는[後] 껄껄하며[啞啞] 웃고 얘기하게 되리니[笑言] 길하리라[吉].

1양은 진(晉)·서합(噬嗑)·대유(大有)의 과정이다: 힘든 책임을 안고 전진하여[진35] 가진 능력을 근본적인 일에 투입하며 세계를 활성화시키려 한다[대유14]. 어떤 노력이 필요한가? 사리를 분별하여 쌓여있는 문제와 갈등을 해소해야 한다[서합21].

1양은 지진과 같이 내부의 보이지 않는 곳에서 생기는 큰 동요다. 이것이 예기치 못한 가운데 점차 중심을 흔들어 나중에 갑작스런 큰 변화의 충격을 몰고 오니 놀랍고 두렵기 마련이다. 갑작스런 소용돌이는 사소한 차질이 모여서 커짐에 따라 근본적인 수정이 필요할 때 오는 것이다. 우주와 자연의 변화원리가 그러하니 이때를 잘 감내하면 다시 평온을 맞을 수 있다. 마음부터 크게 결심하고 쌓인 잘못을 바로 잡으면서 변화를 수용해야 한다 .

이 상황의 배경코드인 '서합(21)'의 4원 개념을 '진'의 환경으로 읽어오면, 덜 깬 사회를 예지력으로 지도하면서(예16) 올곧은 열성과 큰 투지로써 힘차게 밀고 나가(대장34) 세계를 통찰하고 사리를 분별하면서(관20) 성취가 작더라도 꾸준히 쌓아가는(소축09) 일련의 과정이다.

두려워함 속에는 우주자연의 변화원리를 수용함에 있어 나의 부적격한 요소가 소용돌이에 휘말릴 수 있는 원인으로 작용할지를 걱정하여 그것을 해소해야 한다는 마음의 정화작용이 일어나는 계기가 마련되니 두려운 동요는 새롭게 출발하는 신호탄이 된다.

이 효는 1양으로서 괘의 의미를 직접 반영하기 때문에 괘사의 대의를 그대로 이어받고 있다. 소용돌이가 몰아칠 때 두려운 마음으로 자신을 반성하고 분별하여 우주자연의 원리와 배치되는 마음과 생각을 바로잡으면(서합21) 그 뒤에는 오히려 자신의 가진 능력을 펴는 데로 세계가 활발히 움직여주니 길조의 운이 따르게 된다.

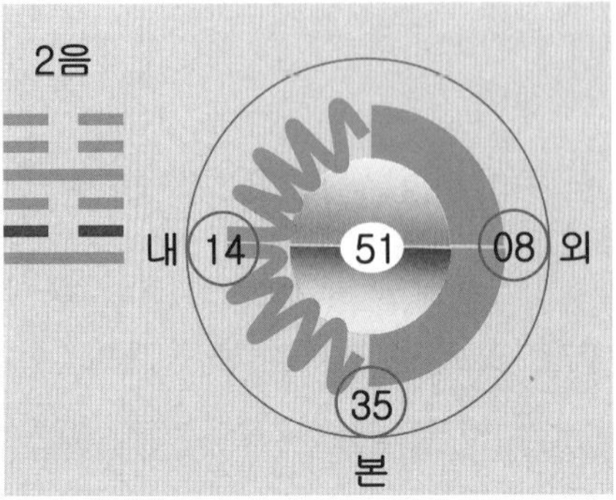

震來厲진래려.
億喪貝억상패 **躋于九陵**제우구릉.
勿逐물축. **七日得**칠일득.

동요가[震] 일어나면[來] 위태하리라[厲]. 재물을[貝] 많이[億] 잃고[喪] 높은 언덕에[于九陵] 오르도다[躋]. 뒤쫓지[逐] 말라[勿]. 칠일이면[七日] 얻으리라[得].

> 2음은 대유(大有)·진(晉)·비(比)의 과정이다: 가진 능력을 투입하여 세계를 활성화하려는 각오로 가득하나[대유14] 바깥 세상은 아직 미진하여 생존을 위한 상생단합의 노력이 절대적이다[비08]. 어떻게 이 상황을 헤쳐나가야 하나? 책임감으로 어려움을 감내하며 앞장서서 이끌고 나아가야 한다[진35].

2음은 괘의 표상에 대한 설명처럼 활시위(1양·4양)를 출발하려는 화살과 같으니 엄청나게 급변하는 동요에서 오는 충격에서 안전을 강구하며 이겨내고 두려움을 이기면서 나아가야 한다. 큰 소용돌이로 입는 이왕의 개인 손실에 대한 집착을 버리고 사회적인 상생적 단합과 상부상조에 앞장서서 정성을 기울이면 머지않아 다시 회복하면서 박차고 나갈 기회가 온다.

이 상황을 뒷받침하는 '진(晉35)'의 4원 개념을 '진(震51)'의 환경으로 읽어오면, 정체된 상태가 동요의 자극을 받아(진51) 항상성을 강구하면서(항31) 협력과 실력증진으로 공익을 추구하며(익42) 미래로의 전진을 위하여 세계의 영향력을 수용하는(손57) 일련의 과정이다. 동요에 휩쓸리지 않고 자신을 유지하고 미래를 대비하면서 현재의 어려움을 감내하며 앞장서서 노력하는 상황이다.

'동요가 일어나면[震來] 위태하리라[厲]' 함은, 2음이 동요의 진앙지인 1양의 주변인데다 음으로서 동적인 대응능력이 부족하니 위태하다는 말이다. 이어서, '재물을 많이 잃고[億喪貝] 높은 언덕에 오르도다[蹄于九陵]'라고 한 것은, 전쟁과 같은 사회적 소용돌이나 자연재해를 맞으면 귀중한 생명과 많은 재산(대유14)은 부지하기가 쉽지 않으니 높은 곳으로 피신하여야 함이다. '뒤쫓지 않아도[勿逐] 칠일이면 얻으리라[七日得]' 한 것은, 잃을 것이 많았던 대유자(大有者)는 큰 소용돌이를 맞아 기왕의 개인손실에만 집착하지 않고[勿逐] 상부상조하는 세상분위기에 발맞추어 상생적 단합의 물결에 깊이 동참하는(비08) 대범한 자세를 가진다면 고유의 능력이 있기 때문에(대유14) 잃었던 것을 그리 어렵지 않게[七日] 다시 회복할 수 있음을 뜻한다.

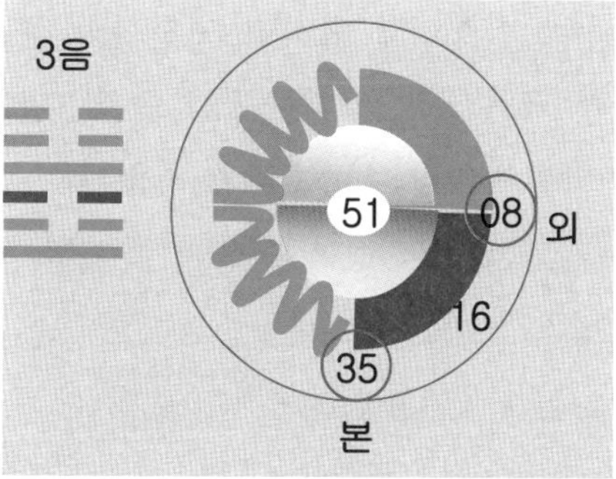

震진 蘇蘇소소.
震行진행 无眚무생.

동요함에[震] 까무러쳤다가[蘇]깨어나도다[蘇]. (마음을) 움직여[震] 나아가면[行] 재앙이[眚] 없어지리라[无].

3음은 진(晉)·예(豫)·비(比)의 과정이다: 활성도가 없는 세계지만 무거운 책임감을 갖고 앞장서서[진35] 상생·협조하는 세계로 나서야 한다[비08], 어떤 배경으로 해나가야 하나? 머리를 써서 계획을 세우고 적극적인 마음으로 나아가야 한다[예16].

3음은 1양의 에너지로 발사된 2음의 화살을 날아가게 해주는 활의 강한 응력을 부러질 듯이 감당하는 몸체다. 충격적인 자연재해나 사회변혁에 감당하기 어려운 위험을 당한 자는 외부환경의 충격을 받아 정신을 잃고 꼼짝할 수가 없다[음]. 하지만 자연의 자정원리가 작동되면서 큰 동요는 곧 멎게 되므로 정신만 차린다면 다시 일어날 수 있다. 3음이 3양으로 변하면 풍(豊55)이 되는 것이니, 능동적 자세와 활기찬 정신력으로 나아가면 어려움을 극복하고 재앙을 벗게 된다.

이 상황을 주재하는 '예(16)'의 4원 개념을 '진(51)'의 환경으로 읽어오면, 동요로 생긴 갈등에서 헤어나(서합21) 새 가치를 찾으려는 노력으로(정鼎50) 불확실한 시대의 어려움에 대응하여(둔03) 침체된 세상에 지혜를 활용하는(정井48) 과정이다. 앞장서서 적극적인 마음으로 계획을 면밀히 세워 도전적으로 헤쳐나가면 새로운 계기를 얻게 되는 동요의 과정이니 '豫·震예진'이라 할 수 있다.

'동요함에 까무러쳤다가 깨어나도다[震蘇蘇]' 라고 함은, 동요에 아무런 준비 없이 그 위험을 고스란히 안게 된 상황을 말해준다. 하지만 한번의 큰 동요에 놀랐지만 정신력을 강하게 추스르고 오히려 도전적인 생각으로 전진한다면 한번의 재앙은 능히 극복할 수 있다는 뜻으로서 '(마음을) 움직여 나아가면[震行] 재앙이 없어지리라[无眚]'라고 하였다.

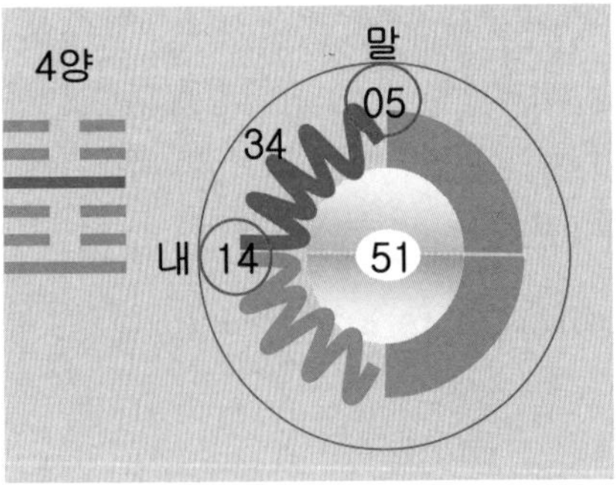

震遂泥진수니.

움직여도[震] 진창 속이로다[遂泥].

4양은 대유(大有)·대장(大壯)·수(需)의 과정이다: 가진 능력을 최대한 발휘하여 세계 활성화에 나서려 하나[대유14] 환경이 따라주거나 대안이 충분히 갖추어질 때까지 기다릴 수 밖에 없다[수05]. 그러면 어떻게 해나가야 하나? 올곧은 투지와 개척정신으로 지혜를 구하면서 어려움을 감내해야 한다[대장34].

4양은 강렬한 개척정신으로 어려운 상황에 대처하는 모습이다. 아무리 강인한 정신으로 힘차게 나아가더라도 주위환경이 덜 성숙되어 있어서 힘이 들고 비효율적이기 마련이다. 시간과 함께 정(靜)은 동(動)으로 변하는 법이니 움직여 나아가려면 어느 정도 주변환경이 유동적일 때까지는 기다려야 한다. 이때 가장 중요한 것은 초기의 어려움을 뚫을 수 있는 투철한 개척정신으로 무장하여 축적된 역량을 충분히 발휘하면서 대비책을 마련하는 것이다.

이 상황의 배경코드인 '대장(34)'의 4원 개념을 '진'의 환경으로 읽어오면, 새 가치를 구하는 개척정신으로 충만하여(정鼎50) 올바른 사리분별로 갈등을 풀어가며(서합21) 지혜의 원천을 찾아(정井48) 아직 미성숙한 어려운 환경에 대응하는(둔03) 일련의 과정이 대장이다. 주변이 혼미해도 올곧은 열성으로 새 가치를 힘차게 추구해 나가는 정신이 충만해 있음이다.

'움직여도 진창 속이로다[震遂泥]'라고 하였는데, 자칫 오류를 범하기 쉬운 것은 진[震]을 한결같이 '천둥번개'로만 보는 것이다. 물론 자연현상 중에는 천둥번개, 지진, 화산폭발 등의 큰 충격의 여파가 전해지는 현상이 '진'에 해당된다. 하지만 엄청난 힘으로 솟아오르는 새싹도 '진'의 형국인 것을 생각해내야 한다. 제4효의 직능은 머리를 써서 기획하는 마음자리다. 따라서 4양이 의미하는 '진'은 애써서 어려움을 뚫고 개척하여 나가려는 '마음의 힘찬 동요'를 의미한다. 하지만 꼼짝 달싹 않는 음 넷의 환경을 밀고 나가기가 여간 어렵지 아니하므로 그 형국을 진창 속에서 헤매는 것으로 표현하고 있다. 괘와 효의 과정적 운명을 모르는 경우에는 '천둥번개가 진창 속으로 떨어진다'라고 하기 쉽다. 이 효의 과정에서 정의된 '대유(14)'는 과거부터 쌓아온 능력과 열띤 마음이고, '수(05)'는 주변환경이 아직 그 내적 충동에 응하기 이른 상태를 말해주고 있다. 하지만 힘찬 개척정신으로 무장하며 때를 기다려야 함이다(대장34).

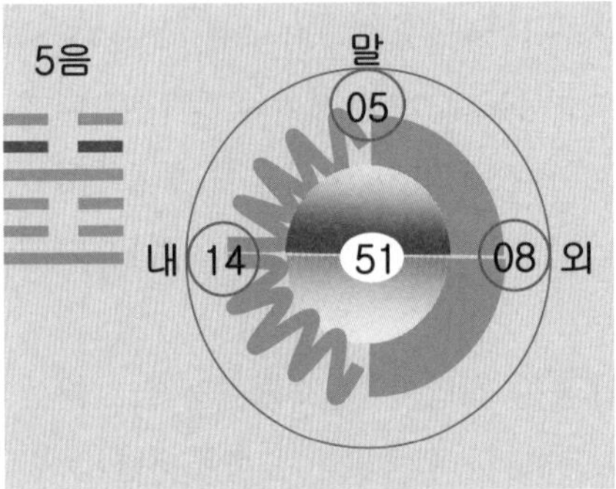

震진 **往來**왕래 **厲**여.
億억 **无喪有事**무상유사.

소용돌이가[震] 가고[往] 오니[來] 위태롭도다[厲]. 헤아려야 하는 것은[億] 유비무환(有備無患)이로다[无喪有事].

> 5음은 대유(大有)·수(需)·비(比)의 과정이다: 가진 능력을 투입하여 세계의 활성화에 나서서[대유14] 아직 미진한 세상에서 생존을 위한 상생적 단합을 이루어내야 한다[비08]. 어떤 지도력이 필요한가? 어떠한 충격의 소용돌이가 오더라도 '유비무환'의 정신으로써 대비하며 때를 기다린다[수05].

2음이 소용돌이 초기의 충격을 흡수하며 무거운 출발을 시도하는 것에 비하여, 5음은 빈번해진 소용돌이의 와중에서 세상을 안정되게[음] 이끌어가는 모습이다. 동요가 오면 충격적인 영향을 받는 것은 2음과 마찬가지지만 4양의 강력한 개척정신의 도움으로 풍파를 극복하고 지도자로서 세상의 모든 국면의 어려움에 대비하는 유비무환의 정신으로 세계유지와 전진준비에 만전을 기한다.

이 상황을 이끄는 '수(05)'의 4원 개념을 '진'의 환경으로 읽어오면, 모든 도움을 끌어들여(손57) 문제를 해결을 위한 대안을 찾아 허한 부분을 메우고(익42) 세계의 항상성 유지에 힘쓰며(항32) 전체를 고무·진작시키는(진51) 일련의 과정이다. 소용돌이를 돌파할 충분한 대안을 갖추고 환경이 따라줄 때까지 준비해나가는 유비무환의 삶이다.

1양의 동요가 지나가고 또 다시 4양의 동요가 닥침을 두고 '소용돌이가 가고 오니 위태롭다[震往來厲]' 하였다. 이 효는 '대유(大有)·수(需)·비(比)'의 과정이니, 크게 가진 자들의 도움을 시작으로(대유14) 유비무환의 삶을 이끌어(수05) 전체를 상생적으로 단합시키는(비08) 역할이다. 이는 포용·결합을 의미하는 음(陰)과 통합을 이끄는 중(中)의 성정이기도 하여 이를 '无喪有事무상유사'라 하였다. '무상'은 잃지 않음이니 우환이 없음이요 '유사'는 '책무의 수행'이니 합하여 익숙한 말로는 '유비무환'인 셈이다. 이는 5음의 역할을 단도직입적으로 나타내는 것이므로 헤아린다는 뜻의 '億억'을 덧붙여 그 당위성을 강조하고 있다.

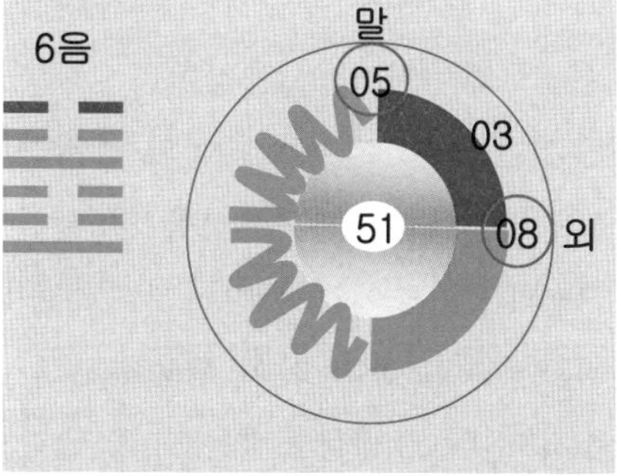

震索索진삭삭 視矍矍시확확.
征凶정흉.
震不于其躬于其隣 无咎.
진불우기궁우기린 무구
婚媾有言혼구유언.

소용돌이가[震] 흩어지고[索] 잦아드니[索] 내다보고[視] 두리번두리번거리도다[矍矍]. 나서 추진하면[征] 흉하리라[凶]. 동요의 진앙지기[震] 나 자신이[于其躬] 아니고[不] 그 이웃이니[于其隣] 무탈하리라[无咎]. 청혼하면[婚媾] 구설수가 있으리라[有言].

6음은 비(比)·둔(屯)·수(需)의 과정이다: 소용돌이를 잘 이겨내기 위하여 상생적 단합을 이루어도[비08] 극복해야 할 장애가 남아 있으니 만전을 기하면서 때를 기다려야 한다[수05], 그 과정은 어떤 모습인가? 뒤흔들린 세상물정에 익숙하지 못하여 당분간 어렵더라도 관망하면서 준비할 수 밖에 없는 상황이다[둔03].

6음은 잦은 소용돌이에 뒤흔들리고 놀라서 방향감각을 잃고 멍한 상태다. 바깥세상은 어지럽고 대중들의 심리도 극도의 불안감에 채 헤어나지 못하고 있다. 이럴 때는 당분간 두문불출하고 조용히 상황을 관망하면서 기동할 때를 기다리며 부족한 대책을 세워야 한다. 어수선한 시절에는 서로간의 신뢰감마저 떨어져 관계형성의 어려움도 생기니 매사에 조심해야 한다.

이 상황을 주재하는 '둔(03)'의 4원 개념을 '진'의 환경으로 읽어오면, 소용돌이로 혼란한 세상을 성찰하면서(관20) 성과가 작더라도 꾸준하게 힘을 비축하고(소축09) 미리 살피며 계획을 잘 세워(예16) 어려움에 맞설 힘을 크게 키워나가는(대장34) 일련의 과정이다. 아직 어둡지만 해돋이를 보려면 일찍 일어나 떠나기 전에 채비를 잘 해두어야 하는 격이다.

우주자연이 큰 소용돌이를 일으키는 것은 스스로 자정(自淨)의 과정을 밟음과 아울러 그 변화를 통하여 생명의 기운을 일으키고 더욱 더 발전하는 계기를 마련하기 위함이다. 그런 변화의 와중에는 불안정하며 두렵지만 그 동요가 물러가는가 싶으면 긴장을 풀고 전과 같이 행동하려 한다. 하지만 소용돌이가 몇 번이고 거듭되고 나면 세상물정은 크게 달라져서 모든 상황이 낯설고 그에 대한 대응도 서툴러진다. 이 국면을 '소용돌이가 흩어지고 잦아드니 내다보고 두리번두리번거리도다[震索索 視矍矍]'라고 표현하였다. 이러한 과도기에는 불안정요소가 잠재하므로 일을 도전적으로 밀고 나가면 실패할 확률이 높으므로 '나서 추진하면 흉하리라[征凶]'라고 한 것이다. 이렇게 관망하며 자신을 다잡으면 남에게 피해를 주지도 않고 위험에 노출되지도 않기에 '동요의 진앙지가 나 자신이 아니고 그 이웃이니[震不于其躬, 于其隣] 무탈하리라[无咎]'고 한 것이다. 아직 사회 내의 신뢰감이 상실된 상황이니만큼 청혼 시에도 오해가 생기기 쉽고 성사가 어려워지니 '청혼하면 구설수가 있으리라[婚媾有言]'고 하였다. 동업을 추진하는 것은 아직 때가 이르다는 뜻이다.

52. 중산간(重山艮)

외적 변화에 멈추어 굳건하게 대응함, 사색 속의 지혜 궁구, 안으로 흔들리지 않는 강인한 의지, 변화 속의 조용한 명상, 완고하여 타협하지 않음

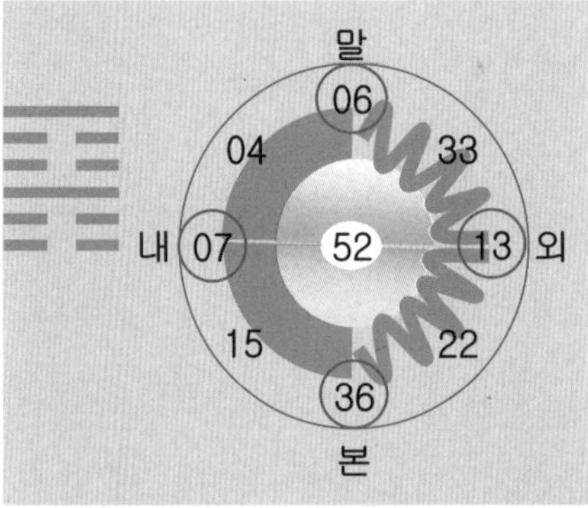

艮其背 不獲其身.
간 기 배 불 획 기 신

行其庭 不見其人,
행 기 정 불 견 기 인

无咎무구.

등에서의[其背] 멈춤은[艮] 몸을[其身] 얻지 않음이로다[不獲]. 뜰을[其庭] 나가도[行] 사람들을[其人] 보지 못하니[不見] 탈이 없으리라[无咎].

간[艮]은 명이(明夷)·사(師)·동인(同人)·송(訟)을 따라 흐르는 세계다: 자기 절제의 바탕 위에서[명이36] 자신의 마음을 철저히 제어하여[사07] 더 큰 뜻 아래에 마음을 통일시켜[동인13] 사욕을 접고 사리분별의 경륜을 쌓는[06] 일련의 과정이 '간'의 세계다.

8괘의 상으로 보면, 산(艮山간산) 위에 또 산(艮山간산)이 있으니 중첩된 큰 산의 모습이다. 산은 그 바깥으로 숲이 우거지고 비바람이 부는 변화가 있어도 그 속은 변함없이 그 자리에 우뚝 멈춰 서있다. 그래서 '간'은 '멈춤', '그침'의 상이면서 바깥의 변화에 휩쓸리는 행동을 삼가고 깊이 명상하는 자세다. 성찰의 의미를 지닌 관괘(觀20, ::::ll)의 여섯 효를 두 효씩 묶어서 내·중·외로 두면 8괘의 간(艮, ::l)의 상이 된다. '간'은 '관'과 관

계가 있음을 알 수 있다.

산이 겹친 첩첩 산중이다. 표상에서는 겹친 산이지만 아래 위의 직능이 다를 뿐 소성괘의 산과 다를 바 없다. 높은 산은 고고한 기상을 풍기고 나지막한 산은 평화롭다. 나무의 생멸, 거듭되는 풍우(風雨)와 풍화작용으로 산의 외부는 변한다. 이렇듯 산의 온갖 변화(3양·6양)가 밖에서는 연출되지만 그 속은 언제나 우뚝 솟은 채로 고요 속에 멈추어 있다(1음·2음·4음·5음). 고요 속에 명상하고 수련하면 마음이 순수해지면서 정신집중력이 높아져 외부에서 어떤 자극(3양·6양)을 주어도 그것을 쉽게 제어할 수 있다. 복잡한 세상사의 변화에 일희일비하지 않고 조용히 멈추어 관조하면 시비를 초월하는 지혜를 얻을 수 있음이다. 헐떡이는 숨을 죽이고 마음 속의 모든 집착을 버리며 조용히 명상에 깊이 빠지면 뇌파가 잠잠해지면서 무아의 경지 속에 우주자연의 조화롭고 신묘한 지혜의 힘이 생겨날지니! 무아는 곧 나의 존재감과 소유욕을 잊는 경지다.

인간의 몸과 마음의 상태는 뇌파와 깊이 연관되어 있다(1924, H. Berger: 뇌전도의 창시자). 베타β파(13~30 Hz)의 수준이면 외부의식의 수준인데 높을수록 복잡한 정신상태다. 알파α파(8~13 Hz)는 외부의식과 내부의식이 공존하면서 정신집중이 가능한 상태이며 그 보다 더 안정된 상태인 세타(θ)파(4~8 Hz) 구역에서는 외부의식이 차단된 상태로서 깊은 사고의 세계 또는 수면상태에 해당하며, 더 낮은 델타δ파(0.1~4Hz)의 대역에서는 몸의 통증도 느낄 수 없는 무의식 상태가 되므로 고도의 정신수련 과정에서의 도달목표가 될 수도 있다. 얼마나 느린 뇌파(그침)에 도달할 수 있는가가 인간의 정신집중 능력의 척도가 되는 셈이다. 뇌파상태로써 간(艮)괘의 각 효를 살핀다면 베타파는 외효(3양·6양), 알파파는 중효(2음·5음), 그리고 세타θ파(혹은 델타파)는 내효(1음·4음)의 상태에 해당할 것이다.

인성(人性)의 면으로 살펴보자. 본성을 지배하는 무의식 세계가 잠자듯 조용하니(1음) 이에 따라 신진대사 작용은 본능적인 부분 외에는 침잠되어 있는데(2음) 살아 있다는 증거는 호흡을 통한 주변과의 에너지교류가 있다는 점이다(3양). 꼼짝도 하지 않고 깊은 생각에 빠져 있으면서(4음) 환경과 미래관련 정보를 위한 감각은 열어 둔 채(6양) 자신의 생각과 통합하여 행동을 제어하고 있다(5음). 조금밖에 먹지 않고 꿈꾸듯 깊은 명상에 빠져 우주의 진리를 터득하려는 철학자나 성직자와 같은 인물이다. 백지와 같이 티없이 맑은 마음은 안정 속에 강한 집중력을 얻을 수 있기 때문에 잘 보이지 않는 진리를 접할 수 있는 능력이 생긴다. 이는 외적인 유혹의 영향과 복잡한 욕망의 굴레에서 벗어나 그 영향을 그치게 하는 제어능력에서 나온다.

'등에서의 멈춤은 몸을 얻지 않음이로다[艮其背 不獲其身]' 하였는데, 외적으로 보면 등뒤에서의 멈춤이란 외부의 변화에 등을 돌려 직접 접하는 기회를 피하여 욕심이 생길 수 있는 가능성을 원천적으로 막음으로써 자신을 제어할 수 있음을 뜻한다. 내적으로는 중추신경이 한데 모여 있는 부분이 등이니 이 경우의 등에서의 멈춤이란 이미 판단한 모든 정보가 중추신경을 통하여 몸으로 전달되고 있는 상황에서 그 행동을 제어한다는 뜻을 품고 있다. 전자는 알만한 욕심 자체를 원천 봉쇄하는 제어력이며 후자는 욕심에 유혹될 수 있는 상황에서도 가릴 것은 가려서 제어력을 발동하는 상황이다. 몸이 얻으려 하는 것은 곧 몸의 욕구인데 그것을 얻지 않고 제어할 수 있다는 것은 둘 다 멈춤의 제어력을 발휘하며 마음과 행실을 바르게 하도록 심신을 닦는 수신(修身)의 양태다. 하지만 접하고도 가릴 수 있는 후자가 그 제어력은 더 강하다 할 수 있다. 이 정도면 몸의 존재감과 욕구를 잊는 소위 무아의 경지에 도달할 수 있음을 뜻하고 있다.

이어서, '뜰을 나가도 사람들을 보지 못하니[行其庭 不見其人] 탈이 없으리라[无咎]'라고 하였는데, 여러 사람들이 들고나며 교류하는 뜰에 나가서도 사람들을 보지 못한다는 것은 곧 사람들과의 관계에서 생기는 시비와 투쟁 등의 복잡한 심정의 변화를 느낄 수 없음을 함의하는 것이니 복잡한 상황 속에서도 그칠 것은 그치게 하며 자신을 통제할 수 있는 상황이므로 탈이 날 가능성이 없다 할 것이다. 이렇고 보면, ‘등에서의 멈춤’이란 결국 느낀 바가 진행되는 가운데에서 그침의 제어력을 발휘하는 것임을 알 수 있다.

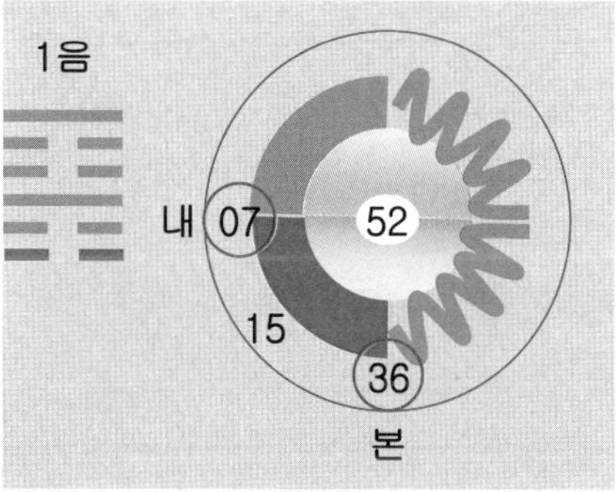

艮其趾간기지 无咎무구.
利永貞이영정.

발가락에서의[其趾] 그침이니[艮] 탈이 없으리라[无咎]. 오랫동안[永] 확고히 하면[貞] 이로우리라[利].

> 1음은 명이(明夷)·겸(謙)·사(師)의 과정이다: 자기 절제의 바탕 위에서[명이36] 자신의 마음을 철저히 제어할 수 있어야 한다[사07]. 그 과정은 어떤 상황이어야 하나? 감정이 표출되지 않도록 겸손하게 가라앉은 마음으로 자신을 다스려야 한다[겸15].

1음은 일의 시작단계나 사람의 본성적 마음인데 이것이 정지해 있듯이 안정되어 있음을 말한다. 일이 시작될 때는 원리원칙이나 계획된 바에 맞추어 순수한 마음으로 겸허하게 상황을 제어할 수 있다. 시간이 경과할수록 일은 본질과 세운 원칙을 벗어나는 현상의 지배를 받아 혼탁과 혼란을 겪게 된다. 출발선에서 일이 삐뚤어지기 전에 멈추어서 마음을 조용히 가라앉히고 전체를 관조하며 제반 문제점을 파악하여 바로잡아야 한다. 이를 위하여는 뇌파가 매우 낮게 되도록 마음 깊숙이 가라 앉힌 깊은 명상이 필요하다.

이 상황을 주재하는 ‘겸(15)’의 4원 개념을 ‘간’의 환경으로 읽어오면, 중도(中道)의 정신으로 가꾸면서(비22) 순수한 깨우침의 정신으로(몽04) 차분하게 변화를 이끌어(혁49) 내실을 기하며 겸허하게 어려움을 참아내는

(곤47) 일련의 과정이다.

'발가락에서의 그침[艮其趾]'이라 함은 돌입하고자 하는 새로운 국면을 시도하기에 앞서 닥칠 수 있는 근본문제를 놓고 외적 욕구에 휩쓸리지 않는 냉철한 기준 위에서 관련 정황을 재점검하는 국면이기 때문에 이는 탈이 생길 가능성을 크게 줄여준다[无咎]. 새로운 국면을 시도한 이후에도 예상치 못한 미지의 변수가 돌발할 가능성이 높기 때문에 겉으로의 확신감과 자존심을 내세우지 말고 냉철하게 진리에 의거하려는 정신을 계속해서 확고하게 지켜야 하므로, '오랫동안 확고히 하면 이로우리라[利永貞]'고 한 것이다.

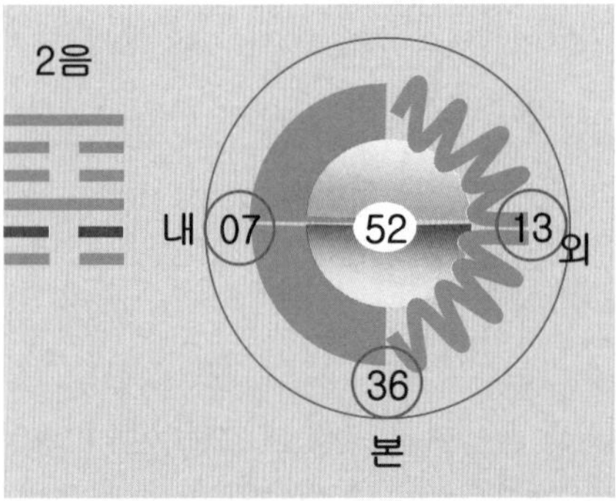

艮其腓간기비.
不拯其隨부증기수,
其心不快기심불쾌.

장딴지에서의[腓] 그침이로다[艮]. 자신이[其] 따라야 하는 자는[隨] 건져내지[拯] 못하니[不] 마음이[其心] 불쾌하리라[不快].

> 2음은 사(師)·명이(明夷)·동인(同人)의 과정이다: 자신의 마음을 철저하게 제어하여[사07] 더 큰 뜻을 따르는 사명감을 갖고 마음을 통일시켜야 한다[동인13], 어떤 자세와 바탕이 필요한가? 자기 주장을 감추고 대세를 따라야 한다[명이36].

2음은 세계 밖(3양)과 연결되어 그 영향을 받으므로 자신의 명상상태를 유지하지 못하고 끌려간다[음]. 허리가 움직이는데 장딴지가 가만히 있기 어렵고 국제문제에서 국내문제가 별개로 움직이기 어렵다. 상사가 주장하면 옳지 않아도 자신이 가로막지 못하니 불행이다. 세계의 환경 속에 맞추어 능동적인 행동을 유보하며 자신이 처할 행동을 조신하게 해야 한다. 조용히 명상한다면 뇌파가 1음보다는 높고 3양보다는 낮은 중간 정도의 집중력에 머문다 하겠다.

이 상황의 바탕배경인 '명이(36)'의 4원 개념을 '간'의 환경으로 읽어오면, 멈추어 사리분별하며(간52) 취사선택과 집중의 원칙으로(손41) 이기심을 버리고 상대를 인정하면서(함31) 외세를 견디며 내면의 열정으로 수양하는(태58) 일련의 과정이다. 명이(36)의 출발이 간(52)이고 '간'의 출발이 '명이'이니 서로 간에 그 기초자질이 되어주는 관계다. 멈추어 사리분별 할 수 있는 지혜를 구하려면(간52) 자신을 숨죽이면서 대세를 따를 수 있는 자세(명이36)가 바탕이 되어야 함을 말해주고 있다.

장딴지는 발이 그치면 일단은 그칠 수 있겠지만 발과 허리의 중간을 연결하고 있으므로 발과 별도로 허리가 움직이면 그것에 영향을 받아 움직이게 되므로 홀로 하던 일을 그쳐서 재고한 후 방향전환을 하려고 해도 그렇게 할 수가 없다. 이를 표현하여 '자신(장딴지)이[其] 따라야 하는 자(허리)는[隨] 건져내지[拯] 못하니[不] 마음이[其心] 불쾌하리라[不快]'라고 했다. 이와 같이 2음은 자신의 주장을 내세우기 보다는 할 수 없이 대세를 따라야 하는 형편임을 나타내고 있다.

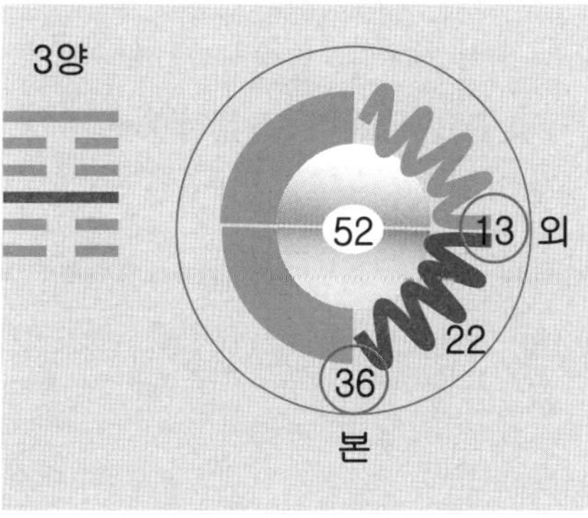

艮其限간기한 **列其夤**열기인.
厲薰心여훈심.

허리에서[限] 그치려 하니[艮] 그와[其] 관련된 것이[夤] 벌려져 있도다[列]. 낭패스러워[厲] 마음을[心] 태우리라[薰].

> 3양은 명이(明夷)·비(賁)·동인(同人)의 과정이다: 자신을 억제하고 대세를 따르며[명이36] 더 큰 뜻을 이루려는 목적에 뜻을 통일시켜야 한다[동인13], 어떤 과정을 겪어내야 하나? 균형이 잘 잡히도록 가꾸고 조정해야 한다[비22].

3양은 주위와의 외적 연결이 활발한 상태로서 일이라면 중간 정도까지 진행된 형국이다. 한참 진행 중의 일을 갑자기 멈추기는 어렵다. 이미 관련 요소들이 외적으로 복잡한 관계를 형성하였기에 이제 멈추면 그 여파가 커서 낭패다. 허리는 몸의 중앙으로서 육욕의 움직임과도 관련된다. 엉덩이 춤처럼 한번 발동되면 억제하기 어렵다. 들뜬 상태로서 뇌파가 낮은 베타b파(이 괘의 해설 참조) 정도에 이른 것이라 쉽게 안정되지 않는다. 이러한 속성이 진행될 때 그것을 중지시키거나 균형을 살려 조정한다는 것은 그만큼 어렵고 마음고생이 따른다.

이 상황의 배경인 '비(賁22)'의 4원 개념을 '간'의 환경으로 읽어오면, 겸손한 마음을 바탕으로(겸15) 내적 열정을 잘 다스려(림19) 한발 물러서서(둔遯33) 주위에 동화되는(리10) 상이니 곧 내면과 외면이 적절한 조화를 이룰 수 있도록 가꾸고 조정해야 한다.

'列其夤열기인'에서 '夤인'은 '이어지다', '관계되다'의 뜻이니 허리에서 척추로 연결되듯 상황변수들이 서로 연결되어 복잡한 관계를 맺고 있음을 말한다. 이런 상황에서 하던 움직임을 멈추고 적절히 조절한다는 것은 참으로 어렵지만 실행하지 않을 수 없으므로 이를 '낭패스러워 마음을 태운다[厲薰心]'고 했다.

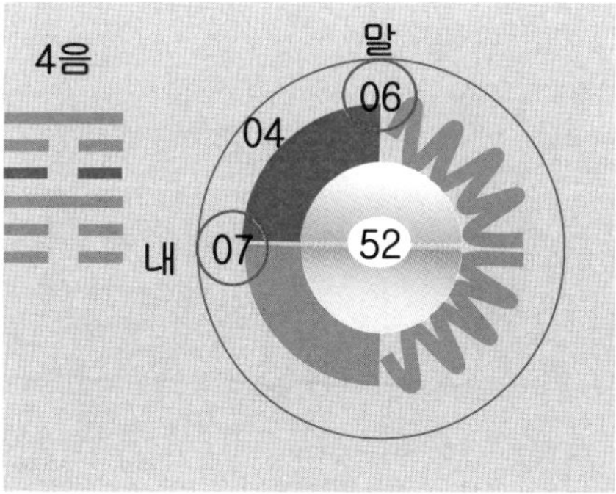

艮其身간기신 **无咎**무구.

몸에서의[其身] 그침이니[艮] 허물이 없도다[无咎].

4음은 사(師)·몽(蒙)·송(訟)의 과정이다: 자신의 마음을 철저히 제어하여[사07] 사욕을 접고 사리분별의 경륜을 쌓아 시비초월의 지혜를 구해야 한다[송06], 어떤 과정이 필요한가? 순수한 마음으로 이치를 깨치며 절제의 심덕으로 머문다[몽04].

4음은 사색하고 기획하는 의식상태가 조용한 침잠 상태를 유지함이다. 의도적으로 외부의식을 차단하고 욕망으로부터 탈피하려는 노력을 관철하는 명상상태다. 그러면 복잡한 세상을 조용히 관조할 수 있다. 세타(θ)파 후반의 뇌파에 해당하는 정신상태로서(괘의 해설 참조) 호흡은 느리고 깊으며 1음의 잠재력과 연동하며 얕은 꿈을 꿀 수도 있다. 마음을 비우니 몸도 따라 편안하며 행동과 생각을 일치시킬 수 있으므로 일반적인 정신수련의 목표가 된다.

이 상황을 주재하는 '몽(04)'의 4원 개념을 '간'의 환경으로 읽어오면, 열정이 분출되지 않도록 잘 다스려(림19) 내적 마음을 겸허하게 비우고(겸15) 가르침에 동화되면서(리10) 복잡한 현실과는 일정한 거리를 두고 있는(둔33) 상황과정이다.

마음을 정숙하게 유지하면서 정신을 수련한다는 것은 곧 그 정신력으로 몸 전체를 제어할 수 있도록 수신(修身)하는 것을 의미하므로 '몸에서의 그침이니[艮其身] 허물이 없다[无咎]' 라고 한 것이다. 더욱이 현실에 때묻지 않은 순수함을 유지하는 것이니(몽04) 허물이 생길 가능성은 없는 셈이다. 간단히 표현하면 '蒙·艮몽간'이 된다.

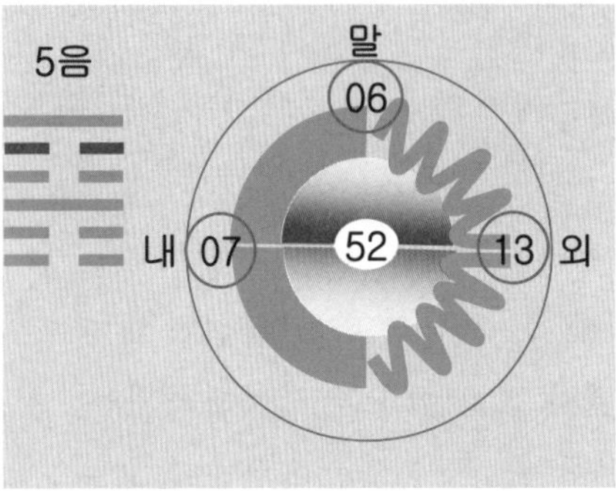

艮其輔간기보·
言有序언유서 悔亡회망·

빰에서[其輔] 그침이로다[艮]. 말에 [言] 질서가 있으면[有序] 후회가 없으리라[悔亡].

> 5음은 사(師)·송(訟)·동인(同人)의 과정이다: 자신의 마음을 철저히 제어하면서[사07] 더 큰 목적을 위한 뜻에 중지(衆志)를 모아야 한다[동인13]. 어떤 리더십이 필요한가? 사리분별의 경륜을 쌓아 경쟁 속의 시비(是非)를 초월하는 리더십을 발휘해야 한다[송06].

5음은 음의 차분한 결합력을 적용하는 통합의 리더십이다. 자신의 깊은 의중을 정중하게 나타내어 주위의 동조를 이끌어낸다. 긴장된 상황에서도 불안감에 의한 과민한 반응을 삼가려면 명상 속에서 마음을 그쳐 안정시키며 논쟁에 휘말리지 않게 하는 경륜을 쌓아야 한다. 후덕한 책임자라면 내면의 심성표출을 제어하고 사리를 분별하여 안정되고 차분한 리더십으로 중지를 통일할 수 있어야 한다.

이 상황의 배경코드인 '송(06)'의 4원 개념을 '간'의 환경으로 읽어오면, 내적 열정으로 수양하면서(태58) 상대방의 의중에 교감·공감하고(함31) 버릴 것은 버리고 효율적으로 집중하면서(손41) 조용히 사리분별의 지혜를 모으는(간52) 과정이다. 경쟁과 도전적 환경에서도 내적 수양으로 자신을 삭이면서 논쟁 없는 중지를 모으는 후덕한 리더십이다

빰은 얼굴에서 언어를 구사하는 근육의 움직임과 심성이 표현되는 곳

이다. '빰에서 그침[艮其輔]'은 곧 표현할 때와 멈출 때를 가리는 것이다. '말에 질서가 있어야 하는[言有序]' 것은 책임자로서 중요한 덕목의 하나이니 그로써 쓸데없는 후회를 남기지 않아야 한다[悔亡].

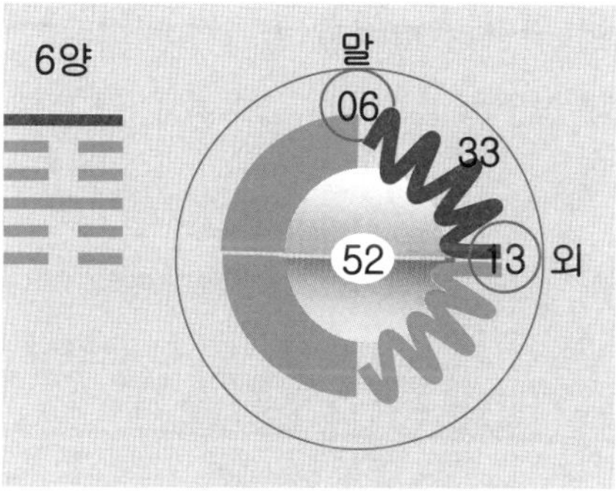

敦艮돈간 吉길

사려 깊은[敦] 그침이니[艮] 길하리라[吉].

6양은 동인(同人)·둔(遯)·송(訟)의 과정이다: 더 큰 목적에 뜻을 같이하여[동인13] 투쟁적인 경쟁을 지양하고 사리분별의 경륜을 쌓으려면[송06] 어떤 과정을 겪어야 하나? 현실집착의 아귀다툼에서 물러나 여유를 가지고 참다운 미래가치를 추구하며 실력을 보충해야 한다[둔33].

6양은 변화무쌍한 바깥세상과 그 미래의 흐름에 통하여 있다. 현실집착은 두려움을 몰고 오며 뇌파를 높게(베타β파) 가져가지만 미래의 더 높은 가치를 명상하며 여유를 갖는 순간 오히려 반전되어 안정에 이를 수 있다(세타θ파 아래의 낮은 뇌파영역, 이 괘의 해설 참조). 세상 속의 경쟁의식은 숨가쁜 호흡을 만들지만 현실로부터 한발 물러나 내면의 휴식을 취하면서 창의성의 바탕이 되는 무의식과의 접촉을 시도한다면, 정신분열이 날 것 같은 빠른 속도의 세상변화에 대처하는 여유를 찾을 수 있게 된다.

이 상황의 배경코드인 '둔(33)'의 4원 개념을 '간'의 환경으로 읽어오면, 변화를 갈망하는 바탕 위에서(혁49) 어려움을 견뎌내며(곤47) 균형을 살리도록 가꾸고 조정하여(비22) 순수한 마음으로 배우면서 능력을 키우는(몽04) 과정이다. 더 높은 가치를 위한 헤아림으로 빠르게 좇아감을 일단 그치고 후퇴함이니 미래의 발전을 담보하는 그침이다.

'사려 깊은 그침이니[敦艮] 길하리라[吉]'라 함은, 미래를 내다보며 현실의 투쟁적 이해관계로부터 벗어나 필요한 능력을 보완하면서 여유를 가지는 2보 전진을 위한 1보 후퇴인 셈이니 미래의 발전을 기약하는 희망의 그침이다. 여기서의 '敦艮돈간'은 곧 '遯艮둔간'을 의미하는 것임을 알 수 있다.

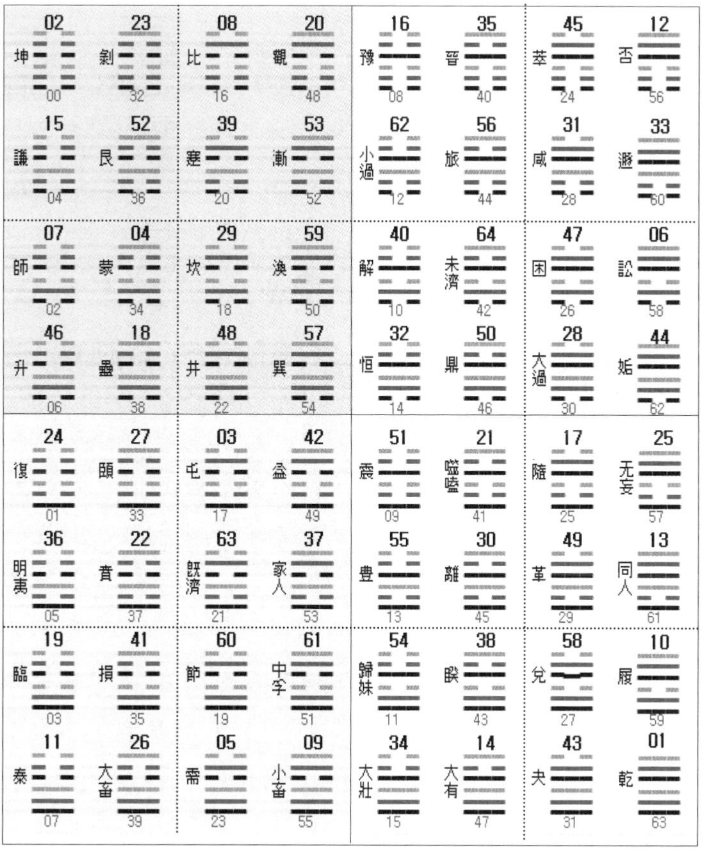

▷ 복희64괘 8중 배열 (『과학주역』1, 189쪽)

이 배열은 복희8괘 배열을 근간으로 한다. 효의 가중치가 아래(하괘의 하효쪽)에 있으면서 글로벌8괘 중 하나가 하괘(내괘)로서 괘의 바탕이 되고 그 위에 로컬8괘들이 차례로 상괘(외괘)가 되어 괘의 특성을 결정짓는 형식으로 구성된 것이다.

53. 풍산점(風山漸)

점진하는 상, 점진·안정적 발전, 외적 여건변화가 내적 상황변화를 유도함, 단계별 진출, 주위 여건 변화에 신중하고 점진적인 대처

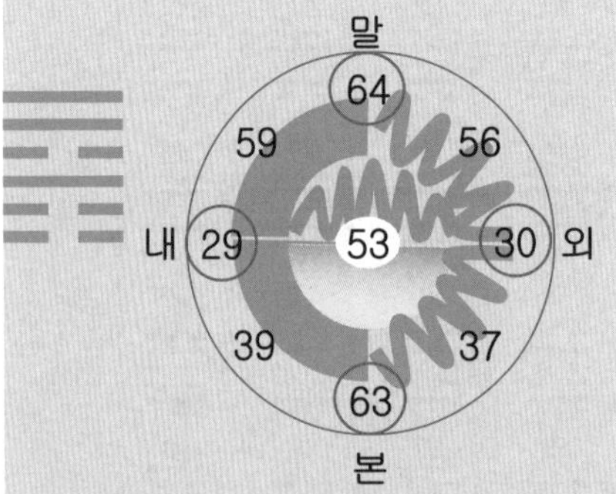

漸점.

女歸여귀 吉길. 利貞이정.

점진하는 상이로다[漸]. 여인의 출가처럼 하면[女歸] 길하리라[吉]. 확고하게 함이[貞] 이로우리라[利].

점[漸]은 기제(旣濟)·감(坎)·리(離)·미제(未濟)를 따라 흐르는 세계다: 우선 열린 길이라고 쉽게 나서면[기제63] 갈수록 점점 빠져드는 혼란이 다가오는데[감29] 명석한 사고와 형통한 지혜로써[리30] 부딪치는 난관을 극복하면서 더 나은 미래를 지향하는[미제64] 일련의 과정이 '점'의 세계다.

8괘의 상으로 보면, 산(艮山간산) 위의 바람(巽風손풍) 또는 나무(風木풍목)의 상이다. 산을 타고 부는 바람은 산의 저항을 받아 잦아들어 느려지고, 산에 심어진 나무는 점차적으로 커 올라가니 점진적으로 움직이는 상이다. 그침의 절제를 바탕으로(艮) 공손하게 행동하는(巽) 상이니 나서서 움직이면 궁하지 않다 하여 공자는 「단전(彖傳)」에서 이 상황을 두고 '止而巽지이손 動不窮也동불궁야'라 주석하였다.

내적 안정성(1음·2음·4음)과 외적 활성(1양·5양·6양)이 각각 3대3으로 팽팽

하게 줄다리기하는 모습이다. 양(陽)이 그 특성에 따라 바깥 쪽으로 확산하여 움직일 때 안쪽에 정지하려는 관성의 음(陰)에 의하여 음양의 균형이 유지되면서 1음에서 6양으로의 시공간 흐름방향으로 조금씩 밖으로 움직이게 된다. 바깥에서 활달한 남자 셋이 방안에 얌전히 있는 규수 셋을 불러 내려면 시간이 걸림과 같다. 비활성인 음이 절반인 전체가 갑작스러운 큰 움직임을 당해낼 수는 없다. 여섯 단계의 점진의 모습을 흔히 육례(六禮)를 밟아 전통혼례를 치르는 과정, 성장단계별로 인격을 형성해 나가는 과정 등에 비유한다. 그 과정에서 중요한 요소는 내면의 정신적인 침착함과 인내심이다(음 셋의 기능). 판단·행동의 직능인 제5효가 음(陰)인 간(艮52)괘에서는 깊은 명상 속에서 사리분별의 지혜가 생기기까지는 행동하지 않는다. 하지만 이 효가 양(陽)인 점(漸)에서는 단계적으로 나아가면서 대외환경에 맞출 수 있는 일단의 판단이 서면 적극적으로 실행에 옮긴다는 점이 음의 경우와는 다르다. 중요한 일을 진행할 때에는 전체적인 판단은 유보하면서도 부분적이거나 단계별 생각을 차분히 모아 행동에 옮기는 것은 바로 점(漸)의 원리를 실천하는 것이다. 사실 모든 일을 처리해 나감에는 각각의 적합한 때와 순서가 있는 법이다. 하물며 한 평생 동안 완성해나가야 하는 인격형성에 있어서랴!

'점'을 인성(人性)의 면으로 파악해보자. 본성적 욕구가 잠자듯 조용하니(1음) 이에 따라 신진대사도 소극적으로 진행되고 있는데(2음) 주변과의 물질적 교류가 이루어지고 있는 것을 보면(3양) 어쩔 수 없는 에너지 정도만 생성되는 형편이다. 창조적인 생각은 아니지만 주어진 상황에 대하여 신중하게 생각하는 터에(4음) 환경과 미래관련 정보에 대한 감각은 빨라서(6양) 보고 느낀 바를 판단하여 그때그때의 상황에 맞춰 행동에 나선다(5양). 신체능력은 소극적이지만 외적 정황에 맞추어 행동해 나기는 인물로서 자신의 주관을 내세우기 보다는 주위의 상황과 관습에 맞추어 감당할 만큼씩 해나가는 환경적응적 개성의 소유자라 하겠다.

이렇듯 순리적으로 주변상황에 맞추어 단계적으로 개선·발전해나가는 것이 '점'의 세계니 이는 여인이 사회관습에 맞는 예를 갖추어 시집가면 정실(正室)로서 길하게 되는 것처럼 중요한 일은 '점'의 원리를 적용하면 길하다는 뜻을 함축하고 있다. 점진적으로 일을 수행하다 보면 하는 것인지 마는 것인지 유야무야(有耶無耶)가 되지 않게 진행함이 중요하므로 점진적 수행은 '확고하게 해나가야 이롭다[利貞]'는 것을 강조하고 있다.

점[漸]의 4원이 '기제(旣濟)·감(坎)·리(離)·미제(未濟)'이니, 길이 열려 있다고 마구 달려서는 안 되며(기제63) 결국에는 맞닥뜨리는 어려움을 하나하나 해결해나가야 하는데(미제64), 그 과정에서 혼란이 있더라도(감29) 명석하게 발전적으로 처리해 나가는 것이다(리30).

기러기는 암수의 금실이 좋기로 유명하며 이동할 때는 경험이 많은 기러기가 앞서서 'V'자형의 대열을 만들어 서열과 질서를 잘 지키면서 함께 높이 나는 새다. 이에 각 효의 설명 모델로서 단계적으로 점진하는 상을 대변하는 기러기를 내세운다. 또한 정식으로 시집가는 여인을 모델로 기러기의 질서 있는 장거리 여행 중의 단계별 내용에 비유한다.

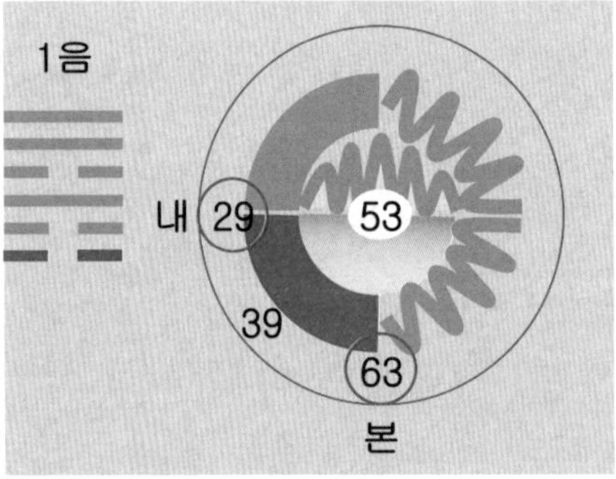

鴻漸于干홍점우간·

小子厲소자려 有言无咎유언무구·

기러기가[鴻] 물가에[于干] 진출하도다[漸]. 어린 자가[小子] 위태하게 하여[厲] 말은 있으나[有言] 허물은 없으리라[无咎].

1음은 기제(旣濟)·건(蹇)·감(坎)의 과정이다: 길이 열려 있어 나서지만[기제63] 험난한 물길처럼 난관이 앞을 막는다[감29], 어떤 과정을 겪게 되는가?

주위의 도움을 구하며 최선을 다하여 힘든 고비를 넘어야 한다[건39].

1음은 처음이라 미숙하여 활달하지 못한 모습이다. 젊은이가 고향을 떠나 일자리에 처음 진출하니 매사가 생소하여 머뭇거린다. 경험과 지혜가 일천하여 자신이 없으니 일은 더디고 걸핏하면 낭패를 보기가 일쑤다. 주위와 윗사람들로부터 핀잔을 듣고 훈계를 받지만 그 시달림과 어려움이 오히려 자신을 보다 신중하고 올바르게 행동케 하는 길잡이가 되므로 거름이 될 뿐 허물은 없다.

이 상황을 주재하는 '건(39)'의 4원 개념을 '점'의 환경으로 읽어오면, 조직적 협력을 구하면서(가인37) 내면을 다져 분위기를 일신하고(환59) 전력투구하면서(풍55) 구태를 벗고 어려움을 풀어나가는(해40) 일련의 과정이다. 이는 새로운 국면에 도전하는 신참들이 넘어야 하는 과정에 비유되는 국면이라 하겠다.

기제(63)의 열린 길을 진출하였지만 감(29)의 험난한 물길을 맞닥뜨리는 상황으로서, 어린 기러기가[小子] 고공비행을 앞두고 강가에서 출발 준비를 하고 있는 상황으로 묘사되고 있다[鴻漸于干]. 경험이 많지 않아 위태하여[厲] 걱정을 끼치지만[有言] 그만큼 훈련을 거듭하고 주의를 기울이니 탈이 없으리라[无咎] 하였다.

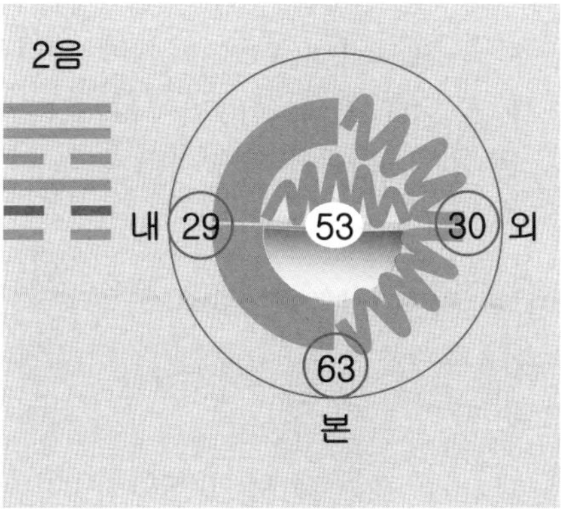

鴻漸于磐홍점우반.

飮食衎衎음식간간. **吉**길.

기러기가[鴻] 반석 위로[于磐] 진출하도다[漸]. 마시고 먹으며[飮食] 즐기고 즐기니[衎衎] 길하리라[吉].

> 2음은 감(坎)·기제(旣濟)·리(離)의 과정이다: 경험부족으로 혼란을 겪지만[감29] 활기찬 젊음을 앞세워 뻗어나간다[리30]. 그 과정은 어떠한가? 어려움이 해소되며 잘 풀리지만 나중을 대비해야 한다[기제63].

2음은 음의 특성인 안정성을 확보하는 상태다. 어려운 초기과정(1음)을 거치면서 삶을 영위할 기초능력을 갖추고 안정을 찾는다. 또 다른 음의 속성은 재물축적 내지는 몸의 성장이다. 득의만만으로 삶을 즐기니 이는 혼란을 인내하며 불같은 젊음의 힘으로써 노력하였기에 얻은 결과다. 이제 개체로서 독립하여 살수 있는 기본이 마련되었으니 미래로 안정이 지속될 수 있는 삶을 설계해야 한다. 3양의 상황코드가 가인(37)임을 고려하면 2음은 여자의 경우 결혼하여 가정에서 자리를 잡아야 하는 상황이다.

이 상황의 배경코드인 '기제(63)'의 4원 개념을 '점'의 환경으로 읽어오면, 점진적으로 진출하여(점53) 믿음과 열정으로(중부61) 힘껏 애써 일단의 작은 성과를 얻고(소과62) 욕심을 줄여 막힘의 때를 대비해야 하는(귀매54) 일련의 과정이다. 현재의 안정된 분위기를 지속해나갈 수 있느냐가 '초길종란(初吉終亂)'의 상(象)인 기제(63)의 관건이다. 기제의 4원 중 앞의 셋은 발전적 국면이지만 넷째(귀매54)는 수세(守勢)의 상황이라 마음먹은 대로는 실천할 수 없는 상황이니 여자는 첩실이 되는 궁여지책이 되는 것이다.

효사에서 '기러기가 반석 위로 진출한다[鴻漸于磐]'라고 하였는데, 반석은 물가에서 떨어진 절벽의 넓고 평평한 바위이니 일단 안전한 자리로 날아온 것이고 생활(비행)능력도 크게 발전된 것임을 증명하고 있다. 이와 같이 개체적인 삶을 영위할 수 있게 되니 지금은 운이 트어 있지만 향후의 안정한 삶의 지속을 위하여는 각별한 노력을 해야 할 것이다. 그 이유는 배경코드인 기제의 말원(末元)이 귀매(54)인 것을 보아 미구(未久)에는 마음먹은 대로는 실천할 수 없는 상황을 맞게 되기 때문이다.

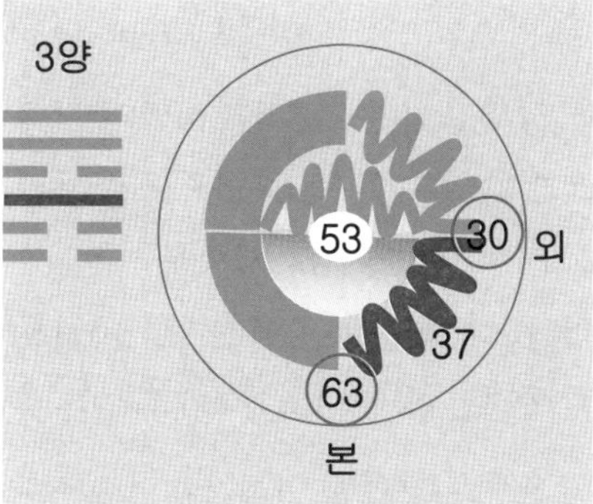

鴻漸于陸홍점우륙.

夫征不復 婦孕不育
부 정 불 복 부 잉 불 육

凶흉. 利禦寇이어구.

기러기가[鴻] 뭍으로[于陸] 진출하는 상이로다[漸]. 남편이 일터에 나가서[夫征] 돌아오지 않고[不復] 부인이 잉태해도[婦孕] 기르지 못한다면[不育] 흉하리라[凶]. 도적을[寇] 막아냄이[禦] 이로우리라[利].

3양은 기제(旣濟)·가인(家人)·리(離)의 과정이다: 장차는 어려울지 몰라도 지금은 상황이 형통하니[기제63] 멀리 떠나가 일에 열중하는 때다[리30]. 어떤 과정의 삶이어야 하는가? 전체 시스템을 위하여 구성원들은 자신의 조직적 책무에 성실해야 한다[가인37].

3양의 활발한 외적 교류는 고향을 떠난 낯선 환경에서의 바쁜 삶을 나타낸다. 경쟁 속에서 성급하게 일을 밀어 부치니 자신과 주위에 무리가 생긴다. 남편은 일하러 나가 일찍 돌아오지 않고 부인은 자식을 제대로 건사할 수 없는 것은 생활이 너무 바쁘기 때문이지만, 더 큰 이유는 복잡한 인간관계의 얽힘 속에서 가정 속의 부부의 도리를 다하지 못하고 외적 환경에 팔려있는 상황을 의미한다.

이 상황을 주재하는 가인(37)의 4원 개념을 '점'의 환경으로 읽어오면, 힘들 때 서로 도우면서(건39) 안으로는 주어진 법도에 따르며(절60) 밖으로는 새로움을 찾아 자율적으로 활동하면서(려56) 전체의 발전을 위하여는 과감한 탈바꿈을 시도하는(규38) 일련의 과정이다. 아무리 세상일이 바쁘더라도 외적 일에 팔려서 조직 구성원으로서의 기본적인 책무를 다하지 못하여 조직이나 가정에 파탄이 오도록 해서는 안 된다.

'기러기가 뭍으로 진출하도다[鴻漸于陸]' 함은, 가정을 이루고 더 넓은 세상으로 나가 더 큰 능력과 뜻을 펼치는 상황을 말한다. 가정은 정착지에 함께 있어야 하는데 그 구성원들은 더 멀리 다니지 않을 수 없으므로 무리가 생길 수 있다. 이때 '남편이 일터에 나가서 돌아오지 않고[夫征不復] 부인이 잉태해도 기르지 못한다면[婦孕不育]' 그 상황은 가인(37)의 구성원들이 책무를 다하지 못함이니 '흉하리라[凶]'라 한 것이다. 이런 때일수록 외부의 침입(침략)으로부터 단위시스템(가정, 단체, 국가)을 튼튼히 지켜내야 하니 '도적을 막아냄이 이로우리라[利禦寇]'라고 하였다.

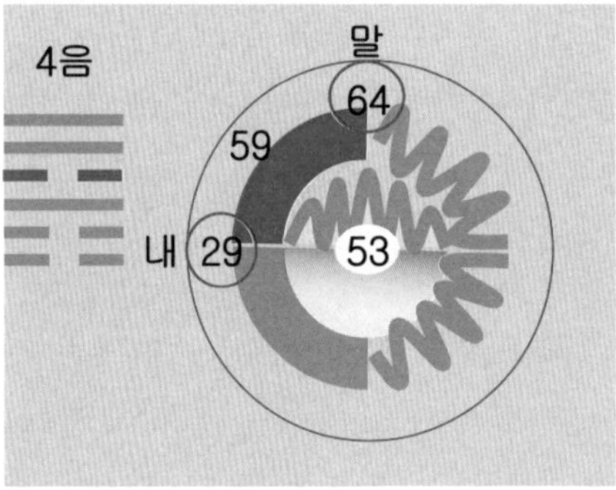

鴻漸于木홍점우목.
或得其桷혹득기각 无咎무구.

기러기가[鴻] 나무 위로[于木] 진출하도다[漸]. 혹[或] 가로 뻗은 가지를[其桷] 찾으면[得] 탈이 없으리라[无咎].

> 4음은 감(坎)·환(渙)·미제(未濟)의 과정이다: 혼돈과 어둠의 그늘 속에서[감29] 초반의 어려움을 해결하면 나중에는 형통한 운을 맞게 된다[미제64]. 어떤 과정이 필요한가? 내면의 얽힘을 풀어 분위기를 바꾸고 차분하게 변화에 적응해야 한다[환59].

4음은 외풍에 휘둘린 마음을 침착하게 재조정하는 국면이다. 새로운 환경에 맞추어 자신을 적응시키는 점진적 변화의 한 단계다. 세상풍파의 복잡함에 시달린 마음을 정화하고 재정비하여 저항과 위험이 도사리는 세상 일에 있는 힘을 다하여 적응해나가야 한다. 공격적인 언동을 삼가고 위험에는 신중하게 대처하면서 더 많은 것을 얻기보다는 지금까지 이루어온 것을 잘 유지·관리하면서 주변환경에 맞추어 차근차근 적응해 나가야 할 때다.

이 상황을 나타내는 '환(59)'의 4원 개념을 '점'의 환경으로 읽어오면, 가진 에너지를 잘 절제하여(절60) 주위의 협조로 고비를 넘기며(건39) 여건에 맞게 변화를 시도하여(혁49) 새로운 환경에 차근차근 적응해나가는(려56) 일련의 과정이다. '渙환'이라 하여 '흩어진다'는 단편적인 개념에 고착되지 않아야 한다. 새 국면으로 바뀌는 과도기에서 적응력을 키우기 위해서는 부적합함을 '풀어헤쳐 조정하면서 변화를 수용하는' 상황이라 하겠다.

'기러기가 나무 위로 진출하도다[鴻漸于木]'라고 한 것은, 기러기의 물갈퀴로는 나뭇가지에 안착하기 어려운 것이니 불편하고 위험이 도사리고 있는 새로운 환경에 처한 상황임을 나타낸다. 자신을 보호하면서 다음 단계로 나아가려면 그 상황에 맞게 적응할 수 있는 방법을 찾아야 한다. 곤란한 와중에서도 은신처를 찾는 것이 급선무니 '혹 가로 뻗은 가지를 찾으면[或得其桷] 탈이 없으리라[无咎]'라고 한 것이다.

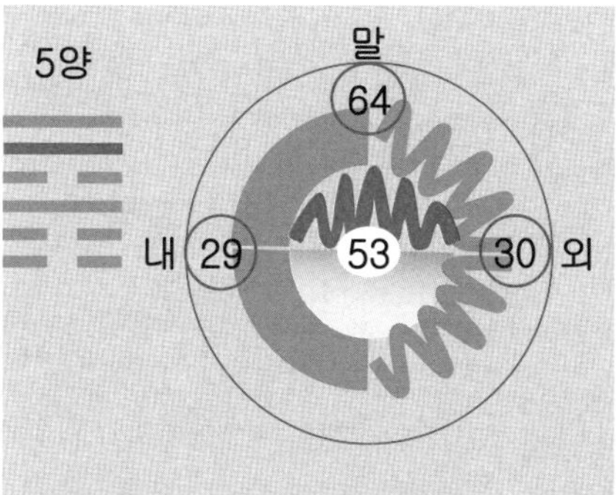

鴻漸于陵홍점우릉.
婦三歲不孕부삼세불잉
終莫之勝종막지승 吉길.

기러기가[鴻] 높은 언덕에[于陵] 진출하도다[漸]. 부인은[婦] 삼 년 동안[三歲] 잉태하지 못하나[不孕] 끝에는[終] 그지없는[莫] 소원성취이니[之勝] 길하리라[吉].

5양은 감(坎)·미제(未濟)·리(離)의 과정이다: 혼란의 와중에서[감29] 밖으로 힘차게 뻗어나가려면[리30] 어떤 과정을 겪어내야 하는가?

열릴 미래를 믿고 당면한 어려움을 잘 극복해야 한다[미제64].

5양은 어둠에서 밝음으로 나감이니 눈부신 '성공예감'이다. 자신의 성공을 주위에서 시기하므로 불신과 오해로 복잡하고 혼란스럽다. 하지만 모든 것은 섣부른 판단과 생각일 뿐 거쳐가는 과정이기 때문에 믿음과 열정으로 밀고 나가는 노력 속에서 문제는 해소되고 장막은 걷히니 여인이라면 기다림의 세월 속에 없던 자식도 생기게 되므로 끝은 만사해결이다.

이 상황을 이끄는 '미제(64)'의 4원 개념을 '점'의 환경으로 읽어오면, 욕심을 줄여 불활성 시대를 거치면서(귀매54) 조그만 성과에도 불구하고(소과62) 믿음과 열정을 바탕으로 밀고 나가(중부61) 점진적으로 발전하는(점53) 일련의 과정이다. 미제는 '건너지 못함'이 아니라 어렵사리 극복하여 건너서면 드디어 길이 열리게 되는 '초란종길(初亂終吉)'의 상임을 이해해야 한다. 한편 눈여겨 볼 것은 '점'의 기초자질(기제63)의 4원에서도, 결과형질(미제64)의 4원에서도 귀매(54)가 공통적으로 등장하는 것은 참으로 흥미롭다. 왜냐하면 괘사에서 '女歸여귀(젊은 여인의 출가)'가 나온 것은 시작과 끝이 모두 '귀매'와 관련되어 있기 때문이리라.

기러기가 당도한 '높은 언덕[陵]'은 바위가 있는 해안의 작은 절벽 뒤로 그보다 약간 더 높게 이어지는 구릉이다. 물가로, 바위 위로, 뭍으로, 나뭇가지로 날아드는 단계를 거쳐 이제는 높은 언덕에 당도했으니 드디어 먼 하늘을 날기 위한 준비가 다 된 셈이다. 각고의 어려움을 견디는 동안에 드디어 마지막에 소원이 성취되는 순간을 맞게 된 것이다. 미제의 기초자질인 '귀매(54)'는 불활성 시대의 위축된 분위기에서 마음먹은 대로는 실천할 수 없는 상황으로서 옛날식 비유로는 여자의 경우 정식 부인이 아닌 첩실이 되는 궁여지책의 경우에 해당된다. 이러고서 '3년 동안 잉태하지 못한' 어려움이 긴 노력의 끝에 소원성취를 이루니 이는 곧 미제의 끝이 열리는 것이라 하겠다.

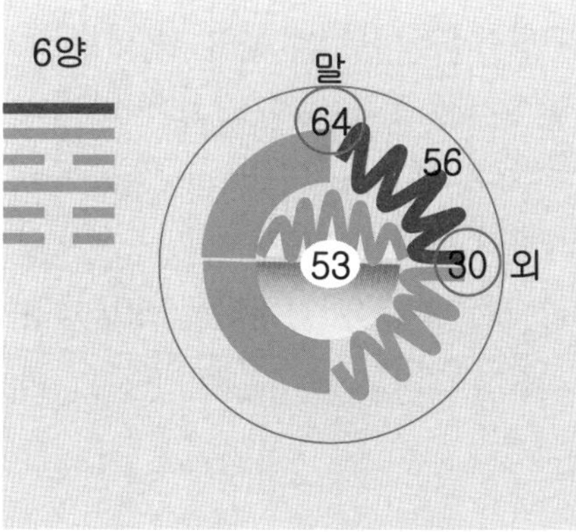

鴻漸于陸홍점우륙.
其羽可用爲儀기우가용위의 **吉**길.

기러기가[鴻] 대륙으로[于陸] 진출하도다[漸]. 그 날개 짓이[其羽] 질서의 본보기로서[爲儀] 쓰일 만하니[可用] 길하리라[吉].

> 6양은 리(離)·려(旅)·미제(未濟)의 과정이다: 지혜롭게 힘껏 뻗어나가면서[리30] 막히는 난관을 잘 극복하면 형통한 세상을 맞게 된다[미제64]. 그 과정은 어떠한가? 모범적 행동으로 주위의 온갖 저항을 최소화하며 개척자의 리더십을 발휘해야 한다[려56].

6양은 세계로 미래로 활발히 나아감이다. 점진적인 발전을 거듭하여 더 큰 세상에 나아가 많은 경륜을 쌓고 일과 인간관계에 통달하여 자신의 분야에서 업적을 남긴다. 세상에 덕을 베풀며 꾸준히 노력하는 모습은 뭇 사람들의 귀감이다. 훌륭한 리더십을 발휘하며 미래로 세계로 그 영향권을 점점 넓혀나가니 그 삶의 보람 또한 풍성하다.

이 상황을 말해주는 '려(56)'의 4원 개념을 '점'의 환경으로 읽어오면, 있는 힘을 다해 나아가며(풍55) 얽힌 문제를 풀고(해40) 조직적 협력으로(가인37) 내면을 다잡고 새롭게 미래를 대처해나가는(환59) 일련의 과정이다. '려(旅)'의 의미처럼 세계로 미래로 떠나려면 모범적 자세로 복잡한 내적 문제를 협력하여 해결하고 그 면모를 일신하여야 한다.

'기러기가 대륙으로 진출하도다[鴻漸于陸]'라고 하였는데, 3양의 효사에 나오는 '鴻漸于陸홍점우륙'과 구별하여 흔히 5양의 '陸륙'을 막힌 데 없이 뚫린 길을 의미하는 '逵규'로 바꾸어 해석하는 경우가 있는데, 필자는 '陸륙'을 그대로 두고 '대륙'을 의미하는 것으로 본다. 그 이유는 기러기가 가지런히 대열을 지어 나르는 날개 짓이 '질서의 모델'이 될 만큼[其羽可用爲儀] 조련된 모습이니 동아시아에서 월동의 시절을 보내고 멀리 북아메리카 등 대륙북부의 서식지로 여행을 떠나는 모습으로서 충분히 3양의 경우와 구별되기 때문이다. 기러기가 대륙의 월동 시기를 잘 보내고 성장하여 세계로 미래로 높이 날아가는 모습은 점진하여 성공하는 표상임에 틀림없다.

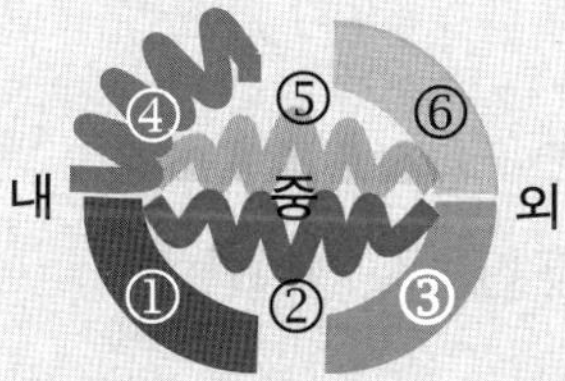

– 내면과 외면을 연결하는
추상공간

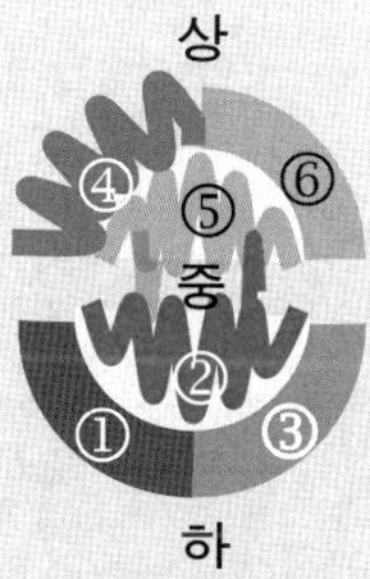

– 하층과 상층을 연결하는
추상공간

▷ 내면과 외면, 하층과 상층을 연결하는
추상공간 (『과학주역』1, 206~207쪽)

두 중효의 매개역할에 따른 시공간의 얽힘을 표현하고 있다. 괘의 표상에서 모든 사물은 내·중·외의 수평축과 상·중·하의 수직축으로 구성되는 추상적인 시공간을 형성하는데, 이를 달리 표현하면, '초공간(超空間)', '추상공간(抽象空間)' 또는 '위상공간(位相空間)'이라 할 수 있다. 이것은 아인슈타인이 상대성이론에서 밝힌 시간과 공간이 얽힌 4차원의 세계를 또 다른 개념으로 말해주고 있다. 표상은 괘를 다양한 관점에서 파악할 수 있는 '의미론적 토폴로지(semantic topology)'다.

54. 뇌택귀매(雷澤歸妹)

뜻대로 펼 수 없는 상황, 외적 불활성에 의한 내적 위축, 이성보다 활발한 감성, 비현실적 욕망, 옛 첩살이 같은 신참의 어려운 여건

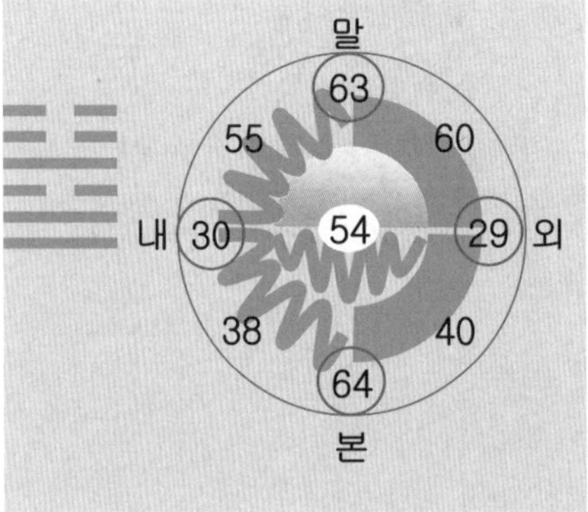

歸妹귀매.

征凶정흉 无攸利무유리.

어린 소녀가 첩살이 가는 상이로다[歸妹]. 뜻을 펴려고 나서면[征] 흉하고[凶] 이로울 바가 없으리라[无攸利].

귀매[歸妹]는 미제(未濟)·리(離)·감(坎)·기제(旣濟)를 따라 흐르는 세계다: 초반의 적응이 여간 어렵지 않아[미제64] 열정적인 마음을 가득히 품고 힘껏 뻗어나가려 하지만[리30] 세상 밖은 내 마음 같지 않게 혼란이 엄습하니[감29] 길이 있어도 부닥칠 장애를 염려하며 성실하게 해나가야 하는[기제63] 일련의 과정이 은인자중(隱忍自重)의 삶인 '귀매'의 세계다.

8괘의 상으로 보면, 위에서 우레가 치니(震雷진뢰) 아래 연못(兌澤태택)의 물이 출렁이게 되는 상이다. 상부의 힘과 권력에 영향을 받아 하부의 자율적 행동이 지배되는 시스템이다. 팔괘의 가족관계*의 조합으로 보면, 장남이 소녀(막내 여동생)를 타고 있는 상이라 어린 소녀가 나이 든 남자에

* 8괘를 가족관계[건(乾)=아버지, 진(震)=장남, 감(坎)=중남, 간(艮)=소남; 곤(坤)=어머니, 손(巽)=장녀, 리(離)=중녀, 태(兌)=소녀]로 표현하여 각각의 특징을 간결하게 나타냄.

게 이끌리는 모습으로 '축첩(蓄妾)'의 상황을 나타낸다. 같은 시각으로 '택산함(澤山咸)'은 소녀·소남의 연애관계를, '뇌풍항(雷風恒)'은 장남·장녀의 기혼가정을, '풍산점(風山漸)'은 장녀·소남의 신혼출발의 상황을 묘사하기 때문에 서로 다른 남녀관계의 구성을 단괘(8괘)의 가족관계의 조합으로 표현함으로써 상황을 간단히 유추할 수 있게 한 해설은 훌륭한 비유가 아닐 수 없다. 하지만 현대적 입장에서 보면 나이를 기준으로 표현하는 남녀관계의 대비로써는 그 관계를 잘 가늠하기 어렵다.

상하의 두 상황관계에서 의미를 찾기보다는 표상에서 전체를 살피면 시스템적 사고에 더 쉽게 접근할 수 있다. 내적 상황(1양·2양·4양)은 활성적인데 비하여 외적 정황(3음·5음·6음)은 정체적이므로 뜻한 바를 외적으로 성취하기 어려운 상황임을 직관적으로 알아차릴 수 있다.

여섯 효의 직능을 생각하며 음양의 의미를 살펴보자. 수면 아래의 무의식(1양)과 수면 위의 의식(4양)이 활성화 되어있다. 여기에 신체의 중앙(복부)의 기능인 신진대사 작용(2양)이 원활하다. 그러나 외부에 드러난 허리나 팔다리(3음), 뇌·척수신경계 등의 중추적인 역할(5음)과 눈과 같은 정보입수기관(6음)의 세 가지의 행동을 이끄는 기관이 소극적이다. 마음이나 내적 상태가 적극적인데 비하여 몸이나 외적 실천기관이 소극적이라 실행에 옮기기 힘든 처지다. 기획은 있으나 실행은 어렵다. 욕망은 크지만 현실이 따라주지 못하니 답답한 사정이다. 마음만 먼저 동한 것이 곧 욕심이니 기존의 질서를 문란하게 할 우려가 있다. 세계의 중앙에는 능력 있는 활달한 부하직원(2양)이 포용력 있는 상관(5음)의 편애하는 마음을 파고들지만 기존의 조직구조(3음·6음)는 그것을 용인하려 하지 않는다. 조직에서 신참의 입장이요, 결혼한 아낙네가 시댁의 문화에 동화되기 쉽지 않음이요, 후실이 정실의 눈 밖에 나는 꼴이다. 사회 속에서 환경이 바뀌면 언제든지 새로운 조직에 가담할 수 밖에 없는 신참의 신세는 참으로 난처하다. 1양의 의도를 3음이, 4양의 의도를 6음이 꺾지 않도록 다른 조직원들과의 화친관계 유지가 성공의 관건이다.

'귀매'를 인성(人性)의 면으로 파악해보자. 본성적 욕구가 활기차며(1양) 이에 따라 신진대사기능도 원활한데(2양) 주변과의 물질적 교류가 소극적임을 보면(3음) 신체적으로는 건강한데도 입력이 제대로 따라주지 못하여 밖으로 힘을 낼 수 없다. 창조적인 생각이 많지만(4양) 어려운 환경이 가로막고 미래도 불확실하여(6음) 뜻한 바를 자신 있게 행동에 옮기지 못한다(5음). 원활하지 못한 외적 상황에 처하여 자신의 끓어오르는 열의를 누르고 힘든 상황을 수용하며 살아가는 인물이다. 기존의 조직에 들어온 신참의 모습과 같다. 마치 어린 소녀를 때 이르게 서둘러[妹매] 나이 든 남자에게 시집을 보낸 것이니[歸귀] 첩살이를 하는 상황이다. 기존의 구성원(환경)이 새로운 가담자를 온전하게 포용하지 않을 때 겪는 어려운 상황을 『주역』은 '귀매'의 입장으로써 표현하였다.

귀매의 시종(始終)을 담당하고 있는 미제(64)와 기제(63)의 의미를 되짚어볼 필요가 있다. 미제는 '건너지 못함'으로 끝나는 것이 아니고 '초란종길(初亂終吉)'의 상이며, 기제는 '건너 감'으로 끝나는 것이 아니라 '초길종란(初吉終亂)'의 상이다. 이 두 상황을 바로 연결하면 처음은 어렵지만 열심히 견뎌나가면 길이 트이나(미제64) 그렇다고 함부로 해나가면 그 끝은 또 다시 혼란을 맞는다(기제63). 참으로 어려운 상황이 첩살이 같은 조직 속의 신참이다. 시작이 어렵고 막혀서 노력과 인내로 뚫어가는가 싶으면 또 다시 어려움을 맞는 신세가 신참이다. 하기야 인간의 삶이란 어쩌면 미제와 기제 사이를 오가며 완성은 없고 막히고 트이는 끝없는 파동을 지속하면서 신참의 신세처럼 언제나 어려움을 감내하며 한시라도 주의를 놓지 않고 노력해나가야 하는 과정이기도 하다.

어린 소녀가 첩살이 가는 것처럼 미제에서 기제로 향하는 과정이니 속 시원히 자신의 뜻을 앞세울 수 없는 운명이므로 '뜻을 펴려고 나서면[征] 흉하고[凶] 이로울 바가 없으리라[无攸利]'한 것이다. 자신의 소신을 앞세우지 말고 기존의 흐름에 다소곳이 따르며 모든 어려움을 감내해야 함을 말하고 있다.

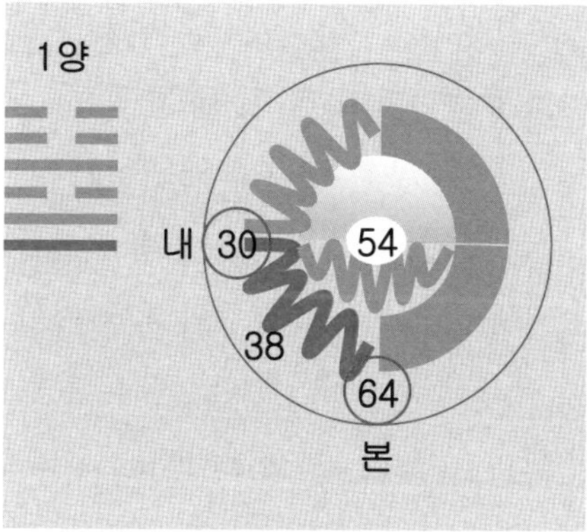

歸妹以娣귀매이제·
跛能履파능리 **征吉**정길·

여동생으로서[以娣] (언니 집) 첩살이를 가도다[歸妹]. 절름발이라도[跛] 걸을 수 있으니[能履] 나아가면[征] 길하리라[吉].

> 1양은 미제(未濟)·규(睽)·리(離)의 과정이다: 초기에 앞이 막힌 어려움을 극복하고[미제64] 밝고 지혜롭게 힘껏 전진하려면[리30], 어떤 과정을 겪어야 하나? 새 환경에 적응하기 위하여 자신을 변화시키는 온갖 노력을 다하여야 한다[규38].

1양은 근본적인 마음을 활성적으로 바꾸고 유지하는 단계다. 기존의 조직에 신참이 들어와 익숙지 못한 문화에 적응하자면 원래의 본성을 고쳐서라도 적극적으로 상황에 적응하여야 한다. 겉으로는 신참을 배려하는 듯하지만 신참을 다루는 주위의 눈총은 더 따갑다. 그런 분위기에서 자신의 일을 해 나가려면 분수에 맞게 겉으로는 은인자중(隱忍自重)하면서도 꾸준히 할 일은 멈추지 말고 과감히 도전해 볼 수 밖에 별 도리가 없다. 주위를 당혹스럽게 하지 않으면서도 열정을 가지고 지혜롭게 해야 할 일을 해나가는 것이 상책이다.

이 상황을 주재하는 규(38)의 4원 개념을 '귀매'의 환경으로 읽어오면, 고정관념을 벗고 지혜롭게 문제를 풀어가며(해40) 안간힘을 쓰면서 나아가는 와중에[풍55] 흐트러지려는 분위기를 다잡고 추슬러(환59) 조직적 협력에 의한 도약의 발판을 마련하는(가인37) 일련의 과정이다. 새로운 환경과 조직 속에서 제대로 된 역할을 해나가려면 최선을 다하여 여건에 맞게 자신을 변화시켜나가야 한다는 의미다.

본처 밑의 첩살이는 처신이 어렵지만 '여동생으로서 언니 집 첩살이를 가 있는[歸妹以娣]' 상황은 그 중에서도 좋은 형편이다. 고대에는 두 딸을 한 남자에게(외동서로 삼아) 시집을 보내는 '중복혼인'이 흔하였는데 자매간의 우애가 좋아 그나마 견딜만한 형편이니 이를 '절름발이라도 걸을 수 있는[跛能履]' 상황으로 압축하여 표현하고 있다. 첩살이라도 이런 조건에서는 자신의 근본 마음을 적극적으로 변화시켜 최선을 다하면 받아들여질 수 있기에 '나아가면 길하리라[征吉]'라고 한 것이다.

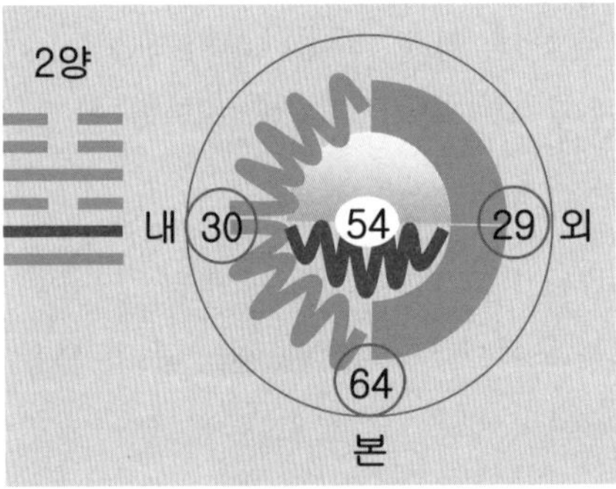

眇能視묘능시·
利幽人之貞이유인지정·

애꾸눈으로[眇] 보도다[能視]. 은거수도인과 같이[幽人之] 굳건하게 함이[貞] 이로우리라[利].

2양은 리(離)·미제(未濟)·감(坎)의 과정이다: 마음은 밝고 지혜로워 힘차게 전진하려 하나[리30] 세상 밖은 몰인정하고 혼란스러운 환경이다[감29]. 어떤 삶을 살아야 하나? 험한 세상을 굳건히 참아내고 내면의 공덕을 쌓으면서 기다리는 삶을 살다 보면 길이 열린다[미제64].

2양은 내면에서 필요한 일을 열정적으로 해내는 역할이다. 1양의 신출내기는 겨우 면하였으나 거친 일을 도맡아 해내는 하부세계의 활동적 리더이다. 신출내기 때와는 달리 특별한 보호나 눈총을 받지는 않지만 하부세계의 관리자로서 책임이 있으므로 해야 할 일을 천직으로 받들어 굳건하게 수행하기에 마치 도인의 한결같은 올바른 처신과 같으니 공덕이 쌓이는데 어찌 이롭지 않겠는가.

이 상황의 바탕배경이 되는 미제(64)의 4원 개념을 '귀매'의 환경으로 읽어오면, 뜻대로 실현하기 어려운 불활성의 위축된 세계에서(귀매54) 분수에 알맞은 목표를 세우고(소과62) 믿음과 열정을 간직하고(중부61) 단계적으로 조금씩 점진해나가는(점53) 일련의 과정이 미제의 삶이다.

속은 현명하지만(리30) 겉은 어두운 상이니(감29) 보기 어려운 여건이라도 겨우 볼 수 있는 형편이거나 보아도 못 본 척해야 하는 형편이니 '애꾸눈으로 본다[眇能視]'고 하였다. 은거하며 내적으로 수양하는 수도인같이 굳건한 마음으로 바른 길을 걷는다면 오히려 덕을 쌓게 되는 것이니 '은거수도인(隱居修道人)과 같이 굳건하게 함이 이로우리라[利幽人之貞]'고 한 것이다.

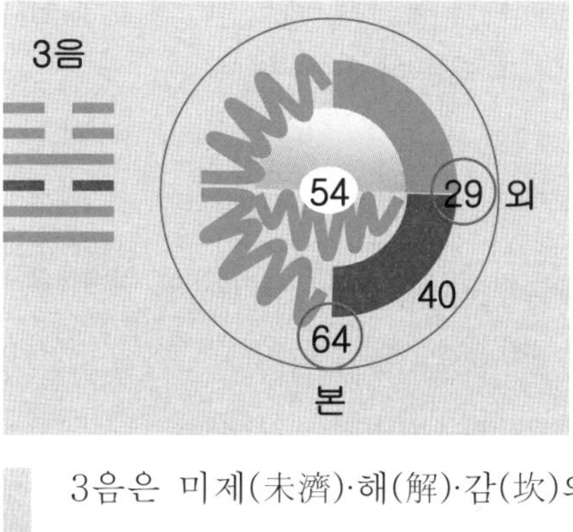

歸妹以須귀매이수
反歸以娣반귀이제.

기다려서[以須] 정식출가를 하는[歸妹] 반면에[反] 언니 아래에 [以娣] 첩살이를 가도다[歸].

3음은 미제(未濟)·해(解)·감(坎)의 과정이다: 당면한 어려움을 애써 극복하려 하나[미제64] 세상은 혼란한 어둠 속에서 허덕이니[감29] 어찌하면 좋은가? 외적 형편이 어려워도 구태를 벗고 지혜와 뱃심으로 문제를 풀어가야 한다[해40].

3음은 세상 밖으로는 나아가려 해도 혼란으로 헤어나기 어려운 상황이다. 이때 취할 수 있는 방법은 귀중한 하나를 버려야 목표하는 다른 하나를 얻는 수 밖에 없는 '제로섬 게임'이다. 돈을 벌려면 명예를 버리거나 명예를 얻자면 청렴해야 하는 경우다. 옛날식 관념으로는 때를 기다려서 정략결혼을 하든지 아니면 쉽게 바로 첩이 되든지의 선택이다. 혼란스러울 때 문제를 해결하기 위하여는 양자택일의 과감한 선택을 할 수 밖에 없다.

이 상황을 말해주는 '해(40)'의 4원 개념을 '귀매'의 환경으로 읽어오면, 여건에 맞게 자신을 변화시키고(규38) 책임감을 갖고 나서지만(려56) 어려움에 절도 있게 대응하면서(절60) 협력을 구하며 모든 힘을 다하여 문제를 풀어가는(건39) 일련의 과정이다.

건너가지 못할 사정이라도 애써 노력하지만(미제64) 세상의 파고가 높아 뜻대로 되지 않을 때에는(감29) 그 해결책이란 첫째는 시간이 늦어지더라도 올바른 방법을 따르는 수 밖에 없지만 만약 빨리 해결해야 하는 사정이면 차선책을 쓸 수 밖에 없다. 이 상황을 누이가 시집가는 경우로 말하면 '기다려서 정식출가를 하거나[歸妹以須] 아니면, 언니아래 첩살이를 가는[反歸以娣]' 두 가지 방법 중에 하나를 택할 수 밖에 없다. 지금 제대로 시집가기는 어려운 환경이기 때문이다.

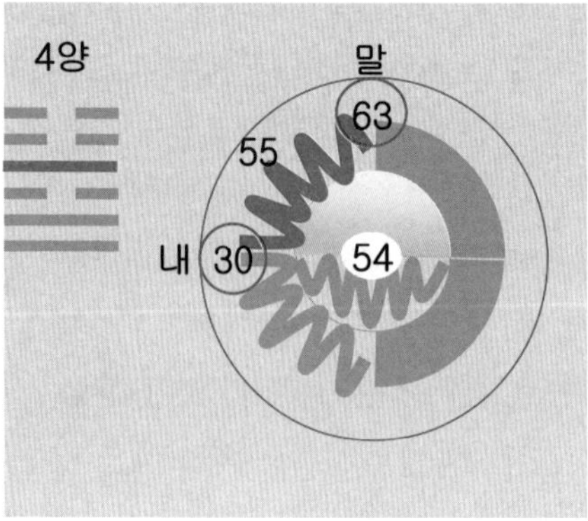

歸妹愆期귀매건기.
遲歸有時지귀유시.

처녀가 시집가는[歸妹] 때를[期] 놓치도다[愆]. 늦은[遲] 출가지만[歸] 때가[時] 있으리라[有].

> 4양은 리(離)·풍(豊)·기제(旣濟)의 과정이다: 밝은 지혜로써 펼쳐 나가니[리30] 기왕의 열린 길은 잘 나가지만 다가오는 저항이 만만치가 않다[기제63]. 어떤 과정을 겪어야 하나? 효율이 높지 않더라도 최선을 다하여 힘껏 밀고 나가야 한다[풍55].

4양은 기획적이고 의식적인 사고가 활성적으로 깨어 있음이다. 미래를 내다보는 가치기준이 확고하므로, 하나를 위하여 하나를 버리는 과감한 제로섬 게임의 선택에서도 단연코 올바른 길을 모색하면서 혼신의 힘을 쏟으며 지혜로운 길(리30)을 선택한다. 문제가 많은 상태(미제64)에서 출발하여 장애가 채 가시지 않았으므로 한동안 발전이 없는 듯하나 시간이 경과함에 따라 그의 성실성과 진실성이 주위의 인정을 받고 결국에는 그만한 가치수준의 위치를 확보하게 된다.

이 상황을 말해주는 '풍(55)'의 4원 개념을 '귀매'의 환경으로 읽어오면, 책임감을 가지고 앞장서서 살피며(려56) 변화하는 시류에 맞추어 자신을 다잡지만(규38) 세상 밖이 힘겹고 도움이 절실하니(건39) 내면을 결속하여 어려움을 절도 있게 대응해나가는(절60) 일련의 과정이다. 여기서 '풍(豊55)'이란 단순히 재물 등이 풍부하게 되는 것이 아니고 힘껏 애를 써야 겨우 앞으로 전진할 수 있는 상이라는 점을 주의해야 한다. 달리 표현하면 내실을 다져놓아야 그만큼의 쓸 에너지가 생겨날 수 있는 상이다. 양 셋과 음 셋의 균형이 팽팽한 여러 가지 상황 중의 하나다(풍豊55괘의 해설 참조).

'처녀가 시집가는 때를 놓침[歸妹愆期]'은 어려운 상황에서도 첩살이가 아닌 정식혼인의 뜻을 굽히지 않음이니 비록 힘이 들더라도 올바른 길을 가려는 마음의 결심이 있기 때문이라 당장에는 어렵지만 시간의 흐름에 따라 세상의 막힘이 풀어지면서 그 바름과 성실성이 인정을 받게 되니 '늦은 출가지만 때가 있으리라[遲歸有時]'라 한 것이다. 일이 뜻대로 잘 풀리지 않을 때에도 지혜롭고 밝은 마음으로(리30) 힘든 과정을 올곧게 참고 최선을 다하는 가운데(풍55) 때가 이르면 길이 열리게 됨을(기제63) 말해주고 있다.

5음

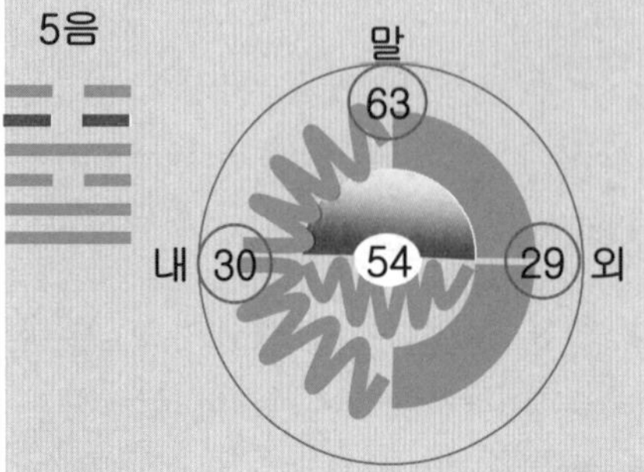

帝乙歸妹제을귀매,

其君之袂 不如其娣之袂良.
기군지메 불여기제지메량

月幾望월기망 吉길.

황제의[帝乙] 딸을[妹] 시집 보냄에[歸] 그 귀한 분의 소매가[其君之袂] 손아래 첩 소매의[其娣之袂] 좋음만[良] 같지 않도다[不如]. 달이[月] 보름달에[望] 가까워 옴이니[幾] 길하리라[吉].

5음은 리(離)·기제(旣濟)·감(坎)의 과정이다: 밝은 지혜로써 활달하게 펼쳐나가려 하지만[리30] 세상 밖이 험난하다면[감29], 어떠한 삶이 요구되는가? 길이 열려있어도 장차 닥칠 장애를 염려하며 성실하고 검소한 삶을 살아야 한다[기제63].

5음의 음은 존귀한 사람에게 요구되는 소탈함과 포용력을 의미한다. 세계가 불황의 늪에서 허우적거릴 때에는 주위와 아랫사람에게 명예와 권력을 내세우고 위신을 차리기 보다는 소탈하고 근면한 성품으로 포용력을 발휘할 때 그들에게 중정(中正)한 모범이 되고 감동을 주어 따르게 함으로써 역경의 와중에서도 그들의 역량을 모아 하려는 일을 풀어 갈 수 있다. 자신만의 열린 길이 있다고 주위를 아랑곳하지 않으면 따름이 없으니 나중에 낭패한다.

이 상황을 이끌어가는 '기제(63)'의 4원 개념을 '귀매'의 환경으로 읽어오면, 일을 점진적으로 해나가면서(점53) 믿음과 열정을 가지고(중부61) 여건에 벅찬 것은 삼가며(소과62) 닥쳐올 불황에 대처하는(귀매54) 일련의 과정이다.

5효는 내원(內元)에서 외원(外元)으로 가는 과정에 있으면서 전체를 경영하여 ‘귀매(54)’ 세계의 목표인 ‘기제(64)’를 이루려고 하는 목적을 가진 존귀의 자리이므로 5음은 이 ‘기제’의 상황을 삶의 배경으로 삼는다. 귀매의 말원(末元)이 기제이고 그것의 4원을 살펴보면 그 말원이 다시 귀매이니 ‘위축된 세계의 종착역’은 ‘길이 열리는 상황’이고, 또한 ‘열린 길’의 종착역은 또 다른 위축의 세계임을 말해주고 있다. ‘기제’의 또 다른 막힘은 ‘귀매’의 외원인 ‘감(29)’에 연관되어 있다.

‘황제의 딸을 시집 보냄에[帝乙歸妹] 그 귀한 분의 소매가[其君之袂] 손아래 첩 소매의 좋음만 같지 않도다[不如其娣之袂良]’라고 하였는데, 여기에서 ‘제을[帝乙]’은 은(殷)나라 황제로서 암울한 나라를 살리기 위하여 후일 주(周)나라를 세운 은나라 제후국의 문왕(文王)에게 그 딸을 시집 보낸 상황을 5음에 대입하고 있다. 왕비의 입장에서 시집온 황제의 딸이 어려운 여건 속에서도 소탈하고 중정한 모범을 보이며 기제(63)의 길을 향하여 점진해나가는 모습을 ‘그 옷소매가 손아래 첩의 것보다 좋지 못한’ 상황으로 압축하여 표현한다. 지금은 어렵더라도 머지않아 기제의 열린 세상을 맞기 위한 과정이므로 이를 ‘보름달에 가까워지는[月幾望]’ 형국으로 묘사하면서 ‘길하리라[吉]’고 한 것이다.

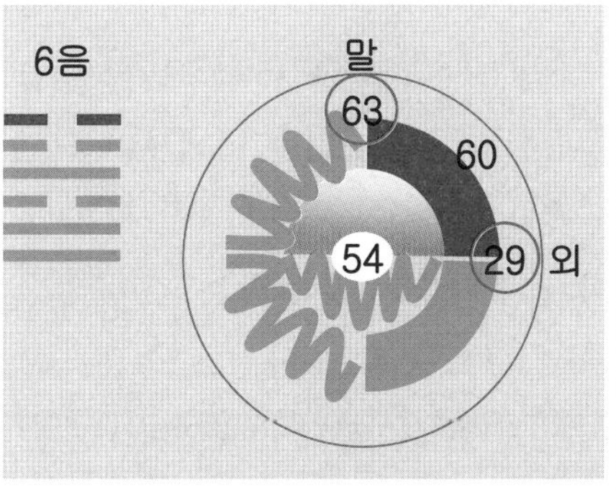

女承筐无實여승광무실,
士刲羊无血사규양무혈.
无攸利무유리.

여인이[女] 광주리를[筐] 받았는데[承] 든 것이 없고[无實] 무사가[士] 양을[羊] 찔렀으나[刲] 피가 나오지 않도다[无血]. 이로울 것이 없으리라[无攸利].

6음은 감(坎)·절(節)·기제(旣濟)의 과정이다: 험난한 세상을 겪어내며[감29] 길이 열리는 듯하지만 곧 닥칠 미래의 장애를 염려해야 한다[기제63]. 어떻게 해나가야 하나? 어려움의 와중에서도 근검절약과 절제로써 최선을 다해야만 한계를 극복할 수 있다[절60].

6음은 미래와 세계 밖으로 나아감에는 한계가 버티고 있음이다. 미래와 세계 밖으로 향하는 비전도 양호하지 않다. 욕망은 크고 현실은 따라주지 못하는 원초적인 불합리에서 출발하여 때로는 성실히 때로는 정략적으로 잘 대응할 때 암울한 국면을 웬만큼은 이겨낼 수 있지만 문제는 위축된 세계를 과연 잘 박차고 나갈 수 있느냐다. 불합리를 합리화하거나 억지 형식에 얽매이지 말고 흩트려지는 부분을 보강하여 내실을 기하고 조직적 협력을 다져나가면서 매사에 넘치지 말고 절제된 삶을 영위해야만 길이 보인다.

이 상황을 주재하는 '절(60)'의 4원 개념을 '귀매'의 환경으로 읽어오면, 흩트려짐을 추스르고 바로잡아(환59) 조직적 협력에 의한 도약의 발판을 마련하여(가인37) 얽혀진 외적 장애를 지혜로 풀어가면서(해40) 낮은 효율 속에서도 최선을 다하는(풍55) 일련의 과정이다. 적당히 어려움을 모면하는 선에서는 주어진 한계를 극복하기 어려운 상황이니 고진감래(苦盡甘來)의 지속적 노력이 필요하다.

사실상 위축된 세계를 맞을 때에는 당면한 어려움을 이겨내는데 급급하기 때문에 문제를 근본적으로 풀기 위한 특단의 노력을 미리부터 해왔다고 볼 수는 없다. 이러한 한계점 때문에 어지간한 노력으로써는 일의 보람을 제때에 얻기는 어려우니, '여인이 광주리를 받았는데 든 것이 없고[女承筐无實], 무사가 양을 찔렀으나 피가 나오지 않는다[士刲羊无血]'고 한 것이다. 큰 덕이 없으리니 '无攸利무유리'로 상황을 판단한 것이다.

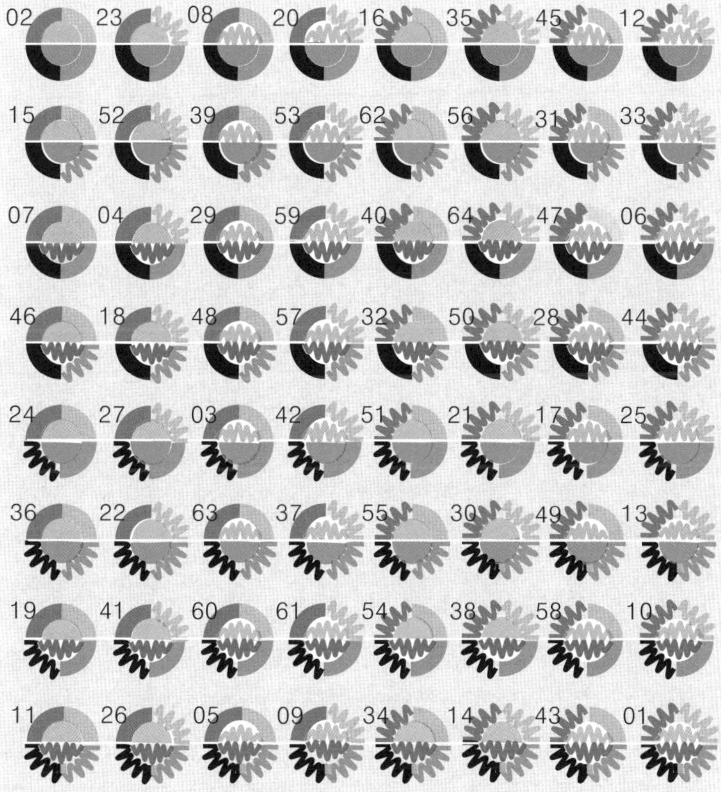

▷ 복희64괘 배열에 따른 64괘 표상(6효6색형)
(『과학주역』1, 215쪽)

55. 뇌화풍(雷火豊)

힘겹게 전진하는 상, 비효율적 추진, 전력투구하며 전진함,
실속 없는 에너지 과다소비, 겉으로의 풍요로움

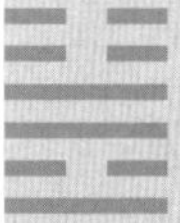

豊풍 亨형.
王假之왕격지 勿憂물우.
宜日中의일중.

전력투구하면[豊] 헤쳐나가리로다[亨]. 왕이[王] 이르리니[假之] 근심하지 말라[勿憂]. 마땅히[宜] 해가 중천에 있으리로다[日中].

> 풍[豊]은 려(旅)·규(睽)·건(蹇)·절(節)을 따라 흐르는 세계다: 면밀한 통찰력으로 앞장서 길을 찾아나서[려56] 현재를 박차고 도약하려 하지만[규38] 세상은 힘겹고 도움이 절실한 상황이니[건39] 내면을 결속하여 어렵사리 세계의 한계를 겨우 극복해나가는[절60] 일련의 과정이 '풍'의 세계다. 풍부한 저력이 뒷받침되거나 전력투구해야 겨우 나아갈 수 있는 형국이다.

8괘의 상으로 보면, 아래의 타오르는 불(離火리화)의 에너지에 힘입어 위로 움직이는(震雷진뢰) 상이다. 밝은 지혜의 힘으로 세상을 헤쳐가는 형국이기도 하니 형통하겠지만 지속적인 에너지의 뒷받침을 전제하고 있으므로 최선을 다하지 않으면 쇠락할 가능성이 많다. '리(離30)'에 비하면 6음의 소극성이

장애로 작용하여 자유롭게 떠날 수 없기 때문에 활활 타오르지 못하는 불과 같아 꺼지지 않게 하려면 있는 힘을 다하여 전력투구할 수 밖에 없다.

표상으로 살펴보면, 세계 가운데는 물질(2음·5음)이 채워져 있고 그것이 밖으로(6음) 표출되어 있다. 꽃의 몽우리(2음·5음·6음) 주위로 화려한 꽃(1양·3양·4양)이 피어남과 같다. 또는 안쪽으로 공급되는 연료물질(2음·5음)을 태워 그 추진력(1양)으로 날아가는 로켓의 외면(3양·4양)에 마찰열이 발생되는 형국에도 비유된다. 육중한 물체(2음·5음·6음)를 밀고 나가려면 그만한 에너지(1양·3양·4양)가 소모됨과 같다. 강인한 정신력(1양·4양)과 주위와의 에너지교류(3양)를 통하여 몸체를 떠받치지 않으면 앞으로 나아가지도 못하고 평형상태로 멈출 것이다. 열매(2음·5음)가 충실하게 되려면 태양열을 받아야 한다(1양·3양). 국가가 대외적 저항을 물리치며 전진해나가려면(6음) 국민이 만들어내는 에너지(1양·2음·3양)와 현명한 정책(4양)을 한데 뭉쳐 실현하는 통치자(5음)가 있어야 한다. 욕심(1양)이 과하면 그에 대한 저항(6음)도 큰 법. 자칫 균형이 깨지면 에너지 소실만 많고 실효를 거두지 못한다. 그럼에도 성공으로 이끌려면 어떻게 해야 하는 것인가?

'풍[豊]'을 인성(人性)의 면으로 살펴보자. 본성적 욕구가 강렬하므로(1양) 이를 뒷받침하기 위한 외적·육체적·물적 교류는 활발한데(3양) 신진대사 작용은 생각보다 미온적이니(2음) 저변의 욕구만큼이나 무한정으로 에너지를 발생시키지는 못한다. 정신적으로 보면 이성적 사고는 활성적이지만(4양) 세계 밖과 미래를 헤쳐나갈 인식능력이 부족하여(6음) 생각하고 느낀 바를 바로 행동에 옮기지 못하므로(5음) 정신과 신체의 양면에서 실천능력에 한계를 안고 있으므로 세상을 헤쳐나가기 위해서는 할 수 있는 최대한의 정성을 기울이면서(1양·4양) 아울러 외적 육체적 노력(3양)을 많이 투입해야 하는 인물이다. 그렇게 하지 않고서는 능력이 출중한 사람과는 보조를 맞추기 어렵기 때문이다.

괘사에 있는 '풍[豊]'은 형편이 풍요롭다기보다는 충분한 노력을 투입해야 하는 상황을 말함이니 '전력투구해야 하는' 상이다. 그와 같이 최대의 노력을 투입할 때 '헤쳐나갈 수 있음[亨]'은 물론 그러한 노력을 적극적으로 추진해야[亨] 함을 말한다. '왕이 이르리니 근심하지 말라[王假之勿憂]'라고 함은, 총력을 쏟아야 하는 상황이므로 나라라면 임금이 진두에서 직접 지휘해야 할 상황이니 걱정하지 말라는 뜻이며 그런 정도로 전력투구하지 않으면 세계가 쉽게 전진하기 어렵다는 뜻을 함축하고 있다. 또한 '마땅히 해가 중천에 있으리로다[宜日中]'라는 것은, 한창 노력을 투입하려면 대낮이어야 하는 것처럼 주변환경이 노력하는 상황에 잘 맞아야 할 것임을 기대하고 있다.

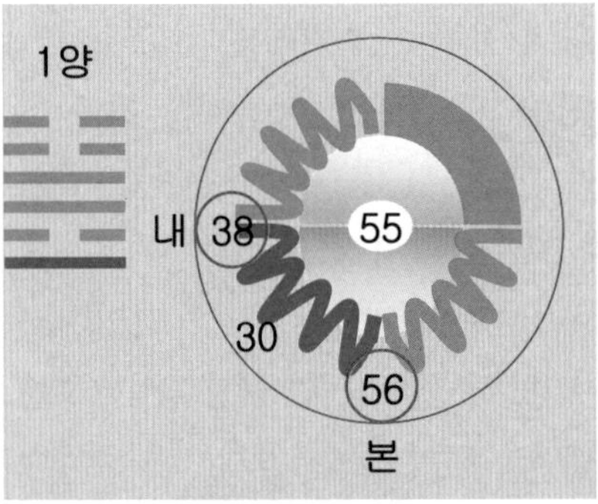

遇其配主우기배주
雖旬수순 无咎무구.
往有尙왕유상.

자기가[其] 딸려 있는[配] 모시는 분을[主] 만나면[遇] 비록[雖] 열 번이라도[旬] 허물이 없으리라[无咎]. 가면[往] 높이 받들 일이 있으리라[有尙].

> 1양은 려(旅)·리(離)·규(睽)의 과정이다: 멈추어 있는 상태를 새로운 국면으로 이끌면서[려56] 구태를 벗고 과감하게 도전해나가야 한다[규38]. 어떤 심정으로 출발해야 하나? 내면의 심성을 밝고 지혜롭게 열어 자신감을 가지고 밀어붙여야 한다[리30].

1양은 내면의 근본의식이 활성화되어 밝고 긍정적인 자신감으로 차 있어야 함이다. 육중하게 멈춰선 상태를 전진시키려면 처음에 밀어붙이는 힘이 제일 커야 하는데 이는 마음 깊이 우러나오는 열정적 힘이어야 한다. 해야 할 일에 부담을 느낄 때에는 정신적인 문제는 혼자의 능력으로 어려우니 나를 진심으로 독려해 줄 수 있는 사람이 필요하다. 지성이 높은 상위자(4양)의 도움을 적극 청하여 감동적으로 우러나는 큰 힘을 얻어야 한다.

이 상황을 받침해주는 '리(30)'의 4원 개념을 '풍'의 환경으로 읽어오면, 전진하려 해도 마음껏 되지 않고(소과62) 위축되어 있는 세상 형편보다 마음은 앞서가지만(귀매54) 단계를 밟아 점진적 발전을 기하면서(점53) 신념과 열정의 힘으로 밀어붙이는(중부61) 일련의 과정이다. 전진하기 힘들어 전력을 다해야 할 때의 급선무(急先務)는 정신적인 감동을 얻어 밝고 긍정적인 힘을 솟구치게 하는 것이다.

그러기 위하여는 자신을 가장 잘 파악하고 있는 선배나 스승 또는 부모를 만나 정신적 지도를 받음으로써 신념과 열정을 되찾는 것은 아무리 열심히 해도 지나침이 없는 일이니 '자기가 딸려 있는 모시는 분을 만나면[遇其配主] 비록 열 번이라도[雖旬] 허물이 없으리라[无咎]'고 한 것이다. 윗사람을 찾아가 감동을 받고 신념에 찬 열정을 얻게 된다면 전력투구해야 하는 상황에서 이보다 더 소중한 것이 없을지니 '가면 높이 받들 일이 있음[往有尙]'은 충분히 예견된다.

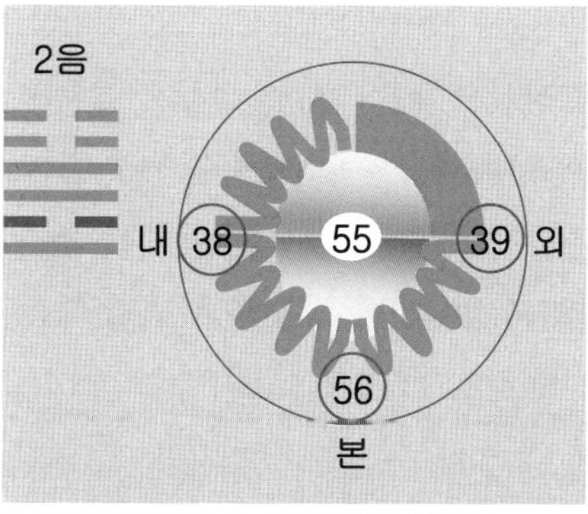

豊其蔀풍기부.

日中見斗往 得疑疾.
일 중 견 두 왕 득 의 질

有孚發若유부발약 **吉**길.

커튼에 가려진 상태로[其蔀] 힘차게 추진하노다[豊]. 한낮에[日中] 북두칠성을 보면서[見斗] 가니[往] 의심증을 [疑疾] 얻으리라[得]. 믿음을 가지고[有孚] 펴나간다면[發若] 길하리라[吉].

2음은 규(睽)·려(旅)·건(蹇)의 과정이다: 구태를 벗고 과감하게 도전하려 하지만[규38] 세상이 험난하고 어려워 가까스로 지탱하고 있다[건39]. 어떻게 해나가야 하나? 새 국면으로 접어들기 힘들어도 애써 살피며 나아가야 한다[려56].

2음은 불의 심지와 같아 내외의 에너지를 발생하게(1양·3양) 하는 바탕이니 듬직해야 한다. 그러나 앞이 첩첩이 가리워져 전도가 밝지 않아(5음·6음) 추진이 어려우니 불신만 가중되어 그 능력을 제대로 펴지 못한다. 하지만 음의 속성을 살려서 마음 속에 품은 꿈과 믿음을 굳건히 하여 자신의 진면목이 드러날 때까지 꾸준한 뒷받침을 한다면 하부세계는 '리(離)'로서의 제구실을 하며 전진하게 된다. 이때 1양에게 정신적인 큰 도움을 준 4양의 현명함이 전체가 앞으로 나아가는 데 크게 일조한다.

이 상황을 뒷받침하는 '려(56)'의 4원 개념을 '풍'의 환경으로 읽어오면[풍55, 암담한 주위상황을 헤치며 힘껏 밀어붙이려는 전제 하에], 고정관념을 벗고 지혜롭게 판단하여 문제를 풀고(해40) 조직적 협력을 이끌어내면서(가인37) 재정비하여 새롭게 헤쳐나가는(환59) 일련의 과정이다. 가려진 앞길을 최대한 밀어붙이는 상황(풍55)과 꿈쩍도 않는 것을 새로운 국면으로 이끌고 나서는 것(려56)은 둘 간에 서로가 서로의 기초자질이 되어주는 관계에 있음을 음미할 수 있다.

'커튼에 가려진 상태로 힘차게 추진한다[豊其蔀]' 함은, 2음이 중심이 되는 아래의 '리'괘의 밝고 힘찬 전진의 기상이 5음과 6음으로 가려진 상황을 말하는데, 2음이 향하고 있는 '건(蹇39)'은 곧 이렇게 커튼에 가려져 진출하기 어려운 상황을 확인시켜주고 있다. 이 상황을 부연할 목적으로, '한낮에[日中] 북두칠성을 보면서 가니[日中見斗往] 의심증을 얻으리라[得疑疾]' 하였는데, 이는 마치 한낮에 일식(日蝕) 때문에 태양이 가려지면 밤의 북두칠성을 볼 수 있음과 같이, 세상이 마음먹은 바와 전혀 달리 되어가니 자신의 신뢰체계마저 무너지려 함을 말해준다. 하지만 음의 속성을 따라 군건하게 '믿음을 가지고 펴나간다면[有孚發若] 길하리라[吉]' 한 것은, 그 어두운 국면이 오래는 지속되지 않고 '려(56)'의 길을 나설 수 있는 것이 그 배경상황이기 때문이다.

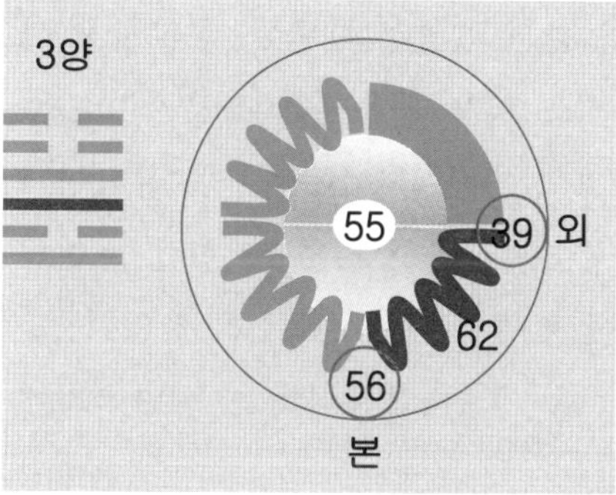

豊其沛풍기패.

日中見沬일중견매

折其右肱절기우굉 无咎무구

힘껏 추진하다가[豊] 늪에 빠지도다[其沛]. 한낮에[日中] 어둑한 별이[沬] 보이고[見] 그[其] 오른팔이[右肱] 꺾이지만[折] 탈은 없으리라[无咎].

3양은 려(旅)·소과(小過)·건(蹇)의 과정이다: 새 국면으로 애써 나서지만[려56] 세계 밖은 힘겹고 도움이 절실한 상황을 맞는다[건39]. 어떻게 해나가야 하나? 힘에 부치게 목표를 세우면 낙마하니 작은 목표와 성과에 만족해야 한다[소과62].

3양은 전도가 밝지 못한데 외적인 교류를 활발히 하는 모습이다. 나아가는 과정에서 앞을 가로막는 어두움(5음·6음) 때문에 능력을 가진 인물(3양)이라도 기획적인 지략(4양)에 눌려 평가절하된다. 지혜롭지 못한 사람들(5음·6음)이 세계의 지휘부를 채우고 있으니 그 통치의 힘은 효율이 떨어지고 있으니 3양의 외적 노력은 큰 보람은 거두기는 어렵다. 하지만 꾸준한 노력으로 어려움을 메우고 있는 형편이다.

이 상황을 주재하는 '소과(62)'의 4원 개념을 '풍'의 환경으로 읽어오면, 에너지를 발산하며 전진하는데(리30) 처음은 어렵다가 점차 풀려서(미제

64) 잘 나가는가 싶더니 끝에 어려움이 다시 오니(기제63) 결국에는 극복하기 쉽지 않은 혼란을 맞게 되는(감29) 일련의 과정이다. 겨우겨우 나아갈 수 있는 상황이므로 힘에 벅찬 목표를 달성하기는 기대하기 어렵다.

'힘껏 추진하다가 늪에 빠진다[豊其沛]' 함은, '소과(62)'의 상황이니 욕심을 내어 있는 힘을 다해 밀어붙이면 힘에 부쳐서 낙마하고 만다는 뜻이다. 3양은 2음의 경우처럼 일식과 같은 특별한 이변이 생겨 낮에 북두칠성이 또렷하게 보일 정도로 어둡지는 않는데다 아래 소성괘 '리(離)'의 외적 활약이므로 에너지를 소진하고 있어서 좀 어두워지는 상황이므로 '한낮에 어둑한 별이 보이도다[日中見沬]'라고 하였고, 힘을 소진하여 불완전한 상태가 되니 '그 오른팔이 꺾인다[折其右肱]'라 하였다. 하지만 사실상 3양은 어려움을 몸으로 때우며 극복해나가는 장면이기에 '탈은 없으리라[无咎]'라고 한 것이다.

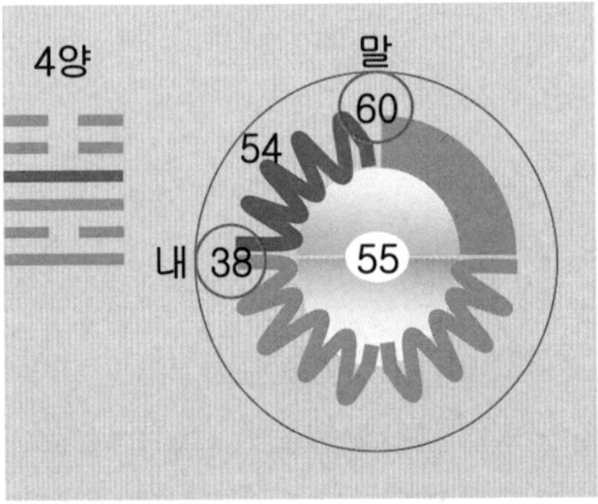

豊其蔀 풍기부.

日中見斗 遇其夷主, 吉.
일중견두 우기이주, 길

커튼에 가려진 상태로[其蔀] 힘차게 추진하도다[豊]. 한낮에[日中] 북두칠성을 보는 듯이[見斗] 묻혀 있는 인재를[夷主] 만나면[遇] 길하리라[吉].

4양은 규(睽)·귀매(歸妹)·절(節)의 과정이다: 구태를 벗고 과감하게 도전해나가려 하지만[규38] 한계에 직면하니 어려움을 절도 있게 극복해나가야 한다[절60]. 어떤 과정을 겪어야 하나? 뜻대로 펼 수 없는 상황이니 섣불리 나서지 말고 절제된 모습으로 행동 해야 한다[귀매54].

4양은 의식적인 정신세계를 활성화 함이다. 세계의 중심리더(5음)의 판단력과 실천력이 활달하지 못하므로 그것에 의존하여 불확실한 미래의 정보와 불리한 대외여건에서 능력을 제대로 펴기 어려우므로 조직 속에서는 드러나 있지 않는 똑똑한 아랫사람을 개발하여 기용할 수 밖에 없고 개인적으로는 무의식 속의 풍부한 잠재능력과 감성적 직관력(1양)을 동원하여 의식적 사고활동을 도울 수 밖에 없다. 초기의 왕성한 욕구가 후반세계에 연장되는 자리이니 활발한 사고력(리30)을 잘 활용하여 실현의 문제점(5음의 약한 실천력)을 보완해간다면 시간이 경과함에 따라 유익한 결과를 낼 수 있다.

이 상황을 설명해주는 '귀매(54)'의 4원 개념을 '풍'의 환경으로 읽어오면, 넘어야 할 숙제를 안은 채로(미제64) 열정적으로 뻗어나가려 하지만(리30) 세상 밖은 혼란의 어둠 속에서 뜻을 펼칠 수 없으니(감29) 이왕 길을 접어들었으면 성실하게 헤쳐나가야 하는(기제63) 일련의 과정이다. 섣불리 나서지 않고 생각을 많이 하여 행동의 한계 속에서도 최선을 다하는 과정이라 하겠다.

'커튼에 가려진 상태로 힘차게 추진하도다[豐其蔀]'는 2음에서와 똑같이 가려진 어둠 속에서 최선을 다하는 상황을 말함인데 2음에서는 외원(外元)인 '수산건(水山蹇39)'의 '水수'에 의한 어둠이지만 4양의 것은 말원(末元)인 '수택절(水澤節60)'의 '水수'에 의한 어둠이다. 이는 5음과 6음의 불활성 상태의 영향을 받는 것인데 후자(4양)가 전자(2음)보다 형편과 전망이 조금 낳아진 상태라 할 수 있다. 이어서, '한낮에 북두칠성을 보는 듯이[日中見斗] 묻혀 있는 인재를 만나면[遇其夷主] 길하리라[吉]' 하였는데, 앞으로의 전망이 밝지 못하니 한낮에 드러나 있는 재능만으로는 극복하기 힘들다. '아직 빛을 보지 못한 걸출한 인재(재능)'를 발굴하여 미래역량을 보강하면 힘차게 추진해 나가는 데에 도움이 되기 때문에 길하리라는 뜻이다. 여기에서 4양이 4음이라면 전체는 지화명이(地火明夷)괘가 되어 밝음이 땅속에 묻혀있어 그 본래의 빛을 드러낼 수 없는 상황일 것이다. 1양이 잠재능력(무의식)이라면 이를 발굴하여 동류의 고등세계인 의식세계를 돕게 한다는 뜻이고 1양이 백성이라면 4양의 관리에게 힘을 보태는 것이다. 또한 한낮에 북두칠성을 본다는 것은 한낮이라도 저녁의 땅거미가 질 때처럼 시운이 어둡고 어려운 것을 의미하지만 여기에 더하여 이 상황에서 희미하게 보이는 북두칠성은 곧 '숨어 있는 걸출한 인재(재능)'라는 뜻의 '이주[夷主]'를 의미한다 하겠다.

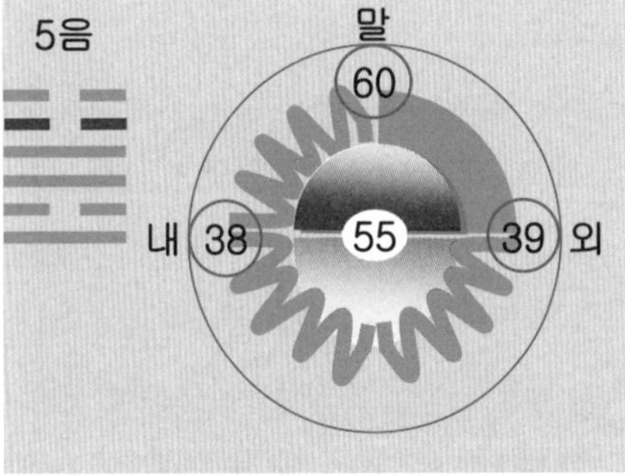

來章내장.
有慶譽유경예 吉길.

밝음을[章] 오게 하도다[來]. 경사와 명예가[慶譽] 있으며[有] 길하리라[吉].

5음은 규(睽)·절(節)·건(蹇)의 과정이다: 구태를 벗고 과감하게 도약하려 하나[규38] 세상이 험난하고 어려워 가까스로 지탱하니 도움이 절실히 요구된다[건39]. 어찌하면 좋은가? 세계 내부의 열정과 지혜를 한데 모아 어렵사리 한계를 극복해 나가야 한다[절60].

5음은 타인의 현명한 도움을 수용하고 종합하는 응집력이다. 집대성한 훌륭한 아이디어로써 난국타개의 방편으로 삼는다. 업무현장의 하부 책임자(2음)의 능력을 같은 음에 합류시키고 십분 활용함으로써 통합된 발전적 지혜를 도모한다. 이때의 5음의 특성은 온유함, 수용적 태도, 안정감이므로 2음의 무던한 봉사적 기질과 잘 부합된다. 지식과 덕이 있는 숨은 인재를 적재적소에 기용하여 한계를 극복해 나간다.

이 상황을 이끌고 있는 '절(60)'의 4원 개념을 '풍'의 환경으로 읽어오면, 결속력이 약화된 내면을 정화하여 재정비하고(환59) 어려움을 딛고 조직적 협력으로 도약의 발판을 마련하여(가인37) 얽혀진 외적 장애를 지혜로 풀어가면서(해40) 효율이 낮더라도 힘껏 추진하는(풍55) 일련의 과정이다. '풍'의 말원(末元)이 '절'이고 '절'의 말원이 다시 '풍'이니, 가려진 앞길을 최대한 밀어붙이는 상황(풍55)과 역량을 모아 어렵사리 한계를 극복하는 것(절60) 사이에 서로가 서로의 목표형질이 되어주는 관계에 있음을 확인할 수 있다.

'밝은 지혜를 오게 하도다[來章]. 경사와 명예가 있으리라[有慶譽]'고 하였는데, 장막이 쳐 있는 것처럼 앞이 가려 있어서(6음) 미래와 대외전망이 밝지 않으니 이 세계를 조금이라도 더 밝게 할 수 있는 길은 내면에 안고 있는 밝음, 즉, 아래 소성괘를 형성하고 있는 '리(離)'의 밝음을 활용하여 세계 중심을 힘차고 지혜롭게 함이다. 이끌어 가는 상황인 '절(60)'의 표상으로 돌아가 살펴보면 진행하는 방향과 그 측면은 음의 불활성 장벽으로 한계에 갇힌 형국이지만 그 속은 양으로 힘차고 밝게 뭉쳐 있다. 이것이 세계 중앙인 어두운 5음의 자리에 '밝은 지혜를 오게 함'을 의미하고 있다. 한계를 극복하며 나아가는 것은 '풍'의 세계에서는 '명예와 경사[慶譽]'이니 '길하다[吉]' 할 것이다.

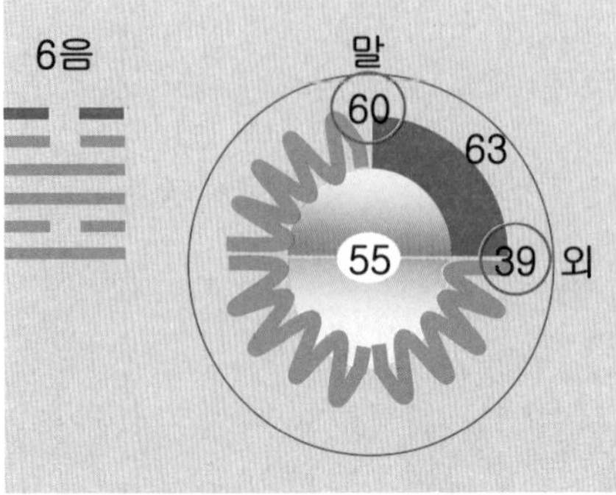

豊其屋풍기옥 蔀其家부기가·
闚其戶규기호 闃其无人격기무인·
三歲不覿삼세부적 凶흉.

그 집에[其屋] 온 힘을 쏟으니[豊] 그 가정을[其家] 가리도다[蔀]. 그 집을[其戶] 엿보니[闚] 사람이 없어[其无人] 적막하도다[闃]. 삼년을[三歲] 보지[覿] 못하니[不] 흉하리라[凶].

6음은 건(蹇)·기제(旣濟)·절(節)의 과정이다: 난국을 맞아 협력하고[건39] 절도 있는 자세로 한계를 극복해야 한다[절60]. 어떻게 상황을 영위해야 것인가? 잘 나갈 때 기반을 제대로 닦아 두지 않으면 끝내는 먹구름을 피할 수 없다[기제63]. 기제는 다 건너간 완성의 상태가 아니고 '초길종란(初吉終亂)'의 상임을 주의해야 한다.

6음은 힘찬 추진의 마지막 단계에서 미래로 세계 밖으로 완전히 뻗어나가지 못함이다. 그 이유는 6음은 힘찬 추진의 결과가 단지 물질로만 쌓이고(음) 그 성취감에 빠져서 미래예견과 정보교류를 통한 기반 다지기에는 무관심하다. 주요정보로부터 차단되어 세계적인 새 흐름을 따라잡지 못하니 과거의 공덕은 이제 빛 좋은 개살구다. 해나갈 수 있을 때 세계를 근본적으로 발전시키지 않으면 변화하는 세상에서 그 무엇도 오래 버티지 못한다.

이 상황을 주재하는 기제(63)의 4원 개념을 '풍'의 환경으로 읽어오면, 점진적인 발전의 토대 위에서(점53) 내면의 믿음과 열정을 가득히 품고(중부61) 힘에 벅찬 일은 삼가고 작은 일에 성과를 얻어(소과62) 닥쳐올 불황과 위축의 기운에 대처해야 하는(귀매54) 일련의 과정이다. 외적인 큰 성장에만 힘에 겹도록 진력하기보다도 근본적인 내재적 가치를 점진적으로 튼튼히 하여 세계를 지속적으로 발전할 수 있게 해야 어려움을 제대로 넘기며 힘차게 추진한 참다운 보람을 얻게 될 수 있음을 말해주고 있다.

'그 집에 온 힘을 쏟으니[豊其屋] 그 가정을 가리도다[蔀其家]'라고 하였는데, 물질적인 외형적 재산으로서의 집[屋]을 풍요케 하려고 가진 애를 다 쓰다 보니 정작 화기애애해야 할 내용적인 가정을 돌보지 못한 상황을 말하고 있다. 이는 더 큰 세상을 향한 참다운 내재적 가치가 무엇인가를 생각할 겨를도 없는 전력투구의 삶이니 열심히 살긴 했어도 근본적 지속성이 없는 허무한 삶이다. '그 집을 엿보니[闚其戶] 사람이 없어[其无人] 적막하도다[闃其无人]. 삼년을 보지 못하니[三歲不覿] 흉하리라[凶]'라 한 것은, 앞 상황을 부연하기 위함이다. 지붕과 담벽을 하늘높이 올려 위세를 부리니 그 속에 자신이 갇히고 사람들도 위화감으로 찾아오지 않아 적막하니 그런 풍요는 허세일 뿐이다. 한번 도외시되면 되돌리기가 쉽지 않으니 잘 나갈 때 미래를 위한 관계개선에 힘써야 한다. 기제(63)의 4원인 '점진 노력(점53)·참된 열정(중부61)·작은 성과(소과61)·성실한 미래대처(귀매54)'는 힘껏 추진한 후의 마지막 단계에서의 삶의 지표가 되어야 함을 일깨운다.

56. 화산려(火山旅)

나그네의 여행, 개척자의 리더십, 새로운 방향으로 이끌어나감, 진행 저항의 최소화, 미래를 위한 자기계발, 에너지를 쓰며 떠남, 자율적 활동

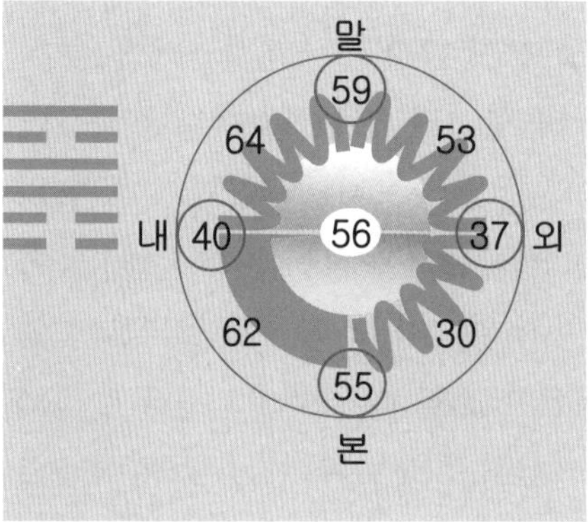

旅려. 小亨소형. 旅貞吉려정길.

나그네가 여행하는 상이로다[旅]. 조금[小] 형통하도다[亨]. 여행을[旅] 끝까지 굳건하게 해내면[貞] 길하리라[吉].

> 려[旅]는 풍(豊)·해(解)·가인(家人)·환(渙)을 따라 흐르는 세계다: 미지의 앞길을 힘껏 밀고 나가[풍55] 생소한 환경에 대한 문제의 실마리를 풀면서[해40] 발전을 위하여 주위의 협력을 이끌어내고[가인37] 분위기를 재정비하여 상황을 헤쳐나가는[환59] 일련의 과정이 '려'의 세계다.

8괘의 상으로 보면, 산(艮山간산) 위의 불(離火리화)이니 산불이 여기저기 옮겨 붙어가는 형국이다. 인사적으로는 아래의 '산'은 주위환경과 교감하며 신중하게 머물러 있고, 위로는 '불'이 흩어지듯 에너지를 소비하며 떠나는 모습이니, 생소한 환경을 예의 살피면서 앞길을 헤쳐나가는 나그네(개척자)의 상이다.

세계가 1음에서 6양의 대각선 방향의 시공간으로 진행하는 중이다. 인생이란 주체(1음·2음·5음)가 세상의 파고를 헤칠 때 그 주위에는 소용돌이

가 생기게 된다(3양·4양·6양). 물체(1음·2음·5음)가 유체 속을 지날 때 그 진행방향과 그 주위에 맞서는 저항(3양·4양·6양)이 생긴다. 이 저항은 하나의 상태가 새로운 다른 상태로 나아가면서 맞이하는 생소한 환경에 대응할 때 에너지가 소모됨을 의미한다. 망망대해의 거친 파고를 넘는 여정에는 항상 위험이 도사리고 있으니 그 낯선 국면에 모든 주의를 집중하지 않을 수 없다. 마주치는 대상들과의 충돌을 피하고 온유하고 친교적인 태도와 함께 내면의 신중함(1음·2음·5음)을 바탕으로 접촉해야 한다. 평온 속에 안주하는가 하면 어느새 노도(怒濤)와 맞닥뜨리니 여행길은 한시도 마음을 놓을 수 없다. 알려진 항로라도 지도와 나침반으로 점검하고 환경정보를 예의 분석하며 항해한다. 아집과 욕심을 앞세운 과분한 도전을 삼가야 봉변과 위험을 당하지 않고 그 여행을 무사히 끝낼 수 있다. 미지의 앞길을 헤쳐나가는 도(道)는 무엇인가?

괘를 인성(人性)의 면으로 살펴보자. 본성적 욕구를 억제하니(1음) 이에 따라 신진대사활동도 소극적이지만(2음) 주변과의 외적·육체적·물적 교류에는 활발하게 반응하면서(3양) 최소한의 에너지만 소비한다. 또한 사고활동에 열중하면서도(4양) 판단을 유보하며 무작정 행동에 옮기지 않고(5음) 세계 밖과 앞길에 관한 정보교류에는 적극적이므로(6양) 미래와 주위정황에 의식을 집중하는 인성의 소유자다. 관점을 세우고(4양·6양) 주변과 민감하게 교류하면서(3양) 조용히 멈추어(1음·2음) 판단을 유보한 채로(5음) 계획을 면밀히 세운 후(4양) 새 국면으로 조심스럽게 나서는 여행자나 개척자와 같은 인물이다.

어둡고 정적인 음의 무리를 밝고 동적인 양의 무리가 주위를 밝히며 이끌고 나아가는 형국이니 '여행하는 상[旅]'이라 하였고, 음양이 반반이므로 그 멈춤(靜)을 이끌고 나아감(動)이 여의치 않으니 '조금 형통하다[小亨]'고 하였다. 그래서 한시라도 부주의하면 낭패를 당하기 쉬우므로 호락호락하지 말고 자신이 느끼고 생각한 바대로 나아가야 하니 '여행을 끝까지 굳건하게 해내면 길하리라[旅貞吉]'한 것이다.

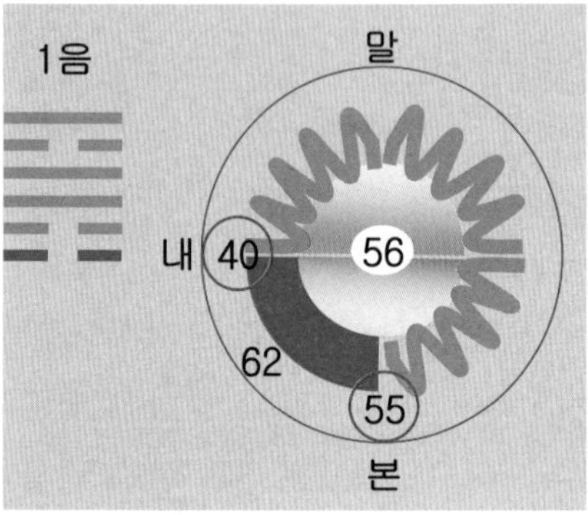

旅瑣瑣려쇄쇄.
斯其所取災사기소취재.

여행을 떠나는[旅] 심정이 잘고 잘도다[瑣瑣]. 이로써[斯] 그 자리는[其所] 곤경에 처하리라[取災].

> 1음은 풍(豊)·소과(小過)·해(解)의 과정이다: 미지의 앞길로 최선을 다해 전진하며[풍55] 생소한 환경에 대한 문제의 실마리를 풀어야 한다[해40]. 어떤 과정을 겪는가? 마음이 잘고 잘아서 소소한 일 밖에는 이룰 수 없으니 큰일이 닥치면 역부족이다[소과62].

1음은 미지의 생소한 환경 속으로 처음 나아갈 때의 소극적인 마음상태다. 새로운 국면에 진입하는 자는 자신의 어설픈 행동이 주위의 저항을 불러올 수 있다는 불안감 때문에 속마음과 행동을 적극적으로 내보이지 못한다. 미지의 길을 개척하러 나서는 처음의 뜻이 확고하고 적극적이지 않으면 주변의 호응을 얻기 어렵기 때문에 새로운 일을 개척하는 모험을 감행하기에는 역부족이다. 평범한 작은 일 밖에 이룰 것이 없으니 개척의 길을 떠나는 자로서는 곤경에 처할 수 밖에 없다.

이 상황을 주재하는 '소과(62)'의 4원 개념을 '려'의 환경으로 읽어오면, 에너지를 쓰면서 전진하는데(리30) 처음의 어려운 고비를 넘어서서(미제64) 수월하여 마음을 놓고 있으면 불현듯 장애를 맞닥뜨리며(기제63) 혼란을 맞게 되는(감29) 일련의 과정이다. 개척자가 소극적인 마음자세로써는 힘껏 전진하려 해도 지레 부쳐서 큰 내를 제대로 건널 수가 없고 처음부터 시련을 겪게 된다.

'여행을 떠나는 심정이 잘고 잘도다[旅瑣瑣]'를 공자는 「상전(象傳)」에서 '뜻이 곤궁함(志窮지궁)'으로 해석하고 전체를 '旅瑣瑣여쇄쇄 志窮災也지궁재야'라 하였는데, 상황코드인 '소과(62)'의 4원 개념 중 특히 후반의 '기제(63)'와 '감(29)'의 국면을 잘 묘사하고 있음을 알 수 있다. 분명한 뜻을 세우지 않고 쉽게 미지의 여행(개척)을 시작하면 곤경에 처할 것임을 환기시키고 있다[斯其所取災].

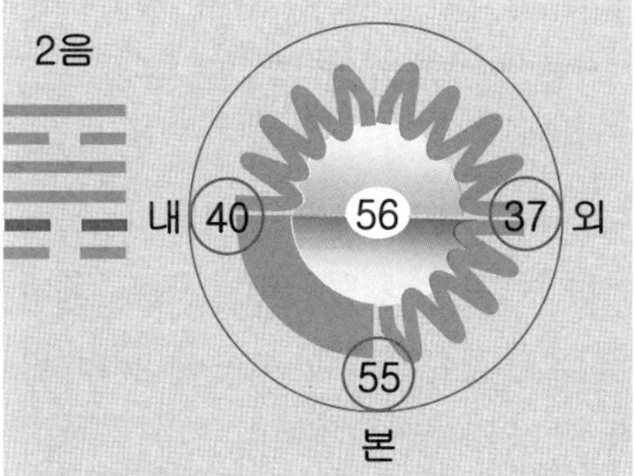

旅卽次려즉차. 懷其資회기자 得童僕득동복, 貞정.

여행에[旅] 나서[卽] 숙식하도다[次]. 그[其] 여비를[資] 챙겨야 하고[懷] 동복이[童僕] 있어야[得] 안정되리라[貞].

2음은 해(解)·풍(豊)·가인(家人)의 과정이다: 생소한 환경에 대한 문제의 실마리를 풀어서[해40] 조직적 협력을 이끌어내어 발전하려면[가인37], 어떻게 해나가야 하나? 소용되는 자원을 충분하게 마련하여 저력을 가지고 힘껏 밀어붙여야 한다[풍55].

2음은 생소한 국면으로 나아감에 있어서의 안정을 위한 음의 응집특성이 작용하는 자리다. '응집력(凝集力)'은 주위에 필요한 요소를 결집하여 안정 속에 지속적 발전을 이끄는 역량인데 물질과 자원을 모으는 것은 물론이고 주위의 사람들을 포용하고 그들의 능력까지 결집해야 한다. 새로운 것을 개척하면서 낯선 환경에서 생존하려면 물질적 자원을 갖추고 온유한 행동으로 활동적인 협조자를 끌어들여 최대한의 힘을 발휘할 수 있을 때 소기의 목적을 향하여 발전적으로 나아갈 수 있다.

이 상황을 주재하는 '풍(55)'의 4원 개념을 '려'의 환경으로 읽어오면, 개척자의 정신으로[려56] 전진·도약하면서[규38] 힘겨운 과정에는 절실한 도움을 얻어가면서[건39] 내적 힘을 결속하여 외적 장애를 힘껏 극복해 나가는[절60] 일련의 과정이다. 한마디로 풍부한 저력이 뒷받침되어야 생소한 국면을 타개하며 미지를 개척해나갈 수 있는 것이다.

'여행에 나서 숙식하도다[旅卽次]. 그 여비를 챙겨야 하고[懷其資] 동복이 있어야[得童僕] 안정되리라[貞]' 하였는데, 처음 나섰을 때보다는 생소함에 조금 익숙해져서 이제는 숙식을 할 수 있는 정도로 안정되고 있음이다. 이는 1음의 심정적 차원과는 달리, 그에 합당한 자원을 필요로 한다. 하나는 비용(에너지)이고 그 다음은 생소한 세상의 정보다. 여행 비용은 물론 몸에 지니고 다녀야 하지만, 그때그때에 맞게 새로운 환경 정보에 능통한 협력자를 구하여 하나가 되어서 도움을 받아야만 이 단계에서의 안정한 여정을 이어갈 수 있다. 자원을 동원하여 밀어붙여야 하는(풍55) 개척자의 길이니(려56) 간단히 '豊旅풍려'라 하겠다.

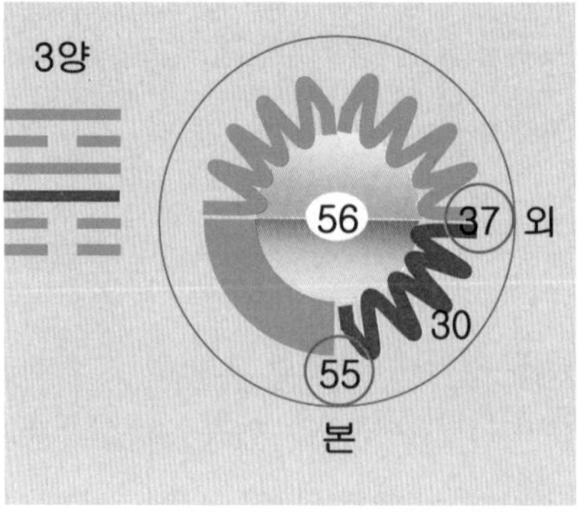

旅焚其次 喪其童僕.
려 분 기 차 상 기 동 복

貞厲정려.

여정에서[旅] 숙소가[其次] 불타고[焚]
그[其] 동복이[童僕] 없어지도다[喪].
줄곧 그러하면[貞] 위태하리라[厲].

3양은 풍(豊)·리(離)·가인(家人)의 과정이다: 미지의 앞길에 자원을 동원하여 힘껏 밀고 나가지만[풍55] 외적 발전을 위하여는 조직적 협력이 필요하다[가인37]. 어떤 역할이 필요하나? 한정된 에너지를 낭비하지 말고 현명하게 잘 활용하여 펼쳐나가야 한다[리30].

3양은 외부와의 에너지교류가 활발함을 나타낸다. 이는 생소한 환경과 외적·물리적·육체적 교류를 행하며 나아가는 개척자(여행자)의 외적인 생활현장이다. 현실적 흐름을 좇아가다 보니 초기의 신중한 마음은 흩어지고 경각심도 풀린다. 세계 외부와의 인간관계에서 다툼과 실수가 생기고 쓸데 없는 에너지가 낭비된다. 의미 없는 일에 연루되어 주위 사람들의 빈축을 사고 진정한 협력을 얻지 못하니 한정된 자원은 효율 있게 활용되지 못하고 소진되기 쉽다. 협조자 마저 곁을 떠나 도움을 받지 못한다면 생소한 환경 속의 나그네(개척자)는 낭패를 면할 길이 없다.

이 상황을 이끌어가는 '리(30)'의 4원 개념을 '려'의 환경으로 읽어오면, 큰 일을 해낼 준비가 덜 된 상태에서(소과62) 침체한 세상 분위기에서 그 욕심이 과하여 현실적 저항에 부딪치나(귀매54) 점진적 발전을 기하며(점53) 신념과 열정으로 펼쳐나가야 하는(중부61) 과정에 있음이다. 전반의 '소과(62)·귀매(54)'의 불리한 여건에 휩싸이지 않고 후반의 '점(53)·중부(61)'와 같이 건설적으로 나아가야 하는 것이 3양의 직능이다.

'여정에서 숙소가 불타고[旅焚其次] 그 동복이 없어지다[喪其童僕]'라고 한 것은, 큰 일을 해낼 준비가 덜 된 상태에서(소과62) 마음만 앞서서 욕심을 부리니 협조를 얻기는커녕 생소한 환경에서 배척을 당하는 '소과(62)·귀매(54)'의 전반(前半)의 상황을 연출하고 있다. 여기서의 방화(放火)는 바로 상황코드인 '리(離火)'의 불에서 연유된 것이며 리의 소비성 때문에 화(禍)를 입는 장면이다. '줄곧 그러하면 위태하리라[貞厲]'고 한 것은, 이 효의 직능인 '리(30)'의 건설적인 후반의 역할인 '점(53)·중부(61)'의 길을 저버리고 전반의 불리한 상황에만 빠져들게 될 것을 경고하는 것이다.

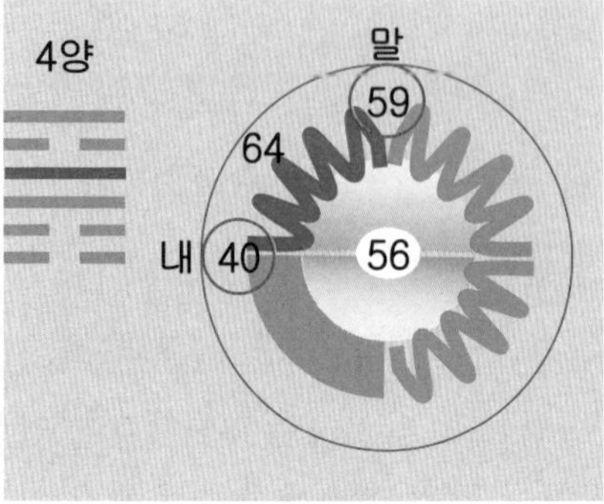

旅于處려우처.
得其資斧득기자부
我心不快아심불쾌.

도처를[于處] 떠돌도다[旅]. 자기[其] 여비와[資] 일할 도끼를[斧] 얻지만[得] 자신의 마음은[我心] 불쾌하도다[不快].

4양은 해(解)·미제(未濟)·환(渙)의 과정이다: 생소한 환경에 대한 문제의 실마리를 풀어서[해40] 내면의 구조조정으로 미래를 열어가려면[환59], 어떤 과정을 겪어야 하나? 열릴 미래를 믿고 당면한 어려움을 잘 인내해야 한다[미제64].

4양은 나그네의 여정이 깊어가는 과정에서 오는 심대한 고민을 묘사하고 있다. 인생여정으로 보면 그 중반을 넘어서서 처세술이 늘고 조정능력이 성숙하여 기대 부푼 계획들이 마음에서 요동치고 있다(양). 욕심이 지나쳐서 많은 일에 관여하려 하지만 그 자체가 처한 환경은 여전히 생소하여 잘 풀리지 않고 그 흐름에 잘 동화되지 못해 소란이 끊이질 않는다. 아직 이방인의 태를 다 못 벗고 여비마저 떨어져 현지 조달에 나서지만 갈 길은 멀고 마음은 심란하다. 하지만 이 장벽을 인내하며 넘어야 한다.

이 상황을 주재하는 '미제(64)'의 4원 개념을 '려'의 환경으로 읽어오면, 욕심이 과하면 생소한 현실의 저항에 부딪치니(귀매54) 분수에 알맞은 목표를 세우고(소과62) 믿음과 열정으로 인내하며 헤쳐나감으로써(중부61) 점진적으로 발전하게 되는(점53) 일련의 과정이다.

'도처를 떠돈다[旅于處]'는 것은 뜻하는 바가 잘 이루어지지 않아 여기저기를 헤매고 있는 상황으로서 '미제(64)'의 국면에서 여정을 이어감을 의미한다.

이어지는 '得其資斧득기자부'는 떠도는 여정에서 노자를 바로 얻거나 생활활동의 필수연장인 도끼(지금의 세상이라면 컴퓨터라 할까)를 구해 품팔이하여 몸소 벌면서 3양에서의 욕심과 낭비로 바닥이 난 여비를 마련해야 하는 난처한 상황이다. 이럴 때일수록 4양의 직능처럼 머리를 써는 계획적인 생활을 영위해 나가야 한다. 어찌됐든 목적을 달성하지 못한 상태로 생활비마저 달리니 '마음이 불쾌할' 것은 뻔하다.

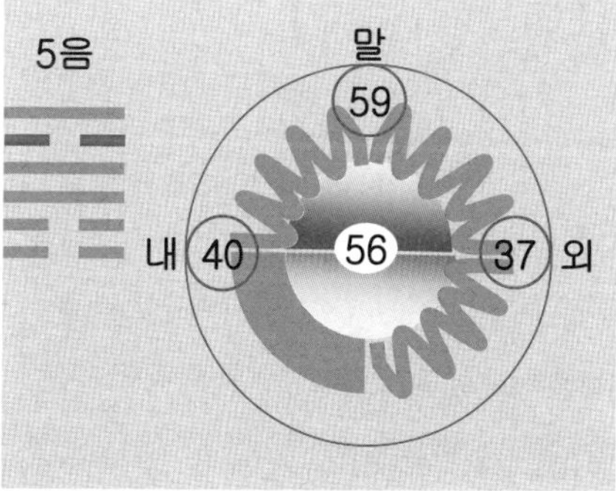

射雉一矢亡석치일시망.
終以譽命종이예명.

꿩을[雉] 화살 하나로[一矢] 맞혀[射] 잡도다[亡]. 영예로운[譽] 부름을 받는[命] 것으로써[以] 끝을 맺으리라[終].

> 5음은 해(解)·환(渙)·가인(家人)의 과정이다: 생소한 환경에 대한 문제의 실마리를 풀어가며[해40] 주위의 도움을 얻어 발전해나가야 한다[가인37]. 어떤 역할이 있어야 하나? 내면을 재정비하고 강화하여 얻는 생기로써 새 국면을 헤쳐나가야 한다[환59].

5음은 진중(鎭重)함이 배어 있는 성숙된 개척의 주축이다. 생소한 상황과의 투쟁 속에서 살아남으며 겪은 과정 중의 갖가지 어려운 여정들을 겪고 극복하면서 드디어 미지세계를 개척하는 중심에 섰다. 2음에서 투입하는 자원과 저력에 더하여 세계의 정보와 경험을 더욱 더 응축하여 자신을 일신하고 걸출한 실력가로 등장한다. 낯선 국면에 시달리며 스스로 환골탈태하는 과정에서 무르익은 중후한 실력이 돋보여 개척의 중심

인물로 간택되니 앞길에 서광이 비친다.

이 상황을 주재하는 '환(59)'의 4원 개념을 '려'의 환경으로 읽어오면, 세계가 일정의 한계에 봉착함에(절60) 도움이 절실한 어려움을 맞아(건39) 구태를 벗는 개혁의 기치를 들고(혁49) 미지세계로의 도전에 적응하여 나아가는(려56) 일련의 과정이다. 생소한 환경에 걸맞게 세계의 복잡함을 떨어내고 재정비·강화하여 새로운 힘으로 헤쳐나가는 과정이다. 이를 괘의 별명대로 단순히 '흩어짐'의 상으로만 생각하면 어리석다. 4원의 말원(末元)관계로 보면, '려(56)'의 목표는 '환(59)'이고 '환(59)'의 목표는 '려(56)'다. 풀어보면, 미지세계로의 개척(려56)과 환골탈태하여 새 국면을 헤쳐나감(환59)의 사이는 서로가 서로의 목표가 되는 관계인 것이다.

'꿩을 화살 하나로 맞혀 잡는다[射雉一矢亡]'라고 하였는데, '망[亡]'을 '잃어버리다'와 '멸하다, 죽이다'로 보는 두 가지 견해가 있을 수 있다. 전자의 경우는 꿩을 맞혔는데도 꿩이 떨어지지 않고 날아감에 화살만 하나 잃어버린 상황인데 이는 영예롭지 못한 경우다. 이에 비하여 후자는 꿩을 화살 하나로 명중시킨 상황이다. 5음이 존귀의 자리니 임금이 개최한 사냥대회를 연상할 수 있는데 이 자리에서 나그네가 참가하여 꿩을 명중시키는 쾌거를 달성한 것이 5음의 과정적 형국에 맞다. 왜냐하면, 알려진 궁수가 아닌 나그네가 명중의 실력을 발휘하려면 그 내공이 어떠하였겠는가. 그는 생소하고 어려운 환경 속에서 온갖 문제에 시달리며 자신의 내면을 갈고 닦아 환골탈태의 과정을 겪으며 얻은 중후한 집중력을 발휘하여 용기 있게 대중 앞에 나서 놀라운 실력을 보인 것이다. 그 결과로서 '영예로운 부름을 받게 됨으로써 끝을 맺는[終以譽命]' 것은 앞뒤가 잘 맞는 흐름이다. 이제는 타향에서 이방인 신세는 끝나고 어언간 의젓한 실력 있는 지도자로 거듭나니 험난한 개척의 길은 대단원의 막을 앞두게 되는 것이다.

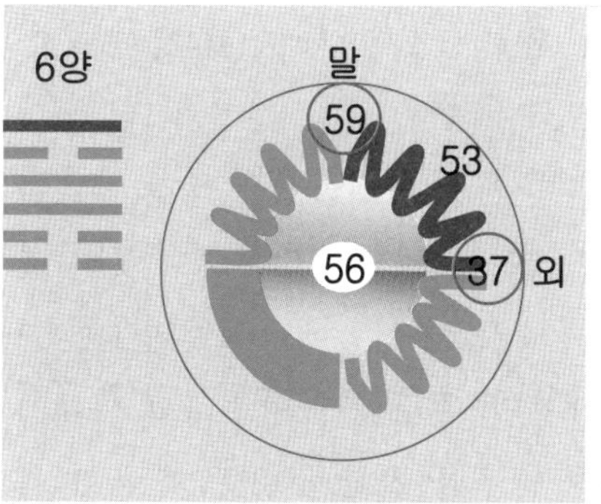

鳥焚其巢조분기소·
旅人先笑後號咷려인선소후호도·
喪牛于易상우우이 **凶**흉.

새의[鳥] 보금자리가[其巢] 불타도다[焚]. 나그네가[旅人] 처음에는[先] 웃지만[笑] 나중에는[後] 울부짖으리라[號咷]. 평이한 삶 때문에[于易] 소를 잃는다면[喪牛] 흉하리라[凶].

> 6양은 가인(家人)·점(漸)·환(渙)의 과정이다: 개척자는 조직적 협력을 이끌어내면서[가인37] 자신의 내면을 새롭게 다지며 미래를 헤쳐나가야 한다[환59]. 어떤 노력이 필요한가? 끊임없는 점진적인 발전을 지향해야 한다[점53].

6양은 세계로 미래로의 눈을 계속 틔어나가야 함이다. 입신출세하다 보면 과거처럼 환경을 섬세하고 신중하게 대하지 못하고 대수롭지 않게 여기며 현실에 안주하기 쉽다. 미지의 세계를 출발할 때의 호기심과 긴장감을 거두고 현재의 행복에 만족하는 사람들은 이미 개척자의 의미를 잃은 것과 다름없다. 열린 세계관을 지속적으로 유지하면서 끊임없는 발전을 지향하지 않으면 언제나 나그네일 수 밖에 없는 세상에서 자신이 지킬 수 있는 사회적 참여의 기회는 사라진다.

이 상황을 주재하는 '점(53)'의 4원 개념을 '려'의 환경으로 읽어오면, 길이 열려 있다고 긴장을 풀고 부주의하면(기제63) 갈수록 혼란을 겪으니(감29) 지혜롭게 적극 대처하며(리30) 아직 미완성이라는 전제하에 더욱 정성을 들여야 밝은 미래가 기약되는(미제64) 상황이다. 진정한 개척자는 한번의 성과에 만족하지 않고 더 나은 미래를 위하여 점진해나가는 꾸준한 노력을 그치지 않는 자이다.

‘새의 보금자리가 불탄다[鳥焚其巢]’ 함은, 새는 그때그때 상황에 맞추어 가장 안전한 곳에 둥지를 치고 살기 때문에 마치 개척자(나그네)의 속성과 흡사한데, 그 보금자리가 불탔다는 것은 미래환경에 대한 정보관리에 그만큼 소홀하여 불이 날 수 있는 개연성에 적극 대처하지 못한 결과임을 지적하고 있다. 이는 곧 ‘나그네가[旅人] 처음에는 웃지만[先笑] 나중에는 울부짖는다[後號咷]’ 한 것처럼 현재의 삶에 안주하고 미래에 대비하지 못하여 시간이 흐르면 후회하게 됨을 말한 것이다. 현재가 특별한 문제 없이 잘 나가면 미래대비에 소홀하게 되니(기제63) 시간이 흐르면서 어려움을 겪게 되므로(감29) ‘평이한 삶 때문에[于易] 소를 잃는다면[喪牛] 흉하다[凶]’ 한 것이다. 특별한 대비책 없이 계속 평이하게 살아간다면 생계의 중요한 몫을 차지하는 소를 잃는 것과 같은 큰 풍파를 만나는 흉이 들 것이니 미래를 위한 끊임없는 자기계발을 한시라도 멈춰서는 안 될 것임을 강조하고 있다 하겠다.

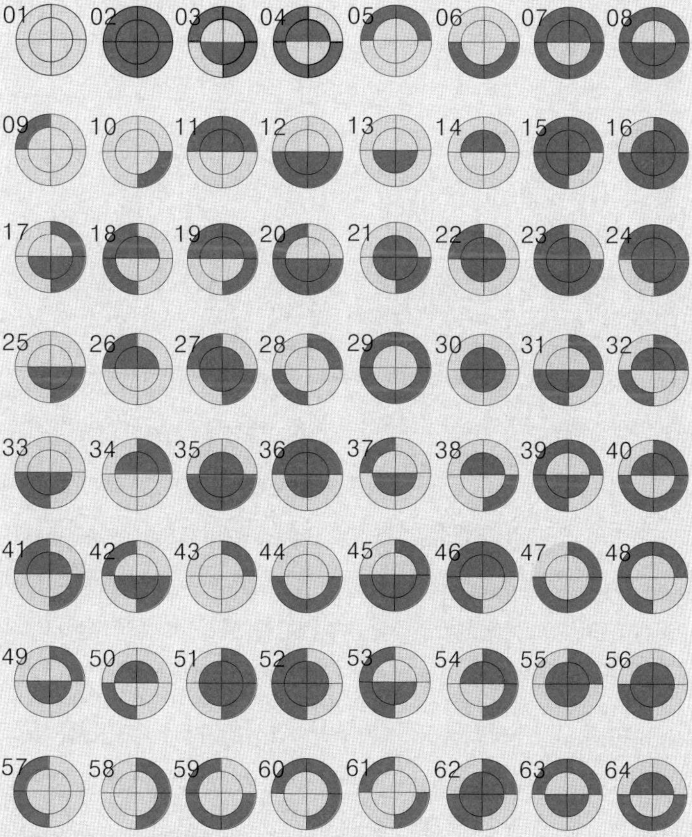

▷ 문왕64괘 배열에 따른 64괘 표상(음양2색형)
(『과학주역』1, 217쪽)

57. 중풍손(重風巽)

공손한 상, 외적 변화를 수용하며 적절하게 대응(대비)해나감, 자기동일성을 유지하면서 환경적 변화를 점진적으로 수용함, 신념 없이 우유부단함

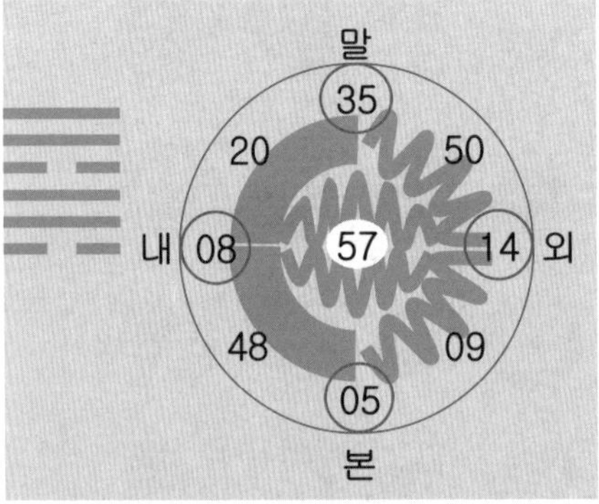

巽손. 小亨소형.
利有攸往이유유왕
利見大人리견대인.

공손한 상이로다[巽]. 조금[小] 형통하도다[亨]. 여유[攸] 있게[有] 나아감이[往] 이롭고[利] 대인을[大人] 만남이[見] 이로우리라[利].

> 손[巽]은 수(需)·비(比)·대유(大有)·진(晉)을 따라 흐르는 세계다: 유사시를 대비하여 실력을 기르면서[수05] 상생을 위한 협력정신을 발휘하고[비08] 타고난 재능을 세계와 나누면서[대유14] 책임감을 갖고 진취적으로 이끌어나가는[진35] 일련의 과정이 '손'의 세계다. 외적 영향이 안에서 숙성되어 어느덧 주위에 효력을 발생하려는 상황이다.

8괘의 상으로 보면, 바람의 영향이(巽風손풍) 중첩되고 지속되니 그 영향력으로 처음에는 정지해 있든 것이 결국에는 움직이게 되는 상이다. 바람에 뭉쳐있던 구름이 걷히듯 외적 힘이 안으로 스며들어 정체된 내면을 흔들어 일깨우니 시간과 함께 그 영향이 숙성되어 다시 밖으로 표출하는 형국이다. 대세를 따라 공손히 행하는 모습이니 '巽손'은 겸손할 '遜손'의

뜻을 품는다.

외측에서 일어 내면으로 스며든 바람이 점점 중앙에서 숙성되어 변화되고 그 기운을 다시 외부와 지속하여 교류하고 있는 형국이다. '손'의 지속성은 같은 사건의 단순한 반복이나 변덕스러운 일이 자주 일어난다기보다는 처음부터 꾸준히 한 방향으로 어떤 영향이 축적되는 것이다. 가랑비에 옷 젖듯, 처마 밑의 주춧돌이 빗방울에 닳듯이, 작은 영향이라도 지속적이면 큰 변화가 나타난다. 반대로 확고한 목표를 가지고 마음을 굳건히 하고 있으면 외세가 크게 작용하는 환경에서도 견딜 수 있음을 의미하기도 한다. 그래야 점진적으로 파고드는 변화에 자신을 지탱할 수 있다. 세상이 뒤바뀌어도 자기동일성을 유지하면서 변화를 수용하기란 그리 쉽지 않다. 이러한 점진적인 전략을 지혜롭게 구사하려면 대인의 도움이 필요하다. 훌륭한 후견인의 지속적인 자문이 효력을 발생하면 힘든 일도 쉽게 도모할 수 있다. 드러나지 않는 상위자의 약함을 묵묵히 보필하는 지혜도 큰 영향권이며 세계를 잘 통치할 수 있는 근간이 된다. 확고한 가치기준(1음·4음)이 있어야 떠들썩한 세상을 제대로 보고(3양·6양) 어떤 환경도 헤쳐나갈 수 있다(2양·5양). 외적 영향을 긍정적으로 수용하려는 공손함은 곧 환경변화에 견디는 적극적인 방법이 된다.

흔히 손괘를 해석할 때, 외풍이 스며드는 창구가 내효(1음·4음)의 끊어진 음효의 자리로 설명되고 있으나 이는 전통적으로 내려오는 큰 오류다. 사실 음(陰)은 유약(柔弱)하여 허물기 쉬운 것이라기 보다는 오히려 강체(剛體, rigid body)에 해당하며 정물(靜物)을 상징하고, 양(陽)은 '강(剛)'하기보다는 움직여 발현되고 있는 힘과 에너지를 의미하므로 그 동적 효력이 '강(强)하다'고 함이 옳다. 이러한 오류는 인간의 성을 음양으로 구분한 데에 연유하며 나아가 끊어진 효를 여성 심벌로, 이어진 효를 남성 심벌로, 여기며 남성과 여성을 강유(剛柔)로 매기는 데에 그 잘못이 있다고 본다. 요약하면, 정(靜)적이고 때로는 강(剛) 또는 정(貞)의 성질을 나타내는 내효에는 외풍이 직접 스미지 못하고, 동(動)적 특성의 에너지 발현 내지는 교류를 의미하는 외효(3양·6양)를 통하여 바깥의 에너지가 이 세계의 안쪽으로 침투하여 중앙(2양·5양)을 양의 세력으로 동조(同調)시킴으로써 안쪽의 두 음효에 지속적인 영향을 주게 된다는 것이다. 일렬로 줄 세워진 괘상을 평면 상에 나타내어 여섯 효의 분명한 직능을 관찰하는 이유가 여기에 있다. 여기에다 필자가 음효를 물질 감각을 주는 선(線)으로 양효를 파동의 모습으로 나타낸 이유는 뒤바뀐 음양의 개념을 명확히 하여 괘상과 효상의 참뜻을 찾으려 함이다.

괘를 인성(人性)의 면으로 살펴보자. 자신의 본성에는 간절함이 없는데(1음) 주변과의 외적·육체적·물적 교류에 적극적이니(3양) 이에 따라 신진대사 활동이 활발하게 되므로(2양) 신체는 일단 필요에 따라 에너지를 발한다. 스스로의 창조적 계획은 별도로 세우지 않고(4음) 세계 밖과 미래의 정보에 온 신경을 집중하여(6양) 그 흐름에 따라 철저히 행동을 맞추어 가기에(5양) 자신의 주관을 내세우지 않고 대세의 흐름을 잘 좇아가는 외향성 인물로서 인간관계가 유연하고 윗사람에 공손하며 아랫사람에게는 겸손의 덕을 베풀어 자신의 관련 세계를 시대에 뒤떨어지지 않게 이끌어 갈 수 있는 관리자형 인물이지만 우유부단하고 변화가 많은 특성이 있다.

'공손한 상[巽]'이라 함은, 자신의 주관보다는 대세에 맞추어나가므로 천운을 거역하지 않고 상위의 명령에 잘 복종하여 일을 크게 그르치지 않기 때문이다. 하지만 창조적인 아이디어가 부족하므로(4음) 큰 성공은 어려운 것이니, '조금 형통하다[小亨]'고 한 것이다. 끝에, '여유 있게 나아감이[有攸往] 이롭고 대인을 만남이 이로우리라[利見大人]'라 하였는데, 자신의 주관을 우기지 않고 외세의 흐름을 관찰하여 적응해나가는 것이니 매사에 여유를 가지고 행함이 유리한 것은 당연하다. 자기 목소리를 높이지 않고 자신의 내면을 확고하게 지키며(1음·4음) 대세를 정확히 파악하는 일은 말 그대로는 쉽지 않다. 대세란 곧 큰 영향력이니(대유14) 그런 당사자나 또는 그 영향을 평가할 수 있는 대인의 가르침을 받는 것은 '손지자(巽之者)'에게는 꼭 필요한 일이니 이로울 수 밖에 없다 할 것이다.

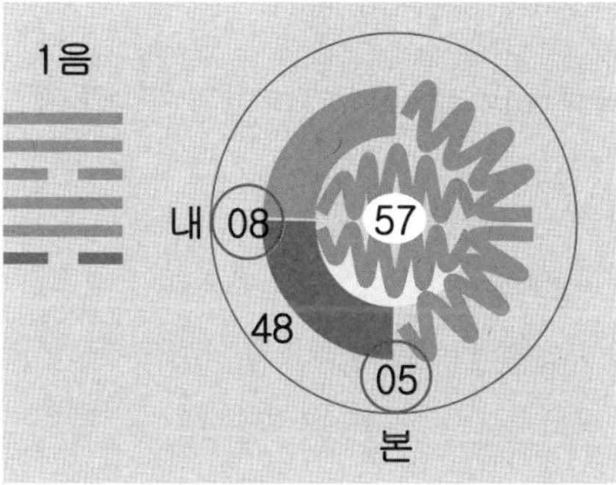

進退진퇴·
利武人之貞이무인지정·

나아가다 물러서도다[進退]. 무인과 같이[武人之] 단단하게 함이[貞] 이로우리라[利].

1음은 수(需)·정(井)·비(比)의 과정이다: 유사시를 대비하여 실력을 키우고[수05] 상호협력을 통하여 자생력을 길러야 한다[비08]. 어떤 과정이 필요한가? 기초가 정고(貞固)한 샘이 오래 유지되듯이, 변화에 대응하여 기반을 유지해나갈 단단한 기초를 마련해야 한다[정48]. 기본정신이 견실해야 대세를 활용할 수 있다.

1음은 세계를 출발하는 확고한 기초를 의미한다. 외세의 변화를 따라잡으면서 자신을 유지하려면 자기정체성이 확고해야 한다. 자신에 대한 믿음을 굳건하게 하지 않으면 변화무쌍한 외세에 편승하기는커녕 잠식되고 만다. 우유부단하여 진퇴를 거듭하면 세상의 신뢰를 잃는다. 안으로 스며드는 외풍에 기초적인 저항력을 갖추지 못한 임기응변은 근본적으로 적응하는 것이 아니고 오히려 괴멸되는 것이다. 마음을 굳건하게 한 바탕 위에서 외적 변화에 대처해야 한다.

이 상황을 주재하는 '정(48)'의 4원 개념을 '손'의 환경으로 읽어오면, 작게 쌓더라도 꾸준히 노력하며(소축09) 내면을 깊고 넓게 성찰하고(관20) 갈등 없는 올바른 정신으로 변화의 흐름에 힘있게 대응하며(대장34) 밝은 지혜로 방도를 개발하는(예16) 일련의 과정이다. 샘의 바닥이 확고하지 않으면 우물은 유지할 수 없으니 기반을 유지해나갈 방도를 강구해야 하는 것이다. 대세에 휩쓸리지 않고 오히려 이를 유익하게 활용하려면 자신의 기본정신은 건강하고 견실하게 유지해야 한다.

'나아가다 물러섬[進退]'은 확고한 의지가 없고 우유부단함을 의미한다. 세상에 회오리 바람이 몰아치면 비록 대세를 수용하려다가도 자신이 없어 물러서기 쉽다. 하지만 이 국면을 나타내는 효상(爻象)은 음의 물질적 특성을 따라 '무인과 같이[武人之] 단단하게 함[貞]'을 나타내고 있다. 기초가 튼튼한 샘은 깨끗하여 오래간다.

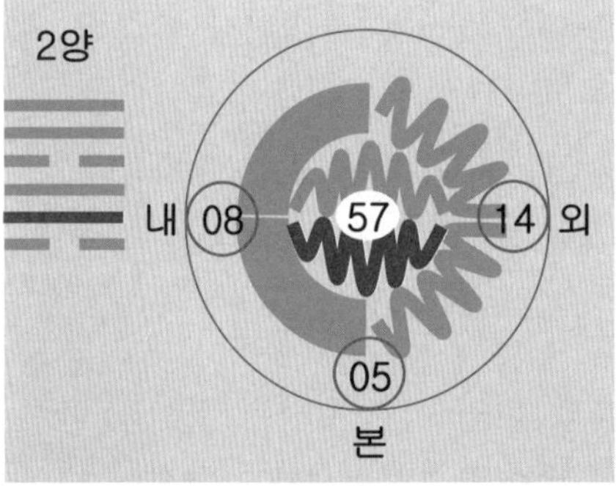

巽在牀下손재상하·
用史巫紛若용사무분약,
吉길 无咎무구.

공손함이[巽] 상 밑에[牀下] 있도다[在]. 사관에게 점치고[用史] 굿하면서[巫] 떠들썩하면[紛若], 길하고[吉] 허물이 없으리라[无咎].

> 2양은 비(比)·수(需)·대유(大有)의 과정이다: 상생을 위한 협력정신으로 자생력을 길러[비08] 큰 능력으로 세계에 공헌하려면[대유14], 어떤 과정이 필요하나? 닥칠 장애에 대비해 내면을 연마하는 유비무환의 준비가 필요하다[수05].

2양은 적극적인 내면계발 활동이다. 행동의 근저에 큰 영향을 끼치고 있는 자신의 편견과 나쁜 습관을 버리지 못함으로써 대세를 올바로 파악하지 못한다면 공적인 일에 나설 수 없다. 세상 일에 공헌하려면 협력정신의 바탕 위에서 개인적인 기초능력을 확충해두어야 한다. 세상의 이치와 흐름을 잘 판단하여 이를 제대로 따르려면 자기자신의 문제점을 파악하고 그 근원을 알아내야 한다. 건강한 체력과 제대로 된 능력을 갖추는 것은 세상의 큰 흐름을 분별하고 따를 수 있게 하는 기본준비다.

이 상황의 배경이 되는 '수(05)'의 4원 개념을 '손'의 환경으로 읽어오면, 공손하게 대세를 따라(손57) 허한 부분을 보완하고(익42) 자신의 항상성을 유지하며(항32) 어려움을 뚫고 나가기 위해 노력하는(진51) 일련의 과정이다. 실력을 키우며 준비하는 삶이다. '손'과 '수'의 4원을 살펴보면, '손'의 기초자질(본원)이 '수(05)'이고 '수'의 기초자질이 '손'이다. 대세를 받아들이는 삶(손57)은 유비무환의 건전성(수05)을 갖춤이고, 유비무환을 위한 삶(수05)은 대세를 받아들이려는 공손한 삶(손57)을 그 바탕으로 삼음이다.

준비된 음식은 상 위에 놓여져야 하고 연극은 무대 위로 올려져야 할 터인데, 2양은 곧 '需·巽수손'이라, 공적으로 공손하게 일할 수 있도록 기초계발에 여념이 없는 상황이니 '공손함이 상 밑에 있도다[在巽牀下]'라 하였다. 그러면 상 위에 올려놓기 전에 기초준비는 어떻게 할 것인가? 자신을 올바르게 정립하기 위하여 정보입수,전문가의 가르침과 학습수련 등이 필요한데 예전에는 사관(史官)을 불러 점을 쳐서 지혜를 구하고 무당을 통하여 접신(接神)하고 잘못을 고치는 유비무환의 정성을 기울였다. '점치고 굿하면서[用史巫] 떠들썩하면[紛若]' 곧 자신의 잘못을 미리 고치고 부족한 점을 보완하면서 세상물정을 올바로 인식하고 제대로 받아들일 수 있게 되니 '길하고[吉] 허물이 없으리라[无咎]'고 한 것이다.

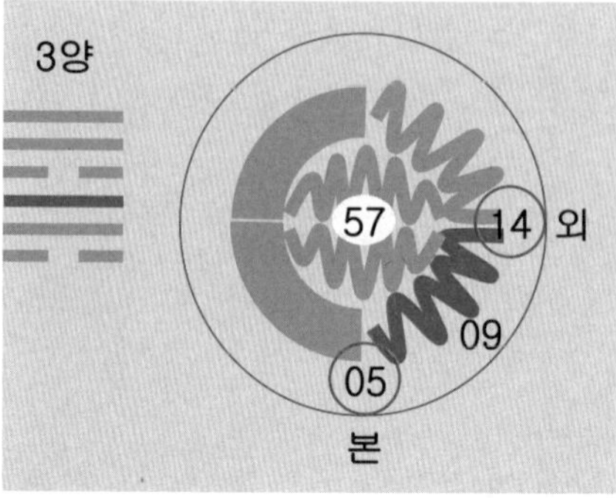

頻巽빈손. 吝인.

빈번히[頻] 공손해야 하도다[巽]. 옹색하리라[吝].

3양은 수(需)·소축(小畜)·대유(大有)의 과정이다: 유비무환의 정신으로 견실하게 내면을 계발하면서[수05] 타고난 능력으로 세계에 공헌하려면[대유14], 어떻게 해야 하나? 투여되는 것에 비해 이루어 쌓는 것은 작더라도 대세적응을 위한 꾸준한 노력이 불가피하다[소축09].

3양은 외적 환경조건이 직접 영향을 미치는 창구다. 능력이 출중한 대인의 영향을 입으며 일을 추진하자면 그 조건에 맞추지 않을 수 없다. 1음과 2양의 과정에서 점차 자생력은 길러지지만 원래의 삶의 모습과는 차이가 큰 만큼 대세의 흐름에 맞도록 현실에 적응하자면 시간이 걸리더라도 꾸준히 노력하지 않을 수 없다. 센 외풍을 만났기에 아직은 쌓아 올리는 것도 별로 없이 자원(비용·시간·노력)은 많이 투입되고 있으니 효율이 작은 3양의 외적 교류는 마음에 차지 않고 옹색하기만 하다.

이 상황을 주재하는 '소축(09)'의 4원 개념을 '손'의 환경으로 읽어오면, 밖으로부터 지혜를 구하고(정48) 처음의 어려움에 대처하면서(둔03) 부가가치 창조에 노력하지만(정50) 부딪치는 갖가지 갈등을 해소해나가야 하는(서합21) 일련의 과정이다. 좋은 영향력을 받아들이는 과정이라도 그 유익함을 얻어내려면 조금씩 쌓아나가더라도 꾸준한 자원투입과 노력이 필요한 국면이다.

'빈번히 공손해야 하니[頻巽] 옹색하다[吝]' 한 것은, 자신의 역량이 합당한 수준에 올라설 때까지는 색다른 환경과의 갈등이 생기고 효율이 미미하더라도 부단히 대세를 따라잡기 위하여 온갖 노력을 해야 하는 과정이니 큰 소득 없이 바쁘기만 하므로 옹색한 국면일 수 밖에 없다. ‘頻巽빈손’은 64괘 언어로는 곧 ‘小畜·巽소축손’임을 알 수 있다.

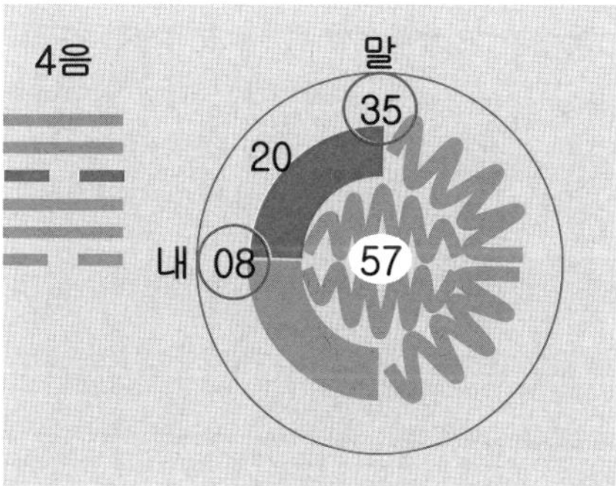

悔亡회망.
田獲三品전획삼품.

회한이 사라지리라[悔亡]. 사냥에서[田] 3품을[三品] 포획하도다[獲].

4음은 비(比)·관(觀)·진(晉)의 과정이다: 협조와 경쟁으로 자생력을 기른 후[비08] 세계를 진두지휘하며 이끌고 나간다[진35]. 어떤 과정이 필요한가? 사리분별과 미래가치를 위하여 세상을 통찰해야 한다[관20].

4음은 차분하게 통찰하는 국면이자 고급두뇌의 자리다. 6양의 다양한 외풍이 이에 적극적으로 반응하는 5양을 거쳐 4음의 내면까지 몰려와도 충격 없이 잘 받아들이거나 또는 이에 저항하여 버텨내려면 그간의 경륜을 바탕으로 형성된 통찰 능력이 작동되어야 한다. 중후한 위치이니 면밀한 기획가로서의 침착함과 판세를 꿰뚫는 대안을 통하여 그 세계의 중요결정을 보필하니 자기확립(1음), 실력준비(2양), 실전경험(3양)을 딛고 지지부진하던 세계를 이끌어 가기 위해 깊이 생각하여 계획을 세우는 상황에 온 것이다. 바야흐로 확실한 능력을 나타내어 보일 때다.

이 상황을 주재하는 ‘관(20)’의 4원 개념을 ‘손’의 환경으로 읽어오면, 초기의 미숙함을 깨쳐서(둔03) 세계유지를 위한 지혜로운 방도를 강구하고(정48) 세상의 사리를 밝게 분별하여(서합21) 미래가치를 개발하는(정50)

일련의 과정이다.

세상풍파에 대해 깊이 성찰할 수 있게 되었으니 미숙함이 불러왔던 한스러운 일들은 이제 걱정이 없다. 그래서 '회한이 사라지리라[悔亡]'라고 했다. 세파를 경험하고 경륜을 쌓았으니 자신의 성숙한 능력을 윗사람과 주위에 보일 수 있는 단계가 되었음을 '사냥에서 3품을 포획한[田獲三品]' 실력으로 표현하고 있다. '3품'은 화살이 맞혀진 상황에 따라 세 등급 이내로 분류되는 고급 사냥포획물을 말한다. 사냥에서 대성을 거둘 능력을 갖추었으니 책임감을 가지고 진두지휘를 할 수 있는(진35) 재목이 된 것이다.

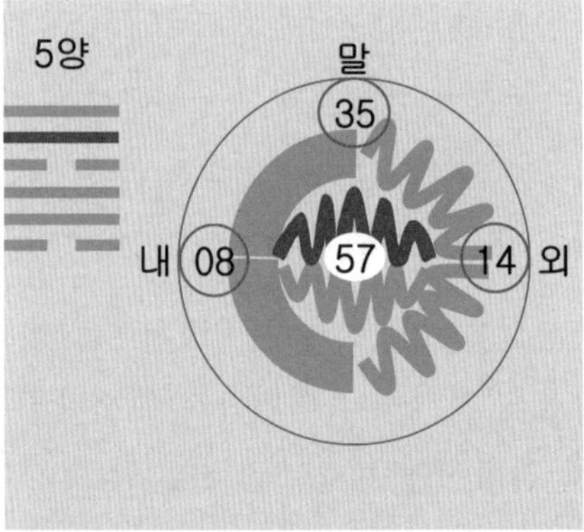

貞吉정길.
悔亡회망 无不利무불리.
无初有終무초유종.
先庚三日 後庚三日,
선경삼일 후경삼일
吉길.

굳건하게 하면[貞] 길하리라[吉]. 회한이 사라지고[悔亡] 불리함이 없으리라[无不利]. 처음은 없으나[无初] 나중은 있으리라[有終]. 변화의 전기(준비) 3단계[先庚三日]가 변화의 후기(실행) 3단계[後庚三日]로 되니 길하리라[吉].

5양은 비(比)·진(晉)·대유(大有)의 과정이다: 협조와 경쟁으로 자생력을 기른 후[비08] 대세를 따라 전체세계를 활성화하는 단계다[대유14], 어떤 지도력이 필요한가? 미진한 세계를 고무

·진작시키며 선도해나가야 한다[진35].

5양은 후반세계의 활동주도권이다. 6양을 통한 외부로부터의 영향에 휩쓸려 일어나는 혼란한 판단을 정리하며 리더십을 발휘하여 이끌어나간다. 4음의 깊은 성찰과정을 거쳤거나 그런 보필을 받으니 이를 바탕으로 5양의 단계에서는 세계원리나 대세를 종합하여 과감하게 추진함으로써 종래의 미숙함을 바로잡고 한 단계 더 성숙된 입장에서 선도해나가야 한다. 이미 시작되어 진행되고 있거나 정착의 조짐이 있는 변화는 어정쩡하게 넘기지 않고 끝까지 밀어붙여 확실한 결말을 내야 한다.

이 상황을 주재하는 '진(晉35)'의 4원 개념을 '손'의 환경으로 읽어오면, 정체된 상태를 고무진작 시켜서(진震51) 자체의 항상성을 유지하고(항32) 더 큰 보람의 세계를 지향하면서(익42) 핵심역량을 흡수·종합하고 변화에 적절히 대응하는(손57) 일련의 과정이다.

자립의 기반 위에서(비08) 대의를 앞세우고(대유14) 보다 나은 미래로 선도하는 길(진35)은 책임감을 가지고 지속적으로 해나가지 않으면 이루어낼 수 없으므로 '굳건하게 하면 길하리라[貞吉]'한 것이다. 특히 이 길은 인고의 준비과정을 거쳤기에 그 과정에 묻혀 있던 한을 풀고 이제는 그 성과를 얻으려 나서는 것이니 '회한이 사라지고[悔亡] 불리함이 없다[无不利]'고 한 것이다. 또한, '처음은 없으나 나중은 있으리라[无初有終]'라고 덧붙임으로써 그 전에는 밖의 핵심역량을 받아들일 준비단계(수05, 비08)에 불과했지만 지금은 대세의 영향력에 걸맞는 행동을 진행하고 있으므로(진35, 대유14) 곧 그 보람을 얻을 것임을 말하고 있다.

'손'은 처음부터 자체의 생각과 의지를 펴나가는 것이 아니고 주어진 세계적 원리나 큰 흐름에 자신을 조율하고 변화시켜 나아가는 과정이므로 1음·2양·3양의 준비단계를 의미하는 '변화의 전기 3단계[先庚三日]'가 4음·5양·6양의 실행단계를 의미하는 '변화의 후기 3단계[後庚三日]'로 전환되어 적극적으로 활동을 이끄는 중심이 바로 5양이며 긍정적인 결과를 얻어낼 수 있기 때문에 '길하리라[吉]'고 한 것이다.

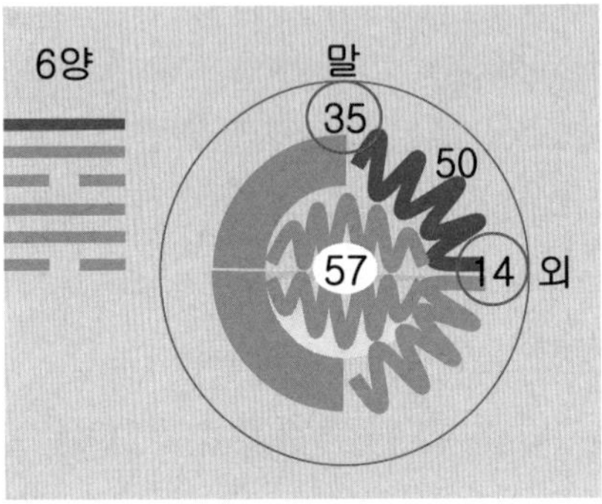

巽在牀下 喪其資斧.
손 재 상 하 상 기 자 부
貞凶정흉.

공손함이[巽] 상 밑에[牀下] 있으면[在] 그 재물과[其資] 도구를[斧] 잃으리라[喪]. 이대로 가면[貞] 흉하리라[凶].

> 6양은 대유(大有)·정(鼎)·진(晉)의 과정이다: 세계를 더더욱 발전시키는 리더십을 갖추고[대유14] 진두를 지휘를 하며 이끌어 가려면[진35], 어떤 과정을 겪어내야 하나? 꾸준히 대세를 성찰하며 미래가치를 개발해나가야 한다[정50].

6양은 세계 밖과 미래에 대하여 새로운 정보와 에너지를 지속적으로 흡입·교류하는 상이다. 외곽에서 공손하게 헌신적인 노력을 투입하고 2양·3양·5양들의 꾸준한 활약으로 세계 내부는 변화하고 있지만 세계는 완성이란 것이 없다. 모든 환경조건은 계속해서 변화한다. 또한 세계의 내부는 일련의 개혁에 만족하고 또 다른 망상과 오류를 만든다. 끊임없는 변화에 적응하지 못하면 능력은 한계에 다다르며 자신마저도 다시 도태한다.

이 상황을 주재하는 '정(50)'의 4원 개념을 '손'의 환경으로 읽어오면, 올바른 힘으로 새로운 일을 헤쳐나감에(대장34) 미래를 예견하면서(예16) 현재의 성과는 작더라도 조금씩 꾸준히 쌓아가며(소축09) 통찰하여 미래가치를 찾아가는(관20) 일련의 과정이 '정'의 세계이다.

누구든 자신의 갈 길에 잘 어울리게 행동하면 복이 오고 그렇지 않으면 화를 부른다. 행로에서 나아가야 할 방향을 미리 알려주는 것이 이정표이다.

자신에게 맞거나 원래 바라던 이정표대로 가면 소원이 성취되어 길하고 그렇지 못하면 목적지를 잃고 유랑하니 흉한 것이다. 괘가 가야 할 기본적인 이정표가 괘의 4원이다. 괘의 이정표를 거쳐가는 구체적인 경로가 효다. 6양의 출발지는 대유(14)이고 도착지는 진(35)이며 그 구체적 경로는 정(50)이다. 6양이 정(50)의 경로를 간다는 것은 '꾸준히 미래를 올바로 성찰하며 부가가치를 창조해나가는' 일이다. 그 구체적인 내용은 다시 '진(50)'의 4원으로 축약된다. 올바른 능력구축(대장34), 미래예측(예16,) 꾸준한 노력(소축09)과 미래가치의 발견(관20)이 그것이다. 그렇게 하면 길할 것이다. 하지만 『주역』은 잘될 일을 말해주기도 하지만 잘못될 것을 염려하고 그리되지 말 것을 경고해주는 경우가 많다. 6양의 효사는 후자에 속한다. 특히 '손'의 목적을 이루어내려면 확고하지 못한 기본 정신(1음)과 자기 허점(2양)에서 맴돌아서는 안 된다. 한번 추진한 일이 성공적이라 해서(5양) 그 다음에 자만하여 미래가치 개발에 소홀하다면 끊임없이 변하는 세상의 대세를 따라잡지 못할 것이다. 이것은 모든 사람들이 범하기 쉬운 속성이다. 이 속성을 '공손함이 상 밑에 있으면[巽在牀下]'이라고 전제한 것이다. '공손함'이란 대세의 변화를 수용하여 적절히 대응하는 것을 말한다. 시간이 흐르면 경쟁에 버틸 수 없고 이왕에 5양의 결과로 성취한 '그 재물과 도구를 잃는[喪其資斧]' 수 밖에 없다. '이대로 가면 흉하리라[貞凶]'라 함은, 온당한 경로인 '정(50)'의 길을 나서지 않고 대세를 따라잡는 노력을 계속해서 게을리 한다면 흉할 수 밖에 없음을 경고하고 있는 말이다.

『주역』의 괘사와 효사에 나타나는 내용과 길흉판단은 밀접한 관계를 가지고 있음을 알 수 있다. 받은 괘(卦)와 효(爻)의 길흉(吉凶)이 무조건 그렇게 되는 것이 아니다. 해당되는 괘·효의 갈 길과 처한 상황이 부합하는지 아닌지가 중요한 판단기준이 되는 경우가 많다. 괘의 4원 또는 8원을 안다는 것은 '『주역』의 유전자'를 알고 있는 것과 다름없다.

58. 중택태(重澤兌)

내적 기쁨의 상, 내적 인격 고양, 후덕한 포용력, 세파에 의연한
외유내강의 길, 가로막힌 내적 열정의 표출

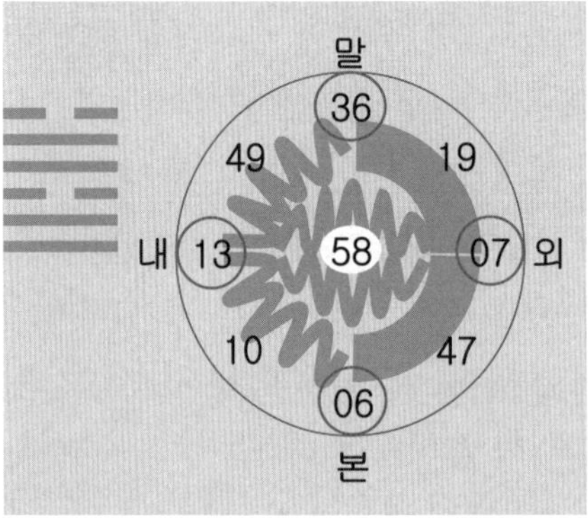

兌태.
亨형. 利貞이정.

내적 기쁨의 상이로다[兌]. 형통하리라[亨]. 굳건하게 하면[貞] 이로우리라[利].

태[兌]는 송(訟)·동인(同人)·사(師)·명이(明夷)를 따라 흐르는 세계다: 경륜과 지혜를 쌓아 사리를 분별하여[송06] 내적 열정으로 뜻을 모으고[동인13] 세파에 시달려도 엄정한 자체관리를 통하여[사07] 자기 절제하며 외유내강(外柔內剛)의 길을 가는[명이36] 일련의 과정이 '태'의 세계다.

8괘의 상으로 보면, 연못(兌澤태택)이 아래위로 중첩되어 형성된 큰 댐과 같다. 댐 안에 가득 찬 물의 유동성이(양 넷) 댐 벽(음 둘)에 의하여 막혀 있으니 물밀고 나갈 수 없는 모습이지만, 시간과 함께 내면의 강한 동력이 외부의 저항을 서서히 밀치고 나갈 상이다.

세계의 외곽(3음·6음)은 불활성의 그림자로 둘러있지만 그 마음자리(1양·4양)와 활동무대(2양·5양)는 활력으로 가득 찼다. 마음에서 우러난 기쁨이 세계의 활동무대에서는 신뢰감과 결합력으로 나타나서

열기로 가득하고 협력의 끈은 견고해진다. 서로의 신뢰가 두터워지게 되어 상대방 의도의 순수성을 믿게 되고 함께하는 사회적인 일들은 성공을 예감하게 한다(동인13). 고도의 열정이 자발적으로 우러나 공동의 목표를 달성하기 위한 열외의 노력을 기꺼이 행하므로 동지애가 싹튼다. 희열을 함께하는 마음은 순식간에 세계 내부로 번진다. 하지만 이러한 동적 에너지가 밖으로 마음껏 뻗쳐나가지 못하는(3음·6음) 한계가 있다. 기쁨을 지나치게 추구하면 사리사욕과 탐닉을 부르기에 철저한 자기관리가 필요하다(사07). 예로서 부정한 여자 문제와 부당한 돈 문제가 그것들이다. 그런 유혹에 빠지면 주위의 협력자를 등한시하게 되고 미래와 더 큰 세계에 대한 감각능력과 내다보는 지혜의 눈이 마비된다(3음·6음). 높은 정신력, 순수한 의도, 신뢰감, 성공예감에 대한 열정으로써 일시적인 유혹의 함정을 헤쳐나가야 한다. 외부로의 에너지 손실을 막고 순수한 열정으로 의식과 인격을 고양시킴으로써 길을 열어갈 수 있다.

괘를 인성(人性)의 면으로 살펴보자. 본성적 욕구가 강렬하여(1양) 이에 따라 신진대사기능은 활발한데(2양) 주변과의 외적·물질적·육체적인 소통이 잘 이루어지지 못하니(3음) 신체적으로는 건강한데도 몸으로 행동하는 외적인 관계는 형성되기 어렵다. 또한, 세계 밖과 미래의 정보가 부족하니(6음) 자체의 창조적 아이디어를 적극적으로 개발하고(4양) 뜻한 바를 내면적으로 밀어붙이지만 밖으로는 나아가지 못한다(5양). 끓는 열정으로 밖의 막힘을 터뜨리려고 애쓰는 인물이다. 내적 에너지로써 외적 장벽을 없애려는 타입이니 외적 화려함보다는 내적 가치를 높이 사는 순수하고 고상한 인품이다. 실질적인 교류가 소극적이다 보니 속에 가득한 생각과 열정을 행동으로보다는 말로써 표현하며 내적 만족을 얻는다. 이루기 힘들지만 외적 발전을 위하여 온갖 정성을 기울이는 사람이다. 하지만 상대성을 인정하는 지혜로운 사리분별(송06)이 없는 내적 에너지(기쁨)의 분출(태58)은 일면 줏대 없는 인물로 인식되는 것이니 철저한 자기관리 속에(사07) 스스로 절제하는 외유내강의 면모를 갖추어야 진정한 태(58)의 인간상을 구현하는 것이다.

'내적 기쁨의 상[兌]'이라 한 것은, 내면에 충만한 기쁨을 밖으로 표출하지 않고 제어하는 상이기 때문이다. 이어서, '형통하리라[亨]'라 한 것은, 지금 상태에서 외적으로 형통한 것은 아니지만 '태'의 4원의 전반부인 '송(訟)·동인(同人)'의 준비를 통하여 형통할 수 있는 자질을 갖추게 됨을 의미하고 있다. 그것의 조건이기도 하겠지만 4원의 후반부인 '사(師)·명이(明夷)'의 힘든 과정, 즉, 엄정한 자체관리(07)와 외유내강의 길(36)을 겪어내야 하므로 '굳건하게 하면 이로우리라[利貞]'라 한 것이다.

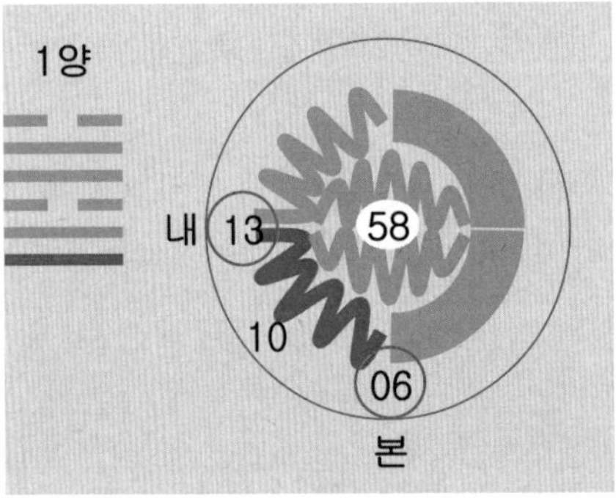

和兌화태. 吉길.

조화로운 내적 기쁨이로다[和兌].
길하리라[吉].

1양은 송(訟)·리(履)·동인(同人)의 과정이다: 경륜과 지혜를 쌓아 사리를 분별하여[송06] 내적 열정을 가지고 뜻을 한데 모으려면[동인13], 어떻게 해나가야 하는가? 뜨거운 심정을 조화롭게 조절하며 주위에 참답게 동화되어야 한다[리10].

1양은 내면의 바탕(심정)에 열정이 있음이다. 그 자체가 생의 기쁨이요 삶의 진정한 의미다. 이기심이 아닌, 외부로부터의 강압에 의해서도 아닌, 본성적 마음에서 우러나는, 바탕에서 용솟음치는 기쁨은 세계에 대한 신뢰감이 심정 깊숙이 자리하기 때문이다. 주위에 동화되는 열정적 본성은 세상을 따뜻하게 하며 조화로운 유대감을 형성한다. 의미 없는 열기는 단순한 광기에 불과하다. 주변과의 어우러짐은 새로운 힘을 만들어내는 것이니 차오르는 기쁨이다.

이 상황을 주재하는 '리(10)'의 4원 개념을 '태'의 환경으로 읽어오면, 굳건한 의지와 노력으로 어려움을 헤쳐나가(곤47) 용의주도하게 변화를 이끌고(혁49) 배움으로 깨우치며(몽04) 주위와 어울리게 가꾸고 조정해나가는(비22) 일련의 과정이다.

1양은 본성이 흔쾌하게 주위에 자발적으로 동화됨으로써 우러나는 기쁨을 64괘 언어로 말하면 '履兌리태'라 할 진데 이것이 곧 '조화로운 내적 기쁨[和兌]'이니 그렇게 되면 효의 주어진 역할과 효상이 의미하는 상황이 잘 일치되므로 '길[吉]'할 것임은 당연하다.

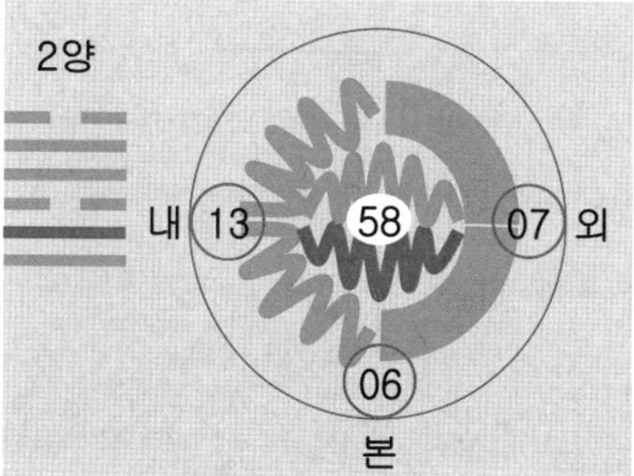

孚兌부태. 吉길 悔亡회망.

신뢰를 바탕으로 하는[孚] 기쁨이로다[兌]. 길하며[吉] 회한은 사라지리라[悔亡].

2양은 동인(同人)·송(訟)·사(師)의 과징이다: 의기투합하여 일치된 정신을 바탕으로[동인13] 철저한 자체규율 속에서 관리육성이 요구된다[사07], 어떤 역할이 있어야 하는가? 경륜과 지혜를 쌓아 시비와 혼란이 없는 상호신뢰를 구축해야 한다[송06].

2양은 혼탁한 세상 속의 갖가지 유혹적인 즐거움에 노출된 동요와 혼란상이다. 내면의 조화로운 기쁨의 참 의미를 알고(1양), 성실하게 행동하여도 지속한 세속적 즐거움에 빠지기 쉽다. 하지만 2양은 1양과 같은 내면으로부터 우러나는 기쁨의 진가를 다시 깨우치고, 불장난 같은 뜨거움보다 든든한 속마음의 바탕에서 솟아나는 참 기쁨에 만족을 구하면, 자연히 유혹의 그림자도 사라지니 이로 인한 회한이 없어진다. 사리를 분별하는 경륜을 쌓다 보면 혼란한 즐거움보다 서로 신뢰하는 가운데 안정감 있는 기쁨을 누릴 수 있다.

이 상황을 뒷받침하는 '송(06)'의 4원 개념을 '태'의 환경으로 읽어오면, 내적 기쁨을 인격 고양과 자기 절제로 승화시키며(태58) 상대를 제대로 인식하고 하나가 되어(함31) 불필요한 것을 줄이고 효율을 높이면서(손41) 멈추어 사려 깊게 통찰하며 지혜를 궁구하는(간52) 일련의 과정이다. '태'의 4원을 보면 그 기초자질이 '송'이고, 송의 4원을 보면 그 기초자질이 '태'임을 살펴보자. '내적 기쁨을 인격 고양과 자기 절제로 승화시키는 것(태58)'과 '경륜과 지혜를 쌓아 시비와 혼란이 없는 상호신뢰를 구축해야 함(송06)'은 서로간에 기초자질의 관계를 맺고 있음을 음미할 수 있을 것이다.

2양은 64괘 언어로는 '송(訟)·태(兌)'인데 이는 곧 방종의 즐거움이 송사를 부르는 것이니 서로간의 투쟁을 없앨 수 있는 상호신뢰구축이 그 대안이기 때문에 이 상황을 '신뢰를 바탕으로 하는 기쁨[孚兌]'이라 한 것이다. 방종적인 기쁨을 추구하지 않고 무너진 신뢰를 회복하면 진정한 내적 기쁨을 누릴 것이니 '길하며[吉] 회한은 사라진다[悔亡]'라고 한 것이다.

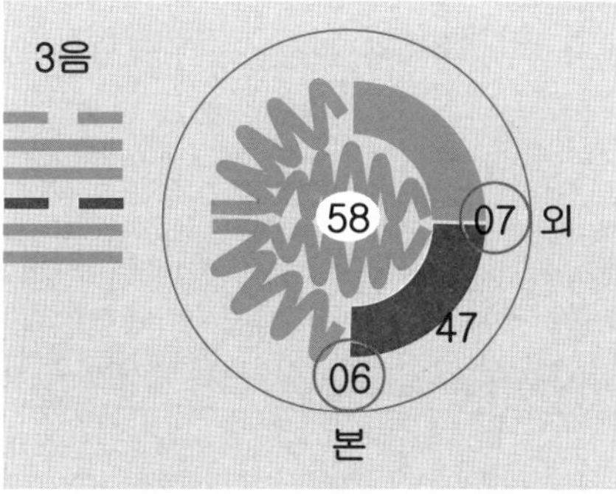

來兌내태 凶흉.

밖에서 흘러오는 기쁨이면[來兌]
흉하리라[凶].

3음은 송(訟)·곤(困)·사(師)의 과정이다: 시비와 혼란을 지양하는 경륜과 지혜를 쌓으면서[송06] 외적으로는 철저하게 절제하는 관리육성이 요구된다[사07]. 어떻게 해나가야 하나? 내실을 다지면서 정성을 다하여 어려움을 견뎌나간다[곤47].

3음은 외부 환경과의 교류가 제어되어야 함이다. 계의 내부의 들뜬 에너지가 외부로 소진되어 버리지 않도록 절제되어야 한다. 주위로부터 몰아치는 물질적·육체적 유혹의 혼탁한 세상에 빠져 내적 에너지를 빼앗기면 쌓던 인격은 타락하고 사면초가의 곤궁을 맞는다. 멈추어 조용함을 추구하면서 자신의 존재가치를 재발견할 수 한다면 3음은 에너지 낭비를 막고 인격을 고양시키는 보호막으로 작용한다.

이 상황을 주재하는 곤(47)의 4원 개념을 '태'의 환경으로 읽어오면, 주위에 순응하고 동화되면서(리10) 한발 물러서서 내실을 다지고(둔33) 미래의 보람을 위해 능력을 보완하여(림19) 겸손과 정성으로 어려움을 견디는(겸15) 일련의 과정이다.

이에 반하여 절제의 벽을 허물고 쌓아가는 능력이 힘을 제대로 쓰기도 전에 외부와 교류하며 발산된다면 당장에는 양 에너지의 특성상 펼치는 즐거움이야 있겠지만 오래가지 못한다. 밖으로 빠져나가는 에너지의 대가로서 밖에서 그 빈자리로 흘러 들어오는 기쁨은[來兌] 향락적인 것이다. 이 경우는 이 효가 지켜나가야 할 역할과정인 '困兌곤태'의 상황과는 상반되므로 그렇게 되면 '흉[凶]'할 수 밖에 없다.

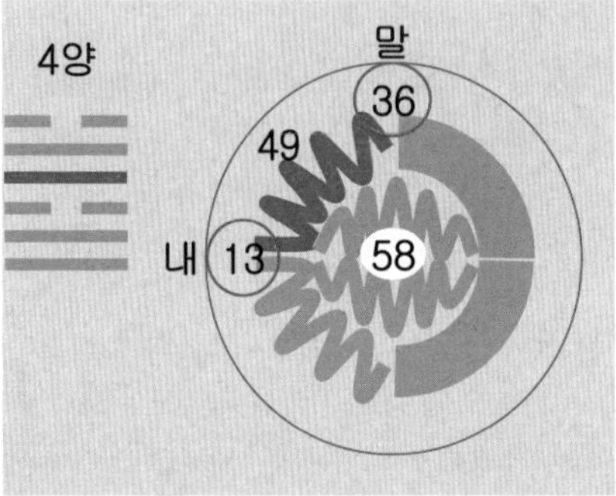

商兌상태 未寧미령.
介疾개질 有喜유희.

계산된[商] 기쁨이니[兌] 편안치[寧] 않도다[未]. 욕심을[疾] 뿌리치면[介] 기쁨이 있으리라[有喜].

> 4양은 동인(同人)·혁(革)·명이(明夷)의 과정이다: 내적 열정으로 마음을 모아[동인13] 자기를 절제하는 외유내강(外柔內剛)의 길을 가려면[명이36] 어떤 정신이 필요한가? 구태를 벗는 개혁정신이 뒷받침되어야 한다[혁49].

4양은 의식이 활성화되어 생각이 많은 상태다. 기쁨이 인위적으로 계산된 것이라면 순수한 감성이 긍정적 자극을 받기보다는 억지로 그리 되게 신경을 쓰기 때문에 불안정한 마음을 일으킨다. 거짓 즐거움은 사리사욕을 채우려는 것으로부터 오는 것이니 양심은 편치 못하다. 오직 내재한 이성으로써 의식과 인격을 고양시키는 문화활동·창작활동 등을 통하여 내면의 열정을 한데 모아 목전의 사리사욕을 넘어 더 큰 미래발전을 계획해나간다면 진정한 기쁨을 맞을 수 있다.

이 상황을 주재하는 '혁(49)'의 4원 개념을 '태'의 환경으로 읽어오면, 드러내지 않고 내실을 다지며(둔33) 주어진 여건에 발맞추고 동화되면서(리10) 겸손하게 변화를 이끌어내고(겸15) 미숙한 능력을 다스려서 값진 보람을 얻게 되는(림19) 일련의 과정이다.

이 효를 64괘 언어로 요약하자면 '革兌혁태'다. 사리사욕에 근거한 계산된 기쁨[商兌]은 이 효의 갈 길인 생각을 쇄신함으로써 정신적 가치를 구현하는 기쁨[革兌]과는 반대의 개념이니 '편안치 않을[未寧]' 수밖에 없다. 이 점에서 사리사욕에 매달려 매사를 계산하며 기쁨을 찾는다면 그것은 마음의 근심거리이고 심하면 정신질환으로 발전한다. '욕심을 뿌리치면[介疾] 기쁨이 있으리라[有喜]' 함은 '혁태(革兌)'의 길로 돌아오면 진정한 기쁨을 얻는다는 뜻이 된다.

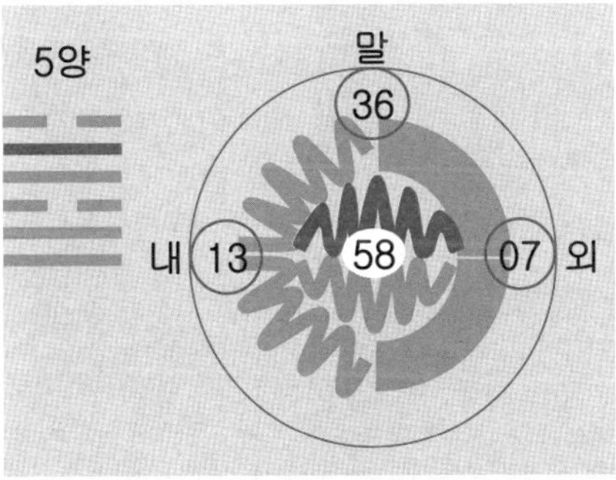

孚于剝부우박 有厲유려.

박탈의 분위기 속에서[于剝] 믿고 나서면[孚] 위태함이[厲] 있으리라[有].

5양은 동인(同人)·명이(明夷)·사(師)의 과정이다: 뜻을 한데 모아[동인13] 공적 규율로 세계를 철저히 관리해야 한다[사07]. 어떤 리더십을 견지해야 하는가? 험난한 세상물정도 모르고 열정만 믿고 나서지 않도록 (외유내강의 태도를 견지토록) 해야 한다[명이36].

5양은 이 세계의 중심으로서 활기찬 세계 내의 에너지를 이끈다. 하지만 6음에 의하여 세계 밖과 미래를 향한 정보의 눈이 가려져 자신의 실력과 인격이 억눌려져 있는데도 한데 모아진 열정으로 신명이 나서 험난한 세상 밖의 정황도 제대로 모른 채 밖으로 나서려 한다. 현명하게 중심을 잡고 이성을 되찾아 허황된 일에 발목이 잡히기 전에 강직한 자세로 자만심을 버리고 자신의 세계를 엄정하게 제어해나가야 한다.

이 상황을 주재하는 '명이(36)'의 4원 개념을 '태'의 환경으로 읽어오면, 멈추어 사리분별의 지혜를 가다듬어(간52) 취사선택 속에 관심을 집중시키고(손41) 이기심을 버리고 상대를 인정하면서(함31) 세파에 견딜 인격을 연단하며 외유내강의 길을 가는(태58) 일련의 과정이다. 험한 세상의 파고는 귀한 지혜와 실력도 짓밟고 지나가니 자만하여 나서지 말고 내면의 인격을 닦는 자기수양을 행동지표로 삼아야 한다.

'박탈의 분위기[于剝]'란 혼탁한 세상물정을 6음이 가려 출세가 훼방되는 상황을 말한다. 이는 6음의 상황코드인 '지화명이(地火明夷36)'가 밝음이 땅 아래 묻혀 빛을 발하지 못하게 하는 것이기 때문이다. 이런 와중에 '믿고 나서면[孚] 위태함이 있을[有厲]' 것은 자명하다. '孚于剝부우박'은 가야 할 '명이'의 길에 반하는 행동이니 위태할 수 밖에 없다.

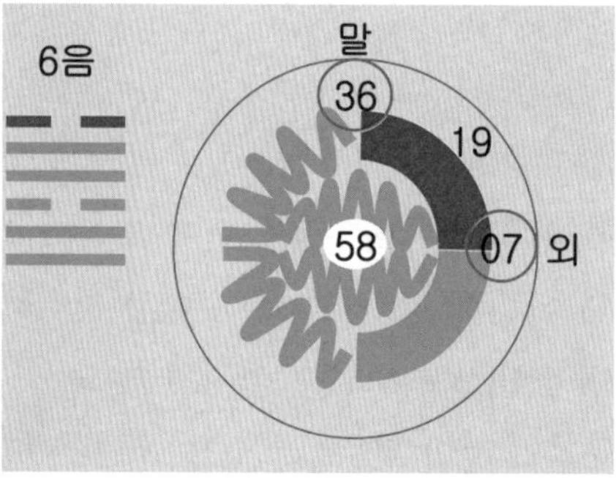

引兌인태.

인도(引導)한[引] 기쁨이로다[兌].

> 6음은 사(師)·림(臨)·명이(明夷)의 과정이다: 엄정한 관리육성으로 자신을 제어하여[사07] 자만심으로 섣불리 나서서는 안 된다[명이36]. 어떻게 해야 하나? 미래의 보람을 찾기 위해 미숙한 능력을 다스리며 보완해나가야 한다[림19].

6음은 세계 밖과 미래에 대한 격리의 막이다. 미인계나 재물에 유혹되지 않도록 외측세계와의 교류를 제어하는 보호막이다. 뻗어나가야 할 바깥세상으로 향하는 문턱에 갖가지 유혹이 버티어 양양한(양 넷) 앞길의 진로를 막는 상이기도 하다. 인격이 높더라도 인간의 외적 욕심을 자극하면 보통의 이성은 판단을 잃고 무너지기 쉽다. 세계 밖과 미래의 중요 정보와의 접촉이 방해를 받고 있기 때문에 자신을 잘 유지하려면 스스로를 철저히 다스려야 한다.

이 상황을 주재하는 '림(19)'의 4원 개념을 '태'의 환경으로 읽어오면, 미성숙을 배움으로 깨치며(몽04) 가꾸고 조정하는 능력을 발휘하여(비賁22) 굳건한 의지와 노력으로 어려움을 헤쳐나가(곤47) 변화를 이루어내는(혁49) 일련의 과정이다.

험난한 세상의 유혹에 휩쓸리지 않고 잘 다스린 결과로써 기쁨을 맛볼 수 있는 것이니 '인도(引導)한 기쁨[引兌]'이라 하였다. 64괘 언어로는 '臨兌림태'라 할 것이다.

59. 풍수환(風水渙)

내면정화에 의한 구조조정, 흐트러짐을 추슬러 새롭게 헤쳐나감, 자기조정, 불신과 오해의 해소, 구조적 변화를 통한 새로움의 창조

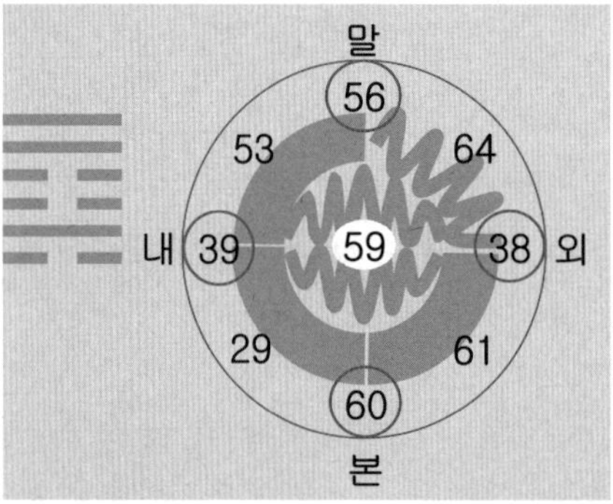

渙환. 亨형.
王假有廟왕격유묘.
利涉大川이섭대천 利貞리정.

내면을 정화하는 상이로다[渙]. 형통하도다[亨]. 왕이[王] 몸소 이르러[假] 종묘제사를 지내도다[有廟]. 큰 내를 건넘이[涉大川] 이롭고[利] 계속 굳건하게 함이[貞] 이로우리라[利].

환[渙]은 절(節)·건(蹇)·규(睽)·려(旅)를 따라 흐르는 세계다: 외적 한계에 봉착하여[절60] 도움이 절실한 상태를 맞으니[건39] 구태를 벗고 국면을 전환하여[규38] 정체된 상태를 미지의 새로운 환경으로 이끌어나가는[려56] 일련의 과정이 '환'의 세계다.

8괘의 상으로 보면, 물(坎水감수) 위로 바람이 불어(巽風손풍) 물의 파편과 수증기를 공기에 실어 보내거나 수면 위로 스쳐 흐르는 신선한 공기가 물에게 영향을 주는 형국이다. 내면에 복잡하게 얽힌 내용을 밖으로 흩어지게 하여 내면을 정화하는 모습이다.

6양이 6음이라면 감(坎)괘다. 이 '감'의 내면의 움직임(2양·5양)은 어둠 속의 혼란이었다. 이러한 내부의 탁한 기운(불신, 갈등, 사리사욕에의 집착 등)

이 극에 달하면 그 압력이 높아져 밖과 미래로의 둑이 터지니(6양) 변화의 국면을 맞게 된다. 어차피 혼란 속에서 맞지 않는 관계는 끊기고 흩어지게 된다. 그런 발산이 있고 나면 불화의 압력이 줄어 들고 질서가 재정립된다. 이제 새로운 생기를 북돋울 수 있는 요소가 그 열린 문으로 몰려드니 그곳은 환풍구와 같다. 그 울타리(1음·3음·4음)는 세포막처럼 세계의 생기를 감싸는 보호막임과 동시에 펌프나 심폐기능과 같은 구실을 한다. 불필요한 것은 불어내고 필요한 것은 흡입하는 주머니다. 그러니 내쉴 때는 과감히 불어내야 하고 들이쉴 때는 강력하게 흡입해야 한다. 가득한 부조리의 탁함을 걷고 순리의 생기로 채운다. 새로운 분위기를 위한 구조적 변화는 그에 합당한 결단을 감행하지 않고서는 이룰 수 없다. 바로 그 동력의 주체가 5양이다. 밖으로 내보낼 때도 안으로 이끌어 들일 때도 2양과 6양의 협조를 받으면서 환기의 펌프를 가동하는 주 동력원이다. 내면정화는 사리사욕적인 모든 행동을 일신하는 조건이 된다. 개인이 그로부터 해방되기만 하면 서로의 연대감을 느끼며 공동의 목적을 달성하기 위하여 다시 뭉칠 수 있는 조건이 형성된다.

괘를 인성(人性)의 면으로 살펴보자. 자신의 본능적 욕구가 별로 없고(1음) 주변과의 외적·육체적·물적 교류에도 소극적이지만(3음) 신진대사활동은 활발한데(2양) 이는 신체적 요구에 의한 것이기 보다 정신적 자극(5양)을 받은 결과다. 스스로의 생각은 내세우지 않고(4음) 세계 밖과 미래 정보와의 교류활동에 온 신경을 집중하여(6양) 그 흐름에 따라 철저히 행동을 맞추어가기에(5양) 자신의 현재 여건과 생각보다는 미래를 지향하여 내면의 긍정적 변화를 모색하는 인물로서 종교지향적 특성을 가지며 외적 감동을 받으면(6양) 이기심에서 나오는 모든 행동을 일신하고(2양·5양) 도움을 나누는 타입이다.

'환'의 내면정화가 이루어지면 사회공동체의 구성원들이 공동의 목표를 향하여 단결하고 성취해나가는 바탕이 되므로 '형통하다[亨]'라 하였고, '왕이 몸소 이르러 종묘제사를 지낸다[王假有廟]' 함은, 왕이 종묘사직을 지키는 의식을 통하여 공동체정신을 되살리고 흩어진 민심을 수습함이니 이는 곧 내면정화의 예를 제시하고 있는 것이다. 하지만 한 개인을 위시한 단위세계가 사리사욕을 버리고 더 큰 공동체로 단결할 수 있도록 내면을 정화한다는 것은 여간 어려운 일이 아니다. 이는 큰 모험을 감행하는 결심이 필요하고 지속적으로 노력하지 않으면 기왕에 형성되려는 단결분위기마저 흩어져버리게 되니 '큰 내를 건넘이 이롭고[利涉大川] 계속 굳건하게 함이 이로우리라[利貞]'라고 하였다.

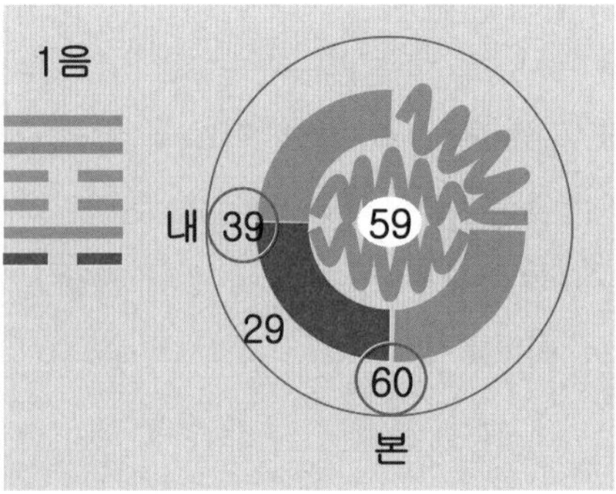

用拯馬壯용증마장 吉길.

구원의[拯] 말을[馬] 힘차게[壯] 부리면[用] 길하리라[吉].

> 1음은 절(節)·감(坎)·건(蹇)의 과정이다: 내적 결속으로 외적 한계를 극복하려고 애쓰지만[절60] 산전수전의 어려움에 처해 도움이 절실한 단계에 이른다[건39]. 어떤 과정을 겪고 있는가? 난관이 겹친 혼란 속에 허덕이며 열정을 잃지 않고 생존을 위해 바둥댄다[감29].

1음은 '건(乾) 1양'의 뜻(우주론에서의 양자진공의 공간에너지)이 표출되도록 하는 '곤(坤) 1음'의 수렴성의 음덕을 이어받는 자리다. 세계내의 탁기운이 가득하고 믿음이 깨져 흩어지려는 성향이 생겨있는 이때에 새로이 흡입되는 양기운(6양·5양·2양)이 세계 안으로 깊숙이 다가오도록 음덕의 수렴역할을 수행한다. 그 극한에서 음이 양 에너지에 동조되어 활성화되면 믿음과 열정이 가득한 상황으로 바뀌어(중부61) 생기가 세계 내를 관통하고 힘을 얻게 되니 이로써 난국의 실마리가 풀린다.

이 상황을 주재하는 감(29)의 4원 개념을 '환'의 환경으로 읽어오면, 믿음과 열정을 갖고(중부61) 점진적 발전을 꾀하면서(점53) 위축된 세상 분위기에서 주의심을 잃지 않고(귀매54) 최소한의 성취라도 이루려고 바둥대는(소과62) 일련의 과정이다. 사면초가의 난국에서 고군분투하는 모습이니 도움 없이는 헤어나기 어려운 상황이다.

내가 맞은 난국을 타인의 도움으로 해결하기는 쉽지 않다. 하늘은 스스로 돕는 자를 돕는다고 하였으니 자신의 무의식까지 파고들은 정(靜)적 심정(1음)이 세상의 긍정적이고 발랄한 생기(양 셋)와 접하며 동(動)적 에너지를 얻을 수 있도록 기꺼이 노력함으로써 혼란 속의 웅크림을 벗어나 믿음과 열정의 자신감을 찾아야 한다. '구원의 말을 힘차게 부리는[用拯馬壯]' 것은 남의 도움이 아니고 나의 본성을 고쳐서 스스로 돕는 것을 의미하는 것이니 내면정화의 상인 '환'의 근본이라 할 것이다. 깊은 감동이 없으면 사리사욕은 버리기 어려운 것이니 내가 나를 해방해야('환(渙)'해야) 함이다. 그 소질은 이 효의 상황을 주재하는 감(坎)의 본원(本元)인 중부(61)에 내재되어 있다. 그것을 쓰는 것이 바로 용증마장[用拯馬壯]이다.

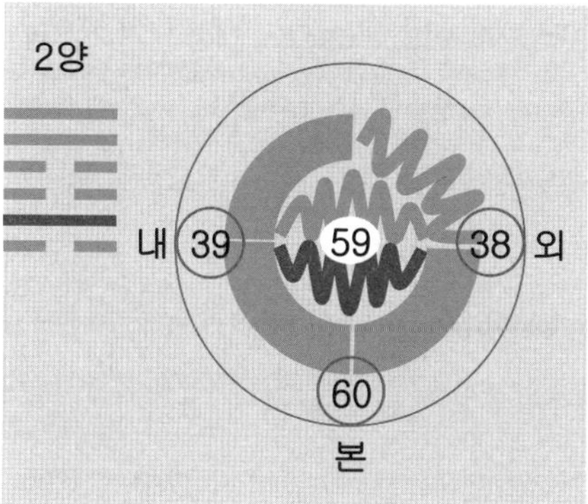

煥환. 奔其机분기궤 悔亡회망.

내면을 정화하도다[煥]. 자기가[其] 정성 드리는 곳으로[机] 달려가면 [奔] 회한이[悔] 사라지리라[亡].

2양은 건(蹇)·절(節)·혁(革)의 과정이다: 도움이 절실한 어려운 상황에서는[건39] 구태를 벗고 국면을 전환해야 한다[규38]. 어떤 과정역할이 필요한가? 인내심을 가지고 절제 속에서 한계를 극복해야 한다[절60].

2양은 세계를 채우고 있는 유동적 기운이다. 탁한 기운은 5양을 통하여 6양의 출입구로 배출되어야 하고, 맑은 기운은 그 역순으로 세계내부의 아래중심인 2양으로 유도된다. 어느 쪽이건 2양은 내적 기운으로서 위로는 분위기 교환을 위한 기운의 출입을 도움 받고 아래로는 새로운 자극을 주어 일깨운다. 긍정적인 것과 부정적인 것이 교차하므로 유동적 기운이니 절제와 중도정신을 발휘하여 내면을 각성시키면 원래(1음) 침체된 상황(우울, 소외감, 불신, 갈등, 사리사욕에의 집착 등)에 따른 회한은 사라지고 희망이 생기게 된다.

이 상황을 주재하는 '절(60)'의 4원 개념을 '환'의 환경으로 읽어오면, 내면을 정화하여 재정비하고(환59) 어려움을 딛고 협력으로 도약의 발판을 마련하여(가인37) 얽혀진 외적 장애를 지혜롭게 해소하며(해40) 효율이 낮더라도 내적 구조조정을 힘껏 추진하는(풍55) 일련의 과정이다. 내면을 강하게 다져서 외적 한계를 최대한 극복해나가는 상황이다.

'내면을 정화하려면[渙] 자기가 정성들이는 곳으로 달려가야[奔其机]' 하는데, 우선 자신만의 성소(聖所: 책상, 침대, 정성 드리는 기도 자리 등)에서 정신적인 안정을 구하면서 잘못을 반성하고 바로잡을 것을 결심함이며, 왕이라면 종묘를 찾아 혼란한 민심의 수습을 기원함이니 그로써 '회한이 사라지게[悔亡]' 될 것임을 말하고 있다.

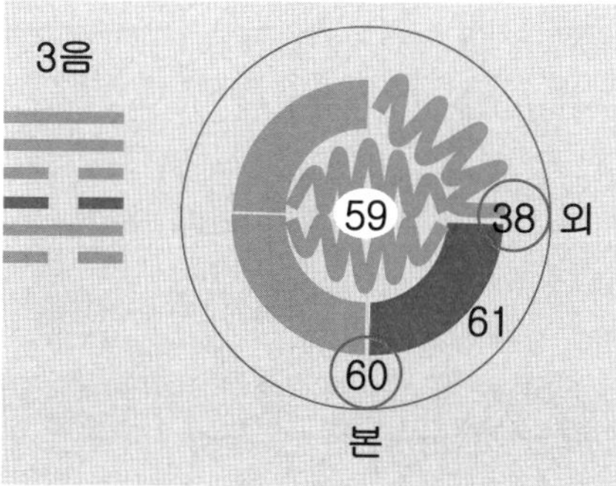

煥其躬환기궁. **无悔**무회.

그 몸을[其躬] 정화하도다[煥]. 후회가 없으리라[无悔].

3음은 절(節)·중부(中孚)·규(睽)의 과정이다: 절제 속에서 한계에 도전하며[절60] 구태를 벗고 국면을 전환하려면[규38] 어떤 역할과정이 필요한가? 외적 분수를 지키며 내면의 믿음과 열정을 유지하여야 한다[중부61].

3음은 주위와 교류를 통제하는 벽이다. 만약 6양의 출입구를 통하여 모든 탁한 기운을 생기로 빠르게 교체(정화)하기 어렵다고 물질적·육체적 집착의 벽인 3음의 벽을 허물면 3양으로 입장이 전환되어 전체는 손(巽57)의 상으로 되어 외부로의 통로는 시원하게 뚫리지만 그 반대급부로 외적 영향력이 강하게 침투하여 갈등을 일으킬 소지가 많아(손의 3양 참조) 오히려 자체의 내적 정화를 이루어내기 어렵다. 따라서 이 3음의 벽을 잘 지켜내어야 자신의 열정을 보호하고 절제 속에(절60) 국면을 전환할 수 있다(규38).

이 상황을 주재하는 '중부(61)'의 4원 개념을 '환'의 환경으로 읽어오면, 혼돈과 어둠을 거치면서도(감29) 풀릴 때는 나중에 도래할 난관에 대비하고(기제63) 막힐 때는 분수에 맞게 점진전략을 쓰면서(미제64) 적극성과 밝은 지혜로 그 세계를 이끌어가는(리離30) 일련의 과정이다. 풀릴 때는 방탕한 생활을 제어하며(기제63) 막힐 때는 인내심과 지혜로 버티는(미제64) 중심을 잃지 않는 열정을 간직함이다.

중부(61)의 과정을 겪는 3음은 혼란 속에서 기제와 미제의 경계를 오가며 몸(물질교류)의 분수를 잘 지켜냄으로써 6양을 통한 정화를 달성하므로 3음과 6양 간에는 음양상응(陰陽相應)의 관계가 잘 이루어지고 있는 것이다. '그 몸을 정화하니[渙其躬] 후회가 없으리라[无悔]'라 한 것은, 결국 몸의 외적 타락을 방지하고 내적 믿음과 열정을 모아가면(중부61) 후회 없이 '환'의 목적을 잘 달성할 수 있음을 말해주고 있다.

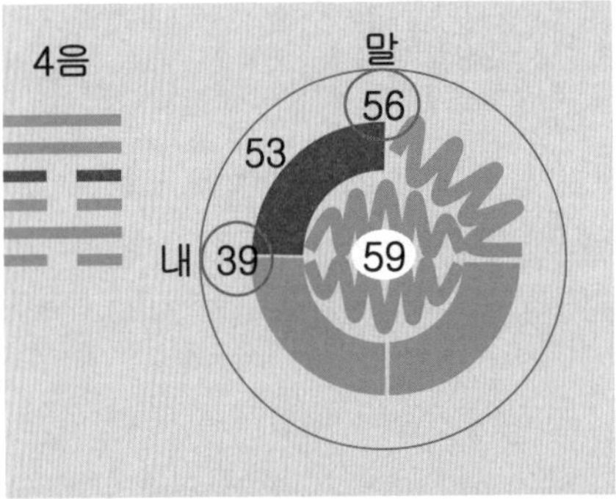

渙其群환기군, **元吉**원길.

渙有丘 匪夷所思.
환 유 구 비 이 소 사

자기 권속(眷屬)의[其群] 내면을 정화하면[渙] 크게[元] 길하리라[吉]. 흩어버리고 정화하여[渙] 더 큰 언덕을[丘] 만드는 것은[有] 평범한 사람들이[夷] 생각할 바가[所思] 아니로다[匪].

4음은 건(蹇)·점(漸)·려(旅)의 과정이다: 도움이 필요한 어려운 상황에서[건39] 멈추어 있지 말고 미지의 새로운 환경을 찾아 나아가야 한다[려56], 어떤 역할과정이 있어야 하나? 자신의 바탕을 다지며 점진적인 발전을 지향해야 한다[점53].

4음이 살아있는 생명체라면 더 큰 질서를 재구축하는 곤덕(坤德)이 작용한다. 내면의 탁한 기운(사리사욕 등)을 내 보낼 때는 건(乾)의 덕으로 방사하는 것이지만 이제는 곤덕으로 세상의 새로운 질서를 재구축하며 세계내부에 생기(6양·5양·2양)를 흡입하여 그 정화된 기운을 점점 모아 응축하고 포장하여 더 큰 세계를 만들어간다.

이 상황을 주재하는 '점(53)'의 4원 개념을 '환'의 환경으로 읽어오면, 열린 길이라고 되는 데로 하면(기제63) 갈수록 혼란을 겪으니(감29) 적극적인 열정과 밝은 지혜로 그 세계를 이끌어가며(리30) 미래의 열림을 위하여 지금의 고역을 감내하는(미제64) 일련의 과정이다. 미래지향적 인물이라면 더 큰 미래를 위하여 지금의 작은 성취에 만족하지 않고 끊임없는 자기정화로써 점진적 발전을 수행하는 자다.

'자기 권속의 내면을 정화하면[渙其群] 크게 길하리라[元吉]'라고 한 것은, 자기자신에 딸려있는 무리(식구, 일가, 단체, 계파 등)의 문제점을 먼저 타파하면 사리사욕과 아집의 탁한 기운을 깨끗이 정리하는 것이기에 주위의 존경을 받고 경쟁상대에까지 그 영향을 미치게 되니 더 큰 범위의 인간관계를 구축하려 하는 이에게는 큰 길복이 아닐 수 없다. 그래서, '흩어버리고 정화하여 더 큰 언덕을 만드는 것은[渙有丘] 평범한 사람들이 생각할 바가 아니다[匪夷所思]' 하였는데, 여기에서 '더 큰 언덕[丘]'이란 바로 앞 구절의 '자기 권속[其群]'보다 더 큰 조직을 이루는 것을 말하는데 자기 무리를 없애거나 수정함으로써 더 큰 것을 이룬다는 것은 대인이 아니면 해내기가 매우 어렵다는 것을 강조하는 말이다. 더 큰 세계를 꿈꾸며 이 어려운 일의 실행계획을 세우고 추진한다는 것은 4음의 직능에 해당하는 큰 기획자나 미래지향적 인물이 점진적인 발전을 꾸준히 꾀하며 행할 수 있는 결단이기 때문이다. 4음은 64괘 언어로는 '漸渙점환'의 역할이라 하겠다.

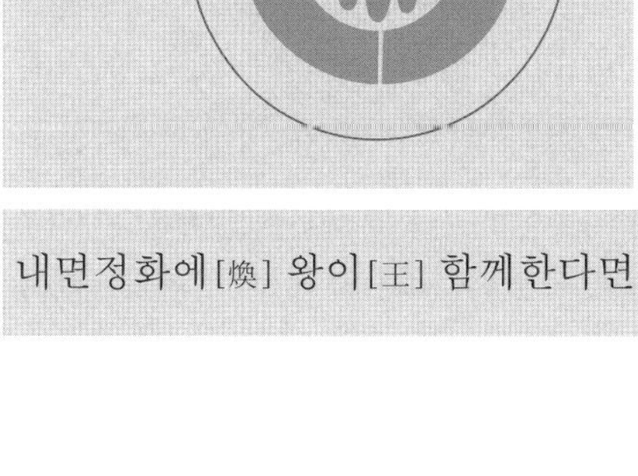

渙환 汗其大號한기대호·
渙환 王居왕거 无咎무구.

내면정화에[渙] 땀이 젓도록[汗]
몸소[其] 크게 호소하도다[大號].
내면정화에[渙] 왕이[王] 함께한다면[居] 탈이 없으리라[无咎].

> 5양은 건(蹇)·려(旅)·혁(革)의 과정이다: 도움 없이는 헤쳐나기 어려운 상태를 딛고[건39] 구태를 벗고 국면을 전환하려면[규38] 어떤 추진이 필요한가? 전체를 일깨워 보다 나은 새로운 방향으로 이끌어나가야 한다[려56].

5양은 기운을 교류하기 위한 동력원이다. 내보내는 기운과 들이는 기운의 교류를 점검하고 독려하며 지도하는 이 세계의 주 동력원이다. 위의 입구에서 망설이는 6양에게는 직접적인 교류를 설득하고 아래에 있는 2양에게는 생기를 받아 정화될 수 있도록 인도한다. 세계의 중심에서서 흐트러진 세계가 다시 결집되어 활력을 되찾도록 전력을 다한다. 세계가 불화와 불일치로 그 가용의 기운이 흩어질 때 대중을 다잡아 문제점을 해소하고 다시 뭉치게 하는 신통력을 발휘할 수 있다면 그 역할을 다한 것이다.

이 상황을 주재하는 '려(56)'의 4원 개념을 '환'의 환경으로 읽어오면, 미래를 향해 전력을 다하여 밀어붙여(풍55) 내부문제의 실마리를 풀면서(해40) 전체의 발전을 위하여 조직적 협력을 이끌어내고(가인37) 내면을 정화하여 새로운 분위기로 승화시키는(환59) 일련의 과정이다. '환'의 말원(목표형질)이 '려'이고, 려의 말원이 '환'임을 살펴보자. '전체를 일깨워 보다 나은 새로운 방향으로 이끌어나감(려56)'과 '내면을 정화하여 새로운 분위기로 승화시킴(환59)'은 서로가 서로의 목적이 되는 관계에 있음을 음미할 수 있다.

'내면정화에[煥] 땀이 젖도록 몸소 크게 호소하도다[汗其大號]'라 한 것은, 상황코드인 려(56)의 본원(풍55)과 내원(해40)을 잇는 과정을 요약하고 있다. 즉, 미래를 향해 전력을 다하여 밀어붙여(풍55) 내부문제의 실마리를 푸는(해40) 단계다. 이어서 '내면정화에[煥] 왕이 함께한다면[王居] 탈이 없으리라[无咎]'라고 한 것은, 상황코드인 려(56)의 외원(가인37)과 말원(환59)을 잇는 과정을 요약하고 있다. 즉, 전체의 발전을 위하여 조직적 협력을 이끌어내고(가인37) 내면을 정화하여 새로운 분위기로 승화시키는(환59) 단계다. 나라 문제의 경우 왕이 직접 나서 분위기 쇄신에 가담한다면 나라 전체를 혼연일체의 모습으로 다시 추스를 수 있게 됨을 의미한다. 이는 곧 64괘 언어로 요약하면 '旅渙려환'임을 의미한다.

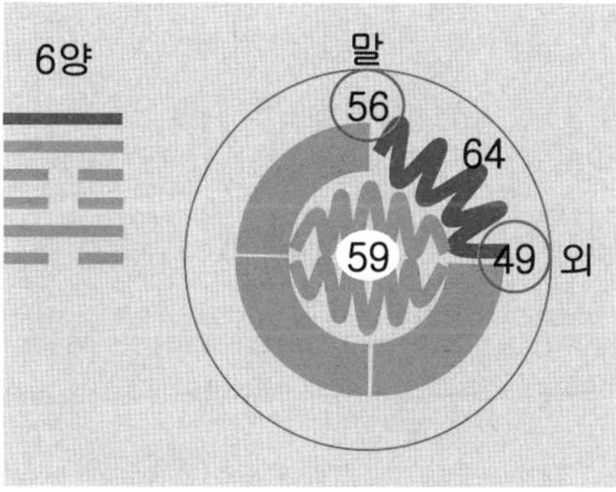

渙其血去환기혈거·
逖出无咎적출무구·

기존의 갈등을[其血] 거두고[去] 내면을 정화하도다[渙]. 멀리[逖] 벗어나면[出] 무탈하리라[无咎].

> 6음은 혁(革)·미제(未濟)·려(旅)의 과정이다: 구태를 벗고 국면 전환을 시도한 후[규38] 멈추어 있지 말고 미지의 새로운 환경을 찾아 나아가야 한다[려56]. 어떤 마무리 과정이 필요한가? 미래의 희망을 위해 기존의 문제와 갈등의 잔재를 극복해야 한다[미제64].

6양은 세계 밖으로 미래로 향하는 열린 문이다. 혼란에서의 분발(1음), 분위기 쇄신(2양), 외적 타락 억제(3음), 사리사욕의 철폐(4음), 미래지향적 구조조정(5양)의 단계를 거치며 내면정화의 길을 길을 걸었지만 마지막 문턱에서 완전히 정화되지 못한 탁한 기운(불신, 갈등, 사리사욕에의 집착 등)의 잔재를 털어낼 마지막 기회다. 열린 문으로 응어리를 먼저 풀어내고 다시 재발하지 않도록 멀리 격리시키면 새로운 희망의 기운이 들어올 여지기 생긴다. 구대 탈피와 국면 진환으로써(규38) 미래지향적으로 끊임없이 노력하여야(려56) 내면정화는 미완성의 벽을 넘어갈 수 있다(미제64).

이 상황을 주재하는 '미제(64)'의 4원 개념을 '환'의 환경으로 읽어오면, 위축된 세계에서 경각심을 높여(귀매54) 분수를 넘는 욕심을 줄이고(소과62) 믿음과 열정을 가지고(중부61) 점진적 발전을 모색하는(점53) 일련의 과정이다. 미완의 혼돈에서 질서확립의 단계로 이끌어갈 확고한 결심이 절실한 때다.

'기존의 갈등을 거두고 내면을 정화하도다[煥其血去]'라 함은, 미처 정화하지 못한 피 흘리는 투쟁의 잔재를 세계 밖으로 내보내고 '환'을 마무리해야 하는 단계를 말한다. 이어서, '멀리 벗어나면 무탈하리라[逖出无咎]'라고 한 것은, 악의 잔재 털어낸다 하여도 언제고 경각심(귀매54: 미제의 본원)이 사라지면 다시 들어서기 때문에 마무리를 확실히 해야 뒤탈이 없게 되니 미제(64)의 속성을 가진 현 상황을 경계하라는 의미라 하겠다. 멀리 벗어나야 하는 것은 일단 제거되어야 할 갈등일 수도 있고 정화가 필요한 행동주체일 수도 있다. 전자의 경우라면 재발을 막기 위함이고 후자는 갈등이 마무리 될 때까지 오염되지 않은 세계에 머물 것을 권장하는 것으로 둘 다 미진한(미제64) '환'을 완성하기 위함이니 64괘 언어로 말한다면 '未濟渙미제환'이라 할 수 있을 것이다.

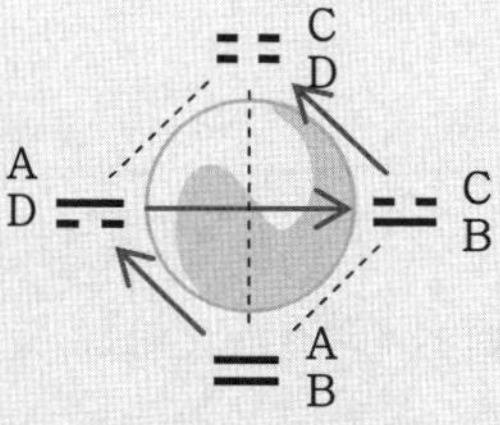

[가] 에너지 흐름

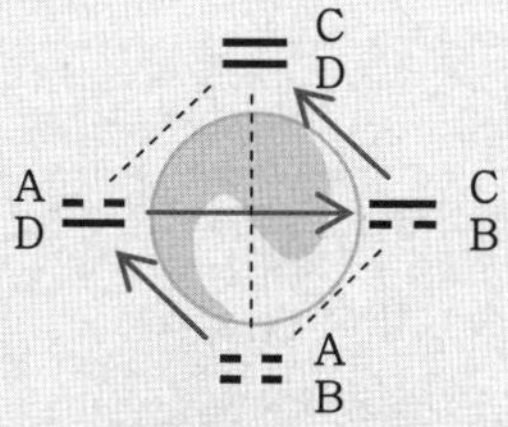

[나] 역 에너지 흐름

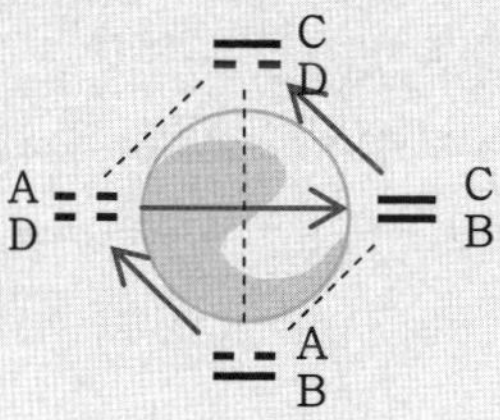

[다] 엔트로피 증가 흐름

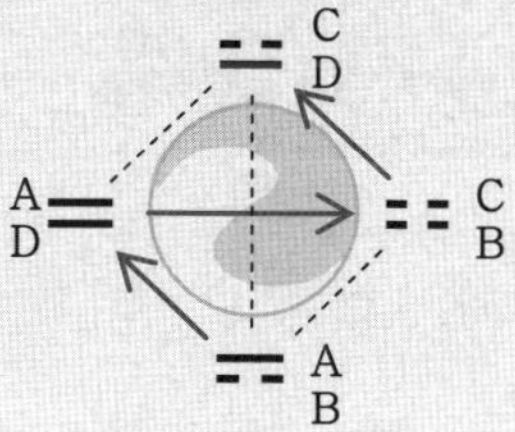

[라] 엔트로피 감소 흐름

▷ 사상(四象)의 네 가지 흐름 (『과학주역』1, 228쪽)

4상(四象) 각각이 독립적으로 존재하지 않는 것은 물론이고 그것이 하나가 아닌 네 가지의 패턴으로 흐름을 구성한다. 이 흐름은 태극을 단순히 네 범주로 가르는 것이 아니고 네 가지 역동적인 변화의 과정을 나타낸다. 지금까지는 이러한 동태적이고 역동적인 4상의 네 가지 흐름을 단순히 하나의 흐름으로 정하여 정렬하려다 보니 온갖 혼돈이 생길 수밖에 없었다.

60. 수택절(水澤節)

절제·절도의 상, 외적 한계(규제)에 봉착함, 내적 힘의 보호 육성, 한계극복 노력, 인내심의 발휘

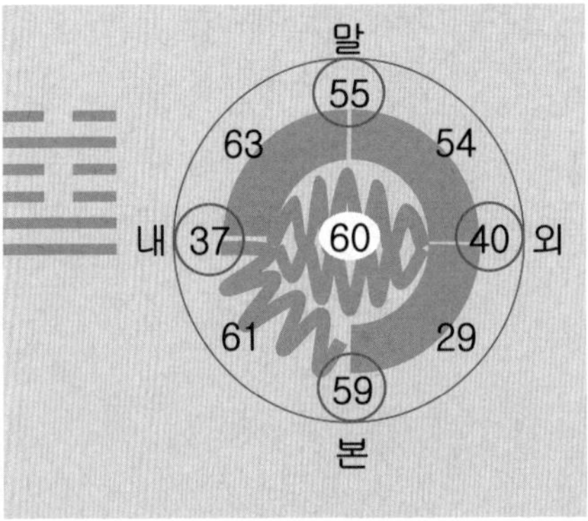

節절. 亨형.

苦節不可貞고절불가정.

절제의 상이로다[節]. 형통하리라[亨]. 고통스런[苦] 절제를[節] 끝까지 고수함은[貞] 불가하리라[不可].

60

절[節]은 환(渙)·가인(家人)·해(解)·풍(豊)을 따라 흐르는 세계다: 약화된 내면을 정화하여 결속하고[환59] 조직적 협력으로 도약의 발판을 마련하여[가인37] 얽혀진 외적 장애를 지혜로 풀면서[해40] 효율이 낮더라도 굳세게 헤쳐가는[풍55] 일련의 과정이 '절'의 세계다. 내적 결속을 강화하면서 필연적인 외적 한계를 힘껏 극복해나가는 상황이다.

8괘의 상으로 보면, 연못(兌澤태택) 위로 물(坎水감수)이 넘치는 모습이니 한계를 넘어서는 형국이라 절제의 상[象曰상왈 澤上有水택상유수 節절]을 떠올리기는 쉽지 않다. 하지만 표상을 보면, 내면의 양 셋의 힘있는 확산을 음 셋의 경계가 불활성의 막으로 제한하고 있으므로 절제의 개념을 바로 느낄 수 있다.

본성적(심정적) 열기(1양)가 세계의 중앙(2양·5양)까지 뻗치지만 그 기운

이 비활성의 한계(3음·4음·6음)에 부딪쳐 쉽게 헤쳐나가지 못한다. 여건에 비하여 욕심을 지나치게 부리지 않도록 에너지 발현을 제어하여 균형을 유지하고 있기 때문이다. 이 때문에 밖으로 확산되려 하는 내부에너지가 압력용기에 갇혀 있는 것처럼 강력한 힘을 내장하게 된다. 사실 변화무쌍한 외적 상황에 무한정적으로 노출되어 반응하다가는 아무것도 해낼 수 없을 것이므로 제한의 벽이 필요한 것이다. 한계와 절제가 없다면 무제한적인 목표와 방향 때문에 작은 단위의 개체적 개념(개성)을 형성할 수 없다. 절제 없는 경제운용은 그 의미를 잃는 것과 같다. 하지만 과도한 절제는 결핍을 초래하고 부자연함을 유발한다. 유한한 시간과 자원으로부터 선택과 집중이라는 한계설정으로 하나의 성취를 가능케 한다. 대나무가 속이 비어도 곧게 뻗을 수 있는 것은 마디(節절)로 이어지기 때문이다. 음악이 소절(小節)을 통하여 작은 의미를 만들고 모여서 큰 의미의 율동과 패턴을 구현하듯이 지구자연의 절기(節氣) 또한 절도(節度) 있는 기후 속에서 생장수장(生長收藏)의 생명적 율동을 펼쳐나간다. 그 속에 사는 사람의 다양한 인격과 개성의 형성도 서로 다르게 부여된 한계조건 때문에 생겨난다. 하지만 절제된 힘을 효율 높게 구사하기는 쉽지 않다. 한계를 극복하는 절제된 삶은 어떻게 이룰 것인가?

괘를 인성(人性)의 면으로 살펴보자. 본성적 욕구가 강렬하여(1양) 이에 따라 신진대사기능은 활발한데(2양) 주변과의 외적·물질적·육체적인 교류는 소극적이니(3음) 내면은 강렬하지만 외적 표현은 담담하다. 내적 욕구를 실천에 옮기려고 적극적으로 노력하나(5양) 자체의 창조적 아이디어도 부족하고(4음) 세계 밖과 미래의 정보에도 밝지 못하다(6음). 구체적 지식에 의거하지 않고 내적 욕구의 발로로 일을 밀어붙이면 여러 가지 한계에 부딪치기 일쑤이니 이를 조절하기 위하여는 직접적인 행동을 자제해야 한다. 속 깊이 결심한 바를 겉으로 드러내지 않고 바깥 상황에 아랑곳 하지 않고 굳세게 추진하는 절개 있는 인품이다.

'절제의 상[節]'이라 한 것은, 표상에서처럼 1양에서 6음으로의 대각선 방향으로 펼쳐지는 능동적인 내적 에너지의 발현(양 셋)이 이를 대칭적으로 둘러싸고 있는 한계의 벽(음 셋)을 힘껏 밀어붙이는 형국을 두고 이름이다. 이를 '형통하리라[亨]'고 한 것은, 절제된 에너지가 압축되어 어느 한계점에 도달하면 목적을 향하여 펼칠 수 있는 에너지가 비축되기 때문이다. 하지만 자연의 흐름을 과도하게 거스르는 인위적 절제는 파괴적인 고통을 주기 때문에 '고통스런 절제를 끝까지 고수함은 불가하다[苦節不可貞]'라고 경계의 말을 덧붙이고 있다.

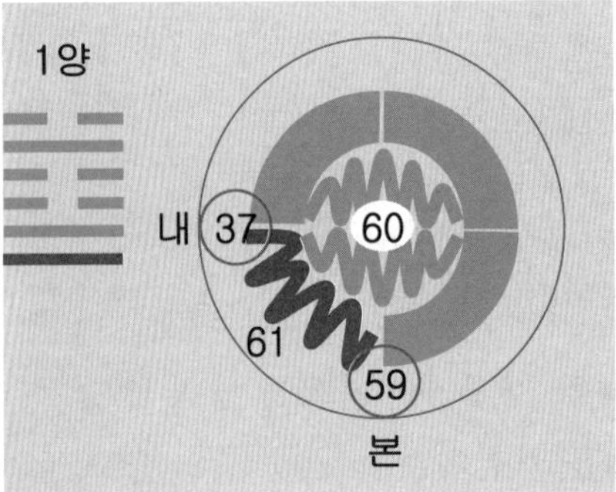

不出戶庭불출호정, 无咎무구.

안뜰을[戶庭] 나서지 않으면[不出] 탈이 없으리라[无咎].

1양은 환(渙)·중부(中孚)·가인(家人)의 과정이다: 약화된 내면을 정화하여 결속하고[환59] 내적 협력으로 도약의 발판을 마련하려면[가인37], 어떤 역할과정이 필요한가? 내면의 열정적 에너지의 불합리한 소실을 막고 잘 숙성시켜야 한다[중부61].

1양은 깊은 잠재의식으로부터 솟는 욕구처럼 무엇을 해내려는 활기찬 에너지다. 그러한 열정이 없으면 삶의 목적이 없는 것과 다름 아니나 막상 그 꿈을 실현을 하려면 세상은 만만치 않다. 한발 앞서 가는 자들의 견제가 심하여 마음처럼 잘 되지 않는다. 당장 나서면 온갖 저항에 직면하여 좌절하기 십상이므로 불 같은 정열을 숙성시킬 시간이 필요하다. 그 한계를 인식하고 기초를 다지며 적절한 때가 올 때까지 덤비지 말고 뻗어나가려는 힘을 잘 갈무리해야 안전하다.

이 상황을 주재하는 '중부(61)'의 4원 개념을 '절'의 환경으로 읽어오면, 혼돈 속에서도(감29) 통할 때는 나중에 도래할 난관에 대비하고(기제63) 막힐 때는 분수에 맞게 점진전략을 쓰면서(미제64) 밝은 지혜와 열정으로 펼쳐나가는(리30) 일련의 과정이다. 열정과 내적 에너지(정보, 비밀, 계획, 말 등)가 밖으로 미리 새나가면 전체세계의 근본적 힘을 떨어뜨리니 진퇴의 맥을 알고 신중을 기해야 함이다.

'안뜰을 나서지 않음[不出戶庭]'은 하고 싶은 일이 있어도 참고 견디는 것이니 욕구가 강렬하더라도 진중함을 필요로 할 때는 함부로 나서지 않고 가릴 줄 알기 때문이다. 공자는 이를 통함과 막힘을 알기 때문이라고 주석하였는데[象曰상왈, 不出戶庭불출호정, 知通塞也지통색야], 이는 상황코드인 중부(61)의 4원 중에 기제(63)와 미제(64)에 해당하는 역할임을 알 수 있다. 그렇게 하면 '탈이 없으리라[无咎]' 함은, 겪어내야 할 상황과정에 맞는 행위이기 때문에 흉하지는 않지만 열정을 마음껏 펼치지 못하는 것이 결코 길한 일도 아님을 함축하고 있다.

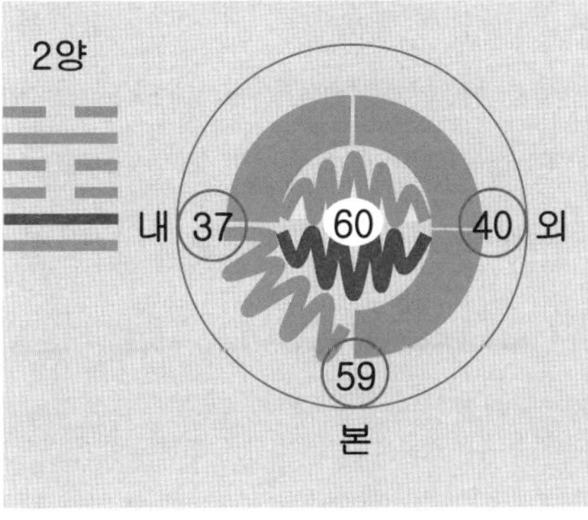

不出門庭불출문정, 凶흉.

바깥뜰을[門庭] 나서지 않으면[不出] 흉하리라[凶].

2양은 가인(家人)·환(渙)·해(解)의 과정이다: 내부의 조직적 결속력을 강화하여[가인37] 얽혀진 외적 장애를 지혜롭게 풀려면[해40], 어떤 역할을 수행해야 하나? 지나친 집착을 흩뜨리고 분위기를 새롭게 다잡아 외적 한계에 대처해나가야 한다[환59].

2양은 1양에서 잘 숙성된 열정을 바탕으로 그 뜻을 적극적으로 펼쳐나가는 모습이다. 하지만 팽배하는 불신과 갈등 그리고 지나친 욕심 때문에 내부의 결속력이 약화하면 뜻 깊은 일이라 할지라도 생산적으로 실천해낼 수 없다. 2양이 나서서 내면의 정화(갈등의 해소, 사리사욕의 정리 등)를 마무리하고 활동을 펼칠 때 5양까지 그 기운이 뻗쳐서 세계가 내실 있는 활성에너지로 가득하여 외연적 한계를 극복할 수 있다.

이 상황의 배경이 되는 '환(59)'의 4원 개념을 '절'의 환경으로 읽어오면, 절제된 내적 결속에너지로써 외적 한계에 대처하면서(절60) 도움이 절실한 상태를 맞으니(건39) 구태를 벗고 개혁하면서(혁49) 멈추어 있는 내부를 일깨워 미지의 새로운 환경을 찾아 나서는(려56) 일련의 과정이다. 구조조정으로 얻은 뭉쳐진 힘을 바탕으로 얼어붙은 세계의 역량을 활성화시켜 나가는 상황이다.

이제는 활동을 전개할 때이므로 '바깥뜰을 나서지 않으면[不出門庭] 흉하리라[凶]'고 한 것이다. 이는 움직여나가야 할 때 웅크리고 있으면 기회를 상실하게 된다. 상황코드인 환(59)의 목표형질(말원)인 '려(56)'의 개념을 따라 그렇게 되지 않도록 주의를 환기시키고 있다. 이 효에 해당되었다 하여도 미래발전을 위한 새로운 도전을 준비하고 있다면 흉할 이유가 없다. 효가 가야 할 이정표와 상황을 제대로 파악하지 않고는 점사(占辭)를 올바르게 이해하기는 어렵다.

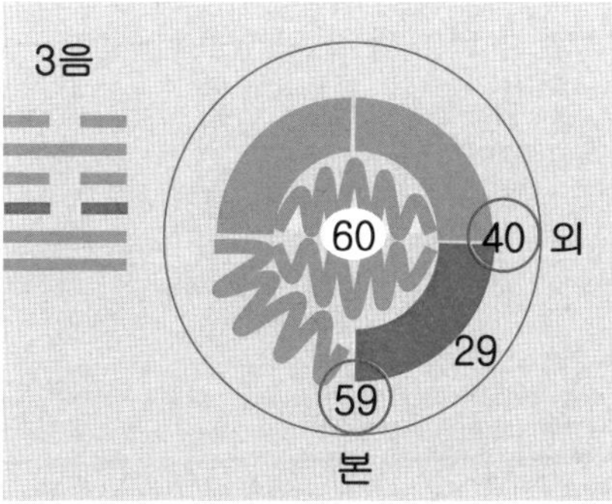

不節若불절약 則嗟若즉차약, 无咎무구.

절제하지 못한[不節] 경우에는[若] 이내[則] 탄식하며 반성하면[嗟若] 탈이 없으리라[无咎].

3음은 환(渙)·감(坎)·해(解)의 과정이다: 내면을 정화하여 결합력을 높여 세계의 중앙에 공헌하면서[환59] 세계의 외적 한계를 지혜롭게 풀어나가야 한다[해40]. 어떤 과정을 겪어내야 하나? 세계 내부는 활성적이지만 그 세계의 주변 밖으로는 한발작도 떼지 못하니 아직 혼란 속에 절제의 도를 지켜내야 한다[감29].

3음은 절제를 이행하려는 내부상황과 절제될 수 없는 외적 상황의 경계로서 물질적·육체적 교류의 장이니 혼란하지만 그것을 억제하는 역할이다(음). 세계내부가 활성적 열기(1양·2양)로 데워져 한 단계의 일이 진척되어 가고 있을 때에 김을 빼면 설익게 되어 허사가 된다. 여유가 생기거나 혈기가 왕성해지면 본연의 목표를 벗어난 주위의 자질구레한 연관사항에 팔려 본말전도의 허송세월을 보내기 일쑤다. 옆으로 새버리기 쉬운 것은 정화된 질서, 가용에너지, 비밀, 의리 등이다.

이 상황을 주재하는 '감(29)'의 4원 개념을 '절'의 환경으로 읽어오면, 믿음과 열정의 바탕 위에서(중부61) 점진적 발전을 꾀하면서(점53) 욕망에 비해 현실이 따라주지 못하니 주의심을 높이어(귀매54) 최소한의 성과에 만족해야 하는(소과62) 일련의 과정이다. 열정은 가득하나 외적 한계를 받아들이고 인내하며 극복해나가는 상황이다.

'절제하지 못하는 경우에[不節若] 이내 탄식하며 반성하면[則嗟若] 탈이 없으리라[无咎]'라고 한 것은, 유혹을 당하기 쉬운 혼란한 경계구역에서 절제의 행동이 무너지는 경우가 없지 않지만 만약 3음의 현명한 '질자(節者)'가 즉시 그렇게 된 상황을 제대로 인식하며 지켜내지 못한 순간을 반성하는 자세를 견지한다면 일을 크게 그르치지는 않을 것이라는 뜻이 된다.

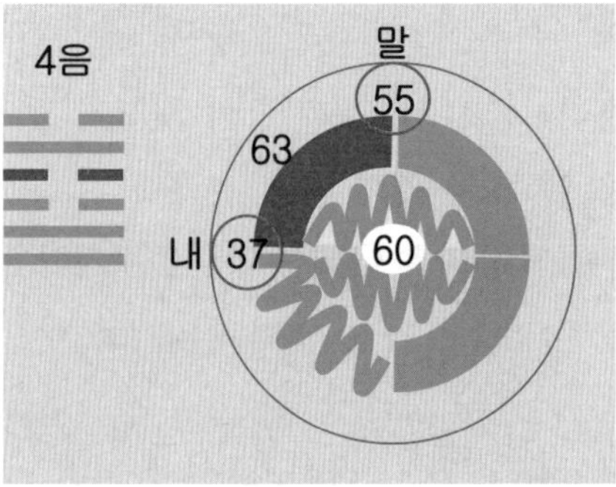

安節亨안절형.

편안하게[安] 절제하면서[節] 펼쳐나가리로다[亨].

> 4음은 가인(家人)·기제(旣濟)·풍(豊)의 과정이다: 강화된 내적 조직력의 토대 위에서[가인37] 최선을 다해 밀고 나가야 한다[풍55]. 어떤 전략으로 해야 하나? 우선 가는 길이 열려 있으나 나중에 닥칠 어려움에 대비하며 적절한 절제의 삶이 필요하다[기제63].

4음은 의식적으로 들뜨지 않고 차분한 모습이다. 실질적인 것보다 형식적인 것에 얽매이면 필요 이상의 에너지가 소모된다. 잘 나갈 때라도 매사에 허영심을 버리고 적절히 절제하고 힘을 아끼면 복잡한 세상사 속에서도 편안한 삶을 영위할 수 있다. 무성한 잔가지를 정리하듯 쓸데없는 과욕을 버리면 결속된 내부 에너지(1양·2양·5양)로써 목표하는 일에 집중력을 높일 수 있다. 인위적이고 부담스러운 가치설정에서 해방되면 하는 일이 잘 풀린다.

이 상황을 주재하는 '기제(63)'의 4원 개념을 '절'의 환경으로 읽어오면, 점진적인 발전의 토대 위에서(점53) 내면의 믿음과 열정을 가득히 품고(중부61) 힘에 벅차지 않는 작은 목표를 세워(소과62) 위축될 경우의 세계에 경각심을 가지고 적응하는(귀매54) 일련의 과정이다. 주어진 틀 속에서 너무 큰 목표와 욕심을 품지 않고 뚫려 있는 가능한 일부터 해나가며 적절하게 절제하는 모습이다.

내적 결속력으로 발전의 토대 위에 있는데다(가인37) 최선을 다하면 전진할 수 있기에(풍55) 우선 갈 길이 열려 있으므로 당장의 큰 어려움이 없지만(기제63) 미구(未久)에 닥칠 난관이 도사리고 있는 형국이 또한 기제(63)이다. 기제의 본말의 내용처럼, 점진해나가면서도(점53) 위축될 경우를 대비하여 경각심을 잃지 않고 무리하지 않는 수준의 절제를 해나가는 삶이다(귀매54). 당장에 길이 막혀 있지 않으므로 과도한 정력낭비가 없으니 쓸데 없는 복잡한 마음을 접고(음) '편안하게 절제하면서 펼쳐나가야 한다[安節亨]' 한 것이다.

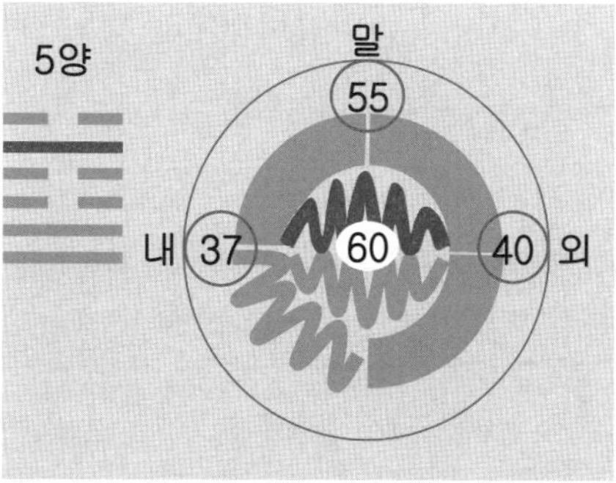

甘節감절. 吉길. 往有尙왕유상.

달게[甘] 절제하도다[節]. 길하리라[吉]. 가면[往] 존경을 받으리라[有尙].

> 5양은 가인(家人)·풍(豊)·해(解)의 과정이다: 조직적 협력으로 도약의 발판을 마련하여[가인37] 외적으로 가로막고 있는 한계구조를 와해시켜야 한다[해40]. 어떤 실천력이 필요한가? 최선을 다해 어려움을 밀고 나가는 리더십이 필요하다[풍55].

5양은 1양에서 2양으로 번져가는 불길이 세계내부를 잠식하는 형국이다. 외부저항의 벽이 높다 해도 작은 노력을 지속적으로 추진해 나가면 달구어지는 쇠처럼 변화를 얻을 수 있다. 하지만 외적 한계를 실질적으로 극복하지 못한다면 그것은 의욕과 주장으로 끝날 뿐이다. 문제는 실천에 옮기는 것이니 가지고 있는 모든 능력과 자원을 동원하여 전진하는 노력을 몸소 행하지 않으면 조직적 협력을 이끌어내지 못해 한계를 넘어서기에는 역부족이 된다. 어려움을 몸소 감수(甘受)하며 극복할 수 있는 절도 있는 모범을 보이는 것이야말로 문제 해결의 실마리다.

'달게 절제하도다[甘節]'라 함은 기꺼이 어려움을 감수하며 최선을 다하는 실천력을 의미하며 상황변수인 풍(55)의 정신을 따라가고 있다. 그러한 지도자라면 능히 타의 모범이 되어 집단적인 협력을 이끌어낼 수 있어 함께 한계를 극복할 수 있으니 '길하다[吉]'고 한 것이다. '가면 존경을 받으리라[往有尙]'고 한 것도 이처럼 주저함이 없이 실천행동으로 옮겨 난국타개의 선봉에 서니 그 공과를 높이 숭상하지 않을 자 없다는 뜻이다. 절제의 원칙 안에서 최선의 노력을 다하는 5양의 절제는 진정한 리더십의 전형으로서 책임감을 완수하는 절제의 하나이므로 실행에 옮긴다면 상을 받을 일이다.

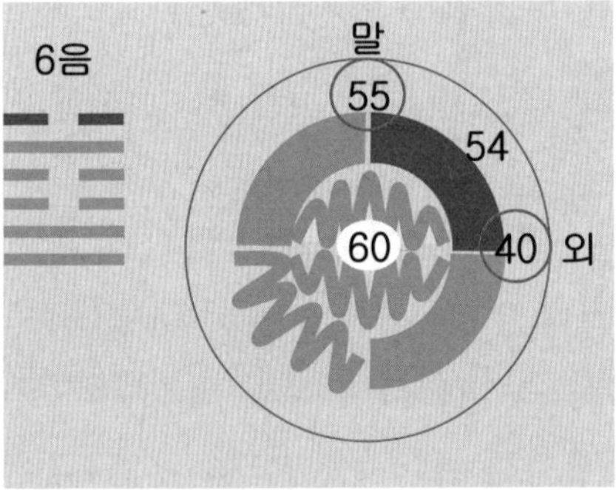

苦節고절.

貞凶정흉. 悔亡회망.

쓰디쓴[苦] 절제로다[節]. 끝까지 고집하면[貞] 흉하리라[凶]. 한을[悔] 풀어야 한다[亡].

6음은 해(解)·귀매(歸妹)·풍(豊)의 과정이다: 외적 한계구조를 지혜로운 실천으로 풀면서[해40] 최선을 다해 어려움을 밀고 나가야 한다[풍55]. 어떤 과정을 겪어야 하나? 욕망과 현실의 괴리를 메우면서 어렵사리 한계를 극복해나가야 한다[귀매54].

6음은 세계 안팎의 교류를 제어하고 있는 마지막 절제의 문이다. 안으로 갇힌 활성에너지가 절제의 문을 넘어 미래와 세계 밖으로 펼쳐나감을 통제하고 있지만 혼란 속의 넓은 세계 밖과 미래에 맞닿아 있는 절제의 벽을 끝내 지속하려는 것이 아니고 때가 오면 결국에는 풀어야 한다. 무작정 고집하며 순리로 흘러야 할 세계를 강제적으로 격리시키는 절제는 고통스럽고 너무 길면 존폐의 위기마저 온다. 이제 그 격차를 줄이는 지혜를 찾아 문제를 해소하고 효율은 높지 않겠지만 힘껏 밀고 나가야 한다(풍55). 6음은 내적 공력을 키우기 위한 엄격한 절제를 풀고 발전에 나서는 절제로 바꾸는 '절제의 절제'이니 가장 행하기 어려운 중용의 절제다. 이제 무리한 절제는 걷고 외연(外緣)의 한계를 극복하는 본래의 목적을 달성해야 하는 단계다.

이 상황을 주재하는 '귀매(54)'의 4원 개념을 '절'의 환경으로 읽어오면, 막힌 길을 어렵사리 개척하며(미제64) 지혜롭게 쌓은 공력을 펼치려고(리30) 막힌 외적 환경 하의 내적 혼란을 이겨내며(감29) 열린 길을 찾아 조심스럽지만 성실하게 건너가야 하는(기제63) 일련의 과정이다. 처음엔 막혀 있든 길을(미제64) 나중에는 뚫고 건너가는(기제63) 상황이다. 내적 열정(리30)과 외적 혼란(감29)의 와중에서 쓰디쓴 절제는 접고 중용의 길을 택하는 절제의 길이다.

'쓰디쓴 절제를 끝까지 고집하면 흉하리라[苦節貞凶]' 한 것은, 막힌 길을 개척하기 위하여 쌓는 내공은 그 자체로서 고통스런 절제이니 이는 가두어 놓기 위함이 아니고 효과적으로 진출하기 위한 인위적 통제이므로 지나치면 위기를 맞을 수 있음을 뜻한다. 이어서 '한을 풀어야 한다[悔亡]'라 함은, 쓰디쓴 절제를 지탱하며 바라던 성취를 유보해왔던 '한'을 풀어 원래 목표한 세계 밖과 미래로의 진출을 조금씩 달성해 나가야 함을 의미한다.

61. 풍택중부(風澤中孚)

믿음과 열정, 내적 에너지의 비축, 내적 열정으로 외적 타락 억제,
열정적 추진, 막힌 세상을 뚫는 진실한 믿음

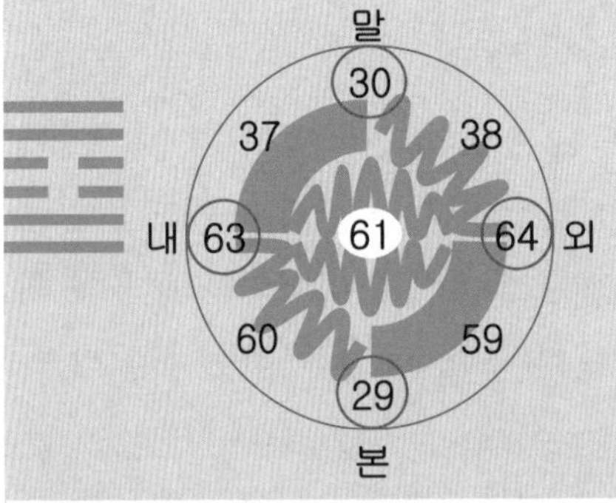

中孚豚魚중부돈어, **吉**길.
利涉大川이섭대천. **利貞**이정.

돼지와[豚] 물고기도[魚] 심중으로[中] 믿게 하면[孚] 길하리라[吉]. 큰 내를[大川] 건넘이[涉] 이로우리라[利]. 끝까지 굳건하게 하면[貞] 이로우리라[利].

중부[中孚]는 감(坎)·기제(旣濟)·미제(未濟)·리(離)를 따라 흐르는 세계다: 혼란한 세상을 극복하려고 애쓰면서[본29] 풀릴 때는 나중에 도래할 난관에 대비하고[내63] 막힐 때는 분수에 맞게 점진 전략을 쓰면서[외64] 적극적인 열정으로 지혜를 발굴해 세계를 선도하는[말30] 일련의 과정이 중부[中孚]의 세계다.

8괘의 상으로 보면, 잔잔한 호수(兌澤태택) 위로 바람(巽風손풍)이 불어 물결을 일으키니 갇힌 물은 출렁이며 신선한 공기성분이 침투되고 건조한 공기는 습기를 얻어 갈증을 씻게 되니 위아래가 생기를 주고받는 미덕으로 믿음이 생기는 상이다.

용광로(3음·4음) 속에서 점화되어(1양) 단계적으로 연소가 이어져야 큰 화력이 형성된다(1양·2양·5양·6양). 하나의 음원(音源)(1양)이 관(3음·4음) 속에

서 음파(2양·5양·6양)로 공명하며 소리를 내는 관악기와도 같다. 원인적인 양(陽)의 파동이 시공간의 진행방향(대각선 방향)으로 흐를 수 있게 해주는 것은 용광로나 관의 벽(3음·4음)이 있기 때문이다. 내적 기운(1양)이 중앙(2양·5양)을 거쳐 외문(6양)을 관통하고 있다. 진실한 마음은 처음과 끝을, 아래와 위를, 관통할 수 있는 위력이 있다. 내면에 태양과 같은 밝음과 진리에의 열정(1양)을 품고 있던 것이 세계내부로 공감(2양·5양)을 불러일으켜 강력한 행동의 구심점을 형성하고 세계외부의 경계로 여파(6양)가 이어져 밖으로 펼쳐지는 모습이다. 내부로부터 솟는 거스를 수 없는 진리의 힘은 세상에 만연한 불신을 깨고 큰 영향력을 나타낼 수 있음을 함의한다. 밝음과 바른 정신자세로 가슴에 품은 뜻(1양)을 강력하게 추진하면(2양·5양) 그 견실함에 세상을 공명시킨다(6양). 진리에 뿌리를 둔 열린 마음은 얽힌 세계의 문을 연다. 열정을 가진 믿음은 일편단심이요 초지일관이다(1양·2양·5양·6양). 중부[中孚]를 구성하는 효들은 진실에의 믿음과 그 힘을 바탕으로 세상일을 성취해나가는 구체적인 대책이 무엇인가에 대한 답을 줄 것이다.

괘를 인성(人性)의 면으로 살펴보자. 본성적 욕구가 강렬하니(1양) 이에 따라 신진대사기능이 활발해지나(2양) 주변과의 외적·물질적·육체적인 교류는 소극적이니(3음) 내적 요구를 다 당해내지 못하거나 내적 열정을 자제한다. 자체의 창조적 아이디어는 부족하지만(4음) 세계 밖과 미래를 위한 눈을 열고 적극적으로 교류하면서(6양) 대세에 맞도록 실천하기 위하여 적극적으로 노력하는(5양) 사람이다. 자신만의 창조적인 아이디어보다는 외적 절제 속에 내면의 열정과 믿음으로 일관된 노력을 통하여 끝내 세상에 자신의 뜻을 성취하여 세인에 감동을 주는 입지전적(立志傳的) 인물이라 하겠다.

'돼지와 물고기도 심중으로 믿게 하면[中孚豚魚] 길하리라[吉]'라 함은, 제일 무지하다고 하는 돼지와 물고기까지 영향을 받도록 온 세상에 공명을 일으킬 수 있을 만큼의 신뢰를 얻는다면 어떤 어려움 속에서도 성공할 수 있다는 뜻이다. 표상에서 나타나는 바와 같이 1양에서 6양까지 대각선의 시공간을 열성으로 이어가는 모습이니 미래의 세계로 뻗어나갈 수 있는 한 번 품은 진실한 신념을 반드시 이루려는 강한 의지를 끝까지 일관되게 견지하는 것이니 '큰 내를 건넘이 이롭고[利涉大川] 끝까지 굳건하게 하면[貞] 이롭다[利]'라고 한 것이다. '중부'의 4원 개념을 되새겨보면, 혼란한 세상에서(감29) 막힐 때나(미제64) 통할 때나(기제63) 변함 없이 성실한 마음과 행동을 유지하면서 끝까지 열성을 다하여 세계를 끌어가는(리30) 모습은 세상에 큰 공명을 일으켜 끝내는 성공으로 이어질 수 있음을 말하고 있다.

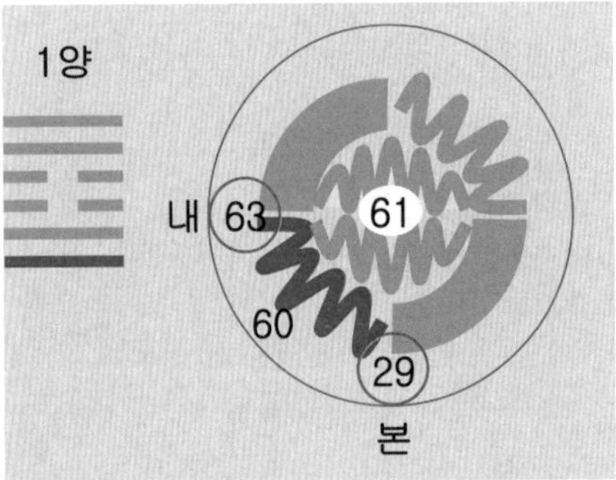

虞吉우길. **有他不燕**유타불연.

헤아리면[虞] 길하리라[吉]. 바깥 일이[他] 있으면[有] 편치[燕] 않으리라[不].

1양은 감(坎)·절(節)·기제(旣濟)의 과정이다: 혼란한 세상을 극복하려고 애쓰면서[감29] 열린 길이 있어도 나중에 도래할 난관에 대비하려면[기제63], 어떤 과정을 겪어내야 하나? 내면의 활성적 에너지를 절제·보호·육성하여 어려움을 헤쳐나갈 강한 의지를 불태워야 한다[절60].

1양은 무의식을 일깨우는 활성적 정신자세다. 진리의 힘을 믿는 자는 내면 깊이에서 끓어오르는 정열을 간직한다. 외적인 형세와 의도에 수동적으로 따르거나 우유부단하게 행동하지 않고 능동적으로 분별하는 본능적 심성이다. 혼란한 세상에서 정절을 지키며 절도 있는 삶을 살기가 여간 어렵지 않지만 오랫동안 그러한 가치를 내면의 덕으로 닦아 하나의 무의식적 개성으로 굳힌 것이기 때문에 주위에 진실한 믿음을 준다.

이 상황을 주재하는 '절(60)'의 4원 개념을 '중부'의 환경으로 읽어오면, 내면을 새롭게 다잡고(환59) 절도 있는 내적 결속력을 갖추어(가인37) 얽혀진 외적 장애를 지혜롭게 풀어가면서(해40) 힘겹더라도 최선을 다해 헤쳐가는(풍55) 일련의 과정이다. 외적 한계를 극복하기 위하여 내면을 절도 있게 다잡아 내적 능력을 절제·보호·육성하는 삶이다.

무엇을 어떻게 조절하고 준비해야 하는가를 안다는 것은 관련 세계의 내적 외적 제반 문제에 대한 지식과 이에 대처할 지혜를 궁구해야 하고 그 속에서 자신의 장·단점을 파악하여 '절'의 삶을 구성해야 하므로 '헤아리면 길하다[虞吉]'고 한 것이다. 절제의 삶이란 복잡한 외적 상황에서 일단 격리되는 어려움을 감수하고 내적 힘의 보호육성을 꾀하는 것인데, 외부로부터 강한 영향력이 침투하면 그 결심이 깨지려 하고 갈등이 생길 것이니 '바깥 일이 있으면 편치 않다[有他不燕]'고 한 것이다.

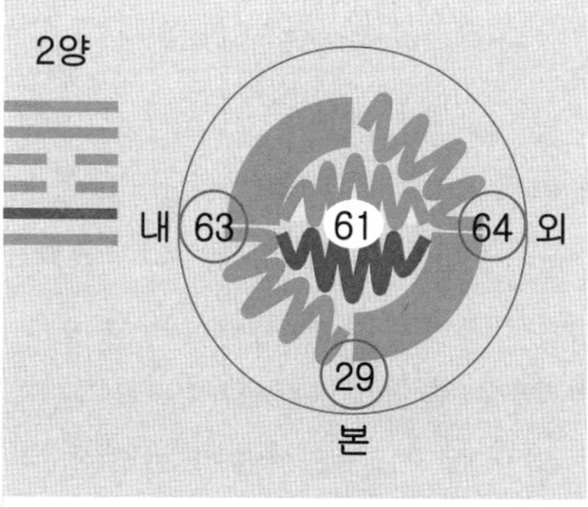

鳴鶴在陰명학재음
其子和之기자화지.
我有好爵아유호작
吾與爾靡之오여이미지.

음지에서[在陰] 학이 우니[鳴鶴] 그 자식이[其子] 화답하도다[和之]. 내가[我] 좋아하는[好] 술이[爵] 있으니[有] 내[吾] 너와[爾] 더불어[與] 함께 나누리라[靡之].

2양은 기제(旣濟)·감(坎)·미제(未濟)의 과정이다: 내적 문제가 해결되어 길이 열리다가[기제63] 시간이 흐르면서 외적 한계에 부딪치게 된다[미제64]. 어떻게 헤쳐나가야 하나? 진실한 믿음으로 어려움을 서로 안아 달래주고 작은 일에 만족하며 고난을 겪어내야 한다[감29].

2양은 혼란한 세상에서 어려움에 부딪치며 고난을 함께할 때 생기는 이심전심(以心傳心)의 공감대 형성이다. 절제되었던 진실한 열정이(1양) 세계 내부로 말과 행동으로 나타나고 전파되어 혼란 속에 피폐한 사람들을 고무시켜 공감대를 형성한다. 미래를 위한 한계극복 의지(1양)가 세상의 벽에 부딪치며 힘겨울 때 서로가 역지사지(易地思之)의 심정이 되면 진실된 마음이 한데 공명하며 힘을 얻는다. 심중에 공명하는 구원의 종이 울릴 때 세계가 받는 감동은 혼란 속에서 작은 성취라도 이루는 힘을 발휘하게 한다.

이 상황을 주재하는 '감(29)'의 4원 개념을 '중부'의 환경으로 읽어오면, 믿음과 열정을 나누며(중부61) 점진적 발전을 꾀하면서(점53) 어려운 현실에 성실히 임하여(귀매54) 작은 성취를 함께 이루려는(소과62) 일련의 과정이다.

'음지에서 학이 우니[鳴鶴在陰] 그 자식이 화답한다[其子和之]' 하였는데, 여기서 음지란 '역경에 처한 상황'(감29)이 괘의 출발점인 동시에 이 효의 기초배경이기 때문이다. 이때 어미 학이 울면 새끼 학이 그 상황을 알아차리고 걱정하며 화답하는 것으로 멀리 떨어져 울음소리가 약하게 들려도 이심전심의 공감으로 어려움을 나누는 모습이다. '내가 좋아하는 술이 있으니[我有好爵] 내 너와 더불어 함께 나누리라[吾與爾靡之]'라 한 것은, 앞의 내용을 부연하는 것으로, 역경에 처하여 마음이 울적할 때 격의 없는 술자리를 마련하여 서로를 격려하며 마음을 터놓고 공감대를 형성하는 상황을 말하고 있다. 부모자식 간이나 사회관계에서나 즐거울 때보다 어려울 때 서로의 마음을 이심전심으로 알아주면 더욱 깊은 심정의 공감대가 형성된다. 이 경우의 '중부'의 필요성은 혼란과 역경 속에서 이를 극복하기 위한 중심으로서의 역할이라 하겠다.

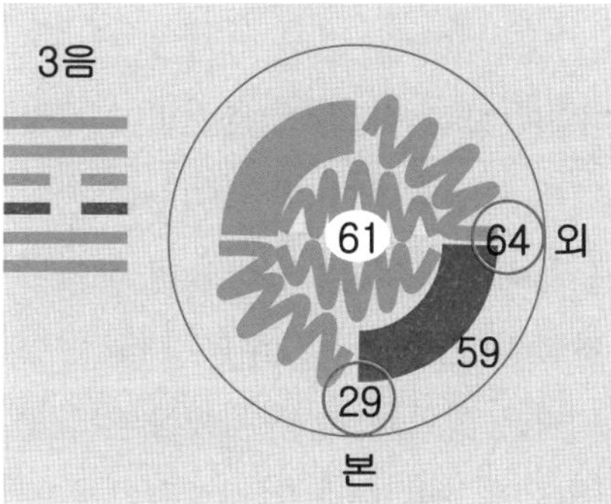

得敵득적.

或鼓或罷 或泣或歌.
혹고혹파 혹읍혹가

적을 만나도다[得敵]. 부추기다가[或鼓] 내치기도하고[或罷], 슬피 울다가[或泣] 기뻐 노래하기도 하리라[或歌].

3음은 감(坎)·환(渙)·미제(未濟)의 과정이다: 혼란한 세상을 헤어나려고 애쓰지만[감29] 초기에는 외적인 한계에 부딪쳐 어려우나 나중에 풀릴 희망은 있다[미제64]. 어떤 과정을 겪어내야 하나? 내면의 불신을 정화하고 관계를 재조정하여 혼란을 다잡아 새로운 분위기를 조성해야 한다[환59].

3음은 혼탁한 외부와의 교류를 제어해야 하는 벽이다. 내부의 열정이 차오르면 자신이 채 안정되기도 전에 바깥과 교류하려는 욕망이 생기고 이해관계에 있는 밖에서는 안을 노리게 된다. 이때 3음의 외측 창구를 열면 세계내부는 혼탁해지고 불안정해진다. 내면의 신뢰를 바탕으로 한 열정적 분위기를 잘 간직해야(1양·2양·5양·6양) 그 힘으로 세계 밖과 미래를 향하여 밀고 나아갈 수 있다. 3음은 이 파동이 중간에서 왜곡되지 않도록 하는 보호막이다. 주의심 없는 말과 행동을 제어하고, 은밀하고 불순한 외적 관계를 청산하지 않으면 내적 신뢰와 열정은 무너진다.

이 상황을 주재하는 '환(59)'의 4원 개념을 '중부'의 환경으로 읽어오면, 외적 교류를 절제하면서(절60) 내적 힘을 모아 고비를 넘기고(건39)

구태 탈피와 국면 전환으로(규38) 전체를 일깨워 새롭게 이끌어가는(려56) 일련의 과정이 '환'의 세계다. 외적 다락을 막음으로써 내면을 잘 다잡아 진실된 신뢰의 힘을 쌓음으로써 앞으로 나아가는 상황이니 64괘 언어로는 '渙中孚환중부'라 하겠다.

'적을 만나도다[得敵]'라 함은 적이 나를 헤치려 온 것이 아니고 적과의 교류가 생기거나 내통하게 된다는 말이다. 이 상황은 3음의 보호벽이 허물어 짐을 상정하는 것이니 그리 되면 내부의 불신과 약화된 조직력(열정)이 살아나기는커녕 오히려 혼돈의 와중으로 몰리게 되고 적의 놀음에 놀아나는 꼴이 될 수 밖에 없다. 격려와 폄하, 기쁨과 슬픔이 반복되는 기준 없는 변덕스러운 기회주의적 행태가 난무하는 것은 믿음이 부족한 세상의 전형이니 '부추기다가[或鼓] 내치기도 하고[或罷] 슬피 울다가[或泣] 기뻐 노래하기도 한다[或歌]'라고 한 것이다. 외적 타락에서 내면을 정화하고 신뢰를 싹 틔우는 행동은 길상이고 그 반대의 행동은 흉할 수 밖에 없다.

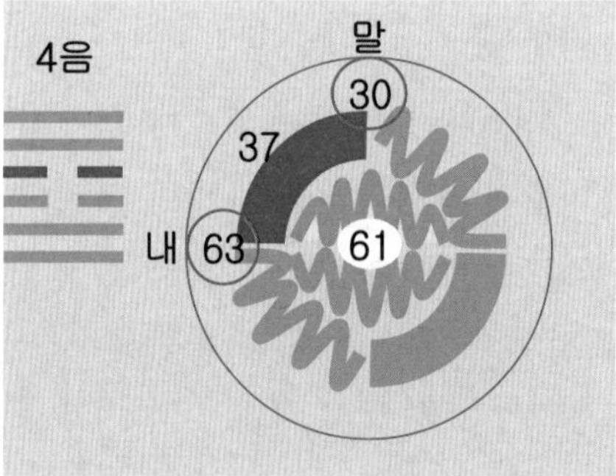

月幾望월기망.
馬匹亡마필망 无咎무구.

거의[幾] 보름[望]달이로다[月]. 짝 지워진[匹] 말을[馬] 잊으면[亡] 허물이 없으리라[无咎].

4음은 기제(旣濟)·가인(家人)·리(離)의 과정이다: 내적 문제가 해결되어 길이 열리면[기제63] 적극적인 열정으로 지혜롭게 진출해 나아가야 한다[리30]. 어떤 과정을 겪어내야 하나? 구성원으로서의 맡은 바 본분을 충실히 다하도록 내적 결속을 다져야 한다[가인37].

4음은 내면의 정신이 안정하며 충직함을 나타낸다. 진실한 정신으로 세계의 중심(5양)을 보필해야 하는 자신의 본분에 충실해야 한다. 의식(4음)은 무의식(1양)의 욕구를 달성하려는 경향이 있다. 하지만 이성적으로는 전체의 구성원으로서의 책무를 지켜야 함을 안다. 이를 실천하여 전체의 꿈을 펴려면 교만하지 않는 성품과 과묵한 행동으로 사사로운 이해를 넘어 전체에 협력하는 충정이 있어야 한다. 호사를 앞두고 일을 그르치지 않으려면 주변여건에 관계 없이 맡은 바 임무를 묵묵히 수행해야 하는데 이것이야말로 믿음직한 정신자세다.

이 상황을 주재하는 '가인(37)'의 4원 개념을 '중부'의 환경으로 읽어오면, 힘든 일을 인내하면서[건39] 절도를 지키며[절60] 세계를 일깨워 새로운 일을 찾아나서[려56] 전체가 도약할 수 있도록 노력하는[규38] 일련의 과정이다. 구성원으로서의 맡은 바 본분을 충실히 다함으로써 전체세계가 한 단계 도약할 수 있는 진실한 신뢰와 열정을 구축하게 되는 것이니 64괘 언어로는 '家人中孚가인 중부'라 할 것이다.

4음의 이정표를 다시 음미하면, 나중이 걱정되나 일단 길이 열려 있고(기제63) 행동할 때는 임박해왔다(리30). 말하자면, 방해됨이 없이(기제63) 밝은 달을 볼 날이 가까웠으니(리30), 이를 '거의 보름달[月幾望]'이라 하여 좋은 일이 임박하는 상황임을 말해준다. 이어서, '짝 지워진 말을 잊으면[馬匹亡] 허물이 없으리라[无咎]' 하였는데, 마차를 끌고 있는 여럿의 말들이 각각 그 옆의 말이 어찌하던 간에 그것을 염두에 두지 않고 오직 자기가 해야 할 일만 충직하게 하면 그것으로 족하다는 뜻이다. 여기에서 마차는 영위해나가야 하는 단위 세계다. 목적지가 가까워지고 있는 데다가 동료나 가족이 일을 잘 하고 있다고 해서 나의 맡은 일을 소홀히 한다면 전체의 역량이 감소되거나 균형이 무너져 '다 된 밥에 재 뿌리는' 격이 되니 호사를 앞 둔 때에는 묵묵히 자신의 일에 충직해야 탈이 없음을 압축하여 표현하고 있다.

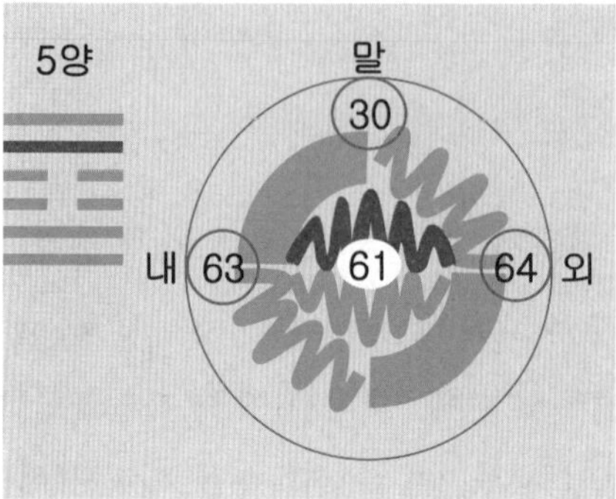

有孚攣如유부련여. 无咎무구.

믿음과 열정으로[有孚] 이어 매도다[攣如]. 탈이 없으리라[无咎].

> 5양은 기제(旣濟)·리(離)·미제(未濟)의 과정이다: 뚫린 길을 나섰지만 문제는 다시 생기고[기제63] 길이 막힐 때는 점진적 노력으로 감내해야 한다[미제64]. 어떻게 헤치고 나갈 것인가? 성실한 자기관리를 바탕으로 열정을 가지고 세계를 이끌어가야 한다[리30].

5양은 진실하고 열정적인 인격의 힘을 바탕으로 세계를 적극적으로 경륜한다. 모든 행동의 원칙과 근거는 진실과 성실성에 기초하기 때문에 주위의 신망을 얻어 추종자들을 한데 묶는다. 깊이 헤아리는 심정(1양)과 역지사지(易地思之)의 공감대(2양)가 몸에 베어 있지 않다면 그러한 통솔력은 위기가 발생하면 힘을 잃고 만다. 세계내부를 면면히 엮어주는 진심에서 우러나는 공명효과(1양·2양·5양·6양)는 큰 위력을 발휘한다.

이 상황을 이끌어가는 '리(30)'의 4원 개념을 '중부'의 환경으로 읽어오면, 분수에 알맞은 절제된 목표를 세워(소과62) 위축된 세상 분위기 속에서 은인자중(隱忍自重)하면서(歸妹54) 점진적 발전을 향하여(점53) 내적 믿음과 열정으로 모든 일을 꾸려나가는(중부61) 일련의 과정이다. 중부의 괘상은 일면 큰 리(離)의 모습이니(1양·2양, 3음·4음, 5양·6양 각각 음양 하나의 효로 묶으면) 연료를 계속 태우며 불을 밝혀야 하는 상이다.

절제된 열정(1양), 공감대 효과(2양), 외적 유혹의 단절(3음), 충직한 정신(4음)을 견지하며 내적 힘을 연결하여 길을 밝혀나가는 (선도자의) 실천력을 나타내므로 '믿음과 열정으로 이어 맨다[有孚攣如]' 하였다. 좋은 관계로 모두에게 긍정적 신호를 보내고 매사에 온갖 정성을 기울이니 '탈이 없으리라[无咎]'고 한 것이다. 긍정적인 열정으로 세계를 끌어가니 64괘 언어로는 '離中孚리중부'라 할 것이다.

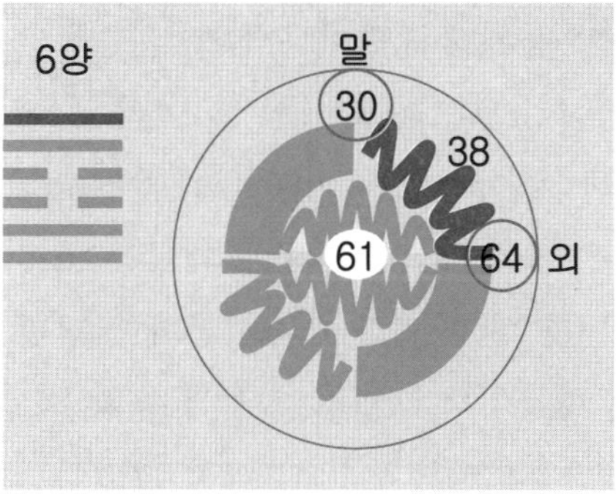

翰音登于天한음등우천·
貞凶정흉·

높이 날려고[翰] 홰치는 소리만[音] 하늘을[于天] 오르도다[登]. 끝까지 고집하면[貞] 흉하리라[凶].

> 6음은 미제(未濟)·규(睽)·리(離)의 과정이다: 지금의 외적 상황이 막혀 있는데도[미제64] 자신의 열정으로 뜻을 펼치려고 발버둥친다[리30]. 어떤 상황을 겪게 되는가? 사정이 여의치 않은데 세상 밖으로 박차고 나가려니 매사가 어긋난다[규38].

6양은 내적 열정이 밖으로 분출하는 장면이다. 세계내부의 분위기는 한껏 고조되었지만 세계 밖과 공감대가 형성된 것은 아니다. 이를 위한 정성을 기울여야 하나 쌓아온 내적 힘을 펼쳐보려는 욕망이 앞서가고 있다(리30). 참다운 실력은 내적인 열정 위에 외적 능력을 갖출 때 나타난다. 자신의 열정만 믿고 맨 처음(1양) 가졌던 절제의 정신(절60)을 잊은 채 세상 밖으로 서둘러 나서려고 한다. 진정한 힘은 '사리분별의 힘을 가진' 열정에서 나온다. 세련되지 못한 자기맹신은 자기망신을 초래케 함은 물론 구성원으로 있는 전체에 폐를 끼친다.

이 상황을 주재하는 '규(38)'의 4원 개념을 '중부'의 환경으로 읽어오면, 어려움이 조금 풀리기는 해도 아직 움직일 단계는 아닌데(해40) 안간힘을 쓰며 나아가려 하니(풍55) 집중력을 잃고 흩어지려 하므로(환59) 내적 결속력을 높여야만 도약할 수 있는(가인37) 일련의 과정이다. 공수전환의 과도기에는 내적 힘을 비축했더라도 외적 실력을 충분히 연마하여 펼쳐나가야 하는데 성급하게 도전하여 모든 일을 수포로 돌아가게 할 수 있는 상황이다. 내면의 믿음과 열정만큼은 상당한 수준에 오른 것은 사실이지만 외적 실효성은 아직 보장되지 못함을 의미한다.

'높이 날려고 홰치는 소리만 하늘을 오르도다[翰音登于天]'라고 한 것은, 닭이나 새가 높이 날 힘이 부족할 때 안간힘을 쓰면서 날개나 꼬리를 퍼드덕거리며 소리를 내는 모습을 그리고 있다. 이렇게 홰치는 소리만 하늘을 오른다는 것은 실제로는 높이 날지 못하고 자신만의 신념만 가득하여 허풍 뜨는 목소리만 높이는 형국이니 객관적인 외적 능력으로 봐서는 실효성이 없는 욕심에 불과하다. 이것을 두고 '끝까지 고집하면 흉하다[貞凶]'고 한 것이다. 말하자면 신념에 찬 말과 실제의 결과가 일치될 수 없는 상황으로서 바로 '규(38)'가 규정하는 내용이기도 하다. 이 효는 어긋남의 개념을 잘 설명해주는 하나의 예다. 그 4원 중 마지막의 가인(37)은 '도약하는 데에는 내적 결속력을 갖추어야 한다'는 처방임을 유의해야 한다.

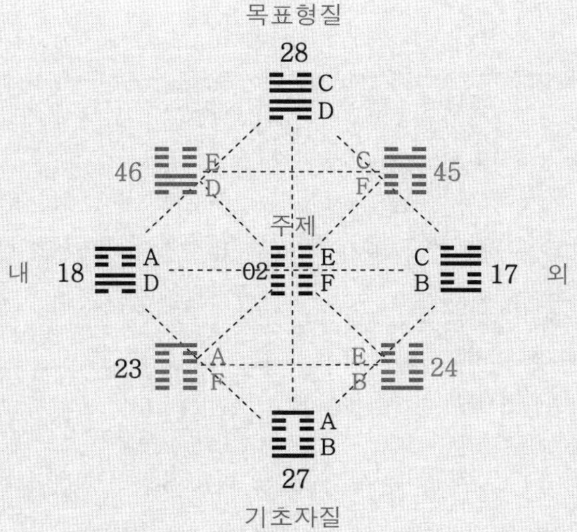

▷ 곤괘(02)의 8원 구성 (『과학주역』1, 251쪽)

주제 괘의 제1효와 제6효의 음양을 바꾸면 그 괘의 기초자질의 괘가 되고 또한 그것의 음양을 전부 바꾸면 주제 괘의 목표형질의 괘가 된다. 그림에서 형성되는 모든 마름모꼴의 네 모서리에 있는 괘는 하나의 법칙으로 정렬되어 있다. 곤(坤)괘는 전면수용의 자세이고 에너지 면에서도 기준상태이므로 곤괘의 8원 구조는 모든 괘의 8원 구조의 기초가 된다.

62. 뇌산소과(雷山小過)

작은 일이 가능한 상, 조금 지나침, 작은 목표와 성취, 힘겨운 추진,
분수에 맞는 성실한 삶, 과욕금지

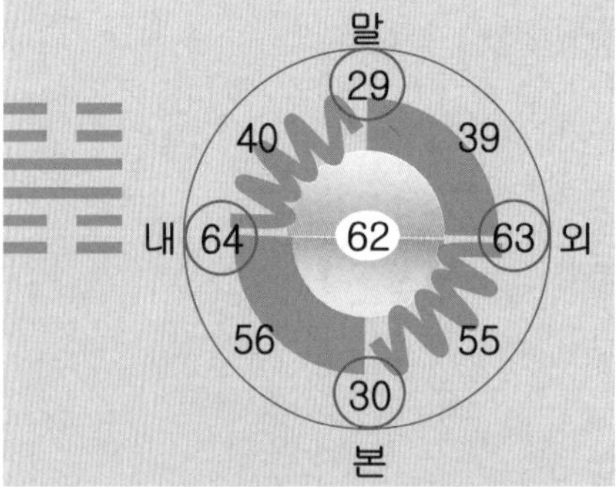

小過소과. 亨형. 利貞이정.
可小事가소사 不可大事불가대사.
飛鳥遺之音비조유지음,
不宜上불의상 宜下大吉의하대길.

작은 일은[小] 넘어가도다[過]. 형통하도다[亨]. 내내 굳건하게 하면[貞] 이로우리라[利]. 작은 일은 가능하고[可小事] 큰 일은 불가하도다[不可大事]. 나는 새가[飛鳥] 소리를 남기니[遺之音] 높이면[上] 마땅치 않고[不宜] 의당[宜] 낮추면[下] 크게 길하리라[大吉].

> 소과[小過]는 리(離)·미제(未濟)·기제(旣濟)·감(坎)을 따라 흐르는 세계다: 에너지를 발산하며 전진하는데[리30] 처음은 어렵다가 점차 풀려서[미제64] 잘 나가는가 싶더니 나중에 어려움이 다시 오니[기제63] 난관극복에 어려움을 겪게 되는[감29] 일련의 과정이 '소과'의 세계다.

8괘의 상으로 보면, 우뚝 솟은 산(艮山간산) 때문에 그 위에 치는 천둥번개(震雷진뢰)의 진동여파가 감쇄되는 상이다. 흔히, 괘의 중앙에 놓인 양(陽) 둘을 새의 몸체로, 상하의 음(陰) 둘을 각각 좌우의 날개로 하는 새의 상으로 본다. 2차원 표상에서는 시공간 진행방향인 대각선 방향에 가로

놓인 음 넷이 몸체고 그 양쪽에 있는 양 둘이 움직이는 날개를 나타내어 음양의 개념에 잘 들어맞는 새의 모습을 나타낸다. 머리(6음)와 꼬리부분(1음) 및 중앙의 몸체(2음·5음)가 날개(3양·4양)의 힘보다 훨씬 무거워 높이 날 수 없는 새의 상이 된다.

햇병아리처럼 몸에(1음·2음·5음·6음) 비해 가녀린 날개로써(3양·4양) 높이 날기 힘든 새의 모습이다. 전체의 표상이 힘에 겨운 일을 하려는 의도가 나타나기 때문에 '조금 과하다[小過]'는 의미도 생겨난다. 높이 날지 못하니 차라리 욕심을 줄여 낮게 날고 땅에 연착륙하는 삶이 낫다. 관리·운영할 능력이 없는데 지위나 재물을 많이 탐하여 가지면 불감당이다. 매사에 조심하고 신중하면서 적절한 선에서 자제해야 한다. 무리하여 큰 강을 건너려는 새는 힘에 부치는 소리를 내며 물에 빠지고 만다. 어쨌든 날 수 있는 새의 상이므로 어느 정도의 가능성이 엿보이는 형통한 상이다. 다소 불리한 여건에서 작은 성취라도 이루어내려면 어떻게 해야 하는 것인가가 이 괘의 주제다.

괘를 인성(人性)의 면으로 살펴보자. 내적 욕구가 조용하니(1음) 이에 따라 신진대사기능도 소극적인데(2음) 주변과의 외적·물질적·육체적인 교류는 활발히 하려 하니(3양) 원천 에너지는 부족한데 외적 탐욕이 강한 체질이다. 요모조모 계획은 많지만(4양) 행동으로 실천하지 못하고 있는데(5음) 이는 세계 밖과 미래가 요구하는 능력이 갖추어져 있지 않기 때문이다(6음). 자신의 신체적·정신적 수준을 넘는 탐욕이 앞서는 인물이다. 분수에 넘치면 낭패를 당하기 일쑤니 특히 큰 일에는 충분한 능력을 증진시킨 후에 나서야 한다.

'작은 일은 넘어가도다[小過]. 형통하도다[亨]'라 하였는데, 몸집이 크고 날개는 작은 상이라 분수에 맞는 작은 일을 행하면 당해낼 수 있으니 그로써 형통한 것이다. 능력이 그러하니 이 수준에 적합하게 매사를 행해야 하므로 '내내 굳건하게 하면[貞] 이롭고[利], 작은 일은 가능하고[可小事] 큰 일은 불가하다[不可大事]'고 하였다. 이어서, '나는 새가 소리를 남기니[飛鳥遺之音] 높이면 마땅치 않고[不宜上] 의당 낮추면 크게 길하리라[宜下大吉]' 하였는데, 몸에 비해 날개 치는 힘이 벅차서 퍼드덕거리는 소리를 내니 분수에 맞는 큰 일은 지나치고 적절한 작은 일을 행하면 겨우 당해낼 수 있음을 의미한다. 앞 구절의 내용에 대한 부연설명이다.

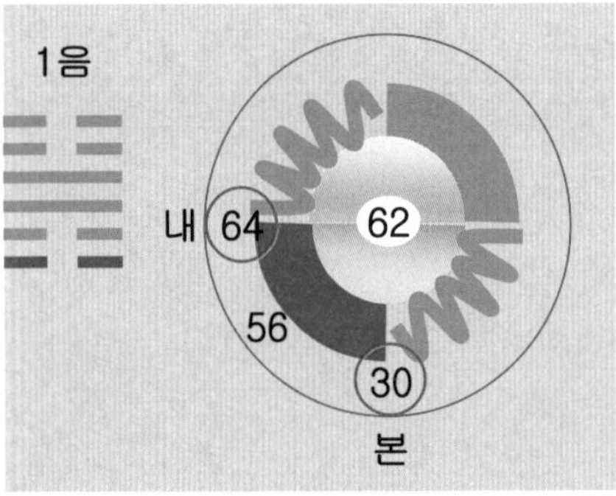

飛鳥以凶비조이흉.

흉을[凶] 안은 채[以] 날아가는[飛] 새로다[鳥].

1음은 리(離)·려(旅)·미제(未濟)의 과정이다: 에너지를 발산하며 전진하지만[리30] 처음부터 길이 막히고 난관에 부딪친다[미제64]. 어떤 과정을 겪고 있는가? 아직 움직이기 힘든 몸을 이끌고 낯선 곳으로 향하고 있다[려56].

1음은 저변의 능력과 자원이 충분하지 못한 시작기이니 조용한 생활을 해야 한다. 변화와 개혁은 선택의 여지가 없는 절체절명의 위기에서만 고려될 수 있는 최후방편일 뿐이다. 그렇지 않으면 그것은 자원과 시간의 낭비이며 이루어낼 수도 없다. 새의 날개 죽지가 채 나오지 않은 것이므로 날려고 하면 안 된다. 준비가 되어있지 않고 확실성도 없으니 일을 벌리지 말아야 한다. 지금 건너갈 능력이 없는데 먼 여행길을 나서니 어렵기만 하다.

이 상황을 설명하는 '려(56)'의 4원 개념을 '소과'의 환경으로 읽어오면,

안간힘을 쓰며 길을 나서(풍55) 낯선 환경의 어려움에 겨우겨우 적응하면서(해40) 내면의 협력과 결속력을 다지며(가인37) 분산되는 힘을 추슬러야 하는(환59) 일련의 과정이다. 여건이 성숙되지 않았는데 힘껏 나섰지만 도중에 협력과 자기계발 없이는 제대로 헤쳐나기 어려운 상황을 말해준다.

'흉을 안은 채 날아가는 새[飛鳥以凶]'라는 것은, 성장이 덜 되어 깃털이 제대로 나지 않은 흉한 모습으로 날아가니 그 과정의 어려움은 불을 보듯 뻔하다. 여기에서 '凶흉'은 '못 갖춘 출발상태'와 흉한 결과상태를 결합시켜 절묘하게 압축한 표현임을 이해해야 한다.

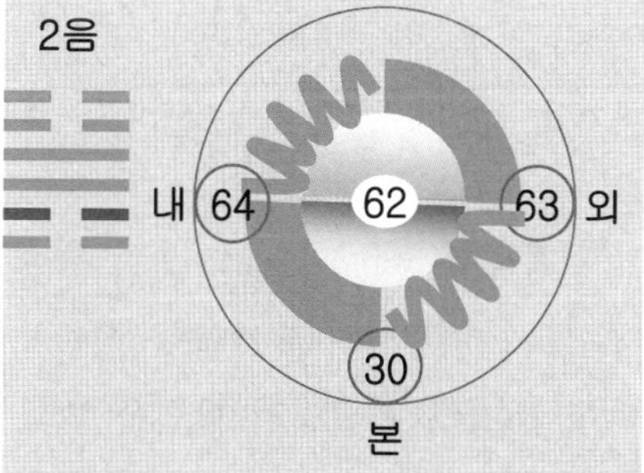

過其祖과기조 **遇其妣**우기비. **不及其君**불급기군 **遇其臣**우기신. **无咎**무구.

할아버지를[其祖] 지나서[過] 할머니를[其妣] 만나도다[遇]. 임금에[其君] 이르지 않고[不及] 신하를[其臣] 만나도다[遇]. 탈이 없으리라[无咎].

> 2음은 미제(未濟)·리(離)·기제(旣濟)의 과정이다: 처음의 난관을 잘 넘어서면 수월해져서[미제64] 길이 열리지만 시간이 가면 다시 어려움이 닥친다[기제63]. 어떤 과정을 겪어나가야 하나? 알뜰하고 지혜롭게 에너지를 관리하며 나아가야 한다[리30].

2음은 음의 수렴적 성질을 발휘하여 자원을 비축하고 구조를 탄탄히 함이다. 능력과 자원이 미비한 상태에서는 소비를 최소화하면서 입력과 출력을 조정하는 알뜰한 살림꾼이 되어야 한다. 자존심과 형식을 접고 생존을 위한 실리적인 의무와 책임을 바탕으로 겸양하고 신중하게 행동해야 한다. 대인관계에서는 같은 값이면 음이라는 동류(1음·5음·6음)와 함께 더 큰 수렴형질의 구성에 도움이 되는 유대를 맺어 필요한 자원을 뒷받침할 수 있도록 한다. 배경상황인 '리(30)'는 실질적인 연료(음)가 있어야 불을 밝히며(양) 나아갈 수 있음을 말해준다.

이 상황을 주재하는 '리(30)'의 4원 개념을 '소과'의 환경으로 읽어오면, 능력 부족으로 한껏 나아가지 못하니(소과62) 위축된 환경에서 알뜰한 생활로(귀매54) 지혜롭게 점진하면서(점53) 신념과 열정으로 추진해나가는(중부61) 일련의 과정이다.

'할아버지를 지나서[過其祖] 할머니를 만난다[遇其妣]' 하는 것은, 2음을 손자며느리라는 가정주부의 입장으로 보면, 자존심, 계보, 명분 등을 중요시하는 할아버지보다는 실천적 지혜에 익숙한 할머니를 가까이 함으로써 실리적인 생활관리능력을 키움이 유리함을 말하고 있다. 아울러, '임금에 이르지 않고[不及其君] 신하를 만난다[遇其臣]' 한 것도, 2음을 신참관리['리(30)'의 4원 중 '귀매(54)' 참조]의 입장에서 보아, 존위의 임금이나 최고 경영자를 만난다는 명분을 달성하는 형식적 개념보다는 실제의 업무내용을 허심탄회하게 논의하여 해결하는 실리적 방법을 택함을 말한다. 그런 방법으로 행하면 '탈이 없다[无咎]'는 것이다.

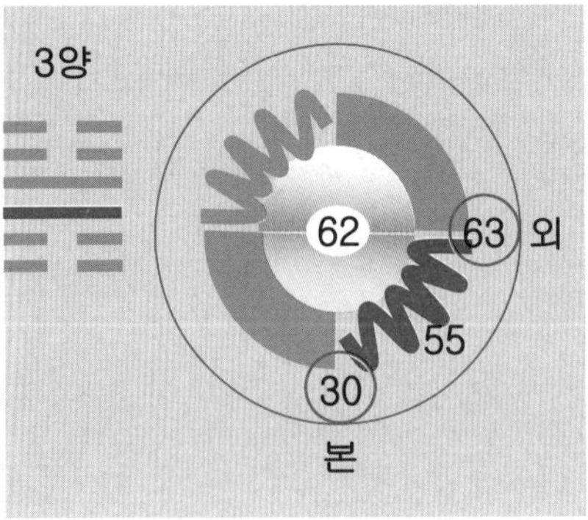

弗過防之從불과방지종·
或戕之凶혹장지흉·

지나침을[過] 막지[防之] 못하고[弗] 좇도다[從]. 혹[或] 해침이 있어[戕之] 흉하리라[凶].

3음은 리(離)·풍(豊)·기제(旣濟)의 과정이다: 에너지를 잘 관리하며 지혜롭게 나아가야 하는데[리30] 길이 열려 있다고 무작정 건넌다[기제63]. 어떤 상황을 겪게 되는가? 전력투구로 바깥일을 추진하면 나중에는 힘을 잃고 어려움을 겪기 쉽다[풍55].

3양은 건(乾01)의 3양을 본받아 자기성장을 추구하면서 출세하려는 노력으로서 지위·권력 등 자신의 외적 팽창에 몰입한다. 이에 따라 전체에 기여해야 하는 자신의 책무에는 소홀하기 쉽다. 새처럼 날려면 그 기초체력이 튼튼해야 하는데 적절히 관리해야 하는 기초에너지를 밖으로 소진하여 외적인 성과를 내려고 안간힘을 쓰다 보면 무리가 생기기 마련이다. 과욕이 앞서니 세상에 해악을 끼칠 수도 있고 주위환경이 자신을 음모의 대상으로 삼을 수도 있다.

이 상황을 주재하는 '풍(55)'의 4원 개념을 '소과'의 환경으로 읽어오면, 개척자의 정신으로 길을 찾아나서며(려56) 현재를 박차고 도약하려는데(규38) 세상은 힘겹고 도움이 절실한 상황이니(건39) 내면을 결속하여 외적 한계를 절도 있게 극복해야 하는(절60) 일련의 과정이다. 풍부한 저력이 뒷받침된 후에야 나아갈 수 있는 형국이다. 길이 보인다고 조건이 미흡한 가운데 무리하게 나서면 자신은 물론 타인에게까지 해악이 됨을 말한다.

'지나침을 막지 못하고 좇도다[弗過防之從]. 혹 해침이 있어 흉하리라[或戕之凶]' 하였는데, 저력이 뒷받침되지 못한 상황에서 상황코드인 풍(55)의 기질대로 힘을 소진할 뿐 아니라 '풍'의 4원 중에 절(60)의 개념을 지키지 못하고 자신의 명리를 지나치게 추구함으로써 연관된 주위사람들까지 다치게 하는 형국에 이르러 흉하게 된다는 뜻이다.

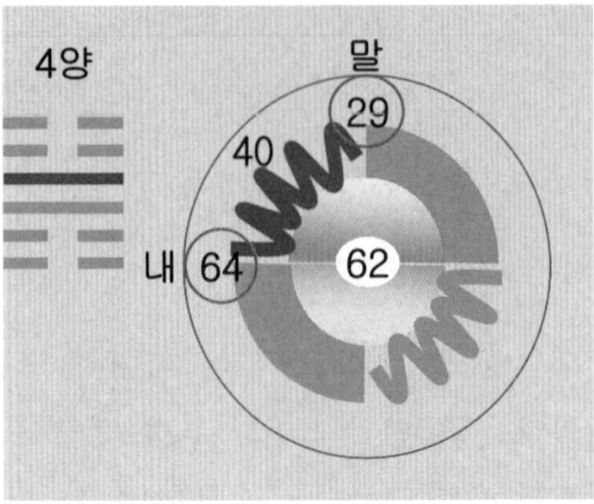

无咎弗過遇之무구불과우지. **往厲必戒**왕려필계. **勿用永貞**물용영정.

무탈하게끔[无咎] 지나치지 않게[弗過] 만나도다[遇之]. 가면[往] 위태로우니[厲] 필히[必] 경계해야 하리라[戒]. 끝끝내[永] 고집을[貞] 부리지[用] 말라[勿].

> 4양은 미제(未濟)·해(解)·감(坎)의 과정이다: 처음부터 길이 막히고 난관에 부딪치니[미제64] 혼란에서 벗어나려고 애쓴다[감29]. 어떤 과정을 겪어야 하나? 어려운 여건을 강한 정신력으로 감내하며 도움을 얻어 문제를 풀어나가야 한다[해40].

4양은 문제를 해결하기 위하여 생각을 활발히 함이다. 마스터플랜은 지금 당장을 위한 것보다 미래의 효율적인 국면에 초점을 맞추어야 하고 지금 그 내용이 밖으로 드러나면 전략이 노출되어 위험하다. 세계 전체의 활성도가 좋지 못한 상황에서는 외면에 드러나는 조치는 삼가고 미래를 위하여 내면적 노력에 열중해야 하며 생각한 바를 해결하기 위하여 남에게 그 주장을 관철하려 해서는 안 된다. 오히려 겸손한 태도로 만나 진정한 도움을 청해야 한다.

이 상황을 주재하는 '해(40)'의 4원 개념을 '소과'의 환경으로 읽어오면, 현재에는 어긋나더라도 여건에 맞추면서(규38) 개척정신으로 길을 찾아나서나(려56) 외적 한계에 접하여는 무리 없이 절도 있게 대처하면서(절60) 협력을 구하여 어려움을 풀어가는(건39) 일련의 과정이다. 달리 요약하면, 정체된 상황을 풀기 위하여 공세적이어서는 안 되고 도움을 입을 수 있는 사람을 겸손한 태도로 만나 난관해결에 힘쓸 때임을 설명해주고 있다.

'무탈하게끔 지나치지 않게 만난다[无咎弗過遇之]'라 함은, 난관에 처해 누군가를 만나 도움을 입어야 하니 공세적 입장을 취하여 탈이 생길 빌미가 붙지 않게끔 조심하고 대인관계를 원만하게 하면서 도움을 청하는 자세를 말한다. 이어서 '가면 위태로우니 필히 경계해야 하리라[往厲必戒]. 끝끝내 고집을 부리지 말라[勿用永貞]'라고 한 것은 자신의 내적 문제를 잘 해결하기 전에는 자칫 자만심에 찬 상태에서 세운 목표를 달성하려는 선부른 욕심을 부리면 위태로우니 매사에 조신해야 하고 말썽의 소지가 엿보일 때는 자기 입장을 끝끝내 고집하지 말라는 뜻이다. 아직 건너지도 못하고(미제64) 혼란이 다가오는 상황에서(감29) 진정하게 난관을 해결하는 방법이라(해40) 하겠다.

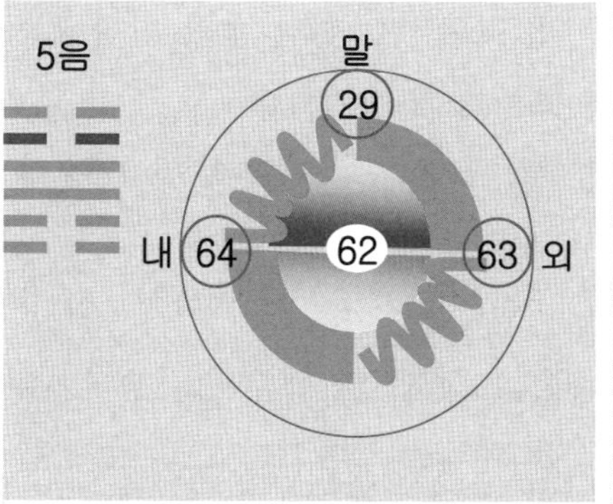

密雲不雨 自我西郊.
밀운불우 자아서교
公弋取彼在穴.
공익취피재혈

구름이 빽빽해도[密雲] 비가오지 않음은[不雨] 내가 서쪽 교외에 있음이로다[自我西郊]. 공이[公] 굴 속에 피해있는 자를[彼在穴] 주살로[弋] 잡으리라[取].

5음은 미제(未濟)·감(坎)·기제(旣濟)의 과정이다: 처음의 난관을 겨우 넘기고[미제64] 길이 열려 건너고 있지만 장애가 도사리고 있다[기제63]. 어떤 다스림이 필요한가? 막히고 열리는 혼란한 때를 잘 이겨내야 한다[감29].

5음은 생기부족으로 창조적인 일을 앞장서서 이끌어 나가기 어려운 상황이다. 이때는 우선 2음과의 협조로 음들이 무리를 지워(1음·2음·5음·6음) 구조적인 안정을 취하며 점진하는 것이 바람직하다. 이 상태에서는 앞으로 나아가지 못하므로 외부와 에너지를 교류하는 3양과 기획력을 가진 4양의 전문적 협조가 필요하다. 그리하면 몸은 육중하나 새의 날개를 얻는 격이니 최소한 날 수는 있다. 막힌 길이 열리고 또 난관이 오는 혼란 속에서 무리하지 않는 범위 내에서 최선을 다해야 한다.

이 상황을 이끌어 가는 '감(29)'의 4원 개념을 '소과'의 환경으로 읽어오면, 믿음과 열정을 가지고(중부61) 점진적 발전을 꾀하면서(점53) 의욕대로 펼칠 수 없는 제약이 많은 환경에서(귀매54) 무리 없는 작은 성취에 만족할 수 밖에 없는(소과62) 일련의 과정이다. '소과(62)'와 '감(29)'의 4원을 각각 살펴보면,'소과'의 결과형질(말원)은 '감'이고 '감'의 결과형질은 또한 '소과'다. 즉, '무리 없는 작은 성취(소과)'는 '혼란 속의 난관극복(감)'을 지향하는 것이고 그 역도 또한 그렇게 되는 관계다.

'구름이 빽빽해도 비가오지 않는다[密雲不雨]'는 것은, 이 효의 상황 변수인 '감(29)'의 4원의 역할 중에서, 마음 속에 믿음과 열정이 가득하지만(중부61) 의욕대로 펼칠 수 없는 불리한 상황(귀매54)을 말하고 있다. 그 이유를 '내가 서쪽 교외에 있음이다[自我西郊]'라 한 것은,『주역』괘사의 저자인 은나라 서쪽 지방 제후였던 서백(西伯, 후에 문왕으로 추존됨)이 주(紂)왕의 폭정 속에 있는 동쪽 정벌을 나서지 않고 '귀매(54)'의 삶을 따라 은인자중(隱忍自重)하고 있기 때문이라고 자신의 처지를 비유하고 있다. '귀매'란 외적으로 불리한 상황이기도 하지만 내적으로도 아직 능력이 무르익지 못한 상태다. 이의 극복은 힘을 모으는 길 밖에 없다. 끝에, '공이 굴 속에 피해있는 자를 주살로 잡는다[公弋取彼在穴]'라 하였는데, 여기서 공[公]은 곧 앞의 자아[自我]이며 이 괘의 5음에 해당하는 뜻있는 자를 말한다. 또한 주살이란 활 쏘기의 기본자세를 연습할 때 오늬에 줄을 매어 쏘는 화살이니 죽이기 위함이 아니라 단지 정곡을 찔러 서로 연결함을 의미하니 마치 '큐피드(Cupid, Eros)의 화살'과 같은 비유다. 몹쓸 세태를 피해있는 출중한 능력자에게 정곡을 찌르는 감동을 줌으로써 함께 힘을 합쳐 내적 결속력을 다지는 계기 마련을 예시하고 있다. 이는 상황변수인 '감(29)'의 4원 중에서, 조용한 점진발전(점53)과 무리 없는 작은 성취(소과62)를 위한 삶이기도 하다.

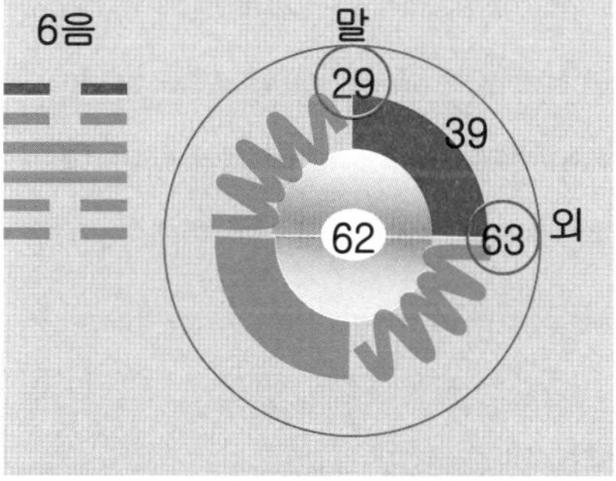

弗遇過之불우과지,
飛鳥離之비조리지, 凶흉.
是謂災眚시위재생.

만나지 못하고[弗遇] 지나치며[過之] 나는 새가[飛鳥] 떠나가면[離之] 흉하리니[凶] 이는[是] 재앙이 되는[災眚] 까닭이로다[謂].

> 6음은 기제(旣濟)·건(蹇)·감(坎)의 과정이다: 일단 통하여 있더라도 장애가 도사리고 있으니[기제63] 종래는 어두운 난관에 봉착한다[감29]. 어떤 국면에 처해 있는가? 여의치 않는 상황에서 능력이 아직은 미숙한데 무리하게 나서면 낭패를 당한다[건39].

6음은 멀리 나아갈 길이 막혀있는 형국이다. 몸이 육중하여 높이 멀리 날지 못하는데 야망이 커서 크게 날고자 어려움을 무시하고 물러설 줄 모른다면 추락의 불행은 막을 길이 없다. 멈출 줄 아는 자는 자신의 엇갈리는 운명의 수레바퀴를 멈출 수 있는 것이다. 6음이 음의 자리를 고수하지 않고 활동성의 6양으로 갑자기 변해 버리면 '려(56)'가 되어 멀리 띠나게 되는데 이때 새가 높이 날려 하지만 미래와 세계 밖을 보는 원래(6음)의 어두운 눈 때문에 필경에는 떨어질 것이니 큰 재앙이다. 6음의 교훈은 물러서서 자제하고 도움을 기다려야 한다는 것이다.

이 상황을 주재하는 '건(39)'의 4원 개념을 '소과'의 환경으로 읽어오면, 조직적 협력을 이끌어내며(가인37) 분산되는 에너지를 추슬러(환59) 있는 힘을 다해 추진하면서(풍55) 정신력과 뱃심으로 자신의 무능을 풀어가는(해40) 일련의 과정이다. 능력이 부족한데도 욕심을 부려 떠난다면 산전수전의 어려움을 겪게 되니 더욱 단련시켜고 능력을 키워야 한다.

'만나지 못하고 지나친다[弗遇過之]' 함은, 큰 일을 치르려면 능력이 부족하니 귀인의 도움이 필요한 상황인데 그런 운이 닿지 못하고 비껴간다는 뜻이다. 또한 '나는 새가 떠나간다[飛鳥離之]' 함은, 미숙한 날개죽지로써는 멀리 날기 어려운 형편인데도 과욕을 부려 지나친 비상을 시도하는 것인데 그러면 실패는 불을 보듯 뻔하니 '흉하리라[凶]'고 하였고, 지나침의 정도에 따라 끝내는 떨어져 생명을 잃을 수도 있으니 '이는 재앙이 되는 까닭이다[是謂災眚]'라고 경고하고 있다.

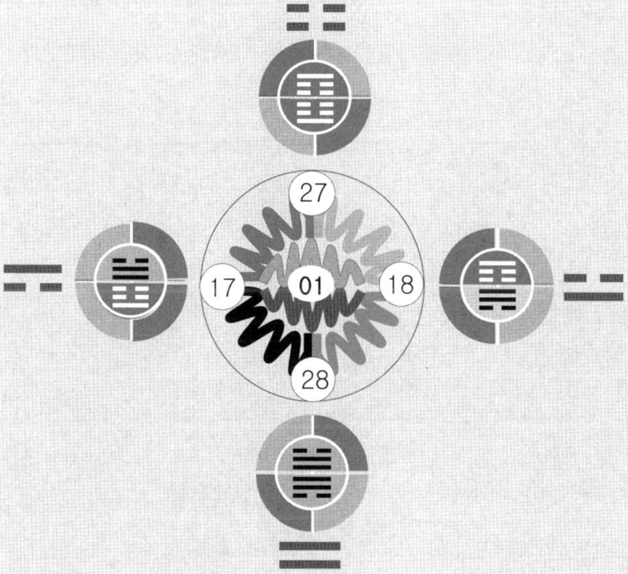

▷ 건(乾01)괘 4원의 사상(四象) 흐름 (『과학주역』1, 267쪽)

6획괘 상·하괘의 세 효를 보면 항상 두 개 이상의 효에 음 또는 양이 할당되어 음양의 비율은 어느 한쪽으로 쏠린다. 4원에 할당되어 있는 6획괘의 아래위 3획괘 각각에 있어서 음양의 비율이 높은 쪽으로 그 음양을 결정하면 모든 괘의 4원 배치는 4상의 네 가지 흐름패턴(①태양·소양·소음·태음, ②태음·소음·소양·태양, ③소음·태음·태양·소양, ④소양·태양·태음·소음) 중의 하나가 된다. 위 그림은 건(乾)괘 4원의 사상흐름이다.

63. 수화기제(水火既濟)

초길종란(初吉終亂)의 상, 순조로울 때 방만하면 막히는 미래,
기반 부실로 오는 나중의 낭패, 잘 나갈 때 자중해야 함, 무절제의 난국초래

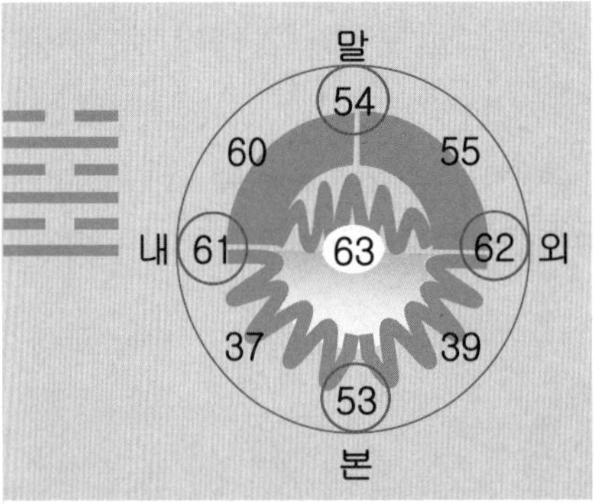

既濟기제. 亨형.
小利貞소리정.
初吉終亂초길종란.

우선은 건너도다[既濟]. 애써 나아가야 하리라[亨]. 성과가 작더라도 [小利] 끝까지 굳건하게 해야 하리라[貞]. 처음은 길하나[初吉] 나중은 혼란하리라[終亂].

기제[既濟]는 점(漸)·중부(中孚)·소과(小過)·귀매(歸妹)를 따라 흐르는 세계다: 점진적인 발전의 토대 위에서 출발하여[점53] 내면의 믿음과 열정이 가득하나[중부61] 욕심을 줄이고 분수에 맞는 목표를 세워[소과62] 불황의 시대를 맞으며 은인자중(隱忍自重)해야 하는[귀매54] 일련의 과정이 '기제'의 세계다.

8괘의 상으로 보면, 아래의 불(離火리화)은 에너지를 공급하는 심지를 근거로 하고 그 위의 물(坎水감수)이 용기에 담겨 있는 형국이다. 불 에너지의 투입, 물의 량과 뚜껑의 상태조절에 따라 끓는 물이 넘쳐서 불을 끌 수도 있고, 잘 가열되어 수증기압으로 바뀌어 응용될 수도 있다. 이처럼 불과 물의 대응은 상관되는 변수에 따라 상극관계가 될 수도 있고 잘 관

리하여 균형과 조화를 이룰 수도 있다. 하지만 발열이 어느 정도를 넘기 전에는 불은 잘 타오르고 물도 데워져 자체의 활성도가 높아진다.

표상으로 보면, 4음과 6음이 아래의 2음과 합세하여 5양을 품는 물이 되고 1양과 3양이 위의 5양과 합세하여 2음을 품는 불이 된다. 불의 기운이 오르되 5양의 행동이 너무 앞서면 음 셋에 포위되어 물이 되고 만다. 대치하던 물과 불이 조화롭게 부딪쳐 상극하지 않고 상생하는 구조다.

기제는 기왕 얻은 것 중에 자신이 필요한 것(2음) 외의 무거운 짐을 지고(4음·6음) 주어진 동력으로써(1양·3양·5양) 나아가니 힘들다. 심지에(2음) 켜진 불에(1양·3양) 산소가(5양) 합세하여 더 큰 불로 키워져 위로 향한다. 세상의 전반기는 행운이 상승세를 타고 일이 잘 풀려 안심하고 앞으로만 나아가지만 후반기에 들어서면 장애(4음·6음)가 앞을 가리고 전진을 방해한다. 처음에는 불이 일어나듯 형통하나 나중에는 일이 막힌다. 하지만 이 저항요소들은(4음·6음) 조절하기에 따라 아래의 열기로 불타거나 수증기로 날아가 제압될 수 있는 상이다. 인체에서는 수기(水氣)가 위에 있고 화기(火氣)가 아래에 있을 때 상호작용이 원활하여 기(氣)의 소통이 좋아진다. 그러나 열이 식으면 결국에는 수증기가 모여 다시 물로 되어 아래로 떨어지려 하기 때문에 이를 유지하도록 에너지를 지속적으로 조절하여 입력하지 않으면 상황은 역전된다. 부모로부터 큰 부를 타고났어도 유지발전에 소홀하면 망치기 십상이다. 달이 차면 기울듯이 어떤 일이 완성되는 듯하면 곧 와해되는 변화를 맞는다. 항구적인 것은 없으며 모든 것은 변화의 과정 속에 있다. 낙관적인 상태가 극점에 다다르면 조금만 무리해도 평형은 깨지고 혼란으로 향한다. 어떻게 조치하면 평형을 유지시키고 쇠퇴의 골이 덜 파이게 할 수 있는 것인가?

괘를 인성(人性)의 면으로 살펴보자. 본성적 욕구가 강렬하므로(1양) 이를 위한 외적·육체적·물적 교류는 활발한데(3양) 신진대사 작용은 생각보다 미온적이니(2음) 저변의 욕구만큼이나 무한정으로 에너지를 발생시키지 못하는 신체조건에 있다. 한편, 자체의 창조적 아이디어가 부족하고(4음) 세계 밖과 미래의 정보에도 밝지 못하나(6음) 내·외적 근본욕구를 실천에 옮기려는 적극적인 노력과 활동정신이 강하다(5양). 면밀한 기획이나 관련지식에 의거하기보다는 행동을 앞세워 강력하게 추진하는 스타일이라 일의 시작은 문제없지만 감당하기 힘든 에너지 과부하 상태에 허덕이고 주도면밀(周到綿密)하지 못하여 오는 후유증으로 나중에 후회가 생기는 타입이다.

흔히 '이미 건넜다'로 해석하는 것은 '기제[旣濟]'를 한자 그대로 번역한 것에 불과하다. 이미 가로놓였던 난관을 다 넘었으니 더 건너려고 애쓸 필요가 없는 상황인 것처럼 보인다. 하지만 괘상이나 효상이 드러내는 것은 괘사의 마지막에서 말한 것처럼 혼란이 나중에 닥칠 상이다. 일단은 열정 어린 정성으로(중부61) 길이 열리어 점진하여 왔으나(점53) 지금부터가 문제이기 때문에 필자는 '우선은 건너도다[旣濟]. 애써 나아가야 하도다[亨]'라고 옮겼다. 괘사의 전반은 일단 길이 통하여 큰 일이든 작은 일이든 잘 진행되어 지금에 이른 것은 형통한 것이니 '소[小]'를 형[亨]에 당겨 붙여서 '형통함이 작다'든지 '작은 것이 형통하다'로 해석하는 등 '작다'는 조건을 달 이유가 없다. 하지만 후반이 외원(外元)인 소과(62)에서 출발하고 종국에는 말원(末元)인 귀매(54)의 상황에 이르기 때문에 괘사의 후반은 '성과가 작을지라도 끝까지 굳건하게 해야 한다[小利貞]'라고 한 것이다. 길이 트였다 하여도 맞이할 종국이 귀매(54)이므로 마음먹은 대로 크게 이룰 수 없는 '소과(62)'의 상황에 만족해야 한다. '귀매(54)'의 내용처럼 잘 풀리지 않는 세상을 살기 위해 조신(操身)하게 해나가야 하는데 잘 나간다고 덤벙대다 보면 끝이 혼란할 수 밖에 없는 것이다. 그래서 괘 전체의 상황은 한마디로 '처음은 길하나 나중은 혼란하리라[初吉終亂]'고 요약되어 있다.

위의 해석에서 보는 바와 같이, 괘의 4원 개념은 괘의 방향성과 상황을 분명히 제시해주기 때문에 이해의 혼동을 막아주는 길잡이라 하지 않을 수 없다. 많은 『주역』 연구자들이 각기 동떨어진 해석을 내어놓거나 권위적인 고래의 해석을 반복하는 것은 바로 괘와 효에 대한 해석의 길잡이가 없기 때문이리라. 지도가 없는데 어떻게 생소한 지역을 헤매지 않고 여행할 수 있겠는가 하는 것이 필자가 오랜 세월 동안 주역을 이해하기 위하여 깊은 고민에 빠질 수 밖에 없었던 이유였다. 이 말과 저 말, 이 논리와 저 논리를 이어 붙여 만든 것을 하나의 체계적인 논리로 받아들이기는 과학에 몸담았던 필자로서는 쉽지 않았고 오히려 수수께끼를 대하듯 어리둥절할 수 밖에 없었다. 『주역』을 제대로 알기 위한 목마름을 풀어내기 위한 『과학주역』을 이제는 『주역』을 사랑하는 모든 이들과 함께 나눌 때가 왔다고 본다.

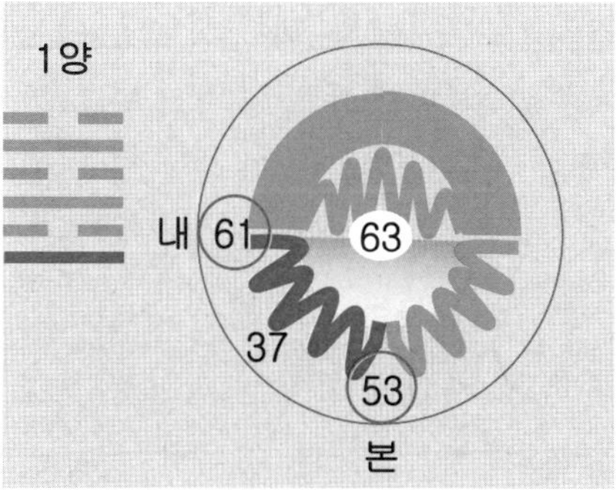

曳其輪예기륜·
濡其尾유기미 **无咎**무구.

가는 수레를[其輪] 뒤로 당기도다[曳]. 말미를[其尾] 적시더라도[濡] 무탈하리라[无咎].

> 1양은 점(漸)·가인(家人)·중부(中孚)의 과정이다: 점진적 발전의 토대 위에서[점53] 원래의 믿음과 열정이 식지 않도록 해야 한다[중부61]. 어떤 역할이 필요한가? 새롭고 어려운 환경이 닥쳐도 시스템 본연의 기능이 발휘되도록 대비함으로써 도약의 기틀을 다져야 한다[가인37].

1양은 일단의 성공을 이룬 바탕 위에 추진동력이 갖추어진 상태라 의기양양함으로 나아가려 함이다. 하지만 변화의 와중에는 새로운 불확실성이 끼어들게 마련이고 자칫 실족하면 기왕에 가진 것도 잃는다. 끝없는 상승이란 없는 법. 잘 나갈 때 한 발작 뒤로 물러서서 현실 속에 숨어 있는 문제를 간파하고 기반 능력을 점검하며 해당요소가 복잡하게 얽혀 있는 경우는 난관발생 시에 상호 유기적인 관계와 협력이 이루어지도록 내면의 열정을 잃지 말고 대비해두어야 한다.

이 상황을 주재하는 '가인(37)'의 4원 개념을 '기제'의 환경으로 읽어오면, 협력으로 힘든 일을 견더내며(건39) 내적으로 결속하여 한계에 절도 있게 대응하며(절60) 웅크림을 일깨워 새 일을 찾아나서(려56) 변화에 맞추어 도약의 바탕을 준비하는(규38) 일련의 과정이다. 개인·가정·사회·국가 등의 시스템의 유지·발전을 위하여는 항상 유기적 협조와 조절력을 발휘할 수 있는 노력을 병행하여야 한다. 태평할 때의 태만은 미래의 독이 된다.

'가는 수레를 뒤로 당긴다[曳其輪]' 함은 일의 진행을 방해하는 것이 아니라 막무가내로 달리지 못하도록 제동장치를 작동시키며 적절하게 조절하는 상황을 뜻한다. 재력가, 권력자, 실력자들과 같은 성공을 이룬 자들은 흔히 자만심에 도취되어 방만한 삶 속에서 다가올 새로운 변화에 적응할 수 있는 기틀을 준비하지 않고 기득의 '이(利)'를 좇기에 바쁘다. 지금은 잘 나가지만 닥칠 먹구름에 대비하여 속도를 줄이도록 제동을 건다면 혹간 이로 인한 당장의 불이익이 없지는 않겠지만 본질적인 결함이 되는 것이 아니고 미구에 오히려 큰 피해를 줄이는 대비책일 것이니 '말미를 적시더라도[濡其尾] 무탈하다[无咎]'고 한 것이다.

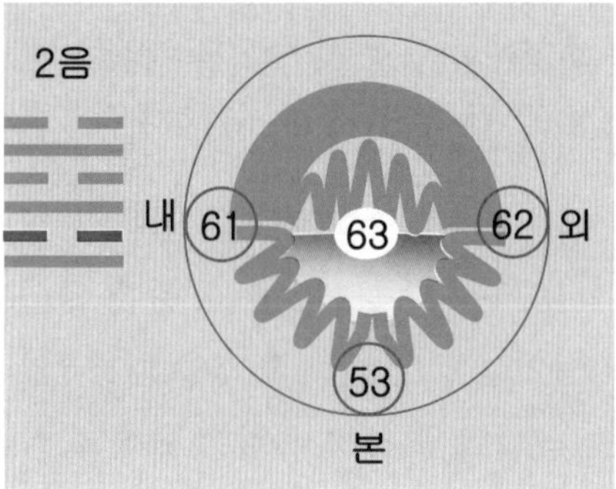

婦喪其茀부상기불 勿逐물축.
七日得칠일득.

부인이[婦] 나들이용 가리개를[其茀] 잃더라도[喪] 뒤쫓지 말라[勿逐]. 이레면 얻으리라[七日得].

> 2음은 중부(中孚)·점(漸)·소과(小過)의 과정이다: 마음 속의 감동과 열정을 유지하며[중부61] 너무 과한 목표를 성급하게 추구해서는 안 된다[소과62]. 어떤 과정의 삶이 필요한가? 안정을 강구하며 점진적으로 나아가야 한다[점53].

2음은 새로운 전진을 준비하는 베이스 캠프(base camp)다. 일단의 성공을 이룬 후에 한동안 머물며 다음 단계를 위하여 재정비 강화하는 상태다. 한 번 목적을 이룬 자들은 초창기의 내적 감동을 잃고 권력·명예·재물 등의 외적 욕심을 앞다투어 추구하기 쉽다. 작은 성공을 미끼로 큰 것을 성급하게 욕심내면 문제가 생긴다. 성공의 소중한 성과를 조용히 지키고 향후에 필요한 지식과 능력을 함양하면서 때를 기다리면 운명의 수레바퀴는 멈추지 않고 새로운 내용으로 되돌아와 다음 단계의 도전을 이어갈 수 있다.

이 상황을 주재하는 '점(53)'의 4원 개념을 '기제'의 환경으로 읽어오면, 섣불리 건너다가(기제63) 혼란을 맞닥뜨리더라도(감29) 밝은 지혜로써 헤쳐나가(리30) 현재의 난관을 극복하면서 더 나은 미래를 지향하는(미제64) 일련의 과정이다. 일단의 성공을 이루어 길이 열렸다고 하여 미래도 항상 그렇게 되는 것은 아니다. 유비무환의 정신으로 항상 깨어있는 자에게만 새로운 복이 찾아온다.

'부인이 나들이용 가리개를 잃더라도[婦喪其茀] 뒤쫓지 말라[勿逐]' 하였는데, 부인이 나들이용 가리개장식을 한 것을 보면 지체가 높은 집안임에 틀림 없다. 애지중지하던 값비싼 장식을 잃어버렸다면 마땅히 찾으려 할 것인데 그런 재물욕심을 버리고 내면의 믿음과 열정을 귀하게 여기면서 소박하게 살아가는 정신을 견지하면 성공해본 경력자는 원하는 일을 해낼 수 있는 기회를 최대한 짧은 주기로 다시 얻게 되니 '이레면 얻는다[七日得]' 한 것이다. 점진을 바탕으로 해야 '기제'의 운이 지속될 수 있음을 말하는 것이니 '漸既濟점기제'라 할 것이다.

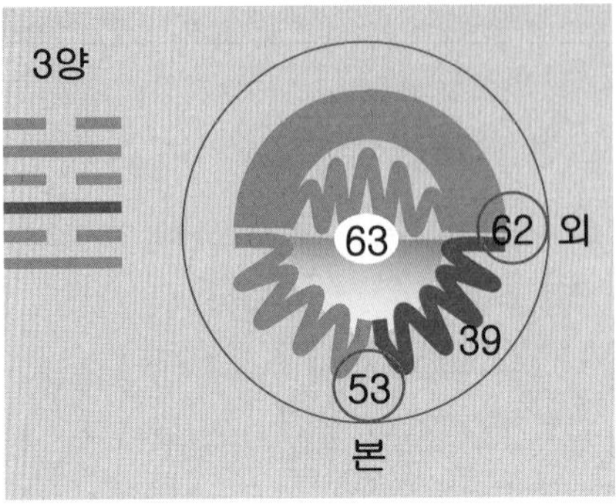

高宗伐鬼方 三年克之.
고 종 벌 귀 방 삼 년 극 지
小人勿用소인물용.

고종 왕이[高宗] 귀방을[鬼方] 정벌하는데[伐], 3년을 걸려[三年] 이기도다[克之]. 소인을[小人] 쓰지 말라[勿用].

3양은 점(漸)·건(蹇)·소과(小過)의 과정이다: 점진적으로 안정성을 강구하며 나아가는데[점53] 조그만 성취 밖에 이룰 수 없게 된다[소과62]. 어찌된 영문인가? 분에 넘치는 에너지 낭비로 힘겹기 때문이다[건39].

3양은 외적으로 에너지를 분출하여 기진맥진하는 상이다. 기제로 이어진 힘에다가 시스템 제어력(1양)과 건전한 음덕(2음)이 합해져 생긴 힘을 밖으로 분출시키는 모습이다. 상승기류를 탔더라도 그 여세를 주위로 확장하는 것은 모든 에너지를 집중하여 소모시키는 일이다. 국가전쟁과 기업의 전략투자가 그 예다. 큰 에너지를 소진하는 중요한 과업에 소인을 써서 앞세우면 책무를 감당치 못하고 소모한 만큼의 성과를 얻기 어렵다.

이 상황을 주재하는 '건(39)'의 4원 개념을 '기제'의 환경으로 읽어오면, 조직적인 협력으로 도약의 발판을 마련하여(가인37) 내면정화를 위해 분산되는 에너지를 다잡고 정비(정벌)하면서(환59) 총력을 다해 추진하여(풍55) 어려운 환경을 어렵사리 풀어나가는(해40) 일련의 과정이다. 여기에서, 가인(37)은 기제의 열린 때에 조직력을 확보하여 도약을 꿈꾸는 상황이고, 환(59)은 그런 시절이 경과하면서 조직을 약화시키는 세력이 물을 흐리듯 하여 내면정화가 필요한 때를 맞게 된 것이다. 이럴 때를 헤쳐나가는 위업을 이루기 위해서는 지혜와 통솔력이 뛰어나지 못하면 여간 아니고는 해내기 어렵다.

'고종 왕이 귀방을 정벌하는데[高宗伐鬼方] 3년을 걸려 이기도다[三

年克之]'라 하였는데, 건(39)의 힘든 과업에 전력을 다하지만 지지부진하게 해결할 수 밖에 없는 3양의 상황을 중국 은나라를 중흥시킨 고종 황제가 북방의 오랑캐(鬼方귀방)를 어렵게 물리친 고사에 비유하고 있다. 공자가 「상전(象傳)」에서 '3년을 걸려 이긴다는 것은 고달픈 일이다[三年克之삼년극지 憊也비야]'라 주석한 것은 3양이 '건(39)'의 상황임을 잘 풀이하고 있다. 반란을 수습하며 산전수전을 겪는 곤경을 버티고 승리하려면 내부가 결속된 힘을 보여주어야 발전할 것인데(가인37) 내부의 기강문란이 있어 혼탁하다면 이를 먼저 정화해야 하므로(환59) '소인을 쓰지 말 것'을 당부하는 것이다. 건(39)의 4원 중 전반부가 전제되어야 함을 말해주고 있다.

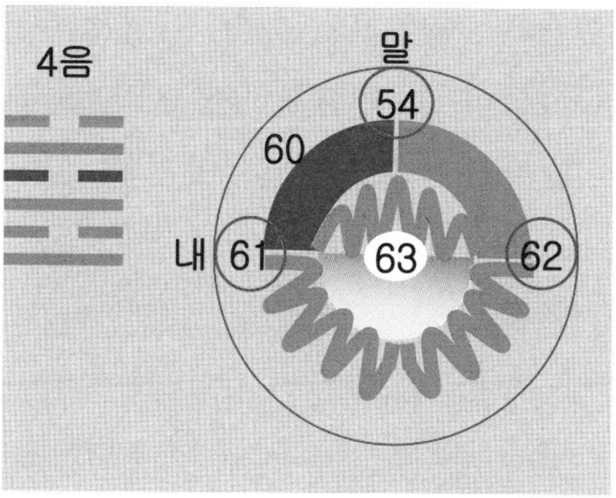

繻有衣袽수유의녀.
終日戒종일계.

명주옷이[繻] 있어도[有] 해진 옷을[袽] 입도다[衣]. 종일[終日] 경계하도다[戒].

> 4음은 중부(中孚)·절(節)·귀매(歸妹)의 과정이다: 내적 믿음과 열정은 가득하지만[중부61] 세상은 불황의 기운이 감도니 조신(操身)해야 한다[귀매54]. 어떤 상황을 견지해야 하는가? 기제로 이어진 활성적 에너지를 절제하여 한계를 헤쳐나갈 준비를 해야 한다[절60].

4음은 전반세계의 전진하는 힘이(離火리화) 후반세계에 들어와 장애요소에 봉착한다. 지금까지 밀어 부치던 추진력에 제동을 걸지 않으면 안되게 되었으므로 기득의 가용에너지를 소진하지 않도록 절제의 삶을 살아야 한다. 음이란 마냥 정적인 것이 아니고 정중동(靜中動)의 의미를 품고 있음을 간파해야 한다. 세상이 상향적으로 전진함에도 멈추어 생각을 가다듬고 암장되어 커나가는 부패요소들을 가려내어 조치하지 못하면 세상의 불활성을 내내 감수할 수 밖에 없다.

이 상황을 주재하는 '절(60)'의 4원 개념을 '기제'의 환경으로 읽어오면, 내면정화로 분위기를 새롭게 다잡고(환59) 기존의 시스템적 능력을 제어하여 재도약의 기초로 삼아(가인37) 얼어붙는 외적 장애를 지혜롭게 풀어가면서(해40) 힘겹더라도 전력을 기울여 헤쳐가는(풍55) 일련의 과정이다. 기제의 운이 다하고 미제의 기운이 다가오면 기존의 씀씀이를 다잡아 절제하여 내적 기운을 다시 축적하지 않으면 안 되는 삶이다.

'명주옷이 있어도 해진 옷을 입는다[繻有衣袽]' 함은, 성공한 사람들이 고급 비단 옷을 입는 것이 보통이지만 굳이 해진 옷을 마다 않고 입으며 성실하고 근면하게 절제하며 사는 삶을 표현하고 있다. 이어서 '종일 경계한다[終日戒]'는 것은, 기제의 세상이 오면 절제하지 못하고 사치와 허영으로 부패하기 쉽다. 언제 어디서고 그런 세태에 빠질 우려가 있음으로 자신은 물론 지도하는 대상에 대하여도 감시의 눈을 땔 수 없는 상황임을 강조하고 있다 하겠다.

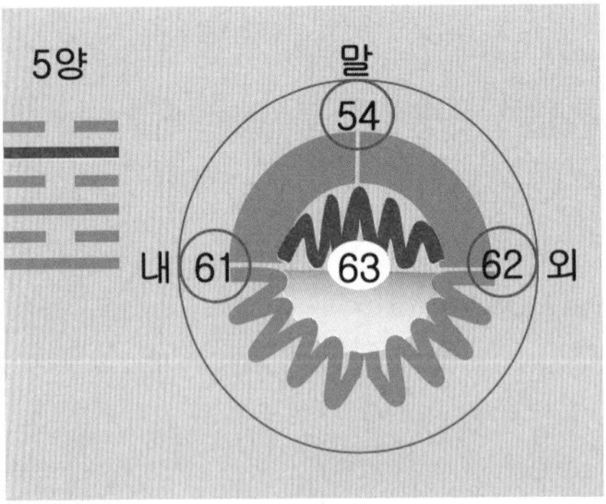

東隣殺牛동린살우,

不如西隣之禴祭實受其福.
불 여 서 린 지 약 제 실 수 기 복

동측이[東隣] 소를 잡아도[殺牛] 서측이[西隣] 간략한 제사로써[禴祭] 실속 있게[實] 복을[其福] 받는 것만[受] 못하리라[不如].

5양은 중부(中孚)·귀매(歸妹)·소과(小過)의 과정이다: 내적 믿음과 열정은 가득하지만[중부61] 성취는 작을 수 밖에 없다[소과62]. 그 상황배경은 무엇인가? 의욕은 높지만 다가올 '미제'의 불황이 감도니 은인자중(隱忍自重)해야 할 때다[귀매54].

5양은 '기제'의 기득권층이 밀리지 않고 나아가려고 발버둥치는 모습이다. 이미 험준한 '미제(64)'의 장벽(4음·6음)이 앞을 가로막고 있으니 노력에 비해 실속이 없다. 세상인의 정신자세를 보면 변화의 물결 속에 시달려 진실과 원리에 근거하는 진솔한 자세는 사라지고 세상사의 양태는 겉보기만 요란하다. 이렇게 5양은 앞을 헤쳐 나가는 비효율의 시련을 겪는 동안에 그 뒤에서 묵묵히 벼르고 있는 2음은 기제의 분위기에서 착실히 에너지를 쌓아가니 실익이 있다.

이 상황을 이끌어 가는 '귀매(54)'의 4원 개념을 '기제'의 환경으로 읽어오면, 불황의 막힌 길을 맞닥뜨리며(미제64) 열정적으로 힘껏 뻗어나가려 하지만(리30) 세상 밖은 내 마음 같지 않게 혼란이 엄습하니(감29) 아직 길이 통해 있어도 부닥칠 장애를 염려하여 조신하게 해나가야 하는(기제63) 일련의 과정이다. 내적으로는 기득권층이 아직은 권세를 뻗치려 하나(리30) 외적으로는 웅크리고 있는 세력의 혼란스러운 도전을 받고 있는(감29) 상황으로서 '리(離)'의 불기운이 다해가는 국면이다.

'동측이 소를 잡아도[東隣殺牛] 서측이 간략한 제사로써 실속 있게 복을 받는 것만 못하리라[不如西隣之禴祭 實受其福]'는 것은, 『주역』의 괘사가 창제되었던 은나라 말기의 상황으로서 서쪽 문왕(文王) 측은 조신한 태도로 간략한 제사를 지내며 미래를 대비하니 떠오르는 운세인데 반면에 동쪽 주(紂)왕 측은 그 운세가 기울어 기득권 세력은 부패하고 사치와 허영 속에 소를 잡는 큰 제사를 지내므로 시간이 갈수록 그 운세가 기운다는 뜻이다. 세상의 운세는 돌고 돌아 기제는 미제로, 미제는 기제로 교차한다. 그 속에 '리(離)'와 '감(坎)'의 상황이 얽히는 것이다. 표상은 참으로 흥미롭다. 1양·3양·5양은 2음을 공유하며 펼쳐나가는 불이다. 2음은 그 불이 꺼지지 않게 뒷받침해주는 물질적인(음) 연료다. 한편, 시간의 흐름과 함께 2음·4음·6음은 5양을 가운데에 포위하는 물이 된다. 불의 시절에 그 연료가 되어주던 2음은 때가 오면 그 불의 선두인 5양을 볼모로 물의 배경이 되어 상황 여하에 따라 그 불을 끌 수 있다. 표상전체를 대표하는 중앙이 기제의 자리라면 상하의 물과 불이 묘하게 연결되어 '기제'를 물의 둘러쌈과 불의 둘러쌈이 공유하여 있도록 되어 있음을 볼 수 있다. 동쪽의 주왕 측인 5양은 불의 선두이면서 물의 볼모다. 서쪽의 문왕 측인 2음은 불의 볼모이면서 그 불을 끌 수 있는 물의 기초세력이다. 기제의 초반은 '리'의 형통함을 탔으나 그 후반은 '감'의 혼란과 어두움에 빠져든다. 하지만 아직 흉한 상은 아니다. 갈수록 어두움의 직격탄은 5양이 받게 된다. 물과 불은 기제를 이루는 상하 두 8괘의 조합이지만, 기제의 마지막 이정표인 귀매(54)의 4원 속에 감(29)과 리(30)가 있는 것을 보면 4원 개념은 더욱 흥미롭고 신비롭다.

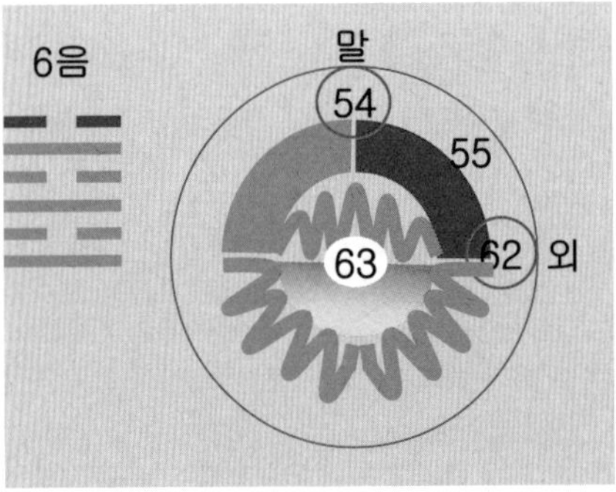

濡其首유기수 **厲**여.

머리를[其首] 적시니[濡] 위태롭도다[厲].

6음은 소과(小過)·풍(豊)·귀매(歸妹)의 과정이다: 작은 목표를 내걸었는데도[소과62] 세계의 불황과 위축의 장벽에 막히게 된다[귀매54]. 어떤 상황을 겪는 것인가? 막힘을 전망하지 못한 가운데

'기제'의 남은 힘을 소진하니 제대로 나아가지 못한다[풍55].

6음은 다가오는 미래로의 길목에 서서 전진을 방해하는 비활성 요소다. 솟아오르는 불길(5양)에 찬물(6음)을 끼얹으니 그 위세는 꺾이고 만다. 스스로 미래를 향하여 전진하려면 변화된 새로운 관점을 받아들이고 과거 지향적인 시각에서 벗어나야 한다. 미래와 세계 밖으로 향하는 지혜의 눈을 뜨지 못하면 타에 의해서가 아닌 자기 스스로의 올가미에 걸리는 것이다. 과거의 화려한 자존심을 털어내고 자만심의 질주를 멈추고 새 희망을 품을 수 있어야 한다.

이 상황을 주재하는 '풍(55)'의 4원 개념을 '기제'의 환경으로 읽어오면, 기존의 틀에서 새 환경을 찾아 나서려면(려56) 고정관념을 벗고 변화되어야 하는데(규38) 힘겹고 도움이 절실한 상황에서는(건39) 내적 절제를 통하여 외적 한계를 극복해나가야 하는(절60) 일련의 과정이다. 사실 이때는 기제의 운이 다하여 저력을 잃고 제대로 나아갈 수 없는 형국에서 아등바등하는 모습이다.

'머리를 적시니 위태롭다[濡其首厲]' 함은, 8괘로 보면, 물의 어두운 부분(4음·6음)이 타오르는 불을 적셔 끄고 있는 상황이고 표상으로는, 기제의 기세로써 기득권층이 자만심으로 전진하던 과거(5양)에 얽매여 세계 밖과 미래로 향하는 통찰의 눈을 펴지 못하는 상태(6음)에서 꺼져가는 운세에 맞게 자중하지 못하고 남은 힘을 소진하니 위태로울 수 밖에 없다. 이렇게 코너로 몰리게 되면 과거의 풍족하던 허상에서 벗어나지 못하고 주색에 빠져 머리가 흐릿해진 상태가 곧 '머리를 적시는' 것이니 향락주의가 만연한 퇴폐적인 사회분위기를 함축하고 있다. 또한, 강을 건너다가 머리를 적시게 되는 저항요소의 그 물은 5양을 볼모로 2음·4음·6음이 형성하는 물로서 기제(기존)의 세력에 도전하는 저변의 저항세력이며 2음이 세월을 기다리며 근면하게 쌓아 올린 성과이다. 기제의 입장에서는 도전세력이지만 도전자의 입장에서는 때가 이르렀음을 말해주고 있다. 기제의 운이 막을 내리는 것은 멀지 않았다. 열리면 닫히고 닫히면 열리게 되는 우주의 순환원리가 여기에 작동하고 있는 것이다.

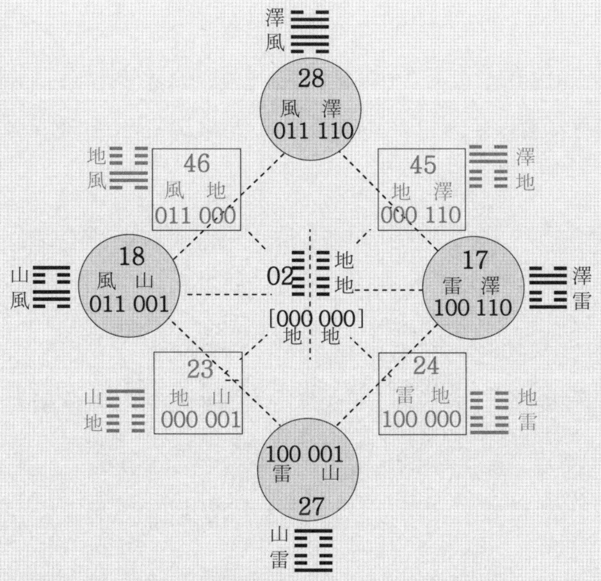

▷ 괘의 8원 구조 상관관계의 구도 (『과학주역』1, 255쪽)

곤괘의 8원 구조의 패턴은 모든 괘에 동일하게 적용된다. 좌우에 마주하는 두 괘들은 서로 완전한 반대괘이고 대각선 상에서 마주하는 부분적인 대칭을 이룬다. 일정하게 적용되는 원리만 숙지하면 모든 괘의 8원 구조는 연역적으로 구할 수 있다. 괘의 8원 구조를 알면 4원6효를 아는 것인데, 이 열 가지 중에서의 한 국면의 특징을 64괘 중에서 규정하는 것은 비교적 수월하기 때문에 고전주역보다 10배 확대하여 주제의 상황을 가릴 수 있다. 『과학주역』은 점치지 않고도 문제의 해답을 찾을 수 있게 해준다. 남은 것은 『과학주역』에 통달하는 것이지만 위 그림은 그리로 가는 첩경을 연다.

64. 화수미제(火水未濟)

아직 건너지 못한 상, 초란종길(初亂終吉), 무초유종(无初有終),
기존의 장애 극복으로 미래를 열어감, 참고 견딘 뒤의 보람

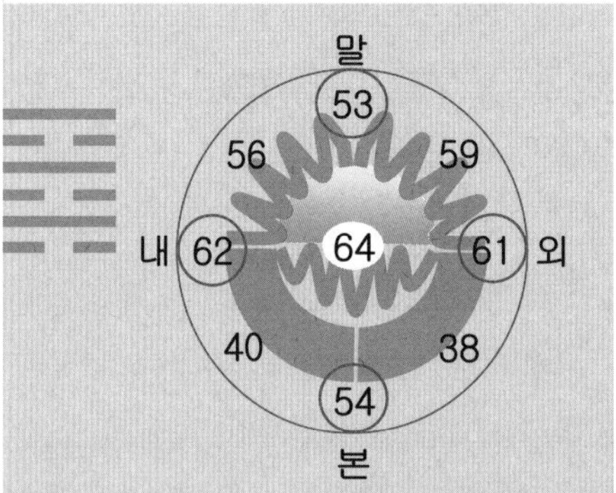

未濟미제. 亨형.
小狐汔濟소호흘제,
濡其尾유기미.
无攸利무유리.

아직 다 건너지 못한 상이로다[未濟]. 애써 나아가야 하도다[亨]. 작은 여우가[小狐] 거의[汔] (강을) 건너다가[濟] 꼬리를[其尾] 적시도다[濡]. 이로울 바가 없으리라[无攸利].

미제[未濟]는 귀매(歸妹)·소과(小過)·중부(中孚)·점(漸)을 따라 흐르는 세계다: 불황의 시대를 맞아 은인자중(隱忍自重)하며[귀매54] 욕심을 줄이고 분수에 맞는 목표를 세워[소과62] 믿음과 열정을 앞세워[중부61] 점진적으로 발전해나가는[점53] 일련의 과정이 '미제'의 세계다.

64

8괘의 상으로 보면, 기제는 올라가는 불 기운을(離火리화) 물 기운이 눌러(坎水감수) 둘 사이가 가까워지는 양태로 관계가 통하는 상이지만, 미제는 내려가는 물 기운과 올라가는 불기운이 서로 헤어지는 양태로서 가까이 있던 물과 불이 멀어지며 관계를 맺을 수 없는 형국을 나타낸다.

표상으로 보면, 초기에는 짐(1음·3음·5음)이 무거워 움직이지 못하다가

시간이 갈수록 열기구(2양·4양·6양)의 부력이 작용하여 떠오를 수 있게 되는 상이다. 5음을 심지(에너지원)로 하는 화염(2양·4양·6양)이 위로 치솟는다. 하지만 아래에 무거운 짐(1음·3음)이 달려 있어 하늘을 가볍게 제대로 날아오를 수가 없다. 영리한 생각(4양)과 트인 시각(6양)으로 미제의 주인이 뗏목(5음)을 타고 강을 과감히 건너려 하는데 받은 그 뗏목의 부력이 짐(1음·3음)을 거뜬히 감당하지 못해 후미(1음)를 강 속에 당군 채로 불안한 도강(渡江)을 하고 있으니 목표를 채 달성하기가 아슬아슬하고 어정쩡한 상황이다. 인체에서 수기(水氣)와 화기(火氣)가 서로 융합되기 어려우면 건강하지 못하다는 한의적 원리도 미제의 개념이다. 더욱이 음양의 힘겨루기가 3:3으로 대등하여 진퇴양난의 모습이니 됨과 안 됨의 혼돈이 숨어있다. 전체적으로는 미완의 혼돈에서 질서의 단계로 이끌어 갈 리더십이 요구된다. 음양의 비율은 3:3이라도 5음을 원료로 화력을 제대로 낸다면 상승기운(2양·5음·4양·6양)이 순수한 하강기운(1음·3음)보다 많아 주도자(5음)가 전체의 에너지 원료가 되어주면 성공확률은 있다. 모험의 도강을 단행하더라도 짐(1음·3음)을 진 책임감으로 매사에 섬세한 제어가 요구된다. 혼돈에서 질서세계로 입문하는 구체적 과정을 알아보는 것이 미제괘의 주제다.

괘를 인성(人性)의 면으로 살펴보자. 욕구를 앞세우지 않아(1음) 주변과의 외적·육체적·물적 교류에도 소극적이지만(3음) 신진대사활동은 활발하니(2양) 이는 신체적 요구에 의한 것이기 보다 활발한 정신적 자극(4양·6양) 때문이다. 한편, 사고활동에 열중하고(4양) 세계 밖과 앞길에 관한 정보획득에는 밝지만(6양) 신중하게 판단을 유보하며 행동에 즉각 옮기지 않는 것은(5음) 심적 에너지원(1음)과 물적 에너지원(3음)이 근원적으로 부족하기 때문이다. 본성적 의욕과 체력이 약하여 활동적이지는 못하나 정신력이 강하고 주도면밀하게 행동하는 지적이고 전략적인 타입이나 그렇게 되기까지는 시간과 노력이 많이 투입되어야 하는 대기만성형이다.

'아직 다 건너지 못한 상이다[未濟]. 애써 나아가야 한다[亨]'라고 한 것은, 겨울과 같이 위축된 상황에서(귀매54) 갑자기 활성화 될 수는 없으므로 해빙기를 거쳐(해40, 1음의 상황변수) 작은 것부터 성취해나가면서 의욕과 열정을 키워(중부61) 점진해나가야 하기 때문이다(점53). 지금 어떤 일을 완성할 수 있는 단계는 아니지만 점진적인 성장을 위하여 노력하지 않으면 안 되는 형국이므로 '애써 나아가야 한다'고 하였다.

미제의 내원(內元)과 외원(外元)을 보면, 욕심을 죽이면 성취가 가능하니(소과62), 혼란 중에 열성을 다해야 하는(중부61) 미제의 길이다. '작은 여우가 거의 (강을) 건너다[小狐汔濟] 꼬리를 적시면[濡其尾], 이로울 바가 없다[无攸利]' 하였는데, 전체의 표상을 보면, 미래는 위의 불과 같이 펼쳐나갈 수 있는데(리離火) 지금까지 시원스레 그러하지 못한 것은 자기의 상황(1음·3음)을 감당치 못하기 때문이다. 아직 미성숙한 여건으로 크게 뛸 수 없는데(귀매54, 소과62) 아주 작지도 않는 강을 건너다가 뒷심과 주의가 부족하여 후미(1음)를 물 속에 적시는(감坎水) 모습을 그리고 있다. 열성적으로 애쓰고 있지만 애초에 근본적으로 가진 것이 부족하면 여간 노력한다 해도 자칫 여력이 없어 아슬아슬하게 실족하기 쉬우니 그렇게 되면 '이로울 바가 없는' 것이 사실이다. 그렇다면 과연 미제는 꼬리를 적심으로써 이로울 바가 없게 되는 상인가? 미제는 '애써 나아가면 형통할 수 있음[亨]'을 함의하고 있다. 하지만 미제의 상황에서 소과(62)와 중부(61)의 길을 탈선하지 않고 간다면 점진적 발전을 가져오기 때문에 부분적이고 단계적인 끝맺음이 잘 되도록 욕심을 부리지 말고 각별히 조심할 것을 경계하는 말이다. 본문의 '濡其尾유기미'는 '소과'와 '중부'의 도를 지키지 못한다는 전제가 달려 있다고 보아야 한다. 아무리 고사를 참고하여 한자를 풀이한다 해도 괘의 시종을 잇는 4원 개념의 과정적 이정표를 알지 못하면 해석에 착오를 일으키기 쉽다.

기제가 '처음은 길하나 나중은 혼란한[初吉終亂]' 형국인 반면에, 미제는 '처음은 혼란하나 나중은 길한[初亂終吉]' 상이니 뚫어가면 점진적으로 열리겠지만(점53) 끝까지 위험이 도사리니 한시라도 주의를 게을리할 수 없는 형국이다. 미완성이지만 작은 일을 단계적으로 열정을 가지고 꾸준히 해나갈 때 점진할 수 있다는 희망이 있음을 의미한다.

모든 일은 깔끔한 시작과 끝맺음이 있는 것 같지만 단계적으로 진행되는 과정이며 한 단계의 마침은 곧 다른 단계의 시작이 되어 이어진다. 우주는 내일에 끝나지 않고 계속된다. 미완성이 완성으로 끝맺지 않고 하나의 완성이 또 다른 차원의 출발을 뜻하므로 '종즉유시(終則有始)'의 순환개념을 제시하고 있다. 미완성의 참 뜻은 우리로 하여금 현재의 성취보다 더 큰 꿈을 꾸며 살아가게 하는 삶의 원동력일 것이다.

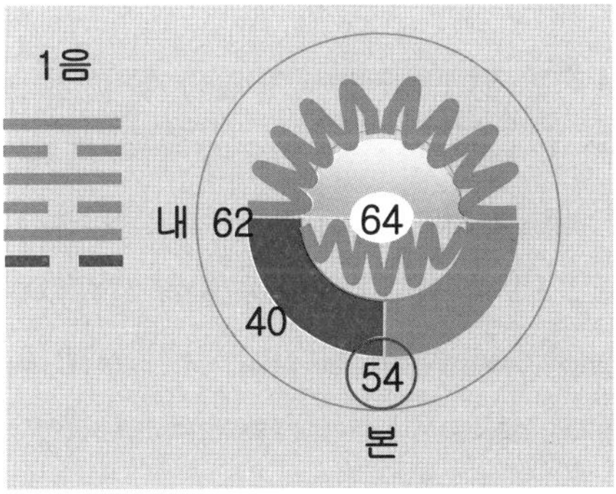

濡其尾유기미 吝인

그 꼬리를[其尾] 적시니[濡] 난처하도다[吝].

1음은 귀매(歸妹)·해(解)·소과(小過)의 과정이다: 불황의 시대를 맞아 은인자중(隱忍自重)하며[귀매54] 욕심을 줄이고 분수에 맞는 목표를 세워 작은 성취에 만족해야 한다[소과62] 어떤 과정을 겪어야 하나? 멈춘 기능이 재대로 기능하도록 문제 해결의 실마리를 잘 풀어내야 한다[해40].

1음은 내면 깊숙이 본성이 정체된 분위기다. 이때는 비록 숨은 능력이 있더라도 제대로 발휘하지 못한다. 겨울을 채 벗어나기 전에 씨를 뿌려야 소용이 없다. 때가 성숙하지 않았는데 참지 못하고 완성을 위하여 허둥대면 실족하게 되는 법이다. 해빙기의 전환기에 정신을 차리고 작은 일을 성실하게 끝맺으며 능력에 조금이라도 부치는 일은 삼가고 한발 물러서서 성숙의 때를 기다려야 한다. 무리하여 얻을 것이라곤 실패가 주는 궁색함 뿐이다.

이 상황을 주재하는 '해(40)'의 4원 개념을 '미제'의 환경으로 읽어오면, 구태를 벗고 국면을 전환하여(규38) 새로운 환경을 개척하면서(려56) 절제로써 외적 한계에 대처하지만(절60) 산전수전을 겪으며 어려움을 추스르는(건39) 일련의 과정이다. 지지부진하지만 새 환경을 어렵사리 개척해가는 상황이다. 특히 '규(睽38)'가 작은 일에 길하니[小事소사 吉길] 여기에서는 '소과(62)'에 연계됨을 알 수 있다.

미제의 시작인 귀매(54)는 곧 기제의 끝이었으니 이는 또한 기제의 말이 미제의 시작이 됨을 알 수 있다. 기제의 끝으로 향하는 6음에서 힘겹고 도움이 절실한 때에는(건39) 외적 한계를 절도 있게 극복해나가야 하는데(절60) 그렇지 못하고 아등바등하다가 머리를 적시는 실수를 범하기 일쑤였다. 그 상태가 미제로 넘어왔기에 해빙기의 전환기를 잘 참고 버텨야 하는데 한계를 극복하기가 어려우므로, '그 꼬리를 적시니 궁색하다[濡其尾 吝]'고 표현하고 있다. 공자가 「상전(象傳)」에서 '꼬리를 적심은 또한 한계를 알지 못함이다[濡其尾유기미 亦不知極也역부지극야]'라 주석한 것은 바로 해(40) 마지막인 절(60)의 지켜냄이 쉽지 않음을 의미한다.

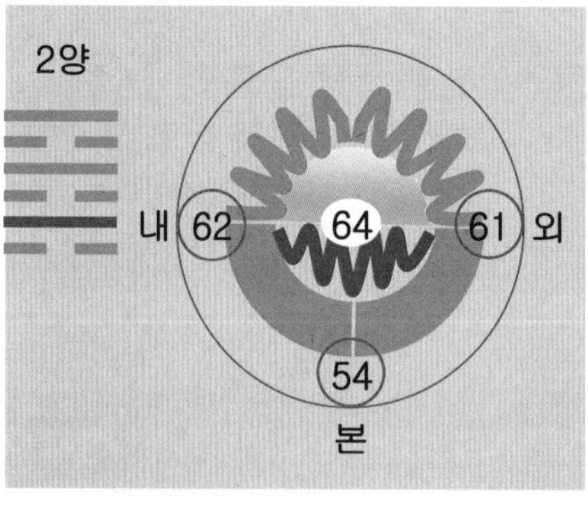

曳其輪예기륜, **貞吉**정길.

그 수레를[其輪] 끄니[曳] 내내 굳건하게 하면[貞] 길하리라[吉].

2양은 소과(小過)·귀매(歸妹)·중부(中孚)의 과정이다: 욕심을 줄이고 분수에 맞는 목표를 세워 작은 성취에 만족해야 하나[소과62] 열정과 믿음을 잃지 않고 버텨나가야 한다[중부61]. 어떤 역할 과정이 필요한가? 불황이 닥칠 때는 강한 정신력으로 버티며 조신한 삶으로써 기회를 얻어야 한다[귀매54].

2양은 세계 속에서 때가 무르익었을 때에 진격하여야 하는 군대의 5분대기조와 같다. 무거운 짐(1음·3음)을 지고 가야 하는 책임이 크니 이끌고 가기에는 힘겹지만 지휘자(5음)가 에너지원을 공급해주는 덕택으로 있는 힘을 다하여 전진할 수 있다. 분별력이 약하고 능력도 부족한 가운데 덤벙대다가 어려움을 당하기도 했지만(1음), 2양이 물 속 같은 험난한 세상을 힘껏 헤쳐나가면 시간이 갈수록 세계의 추진력(離火)을 뒷받침하는 에너지원(4양·5음·6양)을 공유하면서 향진세력에 합세하여 과감히 이끌어나가 뜻을 펼칠 수 있는 것이니 희망이 있다.

이 상황을 뒷받침하는 '귀매(54)'의 4원 개념을 '미제'의 환경으로 읽어오면, 건널 수 없는 초반의 상황에서(미제64) 열정적으로 힘껏 뻗어나려 하지만(리30) 난관에 부딪치게 되고 그 와중에서 작은 성취를 위해 애쓰면(감29) 결국에는 길이 열려 일단의 뜻을 이룰 수 있는(기제63) 일련의 과정이다. 조직 속의 신참처럼 '미제'에서 '기제'로 가는 어려운 고비를 넘는 자가 조신하게 노력하는 과정이다.

'그 수레를 끄니 내내 굳건하게 하면 길하리라' 하였는데, 수레를 끈다는 것은 세상이 험난하여 어렵다고 머물러 있지 않고 남을 리드하는 자라도 수레를 직접 끌고 가는 현장의 노력을 아끼지 않으며 굳건하게 지속하면 어느덧 5음을 둘러싸는 불(추진력)의 일부가 되어 세계를 점진시키게 되는 공헌을 하게 되므로 길조의 운을 맞게 된다는 뜻이다. 2양은 괘상에서는 하괘 감수(坎水)의 일부라 길조가 아닌 것처럼 보인다. 하지만 표상에서 보면, 물의 중앙이면서 동시에 불의 후방 에너지 역할이 되는 2중의 의미가 드러남을 볼 수 있다. 그래서 처음은 흉조(凶兆)이지만 나중은 길(吉)한 것이다.

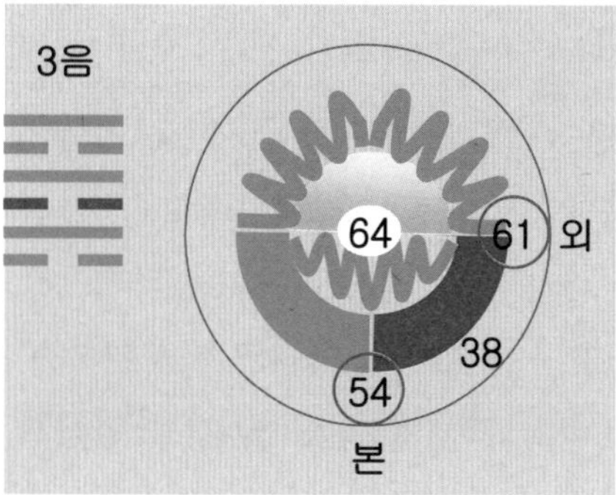

未濟미제 征凶정흉.
利涉大川이섭대천.

아직 다 건너지 못한 채로[未濟] 정벌에 나서면[征] 흉하도다[凶]. 큰 내를[大川] 건너면[涉] 이로우리라[利].

> 3음은 귀매(歸妹)·규(睽)·중부(中孚)의 과정이다: 세계가 불활성으로 위축되어 있는데[귀매54] 열정과 믿음을 견지하려면[중부61] 어떤 과정역할이 필요한가? 근본구조를 재정비·강화하면서 변모해야 한다[규38].

3음은 주위환경과의 교류가 막혀 자원공급에 낭패를 맞고 있음이다. 3음의 외적인 장벽을 넘기만 하면 4양부터는 동력을 크게 받는 전진형 분위기에 도달할 것이므로 이 불활성의 벽을 벗어나는 모험적 도전을 감행하여야 한다. 승산이 있는 모험을 두고 주저앉아 있으면 미제는 미제로 끝날 뿐이다. 막힌 외적 장벽을 넘기 위하여는 믿음과 열정으로 자신을 극복하며 탈바꿈해야 한다.

이 상황을 주재하는 '규(38)'의 4원 개념을 '미제'의 환경으로 읽어오면, 험난한 장벽을 풀도록 지혜롭게 노력하며(해40) 안간힘을 쓰며 나아가는 와중에(풍55) 내면을 정화하고 다잡아(환59) 내적 결속을 강화하여 새로운 모습으로 발전해나가는(가인37) 일련의 과정이다. 개인과 단체가 자신의 내적 능력을 일신하고 재정비·강화함으로써 외적 도전을 준비하는 단계라 할 것이다.

'아직 다 건너지 못한 채로[未濟] 정벌에 나서면 흉하다[征凶]'고 한 것은, 자신이 미성숙한 상태에서 세상과의 필살의 경쟁에 돌입한다는 것은 자살행위에 다름없다는 뜻이다. 세상의 막힘을 걷어내기 위하여는 우선 자체의 구태와 고정관념으로부터 탈바꿈하고 구조를 재정비·강화하는 것(규38)이 급선무이니 이러한 과감한 내적 개혁을 두고 '큰 내를 건너면 이롭다[利涉大川]'고 한 것이다. 여기서 큰 내를 건넌다는 것은 외적 정벌이 아니고 그것을 가능토록 하게 하는 자체의 창조적인 모험적 변신을 말하고 있다.

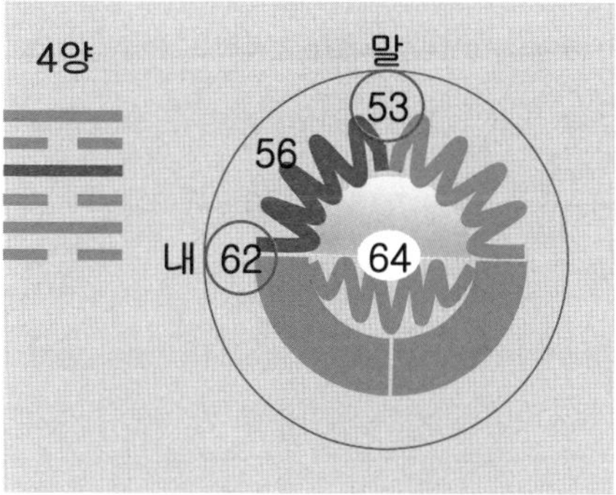

貞吉정길 悔亡회망.
震用伐鬼方진용벌귀방,
三年삼년 有賞于大國유상우대국.

내내 굳건하게 하면[貞] 길하고[吉] 후회가 없어지리라[悔亡]. 강력한 조직력으로[震用] 귀방을[鬼方] 치니[伐] 3년이 되어[三年] 대국에서[于大國] 상을 받도다[有賞].

4양은 소과(小過)·려(旅)·점(漸)의 과정이다: 분수에 맞는 작은 목표를 달성 한 후에는[소과62] 점진적인 발진을 도모하게 된다[점53]. 어떠한 과정을 겪어나가야 하나? 앞장서서 활기차게 도모하여 새로운 환경을 개척해 나간다[려56].

4양은 미래를 위한 활발한 기획을 세우고 개척하는 국면이다. 어려울 때에는 그 형편에 맞는 작은 일에 만족하다가 새로운 환경을 개척하고 더 큰 목표를 정하여 완성한다는 것은 결코 만만치 않다. 성숙의 때를 기다리던 쇠잔한 상태에서 과감히 털고 일어나 면밀한 계획과 강력한 추진력으로 장애를 극복하며 중흥의 길을 나선다. 일단 하나의 결단을 성공적으로 완수하면 그 보람으로 더 큰 새로운 비전을 만들고 점진적인 발전을 도모하게 된다.

이 상황을 주재하는 '려(56)'의 4원 개념을 '미제'의 환경으로 읽어오면, 미지의 앞길을 힘껏 추진하는 바탕 위에서(풍55) 생소한 환경에 대한 문제의 실마리를 풀고(해40) 도약을 위한 조직력을 갖추면서(가인37) 내면을 정화하고 재정비·강화하여 새롭게 헤쳐나가는(환59) 일련의 과정이다. 생소한 국면을 예의(銳意) 주시하면서 숙고하고 내면을 굳게 다져 앞길을 밝히며 꾸준히 헤쳐나가는 상황이다.

'내내 굳건하게 하면 길하고[貞吉] 후회가 없어지리라[悔亡]'라고 한 것은 새로운 국면을 기획하여 하나를 성공적으로 마무리하는 것은 쉽지 않기에 내면을 굳게 다진 바탕 위에서 꾸준하게 밀고 나갈 때 과거에는 못다한 한을 풀 수 있다는 뜻이다. 이어서, '강력한 조직력으로 귀방을 치니[震用伐鬼方] 3년이 되어 대국에서 상을 받는다[三年 有賞于大國]'라 하였는데, 내면을 굳게 다져 강한 조직력을 갖추고 밖을 향하여 장애를 일으키는 은(殷)나라 말(주周 초엽)의 북방 오랑캐인 귀방의 징벌을 나서 3년이란 긴 세월을 결려 꾸준하게 밀어 부쳐서 성공하게 되고 나라가 주는 영광된 큰 상을 받게 된 역사를 예시하여 풀고 있다. 원문 속에서 '震用진용'이라 함은, 상황코드인 '려(56)'의 4원적 속성인 전력투구(풍55), 문제의 실마리 해결(해40), 조직제어력(가인37), 내면의 재정비·강화(환59)를 한마디로 표현한 것이다. 미제의 길이 열릴 때 중흥을 위한 '려(旅)'의 길을 나서는 것이다.

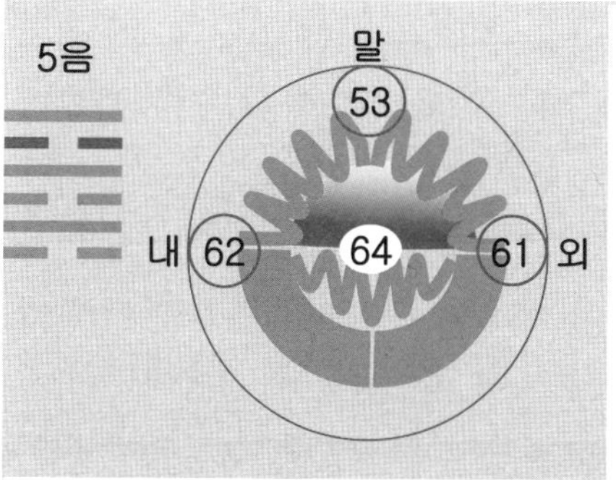

貞吉정길 无悔무회.
君子之光군자지광
有孚吉유부길.

내내 군건하게 하면[貞] 길하고 [吉] 후회가 없도다[无悔]. 군자의 영광이니[君子之光] 믿음을 두면[有孚] 길하리라[吉].

5음은 소과(小過)·점(漸)·중부(中孚)의 과정이다: 분수에 맞는 작은 목표를 달성하면서[소과62] 믿음과 열정으로 외적 세계를 다룬다[중부61]. 어떤 과정이 전개되는가? 점진적인 발전의 기틀을 응집하는데 앞장서야 한다[점53].

5음은, 앞서 4양의 꾸준하고 활기찬 추진에 힘입어, 세파에 흔들리지 않는 굳건하고 안정된 지도자가 펼치는 도를 의미한다. 이는 자신이 모든 것을 직접 행하기 보다는 사람들에게 믿음과 열정을 심고 팀워크를 통한 실천적 행동(2양·4양·6양)을 유도한다. 이 리더를 구심점으로 하는 세계의 꾸준한 노력이 응집하면 길운이 트이고 결실을 이룰 수 있다. 5음은 쌓여가는 성과물인 동시에 활동의 에너지원이니 이제서야 이 세계는 자급자족이 가능하게 된다.

이 상황을 주재하는 점(53)의 4원 개념을 '미제'의 환경으로 읽어오면, 열려 있다고 섣불리 건너면(기제63) 혼란을 맞닥뜨리니(감29) 밝은 지혜로써 헤쳐나가(리30) 현재의 난관을 극복하는 가운데에 더 나은 미래를 꿈꾸는(미제64) 일련의 과정이다. 기제가 초길종란(初吉終亂)이면 미제는 초란종길(初亂終吉)이니 앞뒤가 서로 바뀐 상황이다. 하지만 기제에서의 '점'은 출발점이고 미제에서는 목표점으로서 반대의 자리에 있기 때문에 그

4원 개념은 기제의 경우와 다를 바 없다. 어려움을 헤치며 욕심부리지 않고 끈끈한 믿음으로써 주위를 앞세우는 지혜로운 리더십을 지향하면 세상은 점신적으로 발전의 기틀이 마련되는 분위기가 된다.

'끝까지 굳건하게 하면 길하고 후회가 없으니[貞吉无悔] 군자의 영광이다[君子之光]'라고 하였는데, 세상이 어려울 때는 지도자의 위치에 있는 자들이 작은 일이라도 하나하나 끈질기고 성실하게 이루어내는 근성을 보여주면(소과62) 주위가 힘을 합하여 어려움을 극복하여 길운이 트이는 계기를 마련하는 것이니 이는 지도자급이 해낼 수 있는 음덕의 능력이 빛을 보는 것이다. 여기에다 서로의 가능성을 믿어주는 덕을 펴면(중부61) 주위가 단결하여 저마다의 형통한 자질로써 열정적으로 공헌하기 때문에 세상이 점차 발전의 기틀을 다지게 되는 것이다(점53). '믿음을 두면 길하리라[有孚吉]'는 것은 이를 두고 이름이다.

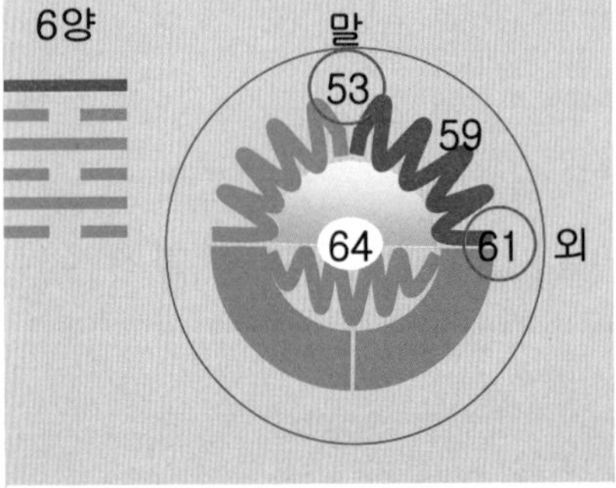

有孚于飮酒유부우음주 无咎무구.
濡其首유기수 有孚失是유부실시.

믿음을 두고[有孚] 술을 마시면[于飮酒] 허물이 없도다[无咎]. 그 머리를 적시면[濡其首] 믿음을[有孚] 이로써 잃으리라[失是].

6양은 중부(中孚)·환(渙)·점(漸)의 과정이다: 열정과 믿음의 바탕 위에서[중부61] 세계는 점진적으로 발전하게 된다[점53]. 어떤 역할과정이 필요하나? 불신을 걷고 상호신뢰의 관계로 재조정하여 발전을 위한 새로운 분위기를 조성해야 한다[환59].

6양은 외적 환경과의 연계가 활발함을 말한다. 눈이 열려 있어 외적인 세계와 숨통이 트이고 미래로 소통되는 국면으로서 막히고 미완성에 머물던 미제의 통로가 열리고 앞으로 나아갈 수 있는 기제의 시대로 돌입하는 전환점이다. 나라라면 후진국에서 선진국으로 가는 문턱이다. 이제 이에 걸맞은 내면의 구조조정이 필요하다. 6양은 버리고 받아들이는 교류의 문이다. 얽힌 것이 풀리는 기쁨의 축배를 드는 때에도 끝까지 조심할 것은 바로 지나침이 없도록 해야 한다. 기제는 다시 미제로 전환될 수 있기 때문이다.

이 상황을 주재하는 '환(59)'의 4원 개념을 '미제'의 환경으로 읽어오면, 절제로써 외적 한계에 대처하면서(절60) 난관 속에 안간힘으로 버티어(건39) 구태를 벗고 국면을 전환하여(규38) 새로운 환경을 개척해나가는(려56) 일련의 과정이다. 이는 막힘이 열림으로 전환되는 시점에서 변화의 물결이 일어남을 말한다. 기제의 희망에 부풀어 미제시절의 절제의 도를 잃어버리고 해이해진다면 문제다. 이제는 기제에 맞는 내적 개혁이 없다면 닥쳐오는 진정한 기제를 제대로 맞을 수 없는 것이다.

'믿음을 두고 술을 마시면[有孚于飮酒] 허물이 없다[无咎]' 하였는데, 이 경우의 음주는 믿음과 열정을 바탕으로(중부61) 점진적인 발전을 도모하기 위하여(점53) 행하는 단합을 위한 회식(會食)을 의미한다. 보다 밝은 미래의 성공을 기약하며 흐트러진 마음을 다잡아 함께 결속하는 마당에서 마시는 술은 떳떳하다. 이러한 깊은 뜻에 마음을 같이하는 것이 믿음과 열정인데(중부61), 환(59)의 출발점인 절제의 도(절60)를 넘으면 자신과의 약속도 못 지켜내는 형국이니 내면정화를 통한 단합정신은 퇴색하고 점진의 출발점인 믿음과 열정은 사그라지고 마는 것이니 '그 머리를 적시면[濡其首] 믿음을 이로써 잃는다[有孚失是]'고 한 것이다. 여기서 머리를 적신다는 것은 곧 술을 절제하지 못하여 고주망태가 된 모습을 그리고 있다. 기제의 서광이 비칠 때 믿음과 열정을 바탕으로 진지하게 발전을 모색해야 할 진데, 다 이루기도 전에 미리 샴페인을 터뜨리며 흥청망청한다면 신뢰를 잃게 되고 다 된 일도 망치게 된다는 경고다.

찾아보기

가

나

다

라

마

바

사

아

자

하

과학주역 ②

발행일 | 초판 1쇄 2011년 12월 10일

지은이 | 정순길
펴낸이 | 고진숙
펴낸곳 | 안티쿠스
책임편집 |김종만
인쇄·제본| 상지사P&B
물류| 문화유통북스
출판등록| 제300-2010-58호(2010년 4월 21일)
주소| 서울시 종로구 부암동 129-8 울트라타임730 오피스텔 612호
전화| 02-379-8883, 723-1835
팩스| 02-379-8874
홈페이지| www.antiquus.co.kr
이메일| mbook2004@naver.com

값은 뒤표지에 있습니다.

ISBN 978-89-92801-23-2 93140